KB199966

甑山道의 真理

甑山道의 眞理 (축소판2)

발행일 · 단기 4348(2015)년 3월 26일 초판 1쇄 발행
단기 4348(2015)년 3월 28일 초판 2쇄 발행

지은이 · 안경전

발행처 · 상생출판

주 소 · 대전시 중구 중앙로 79번길 68-6

전 화 · 070-8644-3156 (Fax. 0505-116-9308)

홈페이지 www.sangsaengbooks.co.kr

등록번호 제175호 ISBN 979-11-86122-02-0

국립중앙도서관 출판시도서목록(CIP)

증산도의 진리 / 지은이: 안경전. -- 축소판. -- 대전 : 상생출판, 2015 p. ; cm

ISBN 979-11-86122-02-0 03200 : ₩25000

증산교[甑山敎]

291.12-KDC6
299.57-DDC23 CIP2015007926

甑山道의 眞理

甑山道 宗道師

安耕田

상생출판

개정판을 내면서

우리는 지금 어떤 전환기에 살고 있는가?

오늘의 인류에게 가장 필요한 것은, 지난날 문명의 시작과 전개 과정을 우주론의 시각에서 밝혀 주고, 인류가 맞이하고 있는 지구 문명사의 전환의 실체, 그 변화정신을 총체적으로 밝혀 주는 일입니다. 이것은 인류가 나아갈 미래, 현대 문명의 비전을 열어주는 매우 중차대한 과제입니다.

과거 시원 문명과 앞으로 오는 새로운 역사 비전을 우주론의 시각에서 비춰 주는 새 진리, 그것이 바로 잃어버린 9천 년 한민족의 역사 문화를 온전히 드러내 주고, 다가오는 위대한 가을문명 소식을 전하는, 우주의 통치자 하느님이신 증산甑山 상제上帝님의 대도 진리입니다.

상제님이 이 땅에 오신 지 140여 년이 흘렀습니다. 그러나 동북아 한민족의 창세 역사와 뿌리 문화뿐만 아니라 중국과 일본의 시원 역사가 왜곡되고, 그 악업으로 한국의 근대사도 뒤틀려, 한국인과 세계는 근대사의 출발점에 오셔서 선포한 상제님의 새 진리는 물론 상제님 강세 소식조차 모르고 있습니다.

우주의 변화 이법을 주재하여 다스리시는 조화주 상제님께서 육신의 옷을 입고 오시어 "지금은 온 천하가 가을 운수의 시작으로 들어서고 있느니라."(『도전道典』 2:43), "이제 온 천하가 큰 병(大病)이 들었나니 내가 삼계대권을 주재하여 조화造化로써 천지를 개벽하고 불로장생不老長生의 선경仙境을 건설하려 하노라."(2:16)라고 말씀하셨습니다. 삼계 우주의 주인이신 상제님께서 '가을개벽 문명'이 불원간 이 땅에서 시작되어, 다가오는 개벽기에 인류를 건져 후천 가을의 5만 년 조화선경 낙원이 건설될 것을 선언하신 것입니다.

『증산도의 진리』는 동방 땅에 강세하신 대우주 통치자 하느님의 대도 진리인 가을하늘의 개벽 소식을 담은 책입니다. 지난 도운道運의 역사를 돌아보면, 인간으로 오신 상제님께서 인류 구원의 파천황적인 새로운 처방으로 천지공사天地公事를 집행하시고 천상보좌로 어천御天하신 지 2년 뒤 신해(1911)년에, 종통宗統 대권 계승자이신 수부首婦님께서 도문을 처음 개창하심으로써 상제님 도운 개척의 첫 역사가 열렸습니다. 일제 강점기이던 제1변 도운 개창기와, 광복 이후 제2변 도운 개척기는 역사상 유례가 없는 대부흥기로, 1천만 명이 넘는 구도자들이 상제님을 신앙하였습니다. 하지만 증산 상제님이 어떤 분이시고, 왜 이 땅에 인간으로 강세하셨으며, 무슨 일을 행하셨는지 그 구체적인 진리의 전체 내용을 누구도 확연히 알 수 없었습니다. 이에 필자는 그 갈급증을 풀기 위해, 상제님께서 어천하신 지 72년이 되던 신유辛酉(1981)년에 본서 『증산도의 진리』 초판을 발간하였고, 이로써 상제님 진리의 기본 틀을 어느 정도 잡게 되었습니다.

그때 필자는 무엇보다 인간으로 오신 상제님의 말씀과 행적을 인류에게 온전히 전할 수 있는 가을문화의 대도 경전이 필요함을 절감하고, 소중한 초기 기록을 분석하면서 직접 현장을 꾸준히 답사하고 상제님 성도들의 가족과 그 제자들의 증언을 채록하여 임신壬申(1992)년에 『도전道典』 초판본을 간행하였습니다. 『증산도의 진리』를 펴낸 지 꼭 11년 만이었습니다.

그리고 『도전』 초판본을 펴낸 이후에도 상제님과 수부님에 대한 초기 기록들을 더욱 면밀히 검토하면서 성도들의 후손과 제자들을 지속적으로 만나 거듭 증언을 듣고, 철저한 현장 답사를 통해 검증하고 초판의 내용을 최대한 바로잡아, 11년 만인 계미癸未(2003)년에 다시 『도전』 완간본을 출간하였습니다(십일성도十一成道의 원리로 이루어짐). 상제님께서 천지공사를 보신 지 100년을 맞아 증언자들이 필자에 대한 신뢰감이 충족되어 일제히 입을 열기 시작하면서 증산도 100년 도사道史의 결실인 완간본 『도전』이 발간된 것입니다.

『도전』은 상제님과 수부님의 말씀과 성적聖蹟을 집대성한, '가을철의 추수문화 시대를 여는 인류의 새 진리 성전聖典'이며 '가을 우주의 도道의 원전原典'입니다. 『도전』에는 상제님께서 정음정양正陰正陽 도수에 따라, 당신님의 반려자이자 천지의 어머니(태모)이신 수부님께 천지대권과 종통을 전수하시고, 수부님께서 상제님의 뒤를 이어 '10년 천지공사'를 집행하셨다는 놀라운 소식이 담겨 있습니다. 또 임박한 남북 상씨름, 개벽 실제상황, 인류의 미래 조화선造化仙 문명에 대한 새롭고 충격적인 상제님, 수부님의 공사 내용이 생생한 당신님들의 현장 언어로 담겨 있습니다.

본서는 『도전』에 함축되어 있는 진리 틀을 쉽게 이해하기 위한 『교전敎典』으로, 완간본 『도전』에 맞추어 초판 『증산도의 진리』를 대폭 개정, 보완한 것입니다. 사실 완간본 『도전』이 발간된 2003년 이후 11년 동안, 필자는 또 다시 상제님 대도에 대한 깨달음의 깊이를 더해주는 여러 증언자들을 운명처럼 만났습니다. 그 새로운 증언과 답사에서 전해받은 말씀의 영감으로 인해, 이번『증산도의 진리』개정 증보판의 지면이 대폭 늘어나게 된 것입니다.

필자는 또 임진壬辰(2012)년에, 지난 30여 년간 온 정성을 쏟아 온 한민족과 인류 창세 시대의 시원 역사 문화 경전인『환단고기』역주본을 완결하면서, 현장 답사를 통해 삼신상제님이 열어 주신 인류 원형문화인 우주 광명문화와 우리 한민족사 국통맥의 진실을 더욱 깊이 깨닫게 되었고, 마지막 역사전쟁의 중심지인 개벽의 땅 한반도의 비극적인 역사 운명을 다른 각도에서 체감하였습니다. 이어 국내 주요 도시와 미국과 유럽, 일본 등 해외를 순방하면서『환단고기』북 콘서트를 통해 한민족과 인류 시원사의 9천 년 광명문화를 전하고 있습니다. 그 현장에서 환국·배달·조선 이후 지나온 인류 문명사의 결실 기운이 동방 땅 한반도로 몰려오고 있음을 실감하고, 상제님의 대도 세계를 체계 있게 알려야 한다는 사명감을 더욱 절실하게 느꼈습니다.

증산 상제님은 일찍이 "풍류주세백년진風流酒洗百年塵이라, 온 세상의 백년 티끌 내 무극대도의 풍류주로 씻노라."(8:44)라고 말씀하시어, 당신님 어천(기유己酉 1909) 후 100년의 시간이 지나면서 상제님의 무극대도가 선천의 낡은 기운을 씻어내고 가을 대개벽을 준비하는 본 궤도로 들어서게 될 것이라 선언하셨습니다. 상제님께서 어천하신 지 100년 시간대를 넘어서서, 동북아를 중심으로 인류사의 새 질서를 여는 역사 충돌을 통해 가시화 되고 있는 후천문명의 새 소식이 성큼 다가오고 있습니다.

가을개벽을 앞두고 있는 우리 모두의 삶의 진정한 가치는 무엇일까요? 그것은 인간으로 오신 조화주 하느님이신 증산 상제님의 진리를 만나, 눈앞에 박도한 가을개벽의 실상을 바르게 깨치고 후천 개벽기에 구원받아 가을문명의 참 열매 인간으로 다시 태어나는 것입니다. 이것이 선천 봄·여름철의 세상을 살아 온 모든 인생의 궁극 목적입니다.

돌이켜보면 이『증산도의 진리』개정 증보판을 마무리 짓기까지『도전』완간본 출간 이후 10여 년의 세월이 흘렀습니다. 상제님의 5만 년 선경문화를 건설하는 후천 세계 통치 법전이자 후천 문명의 통일 경전인『도전』발간과, 왜곡 부정되어 온 9천 년 한국사의 국통 맥國統脈을 바로 세우는『환단고기』완역본 발간 작업이 겹치고, 그에 따라 건강이 극한 상황에 이르는 등 어려운 환경 때문에 여러 번 작업을 중단해야 했습니다. 그러다 이번 갑오년 동지는 결코 넘길 수 없다는 절박한 심정으로 마무리 작업에 일심 정성을 기울인 바, 그동안 많은 일꾼들이 적극 참여하여 수 년 동안 의견을 수렴하고 여러 차례 정성껏 교정을 봄으로써, 아직도 부족한 부분은 많지만, 초판의 상제님 진리의 기본 틀을 유지하면서 좀 더 풍요롭고 체계 있게 정리된 『증산도의 진리』 개정 증보판이 세상에 나오게 되었습니다.

책을 펴내면서, 지난 100년 도운사에서 모든 것을 바쳐 상제님 진리를 수호한 상제님의 당대 성도님들과 태상사부님을 비롯한 1천만 순도자들의 고귀한 희생과 노고에 숙연한 마음으로 감사 기도를 올립니다. 또한 9천 년 한민족 역사의 국통 맥을 바로 잡는 작업의 마지막 마무리 순간에 천상으로 올라가신 사랑하는 아버지 태사부님과 어머니 태사모님, 3변 도운 초기 이후 어려운 개척환경을 함께 한 도문의 내 가정과 모든 형제자매의 희생에 고개 숙여 깊은 애도와 감사를 표합니다.

그리고 수 년 동안 정성을 바쳐 여러 가지 어려움을 감내하며 밤을 새워 함께 작업에 참여한 상생문화 연구소 연구원들과 교육부, 국제부, 편집부 일꾼들의 따뜻한 손길에 모든 공을 돌립니다. 참으로 고맙습니다.

그동안 약 40년에 걸친 오랜 작업에 매진해 오면서, 상제님의 천지 도정에 부족하고 불비했던 모든 책임이 필자의 탓임을 절감하며, 3변 도운에서 신앙하는 국내외의 모든 일꾼들에게도 진심어린 감사의 말씀을 전합니다. 상제님 도업을 개척하는 헌신과 봉사의 삶 속에서 겪은 우리 일꾼들의 온갖 좌절과 슬픔을, 다 함께 상제님과 태모님의 5만 년 선경낙원의 진리 광명으로 녹여서, 천지 부모님의 은혜롭고 충직한 일꾼으로, 위대한 믿음의 도약을 하는 계기가 되기를 소망합니다. 그리하여 우리 모두 보은과 상생의 뜨거운 한 마음으로 거듭나 진정한 천하사의 한 가족으로 대동단결하기를 축원합니다.

가을 신천지의 여명이 밝아오는 갑오甲午년
환기 9211년 신시 개천 5911년 단군기원 4347년
도기道紀 144(2014)년 동지 대천제를 앞두고
태전太田(대전) 증산도 태을궁太乙宮(교육문화회관)에서
安耕田

진리에 갈급증을 느끼는 많은 이들은 본서와 더불어, 지구촌 통일문화 시대의 새 진리 원전인 『도전道典』과 『천지의 도 춘생추살春生秋殺』, 『한민족과 증산도』, 『이것이 개벽이다』(上·下), 『개벽 실제상황』 등 상제님의 대도 진리와 상생의 문화를 밝히는 도서를 함께 정독하고 미증유未曾有의 가을 천지 개벽 소식에 눈뜰 수 있기를 바랍니다.

초판 간행사

"만국활계남조선萬國活計南朝鮮"

'전 세계에서 인류를 살려 낼 수 있는 구원의 활방은 남쪽 조선에서 나오느니라' (5:306)

이 말씀은 지금(1980)으로부터 109년 전, 이 땅에 인간으로 오신 우주의 주재자 상제님께서 멸망에 처한 우주 삼계三界 역사를 새 생명의 역사로 뒤바꾸어 놓으시고 인류 구원에 대해 결론으로 내려 주신 파천황破天荒※의 선언입니다.

오늘날 인류는 우주의 여름철(선천 분열 과정)에서 가을철(후천 통일 과정)로 넘어가는 전환기에 살고 있습니다. 이에 조화주 하느님께서는 신미(辛未, 1871)년에 친히 이 땅에 인간으로 강세하시어, 지난날 인간을 기르시기 위해 씨 뿌리셨던 유, 불, 선(기독교는 서양의 선도仙道) 삼도三道 정신이 합일된 후천의 무극대도로써 인류 문명을 통일하고 세계를 구원할 새 기틀을 마련하셨습니다.

각 종교마다 부르짖는 구원의 절대자(미륵불, 상제님, 하느님 등)가 동일한 한 분임을 모른 채 제 주장만 내세우는 이때에, 우주의 주재자께서 불佛의 형체를 쓰고 미륵불로 강림하시어, 하느님의 절대 조화권능으로 병들어 멸망하게 된 신도神道와 인간 세계와 자연[삼계]의 운로運路를 뜯어고치는 천지공사天地公事를 집행하셨습니다. 그리하여 무도無道한 이 시대에 삼계三界(신계, 자연계, 인간계)의 새 질서를 질정質定해 놓으셨습니다.

인간으로 오신 우주의 주재자 증산 하느님께서는 이제까지 살아 온 선천 역사의 본질에 대해 "선천에는 상극의 이치가 인간 사물을 맡았으므로 모든 인사가 도의道義에 어그러져서 원한이 맺히고 쌓여 삼계에 넘치매 마침내 살기殺氣가 터져 나와 세상에 모든 참혹한 재앙을 일으키나니"(4:16)라고 말씀하셨습니다. 선천 상극의 갈등과 대립 속에서 참혹한 재앙을 불러일으키며 천지마저 병들게 하는 원한의 독기로 말미암아 선천 세상은 묵은 하늘땅으로 전락하였고 지난날 인류를 교화해 온 모든 기성 종교의 도맥道脈 또한 끊어지게 되었습니다.

※ 파천황 | 하늘과 땅이 열리지 않은 혼돈한 상태(天荒)를 깨트려 새로운 세상을 연다는 뜻.

그리하여 상제님께서 "내가 혼란키 짝이 없는 말대末代의 천지를 뜯어고쳐 새 세상을 열고 비겁否劫에 빠진 인간과 신명을 널리 건져 각기 안정을 누리게 하리니"(2:42)라고 하신 말씀처럼, 수천 년 동안 누적되어 온 신과 인간과 자연의 모든 원한을 풀어 헤쳐(解冤) 천지 창조의 최후 이상향(原始返本)을 이루시기 위해 천지의 새 기틀을 짜신 것입니다.

상제님은 삼계 구원의 이상을 이루시기 위해, 천상의 혼란 무도한 신도神道까지 개조하여 신명계의 위계 질서를 크게 개편하심으로써 우주의 질서를 새롭게 정비하셨습니다.

본서의 내용은 말초신경을 자극하고 가슴 아픈 곳의 허虛를 찌르는 감각적인 일상 이야기가 아니라 진리의 본질에 관한 것입니다. 증산도는 오늘을 살아가는 인류가 우주의 숙명으로 맞이하게 될 비정한 미래에 대해, 천지의 주인이신 상제님(지존하신 하느님)이 친히 지상에 오셔서 내려주신 천지 부모의 꿈과 인류의 이상에 대한 명쾌한 대도의 해답입니다.

삼계를 구원하는 증산 상제님의 대도 진리는 학계에서도 지대한 관심을 불러일으키고 있습니다. 선천 종교는 타락의 그늘에서 헤매는 중생들에게 진리의 빛을 던져 주었으나, 인간을 구속해 온 죄악과 고통의 멍에를 근원적으로 풀어 주지는 못했습니다. 인간 구원 문제와 직결된 자연(우주법칙)과 인간의 상호 일체 관계를 간과했기 때문입니다.

증산 상제님께서 삼계 구원의 길을 여시고 어천御天하신 지 71년이란 세월이 흘렀고, 그 사이 증산 상제님을 신앙한 신도들의 수가 1천만을 헤아리기에 이르렀습니다. 그럼에도 교단에서는 아직 상제님 진리의 면모를 알 수 있게 체계적으로 서술한 책을 세상에 내놓지 못하였습니다.

필자는, 증산도의 '시루 증甑' 자에 대한 뜻도 제대로 모르는 사람들이 상제님을 사이비 종교의 교조로 알고, 증산도를 동학의 한 유파로 오도하는가 하면, 또 상제님 진리를 개인 영달에 이용하는 것을 누누이 보아 오면서, 진리 정의를 바로잡지 못한 데 대한 책임을 크게 통감하였습니다. 이런 절박한 이유에서 이번에 상제님의 말씀을 체계적으로 이해할 수 있는 책자를 내놓게 되었습니다.

본서 내용은, '지금 세계 질서가 어떠한 역사 섭리로 진행되고 있으며 증산도가 어떻게 이 세계와, 그 속에서 살아가는 인간과 신명, 나아가 대자연까지 구원하여 희망의 새 역사를 지상에 펼치게 되는가'를 체계적으로 밝히고 있습니다. 이는 "제 도수에 돌아 닿는 대로 새 기틀이 열리리라."(4:5) 하신 말씀처럼 상제님이 짜 놓으신 천지공사의 도수에 따라 펼쳐지는 인류 새 역사 전개의 프로그램을 밝힌 것입니다.

필자는 미륵불이신 증산 상제님께서 집행하신 9년 천지공사의 진수를 독선과 아집을 철저히 배격하고 진리 그대로 밝히려 하였습니다. "너희들은 뒷날 찾아와서 묻는 자가 있거든 보고 들은 대로 일러 주어라. 행하느냐 행하지 않느냐는 그 사람에게 달린 일이니라."(3:257) 하신 상제님의 성훈을 받들어 순수하게 우주의 천리에 따라 그대로 서술하였습니다.

삼계대권을 주재하시는 상제님이 한민족의 정혼에 담아 구원의 무극대도로 열어 주신 증산도는 〈종교와 철학과 과학〉을 비롯한 선천의 모든 인류 문화가 원시반본原始返本의 섭리에 의해 통일된 후천 가을의 대도 진리입니다. 때문에 이 책에서 다룬 내용을 좀 더 자세히 전하려면 분량이 지금의 세 배 정도는 되어야 함을 수차 절감하였습니다. 비록 부족한 점이 있지만 본서가 오늘도 태을주太乙呪를 읽고 증산 상제님을 마음에 모시고 있는 신앙인들과 진리를 찾는 모든 이들에게 빛이 된다면 더 바랄 것이 없겠습니다.

후천 가을 하늘을 그려 보며
증산 상제님 110주년(경신庚申) 성탄聖誕치성절
도기道紀 110(1980)년 음력 9월 19일
태전 괴정동에서

본서에서 인용한 상제님과 태모님의 말씀은 『도전道典』 개정판 완결본(도기 133년, 서기 2003년 간행)을 참고하였다. 『도전』은 증산 상제님과 상제님의 종통 계승자이신 태모 고 수부님께서 남기신 인류를 향한 희생적 삶의 행적과 위대한 사상을 철저한 현장 답사와 고증을 통하여 총체적으로 수록한 통일 경전이다. 『도전』을 정독함으로써 증산 상제님과 태모 고 수부님의 대도세계의 참모습을 알 수 있을 뿐 아니라 인류 신문명, 즉 후천 5만 년 조화선경의 청사진을 엿볼 수 있다.

목 차

2장 인간으로 오신 상제님

3장 인간과 신의 세계

4장 천지개벽과 역수의 변화

5장 증산도 진리의 근본이념

6장 천지공사天地公事

7장 세운 공사

8장 도운道運 공사

9장 인류 구원과 후천 선경

10장 천하사 일꾼의 길

1장

우리는 지금 어디에 와 있는가

'세계는 지금 어디로 가고 있는가?'

오늘날 우리가 사는 세상을 돌아보면, 선천 말대의 마지막 밤 열차를 탄 수많은 사람들이 돈과 권력, 명예와 쾌락을 좇는 가운데 우울과 불안, 공허와 무기력에 빠져서 자신도 모르는 죽음의 길로 질주하고 있습니다. 이러한 고통과 타락은 어디에서 비롯되는 것일까요? 인류를 분노하게 하고 한숨짓게 하는 모든 갈등과 비극은 무엇 때문에 일어나는 것일까요?

문명의 위기를 진단해 온 동서양 지성들이 머지않아 현대 문명이 몰락하리라는 절망적인 소식을 전하는 가운데, 자본주의 경제 체제의 붕괴 위기와 크고 작은 민족 갈등, 종교 분쟁 등으로 말미암아 지금 세계는 언제 어디로 재앙의 불꽃이 튈지 모른다는 불안감과 긴장감에 휩싸여 있습니다. 또한 현대 문명의 정점에서 전 세계로 확산되는 새로운 질병은 끊임없이 지구촌 인류의 생존을 위협하고 있습니다. 그뿐만 아니라 지구 온난화와 오존층의 파괴, 급속히 녹아 내리는 극지방의 빙하, 그리고 끊이지 않는 기상 이변과 자연 재해, 빈번하게 발생하는 초대형 지진 등, 모든 상황이 인류를 헤어날 길 없는 깊은 수렁으로 몰아넣고 있습니다.

'침몰해 가는 세계를 건져서 인간을 구원하는 일은 과연 기성 종교에서 말하는 가르침처럼 맹목적 신앙이나 마음 수양, 심신의 수련만으로 가능할 것인가? 종교인들이 외치는 **종말의 실상**은 도대체 무엇이며 **역사의 심판**이란 무엇을 말하는가? 종교마다 앞 다투어 외치는 **마지막 구원의 의미**는 무엇이며 **축복과 빛의 새 세상**은 언제쯤 지상에 세워질 것인가?'

지금 우리가 당면한 총체적인 난국은 이미 과학이나 종교, 철학 또는 여러 국제기구의 노력으로 해결할 수 있는 단계를 넘어섰습니다. 현재 지구는 치유할 수 없는 불치병에 허덕이고 있습니다. 바로 이 총체적 위기를 극복하고 인류에게 희망의 새 세상인 **후천 가을 우주**를 열어 주시기 위해 천지의 원 주인, 우주 통치자 하느님이신 증산 상제님께서 1871년 동방의 조선 땅에 강세하셨습니다.

지금부터 여러분과 함께 살펴보는 **증산도의 진리**는 공자, 석가, 노자, 예수 등의 선천 성자들이 전혀 언급할 수 없었던 파천황의 가르침입니다. 동방 한민족의 터전에 인간으로 화육化肉하신 우주의 주재자 하느님께서는 인간과 신명이 성숙한 존재로 거듭나 우주의 가을철 신新문명 세계를 구축하는 대도大道의 법방을 내려 주셨습니다. 상제님의 진리, 증산도는 오늘의 세계를 구원하고 우주 가을철 조화 선경 낙원의 새 시대를 열어 주신, 조화주 아버지 하느님[1]의 우주 개벽 메시지인 것입니다.

제1절 우주 신비를 밝히는 길

1. 종교와 과학과 철학

1) 정신세계와 물질세계의 신비

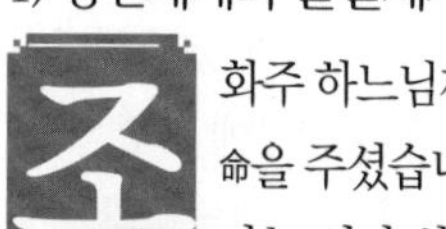

조화주 하느님께서는 이 세상에 인간을 내실 때 두 가지 신비를 깨치라는 명命을 주셨습니다. 그 하나는 **인간 자신에 대한 신비**를 푸는 일이며, 다른 하나는 인간 삶의 무대이자 생명 활동의 바탕인 **하늘땅, 대자연의 신비**를 규명하는 것입니다. 그리하여 인간은 본능적인 호기심으로 인간의 신성神性과 자연 현상의 신비를 탐구하며 종교와 과학이라는 진리의 두 금자탑을 쌓아 올렸습니다.

일찍이 공자는 "근취저신近取諸身하고 원취저물遠取諸物하라."(『주역周易』「계사전繫辭傳」)라고 하였습니다. 이 말은 우주 신비의 전 면모인 하느님의 오묘한 존재 섭리를 가까이는 자신의 몸에서 찾고, 멀리는 자연 만물을 바라보면서 주(인간)·객(우주 자연)을 동시에 간파하라는 의미를 담고 있습니다. 인간의 존재 원리를 풀려면 우주의 신비를 알아야 하고, 우주의 깊고 깊은 존재 섭리에 가까이 다가가려면 그러한 원리가 압축·투영되어 있는 인간 자신의 신비를 알아야 합니다. 대우주가 처음 열릴 때, 하느님은 상대적인 두 기운인 음陰과 양陽이 서로 조화하여 창조·변화하는 **태극 세계**를 열어 놓으셨습니다. 그래서 인간은 '나는 무엇이며, 우주는 어떻게 존재하는가'라는 궁극의 수수께끼를 풀기 위해 정신과 물질, 양면의 신비를 파헤치며 분투하는 것입니다.

인류 창세 역사의 황금 시절 이후 동서 문명이 분화·발전하는 과정에서 하느님은 대국적으로 **정신세계의 신비**는 동양(陽)에, **물질세계의 신비**는 서양(陰)에 맡기셨습니다(東道西器). 그리하여 동양의 정감적이고 직관적인 지혜는 종교를, 서양의 합리적이고 논리적인 지성은 과학을 낳았습니다. 이렇게 탄생한 종교와 과학이 역사의 발전

---

1 한 분이신 우주 절대자를 기성 종교에서 서로 달리 불러 왔기 때문에 세상에서는 각기 다른 분으로 인식하고 있다. **인류 시원문화인 동방 신교神敎 문화권**에서는 무형의 조물주 '삼신三神'과 하나되어 삼계 우주를 다스리시는 최고 통치자를 '삼신일체상제三神一體上帝', 줄여서 '상제上帝'라 불렀다. 상제는 우주 통치자의 공식 호칭으로 **'가장 높은 자리에 계신 하느님'이란 뜻**이다. 상제의 '제帝'는 본래 우주를 통치하는 천상의 제왕신으로 계시는 절대자를 가리키는 글자였으나 상제를 대행하여 지상地上을 다스리는 '황제皇帝'를 지칭하면서 임금이란 뜻으로 굳어지게 되었다. 본서에서는 기성 종교에서 말한 천상의 우주 통치자가 동일한 한 분임을 강조하기 위해 '상제' 라는 호칭과 아울러 여러 호칭을 같이 사용하였다.

하느님 제
(갑골문자)

과 더불어 인류 문명을 일궈나가는 두 축을 이루게 된 것입니다.

2) 종교가 전한 가르침

인간의 삶 속에는 슬픔과 기쁨 사이를 오가는 운명의 시계추가 있습니다. 이 시계추가 희비의 양극단을 오갈 때 인간은 실의失意에 빠져 밀려드는 고독과 눈물로 인생을 단련시키기도 하고, 환희와 삶의 보람으로 가슴에 멍울진 아픔을 씻어 내기도 합니다. 기쁨과 슬픔은 태초에 하느님이 내려 주신 고귀한 선물입니다.

인간은 한평생을 살면서 몇 번쯤은 운명의 쇠망치에 얻어맞고 슬픔과 충격 속에서 어찌할 줄 모르는 상황에 직면하게 됩니다. 인생이 뼈아픈 좌절과 허무에 빠졌을 때, 스스로 던지는 가장 진실되고 절박한 물음은 무엇일까요? 그것은 **'도대체 산다는 것이 무엇이냐'** 하는 것입니다. 생명의 숨결이 멎는 순간까지 후회하지 않고 가장 값지게 사는 길이 무엇인지 묻게 됩니다. 바로 이러한 인생의 근본 문제에 해답을 열어 주는 것이 종교입니다. '종교를 믿느냐 안 믿느냐' 하는 문제를 따지기 이전에, 인간은 이미 종교적 존재로 태어났습니다. 사람은 누구나 인생이라는 낯선 길을 가면서, 본능적으로 이 세계의 신비와 자신의 운명, 그리고 삶과 죽음이라는 풀기 어려운 의문을 품고 끊임없이 고뇌하며 살아갑니다.

그렇다면 지금까지 기성 종교가 전한 가르침의 핵심은 무엇일까요? 그것은 **'인생의 근본을 깨닫고 스스로 새로워지라'**는 것입니다. 진리를 깨달음으로써 영혼은 생명의 빛을 찾아 변화하고 육신은 성결聖潔하게 되어 마침내 영원한 우주생명의 근원 자리로 되돌아갈 수 있습니다. 이것이 인간이 구원받는 생명의 길이었습니다.

지금까지 기성 종교는 불멸의 **생명의 조화 세계**로 되돌아가기 위한 구도의 기본자세로서 강인한 **'믿음과 실천'**을 외쳐 왔습니다. 오직 **정성과 믿음**, '일심一心'을 통해서 영원한 생명 속으로 들어설 수 있다고 가르친 것입니다. 이 일심 자리는 천지와 나, 즉 주·객이 하나로 녹아떨어진 조화 경지입니다. **'존재의 가장 깊은 곳'**에서 열리는 이 **'절대 순수의 일심 자리'**가 바로 하느님의 마음자리입니다. 인간이 **천지일심** 자리에 머무를 때 비로소 신묘한 조화 세계가 열리고 하느님의 영원한 생명의 대광명이 밝게 비쳐 옵니다.

아득한 예로부터 인류는 천지 만물에 깃든 신령스러움을 체험해 왔습니다. 특히 동방 한민족은 신에 대한 영적 체험과 믿음을 **인류 시원의 원형문화**인 **'신교神敎'** 문화로 발전시켜 왔습니다. 신교神敎는 본래 '이신설교以神設敎'라는 말로 신의 가르침으로 '나'와 '세상'을 다스린다는 뜻입니다.

한민족은 대우주 생명력의 본체인 조물주를 **'삼신三神'**이라 불러 왔습니다. 그 까닭은 조물주 일신一神이 현실계에서 3수의 구성 원리에 의해 **낳고**(조화造化), **기르고**(교화敎化), **다스리는**(치화治化) 세 가지 신성의 손길로 작용하기 때문입니다(三神卽一神). 유·불·선 삼도三道는 삼신의 세 본성에 따라 인류사에 펼쳐진 제2의 종교입니다.

신(一神)의 **'3수 정신'**을 바탕으로 한 **신교**를 인류 문화의 뿌리가 된 **'제1의 원형 종교'**(뿌리 문화)라 한다면, 하느님께서 친히 '생명의 존재 원리'에 따라 지상에 보내신 공자, 석가, 노자, 예수가 인류를 교화하기 위해 펼친 **유·불·선·기독교**(西仙)는 세계 문명의 원형 종교인 신교에서 분화한 **'제2의 종교**(줄기 문화)'라 할 수 있습니다.

3) 종교로 다가가는 과학

대자연의 신비를 풀고 인류 구원을 성취하는 또 다른 길은 **과학**입니다. 그러면 과학은 어떤 세계를 추구해 왔을까요? 인간은 우주의 신비를 풀기 위해 '보편타당하고 객관적인 법칙'을 찾아 왔습니다. 그리하여 가설을 설정하고 자연에서 보고 관찰한 경험을 통해 이를 검증함으로써 합리적인 법칙을 세우게 되었습니다. 과학은 이처럼 자연을 탐구하고 분석하여 체계적인 법칙과 이론을 정립함으로써 우주의 신비와 그 변화 현상에 대한 새로운 사실을 밝혀 왔습니다.[2)]

현대 문명은 과학의 발달과 기술의 진보에 힘입어 눈부시게 발전하였고 인간의 사고와 삶의 질도 놀랍게 진화했습니다. 우주의 생성 과정과 극미 세계의 신비를 밝힌 현대 물리학의 연구 성과는 가히 경이롭기까지 합니다. 현대 물리학에서 내놓은 새로운 세계관이 일찍이 종교에서 밝혀 놓은 우주관에 접근해 가고 있다는 사실은 더욱 놀랍습니다. 물질세계의 가장 깊은 곳까지 추적해 들어간 물리학자들은, **정신과 물질은 '한 몸'**이 되어 작용하며 만물은 아무것도 없는 듯한 **'텅 빈 공空'**에서 생겨났다가 사라진다는 놀라운 모습을 발견했습니다.[3)] 이 우주의 **현상** 세계는 엄연히 존재하지만 만물의 고정된 **실체**가 없다는 것입니다. 과학에서 밝힌 이 경계는 나와 우주 만물을 초월한 물아양망物我兩忘·망형망재忘形忘在의 경지로서, 바로 종교에서 말하는 **대우주**

---

2 **과학 문명의 기원** | 일반적으로 서양 과학의 탄생지로 고대 그리스를 말한다. 현대과학에서 쓰이는 추상화·체계화·법칙화 등의 기초 개념과, 실험·관찰·계산 등의 기본적인 방법이 고대 그리스에서 확립되었기 때문이다. 그러나 과학은 그리스에서 갑자기 생겨난 것이 아니라 **고대 오리엔트**에서 크게 영향을 받았다. **수메르 문명**을 계승한 바빌로니아를 비롯한 중동 지역의 오리엔트 문명은 이집트와 크레타를 거쳐 그리스로 전파되었다. 많은 그리스인들이 이집트에 가서 과학을 배워 왔다. 기원전 6세기의 자연철학자 탈레스는 이집트에 가서 기하학을 들여왔고 피타고라스에게 이집트에 가서 수학을 배우라고 권고하였다.

3 미국의 저명한 과학자인 워커E.H Walker는 **"빛의 입자가 분명히 의식을 지니고 있다."**라고 했다(『The Nature of Consciousness』). 양자론에서는 인간의 의식 자체가 에너지를 지니고 있고, 마음과 물체 사이에 **상호 관계**가 있으며, 인간의 **마음이 없으면 아무 것도 없다**고 주장한다.

조물주 조화옹의 마음자리입니다.

종교와 과학은 우주의 신비를 파헤쳐 궁극으로 인류 구원을 성취하려는 점에서 그 목적이 동일합니다. 다만 서로 방법을 달리하여 시간과 공간, 정신과 물질의 근본 자리(一心)에 대한 해답을 추구해 왔을 뿐입니다. 종교 세계에서는 만유 생명의 바탕인 마음을 텅 비우고 선정禪定과 기도 생활을 통해 영원한 생명의 조화세계인 하느님의 마음자리를 체험해 왔고, 과학자들은 수학적 이론과 정교한 과학적 기술을 이용하여 이 영원의 자리를 밝히고자 했습니다.

4) 종교와 과학을 통합하는 철학

현대 문명을 이끌어 온 오늘날 제2의 종교는 '도의 원형 뿌리 문화' 인 신교와 단절되어 그 근본 가르침이 오도되고 생명력 또한 고갈되어 숱한 문제를 일으키고 있습니다. 이제 인류는 제2의 세계 종교가 안고 있는 대립과 모순을 극복하고 보편적인 세계 구원을 성취할 수 있는 '제3의 초종교(열매 문화)'가 출현하기를 고대하고 있습니다. 인류의 시원 모체문화인 신교를 태동시키고 제2의 종교문화를 발생시킨 동양의 유구한 영적 유산과 전통을 생각할 때, 그러한 제3의 초종교도 역시 동양에서 태동하리라는 것을 가늠할 수 있습니다. 로마 시대로부터 전해지는 "빛은 동방으로부터!(ex oriente lux)"라는 경구는 혼란과 전환의 시대에 언제나 동양에서 구원의 빛이 비쳐 온다는 하느님의 섭리를 간파한 명구입니다.

인류 문명의 극적인 대전환기를 맞이한 오늘, 제3의 초종교의 출현과 함께 세계 구원의 빛이 동방에서 비쳐오고 있습니다. 인류의 열매 문화인 이 초종교의 출현은 문명의 양대 산맥인 종교와 과학을 통합하는 길이기도 합니다. 종교와 과학은 서로 보완하는 관계에 있습니다. 인간이 추구하는 진리 세계를 나무로 비유하면, 종교는 보이지 않는 생명의 근본(道) 자리인 뿌리를, 과학은 현상 세계(物)에 해당하는 줄기를 해명해 줍니다. 사실, 종교가 부르짖는 이상 세계는 과학의 도움 없이 구현될 수 없으며, 과학이 해명하고자 하는 인간과 우주의 신비는 내적 통찰과 종교적 깨달음의 도움 없이는 풀 길이 없습니다. 이 양자를 하나로 조화시켜 천변만화千變萬化하는 인간 세상을 마침내 영원한 평화의 꽃밭으로 가꾸고, 유·불·선·기독교의 우주관과 구원관을 통일하는 역할을 철학이 성취하게 됩니다.

동서양을 막론하고 인간은 '우주의 본체는 무엇이고 그 본체는 어떻게 현상 세계를 열어 가는가' 하는 문제를 밝히고자 노력하였습니다. 그러한 인간의 탐구욕이 철학의 세계를 열어 놓았습니다. 동양에서는 일찍이 약 1만 년 전부터 음양의 체용體用관계로써 역易 철학을 정립하였고, 서양에서는 본체론과 우주론으로써 이 문제를 해결하고자 하였습니다. 그러나 서양 철학은 변화의 본체와 작용을 총체적으로 해명하지 못하고 이론의 대립과 모순을 남김으로써 우주 변화의 원리를 명확하게 제시하지 못했습니다. 이제 인류의 통일문화를 열기 위해서 인간 지성은 종교와 과학의 한계를 극복할 제3의 길을 모색하지 않을 수 없는데, 그 길이 바로 '통일된 우주 원리'를 제시하는 **동양의 '역易' 철학**입니다.

2. 역 철학, 우주 구원 섭리를 밝히다

1) 우주변화의 길을 밝힌 역 철학

역易은 인류의 태곳적 황금 시절의 '뿌리 문화' 신교에서 탄생했습니다. 역 철학은 만유 생명이 근원으로 돌아가는 변화 법칙에 따라 **우주의 목적과 동·서 통일문화의 길**을 밝혀 줍니다.

- 상제님께서 **십이지지十二地支** 물형부物形符를 가르쳐 말씀하시기를 "이는 **태고太古시대의 도술道術**이니 선경세계를 건설할 때에 크게 쓸 것이니라…." 하시니라. (2:143)
- 주역周易은 개벽할 때 쓸 글이니 주역을 보면 내 일을 알리라. (5:248)

역易은 천지 만물이 한순간도 멈추지 않고 변화해 간다는 뜻입니다. 우주는 일음일양一陰一陽 운동을 하며 일정한 목적을 갖고 돌아갑니다(一陰一陽之謂道). **역도易道는** 바로 이러한 **우주 변화의 길**이며, 역 철학은 그 변화의 법칙을 밝힌 것입니다. 1871년(신미辛未)에 동방 땅 조선에 강세한, 인간과 천지 만물의 통치자 하느님이신 증산 상제님과 상제님의 종통대권을 계승한 태모 고 수부님은 이렇게 말씀하셨습니다.

- **천지의 모든 이치가 역易에** 들어 있느니라. (2:20)
- **우주의 순환 이치를 알아야** 이 길을 찾을 수 있느니라. (11:122)

이 말씀의 핵심은, 생명의 근본(道) 자리는 물론이고 상제님이 주관하시는 우주 만유의 운행 원리를 **역 철학**에서 밝혀 주고 있다는 것입니다. 상제님께서 이 땅에서 펼치신 9년 천지공사의 정신과 인류 구원의 역사 섭리를 해독할 수 있는 열쇠가 바로 동양의 역 철학입니다. 역易이란 글자는 무궁한 변화와 생성을 뜻합니다.

역은 크게 **주역周易**과 **정역正易**으로 나뉘는데 **『환단고기桓檀古記』**[4] **『태백일사太白逸史』**

---

4 **『환단고기』** | 동방 한민족은 물론 인류 창세 역사를 밝히고 있다. 환국의 7대 환인(3,301년), 배달국의 18대 환웅(1,565년), 고조선 47대 단군(2,096년)의 한민족 시원 역사는 물론 인류 시원종교인 신교의 가르침이 구체적으로 서술되어 있으며 동방 한민족의 신관과 우주관, 정신 세계를 밝히는 한민족의 역사 경전經典이다. 안함로의 『삼성기』 상, 원동중의 『삼성기』 하, 행촌 이암의 『단군세기』, 복애거사 범

에는 역도易道의 뿌리가 '환역桓易'이라 밝히고 있습니다. 삼신상제님께서 인류 시원 국가 환국桓國의 개창자이자 당신의 대행자인 안파견 환인에게 『천부경天符經』을 계시해 주셨고, 이 『천부경』을 근거로 해서 나온 환역이 역의 뿌리가 되었습니다. 환역은 시간과 공간의 본질을 다룬 '체원용방體圓用方[5]'의 이치를 제시하여 역(변화) 철학의 물꼬를 텄습니다. 이렇듯 역의 기원은 약 1만 년 전 인류 창세역사 시대로 거슬러 올라갑니다. 그 뒤 환국을 계승한 배달국 시대에 동이족東夷族의 성인 제왕 복희伏羲가 약 5,500년 전에 삼신상제님께 '하도河圖'를 계시받고 '복희팔괘伏羲八卦'를 완성하였습니다. 동방 배달국의 5세 태우의太虞儀 환웅의 막내아들인 태호 복희는 백두산에서 상제님께 천제를 올리고 천하天河에서 하도를 계시받았습니다. 하도는 하늘과 땅에 가득 찬 생명의 질서를 자연수의 법칙으로 압축한, 삼신상제님께서 내려 주신 인류사 최초의 '계시도'입니다(제4장 2절 참조). 복희 성황聖皇은 『천부경』의 환역과 이 하도를 근거로 천지일월과 만물의 창조 법칙을 천명한 팔괘를 최초로 창안하고 역(羲易)의 기틀을 정립하였습니다. 그래서 이 땅에 강세하신 삼신하느님, 증산 상제님께서는 태호 복희太昊伏羲가 '선천 인문人文의 시조'라 천명하셨습니다.

※ 應須祖宗太昊伏인댄 何事道人多佛歌오
응 수 조 종 태 호 복 하 사 도 인 다 불 가
마땅히 선천 문명의 조종祖宗은 태호 복희인데
웬일로 도 닦는 자들이 허다히 부처 타령들이냐!(5:282)

복희를 이어 3천 년 전, 주나라의 시조 문왕이 '문왕팔괘'를 완성하고 공자에 이르러 현재의 주역이 정립되었습니다. 정역은 19세기 후반 조선의 역 철학자인 김일부金一夫 대성사大聖師에 의해서 완성되었습니다. 이처럼 역 철학의 체계를 정립한 주인공들은 모두 동방 배달의 혈통을 계승한 동이족 출신의 성인이었습니다. 공자가 정립한 주역은 괘효卦爻를 중심으로 윤리 도덕의 기틀을 확립하였으며, 김일부 대성사가 지은 정역은 하도와 낙서를 중심으로 선천에서 후천으로 우주가 전환하는 이치와 그 과정을 논증했습니다. 주역이 괘상卦象의 논리로 주로 공간의 변화 현상을 다루는 데 비해, 정역은 우주 대자연의 여름철과 가을철이 바뀌는 섭리를 오묘한 천지의 수상數象의 논리로 밝히고 있습니다. 주역과 정역은 한마디로 우주 시공간의 변화 법칙을 밝힌 지혜의 보고입니다.

장의 『북부여기』, 이맥의 『태백일사』로 구성되어 있다.

5 체원용방 | 『태백일사』 「소도경전본훈」에 환역은 둥근 하늘을 창조의 본체로 하고 땅을 변화의 작용으로 하여, 모습이 없는 것에서 우주 만물의 실상을 아는 것이니 이는 하늘의 이치를 밝힌 것이라고 전한다. 희역은 땅을 변화의 본체, 하늘을 변화의 용으로 하여 하늘의 실체를 밝혔고, 주역은 체와 용을 겸비하여 하늘의 명령 즉 천명을 밝힌 것이라 한다.

2) 역 철학을 통해 밝히는 구원의 섭리

천·지·인 삼계를 다스리시는 상제님께서도 역도易道에서 밝힌 우주 시공간의 변화 법칙에 따라 자존自存하십니다. 상제님이 개벽장開闢長으로서 주재하시는, 불원간 닥칠 후천 대개벽의 신비와 구원의 역사 섭리를 알기 위해서는 역도易道에 숨어 있는, 우주 변화의 오묘한 섭리를 밝혀내야 합니다.

우주의 변화란 '시간과 공간' 즉 시공의 변화 작용입니다. 우주의 시공간 변화 작용 가운데 가장 심오하고 신비로운 것은 **'천지개벽'**이라는, 시공의 파격적인 대변화 운동입니다.

❋ 천지개벽天地開闢도 **음양이 사시四時로 순환하는 이치**를 따라 이루어지는 것이니 (2:20)

증산 상제님께서는 개벽장 하느님으로서 천지개벽을 주재하여 인류 구원의 길을 열어 주셨습니다. 상제님이 시간과 공간의 대변화 운동인 천지개벽의 과정에서 어떤 파천황의 섭리로 인류를 구원하시는지, 역 철학에서 그 해답을 밝혀 주고 있습니다. 상제님이 주재하시는 **우주 변화 운동의 근본 틀**을 밝힌 진리 체계가 바로 동방의 역 철학이기 때문입니다(제4장의 '천지일월의 변화 법칙을 밝힌 역' 참고).

다음은 역 철학을 바탕으로 밝힌 우주 변화 운동의 근본 틀을 살펴보겠습니다.

닐스 보어의 의장意匠 | 20세기 양자 물리학을 이끈 닐스 보어의 예복禮服에는 태극 문장과 함께 'Contraria sunt complementa' (대립되는 모든 것은 상호 보완적이다)라는 글이 새겨져 있다.

제2절 우주는 어떻게 변화하는가

1. 우주생명의 삼박자 리듬: 무극·태극·황극

※ 천지의 이치는 **삼원**三元이니 곧 **무극**無極과 **태극**太極과 **황극**皇極이니라. 무극은 **도의 본원**本源이니 **십토**十土요, 태극은 **도의 본체**로 **일수**一水니라. 황극은 만물을 낳아 기르는 **생장**生長 **운동의 본체**니 **오토**五土를 체體로 삼고 **칠화**七火를 용用으로 삼느니라. (6:1)

만물의 탄생과 변화는 천지에 가득 찬 **우주생명**(氣)의 **율려**律呂 **작용**으로 일어납니다. 그런데 그 우주생명 속에 담겨 있는 창조와 변화 운동의 원리를 **우주정신**(理)이라 합니다. 상제님(三神一體上帝)은 이 우주의 조화정신(三神)과 하나 되어 천지와 인간 역사를 다스리시는 대우주의 통치자 하느님이십니다.[6]

그러면 우주정신은 어떻게 만물을 창조하고 변화시키는 것일까요? 정역正易을 정립한 김일부 대성사는 무극·태극·황극이라는 삼극[7]의 변화 논리로 **우주정신의 실상**을 밝혔습니다.

우주는 근원에서 멀어지는 생장의 '**역**逆 **운동**'과, 근원으로 수렴하는 성숙의 '**순**順 **운동**'을 반복합니다. 역 운동을 하는 시간대를 '**선천**先天'이라 하고, 순 운동을 하는 시간대를 '**후천**後天'이라 합니다. 『정역』은 우주 변화 운동을 **천간**天干 **지지**地支와 수상數象의 논리로 해명하는데, 선천에서 후천으로 전환하는 변화의 틀을 개벽의 이치로 밝히고, 그 변화의 본체를 삼극 논리로 전하고 있습니다. 일부 대성사는 **우주 조화의 근원**을 '무극無極', **우주의 만물 창조의 본체**를 '태극太極', 창조·변화를 주재하여 만물을 성숙으로 이끄는 **우주 운동의 본체**를 '황극皇極'이라고 하였습니다. 여기서는 그 기본적인 틀을 간단히 살펴보겠습니다.

1) 우주 조화의 근원, 무극無極: ○

잠시도 쉼 없이 변화하며 흘러가는 저 대자연을 바라보십시오. 극미의 원자 세계에서 무변광대한 우주 천체에 이르기까지 만물은 음양의 통일과 대립 속에서 조화를 이루며 생명의 춤을 추고 있습니다.

---

6 **우주를 구성하는 세 요소** | 화이트헤드는 우주를 구성하는 세 요소를 창조성creativity(氣)·영원적 객체eternal object(理)·신God(조화성)이라 말한다. 창조성이라는 '무無 한정자限定者'를 영원적 객체인 '한정자'가 한정지을 때, 이 변화가 실제로 일어나도록 하는 최후의 요인이 곧 신이고, 이러한 신의 활동으로 우주는 창조적 전진을 계속할 수 있다고 하였다.

7 **삼극** | 삼극에서 극極이라는 글자는 끝(極), 가운데(中)라는 뜻이 있다. 무극은 '조화의 극'이라는 의미가 있고, 태극은 '본체의 중', 황극은 '작용의 중'이라는 의미가 있다.

무극無極이란, 우주생명이 음극과 양극으로 나누어지기 이전, 곧 주객으로 분화하기 이전 상태인, 인간과 우주생명의 본원으로 **상대성을 초월한 절대 자리**입니다. 시공時空이 벌어지기 이전의 상태인 무극생명은 '무無의 지극한極 조화 경계'라는 이름 그대로 음도 양도 아닌 **절대 중**中입니다. 그 본성이 허虛하고 무無하여 **우주 조화의 바탕**이 됩니다. 이 우주 조화의 궁극적 근원인 무극의 경계는 오직 고도의 직관을 통해서 느끼고 체험할 수 있습니다. 그러므로 우리 마음이 무극의 경계가 있다고 인정하면 그 조화가 우리 영靈 속으로 흘러 들어오되, 없다고 생각하면 응하지 않습니다. 이것이 노자가 말한 무無이며, 예수의 십자가十字架가 상징하는 영생과 사랑의 길(道)입니다.

무극은 음양 분화 이전의 시원 자리이므로 부호로는 '○', 상수象數로는 '0零'으로 나타냅니다. 이를 **본체 무극**(0무극, 본원 무극)이라 합니다. 그리고 이와 구분하여 현실 우주의 순환질서 속에서 작용하는 무극을 상수로 '10'무극수로 나타냅니다. 이를 **현상 무극**이라 합니다. 현실 속에서 우주 만유를 통일 수렴하는 **가을철의 천지 조화 기운**이 바로 '10무극'입니다. 이 '10무극'은 10토土(未土)가 주재합니다.

인류 문명사로 보면 본체 무극(0무극)의 정신을 펼친 도는 바로 천지의 허虛하고 무無한 기운으로 태동한 선도仙道입니다.

※ 受天地之虛無하여 仙之胞胎하고
수천지지허무　　선지포태

천지의 허무(無極)한 기운을 받아 선도가 포태하고 (2:150)

선도는 바로 이 무극생명의 진기眞氣 속으로 심신을 수렴收斂시켜 영원한 우주 생명을 성취하는 '**선**仙**의 길**'을 가르쳐 왔습니다. 증산 상제님의 진리, 증산도는 가을철에 천지 만물을 통일 수렴하는 10무극 정신에 의해서 탄생한 '**10무극 시대를 여는 가을 우주의 조화 선도**'입니다.

2) 우주 창조의 본체, 태극太極: ☯

(1) 태극, 공空과 물(水) | 태극은 혼돈의 우주 바다인 무극의 생명 막이 음양陰陽이라는 양극으로 움직이며 상대성 운동을 하는 자리입니다. 실질적으로 **우주가 만물을 창조하는 운동**은 이 태극太極생명에서 시작합니다. 그런데 태극생명은 어떤 외부의 손길에 의해서가 아니라 **무극 속에 내재한 태극성**에 의해서 자연적으로 작동됩니다. 무극이 질서화하여 열린 태극은 **만물 창조의 본체**입니다.

태극의 본체는 '**공**空'이고, 그 상象(image)은 현실계에 '**물**(水)'로 드러납니다.

무극의 조화 기운이 압축 공약되면, 무극은 충만한 공空의 상태가 됩니다. 이 공空자리는 일견 텅 비어 있는 것으로 생각되지만, 실제로는 우주의 진기眞氣(순수 에너지)

로 충만한 만물 창조의 본체 자리입니다. 이 공(眞空)에서 물(水)이 창조되면서 우주의 생명 창조 운동이 시작됩니다. 이 물에서 천지 만물이 나왔고, 현상계의 모든 변화도 결국 물의 변화 운동입니다. 물의 극단적인 분열의 모습이 바로 '불(火)'의 변화 작용입니다. 이처럼 만물을 창조하는 본체인 공을 **'우주 창조의 본체'**라 하고, 만물 창조 운동의 시작이자 만물 생성의 뿌리인 물을 우주 창조의 **'생명의 본체'**라 합니다. 이 물은 곧 태극수로, 상수로는 1로 나타냅니다. 그런데 **물의 뿌리가 진공**이므로 **만물의 본질**과 **실상**(참모습)은 바로 **공**인 것입니다.

(2) 태극생명의 성질 | 우주 창조의 본체인 태극의 특성에 대해 몇 가지 중요한 점을 살펴보면 이러합니다.

첫째, 태극생명의 본 모습은 '공空'입니다.

만물은 '진공眞空'의 경계에서 생겨납니다. 20세기 초엽 28세의 한 젊은 물리학자가 진공의 특성을 밝혀 현대의 세계관과 우주관에 대변혁을 일으켰습니다. 1929년 영국의 양자물리학자 디랙Paul Dirac(1902~1984)은 전자의 동태를 기술하는 방정식을 풀다가 원래의 물질과 반대되는 성질을 지닌 '반反물질'이 존재함을 알아냈습니다. 그는 이를 바탕으로 "우주의 진공은 마이너스(음) 에너지의 전자[8]로 가득 차 있다."라는 **'공空 이론**(hole theory)'을 발표했습니다(1930). 진공의 실체를 밝힌 그의 연구는 당시로서는 획기적인 것이었습니다. 오늘날 양자물리학에서는 디랙의 공 이론을 수정하여, '우주 공간은 에너지를 가진 장場(field)으로 이루어져 있다'고 인식합니다.

물리학에서 밝혔듯이, 진공은 단순히 텅 빈 무無가 아닙니다. 물질을 생성하는 에너지로 꽉 차 있는 **우주 창조의 모체**이자 **모든 생명의 원천**입니다. 과학자들은 우주 공간이 완전한 진공에 가깝다고 합니다. 또 모든 물질을 구성하는 원자도 원자핵을 제외하면, 대부분 진공이라 합니다. 예를 들어 원자를 압축시켜 원자핵만 모아 놓는다면, 우리의 육신은 미세한 모래 입자 하나 크기도 안 되며, 지구도 탁구공 한 개 크기에 불과하다는 것입니다. 이렇듯 대우주에 존재하는 물질조차도 거의 진공과 같은 상태로 존재하며 보이지 않는 에너지로 꽉 차 있습니다. 무한히 넓은 우주 공간에 벌어져 있는 수많은 은하계의 성좌도 실제로는 무극이 오묘하게 공약되어 생긴 공空 속에서 태어났으며, 그 속에서 삶과 죽음의 리듬을 타며 꿈결같이 변화하다가 한순간에 사라

---

8 **마이너스 에너지의 전자** | 디랙이 말한 음 에너지를 띤 전자란 일반 전자와 반대되는 전하를 띤 반전자를 뜻한다. 그의 예측대로 반전자는 2년 후(1932) 실제로 발견되었고, 그후 다른 소립자의 반물질도 발견되었다. 후에 반물질은 파인만-슈티켈버그의 해석으로 수정하여 설명되었다. 오늘날 양자역학에서는 물질 영역 이면에 보이지 않는 **'대우주에 꽉 찬 에너지의 존재'**를 **진공 에너지**라 부른다. 이것은 우주의 가속 팽창의 수수께끼를 푸는 '암흑 에너지의 후보'로 거론되는 등 우주론 연구의 주요 과제로 자리 잡고 있다.

져 버리는 것입니다.

둘째, 태극수는 음양의 상대성 운동을 합니다.

진공에서 창조된 태극의 생명수(太極水)가 우주의 시공을 적셔 들어가자, 현실 세계에서 무상한 변화를 엮어 내는 우주 변화의 물레방아가 돌기 시작했습니다. 이때 **만물 생성의 근원인 태극수**가 지닌 **음양의 양면성** 때문에 우주는 '천상과 지상', '신명계와 현상계', '시간과 공간', '정신과 물질', '남과 여', '탄생과 죽음', '슬픔과 기쁨' 등과 같이 **태극의 음양체**를 이루어 존재하며 변화하게 되었습니다.

태극수의 양면성은 물질을 형성하는 가장 기본(素, basic)이 되는 인자인 소립자素粒子(elementary particle) 세계에서도 여실히 드러납니다. 19세기 말, 더 나누어질 수 없는 존재로 여겨 왔던 원자는 과학자들의 여러 실험적 사실을 근거로 더 작은 입자인 소립자로 이루어져 있다는 사실이 명확해졌습니다. 이후 약 300여 개에 달하는 여러 소립자가 하늘의 구름처럼 서로 엉켜서 **'에너지 구름'**을 형성하고 상호 의존하며 존재한다는 자연계의 놀라운 존재 모습이 밝혀졌습니다. 또한 소립자 연구를 통해 입자에 상대되는 반反입자가 빛과 그림자처럼 서로 포개져 존재한다는 사실도 밝혀졌습니다. 우주 생명계가 **'음양의 일체 관계'** 속에서 유기적으로 상호 관계를 맺고 생성·변화한다는 것을 알아낸 것입니다. 입자와 반입자의 존재는 서로 분리되어 작용할 수 없는 **한 통일체의 양면성**을 극명하게 드러내 줍니다.

소립자의 '입자성과 파동성' 역시 태극생명이 상대성으로 존재한다는 것을 보여 주는 좋은 예입니다. 천지 공간에 가득 차 있는 **기氣**가 곧 과학자들이 말하는 **장場**인데, 이 장(우주의 마당)에서 튀쳐나오는 에너지 다발인 소립자들은 **'입자'**이면서 동시에 **'파동'**으로 나타납니다. 파동은 물결처럼 퍼져 나가는 연속성을 띠지만, 입자는 비연속적인 알갱이 모양의 구조를 지닙니다. 우주생명의 장은 마치 거미줄이 출렁이듯 파동의 형태로 요동치는데, 이런 장의 요동 속에서 밀도가 높아진 부분이 바로 극미한 입자로 나타납니다. 이를 두고 아인슈타인은 **"물질이란 장이 극도로 강하게 집중된 공간의 영역들에 의해 성립되는 것"**이라 하였습니다.

이상에서 살펴본 바와 같이, 현실 세계의 모든 실재는 '공간과 시간', '물질과 정신', '입자와 파동', '연속과 비연속' 등과 같이 양면성을 지니고 변화해 나가는데, 이것은 만물 창조의 모체인 태극수 자체가 음양의 상대성을 지니는 한편 그 음양의 극성이 서로 의지하고 조화를 이루면서 하나의 통일체로 존재하기 때문입니다.

셋째, 태극생명의 본성은 역동적입니다.

우주 만유는 한순간도 멈추지 않고 변화합니다. 하나의 먼지나 모래알에서 우리 육

천간	甲	乙	丙	丁	戊	己	庚	辛	壬	癸
상수	3	8	7	2	5	10	9	4	1	6
오행	木		火		土		金		水	

지지	子	丑	寅	卯	辰	巳	午	未	申	酉	戌	亥
상수	1	5	3	8	5	2	7	10	9	4	5	6
오행	水	土	木		土	火		土	金		土	水

신에 이르기까지 정지해 있는 것은 아무것도 없습니다. 인간의 감각으로는 가늠할 수 없는 수억 분의 1초라는 극히 짧은 수명을 지닌 수많은 소립자도 생멸生滅 작용을 무한히 반복하며 변화해 갑니다. 이러한 현상은 만물을 생성, 변화시키는 '기氣의 파동성' 때문입니다. **대우주의 끊임없는 팽창도 태극생명의 역동성이 발현된 것입니다.** 지구에서 보면 무수한 은하계가 매초 수천km의 속도로 멀어지며, 멀리 떨어진 별들은 거의 빛의 속도로 멀어져 갑니다. 이러한 역동성의 발견은 지난 세기 천문학이 이룩한 가장 빛나는 업적 중의 하나입니다. 이처럼 1조 분의 1㎝라는 극미의 소립자 세계에서 거대한 우주에 이르기까지 모든 존재의 본질적 특성은 끝없는 생·멸의 유전流轉과 변화 속에서 생명의 춤을 추며 살아 움직이고 있다는 것입니다.

(3) 만유 생명의 근원 자리(空) | 그렇다면 시공時空이 끊어진 경계, 삼라만상이 화려하게 벌어졌다가 끝내 그 속으로 귀환하여 사라져 버리는 우주의 조화의 대광장大廣場인 공空은 어떠한 모습일까요?

20세기 후반에 신과학(new science) 운동을 대중화시킨 카프라Fritjof Capra의 말처럼, **진공은 생성과 소멸이 끝없이 고동치는 '살아 있는 허虛(living emptiness)'입니다.** 진공의 이 같은 역동성을 발견한 것은 현대 물리학의 위대한 성취입니다.

살아 있는 허로서 **영원한 생명의 근본 자리인 '공空의 진리'**를 부르짖은 이가 바로 석가여래입니다. 그는 **'극락정토의 공空'**을 40년 이상 부르짖으며 영원한 천지 생명의 근본자리로 돌아갈 것을 전하였습니다. 석가가 외친 공은 바로 불교 정신의 귀향처입니다.

※ 受天地之寂滅하여 佛之養生하고
수천지지적멸 불지양생

천지의 적멸(太極의 空)한 기운을 받아 불도가 양생하고 (2:150)

정역의 창시자 김일부 대성사는 10무극의 중성 기운인 토성土性과 1태극수의 수성

삼극 원리						
삼극 三極	작용作用	오행 五行	상수數象		지지地支	사체 四體
			본성本性	현상現象		
무극無極	조화 본원	토土	0	십토十土	미未	건乾 (☰)
태극太極	창조 본체	공空	5토五土	6수水 1수水 (십일十一)	진辰 술戌	곤坤 (☷) 감坎 (☵)
	창조 운동 본체	수水				
황극皇極	생장 운동 본체	토土	5토五土	7화火	오午	리離 (☲)

水性을 모두 지닌 오묘한 생명의 존재 모습(象)을 밝혀 내고, 이것을 **'십십일일지공十十一一之空'**이라 하였습니다. 또한 12지지地支의 술戌을 빌어 **'술오공戌五空'**이라고도 하였습니다. 현실 세계의 만물 창조와 운동의 기본을 말할 때는 보통 태극수로 말하지만, 천지 만물을 생성하는 생명의 본체 자리는 태극수의 본 뿌리인 공空입니다. 무극과 태극을 한마디로 정리하면, **무극**(10土, 未)은 **무형의 조화 근원**이며, **태극**(空과 水, 戌과 壬)은 무극에서 열린 **유형**(우주 만물)의 **창조 모체**입니다.

3) 우주 창조와 변화 운동의 중매자, 황극皇極: ☯

우주 창조는 무극에서 태극으로 전환하는 과정을 통해 이루어집니다. 태극수가 휘감아 돌며 분열 운동을 시작하면 현실의 우주는 봄철의 목木기운을 거쳐 여름철의 불(火)기운으로 탈바꿈하면서 만물을 생장 분열시켜 나갑니다. 그리고 그 분열의 정점(未土, 무극)에 이르면 우주는 **통일 운동(후천개벽)**으로 전환하기 시작하고, 통일의 극점(戌土, 태극)에 와서는 다시 다음 주기의 분열(생장) 운동(선천개벽)을 준비합니다. 자연의 변화란 한마디로 분열(태극)과 통일(무극)을 끊임없이 반복하는 창조 운동입니다.

그런데 봄여름 생장의 전 과정을 주재하여 분열과 통일 운동이 끊어지지 않고 영원히 지속되도록 매개하는 **중매자**가 있습니다. 바로 **우주의 생장 운동의 본체로 작용하는, 조화 능력**을 지닌 중성생명 **'황극皇極'**입니다. 이 황극이 **무극과 태극의 창조 운동을 완성**합니다. 본래 황극이란 말은, 천자가 나라를 다스리는 아홉 개 큰 원칙을 기록한 〈홍범구주洪範九疇〉[9]에 처음 등장합니다. 그 아홉 가지 가운데 중앙에 있는 다섯째가 바로 황극인데, 주자朱子는 황극을 천하의 중심에 존재하면서 세상을 주재하는 천자

9 **홍범구주**洪範九疇 | 홍범은 대법大法을 말하고, 구주는 9개 조條를 말한다. 즉 국가를 통치하는 **'9개 조항의 큰 법'**이라는 뜻이다. **'범주範疇'**라는 말이 여기서 유래하였다. 조선의 태자 부루가 단군왕검의 명을 받아 우禹에게 오행치수五行治水의 법을 전수하였다. 우가 이 오행치수법으로 홍수를 성공적으로 다스릴 수 있었는데 중국의 기록을 보면, '우가 홍범을 얻어서 치수에 성공했다'고 한다. 즉 홍범구주가 바로 오행치수법의 내용인 것이다. 홍범구주 9조목 중 다섯째가 바로 황극에 관한 내용이다.

天子 자리로 풀이하였습니다. 그 후 황극은 '임금 황皇'자가 의미하듯, 모든 인사 변화의 중심인 천자의 보위를 뜻하게 되었습니다.

황극은 현실 변화 작용의 중심(時中之中) 자리로서 **그 본성이 토土**입니다. 5토와 10토 가운데 5토가 황극으로 작용하는데, 하늘의 음양 운동을 나타내는 천간天干에서는 **갑토甲土**가 **황극 역할**을 합니다. 갑甲은 본래 3목木이지만 실제 변화에서는 5토로 작용하며 천간에서 봄·여름의 성장 변화를 이끌어 갑니다. 땅의 음양 변화 원리인 지지地支에서는 5토인 축토丑土가 황극 자리입니다. 다른 5토인 진辰과 술戌은 '태극의 축'으로서 수水로 작용하기 때문입니다. 그런데 이 축토는 본체로서 자리하고 현실 변화에서는 **7오화午火**가 황극 역할을 하게 됩니다(제4장 2절의 특각주, '하늘과 땅의 오운육기 운동 참고'). 황극은 통일된 태극생명을 분열시키며 봄·여름 생장(탄생과 성장)의 **극점**까지 끌고가는 작용을 합니다. 천간天干에서는 **갑목甲木**에서 **무토戊土**까지, 지지地支에서는 **축토丑土**에서 **오화午火**까지의 전 과정을 주도합니다.(4장 생명 순환도 참고)

황극을 이러한 천지 운동의 본체 개념으로 정립하여 **우주의 삼극설三極說**을 완성한 분은 김일부 대성사입니다. 대성사는 "일一이 무십無十이면 무체無體요 십十이 무일無一이면 무용無用이니 합合하면 토土라. 거중居中이 오五니 황극皇極이니라."(『정역』「십오일언」)라고 하여 5토를 황극으로 자리매김하였습니다.

일부 대성사는 또 우주생명의 근원이 **1태극수**이지만, 우주를 살아 움직이게 하는 생명 기운은 태극수가 분열하여 변화된 **'황극의 불'**이라고 하면서, 이 불을 **'원천화原天火'**라고 하였습니다. 현실 세계에서 태극인 물의 분열과 통일 운동을 지속시키는 7화火인 '오화午火'가 황극 역할을 하게 됩니다(7火: 5土+2火).

❋ 하루는 갑칠이 들어오니 상제님께서 … "이놈아, 육갑六甲인데 너는 어찌 칠갑이냐? 옳지, 너를 합치니 칠갑이로구나. 그 문서 매우 어렵구나.…" 하시니라. (3:252)

인류 문명사에서 천지 만물의 생장과 분열 운동을 주도하는 **5황극의 기운**을 받아 탄생한 종교가 바로 유교입니다.

❋ 受天地之以詔하여 儒之浴帶하니
수천지지이조 유지욕대
천지의 이조(皇極)하는 기운을 받아 유도가 욕대하니 (2:150)

우주생명은 '무극 → 태극 → 황극'[10]의 리듬으로 끊임없이 순환·반복합니다. 무극

---

10 **무극, 태극, 황극** | 무극이 우주 조화의 바탕이라면, 태극은 그 조화성이 열려 질서화되는 자리이자 무극이 구체적으로 자신을 드러내는 경계이다. 『천부경』의 첫구절 '일시무시일一始無始一'에서 '무시'의 '무無,'는 무극, '일시'의 '일一'은 태극을 의미한다. 무극에 바탕하여 태극의 음양 운동(선천개벽)이

(十土)에서 태극(空과 水)이 열리고, 이 태극의 음양 운동을 **황극이 주도하여** 선천 봄·여름 과정에서는 물이 불(水→火)로, 그리고 성숙을 위한 수렴 운동을 하는 후천 가을철에는 다시 불이 물(火→水)로 돌아가는 변화 과정(수화 운동)을 밟게 되는 것입니다. 이 무극·태극·황극은 각기 독립적으로 존재하는 것이 아닙니다. 만물을 창조·변화하게 하는 과정에서 하나의 우주생명이 세 가지 생명 막(極)으로 그 존재를 드러내는 것입니다.

그러면 이 우주생명의 삼박자 창조 리듬이 현실 속에서 어떻게 펼쳐지며, 한 번 순환하는 데에는 과연 얼마만큼의 시간이 걸릴까요? 이제 그 비밀을 함께 밝혀 보기로 하겠습니다.

2. 우주 순환의 비밀

1) 하느님의 천지 주재 섭리: 생장염장

우주의 통치자 하느님이신 상제님의 개벽 진리는 우주의 변화 이법에서 출발합니다. '우주는 무엇을 위해 생겨나고 무엇을 위해 변화하는가? 무변광대한 우주의 변화와 그 과정에서 태어난 인간은 무엇을 위해서 살아가는가?' 이 모든 의문은 우주의 창조·변화 섭리 속에서 명쾌하게 밝혀집니다.

진리(道)의 근원 자리에 계신 증산 상제님께서는 우주 변화의 제1의 근본 법칙을 이렇게 밝혀 주셨습니다.

> ❋ 내가 천지를 주재하여 다스리되 **생장염장生長斂藏의 이치**를 쓰나니 이것을 일러 무위이화라 하느니라. (4:58)

이 말씀에서 우리는 천지 만물과 인간이 생장염장이라는 우주 원리에 의해 영원히 순환하도록 짜여져 있음을 알 수 있습니다. 여기에는 만유 생명의 주재자이신 상제님께서 의도하시는 **'구원의 궁극 목적'**이 담겨 있습니다. 그것은 상제님이 우주 자연과 인간에게 내리신 천명天命으로서, 다음과 같이 정리할 수 있습니다.

첫째, 대자연으로 하여금 **'창조와 변화의 항상성恒常性'**을 갖도록 하셨습니다. 자연 질서가 영원한 항상성을 지닐 수 있는 것은 선천과 후천의 변화 본성인 분열과 통일이라는 일정한 순환 질서를 가질 때 가능합니다. 이 순환하는 변화 과정을 통해 우주가 영원히 존재할 수 있는 것입니다.

일어나 분열과 성장을 이끌고, 다시 태극은 후천개벽의 무극의 수렴 운동으로 전환함으로써 우주가 존립하고 변화가 무궁하게 지속된다. 지속하게 하는 우주 순환 고리의 동력과 중심이 황극이다. 이것이 『천부경』에서 말하는 '성환오칠成環五七'의 5와 7이다. 5는 오황극으로 만유의 창조 변화를 주재해 목적으로 이끄는 운동의 본체이고, 7은 현실에서 작용하여 성숙으로 이끄는 황극의 실제 작용을 말한다.

둘째, 천지의 주인공인 인간에게 이러한 **대자연의 운행 질서 속에서 '천지와 하나 되어 자신을 성숙케 하라'**는 지고한 사명을 부여하셨습니다. 이것이 상제님이 의도하신 인생의 궁극 목적입니다.

증산 상제님께서는 주·객인 인간과 우주 자연이 모두 성숙될 때 구원의 매듭을 지으십니다. 천지개벽을 통해 자연 환경이 조화될 때 이를 바탕으로 인간은 삶의 이상을 성취할 수 있습니다. 천지개벽에 대한 내용은 제4장에서 자세히 살펴보기로 하겠습니다.

상제님께서 우주 창조의 섭리를 밝혀 주신, "내가 천지를 주재하여 다스리되 생장염장의 이치를 쓰나니 이것을 일러 무위이화無爲以化라 하느니라."라는 말씀에서, 우리는 상제님이 생·장·염·장이라는 순환 원리로 우주를 통치하고 계심을 알 수 있습니다. 또한 우주 자연계는 '생장염장 운동을 스스로 반복(無爲)'하면서 인간과 만물을 '생성·변화시킨다(以化)'는 것을 알 수 있습니다. 그러므로 상제님께서는 **무위이화하는 우주의 자연 정신에 따라 존재하면서 인간의 역사를 다스리십니다.**

우리가 매일 체험하는 하루의 시간도 생장염장의 이치에 따라 아침(生)·점심(長)·저녁(斂)·밤(藏)으로 순환합니다. 하루 변화가 지속되어 생기는 지구 1년도 생장염장 원리에 의해 봄(生)·여름(長)·가을(斂)·겨울(藏)로 변화합니다.

그런데 우주에는 지구 1년 사시보다 더 큰, 또 다른 시간의 주기가 존재합니다. 지구에 사시사철이 있듯이 **'우주에도 사계절의 시간 질서'**가 있습니다. 그것이 바로 **천지가 인간농사를 짓는 '우주 1년(宇宙年, Cosmic Year)'**입니다. 생장염장의 법칙은 하루뿐만 아니라 지구 1년의 춘하추동 사시와 우주 1년의 변화에까지 모두 적용되는 창조와 변화의 근본 질서입니다.

2) 인간농사 짓는 우주 1년

(1) 우주 1년의 순환 주기 | **지구는 봄철에 초목을 소생시키고(春生), 여름철까지 기르고(夏長), 가을에 거두어들임으로써(秋斂) 생生·장長·성成이라는 삼박자 리듬을 완성합니다.** 그리고 겨울철로 접어들면 천지 만물은 다음해 봄철을 준비하기 위해 긴 휴식 시간을 맞게 됩니다(冬藏). 우주 1년의 변화 질서도 이와 동일합니다. 우주의 봄철이 되면 지구에 인간이 처음 출현하고, 여름철에는 다양한 종족으로 분화되어 각색의 문명을 꽃피우고, 가을철에는 지난 봄여름 문화를 추수하여 통일 문명을 형성합니다. 그 뒤 우주의 겨울철에는 지구도 빙하기를 맞아 일체의 생명 활동이 정지되는 긴 휴식기로 들어서게 됩니다.

그렇다면 이 우주 1년의 변화 과정을 모두 마무리 짓기까지 얼마의 시간이 걸리는

우주 1년 창조 이법 : 선·후천 개벽 운동

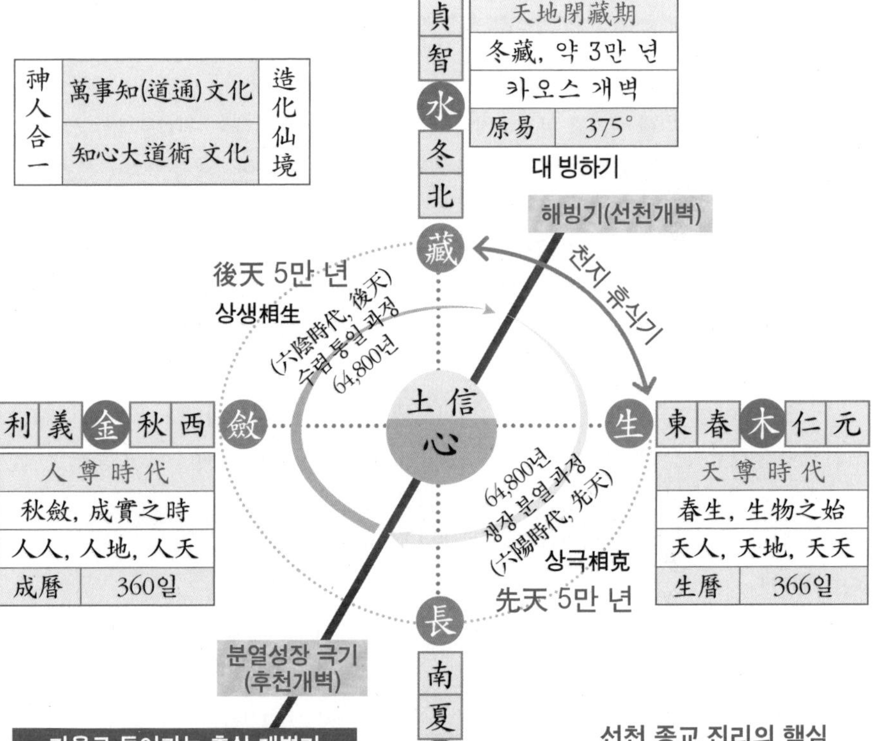

가을로 들어가는 추살 개벽기

대우주 통치자 상제님 강세 시기

인류 문화의 질적 대비약 단계

하추교역 시간대

地尊時代	
夏長, 長養之時	
地人, 地地, 地天	
長曆	365¼일

선천 종교 진리의 핵심

	儒	佛	仙	西道
敎理綱領	忠恕	慈悲	感應	博愛
	存心養性 執中貫一	明心見性 萬法歸一	修心鍊性 抱元守一	三界唯一神 聖靈感化
三極	五皇極	太極(空)	十無極	
主體性	三綱五倫	三寶五戒	三淸五行	十戒
目的	大同	極樂	太淸	天國

안운산安雲山 증산도 태상종도사님이 『천부경』과 하도·낙서로 이어지는 9천 년 우주론 문화사와 상제님 가르침의 진액을 '우주 1년 도표'로 그려서 해방 후 도기道紀 76년(1946)에 인류 문화사에 처음으로 공포하셨다. 상제님의 지상 강세와 가을철 통일 문명의 도래 소식을 한 장의 그림에 담아 누구도 쉽게 알 수 있도록 하셨다.

것일까요?

증산 상제님은 당신께서 주재하시는 우주 1년의 시간대 이수理數를 드러낸, 역사 속의 한 성철聖哲을 밝혀 주셨습니다.

※ 알음은 강절康節의 지식이 있나니 다 내 비결이니라. (2:32)

중국 북송 때의 대학자인 **소강절**邵康節(1011~1077)은 천지가 만물을 화생시켜 생장염장生長斂藏 운동의 한 주기를 완성하기까지 129,600년이 걸린다는 **'원회운세**元會運世**'**의 법칙을 정립하였습니다. 상제님은 이 법칙을 **'내 비결'**이라 하시며 우주의 근본 법도로 인정해 주셨습니다.

소강절이 처음 밝혀낸 129,600년이 바로 **'우주 1년의 한 주기'**입니다. 129,600년을 단위로 **천지가 인간농사**를 짓습니다. 우주 1년은 상제님께서 우주를 다스리시는 **신년**神年(Divine Year)의 주기이며 또한 천지 대자연의 역사가 1회 운행하는 대주기(Grand cycle)의 역사입니다.

소강절이 밝힌 '원회운세'는 우주 1년의 '연월일시年月日時'를 말합니다. 우주 1년의 변화와 지구 1년의 변화는 그 이치가 동일하여, 우주 1년을 '**1원**元', 우주의 한 달을 '**1회**會', 우주의 하루를 '**1운**運', 우주의 한 시간을 '**1세**世'라 합니다. 이것을 간단히 도표로 나타내면 다음과 같습니다.

천 · 지 · 인天地人의 동일한 음양변화 순환 도수		
하늘의 1년 사시 기본 도수	天	12만9천6백 년
땅의 1년 음양 변화 도수	地	12만9천6백 도
인간의 하루 음양 맥 도수	人	12만9천6백 수

12회 → 1원
×12
30운 → 1회
×30
12세 → 1운
×12
30년 → 1세
×30
12월 → 1년
×12
30일 → 1월
×30
12시간 → 1일

지구와 우주의 1년 시간 대비				
변화의 크기	지구 1년의 변화		우주 1년의 변화	
변화의 기본	년年	129,600도 = 12달	원元	129,600년 = 12회會
대 변 화	월月	10,800도 = 30일	회會	10,800년 = 30운運
중 변 화	일日	360도 = 12시간	운運	360년 = 12세世
소 변 화	시時	30도 = 1시간	세世	30년 = 1세世

지구의 하루는 12분법(자, 축, 인… : 12지지)에 따라 열두 시간으로 열려나갑니다. 이 하루가 30회 반복함으로써 한 달이 되고, 한 달이 다시 12회 반복함으로써 지구 1년이 됩니다. 12와 30의 주기가 교차, 반복하면서 지구 1년이 이루어지듯 우주 1년의 주기도 이와 똑같은 원리로 생겨납니다. 지구 1년이 30번 반복하여 우주의 한 시간인 1세世가 되고, 다시 1세가 열두 번 모여 우주의 하루인 1운運이 이루어집니다. 1운이 다시 30번 반복하면 우주의 한 달인 1회會가 되고, 1회가 다시 열두 번 반복하여 우주 1년이 이루어집니다. 그러므로 우주 1년의 틀 속에서 본다면, 인간은 겨우 두세 시간 정도 살다가 대자연 속으로 돌아가는 존재입니다.

그러면 우주 1년을 이루는 129,600의 정역수正易數(변화의 정도수 시간수)는 어떻게 생성되는 것일까요?

자연계가 순환하는 가장 이상적인 1주기의 변화 도수는 360도입니다. 이 360도 운동이 다시 360회 반복한 것이 곧 129,600의 정역수입니다. 지구는 하루 360도의 자전 운동을 360회 지속함으로써(360도/일×360일=129,600도) 1년 사계절의 순환 주기를 생성합니다. 즉 지구는 129,600도 운동으로 1년 춘하추동의 변화를 종결짓는 것입니다. 우주 1년 시간대의 변화 상수 129,600 또한 동일한 원리에 따라 생성됩니다. 우주의 하루인 360년이 360번 순환 반복함으로써 **우주 1년인 129,600년**이 이루어집니다(360년/일×360일=129,600년). 그런데 놀라운 사실은 우리 몸에서도 하루 동안 이 129,600의 정역수가 생장염장의 주기로 작용하고 있다는 것입니다.

천지의 열매인 인간은 **'기맥氣脈'**과 **'혈맥血脈'**이라는 음양 운동을 통해 생명을 유지합니다. 기맥이란 인간이 호흡(무형: 陽)함으로써 생겨나는 숨기운을 말하는데 이 과정을 통해 폐(金)에서 신선한 공기를 받아들입니다. 그리고 혈맥이란 온몸으로 피(유형: 陰)를 돌리기 위해 심장(火)이 박동함으로써 나타나는 맥동을 말합니다. 성인의 경우 기맥(호흡수)은 1분에 평균 18회, 혈맥(맥박)은 평균 72(18×4)회 일어납니다. 이를 기본으로 하여 하루 동안 일어나는 기맥과 혈맥 운동의 총합이 바로 129,600회입니다[(18+72)회/분×60분×24시간=129,600회]. **천지의 변화 상수 129,600은 우주생명이 삼박자의 리듬(무극 → 태극 → 황극)을 1회 완결 짓는 생명의 율동 상수**입니다. 하늘과 땅과 인간이 모두 129,600수라는 우주 변화 상수로 작용하고 있다는 사실에서 우리는 인간이 천지와 동일한 하나의 근원에서 생겨 나와 천리를 바탕으로 하여 생존해 가고 있음을 확인할 수 있습니다.

(2) 우주 1년의 선·후천 개벽 운동 | 앞서 살펴보았듯이, 우주의 창조와 변화는 분열과 통일의 영원한 순환 속에서 지속됩니다. 그런데 분열과 통일의 순환 과정에서 분

열 운동을 하는 전반기를 '**선천**先天'이라 하고, 통일 운동을 하는 후반기를 '**후천**後天'이라 합니다. 인생살이의 기본 단위인 하루에도 선·후천이 존재합니다. 낮(양)과 밤(음)의 주기적인 변화 작용이 바로 하루의 선·후천 운동입니다.

인간은 아침에 일어나 하루를 설계하고(生), 오후 해질 무렵까지 밖에서 열심히 활동합니다(長). 그리고 저녁이 되면 보금자리로 돌아와 그날 일을 정리하고(斂), 밤에는 다음 날을 위해 깊은 잠에 들어 휴식(藏)을 취합니다. 이처럼 인간은 양 기운이 동하는 선천 낮 시간에는 활발히 움직이고 음 기운이 드리우는 후천 밤 시간에는 휴식하며 생명력을 재충전합니다. 하루뿐만 아니라 한 달, 지구 1년, 우주 1년, 이 모두가 분열과 통일 운동을 하는 선천과 후천으로 이루어져 있습니다. 선천과 후천은 서로 연결되어 있지만, 낮과 밤이 그렇듯이 두 시간대의 특성은 확연히 구별됩니다. 우주 1년에서 선천은 생장의 분열 운동을 하는 **양도**陽道(건도乾道) **시대**이고, 후천은 수렴의 통일 운동을 하는 **음도**陰道(곤도坤道) **시대**입니다.

❋ 선천에는 음陰을 체體로 하고 양陽을 용用으로 삼았으나 후천에는 양을 체로 하고 음을 용으로 삼느니라. (5:21)

❋ 선천은 천지비天地否요, 후천은 지천태地天泰니라. (2:51)

괘卦	천지비天地否(䷋): 주역의 제12괘	지천태地天泰(䷊): 주역의 제11괘
상象과 뜻	건(天)은 위에 있으려고만 하고, 곤(地)은 아래에 머물려고만 하니 서로 소통되지 못하는 부조화의 상(소인이 득세하는 선천 상극 세상을 표상).	곤(地)이 위에 있어 기운이 아래로 내려오고, 아래 건(天)의 기운이 위로 올라 서로 교합하니 천지 음양이 조화와 균형을 이루는 상(후천 조화 상생의 성인 세상을 표상).

우주 1년의 전반기인 선천에는 천지생명(氣)의 분열 운동으로 말미암아 종교·철학·이념 등 모든 문화가 대립하고 갈등하는 상극 과정을 겪게 됩니다. 우주의 분열 기운이 인간 세상에 그대로 투영되어 선천의 인류 역사 또한 불가피하게 투쟁하고 반목하는 상극의 길을 걷습니다. 그러나 선천 상극의 여정이 끝나는 여름철 말기가 되면 인류 문화는 가을개벽을 통해 후천 가을철의 성숙의 대통일을 맞이하게 됩니다.

이렇듯 선천과 후천은, 우주생명이 각기 '**분열과 통일**'이라는 질적으로 다른 생명 창조의 춤을 춥니다. 우주 1년 선·후천의 개벽 시간대를 창조하는 천지의 숨결, 분열과 통일, 이 두 박자 리듬 속에서 우주는 생장염장으로 영원히 순환하는 것입니다.

(3) 방·탕·신·도放蕩神道의 변화 원리 | 상제님께서는 천지의 춘하추동 사시가 지닌 고

유한 특성을 이렇게 말씀해 주셨습니다.

※ 萬物資生하여 羞恥하나니 放蕩神道는 統이니라
만물자생 수치 방탕신도 통
春之氣는 放也요 夏之氣는 蕩也요
춘지기 방야 하지기 탕야
秋之氣는 神也요 冬之氣는 道也니
추지기 신야 동지기 도야
統은 以氣主張者也라 知心大道術이니라
통 이기주장자야 지심대도술

만물은 어머니 곤덕坤德(땅)에 바탕하여 생겨나 부끄러워하는 본성이 있으니
방放 탕蕩 신神 도道는 천지변화의 큰 법도와 기강(統)이니라.
봄기운은 만물을 내어놓는 것(放)이고
여름기운은 만물을 호탕하게 길러내는 것(蕩)이요
가을기운은 조화의 신神이며 겨울기운은 근본인 도道이니라.
내가 주재하는 천지 사계절 변화의 근본 기강은 기氣로 주장하느니라.
마음을 훤히 들여다보는 대도술이니라. (6:124)

상제님께서는 하늘(우주생명과 신의 세계의 법도를 동시에 지칭함)이 지구에 생명을 창조·변화시키는 1년 사계절 각각의 특성을 '방放·탕蕩·신神·도道'라고 밝혀 주셨습니다. 이것은 역 철학에서 말하는 추상적인 우주 원리와 달리 구체적이고 현실적인 진리 말씀입니다. 봄이 되면 하늘 기운(생명과 성신)이 지상에 내쳐져서(放) 만물이 소생하고, 여름이 되면 천지 기운이 흩뜨려지면서(蕩) 만물이 강렬하게 성장합니다. 가을이 되면 천지의 **서신**西神이 들어와 추살 기운으로 내리치는 심판 속에 만물이 결실하고, 겨울에는 만물의 창조 운동이 종결되면서 생명의 근본 자리(道)로 돌아갑니다. 상제님은 이 변화의 4단 리듬을 천지에 가득 차 있는 우주생명의 기氣로써 전개해 나간다(統以氣主張者也)고 하셨습니다. 우주 1년 역시 **이 천지의 기운에 따라서 인간이 지상에 문명을 창조하고 발전시켜서, 창조의 이상을 실현하게 되는 것입니다.**

이제 상제님 말씀을 통해서 인간농사 짓는 우주 1년 사계절의 문명 변화에 대해 살펴보면서, 지금 인류는 어느 시간대를 살아가고 있는지 알아 보기로 하겠습니다.

<table>
<tr><th>사계절</th><th colspan="2">봄</th><th>여름</th><th colspan="2">가을</th><th>겨울</th></tr>
<tr><td>자연의 선·후천</td><td colspan="3">선천 64,800년</td><td colspan="3">후천 64,800년</td></tr>
<tr><td>문명의 선·후천</td><td>빙하기
말기</td><td colspan="2">선천 5만 년 문명</td><td colspan="2">후천 5만 년 문명</td><td>빙하기
초, 중기</td></tr>
</table>

제3절 지금은 어느 때인가

1. 우주 사계절과 지구 문명의 변화

서 살펴본 대로 영원히 순환하는 우주 변화의 근본 원리는 봄에 씨 뿌리고(春生), 여름에 기르고(夏長), 가을에 추수하여(秋斂), 겨울에 폐장하는(冬藏) '탄생 → 성장 → 완성 → 휴식'의 리듬입니다.

하늘에서 던져 주는 봄의 훈훈한 생명의 열기로 소생한 만물이 한여름의 염열炎熱 아래에서 지덕地德에 의해 무성하게 커 나가면, 가을에 풍성한 결실을 이루고, 겨울에는 씨앗 속에 양분을 저장하고 휴식을 합니다. 인간이 개척해 나가는 역사와 문명 발전 과정도 이와 같은 생장염장의 변화 질서에 따라 열려서 성숙을 향해 나아갑니다.

우주 변화의 원리와 진리 틀을 드러내는 우주 1년 도표를 보며 그 핵심을 정리하겠습니다(p. 37 도표 참고). 우주 1년 도표는 광복 직후인 1946년에 증산도 안운산安雲山 태상종도사太上宗道師님께서 처음으로 완성하여 세상에 드러내 주신 것입니다.

우주의 사계절을 수놓아 가는 천지의 생명 에너지는 '목화(토)금수'입니다. 이는 '춘하추동'사계절과 '동서남북'사방위를 만들어내는 신비한 기운입니다(시공은 일체로 작용). 천도天道의 4덕 '원형이정元亨利貞'과 인도人道의 4덕 '인의예지仁義禮智'가 모두 이 천지 기운에 따라 열립니다.

우주 1년, 129,600년은 분열 운동을 하는 봄여름 64,800년과 통일 운동을 하는 가을겨울 64,800년으로 구분됩니다. 이 가운데 실제로 지상에 생명이 생존하는 시간은 대략 10만 년입니다. 전반기인 선천 5만 년은 인간과 만유 생명이 지상에 화생하여 분열·성장하는 시간이고, 후반기인 후천 5만 년은 통일·성숙하는 시간입니다. 그리고 나머지 시간은 일체의 생물계가 긴 휴식기(폐장)에 들어가는 우주의 겨울입니다.

1) 문명이 태동하는 우주의 봄철: 천존 시대

우주의 봄이 되면 만유 생명의 어머니인 지구의 들판에는 천지조화로 만물이 소생(春生)하여 생명 활동을 열어 나가기 시작합니다(生物之始). 그 시발점이 바로 우주의 봄개벽입니다. 이때는 생명의 근원이 되는 하늘이 생명 활동의 중심으로 작용하는데, 천상의 뭇 성신이 땅에 내려와 문명을 열고 역사를 주도해 가므로 '천존 시대天尊時代'라 합니다.

우주의 봄은 하늘이 사람과 땅과 하늘 노릇을 다 하는 때로서(天人 天地 天天)(9:185), 하늘이 만물 화생의 성부聖父가 되는 때입니다. 생명을 창조하는 봄철 천지의 정신을 '원元'이라 하고, 봄철의 정신에 부합하는 인도人道의 덕은 '인仁'(창조의 씨)이라 합니다.

하느님의 창조 이상에 따라 설계되어 출발한 천지의 역사는 우주의 조화 성신이 낳은 만물의 영혼과 성신들이 지상에 하강함으로써 비로소 아름다운 문명의 첫걸음을 내딛습니다. 우주의 봄철시대 인간은 영안이 열려 천지와 소통하며 하나 된 지순한 마음으로 세상을 살아갑니다. 이러한 봄철 문명은 신神과 인생의 섭리와 창조의 이야기를 황금시절의 신화와 전설로 남기고 여름철의 개벽 시대를 맞습니다.

2) 문명이 성장·발전하는 우주의 여름철: 지존 시대

우주사宇宙史는 여름개벽을 거쳐 변화의 둘째 단계인 '**지존 시대地尊時代**'로 접어들게 됩니다. **우주 여름철**에 이르면 인간 종족의 분화와 이동으로 인류 문명은 세계 곳곳으로 뻗어 나가면서 성장합니다(夏長). 이처럼 만물이 자라고 번창하는 여름철의 천지 변화 정신은 '**형亨**'이라 하고, 기르고 가르치는 여름철 정신에 부합하는 인도의 덕성을 '**예禮**'라 합니다. 예는 질서의 아름다운 총합으로, 인간은 예 의식이 있을 때 절도節度에 맞게 사건과 사물을 판단할 수 있습니다.

우주 여름철은 천지의 이상을 실현하기 위해 지상에 문명을 발전시켜 가는 **성장 시기**(長養之時)입니다. 이때는 곤坤 자리인 어머니 지구가, 창조의 이상이 펼쳐지는 중심 무대가 되기 때문에 '지존 시대地尊時代'라 부릅니다(地人 地地 地天)(9:185).

선천 봄·여름철에는 상극의 이법이 하늘과 땅과 인간과 만물을 지배합니다. 그리하여 인간은 상극이 빚어낸 격렬한 투쟁 속에서 원한 맺힌 삶을 살다 갑니다. 하지만 그와 동시에 선천 인간은 상극 속의 자기모순을 부단히 극복하면서 문명을 성장 발전시켜 나갑니다. **선천은 성숙을 향해 나아가는 미완성의 발전 단계**입니다.

3) 문명이 완성되는 우주의 가을철: 인존 시대

성숙한 결실 문화는 우주의 가을철이 되어야 비로소 실현됩니다. 자연질서가 부조화와 불균형에 놓인 선천에는 인류의 보편적 구원이나 인간의 완전한 성숙이 이루어지지 않습니다. 우주 역사의 최종 목적인 인간 성숙은 천상의 하느님이 인간으로 오셔서 봄여름 상극 질서를 극복하고 가을 우주의 새 질서를 개벽함으로써 이루어집니다. 이때는 인존 하느님의 시대로 모든 인간이 인존 하느님의 도道와 삶을 본받아 지상 천국의 낙원을 건설하는, 즉 인간이 주체가 되어 하늘의 꿈과 땅의 이상 세계를 건설하는 진정한 인존으로 자리 잡고 그 주권을 행하게 됩니다(人人 人地 人天)(9:185). 성숙한 인간이 하느님의 뜻과 이상을 성취하는 이때를 '**인존 시대人尊時代**'라 합니다.

❋ 천존天尊과 지존地尊보다 인존人尊이 크니 이제는 인존시대人尊時代니라. 이제 인존시대를 당하여 사람이 천지대세를 바로잡느니라.(2:22)

인존 시대는 우주의 가을개벽을 통해 실현됩니다. 이 가을개벽은 후천으로 넘어가는 분기점이 되기 때문에 '**후천개벽**'이라고도 합니다. 우주의 계절이 바뀔 때마다 일어나는 네 차례 개벽 가운데 **가을개벽은 가장 충격적이고 총체적인 변화**를 일으킵니다. 가을개벽을 통해 선천 문명을 추수하여 봄여름철 동안 인간을 낳고 길러 온 **천지의 이상과 목적을 완수**하기 때문입니다. 지난 봄여름, 선천 5만 년 상극의 고통과 시련 속에서 살아온 인간의 삶의 목적은 오로지 하나입니다. 가을 천지로 들어가서 새 천지와 하나 되어 함께 성숙하는 것입니다.

천지의 뜻이 성취되는 우주의 가을철은 **모든 것을 거두어 결실하는 때**입니다(秋斂, 成實之時). 이러한 가을철의 천지 변화 정신을 '**이**利'라 합니다. '이'는 선천 봄여름철에 난무하던 모든 불의를, 정의의 칼 역할을 하는 숙살 기운이 일시에 엄습하여 인류 역사를 총체적으로 바로 세우는, 가을철의 천도의 심판과 추수 정신입니다. 이러한 가을 천지의 정신과 상통하는 인도의 덕성은 '**의**義'입니다. 의는 올바르고자 하는 의지입니다. 『주역』 건괘에서는 가을의 정신을 '의지화義之和'(마땅함의 조화, 정의로 만물과 만사를 조화하고 바로 세우는 것)로 정의합니다. 우주 가을철에 정의로써 세워지는, 성숙된 지구의 조화 통일 문명은 5만 년 동안 지속됩니다.

선천先天	춘春	원元	원자 선지장야 군자체인족이장인 元者, 善之長也. … 君子體仁足以長人.
	하夏	형亨	형자 가지회야 가회족이합례 亨者, 嘉之會也. … 嘉會足以合禮.
후천後天	추秋	이利	리자 의지화야 이물족이화의 利者, 義之和也. … 利物足以和義.
	동冬	정貞	정자 사지간야 정고족이간사 貞者, 事之幹也. … 貞固足以幹事.

『주역』「문언文言」에서 밝히는 "원형이정"[11]

4) 우주의 겨울철: 대휴식기

5만 년 가을철 통일 문명 시대가 지나고 우주의 겨울이 찾아오면 지구는 빙하기에 접어들어 대휴식기를 맞이합니다. 겨울은 다음 우주 1년의 봄에 태어날 새 생명을 준

---

11 **원형이정** | 군자는 인仁을 체득함으로써 사람의 우두머리가 되어 그들을 기르고 가르칠 수 있으며(원元), 모임을 아름답게 함으로써 예禮에 들어맞을 수 있으며(형亨), 사물을 이롭게 함으로써 의로움에 족히 화합하며(이利), 심법을 곧고 굳게 가짐으로써 족히 모든 인사의 근간이 바르게 성립될 수 있다(정貞).

비하는 때입니다. 이 겨울철의 한없이 깊고 고요한 천도의 덕성을 '**정**貞'이라 하며, 여기에 부합하는 인간의 덕성을 '**지**智'라 합니다.

겨울이 지나고 천지가 기나긴 혼돈의 잠에서 깨어나면, 또 다시 천지가 인간과 만물을 낳고 기르는 '**새로운 우주 1년의 주기**'가 시작됩니다. 선천 봄이 다시 열리고 새로운 인간이 출현하여 역사를 창조, 발전시켜 나가는 것입니다.

지금까지 살펴본 우주 1년의 변화 틀은 가을 개벽기에 인간으로 오신 하느님의 참진리(무극대도)에 의해서만 오롯이 드러납니다. 그동안 동서의 종교와 철학과 과학에서는 **우주 변화의 근본 틀**을 깨닫지 못했기 때문에 **인류 역사의 최종 목적, 인간 실존의 참모습, 신**神**의 구원 섭리 등 우주의 신비를 밝힐 진리의 알맹이**를 온전히 전할 수 없었던 것입니다.

2. 지금은 우주 가을로 넘어가는 대변혁기

우주의 봄철이 되면 지상에는 어김없이 인간과 만물이 새로이 화생하여 문명을 열어 나갑니다. 그리고 우주의 한 달(10,800년)마다 천지의 소개벽을 맞이합니다. 대서양에 고도의 문명을 꽃피웠던 아틀란티스Atlantis 문명이 지각의 대변동으로 바다 밑으로 사라진 사건은 소개벽을 증명하는 한 예입니다.

지금 지구상에서 벌어지는 변혁의 물결은 이전의 소개벽의 변화와는 차원이 전혀 다릅니다. 우주 창조 이래, 지금처럼 전 지구촌 문명이 몰락 위기에 놓이고 인류가 새로운 전환기의 기로에서 말할 수 없는 고뇌에 잠긴 적이 없었습니다.

우리가 살고 있는 이 시대는 **천지의 생명이 분열의 극기에 도달한 선천의 끝점**으로 **우주의 여름철 말기**입니다. 지금 우리는 **선천 분열에서 후천 통일로 넘어가는 우주사적 대전환기**에 살고 있습니다. 늘 기회를 엿보며 우리의 영혼과 육신에 분열의 불길을 퍼부어 온 천지 여름철의 화신火神이 선천의 마지막 끝자락에서 그 위세를 떨치고 있습니다.

앞서 살펴 본 대로 선천 세상은 '**분열·성장하는 상극의 과정**'으로서 성숙을 향한 과도기, 즉 **생장 단계**입니다. 선천 역사의 기나긴 여로가 끝나고 후천 가을 하늘의 햇살이 비쳐 오면, 천상 신명계와 지상 인간계와 천지 자연은 '**대통일의 수렴 과정**'으로 접어듭니다.

- **후천은 온갖 변화가 통일**로 돌아가느니라. (2:19)
- 후천에는 천하가 한집안이 되리니 모든 언어동정을 통일하여 조금도 편색偏塞함이 없게 하리라. (7:4)

후천 가을로 넘어가는 개벽기가 되면 선천 문화의 진수를 모으고 통일하여 새 문명 시대를 여는 '추수 진리(가을문화의 무극대도)'가 나옵니다. 이 추수 진리를 중심으로 후천에는 지구촌 문화가 하나로 대혁신되고 조화를 이루어 상생의 통일 문명이 펼쳐집니다. 상제님은 "이때는 서신西神이 명命을 맡아 만유를 지배하여 뭇 이치를 모아 크게 이루나니 이른바 개벽이라."(4:21)라고 하셨습니다. 이 말씀에는 천지가 여름에서 가을철로 넘어갈 때 우주의 통치자 하느님이 강세하여 상극 질서 속의 천지와 인간을 개벽하고 동서 문화를 통일하여 성숙의 '관왕冠旺 도수'[12]를 여신다는 의미가 들어 있습니다.

- 천지대운이 이제서야 큰 가을의 때를 맞이하였느니라. (7:38)
- 지금은 온 천하가 가을 운수의 시작으로 들어서고 있느니라. (2:43)
- 이 세상에 허다한 주의主義로 허다한 단체가 모임은 가을에 오곡을 거두어 결속結束하는 것과 같으니라. (5:200)

선천에서 후천으로 열리는, 우주 질서의 전환은 천지와 인간(주·객)이 동시에 성숙되어 진정한 자유를 성취하는 대사건입니다. 이것은 천지 시공의 대변화 운동(제4장 참고)이자 인류의 생사를 판가름 짓는 우주의 총체적 대변국입니다. 이 개벽이라는 대변국을 슬기롭게 극복함으로써 온 인류는 하느님이 열어 주시는 신천지의 후천 조화 선경으로 들어설 수 있게 되는 것입니다.

3. 선천 말대인 오늘의 시대정신

지나온 역사를 조용히 뒤돌아보면 시대마다 굴곡된 역사의 그늘에서 메아리치던 영혼의 절규가 아득히 들려옵니다. 각 시대의 역사 정신을 간파하려면 그 시대의 변화 정신을 밝혀내야 합니다.

우주를 주재하시는 상제님께서는 오늘 이 시점을 인간과 만물의 혼魂이 극한으로 분열된 선천 '말대末代' 또는 '말세末世'라 밝혀 주시고, 이 시대에 흐르는 역사 정신의 정체를 밝혀 주셨습니다. 이 시대정신은 근본으로 돌아가는 가을 천지의 변화 정신이요, 상제님이 친히 주창하신 후천 5만 년 진리의 주제이기도 합니다. 그 핵심 내용을 간략히 살펴보기로 하겠습니다.

---

12 관왕 도수 | 12포태법에서는 인생을 포태胞胎, 양생養生, 욕대浴帶, 관왕冠旺, 쇠병衰病, 사장死葬으로 구분한다. 관왕은 인간이 성장하여 관례冠禮(성인식)를 거침으로써 성년이 되는 과정으로 인생에서 가장 활동이 왕성한 시기를 일컫는다. 상제님께서는 우주 가을철을 맞아 인류 문명이 성숙의 통일 과정으로 들어설 수 있도록 관왕 도수로 천지공사를 처결해 놓으셨다.

1) 천지개벽 시대

지금은 인간의 성숙(성공)을 위해서 가을 우주의 새 질서로 개벽하는 '천지개벽 시대'입니다. 하늘과 땅의 운행 질서가 근본적으로 바뀔 뿐만 아니라, 자연과 인간과 신명이 총체적으로 개벽하여 새롭게 태어나는 때입니다. 그러므로 이 세상의 모든 변화를 **천지 대변혁 차원에서 인식**할 수 있어야 합니다.

- 이제 온 천하가 대개벽기를 맞이하였느니라. (2:42)
- 공부하는 자들이 '방위가 바뀐다.'고 이르나니 내가 천지를 돌려놓았음을 세상이 어찌 알리오. (4:152)
- 동서남북에서 욱여들어 새 천지를 만들리니 혼백魂魄 동서남북이라. (6:40)

그런데 가을 천지개벽은 자연의 이법에 의해 저절로 성취되지 않습니다. 천지 이법을 주재하는 상제님이 당신의 조화권을 쓰시어 병들어 있는 **삼계를 개조하는 천지개벽 공사를 집행**하심으로써 비로소 실현됩니다. 상제님의 개벽 공사에 따라 인간과 신도의 역사가 정리됨으로써 마침내 천지 대자연이 **변화의 궁극 목적을 성취**하게 되는 것입니다.(제6장 천지공사 참고)

2) 아버지 하느님의 친정親政 시대

지금은 인간으로 오신 상제님께서 친히 천지 역사의 틀을 주관하여 다스리시는 '**아버지 하느님의 친정 시대**'입니다. 상제님은 공자, 석가, 노자, 예수를 비롯한 모든 신성과 부처, 보살의 탄원으로 인간 세상에 오시어, 31세 되시던 신축辛丑(1901)년에 지존무상의 조화권능으로 삼계를 다스리는 우주 역사의 '**친정 시대**'를 선언하셨습니다.

- 내가 이제 **천지를 개벽**하여 **하늘과 땅을 뜯어고치고 무극대도**無極大道를 세워 **선천 상극의 운을 닫고 조화선경**造化仙境을 열어 고해에 빠진 억조창생을 건지려 하노라. (5:3)
- 내가 세상에 내려오면서 **하늘과 땅의 정사**政事를 **천상의 조정**(天朝)에 명하여 다스리도록 하였으나 **신축년 이후로는 내가 친히 다스리느니라.** (2:13)

상제님의 다스림은 기존 성자들처럼 단순히 인간을 교화하여 **마음 문을 열고** 영혼을 구원하고자 하는 데 그치는 것이 아닙니다. 친정을 선언하신 이후, 상제님께서는 대우주 주재자의 무량한 신권으로 천·지·인 삼계를 뜯어고쳐 뭇 생명과 자연계를 함께 구원하는 대개벽 공사를 집행하셨습니다. 그리하여 인류는 머지않아 그토록 열망하고 동경하던 꿈의 낙원에서 **정음정양**正陰正陽**의 도수**에 따라 **아버지 하느님이신 상제님과 어머니 하느님이신 수부(태모)님**을 함께 모시고 **가을 우주의 새 역사**를 열어 나가

게 됩니다.[13]

3) 천지성공 시대

선천의 기나긴 세월 동안 만유 생명의 부모인 하늘땅은 한순간도 쉬지 않고 인간과 만물을 길러 왔습니다. 이제 천지 부모가 인간을 우주의 성숙한 열매로 거두어 그 지고한 조화의 공력을 성취하는 때입니다. 이것을 상제님은 **'천지성공天地成功 시대'**라 하셨습니다. 천지와 더불어 성공하는 가을철의 진정한 성공을 알아야 인간으로 태어난 궁극의 목적을 실현할 수 있습니다. 지금 우리는 바야흐로 천지도 성공하고 그 속에서 살아가는 인간과 신명도 함께 성공하는 우주 가을의 문턱에 와 있습니다.

❋ 이때는 천지성공 시대라. 서신西神이 명命을 맡아 만유를 지배하여 뭇 이치를 모아 크게 이루나니 이른바 개벽이라. (4:21)

❋ 내가 하늘과 땅을 뜯어고쳐 후천을 개벽하고 천하의 선악을 심판하여 후천선경의 무량대운無量大運을 열려 하나니 너희들은 오직 정의와 일심에 힘써 만세의 큰복을 구하라. 이때는 천지성공 시대니라. (2:43)

상제님은 가을철의 변화성을 **'추지기신야秋之氣神也'**라 말씀하셨습니다. 이 한 말씀에서 가을철에 열리는 새로운 개벽 문명의 실체와 성격이 모두 드러납니다. 우주 가을철에는 천상 신도神道의 조화 문화와 만사지 문화가 지상에 열림으로써 선천에 적체된 모순과 갈등이 근원적으로 해결되어 인류사의 궁극 목적이 이루어집니다. 그리하여 인류가 그토록 꿈꾸어 왔던 신인합일의 후천 조화 선경 세계, 통일 조화 문명이 지상에 열려 천지의 목적과 이상이 실현됩니다. 가을개벽을 거쳐 천지는 상제님의 천지공사에 따라 새 질서로 단장되고, 장차 인간과 신명이 함께 성공하는 가을 신천지 선경낙원에서 천상의 조상과 지상의 자손이 천지 열매가 되어 한없는 복락을 누리며 살아가게 됩니다.

4) 보은 시대

이때는 지난 선천 봄여름철 동안 인간을 낳고 길러 온 천지 부모의 은혜에 보답해야 하는 **'보은報恩 시대'**입니다. 상제님은 "선천 인간 중에 천지의 홍은鴻恩을 갚은 사람이 없다."(2:23)라고 하셨습니다.

---

13 두 메시아의 구원 시대 | 지금까지 선천 종교인들은 하느님을 신앙하면서 아버지만을 외쳐 왔다. 그것은 편벽한 남성 중심의 '반쪽 하느님관'이었다. 아버지 하느님이신 증산 상제님께서는 우주 가을철이라는 인류 문화의 정음정양의 대성숙기를 맞이하여 두 메시아 시대를 선언하셨다. 이는 아버지와 어머니, 두 분 하느님이 함께 천지와 인간을 구원하는 대사업을 우주 개벽철에 집행하시게 되었음을 선포하신 것이다. (제8장 '도운 공사'의 수부 도수 참고)

인간은 천지로부터 몸을 받은 천지의 자녀입니다. 우리는 지금까지 천지의 끊임없는 정성과 공력 속에서 선천 세상을 살아 왔습니다. 이제 가을철의 성숙한 인간으로 거듭나기 위해서는 천지 부모의 뜻과 은혜를 깨닫는 것이 너무도 중요합니다. 내 생명의 근원을 제대로 인식하고 깨칠 때, 마음이 깊어지면서 보은 의식이 저절로 열리게 됩니다. 인간이 진리를 배우고 깨닫는 의미와 목적에 대해서 상제님은 "도통천지보은道通天地報恩"(6:128)이라 하셨습니다. 즉 모든 인간이 **진리를 깨쳐 가을철 열매 인간으로 거듭나는 것**(道通)이 선천 5만 년 동안 길러 준 **천지 부모님의 크나큰 은혜에 보답하는 궁극의 삶의 길**이라는 말씀입니다.

※ 천지 알기를 너희 부모 알듯이 하라. (11:114)
※ **천지는 억조창생의 부모**요, **부모는 자녀의 천지**니라. (2:26)
※ 백복신百伏神은 그 전에 아전이요, 만사신萬死神은 백성이라. (11:389)

무릇 은혜를 저버리는 인생은 천지의 근원을 부정하는 것과 같습니다. 상제님께서는 "배은망덕만사신背恩忘德萬死身"(7:66)이라 하시어 은덕을 저버리고 망각하는 자는 그 몸이 만 번 죽어도 마땅하다고 엄중히 경계하셨습니다.

5) 해원·상생 시대

선천은 상극 질서가 뭇 이치를 지배하였기에 모든 생명은 천지자연의 상극성이 낳은 원과 한을 맺고 살아 왔습니다. 인류사도 동서고금을 막론하고 대립과 투쟁 속에서 원한으로 가득 채워 왔습니다. **선천 역사**는 원한이 원한을 부른 **'원한의 확대사'**이자 **'원한의 축적사'**입니다.

선천 세상에 강권 가진 자들에게 억눌려 살아온 약자들이 내뿜는 한숨과 절규, 그리고 온갖 증오와 고난의 신음 소리가 온 천지에 가득 차 있습니다. 상제님은 '이제 하늘과 땅과 인간 세계가 원한의 살기로 말미암아 깊은 병독에 빠져 멸망의 기로에서 있다'고 진단하셨습니다.

※ 선천에는 상극의 이치가 인간 사물을 맡았으므로 모든 인사가 도의道義에 어그러져서 원한이 맺히고 쌓여 삼계에 넘치매 마침내 살기殺氣가 터져 나와 세상에 모든 참혹한 재앙을 일으키나니…. (4:16)

증산 상제님은 선천의 상극 문화로부터 인간을 근원적으로 건져 내시기 위해 **'상생相生의 새 질서'**를 열어 주셨습니다. 그리고 상생의 도가 펼쳐질 새 세상을 열기 위해 먼저 해원 시대의 운수를 정하셨습니다. 이는 선천 상극 질서 속에 쌓인 인간과 신명의 모든 원과 한을 풀지 않고서는 후천의 상생 세상으로 넘어갈 수 없기 때문입니다.

선천의 원과 한을 모두 푸는 해원 시대를 거쳐서 후천 가을, 새로운 상생의 조화 세상이 열리게 됩니다.

- 이때는 해원시대解寃時代라. (2:24)
- 나의 도는 **상생**相生의 **대도**이니라.… 내가 이제 후천을 개벽하고 **상생의 운**을 열어 선善으로 살아가는 세상을 만들리라. (2:18)

상생의 가을 세상으로 넘어갈 때, 인생의 궁극 목적은 상생의 화신이 되어 인류를 생명의 길로 인도하는 데 있습니다.

- 너희들은 손에 살릴 생生 자를 쥐고 다니니 득의지추得意之秋가 아니냐. (8:117)

세상 사람들에게 상제님의 무극대도 진리를 전해 가을 우주의 진리 인간으로 열매 맺게 하는 길이 바로 '살릴 생 자 공부'입니다. 이는 선천개벽 이후 천지의 최종 목적을 완결짓는 인간의 가장 숭고한 도덕 행위입니다. 인류 도덕 가치가 이 살릴 생 자 공부에서 완성됩니다. 인류 구원의 꿈을 성취하는, 가장 소중하고 성스러운 궁극의 가치가 바로 '살릴 생 자 공부'인 것입니다. 이는 선천의 인간이 가을 우주의 질서를 생활화하는 길이기도 합니다.

6) 신명 시대: 천지도수가 정리整理되는 때

상제님께서는 **'이때는 신명시대라'** 하시어 이 세상에서 일어나는 모든 난리와 소요와 격동의 사태는 그 배후에 개입해 작용하는 천지신명들의 조화로 이루어진다고 하셨습니다.

- 시호시호 귀신세계時乎時乎鬼神世界니라. (5:196)
- 이때는 신명시대神明時代라. 삼가 죄를 짓지 말라. 새 기운이 돌 때에 신명들이 불칼을 번뜩이며 죄지은 것을 내 놓으라 할 때에는 정신을 놓으리라. (7:26)
- 신도가 대발大發하는 개벽의 운을 당하여 신명을 능멸하고서 어찌 살기를 바랄 수 있겠느냐! (4:49)
- 천지개벽을 해도 신명 없이는 안 되나니, 신명이 들어야 무슨 일이든지 되느니라. (4:48)

이번 개벽기에는 신명도 일할 사람을 못 만나면 소멸되고 맙니다. 신명과 인간이 서로 힘을 합쳐 가을개벽 상황을 극복하고 후천 선경 세계를 건설합니다. 하지만 그 일을 현실적으로 이루어 나가는 **주체는 사람입니다. 천상 선령신들도 뜻을 이루어 주는 자손을 만나야 후천선경 세계로 넘어갈 수 있습니다.** 또한 지금은 천상의 신명들 가운데 봉사의 음덕과 역사에 끼친 공덕이 지대한 이들이 천상 신도神道 조직의 각 부서에 새로이 임명되어 후천개벽 사업에 참여하는 때입니다. 즉 천상 신명神明 세계에서 조직의 대이동이 일어나는 때입니다.

❋ 지금은 천지도수가 정리되어 각 신명의 자리가 잡히는 때라. (4:9)

'천지도수'는 시간의 마디에 따라 펼쳐지는 천지의 운행 원리를 뜻합니다. 그러므로 '천지도수가 정리되는 때'라는 말씀은 '하늘과 땅의 운행원리가 올바르게 정리되는 때'라는 의미입니다. 천지 창조의 목적과 이상이 실현되려는 선천의 마지막 시점인 지금, 오묘한 천지 운행의 원리가 가을개벽의 시간대로 서서히 조여들고 있음을 지적하신 것입니다. 지금은 천지도수가 정리되어 각 신명의 자리가 잡히면서 후천 새 하늘이 열리는 우주사의 대전환기입니다.

7) 후천 신문명新文明 시대

(1) 난법 시대에서 진법 시대로 | 상제님은 '원래 인간 세상에서 하고 싶은 일을 하지 못하면 분통이 터져서 큰 병을 이룬다'(4:32)고 하셨습니다. 이는 인간이 본질적으로 욕구를 충족시키려는 존재임을 지적하신 말씀입니다.

상제님은 지난 상극의 세월 속에서 억울하게 살다 간 모든 인간과 신명이 개벽을 앞두고 자신의 원과 한을 한껏 풀 수 있도록 **'난법 해원 시대'**를 열어 놓으셨습니다. 지금 이 세상은 인간과 천상의 신명들이 각자 자신의 뜻대로 해원을 하는 난법 세상입니다.

❋ 이제 모든 일을 풀어놓아 각기 자유행동에 맡기어 먼저 난법을 지은 뒤에 진법을 내리니 오직 모든 일에 마음을 바르게 하라. (4:32)

상제님은 가을 개벽기에 선천 상극의 **'묵은 하늘'** 아래 탄생한 가르침으로 천하 창생이 난법의 구렁텅이에 빠져 영원한 죽음의 어둠 속으로 떨어지게 될 것을 경계하셨습니다.

❋ 이제 **각 교 두목들**이 저의 가족 살릴 방법도 없으면서 '살고 잘된다'는 말을 하며 남을 속이니 어찌 잘되기를 바라리오. (2:95)

이 혼란한 여름철 말기의 과도기를 거치면서 인간의 몸으로 오신 상제님이 기획하신 대로 인류 역사의 질서를 총체적으로 바로 세우는 **가을 우주 개벽의 진법문화**가 천하 만방에 열려 나가게 됩니다.

(2) 금수 시대에서 지심대도술 시대로 | 지금 이 시대는 "도리불모금수일道理不慕禽獸日"(2:145), 즉 도리를 우러르지 않는 금수 시대이며, 또한 "금수대도술禽獸大道術"(5:196)

의 시대입니다. 그래서 지상의 인간과 천상의 신명이 각기 닦은 기국과 심법에 따라 해원하는 난법의 무법천지 시대입니다. 현대는 윤리와 도덕이 땅에 떨어진 금수 시대로서, 만물의 영장이라는 인간은 진리의 근원을 잃고 타락할 대로 타락하여 **천시**天時**의 대세**를 전혀 모른 채 살고 있습니다. 이러한 선천 여름철의 암흑시대를 대혁신하고 우주 광명의 가을철 새 시대를 여는 무궁한 조화의 대도술大道術이 출현할 것을 태모 고 수부님께서는 다음과 같이 밝혀 주셨습니다.

* 후천 천지사업이 **지심대도술**知心大道術이니라. (11:182)
* 선천에서 지금까지는 금수대도술禽獸大道術이요, 지금부터 후천은 지심대도술知心大道術이니라. 피차 마음을 알아야 인화人和 극락 아닐쏘냐. **마음 닦는 공부**이니 **심통**心通 **공부** 어서 하라. 제가 **제 심통**도 못하고 **무엇을 한단 말이더냐.** (11:250)

후천 가을 세상에는 천지 부모의 마음과, 인간과 신명을 비롯한 만유 생명의 마음을 아는 **지심대도술**이 펼쳐집니다. 온 인류가 깊은 마음의 문을 열어 하나같이 새 사람이 되어 펼치는 지심知心의 대도술은 장차 인간이 천지일월과 하나 된 일심의 조화세계를 생활화함으로써 열립니다. 인간이 우주의 조화주 하느님이신 상제님의 **일심법**을 체득하여 **상제님의 도술 조화 문명** 시대를 열어가게 됩니다.

(3) 영웅 시대에서 성인 시대로 | 선천 봄여름은 상극相克 원리가 지배하여 투쟁과 모순과 대립이 끊이지 않은 '영웅 시대'입니다. 강자가 약자를 억압하고 약자는 강권 가진 자의 발밑에 짓밟히는 약육강식의 생존원리가 역사를 이끌어 왔습니다. 영웅이 할거하여 하루가 멀다하고 투쟁과 전쟁을 일삼았으며 증오와 분노의 판이 끊이지 않고 이어져 왔습니다.

"선천에는 상극의 이치가 인간 사물을 맡았으므로 모든 인사가 도의道義에 어그러져서"(4:16)라는 상제님 말씀대로, 종교와 사상, 제도와 규율도 상극의 질서 속에서 생겨나 이 세상은 갈수록 치열해지는 경쟁과 대립의 분쟁에서 헤어나지 못하고 있습니다. 인간이 걸어 온 역사의 발자취를 보십시오! 지금 이 순간에도 종교는 여전히 정통과 이단 논쟁을 일삼고, 정치는 권력 쟁투와 이권 다툼에 여념이 없습니다. 또 동서의 각 문명권이 조우遭遇할 때 빚어지는 충돌로 얼마나 많은 피를 흘리고 아픔을 겪어야 했습니까?

* 옛적에는 신성神聖이 하늘의 뜻을 이어 바탕을 세움(繼天立極)에 성웅이 겸비하여 정치와 교화를 통제관장統制管掌하였으나 중고中古 이래로 성聖과 웅雄이 바탕을 달리하여 정치와 교화가 갈렸으므로 마침내 여러 가지로 분파되어 진법眞法을 보지 못하였나니 이제 원시반본이 되어 군사위君師位가 한 갈래로 되리

라. 앞세상은 만수일본萬殊一本의 시대니라." 하시니라.(2:27)

이제 상극 시대가 끝나는 우주 가을철의 문턱에서 **증산 상제님의 무극대도**가 출현하여 **상생의 조화調和 세계**가 새롭게 열립니다. 후천 세상은 상생의 온갖 선한 행위와 조화의 가치가 인류의 삶을 이끌어, 모든 사람이 서로 잘되게 하고 은혜와 축복을 나누는 **상생의 '성인聖人 시대'**로 대혁신됩니다.

(4) 억음존양에서 정음정양의 남녀동권 시대로 | 선천은 '억음존양抑陰尊陽'의 세상입니다. 그래서 여성은 하늘(陽) 중심인 선천 문화권 속에서 온갖 천대와 억압을 받으며 살아왔습니다.

상제님은 여성이 억압받아 온 문제의 근원이 선천의 우주 질서에서 비롯되었음을 밝혀 주셨습니다. 여성에 대한 탄압과 억압 문제는 단순히 인습을 타파하거나 규범과 사회제도를 개혁한다고 해서 온전히 시정될 수 있는 것이 아닙니다. 오직 하늘과 땅의 질서를 '정음정양正陰正陽'으로 뜯어고치는 상제님의 새 우주 개벽 공사로만 해결될 수 있습니다.

- 선천에는 하늘만 높이고 땅은 높이지 않았으니 이는 **지덕地德**이 큰 것을 모름이라. 이 뒤에는 **하늘과 땅을 일체로 받드는 것**이 옳으니라. (2:51)
- 장차 일본이 나가고 서양이 들어 온 연후에 지천태地天泰 운이 열리느니라. (5:336)

정음정양으로 돌아가는 후천에는 남녀가 모두 대장부大丈夫·대장부大丈婦가 되는 남녀동권 시대가 펼쳐집니다.

8) 인존 시대

선천 봄·여름철은 하늘과 땅의 생명력이 인간과 만물을 낳고 기른 천존 시대와 지존 시대였습니다. 그런데 생장염장으로 순환하는 대자연의 목적은 가을철에 열매를 맺는 것입니다.

인류가 이제 맞이할 **우주의 가을철은 인존 시대**입니다. 인간의 삶의 궁극 목적은 바로 우주의 가을철에 성숙한 인간이 되는 것입니다. 성숙한 삶이란 천지와 하나 된 마음으로, 하늘과 땅의 궁극의 이상 세계를 건설하는 역사적인 존재로 살아가는 것을 말합니다. 천지의 원 주인이신 상제님이 오셔서 가을 우주를 열어 놓으심으로써 인간은 가을 천지의 인존이 되어 대도大道의 성취자로 거듭날 수 있게 되었습니다.

인존 주권 시대를 열어 주시기 위해 상제님은 인간이 궁극의 도통인 '중통인의中通人義'를 성취하는 무극대도無極大道를 전해 주셨습니다. 인간이 지닌 무궁한 신성을 온전히 발현하여 우주의 주인공으로 우뚝 서는, 성숙을 향한 인간의 길을 열어 주신 것입니다. 이로써 인간이 아버지 하느님의 진정한 아들딸로 거듭나는 인간 존엄 시대가 현실로 펼쳐지게 됩니다.

❋ 이제 인존 시대를 당하여 사람이 천지대세를 바로잡느니라. (2:22)

9) 원시반본하는 시대

지금까지 살펴 본 이 시대의 역사 정신을 요약하면, '원시반본原始返本'이라는 한 말씀으로 집약할 수 있습니다. 원시반본이란 인간과 만물이 **시원의 근본 자리로** 되돌아가는 것을 의미합니다. **생명의 근원, 생명의 뿌리로 돌아가는 가을의 통일 정신**이 바로 원시반본입니다. 이 원시반본이라는 가을철의 천지 이법에 따라 선천 봄·여름 동안 분열·발전해 온 동·서 인류 문화를 가을의 열매 문화로 통일·성숙시켜 나갑니다.

❋ 이때는 원시반본原始返本하는 시대라. 혈통줄이 바로잡히는 때니 환부역조換父易祖하는 자와 환골換骨하는 자는 다 죽으리라. (2:26)

지금은 원시반본의 가을 정신이 온전히 드러나는 '성숙을 위한 개벽 시간대'입니다. 그러므로 한 사람도 예외 없이 **'시원을 바로 알고 근본으로 돌아가야만'** 살아남을 수 있습니다. 환란과 전환의 시대인 오늘의 이 시점이야말로 **아버지 하느님께서 당신의 통치 이상과 목적을 모두 이루시는 천지의 결실기**입니다. 지금 인류는 하늘과 땅과 사람, 즉 삼계 우주가 동시에 성숙(원시반본)하는 시간대를 맞아 그리운 지상 선경 낙원 세계를 향해 나아가고 있습니다.

원시반본이라는 대주제 아래 펼쳐지는 인류 구원의 새 우주관, 종교관, 세계관, 인간론이 지금까지 살펴본 하추교체기의 역사 정신과 더불어 후천 가을의 결실 진리의 주요 내용이 될 것입니다.

이 말씀의 구체적인 내용은 뒤에서 살펴보기로 하고, 상제님의 천명을 받고 내려온 사역자인 선천 성인들이 전한 상제님의 강세 소식을 간단히 살펴보겠습니다.

제4절 성인들이 예고한 상제님 강세 소식

❋ '예수가 재림한다.' 하나 곧 나를 두고 한 말이니라. 공자, 석가, 예수는 내가 쓰기 위해 내려 보냈느니라. (2:40)

❋ 모든 술수術數는 내가 쓰기 위하여 내놓은 것이니라. (2:150)

이 말씀에서 우리는 종교, 과학, 철학 등 모든 선천 문화는, 상제님께서 천상의 빛나는 성신들에게 친히 사명을 내려 이루어진 것임을 알 수 있습니다. 만유를 통치하는 상제님께서 그 시대를 개명開明하라는 사명을 주어 그들을 지상에 내려보내셨던 것입니다.

또한 **'내가 쓰기 위하여'**라는 말씀(로고스)에서는, 성자들로 하여금 지상에 문명의 탑을 높이 쌓도록 섭리하신 궁극의 목적이 있음을 알 수 있습니다. 그 목적은 가을철에 이르러 당신님께서 친히 문명의 진액을 거두어(收斂) 지상 천국을 여시기 위함입니다.

선천의 시공時空은 상극의 이법으로 말미암아 만유 생명의 자유를 제약합니다. 자유롭지 못한 지상의 들판에는 고독과 죽음의 스산한 바람이 인간의 가슴속을 숙명처럼 파고듭니다. 그러나 이제 상제님이 지상에 강세하심으로써 인류는 가을 천지 개벽기에 닥칠 환란을 극복하고 진정한 자유와 행복을 누리는 후천 선경 세상을 살아가게 됩니다.

예수와 석가, 최수운과 김일부 같은 성자들은 인류에게 닥칠 최후 심판의 날과 그 뒤에 비쳐 올 새 시대의 여명을 다음과 같이 노래하였습니다.

1. 예수가 전한 아버지 하느님의 천국 복음

1) 예수 복음의 핵심

(1) 예수가 전한 아버지 하느님 | 오늘 지구촌에 살고 있는 기독교인들은 아버지를 단지 생명의 근원과 조화의 지극한 신성으로만 인식하고 있습니다. 그러나 예수가 선포한 아버지 하느님은 서양의 형이상학에서 일컫는, 세계와 역사 밖에서 만유 생명과 조화의 근원으로 존재하는 추상적인 초월신이 아닙니다. 예수는 자신이 아버지 하느님의 천명을 받고 십자가의 길을 걷기 위해 지상에 왔음을 이렇게 고백하였습니다.

◎ 내가 스스로 온 것이 아니로다. 나를 보내신 이는 참이시니, 너희는 그를 알지 못하나, 나는 아노니 이는 내가 그에게서 났고, 그가 나를 보내셨음이라. (「요한복음」 7:28~29)

◎ 나를 보내신 아버지께서 나의 말할 것과 이를 것을 친히 명령하여 주셨으니….

(「요한복음」 12:49)

예수가 말한 아버지는 우주 사회(cosmic society)의 통치자로서 군사부 문화의 근원으로 계시는 분입니다. 예수는 "땅에 있는 자를 아버지라 하지 말라. 너희의 아버지는 한 분이시니 곧 하늘에 계신 이시니라."(「마태복음」 23:9)라고 전했습니다. 예수가 전한 하늘나라에 계신 아버지, 그분은 진실로 대우주를 통치하시는 천상 신도神道 세계의 최상의 권능자요, 지고신至高神으로 실재하고 계십니다.

◎ 인자가 권능자의 우友편에 앉은 것과 하늘 구름을 타고 오는 것을 너희가 보리라. (「마가복음」 14:62)

예수는, 자신은 아버지가 보낸 아들(人者, Son of man)일 뿐 결코 아버지 하느님이 아님을 누차 강조하고 있습니다(「마태」「누가」「요한복음」).

예수의 사명에서 가장 중요한 핵심은 이 우주에 아버지 하느님이 계시고, 그 하느님이 천국을 건설하신다는 것을 증언하는 것이었습니다. 여기서 천국은 아버지가 이 땅에 직접 오셔서 건설하시는 지상 천국을 말합니다. 그 아버지 하느님은 구약의 율법 시대에 계율을 내려 주고 그것을 지키지 않으면 가혹하게 심판하는 유대족의 야훼신이 아닙니다. 야훼는 오직 자신만을 섬기고 우상을 숭배하는 자를 가차 없이 죽이라고 합니다.

구약에 등장하는 야훼 신과 신약에 나오는 아버지 하느님은 그 위격이 전혀 다릅니다. 야훼는 구약에서 초월신으로 그려지고 있지만 실제는 유대족의 신입니다. 예수가 외친 아버지는 유대 민족이 인식해 온 좁은 신의 영역을 넘어, 온 인류에게 사랑의 은혜를 베풀어 주시는 우주의 통치자로서 인격신입니다. 이러한 아버지 하느님의 실상을 정확히 이해하는 것이 가을 개벽기의 대죄인 환부역조를 범하지 않고 예수의 사명을 바르게 보는 핵심 열쇠입니다. 예수는 구약의 율법, 유대족의 편협한 민족신의 신앙관을 넘어 온 우주의 원 통치자이신 사랑과 자비의 하느님, 신약의 아버지 신앙문화를 선포하였습니다.

(2) 지상 천국의 도래: 아버지 하느님이 오신다 | 신약 성서의 마지막 편인 「요한계시록」에는 천상 보좌에 앉아 대우주를 통치하시는 성부 하느님의 형모가 선명하게 그려지고 있습니다. 「요한계시록」은 박해를 받아 끓는 기름 솥에 들어갔어도 죽지 않았던 믿음의 화신, 사도 요한이 아버지 보좌 앞에서 계시를 받아 쓴 기록입니다.

◎ 내가 '크고 흰 보좌와 그 위에 앉으신 분'을 보니, 땅과 하늘이 그 앞에서 피하여 간데 없더라. (「요한계시록」 20:11)

◎ 보좌에 앉으신 이가 이르시되, "보라 내가 만물을 새롭게 하노라" 하시고 (「요한계

시록」 21:5)

「요한 계시록」에는 아버지가 천상 궁궐에서 이 우주를 통치하시는 인격신으로 그려지고 있을 뿐만 아니라 그 아버지께서 장차 이 세상에 강세하시리라는 놀라운 소식을 전하고 있습니다.

◎ 하느님이 가라사대 "나는 알파요 오메가라. 이제도 있고 전에도 있었고 장차 올 자요 전능한 자라."하시더라. (「요한계시록」 1:8)

◎ 거룩하시도다, 거룩하시도다, 거룩하시도다, 전에도 계셨고, 지금도 계시며, 앞으로 오실 전능하신 주 하느님이시여!(「요한계시록」 4:8)

지구촌의 모든 인간을 최후의 심판으로 몰고 가는 백보좌 하느님의 심판은 기독교 종말론의 핵심입니다. 그러나 기독교에서 전하는 이 심판은 사실은 종말이 아니라 새로운 세상으로 가는 시작입니다. 사도 요한은 새 하늘 새 땅, 신천지의 복음을 전하고 있습니다. 천지 개벽으로 새로운 하늘과 땅의 시공 질서가 열리면서 지상 천국 시대가 펼쳐지게 됩니다.

◎ 또 내가 새 하늘 새 땅을 보니 처음 하늘과 처음 땅은 사라지고 바다도 더 이상 있지 아니하더라. (「요한계시록」 21:1)

예수는 이제 이 세상이 예전 하늘과 땅의 한 시대를 문닫는 종말의 시간대를 지나 인간 역사의 궁극의 목적지인 아버지의 나라가 이 땅에 세워질 것을 명백하게 선언하고 있습니다. '아버지 하느님'의 천명天命을 받고 지상에 내려와 사역한 아들(성자) 예수는 아버지가 여시는 **'하느님의 왕국**(the Kingdom of God)'을 선포하고, 지상에 펼쳐질 이 신의 나라에 들어갈 수 있도록 만인에게 사랑과 봉사의 길을 가르쳤습니다. 예수가 외친 하느님의 왕국은 아버지의 강세로 새 하늘 새 땅, 천지의 새 질서가 열림으로써 실제로 이 땅 위에 펼쳐집니다.

(3) 아버지 하느님의 생명 심법을 회복하라 | 인간은 본래 천지 하느님의 형상과 모양대로 지어졌기 때문에 생명의 근원이신 아버지(성부)의 순수한 성령의 빛을 그대로 지니고 있습니다.

◎ **우리에게 기름을 부으신 이는 하느님**이시니, 저가 또한 우리에게 인印치시고 보증으로 **성령을 우리 마음에 주셨느니라.** (「고린도후서」 1:21~22)

◎ 성령이 친히 우리의 영과 더불어 우리가 하나님의 자녀인 것을 증언하시나니 …. (「로마서」 8:16)

예수는 하느님이 부여하신 인간 본연의 모습이 교만과 정욕과 마귀의 미혹으로 말미암아 변질되었기에 이를 정화시켜 죽음의 속박에서 벗어나라고 가르쳤습니다.

◎ 욕심이 잉태한즉 죄를 낳고 죄가 장성한즉 사망을 낳느니라. (「야고보서」 1:15)
◎ 하늘에 계신 너희 아버지의 온전하심과 같이 너희도 온전하라. (「마태복음」 5:48)
◎ 하느님은 죽은 자의 하느님이 아니요, 산 자의 하느님이시라. (「누가복음」 20:38)

예수는 우리에게 기적적인 승리의 생활로 이끄는 성결의 영靈인 성령의 은혜로 거듭 태어나(重生) 영과 육의 병고와 모든 죄를 사함받고, 생명의 근원처로 돌아갈 것을 부르짖었습니다. 그것은 인간의 몸은 곧 성신이 거하시는 성전(「고린도전서」 3:16)이므로, "누구든지 하느님의 성전을 더럽히면 하느님이 그 사람을 멸하리라."(「고린도전서」 3:17)라는 하느님의 생명의 율법 때문입니다.

예수의 복음은, 신학자인 불트만(R. Bultmann, 1884~1976)이 얘기했듯이 "때가 찼고, 천국이 가까웠다. 회개하라."(「마가복음」 1:15)라는 케리그마(선포)로 요약됩니다. 여기서 '회개'라는 말의 원어는 히브리어 '테슈바흐(teshuvah)'입니다. 테슈바흐가 뜻하는 영혼 구원의 핵심은 **'돌아오라(return)'**라는 뜻에 있습니다. 성령으로 거듭나 하느님의 부름에 응답하고 마침내 그 품으로 돌아가 하느님의 생명을 회복하라는 것이 예수가 전한 가르침입니다.

예수는 죄와 죽음의 늪에서 허덕이는 인류를 구원하기 위해 **'아버지(聖父)와 아들(聖子)과 성신(聖靈)'**이 행하시는 삼위일체의 삶의 길을 **삼박자 구원의 축복**으로 전했습니다. '천지의 아버지와 자녀들'을 하나 되게 하는 **조화造化의 영으로서 불멸의 생명을 내려 주는 '신의 불(Holy Fire)'**이 바로 **성신(Holy Spirit)**입니다. 우주는 이 대광명의 불로 하나가 되어 열려 있습니다. '영靈'을 헬라어(고대 그리스어)로 '프뉴마pneuma'라 하는데, 이 말에는 바람, 숨결, 생기라는 뜻이 있습니다. 이 **신의 영기(성신)**는 온 우주에 충만한 불가사의한 조화생명의 숨결을 의미합니다.

천지 공간에 가득 찬 대우주의 성령, 곧 '성신'은 우주 역사와 지구 문명 창조에 위대한 영적 힘으로 역사하며, 인간의 역사와 우주 질서를 재조직하는 창조의 근원적 힘으로 작용합니다. 성신은 삼계의 우주사를 잡아 돌리는 창조적 힘입니다. 환한 보름달이 성부라면 밤하늘의 공간을 가득 메운 밝은 달빛은 성신으로서 어두운 인생길을 밝혀 주는 구원의 등대와도 같습니다.[14] 인간의 역사와 일상적 삶 속에서는 천지에 가득 찬 성신이 바로 이 광명과 같은 역할을 하고 있습니다. 성신은 부귀빈천이나 권세나 지식의 유무를 떠나, 오직 **사랑과 순수한 믿음, 참 마음과 사무치는 정성을 통한**

---

14 **성신** | 그리스 정교(동방교회)는 성신(성령)이 하느님 아버지로부터만 나온다고 주장하고, 가톨릭(서방교회)과 개신교는 삼위일체에 의해 하느님 아버지뿐만 아니라 하느님의 창조 이상을 실현하는 구원의 사역자인 '아들에게서도' 나온다(필리오케Filioque)고 주장한다.

기도에 응답하십니다. 이때 우리의 운명과 삶에 근본적인 변화가 일어납니다.

우리가 하느님께 정성을 다해 일심으로 기도 올리면 성신의 인도를 받아 아버지 하느님이신 상제님을 친견할 수 있습니다. 진리를 깨닫는 순간의 희열과 강렬한 확신이나, 회개하며 기도를 드릴 때 느끼는 영적인 감응과 기쁨, 일심一心 기도로써 얻게 되는 병고의 기적적인 치유 현상은, 모두 대우주의 순수 인격을 지닌 성신의 무궁한 생명력이 우리 영혼 속으로 흘러 들어옴으로써 일어나는 것입니다.

(4) 십자가의 도를 전하다 | 선천 하늘의 상극 질서 속에서 인간은 무지와 죄악으로 생명나무의 열매(道果)를 따먹지 못하고 하느님과 단절되어 죽음의 운명에서 허우적거리게 마련입니다. 영원한 생명을 얻지 못하는 인간은 아버지 하느님 앞에서 **불효자**이며 죄인입니다. 그래서 예수는 온 인류가 하느님을 **'내 생명의 아버지'**라 부를 수 있도록 하기 위해 인류의 죄를 짊어지고 아버지 하느님께 드리는 인류의 화목제和睦祭에 자신을 바쳤습니다. 예수의 사명은 하느님과 인간이 상전과 종의 관계이던 구약시대를 막 내리고, 아버지와 아들(인류) 사이에 사랑의 다리를 놓는 **신약의 중보자** 역할을 하는 것이었습니다. 예수는 우리 인간이 성령의 은혜로 거듭나 우주생명의 근원처인 아버지 하느님에게 돌아갈 것을 간절히 부르짖었습니다.

십자가에 매달리기 전, 예수는 애통하고 고뇌하는 마음으로 이렇게 기도했습니다.

◎ 아버지시여, 만일 할 만하시거든 이 잔을 내게서 지나가게 하옵소서. 그러나 나의 원대로 마옵시고 아버지의 뜻대로 하옵소서. (「마태복음」 26:39)

채찍에 맞아 등줄기에서 피가 흐르고 손과 발에 대못이 박힌 채, 중동 사막의 뜨거운 열기에 목이 타들어 가는 처절한 고통 속에서, 예수는 "아버지여, 내 영혼을 **아버지 손에 부탁하나이다."**(「누가복음」 23:46)라고 절규하며 하느님의 제단 앞에 인류의 죄를 씻고자 대속의 피를 뿌렸습니다.

◎ **내가 아버지께로 나와서 세상에 왔고** 다시 **세상을 떠나 아버지께로 가노라.** (「요한복음」 16:28)

예수는 십자가에 매달려 피 흘리며 죽어가면서도 이것이 아버지 하느님의 뜻임을 알고 절대 순종하였습니다. 십자가에 매달린 예수의 죽음은 인류에게 자기희생을 통해 영원한 생명의 길로 가는, 참회와 회개의 도를 보여 준 것입니다.

2) 기독교의 본질: 제사장 멜기세덱의 도를 계승한 예수

구약 「창세기」 14장에는 매우 신비스런 한 인물이 등장합니다. 바로 **멜기세덱**입니다. 4천여 년 전, 아브라함이 엘람 왕에게 납치된 조카 롯을 구하기 위해 엘람 왕의 군대와 싸워 승리한 후 돌아왔을 때 아브라함을 영접한 연합국의 왕들 가운데 한 사람이 살렘 왕 멜기세덱이었습니다. 그는 왕이었을 뿐 아니라 하느님의 제사장으로서 "지극히 높으신 하느님의 이름으로" 아브라함을 축복하였고, 아브라함은 멜기세덱에게 그 전리품의 십분의 일을 바쳤습니다(「창세기」 14:17~20). 멜기세덱이 하느님과 인간을 매개하는 제사장이었기 때문입니다. 멜기세덱이라는 이름은 '의로운 왕'이라는 뜻입니다. 또 살렘은 평안, 평화를 의미하니 멜기세덱은 평화의 왕이기도 하였습니다.

신약의 「히브리서」에서는 예수를 바로 이 멜기세덱과 같은 반열에 오른 대제사장으로 규정하고 있습니다.

◎ 너는 멜기세덱의 반차를 좇아 영원한 제사장이라. (「시편」 110:4)

예수는 멜기세덱의 도를 계승하여 인류의 죄를 대속하는 그리스도(기름 부음을 받은 자)가 되었습니다. 정의와 평화의 왕인 멜기세덱의 뒤를 좇아 제사장이 된 예수는 인류가 하느님 앞에서 의롭고 죄 없는 평화로운 생명의 존재로 살아가는 것을 자신의 고귀한 사명으로 삼았던 상제님의 아들입니다.

하늘에 계신 아버지 하느님에게로 가는 길을 여는 기독교의 본질은 선도仙道입니다. 예수가 천상 궁전에 실재하시는 인격적인 통치자 하느님의 소식을 전하기도 했지만, 그는 또 무극無極 생명의 조화 바람을 타고 육신을 가지고 영생하는 선도를 외쳤습니다.

제자들을 데리고 변화산(다볼산)에 올라 기도드릴 때, 그는 이미 불멸의 선(僊=仙)의 생명 비밀을 체득하여 "얼굴이 해와 같이 빛나고 옷이 빛과 같이 희어지고"(「마태복음」 17:2), 하늘사람의 영생의 옷(천의무봉天衣無縫)을 입고 있었습니다.

◎ 군병들이 예수를 십자가에 못 박고 그의 옷을 취하여 네 깃에 나눠 각각 한 깃씩 얻고 속옷도 취하니 이 옷은 호지 않고 위에서부터 통으로 짠 것이라. (「요한복음」 19:23)

구약 시대의 선지자 에녹과 엘리야에게서 신약 시대의 예수로 이어지는 도맥道脈은 바로 선仙의 불멸의 생명을 추구하는 선도입니다. 구약에는 에녹과 엘리야가 육신을 그대로 가지고 선화하였다는 이야기가 전하고 있습니다.

그런데 기독교 교맥에 흐르는 정신은, 「요한계시록」에 기록되어 있는 일곱 교회, 일곱 성령, 성령의 은사恩賜로서 받는 일곱 은혜, 또 일곱 장로, 일곱 천사, 일곱 나팔, 일곱 별, 일곱 금 촛대, 일곱 뿔, 일곱 눈, 일곱 봉인封印에서와 같이, 실질적으로는 생명 창조의 작용수數인 '일곱(7)' 수로 나타납니다. 동양의 선仙이 북방선이라면 7수를 강조하는 서양의 선도仙道인 기독교는 남방의 천지 불로 상징되는 남방선이라 할 수 있습니다. 이러한 7수 문화는 인류 시원문화인 동방 신교의 '칠성문화'에 기원을 두고 있습니다. 기독교에서도 일곱 성령을 전하지만 그들의 2천 년 신학사에서 '아버지와 아들에게서만 성령이 나온다'고 할 뿐, 성령문화의 근원과 실체인 칠성七星에 대해서는 제대로 말하지 못하고 있습니다.

3) 말세의 심판과 인류 구원

기독교 구원의 리듬은 **'창조 - 타락 - 구원**(지상천국)'입니다. 하느님은 조화의 말씀으로 만유를 창조하셨으나, 인간은 선천 상극 시대를 살아오는 동안 생명의 근원에서 너무도 멀어져 죄와 욕망과 고통의 늪에서 허우적거리고 있습니다. 그러나 하느님은 사랑의 아버지이시므로 인류 구원과 영생의 새 세상의 손길을 역사 속에서 실현해 나가십니다. 이제 '구약의 성령 시대'를 이은 '신약의 성자(아들) 시대'가 종말을 고하고, 하느님의 말씀과 창조의 궁극 이상이 실현되는 '성약成約 세계를 여시는 거룩하신 아버지의 성부시대'가 열립니다. 예수 그리스도는 "내가 율법이나 선지자를 폐하러 온 줄로 생각하지 말라. 폐하러 온 것이 아니요 **완전케 하려 함이라.**"(「마태복음」 5:17)라고 한 말처럼, 자신을 내려보내신 아버지의 손길로 성취되는 지상천국 건설 이전까지 **인류 구원의 완성 시대를 준비**하기 위해 온 것입니다.

그런데 성약시대가 도래하기 전에 하늘과 땅, 태양과 달과 별들의 우주적인 변화, 즉 선·후천이 바뀌는 천지 대개벽에 따른, 인류사의 공전절후한 대전환이 일어나게 됩니다.

◎ **그 날 환란 후**에 즉시 해가 어두워지며 달이 빛을 내지 아니하며 별들이 하늘에서 떨어지며…. (「마태복음」 24:29)

◎ 이는 **그 때**에 **큰 환란**이 있겠음이라. 창세로부터 지금까지 **이런 환란**이 없었고 후에도 없으리라. (「마태복음」 24:21)

◎ 내가 진실로 너희에게 이르노니 돌 하나도 돌 위에 남지 않고 **다 무너뜨리우리라.** (「마태복음」 24:2)

◎ **그 날**에는 아이 밴 자들과 젖먹이는 자들에게 화가 있으리로다. (「마태복음」 24:19)

이 말세의 심판에서 구원받는 길은 장차 인간으로 오시는 아버지 **하느님의 말씀**을 좇아 강건한 믿음을 갖는 것이라고 성서는 전하고 있습니다.

◎ 구원의 투구와 성령의 검 곧 **하느님의 말씀**을 가져라. (「에베소서」 6:17)

일반적으로 하느님의 말씀은 **'로고스**logos'[15]라 합니다. 이 말씀이 성령의 인도로 영

---

15 **로고스** | 하느님의 말씀인 로고스logos는 동양의 '리理', '도道'와 같은 뜻을 지니고 있으며, 빛(light)

혼 속으로 흘러 들어와 그 사람의 자아를 깨우고 영이 확 트이게 할 때, 이 깨달음의 말씀을 '레에마rhema'라 합니다. 충만한 성령의 불길 속에서 믿음을 창조하는 말씀인 레에마를 접할 때, 비로소 진리를 보는 눈과 귀가 확연히 열리고 생사를 판결하는 후천 가을 우주의 마지막 심판에서 구원을 받을 수 있습니다. 이것이 기독교 **구원관의 최종 핵심**입니다.

백보좌 하느님이신 천상 옥좌의 상제님께서는 인류 역사와 문화를 결실하여 우주의 가을철을 여는 **성약成約의 아버지 시대**를 맞아 동방의 이 땅에 내려 오셨습니다. 말씀으로 새 하늘과 새 땅을 예비하고 인류 구원의 귀결점인 '에덴(기쁨)의 길'을 열기 위해 친히 강세하신 것입니다.

2. 석가가 말한 미륵부처님 강세 소식

1) 삼신불三身佛

석가모니나 예수는 다 같이 죽음을 초극한 영원한 삶의 길을 제시하였지만, 그 방법론에는 큰 차이가 있습니다.

예수는 하느님의 성령의 삶을 살아갈 것을 말하였지만, 석가의 가르침은 우리 마음속에 있는 바로 그 하느님의 성령의 본체인 **'하늘의 마음, 하느님의 마음(佛性)'을 밝히라는 것**입니다. 불교와 기독교 신앙은 참회와 거듭남을 바탕으로 한다는 점에서 그 본질은 동일합니다. 다만 영원한 생명의 근본 자리를 자신 안에서 구하느냐, 밖에서 구하느냐 하는 점에서 차이가 있습니다.

불교에서는 마음의 문을 열어 지혜와 대광명이 충만한 본래의 마음자리를 본 자를 '부처(진리를 깨달은 성인)'라 합니다. 석가는 오직 천지의 성령이 드나드는 일심一心 세계를 좇아 진리를 등불 삼고(法燈明) 자신을 등불 삼아(自燈明) 우주의 근원인 도道의 조화 세계에 들어가라고 가르쳤습니다.

예수는 생명의 시원처인 **무극의 진기眞氣**에 계신 아버지에게로, 석가는 그 무극이 이루어 놓은 생명의 공성空性인 **태극**으로 돌아가라고 한 것입니다. 불교의 최고 이상은 번뇌를 극복한 해탈이며, 영생의 도의 조화 자리에 드는 열반입니다. 기독교가 성부·성자·성신의 삼박자 구원을 전했듯이, 불교는 삼신불三身佛을 말합니다. 삼신불은 **법신불法身佛, 화신불化身佛, 보신불報身佛**을 가리킵니다. 시간·공간이 끊어진 이 우주 자체가 진리의 몸인 법신입니다. 산도, 강도, 지구도, 우주 만유가 대우주 광명 자체인

과 어원이 동일하다. 자연의 빛과 소리(말씀)는 신의 두 얼굴이다. 5천 년 전에 이루어진 힌두교 경전 베다Veda에 정통한 독일 사람 베렌트Berendt는 **"조물주가 하신 최초의 말씀은 빛이었다."**라고 하였다.

법신입니다. 신교에서 전하는 살아있는 삼신이 바로 법신불입니다. 그리고 우주 진리 생명의 참뜻과 이상을 구현하기 위해 태어난 인간은 천지 부모의 자녀인 성자聖子요 화신化身으로서, 그 목적을 깨닫고 심법을 연 이를 깨달은 자, 부처(화신불)라 합니다. 보신불은 단순한 부처의 경계를 넘어 과거 무량한 시간을 통해 온갖 수행을 거쳐 진리와 하나 되어 나타난 몸으로 창생에게 은혜를 내려 주는 부처를 말합니다. 3천 년 전, 이 세상을 다녀간 석가는 하느님의 마음(법신불) 자리에서 천명을 받고 강세한 화신불입니다.

2) 사법계관四法界觀

석가가 40년 이상 설법한 주제는 하느님의 영이 조화를 부리는 생명의 근원인 **마음**(一心)입니다. 마음에는 유형과 무형의 세계를 파악하는 '식識'이라는 작용이 있습니다. 불가佛家에서는 이 식의 원리를 체계적으로 밝힌 '유식설唯識說'을 전하는데, 유식설에서는 모든 존재는 **마음의 작용**인 **식(앎)**에 의해서 나타나는 가상의 존재에 지나지 않다고 말합니다.

인간의 식에는 가장 먼저 육체를 통해 외부 세계를 인식하는 5식(眼耳鼻舌身)이 있습니다. 이 감각 기관의 5식을 통일하는 주체가 의식인 제6식입니다. 이 제6식의 뿌리가 되는 근원적인 자아의식, 강력한 **자기 통일의식**을 제7식 **말나식**末那識이라 합니다. 그리고 마음의 근원인 심층의식으로서 모든 표상을 낳는 근본식이자 모든 체험과 기억의 종자를 저장하는 식이 제8식 **아뢰야식**阿賴耶識입니다. 이 아뢰야식을 넘어 궁극의 경계로 들어가면 **우주의 절대 순수의식**인 **아마라식**阿摩羅識(제9식)에 이르게 됩니다.

불가에서 말하는 유식설의 핵심은 유·무형의 세계에 대한 진리의 인식입니다. 『화엄경』에서는 우주 만물이 존재하는 진리를 '사법계관四法界觀'으로 전하고 있습니다.

『화엄경』「입법계품立法界品」에는 선재동자의 장대한 순례 여정이 그려져 있습니다. 선재는 수많은 선지식들을 만나 가르침을 받으며 남행하여 마침내 미륵불과 감격적으로 상봉합니다. 미륵님은 진리를 찾아 수만 리 길을 걸어온 선재를 찬탄하고, 흔들림 없는 깨침의 세계로 들어서고자 하는 그에게 보리심의 공덕을 설합니다. 이후 선재는 지혜의 실천을 상징하는 보현보살의 금강도량에 들어 중중무진重重無盡(깊고 깊어 다함이 없음)의 법계法界로 진입합니다.

'법法'은 일체의 존재에 대해 밝히는 진리를 뜻합니다. '법계'는 유·무형의 모든 존재가 나타나는 진리의 세계입니다. 그리고 '법계관'이란 이러한 일체의 존재 세계를 인식하는 틀, 곧 세계관을 말합니다. 우주 삼라만상이 어떻게 생겨났으며 어떠한 섭리로 벌여져 있느냐 하는 것입니다. 무한히 중층적인 우주의 현실 법계를 4단의 논리로 해명한 우주관이 『화엄경』에 나오는 사법계관四法界觀입니다. '(1)사법계관事法界觀', '(2)이법계관理法界觀', '(3)이사무애법계관理事無礙法界觀', '(4)사사무애법계관事事無礙法界觀'이 바로 그것입니다.

첫째는 사법계관입니다. 천지간에는 온갖 만물이 생겨나 희비를 연출하며 존재하지만 같은 것은 단 하나도 없으며 제각기 제2의 천성天性을 달리하여 태어납니다(萬物資生). 겨울에 대지를 덮는 흰 눈송이도 그 결정 모양이 모두 다릅니다. 이렇듯 현상계(色)는 진실로 변화무상한 세계입니다. 그런데 우리 눈에 비치는 이 변전무상變轉無常한 다양하고 **차별적인 현상 세계(事法界, 色界)가 그 본질에서는 차별없는 진리의 모습을 그대로 갖고 있다는 것이 바로 사법계관입니다.**

둘째는 이법계관입니다. 산, 바다, 식물, 동물, 사람 등 모두 다르게 보이는 화려한 현상 세계도 그 이면을 진리의 눈으로 들여다보면 모두 허상과 같은 그림자에 지나지 않습니다. 텅 비어 있는 조화의 큰 구멍 속에서 생성·변화하며 한 폭의 아름다운 그림으로 벌어져 있는 것입니다. 『금강경』에서는 '약견제상비상若見諸相非相이면 즉견여래卽見如來니라'고 하여 '만물을 볼 때 그 현상들을 그대로 공한 모습으로 볼 수 있다면 그것이 곧 만물의 참 모습이요, 곧 여래를 보는 것이다'고 하였습니다. 천지 만물의 본질이 바로 공이라는 것입니다. 생명의 근본(空) 자리에서 볼 때, **'천지 만물은 모두가 공성空性으로 동일하다.'는 것이 이법계관의 핵심**입니다.

셋째는 이사무애법계관입니다. 현실 세계(事法界)와 그것이 생겨난 본체 세계(理法界) 사이에는 모순과 걸림이 없습니다(無礙). 만물의 현상은 동일한 본체를 바탕으로 해서 비롯된 것이기 때문입니다. 이사무애법계관은 현상계와 본체계가 따로 떨어져 있는 것이 아니라 일체라는 것을 말해 줍니다. 우리 앞에 펼쳐진 만유는 생명의 근원(성부=법신불) 자리에서 벌어져 나왔으므로, 그 모체의 성품(佛性=一心)을 그대로 지니고 있습니다. 현상(色)이 생명의 고향인 본체(空)와 따로 떨어져 독자적으로 존재하는 것이 아니라 본체와 일체의 관계에 있다는 것입니다. 따라서 이 화려한 우주의 현상 세계가 곧 영원한 생명의 고향이며, 천국과 극락으로 표현되는 생명의 본체 세계가 곧 현실 세계인 것입니다. 이사무애법계관은 이처럼 본체계와 현상계가 모순과 차별이 없이 동일하다는 것으로, 현상과 본체를 통합하는 법계관입니다. **현상이 곧 본체라는 것이 이사무애법계관의 결론**입니다. 『반야심경般若心經』에서는 이를 '색불이공色不異空 공불이색空不異色, 색즉시공色卽是空 공즉시색空卽是色'으로 말하고 있습니다.

넷째는 사사무애법계관입니다. 천지 만물은 그것이 생겨나기 전의 생명의 근원 자리와 모순 없이 일체 관계에 있으므로 현실 세계에서 벌어지는 모든 일도 그 상호 관계에서 모순과 걸림이 전혀 없다는 것이 사사무애법계관입니다. 세상만사를 뜻대로 할 수 있는 이 경지는 **신의 무소불능한 절대 조화의 경계**(일심 법계)입니다. 예를 들면, 천체를 비롯한 삼라만상의 본질은 1초의 휴식도 없이 운동하는 것인데 상제님은 별들의 움직임을 손가락 하나로 정지시키고, 또 죽은 자를 한마디 말씀으로 일으키기도 하십니다. 이처럼 모순적이며 절대 불가능해 보이는 일도 하느님의 조화 일심一心 경지에서는 전혀 걸림이 없는 것입니다. 하느님의 대행자인 석가나 예수는 만사를 뜻대로 행하는 조화주이신 아버지 하느님의 사사무애한 도권道權과 신권神權까지는 쓰지 못했습니다. 이 사사무애의 도리를 바탕으로 우주 만유가 삼신의 성령의 본체, 즉 일심一心 조화 세계로부터 벌어져 나왔습니다. **일심법계관一心法界觀**이야말로『화엄경』에서 석가가 펼친 묘명진경妙明眞境한 우주의 핵심 세계관입니다.

3) 도솔천궁의 미륵부처님

석가는 정법正法과 상법像法과 말법末法의 3천 년이 지나면 하느님의 도권과 신권으로 사사무애 경지를 임의로 행하시는 **'미륵존불께서 친히 강세하리라.'**는 **소식을 전하였습니다**(『화엄경』「보살주처품」,『미륵경』). 석가는 열반에 들기 전에 도솔천의 천주님이신 미륵님이 이 세상에 현신하실 것을 제자들에게 전했습니다. 석가가 말한 미륵불은 언제쯤 오시는 것일까요? 그 답은 미륵이라는 호칭의 의미 속에도 잘 나타나 있습니다. 범어梵語 마이트레야maitreya[16]의 번역어인 미륵은 '가득할 미彌', '굴레 륵勒' 자로서, 미륵불이란 말에는 '삼계에 가득한 후천 가을 문화권의 새 기틀을 짜는 우주의 통치자'라는 뜻이 담겨 있습니다. 결국 미륵부처님은 후천 가을철의 새로운 구원의 길을 예정해 놓으시는 구세주이기 때문에, 분열의 극기인 우주의 여름철 말기(선천 말기)에 오시는 것입니다.

인류가 미래에 실현할 모든 가능성의 비밀을 쥐고 계신 미륵님께서는 본래 천상의 아홉째 하늘인 투시타Tusita, 즉 **도솔천궁兜率天宮**의 보좌에 계십니다. 도솔兜率은 '최상의 자리에서 만유를 거느린다'는 뜻인데, 이는 통일(완성)을 의미합니다. 즉 도솔은 **가을 우주의 대통일의 이상을 성취하는 미륵님의 통치 정신**을 상징합니다.

우주의 중심 하늘(中天)인 도솔천[17]은 내원궁內院宮과 외원궁外院宮으로 구성되어 있

---

16 **마이트레야Maitreya** | 범어 '마이트레야'는 팔리어로 '메테야metteya'이다. 이 메테야는 서교의 메시아와 어원이 동일하다. 메테야와 메시아 모두 고대 인도와 페르시아 등지에서 절대신으로 섬긴 태양신 '미트라Mitra'에서 유래한다.

17 **도솔천兜率天** | 불교의 세계관에서는 세계가 크게 욕계欲界, 색계色界, 무색계無色界로 나뉜다고 본다. 욕계는 지옥, 아귀, 축생, 아수라, 인간계와 그 위의 6천을 합해서 11천이며, 색계는 18천, 무색계는 4천으로, 모두 **3계 33천**으로 구성된다. 이중 도솔천은 '투시타 하늘(Tusita svarga)'이라 불리는데, 욕계 제4천의 낮은 하늘로 잘못 알려져 있다. 도솔천은 실제로는 **3계 33천의 중심 하늘**(Central Heaven)로서 우주의 통치자가 계신 **중천中天**이다. 이곳에 머무시며 우주를 통치하시는 미륵존불은 온 인류를 부

습니다. 내원궁은 성부이신 미륵불께서 임어해 계시며 진리를 전하시는 상주도량常住道場으로 모두 49원院으로 이루어져 있습니다. 내원궁에 거하는 천상 사람들의 수명은 무한하며 외원궁 거주자들의 수명은 4천 년이라 합니다. 내원궁의 아름다운 모습과 극치의 즐거움은 이루 형용할 수 없을 정도입니다. 기기묘묘한 꽃과 아름다운 동산, 영롱한 신성의 광명이 쏟아지는 하늘 나무, 꽃 위를 거니는 선녀, 감미롭게 메아리치는 오묘한 선율 등, 말 그대로 극락 선경입니다. 도솔천에서 호명보살로 있었던 석가는 이 내원궁의 모습을『미륵상생경』에서 자세히 묘사하고 있습니다.

4) 미륵님의 강세와 용화낙원

『미륵상생경』의 끝 부분을 보면, 8만 억에 이르는 모든 하늘 군중이 보리심을 발하여 닥쳐올 개벽기에 미륵님을 따라서 하생下生하기를 기원하는 내용이 나옵니다. 그리고『미륵하생경』에서는 가을 우주를 여는 개벽의 때가 임박하여 미륵님께서 천상 보좌를 떠나 성령으로 잉태되어 탄강하시는 모습을 전하고 있습니다.

◎ 저 때에 미륵존불이 도솔천에서 부모가 늙지도 아니하고 어리지도 아니한 것을 관찰하시고, 문득 성령으로 강세하시어 탁태托胎하여 달이 찬 뒤에 탄생하시느니라. (『미륵하생경』)

석가는 도솔천 천주이신 미륵님이 인간으로 화육化肉하여 성장한 뒤, 집을 떠나 '최상의 도'를 이루시는 모습을 이렇게 그리고 있습니다.

◎ 그때에 미륵님이 집에 계신 지 오래지 않아서 집을 떠나 도를 닦으시니라. 계두성鷄頭城이 멀지 않은 곳에 보리수菩提樹가 있어 이름을 용화龍華라고 하나니, 미륵존불께서 그 나무 밑에 앉으시어 **무상의 도과**道果를 이루시니라. (『미륵하생경』)

또한 석가는 말법의 마지막 심판기에 큰 **굶주림**과 사나운 **질병**과 참혹한 **전쟁**이라는 3대 재난이 휩쓸어 장차 지구촌 인종이 거의 전멸하게 될 것을 마치 눈으로 보듯 생생하게 전하였습니다(『월장경』). 뿐만 아니라 미륵님의 도법으로 심판과 구원이 이루어진 뒤에 펼쳐질 하느님의 이상 세계의 장려한 모습도 전하였습니다.

◎ 그때에는 기후가 고르고 **사시四時가 조화**되며, 사람의 몸에는 여러 가지 병환이 없으며, 욕심, 성냄, 어리석음이 없어지고 사나운 마음이 없으며, **인심이 골라서 다 한뜻과 같으며**, 서로 보면 기뻐하고 즐거워하며 착한 말로 서로 향하는 그 언

처로 만드시는 조화주 하느님이요, 조화의 부처님이시다. 도솔천 내원궁을 '**여의전**如意殿'이라고도 하는데, 여의주를 지닌 **조화옹이 계시는 궁전**이란 뜻이다. 그러므로 미륵불은 모든 것을 뜻대로 행하시는 **조화주 부처님**을 의미한다. 석가모니도 인간으로 오기 전, 이곳 도솔천에서 호명보살護明菩薩로 있었다.

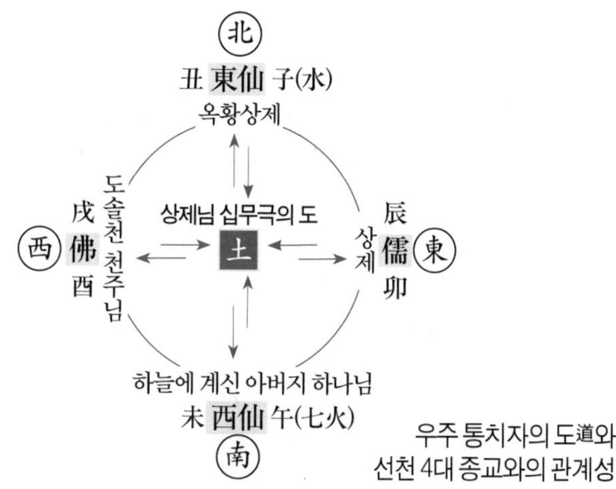

우주 통치자의 도道와
선천 4대 종교와의 관계성

사가 똑같아서 차별이 없는 것이 '울단월鬱單越 세계'와 같으니라. (『미륵하생경』)

◎ 그때에는 이 세상의 인민이 **다 고루 잘 살아서** 차별이 없으며… 또한 그 때에 국토는 평탄하고 쪽 고르며 거울처럼 말쑥하고 깨끗하며, 달고 향기로운 과일나무가 땅에 나타나느니라. (『미륵하생경』)

석가가 전한 세계 구원의 소식을 요약하면, 중생은 누구나 장차 인간으로 강세하여 새 세계를 개벽하고 용화 세계(조화 낙원)를 여시는 **'미륵부처님께 꼭 귀의해야 한다'**는 것입니다. **인간으로 오신 미륵님**, 그분이 바로 **증산 상제님**이십니다.

❋ 내가 미륵이니라. 금산사 미륵은 **여의주**를 손에 들었거니와 나는 입에 물었노라. … 내가 금산사로 들어가리니 나를 보고 싶거든 금산 미륵불을 보라. (10:33)

그런데 불경에서는 미륵부처님의 출세 소식만이 아니라 미륵님의 이상 세계를 역사 속에서 직접 건설하는 '샹커'라는 전륜성왕轉輪聖王(미륵님의 도법 통치자)의 출세 소식도 전합니다.

◎ 이때에 샹커라는 **법왕法王이 출세**하여, 정법正法으로 다스리니 무기를 쓰지 않고도 자연히 전 영토에서 항복을 받게 되느니라. (『미륵하생경』)

전륜성왕의 역사는 장차 미륵님이 강세하시는 땅, 한반도가 지상에 용화 낙원 세계를 여는 중심 성지로 바뀌면서 실현됩니다. 전륜성왕은 어떤 과정을 통해 출세하게 될까요? 하늘이 정한 이 큰 인연은 후기신라(통일 신라) 시대의 한 구도자에게서 비롯되었습니다.

3. 미륵님의 출세를 준비한 도승 진표

"진표는 나와 큰 인연(大緣)이 있느니라."(2:66) 하신 상제님의 말씀에서 알 수 있듯이, 신라 시대의 도승道僧인 **진표 율사**眞表律師는 미륵님을 친견하고 미륵님에게서 직접 천명과 계를 받은 분입니다. 지금부터 1,200여 년 전 구도자의 참된 표상을 보여 준 진표의 뼈를 깎는 고행과 간절한 참회(망신참법)는 마침내 도솔천 천주이신 미륵님을 크게 감동시켰습니다. 이에 미륵님의 성령이 감응하시어 친히 천명과 계시를 내려주신 것입니다.

1) 구도의 길

진표는 약 1,200년 전, 완산주完山州 만경현萬頃縣(지금의 김제시 만경읍)에서 탄생하였습니다. 태어날 때부터 얼굴이 부처의 상을 닮아 귀여움을 받았고, 천성적으로 총명하여 3세 때 아버지 앞에서 불경을 읽기도 하였습니다.

진표의 구도 여정은 어릴 적에 겪은 충격적인 사건에서 비롯됩니다. 열한 살 때, 사냥을 나갔던 진표는 개구리를 잡아서 버들가지에 꿰어 개울에 담가 둔 것을 까맣게 잊은 채 집으로 돌아왔습니다. 다음 해 봄에 다시 사냥을 가다가 그곳에 가 보니 개구리들이 그때까지 살아 물 속에서 고통으로 울고 있었습니다. 그것을 보고 진표는 크게 충격을 받았습니다. "괴롭도다. 어찌 입과 배가 저같이 꿰어 해를 넘기며 괴로움을 받았는가."라고 탄식하며 생명의 존귀함과 인간의 근본 문제인 삶과 죽음에 대해 깊이 생각하고 이후 출가의 뜻을 품게 되었습니다. 그해 열두 살 나이로 부친의 허락을 받아, 마침내 지금의 전북 김제에 있는 **금산사**로 출가하였습니다.

진표는 숭제崇濟 법사에게서 "너는 이 계법을 가지고 미륵님 앞으로 가서 간절히 법을 구하고 참회해 미륵님에게 직접 계법을 받아 세상에 널리 전하라.[18]"라는 가르침을 받고 전국 명산을 찾아다니며 구도의 길을 걸었습니다. 스승 숭제는 일찍이 당에 들어가 선도善道 삼장에게 불도를 배우고 후에 스스로 서원하여 오대산에 들어가 반

---

18 『삼국유사』「관동풍악발연수석기關東楓岳鉢淵藪石記」에는 숭제가 진표에게 사미계법을 전할 때 『공양차제비법』 1권과 『점찰선악업보경』 2권을 함께 전하였음을 다음과 같이 기록하고 있다. 순제(숭제;「발연수석기」에는 순제로 기록)가 사미계법을 주고 『공양차제비법供養次第秘法』 1권과 『점찰선악업보경占察善惡業報經』 2권을 전해 주며 말하기를 "너는 이 계법을 가지고 미륵, 지장 두 분 앞에서 지성으로 참회하여 친히 계법을 받아서 세상에 펴라."하였다(濟授沙彌戒法, 傳敎供養次第秘法一卷·占察善惡業報經二卷曰: "汝持此戒法, 於彌勒·地藏兩聖前, 懇求懺悔, 親受戒法, 流傳於世."). 『공양차제비법』은 설주가 문수보살이며 불·보살·제신에게 예배, 공양드리는 의식궤칙儀式軌則을 기록한 경전이고 『점찰선악업보경』은 지장보살이 참회법을 전하는 경전이다. 스승 숭제가 수행의 지침서로 이 두 경전을 전하였다. 진표는 지장 교의에 따른 참회계법을 전수받아 온몸과 마음을 다해 참회 수행을 실천했던 것이다.

야般若 지혜의 상징인 문수보살에게 오계五戒를 받은 인물입니다.

신라 경덕왕 19년(760)에 진표는 전북 부안군 변산에 있는 **부사의방장**不思議方丈에 들어가 미륵부처님께 일심으로 계법을 구했습니다. 이때 진표는 1,000일을 정하여 3·7일 공부를 이어가며 맹렬한 수행을 정진하였습니다. 하지만 3년이 되어도 '**수기**授記(부처가 발심한 중생에게 성불을 계시하는 것)'를 얻지 못하자 절망하여 스스로 죽을 결심을 하고 벼랑 아래로 몸을 날렸습니다. 그때 푸른 옷을 입은 동자(靑衣童子)가 나타나 진표를 받들어 절벽 위에 올려놓고 사라졌습니다. 이에 큰 용기를 얻은 진표는 더욱 분발하여 **3·7일 수도**를 기약하고 생사를 건 '**망신참법**亡身懺法'의 수행을 감행하였습니다. 처음에는 7일 밤(七夜)을 기약하고 몸을 땅에 메쳤더니 무릎과 팔꿈치가 깨어지고, 피가 빗물처럼 바위에 흘렀으나 영험이 없자 진표는 몸을 버리기로 결심하고 다시 7일을 정하여 밤낮으로 부지런히 수행하였습니다. 그 7일째 되는 날 밤, 금장金杖을 손에 든 **지장보살**이 내려와 진표를 가호하자 몸이 곧 회복되었고, 이때 지장보살은 진표에게 가사와 바리때를 전하고 직접 **정계**淨戒를 내려 주었습니다. 지장은 지옥 중생까지 모두 교화한 뒤에 성불하겠다고 서원을 세운 대비원大悲願의 보살입니다.

진표 대성사와 부사의방장 | 금산사 조사전 봉안(위). 전북 부안 변산에서 가장 높은 해발 509m 의상봉 동편, 백 척이 넘는 절벽 중간에 자리 잡고 있다. 4평 남짓한 반석盤石으로서 여기에 한 사람이 겨우 기거할 수 있을 정도로 작은 암자가 있었다. 1,200여 년 전에 진표 대성사는 이곳에서 목숨을 건 구도를 하였다.(오른쪽)

석가의 교화력이 사라진 오탁악세의 과도기에 중생이 미륵을 만나 수기를 받을 수 있도록 석가에게 부촉咐囑 받은 말법 시대의 교주입니다.

그러나 진표는 지장보살에게 계를 받는 것으로 만족할 수 없었습니다. 진표는 '백척간두百尺竿頭에 갱진일보更進一步하라'는 구도자의 참된 전범을 보여 주었습니다. 원래의 뜻이 미륵님에게 계를 받는 데 있었으므로 그는 영산사靈山寺[19]로 옮겨 처음과 같이 다시 치열하게 참회 수행을 하였습니다. 용맹정진한 지 2·7일이 지났을 때 무서운 형상을 한 대귀大鬼가 나타나 진표를 바위 아래로 떨어뜨렸으나 몸에는 다친 데가 없었습니다. 다시 기어서 올라와 수행을 하면 백천 가지 마상魔相이 쉴 새 없이 나타났습니다. 이에 진표는 더욱 분발하여 참회를 멈추지 않았습니다. 마침내 기약한 스무하루가 끝났을 때, 홀연히 천안天眼이 열리면서 미륵 천주님께서 지장보살과 수많은 도솔천중을 거느리고 오시는 모습을 환히 보았습니다. 미륵님은 진표의 이마를 어루만지시며 "잘하는구나, 대장부여! 이처럼 계戒를 구하다니. **신명身命을 아끼지 않고 간절히 구해 참회하는구나.** 내가 한 손가락을 튕겨 수미산須彌山을 무너뜨릴 수 있으나 네 **마음은 불퇴전不退轉이로다.**"(1:7) 하고 찬탄하셨습니다.

미륵님은 진표에게 삼법의三法衣와 와발瓦鉢을 전하고 **법명을 하사**하였는데, 그 이름이 바로 **진리의 표상**이라는 뜻의 '진표眞表'였습니다. 이는 미륵님이 진표에게 **전등傳燈 법맥**을 전한 것이요, **종통을 전수한 것**입니다. 미륵불께서는 또 『점찰경占察經』[20] 두 권과 증과간자證果簡子[21] 189개를 내려 주시며 이렇게 말씀하셨습니다. "이 가운데 제8

---

19 영산사 | 일연은 『삼국유사』 「진표전간眞表傳簡」에서 지장보살에게 계를 받은 진표가 영산사로 옮겨 처음과 같이 용맹정진했다고 밝히고 있다. 또 영산사에 대해 일명 변산邊山 또는 능가산楞伽山이라 적고 있다. 능가산 개암사의 배경이 되는 울금바위(禹金巖) 아래에 '원효방'이 있는데 진표율사가 이 곳에서 수행하여 깨달음을 얻었다는 이야기가 전해 내려온다. 원효방은 원효가 수도한 천연굴이 있던 곳으로 여기에 암자를 만들어 직접 불법을 강의하였다고 한다.

20 점찰경 | 『점찰경』의 본래 이름은 『점찰선악업보경占察善惡業報經』으로 상·하 2권으로 이루어져 있다. 『점찰경』은 제목 그대로 점을 쳐서 선악의 업보를 알아보는 방편을 전한 경으로 참회를 설한 경전이다. 『지장보살업보경』, 『지장보살경』이라고도 불리는 『점찰경』은 지장보살이 설하고 견정신堅淨信보살이 질문하는 형식을 하고 있다. 견정신보살이 미래의 말법시대에 어떤 방편을 써서 중생이 모든 장애를 여의고 견고한 믿음을 얻을 수 있는지 묻자, 지장보살은 '목륜상木輪相'의 법으로써 자신이 지은 선과 악의 업보를 점쳐 살피고 참회함으로써 제 마음을 밝게 깨달을 수 있음을 설한다. 점을 쳐서 선과 악의 업보를 살핀 후에 죄업을 참회해 소멸함으로써 본래의 자성自性을 회복할 수 있다는 것이다. 목륜상이란 새끼 손가락만하게 나무를 깍아서 편편하게 만든 것인데 굴릴 수 있는 것이기에 '륜輪'이라 하고 그것을 통해 형상이 나타나기에 상相이라 하는 것이다. 『점찰경』은 진말晉末 수초隋初에 중국에 처음 등장한 것으로 여겨지며 당나라 때 들어와서 점찰법회가 크게 유행하였다. 우리나라에는 신라의 원광圓光 법사가 수나라에서 귀국한 직후 '점찰보占察寶'를 설치하였고, 진표율사가 미륵존불께 친히 『점찰경』과 점찰하는 도구인 189간자를 전수받아 독자적인 점찰의 형식으로 발전· 정착시켰다.

21 증과간자 | 수행을 통한 깨달음의 은혜로 얻은 간자簡子를 일컫는다. '증과證果'란 수행의 결과로 얻는 과보를 말하며 간자는 작은 손가락 크기로 만든 점대를 가리킨다. 간자에 점괘의 글이 적혀 있다.

간자는 새로 얻은 묘계妙戒를 이름이요, 제9 간자는 구족계具足戒[22]를 더 얻은 것을 이름이라. 이 두 간자는 내 손가락뼈(手指骨)이고, 그 나머지는 모두 침향목沈香木으로 만든 것으로 모든 번뇌를 이르는 것이다. 너는 이것으로써 법을 세상에 전하여 남을 구제하는 뗏목으로 삼으라. 이 뒤에 너는 이 몸을 버리고 **'대국왕大國王의 몸'을 받아 도솔천에 태어나리라."** 하시고 찬란한 빛을 허공에 뿌리며 도솔천중을 거느리고 하늘로 사라지셨습니다.

2) 미륵불의 동방 조선 강세의 길을 열다

석가는『미륵상생경彌勒上生經』에서 자신이 열반한 뒤, 중생들이 부지런히 정진하여 도솔천에 왕생해서 미륵을 만나 귀의할 것을 강조합니다. 그러나 미륵 상생上生 신앙의 최종 목적은 도솔천에 가는 것이 아닙니다. 도솔천에 오르는 것은 미래에 **미륵불을 따라 하생下生하여 용화 3회 설법 도량에 참석하고 지상에 펼쳐질 용화 세계의 복락을 함께 하는 데 그 목적이** 있습니다.

구도의 과정에서 미륵님을 친견한 진표 대성사는 장차 미륵님께서 용화 세계를 여실 때 우리 강토에 강세해 주실 것과, 천 수백 년 후에 닥칠 대환란의 천지 개벽 시대에 자신을 큰 일꾼으로 써 주실 것을 지극한 정성으로 기원하였습니다. 이에 미륵님께서 성령으로 감응하시어 당신의 모습 그대로 불상을 건립하라는 계시(神敎)를 내려 주셨습니다.

감복한 진표 대성사는 일곱 두락 정도 되는 논(寺畓)을 메우는 공사에 착수하였습니다. 당시 그 자리에는 연못이 있었는데 그 못을 아무리 흙으로 메우려 해도 메워지지 않았습니다. 그러던 중 숯으로 연못을 메우라는 계시를 받았습니다. 대성사는 도술로 인근 마을에 안질을 퍼뜨린 후, 그 연못에 숯을 한 지게씩 져다 붓고 그 물에 눈을 씻으면 병이 낫는다는 소문을 냈습니다. 그렇게 병을 치유해 주고 마침내 연못을 메운 대성사는 중심부에 연꽃을 조각한 연화대蓮花臺(일명 석련대石蓮臺)를 세워 그 위에 불상을 건립하려 하였습니다. 그러나 기이하게도 그 큰 연화대가 하룻밤 사이에 20미터나 멀리 나가떨어졌습니다. 다시 하늘에서 **'밑 없는 시루**를 걸고 그 위에 **미륵금상**을 조상造像하라'는 계시가 내렸습니다. 이에 밑 없는 시루를 걸고 그 위에 나무를 우물 정井 자로 받친 후 33척 미륵금불상을 세웠습니다. 이것이 세계에서 가장 큰 실내 미륵불상인, 모악산 금산사 미륵불상이 세워진 유래입니다. 여기서 밑 없는 시루를

---

22 구족계 | 승려가 지켜야 할 계를 일컫는데 일체 행위에 청정淸淨을 약속하는 것이므로 구족(갖추어 족함)이라 한다.『점찰경』에 보면 지장보살이 "삼세과보선악차별의 모습은 189종이 있다. … 8은 받고자 하는 미묘한 계율을 얻는 것이다(受得妙戒). 9는 받은 계율을 갖추는 것이다(受得具戒)."라고 말한다.

걸라는 미륵님의 계시는 당신님의 강세와 관련된 도적道的 비의祕義를 담고 있습니다.

진표 대성사가 세운 불상은 정유재란 때(1597) 완전히 불타 없어지고, 1627년에 수문守文 대사가 36척 높이의 나무 불상(木佛)을 봉안하였습니다. 이 목불상도 1934년에 일어난 원인 모를 불길로 소실되고, 김수곤 거사가 발원하여 1938년에 석고로 39척(11.82m) 높이의 불상(土佛)을 다시 조성하여 오늘에 이르고 있습니다. 금산사 미륵불상은 세 번에 걸쳐 상의 모습이 변하였고(금상→목상→토상), 조상할 때마다 3척씩 높아졌습니다. 이것은 미륵님의 대도가 **'삼변성도三變成道'**하리라는 천도 섭리를 보여 준 것입니다.

이후로 진표 대성사는 금강산 발연사鉢淵寺를 창건하고, 전법傳法 제자 영심永深에게 지금의 속리산 법주사의 기원이 된 길상사吉祥寺를 창건하게 하였으며, '법상종法相宗'을 창시하여 **미륵신앙과 일심 사상의 정통 맥을 이 땅에 뿌리 내렸습니다.** 미륵님을 친견한 후, 진표 대성사는 이처럼 미륵님의 강세를 준비하고 미륵하생의 전당을 만드는 데 온 생애를 다 바쳤습니다.

신라 혜공왕 2년(766)에 진표 대성사가 창건한 미륵 신앙의 중심 도량이다. 현재 건물은 인조 13년(1635)에 수문 대사가 재건한 목조 건물이며 국내 유일의 3층 법당이다. 우측 사진은 미륵전 내에 모셔진 미륵존불 상의 모습이다.

4. 미륵불의 조화세계를 염원한 구카이(空海) 스님

홍법 대사弘法大師 구카이(空海, 774~835)는 어린 시절부터 불도에 뜻을 두고 승려의 삶을 살았습니다. 그의 가장 큰 공덕은 『훔자의吽字義』라는 저서를 통해, 가을 개벽기에 인간 세상에 오시는 미륵님의 인류 구원의 중심 주제를 세상에 밝혀 주었다는 것입니다. 팔만대장경의 불교 진리의 총체적 정수를 '훔' 한 글자에 담아서 미륵님의 지상 용화낙원 건설의 길을 여는 불멸의 업적을 남겼습니다.

홍법 대사弘法大師 **구카이**(空海)
(774~835)

현재 구카이 스님이 잠들어 있는 고야산高野山은 일찍이 국가를 경영한 역대 일본 제왕과 전국시대 때 쟁쟁했던 장군, 그리고 그 가족들이 묻혀 있으며, 근대 이후 20세기 정치인, 성공한 재벌, 경제인 등 유명인사들이 가장 묻히고 싶어 하는 역사의 성지입니다. 이곳에는 스님의 열반 기운을 받아 극락에 돌아가기를 소망한 그들의 마지막 뜻이 서려 있습니다. 5백 년 이상 된 수목들이 즐비하게 서 있는 이 길을 걷다 보면 마치 일본 고대 역사와 근대 역사의 거대한 숲 속을 거니는 것 같습니다. 먼저 그의 생애를 간단히 살펴보겠습니다.

1) 탄생과 유소년 시절

구카이는 일본 나라奈良시대 말기, 사누키국(讚岐国, 지금의 카가와현)의 호족인 사에키(佐伯) 가문의 셋째 아들로 태어났습니다. 구카이의 양친의 성씨는 한반도 귀화계로 주장되고 있습니다. 구카이의 어릴 때의 이름은 마오(眞魚)인데, 그 어머니가 인도의 고승이 몸에 들어오는 태몽을 꾸었다고 합니다.

어려서부터 신동이라는 소리를 들은 그는 5~6세 때 여덟 개의 연꽃 잎 위에서 여러 부처, 보살들과 이야기하는 꿈을 자주 꾸었습니다. 또 조정에서 온 칙사가 아이들과 놀고 있는 그의 주변에 사천왕이 서 있는 것을 보고, 부처의 화신이라 여겨 그에게 예를 표했다는 일화가 전해집니다.

일곱 살 때 그는 절벽 위에서 큰 서원을 세우고 "저는 불법을 익혀 앞으로 고통 받는 많은 사람들을 구하고 싶습니다. 저의 소원이 이루어진다면 부처님께서 모습을 드러내 주시고, 만일 저에게 그 자격이 없다면 이 몸을 부처님에게 바칩니다."라고 하며 아래로 몸을 던집니다. 이때 자색 구름을 탄 천녀天女가 나타나 몸을 감싸 주면서 "일생성불一生成仏(살아서 부처가 되리라)"이라고 전했다 합니다.

2) 구도 생활

마오는 열다섯 살 때, 당시 왕자의 교육을 담당하던 외숙부를 따라 수도 나가오카경(長岡京, 지금의 교토부 나가오카쿄시 등 지역)으로 유학을 하고, 그곳에서 대학을 다녔습니다. 하지만 세속의 명리를 추구하는 학문에 회의를 느낀 그는 1년 만에 대학을 그만두고, 어느 수행자로부터 '허공장보살구문지법虛空藏菩薩求聞持法'을 백만 번 외우면 모든 가르침의 참뜻을 알 수 있고 그 지혜를 얻을 수 있다는 말을 전해 듣고 출가의 뜻을 굳혔습니다. 이로부터 마오는 산야를 주유하면서 혹독한 수련을 합니다.

어느 날 무로토사키(室戸崎)라는, 바다가 내려다보이는 암벽 위에서 밤을 새워 수련하고 있는데, 새벽녘에 금성이 그의 입으로 들어왔습니다. 이 금성은 허공장보살이 화化한 것으로, 그는 금성을 삼키자마자 산천과 하나 되는 큰 경험을 하였습니다.

22살 때인 795년, 마오는 나라奈良의 동대사에서 승려로서 구족계를 받고 법명을 구카이空海라 지었습니다. 21일을 기약하고 집중 기도에 들어간 구카이는 마지막날 밤, 『대비로자나경大毘盧遮那経(=대일경大日經)』을 찾으라는 신교를 받습니다. 경전을 찾아 헤매던 구카이는 나라현에 있는 구메데라(久米寺)에서 『대비로자나경』을 찾아 읽고 밀교의 가르침에 참 진리가 있다는 것을 깨닫지만, 일본에 밀교의 가르침을 제대로 가르쳐 줄 스승이 없음을 알고 31세 되던 804년, 20년을 작정하고 당나라로 유학을 떠납니다. 장안에 도착한 구카이는 범어(산스크리트어)를 3개월 만에 완전히 익힌 뒤, 약 6개월 동안 바라문교의 사상과 철학을 비롯해 다양한 문화를 습득하고 최종

구카이 스님의 생탄지生誕地 **- 시코쿠(四国) 선통사**善通寺 **입구**

목적지인 밀교의 성지, 청룡사青龍寺로 갑니다.

당시 청룡사의 주지는 혜과惠果 스님으로, 『대일경大日經』을 중심으로 하는 태장계胎藏界와 『금강정경金剛頂經』을 중심으로 하는 금강계金剛界로 나뉜 중국 밀교 세계에서 유일하게 양쪽을 전수받은 인물이었습니다. 혜과 스님은 구카이를 보자 "당신이 올 것을 오래전부터 손꼽아 기다리고 있었습니다. 오늘 당신을 만나게 된 것을 아주 기쁘게 생각합니다. 나의 명이 얼마 남지 않았지만 아직도 가르칠 만한 제자가 없었습니다. 자, 어서 들어오세요."라고 말했습니다. 그때 청룡사에는 승려가 약 천 명이 있었는데, 혜과 스님은 그들을 제치고 구카이를 후계자로 삼았습니다.

구카이는 구도에 정진하여 3개월 만에 밀교의 모든 것을 전수받고 '편조금강遍照金剛'이라는 관정명灌頂名(밀교의 법명)을 받습니다. 구카이는 정통 밀교의 제8대조가 되어 혜과 스님의 지도 아래 밀교 의식에 필요한 성물들을 만들고, 금강저金剛杵 등 밀교의 정통 도구들을 전수받습니다. 그 뒤 얼마 안 있어 혜과 스님이 입적하자, 혜과 스님의 장례를 마치고, 구카이는 유학을 떠난 지 1년 반 만에 밀교의 수많은 보물과 경전을 가지고 일본으로 돌아왔습니다. 하지만 일본 왕실은 유학을 짧게 마치고 온 구카이를 인정하지 않았습니다. 구카이는 얼마 동안 다자이후(太宰府, 지금의 후쿠오카현)의 관세음사観世音寺에 머물며 『어청내목록御請來目錄』을 저술하여 일왕에게 바쳤습니다. 그 공덕으로 구카이는 교토의 타카오산사(高雄山寺, 지금의 신호사神護寺)의 주지로 임명을 받습니다.

오쿠노인(奥の院) 홍법 대사 구카이 사당 | 고야산의 구카이 스님 사당으로 가는 길에는 수백 년 고목이 즐비하게 들어서 있다. 이곳에는 일본의 역사를 만든 수많은 주인공들이 묻혀 있다. 스님의 열반 기운을 받아 극락에 가기를 소망한 그들 삶의 마지막 뜻이 이곳에 한데 어우러져 있다.

그 무렵, 후지와라노 구스코의 난(藤原薬子の乱)이 일어났습니다. 사가(嵯峨) 일왕日王(786~842)은 구카이에게 난이 진정되도록 법회를 열어 달라 부탁하였고, 구카이가 법회를 열자 신기하게도 난이 진압되었습니다. 이로써 구카이의 이름이 세상에 널리 알려지고, 왕과의 관계도 돈독해졌습니다.

816년, 사가 일왕으로부터 고야산을 하사받은 구카이는 그곳을 진언밀교 호법의 근본도장으로 삼고, 금강봉사金剛峰寺를 세웠습니다. 그런데 흥미롭게도 그곳의 지형이 여덟 잎의 연꽃 모양이었습니다. 어릴 적 꿈속에서 여덟 잎의 연꽃 위에서 부처들과 이야기하던 게 현실로 나타난 것입니다. 그 후, 구카이는 전국을 순회하며 많은 행적을 남겼습니다. 현재 시코쿠(四国, 구카이의 고향이 속한 섬)에는 구카이가 개척한 '시코쿠 88개소 영장(四国八十八箇所霊場)'이라는 성지 순례길이 있는데, 이는 88개의 절을 순서대로 돌아 다시 첫 번째 절로 돌아오는 1,200킬로미터의 장거리 순례길입니다. 이 절들 가운데는 미륵사가 포함되어 있으며, 구카이 스님의 발걸음을 좇는 순례가 오늘날까지 이어지고 있습니다.[23] 비가 내리지 않아 농작물이 말라죽자 구카이가 기우제를 지냈더니 3일 동안 전국에 비가 내렸다거나, 메뚜기 떼가 몰려와서 농작물이 많은 피해를 입자 구카이가 단을 쌓고 밀교의 법을 폈더니 하루아침에 메뚜기 떼가 사라졌다는 등 기적과 같은 그의 행적에 관한 다양한 일화가 전해옵니다.

823년에는 사가 일왕으로부터 평안경平安京(지금의 교토)을 수호하기 위해 세운 동사東寺를 하사받아 '교왕호국사教王護国寺'라고 개명한 뒤, 일본 진언밀교의 근본 도장으로 삼고 진언종을 확립합니다.

이후 58세인 831년, 건강이 악화되자 고야산 금강봉사에 들어가 후학 양성에 힘쓰다가 834년에는 칙명을 받아 궁중에 진언원真言院을 세우고, 다음해 1월 8일부터 7일간 교왕호국사에서 왕과 국가의 안녕을 비는 법회(고시치니치미시호[後七日御修法])를 열었습니다. 이 행사는 지금도 매년 이뤄지는 진언종의 주요 행사입니다.

3) 구카이의 유언과 업적

구카이는 자신이 835년 3월 21일 인시에 입적할 것이라 선언하고, 일주일 전부터 섭식을 금하고 손에 대일여래大日如来의 인을 맺고 좌선관법座禪觀法에 들어갔습니다. 그렇게 3월 21일에 입적을 한 구카이는 15일째 되는 날 입정한 모습 그대로 오쿠노인(奥の院)에 모셔졌습니다. 그리고 921년에 홍법 대사라는 시호諡號를 하사받았습니다. 그는 입정할 때 제자들에게 이런 유언을 남겼습니다.

---

23 이 순례자들이 입는 흰 옷의 등 쪽에는 미륵불을 나타내는 '미彌' 자의 범어가 쓰여 있다. 구카이 스님의 일생이 그러했던 것처럼, 미륵의 용화세계가 지상에 속히 구현되기를 기원하는 의미가 담겨 있다.

"육신은 삼매를 증험하였고, 나의 소망은 미륵님이 인간 세상에 오시기를 고대함이라.(肉身證三昧待慈氏下生)."

오쿠노인의 구카이 사당 주련柱聯에 이 글귀가 쓰여 있습니다.

구카이는 밀교에 몸을 담고 있었지만, 젊었을 때부터 미륵님을 향한 구도의 길을 걸었습니다. 도솔천에 계신 미륵불을 만나기 위해 여행을 떠난 적도 있고, 어머니가 돌아가신 후에는 어머니를 기리기 위해 자존원慈尊院이라는 절을 세우고 직접 미륵불상을 만들어 본존불로 모시기도 했습니다. 시코쿠의 상락사常楽寺에도 구카이 스님이 직접 모신 미륵불상이 남아 있습니다.

구카이가 입정入定 하면서 남긴 시

특히 구카이 스님이 저술한 『훔자의吽字義』를 보면 "훔吽 자는 법신法身(阿 a), 보신報身(訶 ha), 응신應身(汙 u), 화신化身(麼 ma)의 사신四身을 모두 갖추고 있다. 따라서 훔 자는 일체의 법法을 내포하고 있는 것이다."라고 하였습니다. '훔'이라는 한 글자 속에 네 가지 우주의 근본 음이 들어 있음을 사신불 체계로 얘기하고 있는 것입니다. 이것은 '훔'에서 우주가 태어나고, '훔'에서 모든 인간의 몸과 정신이 나오고, '훔'에서 궁극의 깨달음이 온다는 뜻입니다. 불교사전에서도 '모든 깨달음의 결론은 하나'라고 하였습니다. 구카이 스님은 불교 팔만대장경의 가르침을 '훔'이라는 단 한 글자로 압축하고 그 뜻을 풀어낸 것입니다.

'훔'은 우주 조화의 근원 자리, 이 대우주 시공간이 매 순간 열려 나가는 우주 생명력의 본체 자리, 대우주 생명의 핵입니다. 그것을 대자연의 소리로 상징할 때 '훔'이며, 그 '훔'은 모든 소리를 머금고 만물과 생명의 모든 소리를 낳는 근원 소리입니다. '훔'은 우주 생명의 소리 세계의 원음입니다.

장차 미륵님이 오셔서 여시는 가을 우주의 진리 주제, 개벽의 주제, 새 역사의 근본 주제가 바로 '훔'입니다. 구카이는 '훔' 자의 근본정신을 밝혀 미륵님이 여시는 가을철의 조화 문명 세계로 가는 진리의 핵심을 드러내었고, 인류에게 이 '훔' 자 진언(만트라)을 통해 부처가 될 수 있는 길을 열어 주었습니다. 그의 법명 '공해'란 말 뜻 자체가 우주 생명의 바다, 우주의 율려 바다입니다.

이렇듯 불교 3천 년사에서 지극한 공덕을 세운 구카이 스님은 미래 지상 용화낙원의 주인공이신 미륵님의 도를 사모하고, 미륵님의 새로운 진리 세계가 오기를 학수고대하며 열반에 든 것입니다.

5. 상제님의 명命을 받은 최수운 대신사

최수운 대신사
(1824~1864)

지금부터 150여 년 전, 상제님의 부르심을 받고 시원문화와 역사를 잃고 고통받는 동방의 한민족에게 구원의 빛을 열어 준 한 인물이 있었습니다. 그분은 후천개벽 세상을 여는 천상 하느님(上帝)의 진리인 **무극대도의 출현**과 **'시천주侍天主'**를 선언한 동학 교조 수운水雲 최제우崔濟愚(1824~1864) 대신사大神師입니다.

1) 상제님이 천주다

가세가 기운 양반 집에서 태어난 최수운 대신사는 20대에 10년간 조선 팔도를 돌아보며 민족의 참담한 실상을 목도하면서 탐관오리의 수탈로 가난과 고통에 허덕이는 백성을 제도하려는 마음이 간절하였습니다.

처가가 있는 울산에서 구도에 정진하던 어느 날, 대신사의 충만한 믿음과 지극한 정성, 민중을 사랑하는 뜨거운 성정에 감응하여 마침내 하느님의 성령의 빛이 비쳐오기 시작했습니다. 대신사의 나이 32세 때인 을묘(1855)년, 금강산 유점사에서 왔다는 한 승려가 대신사에게 천서天書를 건네주고 사라진 **'을묘 천서天書 사건'**이 일어난 것입니다. 이후 대신사는 수 년 동안 구도에 정진하였습니다. 그리고 상제님께 천명을 받기 1년 전인 기미(1859)년에는 고향 경주로 돌아와 부친이 머물던 구미산 용담정龍潭亭에서 수도하였습니다. 우매한 중생을 모두 구제하겠다는 뜻으로 이름을 '제우濟愚'라 고친 대신사는 49일 동안의 혈성血誠 어린 구도 끝에 경신(1860)년 4월 5일, 전율오한의 묘경 속에서 시공時空이 끊어진 천지 생명의 조화 세계를 홀연히 깨달았습니다. 이것이 바로 천주님이신 상제님의 성령에 감화되어 친히 상제님 말씀을 듣고 천명을 받은 그 유명한 **'천상문답 사건'**입니다.

아홉 편의 가사로 구성된 『용담유사龍潭遺詞』는 그 순간을 다음과 같이 전하고 있습니다.

◎ 천은天恩이 망극하여 경신 사월 초오일에 글로 어찌 기록하며 말로 어찌 성언할까 만고없는 **무극대도 여몽여각 득도로다** (「용담가龍潭歌」)

◎ 천지가 아득해서 정신수습 못할러라
공중에서 외는 소리 **천지가 진동할 때** (「안심가安心歌」)

상제님께 **천명天命**과 **신교神敎**를 받고 득도하던 그 순간, 수운 대신사는 천지가 진동하는 듯한 상제님의 성음聖音을 직접 들었습니다.

◎ 勿懼勿恐하라. 世人이 謂我上帝어늘 汝不知上帝耶아.
물구물공 세인 위아상제 여부지상제야

두려워하지 말고 겁내지 말라. 세상 사람들이 나를 상제라 이르거늘 너는 상제를 모르느냐?(『동경대전東經大全』「포덕문布德文」)

'수천 년 동안 세상 사람들이 나를 상제라 불러왔는데 너는 어찌 구도자로서 상제를 모르느냐'고 꾸짖으신 것입니다. 상제문화를 잃어버린 이 땅의 지식인들과 유학자들에게 경종을 울리신 말씀입니다. 이러한 체험이 기록된 『동경대전』 첫머리에는 천주님이 조화주 하느님으로 실재하고 있음을 이렇게 전하고 있습니다.

◎ 蓋自上古以來로 春秋迭代와 四時盛衰가 不遷不易하니
개자상고이래 춘추질대 사시성쇠 불천불역

是亦 天主造化之迹이 昭然于天下也로대 愚夫愚民은
시역 천주조화지적 소연우천하야 우부우민

未知雨露之澤하고 知其無爲而化矣러니
미지우로지택 지기무위이화의

저 옛적부터 봄과 가을이 갈마들고, 사시가 성하고 쇠함이 옮기지도 아니하고 바뀌지도 아니하니, 이 또한 천주님의 조화의 자취가 천하에 뚜렷한 것이로되, 어리석은 사람들은 비와 이슬을 내리시는 은택을 알지 못하고 그저 저절로 되는 것으로만 아는구나. (『동경대전』「포덕문」)

천주님은 '비와 이슬을 내려 인간을 돌보는 대자연 질서의 통치자 하느님'으로, 만물의 생명을 낳고 기르는 우주 만유의 아버지 하느님으로 존재하심을 증언한 것입니다. 상제님께서 대신사에게 "너는 내 아들이니 나를 아버지로 부르라(上帝又曰: '汝' 吾子, 爲我呼父也)."(『도원기서道源記書』)라고 명하신 것을 통해서도 우리는 상제님이 인격적 존재이심을 명백히 알 수 있습니다.

수운 대신사가 상제님으로부터 받은 천명은 과연 무엇일까요? 그것은 바로 당신님의 도법을 세상에 펴라는 것입니다.

◎ 吾心卽汝心也라. … 及汝無窮無窮之道하노니
오심즉여심야 급여무궁무궁지도

修而煉之하여 制其文敎人하고 正其法布德則 令汝長生하여
수이련지 제기문교인 정기법포덕즉 영여장생

昭然于天下矣리라.
소연우천하의

내 마음이 곧 네 마음이니라. … 너에게 무궁무궁한 도법을 주노니, 닦고 다듬어 수련하여 글을 지어서 중생을 가르치고 법을 바로 세워 덕을 펴면 너로 하여금 장생케 하여 천하에 빛나게 하리라. (『동경대전』「논학문論學文」)

◎ 吾亦生於東 受於東하니 道雖天道나 學則東學이라
오역생어동 수어동 도수천도 학즉동학

내가 또한 동에서 나오고 동에서 받으니
도는 비록 천도나 학인즉 동학이다.(「논학문」)

이때 대신사는 '주문을 받으라'는 말씀을 듣고 스물한 자의 **시천주 주문**(侍天主呪)[24]을 내려 받았습니다. 시천주주는 **'시천주조화정 영세불망만사지**侍天主造化定 永世不忘萬事知'라는 본 주문本呪文 열석 자와 **'지기금지원위대강**至氣今至願爲大降'이라는 강령 주문降靈呪文 여덟 자로 이루어진 주문입니다. 이후 대신사는 동학東學을 창도하여 천주님의 강세와 개벽 소식을 전하며 **장차 상제님의 무극대도가 이 동방 땅에서 나올 것**을 알렸습니다. 또한 '무극대도 닦아내니 오만 년지 운수로다.'(「용담가」)라고 노래하여 앞으로 열리는 상제님 무극대도의 조화 문명이 5만 년 동안 지속한다고 전하였습니다.

상제님의 천명을 받았다는 소식이 전해지자 여러 어진 선비들이 수운 대신사를 찾아왔습니다. 그때 도의 이름이 무엇인지 물으니 대신사는 "천도天道"라 대답합니다. 천도란 바로 상제님의 '무극대도'를 뜻합니다. 그리고 천도의 가르침이 당시 유행하던 서학이냐는 물음에, 수운 대신사는 '동학'이라고 분명히 밝힙니다. "나 역시 동방에서 태어나 동방에서 도를 받으니, 도는 비록 '천도'이지만 학은 '동학'이다(吾亦生於東, 受於東. 道雖天道, 學則東學.).… 내 도는 이 땅에서 받아 이 땅에서 펼치니 어찌 서학이라 할 수 있는가(吾道, 受於斯, 布於斯. 豈可謂以西名之者乎?)."라고 대답합니다.(논학문)

동학의 '동東'은 동방의 조선을 뜻합니다. 그리고 '학學'은 단순히 세상의 학문을 배운다는 뜻이 아니라 '도道'와 '교敎'를 배우고 실천한다는 뜻입니다. 동학은, 동방의 조선에서 열린 '천도(무극대도)'를 따르고 실천한다는 것입니다. 서학과 대비해서 동학이라 한 것이 결코 아닙니다. 삼신상제님께서 열어 주신 동방의 무극대도, 모든 진리가 통합되어 열매 맺는 그 천도를 배우고 닦는다는 뜻으로 동학이라 한 것입니다.

侍天主造化定 永世不忘 萬事知 至氣今至願爲大降

※ 최수운의 시천주주에는 포교 50년 공부가 들어 있고 김경수는 50년 공부로 태을주太乙呪를 얻었나니 … 같은 50년 공부에 어느 주문을 해원시킴이 옳으냐?(7:72)

---

24 **시천주 주문** | 상제님께서 "최수운이 성경신이 지극하기에 내가 천강서天降書를 내려 대도를 열게 하였더니…."(4:9)라고 말씀하신 것처럼, 수운 대성사는 상제님의 천명과 신교를 받고 시천주주를 세상에 전하였다.

경신(1860)년, 천제문화의 원 주인이신 상제님께서는 수운 대신사에게 천명을 내려 시천주주(呪)를 짓고 동학을 열어 당신의 강세를 알리게 하셨습니다. 그 후 4년 뒤(1864)에 수운의 천명을 거두시고 신미(1871)년에 직접 인간으로 강세하시어 후천 새 세상의 길을 열어 놓으셨습니다. 그리고 기유(1909)년에 상제님께서 어천하심으로써 인간으로 오신 천주님을 모시는 '시천주 포교 50년 공부'가 마무리되었습니다. "나의 가르침이 참동학이니라."(2:94)라고 하신 상제님께서는 어천하신 2년 뒤인 신해(1911)년에 실제 역사 속에서 참동학이 나오게 하셨습니다. '태을주 포교 50년 공부'는 참동학에서 진주眞主를 통해 실현되는데 그 자세한 내용은 제8장 도운공사에서 알아보겠습니다.

❋ 신원일이 여쭈기를 "천하는 어느 때 정하려 하시옵니까? 천하를 속히 평정하시기를 바라나이다." 하니 말씀하시기를 "내내 하고 난 것이 동학東學이라. 이제 천하를 도모하려 떠나리니 일을 다 본 뒤에 돌아오리라." (10:34)

'최수운은 내 세상이 올 것을 알렸다'(2:31) 하신 상제님의 말씀으로 알 수 있듯이 동학은, 상제님의 강세와 상제님이 열어 주시는 후천 선경 세상의 도래를 선포한 가을 우주의 선도(後天仙)입니다.

2) '상제님 강세' 선포

우주의 주재자 상제님께서는 동북아 역사의 종주宗主인 조선이 패망하는 과정에서 최수운 대신사를 역사의 전면에 내세우시어 **새 세상 개벽**을 선언하고 **상제님의 강세**를 알리게 하셨습니다. 상제님에게서 직접 도를 받은 최수운 대신사는 장차 당신님이 이 강토에 강세하리라는 복음을 이렇게 전하였습니다.

◎ **만고 없는 무극대도無極大道 이 세상에 날 것이니** 너는 또한 연천年淺해서 억조창생 많은 사람 태평곡 격양가를 불구에 볼 것이니 **이 세상 무극대도 전지무궁** 아닐런가 (「몽중노소문답가夢中老少問答歌」)

◎ 어화 세상 사람들아 **무극지운無極之運 닥친 줄을 너희 어찌 알까보냐** (「용담가龍潭歌」)

◎ **무극대도 닦아내니 오만년지 운수**로다 (「용담가」)

대신사는 후천 5만 년의 천지 대운인 무극의 운수(無極之運)를 타고 하느님(上帝)의 무극대도가 지상에 펼쳐지리라는 놀라운 소식을 전하였습니다.

최수운 대신사는 유·불·선 선천 종교의 운수가 다하여 천상 옥좌의 하느님(천주님)이 직접 강세하실 것을 선언하였으며, 천주님 강세의 길을 예비하는 것이 자신의 사명임을 밝혔습니다.

◎ 유도 불도 누累천년에 운이 역시 다했던가 (「교훈가敎訓歌」)

◎ 하늘님이 내 몸 내서 아국운수 보전하네 (「안심가」)

◎ 나는 도시 믿지 말고 하늘님을 믿었어라. …
나 역시 바라기는 하늘님만 전혀 믿고 (「교훈가」)

지금까지 인류는 중보자인 성자들을 통해 저 너머 피안 세계에 계시는 아버지 하느님을 갈구하여 왔습니다. 그러나 최수운 대신사는 가을 대개벽기를 맞아 인간으로 친히 강세하시는 **인존 하느님을 현실 지상 세계에서 모심**으로써 아버지 하느님의 성약成約 시대가 이루어진다는 **시천주侍天主 사상**을 선언하였습니다.

3) 3년 대병겁과 인류 구원의 비밀

조선왕조의 병이 깊어 점점 숨이 멎어가던 19세기 중후반, 세력을 확장하던 제국주의 열강은 중국을 무너뜨리고 마지막 종착지 한반도로 밀고 들어왔습니다.

동방의 위대한 성자 최수운 대신사는 장차 일어날 인류의 미래를 이렇게 알렸습니다.

◎ **십이제국 괴질운수 다시 개벽 아닐런가** (「안심가」, 「몽중노소문답가」)

장차 지구촌의 모든 열강이 괴질 병란의 대개벽으로 무너지고 영원히 패망당하게 된다는 것입니다. 수운 대신사는 다가오는 **인류사의 최후 심판이 '괴질'병**에 의해 매듭지어지며, 그 괴병이 동방의 한민족에게 제일 먼저 들이닥칠 것을 깨닫고 지극히 근

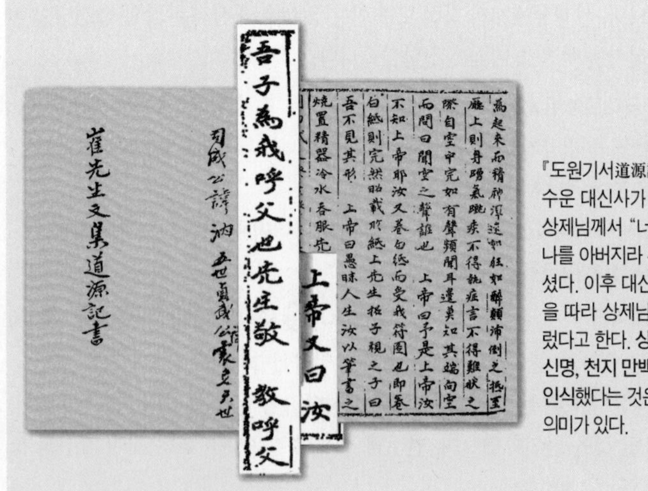
崔先生文集道源記書

吾子爲我呼父也先生敬敎呼父

上帝又曰汝

『도원기서道源記書』를 보면 최수운 대신사가 천명을 받을 때 상제님께서 "너는 내 아들이니 나를 아버지라 부르라." 라고 하셨다. 이후 대신사는 그 가르침을 따라 상제님을 아버지로 불렀다고 한다. **상제님을 '인간과 신명, 천지 만백성의 아버지'로 인식했다는 것은 대단히 중요한 의미가 있다.**

심 어린 마음으로 탄식하였습니다. 그리고 이 병란의 위기를 극복하는 상제님의 무극대도가 온 천하에 펼쳐짐에 따라 인류사의 운수가 새롭게 바뀔 것을 예고하였습니다.

◎ 가련하다 가련하다 **아국운수 가련하다**… 요순성세 국태민안 되지마는
기험하다 기험하다 아국운수 기험하다 (「안심가」)

◎ 천운이 돌렸으니 근심말고 돌아가서 **윤회시운**輪回時運 구경하소 (「몽중노소문답가」)

영원한 죽음의 골짜기로 떨어질 가을 개벽기의 대환란에서 구원받는 유일한 길은, 이 땅에 새롭게 열리는 참동학인 무극대도를 잘 닦아 지극정성을 바치는 데 있습니다. 대신사는 모든 부귀, 공명을 얻으려는 탐욕을 떠나 항상 상제님의 말씀 중심으로 마음을 굳건히 하여 참된 정성을 다할 것을 간곡히 당부하였습니다.

◎ 어화 세상 사람들아 이 내 경계하는 말씀 세세명찰細細明察 하온 후에
잊지 말고 지켜내어 성지우성誠之又誠 공경해서 하늘님만 공경하소 (「권학가」)

◎ 운수야 좋거니와 닦아야 도덕이라
너희라 무슨 팔자 불로자득 한단말가 (「교훈가」)

◎ 그 말 저 말 다 던지고 하늘님만 공경하면
아동방 3년 괴질 죽을 염려 있을쏘냐 (「권학가勸學歌」)

◎ 대저 세상 인도人道 중에 **믿을 신 자**信字 **주장일세** (「도수사道修詞」)

동학의 본질은 선천 유·불·선과 서교(기독교)를 아우르는 후천의 선도입니다. 대신사가 인류에게 전한 복음의 핵심은 **후천개벽과 시천주**侍天主, **천주님 강세와 무극대도 사상**입니다. 수운 대신사는 장차 개벽이 닥쳐 천지가 넘어가는데, 그 개벽 상황에서 살아남는 유일한 방법은 인간으로 오시는 상제님의 **무극대도를 받아서** 상제님을 모시는 길이라 전하였습니다.

4) 동학은 인류 근대사의 진정한 출발점

조선 조정에서는 '**후천개벽과 시천주**'의 복음을 세상에 전한 최수운 대신사를 혹세무민한다는 죄목으로 처형했습니다. 4년간 복음을 전한 대신사는 갑자(1864)년 3월 10일 대구 장대將臺에서 처형당하기 직전에 "**전 40은 내려니와 후 40은 뉘련가. 천하의 무극대도가 더디도다, 더디도다, 8년이 더디도다.**"라는 마지막 말을 남겼다고 합니다. 이 말은 대신사가 세상을 떠난 지 8년 만인 1871년에 하느님께서 이 땅에 인간으로 강세하시어 무극대도를 열고 인류를 구원하실 것을 예고한 것입니다.

대신사 선화仙化 30년 후인 갑오(1894)년에 이 땅에서 동학혁명이 일어났습니다. 탐

관오리의 학정과 가렴주구苛斂誅求의 횡포가 극에 달하자 마침내 동학 신도를 중심으로 한 농민들의 분노가 폭발한 것입니다. 동학혁명의 정신은 선천 상극의 세상을 개벽하고 후천 5만 년의 새 세상을 연다는 것이었습니다. 노비 해방과 폐정弊政 개혁을 요구하는 동학 신도들의 농민운동으로 시작하여 외세 침략에 맞서 보국안민輔國安民을 주창하였으나 결국 혁명은 참담한 실패로 돌아가고 말았습니다. 관군과 일본 제국주의의 총칼과 포탄 그리고 잔악한 학살로 60만 동학군 절반이 참혹히 죽어 갔습니다.

❋ 지난 갑오년에 동학 신도들이 여러 만 명 학살되어 모두 지극히 원통한 원귀冤鬼가 되어 우주간에 나붓거리는지라 원래 동학은 보국안민輔國安民을 주창하였으나 때가 때인 만큼 안으로는 불량하고 겉으로만 꾸며대는 일이 되고 말았나니 다만 후천 일을 부르짖었음에 지나지 못함이라. (5:205)

19세기 후반, 조선에서 부르짖은 동학군의 후천개벽 선포는 민중이 하느님의 세상을 여는 주체임을 자각하고 새 세상의 도래를 외친 **'인류 근대사의 진정한 출발점'**입니다. 동학은 서양의 창조와 대비되는 개벽을 선언하고, **하느님의 우주 정치 시대를 세상에 선포**하였습니다. 여기서 선·후천이 바뀌는 우주 1년의 가르침이 세상에 알려지기 시작하였습니다. 지금 인류사는 우주 문명 시대를 향해 나아가고 있습니다. 개벽과 상제님의 강세를 알린 동학을 제대로 알 때 비로소 오늘의 인류 역사와 문명의 참 모습을 바르게 깨칠 수 있습니다.

그러나 오늘의 한국인들은 대부분 **'하느님의 강세'**를 알리고 **'후천개벽의 새 시대 도래를 선포'**한 동학의 핵심 소식을 전혀 알지 못하고 있습니다. 동학에서 전한 가르침의 핵심은 대신사가 상제님께 도통을 받고 전한 '시천주 조화정 영세불망만사지' 열석 자 주문의 뜻에 담겨 있습니다. '인간으로 강세하시는 천주님을 모시고 조화 낙원 세계를 정하니 만사지萬事知의 그 은혜 영세토록 잊지 못한다'는 것이 수운 대신사가 세상에 전한 시천주 주문의 참 뜻입니다. 이 '시천주'의 천명天命은 수운 대성사 사후에 인내천人乃天, 즉 '사람이 하늘'이라는 인본주의 사상으로 왜곡·변질되고 말았습니다.[25] 세상에서는 서양 천주교의 확산을 우려해서 유·불·선, 도참圖讖 사상, 한민족의

---

25 상제님으로부터 직접 도를 받은 최수운 대신사는『용담유사』와『동경대전』에서 분명히 인격적 존재로서 하느님의 모습을 전하고 있다. 천주 곧 상제님께서 수운을 세상에 내시어 당신의 뜻을 이루고자 한다는 것을 분명히 밝히고 있다. 또 수운 대신사는『용담유사』「교훈가」에서 "나는 도시 믿지 말고 하늘님을 믿었어라."라고 노래하며 '시천주'를 강조하고 있다. 그러나 포덕 활동 4년 만에 수운 대신사가 세상을 떠나고 해월海月 최시형崔時亨이 그 뒤를 이어 동학의 2대 교주로 자리 잡으면서 '시천주'는 '양천주養天主'로 왜곡되어 인간의 내면에서 하느님을 찾게 된다. 기존의 '향벽설위向壁設位'를 부정하고 나를 향해 신위神位를 베푼다는 '향아설위向我設位'를 주장하고, 사람이 곧 하늘이라는 '인즉천人卽天', 사람을 하늘과 같이 섬기라는 '사인여천事人如天' 등을 주장하며 인간의 존엄 사상으로 왜곡하였다. 그리고 더 나아가 '물물천物物天', '사사천事事天', '이천식천以天食天' 등의 범신론적 신관으로 발전시키게

전통 신앙을 융합하여 동학을 만들었다고 말하나 이것은 동학에서 전하는 가르침의 핵심을 전혀 모르고 그 진실을 오도誤導하는 것입니다.

이러한 근대사의 핵심 정신에 대한 총체적인 왜곡은 동방 시원 역사가 뿌리 뽑힌 한민족사의 악업惡業에서 비롯된 것입니다. 동방의 배달 한민족은 본래 상제님과 천지 신명을 받들고 모셔 온 신교神敎문화의 원 주인이요, 동북아 시원 역사의 종주이지만 사대주의事大主義로 명맥을 유지하는 힘 없는 백성으로 전락하여 뿌리 역사를 잃어버린 채 외래 사상과 종교에 깊이 물들고 말았던 것입니다. 그러므로 왜곡·단절된 대한의 뿌리 역사를 회복하는 일이 우리의 근대사를 바로 세우는 일이기도 합니다. 잃어버린 동북아 창세 역사와 시원(원형)문화를 바르게 인식할 때 비로소 **지구촌의 진정한 근대사의 출발점이 무엇인지 깨달을 뿐만 아니라, 다가오는 후천 천지개벽의 한 소식을 깨치는 안목이 열리게 됩니다.**

6. 대철인 김일부가 전한 상제님 강세 소식

1) 가을 천지의 성역成易인 '정역正易' 창시

앞에서 살펴본 바와 같이, 창조와 심판의 한 주기인 선·후천 소식을 하느님께 계시받아 후천개벽 소식을 처음으로 전한 분은 최수운 대신사입니다. 그런데 이를 우주의 변화 원리, 곧 역易 철학으로 완성하신 분은 **김일부**金一夫(1826~1898) **대성사**입니다.

일부 김항金恒 대성사는 수운 대신사보다 2년 뒤에 지금의 충청남도 논산군 양촌면 남산리, 대밭이 우거진 천연天然의 정경 속에서 탄생하였습니다. 대성사는 일찍이 성리학과 예학에 심취하였고, 장성한 뒤에도 젊음과 정열을 오직 도학道學 탐구에 바쳤습니다.

김일부 대성사는 당시 기울어 가는 국운을 보고 벼슬길에서 낙향하여 은거하던 연담蓮潭 이운규李雲圭(본명 수증守曾) 선생과 사제지의師弟之義를 맺었습니다.

◎ **觀淡은 莫如水요 好德은 宜行仁을 影動天心月하니 勸君尋此眞하소.**
관담 막여수 호덕 의행인 영동천심월 권군심차진

맑은 것을 봄은 물 같음이 없고
덕을 좋아하는 것은 인을 행함이 마땅하구나.
앞으로 천심월이 그려내는 조화의 그림자가 움직이니
그대는 이것의 참된 진리를 찾아보소.

된다. 그 뒤를 이어 손병희가 3대 교주로 오르면서 동학을 '천도교'로 개칭하고 천도교의 종지가 '인내천人乃天'임을 천명하게 되면서 동학의 본래 제1의 사명인 이 동방 땅에 오시는 천주님의 강세 소식은 온데간데 없이 사라져 버린 것이다.

일부 대성사는 36세(1861) 때, 스승이 홀연히 떠나며 전해 준 이 글귀에서 크게 깨닫는 바가 있어 20여 년간 불굴의 노력을 기울였습니다. 마침내 54세 되던 해(1879)에 하느님의 계시인 천지의 신교를 받아 우주의 신비경을 파헤쳐 **'정역正易'**을 창시하였습니다. 대성사가 하늘에서 '정역팔괘'를 계시받을 무렵부터 3년 동안 대광명 속에 팔괘의 형상이 눈앞에 어른거리며 출몰하였다고 합니다.

상제님께서도 '일부가 내 세상이 오는 이치를 밝혀 내 일 한 가지는 하였다'(2:31)고 하시며 김일부의 공덕을 밝혀 주셨습니다. 김일부 대성사는 동방 근대사의 위대한 철인으로, 여러 선지자 가운데 사람으로 오신 상제님을 **지상에서 친견한 분**입니다.(1:68)

2) 역도의 삼역三易 변화

'정역正易'은 문자 그대로 천지일월이 선천의 윤도수를 극복하고 정도正道로 운행하는 변화 이치를 밝혀 놓은 역입니다. 상제님께서는 "내가 천지간에 뜯어고치지 않은 것이 없으나 오직 역曆만은 이미 한 사람이 밝혀 놓았으니 그 역을 쓰리라."(5:21)라고 하시어 김일부의 '정역'을 인정해 주셨습니다.

천체가 기울어져 있는 선천에는 상극 질서 때문에 인간과 자연 환경이 자유롭지 못합니다. 그런데 정역에서는 '장차 기울어진 천체가 정립함으로써 우주의 모든 모순이 일소되어 후천의 새 운수가 열리고 천지가 꿈꾸어 온 이상 세계가 지상에 실현되리라'는 이치를 밝히고 있습니다.

'역도易道'란 생명이 순환, 변화하며 흐르는

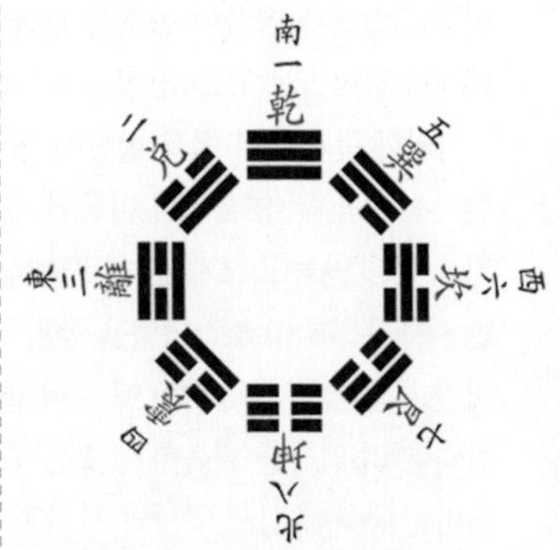

복희팔괘도: 봄의 천도天道(生易)

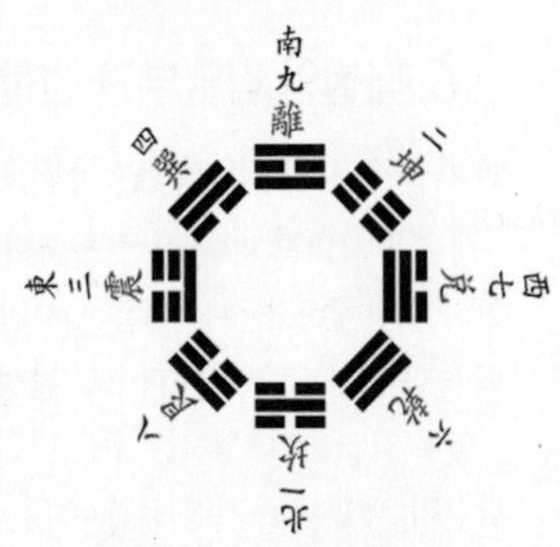

문왕팔괘도: 여름의 인도人道(長易)

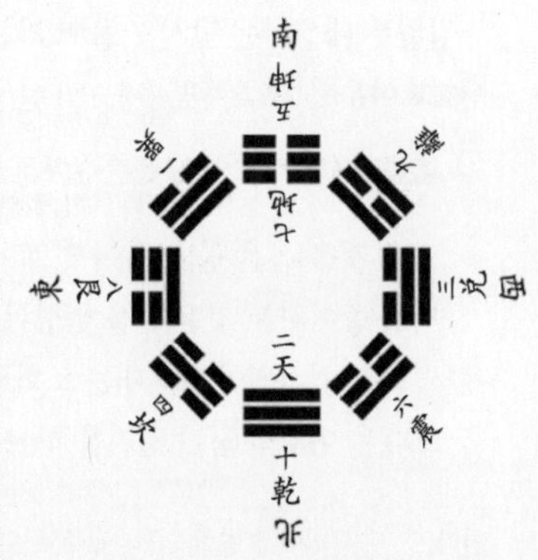

정역팔괘도: 가을의 지도地道(成易)

길입니다. 천지일월은 이 생명의 법도를 짓고 생명을 창조하며 운행합니다. 즉 역도란 **천지일월의 운행 질서와 만물의 변화 현상을 밝혀내는 생명 철학**인 것입니다.

그런데 우주의 창조 섭리는 '생生·장長·성成' 삼 단계의 시간대로 변화합니다. 따라서 역의 원리도 봄의 '생역生易', 여름의 '장역長易', 가을의 '성역成易'이라는 삼역 변화로 나타나게 됩니다. 배달 동이족의 선조인 복희씨가 밝힌 **복희팔괘**는 천도天道가 변화하는 원리를 밝힌 생역生易이고, 주나라 문왕이 작성한 **문왕팔괘**는 인도人道를 밝힌 장역長易입니다. 김일부 대성사가 완성한 **정역팔괘**는 '하늘의 뜻이 땅에서 이루어지는, 땅의 변화의 길(地道)'을 밝혀 인류사의 대통일의 인사 법칙을 드러낸 **가을 천지의 성역**成易입니다.

3) 후천개벽과 상제님 강세 예고

『정역』은 천지일월을 변화·운동시키는 천지생명의 율동 주기가 탄생(366일) → 성장(365¼일) → 성숙(360일)으로 이루어지며, 머지않아 인류는 **1년 날수가 360일**이 되는 이상적인 조화 세계에서 살게 된다고 밝혔습니다. 그러나 그 과정에서 지축이 정립하는 후천개벽의 대변혁이 있을 것을 설파하였습니다. "일부능언혜一夫能言兮여 수조남천水潮南天하고 수석북지水汐北地로다."라고 하여, 앞으로 가을 개벽기에 지축이 바로 설 때는 바닷물이 북쪽에서 빠지고 남쪽에서 모여든다는 것을 성령이 충만한 도의 경지에서 알렸습니다. 동서양의 수많은 영능력자들도 지각의 대변국으로 말미암아 일본과 미국의 동서부 지역, 그리고 북유럽 여러 나라가 물속으로 침몰할 것이라 예고하였습니다. 이에 대해 상제님께서는 일찍이 다음과 같이 밝혀 주셨습니다.

❋ 일본은 불로 치고 서양은 물로 치리라. (2:139)

김일부 대성사는 **천지일월의 창조 이상이, 이를 다스리는 하느님이 사람으로 오심으로써 이루어진다고 하였습니다.**

◎ 靜觀宇宙無中碧하니 誰識天工待人成가
정관우주무중벽 수식천공대인성

우주의 조화 세계를 고요히 바라보니, 하늘의 조화 공력이 사람으로 오시는 상제님을 기다려 이루어짐을 그 누가 알았으리. (「포도시布圖詩」)

그리고 사람의 몸으로 오시는 하느님께서 펴시는 대도에 의한 구원이 이루어진 뒤, 새 하늘 새 땅에 세워지는 지상 선경 세계의 모습과 다시 성령으로 강림하시는 하느님의 모습을 이렇게 찬양하였습니다.

◎ 天地淸明兮여 日月光華로다.
천지청명혜 일월광화

日月光華兮여 琉璃世界로다.
일 월 광 화 혜　　유 리 세 계

世界世界兮여 上帝照臨이로다.
세 계 세 계 혜　　상 제 조 림

천지가 맑고 밝으니 해와 달이 빛나는도다.

해와 달이 빛나고 빛나니 진주 빛의 낙원세계 되는구나.

지상 극락세계 되고 나니

상제님께서 성령의 눈부신 빛으로 임어하시는구나. (「십일음十一吟」)

김일부 대성사는 또 "수견용화세월금誰遣龍華歲月今고."(「십일귀체시十一歸體詩」), 즉 '누가 용화 세월을 이제야 보냈는가'라고 노래하였습니다. 이것은 흘러간 선천 역사의 아픔을 회고하면서 상제님이 바로 불교에서 전한 용화 세계의 이상을 성취하는 미륵님이심을 밝힌 것입니다. 동시대 최수운 대신사는 앞에서 보았듯이 절대자 하느님을 상제님, 천주님, 하늘님 등으로 부르며, 상제님이 곧 하느님이요 천주님임을 노래하였습니다.

상제님 계시를 받아 가을 새 우주 소식을 전한 두 성인의 말씀에서, 우리는 상제님, 하느님, 천주님, 미륵님은 '동일한 한 분'임을 알 수 있습니다.

7. 주장춘朱長春이 전한 구원의 진인眞人 강세 소식

천지생명은 무극·태극·황극의 삼박자 리듬으로 순환합니다. '성부(법신불)·성자(화신불)·성신(보신불)'의 삼위로 계신 하느님의 존재 원리에 따라 생명의 정기도 하늘(天)·땅(地)·사람(人)의 구조로 뻗어 흐릅니다. 하늘과 땅의 관계에서 보면 하늘은 뭇 생명의 아버지로서 생명의 정기를 던져 주고, 땅은 만유 생명의 자애로운 어머니로서 하늘의 생명 기운을 받아 만물을 낳고 길러냅니다. 이 하늘땅을 부모로 하여 인간과 만물의 생명이 태어나고 자라는 것입니다.

만유 생명 가운데 천지 부모의 생명의 정기를 온전히 물려받은 인간은 '천지 부모의 축소판(소우주)'입니다. 그렇기에 하늘, 땅, 사람을 생성하는 생명 창조의 근본 원리는 천·지·인이 동일합니다.

천도의 운행 도수가 360도이듯 땅도 360도의 경도로 짜여 있습니다. 인간은 선천의 운행 도수인 365도에 따라 365골절과 365혈을 갖추고 있습니다. 인체에 골절이 마디마디 잇대어 있듯이, 땅에는 산이 마디마디 이어져 골절과 같은 역할을 하고 있습니다. 인체에 혈맥이 흐르듯, 어머니 지구의 산하에는 생명의 젖줄이 흐르는 지맥地脈이 굽이치고 있습니다. 영맥靈脈이 사방으로 분기하여 뻗은, 하늘을 찌를 듯한 높은 산과 굽이쳐 흐르는 산줄기를 볼 때, 살아 꿈틀대는 대지의 숨결을 느끼게 됩니다. 까마득히 굽이쳐 가는 웅장한 산세山勢는 대지에 요동치는 강렬한 천지의 맥박입니다.

중국 명明나라 때의 철인 주장춘朱長春은 이 지맥의 왕기旺氣를 타고 장차 진인이 출세하실 것을 예고하였습니다. 유·불의 성인인 공자·석가와 이들의 진리를 통합, 결실하는 최후의 진인眞人이 지맥을 따라 기령의 도수에 맞춰 강세할 것을「진인도통연계眞人道通聯系」에서 지도地道 원리로 밝혀 놓았습니다.

지맥으로 밝힌 성인과 성부의 출세 | 주장춘은 유불儒佛의 뿌리인 공자와 석가가 오게 되는 도道의 지맥을 이렇게 전했습니다.

◎ 산지조종곤륜산山之祖宗崑崙山은 원명原名이 수미산야須彌山也라.
곤륜산 제1지맥崑崙山第一支脈이 입우동해入于東海하여 생유발산生儒拔山하고
유발산儒拔山이 생니구산生尼丘山하여 기맥칠십이봉起脈七十二峯하니
고故로 생공자生孔子하여 칠십이명도통야七十二名道通也라.
곤륜산 제2지맥崑崙山第二支脈이 입우서해入于西海하여 생불수산生佛秀山하고
불수산佛秀山이 생석정산生釋定山하여 기맥사백구십구봉起脈四百九十九峯하니
고故로 석가모니釋迦牟尼는 사백구십구명도통야四百九十九名道通也라.

곤륜산 제1맥 - 유발산 - 니구산 72봉 - 공자 - 72현
곤륜산 제2맥 - 불수산 - 석정산 499봉 - 석가모니 - 499나한(성자)
곤륜산 제3맥 - 백두산 - 금강산 12,000봉 - 증산 상제님 - 12,000 도통군자

증산 상제님께서 강세하시는 지도地道의 원리,『진인도통연계』
명나라 주장춘이 공자 석가, 2대 성자의 도맥이 이루어진 원리를 밝히고, 천상 지존의 보좌에 임어해 계신 상제님의 지상 강세에 대해 천지의 현기玄機를 뚫어지게 보고 한 소식을 전한 것이다.

곤륜산 제1 지맥이 동해로 뻗어 유발산을 만들고 유발산은 다시 니구산을 생하였으니, 그 기운을 타고 공자가 왔으며, 니구산의 72봉에 응하여 공자의 제자가 72명이었다는 것입니다. 석가는 석정산 정기를 타고 내려와서 석정산의 499봉에 응하여 흔히 말하는 500나한이라는 제자를 배출했다고 합니다.

이어서 주장춘은 유·불·선 삼도를 결실하여 인류 구원과 세계 통일의 꿈을 이루시는 하느님이 동방의 영산인 금강산의 정기를 타고 강세하시어 대도를 펴게 될 것을 전하고 있습니다.

◎ 곤륜산 제3지맥崑崙山第三支脈이 입우동해入于東海하여 생백두산生白頭山하고
백두산白頭山이 생금강산生金剛山하여 기맥일만이천봉起脈一萬二千峯하니
고故로 생증산生甑山하여 천지문호모악산하天地門戶母岳山下에
도출어오야道出於熬也라. 고故로 일만이천명도통야一萬二千名道通也라.

이 놀라운 한 소식을 풀이하여 보면, 곤륜산의 제3 지맥이 동해로 뻗어 백두산을 만들고 백두산이 다시 금강산을 생하여 1만2천 봉의 영맥으로 뻗었는데, 금강산 정기를 타고 오시는 하느님께서 증산甑山이란 존호로 오시어 천지의 문호인 모악산 아래에서 대도의 기틀을 짜시니, 그 도는 오熬의 정신에서 나온다, '새 세계를 여는 1만2천 명의 도통 군자가 출세한다'는 것입니다.

이 중에서 특히 경이로운 구절은 '생증산生甑山하여 천지문호모악산하天地門戶母岳山下에 도출어오야道出於熬也라'라는 부분입니다. 새 세상을 여는 구원의 진인眞人이 증산甑山이라는 존호로 오시고, 천지의 문호인 '어머니 산', 모악산에서 '오도熬道'가 나온다는 것입니다. 물질문명의 화려함에 취해 껍데기 허상에 갇혀 살고 있는 오늘의 인류는 반드시 새 시대의 결실 진리인 이 오도의 고소한 맛을 봐야만 살 수 있습니다. 자전字典에서 '오熬' 자를 찾아보면, '오'는 '볶을 오'로 건전乾煎, 십전十煎의 뜻과 단약丹藥이라는 의미가 있습니다. 여기서 '전煎'은 불에 달이는 것으로, '오熬'와 뜻이 상통하는데 건전, 십전은 하느님과 십무극의 정신, 그리고 단약은 조화 선仙을 상징합니다. 이는 증산 상제님께서 여시는 가을철의 '십무극十無極 통일 생명의 조화 정신'을 의미합니다.

'오도'란 만물을 익히는 진리로, 상제님 존호에 들어 있는 '시루 증甑' 자와 깊은 연관이 있습니다. 여기서 우리는 미륵부처님께서 진표 대성사에게 '시루를 걸고 미륵불상을 조상하라.' 하신 계시의 의미를 깨닫게 됩니다. 떡을 익히는 시루는 바로 가을의 오도 정신을 상징하며, 선천의 미성숙된 동서의 종교와 인류 문화의 내용을 볶고 익혀서 가을개벽기에 성숙케 한다는 깊은 의미를 담고 있는 것입니다. 또 자전字典에 보면 '熬, 八珍之一, 淳.(오熬는 여덟 가지 진귀한 요리 가운데 하나인 순淳)'이라 쓰여 있는데 미륵부처

님의 추수 진리를 상징하는 '오' 자의 풀이에 인간으로 오실 미륵님의 성휘聖諱('일一 자, 순淳 자')가 드러나 있다는 사실이 참으로 경이롭습니다.

주장춘 선생이 「진인도통연계」에서 전한 구원 소식의 결론은 '증산'이란 존호로 오시는 하느님이신 상제님의 진리를 순수하게 믿고 실천해서 '진리의 고소한 맛(熬)'을 깨치라는 것입니다. 우리는 주장춘이 전한 복음을 통해서 증산 상제님이 펼치신 대도가 곧 **후천 가을 우주의 결실 진리인 오도熬道**임을 알 수 있습니다.

8.『정감록』이 전한 최후 심판과 구원의 비밀

『정감록鄭鑑錄』은 조선 시대에 민간에서 전승되어 온 비결서입니다.『정감록』 비결은 너무도 오랜 세월 동안 민중의 심성 속에 흘러 들어와 이제는 하나의 민중 신앙과 같은 힘을 지니게 되었습니다.『정감록』에서 핵심이 되는 다음 3대 예언은 우리 민족의 선지자들이 도의 경지에서 한 소식을 전한 것입니다.

1) 임진년壬辰年(1592)의 대환란

◎ **殺我者誰오 女人戴禾가 人不知라. 活我者誰오 十八加公이라.**
살아자수 여인대화 인부지 활아자수 십팔가공

이 예언은 임진왜란이 터질 것을 뚫어지게 내다보고 전한 것입니다. 본문을 보면 '나를 죽이는 자는 누구인가? 계집(女) 사람(人)이 벼(禾)를 이고 있는 것이 사람인 것을 알지 못한다(人不知)'고 하였습니다. '**여인대화**女人戴禾'란 '왜倭' 자를 파자破字한 것으로 왜인이 침략하여 화를 당하리라는 말입니다. 그러면 '나를 살려 주는 자는 누구인가? 열여덟(十八)에 공公을 더했다(加)' 했으니, 이는 '소나무 송松' 자를 말한 것입니다. 즉 명나라 장수 이여송李如松이 와서 조선을 도와줄 것이라는 암시입니다. 왜군이 출병할 당시 일본 공주가 '송' 자를 조심하라고 일렀는데, 자세한 내막을 알 리 없는 왜군은 조선에 들어오자 소나무는 물론 송 자가 들어간 동네까지도 피해 다녔다는 흥미로운 일화가 전합니다.

2) 병자년丙子年(1636)의 대환란

◎ **殺我者誰오 雨下橫山이 天不知라. 活我者誰오 浮土는 溫土니 從土하라.**
살아자수 우하횡산 천부지 활아자수 부토 온토 종토

병자(1636)년에 청淸 태종太宗(재위 1626~1643)이 10만 대군을 직접 거느리고 12월 10일에 압록강을 건너 조선으로 쳐들어 왔습니다. 남한산성으로 파천播遷한 인조는 45일 만에 성문을 열고 항복하였습니다. 이때 인조는 삼전도三田渡(송파)에 설치된 수항

단受降壇(항복을 받는 단)에서 신하를 의미하는 푸른 옷을 입은 채, 모든 대신과 함께 삼배三拜 구고두九叩頭의 예를 행하였습니다. 높은 자리에 앉은 청 태종의 발아래에서 세자와 대신을 거느리고, 세 번 절하고 아홉 번 머리를 조아리는 굴욕적인 예를 올린 것입니다. 뒤이어 군악이 울리는 가운데 청국 황제에게 술을 부어 올리는 행주례行酒禮를 행함으로써 조선은 역사상 씻을 수 없는 가장 큰 치욕을 당하였습니다.

이 병자년 난리에 대해『정감록』은 '나를 죽이는 자는 누구인가? 비 우雨 아래에 뫼 산山 자를 가로(橫) 놓았는데, 그것이 하늘에서 오는 것인 줄을 모른다(天不知)'고 하였습니다. 이 '우하횡산雨下橫山'이란 '눈 설雪' 자를 파자破字한 것입니다. 병자호란은 대설이 쏟아지는 엄동설한에 일어나 산으로 피란避亂 간 사람들이 대부분 얼어 죽었다고 합니다. 옛 선지자는 바로 이 눈보라가 휘몰아치는 '설천雪天'을 경계하라 한 것입니다.

그러면 이 난리에 '나를 살리는 자는 누구인가? 떠 있는 흙(浮土)은 따뜻한 흙(溫土)이니 그 흙을 좇으라(從土)'고 하였습니다. 떠 있으면서 따뜻한 흙은 바로 방구들이므로 방을 지키고 있어야, 즉 집 안에 그대로 있어야 살 수 있다고 한 것입니다. 이리하여 임진년 조일전쟁 때는 살아날 길이 '이재송송利在松松'이었고, 병자년 조청전쟁 때는 '이재가가利在家家'였다는 말이 수많은 사람의 입에 오르내렸습니다. 끝으로 머지않아 닥칠 대개벽 때 생사를 판가름할 비밀의 한 소식을 살펴보겠습니다.

3) 후천개벽의 대환란과 인류 구원의 법방

◎ 殺我者誰오 小頭無足이 神不知라.
살아자수 소두무족 신부지

活我者誰오 寺畓七斗落에 浮金은 冷金이니 從金하라.
활아자수 사답칠두락 부금 냉금 종금

奄宅曲阜라 三人一夕은 利在田田하니 道下止하라.
엄택곡부 삼인일석 이재전전 도하지

말세의 심판기에 '나를 죽이는 자는 누구인가? 작은 머리에 다리가 없는데(小頭無足), 이것이 귀신인 것을 알지 못한다(神不知)'고 하였습니다.

'신부지神不知', 여기에 비밀을 풀 수 있는 단서가 있습니다. 상제님은 후천 가을개벽을 눈앞에 둔 오늘 이 시대를 '천지신명 시대'라 하셨고, 또 '추지기신야秋之氣神也'라 하시어 '천지의 가을철은 신도神道의 기운과 심판 속에서 이루어진다' 하셨습니다.

나를 죽이는 자는 귀신인데 작은 머리(´)를 하고 다리가 없다고 한 것은, '귀신 귀鬼' 자에서 아래 다리 부분을 뗀 것을 뜻합니다. '소두무족'이란 바로 '불甶'이라는 글자를 가리키는 말입니다. 후한後漢 때 허신許愼이 지은『설문해자說文解字』를 보면, 이 글자의 뜻은 '귀두鬼頭' 즉 '귀신 우두머리'입니다. 즉 소두무족이란 천상 군대(天軍)에서 가장 높은 신장을 가리킵니다. 결국 후천개벽 때 '나를 죽이는 자'는 신도 세계에서 **선악 심판을 집행하는 천상 신병**을 가리킵니다.

그러면 나를 살리는 자는 누구인가? '떠 있는 쇠(金)는 차가운 쇠이니 그 쇠를 좇으라'고 하였으며, **'절 논 일곱 두락'**(사답칠두락)에서 그 비밀을 풀 수 있다고 하였습니다. 혹자는 여기서 '금'을 돈으로도 보고 각양각색으로 말하지만, 이것은 앞서 살펴본 바 있는, 진표 대성사가 미륵님의 계시를 받아 세운 금산사金山寺 미륵전의 미륵불상을 의미합니다. 그 근거가 바로 절 논 일곱 두락입니다. 금산사 미륵전 터는 연못이 있던 자리로 원래 일곱 두락 되는 논이었습니다. '부금浮金'과 '냉금冷金'은 **시루 위에 세워진, 쇠로 만든 차가운 미륵 금불상**을 의미하고, '종금從金'은 바로 그 **미륵부처님을 따르라는** 것입니다.

그런데 그 미륵부처님은 어디로 오시는가? **'엄택곡부奄宅曲阜**라', 문득(奄) 집(宅)을 **곡부**曲阜(전북 고부의 옛 이름)로 정하여 오신다고 하였습니다. 그리고 '삼인일석三人一夕'은 '닦을 수修' 자를 파자한 것으로, 사람으로 오시는 미륵님의 진리(道)를 잘 닦으라는 뜻입니다.

그리고 **'이재전전利在田田'**이라 하여, 대환란 때에 살 구원의 법방이 밭(田)에 있다고 하였습니다. 이재전전利在田田이 뜻하는 도비道祕는 후천 가을을 맞아 출현하는 가을의 결실 진리인 상제님 도의 구원의 비밀을 담고 있습니다.

그렇다면 구원의 길이 밭(田)에 있다는 '이재전전'은 구체적으로 무엇을 말하는 것일까요? 밭이란 앞으로 펼쳐질 후천 가을문명의 중심지로서 **'후천 세계의 수도'**가 되는 지역을 뜻합니다.[26] 이 새 역사의 비밀은 〈제8장 도운 공사〉의 결론에서 자세히 밝혀질 것입니다. 이 비결에서는 마지막에 **'도하지道下止'**라고 하여, 인간으로 오실 미륵님의 도道 아래에 머물라고 당부하고 있습니다.

지금까지 살펴본 여러 선천 성자들은 지역의 문화와 그 깨달음의 색깔은 다를지언정 한결같이 **원시반본하는 가을 개벽기**에 '하느님이 친히 인간으로 오신다'는 놀랍고도 엄청난 소식을 전하였습니다.

다음 장에서는 구원의 진리를 몸소 구현하기 위해 오신 증산 상제님께서 천상으로부터 어떠한 과정을 거쳐 지상에 오시게 되었는지, 그리고 이 땅에 어떠한 발자취를 남기셨는지 살펴보기로 하겠습니다.

---

26 『주역周易』에서는 '이재전전利在田田'이 의미하는 성지聖地를 '현룡재전見龍在田 이견대인利見大人(나타난 용이 밭에 있으니 대인을 만나봄이 이롭다)'이라 밝히고 있으며, 신라의 3문장으로 손꼽히는 '설총薛聰'도 개벽기에 이루어질 비밀을 밝힌 『설총결薛聰訣』에서 이곳을 '간지태전용화원艮地太田龍華園에 삼십육궁개조은三十六宮皆朝恩이라(간방 땅 태전 용화 낙원에 온 세계가 그 은혜를 조회하리라)'고 노래하였다.

2장
인간으로 오신 상제님

제1절 상제님 동방 강세의 배경
제2절 인간으로 오신 상제님
제3절 상제님을 모신 성도들
제4절 유·불·선·기독교의 이상을 성취하시는 참 하느님

천상에 계시는 상제님은 이미 오래 전에 동서양 각 민족의 선지자들을 통하여 구원의 복음을 언약하시고, 유·불·선(기독교) 성자들로 하여금 미래에 이루어질 인류 구원에 대해 새로운 준비를 하게 하셨습니다.[1)]

동서 각 민족의 선지자와 성자들이 외친 진리의 한 소식은 인류 문명의 젖줄이 되어 인간을 길러 왔으며, 인류는 선천 상극의 지난한 역사 속에서 하느님의 강세로 펼쳐질 지상 낙원 시대[2)]를 애타게 기다려 왔습니다.

이제 **우주의 가을철 '인존人尊 시대'**를 맞아 상제님은 명나라의 주장춘과 조선의 성인 철학자 김일부와 최수운 등 빛나는 혼들에게 성령으로 계시하여 당신의 강세 소식을 세상에 전하게 하셨습니다. 그리고 마침내 간방艮方의 조선 땅에 백의민족의 혈통으로 오시어 언약하신 복음을 그대로 이루어 주셨습니다.

인간으로 강세하신 하느님이요 미륵불이신 증산 상제님께서는 태초 이래 처음으로 **'중통인의中通人義'**[3)]라는 무상無上의 도道를 여시어, 천지 가을철 인존 시대의 도를 이루시고 인간 성숙으로 가는 길을 열어 주셨습니다.

---

1 독일의 철학자 칼 야스퍼스K. Jaspers(1883~1969)는 '새로운 준비'를 시작하게 하신 이 때를 '차축車軸시대(Achsenzeit, Axial Age)'라 이름하였다. 그의 저서『역사의 기원과 목표』에서 처음 쓰인 차축시대는, 기원전 500년을 전후하여 고대 중국, 인도, 그리스 등에서 동시다발적으로 의식 혁명이 일어난 시기를 일컫는다. 야스퍼스는 이 시기에 서로 뚜렷한 사상적 교류가 없었음에도 불구하고 고대 중국, 인도, 중동의 여러 종교와 철학에 중요한 유사성이 있음을 간파하였다. 또 이 시대의 사상이 후대와 비교할 수 없을 정도로 독특한 면이 있으며 후대에 이루어진 문화의 중심 축이 된다고 보았다. "공자, 석가, 예수는 내가 쓰기 위해 내려 보냈느니라."(2:40)라고 하신 상제님 말씀을 통해, 우리는 차축시대가 우주 통치자 하느님이신 상제님께서 선천 성자들을 지상에 내려 보내 우주 가을 시대를 예비케 하신 때임을 알게 된다.

2 **지상 낙원 시대** | 선천의 각 문화권에서는 상제님의 지상 강세에 이어 이루어질 후천 가을 세상을 그려 왔다. 기독교의 지상 천국, 불교의 용화낙원, 유교의 대동세계, 도교의 태청세계 등이 그것이다. 이러한 이상 세계를 기다리는 민중의 열망은 동서양을 막론하고 암담한 역사적 시기에 민란과 혁명의 모습으로 세상에 나타나기도 하였다.

3 **중통인의中通人義** | 우주 가을철을 맞아 천지의 주인공인 인간이 조화 신성을 회복하여 마땅히 이루어야 하는 궁극의 깨달음.

제1절 상제님 동방 강세의 배경

1. 인류사의 전환기

15세기부터 신항로를 개척한 서구 열강은 아메리카, 아시아, 아프리카 등지를 식민지로 만들며 식민지 쟁탈전을 벌여 나갔습니다. 이들 제국주의 국가들은 문명화라는 미명 아래 약소국을 침탈하면서 야만적인 행위를 곳곳에서 자행하였습니다. 스페인은 16세기 초 아메리카 대륙에 진출해 원주민들을 무력으로 정복하고 거대한 식민지를 세웠습니다. 잉카 제국을 침략하여 수도 쿠스코에 진출한 스페인 군은 지금의 멕시코 수도(멕시코시티)에 입성하여 광활한 분지의 중심에 세워진 실로 거대한 피라밋 신전들을 보면서 놀라움을 금치 못했습니다. 이들이 "그대들은 어디에서 왔는가?"라고 묻자, 원주민들은 "우리는 동방 아스단(아사달)에서 배를 타고 이곳으로 왔다."라고 대답했습니다. 침략군들은 이후 중남미는 물론이고 지금의 미국 캘리포니아, 텍사스, 플로리다 등지로 영토를 확장하였습니다. 이들은 하느님의 사자로서 기독교를 전파하기 위해 왔다고 주장하며 원주민을 무력으로 제압하였습니다. 시두(두창) 균을 퍼뜨리며 계속해서 가혹한 수탈과 착취를 강행한 스페인 군에 의해 원주민의 수는 8백만에서 6십만 명 수준으로 급감하였습니다.

한편 서양에서는 17세기와 18세기에 걸쳐 갈릴레오, 뉴턴 같은 천재 과학자들의 등장으로 '과학혁명'이 일어났습니다. 신의 영역으로 간주되던 자연 현상을 합리적으로 해명하기 시작한 근대 과학은 인간의 이성理性으로 세계를 해석하고 개조할 수 있다는 새로운 사조를 싹트게 했습니다. 그러한 자신감을 바탕으로 서구 세계는 인간 존재에 대해 새로이 눈뜨고, 신에 속박된 중세의 낡은 사고에서 탈피하였습니다. 이처럼 **인간人間의 주체적 자각**에서 비롯한 서구의 **근대화 물결**은 유럽의 각 민족으로 하여금 자유와 해방에 대한 열망을 불러 일으켜 혁명과 민중 봉기로 사회적 변혁을 일으켰으며, 이후 이 물결은 유럽을 넘어 전 세계로 퍼져 나갔습니다.

18세기 중엽에 이르러 산업혁명이 일어나 대량 생산이 가능해지자 서구 열강은 시장을 확보하기 위해 경쟁적으로 식민지 개척에 나서 제국주의 시대를 활짝 열어 놓았습니다. 산업혁명은 서구 열강에게 발전과 성장을 이룩하게 하는 한편, 끝없는 탐욕을 부추겼습니다. 서구 열강은 앞다투어 아프리카, 아시아까지 침략하고 수탈하여 제국주의의 팽창 정책을 추진함으로써 전 지구촌에 자본주의 시장의 문을 열었습니다. 그리하여 계몽주의 전통에 뿌리를 둔 서구 자본주의 문화가 전 지구촌 차원으로 확장되어 나갔습니다.

근대 초부터 시작된 서양 제국주의의 침략은, 상제님께서 강세하시기 직전인 19세기 중엽에 동아시아에까지 뻗쳤고, 1870년대에 들어서면서 폭발적으로 확대되었습니다. 서양 제국주의 세력이 동양으로 물밀 듯이 밀어 닥치면서 세계는 동서 문명이 본격적으로 교류되는 **'지구촌 시대의 서막'**으로 들어서고 있었습니다. 유럽 열강은 아시아와 아프리카에 식민지를 넓혀 갔고, 아시아 무대에서는 유럽 열강과 더불어 미국과 일본이 끼어들었습니다. 식민지 쟁탈전을 벌인 나라는 영국·프랑스·러시아·네덜란드·포르투갈·독일·이탈리아·벨기에·스페인·미국·일본 등이었으며, 이 가운데 독일·이탈리아·벨기에·미국·일본은 뒤늦게 식민지 경쟁에 뛰어들었습니다. 당시 동양은 서구 자본주의의 상품 시장으로 전락해 식민지 역사의 긴 어둠 속으로 빠져들고 있었습니다. 동양의 여러 나라는 제국주의의 침탈로 전통문화와 가치관이 파괴되어 극심한 사회적 혼란까지 겪어야 했습니다.

청나라는 두 차례의 아편 전쟁을 겪으며 반식민지 상태로 전락했고, 일본은 미국의 강압적인 개항과 통상 요구에 문호를 개방해야 했습니다. 서양 제국주의의 마지막 도착지인 조선 역시 근대화의 준비가 되지 않아 위기 상황에 직면했습니다.

당시 조선은 유교문화의 뿌리 깊은 폐해와 재정財政의 근간인 삼정三政[4]의 문란으로 국력이 극도로 쇠잔해져 있었습니다. 청나라를 비롯한 러시아, 일본, 미국, 프랑스, 독일 등 열강의 각축장이 된 조선은 제국주의의 이권 다툼 속에서 몰락해 가고 있었습니다. 이러한 서세동점西勢東漸의 국제정세와 조선의 긴박한 위기 정황을 인간으로 오신 상제님께서는 "조선 강토가 서양으로 둥둥 떠내려간다."(5:164), "이제 동양의 형세가 누란과 같다."(5:4)라고 말씀하셨습니다.

상제님이 오신 19세기 후반은 자본주의 시장이 전 지구촌으로 확장되면서 서양 제국주의의 마지막 정착지인 동방의 한반도에 들이닥치던 때입니다. '역사의 전환기'를 맞아 온 세계가 혼돈과 무질서로 요동치고 있었습니다.

2. 천상 신도神道 세계의 배경

지상 세계가 이처럼 극도의 혼란에 빠져 있을 때, 천상에서 동서 문화와 인종의 차이를 넘어 우주적인 염원을 안고 하느님이신 상제님께 사무치게 기도하며 인류 구원을 탄원한 인물이 있었습니다.

---

4 삼정三政 | 삼정은 전세田稅를 징수하는 전정田政, 병무 행정인 군정軍政, 춘궁기에 곡식을 빌려주고 추수 뒤에 돌려받는 환곡還穀을 비롯한 환정還政을 일컫는다. 두 차례 전쟁과, 조선 후기 세도 정치에 의한 토호와 수령들의 농간으로 삼정 제도가 극도로 문란해졌으며, 이는 조선 말 농민들이 민란을 일으키는 주요한 원인이 되었다.

그분은 바로 가톨릭의 신부인 **마테오 리치 대성사**大聖師(Matteo Ricci 중국명 이마두利瑪竇, 1552~1610)입니다. 리치 신부는 서양 사람으로서 동양에 건너와 동서 문명의 교류와 지상 천국 건설이라는 필생의 소망을 이루려고 온갖 노력을 다 했지만 꿈을 이루지 못한 채 세상을 떠났습니다. 천상에 올라가서도 그는 염원을 이루기 위해 온갖 정성과 노력을 쏟았습니다. 그 결과 동양의 문명신들을 이끌고 서양으로 건너가 근대 과학문명을 꽃피우는 데 지대한 공덕을 쌓았습니다. 인류 문명에 대한 이러한 리치 신부의 헌신과 업적을 기려 그를 대성사大聖師라 높여 부르는 것입니다.

리치 신부의 주도로 급속히 발전한 근대 과학문명은 인류에게 물질적인 풍요와 편익을 안겨 주었지만, 이성주의로만 치달아 인간으로 하여금 사물의 실상을 바르게 보지 못하고 점차 교만에 빠지게 했습니다. 그리하여 인간은 물질적 욕망을 충족하기 위해 자연을 정복하고 파괴하여 모든 죄악을 거리낌 없이 자행하므로 신도神道의 권위가 크게 추락하였습니다. 이로써 자연과 인간과 신도의 조화와 균형이 무너지면서 세상은 점점 걷잡을 수 없는 혼란 속으로 빠져 들어갔습니다. 이러한 상황에서 리치 신부가 온 우주의 통치자 하느님이신 상제님께 간곡히 기도하고 탄원한 것입니다. 상제님은 리치 신부의 사무친 기도에 응하시어 마침내 지상에 인류 구원의 첫발을 내딛으셨습니다. 상제님께서는 먼저 리치 신부를 데리고 기독교 세계의 중심지인 로마 바티칸에 있는 베드로 대성당의 천계탑에 성령으로 내려오셨습니다. 이어 천하를 둘러 보신 후 동방 조선의 모악산 **금산사 미륵금상**에 30년 동안 임어해 계시면서 최수운 대신사에게 천명과 신교를 내려 당신의 강세 소식을 알리게 하셨고, 1871년에 인류와 우주를 구원하시기 위해 마침내 이 땅에 친히 강세하셨습니다.

이마두利瑪竇**(1552~1610)** | 본래 이름은 마테오 리치Matteo Ricci. 이탈리아 마체라타Macerata 시에서 출생. 중국에서 천주교를 전파하기 위해 30여 년을 고군분투하였으며, 『천주실의』의 저자로 유명하다. 마두瑪竇는 '마테오'의 음사이며, 성은 '리치'를 본떠 '이利'라 하였다. '이'는 벼[禾]를 칼[刀]로 추수한다는 의미와 함께 동서양 문화를 통합하여 세상을 이롭게 한다는 뜻을 담고 있다. 1571년에 예수회에 들어가 해외 선교의 뜻을 세웠고, 10여 년 뒤인 1582년 마카오에 도착하여 중국어를 익힌 후, 중국에 들어가 광동성에서 선교 활동을 시작하였다. 이어 1599년 난징을 거쳐 1601년 수도 북경으로 들어갔다. 그는 명나라 황제에게 자명종(탁상시계)과 대서양금(피아노의 전신), 자신이 저술한 〈만국도지萬國圖志〉 등을 선물하였고, 그 후 북경에서 자리 잡고 활발한 선교 활동을 하였다. 그는 중국에 살면서 중국 방식을 존중하고 혼천의, 지구의, 망원경 등 서양의 발명품들을 소개하였다. 또한 서양의 과학 지식을 중국에 소개하였는데 그 가운데 가장 대표적인 번역서가 유클리드의 『기하학원본』과 세계지도 위에 지리학과 천문학의 설명을 덧붙인 〈곤여만국전도坤輿萬國全圖〉이다. 그의 저서 『천주실의』는 우리나라 천주교 성립에도 큰 영향을 끼쳤다. 그밖에도 『교우론交友論』(1595) 등을 저술하고 또 다른 세계지도인 〈여지산해전도輿地山海全圖〉를 제작하였다. 그는 동양에 처음으로 서양 문물을 소개하고 천주교를 전파한 인물이면서 동양사상을 서양에 최초로 소개한 인물이었다.

※ 이마두利瑪竇는 세계에 많은 공덕을 끼친 사람이라. 현 해원시대에 신명계의 주벽主壁이 되나니 이를 아는 자는 마땅히 경홀치 말지어다. 그러나 그 공덕을 은미隱微 중에 끼쳤으므로 세계는 이를 알지 못하느니라.

서양사람 이마두가 동양에 와서 천국을 건설하려고 여러 가지 계획을 내었으나 쉽게 모든 적폐積弊를 고쳐 이상을 실현하기 어려우므로 마침내 뜻을 이루지 못하고 다만 동양과 서양의 경계를 틔워 예로부터 각기 지경地境을 지켜 서로 넘나들지 못하던 신명들로 하여금 거침없이 넘나들게 하고 **그가 죽은 뒤에는 동양의 문명신文明神을 거느리고 서양으로 돌아가서 다시 천국을 건설하려 하였나니** 이로부터 지하신地下神이 천상에 올라가 모든 기묘한 법을 받아 내려 사람에게 '알음귀'를 열어 주어 세상의 모든 학술과 정교한 기계를 발명케 하여 천국의 모형을 본떴나니 이것이 바로 현대의 문명이라. **서양의 문명이기文明利器는 천상 문명을 본받은 것**이니라.

그러나 이 문명은 다만 물질과 사리事理에만 정통하였을 뿐이요, 도리어 인류의 교만과 잔포殘暴를 길러 내어 천지를 흔들며 자연을 정복하려는 기세로 모든 죄악을 꺼림 없이 범행하니 신도神道의 권위가 떨어지고 삼계三界가 혼란하여 천도와 인사가 도수를 어기는지라 이마두가 **원시의 모든 신성神聖과 불타와 보살들과 더불어 인류와 신명계의 큰 겁액劫厄을 구천九天에 있는 나에게 하소연하므로 내가 서양 대법국 천개탑에 내려와 이마두를 데리고 삼계를 둘러보며 천하를 대순大巡하다가 이 동토東土에 그쳐** 중 진표眞表가 석가모니의 당래불當來佛 찬탄설게讚歎說偈에 의거하여 당래의 소식을 깨닫고 지심기원至心祈願하여 오던 **모악산 금산사 미륵금상에 임하여 30년을 지내면서 최수운崔水雲에게 천명天命과 신교神敎를 내려 대도를 세우게 하였더니** 수운이 능히 유교의 테 밖에 벗어나 진법을 들춰내어 신도神道와 인문人文의 푯대를 지으며 대도의 참빛을 열지 못하므로 드디어 **갑자(甲子: 道紀前 7, 1864)년에 천명과 신교를 거두고 신미(辛未: 道紀 1, 1871)년에 스스로 이 세상에 내려왔나니** 동경대전東經大全과 수운가사水雲歌詞에서 말하는 **'상제'는 곧 나를 이름이니라.** (2:30)

우리는 상제님의 이 말씀을 통해 인류 역사에 드러나지 않은 몇 가지 중대한 사실을 알 수 있습니다.

첫째, 그동안 알려지지 않았던 **마테오 리치 신부의 위대한 공덕입니다.**

리치는 예수회[5] 교단이 배출한 위대한 인물이요 서양의 기독교 문명사에서 가장

5 예수회The Society of Jesus | 1540년, 스페인의 로욜라Ignacio de Loyola(1491~1556)가 동료들과 함께 파리에서 창설한 가톨릭 수도회. 총장은 장군을 뜻하는 '제너럴General'이라 불렸다. 예수회는 가톨

뛰어난 업적을 세우신 대성인입니다. 훤칠한 키, 푸른 눈에 큰 종鐘소리와 같은 음성을 지녔고, 신학·철학·법학·천문학·수학 등 여러 학문을 연마한 데다 고결한 인격까지 갖춘 분이었습니다. 그 분은 전도 사명을 띠고 인도의 고아Goa를 거쳐 31세 때 중국으로 건너갔습니다. 온갖 고초를 겪으면서 중국 땅에 천주교와 서구 과학문명을 전하고, 동양의 정신 세계에 심취해 많은 저서를 남겼습니다. 『서방에서 온 현자』의 저자인 빈센트 크로닌Vincent Cronin이 지적한 바와 같이, 리치 신부는 서양 문물 전반을 소개해 중국인의 삶에 기여하는 한편, 스스로 중국 전통문화를 폭 넓게 이해하고 수용하였습니다. 리치 대성자는 동·서 문명 사이에 다리를 놓은 최초의 세계인이자 동양에 개화의 문을 열어 준 선구자입니다.

또한 리치 신부는 **서양에서 믿는 천주(Deus)와 동양에서 받드는 상제上帝가 동일한 분이라는 보편적 신관**[6]을 깨친 선구적 인물이었습니다. 중국어와 한자에도 능통하여 사서삼경을 비롯한 동양의 고전을 두루 섭렵한 결과 고대로부터 동방 땅에서 섬겨 온 상제님이, 자신이 모시는 아버지 하느님과 동일한 한 분임을 깨달은 것입니다.

동양의 고전을 라틴어로 번역하면서 고대 동방인들의 소박하고 아름다운 심성과 신앙심에 매료된 리치 대성사는 동양인들에게 하느님의 복음을 전하기 위해 『천주실의天主實義』라는 책을 저술하였습니다. 이 책의 특이한 점은 단순히 교리 해설에 그치지 않고 동양 유·불·선의 고전을 인용해서 가톨릭의 이해를 돕고 있다는 사실입니다. 명실공히 『천주실의』는 **동서양 정신세계의 정수를 동시에 관통한 최초의 인문학적 금자탑**입니다. 이 책에서 마테오 리치 대성인은 서양 가톨릭에서 신앙하는 **아버지 하느님**이 곧 동양의 최고신인 **상제님**이라는 위대한 진리 선언을 합니다. 다음은 대성사가 『천주실의』에서 밝힌 내용입니다.

◎ 吾國天主는 卽華言上帝니라.
오국천주 즉화언상제

He who is called the Lord of Heaven in my humble country is He who is called Shang-ti (Sovereign on High) in Chinese.

릭의 순수성 유지와, 종교·교육·문화 사업을 통하여 도덕심을 배양하는 데 노력하였고, 이웃에 대한 봉사, 기도, 고행을 통해 그리스도를 닮아가는 것을 목적으로 하였다. 1547년에 예수회 대학을 개설하고, 신학뿐 아니라 인문, 과학, 예술 등 최신 지식을 갖춘 수재(Jesuit)들을 양성하여 선교를 위해 전 세계에 파견하였다.

6 **보편적 신관** | 동서 문화를 회통하는 보편적 천주관은 조선 후기 실학자에게 깊은 영향을 주었고 기독교문화와 유교문화의 신관이 창조적으로 통합하는 계기가 되었다. 정약용은 신유학의 이기론적 논쟁을 지양하고 우주를 다스리는 이성적 실재로서 천주님을 받아들여야 한다고 주장하였다(송영배 외, 『한국 유학과 리기철학』, 예문서원, 2000). 그 후 『천주실의』에서 전한 '천주'는 동학의 '시천주侍天主' 신앙에서 인격신으로 드러난다. 이로써 지구촌 인류가 동일한 천주 신앙의 체계를 갖는 결정적인 전기를 맞게 된 것이다. 이처럼 **리치 대성사는 동서 구원관과 신관을 통합하는 계기를 역사상 처음으로 마련하였다.**

내 나라에서 천주님이라 불리는 분은 중국에서 상제라 불리는 분이시다.

◎ 歷觀古書하야 而知上帝與天主特異以名也라.
역 관 고 서 이 지 상 제 여 천 주 특 이 이 명 야

Having leafed through a great number of ancient books, it is quite clear to me that the Shang-ti (Sovereign on High) and the Lord of Heaven are different only in name.

수많은 중국 고전을 검토해 본 결과, 상제님과 하느님 아버지이신 천주님은 이름만 다른 것을 알 수 있다.

동양 사상을 접하면서 동서 문화의 본질이 하나라는 것을 깨달은 리치 신부는 동양의 제사문화와 유교문화의 장점을 적극 받아들이고 상제문화를 가톨릭의 하느님 신앙과 접목하기 위해 노력했습니다. 이처럼 기독교적 성부관의 한계를 뛰어넘어 동서양의 보편적 절대자관을 깨쳤기에, 리치 신부는 세상을 떠난 이후에 우주의 통치자 하느님이신 상제님을 천상에서 친견할 수 있게 된 것입니다. 리치 신부는 동양에 천국을 건설하려던 필생의 꿈을 이루지 못하고 중국 땅에 뼈를 묻었지만, **하늘나라에 올라가서 동양의 문명신들과 함께 인류를 위하여 계속 노력하였습니다.**

둘째, 서양의 과학문명이 비약적으로 발전한 것은 천상의 신명계와 깊은 관련이 있다는 사실입니다.

지난 수백 년 동안, 지상 문명이 눈부시게 발전하게 된 데에는 **인간의 노력뿐만 아니라 천상 세계의 문명 성신文明聖神이 베풀어 준 커다란 공력**이 함께 작용했습니다. 천상과 지상 세계는 서로 분리될 수 없는, 마치 손바닥의 앞뒤와 같은 관계입니다. 그런데 리치 신부가 신도에서 역사하기 이전에는 신명들이 각기 자기의 영역을 지켰기 때문에 그 경계를 넘어서지 못했습니다. 지상에 천국을 건설하려 한 리치 신부의 노력이 신계神界의 장벽을 무너뜨려 동서양과 각 국가 간에 본격적인 교류가 이루어질 수 있게 되었습니다. 리치 신부를 중심으로 한 **천상 문명 성신들**(지상에서 문명 개화에 참여했던 성인·철인의 성신)이 지상 천국 건설이라는 숭고한 뜻을 갖고 천지 내면세계인 신명계의 장벽을 허물어 버림으로써 장차 지구촌의 다양한 문화가 교류될 수 있는 기틀이 마련된 것입니다.

리치 신부가 동양의 문명신을 거느리고 서양으로 돌아가, 학자들에게 그 영적 역량에 맞추어 알음귀를 열어 줌으로써 서양의 과학문명이 비약적으로 발전하게 되었습니다. 이러한 사실을 통해서 우리는 인간 세계의 모든 일이 먼저 신명 세계에서 선행先行하여 이루어진다는 것을 알 수 있습니다. 과학문명이 '천상 세계에서 지상 인간 세계'로 이식移植되면서 우주의 대이상을 실현할 최상의 문명 세계가 지상에 건설됩니다.

셋째, "이마두가 원시의 모든 신성神聖과 불타와 보살菩薩들과 더불어 인류와 신명계의 큰 겁액劫厄을 **구천九天에 있는 나에게 하소연하므로**(2:30)"라는 성구를 통해, 상제님은 본래 천지 만물을 다스리시는 구천九天에 계신 하느님이라는 사실을 알 수 있습니다.

상제님께서는 인류 구원을 준비하시기 위해 당신이 지상에 내려 보내셨던 석가, 예수, 공자 같은 신성神聖과 불타와 보살들의 간곡한 하소연을 받아들여 친히 강세하셨으며, 이때 상제님께 앞장서서 탄원한 분이 바로 이마두 신부라는 사실을 밝혀 주셨습니다.

넷째, 상제님께서는 인간으로 강세하시기 전에 먼저 **서양 대법국의 천개탑**(교황청이 있는 로마 베드로 성당)에 성령으로 내려오셨다고 하셨습니다. 그곳에 임어하신 이유는 과거 2천 년 동안 아버지 하느님이신 천주님을 간절히 부르짖은 서양인들의 기도와 정성에 감응하시기 위함입니다.

다섯째, 동학의 교조인 **최수운 대신사에게 천명을 내려 주신 사실**과 **동학의 도의 연원**이 바로 상제님 당신이심을 밝혀 주셨습니다.

상제님께서는 로마 바티칸에 있는 베드로 성당의 천개탑에 계시다가, 강세를 기원한 발원자들의 소망을 실현하시기 위해 그곳에서 동방 땅 한반도에 자리한 호남의 모악산 **금산사**로 가셨습니다. 그리고 금산사 **미륵금상**에 30년간(1841~1870) 성령으로 임어해 계시면서 최수운 대신사에게 천명을 내리셨습니다. 상제님은 대성사의 사명

▲베드로 성당 내부 천개탑 **▲ 베드로 성당** | 로마 바티칸시국에 있는 가톨릭의 총본산 교회. 그 기원은 베드로 무덤 위에 세워진 4세기의 바실리카식 성당으로 거슬러 올라간다. 1506년, 본격적인 공사에 착수하였고, 16세기 미켈란젤로를 비롯한 당시의 대표적 건축가들에 의해 전성기의 르네상스 건축 이념에 바탕을 두고 재건되었다. 1590년에 완성되고, 헌당식獻堂式은 1622년에 거행되었다. 16세기 초, 성당의 건축 비용이 부족하여 교황청은 면죄부 판매를 시작하였고, 이것이 계기가 되어 루터의 95개조 반박문을 통해 종교개혁이 시작되었다. 이 때부터 기독교는 신교와 구교로 나뉘는 등 본격적인 분열의 시대가 시작된다.

대성사 마테오 리치 신부님의 생애

연도	주요 행적
1552년 10월 6일	이탈리아 교황령 마체라타Macerata에서 13남매 중 장남으로 출생.
1561~68년	마체라타 예수회에서 설립한 초등학교에서 수학.
1568년	법학을 공부하기 위해 로마로 감.
1571년 8월 15일	법학 수업을 중단하고 성 안드레아 수도원의 수련 수사가 됨. 성모승천일에 예수회에 가입.
1572년	예수회 로마 대학Colegio Roma에 입학.
1573~77년	하느님께 첫 번째로 서약을 함. 로마 대학 인문학부에서 수학.
1577년	여름, 동양 선교를 위해 포르투갈 리스본에 있는 코임브라 대학교에서 6개월간 포르투갈어와 신학을 공부함.
1578년 3월	포르투갈 국왕 세바스치앙을 알현하고 리스본을 출발. 9월 포르투갈 식민지인 인도 고아Goa에 도착.
1580년	고아의 남부 도시 코친Cochin에서 사제 서품을 받음.
1581년	고아로 돌아옴. 예수회 동양 선교 책임자로부터 중국 마카오로 가서 중국 본토로 들어가는 루기에리를 도우라는 명을 받음.
1582년 4월 26일	고아를 출발, 8월 7일 마카오에 도착.
1583년 9월 10일	루기에리와 함께 중국 조경肇慶에 들어가 정착. 중국 기독교 선교의 선구가 됨. 중국어와 중국 문화 학습에 주력.
1584년	『여지산해전도輿地山海全圖』 제작.
1589년 8월 3일	신임 광동 총독이 예수회 회원들을 조경에서 추방. 8월 26일 소주韶州에 정착하여 구태소瞿太素와 교분을 맺고 교리와 학문 사상을 교류함.
1591년	사서四書의 라틴어 번역에 착수.
1592년	구태소의 초청으로 남웅을 여행하며 관리 지식인 상인을 사귐. 승려 행각을 중단함.
1593년	교리 문답서를 중국어로 쓰기 시작함. 남경 예부상서 왕충명이 후원자가 됨.
1594년	사서의 라틴어 번역을 완성하여 예수회 선교사들에게 교재로 사용함. 유자儒者의 복장을 착용.
1595년 5월 중순	운하를 통해 북경행을 시도하다가 배가 난파됨. 남창에 정착. 11월 첫 한문 저작 『교우론』 저술. 유럽을 최초로 구라파歐羅巴라 표기함.
1597년 8월	하느님께 영원한 수종을 맹세. 예수회 중국 선교 책임자로 임명.
1599년 2월	남경에 정착. 삼회三淮 스님과 논쟁. 『25언』 초고 집필.

연도	주요 행적
1600년	명 황제 만력제에게 전할 진공품을 가지고 북경으로 향함. 예수 십자가상을 황제를 저주하는 주물呪物로 오인한 악명 높은 환관 마당馬堂에 의해 천진의 감옥에 억류.
1601년 1월 24일	황제의 명을 받고 제2차 북경 진입. 황제에게 자명종(탁상시계)과 대서양금(피아노의 전신) 등을 선물하였으며 황제를 위해 『클라비코드 8곡[西琴曲八章]』을 작사함. 북경의 영빈관인 사이관四夷館에 체류하던 중 5월 28일 북경 거주 허가를 받음.
1602년	이지조의 도움으로 『곤여만국전도坤輿萬國全圖』 제3판을 발행.
1603년	교리 문답서인 『천주실의天主實義』 출간.
1605년	북경에 선교사 전용 주거지를 마련.
1607년	서광계와 공동으로 유클리드 기하학을 한역한 『기하원본幾何原本』 전반부 6권을 출간.
1608년	예수회의 중국 선교사宣敎史를 기술하는 『보고서』를 집필(이탈리아 어). 만력제의 희망에 따라 『곤여만국전도』 신판을 출간.
1609년	중국 최초로 성모마리아회 창립.
1610년 4월	북경에 유럽 건축 양식의 성당을 짓기 시작함. 5월초 병상에 눕게 되었으며 5월 8~9일 고해성사를 함. 5월 10일 종부성사를 받고, 5월 11일 저녁, 향년 58세를 일기로 별세. 중국 역사상 처음으로 황제가 서양인을 위해 묘지를 하사함.
1611년	리치 신부의 관棺을 책란柵欄 묘지로 옮김.
1615년	『보고서』의 라틴어 번역본이 간행됨.
1617년	『보고서』의 프랑스어 번역본이 간행됨.

리치 신부가 성장한 집 | 리치 신부는 이탈리아 안코네Ancone 주 마체라타Macerata 시市에서 9남 4녀 중 장남으로 태어났다. 리치 신부는 이곳에서 자랐으며 마체라타 예수회 학교를 거쳐 로마에서 법학을 공부하였다.

천주실의 | 리치 신부가 저술한 천주실의는 상·하 2권, 모두 8편으로 나누어져 있다. 174항목에 걸쳐 서양 학자와 중국 학자가 대화를 통해 토론하는 형식으로 꾸며진 가톨릭 교리서이다. 사서육경과 그 밖의 경전을 인용하여 천주교의 입장을 이해하도록 유도한다.

과 당신이 하실 일에 대해 이렇게 말씀하셨습니다.

❋ 최수운은 동세動世를 맡았고 나는 정세靖世를 맡았나니 전명숙의 동動은 곧 천하의 난을 동케 하였느니라. 최수운은 내 세상이 올 것을 알렸고… 수운가사는 수운이 노래한 것이나, **나의 일을 노래한 것**이니라. (2:31)

최수운 대신사가 받은 사명은 세상을 동요시켜 잠자던 **동방 배달 민족의 혼을 깨워 새 시대의 여명을 준비**하는 것이었습니다. 그러나 수운 대신사는 상제님의 대행자로서 사명을 완수하지 못하였습니다. 대신사는 상제님에게서 신도의 조화를 펼 수 있는 대권을 받아, 인류 시원의 원형문화이자 유·불·선을 포괄하는 동방 한민족의 생활신앙인 신교神敎를 재정립하고 새로운 시대를 준비하려 하였으나 '유교의 테를 벗어나지 못해' 임무를 완수하지 못했던 것입니다.

여섯째, 천상에서 리치 신부가 달려가 구원의 손길을 간구한 **'하느님'은 기독교의 야훼신**이 아니라 삼계 우주의 통치자 하느님이신 **상제님**이라는 사실입니다.

인류를 구원하기 위해 구세주가 온다는 기독교의 **메시아**[7] 사상은 일찍이 석가여래와 진표 대성사가 알린 불교의 미륵불 강세 소식과 직접 연결됩니다. 즉 유·불·선 선천 종교에서 각기 다른 이름으로 부르며 기다려 온 지존의 절대자는 동일한 한 분으로 바로 상제님을 가리킵니다. 그뿐만 아니라 상제님이 쓰기 위해 내놓으신 **유·불·선 삼교三敎가 천상 영계와 지상에서 통합**되는 과정도 살필 수 있습니다. 천지의 큰 겁액을 끄르기 위해 천상 신도에서 리치 신부를 중심으로 천상의 모든 신성과 불타와 보살이 뜻을 모아 상제님께 구원을 호소하였고, 이후 지상에서는 수운 대신사가 선천의 인류 문명을 추수하시는 상제님의 천명과 신교를 받고 마침내 유·불·선의 대통합을 선포하게 된 것입니다.

마지막으로 상제님께서는 최수운 대신사에게 내리신 천명을 거두시고 8년 만인 **신미(1871)년에 강세**하셨다는 사실입니다. 그러면 상제님께서 신미년에 강세하신 이유는 무엇일까요? 이 **'신미辛未'**라는 두 글자 속에 상제님이 지상에 강세하신 목적이 드러나 있습니다. 이 문제는 제4장에서 살펴보겠습니다.

---

7 메시아 | 기독교에서 구세주의 뜻으로 쓰이는 '메시아messiah'는 '미트라Mitra'라는 말에서 유래되었다. 그리고 미륵의 어원인 범어 '마이트레야Maitreya' 역시 미트라에서 유래한다. 미트라는 고대 인도, 이란, 페르시아, 로마 등지에서 절대신으로 섬긴 광명신이자 태양신이다. 즉 메시아와 미륵이 동일한 어원에서 생겨난 말이다(독일 종교학자 베르너 순더만Werner Sunderman의 『The Sons of the Manichaean God Mithra』 1979 ; 『Mithra in Manicheism』 2012 참고).

3. 서신사명西神司命으로 오신 상제님

상제님의 강세가 이전 성자들의 출현과 다른 점은, 삼계의 통치자 하느님으로서 친히 **천지의 가을 운수를 열어 주시기 위해** 오셨다는 사실입니다. 선천 성자들은 아버지 하느님이신 상제님께서 우주의 여름철에 인류를 교화하기 위해 내려 보낸 아들로서, 인류를 교화하는 데 그 사명이 있기 때문에 우주의 가을철 운수를 직접 열 수 없습니다. 상제님은 우주의 여름철에서 가을철로 바뀌는 때에, 선천 봄·여름철에 분열·성장한 인류 문명을 추수하시기 위해 **친히 이 땅에 강세하신** 것입니다.

상제님께서는 **'추지기신야秋之氣神也'**, 즉 천지의 가을 기운은 신神이라 하셨습니다. 선천 말세의 심판과 후천 가을철의 결실이 신(하느님)의 손길로 이루어집니다.

❋ 지금은 온 천하가 가을 운수의 시작으로 들어서고 있느니라. (2:43)

❋ 나는 서신사명西神司命이니라. (4:152)

❋ 이 때는 천지성공 시대라. 서신西神이 명命을 맡아 만유를 지배하여 뭇 이치를 모아 크게 이루나니 이른바 개벽이라. 만물이 가을바람에 혹 말라서 떨어지기도 하고 혹 성숙하기도 함과 같이 참된 자는 큰 열매를 맺어 그 수壽가 길이 창성할 것이요 거짓된 자는 말라 떨어져 길이 멸망할지라. (4:21)

상제님은 천지를 밭으로 삼아 인간농사를 지으시는 삼계 우주의 절대자 하느님이십니다. 상제님께서는 당신의 정체를 **'서신西神'**이라 밝혀 주셨습니다. **서신은 선천 봄·여름철의 인류 문화를** 추수하여 성숙시키고 **온 우주를 통일하는 가을의 신**(Autumn God)입니다. 상제님이 농사지으시는 선·후천의 주기를 나타낸 우주 1년 도표(제1장 2절 참고)에서 알 수 있듯이 서방西方은 계절로 가을입니다. 따라서 천지의 가을철(후천) 운수를 열어 주시고 선천 봄여름철의 인류 문화를 추수하시는 우주의 큰 농부이신 추수관 하느님을 서신이라 하는 것입니다. 서신사명이라는 말은 상제님 위에 누가 있어 사명을 내린다는 뜻이 아닙니다. 우주의 여름철이 끝나고 우주 가을철로 들어서는 역사의 가장 극적인 시간대에 하늘의 주인이시며 삼계 우주 질서의 주재자이신 아버지 상제님께서 친히 인간으로 강세하시어 천지 만물의 생명을 추수하시고 가을 천지의 뜻과 목적을 이루신다는 것입니다. 상제님이 후천 가을개벽을 집행하시어 우주의 가을철로 들어서면서 비로소 인류는 온전한 구원을 이루게 되는 것입니다.

위에서 "뭇 이치를 모아 크게 이루나니"라고 하신 상제님 말씀에서 '뭇 이치'는 선천 종교를 비롯한 정치·경제·철학·과학 등 인류 문화의 모든 분야를 포함합니다. 따라서 '뭇 이치를 모아 크게 이룬다'는 것은 선천의 모든 인류 문화가 상제님의 도법에 의해 일제히 익혀지고 열매 맺어 완성된다는 뜻입니다.

4. 한반도로 강세하신 상제님

1) 인류 구원의 빛이 밝아오는 동방

상제님께서는 인류 구원의 빛이 동방에서 밝아 온다고 하셨습니다.

❋ 언제든지 동쪽에서 먼저 일어나니 동으로 힘써라. (3:306)

❋ 상제님께서는 어디를 가실 때 항상 머리를 동쪽으로 먼저 두르시고, 동쪽으로 한발을 내딛으신 뒤에야 비로소 다른 곳으로 향하시니라. (5:420)

❋ **서양이 곧 명부冥府**라. 사람의 본성이 원래 어두운 곳을 등지고 밝은 곳을 향하나니 이것이 곧 배서향동背西向東이라. 만일 서양 사람을 믿는 자는 이롭지 못하리라. (2:120)

날이 갈수록 서구 과학문명의 파괴성이 고조되고, 물질 만능과 쾌락주의의 어두운 그림자가 인간의 영혼과 육신을 파멸시키고 있습니다. 이러한 현상을 지켜보며, 우리는 '**서양이 곧 명부**'라는 상제님 말씀의 뜻을 깊이 이해하게 됩니다. 명부란 사후에 사자死者의 일생을 심판하는 저승의 법정으로서 죽음의 세계를 상징합니다.

인생이란 죽음의 세계를 넘어, 생명의 근원이며 사랑의 빛인 하느님의 따뜻한 성령의 품에 안기기 위해 한 발 한 발 나아가는 여로입니다. 이제 인류에게 그 길을 밝혀 하느님의 품속으로 인도하는 진리의 태양이 동방에서 솟아오르고 있습니다. 눈부신 태양은 언제나 동쪽 하늘에서 떠올라 황혼의 서녘으로 사라집니다. 이러한 천지 대자연의 섭리를 좇아 선천 종교가 모두 동방에서 탄생한 것과 같이, 가을개벽 시대에 구원의 횃불을 높이 든 제3의 초종교도 동방에서 출현하게 되는 것입니다.

2) 지구의 혈穴 자리인 한반도

세계 지도를 펼쳐 놓고 보면, 동북아시아의 구석에 자리잡은 한반도는 삼면이 바다로 둘러싸인 작은 땅입니다. 증산 상제님께서는 왜 지구상의 수많은 나라 가운데 이곳 조선에 강세하셨을까요?

상제님께서 동방의 조선에 강세하신 데에는 다른 필연에 따른 이유도 있지만, 지리地理의 현묘한 기틀로 볼 때, 반드시 지구의 혈 자리인 조선 땅에 강세하시게 되어 있습니다.

안운산安雲山 증산도 태상종도사太上宗道師님께서는 오묘한 조화 섭리가 깃든 지구의 지리地理에 대해서 다음과 같은 가르침을 처음 열어 주셨습니다.

❀ 지리학상으로 보면, 우리나라는 전 지구의 혈穴에 해당한다. 꽃으로 말하면 화심花心이다. 일본 열도는 좌청룡左靑龍이고, 중국 대륙, 인도네시아, 싱가포르 등은

모두 우백호右白虎이다. 또한 아메리카 대륙 전체가 외청룡이고, 서아시아, 유럽, 아프리카 대륙이 모두 외백호이다. 그리고 호주는 안산案山이다. 이렇게 지구의 오대양 육대주가 모두 조선 땅 한 곳을 위해 조판肇判되었다. **한반도가 바로 지구의 혈 자리**이다. 그리하여 우주 주재자인 상제님께서 이 세상에 오실 때, 오직 이 조선 땅에 강세하실 수밖에 없는 것이다. (안운산 태상종도사님 말씀)

증산도의 추수판 도운 시대를 여신 안운산 태상종도사님은 이처럼 지구의 오대양 육대주가 모두 이곳 한반도를 위해 형성된 것이라 밝혀 주셨습니다. 선천 우주가 처음 열릴 때부터 한반도는 인류 문화를 수렴하고 새로운 문화를 창조하는 개벽의 땅으로 이미 정해져 있습니다. 유·불·선 기독교를 비롯한 지구촌의 동·서 종교문화가 수렴되어 그 이상이 실현되기를 가장 사무치게 열망하고 기도해 온 곳이 바로 한반도입니다.

3) '성언호간成言乎艮' 의 간 도수艮度數

상제님께서는 "주역을 보면 내 일을 알리라."(5:248)라고 말씀하셨습니다. 이 말씀의 핵심은 상제님께서 섭리하시는 인간과 세계 구원 역시 『주역周易』에서 밝히는 우주의 창조와 변화 원리로써 이루어진다는 것입니다. 『주역』은 상제님이 주재하시는 천지 만물과 인간 만사가 변화해 나가는 우주 변화의 신비를 푸는 교과서입니다.

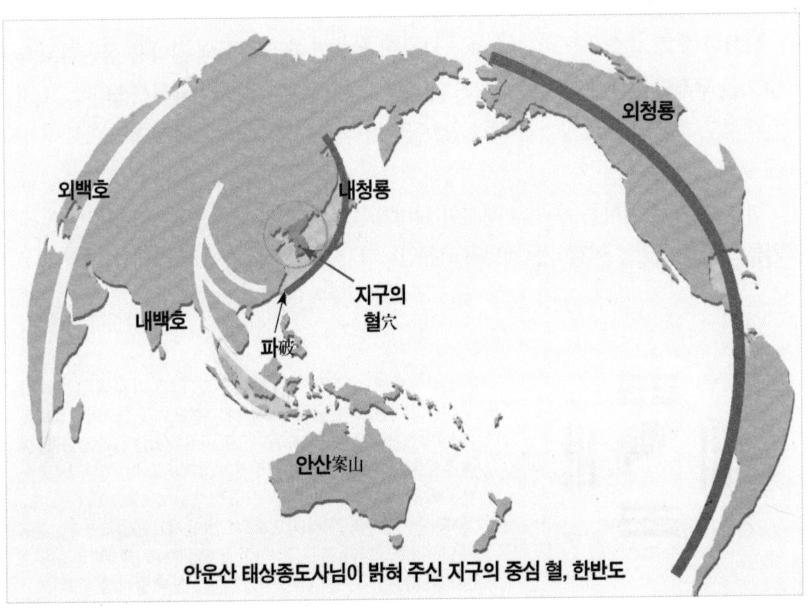

안운산 태상종도사님이 밝혀 주신 지구의 중심 혈, 한반도

역도易道의 원리란 곧 시간과 공간의 변화 이치입니다. 만물 생명은 이러한 시공의 흐름 속에서 무상無常하게 변모해 갑니다.

상제님께서 천상 옥경의 보좌를 떠나 이 세상에 오시는 그 '장소(공간)와 때(시간)'에 관한 수수께끼도 역易의 이치에 따라 풀립니다.

『주역』「설괘전」에서 공자는 상제님의 천지 창조 섭리가 실현될, 구원의 빛이 비쳐 오는 지상의 공간(방위)을 이렇게 밝혀 놓았습니다.

◎ 艮은 東北之卦也니 萬物之所成終而所成始也일새
간 동북지괘야 만물지소성종이소성시야
故로 曰 成言乎艮이라. (『주역周易』「설괘전說卦傳」)
고 왈 성언호간

간艮은 선천의 변화 이치를 밝힌 문왕팔괘에서 동북방을 가리키는 괘입니다. 간방은 선천 세상에서 **만물 생명의 끝맺음과 새 출발이 이루어지는 곳입니다. 이곳에서 우주 창조의 변화 섭리(말씀=로고스=道)가 실현됩니다(成言乎艮).** 지리로 볼 때 지구의 동북방에 위치한 한반도가 바로 이 간에 해당합니다.

간은 천리天理로는 열매 맺는 변화의 이치를 뜻합니다. 계절로는 1년 변화의 종착역인 겨울이 끝나고 새 생명이 약동하는 봄을 나타냅니다. 그리고 인류 문명사로 볼 때는 상제님이 열어 주시는 동북아의 열매 문화를 뜻합니다. 또 초목으로는 열매, 즉 결실을 의미하므로 상제님께서 뿌리신 도의 열매(道果)가 동북 간방의 한반도에서 결실하게 되는 것입니다.

이처럼 끝과 시작(終始)이 교차하는 간방의 섭리에 따라 선천의 선악을 심판하고 후**천 가을 우주의 새 출발의 길을 트시기 위해 상제님은 동북 간방에 강세하셨습니다.** 그 가운데서도 결실의 천지 정기가 서려 있는 금강산의 지기를 타고 미륵부처님으로 이 땅에 오신 것입니다.

천도天道가 결실하는 우주의 성지인 한반도는 **인류 문화를 결실하는 수렴의 땅이요, 인류의 꿈과 소망을 성취하는 개벽의 터전입니다.** 하늘과 땅, 인간과 천지 신명의 모든

간 도수艮度數 | 우주의 가을에는 천지가 개벽되어 정음정양 세상으로 바뀐다. 종으로 '곤남건북坤南乾北', 횡으로 '간동태서艮東兌西'가 되어, 선천 문왕팔괘에서 동북으로 치우쳐 있던 간艮이 정동正東에 주인으로 자리를 잡게 된다. 이것을 상제님께서는 '영세화장건곤위永世花長乾坤位요 대방일명간태궁大方日明艮兌宮이라' (5:122) 하시어 건곤乾坤과 간태艮兌의 합덕으로 동서가 통일되어 후천 문명이 열린다고 말씀하셨다. 그리하여 상제님께서 가을개벽의 최후 심판대를 동방 간 도수를 상징하는 38선(휴전선)에 걸어 놓으셨다.

뜻을 이루는 **대통일의 땅이 바로 동북 간방에 위치한 한반도**인 것입니다.

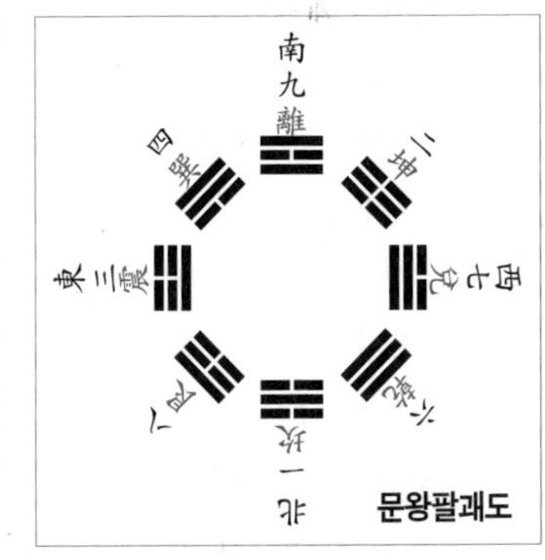

문왕팔괘도

4) 신교의 종주국, 조선

우리 조상들은 인류 시원 문명의 환국을 계승한 배달 시대 이래로 인류 원형문화이자 동방의 고유문화인 신교神敎의 정서 속에서 인간계와 신명계를 일체 관계로 받아들여 왔습니다. 오랜 역사 속에서 천상 신도의 가르침을 받들어 세상 사람들을 교화하고 문명을 개창하였으며 세계 여러 민족 가운데 신을 가장 잘 섬기고 받들어 왔습니다. 상제님께서는 그러한 **조상의 음덕蔭德**으로 동방 배달의 백의민족이 **하늘사람**(신명)**들의 은혜를 받게 된다**고 말씀하셨습니다.

- 동방의 조선은 본래 **신교神敎의 종주국**으로 상제님과 천지신명을 함께 받들어 온, **인류 제사 문화의 본고향**이니라. (1:1)
- 이 세상에 조선과 같이 **신명神明 대접**을 잘하는 곳이 없으므로 신명들이 그 은혜를 갚기 위하여 각기 소원을 따라 꺼릴 것 없이 받들어 대접하리니 도인道人들은 아무 거리낌 없이 **천하사天下事**만 생각하게 되리라. (2:36)

상제님의 천지공사는 그 내용이 신명의 원과 한을 끄르는 신명 해원解冤 공사입니다. 신명 대접을 잘하는 조선의 백성보다 천지공사의 주역으로 더 적합한 민족이 있을 수 없습니다. 상제님께서 이 땅에 강세하신 것은 천지신명을 잘 받들어 온 동방의 배달민족에게 주어진 가장 큰 은혜이자 축복입니다.

공자는 『주역』 「설괘전」에서 "간艮은 지야止也."라고 하였습니다. 이 말은 우리 조상의 음덕이 쌓이고 쌓여서 **하느님의 천지 도덕 사업이 동북방에 그쳐 매듭지어질 것**을 밝힌 것입니다.

5) 인류 시원 역사의 주인공, 한민족

우리는 한반도 주변에 위치한 중국과 일본의 침략의 역사를 잘 알고 있습니다. 중국과 일본이 흥망을 되풀이하는 가운데 숱한 살육과 침략을 저지르며 우리 조상으로 하여금 얼마나 많은 피눈물을 흘리게 했습니까? 한민족은 본래 동북아의 종주 민족으로서 인류 원형문화인 신교를 열어 삼신상제님을 모시고 신앙하며 인류의 시원문화를 개창하였습니다. 그러나 환국·배달·조선의 상고 시대 이후, 중국과 일본에 의해 역사가 왜곡되고 민족사의 뿌리가 잘려 나가 우리 겨레의 시원 정신을 모두 잃어 버리게 되었습니다. 사대주의에 물든 집권층은 패권을 쥔 큰 나라에 기대어 제 뿌리 역사를 부정하고 창생을 속여 잔약하고 피폐한 역사가 이어지게 된 것입니다.

> 내가 천지를 개벽하고 조화정부를 열어 인간과 하늘의 혼란을 바로잡으려고 삼계를 둘러 살피다가 너의 동토에 그친 것은 잔피孱疲에 빠진 민중을 먼저 건져 만고에 쌓인 원한을 풀어 주려 함이라. (3:184)

이 말씀에서 우리는 역사를 잃은 약소민족으로서 당시 사면초가의 절박한 상황에 놓여 있던 동방의 한민족을 먼저 구하여 인류와 세계 구원의 주체민족으로 세우려 하신 상제님의 의도를 깊이 느낄 수 있습니다. 후천 가을 대개벽기에 상제님의 무극대도를 세울 수 있는 주인공이 바로 인류사 시원의 신교문화를 개창한 동방의 '한민족'이기 때문입니다. 신교문화의 원형정신과 정통 계승의 뛰어난 창조성을 간직하고 있는 배달 한민족은 가을 우주의 통일문화를 개창할 수 있는 문화의 배경과 역량을 지닌 민족인 것입니다. 동방의 신교문화를 밝히는 일은 곧 한민족과 인류의 시원 정신사를 되찾는 대업입니다.

상제님은 왜곡된 역사의 정의를 바로 세우시기 위해 동방 배달민족으로 이 땅에 오셨습니다. 상제님께서 이 땅에 강세하심으로써 한민족은 신교문화와 역사의 정통성을 회복하여 후천 가을 세상의 정신·문화·역사의 종주국으로 우뚝 서게 됩니다.

그러면 이제부터 상제님의 성령이 화육하시어 인간으로 오시는 과정과 유소 시절부터 청년기까지 걸으신 노정을 간단히 살펴보기로 하겠습니다.

제2절 인간으로 오신 상제님

1. 성령이 잉태되신 곳

상제님께서는 금산사 미륵불상에 30년 동안(1841~1870) 성령으로 임어해 계시면서 최수운 대신사에게 내려 주셨던 천명과 신교를 거두시고(甲子, 1864) 친히 이 땅에 강세하셨습니다. 최수운 대성사의 예언 그대로 대성사가 세상을 떠난 지 8년 만인 **신미**(단기 4204, 1871)**년 9월 19일**(양력 11월 1일) **자시**子時에 전라도 고부군古阜郡 우덕면優德面 객망리客望里(지금의 전라북도 정읍시井邑市 덕천면德川面 신월리新月里)에 탄강하셨습니다. 상제님의 성령이 탁태托胎되어 육신의 옷을 입고 오신 곳은 **'엄택곡부**奄宅曲阜(문득 집을 곡부로 하신다)'라고 한 옛 선지자의 예고대로 **'곡부**曲阜**'라 불리던 고부**古阜**입니다.**

상제님이 탄강하신 **객망리**(일명 손바래기) 뒤편으로는 두승산斗升山이 펼쳐져 있습니다. 이 산은 고창의 방장산方丈山, 부안의 변산邊山과 더불어 호남의 '삼신산三神山'이라 불려 왔습니다. 방장산이 주산主山이 되고 그 정기가 북쪽으로 힘차게 뻗어 나가 한 맥은 두승산이 되고 다른 한 맥은 변산을 이루었습니다. 고창 방장산의 상제봉上帝峰에서 뻗어 나온 맥이 정읍 두승산을 거쳐 망제봉望帝峰과 시루산으로 이어지고, 이 시루산에 선인독서혈仙人讀書穴이라는 사색의 보금자리가 맺혀지는데, 그 앞에 펼쳐진 마을이 바로 '손바래기'[8]라 불렸던 객망리입니다. 객망리는 **'하늘의 주**主**를 기다리는 마을'**이란 뜻입니다.

고즈넉한 정경의 이 농촌 마을에 순박한 젊은 농사꾼 부부가 살고 있었습니다. 남

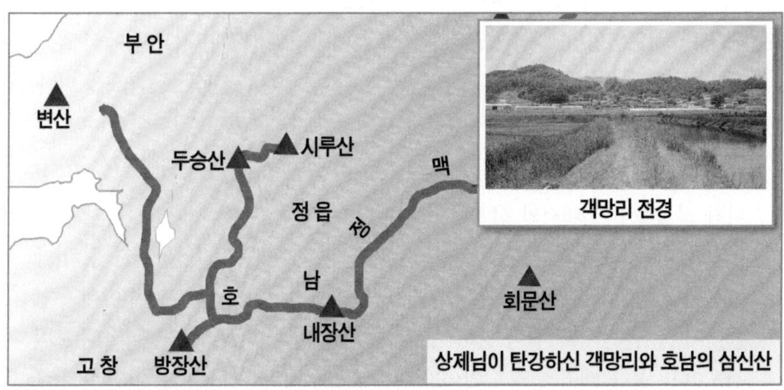

상제님이 탄강하신 객망리와 호남의 삼신산

8 손바래기 | 선인독서혈이 있다 하여 '선바래기[선망리仙望里]'라 하였는데, 이것이 변해서 손바래기[객망리客望里]가 되었다. '손'에는 신神, 선仙의 의미가 있다.

편은 성이 진주 강姜씨요 이름이 '흥할 흥興, 두루 주周'로 '흥주'[9]였고, 아내는 안동 권權씨로서 '어질 량良, 덕 덕德'의 '양덕'이란 이름 그대로 온화한 성품을 지닌 분이었습니다. 바로 이 두 분이 미륵존불인 상제님의 성령을 잉태하신 하느님의 부모이십니다. 증산 상제님의 부친을 '성부聖父'로, 모친을 '성모聖母'로 추존하여 부릅니다.(1:13)

- 성부께서 집안에 손이 귀하여 성모 권씨와 함께 시루산에 올라 득남得男과 다손多孫을 하늘에 기원하며 치성을 드리시니라. (1:14)
- 경오(庚午: 道紀前 1, 1870)년 9월에 성모께서 근친覲親하러 홀로 서산리에 가 계실 때 하루는 성부께서 본댁에서 곤히 주무시는데 하늘에서 불덩이가 떨어져 품으로 들어오거늘 깜짝 놀라 일어나 '옳다. 이것은 필시 하늘에서 큰 자식을 내려 주시는 꿈이로다.' 하고 그 길로 서산리에 계신 성모를 찾아가 동침하시니라. 그 무렵 성모께서 하루는 밭에 나가셨다가 오한을 느껴 집으로 돌아와 소나기가 내린 뒤 깊이 잠드셨는데 꿈에 홀연히 검은 구름이 가득한 가운데 뇌성이 진동하고 하늘이 남북으로 갈라지며 큰 불덩이가 성모의 앞으로 내려오거늘 유심히 보니 마치 호박琥珀과 같은 것이 황금색의 신비한 광채를 발하는지라 성모께서 품에 안으시매 순간 온 세상이 광명하여지더라. 이로부터 성령을 잉태하여 **열석 달** 만에 상제님을 낳으시니, 이 때 성모 권씨의 존령尊齡 22세이시더라. (1:16)

상제님께서 잉태되신 열석 달의 '13'이란 숫자는 최수운 대성사가 상제님으로부터 신교를 받아 지은 **시천주侍天主 주문이 열석 자**인 것과 같은 의미입니다. 13은 서방(4·9金)을 나타내는 상수象數 4와 9의 합으로, 상제님께서 가을 개벽기에 서신으로 오심을 상징합니다. 시천주 주문은 글자 그대로 **인간으로 오시는 하느님**(天主)을 생활 속에서 **모신다**(侍)**는 기도문**입니다. 상제님은 인류와 천지신명의 간절한 기도 속에서 열석 자 기운에 응하여 강세하셨습니다. 하늘사람(신명)들이, 지존한 천상 보좌寶座를 떠나 인간으로 오신 상제님을 영접하는 정경을 성부께서는 다음과 같이 전하셨습니다.

- 태어나실 무렵 성부께서 깊이 잠드셨는데, 문득 신안神眼이 열려서 보니 두 선녀가 하늘로부터 내려와 산모를 보살피더라. 상제님께서 태어나시니 울음소리가 마치 큰 종소리와 같이 우렁차시니라. 이로부터 그윽한 향기가 집 안에 가득하고 상서로운 기운이 온 집을 밝게 둘러싸면서 하늘에 통하여 이레 동안 끊이지 않거늘 이 때 집이 심히 가난하여 지붕을 이지 못해 하늘이 마주보일 정도이고, 불을 때지 못해 방안이 냉랭하였으나 태어나신 후로는 훈훈한 기운

9 성부聖父의 존휘는 문文 자 회會 자요, 자字가 흥興 자 주周 자이다.

이 온 집 안에 감돌더라. (1:17)

상제님께서는 인간과 신명을 구원하시기 위해 천상 지존의 보좌를 떠나시어 가난하고 보잘 것 없는 '한 농부'의 집안을 택해 인간의 역사 속으로 친히 들어오셨습니다.

2. 상제님의 성휘와 도호

상제님의 존성尊姓은 '강姜'이요, 성휘聖諱는 '일一 자 순淳 자'요, 아명兒名은 **'학鶴 자 봉鳳 자'**요, 자字는 **'사士 자 옥玉 자'**요, 도호는 옛 성현의 예언 그대로 '시루 증甑, 뫼 산山'으로 **'증산'**이십니다. 상제님의 '존성과 성휘와 도호'에는 오묘한 우주의 비밀이 깃들어 있습니다. 먼저 수많은 성씨 중에서 우주의 통치자 하느님께서 왜 강성姜姓으로 오시게 되었는지 상제님의 말씀으로 살펴보겠습니다.

> ※ 세상에 성姓으로 **풍**風가가 먼저 났으나 전하여 오지 못하고 다만 사람의 몸에 들어 체상體相의 칭호로 쓰이게 되어 풍신, 풍채, 풍골 등으로 일컫게 되었을 뿐이요 그 다음에 강姜가가 났나니 **'강가가 곧 성의 원시'**라. 그러므로 이제 개벽 시대를 당하여 **원시로 반본**하는 고로 강가가 일을 맡게 되었느니라. (2:37)

상제님께서 밝혀 주신 바와 같이 성씨의 시원이 되는 주인공은 배달 동이족 가운데 풍이족이었던 성인 제왕 **태호 복희**입니다. 역사 기록에 따르면 5,500여 년 전에 팔괘를 최초로 그린 동양 역 철학의 시조인 태호 복희는 풍風씨인데 15세 이후 더 계승되지 못했습니다. 그 뒤에 동양 의학의 시조인 성황聖皇 **염제 신농이 '강姜'을 성으로 삼았으므로 강씨가 현존하는 성의 시원**이 됩니다. 상제님께서는 원시반본의 이치에 따라 인류의 시원 성씨인 강성姜姓으로 오심으로써 **당신의 강세 목적**을 드러내셨습니다. 후천 가을개벽 시대를 맞이해 인류와 만물 생명을 생명의 근본(무극)으로 되돌려(原始返本) **진정한 구원과 통일을 이루고자 하신 것입니다.**

상제님께서 강세하신 뜻은, 주장춘 선생이 예언한 바대로 천지 문호인 모악산 아래에서 후천 가을 우주의 통일 이념인 '오도熬道'를 정립해 신천지의 새 세상을 여는 데 있습니다. **원시반본**을 상징하는 **'한 일一'** 자, **'순박할 순淳'** 자의 상제님 성휘에서도 그러한 뜻이 잘 드러납니다.

'시루 증甑', '뫼 산山', '증산甑山'이란 도호道號에서도 이러한 사실을 확인할 수 있습니다. **'증산'**이란 도호는, 설익은 선천 문화를 익혀서 성숙시킨다는 의미를 담고 있습니다. 증산 상제님께서는 당신이 '쓰기 위해 내놓으신 술수'(2:150)인 선천의 미성숙한 문화를 오도熬道로 익히고 성숙시켜 천지의 이상을 완성하십니다. 그런 의미에서 선천 문화란, 가을 대개벽기에 인류가 원시반본하여 지상 낙원으로 돌아갈 수 있도록 상제님께서 천상에서 이미 정하여 성자들을 통하여 내놓으신 '술수術數'라고 할 수 있습니다. 상제님의 존호尊號는 바로 이러한 하느님의 구원의 섭리를 상징합니다.

3. 유소년 시절

❋ 증산 상제님께서는 어용御容이 금산 미륵불金山彌勒佛과 흡사하시어 용안龍顔이 백옥처럼 희고 두루 원만하시며 양미간에 불표佛表의 큰 점이 있고 천안天眼은 샛별과 같이 반짝이시니라. 또 목소리는 인경처럼 맑고 크시며 왼손바닥에 '북방 임壬' 자와 오른손바닥에 '별 무戊' 자 무늬가 있고 등에는 붉은 점으로 뚜렷하게 북두칠성이 새겨져 있으며 발바닥에는 열세 개의 점이 선명하니라. (3:320)

상제님은 어린 시절에 집안이 가난하여 외가와 진외가(아버지의 외가)로 자주 옮겨 사셨습니다. 객망리에 사실 때에는 집에 사립문도 없었습니다. 부엌은 볏짚으로 엮었고 문은 대나무를 얽어 만든 것이었습니다.

어린 시절부터 상제님은 영기靈氣가 넘치고 혜명하셔서 주위 사람들로부터 '신동神童', '영아靈兒'로 불리시며 공경과 사랑을 받으셨습니다.

❋ 점차 자라시매 얼굴이 원만하시고 성품이 관후寬厚하시며 지덕知德을 겸비하시어 총명과 혜식慧識이 출중하시므로 부모님과 마을 사람들이 어린 학봉을 '영아靈兒'라 부르며 경애하니라. (1:18)

증산 상제님은 만유 생명을 주관하시는 천지의 아버지 하느님이십니다. 생명을 아끼고 보호하시는 어린 시절의 모습에서 우리는 만물을 주재하시는 아버지 하느님의 면모를 엿볼 수 있습니다.

❋ 어리실 때부터 호생好生의 덕이 많아 마당 구석에 화초를 심어 아담하게 가꾸시고 밭둑에 나가 나무를 즐겨 심으시며 또 자라나는 초목을 꺾지 않으시고 미물 곤충이라도 해치지 않으시며 위기에 빠진 생명을 보면 힘써 구하시니라. (1:18)

상제님은 어릴 때부터 영성이 뛰어나셨습니다. 어린 상제님께서는 본래 조화옹 하느님으로서 천지와 같은 영성으로 사물의 영적 세계를 깊이 통찰하셨습니다.

❋ 여섯 살 되시는 병자(丙子: 道紀 6, 1876)년에 풍물굿을 보시고 문득 혜각慧覺이

열려 장성한 뒤에도 다른 굿은 구경치 않으시나 풍물굿은 자주 구경하시니라. (1:19)

'풍물'은 원래 '신을 부르는 악기'란 뜻으로 꽹과리, 징, 장구, 북, 소고 등을 말합니다. **풍물굿**은 이 악기들을 치면서 춤과 놀이를 통해 가슴에 맺힌 것을 풀고 신명을 내는 **신교문화의 제의祭儀**에서 시작되었습니다. 풍물의 리듬과 소리에는 천지 만물의 생기와 인간의 영성을 깨우는 우주의 율동과 영적인 힘이 깃들어 있습니다. 상제님은 음양 동정이 절묘하게 어우러지는 풍물굿의 세계를 천지 성령의 경계에서 접하신 것입니다.

어린 시절부터 상제님의 혜명하심은 하늘땅을 꿰뚫었습니다.

※ 이 해에 성부께서 가세가 어려움에도 불구하고 아들 학봉에게 천자문을 가르치려고 태인 장군리泰仁 將軍里 황씨 집성촌에서 황준재黃俊哉라는 이름 있는 훈장을 구하여 들이시거늘 훈장이 어린 학봉께 "도령, 공부해야지?" 하고 하대하니 학봉께서 물끄러미 훈장을 쳐다보시다가 스스로 천자문을 펼치시어 '하늘 천天' 자와 '땅 지地' 자를 집 안이 울리도록 큰 소리로 읽으시고는 책을 덮고 아무 말 없이 밖으로 나가시니라. 훈장은 그 신이하신 기운에 눌려 어린 학봉이 노시는 모습만 바라볼 뿐이더니 그렇게 며칠이 지나자 더 이상 공밥을 얻어먹기도 민망하여 다시 학봉께 "도령, 공부하셔야지요?" 하고 조심스레 여쭈거늘 "하늘 천 자에 **하늘 이치**를 알았고, 땅 지 자에 **땅 이치**를 알았으면 되었지 더 배울 것이 어디 있습니까? 노시다가 시간이 되면 가시지요." 하시는지라 성부께서 부득이 그 훈장을 돌려보내시매 이로부터 스스로 밖으로 다니시며 글을 깨치시니라. (1:19)

모든 깨달음과 진리의 근원은 하늘과 땅입니다. 그런데 하늘땅을 물질적으로만 바라보면 진리의 본질을 들여다보지 못합니다. 진리 공부의 핵심은 만유 생명의 부모요 뿌리인 하늘땅의 이치와 심법을 체득해 천지와 하나 되는 것입니다.

상제님이 지으신 다음 시에서 하늘땅을 흔드는 상제님의 호쾌한 기상을 절감하게 됩니다.

※ 일곱 살 때 어느 글방에 가시어 훈장으로부터 **'놀랄 경驚'** 자 운韻을 받고 글을 지으시니 이러하니라.

遠步恐地坼이요 大呼恐天驚이라
원보공지탁　　대호공천경

멀리 뛰려 하니 땅이 꺼질까 두렵고
크게 소리치려 하니 하늘이 놀랄까 두렵구나. (1:20)

이렇듯 상제님은 천지 주인으로서 어린 시절부터 이미 무량하고 호연浩然한 기개를 지니셨습니다. 이러한 상제님의 면모는 천지공사를 집행하신, 후천 가을 새 우주 개벽의 일심 세계에서 더욱 확연히 드러납니다.

❋ 어려서부터 집에 계시기보다는 즐겨 이곳저곳을 돌아다니시니 종종 시루산에서 매봉과 망제봉, 동죽산을 타고 두승산에 올라 고산준령을 향해 크게 외치시고 또 밤이면 큰시루산에서 작은시루산으로 뛰어다니며 산하정기를 호흡하시고, 산 속의 고요에 젖어 깊은 명상에 드시니라. 집에 돌아오시면 초막에 드시어 조용히 사색에 잠기시니라. (1:23)

또 소년기에 세상을 두루 살피며 다니실 때 그 신이하고 혜명하심이 널리 전해져 가시는 곳마다 공경과 찬사를 받으셨습니다.

한번은 붓으로 한 일 자를 쓰시어 그 글자가 누에처럼 기어가게 하신 일도 있었습니다.

❋ 고향에서 멀리 떨어진 흥덕 부안면興德 富安面 하오산下鰲山 앞의 알미장[卵山場]에 이르시니 어떤 사람이 지필묵을 내어 놓고 글을 청하거늘 어린 학봉께서 조그만 손으로 붓을 꽉 잡고 먹을 듬뿍 묻히신 뒤 종이 위에 굵게 '한 일一' 자 한 획을 힘껏 그으시며 큰 소리로 "나는 순이다!" 하고 외치시니 순간 한 일 자가 마치 누에처럼 꿈틀꿈틀 기어가거늘 구경하던 장터 사람들이 탄성을 지르며 더 자세히 보려고 서로 몸을 밀치고 당기고 하여 한바탕 소동이 일어나니라. 이 때 학봉께서 말씀하시기를 **"조선 땅은 한 일 자 누에와 같다."** 하시니라. (1:22)

서당에서 글공부를 하실 때는 언제나 장원을 하셨고, 시회詩會가 있을 때마다 절묘한 시격詩格으로 주위 사람들을 놀라게 하셨습니다.

◎ **미륵불 도량 불출암 사건 |** 소년 시절, 상제님은 훗날 수석 성도가 될 **김형렬**을 '정읍(당시 행정구역은 태인) 매당에 있는 **불출암**佛出庵'에서 만나셨는데(도기 14, 1884년), 여기에는 미륵불로 강세하신 **상제님의 깊은 의도**가 깃들어 있습니다. 김형렬 성도는 이 날의 인연으로 뒷날 상제님께서 후천 5만 년 가을개벽 세계를 여는 천지공사를 보실 때 도문道門의 식주인食主人이 되어 한 생애를 바치게 됩니다.

그러면 김형렬 성도가 상제님을 처음 만나던 당시 모습을 살펴보겠습니다.

❋ 형렬은 부잣집 외아들로 태어나 일찍부터 도道에 뜻을 품고 동무를 구하던 차에 '고부에 강가姜哥로서 신동이 있다.'는 소문을 전해 들으니라. 하루는 형렬이 '내가 한번 그 사람을 만나 보리라.' 결심하고 고부로 향하는데 날이 저물어 우연히 태인 매당梅堂 불출암佛出庵으로 발길이 이끌려 들어가니라. 형렬이 암자

에 이르매 갑자기 부엉이가 요란하게 울어대거늘 … 형렬이 "내가 찾을 곳이 있어 길을 가다 나도 모르게 이끌려 들어왔는데, 오자마자 저렇게 부엉이가 울어대는 게 참 이상하오." 하니라.

이 때 학봉께서 들어서시더니 별 모양의 누런 별전別錢 여섯 닢과 바둑알 같은 검은 돌을 가지고 돈치기놀이를 하시는데 가운데 있는 것을 맞추려 하시되 자꾸 다른 것이 맞으니 "이것도 소용없다." 하시며 형렬이 있는 쪽을 바라보시니라. 형렬이 "어디 사시오?" 하며 말을 건네니 "나 어디 사는 것을 왜 묻소?" 하시거늘 형렬이 "내가 이제 강가를 찾으러 고부에 가는 중이오." 하니라. … 이 때 마침 학봉과 한 고을에 사는 은양덕殷陽德이 다가와 "이 도령이 바로 그 도령이오." 하고 일러 주거늘 형렬이 크게 놀라 "아, 그러하오?" 하며 얼른 몸을 추슬러 기꺼이 재배를 하는지라 학봉께서 "한 번 하면 되었지, 내가 죽었는가, 재배를 하게." 하고 하대하시거늘 형렬이 "내가 세 살만 더 먹었어도 존장尊長이 되려 했는데, 내 나이 몇이라고 그리 않겠소?" 하며 다시 일어나 절을 하니 학봉께서 말씀하시기를 "네가 법줄은 아는구나." 하시니라. 이 때 학봉께서는 성수聖壽 열넷이요, 형렬의 나이는 스물셋이더라 ….

형렬을 바라보시며 "내가 땅위에 서 있다고 아무리 땅을 파 보아라. 나는 공중

불출암 | 전북 정읍시 옹동면 산성리 삼리 마을 소재. 땅 속에서 한 쌍의 돌부처가 솟아올라 미륵불을 조성하고 사찰 이름을 불출암(현재는 화엄사華嚴寺로 바뀜)이라 하였다. 상제님께서 그 기운을 취하여 이곳에서 김형렬 성도를 처음 만나셨다.

에 뜬 사람이다. 한번 떠 봐라!" 하고 목침 위에 올라서시니라. 형렬이 자못 의심스러워하며 허리를 숙여 두 손으로 학봉의 발을 받쳐드니 몸이 공중에 붕 뜨시거늘 크게 놀라 손을 더 올리니 더 높이 뜨시고, 그렇게 손을 들면 드는 대로 위로 떠오르시더라. (1:30)

한 폭의 그림을 연상시키는 이 일화를 통해, 우리는 상제님께서 이미 어린 시절부터 조화옹 하느님으로서 천지의 조화 권능을 쓰셨음을 실감나게 느낄 수 있습니다.

그 후 상제님은 14~15세 때 점점 어려워지는 가세 때문에 학업을 중단하시고 사방으로 주유하셨습니다. 정읍군 입암면 거슬막에서 머슴 노릇을 하시며 보리를 거두시고, 정읍 내장산 아래 부여곡에서 산판꾼이 되시어 나무를 베기도 하셨습니다. 당시 같이 일하던 산판꾼들이 "고부 객망리에서 온 저 젊은이, 참으로 진실되게 일을 열심히 잘한다." 하고 칭찬을 아끼지 않았다는 이야기가 지금까지 전해 오고 있습니다. 이러한 일화를 들으면서 우리는 언제 어디서나 참되게 인생길을 걸으신 상제님의 모습에 큰 감동을 받게 됩니다.

원 하느님이시며 미륵존불이신 상제님께서 이처럼 가난한 농부의 아들로 오시어 머슴살이를 하시고 농사꾼, 산판꾼 노릇도 하시며 설움 받는 민중의 삶을 사신 것은 후천 가을 개벽기에 **가난으로 고통과 억압 받는 사람들에게 축복을 주시고 이들을 구원하시기 위함**입니다. 이렇듯 가난과 역경을 겪으시면서도 상제님은 항상 천지신명들의 음호를 받으며 광구창생의 길로 의연히 나아가셨습니다.

❋ 사옥께서 열일곱 살 되시는 정해(丁亥: 道紀 17, 1887)년 어느 날 외가에 가시는 길에 어떤 술주정꾼이 무고히 패욕을 가하거늘 이 때 아무 대응도 아니하셨는데 하늘에서 요란하게 천둥이 치며 회오리바람이 불더니, 난데없이 어디서 큰 돌절구통이 날아와 주정꾼의 머리를 덮어씌우는지라 … 이는 천지신명들이 한 시도 경계를 늦추지 않고 사옥을 음호함이라. (1:32)

상제님은 이곳저곳을 유랑하시다가 열아홉 살 되시던 해 가을에 내장산에 가셨습니다. 저녁노을에 물결치는 붉은 단풍을 바라보며 부모님이 계신 곳을 향해 눈시울을 적시고 바위에 앉아 깊이 명상에 잠기셨습니다.(1:33) 이러한 상제님의 모습에서 우리는 인류의 새 날을 여는 개척의 여정을 걸으며 온갖 고난과 시련을 감내하는 역사 속의 인간 하느님의 삶을 순결한 마음으로 절감하게 됩니다. 구도자가 가야 할 험난한 삶의 길이 어떠한 것인지 생각하면 가슴 속 깊이 숙연함을 느끼게 됩니다.

4. 청년 시절

1) 정의로운 기개가 충만하심

혈기 넘치는 20대 청년 시절, 상제님은 손바래기 마을 뒤쪽 선인독서혈仙人讀書穴이 있는 시루산에 올라 글을 읽으시고 사색과 명상에 잠기곤 하셨습니다.

❋ 장성하시매 얼굴은 금산 미륵불과 흡사하시고, 눈은 일월의 밝음과 같으시고, 음성은 맑은 천둥소리 같으시고, 몸가짐은 정대正大하시고, 도량度量은 관대하시고, 동정動靜이 정중鄭重하시고, 언론言論이 활달하시고, 지감知鑑이 신령하시고, 기상氣像이 웅장하시니라. (1:35)

상제님께서는 무해한 장난을 좋아하시고 또 기력이 강장하시어 힘 겨루기를 즐겨 하셨습니다. 사람들이 노는 자리에서 마당에 서시어 추녀 끝을 발로 가볍게 차시고, 한 손으로 용마름을 지붕으로 던지시며 젊음의 쾌활한 기상을 보여 주기도 하셨습니다. 어느 때에는 맷돌 밑짝에 있는 중쇠를 이로 물어 맷돌을 들어 올리시고, 한 팔로 땅을 짚고 엎드리신 채 장정 십여 명으로 하여금 허리를 힘껏 누르게 하시되 전혀 요동하지 않으셨습니다. 또 한번은 돌절구를 머리에 쓰고 상모 돌리듯 하셨습니다.

다음 일화는 상제님 성수聖壽 25세 때의 일로, 여기서 우리는 선천 종교의 묵은 기운을 뿌리 뽑고 **불의를 응징**하시는 청년 상제님의 **정의로운 기개**를 강렬하게 느낄 수 있습니다.

❋ 증산께서 전주 종남산終南山에 있는 송광사松廣寺에 가시어 며칠 동안 지내실 때, 하루는 어떤 중이 무례하게 굴거늘 증산께서 노하시어 큰 소리로 꾸짖으시기를 "요망한 무리들이 산속에 모여 불법佛法을 빙자하고 백악을 감행하여

전주 송광사 대웅전 기둥 | 상제님께서 무례하게 대하는 중들을 경계하시기 위해 송광사에서 대웅전 기둥을 잡아당기셨다. 위 사진에는 기둥이 주춧돌에서 앞으로 밀려나간 모습이 보인다. 여러 차례 보수를 했으나 바로잡히지 않았고, 2002년에 대웅전을 해체하여 복원하는 공사를 하였다.

세간에 해독을 끼치니 이 소굴을 뜯어 버리리라." 하시고 대웅전의 커다란 기둥 하나를 손으로 잡아당기시니 기둥이 한 자나 벗어나는지라, 온 절이 크게 놀라 중들이 몰려와 절하며 사죄하거늘 이에 노여움을 거두시니라. 그 후로 법당을 여러 번 수리하여도 그 기둥이 원상대로 회복되지 아니하더라. (1:64)

상제님은 어린 시절부터 진실로 거룩한 자애로움과 큰 지혜의 문을 여시는 삶을 끊임없이 보여 주셨습니다. 민중과 희로애락을 같이하시면서도 불의와 패륜을 보시면 그냥 넘어가는 법이 없이 엄히 꾸짖으시고 그 누구에게나 바른 길을 제시해 주시는 모습에서 우리는 정의로우면서도 정감이 넘치는 삼계 우주의 통치자 하느님의 면모를 엿볼 수 있습니다. 준수한 외모에 소탈하고 자상하신 심성과 하늘도 놀랄 만한 영민한 지혜를 지니신 상제님은 주위 사람들에게 흠모와 선망의 대상이셨습니다. 어느덧 혼기에 이르시자 상제님의 성혼은 주위 사람들의 큰 관심사가 되었습니다.

❋ 이 때 '꼬시래기'라 불리는 잔뫼절의 화주 전광명화全光明華가 잔뫼산 일대를 두루 다니면서 포교하고 시주도 하여 주변 고을의 사정에 환하더니 증산께서 스물한 살 되시는 신묘(辛卯: 道紀 21, 1891)년 늦가을에 마침 하동 정씨河東鄭氏 문중의 규수를 중신하거늘 성부께서 즉시 허혼하고 자부로 맞이하시니 이름은 **치순**治順이요 나이는 열여덟인데, 몸이 정상이 아니요 성정性情이 원만하지 못하더라. (1:37)

상제님 어천 후, 양아들이 된 강석환의 말에 따르면 정씨 부인은 한쪽 발을 절름거리는 불편한 몸이었고 성품이 평순하지 않아서 시부모와 불화가 잦았다고 합니다.

상제님은 훗날 성도들이 계룡산 정씨 왕국에 대해 여쭈었을 때, 이와 연관하여 정씨 부인과 혼인하시게 된 연유를 밝혀 주셨습니다.

❋ 성도들이 계룡산鷄龍山 정씨 왕국에 대해 여쭈니 말씀하시기를 "일본 사람이 모든 섬과 산을 샅샅이 뒤지고 물밑까지 더듬어 보았나니 정씨가 몸 붙여 일 벌일 곳이 어디 있으리오. 그런 생각은 다 버릴지어다." 하시고 "속담에 '정가를 방문하면 방정訪鄭맞다.' 하고, 또 사리가 밝으면 '내정來鄭이 있다.' 하나니 내가 그 기운을 뽑아 내정內鄭으로 정하여 하동 정씨河東鄭氏 가문에 취객娶客이 되었노라." 하시니라. (4:70)

상제님은 부모님의 뜻에 따라 혼인은 하셨지만, 가정을 꾸리시는 일에는 힘쓰지 않으셨습니다. 상제님께서 강세하신 목적은 병든 삼계를 뜯어고쳐 도탄에 빠진 인류와 하늘 아래 모든 생명을 근원으로부터 바로잡아 구원하시는 것이기 때문입니다. 상제님께서는 "위천하자爲天下者는 불고가사不顧家事니라. 천하사를 하는 자는 집안일을 돌

볼 수가 없느니라."(6:122)라고 말씀하신 대로, 오직 **천하 창생을 건져 내는 천지 사업**에만 매진하셨습니다.

2) 동학혁명의 발발과 상제님

20대 청년 시절에 상제님께서는 **동학혁명**이라는 역사적 사건을 큰 관심을 가지고 지켜보셨습니다.

> ❋ **갑오**(甲午: 道紀 24, 1894)**년**에 태인 동골 사람 전명숙全明淑이 보국안민輔國安民이라는 기치를 내걸고 동학 신도들을 모아 고부에서 난을 일으키니 온 세상이 들끓으니라. … 증산께서 후천개벽을 알리는 이 큰 난의 대세를 지켜보고 계셨으니, 이 때 증산은 성수 스물넷이요 명숙은 마흔 살의 백의한사白衣寒士더라. 개벽의 새 시대를 알린 이 혁명은 갑오년 정월과 3월, 9월 세 차례에 걸쳐 일어나니라. (1:43)
>
> ❋ 증산께서 천하가 날로 그릇되어 감을 깊이 근심하시고 이 해에 의연히 광구창생匡救蒼生의 큰 뜻을 품으시니라. 이 해 5월 어느 날 밤 꿈에 한 노인이 찾아와 **천지 현기**玄機와 **세계 대세**를 비밀히 논하니라. (1:50)

동학혁명은 농민전쟁이면서 그 바탕에 종교적 요소가 자리하고 있습니다. 최수운 대신사가 상제님의 천명과 신교를 받아 선포한 **동학의 궁극적 이상은 '시천주조화정**侍天主造化定'이라는 주문에서도 알 수 있듯이, **상제님의 강세와 상제님 무극대도의 출현**으로 실현됩니다.

혁명이란 이전의 체제를 뒤엎는 급격한 변혁을 뜻합니다. 동학의 주제는 선천에서 후천으로 시명時命을 바꾸는 것입니다. 그러므로 동학의 사명은 인류사의 생장 과정을 마치고 성숙과 통일로 들어서는 후천 가을 대개벽을 맞아 천지에서 **인간과 신명의 씨종자를 추리는 '서신사명**西神司命'(4:152)**의 길을 여는 것**입니다.

그러나 혁명에 참가한 사람 가운데 이러한 동학의 사명과 그 실현 과정을 아는 자가 없었습니다. 그리하여 상제님께서는 친히 현장을 쫓아다니시며 역사의 대세를 깨우쳐 주셨습니다. 상제님은 싸움터에 친히 가셔서 대세를 살피시고, 때로 삼매에 드시어 천하대세의 결말을 가늠해 보셨습니다.

> ❋ 그 해 7월 어느 날 밤에 불을 밝히지 않고 홀로 앉으시어 깊은 명상에 잠기시니라. 이 때 조화로 충만한 **천지의 원신**元神을 열고 삼매에 드시어 동학군의 운명을 예시하는 옛 시 한 수를 읽으시니 이러하니라.

月黑雁飛高하니 單于夜遁逃라 欲將輕騎逐할새 大雪滿弓刀라
월흑안비고　선우야둔도　욕장경기축　대설만궁도

어두운 달밤에 기러기 높이 나니 선우가 밤을 타서 도망하는구나.

경기병 이끌고 뒤쫓으려 할 적에 큰 눈 내려 활과 칼에 가득하도다. (1:51)

상제님께서는 이 글로써 동학군이 겨울에 이르러 패망할 것을 사람들에게 일러 주시며 '동학에 들지 말라'고 권유하셨습니다. 그해 10월에는 태인 동골에 사는 동학 접주 박윤거를 직접 만나 무고한 백성을 전란의 재앙에 끌어들이지 말라고 설득하셨습니다.

※ 동학 접주接主 박윤거朴允擧를 방문하시니 마침 모악산 계룡리鷄龍里에 사는 안필성安弼成이 같은 마을의 동학 신도 최두현崔斗鉉과 함께 윤거의 도담道談을 듣고 있더라.

본래 증산과 필성은 흉허물 없이 지내는 친구 사이라 필성이 반갑게 맞으며 "아니 이보게 증산, 자네가 여긴 어쩐 일인가?" 하고 인사를 하니 증산께서 필성과 가볍게 수인사를 나누시고 마루에 걸터앉아 윤거와 성명을 통하신 뒤에 말씀하시기를 "내가 여기에 온 것은 장래의 대세를 전하고자 함이라. 지난 4월에는 동학군이 황토재에서 대승을 거두었으나, 이번에는 겨울에 이르러 전패할지라. 그대가 접주라 하니 더 이상 무고한 생민들을 전화戰禍에 끌어들이지 않기를 바라노라." 하시고 다시 필성을 향해 정색을 하시며 "필성아, 거기는 네가 갈 자리가 아니다. 가면 죽음을 면치 못하리니 부디 가지 말아라." 하고 간곡히 충고하시되 필성이 끝내 마음을 돌이키지 않으니라.

윤거는 증산의 말씀을 듣고 깨닫는 바가 있어 접주를 사면하고 전란에 참가하지 않았으나 두현은 믿지 않고 윤거의 뒤를 이어 접주가 되어 부하를 인솔하고 출전하니라. (1:53)

한양으로 진격하는 동학군과 합세하기 위해 남원으로 향하던 안필성은 전주 구이면 정자리에서 상제님을 만나게 됩니다. 그곳에서 미리 필성을 기다리고 계시던 상제

동학과 동학혁명 | 동학東學은 인류 역사상 처음으로, 인간으로 오시는 천주님(하느님)을 모시고[侍天主] 신앙하는 성약成約의 아버지 시대가 열릴 것을 선언한 가르침이다. 동학은 이 땅에 상극의 선천 세상을 종결하고 상생의 후천 새 세상으로 전환하는 개벽 시대가 상제님의 강세로 도래한다고 전했다. 그러나 최수운 대신사가 세상을 떠난 뒤에 동학은 신앙의 중심인 상제님을 완전히 잃어버리게 되었다. 이후 발생한 동학혁명 역시 대도의 차원에서 새 세상을 열지 못하고 상극적 방법(전쟁)을 고수하며 사회를 개혁하는 수준에 그치고 말았다.

님은 종군하지 말 것을 당부하셨지만 새 세상에 대한 기대와 나라를 구한다는 대의에 심취한 필성에게는 어떤 말씀도 가슴에 와 닿지 않았습니다. 이후 안필성은 상제님과 헤어져 김개남 부대에 합류하였습니다. 부대가 전주를 떠나 여산에서 잠시 머물러 쉬고 있을 때 그곳에서 다시 상제님을 뵈었습니다. 그때 상제님은 "이 길이 크게 불리하니 극히 조심하라."라고 다시 한 번 당부하셨습니다.

안필성(1870~1961) | 본관 순흥. 김제시 금산면 금산리 출생. 상제님께서 천상에서 데리고 오신 인간 세상의 친구였다.

동학군은 계속 행군하여 청주성을 약 30리 남겨 놓은 곳까지 이르렀습니다. 그곳에서 상제님은 안필성과 김형렬을 다시 만나 종군하지 말 것을 종용하셨습니다.

> ❋ 이 때 금구에 사는 김형렬이 증산께서 필성과 말씀을 나누시는 것을 보고 다가와 인사를 청하거늘 형렬은 일찍이 증산과 친면이 있던 터라 서로 반갑게 인사를 나누니 증산께서 "그대도 종군하지 말라." 하고 권하시니라. 필성과 형렬은 종군하지 말라는 증산의 간곡한 당부를 저버리고 계속 종군하여 앞서가는데 청주 병영 앞 산골에 이르자 갑자기 좌우에서 복병이 나타나 포화를 퍼부으매 많은 동학군이 쓰러지는지라. 필성과 형렬이 황급히 소나무 숲 속으로 몸을 피하니 증산께서 그곳에서 기다리기라도 하신 듯 서 계시다가 두 사람을 부르시며 "잘 피해 왔네. 이곳은 괜찮으니 안심하게." 하시거늘 형렬은 증산께서 신감神鑑이 비상하심에 새삼 감복하고 마음을 놓으니라. (1:58)

상제님의 신감에 크게 감복한 김형렬과 안필성은 상제님을 따라 **계룡산 갑사**에서 하루를 머물렀습니다. 다시 상제님과 함께 한적한 샛길로 전주를 크게 우회하여 순창까지 내려갔다가 태인을 거쳐 고향으로 무사히 돌아왔습니다. 이렇게 다시 인연을 맺게 된 김형렬은 수년 후 상제님 도문에 제일 먼저 들어오게 됩니다. 안필성은 도문에 들어오지는 않았지만 상제님께 중요한 공사의 도수를 받게 됩니다.

그 뒤에 동학군은 11월 25일 원평에서 패한 후, 27일 태인에서 연패하여 흩어지고, 일본군에게 닥치는 대로 참살당하였습니다. 조선 민중에게 큰 시련과 좌절을 안겨 준 슬픈 겨울이 지나고 봄날이 돌아왔습니다. 하지만 따뜻한 봄날에 들려 온 소식은, 체포당한 김개남, 김덕명, 전명숙, 손화중, 최경선 등 동학의 거두들이 삼사십의 젊은 나이에 비참한 최후를 맞았다는 비보悲報였습니다.

동학혁명의 실패는 사람들에게 상극적 방법(혁세革世)인 **전쟁과 혁명으로는 개벽의 새날을 열고 세상을 구원할 수 없다**는 역사적 진리를 깨우쳐 주었습니다. 상제님께서는

동학의 주요 사건

년도	주요 내용 (날짜는 음력 표기)	국내외 정세
1824(갑신)	10.28 수운水雲, 경주군 현곡면에서 출생.	
1827(정해)	최경상(최시형, 해월海月) 경주에서 출생.	
1842(임인)	수운, 울산 출신 밀양 박씨와 혼인.	난징조약으로 홍콩 할양
1844(갑진)	수운, 백목장사에 나서 10년간 주유. (주유팔로: 1844~1854)	
1854(갑인)	고향 경주 용담에서 구도 사색.	
1855(을묘)	을묘천서 사건으로 구도의 열망을 키움. (최수운 대신사 32세)	
	12.3 전봉준 고부군 궁동면에서 출생.	
1856(병진)	4월 양산 천성산 내원암에서 49일간 입산 기도. (숙부의 별세로 47일 만에 중단)	2차 아편전쟁
1857(정사)	7월 천성산 적멸굴에서 49일 입산 기도.	
1859(기미)	10월 울산을 떠나 경주 용담으로 귀향, 구도에 몰두.	
1860(경신)	4월 5일 상제님과의 천상문답 사건으로 득도. (최수운 대신사 37세)	중국 베이징 조약 체결
1861(신유)	4월 주문과 심고법, 수행법을 정하고 교리체계를 세움.	미국 남북전쟁 발발
	6월 포덕 시작, 해월 동학 입도.	
	7월 〈포덕문〉, 8월 〈안심가〉지음.	
1862(임술)	9월 29일 경주관아에 체포.	진주 민란 발생
	10월 5일 동학도들의 시위로 석방되어 용담으로 돌아옴.	
1863(계해)	8월 최경상(해월)에게 도통 전수.	고종 임금 즉위
	12월 10일 부인, 맏아들 세정, 23명의 제자들과 함께 체포됨.	
	대구의 경상감영에서 네 차례에 걸쳐 심문 받음.	
1864(갑자)	3월 10일 좌도난정 혹세무민으로 대구 관덕정에서 효수됨. (최수운 대신사 41세)	대원군, 서원철폐 정책 시행
	3월 17일 제자들이 시신을 경주 구미산 자락에 모심.	

년도	주요 내용(날짜는 음력 표기)	국내외 정세
1865(을축)	10월 해월의 첫번째 강론(인내천으로 시천주 왜곡)	만동묘 철폐
1879(기묘)	『도원기서』간행(원제는 '최선생문집 도원기서')	지석영, 종두법 실시
1880(경진)	해월, 6월 강원도 인제 갑둔리에서 처음으로 『동경대전』 간행.	원산 개항
1881(신사)	해월, 6월 충북 단양 천동에서 『용담유사』 간행.	일본에 신사유람단 파견
1882(임오)	손병희 입교.	임오군란
1887(정해)	6월 보은 장내리에 동학본부인 육임소 설치.	
1892(임진)	전봉준 입교(38세)	
	10월 교조신원 운동 결정	
	10월 공주, 11월 삼례에서 진정서 제출 및 신원운동.	
1893(계사)	금구 원평 집회, 보은 집회	
1894(갑오)	고부 농민봉기, 고부성 진격	▸6월(양력) 조선정부의 요청으로 동학농민운동 진압을 위해 청나라 파병, 뒤이어 일본도 조선 파병. ▸7.23(양력) 일본군, 경복궁 점령. 김홍집 친일 내각 수립 ▸7.25(양력) 청일전쟁 일본해군이 청국함대를 기습하면서 시작, 일본 승리로 1895년 4월 종결. ▸7.27(양력) 1차 갑오개혁. 군국기무처 설치.
	3.25 본진을 백산으로 옮기고, 호남창의대장소 설치, 전봉준을 총대장으로 추대.	
	4.7 고부 황토현 전투에서 감영군 격파	
	4.27 전주성 입성	
	5.7 전주화약체결. 동학농민군 해산.	
	6월 전라도 일대 집강소 설치	
	9월 동학군 2차 봉기	
	11.9 공주 우금치 전투, 동학농민군 패배.	
	11.13 김개남 장군 청주 공격 실패, 후퇴.	
	11.17 전봉준, 김개남 장군 강경에서 만나 경군과 전투 패배, 흩어짐.	
	12.1 김개남 장군 태인에서 체포.	
	12.2 전봉준 장군 순창 피노리에서 체포.	
	12.12 김개남 장군 전주 서교장에서 효수.	
1895(을미)	3.30 전봉준(41세), 손화중, 김덕명 등 처형.	을미사변

역사의 현장에서 전쟁과 학살의 참상을 보시고, 천지를 건질 수 있는 판밖의 도를 여실 준비를 하셨습니다.

5. 천하 유력

1) 광구천하의 큰 뜻을 품으심

※ 혁명이란 깊은 한恨을 안고 일어나는 역사의 대지진인즉, 동방 조선 민중의 만고의 원한이 불거져 터져 나온 동학혁명으로부터 천하의 대란이 동하게 되니라. (1:43)

농민의 봉기로 비롯된 동학혁명은 안으로 조선의 낡은 체제를 개혁하여 악습을 타파하고(갑오경장, 1894~1896), 밖으로 청일 전쟁(1894~1895)을 불러일으켜 세계를 격동시키는 계기가 되었습니다. 이 전쟁에서 승리한 일본은 조선을 발판으로 삼아 만주를 침략할 기회를 엿보기 시작했습니다. 결과적으로 **동학혁명은 당시 동아시아의 세력 판도를 뒤집는 계기**가 되었고, 20세기에 **러일전쟁과 제1·2차 세계대전을 격발시키는 방아쇠 역할**을 하였습니다.

동학혁명이 일어난 이듬해 을미(1895)년에는 친러시아 입장을 견지하던 명성황후가 일본인 자객들에게 무참히 시해당하는 을미사변이 발생했습니다. 이를 계기로 항일 의병 운동이 전국을 휩쓸며 일어났지만 의병 운동만으로는 스러져 가는 국운을 되살릴 수 없었습니다. 계속되는 외세의 침략으로 말미암아 국운은 날로 쇠약해지고, 나라의 체모는 땅에 떨어졌으며, 국내의 이권利權도 하나둘씩 열강의 손아귀에 넘어갔습니다.

※ 동학혁명 이후로 국정國政은 더욱 부패하여 벼슬아치는 오직 포학暴虐과 토색을 일삼고 모든 학學과 교敎가 참된 덕을 잃어 온갖 폐단을 낳아 선비는 허례만 숭상하며, 불교는 혹세무민에만 힘쓰고, 동학은 혁명 실패 후 기세를 펴지 못하여 거의 자취를 감추고, 서교西敎는 세력을 신장하기에만 급급하니라. 이에 세상인심이 날로 악화되고 백성들은 고난과 궁핍에 빠져 안도할 길을 얻지 못하여 곳곳마다 불안과 두려움이 가득하더라. (1:65)

서양 제국주의의 침략이 절정에 달한 당시의 영역을 나타낸 세계 지도에는, 아시아와 아프리카 대륙뿐 아니라 태평양의 조그만 섬나라까지 정복 국가의 이름과 함께 그 나라의 깃발이 표시되어 있음을 볼 수 있습니다.

이렇듯 조선을 비롯한 세계 여러 약소민족의 존립이 위태로운 상황에서 증산 상제님께서는 의연히 **세계 창생을 광구廣救하려는 큰 뜻**을 품으십니다. 27세 되시던 정유

(1897)년에 금구군 초처면 내주평 글방에서 학동들을 가르치시며, 상제님은 유·불·선, 음양참위陰陽讖緯를 비롯하여 모든 글을 읽으시고, "이것이 천하를 광구하는 데 일조一助하리라."(1:67)라고 말씀하셨습니다.

그해 가을, 상제님께서는 **세태世態와 인정을 몸소 둘러보시기 위해 천하 유력遊歷**의 길을 떠나셨습니다.

2) 만고萬苦 만상萬相을 체험하고 둘러보심

정유(1897)년 가을 천하 유력에 오르신 상제님은 익산을 거쳐 충남 연산에 이르시어, 정역의 창시자인 대철인大哲人 김일부金一夫를 만나십니다.

> ❋ 충청도 강경을 지나 연산連山에 이르러 향적산香積山 국사봉國師峯에 있는 김일부를 찾으시니라. 지난밤 일부의 꿈에 하늘로부터 천사가 내려와 '옥경玉京에 올라오라.'는 명을 전하거늘 일부가 천사를 따라 올라가 '요운전曜雲殿'이라는 편액이 걸린 장려한 금궐에 들어가 상제님을 뵙고 내려왔는데 이제 맞이한 증산을 뵈니 간밤 꿈에 뵌 상제님과 그 형모가 같은지라 그 일을 아뢴 뒤에 '요운曜雲'이란 도호를 드리며 심히 경대하되 증산께서는 그 호를 받지 않으시니라. 증산께서 그곳에 머무르시며 영가무도의 교법을 관찰하시고 일부와 후천개벽의 천지대세에 대해 말씀을 나누시니라. (1:68)

그는 우주의 가을철 변화 이치를 밝혀낸『정역』에서 "상제조림上帝照臨이로다."라며 상제님의 지상 강세를 노래한 바 있는데, 지상에 인간으로 오신 상제님을 이렇게 극적으로 알현하는 체험을 한 것입니다. 이때 72세이던 일부 대성사는 이듬해에 세상을 떠났습니다.

> ❋ 연산에서 수일을 머무신 후, 행자行資가 떨어져 맨발로 걸어 공주 대통교大通橋에 이르시니라.… **공주에서 나오시어 태전太田에서 한 달 동안 머무르시고** 그 길로 경기, 황해, 강원, 평안, 함경, 경상 각지를 두루 유력하시니라. (1:69)
>
> ❋ 천하를 주유하실 때 맨발로 먼 길을 가시고, 산과 들에서 노숙하시고, 인가에서 걸식도 하시고, 굶는 때도 많으시니라. 농부를 만나면 대신 밭을 갈아 주시고, 곡식도 거두어 주시고, 시장에 가면 상인들을 도와주시고, 장인匠人과 함께 일도 하시니라. 또 누대에 올라 풍물을 들으시고, 노인을 만나 옛일을 말씀하시고, 관리를 만나 정치를 들으시는 등 만고萬苦를 체험하시고 만상萬相을 친히 둘러보시니 박학博學과 광람廣覽을 따라 혜식이 더욱 명철해지시므로 이르시는 곳마다 '신인'이라 하며 높이 칭송하니라.

이렇게 수년 동안 유력하시며 민심과 풍속을 살피시고 명산대천의 지운地運과 기령氣靈을 관찰하신 뒤에 서른 살 되시는 경자(庚子: 道紀 30, 1900)년에 고향에 돌아오시니라. (1:73)

천하 창생을 구원하기 위해 약 3년 동안 세상을 유력하신 상제님은 산하를 둘러보시고 백성들의 삶과 애환을 직접 체험하신 뒤, 30세 되시던 해에 고향으로 돌아오셨습니다. 상제님은 본댁에 돌아오시어 "시루산은 **호남서신사명**湖南西神司命을 관장하는 주인산主人山이라."(1:78)라고 말씀하시고, 그 후로 시루산 상봉에 올라 수도에 전념하셨습니다.

이후로 항상 시루산 상봉에서 머리를 풀고 공부하시는데 이따금 산 밑에 있는 샘이너머에서 산천이 흔들리도록 크게 우시니 한번은 성부께서 밥을 가지고 시루산에 오르시다가 그 광경을 보시니라. (1:78)

상제님께서는 천지 겁액의 대환란 속에서 몸부림치는 천하 창생의 운명을 생각하시며 이처럼 산천이 흔들리게 통곡하기도 하셨습니다.

6. 후천 선경의 새 세상을 여심

인간은 하느님의 조화 성령과 삼혼칠백三魂七魄[10]이 하나 되어 이루어진 존재입니다. 독일의 철학자 헤겔은 하느님으로부터 인류 교화의 사명을 받고 지상에 내려온 인간을 '빛나는 혼'이라 말하였습니다. 이 빛나는 혼들은 불가사의한 성령의 불길에 인도되어, 마음속에 지닌 생명의 신비를 풀기 위해 세속을 등지고 산이나 광야에서 은둔하는 기간을 갖기 마련입니다.

20세기의 저명한 역사가이자 문명 비평가인 아놀드 토인비Arnold. J. Toynbee(1889~1975)는 이 같은 구도의 여정을 '물러남(Withdrawal, 引退)과 돌아옴(Return, 復歸)'의 율동으로 설파했습니다. 석가, 예수, 마호메트, 조로아스터 등 '역사를 창조한 선구자들'은 한결같이 자기를 계발하기 위해 산이나 광야로 **물러나** **연단**鍊鍛하였다가 성령의 힘과 영광으로 가득 찬 초인으로 **변모**하여 중생을 구제하기 위해 **속세로 되돌아왔습니다**.

산이나 광야로 물러나는 과정은, 이들 선구자가 뼈를 깎는 구도의 고통을 딛고 해답을 구하여 '변모'하는 대전환점으로, 장차 사명을 다하기 위해 거치는 필연적인 과정입니다. 이 같은 **'물러남 → 변모 → 돌아옴'**이라는 리듬은, 하느님의 부름을 받고 하느님 성령의 본체(一心=불성) 속으로 녹아 들어가 진리의 화현체가 되기 위해서 반드

---

10 **삼혼칠백** | 인간은 삼신三神과 칠성七星 기운을 받아 생겨난 존재로 세 가지 혼과 일곱 가지 백으로 이루어져 있다.

시 거쳐야 하는 **구도의 과정**인 것입니다.

그러나 증산 상제님께서 모악산 대원사의 칠성각에서 천지대신문을 여신 과정은 선천의 성자들이 속세를 떠나 수행이나 성령 감화를 통해 이룬 도통과는 전혀 차원이 다른, 도통 문화사에서 매우 중대한 사건입니다. 상제님께서 천지대신문을 여신 목적은 기존 성자들처럼 창생의 교화나 **깨달음을 위한 것이 아니라**, 삼계 우주를 주재하시는 통치자 하느님으로서 천상의 조정朝廷에 맡기셨던 **삼계대권을 직접 주재하시어 인간과 신명을 구원하시고 후천 가을 대개벽을 집행하여 병든 천지를 개벽하시기 위함**이었습니다.

1) 천지대신문天地大神門을 여심

상제님께서 인간이 살아가는 모습을 직접 둘러보시고 역사적 사건들을 몸소 겪으신 후에 내리신 결론은 기존의 법술로는 세상을 건질 수 없다는 것이었습니다. 불법이나 유학자의 도설, 예수의 가르침, 수많은 철인과 사상가들의 방법 등, 그 무엇으로도 이 세상 문제를 해결할 수 없음을 깨달으시고 광구천하廣救天下의 길을 새롭게 준비하셨습니다.

> ❋ 증산께서 여러 해 동안 각지를 유력하시며 친히 만상萬相을 둘러보신 후에 신축(辛丑: 道紀 31, 1901)년에 이르러 '이제 천하의 대세가 종전의 알며 행한 모든 법술로는 세상을 건질 수 없다.' 생각하시고 모든 일을 자유자재로 할 조화권능造化權能이 아니고서는 광구천하의 뜻을 이루지 못할 줄을 깨달으시고 수도修道에 더욱 정진하시니라. (2:1)

상제님께서는 삼계 우주 통치자 하느님의 조화권으로 천지를 개벽하여 후천의 가을 세상을 여시기 위해 오셨습니다. 그 목적을 이루시기 위해 기존 성자들의 구원의 법방을 뛰어넘는, 판밖에 남모르는 법을 준비하셨습니다. 인간 역사의 중심에 들어가시어 **우주 절대자의 권능으로 삼계를 주재하시기 위해** 상제님께서는 수도에 정진하셨습니다.

> ❋ 증산께서 신축년 6월 초에 시루산(甑山)에서 14일 동안 수도하시니 정씨 부인이 수종 드니라. 이 때 항상 남방에 자리를 잡으시고 청수상淸水床은 정淨한 자리에 놓으시며 하루에 세 번 천지인天地人 삼위三位로 메 세 그릇씩 올려놓고 공부하시니라.… 정씨 부인의 시봉으로 공부를 마치시고 그 날로 대원사大願寺에 가시니라. (2:2)

가을 우주의 신천지를 여시기 위해 천지의 주재자이신 상제님께서도 매일 세 번씩 청수를 올리고 그때마다 천지인 삼위三位로 메를 바치며 정성을 들이셨습니다. 시루산에서 공부를 마치신 상제님께서는 모악산 대원사 칠성각에 가시어 본격적으로 21일 수도를 시작하셨습니다.

❋ 6월 16일에 객망리 댁을 떠나 전주 모악산 대원사에 이르시어 칠성각에서 도를 닦으시니라. … 장차 온 천하가 대 개벽기의 운세에 닥쳐 멸망당할 것을 걱정하시며 무궁한 조화의 법을 통하시어 움직이지 않고 고요히 앉아 수일을 지내기도 하시고, 천지의 풍운변화의 조화법을 시험하기도 하시니라. (2:3)

당시 대원사에는 승려 30여 명이 있었습니다. 상제님께 수종 든 박금곡朴錦谷(본명 인오仁旿, 금곡은 법명)은 나이가 48세였는데, 34세 때 퇴락한 대원사를 중수하면서 주지가 되었습니다. 승려들 가운데 함수산과 박영춘(금곡의 조카)이 금곡과 함께 상제님을 천신天神으로 공경하며 수종 들었습니다. 금곡의 말에 따르면, 상제님께서 칠성각에 홀로 앉아 계실 때는 외인의 출입을 엄격히 금하셨다고 합니다.

상제님은 수도하실 때 올라오는 담痰을 감당할 수 없어 방장을 떼어 내고 담을 토하기도 하셨습니다. 담은 몸에 쌓이는 걸쭉하고 탁한 화기火氣 덩어리입니다. 몸에 음양의 균형이 깨져 생기는 담으로 말미암아 인간은 영혼의 눈이 닫히고 여러 질병에 걸려 죽음에 이르게 됩니다. 선천의 상극 세상을 살아가는 인간은 누구도 이러한 생리적인 문제를 안고 있습니다. 수행을 통해 수승화강水昇火降을 이룸으로써만 내 몸에 우주의 조화 수기水氣를 돌려, 밝은 천지광명의 기운으로 개벽할 수 있습니다. 그렇지 않으면 결국 생명이 무너져 병으로 죽고 맙니다. 몸속에 있는 담을 쏟아내 기혈을 맑힘으로써 인간은 내 안의 신명을 열어 천지와 하나 될 수 있습니다. 인간으로 오신 조화주 하느님이신 상제님께서는 친히 수도를 통해 인간 완성의 궁극의 길을 보여 주셨습니다.

상제님께서 수도에 일심하실 때, 한밤중에 뜰에 나오시어 천둥 같은 음성으로 소리를 지르시고 다섯 길이 넘는 감나무를 훌쩍 뛰어넘기도 하셨습니다. 또 절벽을 올라 산골짜기를 뛰어넘어 다니시고 수왕암水王庵에 가시어 목욕을 하기도 하셨습니다. 때로는 무엇을 써서 태우시느라 방안에 연기가 자욱하였다고 합니다. 어떤 때는 칠성각에서 수도하시다가 앉아서 뛰기도 하셨다고 합니다. 이것은 상제님의 수행 방식과 그 과정을 알 수 있는 중요한 증언입니다.

상제님께서는 대원사에 가신 지 보름 만인 7월 초하루부터 식음을 전폐하시고, 한 번 앉으신 자리를 잠시도 떠나지 않으시며 이레 동안 수도에만 일심하셨습니다.

천지대신문을 여시기 전날 깊은 밤, 상제님께서 금곡에게 "산 너머 금산사에 가서 미륵전彌勒殿을 지키라."라고 하셨습니다. 금곡이 상제님의 명을 받들어 대원사를 떠날 때, 찬란한 불기둥이 하늘에서 칠성각 지붕으로 내리뻗쳐 있는 것을 보았습니다.

금산사는 상제님께서 인간으로 오시기 전에 성령으로 임어해 계시던 곳으로, 가을의 도를 여는 미륵불의 도량입니다. 미륵존불이신 상제님께서 금곡으로 하여금 당신의 도량을 지키게 하신 것입니다.

❋ 미륵전을 지키고 있을 때, 갑자기 천지가 진동하여 미륵불과 미륵전이 무너질 듯 크게 흔들리니 금곡이 두려워 정신을 차릴 수 없고 몸조차 가눌 수 없어 미륵전 기둥을 잡고 견디는데 오히려 기분은 황홀하여지더라. 날이 밝자 금곡이 대원사로 돌아와 간밤의 일을 아뢴즉 그 때가 바로 증산께서 도를 통하신 시각이더라. (2:11)

증산 상제님께서 신축(1901)년 7월 7일에 천지대신문天地大神門을 여심으로써 선지자 주장춘이 전한 예언대로 천지 문호인 모악산에서 후천 가을 새 우주의 '오도熬道'가 열리게 됩니다.

❋ 대원사 칠성각에서 공부하신 지 스무하루 만인 신축년 7월 7일에 천둥과 지진이 크게 일어나고 상서로운 큰비가 쏟아지는 가운데 무상의 대도로 천지대신문天地大神門을 여시니 이로부터 삼계대권三界大權을 주재主宰하시고 우주의 조화권능을 뜻대로 행하시니라. (2:11)

상제님께서 마침내 만유생명의 구원과 우주의 통일을 이루시는 '서신사명西神司命'의 우주 가을철 시대를 여셨습니다. 가을 우주의 궁극 이상을 실현하는 주체는 신명이 아니라 인간입니다. 우주의 가을철이 가까워 오면 대우주의 통치자 하느님이신 상제님께서 직접 인간으로 강세하시어 상극의 기운에 갇혀 있는 선천 인간과 만물 생명을 구원하시고 가을 천지의 새 질서와 후천 조화 문명 건설의 길을 열어 주십니다.

천지天地와 도道의 원주인이신 상제님께서는 천지대신문을 열어 삼계대권三界大權을 주재하시고 천상의 신도神道를 바로잡아 인간과 신명을 구원하는 '해원解冤', '상생相生'의 길을 열어 놓으셨습니다.(제6장 천지공사 참고) 이로써 가을 천지의 새 생명의 은총을 내려받아 인간이 직접 우주의 꿈과 대이상을 완성하는 후천의 인존 시대人尊時代가 펼쳐지게 되었습니다.

2) 나로부터 다시 새롭게 된다

천지대신문을 여신 상제님께서는 불법에 매달려 마음법만 공부하는 금곡에게 당신이 바로 우주의 통치자 하느님이심을 깨우쳐 주셨습니다.

❋ 상제님께서 금곡에게 "미음 한 그릇을 가지고 오라." 하시니 금곡이 올리매 다시고 나서 **"금곡아! 이 천지가 뉘 천지인고?"** 하시거늘 금곡이 답할 바를 몰라 머뭇거리니 상제님께서 천둥 같은 음성으로 **"내 천지로다! 나는 옥황상제玉皇上帝니라."** 하시고 크게 웃으시니라. 이 때 금곡이 보니 방안이 대낮처럼 환하고 상제님의 용안龍顔이 해와 같이 빛나시는지라 저도 모르게 합장 부복하니라. (2:11)

"이 천지가 뉘 천지인고?"라는 말씀에서 상제님께서는 이 우주에 주인이 있음을 깨우쳐 주고 계십니다. 이어 상제님은 "내 천지로다! 나는 옥황상제玉皇上帝니라."라고 말씀하셨습니다. 동방의 한자 문화권에서 수천 년 동안 사용해 오던 '옥황상제'라는 호칭으로 천지의 주인이신 당신의 신원을 밝혀 주신 것입니다.

상제님께서 천지대신문을 여시던 날 밤, 미륵전을 지키며 충격 속에서 무한한 은혜를 내려받은 금곡은 상제님의 이 놀라운 선언을 한 치도 의심 없이 받아들일 수 있었습니다. 이러한 믿음 속에서 금곡은 상제님의 법신을 목도하는 성령의 은총을 또 한 번 크게 받아 자신도 모르게 합장 부복한 것입니다. 이후 금곡은 "미륵님이 여기 계시는데 석가모니가 무슨 소용이 있는가."라고 말하며 죽는 날까지 일체 불공을 올리지 않았습니다.(5:364)

천지대신문을 여시고 대원사에서 하산하실 때, 상제님께서는 짐승들에게 후천 해원의 도를 처음으로 베푸셨습니다.

❋ 상제님께서 새 옷으로 갈아입고 대원사를 나서시니 갑자기 골짜기의 온갖 새와 짐승들이 모여들어 반기면서 무엇을 애원하는 듯하거늘 이들을 바라보며 말씀하시기를 **"너희들도 후천 해원을 구하느냐?"** 하시니 금수들이 알아들은 듯이 머리를 숙이는지라 상제님께서 말씀하시기를 **"알았으니 물러들 가라."** 하시매 수많은 금수들이 그 말씀을 좇더라. (2:12)

모여든 짐승들에게 "너희들도 후천 해원을 구하느냐?"라고 물으신 상제님의 말씀에는 당신이 주창하시는 해원의 도를 만나야만 후천 가을 대개벽에서 만유 생명이 살아남을 수 있다는 뜻이 담겨 있습니다. 세계를 구원하는 진리의 근본 정신이 바로 후천 해원임을 밝혀 주신 것입니다. 해원의 도는 가을 대개벽을 앞두고 천지 안의 인간과 신명, 만유 생명들에게 선언되어야 할 하느님의 첫 구원 메시지입니다.

❋ 그 길로 전주 풍남문에 오르시어 천지가 떠나갈 듯이 큰 소리로 **"남문을 열고 파루를 치니 계명산천이 밝아온다."** 하며 노래하시니라. (2:12)

상제님께서 천지대신문을 여시고 곧바로 전주의 풍남문豊南門을 찾으신 데에는 중대한 의미가 있습니다. 상제님께서는 천지 광명의 도를 강조하셨습니다. 공부하실 때나 천하사에 대해서 생각하실 때도 항상 남쪽에 앉으시고, 인류 시원사를 밝히고 세계를 구원하는 것도 **'남조선 도수'**(제7장의 남조선 도수 참고)로 처결하셨습니다.

상제님은 당신의 연원에 대해서도 "나는 남방 삼리화三離火니라."(6:7)라고 말씀하셨습니다. 당신께서는 우주의 조화자리인 토土 자리에 계시기에 상제님의 법신은 토기운 그 자체이지만, 현상적으로는 천지의 불火기운으로 법신을 드러내십니다. 그래서 선천의 분열의 극기極期이자, 인류 고통의 최후 시간대인 우주의 여름철(火) 말에 이르러 상제님께서 친히 강세하시게 되는 것입니다. 대자연은 우주의 음양 법칙에 따라 본질과 현상을 달리하여 모습을 드러냅니다.[11]

상제님께서는 천지 불(火)기운을 다스려 하늘과 땅과 인간을 하느님의 본성인 십무극(土)의 조화 생명으로 거듭나게 하여 우주 가을(金)철의 조화 세계를 열어 주십니다(火→土→金).

하느님 본연의 거룩한 영광과 빛으로 충만하신 상제님께서는 풍남문을 찾으신 뒤에 이어 객망리 본가에 들르셨습니다.

> ❋ 증산 상제님께서 객망리로 돌아오신 후, 집안 대대로 전하여 오던 진천군 교지敎旨와 공명첩空名帖, 족보, 문집 등 일체의 문서와 서책을 가져다 불사르시며 "내 세상에는 천하의 모든 성씨姓氏의 족보를 다시 시작하리라." 하시니 부모님과 수십 호 문중의 노소가 모여들어 만류하는지라, 상제님께서 "앞세상에는 이런 것에 의지해서는 아니 됩니다." 하시고 "유도儒道의 구습을 없애고 새 세상을 열어야 할진대 유도에서는 범절凡節밖에 취할 것이 없도다." 하시니라. 또 말씀하시기를 **"모든 것이 나로부터 다시 새롭게 된다."** 하시니라. (2:13)

상제님은 후천의 새 천지를 열어 **우주**의 만유 생명을 **개벽하시는 개벽장 하느님**이십니다. 백보좌 하느님께 한평생 사무치게 기도한 사도 요한이 일찍이 천상에 올라가 **"보라, 내가 만물을 새롭게 하노라."**라는 응답을 받은 사실과, 인간으로 오신 상제님께서 **"모든 것이 나로부터 다시 새롭게 된다."** 하신 말씀에서 우리는 **백보좌에 앉으신 하느님**이 바로 개벽장 하느님이신 **증산 상제님**이심을 깊은 전율 속에서 깨닫게 됩니다.

천상 궁궐의 흰 보좌를 떠나 인간으로 오신 구원의 하느님께서는 천상 신명과 인간 세상을 향해 다음과 같이 선언하셨습니다.

---

11 사람의 장기臟器를 그 예로 살펴보면 이러한 사실을 쉽게 이해할 수 있다. 사람의 몸에서 간은 목木이지만 현상적으로 점차 금화金化되어 가고, 심장은 화火이지만 여기서 인간의 모든 신명 작용과 정신 운동이 일어나 토土로서 작용한다. 그리고 위장은 토土이지만 모든 음식을 소화시키기 위해 화火로 작용하고, 폐는 금金인데 실제로는 온 몸에 기를 뿜어주며 목木으로 작용한다. 하지만 신장은 수水로서 본체이기 때문에 현상적으로도 변함없이 수水로 작용한다.

※ 내가 세상에 내려오면서 하늘과 땅의 정사政事를 천상의 조정[天朝]에 명하여 다스리도록 하였으나 신축년 이후로는 내가 친히 다스리느니라. (2:13)

이 말씀은 천지대신문을 여신 신축(1901)년부터 당신의 거룩한 숨결과 조화의 손길로 인간과 신도의 역사를 친히 다스려, 삼계 우주의 통치자로서 우주를 구원하는 대성업을 집행하신다는 것입니다. 하늘과 땅, 인간과 신명의 구원은 상제님께서 천지대신문을 여시어 삼계 통치 대권을 주재하심으로써 실현됩니다. 증산 상제님께서는 "내가 이 공사를 맡고자 함이 아니로되 천지신명天地神明이 모여들어 '상제님이 아니면 천지를 바로잡을 수 없다' 하므로 괴롭기는 한량없으나 어찌할 수 없이 맡게 되었노라."(4:155)라고 말씀하셨습니다.

인간으로 오신 상제님께서 천지대신문을 여시고, 대우주의 절대권자로서 천지와 인간 역사를 친히 통치하시는 인존 하느님의 친정親政 시대를 온 천하에 선포하셨습니다.

3) 신천지 도통, 중통인의中通人義

(1) 중통인의의 경계 | **도道란 하늘과 땅과 사람이 생겨나고 변화해 가는 길이며, 우주가 생겨난 생명 창조의 근원 자리입니다. 그것은 곧 상제님의 마음(一心)자리요 인간과 만물의 본성 자리이기도 합니다.**

예수, 석가, 공자는 각기 선(십+무극의 無), 불(일−태극의 空), 유(오五황극의 中)라는 천지생명의 삼박자 섭리에 따라 내려온 상제님의 사역자들입니다. 그런데 당신이 쓰기 위해 내놓으신 이 **삼도三道를 원시반본의 이법에 따라 후천의 결실 진리로 통일하시는 상제님께서는** 당신이 열어 놓으신 도의 경지를 이렇게 밝혀 주셨습니다.

※ 예로부터 상통천문上通天文과 하달지리下達地理는 있었으나 중통인의中通人義는 없었나니 내가 비로소 인의人義를 통하였노라. 위징魏徵은 밤이면 상제를 섬기고, 낮이면 당태종을 도왔다 하나 나는 사람의 마음을 빼었다 찔렀다 하노라. (2:22)

공자, 예수, 석가를 비롯한 선천 세상의 성자와 철인들은 도를 닦아 천지의 바탕을 보고 심법 세계를 통했지만, **인간이 지닌 모든 가능성의 궁극을 통하는 중통인의中通人義**의 경지에는 도달하지 못했다는 말씀입니다.

하늘땅의 중심인 인간의 모든 문제에 근본을 통하는 것이 중통인의입니다. 인의人義에서 '의'는 '옳다, 마땅하다'는 뜻으로서 '선천 문화의 시시비비是是非非를 바로잡아 선천 문화의 정수를 결실한다'는 의미를 갖고 있습니다. 또 천지의 서릿발이 내리치는 추살秋殺의 계절에 '인간 생명의 본성과 모든 가능성'을 실현한다는 뜻도 포함하고 있습니다. 중통인의란 상통천문과 하달지리를 기본으로 하여 인간의 가능성, 인간의 창조적 역량의 궁극을 여는 경계를 말합니다. 이것이 바로 상제님께서 후천 인류에게 열어 주신, 우주의 **가을철 통일문화를 여는 무극대도**無極大道의 **중통인의**인 것입니다.

(2) 상제님 도통 공부의 세 등급 | 천지의 조화 성령을 받아 **중통인의**를 성취하면 **인간 마음의 경계가 곧 하느님의 마음**이 됩니다. 그런데 도(생명, 진리)의 근원이신 상제님은 당신의 도통 공부에 세 등급이 있다고 하셨습니다.

❋ 나의 공부는 삼등三等이 있으니, 상등은 도술道術이 겸전兼全하여 만사를 뜻대로 행하게 되고, 중등은 용사用事에 제한이 있고, 하등은 알기만 하고 용사는 못 하느니라. 옛사람은 알기만 하고 용사치 못하였으므로 모든 일을 뜻대로 행하지 못하였으나 이 뒤로는 백성들도 제 앞일은 제가 다 알아서 하게 하리라. (2:35)

상제님의 후천 무극대도의 경계에서 볼 때, 과거 동서양의 모든 성자와 구도자가 얻은 도통은 궁극의 도통이 아니며 용사에 한계가 있음을 알 수 있습니다.

❋ 나의 도는 古不聞今不聞(고불문금불문)이요 古不比今不比(고불비금불비)니라.
옛적에도 듣지 못했고 이제 또한 들을 수 없으며
옛적의 그 어떤 도道와도 견줄 수 없고
이제도 또한 견줄 만한 것이 없느니라. (2:41)

❋ 나의 도道는 사불비불似佛非佛이요, 사선비선似仙非仙이요, 사유비유似儒非儒니라. (4:8)

상제님께서 인간으로 오시어 후천 가을 천지의 인존 시대를 여시기 위해 천지대신문을 열고 신천지 새 생명의 길을 마련해 주심으로써, 비로소 인간이 하느님의 마음 경계에서 도를 성취하고 천지 부모의 뜻을 이루는 **인간 성숙의 길**이 열렸습니다. 그리하여 인류가 가을 대개벽기에 천지 부모와 더불어 성공하는 궁극의 성공을 향해 나아갈 수 있게 되었습니다.

제3절 상제님을 모신 성도들

1. 성도들의 입문과 사명

유·불·선의 3대 성인인 공자, 석가, 예수는 인류 교화라는 사명을 띠고 당대에 각각 72현賢, 499나한羅漢, 12사도使徒라는 도통 제자와 수제자를 배출했습니다. 그러나 우주와 천지 만물을 주재·통치하시는 조화주 하느님이신 상제님은 후천 가을철 새 세상 역사의 운로運路를 여시는 천지공사를 집행하기 위해 오셨기에 특별히 제자나 수제자를 선정하지 않으셨습니다. 다만 김형렬 성도를 식주인食主人으로 정하여 도문을 여신 이후, 많은 성도들로 하여금 천지공사에 수종 들게 하시고, 뒷날 종통 전수를 통해 당신의 도업을 계승할 인물이 나와 일을 이룰 수 있도록 하셨습니다(제8장 도운 공사 참고). 천지공사는 선천의 상극의 질서로 말미암아 큰 병이 들어 파국의 일보 직전에 다다른 하늘과 땅과 인간, 즉 우주 삼계를 뜯어고쳐 살리는 하느님의 공적인 일을 말합니다(제6장 천지공사 참고).

상제님을 모시고 성훈을 받들어 천지공사에 수종 들며 상제님의 말씀과 권능, 행적 기적을 증언한 주요 성도聖徒는 60명이 넘습니다. 그리고 상제님이 베푸신 성령 치유를 통해 불치병에서 벗어나 죽음과 죄에서 구원받거나, 기적을 목격하고 감복하여 한때 상제님을 따른 문도門徒는 수천 명에 이릅니다.

상제님께서 천지공사를 집행하신 9년(1901~1909) 동안 도문에 들어와서 수종 든 성도들을 크게 초기·중기·후기, 세 시기로 나누어 연대별로 살펴보기로 하겠습니다.

2. 초기 입문 성도(~1903)

1) 천지공사 이전(~1901)

간태합덕艮兌合德 도수의 두 주인공 백복남, 김호연

상제님은 어린이를 가장 먼저 도문에 들이셨습니다. 천지공사가 시작되기 전에 상제님을 만난 백복남과 김호연 성도는 어린이 문화를 개벽해 인류 문화를 결실하는 간태합덕艮兌合德 도수의 주인공입니다.

팔괘에서 간艮괘와 태兌괘는 각각 소남(☶)과 소녀(☱)에 해당합니다. 팔괘를 한 가족으로 배속할 때 건곤乾坤괘는 부모가 되고, 진震괘와 손巽괘는 장남과 장녀가 됩니다. 그리고 감坎괘와 리離괘는 중남과 중녀가 되고, 간괘와 태괘는 막내인 소남과 소녀가 됩니다. 지리로 볼 때 동북 간방에 위치한 한반도는 간소남이고, 미국은 서방 태소녀가 됩니다. 정역에서 전한 후천개벽의 이치 그대로 장차 간소남과 태소녀가 합덕하여 선천을 매듭짓고 후천 세상을 열게 됩니다.

괘명	건 ①	태 ②	리 ③	진 ④	손 ⑤	감 ⑥	간 ⑦	곤 ⑧
괘상	☰	☱	☲	☳	☴	☵	☶	☷
가족	父	少女	中女	長男	長女	中男	少男	母
자연	天	澤	火	雷	風	水	山	地

이 간소남, 태소녀를 상징하는 남녀 주인공이 바로 어린 복남과 호연입니다. 여기에는 천지의 어린이 문화를 바로잡아 후천 가을철 인류 새 문화의 토대를 닦는다는 상제님의 강력한 뜻이 깃들어 있기도 합니다. 제3변 도운의 마무리에서 상제님의 도업을 성사시키는 막둥이 도수, 초립동 도수도 모두 이 간태합덕 도수와 연관이 있습니다.

(1) 간소남艮少男 백복남(백인수, 1888~1955) | 간태합덕 도수의 남자 주인공인 **백복남 성도는 밀양密陽에서 태어났으며**, 태어난 지 여덟 달 만에 영이 열리기 시작해서 세 살 때는 만물의 속을 다 들여다 볼 수 있는 혜안을 얻은 비범한 인물입니다. 또한 동학혁명 때 황토현 전투를 승리로 이끌었다는 신비의 아이 오세동 전설의 주인공이 바로 백복남 성도입니다(170쪽 '오세동' 각주 참고).

백복남 성도는 세 살 때부터 집을 나가기 시작하였고 그 때마다 부모가 간신히 찾아다 놓으면 "나는 꼭 만나야 할 분이 있어요."라고 대답하며 다시 집을 나갔습니다. 자신의 천명을 깨닫고 참 하느님을 찾아 헤매던 복남은 여섯 살 때(1893, 도기 23년) 드디어 상제님을 뵙게 됩니다. 천지에서 밝은 영이 "저분이 너의 아버지이니 꼭 가서 뵈어라."라고 알려 주자, 고부 객망리까지 찾아가 상제님을 따르기 시작했습니다. 상제님은 처음 복남을 보시고 집으로 돌아가라고 호통치셨지만 복남이 뜻을 굽히지 않고 따르므로 그를 받아 주셨습니다. 이후 상제님께서는 백복남 성도를 선천 마무리 도수의 주인공을 상징하는 인물로 쓰시고 **당신을 '아버지'라 부르도록 명하셨습니다.** 그러나 "너는 귀먹고 벙어리가 되어야 산다."라고 하시며 복남의 밝은 기운을 거두셨습니다. 그 후 어천하시기 3년 전에야 다시 기운을 열어 주시면서 "때가 되었으니 이제 네가 모든 영을 보아야 한다."라고 하시고 "나중에 경만장敬萬丈(안내성)에게 가서 수종 들고 천지 역사를 하라."라고 명하셨습니다.

상제님은 복남의 정체가 세상에 드러나지 않도록 필요에 따라 이름을 바꾸어 부르시며 데리고 다니셨습니다. 그래서 인수, 운기 등 이름이 열두 개나 되었다고 합니다.

백복남 성도는 상제님의 뜻을 받들어, 자신이 겪은 중요한 사건들을 아들에게 전해 그 내용을 기억하게 하고 때가 될 때까지 절대 말하지 못하게 했습니다.

이후 백복남 성도는 안내성 성도의 백운동 교단을 배반하고 나간 난법자로 왜곡되어 모든 사실이 베일에 싸인 채 수수께끼로 남아 있었습니다. 그러다가 완간본『도전』이 성편되기 직전에 백복남 성도의 아내와 아들이 증언을 함으로써 간소남 도수의 주인공에 관한 비밀이 세상에 드러나게 되었습니다.

(2) 선매숭자 도수의 주인공, 김호연(1897~1992) | 간태합덕 도수의 또 다른 주인공인 **김호연** 성도는 후천선경 선仙 문화의 씨앗인 선매숭자 도수를 받아 후천 5만 년 신선 문화의 어머니, 대선모大仙母가 되는 여성입니다. 상제님이 호연에게 전해 주신 선매숭자 도수가 있기에 선천 인간의 몸과 마음과 영성이 개벽되고, 이를 바탕으로 후천선경 문화, 현실 지상낙원이 열리게 됩니다.

상제님께서는 호연이 세 살 되던 때부터 친히 그 부모의 집을 오가시며 재롱을 받으셨습니다. 그리고 다섯 살 때 "참으로 크게 될 아이니 나에게 맡기라."라고 하시어 부모의 흔쾌한 승락을 받아, 직접 딸 이상으로 정성 들여 기르시며 천지공사에 참여하게 하셨습니다. 이것은 일찍이 동서양 성자의 삶에서 찾아볼 수 없는, 오직 상제님 대도의 역사에서만 볼 수 있는 신이神異한 일입니다.

상제님은 호연이 아홉 살(1905)이 되자 125일 동안 집중 수행을 시켜 천지의 모든 신명을 볼 수 있게 신안神眼을 열어 주셨습니다. 호연은 신명들이 오가는 것뿐 아니라 새나 짐승이 주고받는 이야기까지 다 알아들을 수 있었습니다. 상제님께서 호연에게 신안을 열어 주신 까닭은 신도 차원에서 행하신 천지공사를 순수한 영 의식으로 모두 기억하게 하여, 때가 되면 그것을 증언하게 하시려는 것이었습니다.

- 천하 사람이 제 어미가 낳아서 생겨났지만 맥은 네가 붙인다. 맥 떨어지면 죽느니라. (7:71)
- 천지 신명이 다 모인 자리에서 너를 천지에다 제 지냈는데, 어린 사람으로 선매숭자 쓴 것을 우리들이나 알지 그 누가 알것이냐? (7:71)
- 나의 일은 판밖에 있단 말이다. 붉은 닭 소리치고 판밖 소식 들어와야 도통판을 알게 되고, 도통판이 들어와야 나의 일이 될 것이다. (6:74)

상제님께서는 붉은 닭이 소리치는 때가 도통판을 알게 되는 전기점이라고 하셨습니다. 여기서 붉은 닭은 바로 정유생丁酉生 김호연 성도를 가리킵니다. 정丁은 남방 이화二火로 천지의 불을 상징하고, 유酉는 닭을 뜻합니다. **'붉은 닭이 소리친다'**는 것은, 정유생인 김호연 성도가 상제님의 천지공사 내용을 증언함으로써 인간으로 오신 하느님의 성스러운 말씀과 행적을 집대성한 『도전道典』이 나올 것을 말씀하신 것입니다. 후천 5만 년 지상 선경 낙원의 진리 원전인 이 『도전』을 통해 상제님의 대도 진리를 총체적으로 볼 수 있는 길이 열리게 되었습니다.

간태합덕 도수의 두 주인공인 백복남, 김호연 성도는 **상제님 무극대도의 실체를 드러내어 진법 판이 열리는 데 결정적으로** 기여했습니다. 가을개벽의 여명이 밝아 올 무렵에 후천 가을철 새 우주의 통치 법전인 『도전』이 발간됨으로써 상제님의 도운道運이 도통판으로 들어설 수 있게 된 것입니다.

김호연 성도는 인류를 후천 선仙의 새 생명으로 개벽시키는 선매숭자 도수, 상제님 말씀을 증언하는 진법맥 전수 도수와 함께 마차 도수, 셋 도수 그리고 태소녀 도수 등을 사명으로 받았습니다.

김호연(1897~1992) | 선매숭자 도수의 사명을 받았고 제3변 도운에서 상제님 말씀을 증언하여 상제님 도의 실체를 드러내는 데 크게 기여함.

2) 임인년壬寅年(1902)

김형렬(도문의 식주인, 큰아들 도수), **김자현**(의원 도수),
김갑칠(막내아들 도수), **김보경, 한공숙, 이환구**

김형렬(1862~1932) | 본관 안동. 호는 태운太雲. 9년 천지공사에 수종한 수석 성도. 천지 공사장의 식食주인이자 말씀의 핵심 증인으로 불멸의 공덕을 남김.

(1) 도문의 식주인 김형렬(1862~1932) | 증산 상제님께서는 앞에서 살펴본 바와 같이, 14세(1884) 때 정읍 매당(당시 태인) 불출암에서 처음 **김형렬**金亨烈을 만나시고, 갑오년 동학혁명 때 다시 만나셨습니다. 그리고 천지대신문을 여신 다음 해인 임인(1902)년 4월에 금구군 수류면 원평장에서 또 다시 만나십니다.

가난한 선비인 태운 김형렬 성도는 본래 동학 신도였지만 동학혁명에 참가했다 돌아온 후로 가업에만 종사하고 있었습니다.

❀ 임인년 4월 4일 원평 장날에 양식이 떨어져 돈 한 냥을 주선하여 시장에 갔다가 그곳에서 마침 꿈에 그리던 상제님을 상봉한지라 형렬이 반가운 마음을 이기지 못하여 쌀을 팔아서 가족들을 살릴 마음은 간데없고 문득 생각하기를 '이 돈을 노자로 드린다면 가솔家率들이 굶을 것이요, 만일 드리지 아니하면 서로 친한 사이에 의리가 아니라.' 하고 돈 한 냥을 상제님께 노자 하시라고 드리니 상제님께서 웃으며 말씀하시기를 "나는 노자가 있으니 걱정 말고 배고파하는 가족에게 어서 쌀을 팔아 돌아가게." 하시니라. 이에 형렬이 더욱 간곡히 돈

을 올리며 "만일 선생님께서 이 돈을 받지 않으시면 저는 이대로 집이고 뭐고 죽어서라도 선생님 뒤를 따르겠습니다." 하고 굳게 맹세하니라. 그제야 상제님께서 웃으시며 "자네가 가족을 남겨 두고 죽겠으니 불가불 받겠네. 그러나 쌀 팔아 오기를 기다리는 자네 가족들은 어쩌겠는가?" 하시니 형렬이 대답하여 아뢰기를 "예, 선생님이 돈 한 냥을 받으시면 제 마음이 좋아 생기가 나서 열 냥이 당장에 생기겠습니다." 하거늘 상제님께서 "허허, 그렇다면 받겠네. 그러나 참으로 어려운 돈인데 …." 하고 받으시니라. (3:8)

꿈에 그리던 상제님을 다시 만난 김형렬 성도는 양식이 떨어져 굶고 있는 가족도 잊어버리고 하룻밤 모시기를 또 다시 간청하였습니다. 상제님은 웃으시며 "내가 지금은 충청도에 볼일이 있어 가니 갔다 돌아오는 길에 들를 참이네." 하시고 길을 떠나셨습니다.

그 후 9일 뒤인 4월 13일, 제비창골에 살고 있던 김형렬 성도의 귓가에 "형렬아, 형렬아." 하고 부르시는 상제님의 성음聲音이 너무도 또렷이 들려왔습니다. 어둑한 가운데 소리나는 곳을 따라 서전재西殿峙 고개를 넘어가니 상제님께서 금산사 돌무지개문(虹霓門) 위에 앉아 계셨습니다. 김형렬 성도는 동방 미륵 신앙의 중심터인 금산사 입구에서 상제님을 맞이하고 자신의 집으로 모십니다. 이는 온 인류를 대표해서 인간으로 화육하신 도솔천 천주님을 직접 모시는, 즉 시천주侍天主 신앙이 현실에 뿌리내리는 상징적인 역사의 대사건이었습니다.

상제님께서 집 앞에 이르시자 집으로 바로 들어가지 않으시고 감[12]나무 아래로 형렬을 데리고 가셔서 그에게 먼저 다짐을 받으셨습니다.

천하를 광구하는 헌신의 천하사 심법

※ 상제님께서 말씀하시기를 "그대는 나와 더불어 천지공사를 꾀함이 어떠하냐."… "이 때는 천지의 비극적 시운時運으로 이름 없는 악질惡疾이 창궐하리니 만약 선의仙醫가 아니면 만조萬祖에 일손一孫이라도 건지기 어려우리라." 하시며 시운時運에 대하여 장시간 언급하신 후에 "두 집이 망하고 한 집이 성공하는 공부를 하려는가?" 하시거늘 형렬이 대답하기를 "열 집이 망해도 하겠습니다. 열 집이 망하고라도 한 집만 성공하면 열 집이 다 성공될 것 아닙니까?" 하매 … 세 번 다짐을 받으시고서야 방에 들어가 앉으시니라. (3:11)

상제님은 공사의 모든 살림살이를 맡게 될 김형렬 성도에게 이처럼 '두 집이 망하

---

12 가을철에 겉과 속이 모두 붉게 익는 감은 표리일체를 의미하며, 가을 우주의 도통과 성숙한 가을 인간을 상징한다.

고 한 집이 성공하는 일을 할 것인지' 세 번 다짐을 받으셨습니다. 여기서 임술생 김형렬 성도는 가을 개벽기에 당신을 대행하여 인사를 주관하는 지도자인 대두목을 상징합니다. 두 집이 망한다고 하신 말씀은 물론 상제님과 김형렬 성도의 두 집안이 망한다는 뜻이지만, 그 속뜻은 모사재천謀事在天하시는 상제님과 성사재인成事在人하는 일꾼의 집안이 다 망한다는 것입니다. 상제님은 두 집이 망하고 한 집이 성공하는 공부, 즉 가을 대개벽기에 온 천하가 성공하는 공부를 할 것인지 세 번 다짐을 받으시고서야 김형렬 성도의 집으로 들어가셨습니다.

❋ 상제님께서 임인(壬寅: 道紀 32, 1902)년 4월 13일에 전주 우림면 하운동全州 雨林面 夏雲洞 **제비창골 김형렬의 집**에 이르시니라. 이 때 오랫동안 만나지 못했던 심회를 푸시고 형렬에게 일러 말씀하시기를 "이제 **말세의 개벽 세상**을 당하여 앞으로 **무극대운無極大運**이 열리나니 모든 일에 조심하여 남에게 척隻을 짓지 말고 **죄를 멀리하여 순결한 마음으로 정심 수도하여 천지공정天地公庭에 참여하라.** 나는 **조화로써 천지운로를 개조改造하여 불로장생의 선경仙境을 열고 고해에 빠진 중생을 널리 건지려 하노라.**" 하시고 또 말씀하시기를 "**나는 본래 서양 대법국大法國 천개탑天蓋塔에 내려와** 천하를 두루 살피고 동양 조선국 금산사 미륵전에 임하여 30년 동안 머물다가 고부 객망리 강씨 문중에 내려왔나니, 이제 **주인을 심방함이니라.**" 하시고 "시속에 '아무 때 먹어도 김가가 먹을 밥'이라는 말이 있나니 대저 무체無體면 무용無用이라. 서西는 금金인 고로 **김金씨에게 주인을 정하였노라.**" 하시니라. (2:15)

하운동 제비창골 안동 김씨 재실 영사재永思齋 | 상제님께서 이곳에 살던 김형렬 성도를 식주인으로 정하시고 천지공사의 시종始終을 선포하셨다.

상제님께서는 김형렬 성도를 식食주인으로 정하시는 한편, 천지대신문을 열어 천지공사를 집행하셨습니다. 상제님은 김형렬 성도가 공사에 수종 들 수 있도록, 식주인으로 정하신 지 사흘째 되던 4월 15일에 심법心法을 전수하시고 9월 19일까지 수련을 시키셨습니다. 그리하여 김형렬 성도는 상제님의 명에 따라 풍우를 짓기도 하고 상제님의 성령의 불길에 점화되어, 천상 신명들이 상제님의 천명을 받들어 모이고 흩어지는 광경을 직접 보기도 하였습니다.

상제님께서 어느 날 김형렬 성도에게 감나무 아래에 음식을 차리게 하시고, 친히 〈성주풀이〉를 부르시며 후천 가을 세상의 궁전 터 닦는 공사를 보셨습니다.

❋ 하루는 형렬에게 "쇠머리 한 개를 사 오고 떡을 찌라." 하시고 "제비창골 일을 해야 한다." 하시더니 감나무 밑에 음식을 차리게 하시고 감나무를 잡고 '만수萬修'를 부르시며 성주풀이[13]를 하시니 이러하니라. 경상도 안동 땅 **제비원**帝妃院 솔씨 받아 소평小坪 대평大坪 던지더니 밤이면 이슬 맞고 낮에는 볕뉘 쐬어 그 솔이 점점 자라 청장목靑壯木이 되었구나. 황장목黃腸木이 되었구나. 낙락장송이 쩍 벌어졌구나. **태평전**太平殿 대들보가 되어 어라 만수萬修 어라 대신大神이야. 대활연大豁然으로 이 땅으로 설설이 내립소사. 시始도 여기서 일어나고 종終도 여기서 마치리라. 이렇게 노래 부르신 후에 금산사를 넘어다보시고 "여기를 큰집으로 할까, 작은집으로 할까. 제비 새끼 치는 날에 제비창골이 가득 차리라." 하시고 쇠머리를 땅에 묻으시니라. 형렬의 집에 계실 때 하루는 상제님께서 "… 이곳은 제비창골이 아니요 **제업창골**帝業創谷이니라." 하시니라. (3:13)

제비원 미륵상

안동 땅 제비원 | 〈성주풀이〉의 본향으로 우리나라에서 두 번째로 큰 미륵불이 있으며 이 불상에 얽힌 '연燕이'라는 여인의 전설이 내려 온다. 신라시대 안동에 연이라는 어여쁘고 마음씨 고운 여인이 살았다고 한다. 그 이웃 마을에는 욕심 많고 인색한 김 부자가 살았는데 그 아들이 죽어 염라대왕에게 불려가 연이의 창고에 쌓인 재물을 빌려 쓰게 된다. 다시 살아난 김 부자의 아들은 자초지종을 말하고 연이에게 빚을 갚았는데 연이는 그 재물로 비바람에 시달리는 석불을 위해 법당을 짓도록 했다. 그 공사 마지막 날 기와를 덮던 와공이 떨어져 연이는 죽고 혼은 **제비**가 되어 날아갔다. 그래서 이 절을 제비사 또는 연미사燕尾寺라 부르고, 이곳을 '**제비원**' 또는 '**연비원**燕飛院'이라 부르게 되었다. 이후 연이가 서른여덟의 처녀로 죽던 날, 천지가 진동하며 커다란 바위가 두 쪽으로 갈라지면서 지금의 미륵불상이 생겼다고 한다. 〈성주풀이〉 가사 내용은 안동 김씨인 김형렬 성도가 인간으로 오신 미륵님을 모시고 상제님 일을 하게 될 것을 상징한다.

13 **성주풀이** | 조선 시대의 잡가로 〈성조가成造歌〉라고도 한다. 집터를 지키고 보호한다는 성주신과 성주 부인에게 제를 지낼 때 부른다.

상제님께서는 시작도 여기서 일어나고 마침도 여기서 이루어진다고 노래하셨습니다. 그리고 세상에서 일컫는 제비창골이 제업창골帝業創谷이라 하셨는데, 이것은 대두목의 상징인 태운장 김형렬 성도에게 후천 제업帝業을 개창하는 일을 맡기신 것입니다.

상제님께서 또 하루는 김형렬 성도를 천상으로 데리고 가시어 천조天朝를 참관케도 하셨습니다.

❋ 하루는 상제님께서 형렬에게 말씀하시기를 "형렬아, 평소에 너의 지극한 소원이 천상에 올라가서 천조天朝를 보고자 하는 것이니 오늘은 이를 허락하리라." 하시고 "내 뒤를 따르라." 하시니 홀연 천문天門이 널따랗게 열리거늘 형렬이 날개가 돋쳐 신선이 된 듯 가볍게 하늘을 날아올라 상제님을 모시고 따르니라. 천상에 다다르니 문무백관이 상제님의 영令을 받들기 위해 모여서 기다리고 있는데 하나같이 환한 관복으로 성장盛裝하였고 그 선명한 옷차림이 오색으로 조화되어 인간 세상의 법식과 다르니 나아가고 물러남과 온갖 언행의 규범이 정연하고 눈부시며 동정어묵動靜語默이 우아하고 화락和樂하며 환하고 밝아서 마치 어린아이 같더라. … 어느 대전大殿에 이르니 안에는 용상龍床이 있는데 황금과 백옥으로 용이며 봉황이며 거북과 기린, 그리고 온갖 아름다운 짐승들을 새겼거늘 휘황찬란하여 똑바로 쳐다볼 수가 없더라. 상제님께서 용상에 앉으시니 만조백관이 모두 절을 드리니라. (4:33)

김형렬 성도는 이처럼 천상 영계의 신비한 기적을 체험하고 나서 자신이 모시는 분이 바로 **천상 보좌의 우주 통치자 하느님**이심을 조금도 의심 없이 믿게 되었습니다.

그러나 천지공사에 수종 들며 겪는 어려움과 곤궁을 극복하는 것은 결코 쉬운 일이 아니었습니다. 상제님을 모시면서 얼마 안 되는 살림마저 거의 없어질 지경에 이르자 상제님께서는 김형렬을 위로하고 크게 치하하셨습니다.

❋ 임인년 추석에 솥단지 판 일을 말씀하시며 "식주인의 조력이 없었다면 나의 일을 어떻게 감당하였겠느냐." 하시고 "네 정성은 칠년가뭄에 단비 얻기보다 어렵고 구년홍수에 나무 한 묶음 얻기보다 어려우니 너의 지극한 정성이 천지에 차고 남느니라. (7:86)

김형렬 성도는 입문한 다음 해인 계묘년 3월 그믐날, 하운동에서 동곡으로 이사하였고, 그곳에서도 상제님과 함께하였습니다. 김형렬은 첫 개벽공사에 참여한 이후로 변치 않고 9년 동안 상제님과 삶을 함께했으며, 어천하시는 마지막 순간까지 상제님을 수종 들었습니다.

김형렬 성도는 김호연 성도와 더불어 9년 천지공사를 목격하였고, 상제님의 말씀을 증언하는 중보자 사명을 부여받았습니다. 상제님이 집행하신 수많은 공사 내용이 김형렬과 그의 아내 김호연 성도의 증언으로 세상에 전해짐으로써『도전』의 전체 틀이 이루어질 수 있었습니다. 김호연 성도의 증언은 동화같이 신비롭고 신도神道의 조화권을 드러내는 감성 언어로 가득 차 있으며, 도운의 초기에 기록된 김형렬 성도의 증언은 이성적이고 선언적인 내용이 중심을 이루고 있습니다.

상제님께서는 또 태운장 김형렬 성도에게 신선神仙 도수를 전수하셨습니다. 신선 도수는 상제님의 도권 계승자인 대두목이 앞으로 다가올 새 세상을 조화선경, 신선 세계로 만드는 도수입니다. 후천 창생은 영원히 멸하지 않는 가을 인간의 몸을 받아 새 우주의 선인仙人으로 거듭나게 됩니다. 상제님은 신선 도수를 붙이시면서, "애기부처를 조성하고 금산사를 잘 지켜라."(3:313)라고 당부하셨습니다. 애기부처는 '간소남艮少男 도수'를 상징하는 상제님의 일꾼을 뜻합니다. 선천의 문화를 본질적으로 대혁신하여 가을 세상을 여는 일꾼을 기르면서 가을 부처가 머무는 진리의 성전聖展을 잘 지키라는 말씀입니다. 그런데 상제님께서는 "금산사를 지키다 곧 죽어서 귀신이 되더라도 원한 없이 지킬 사람이 어디 있겠느냐."(3:313)라고 하시며 천상 신도神道에서 신선 도수를 주관하게 될 것을 은연 중에 내비치셨습니다.

김형렬 성도는 천지공사장의 식주인 도수(2:15), 대두목 도수, 셋도수, 신선 도수, 선불 도수(3:313), 애기부처 조성 도수(5:186) 등의 도수 사명을 부여받았습니다.

(2) 의원 도수를 받은 김자현(1875~1927) | 김형렬 성도가 도문에 들어온 이후 하느님께서 강세하셨다는 소식을 주위에 전해 **김자현金自賢, 김갑칠金甲七을 비롯하여 한공숙韓公淑과 김보경金甫京** 등이 상제님의 도문에 들어왔습니다.

김형렬 성도와 친족 간인 김자현은 다리에 습종濕腫이 생겨 3년을 고생하고도 절단할 지경에 이르렀습니다. 그때 김형렬이 찾아와 상제님께서 자기 아내의 고질적인 산후통을 고쳐 주신 내력을 말하며 상제님을 직접 찾아가 뵙기를 권유했습니다. 이미 모든 것을 체념한 김자현이 사양하자 "아, 이런 병이 뭐 대수인가. 병은 천지병天地病이 큰 병이지 이런 병은 병도 아니네. 그분은 **천지병을 고치시는** 분이라네. 천의天醫가 오셨으니 생각해 보아서 꼭 오게나." 하고 거듭 권유하였습니다. 그리하여 다음날 구릿골에 사는, 김형렬의 종제從弟 김갑칠金甲七에게 몸을 맡겨 상제님을 찾아뵈었습니다. 이후 상제님이 일러 주신 처방대로 치료하자 불과 보름 만에 다리가 완쾌되었습니다. 그런데 완쾌된 다리에 흉터가 남아 있었습니다. 상제님께서 보시고 웃으시며 "엿을 네 가래만 찧어 붙였으니 한 가래가 다리에 붙었구나."라고 하셨습니다. 엿 다섯 가래를 찧어 붙이라 일렀건만, 아들 태준이 한 가래를 먹는 바람에 네 가래를 붙였

음을 아시고 하신 말씀이었습니다.(3:15~16)

상제님의 신이하심에 탄복한 김자현이 그날로 따르고자 하니 상제님께서는 "죽어도 따르겠느냐." 하시며 세 번 다짐을 받으시고 천지 사업에 동참할 것을 허락하셨습니다.

김자현 성도는 류찬명 성도와 함께 '10만 명 포교 도수' 사명을 부여받았습니다. 그리고 기유년에 상제님께서 칠성 도수 공사를 보실 때 "매인이 천 명씩 포교하라." 명하시자 성도들 가운데 김형렬과 김자현, 두 성도만 전하겠다고 대답하였습니다.(5:360) 칠성 도수 공사는 상제님의 진리를 전해 인류 구원의 의통醫統 조직을 구성하는 공사입니다. 포교는 단순한 진리 전도가 아니라 가을 개벽기에 상제님의 진리를 전하여 생명의 길로 인도하는 일로 상제님께서는 이를 '살릴 생生 자 공부'라 말씀하셨습니다. 살릴 생 자 공부를 실천함으로써 가을철의 천지 기운을 내 몸에 내려받아 상생의 화신으로 거듭나게 됩니다. 사랑과 자비를 완결하는 궁극의 구원 이념이 바로 상생의 살릴 생 자 공부입니다.

상제님께서는 김형렬 성도에게 신선 도수를 붙이시면서 김자현 성도에게는 세상 사람을 살리는 의원 도수 사명을 내리셨습니다. 김자현에게 천하 명의名醫 기운을 붙여 주시며 "부디 살리는 것으로 뜻을 세워 돈은 받지 말고 좋은 일만 하면서 포교하라."라고 당부하셨습니다.(3:313) 상제님이 신선 도수를 보시고 의원 도수 사명을 내리신 것은 두 도수가 밀접한 연관이 있기 때문입니다. 의원 도수는 가을개벽 상황에서 죽어 넘어가는 창생을 살려 내는 도수입니다. 상제님 일꾼들이 현실적으로 이 의원 도수를 성취함으로써 그 공덕에 따라 후천 조화선경에서 신선 도수를 받게 되는 것입니다.

무신년 겨울에는 상제님께서 마마를 앓는, 김자현의 두 살배기 딸 필순必順을 구하시는 은혜를 베풀어 주기도 하셨습니다.

> ❋ 무신년 겨울에 자현의 두 살배기 딸 필순必順이 마마를 앓아 밤새도록 몸을 긁으며 죽을 듯이 울어대거늘 양손을 묶고 기旗를 세워 놓아도 차도가 보이지 않는지라 자현이 상제님께 찾아와 "제 딸아이가 지금 손님을 하는데 죽으려는지 울어대기만 하고 먹지도 않습니다." 하고 아뢰니라. 이에 상제님께서 "가 보자. 다른 사람은 모르지만 자네 딸은 내가 건져야지." 하시고 작대기 하나를 질질 끌고 자현의 집에 이르시어 꽂아 놓은 깃대를 뚝 끊어 마당에 던지시며 말씀하시기를 "어찌 조선 땅에 발을 붙이느냐! 서양으로 썩 물러가라!" 하시고 작대기로 마룻바닥을 쾅쾅 두들기시니라. 필순의 모친과 그 가족들이 모두 놀라 "아이고 손님에게 저러면 어째." 하며 입을 다물지 못하고 벌벌 떠는데 상제

> 님께서 필순에게 "울기는 왜 우느냐." 하시며 뺨을 때리시고 "물 한 바가지 떠 오너라." 하시어 손수 아이에게 부으시매 필순이 울음을 뚝 그치거늘 이내 온 몸에서 딱지가 우수수 떨어지며 마마가 곧 나으니 콧등만 약간 얽었을 뿐이요 다른 곳은 흔적도 없이 말끔하더라. 상제님께서 필순의 손님을 물리치신 후에 말씀하시기를 "이후로는 시두손님을 내가 맡아 보노라." 하시고 … 이 날 상제님께서 자현의 집을 나서시며 말씀하시기를 "앞으로 시두가 대발하면 내 세상이 온 줄 알아라." 하시니라. (3:284)

후일 상제님께서 어천하시자 의원 도수의 주인인 김자현 성도는 전국을 돌아다니며 많은 사람의 병을 무료로 고쳐 주었습니다. 그러던 중 금산사에서 여러 성도들과 치성을 모시다가 일본 경찰에게 체포되었습니다. 독립운동을 한 것으로 오인받은 김자현 성도는 혹독한 고문을 당하고 그 여독으로 53세에 세상을 떠났습니다. 일찍이 '죽어도 따르겠다'고 다짐하던 김자현 성도는 주어진 사명을 받들어 일하다가 상제님 진리 앞에 온전히 한 생애를 바친 것입니다.

(3) 막내아들 도수를 맡은 김갑칠(1881~1942) | **김갑칠**은 본래 이름이 판식判植으로, 김형렬과 사촌 간입니다. 상제님께서 김자현의 다리에 난 악질 습종을 고치시는 것을 보고 그 신이한 권능에 감복하여 따르게 되었습니다. 김갑칠 성도는 비록 배우지는 못했지만 말을 잘하고 경위가 발라 불의한 일을 보면 참지 못하는 성격이었습니다. 목소리가 우렁차고 불 같은 성미라 마을 사람들이 '와가리'라 부르며 두려워했습니다.

김갑칠 성도는 상제님께서 외처로 출행하실 때 행장을 들고 따르면서 일등 비서 임무를 수행하였습니다. 평소 상제님을 수종 들 때 눈치 빠르게 일을 잘 처리하므로 상제님께서 웃으시며 "그놈 참 똠발똠발 하니 무식똑똑이로구나."라고 말씀하기도 하셨습니다.(3:97)

하루는 상제님께서 '갑칠'의 이름 뜻을 풀어 주시며 공사를 보셨습니다.

> ❀ 하루는 갑칠이 들어오니 상제님께서 "네가 갑칠이냐?" 하고 물으시매 갑칠이 "예, 갑칠입니다." 하고 대답하거늘 "이놈아, 육갑六甲인데 너는 어찌 칠갑이냐? 옳지, 너를 합치니 칠갑이로구나. 그 문서 매우 어렵구나. 그래도 칠 자七字가 팔 자八字보다 나으리라." 하시니라. (3:252)

칠은 7화火로 12지지地支의 오화午火를 나타냅니다. 갑甲은 천간에서 3목木이지만 실제로 변화는 5토土(甲己化土)로 작용합니다. 갑칠은 이처럼 천간과 지지에서 각각 갑 5토와 7오화를 나타내며 황극을 의미합니다. 갑칠이란 이름은 상제님을 대행하여 역사의 중심에서 작용하는 **인사人事의 황극**을 상징합니다.

❋ 공우가 여쭈기를 "누구를 큰아들로 세우시렵니까?" 하매 상제님께서 잠시 머뭇거리시다가 말씀하시기를 "형렬이니라." 하시니라. … 다시 여쭈기를 "그럼 막내아들은 누구입니까?" 하니 말씀하시기를 "갑칠甲七이니라. 갑칠이가 갑오갑자甲午甲子꼬리니라." 하시니라. (5:337)

김갑칠은 대두목을 상징하는 김형렬과 음양 짝이 되는 인물입니다. 김형렬은 신명계에서 상제님의 큰아들이 되고 김갑칠은 막내아들이 됩니다. 하느님의 큰아들과 막내아들이 음양 짝이 되어 추수판 도운에서 역사하게 됩니다.

남조선 배 도수, 천자부해상 공사 등 주요 공사에서 상제님 명을 직접 받든 김갑칠 성도는 남조선 배 도수(5:112)와 천자부해상 공사(5:123)의 주인 노릇을 하였습니다. 그리고 천지 생명의 근원인 비를 내리게 하는 책임자 도수인 **우사장**雨師丈 도수(4:40)를 맡았고, **갑오갑자꼬리** 도수, **막내아들** 도수(5:337) 등의 중요한 사명을 받았습니다.

(4) 개벽기 여명의 북 도수, 김보경(1861~1934) | 김보경은 백 석 농사를 짓는 부자로 기골이 장대하고, 서당 선생으로도 널리 알려져 있었습니다. 병오(1906)년에 상제님께서 만인이 다 함께 기뻐한다는 '만인함열'의 뜻을 취하시어 함열 회선동 김보경의 집에서 "병자丙子 정축丁丑"을 외치시며 밤새 북을 치시고 '시절화명삼월우時節花明三月雨요 풍류주세백년진風流酒洗百年塵이라.'(5:155) 노래하시며 공사를 보셨습니다. 상제님은 이 공사로 가을개벽의 여명이 밝아 오는 때를 밝혀 주셨습니다. 그리고 공사를 마치시고 "좋구나, 좋구나! 이 북소리가 멀리 서양까지 울려 들리리라. 이 북소리에 천하가 한번 우꾼하리라."라고 말씀하셨습니다. (제8장 '제3변 도운의 마무리 과정' 참고)

3) 계묘년癸卯年(1903)

서원규(대원사 개수改修), **김병욱**(일 · 러 전쟁 발주發注),

백남신(세계 전쟁 공사의 재주財主), **이도삼**(만물대선록萬物大善祿)

(1) 전주 약재상 서원규(1855~1935) | 서원규徐元奎는 전주부에서 가장 큰 한약 건재상을 운영하던 부호였습니다. 나이 사십 줄에 이르자 일생에 크게 죄지은 바가 있어 천지에 사죄할 길을 찾다가 부모님이 다니던 대원사를 개수하게 되었습니다. 쌀 백 석거리로 대원사를 고쳐 짓고 꾸준히 왕래하며 속죄하던 중에, 박금곡 주지로부터 증산 상제님께서 신축년에 대원사에서 천지 대도통을 하시고 장차 새 세상을 여시리라는 소식을 들었습니다.

이에 금곡에게 상제님 모시기를 소원하여 계묘(癸卯, 1903)년 정월에 당시 교통의 요지이던 전주 서천교西川橋 사거리에 있는 자신의 약방에서 상제님을 모시고 따르게 되었습니다.

이후 상제님은 김형렬 성도의 집과 전주 서원규의 약방을 자주 왕래하시면서 천지공사를 집행하셨습니다. 그 약방에서 조화 권능으로 많은 사람에게 병을 낫게 해 주시자 주위 사람들이 그 신이하심에 감탄하며 상제님을 따랐습니다. 전주에 사는 김병욱金秉旭과 김윤찬金允贊도 이때 도문에 들어왔습니다.(3:31)

김병욱(1874~1938) | 본관 김해. 육군 전주 진위대 장교. 자손이 귀하여 관제묘에 매년 기도함.

(2) 육군 장교 김병욱(1874~1938) | 김병욱은 집안 대대로 무관을 지냈고, 서원규와 친구 사이였습니다. 상제님 도문에 들어오던 계묘(1903)년에는 육군 진위대 참위(지금의 소위)였고, 정미(1907)년 군대 해산 시 부위(중위)로 전역했습니다.

계묘년, 당시 친러 내각인 조선 조정은 일본을 견제하기 위해 러시아와 결탁하였습니다. 그래서 일본에 망명한 박영효朴泳孝를 친일파로 지목하고 그 일파를 찾아 처단하였는데 김병욱도 연루되어 있었습니다. 급기야 그해 10월에 서울에서 수많은 순검이 내려와 김병욱을 찾고 있었습니다. 상제님께서 그 화액을 끌러 주시면서 "만일 서양 사람의 세력을 물리치지 않으면 동양은 영원히 서양에 짓밟히게 되리라. 그러므로 서양 세력을 물리치고 동양을 붙잡음이 옳으니 이제 일본 사람을 천지의 큰 일꾼으로 내세우리라." 하시고, "내가 너의 화액을 끄르기 위하여 일러전쟁을 붙여 일본을 도와 러시아를 물리치려 하노라."라고 말씀하셨습니다.(5:50) 서양 세력을 조선에서 몰아내시기 위해, 상제님께서는 일본과 친선을 주장하던 당시 육군 참위 김병욱 성도의 화액을 천지공사로 이화하여 끌어다 쓰신 것입니다.

백남신(1858~1920) | 본관 수원. 족보 명은 낙신樂信. 완주군 관두면 관철리에서 태어나 생부의 종제인 백현수의 양자로 들어 감. 조선의 이름난 대부호로 세계 대전 공사의 재주財主를 맡았고 상제님 천지공사 시 재정적으로 가장 큰 공을 세움.

이해 3월에 상제님께서 큰 공사를 보시기 위해 재주財主를 구하실 때 김병욱 성도가 전주의 대부호 백남신白南信을 천거하였습니다.

(3) 전주 부호 백남신(1858~1920) | 백남신 성도는 당시 조선에서 이름난 대부호였습니다. 동학혁명이 일어나자 '난을 평정하라'는 칙명을 받았고, 사건이 진정되자 고종은 '삼남三南을 믿고 맡길 신하'라 하여 '남신南信'이란 이름을 하사했습니다.

❋ 계묘년 3월에 형렬에게 일러 말씀하시기를 "이제 조선 신명을 서양으로 건너 보내 역사役事케 하려 하노니 재주財主를 얻어서 길을 틔워야 할지라. 신명에게

노자를 줄 터이니 여산礪山의 윤공삼尹公三에게 가서 돈을 얻어 오라." 하시거늘 마침 이 때 김병욱이 전주 부호 백남신白南信을 천거하니라. (3:40)

※ 상제님께서 남신을 대하여 물으시기를 "가진 재산이 얼마나 되느냐?" 하시니 남신이 "삼십만 냥은 됩니다." 하고 대답하거늘 말씀하시기를 "이십만 냥으로 그대의 생활이 넉넉하겠느냐?" 하시매 남신이 "그러합니다." 하고 아뢰니라. 상제님께서 다시 말씀하시기를 "이제 쓸 곳이 있으니 돈 십만 냥을 들이겠느냐?" 하시니… 남신이 열흘 내에 어음 십만 냥을 상제님께 바치겠다는 증서를 써서 올리니라. 상제님께서 그 증서를 받아 병욱에게 맡기시니 병욱이 "두 분 다 희세의 대량大量이로다!" 하고 탄복하더라. (5:23)

백남신 성도가 바친 10만 냥은 당시 조선의 신명을 서양으로 보내어 역사役事시키는 공사에 노자로 사용되었습니다. 이로써 서양으로 건너간 조선 신명들이 서양 제국주의 기운을 꺾기 위해 천지에 전쟁을 일으키는 일꾼 노릇을 했습니다.

계묘년에 도문에 들어온 백남신 성도는 같은 해에 또 한 차례 10만 냥을 헌성했습니다. 그해 백남신에게 축재蓄財와 관련된 민원이 발생하여 11월 말에 백남신을 소환하라는 공문이 전주부全州府에 이르자 남신은 김병욱을 통해 자신의 관액을 풀어 주시기를 상제님께 간청했습니다. 이에 상제님께서 10만 냥을 바치겠다는 증서를 가져오게 하시어 불사르시니 그 뒤로 남신의 화액이 모두 풀렸습니다. 그 후 갑진년 7월에 백남신은 육군 전주 진위대鎭衛隊 대장이 되고, 이어 10월에는 전북의 징세 독쇄관督刷官이 되어 큰돈을 모았습니다.

세계 전쟁 공사(3:40)와 약방 공사의 재주(3:225)로서 사명을 받은 백남신 성도가 도문에 들어온 이후로 김병욱의 일족인 김윤근金允根, 이도삼李道三 등이 상제님을 따랐습니다.

(4) 만물대선록 이도삼(1865~1943) | 고부古阜에 살던 이도삼李道三은 상제님에게서 치병의 은혜를 받고 따르게 되었습니다. 이도삼이 본래 간질이 있어 상제님을 찾아뵙고 고쳐 주시기를 간청하자 상제님께서 "나를 따르라." 하시고 도삼에게 누워서 잠을 자지 못하게 하셨습니다. 그 후로 도삼이 밥을 먹으면 배가 아프고 대변에 담이 섞여 나오더니 열나흘 만에 완전히 나았습니다.(3:42) 이도삼은 이런 신이한 체험을 여러 차례 하면서 믿음이 굳건해지고 심법이 크게 열렸습니다.

무신년에는 이도삼의 갓난아이가 병으로 숨이 넘어가자 도삼의 아내가 상제님을 찾으며 발을 동동 굴렀습니다. "선생님이 계시면 이 아이를 살릴 터인데 지금 어디 계신지 알 수 없으니 이 일을 어찌하리오."라며 애를 태웠습니다. 그런데 날이 저물자 뜻밖에도 상제님께서 집으로 오시어 "이 아이가 죽지 않았으니 울지 말라. 울면 살리지 못하리로다." 하시고 이도삼에게 달 속에 무엇이 있는지 보고 오라 하셨습니다. 달 가운데 어린아이가 있음을 아뢰자 상제님께서 "네 딸이 살았으니 이름을 월례月禮라 하라." 하시니 과연 그 딸이 다시 살아났습니다.(3:286)

상제님께서 하루는 이도삼 성도에게 "금년에 농사를 지으리니 농비農費를 준비하여 오라."라고 하셨습니다. 이 말씀은 **인간농사를 짓는 천하의 농비**를 준비해 오라는 뜻으로도 볼 수 있습니다. 이도삼이 가진 돈이 없어 준비하기 어렵다고 아뢰자, 상제님께서 "네가 한 말 서 되지기 논이 있어 팔면 백서른 냥이 되리니 그만하면 넉넉하리라."라고 하셨습니다. 도삼이 논을 팔아 백서른 냥을 장만하여 올리니 상제님께서 종이에 한 일 자를 길게 그어 놓으시고 그 획에 걸쳐 **'만물대선록萬物大善祿'**이라 써서 불사르셨습니다. 공사를 마치시고 도삼에게 돈을 들리시고 주막에 가시어 길 가는 사람들에게 술을 받아 주어 다 쓰게 하셨습니다.(9:10)

'만물대선록'이란 천지 만물의 생명과 더불어 은혜를 함께하는 대선심大善心을 가져야 천지 녹을 향유할 수 있다는 뜻입니다. 상제님께서 한 일 자 위에 만물대선록이라 쓰신 것은 천지 일심 경계에서 만물대선록이 발동한다는 것을 의미합니다. 십무극 조화주 하느님의 마음과 하나 되어 일심 조화법이 터짐으로써 천지의 녹이 돌게 된다는 것입니다.

3. 중기 입문 성도(1904~1906)

1) 갑진년甲辰年(1904)

류찬명(10만 명 포교), 정춘심(남조선 배 도수 경비), 정성백, 김덕찬

(1) 10만 명 포교 사명, 류찬명(1866~1931) | 금산 청도원에 살던 류찬명은 선비였습니다. 당시 구릿골에서 금구로 가려면 모악산 서쪽 줄기인 싸리재를 넘어서 가야 했는데 그 길목에 류찬명 성도의 집이 자리하고 있었습니다.

하루는 상제님께서 갑진년에 입문한 류찬명의 집에 들러 공사를 보셨습니다.

※ 상제님께서 하루는 청도원에 사는 류찬명柳贊明에게 물으시기를 "너의 논 일곱 마지기를 공사에 바치겠느냐?" 하시니 찬명이 흔쾌히 대답하고 부자 김한식에게 논을 팔아 상제님께 바치거늘 한식이 그 논을 다시 찬명에게 소작해 달라 하므로 전과 같이 농사를 지을 수 있게 되니라. 하루는 찬명에게 명하시기를 "너는 지리地理를 통해라." 하시니 이로부터 찬명이 지리를 통하여 이름을 날리니라. (3:108)

류찬명은 뒷날 김자현과 함께 각기 10만 명 포교 도수의 사명을 맡게 됩니다. 상제님이 각기 10만 명씩 포교하라고 명하시자, 류찬명은 바로 확답하고 김자현은 대답하지 않으므로 재촉하여 확답을 받으셨습니다. 이어 상제님께서 "평천하平天下는 내가 하리니 치천하治天下는 너희들이 하라. 치천하 50년 공부니라."라고 말씀하셨습니다.(8:101)

이해 갑진년에 익산 배산(舟山) 부근의 만중리에 사는 정춘심鄭春心과 그의 아들 정성백鄭成伯, 그리고 전주 용머리고개 부근에 살던 김덕찬이 상제님 도문에 들어왔습니다. 상제님께서는 다음 해인 을사년 10월에 종도들을 데리고 만중리 정춘심의 집에서 '남조선 배 도수' 공사를 집행하셨습니다. 이 공사에는 김형렬, 김자현, 김갑칠, 김보경 그리고 경비를 담당한 정춘심 부자父子와 을사년에 입문한 몇몇 성도가 함께 수종 들었습니다. 남조선 배 도수는 후천개벽이라는 절체절명의 위기 상황에서 인류를 구원해 남조선을 중심으로 하여 새 세상을 여는 '만국활계남조선萬國活計南朝鮮'의 운수를 천지공사로 처결하신 것입니다.(5:112)

2) 을사년乙巳年(1905)

신원일(천자부해상 공사), 김광찬(출장입상), 소진섭, 김성화, 김덕유

(1) 도통 공부에 집착한 신원일(1867~1916) | 신원일은 부안 사람으로 본래 석봉石峰도인 이옥포李玉圃의 문하에 있었습니다.

상제님을 따르기 전에 그는 부안 어느 산의 굴에 들어가 10년을 기약하고 '영보국정정지법靈寶局定靜之法'으로 수도한 적이 있었습니다. 그 무렵 공사를 행하시던 상제님께서 부안 신명을 부르신 적이 있는데 신명이 상제님의 명에 응하지 않았습니다. 상제님께서 진노하여 호통을 치시니 부안 신명이 와서 사죄하며 "부안 사람 신원일이 굴에 들어와 공부하고 있어 잡신이 범접치 못하게 지키는 중이었습니다."라고 아뢰었습니다. 그러자 상제님께서 "거기서 헛공부하고 앉았으니 그만 나오라 해라! 도통 안 준다고 해라!"라고 호통치셨습니다. 부안 신명이 상제님의 명을 받들어 신원일에게 알렸으나 원일은 "내가 '반드시 도통하고 나갈 것'을 굳게 결심하고 천지에 서약했거늘 누가 감히 나오라 마라 하느냐!"라며 오히려 역정을 내었습니다. 부안 신명이 사실을 그대로 아뢰니 상제님께서 들으시고 그 신명을 돌려보내셨습니다.

그 후 신원일이 칠흑같이 어두운 굴에서 공부하고 있는데 갑자기 태양 같은 밝은 빛이 쏟아져 들어왔습니다. 그때 문득 허공에서 "대장부가 천하 창생 건지는 공부를 해야지, 어찌 저 혼자 도통하려 한단 말이냐. 헛공부니라!" 하는 우레 같은 소리가 들리고 천지가 흔들리기 시작했습니다. 이에 대경실색한 신원일은 뒤도 돌아보지 않고 밖으로 뛰쳐나왔습니다.(3:117) 그 후 을사(1905)년 1월에 신원일은, 상제님께서 부안 성근리成根里에 사는 이환구李桓九의 집에 오셨다는 말씀을 듣고 찾아와 상제님을 따르게 되었습니다.

신원일의 부친은 본래 어업을 경영하였는데, 신원일이 부친의 고기잡이가 잘되게 해 주실 것을 상제님께 청하고 여러 날을 지성으로 발원하였습니다. 이에 상제님께서, 이익을 많이 얻으면 천지신명에게 사례금을 바칠 것을 다짐받고 승낙하셨습니다. 그런데 그해에 고기잡이로 큰돈을 벌고도 언약을 어기므로 상제님께서 "신명의 노여움을 사고서 무슨 일을 계속할 수 있겠느냐." 하시며 그 불의를 크게 꾸짖으셨습니다. 그 뒤로 고기가 잡히지 않아 신원일의 부친은 마침내 고기잡이를 철폐할 수밖에 없었습니다.(3:118)

상제님께서는 신원일이 도문에 들어온 다음 해인 병오년 2월에 천자부해상 공사를 집행하셨습니다. 이때 신원일에게 김선경, 김보경 등 일행과 태전으로 가서 기차를 타고 서울에 들어가게 하셨습니다. 그리고 '천자부해상天子浮海上'이라 써서 남대문에 붙일 것을 원일에게 명하셨습니다. 신원일이라는 이름자의 기운을 취해 공사를 보신 것입니다. '신원일辛元一'에서 신辛은 가을의 정신인 결실을 상징하고 원일元一은 천하통일을 의미합니다. 즉 가을 우주의 결실 운을 맞아 천지의 역사가 하나로 통일된다는 뜻입니다. 이 천자부해상 공사는 후천 가을 대개벽을 극복하고 세계통일을 이루는 천자天子가 개벽의 때에 세상에 출현(帝出震)하도록 질정하신 것입니다.

그 후 상제님께서 고부에 계실 때 청국의 천문학자 두 사람이 자미성紫微星이 비치는 곳을 따라서 고부까지 찾아온 일이 있었습니다. 이때 신원일이 뜻밖에 청나라 사람들을 맞아 필담筆談을 나누며 친분을 쌓았는데 두 사람 다 천문과 지리를 통달하여 모르는 것이 없었습니다. 신원일이 이들을 상제님께 인도하려 했으나 이를 미리 아신 상제님께서 자미성을 감추어 버리시고 그들을 돌려보내게 하셨습니다.(4:93)

상제님 어천 후에 신원일은 그 청국 천문학자들을 찾아 길을 떠났습니다. 상제님께서는 일찍이 신원일에게 "정가를 따르는 자는 삼족이 멸할 것이라."(5:126) 하시고 또 "손가락을 곱작거리며 아는 체하는 자와 그 뒤를 좇는 자는 죽음을 면치 못하리라."(10:34)라고 하시며 엄중히 경계하셨습니다. 상제님의 경고를 저버리고 중국으로 가려던 신원일은 압록강도 건너지 못하고 신의주에서 객사하고 말았습니다.

(2) 출장입상出將入相 김광찬(1869~1917) | 을사년에 상제님께서 함열 회선동에 사는 김보경金甫京 성도의 집에 여러 날 머무르실 때, 김광찬이 김보경의 천거를 받아 상제님을 따르게 되었습니다. 김광찬 성도는 함열읍 사람으로 아전, 참봉을 거쳐 황등

면장을 지냈습니다. 김광찬 성도는 도문에 들어올 때 거드름을 피우다가 상제님께 혼쭐이 났습니다.

> ※ 광찬이 상제님을 처음 찾아뵐 때 호박풍잠琥珀風簪에 큰 갓을 쓰고 풍채 좋게 도포를 차려입고는 종을 앞세워 말을 타고 와서 인사를 하는데 그 품새가 거만하기 그지없거늘 상제님께서 아무 말씀 없이 담뱃대를 무신 채 거들떠보지 않으시니라. 이에 광찬이 방약무인傍若無人으로 거드름을 피우며 맞담배를 피우고 제 자랑을 하매 상제님께서 담뱃대로 광찬의 인중人中 주위를 한 바퀴 두르시고 다시 담뱃대를 무시니 이내 방 안으로 시커먼 구름이 몰려들어 갑자기 뇌성벽력이 일면서 광찬의 앞으로 번갯불이 번쩍번쩍 들이치거늘 광찬이 소스라치게 놀라 마당으로 도망하는데 먹구름이 광찬을 따라다니며 번갯불을 쳐대니라. 이에 광찬이 두려움에 떨며 무릎을 꿇고 상제님의 다리를 덥석 끌어안은 채 "죽을죄를 졌으니 살려 주십시오." 하며 울부짖거늘 상제님께서 "죄가 없는데 무엇이 두려운고?" 하시며 한참 동안 혼쭐을 내신 뒤에야 번개를 거두시니라. (3:135)

상제님께서는 일찍이 김광찬을 평하여 '나가면 장수, 들어오면 재상(出將入相)이 될 능력을 가졌다'고 하셨습니다. 김광찬은 총명하여 상제님 뒤에서 붓대 끝 돌아가는 것만 보고도 상제님이 무엇을 쓰시는지 알았다 합니다. 기유년에 한번은 상제님께서 광찬에게 "너는 김병욱의 집에 있으면서 내가 전하는 글을 낱낱이 정서淨書하여 오라."라고 명하셨습니다. 김광찬이 그 글을 적으면서 한 부분을 통째로 기억하였고, 그것이 기록으로 남아 지금까지 전하고 있습니다.(6:124) 김광찬은 이처럼 비범한 기억력을 지녔지만 성격이 거칠고 심지가 평순치 못해 남들과 싸우기를 잘하였습니다. 상제님은 일찍이 광찬에게 "마음을 고치지 아니하면 참혹히 죽으리라." 하시며 경계하셨습니다.(3:316) 그럼에도 때나 기다리며 입신양명을 꿈꾸던 김광찬 성도는 상제님께서 개벽을 속히 붙이지 않으심을 불평하여 항상 좌중을 시끄럽게 했습니다. 상제님 어천 후에는 자신을 찾아온 김갑칠 성도에게 "죽은 증산을 믿지 말고 나를 믿으라."라고 망발을 하다가 그 후 벼락을 맞아 죽었다고 전합니다.(10:102)

을사년에는 신원일, 김광찬에 이어 소진섭蘇鎭燮과 임피 군둔리軍屯里에 사는 김성화金聖化가 차례로 도문에 들어왔습니다. 그해 10월에 상제님께서 정춘심의 집에서 남조선 배 도수 공사를 행하셨는데, 이때 먼저 입문한 김광찬과 더불어 소진섭도 공사에 함께 참여했습니다.

3) 병오년丙午年(1906)

김병선(도리원서 일천독讀), **김영선**, **김낙범**, **문태윤**, **김익찬**, **김성국**(불가지 도수)

(1) 천자부해상天子浮海上 공사의 재주財主, 김병선(1881~1939) | 김병선은 남원 고을의 아전으로 있다가 숙부 김광찬의 인도로 상제님을 따르게 되었습니다.

병오년에 천자부해상 공사를 보시기에 앞서 상제님께서 김갑칠에게 "김병선에게 가서 돈 사백 냥을 가져오라."라고 명하셨습니다. 이로써 김병선은 **천자부해상 공사에 재주**로 참여하게 되었습니다. 상제님께서는 남북 통일과 지구촌 통일 문화권 시대가 열리는 가을 대개벽의 실제 상황에서 인류 구원의 의통 조직이 세상에 나가는 천자부해상 공사를 보셨습니다. 이 공사를 보시러 군산항에 가시기 직전, 상제님은 후천 가을개벽의 게시판 관리자인 김병선 성도에게 하늘의 중심 축과 지구 축이 정남북으로 바로 서는 개벽의 섭리를 노래하게 하셨습니다.

※ 상제님께서 일행을 거느리고 군산으로 떠나실 때 김병선에게 명하시어 글 한 수를 외우게 하시니 이러하니라.

永世花長乾坤位요 大方日明艮兌宮이라
영 세 화 장 건 곤 위 대 방 일 명 간 태 궁

영원한 평화의 꽃은 건곤위에서 길이 만발하고
대지 위의 태양은 간태궁을 밝히리라. (5:122)

그해 2월 상제님께서 서울에서 천자부해상 공사를 보실 때 김병선은 서울 황교에 살던 종형 김영선金永善을 소개하여 상제님이 계실 곳을 마련하기도 하였습니다. 그리고 훗날 「도리원서桃李園序」를 천 번 읽으라는 상제님의 명을 받았습니다.

병오년을 전후해서 김병선의 종형 김영선金永善, 전주에 살던 김낙범金洛範, 그리고 문태윤文泰潤, 김익찬金益贊, 불가지佛可止에 살던 김성국金成國 등이 도문에 들어왔습니다.

4. 후기 입문 성도(1907~1909)

1) 정미년丁未年(1907)

신경원(복록소 도수), **김경학**(후천 대학교 총장), **최창조**(삼신과 화둔 도수),
차경석(초패왕 도수), **박공우**(우주 개벽대장), **안내성**(태을주 전수 도수),
문공신(진주 천자 도수), **황응종**(선기옥형의 추 도수)

상제님은 성수 37세 되시던 정미(1907)년에 도의 역사에 기둥이 될 주요 성도들을 대부분 만나셨습니다. 4월에 김경학, 최창조 성도를 만나시고, 5월에 차경석, 6월 초에는 박공우, 같은 달 22일에는 정읍 새재에서 안내성 성도를 만나시고, 추수철이 지나 보리갈이 하던 때에 문공신 성도를 만나셨습니다. 그리고 11월 3일에는 고 수부님과 수부 책봉 예식을 올리셨습니다.

(1) 관왕묘 제원 신경원(1863~1924) | 상제님께서는 정미년 4월에 신원일을 데리고 솥점을 운영하던 태인 관왕묘(관운장을 모신 사당) 제원祭員 신경원辛京元의 집에 가서 머무르셨습니다. 신경원은, 상제님께서 관운장을 불러 천명을 내리시고 여러 가지 기적을 행하며 공사를 보시는 면모에 탄복하여 따르게 되었습니다. 당시 신경원의 나이 45세였습니다. 이때에 태인 사람 김경학金京學, 최창조崔昌祚, 최내경崔乃敬, 최덕겸崔德兼 등이 상제님을 따랐습니다.

후에 상제님께서는, 태인에 오시면 늘 물심양면으로 수종 들던 신경원의 집에 복록을 주재하는 성소인 **복록소**福祿所를 정하셨습니다. '법은 서울에서 내려와 만방에 펴 내리는 것이므로 서울 경京 자 이름 가진 사람의 기운을 뽑아 써야 한다' 하시며 또 신경수申京守의 집에 **수명소**壽命所, 김경학金京學의 집에 **대학교**大學校를 정하셨습니다.(5:274)

(2) 대학교 도수의 주인공, 김경학(1862~1947) | 상제님 대학교 도수의 사명을 맡은 김경학은 대부호의 넷째 아들로 태어나 부유한 환경에서 자랐습니다. 어릴 때부터 학문에 열중하던 김경학은 동학 접주이던 셋째 형 경은景恩을 따라 동학을 신앙했습니다. 그 후 칠보산 줄기인 태자봉 아래 백암리白岩里로 이주하여 훈장을 하며 지내다가 46세에 상제님을 모시게 되었습니다.

상제님께서 하루는 김경학을 방으로 부르시어 "네 재산이 얼마나 되느냐?" 하고 물으셨습니다. 경학이 "한 삼백 석거리는 됩니다."라고 대답하니 "돈이 많으면 돈에 정신이 팔려 나의 도를 믿지 않게 되니 나를 좇으려면 먼저 망하고 들어서야 한다."라고 말씀하셨습니다. 이에 경학이 작심하고 삼백 석지기 논을 팔아 성금으로 바치고, 그 날부터 상제님을 일심으로 따랐습니다.(3:174, 175)

김경학 성도는 이전에 동학을 신앙할 때 천상에서 상제님을 뵙는 꿈을 꾼 적이 있었습니다.

> ❀ 일찍이 경학이 석 달 동안 **시천주주**侍天主呪 **수련을 하던 중** 꿈에 천상에 올라가 옥황상제玉皇上帝를 뵈온 일이 있었는데 하루는 상제님께서 이르시어 "네 평생에 제일 좋은 꿈을 꾼 것을 기억하느냐?" 하고 물으시거늘 경학이 일찍이 상제님을 뵙던 꿈을 아뢰며 "선생님의 형모가 곧 그 때 뵌 상제님의 형모이신 것을 깨달았습니다." 하고 아뢰니 증산 상제님께서 여러 성도들에게 말씀하시기를 **"내가 바로 옥황상제니라."** 하시니라. (3:174)

동학의 신앙 역사에서 상제님께 친히 계시를 받은 인물은 수운 대신사 이래로 김경학 성도가 처음이었습니다. 김경학은 이처럼 믿음과 신앙의 격조가 여느 동학 신도와 달랐습니다.

무신년(1908) 가을에 상제님께서 김경학의 집에서 천지대신문을 여시고 "경학의 학자가 배울 학 자이니 경학의 집에 대학교를 정하노라."라고 하셨습니다. "학교는 장차 이 학교가 크리라." 하시며 김경학에게 후천 5만 년의 조화 통일 문명을 여는 상제님 대학교 도수 사명을 내려 주셨습니다.(6:61) 선천 말, 지구촌의 대학 문명은 상제님의 후천 가을 문명을 준비하는 기반이었지만, 이제 가을 천지 대개벽의 상황을 계기로 상제님의 대학교 문명이 후천 우주의 조화 통일 문명 시대를 활짝 열게 됩니다.

상제님께서는 김경학에게 '무당 여섯 명을 불러오라' 하시어 그들을 데리고 대학교 공사를 집행하셨습니다. 상제님은 여섯 무당에게 각기 청수를 모시고 사배하게 하신 뒤에 시천주주를 따라 읽게 하셨습니다. 이로써 상제님이 내려 주신 천지 조화 성령의 무궁한 광명을 받아 세속의 블랙 샤먼에서 천지의 조화 심법을 연 하느님의 사람, 화이트 샤먼(태고의 광명 무巫)으로 변모되었습니다. 상제님께서 공사를 마치시고 "이제 여섯 사람에게 도를 전하였으니 이는 천하의 대학이니라."라고 말씀하셨습니다.(6:62) 상제님 대학교의 근본 사명은 **천지의 조화 성령을 받아 하느님의 천명과 신교를 받드는 일**입니다. 성령을 받아 상제님의 혼이 된 도생道生들이 장차 각기 여섯 사람에게 도를 전해 나감으로써 세계를 포섭하여 천지에 상제님의 광명문화를 열게 됩니다. 지구촌 70억 인류를 상대로 한 '살릴 생生 자' 공부를 통해 상제님의 일꾼들이 후천에 새 역사를 경영하는 주체로서 거듭나게 되는 것입니다.

기유년(1909) 정월 초사흗날에 김경학의 집에 가 계실 때 상제님께서 경학에게 '이부吏部'라 써 주시며, 그 글을 집 벽에 붙이고 사배하게 하셨습니다.(5:351) 김경학에게 천상 조화정부의 이부 벼슬을 내려 주심으로써 상제님 대학교 총장인 김경학 성도가 가을 우주의 신천지에 필요한 인재를 길러 역사 무대에 뽑아 쓰는 이부[14]를 맡게 되었습니다. 상제님 대학교 도수에 따라 장차 신천지 새 역사의 일꾼이 길러져 조직화되고 그 일꾼들이 대개벽 상황에서 의통성업을 집행하고 후천 조화선경 문명을 건설하게 됩니다.

(3) 삼신三神 도수를 받은 최창조(1865~1935) | 백암리 아랫 마을 새울에 살던 최창조崔昌祚는 김경학 성도의 인도로 상제님 도문에 들어왔습니다. 최창조는 한때 감찰관을 지냈고, 대농大農이면서 금광을 운영하는 부자였습니다. 그런데 이웃 마을에 사

---

14 이부吏部 | 고려시대 상서 6부尙書六部 가운데 하나. 상서성에 속해 문관의 인사와 공훈에 관한 사무를 맡아 보았으며 조선시대에 이르러 이조吏曹로 이어졌다. 문선文選·훈봉勳封·고과考課 등에 관한 일을 맡도록 규정되었다.

는 김경학이 전심으로 상제님을 따르는 것을 보고 그 연유를 물었습니다. 김경학 성도가 "그분 말씀을 들어 보면 앞으로 좋은 세상이 온다는데, 도술이 어찌나 높은지 귀신도 마음대로 부린다네. 그분은 참으로 하느님이신 게 틀림이 없네." 하고 성심을 다해 상제님의 신성하심을 보고 느낀 대로 전했습니다. 이에 최창조 성도는 귀가 솔깃하여 자신도 상제님을 모실 수 있게 해 달라고 부탁하였습니다.

❀ 상제님께서는 누가 따르고자 하면 대개 "나를 따르는 거야 제 마음이지, 내가 따르라 마라 하겠느냐." 하시며 자연스럽게 받아들이시는데 경학이 상제님께 나아가 "저기 새울 사는 최창조가 선생님을 따르고자 하니 받아 주시지요." 하고 여쭈니 상제님께서 이미 아시고 "창조는 부자가 아니냐? 고폐금告幣金을 많이 바치라고 해라." 하시는지라 경학이 여쭈기를 "얼마나 바치라고 할까요?" 하니 말씀하시기를 "**일신천금**一身千金이니 고폐금 천 냥을 바치라고 해라." 하시니라. 상제님께서 다시 이르시기를 "꼭 그렇게 전해라잉. 저 돈 아끼는 거나 내가 도道 아끼는 거나 매일반이라고 그래라잉." 하시거늘 경학이 창조에게 상제님의 말씀을 전하니 그 말이 떨어지기가 무섭게 창조가 이르기를 "일신천금인데 그것도 못 하겠는가? 내 천 냥을 바치고 당장 입도하고말고." 하며 기꺼이 상제님을 따르겠다고 다짐하니라. (3:176)

최창조는 곧바로 인부 열 사람에게 각기 백 냥씩, 천 냥을 지우고 김경학과 함께 상제님을 찾아뵙고 따르기를 청했습니다. 상제님께서 그 정성에 감탄하시어 무릎을 치시며 "천금도통 최창조千金道通 崔昌祚로다!"라고 칭찬하셨습니다.

상제님은 훗날 최창조 성도에게 삼신 도수를 붙이셨습니다. 천지의 불기운으로 사람을 낳고 기르는 선천 여름철 문명이 끝나고 이제 가을 천지가 열림에 따라 성숙한 가을 인간을 낳는 **삼신 도수가 발동**합니다. 조물주 삼신의 신권을 대행하여 후천 가을철에 인존의 자손 줄을 태워 주는 도수가 바로 삼신 도수입니다. 다가오는 후천 가을 세상은 인간이 하느님이 되는 인존 시대이기 때문에 인존의 자손 줄을 내려 주는 주재자가 오게 됩니다. 이 조물주 삼신의 인사를 최창조 성도가 맡게 된 것입니다. '창성할 창昌'에 '하늘 복 조祚'라는 이름 기운을 취해 그를 지극한 하늘의 복을 받아 내려 생명을 탄생시키는 삼신 도수의 주인공으로 쓰신 것입니다.

❀ 새울 최창조의 집에 계실 때 하루는 상제님께서 "오늘은 **삼신**三神 **도수**를 보리라." 하시며 성도들을 방 안에 둘러 앉히시고 공사를 행하시니라 … 상제님께서 "오색실을 가져오라." 하시어 그 실을 손으로 비벼 돌돌 뭉쳐서 창조 앞으로 획 던지시매 실이 확 풀어지니라. 이에 말씀하시기를 "어이, 이래서는 안 된

다. 안 되고 말고." 하시고 다시 주워 던지시니 또 풀어지거늘 이번에는 실을 단단하게 감아 창조 앞으로 던지시매 실꾸리가 대굴대굴 구르며 풀어지지 않는지라, 상제님께서 무릎을 탁 치시며 "그러면 그렇지! 하마터면 **도통 날 뻔했**다." 하시고 창조를 바라보시며 "저 못난 것한테 삼신 도수를 붙였더니 저렇게 쭈그리고 앉았다." 하시니라. 하루는 창조에게 말씀하시기를 "너는 **말밥**을 먹을 것이다." 하시거늘 …. (5:167)

무신년에 이르러 상제님께서는 최창조, 신경원, 최내경 세 사람으로 하여금 새울 최창조의 집에서 천지의 불기운을 묻는 화둔火遁 공사를 보게 하셨습니다. 김형렬에게 명하시어 세 사람에게 그 방법을 자세히 전하게 하여 그대로 공사를 집행하게 하셨습니다. 상제님께서는 이 공사가 집행되던 시각에 구릿골에 계시며 김형렬 성도에게 "만일 변산 같은 불덩이를 그냥 두면 전 세계가 재가 될 것이니라. 그러므로 내가 이제 그 불을 묻었노라."라고 말씀하셨습니다.(5:229) 상제님은 선천 여름철 천지의 불 기운을 상징하는 지구촌 핵무기를 제어하시어 **세상이 종말로 치닫지 않도록 천지 대세를 돌려놓으신 것**입니다. 이 도수가 발동되는 가운데 천지가 가을 대개벽 상황으로 넘어가게 됩니다.

최창조 성도는 삼신 도수와 화둔 도수뿐만 아니라, 추수판 도운의 중심지에서 후천 가을개벽의 일꾼들을 기르는 새울 도수의 주인 사명도 맡았습니다.

상제님께서는 정미년에 태인에서 여러 성도를 도문에 들이시고 나서 정읍에서 차경석을 비롯해 장차 도문을 열어갈 큰 주인공이 되는 성도들을 만나십니다.

(4) 만인지장萬人之長 차경석(1880~1936) | 상제님께서 정미(1907)년 5월 17일에 김형렬 성도의 집을 떠나시며 "이 길이 길행吉行이라. 한 사람을 만나려 함이니 장차 네게 알리리라." 하시고 용암리龍岩里 물방앗간에 머무르시다가 그 앞 주막에서 차경석車京石 성도를 만나셨습니다. 상제님께서는 이전에도 여러 차례 차경석 성도를 만나시고 이날 마침내 도문에 들이시기 위해 그를 보시려 한 것입니다.

※ 경석이 용암리 주막에서 점심을 먹고 떠나려 할 즈음 상제님께서 대삿갓에 풀대님 차림으로 김자현 등 두어 사람을 데리고 들어오시거늘 경석이 상제님을 뵈니 의표儀表는 소탈한 가운데 씩씩한 기운을 띠시고 언어동지言語動止는 순진하고 꾸밈이 없으시며 안광眼光이 사람을 쏘는 듯하여 감히 똑바로 볼 수가 없더라. … 경석이 절로 마음이 끌리고 상제님의 기품에 취해 말씀을 청하니 상제님께서 온화하게 대답하시고 술을 드시다가 닭국 한 그릇을 경석에게 권하시니라. 경석이 받으매 어디선가 벌 한 마리가 날아와 국에 빠지거늘 경석이

수저를 멈추고 혹 상서롭지 못한 일이 아닌가 하고 생각하니 상제님께서 말씀하시기를 "벌은 규모 있는 벌레니라." 하시니라. (3:180)

차경석(1880~1936) | 본관 연안. 호는 월곡月谷. 동학 접주 차치구의 장남. 제1변 도운 때 이종 도수에 따라 6백만 신도를 이끌며 도세를 크게 떨침.

차경석은 원래 동학 신도로서 일찍이 일진회 전북 총대를 지냈으며, 당시 상제님보다 아홉 살이 적은 28세로 구척장신에 용모가 준수한 젊은이였습니다. 부친인 차치구는 동학군 5천을 거느리고 갑오 동학혁명에 참전한 동학의 거두였습니다.

상제님께서 "이 길이 길행이라. 한 사람을 만나려 함이니"라고 하신 말씀을 통해서 우리는 상제님이 **주요 성도들을 처음 만나실 때 미리 정해 놓고 만나셨음**을 알 수 있습니다.

※ 경석이 여쭈기를 "무슨 업을 하십니까?" 하니 웃으며 말씀하시기를 "의원 노릇을 하노라." 하시고 경석이 다시 "어느 곳에 머무르십니까?" 하고 여쭈니 말씀하시기를 "나는 동역객東亦客 서역객西亦客 **천지무가객**天地無家客이로다." 하시니라. 대저 경석이 상제님의 거주지를 여쭌 것은 뒷날 찾아뵈려 한 것인데 이렇게 말씀하시니 다시 찾기가 어렵겠으므로 떠나지 않기로 결심하고 이왕에 상제님의 지식을 시험하고자 하여 다시 "어떻게 하면 인권人權을 많이 얻을 수 있습니까?" 하고 여쭈니 대답하여 말씀하시기를 "**폐일언**蔽一言**하고 욕속부달**欲速不達**이니라.**" 하시니라. 이에 경석이 아뢰기를 "자세한 뜻을 알지 못하겠습니다." 하니 상제님께서 일러 말씀하시기를 "사람 기르기가 누에 기르기와 같아서 일찍 내이나 늦게 내이나 먹이만 도수에 맞게 하면 올릴 때에는 다 같이 오르게 되나니 이르고 늦음이 사람의 공력에 있느니라." 하시니라. (3:180)

천지무가객, 즉 천지를 처소로 삼으시는 상제님께서는 당신을 **병든 하늘땅과, 인간과 신명을 고쳐 살리는 천지 의원**이라 하시며, 지상에 오신 당신의 사명을 밝혀 주셨습니다. 그리고 성도들이 상제님의 후천 5만 년 진리를 세상에 펼 때, **세속의 오해와 선천 종교 세력의 방해로 큰 어려움을 겪을 것을 암시**하기도 하셨습니다.

상제님을 만나던 날 차경석은 재산 문제로 송사하러 전주에 가는 길이었습니다. 상제님은, 송사가 경석에게 유리하지만 피고被告의 열한 식구는 살길을 잃게 될 것이므로 대인大人으로서 할 일이 아니라고 말씀하셨습니다.(3:181) 차경석은 상제님의 이 말씀을 듣고 감복하여 송사를 그만두기로 결심했습니다. 그 무렵 동학 3대 교주 손병희의 처사에 불만을 품고 동학을 탈퇴한 차경석은, 상제님의 모든 거동을 비범히 여기고 날이 저물기를 기다렸다가 상제님을 좇게 됩니다.

상제님께서 멈추신 곳은 주막에 오시기 전에 머무르시던 용암리 물방앗간이었습니다. 당시 물방앗간은 나그네가 잠시 쉬었다 가는 곳이기도 했습니다. 중류층의 부잣집 아들로 자란 차경석 성도가 상제님과 함께 조악한 음식을 먹으며 거적을 깔고 지내는 것은 견디기 어려운 일이었을 것입니다.

※ 상제님께서 숙소를 김치경金致京의 용암리 물방앗간에 정하시니 음식이며 잠자리며 모든 것이 누추하기 이를 데 없어 여느 사람도 견디기 어려워하는데 경석이 이러한 고초를 겪으면서도 떠나지 아니하고 상제님을 '정읍의 자기 집으로 모시겠다.' 하거늘 상제님께서 진노하시어 큰 소리로 꾸짖으시기를 "나는 너와는 아무런 인연이 없노라. 어서 내 앞에서 썩 물러가라, 이놈아!" 하시니라. … 혹 성을 내시고 욕을 하시며 쫓아내기도 하시는데 경석이 보기에는 그러한 모든 일이 더욱 범상치 않을 뿐 아니라 수운가사水雲歌詞에 있는 '여광여취如狂如醉 저 양반을 간 곳마다 따라가서 지질한 그 고생을 뉘로 대해 그 말하며' 하는 구절이 생각나매 떠나지 않고 열흘 동안을 머물면서 제자가 되기를 굳이 청하니라.

이에 상제님께서 이르시기를 "네가 나를 따르려면 모든 일을 전폐하고 오직 내가 가르치는 바에만 일심一心하여야 할지니 이제 돌아가서 모든 일을 정리하고 6월 초하룻날 다시 이곳으로 찾아오라." 하시니라. 경석이 비로소 하직하고 집에 돌아와 … 드디어 모든 일을 정리하고 6월 초하룻날에 다시 용암리에 와서 상제님을 뵙고 정읍으로 가시기를 간청하니라. … 상제님께서 계속 경석의 추종을 불허하시다가 사흘 동안을 지내신 뒤에야 비로소 허락하시며 말씀하시기를 "내가 일찍이 목물 속에서 허우적거리며 고생하다가 겨우 헤어나 발목물에서 있는데 네가 다시 나를 깊은 길물로 끌어들이는구나." 하시니라. (3:182)

차경석 성도는 본래 변통에 능할 뿐 아니라 천하를 손에 넣고자 하는 영웅의 심법을 지닌 인물이었습니다. 상제님께서는 차경석을 평하여 "경석은 대재大才요 만인지장萬人之長이 될 만하다."라고 하시고 이어서 "너에게 일극一極을 주노라."라고 말씀하셨습니다.(3:291) 여기서 일극이란 한 일 자에 지극할 극 자로 가슴에 품은, 가장 이루고 싶어하는 지극한 꿈을 말합니다. 상제님께서 차경석의 꿈을 이루게 하실 것을 일러 주신 것입니다.

그런데 한번은 상제님께서 성도들에게 장차 운수를 열어 주려 하니 각기 뜻하는 대로 말해 보라고 하셨습니다. 그때 차경석은 십오十五를 주시기를 원하며 진주眞主가 되고 싶다고 아뢰자, 그 말을 들으신 상제님께서 문득 표정을 바꾸시어 "도적놈이로다." 하시며 꾸짖으셨습니다.(5:257) 상제님 도를 받들어 도의 정법을 세우려는 것이 아니라, 자신의 개인적 야망을 이루고자 하는 데 뜻이 있음을 아셨기 때문입니다.

상제님께서는 차경석의 영웅적 심법에 맞는 가장 적절한 도수 사명을 부여하시어, 그를 후천 5만 년 새 역사의 첫 발자국을 떼는 큰 인물로 쓰셨습니다. 일본 제국주의와 맞서 싸운, 상제님의 도운 역사상 가장 험난하고 처절했던 제1변 도운의 이종移種 도수의 대부흥기를 여는 인물로 쓰신 것입니다. 상제님께서 내려 주신 서울 경京 자, 돌 석石 자, 경석이라는 도명道名에는 상제님의 그러한 뜻이 잘 나타나 있습니다. 그 이름에는 **'후천 조화선경을 건설하는 도운의 주춧돌'**이라는 뜻이 담겨 있습니다.

상제님께서는 차경석 성도를 만난 해인 정미년 10월에 그에게 장군 도수를 맡기셨습니다.

> ❋10월에 하루는 경석에게 돈 30냥을 마련케 하시고 말씀하시기를 "경석아, 이것은 너를 위한 일이니라. 내가 오늘은 너와 함께 순창에 가려 하노라." 하시며 어떤 법을 베푸시고 … 고시를 외워 주신 후에 경석을 데리고 순창 농바우 박장근의 집에 이르러 말씀하시기를 "이제 천하대세를 회문산 오선위기형五仙圍碁形의 형세에 붙여 돌리나니 네게 한 기운을 붙이노라." 하시니라. 이어 장근에게 이르시기를 "너의 머슴을 불러 어젯밤 무엇을 본 일이 있는지 물어 보라." 하시거늘 장근이 머슴을 불러 물으니 머슴이 대답하기를 "어젯밤 꿈에 한 백발 신선이 하늘에서 내려와 농바우를 열고 큰칼과 투구와 갑옷을 꺼내는데 장검은 서릿발이 돋은 듯하고 갑옷과 투구는 빛이 나서 눈이 부셨습니다. 신선이 칼과 투구와 갑옷을 저에게 주면서 '한 장군이 명命을 받들고 여기에 올 것이니 이것을 그 장군에게 주라.' 하므로 제가 그것을 받아서 두었사온데 그 자리가 바로 저 자리입니다." 하며 경석이 앉은 쪽을 가리키는지라 상제님께서 들으시고 "네가 꿈을 옳게 꾸었도다. 농바우의 전설이 허망한 말이 아니로다." 하시고 다시 장근에게 말씀하시기를 "너는 이 공사의 증인이니라." 하시니라. 대저 그 지방에는 농바우 속에 갑옷과 투구와 긴 칼이 들어 있는데 '장군이 나면 내어가리라.'는 말이 전하여 오니라.(3:208)

상제님은 선천 역사의 창업 시조들의 천하사 군軍 정신을 공사에 이화하시어 제1변 도운의 개척 사명을 맡은 차경석 성도와 제3변 도운의 마무리 도수를 맡은 박공우 성도에게 각기 장군 도수를 붙이셨습니다. 그해 12월, 차경석 성도에게 "곤이내閫以內는 짐朕이 제지制之하리니 곤이외閫以外는 장군이 제지하라!"(6:92)라고 큰 소리로 외치시며 공사를 보기도 하셨습니다. 장군 도수의 사명을 받은 차경석 성도는 나라를 잃고 방황하던 제1변 도운 시절에 동학 역신 해원 도수에 따라 6백만 신도를 일으켜 제왕처럼 부와 권력을 행사함으로써 자신이 소망하던 바를 이룰 수 있었습니다. 상제님께서는 어천하실 무렵 "내가 경석을 잘 썼다."라고 거듭 말씀하셨습니다. 그러나 차경석 성도에게 붙인 초패왕楚霸王 도수가 의미하듯 종국에는 천하통일의 꿈을 이루지 못한 채 비운의 삶을 마감하게 됩니다.

차경석은 도문에 들어오던 해에 이종 누님을 천거함으로써 그해 11월 초사흗날 상제님께서 고 수부님을 맞아 수부 도수를 정하실 수 있도록 길을 열었습니다. 이후 차경석 성도는 상제님의 종통 계승자인 고 수부님이 뿌리신 진리의 씨앗을 옮겨 심는 **이종移種 도수를 맡아 제1변 도운의 대부흥을 일으키는 대역사**를 이루었습니다.

차경석 성도는 동학 역신 해원 도수(5:205), 초패왕 도수(5:180), 포정소 도수(6:78), 천맥 도수(6:48), 이종 도수(11:19), 어사 도수(11:22), 장군 도수(3:207, 6:92) 등 여러 사명을 받았습니다.

(5) 개벽대장 박공우(1876~1940) | **상제님께서는 용암리에서 차경석을 만나 추종**을 허락하신 후에 차경석의 집이 있는 정읍으로 함께 길을 떠나셨습니다. 가시는 길에 원평에서 남조선 배를 띄우는 공사를 보신 뒤에, 고부 솔안에서 49일 기도를 올리던 차경석의 친구 박공우(호 인암仁庵)를 만나셨습니다. 이 역시 상제님께서 미리 의도하신 것이었습니다.

> ❋ 상제님께서 일진회가 일어난 뒤로 삿갓을 쓰시다가 이 날부터 의관을 갖추시고 경석을 데리고 물방앗간을 떠나 정읍으로 가시니라. 이 때 원평에 이르시어 군중을 향해 말씀하시기를 "**이 길은 남조선南朝鮮 뱃길이니 짐을 채워야 떠나리라.**" 하시고 한 주점에 들어가시어 모든 행인을 불러 술을 나누어 주시며 말씀하시기를 "**이 길은 성인聖人 다섯을 낳는 길이로다.**" 하시니 사람들은 그 뜻을 알지 못하더라. 다시 길을 떠나시며 말씀하시기를 "대진大陣은 하루에 30리씩 가느니라." 하시니 경석이 명을 받들고 일정을 헤아려 고부 솔안[松內] 최씨 재실에 사는 친구 박공우朴公又에게로 상제님을 모시거늘 공우 또한 동학 신도로서 마침 49일 동안 기도하는 중이더라. (3:183)

박공우 성도는 의협심이 뛰어나고 기골이 장대하며, 나무를 뿌리째 뽑아 버릴 정도로 힘이 세어 한창 때는 당할 자가 없는 씨름꾼으로 이름을 날리기도 했습니다. 이후 예수교 전도사 생활을 하며 수십 명을 포교하고 32세 때에는 동학 신도로서 구도에 정진하며 참 하느님 뵙기를 소원하였습니다. 그러던 중 차경석과 함께 찾아오신 상제님을 뵙게 된 것입니다.

> ❋ 공우가 밤새 향을 피워 모기를 쫓다가 상제님께 아뢰기를 "제가 지금 49일 기도 중에 있는데 이렇게 선생님을 뵙게 된 것이 기적이 아닌가 합니다." 하거늘 상제님께서 경석과 공우에게 이르시기를 **"이제 만날 사람 만났으니 통정신通情神이 나오니라.** 나의 일은 비록 부모 형제 처자라도 모르는 일이니 나는 서양 대법국 천개탑 천하대순이라. 동학 주문에 **'시천주조화정侍天主造化定'이라 하였으니 나의 일을 이름이라** …." 하시고 (3:184)

상제님께서 솔안에서 하루를 쉬시고 정읍 대흥리大興里로 떠나실 때 박공우를 향해 돌아보시며 "만날 사람 만났을 적에"라고 운을 떼셨습니다. 박공우는 순간 동학가사에 있는 '만나기만 만나 보면 너의 집안 운수로다'라는 구절이 깨달아져서 그 즉시 상제님을 따라나서게 됩니다.(3:185)

후에 글을 써서 우레를 일으키시고 우레와 번개를 꾸짖어 그치게 하시는 상제님의 권능을 본 박공우 성도는 상제님이 천지조화를 마음대로 쓰시는 분임을 알고 더욱 경외하였습니다. 그러던 어느 날 상제님이 바로 인간으로 오신 삼계 우주를 주재하시는 조화주 하느님이심을 확신하게 됩니다.

> ❋ 하루는 상제님께서 공우에게 이르시기를 "네가 오랫동안 식고食告를 잘하였으나 이제 만날 사람 만났으니 식고는 내게로 돌릴지어다." 하시니 공우가 매우 기뻐하며 평생소원을 이루었음을 깨닫고 "곧 그리하겠습니다." 하고 대답하니라. (3:200)

박공우 성도는 동학 신도의 통례대로 '대신사응감大神師應感'이라는 식고를 하지 않고, 항상 **"하느님 뵈어지이다."**라고 발원하였습니다. 그런데 이제 상제님께서, 박공우 성도가 마음으로 생각하는 것을 통찰하시고 당신이 바로 그 하느님이심을 일러 주신 것입니다. 현실에서 실제로 하느님을 뵙게 된 박공우 성도는 이후 추호도 변함없는 순수한 믿음으로 상제님을 모시고 따르게 됩니다.

무신년 여름, 상제님께서는 대흥리 차경석 성도 집에서 박공우의 손을 들어 올리시며 "만국대장 박공우!"라고 외치시며 공사를 보셨습니다. 박공우 성도를 후천 가을개벽 상황에서 인류의 생사를 심판하는 우주 개벽대장으로 임명하신 것입니다. 그 뒤로 상제님은 실제 개벽상황에서 창생을 구원하러 나가는 육임 도군六任道軍 공사를 여러 차례 보셨습니다.

제3변 도운을 매듭짓는 천상 군대의 총사령관인 박공우 성도는, 제1변 도운 이종도수의 인사 대권자인 차경석 성도와 친구이면서 서로 음양 짝이 됩니다. 또 제3변 도운의 진리 군사를 총체적으로 길러 내는 우주 대학교 총장 김경학 성도와도 음양 짝으로 볼 수 있습니다. 상제님 공사 섭리에는 이처럼 두 인물이 짝을 이루면서 도운이 열려 나가는 것을 볼 수 있습니다.

무신년에 상제님은 박공우 성도를 데리고 개벽기의 의통구호대를 조직하는 육임 조직 공사를 보셨습니다.

❋ 무신년 6월에 천원川原에서 새 붓으로 경면주사鏡面朱砂를 찍어 28장將과 24장將을 써서 벽에 붙이시고 겉육임을 정하신 뒤에 성도들에게 "각기 마음에 드는 대로 장수의 이름을 짚으라." 하시고 경면주사로 써서 비단으로 만든 주머니에 넣어 채우시더니 그 뒤에 불사르시니라. 이 때 어떤 사람이 참외를 가져와 올리매 상제님께서 잡숫지 않고 두시거늘 공우가 한 개를 먹었더니 설사가 나서 낫지 않는지라 상제님께 아뢰니 말씀하시기를 "본래 그 아내가 주기 싫어하였으므로 살기煞氣가 붙어 있었나니 네가 그 살기를 맞았도다." 하시고 "닭국을 먹으라." 하시므로 공우가 명하신 대로 하매 곧 나으니라.(6:52)

박공우 성도는 이처럼 육임 도수(6:52), 만국대장 도수(5:256), 만국의원 도수(5:249) 등의 사명을 받았습니다.

박공우 성도가 도문에 들어온 정미(1907)년 6월 이후 안내성安乃成을 비롯하여 당시 29세이던 문공신文公信, 노년에 이른 신경수申京守, 그리고 박장근朴壯根 등이 앞 다투어 도문에 들어와 상제님을 모시게 됩니다.

(6) 태을주太乙呪 조화주문의 주인 안내성(1867~1949) | 안내성安乃成은 본래 이름이 내선乃善으로 경남 함안 사람입니다. 어려서 아버지가 집을 나가 행방불명이 된 후 아홉 살 때부터 부친을 찾아 전국 방방곡곡을 돌아 다녔습니다. 금강산 어느 절에 머무르며 3년 동안 불목하니 노릇을 하던 중 '미륵존불이 출세해야 세상이 밝아진다'는 말을 듣고서 아버지도 만나고 미륵님도 찾기 위해 다시 길을 떠났습니다.

장돌뱅이로 전국을 떠돌던 안내성은 중국에 도통군자가 있다는 소문을 듣고 북경과 남경을 오가며 스승을 찾아 다녔습니다. 그렇게 해서 어렵게 만난 도인은 "천하를 건질 천 선생天先生은 조선에서 나오니 여기서 헤매지 말고 당신 나라로 돌아가라."라고 일러 주었습니다.

조선으로 돌아온 안내성은 전국을 떠돌다가 하루는 진주 촉석루矗石樓에 이르러 설핏 낮잠이 들었습니다. 그때 정신이 황홀한 가운데 홀연히 하늘에서 한 선관이 부르는 낭랑하고 유려한 음률의 임천가林泉歌가 들려 왔습니다. 이윽고 노래를 그친 선관이 "석가모니는 지나간 부처이니 염불은 그만하고 이제부터 너는 천 선생을 찾아 모시도록 하라."라는 말을 남기고 아득히 하늘로 사라졌습니다. 이에 큰 용기를 얻어 '이제 천 선생님을 만나겠다'고 생각한 안내성은 정미년 여름 금산사에서 미륵불께 지성으로 발원 기도를 올렸습니다.(3:190)

안내성(1867~1949) | 본관 순흥. 내성乃成은 도명道名. 3년 태을주 수행 도수를 맡아 이행했고 상제님 어천 후 9년 천지 대역사를 행함.

정미년 6월 22일, 금산사에서 기도를 마치고 돌아오는 길이었습니다. 정읍 정해井海 마을을 지나 새재를 넘을 때 눈 앞에 패랭이를 쓰고 앉아 있는 어떤 이의 모습이 보였습니다.

❋ 옷소매로 땀을 닦고 칡잎을 훨훨 부쳐 가며 허위허위 고갯마루에 올라 나무 그늘을 찾으니 서늘한 돌 위에 패랭이를 쓰신 상제님께서 앉아 계시더라. 내성이 그 곁에 앉아 땀을 들이고 있는데 문득 지난 시절이 떠올라 회한이 밀려오거늘 '내가 아버지와 천 선생님을 찾아 천지 사방을 헤매 다녔건만 여태 소식 한 장 못 듣고, 그리자니 꿈속의 임이로구나. 이번 길에도 못 찾으면 다시 청국에나 가야겠다.' 하는 생각을 품으니 문득 옆에 계신 상제님께서 담배를 재어 한 모금 빠시고 먼 데를 바라보시며 뜬금없이 "참, 별 미친놈을 다 보겠네." 하시니라. … 방금 미륵전에 다녀오는 길인지라 마음을 다스려 점잖게 말하기를 "누구보고 그런 말씀을 하시는 게요?" 하니 상제님께서 대뜸 고개를 돌리시며 "야, 이놈아! 여기에 너밖에 더 있냐! 너 들으라고 하는 소리다. 이 미친놈아!" 하고 불벼락을 치시매 눈이 마주치는 순간 뭐라 형언할 수 없이 목이 메고 사람을 꿰뚫어 보는 듯한 눈빛과 뻗치는 서기에 그만 기가 꺾여 자신도 모르게 무릎을 꿇으니라. 이어 숨 돌릴 겨를도 없이 "나도 미친놈이다만 네놈도 단단히 미친놈이로구나. 네 이놈! 너 아버지 찾으러 다니지? 네 아버지 삼월 초열흘날 ○○에서 죽었어. 그 날 제사나 잘 지내라, 이놈아 …." 하고 불같이 호통을 치시니 혼이 쑥 빠질 지경이더라. (3:191)

❋ 이 느닷없는 호통에 내성이 기분이 나쁘기는커녕 오히려 속이 뻥 뚫리는 듯하고, 처음 보는 사람이 자신의 속내를 마치 손금보듯 속속들이 꿰고 있음에 놀랍기도 하여 '혹시 이분이 천 선생님이 아닐까!' 하는 생각이 한 줄기 섬광처럼 스치는지라 다짜고짜 "선생님! 뵙겠습니다." 하고 머리를 조아리니 상제님께서 "저놈, 저 미친놈! 내가 어째서 네 선생이냐, 이 강도놈아!" 하시고는 자리를 털고 일어나시거늘 내성이 지금 당장 붙잡지 않으면 다시는 못 뵐 것 같은 생각이 들어 정읍 쪽으로 내려가시는 상제님을 좇아가매 상제님께서 "이 도둑놈, 청국에나 가라!" 하고 버럭 화를 내시며 길가의 호박돌을 집어 던지시니라.

> 내성이 이미 미륵전에서 서원을 세운 바가 있어 '죽어도 따르리라.' 마음먹고 그 큰 돌을 피하지 않고 그대로 머리에 맞으니 순간 눈에서 번쩍 하고 번개가 튀는가 싶은데 상처는커녕 오히려 머리가 맑아지고 몸이 가뿐해지므로 더욱 상제님께 매달리니라. 이에 상제님께서 … 내처 더 큰 돌을 던지시거늘 내성이 피하지 않고 머리, 어깨, 가슴, 팔다리 할 것 없이 무수히 맞으며 대흥리까지 따라가니 경석의 집에 이르시어 손에 잡히는 대로 다 집어 던지시고 심지어 베시던 목침까지 던지며 문전박대를 하시니라. (3:192)

안내성 성도는 그토록 애타게 찾아 헤매던 상제님을 비로소 만나게 되었습니다. 그때 그의 나이 41세였습니다. 안내성은 한 오라기 털끝만큼의 의심도 없이 상제님을 추종했지만 상제님은 매정하고 박절하게 대하셨습니다. 밥을 두세 끼 굶어도 밥 먹으란 말씀을 안 하시니 굶기가 다반사요, 바깥날이 아무리 추워도 방에 들어오라는 말씀 한 번 없으시므로 헛간이나 부엌에서 새우잠을 자야 했습니다. 게다가 상제님의 눈에 띄기만 하면 "저놈 미친놈이라." 하고 매몰차게 대하시며 따라다니지도 못하게 하셨습니다. 다른 성도들도 날이 갈수록 안내성을 천덕스럽게 여겼습니다. 상제님께서 이처럼 안내성을 박절하게 대하신 까닭은, 세상을 떠돌며 행한 갖가지 죄업을 참회하게 하고 그 겁기를 벗겨 내시려는 것이었습니다. 상제님은 후에 안내성의 겁기를 벗겨 주시는 공사를 보기도 하셨습니다.(3:194) 안내성 성도는 온갖 구박 속에서도 구도자의 순정으로 상제님을 더욱 사모하는 충직한 일꾼이 되어 후천 조화선경의 태을주 문화를 여는 중요한 사명을 받았습니다.

앞서 살펴본 바와 같이 안내성 성도는 본래 이름이 내선乃善이었는데, 상제님께서 '착할 선善'자를 '이룰 성成' 자로 고쳐 주셨습니다. '안내성安乃成'이라는 이름 속에는 상제님의 천지대업이 성사되는 도의 비밀이 숨겨져 있습니다.

상제님께서는 친히 안내성의 호號를 내려 주는 공사를 보시기도 하셨습니다. 하루는 상제님께서 종이에 글자 두 자를 쓰시어 손으로 가리시고 안내성에게 눈을 감고 무슨 글자인지 말하라 하셨습니다. 안내성은 본시 글을 모르는 데다 눈까지 감으라 하시니 알 길이 없어 주저하는데 상제님께서 어서 말하라 호통치시니 순간 자신도 모르게 "공경 경敬, 일만 만萬 두 글자가 있습니다."라고 대답하였습니다. 상제님께서 "아따 저놈 '무식영웅'이라!" 하시며 손을 떼시니 과연 종이 위에 '경만敬萬'이란 글자가 쓰여 있었습니다. 상제님은 경만이라는 호 그대로 장차 세상 사람들이 모두 안내성 성도를 우러러 존경하게 되리라 말씀하셨습니다.

일찍이 상제님께서는 안내성 성도의 마음자리를 보시고 이렇게 평하셨습니다.

❋ 상제님께서 내성을 평하시기를

天地誠敬信 安乃成
천 지 성 경 신 안 내 성
天地不變心 安乃成
천 지 불 변 심 안 내 성
天地恭敬信 安乃成이라
천 지 공 경 신 안 내 성

하시더니 상제님께서 어천하신 후에도 내성은 어디를 가든지 상제님께서 잠시 앉으셨던 곳이라도 보면 멈추어 인사를 올리고 어머니와 동생을 먼저 떠나보내고도 종신토록 마음을 변치 않고 상제님의 명을 일심으로 지키니라. (10:6)

세상에서 모두 우러러 존경한다고 하신, 천지 성경신, 천지 불변심, 천지 공경신의 소유자인 안내성 성도에게 상제님은 **태을주**를 전수하시고 당신님의 **도道의 아내 도수**를 내려 주셨습니다.

❋ 하루는 상제님께서 안내성安乃成에게 이르시기를 "내성아! 너는 내 도道의 아내요, 나는 너의 남편이니라." 하시고 이어 말씀하시기를 "너는 내 도의 어머니 노릇을 해야 하느니라. 모악산이 포해지형胞孩之形 아니더냐! 아기는 어미젖으로 사는 법이니 너는 창생들에게 태을주를 잘 가르치라. 태을주를 읽는 것은 천지 어머니 젖을 빠는 것과 같아서 태을주를 읽지 않으면 그 누구도 개벽기에 살아남지 못하느니라. 어머니가 있어 자식을 길러내듯 내성이 네가 먼저 태을주를 읽어 내 도의 어머니 노릇을 해야 하느니라." 하시며 "너는 나중에 어머니 산인 모악산母岳山에 가서 내 도를 펴라." 하시니라. (6:76)

상제님께서는 안내성이 도의 아내 도수를 받아 상제님 도의 어머니 노릇을 해야 한다고 하셨습니다. 어머니가 자식을 길러 내듯 안내성 성도가 받은 천지 도수에 의해 상제님의 일꾼들이 길러지고, 후천 가을 대개벽 상황에서 죽어 넘어가는 세계 창생이 구원받는데 이 모든 일이 천지의 생명 주문인 태을주를 바탕으로 이루어집니다. 상제님께서 **'우주 율려律呂'**라 하신 태을주는 천지 조화 성령을 받아 내리는 주문입니다.

상제님은 안내성 성도에게 폐백 삼백 냥을 올리라 하시어 태을주를 전수하시고 세상에 전파하게 하셨습니다. 가진 돈이 없던 안내성은 삼백 냥 대신 모친이 한 닢 두 닢 푼푼이 모아 둔 삼백 닢으로 천지에 제를 올리고 태을주를 전수받았습니다. 상제님께서는 **"너는 내 도의 아내라. 태을주만은 너에게 전하여 주리니"**라고 말씀하셨습니다.(5:263) 하루는 또 내성에게 "내 종자는 삼천 년 전부터 내가 뿌려 놓았느니라." "앞으로는 음陰 도수가 높으니 양陽만으로는 절대 큰일을 못 하는 것이다."라고 말씀하시고 "너는 태을주太乙呪를 많이 읽어라." "너는 내 도道의 어머니가 되라."라고 말씀

하시며 안내성에게 무당 도수를 붙여 주셨습니다.(3:276)

또 안내성 성도는 3년 동안 일심으로 태을주를 읽는 '3년 태을주 수행 도수'(10:92~97)를 받았습니다. 상제님께서 어천하신 후 안내성 성도는 주위의 숱한 훼방과 마신의 방해를 모두 극복하고 3년 태을주 수행 도수 사명을 완수함으로써 천지 율려 도수를 실현하고, 후천 가을 세상을 여는 불멸의 공덕을 쌓았습니다. 그 후 안내성 성도는 상제님의 천명을 받들어 9년 천지 대역사를 행하였습니다.

상제님께서는 이밖에 이등박문을 제거하고 천지의 일등 일꾼을 출세시키는 공사(5:341)에도 안내성을 주인공으로 쓰셨습니다. 안내성 성도에게 붙이신 이 도수는 상제님 대업을 성취하는 제3변 추수판 도운에서 인사로 열려 나가게 됩니다. 상제님은 안내성 성도를 무당 도수(3:276), 태을주 전수 도수, 상제님 도의 아내 도수, 막둥이 도수(6:59), 현무경 전수 도수(5:346), 9년 천지 역사 도수(10:121)의 주인공으로 쓰셨습니다.

(7) 진주眞主 도수의 주인공, 문공신(1879~1954) | 문공신은 고부 와룡리 사람으로, 그 일대 땅을 모두 소유한 대부호의 집안에서 자랐습니다. 어릴 때부터 사서삼경을 공부하고 16세 때에 둘째 형을 따라 동학혁명에 직접 참전했다가, 황토현 전투에서 오세동[15]의 영험을 목격하고 도를 더욱 갈구하게 됩니다. 동학혁명이 실패로 끝나자 한때 천주교에 입교해 세례를 받기도 하고 흥덕, 부안 두 고을의 일진회 회장을 지내기도 하였으나 진리에 대한 열망을 채우지 못하고 참 선생을 간절히 찾고 있었습니다.

정미년 가을에 문공신은 태인에 있는 관운장 사당에서 참 선생님을 만나기 위해 지성으로 기도하였습니다. 6일째 되던 날 잡귀가 사라지고 홀연히 관운장이 나타나 "향남방向南方하라."라는 계시를 하고 사라졌습니다. 공신은 그 뜻을 곰곰이 생각하며 며칠을 보내다가 들에 나가 일꾼들과 함께 보리갈이를 하고 있었습니다. 잠시 바람을 쐬느라 마을 뽕나무밭 옆길을 걷다가 문득 관성묘에서 있었던 일이 신비하게 여겨지며 정신이 아득해졌습니다. 그때 갑자기 체구가 장군처럼 건장한 사람이 불쑥 나타나 "당신이 문공신이오?" 하고 묻더니 대뜸 "순창 농바우에 인자仁者가 났다 합디다." 하고는 황급히 떠나가 버렸습니다. 문공신은 오로지 선생님이 계시다는 말에 귀가 번쩍 뜨여서 하던 일도 팽개치고 옷을 갈아입자마자 곧장 농바우로 향했습니다.(3:202, 203)

---

15 오세동五歲童 | 동학혁명 당시 신비의 아이 오세동이 동학군을 지휘하였다는 이야기가 생생히 전해온다. 동학 전쟁사에서 가장 신비한 전설로 내려오던 이 오세동이 바로 백복남 성도이다. 오세동에 대한 이야기는 천도교에서도 일부 전하지만 오세동의 신원이라든지 그 구체적인 내용은 베일에 가려져 있었다. 백복남 성도 가족의 증언으로 모든 사실이 밝혀지게 되었다. 손이 귀한 집안에 삼대독자로 태어난 백복남 성도는 영이 그지없이 밝아 세 살에 이르러 만물의 속을 환히 들여다 볼 수 있었다고 한다(『도전』 1:47, 문남용과 전설의 인물 '오세동'의 운명적 만남 참고).

문공신이 농바우 주막에 당도했을 때, 상제님께서는 여러 성도와 함께 주막 앞에 있는 모정에서 쉬고 계셨습니다. 상제님은 이미 사흘 전부터 공사를 보시며 그곳에 머물고 계셨습니다.

문공신(1879~1954) | 본관 남평. 호는 영산, 공신은 도명. 진주 도수의 주인. 상제님 어천 후 7년 공사를 봄.

❋ 공신이 모정에 들어가 "실례합니다. 잠시 쉬었다 가겠습니다." 하니 상제님께서 "아, 쉬려면 올라와서 쉬지, 그럼." 하시며 주모를 불러 "여기 술 한 상 차려 오라." 하시는데 공신이 상제님을 뵈니 둥그런 용안에 환한 기운이 가득하여 단번에 선생님인 줄을 알겠더라. 이 때 상제님께서 한쪽에 앉아 계시고 성도들이 옆에 앉아 술을 마시는데 그 주고받는 얘기를 들어 보니 나이 든 성도들이 젊은 상제님께 존대를 하고 상제님은 그들에게 하대를 하시는지라. 공신이 속으로 '저렇게 나잇살이나 먹은 노인들이 존대를 하고 저 양반은 반말하는 걸 보니 틀림없구나.' 생각하고 대뜸 상제님 앞으로 가서 넙죽 엎드리며 "원願이 제자 하겠습니다." 하고 인사를 하니라. 이에 상제님께서 반가워하시기는커녕 오히려 크게 호령하시기를 "이놈, 고얀 놈! 이런 고얀 놈 봤나. 이놈이 순전히 동학꾼이로구나." 하시거늘 공신이 엎드린 채 거듭 제자가 되기를 간청하나 아무 말씀도 없으시니라. 한참 후에 상제님께서 다시 술상을 보라 하시어 먼저 한 잔을 드신 다음 주모를 시켜 공신에게 술을 따라 주게 하시거늘 공신이 여쭈기를 "아이고, 제가 대접을 해야지 어떻게 선생님 술을 받을 수가 있습니까?" 하니 말씀하시기를 "어, 이놈 보소. 한 잔 먹고 네가 나를 두 잔 받아 주면 쓸 것 아니냐." 하시니라. 공신이 생각하니 옳은 말씀인지라 그 술을 받아 마시고 주모를 불러 술을 사려 하는데 상제님께서 행장을 챙기시고 "이제 그만 가자." 하며 일어서시니라. 이로부터 공신이 상제님을 따르니 공신의 나이는 29세더라. (3:204)

문공신이 상제님을 따른 지 며칠 후, 상제님께서 저녁 진지를 드신 다음 성도 20여 명을 방에 앉히시고 '**오선위기**五仙圍碁 **진주**眞主 **공사**'를 보셨습니다. 이 자리에 문공신 성도도 함께 참석했습니다. 오선위기 진주 공사란 다섯 신선이 바둑을 두는 오선위기 형국으로 세계 대세를 돌려놓고 그 마지막 과정에서 인류사의 모든 문제를 끝매듭지을 도의 주인을 내는 공사를 말합니다.

❋ 상제님께서 말씀하시기를 "이제 공사를 보는데 돈 천 냥이 필요하니 누가 돈 천 냥을 대겠느냐?" 하시니 공신이 누가 먼저 낼세라 얼른 "제가 대겠습니다." 하고 대답하니라. 공신이 잠시라도 상제님 곁을 떠나지 않으려고 인편으로 서

신을 보내어 추수한 쌀을 팔고 모시도 팔아 천 냥을 마련케 하고 인부 열 사람으로 하여금 나누어 지고 오게 하여 상제님께 올리니 상제님께서 이 돈을 경비로 사용하여 열흘 동안 공사를 행하시니라. 상제님께서 공사를 보신 뒤에 물으시기를 "공사 주인을 누구에게 정해야겠느냐?" 하시니 성도들이 모두 아뢰기를 "돈 낸 사람에게다 정하여야겠습니다." 하거늘 말씀하시기를 "그렇지, 너희들 말이 진실로 옳도다." 하시니라. (3:205)

문공신 성도는 이 공사로 진주 도수의 사명을 받았습니다.

그해 12월 25일에 상제님께서 "내가 **천자피금**天子被擒 **도수**에 걸렸으니 만약 나의 권능으로 이를 물리치면 만세토록 억조창생에게 헤아릴 수 없는 영향을 미치리라. 내가 세상에 온 것은 나를 위한 것이 아니요, 천하의 백성들을 위함이니 내가 이제 스스로 그 운수를 받으리라."(5:206) 하시고 친히 감옥에 들어가셨습니다. 상제님께서는 후천 가을 우주의 새 천지를 열 **진법의 주인을 내는 '진주 천자**眞主天子 **도수'**를 보시기 위해 그렇게 대속하신 것입니다. 이 진주 도수를 받는 주인공에게 상제님은 **'독조사 도수'**를 붙여 놓으셨습니다. 독조사 도수란 **자신이 가진 모든 것을 다 바쳐서 상제님 도판을 개척하게 하신 도수**입니다. 따라서 진주 도수를 받은 문공신 성도는 사백 석지기 재산과 살던 집까지 모두 바쳤고, 상제님 어천 후에는 두 번에 걸쳐 8년 옥살이를 하는 등 지난한 신앙의 과정을 거쳐야 했습니다. 이 독조사는 상제님의 대도를 개척하는 추수판 도운의 주인공에게 그대로 적용되는 도수입니다.

상제님께서는 "진주노름에 독조사라는 것이 있어 남의 돈은 따 보지 못하고 제 돈만 잃어 바닥이 난 뒤에 개평을 뜯어 새벽녘에 회복하는 수가 있으니 같은 끗수에 말수가 먹느니라."라고 말씀하셨습니다.(5:226) 후천의 여명이 밝아오는, 신천지의 날 새는 과정에서 추수 도운의 진주 도수를 받은 주인공이 도세를 만회함으로써, 동방 조선은 선천 상극 질서로 말미암은 모든 장애를 극복하고 장차 전 세계를 교화하고 다스리는 후천 종주국宗主國으로 자리 잡게 됩니다(제8장 진주 도수 참고).

문공신 성도는 진주 천자 도수(5:206), 독조사 도수(5:226), 문왕 도수(5:207), 이윤 도수(5:226), 정음정양 도수(5:207), 선기옥형의 저울끈 도수(5:196) 등 여러 도수를 맡았습니다.

정미년에는 그 밖에도 녹두장군 전봉준이 체포당한 마을 피노리에 살던 이화춘李化春과 안내성의 아우 안중선安中善, 그리고 차경석의 아우 차윤경車輪京, 임정준林正俊 등이 하느님이 강세하셨다는 경이에 찬 복음을 전해 듣고 도문에 발을 들여 놓았습니다.

2) 무신년戊申年(1908)

김준상, 손병욱, 김송환, 김준찬, 김영학, 장성원

구릿골 약방 김준상(1878~1966) | 상제님께서 어천御天하시기 전 해인 무신(1908)년에는 김갑칠 성도의 형 김준상金俊相이 입문하였습니다.

무신년 봄에 상제님께서 김준상의 집에 계실 때, 준상의 아내가 발바닥 용천혈에 난 종기로 사경을 헤매고 있었습니다. 준상이 아내의 발을 약국 의원에게 보였더니 '종창 난 곳이 용천혈湧泉穴이라 다스리기 어려우나 돈 백닷 냥만 있으면 발은 버려도 사람은 살리겠다' 고 했습니다. 그리하여 준상이 집을 잡혀 돈을 빌리고자 상제님께 계약서를 써 주실 것을 간청하였습니다. 상제님께서 사연을 들으시고는 "그렇다면 집을 나에게 잡혀라. 너는 네 아내의 병만 고치면 그만 아니냐."라고 말씀하셨습니다. 김준상이 흔쾌히 대답하고 집문서를 올리니 상제님께서 그 문서를 받아 불사르셨습니다. 상제님은 김준상과 그 아우 김갑칠에게 병자 곁에서 밤을 새우며 병자가 자지 못하게 하라 명하시고 "명부사자冥府使者와 내 사자를 비교하여 누가 강한지 보리라." 라고 말씀하셨습니다.

두 사람이 상제님의 명에 따라 행하는데 환자가 점점 정신을 잃고 위독해지는가 싶더니 날이 밝아오자 차츰 정신이 돌아왔습니다. 상제님께서 보시고 이제는 근심을 놓으라 하시며 손가락으로 쌀뜨물을 찍어 종창 난 곳에 바르자 일 년이 넘도록 낫지 않고 썩어 가던 발이 보름 만에 완전히 회복되었습니다. 상제님께서 성령의 생명수로 씻어 주시어 아내가 살아나자 김준상은 영광스런 성도의 대열에 서게 됐습니다.

그 후 상제님께서는 김준상으로 하여금 전과 같이 그 집에 살게 하시고, 머릿방 한 칸을 수리해 약방을 차리셨습니다. 상제님께서는 그곳에서 약장 공사를 보시고, 온 세상 만세의 병을 다 고치는 **'만국의원의 구원 공사'**를 보셨습니다.

그리고 무신년 7월, 상제님께서 백암리에 계실 때 김영학金永學이 김경학의 천거로 상제님 문하에 들어왔습니다. 이해 5월 전후로 여러 성도가 상제님을 추종하여 모셨습니다. 구원의 날에 파견될 육임六任 조직 공사를 보실 때 죽었다 다시 살아난 손병욱孫秉旭, 약관(20세)의 젊은이 김송환金松煥, 전주에 살던 김덕찬金德贊의 종제 김준찬金俊贊, 정읍에 살던 장성원張成遠 등이 도문에 들어왔습니다.

3) 기유년己酉年(1909)

이치복, 이공삼, 김석, 전태일, 채사윤

석성石城 이치복(1860~1944) | 이치복은 부안 청호리晴湖里 사람으로 본래 이름은

치화致和이고 신원일, 김형국金炯國과 함께 이옥포의 문하에서 도를 닦았습니다.

훗날 이옥포가 "나는 그대들에게 길을 일러 주는 사람일 뿐이요, 참으로 그대들이 스승으로 받들 분은 이 뒤에 나오실 강 성인姜聖人이시라. 성심으로 수도하다가 뒷날 강 성인을 받들어 성도하라."라고 하였습니다. 이후 신원일은 을사년에, 이치복은 기유년에 신원일의 인도로 도문에 들어와 상제님을 따르게 되었습니다.

> ❋ 이 때 상제님께서 방 안에서 내다보시며 "오랜만에 큰 일꾼 하나 들어오는구나." 하시고 치화가 인사를 여쭙자 마루로 올라오게 하신 뒤에 "이럴 때는 나이 적은 사람이 나이 많은 사람에게 인사를 받느니라. 사배를 하라." 하시니라. 치화가 공손히 사배를 올리니 이번에는 치화를 앉혀 놓고 친히 단배單拜로 답하시고 거주성명을 물으시거늘 치화가 아뢰기를 "시생은 부안 사람으로 성은 이가李哥요, 이름은 영로榮魯, 자字는 치화致和입니다." 하니 상제님께서 "화和는 화禍와 같은 음이라. 사람은 복이 있어야 하나니 치화致和를 치복致福으로 하라." 하시며 친히 이름을 고쳐 주시니라. (3:294)

이치복 성도는 상제님께서 보신 이 공사에 따라 후일 상제님의 천지 사업을 마무리 짓는 추수 도운의 주인공이 출세할 수 있도록 도맥의 다리를 놓았습니다.(제8장 '제3변 초기 추수 도운 개창사' 참고)

상제님이 천상의 보좌로 돌아가신 해인 기유년에는 이치복 성도 외에도 이공삼, 김석, 전태일, 채사윤 등이 상제님의 말씀을 굳게 믿고 좇음으로써 후천 5만 년의 지상 선경 세계로 나아가는 영광과 성령이 충만한 성도의 길을 걷게 되었습니다.

당시 상제님을 따른 대부분의 성도들은 본래 동학 신도로서 연령은 20대에서 60대에 이르기까지 다양했습니다. 가난한 선비, 농부, 육군 장교, 동학 간부, 한의사, 조선

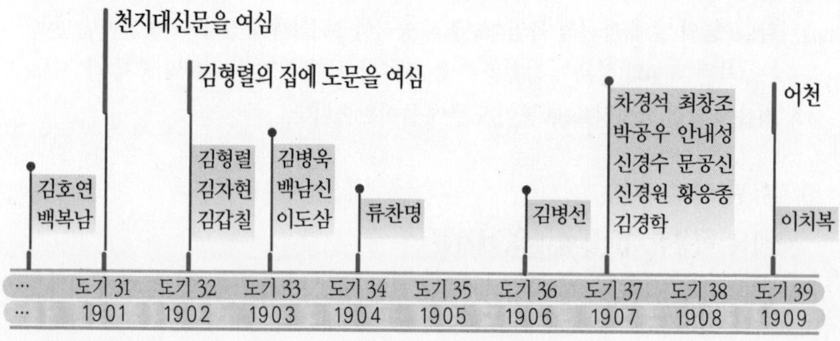

의 최대 부호, 관왕묘 제원 등 그 직업도 다양했습니다. 성도들의 출신 지역은 대체로 김제를 비롯한 전북 일곱 고을[16]이었습니다.

상제님 천지공사에 수종을 든 성도들은 지금 천상에서 각기 맡은 도수를 주관하여 후천 가을 세상을 열어가고 있으며, 앞으로 펼쳐질 조화선경 세상에서도 그 사명을 주재하는 신도神道의 책임자로 역사하게 됩니다.

5. 성도들에게 내려 주신 상제님의 은혜와 천명

1) 모든 죄를 사해 주심

삼계 우주의 통치자 하느님이시며 미륵존불이신 증산 상제님은 처음 입문하는 성도들에게 전생과 이생에서 범한 모든 죄와 허물을 뉘우치고 당신께 간절히 용서를 구하게 하셨습니다. 선천의 상극 기운으로 죄악에 물들고 때묻은 영혼을 **참회와 회개로 맑혀 주시어 하느님의 도문道門으로 인도**하시기 위함이었습니다.

> ❋ 상제님께서 처음으로 추종하는 자에게는 반드시 "평생에 지은 허물을 낱낱이 생각하여 마음으로 사하여 주기를 빌라." 하시되 만일 잊고 생각지 못한 일이 있으면 낱낱이 개두開頭하여 깨닫게 하시고 반드시 그 몸을 위하여 척신과 모든 병고病故를 맑혀 주시니라. (3:318)

당시의 성도들과 오늘의 우리가 참회하고 속죄하며 후천의 영원한 새 생명의 길로 나아가기 위해 기도드리는 대상은, 선천 종교에서 지금까지 믿어 온 예수나 부처, 마호메트 같은 하느님의 사역자가 아닙니다. 온 인류를 후천 가을의 새 생명의 길로 인도하기 위해 오신 참 하느님을 모시고(侍天主) 속죄하고 참회하는 것입니다.

성도들 중 가장 의로운 사람으로 꼽히는 인암 박공우 성도가 처음 상제님을 따를 때 상제님께서 하신 말씀에서 이러한 사실을 선명하게 깨칠 수 있습니다.

> ❋ 하루는 공우에게 이르시기를 "평소에 잡되게 다니며 행하던 일과 **부정한 뜻을 품었던 일**을 낱낱이 생각하여 거둬들이라." 하시는지라. 공우가 일찍이 서울에서 왕의 거동과 장상의 출입을 보고 마음으로 부러워하여 '대장부 마땅히 이와 같으리라.' 하였던 일을 낱낱이 아뢰니 물어 말씀하시기를 "네가 그런 생각을 죄로 알았느냐, 선으로 알았느냐?" 하시거늘 공우가 대답하기를 "죄가 될지언정 선은 되지 못할까 합니다." 하니라. 이에 상제님께서 말씀하시기를 "**그러면 내게 사배四拜하고 다시는 그러지 않기를 심고하라.**" 하시니 공우가 명하신 대로

---

16 **전북 일곱 고을** | 전북에는 13개 고을이 있었는데, 일곱 고을은 군산창倉을 중심으로 한 부근 평야지대의 7개 고을을 말한다. '옥구(군산), 익산, 완주, 김제, 부안, 정읍, 고창'을 일컫는다.

하매 사흘 후에 무슨 굳은 덩이가 대변에 싸여 나오거늘 헤쳐 보니 무수한 회蛔의 뭉치더라. (9:161)

2) 척신隻神을 물리치심

척신[17]이란 원한의 독기를 품은 신명입니다. 남에게 괴롭힘을 당하거나 억울하게 죽임을 당한 척신은 원한이 풀릴 때까지 가해자나 그 자손을 좇아다니며 온갖 사고와 재난을 일으켜 끝내 파멸의 구렁텅이로 몰아넣습니다. 상제님께서는 성도들의 죄를 사해 주시면서 동시에 모든 척신의 손아귀에서 풀어 주셨습니다.

❁ 6월에 백암리에 계실 때 박공우와 신원일이 모시는데 24일에 김영학金永學이 경학의 인도로 와 뵙거늘 이레가 지나도록 아무 말씀도 아니하시니 영학이 크게 분해하는지라. 이에 공우와 원일이 이르기를 "성의를 다해 사사師事하기를 청하면 밝게 가르치실 것이라." 하거늘 영학이 그 말을 좇아 상제님께 사사하기를 청하매 상제님께서 허락하시더니 갑자기 "이놈을 참수할복斬首割腹하리라." 하시며 크게 꾸짖으시니라. 영학이 상제님의 우레와 같은 목소리에 한편으로는 두렵기도 하고 다른 한편으로는 분하기도 하여 문밖으로 나가거늘 상제님께서 영학을 불러 **"나에게 사배를 하라."** 하시고 절을 받으신 뒤에 말씀하시기를 "너를 꾸짖은 것은 **네 몸에 있는 두 척신**을 물리치려 한 것이니 너는 불평히 생각지 말라." 하시니라. (3:238)

상제님께서는 언제나 **강유剛柔를 겸비**하시어 누구라도 사리에 벗어나는 일을 행할 때는 추상같이 꾸짖으시고, 성도들 중에 허물 지은 자가 있으면 혹독한 벌을 주시거나 벼락을 내리기도 하셨습니다. 또 그렇게 꾸짖으신 뒤에는 "다시는 그리 마소 응." 하시며 춘풍화기春風和氣와 같이 부드러운 목소리로 마음을 풀어 주셨습니다.(3:170)

3) 불치의 병을 치유하심

조화옹 하느님이시며, 미륵존불이시며, 서신사명西神司命으로 오신 상제님께서는 모든 것을 말씀(로고스)으로 행하십니다.

❁ **나의 말은 약**이라. 말로써 사람의 마음을 위안도 하며 말로써 병든 자를 일으키기도 하며 말로써 죄에 걸린 자를 끄르기도 하나니 이는 나의 말이 곧 약인 까닭이니라. … 나의 말을 잘 믿을지어다. **나의 말은 구천九天에 사무쳐** 잠시도 땅

---

17 척신隻神 | '척'이란 원래 조선시대 민사 소송에서 피고를 이르던 말이다. 일반적으로 '척'은 피해를 당하여 원한을 품은 사람을 말한다. 척신은 원신의 일종으로 원한을 입힌 사람이나 그 후손에게 앙갚음하기 위해서 붙어 다니는 신명이다.

에 떨어지지 아니하나니 부절符節과 같이 합하느니라. (2:93)

상제님은 말씀의 파동에 성령의 불길을 실어, 사랑하는 성도들의 육신을 파괴하는 병마를 물리치심으로써 병을 치유해 주셨습니다. 이러한 **치유의 기적**을 몇 가지 살펴보기로 하겠습니다.

❋ 상제님께서 김덕찬, 준찬 형제를 데리고 용머리고개 주막에 계실 때 낙범이 천포창天疱瘡을 앓으면서도 상제님을 지성으로 모시더니 하루는 상제님께서 문득 진노하시어 꾸짖으시기를 "네가 어찌 어른 앞에서 그렇게 태만하냐." 하시매 낙범이 머리를 숙이며 한편으로는 황송하고, 한편으로는 이상하여 한마디도 대답지 않고 일어나 떠나려 하니라. 이에 상제님께서 더욱 큰 소리로 꾸중하시기를 "네가 어른이 꾸짖는데 어디로 가려 하느냐." 하시거늘 낙범이 그 위엄에 눌려 다시 자리에 앉아서 머리를 숙인 채 연신 땀만 흘리니라. 낙범이 뜻밖의 꾸지람을 듣고 집으로 돌아와 허물을 생각하되 깨닫지 못하고 황송히 지내더니 그 뒤로 천포창이 낫거늘 비로소 상제님의 진노하심과 꾸짖으심이 곧 약이었음을 깨달으니라. (3:232)

❋ 김경학의 스물한 살 된 아들 용주龍胄가 여러 해 동안 폐병으로 고생하는지라. 경학이 상제님께 아뢰면 곧 나았다가 오래되면 재발하므로 온 집안이 걱정으로 지내더니 하루는 밤중에 상제님께서 이르시어 용주의 침실로 향하시니 이때 용주는 사경에 이르러 혼수상태이더라. 상제님께서 문밖에서 큰 소리로 **"아비가 오는데도 일어나 맞지 아니하니 그런 도리가 어디 있느냐.** 빨리 일어나라!" 하고 꾸짖으시니 용주가 문득 정신을 차리거늘 경학이 붙들어 일으키려 하매 상제님께서 이를 말리시며 스스로 일어나기를 명하시니라. 용주가 억지로 몸을 떨며 일어나거늘 문밖으로 내보내어 한참 동안 달음질을 시키시고 "밥을 가져다 먹이라." 하시매 용주의 모친이 밥 짓고 있는 중임을 아뢰니 말씀하시기를 "이제야 짓는 밥을 기다릴 수 없으니 용주의 저녁밥 담아 둔 것을 가져오라." 하시니라. 이에 경학이 그 밥이 식어서 사늘하여졌음을 아뢰니 "관계없으니 가져오라." 하시어 용주에게 먹으라 하시매 용주가 그 밥의 삼분지 이를 먹는지라. 말씀하시기를 "달음질도 하고 밥도 많이 먹으니 아픈 사람이 아니로다." 하시고 이튿날 정읍으로 가시니 이로부터 용주의 병이 완쾌되니라. 경학이 '아비'라 하신 말씀을 괴이하게 여겨 생각해 보니 일찍이 시속을 따라 금산사 미륵불에게 이 아이를 판 일이 있거늘 **상제님은 곧 미륵불의 화신化身인 까닭**이더라. (4:112)

이렇게 병든 성도와 그 가족을 구원하시기 위해 친히 찾아가셨던 상제님께서, 김준찬 성도가 어느 날 구릿골에 급히 달려와 아들이 위급하다는 소식을 전해 드렸을 때에는 아무 말씀도 하지 않으셨습니다. 마음이 초조하여 빨리 돌아가겠다고 말씀드리니 오히려 만류하시며 자고 가라고 명하셨습니다. 근심 걱정에 뜬눈으로 밤을 지샌 김준찬 성도가 아침 일찍 집에 돌아가니 병든 아들이 어느새 완쾌되어 쾌활하게 놀고 있었습니다. 기뻐 어쩔 줄 모르며 가족에게 병세가 호전된 때를 물으니, 바로 상제님께 병세를 말씀드린 시각이었음을 깨닫게 되었습니다. 여기서 김준찬 성도는 상제님의 전능하심과 깊은 사랑의 은혜에 감동하여 심령에서 낡은 믿음의 껍질이 깨어지고 강렬한 성령의 불길이 일어나는 체험을 하였습니다.(4:98)

4) 수도修道로 연단시키심

상제님께서는 "나를 따르려면 모든 일을 전폐하고 오직 내가 가르치는 바에만 일심一心하여야 할지니…."(3:182)라고 말씀하시어 **오직 일심으로 일관된 구도의 길을 걸어야** 함을 천명하셨습니다. 한때 박공우 성도가 일진회에 가입하여 비밀리에 두 길을 가고 있음을 아시고, "한 몸으로 두 마음을 품는 자는 그 몸이 찢어지고, 한 어깨에 두 짐을 지면 더수기가 찢어지나니 주의하라."(3:212)라고 경고하셨습니다.

인간으로 오신 미륵존불이시며 천지의 모든 권능을 지닌 아버지 하느님이신 상제님을 모시게 된 성도들이 당신 앞에서 영광스럽게 성훈을 받으며 공부하는 모습을 우리는 다음 성구에서 선연히 그려 볼 수 있습니다.

> ❋ 상제님께서 성도들을 **공부시키실 때 '각기 청수를 모시고'** 글을 읽게 하시니 성도들이 사발이며 바가지 등 청수그릇을 보듬고 와서는 깨끗한 물을 떠다가 제각기 앞에 두고 글을 읽는데 이 때 턱은 앞으로 살짝 당기고, 겉눈은 감고 속눈을 뜬 채로 청수그릇을 응시하며 읽으니라. 또 처음 공부하는 사람은 조그만 옹동이에 청수를 모시고 공부하게 하시니라. 공부할 때는 반드시 무릎 꿇은 자세로 앉게 하시고, 먼저 칠성경을 읽고 후에 개벽주를 읽게 하시는데 성도들을 직접 가르치지 않으시고 항상 형렬을 먼저 가르치시어 형렬로 하여금 다른 사람을 가르치게 하시니라. 약방이 좁아서 안으로 들어가지 못한 성도들은 약방 마루며 마당, 고샅, 밭 등 어디에라도 구석구석 앉아 공부를 하니 공부가 잘 되는 사람은 청수에 미꾸라지도 보이고, 잉어도 보이고 하더라. (3:244)

조화옹이신 상제님께서 바라시는 이상적 인간은 상등의 도道와 술術을 겸비한 **대인군자大人君子**입니다.

모든 죄와 병마와 척신에서 성도들을 구원해 주신 상제님은 후천 불멸의 선仙의 길로 나아가는 데 필요한 기본적인 인격을 도야시키기 위해 성도들에게 자주 수련을 하게 하셨습니다. 성도 30여 명을 모아 놓으시고 수일간 오주五呪를 수련케 하셨으며(9:130), 38세 되시던 무신(1908)년 6월, 대흥리에 계실 때는 각처 성도들에게 "21일 동안 잠자지 말고 새벽에 한 시간씩만 자고 공부하며 수마를 극복하라. 큰 힘을 얻으리라."(6:53)라고 하시는 등, 천지공사를 보시면서 수시로 고된 수련을 엄하게 시키셨습니다. 이때의 수도 방법은 주문을 읽는 수행이었습니다.

❋ 하루는 형렬에게 명하시기를 "광찬과 갑칠에게는 '**태을주**太乙呪를 많이 읽으라.' 하고 김병선金炳善에게는 '도리원서桃李園序를 일천 번 읽으라.' 하고 경석과 내성에게는 '**시천주주**侍天主呪를 혀와 입술을 움직이지 말고 많이 묵송默誦하라.'고 해라." 하시니 형렬이 그 명을 좇아 일일이 지도하니라. (2:147)

이처럼 상제님께서는 성도들에게 수행할 주문을 내려주시고 주송 방법도 일러 주셨습니다.

5) 마음과 기운에 맞춰 운수를 정해 주심

❋ 나는 오직 마음을 볼 뿐이니…. (3:212)

상제님의 성령은 언제나 모든 기적과 조화가 흘러나오는 **일심**一心 **자리**에 머물러 계십니다. 상제님은 선천 성인들이 제자를 가르치는 방식과 전혀 달리, 만사를 임의로 행하시는 사사무애법계의 일심 조화 경지에서 종도들의 마음을 빼어 보셨습니다. 그리하여 선천적으로 타고난 기량과 각자가 지닌 정성(誠)과 공경(敬)과 믿음(信)의 정도에 맞추어 하늘나라에서 수행할 영광스런 직책을 부여하시어 운수를 정해 주셨습니다.

❋ 이제 너희들에게 다 각기 운수를 정하였나니 잘 받아 누릴지어다. 만일 받지 못하는 자가 있으면 그것은 **성심**誠心**이 없는 까닭**이니라. (10:26)

앞에서도 살펴본 바와 같이 상제님께서는 성도들의 이름 기운을 취하시어 천상 세계의 부서를 관장하는 책임을 정해 주기도 하셨습니다.

❋ 형렬에게 물으시기를 "법이 시골에서 만들어져 서울로 가느냐, 서울에서 만들어져 시골로 가느냐?" 하시니 형렬이 "법이야 서울에서 만들어져 시골로 내려오지요." 하고 대답하거늘 "그러면 그렇지. 무릇 법이란 서울로부터 내려와 만방에 펴내리는 것이니 서울 경京 자 이름 가진 사람의 기운을 뽑아 써야 할지라. 그러므로 경수京守의 집에 수명소壽命所를 정하노라." 하시니라. 또 **경학**京學

의 집에 대학교大學校를 정하시며 말씀하시기를 "경학의 학學 자가 배울 학 자이니 대학교를 정하노라." 하시고 경원京元의 집에 복록소福祿所를 정하시니라. (5:274)

'수명소'란 인간과 천지 만물의 수명을 관장하는 천상의 성소입니다. 후천의 수명을 연장하는 일은 단시일에 이루어지는 것이 아니라, 과학문명이 발달하고 상제님의 상등 도법이 출현함으로써 점차 이루어지는 것입니다. 이 천상의 수명소는 신경수 성도가 주관하고 있습니다.

인간으로 오신 상제님의 종도인 김경학 성도가 천상에서 주재하는 '대학교'는 장차 후천 5만 년의 용화 선경 세계에서 살아갈 전 인류를 대인군자·부처로 교화시킬, 인격 도야와 학문의 전당입니다. 이 대학교는 김경학 성도의 주재 하에 지상을 다녀간 도통한 성현 군자와 불타들이 관장하고 있습니다.

그리고 '복록소'는 이름 그대로 지상 인류의 행복과 녹줄을 주재하는 성소입니다. 이 행복의 문을 여는 열쇠를 가진 분이 신경원 성도입니다. 복록소는 신경원 성도의 책임 아래 자손을 두지 못해 한이 맺혔지만 후손이 없기에 사사로운 감정을 쓰지는 않는 중천신中天神들이 관장하고 있습니다.(5:274)

이 밖에 제1변 도운의 이종 도수를 맡은 차경석 성도와, 마지막 제3변 도운을 천상에서 주재하는 문공신 성도에게 내리신 천명에 대해서는 제8장 도운 공사에서 자세히 살펴보겠습니다. 여기서는 상제님이 성도들의 마음과 기운에 맞추어 운명을 열어주신 예로서, 심판의 날을 주관하는 만국대장 인암 박공우 성도의 도수 사명에 대해서 알아보겠습니다.

우주 개벽대장, 만국대장萬國大將 박공우 | 상제님께서는 박공우 성도의 의로움을 높이 평가하셨습니다. 박공우 성도는 배포가 크고 뚝심이 좋았으며, 음성이 크고 웅장하여 그 말소리가 사방에 울릴 정도였습니다. 상제님은 박공우 성도에게 "내가 너를 데리고 다니는 것은 네 뱃속에 경위涇渭가 많은 연고니라."(8:99)라고 말씀하셨습니다. 경위는 사리를 따져 일의 옳고 그름을 판단하고 분별하는 힘을 말합니다. 상제님은 박공우 성도의 이러한 심법과 기운에 맞추어 도수 사명을 부여하셨습니다.

말씀으로 약을 내려 주시는 상제님께서 하루는 박공우 성도에게 '앞으로 잘되게 하여 주겠다'고 말씀하셨습니다.

❋ 공우가 대흥리에서 상제님을 모시고 구릿골로 갈 때 정읍 과교리科橋里를 지나는데 불현듯 울음이 나오며 동학으로 여러 해 고생했던 일들이 생각나 더욱 서럽게 우는지라. 상제님께서 돌아보며 물으시기를 "무슨 일로 그다지 우느냐?"

하시니 공우가 목메인 소리로 대답하되 "어쩐 일인지 부지중에 울음이 나오고 전날 고생했던 일들이 낱낱이 생각되어 능히 그치지 못하겠습니다." 하거늘 상제님께서 말씀하시기를 "앞으로 잘되게 하여 주리니 그만 그치라." 하시매 울음을 곧 그치니라. (3:213)

이후 상제님께서 박공우 성도에게 입산 3일 만에 도통했다는 천하의 재주꾼 북창北窓 정염鄭磏(1506~1549, 일명 용호대사, 「궁을가」의 저자)의 기운을 응기시켜 보시고 그 기운이 박공우 성도의 기운보다 작다고 말씀하셨습니다.

❋ 공우가 상제님을 모시고 집으로 돌아오다가 용암리 물방앗간에 들어가 잠시 쉬는데 상제님께서 문을 열고 남쪽 하늘을 바라보시며 "높도다, 높도다." 하시거늘 공우가 바라보니 온 하늘에 구름이 가득 덮이고 바람이 소슬히 불며 눈이 내리는데 다만 한쪽에 방석 넓이만큼 푸른 하늘이 보이더라. 상제님께서 문득 공우에게 말씀하시기를 "공우야, 나와 친구로 지내자." 하시므로 공우가 그 말씀에 황공해하며 한편으로 이상히 여기거늘 또 말씀하시기를 "기운이 적다." 하시매 공우가 부지중에 "바람이 좀더 불리이다." 하니 과연 바람이 크게 부니라. 이에 상제님께서 다시 "나와 친구로 지내자." 하시고 또 "기운이 적다." 하시거늘 공우가 또 아뢰기를 "바람이 더 높아지리이다." 하니 바람이 크게 일어나서 모래와 돌이 날리더라. 이윽고 상제님께서 말씀하시기를 "용호대사龍虎大師의 기운을 공우에게 붙여 보았더니 그 기운이 적도다." 하시니라. (4:88)

❋ 상제님께서 공우에게 "죽어서 잘될 줄 알면 죽겠느냐?" 하고 물으시거늘 공우가 생각해 보니 상제님께 아뢴 말씀은 항상 씨가 되어 그대로 이루어지므로 죽을까 두려워하여 "살아서 잘되려 하나이다." 하고 대답하니라. (4:113)

이렇게 박공우 성도의 타고난 심법을 저울질해 보시고 난 뒤 "죽어서 잘될 줄 알면 죽겠느냐?"라고 암시하신 대로, 상제님께서는 박공우 성도를 천상의 영광스런 자리에 앉히셨습니다.

❋ 무신년 여름에 상제님께서 경석의 집 서쪽 벽에 '28장將'[18]과 '24장將'[19]을 써 붙이시니 이러하니라.

---

18 28장 | 후한 광무제光武帝(재위: 25~57년)를 도와 한나라 중흥에 큰 공을 세운 28명의 장수. 영평 3년(CE 60)에 광무제의 아들 명제明帝가 이들을 추모하여 그 화상을 이십팔수에 맞추어 남궁南宮의 운대雲臺에 그려 붙이게 하였다.

19 24장 | 수·당 교체기에 당 태종(599~649)을 보필하여 중국 통일과 당나라의 기초를 다지는 데 기여한 24명의 장수. 당 태종이 그들의 초상화를 장안의 능연각凌煙閣에 걸어 놓은 데서 유래하였다.

28신장二十八神將

鄧禹 등우	馬成 마성	吳漢 오한	王梁 왕량	賈復 가복	陳俊 진준	耿弇 경감	杜茂 두무	寇恂 구순	傅俊 부준	岑彭 잠팽	堅鐔 견심
馮異 풍이	王霸 왕패	朱祐 주우	任光 임광	祭遵 채준	李忠 이충	景丹 경단	萬修 만수	蓋延 갑연	邳彤 비동	銚期 요기	劉植 유식
耿純 경순	臧宮 장궁	馬武 마무	劉隆 유륭								

24신장二十四神將

長孫無忌 장손무기	李孝恭 이효공	杜如晦 두여회	魏徵 위징	房玄齡 방현령	高士廉 고사렴	尉遲敬德 울지경덕	李靖 이정
蕭瑀 소우	段志玄 단지현	劉弘基 유홍기	屈突通 굴돌통	殷開山 은개산	柴紹 시소	長孫順德 장손순덕	張亮 장량
侯君集 후군집	張公謹 장공근	程知節 정지절	虞世南 우세남	劉政會 유정회	唐儉 당검	李勣 이적	秦叔寶 진숙보

이어 공우의 왼팔을 잡으시고 소리를 높여 "만국대장萬國大將 박공우!" 하고 외치시거늘 이후로 공우가 어디에 가든지 문밖에 나서면 어디선가 방포성放砲聲이 나더라. (4:114)

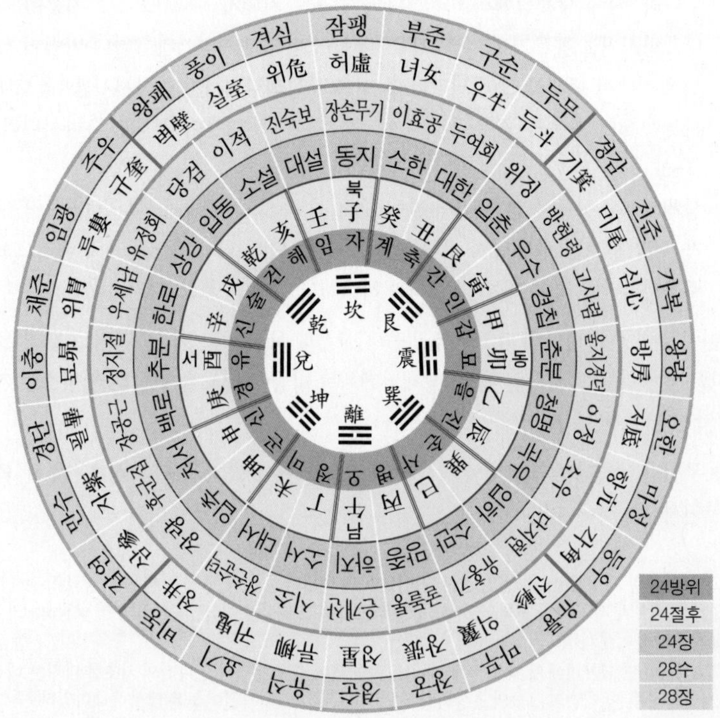

여기서 '방포성'은 천상의 신장神將과 신병神兵들이 예포를 울려 천군天軍 대장 박공우 성도에게 경의를 나타낸 것입니다. 미륵부처님의 강세와 천지의 대심판을 예언한 『정감록』에서 말한 소두무족小頭無足(귀신 우두머리 불由)은 바로 개벽기에 천지 심판을 집행하는 신계神界의 최고 통수권자인 박공우 성도를 가리키는 말입니다.

이십사장과 **이십팔장**은 상제님께서 이십사절후와 이십팔수 기운에 응기시켜 지상(중국)에 각기 파견하신 인물들이며, 지금은 **천상에 신장神將으로 실재**하고 있습니다. 천지의 절대권자이신 상제님께서는 박공우 성도를 이십사장과 이십팔장을 비롯한 **천상 군대(天軍)의 모든 신병神兵과, 개벽기에 천하 만국의 인류를 심판하는 데 역사할 신명들을 통수하는 책임자로 임명**하셨습니다.

6. 성도들이 체험한 상제님

1) 꿈에서 성령으로 체험한 상제님

성경이나 불경을 보면 하느님과 미륵부처님이 정성이 지극한 사람에게 꿈으로 계시하신 경우가 많이 있습니다. 인간으로 강세하신 바로 그 아버지 하느님이자 미륵부처님이신 상제님께서도 지상에 오셔서 꿈을 통해 계시해 주신 적이 있습니다.

상제님께서 역도의 완성자 김일부 대성사의 꿈에 계시(夢示)를 내려 주신 경우와 더불어, 김경학 성도에게 계시하신 꿈의 내용을 친히 물으시는 장면에서 상제님이 바로 천상 옥좌에 앉아 계신 조화주 하느님, 옥황상제님이심을 분명히 알 수 있습니다.

❋ 김경학金京學은 태인 사람으로 대부호의 넷째 아들로 태어나 부유한 환경에서 성장하며 학문에 열중하더니 동학 접주였던 셋째 형 경은景恩을 따라 동학을 신앙하니라. 그 후 칠보산 줄기인 태자봉 아래 백암리白岩里로 이거하여 훈장을 하다가 46세에 상제님을 뵙고 따르게 되니라. 일찍이 경학이 석 달 동안 시천주주侍天主呪 수련을 하던 중 꿈에 천상에 올라가 옥황상제玉皇上帝를 뵈온 일이 있었는데 하루는 상제님께서 이르시어 "네 평생에 제일 좋은 꿈을 꾼 것을 기억하느냐?" 하고 물으시거늘 경학이 일찍이 상제님을 뵙던 꿈을 아뢰며 "선생님의 형모가 곧 그때 뵌 상제님의 형모이신 것을 깨달았습니다." 하고 아뢰니 증산 상제님께서 여러 성도들에게 말씀하시기를 "내가 바로 옥황상제니라." 하시니라. 경학은 상제님을 만난 후로 오직 상제님께 절을 올릴 뿐 다른 곳에 가서는 절을 하지 않으니라. (3:174)

2) 폭 잡기 어렵게 행동해야

✽ 성도들이 모이면 서로 상제님 곁에 가까이 앉고자 하니 상제님께서 "패 사냐, 이놈들아? 무슨 나래비 서냐?" 하고 웃으시니라. 또 상제님께서 진지를 드시다가 밥을 남기시면 서로 먹으려 하고, 간혹 의관을 정제하실 때는 서로 옷을 입혀 드리고 싶어 야단이더라. 성도들은 상제님께 꾸중을 들으나 안 들으나 그저 상제님만 계시면 좋아하는데 하루는 한 성도가 막대기로 콩단을 두드리니 성도들이 기분이 좋아서 춤을 추거늘 상제님께서 "저놈들 왜 저러냐?" 하고 물으시매 호연이 "선생님이 계시니 좋아서 그러지요." 하니라. 이에 상제님께서 "허어! 나를 보면 그렇게 좋으냐?" 하시니…. (3:152)

상제님은 인류가 그토록 뵙기를 갈망하고 모시고 싶어 하던 바로 그 아버지 하느님이요 미륵부처님이십니다. 이런 상제님을 지상에서 모시는 영광을 누린 성도들은 평소에 함께 생활하면서 보고 느낀 정감을 이렇게 전했습니다.

✽ 상제님께서는 위엄이 씩씩하시고 화기和氣가 무르녹아 누구든지 살에 붙여 가까이하고 싶어하는데 각기 저의 '아버지와 비교하면 너무 엄하고, 사랑하여 주는 형님과 비교하면 같으시다.' 하니라. (3:321)

✽ 상제님께서 성도들에게 앉을 자리를 정해 앉게 하시고 평소에는 '해라.', '하소.' 하는 평어를 쓰시나 남들이 있을 때는 혹 경어를 쓰시는 경우도 있더라. 또 누구를 대하든지 다정하게 하시고 일어一語, 일묵一默, 일동一動, 일정一靜, 일희一喜, 일노一怒를 법도 있게 하시는데 때로는 폭 잡기 어렵게 행세하시니라. (3:154)

상제님은 사람의 마음을 빼었다 찔렀다 하는 중통인의의 도를 열어 주신 **인존人尊 하느님(天主)**으로서 신인神人의 양면을 완벽하게 자유자재로 구사하십니다. 도술을 겸전하여 만사를 뜻대로 행하시는 상제님의 면모에 대해 성도들은 "진실로 폭 잡기가 어렵다."라고 하였습니다. 상제님께서는 일꾼들에게 다음과 같이 경계의 말씀을 해 주셨습니다.

✽ 사람이 마땅히 폭 잡기 어려워야 할지니 만일 폭을 잡히면 범속凡俗에 지나지 못하느니라. (2:133)

3) 시천주, 참 신앙으로 가는 길

상제님을 모시고 수년간 동고동락하던 성도들은 가정을 돌보지 못했으므로 처자와 형제와 이웃에게 비소를 받는 일이 적지 않았습니다.

✽ 어떤 사람이 상제님을 모심으로부터 남이 비소하는 것을 괴로워하므로 말씀하

시기를 "**남의 비소誹笑를 비수匕首로 알며, 남의 조소嘲笑를 조수潮水로 알라.** 대장이 비수를 얻어야 적진을 헤치며, 용이 조수를 얻어야 천문天門에 오르느니라. 남의 비소를 잘 받아 쌓으면 내어 쓸 때에 비수 내어 쓰듯 하리라." 하시니라. (8:33)

상제님이 9년간 행하신 헤아릴 수 없는 기행과 이적을 단지 겉으로만 지켜본 주위 사람들은 대부분 상제님을 마술 조화나 부리는 일종의 술객으로 여겨 '요술쟁이'(3:260)라고도 하고, '광인'(2:149)이나 '강샛갓'(3:253)이라 부르기도 하였습니다.

❋ 하루는 형렬이 여쭈기를 "세상 사람들이 선생님을 광인狂人으로 여기나이다." 하니 크게 웃으며 말씀하시기를 "신축년 이전에 민생을 가련히 여겨 광구천하하려고 사방으로 주유周遊할 때 인정과 풍속을 살피려고 많은 사람들을 만났느니라. 그 때에는 상相을 평하고 사주와 점을 보아 주면, 신인으로 공대하여 어떤 이는 소까지 잡아 대접하였거늘, 그것은 내가 허언虛言으로 행세한 것이요 신축년 이후에는 천지의 말로 행세하는데 도리어 광인으로 여기는도다. 광인은 입경立經도 못 하고 건사建事도 못 하나니 때가 오면 나를 헐뜯는 자들의 눈에 먼저 눈물이 흐르고, 나를 헐뜯는 자들이 먼저 나에게 절하리라." 하시니라. (2:149)

다음 성구를 보면, 외교권이 일본으로 넘어가고 국운이 완전히 기울던 을사(1905)년 전후의 혼란 무도한 정세 속에서 주위 사람들의 비웃음을 받으며 상제님을 따르던 성도들의 심적 갈등을 느낄 수 있습니다.

❋ 하루는 신원일辛元一이 간절히 청하기를 "선생님께서 '천지를 개벽하여 새 세상을 건설한다.' 하신 지가 이미 오래이며 공사를 행하시기도 여러 번이로되 시대의 현상은 조금도 변함이 없으니 제자의 의혹이 자심하나이다. 선생님이시여, 하루빨리 이 세상을 뒤집어서 선경을 건설하시어 남의 조소를 받지 않게 하시고, 애타게 기다리는 저희에게 영화를 주옵소서." 하거늘
상제님께서 이르시기를 "**인사人事는 기회機會가 있고 천리天理는 도수度數가 있나니,** 그 기회를 지으며 도수를 짜 내는 것이 공사의 규범이라. 이제 그 규범을 버리고 억지로 일을 꾸미면 이는 천하에 재앙을 끼침이요, 억조의 생명을 빼앗는 것이므로 차마 할 일이 아니니라." 하시니라. 이에 원일이 듣지 않고 굳이 청하여 말하기를 "지금 천하가 혼란무도하여 선악을 구별하기 어려우니 속히 진멸하고 새 운수를 여심이 옳으나이다." 하니 상제님께서 심히 괴롭게 여기시니라. (2:74)

위 성구에서 우리는 '상제님의 지상 강세 목적'과 '천지공사의 규범'을 깨달을 수

성도들에게 내려 주신 주요 사명

성명	생존 연대	본명	호	거주지	사명과 도수
김형렬 金亨烈	道紀前 9 ~ 62 (1862~1932)		태운 太雲	하운동 제비창골 ↓ 구릿골銅谷	천지공사장의 식주인(수석 성도, 큰아들), 대두목 도수(도통맥 전수 공사), 선불仙佛 도수(신선 도수), 말씀 증언자 도수, 애기부처 도수, 하도낙서 지인지감(원형이정), 좌불
김호연	道紀 27 ~ 122 (1897~1992)	정숙 貞淑		반석리 ↓ 흑석골 ↓ 구릿골	후천 선仙 생명 개벽의 선매숭자 도수, 진법맥眞法脈 전수 도수(말씀의 증언자 도수), 칠성 기운의 말과 마차 도수, 셋 도수, 태소녀兌少女 도수, 제국주의 일본 내모는 공사
백복남	道紀 18 ~ 85 (1888~1955)	인수 仁秀	운기 雲起	밀양 산내면 회곡리 ↓ 구릿골	간소남艮少男 아들 도수, 9년 천지역사를 행할 때 천지영사를 받아 전하는 사명
김갑칠 金甲七	道紀 11 ~ 72 (1881~1942)	판식 判植	우사장 雨師丈	구릿골	수석 비서 역할, 추수 일꾼 도수(막내아들, 갑오갑자꼬리) 남조선배 도수의 주인, 천자부해상 공사의 주인, 49일 종이등 공사, 금강산 부처 기운 거두는 공사, 자치기 공사, 우사 도수, 갱생주 전수
김경학 金京學	道紀前 9 ~ 道紀 77 (1862~1947)	경학 景學	시은 市隱	태인 백암리 白岩里	후천대학교 도수, 이부吏部 도수(동헌집장), 육임조직 공사, 정씨 기운 꺾는 공사
김병선 金炳善	道紀 11 ~ 67 (1881~1939)		노암 鷺巖	남원	천자부해상 공사의 재주財主, 마이산 연鳶 공사, 도리원서 천독
김병욱 金秉旭	道紀 4 ~ 68 (1874~1938)	희근 熙根		전주	49일 동남풍 공사(일러 전쟁 발주 공사)
김성화 金聖化	道紀前 13 ~ 道紀 61 (1858~1931)			임피 군둔리 軍屯里	육임군(제세핵랑군) 도수
김자현 金自賢	道紀 5 ~ 57 (1875~1927)			구릿골	의원 도수, 10만 명 포교 도수, 바보 도수, 도운개창 음 도수, 의통집행 공사
류찬명 柳贊明	道紀前 5 ~ 道紀 61 (1866~1931)			청도리 淸道里	10만 명 포교 도수, 28수 공사, 지리를 통하게 하심, 의통집행 공사
문공신 文公信	道紀 9 ~ 84 (1879~1954)	남용 湳瀧	영산 瀛山	고부 와룡리 臥龍里	진주천자 도수, 독조사 도수, 문왕 도수, 이윤 도수, 오선위기 진주 도수, 세계일가 통일정권 공사, 정음정양 도수, 선기옥형의 저울끈 도수, 천지대팔문 도수, 숙구지 도수, 비인 복종 도수, 7년 공사, 계룡산 살막이 도수, 상제님 성체 맡기는 공사

성명	생존 연대	본명	호	거주지	사명과 도수
박공우 朴公又	道紀 6 ~ 70 (1876~1940)		인암 仁庵	고창군 흥덕 ↓ 고부 운산리	가을 대개벽기의 만국대장(신대장), 만국의원 도수, 육임 도수, 난법 거두는 공사, 자치기 공사, 태전 콩밭 공사
백남신 白南信	道紀前 13 ~ 道紀 50 (1858~1920)	낙신 樂信	운보 雲甫	전주	세계전쟁 공사의 재주, 약방 공사의 재주
신경수 申京守	道紀前 33 ~ 道紀 53 (1838~1923)	경수 敬守		고부 운산리 雲山里	수명소 도수, 선기옥형의 저울갈고리 도수, 일월대어명 도수
신경원 辛京元	道紀前 8 ~ 道紀 54 (1863~1924)	경언 敬彦		태인	복록소 도수, 두문동 성수 공사
신원일 辛元一	道紀前 4 ~ 道紀 46 (1867~1916)			부안	도운 공사의 추수지 공사, 천자부해상 공사
안내성 安乃成	道紀前 4 ~ 道紀 79 (1867~1949)	내선 乃善	경만 敬萬	경남 함안 ↓ 정읍 대흥리 大興里	무당 도수(태을주 전수 도수, 태을주 율려 도수), 팔선녀 도수, 상제님 도의 아내 도수, 막둥이 도수, 천지수기 돌리는 공사, 천지의 일등 일꾼 출세 공사, 현무경 전수 도수, 9년 천지역사 도수, 미라풍람, 만인적덕
이도삼 李道三	道紀前 6 ~ 道紀 73 (1865~1943)			고부	천지의 농사에 농비 붙이는 공사(만물대선록), 금강산 부처 기운 거두는 공사, 인간에게 해로운 것을 없애는 공사, 오선위기 진주 공사
이치복 李致福	道紀前 11 ~ 道紀 74 (1860~1944)	영로 榮魯	석성 石城	부안 청호리 晴湖里	추수 도운 지도자(일꾼) 도수, 천지동과혈에 수기 돌리는 공사, 부안 공사, 사명당 발음 공사, 난법 도운 헛도수 공사, 서전서문 만독, 영보국 정정지법 전수
차경석 車京石	道紀 10 ~ 66 (1880~1936)	윤홍 輪洪	월곡 月谷	정읍 입암면 대흥리	동학 역신 해원 도수, 초패왕 도수, 자옥 도수, 포정소 도수, 천맥 도수, 접주 도수, 이종 도수, 어사 도수, 장군 도수
최덕겸 崔德兼	道紀 13 ~ 81 (1883~1951)	병한 炳瀚		태인 덕두리 德斗里	남북 상씨름 49일 의통 공사, 청국 심판 공사, 시두 대발 공사, 서양으로 넘어가는 동양을 끌어당기는 공사
최창조 崔昌祚	道紀前 6 ~ 道紀 65 (1865~1935)			태인 백암리 새울	새울 도수의 주인, 삼신 도수, 화둔 도수, 사명당 발음 공사, 천금도통
한공숙 韓公淑	道紀前 22 ~ 道紀 51 (1849~1921)			구릿골	천하 호구수 성책 공사, 의통 집행 공사
황응종 黃應鐘	道紀前 30 ~ 道紀 57 (1841~1927)	응조 應祚		고부 와룡리	선기옥형의 추 도수, 산하대운을 거두는 공사, 선진주 기운 거두는 공사, 황건역사 숫대 공사 , 북 도수

2
장

있습니다. 다음 성구를 읽으면서 천하 창생을 구제하는 상제님의 상생의 대도를 가슴 깊이 느껴 보기 바랍니다.

을사년 7월에 상제님께서 원일과 두어 성도를 데리고 변산 개암사開巖寺에 가시어 원일에게 쇠머리 한 개와 술 한 병을 준비하라고 명하신 뒤 청수 한 그릇을 방 한편에 놓으시고 쇠머리를 삶아 청수 앞에 진설하신 뒤에 그 앞에 원일을 꿇어앉히시고 양황 세 개비를 청수에 넣으시니 갑자기 비바람이 크게 일어나니라. 상제님께서 원일에게 이르시기를 "이제 청수 한 동이에 양황 한 갑을 넣으면 천지가 물바다가 될지라. 개벽이란 이렇게 쉬운 것이니 그리 알지어다. 만일 이것을 때에 이르기 전에 쓰면 재앙만 끼칠 뿐이니라." 하시고 손가락으로 물을 찍어 부안 석교石橋를 향해 뿌리시니 갑자기 그 쪽으로 구름이 모여들어 큰비가 쏟아지는데 개암사 부근은 청명하더라.

상제님께서 원일에게 명하시어 "속히 집에 갔다 오라." 하시거늘 원일이 명을 받고 집에 가 보니 아우의 집이 방금 내린 비에 무너져서 그 권속이 원일의 집에 모여 있는지라. 원일이 슬픔을 이기지 못하여 곧 돌아와 그대로 아뢰니 상제님께서 말씀하시기를 "**개벽이란 이렇게 쉬운 것이라. 천하를 물로 덮어 모든 것을 멸망케 하고 우리만 살아 있으면 무슨 복이 되리오.**" 하시고 또 말씀하시기를 "**대저 제생의세濟生醫世는 성인의 도道요, 재민혁세災民革世는 웅패雄霸의 술術이라.** 이제 천하가 웅패에게 괴롭힘을 당한 지 오랜지라 **내가 상생相生의 도로써 만민을 교화하여 세상을 평안케 하려 하나니 새 세상을 보기가 어려운 것이 아니요, 마음 고치기가 어려운 것이라.** 이제부터 마음을 잘 고치라. **대인大人을 공부하는 자는 항상 남 살리기를 생각하여야** 하나니, 어찌 억조를 멸망케 하고 홀로 잘되기를 도모함이 옳으리오." 하시거늘 원일이 두려워하여 무례한 말로 상제님을 괴롭게 한 일을 뉘우치니라. 또 원일의 아우는 형이 상제님을 추종하면서 집을 돌보지 않음을 싫어하여 항상 상제님을 욕하더니 형에게 이 이야기를 듣고 생각하기를 '증산 어른을 욕한 죄로 집이 무너진 것이 아닌가.' 하여 이로부터 마음을 고치니라. (2:75)

"나의 일은 비록 부모 형제 처자라도 모르는 일이니…."(3:184)라고 하신 말씀과 같이, 상제님이 하늘의 모든 영광과 보좌를 버리고 인류를 근원적으로 구원하시기 위해 육신의 옷을 입고 오신 하느님이시며 미륵존불이심을 상제님의 부모나 형제, 정씨 부인, 가까운 친족들도 전혀 알지 못했습니다. 상제님 성도들만이 세상에서 조소 받으면서도 '대인大人의 길을 걷는 자의 괴롭고 고독한 심정'을 체득하여 자신이 모신 상제님이 인류가 그토록 애타게 기다려 온 바로 그 참 하느님이심을 깨달았던 것입니다.

제4절 유·불·선·기독교의 이상을 성취하시는 참 하느님

만유 생명의 근원이신 증산 상제님께서는 천지가 생성·변화하는 이법과 유·불·선의 본질에 대해 이렇게 말씀해 주셨습니다.

- 나는 **생장염장**生長斂藏 **사의**四義를 쓰나니 이것이 곧 무위이화無爲以化니라. (2:20)
- 공자, 석가, 예수는 내가 쓰기 위해 내려 보냈느니라. (2:40)
- 선도와 불도와 유도와 서도는 세계 각 족속의 문화의 근원이 되었나니 (4:8:1)
- 지난 임진왜란에 정란靖亂의 책임을 '최 풍헌崔風憲이 맡았으면 사흘 일에 지나지 못하고 진묵震默이 맡았으면 석 달을 넘기지 않고 송구봉宋龜峯이 맡았으면 여덟 달 만에 끝냈으리라.' 하니 이는 선도와 불도와 유도의 법술法術이 서로 다름을 이름이라. (4:7)
- 佛之形體요 仙之造化요 儒之凡節이니라. (2:150)
  불지형체 선지조화 유지범절

이 말씀에서 상제님은 당신님 도의 특성과 유·불·선의 본질을 아주 간결하게 집약하여 나타내 주셨습니다. 상제님은 선천 종교를 생겨나게 한 천지의 본성에 대해 다음과 같이 밝혀 주셨습니다.

- 受天地之虛無하여 仙之胞胎하고
  수천지지허무 선지포태
  受天地之寂滅하여 佛之養生하고
  수천지지적멸 불지양생
  受天地之以詔하여 儒之浴帶하고
  수천지지이조 유지욕대
  冠旺은 兜率 虛無寂滅以詔이니라
  관왕 도솔 허무적멸이조
  천지의 허무(無極)한 기운을 받아 선도가 포태하고
  천지의 적멸(太極의 空)한 기운을 받아 불도가 양생하고
  천지의 이조(皇極)하는 기운을 받아 유도가 욕대하니
  이제 (인류사가 맞이한) 성숙의 관왕冠旺 도수는
  도솔천의 천주가 허무(仙) 적멸(佛) 이조(儒)를 모두 통솔하느니라. (2:150)

'허무虛無'란 조화의 근원 자리입니다. 천지의 허무한 기운을 받아 처음 선도(인류 원형문화인 동방의 시원 선)가 포태하였습니다. 그리고 '적멸寂滅'은 무위적정無爲寂靜한, 시공이 끊어진 도의 본체 자리입니다. 천지의 이 적멸한 기운을 받아 불도가 양생하여 나왔습니다. 이후 천지의 '이조以詔' 기운을 받아 유도가 욕대하여 예와 범절을 밝혔

습니다. '이조'란 하늘의 명령이자 가르침인 천명을 뜻합니다. 그런데 상제님은 이제 '관왕 도수'가 열려 도솔천의 천주가 허무, 적멸, 이조를 통솔한다고 하셨습니다. 상제님은 도솔천 천주이자 천지의 주인으로서 생장염장이라는 창조 섭리에 따라 인간농사를 지으십니다. 선천에는 유·불·선 삼도三道를 내놓으시어 인류 문명을 성장하게 하셨고, 후천의 가을철을 맞아 성숙의 관왕 도수를 여십니다. 이제 인류 문화가 포태·양생·욕대의 과정을 거쳐 성인이 되어 관冠을 쓰는 관왕 도수로 들어가게 됩니다. 상제님께서는 선천 종교와 과학, 그리고 역 철학 등, 선천 문화를 원시반본의 대도로 통일하여 성숙시키시기 위해 당신께서 뿌리신 삼도三道의 도맥을 총체적으로 체현體現하시어 친히 이 땅에 강세하신 것입니다.

1. 미륵부처님으로 오심

불교 진리의 핵심은 '불지형체'입니다. 고요히 앉아서 선정禪定을 통해 마음을 가라앉히고 형신의 주체인 '나' 자신의 생명의 근원 자리를 닦는 것입니다. 즉 생명의 근원인 하느님의 마음(一心) 자리를 자기 자신 속에서 찾으려는 것입니다.

우주 주재자 하느님의 성령이 불교에서 전한 미륵존불로 강세하셨음은 앞에서도 말한 바 있습니다. 상제님은 미륵 신앙의 본도장인 금산사 미륵불의 화현으로 오셨음을 다음과 같이 말씀하셨습니다.

❋ 하루는 상제님께서 글을 쓰시니 이러하니라.

天皇地皇人皇後에 天下之大金山寺라
천황지황인황후　천하지대금산사

한 성도가 여쭈기를 "전해 오는 비결祕訣에 '모악산 아래에 있는 금부처가 능히 말을 한다.'는 구절이 있는데 세간에 금부처의 말을 기다리는 사람들이 많사옵니다." 하니 상제님께서 말씀하시기를 "진표는 나와 큰 인연[大緣]이 있느니라. '육장금불六丈金佛이 화위전녀化爲全女라.' 하였나니 나의 일을 이름이라. 내가 미륵이니라. 금산사 삼층전 미륵은 손바닥에 불[火]을 받았으나 나는 입에다 물었노라 …." 하시니라. (2:66)

❋ 금산 미륵은 붉은 여의주如意珠를 손에 들었으나 나는 입에 물었노라. (3:320)

일찍이 진표 대성사가 금산사에 미륵불상을 조상할 때, 상제님의 계시를 받아 밑 없는 시루 위에 불상을 세웠는데 상제님은 미륵불의 출세를 솥(시루)과 연관시켜 말씀해 주기도 하셨습니다(제1장의 금산사 중수와 미륵불상 건립 참고). 상제님께서는 음식을 익힐 때 쓰는 도구인 시루와 솥을 만유 생명을 익히고 성숙시키는 상징으로서 말씀하셨습니다.

※ 형렬의 집이 가난하여 보리밥으로 상제님을 공양하더니, 추석 명절을 당하여 할 수 없이 밥솥을 팔아 상제님을 공양하려고 솥을 떼어 내거늘 상제님께서 말씀하시기를 "**솥이 들썩이는 것을 보니 미륵불이 출세함**이로다." 하시고…. (2:46)

※ 미륵불은 천지불이니라. (증언 성구)

이처럼 미륵불의 출세를 말씀하신 상제님께서는 당신이 바로 미륵불이심을 다음과 같이 말씀하셨습니다.

※ 내가 금산사로 들어가리니 나를 보고 싶거든 금산 미륵불을 보라. (10:33)

※ 형렬에게 말씀하시기를 "너는 좌불坐佛이 되어 처소를 잘 지키라. 나는 유불遊佛이 되리라." 하시니라. (2:111)

증산 상제님께서는 김형렬 성도에게 미륵불의 진리 터전을 지키라는 사명을 내려 주시고, 아울러 당신은 '**유불**遊佛'로서 가을 천지의 **새 생명·새 진리를 들고 출세한**, 살아 있는 **미륵불**이심을 일러 주셨습니다. 그리고 미륵불이 이렇게 사람으로 화신하여 출세했는데, "어찌하여 도인들이 천지 이치를 모른 채 선천의 부처 노래만 불러 대고 있느냐(何事道人多佛歌)."(5:282)라고 질타하셨습니다. 상제님께서는 미륵님의 운수를 받을 수 있도록 사람들에게 어둠을 깨고 나와 새 생명의 길을 찾아 나설 것을 깨우쳐 주신 것입니다.

2. 옥황상제님(하느님)으로 오심

불도는 우주생명이 오묘하게 압축 통일된 **적멸**寂滅**한 공**空 **자리**, 즉 하느님의 마음(一心) 자리로 복귀하여 자유를 찾아 해탈하여 열반에 드는 것을 이상으로 합니다.

그런데 선도는 '선지조화', 즉 우주생명이 진공眞空(태극)으로 화하기 이전의 생명의 원초 상태인 **허무**虛無**한 무극생명**으로 돌아가 조화를 지으며, 단군 성조나 노자, 예수와 같이 선仙이 되어 천상 세계로 승천하는 것을 궁극의 목표로 삼습니다.

선(仙=僊)에는 도교의 맥으로 이어지는 **동선**東仙과, 서양 기독교를 가리키는 **서선**西仙이 있습니다. 기독교 십자가의 도에는 십무극의 도를 주재하고 계신 아버지에게로 가는 선맥이 흐르고 있습니다. 이 기독교도 원래 동방 배달 신교문화의 선맥과 상통하는 동선이었으나 후에 서양 문화권에서 뿌리를 내리고 성장하였기 때문에 서선이라 하는 것입니다.

1) 동선東仙의 도맥을 완결지으심

(1) 하느님으로 오심 | 본래 우리 동방 한민족의 영혼의 뿌리는 **신교神教** 문화입니다. 동방의 배달 한민족은 **삼신상제三神上帝님이 우주의 주신主神이심을 깨닫고 상제님을 숭**배하여 왔습니다. 배달국의 시조 환웅께서 『삼일신고三一神誥』에서 밝히신 상제님(一神)은 예수 성자와 최수운 대성사가 증언한 바로 그 아버지 하느님이십니다.

애국가의 가사 '하느님이 보우하사'란 구절에도 표현되어 있듯이, 우리 배달민족의 혼 속에는 하느님에 대한 염원과 꿈이 녹아 있습니다. 바로 그 한민족의 꿈을 성취시켜 주시기 위해 우주의 주재자 하느님께서 동방의 조선 땅에 친히 강세하셨습니다.

※ 삼신과 하나 되어 천상의 호천금궐昊天金闕에서 온 우주를 다스리시는 하느님을 동방의 땅에 살아온 조선의 백성들은 아득한 예로부터 삼신상제三神上帝, 삼신하느님, 상제님이라 불러 왔나니… 동방의 조선은 본래 신교神教의 종주국으로 상제님과 천지신명을 함께 받들어 온, 인류 제사 문화의 본고향이니라. … 한민족은 환국–배달–조선의 삼성조시대가 지난 후 열국시대 이래 중국 한족漢族과 일본에 의한 상고上古 역사의 왜곡으로 민족사의 뿌리가 단절되어 그 상처가 심히 깊더니 … 상제님께서 원시반본原始返本의 도道로써 인류 역사의 뿌리를 바로잡고 병든 천지를 개벽開闢하여 인간과 신명을 구원하시기 위해 이 땅에 인간으로 강세하시니라. (1:1)

(2) 옥황상제님으로 오심 | 선도에서 유래한 **'옥황상제玉皇上帝'**라는 호칭은 **천상 궁궐**에 임어臨御해 계시는 **우주의 통치자 하느님**을 인격적으로 표현한 말입니다.

김일부 대성사를 요운전으로 불러올려 몽시해 주신 내용이나, 박금곡 주지와 김경학 성도에게 밝히신 "나는 옥황상제니라."(2:11, 3:174)라는 말씀을 통해서도 증산 상제님이 곧 옥황상제님이심을 분명히 알 수 있습니다. 상제님께서는 또한 무신(1908)년 가을에 고 수부님과 함께 하오산 알미장에 가시어, 유소시에 그곳에서 행하셨던 기적을 다시 보여 주시며 당신께서 옥황상제이심을 천지에 선포하셨습니다.

※ 상제님께서 유소시에 하오산 알미장에서 '한 일一' 자를 쓰신 바 있더니 이 때 다시 알미장에 이르시어 종이 위에 '한 일一' 자 를 쓰시고 수부님께 "이것이 무엇 같으냐?" 하고 물으시니라. 이에 수부님께서 "누에 같습니다." 하고 대답하시니 상제님께서 한 일 자를 입으로 후 하고 부시고 천지가 울리도록 크게 외치시기를 "나는 순이다. 순이 옥황상제다." 하시니 순간 글자가 살아나 마치 누에처럼 기어가니라. (5:298)

그해 겨울, 상제님께서는 당신의 명정銘旌을 친히 '옥황상제'라 써서 고 수부님에게 전해 주실 때 "내가 옥황상제니라."(6:82)라고 하시며, 당신께서 인간으로 강세하신 천상 옥경의 옥황상제이심을 거듭 천명하셨습니다.

(3) 동학의 대선생大先生으로 오심 | 상제님께서 정미(1907)년 6월에 차경석과 박공우 두 성도를 만나신 후, 이런 말씀을 내려 주셨습니다.

> ❋ 상제님께서 경석과 공우에게 이르시기를 "이제 만날 사람 만났으니 통정신通情神이 나오니라. 나의 일은 비록 부모 형제 처자라도 모르는 일이니 나는 서양 대법국 천개탑 천하대순이라. 동학 주문에 '시천주조화정侍天主造化定'이라 하였으니 나의 일을 이름이라. … 나를 믿는 자는 무궁한 행복을 얻어 선경의 낙을 누리리니 이것이 참동학이니라. 궁을가弓乙歌에 '조선강산 명산이라 도통군자 다시 난다.' 하였으니 그 또한 나의 일을 이름이라. 동학 신도간에 '대선생大先生이 갱생하리라.'고 전하나 죽은 자가 다시 살아오지는 못할 것이요 이는 '대선생이 다시 나리라.'는 말이니 내가 곧 대선생이로다." 하시고…. (3:184)

동학의 본질은 **유·불·선을 통합한 후천의 선도**입니다. 동학의 '시천주 신앙'은 후천 가을 대개벽을 집행하기 위해 오실 천주님을 신앙하는 것입니다. '내가 곧 대선생이로다'라는 상제님의 말씀은 수운의 재림을 믿어 온 동학 신도들에게, 수운을 불러 천명을 내리셨던 그 '한울님'께서 친히 대선생으로 오셨음을 밝혀 주신 것입니다. 동학 창시의 천명을 내려 주신 천상 옥경의 상제님께서 친히 이 땅에 강세하시어, 동학이 이루지 못한 **세계 종교 통일과 인류 구원의 이상을 실현할 '참동학'**을 열어 주신다는 말씀입니다.

2) 서선西仙의 도맥을 완결지으심

(1) 기독교의 하느님으로 오심 | 기독교『성서』는 사도 요한이 받은 계시의 내용을 다음과 같이 기록하고 있습니다.

> ◎ 구원하심이 보좌에 앉으신 우리 하느님과 어린양에게 있도다. (「요한계시록」 7:10)
>
> ◎ 나는 알파와 오메가라. 이제도 있고 전에도 있었고 장차 올 자요 전능한 자라 하시더라. (「요한계시록」 1:8)

천지의 원주인이신 하느님께서 후천 가을 우주의 인존 시대를 맞이해 사람 몸을 지어 입으시고 천지의 뜻과 이상을 이루시는 가을 천지의 인존 하느님으로 화신化身하셨습니다. 상제님은 당신이 이 세상에 오신 뜻을 서교의 구원의 삼박자 이치로 말씀해 주셨습니다.

※ 聖父
성부
聖子　元亨利貞奉天地道術藥局 在全州銅谷生死判斷
성자　원형이정봉천지도술약국 재전주동곡생사판단
聖神
성신
천지의 정신인 원형이정의 도를 바탕으로 천지를 받드는 도술약국이라.
전주 동곡에서 천하 사람의 생사 판단을 하느니라. (5:347)

이처럼 인간으로 오신 상제님께서 천지의 봄(元)·여름(亨)·가을(利)·겨울(貞)로 순환하는 창조·변화 섭리를 바탕으로, 인류 구원의 도道와 술術을 겸비한 **'도술약국'**을 전주 동곡에 열어 **인류의 생사를 판단**한다고 하셨습니다.

(2) 신미생(未=양羊띠)으로 오신 뜻 | 예수는 "그날과 그때는 아무도 모르나니, 하늘의 천사들도 아들도 모르고 오직 아버지만 아시느니라."(「마태복음」 24:36)라고 하여 불원간 닥쳐올 가을 천지 대개벽, 천지 대변혁의 시간은 자신도 모르고 오직 아버지만 아신다고 했습니다.

예수는 아버지 하느님의 대행자로 지상에 왔을 뿐, 예수 자신은 결코 하느님이 아닙니다. 상제님은 예수의 한을 풀어 주시고 기독교가 외친 구원의 이상인 지상 천국을 실현하시기 위해 직접 이 땅에 오셨습니다. 예수가 그토록 외친 아버지 하느님이 바로 상제님이십니다. 예수는 하느님에게 자신을 속죄의 제물로 바친 어린 양입니다. 예수가 말한 아버지 하느님이신 증산 상제님은 당신께서 친히 양으로 오셨음을 이렇게 말씀해 주셨습니다.

※ 내가 신미생辛未生이라. 통속에 미未를 양羊이라 하나니 양은 종이를 잘 먹느니라. (4:142)

상제님은 신미생으로 인간 세상에 오셨습니다. 천지의 변화 이법으로 보면 **신辛**은 **가을철**에 천지 만물을 **결실하는** 하느님의 **추수 정신**을 나타내고, **미未**는 하느님(생명의 근원)이 주재하시는 **가을의 무극생명**(후천 통일 운수)을 의미합니다.

3. 대인군자로 오심

상제님께서는 유교의 본질을 '유지범절'이라 말씀하셨습니다. 유교의 사명은 하늘과 땅의 질서에서 도덕 정신을 이끌어 내어 **인간 세상에 범절의 푯대인 예의를 정립**하는 것입니다. 상제님은 공사를 행하실 때, 천지의 도덕을 완성하는 이상적 인간상인 '대인大人', '군자君子'라는 말을 즐겨 쓰셨습니다.

❋ **대인**의 말은 구천에 사무치나니 나의 말도 그와 같아서 늘지도 줄지도 않고 부절符節과 같이 합하느니라. (4:129)

❋ 상제님께서 겨울에 안내성과 김익찬을 데리고 독배고개를 넘어 황소리 부근을 지나실 때 일본인 포수가 떼 지어 앉아 있는 비둘기와 꿩을 향해 총을 겨누어 쏘려 하거늘 상제님께서 … "이는 **군자**君子 차마 보지 못할 일이라. 너 이놈 어디 한번 쏴봐라." 하시며 왼발로 땅을 한 번 구르시니 총이 쏘아지지 않으니라. (3:215)

상제님께서 이처럼 당신을 유교의 대인, 군자라 말씀하신 것은 인류 문명의 성숙기인 후천 가을 개벽기를 맞아 인간으로 오신 상제님 당신께서 곧 **유교에서 지향하는** 인간의 이상적 존재임을 밝히신 것입니다.

4. 선천 종교의 이상을 이루시는 상제님

위에서 살펴본 바와 같이, 상제님께서 유교의 대인군자로 오심은 무너져 버린 도덕 윤리를 재확립하시기 위한 것이요, 미륵부처님으로 출세하심은 미륵 정토彌勒淨土, 상서가 무르녹는 용화 세계龍華世界, 현실 극락(地上仙境)을 여시기 위한 것임을 알 수 있습니다. 또 옥황상제, 하느님으로 강세하심은 조화와 영생이라는 선의 이상을 성취하시기 위한 것입니다. 상제님이 이렇게 유·불·선의 도맥을 완결지어 **대인군자, 미륵불, 옥황상제, 하느님**(하나님, 하늘님), **대선생** 등으로 당신의 신원을 나타내심은 다음과 같은 구원의 섭리를 전해 주시기 위한 것입니다.

❋ 예수를 믿는 사람은 예수의 재림을 기다리고 불교도는 미륵의 출세를 기다리고 동학 신도는 최수운의 갱생을 기다리나니 '누구든지 한 사람만 오면 각기 저의 스승이라' 하여 따르리라. (2:40)

인류는 누구나 하느님의 자녀입니다. 만약에 상제님께서 당신을 단지 미륵부처님으로 나타내 주셨다면 불교 신도가 아닌 다른 종교인들, 특히 수억에 이르는 기독교인들은 구원의 날에 자신은 속았다며 허탈감에 빠질 것입니다. 다른 종교의 절대자로 현현顯現하셨어도 역시 마찬가지일 것입니다. 선천 유·불·선 가운데 어떤 종교를 믿든, 모든 종교인의 소망과 구원을 동시에 이루시기 위해 **우주의 절대자**께서는 유·불·선 등, 진리의 가지(道枝)에 따라 **여러 이름으로** 당신을 드러내신 것입니다.

그러면 삼계 대권을 주재하시는 절대자 하느님을 부르는 가장 적합한 호칭은 무엇일까요?

앞서 밝힌 대로 '하느님'이나 '하나님', '미륵부처님'이나 '상제님'은 모두 동일한 한 분의 우주 절대자를 가리키는 말입니다. 그런데 상제님이 당신의 신원을 '옥황상제'라 밝히셨고, 또 동방 한민족의 시원 종교인 신교의 상제문화와, 상제님 당대 성도들이 부르던 전통에 따라 '상제님'이라고 부르는 것이 이치에 가장 합당합니다.

인간으로 오신 조화옹 하느님이시며, 진리의 참 주인이신 증산 상제님께서는 가을 대개벽기를 맞아 대도 진리의 전모를 환히 드러내 주셨습니다. 다음 장에서는 존재의 양면인 인간과 신의 세계에 감춰진 진리의 비밀을 살펴보기로 하겠습니다.

3장

인간과 신의 세계

인간이라면 누구나 기쁨과 보람을 느끼며 행복하게 살기를 희망합니다. 그러나 뜻대로만 되지 않는 것이 인생입니다. 살다 보면 운명의 파도에 휩쓸려 깊은 절망에 빠지기도 합니다. 좌절의 늪에서 삶의 무의미와 자신의 무능력을 자학하며 허무감으로 몸부림칠 때, 가슴에 사무치도록 밀려드는 의문은 무엇입니까? '인간은 무엇을 위해 살아야 하며 그 명분은 어디에 있는가, 삶과 죽음이란 도대체 무엇인가' 하는 물음일 것입니다. 인간이 살아가면서 가장 알고 싶어 하는 수수께끼는 진실로 알기 어려운 인간과 신神에 관련된 대자연의 신비입니다. 인간은 일상적인 생활 문제를 넘어 본질적인 삶과 죽음에 관한 우주의 수수께끼를 풀기 위해 끊임없이 노력해 왔습니다.

동서고금의 모든 이들이 고뇌하며 본능적으로 제기한 이러한 의문에 대해 수수천년 동안 많은 성인과 철인이 해답을 구해 왔지만 여전히 그 의문은 풀리지 않은 채 미혹에 싸여 있습니다. 우주의 신비는 오직 만유를 지으신 조화옹 하느님의 권능으로만 풀릴 수 있습니다. 삼계 우주의 통치자 하느님이시며, 미륵부처님이시며, 서신사명으로 오신 상제님이 들려 주신 후천 무극대도의 진리 말씀은 이러한 근본 문제들을 근원적으로 해명해 줍니다.

이 장에서는 1871년에 이 땅에 강세하신 증산 상제님의 말씀을 통해 인류가 그토록 찾아 헤매던 인간과 신과 대자연의 신비에 대한 해답을 알아보도록 하겠습니다.

제1절 인간 존재의 신비

1. 존재의 양면성: 정신(理)과 물질(氣)

만물의 변화는 물질적이면서 동시에 정신적입니다. 현대 과학에서는 빛이 광자光子라는 파동성을 띤 소립자(에너지 덩어리=물질)의 흐름이며, 물체 사이에 작용하는 중력도 중력자(graviton)라는 소립자의 상호작용으로 설명하고 있습니다. 이에 따르면, 말소리나 노랫소리뿐만 아니라, 사고 작용이나 꿈속에서의 의식 작용과 같은 모든 정신 작용도 물질(소립자)의 흐름과 전달에 의존하고 있습니다. 즉 정신은 물질이 매개하지 않으면 작용할 수 없습니다.

물질을 이루는 기본 요소이자 정신의 표현 수단이기도 한 소립자는 입자이면서 동시에 파동으로 나타나는데, 이 파동 속에 수많은 정보가 담겨 있습니다.

만물에 마음이 깃들어 있다고 보는 범심론[1]은 원자까지도 의식을 갖고 있다고 말합니다. 거기서 하나의 통일된 체계를 이룰 때 '혼(soul)' 또는 '정신(spirit)'이 생겨납니다. 조약돌이나 모래알, 작은 먼지 하나에도 영성이 있습니다.

정신과 물질은 바로 **존재의 양면**입니다. 생명의 존재 원리로 말한다면, 이것을 '이理'와 '기氣'로 이야기할 수 있습니다. 우주 공간에 가득 찬 기氣(천지기운)가 창조의 모체로서 만물을 빚어내는 것이며, 그 우주생명(氣)을 있게 하는 창조·변화의 원리인 이理가 바로 대우주의 정보이자 정신의 근원입니다. 이理와 기氣는 작용면에서 서로 분리되지만, 본질적으로는 둘이 아니라 일체입니다. 하지만 변화 원리(理)에 따라 기가 운동하므로 이가 기의 주체입니다. 즉 **정신이 물질의 주체**가 되는 것입니다.

이러한 우주생명의 창조 원리를 바탕으로 하여 화생한 인간도 정신과 육체의 이원적 구조로 되어 있습니다. 이와 기가 일체로서 상호 작용하는 것과 같이 정신과 육체도 일체의 관계로 상호 작용하며 우주 창조의 이상을 향해 나아갑니다. 그러므로 철학에서 말하는 유심론이나 유물론은 각기 한쪽에 치우친 반쪽짜리 이론에 지나지 않습니다.

2. 인간의 존재 모습

1) 몸의 이원적 구조: 영체와 육신

인간은 하늘생명(運)과 땅의 정기(氣)가 각각 지어 낸 **속사람 영체靈體**와 **겉사람 육신**이 서로 의존적으로 포개져 이원적 구조로 존재합니다.

겉사람인 육신은 물질로 이루어져 있습니다. 머리는 하늘의 형상을 닮아 둥글고, 두 눈은 태양과 달의 광명에 응해 만물을 밝게 볼 수 있습니다. 그리고 하늘땅에 오운五運과 육기六氣가 신비하게 교류하듯이 우리 몸에는 오장육부가 작용합니다. 우주의 사계절에 응하여 우리 몸에 사지四肢가 있고, 하루 변화인 12시時에 상응하여 12경맥經脈이 배열되어 있습니다. 또 1년 변화의 큰 시간 마디인 24절기의 순환 에너지에 응

---

1 **범심론**汎心論 | 물활론物活論처럼 모든 물질이 살아 있으며, 나아가 우주 만물에 정신이 있다고 여기는 학설로서 범정신론汎精神論이라고도 한다. 범심론에서는 마음을 가진 만물이 서로 유기적인 관계를 이루므로 우주 전체가 하나의 거대한 생명체를 이루고 있다고 본다. 또한 초월적인 지성과 능력을 지닌 존재가 있어 그에 의하여 모든 혼들이 하나의 목적을 향하여 조화되도록 서로 영향을 주고 있다고 본다. 유기체적 우주론·생명론적 자연관을 갖는 모든 철학이 범심론에 포함된다고 할 수 있다. 르네상스기의 이탈리아 자연 철학자 텔레시오는 "자연은 모두 살아 있으며 감각을 지녔다."고 하였고, 스피노자는 "정신과 물체는 서로 독립된 것이면서도 모두 내재적인 신의 표현이기 때문에 정신 계열과 물체 계열은 서로 대응하고 평행 관계를 가진다."고 말하였다(物心平行論). 스피노자 철학은 범심론의 전형이라 할 수 있다.

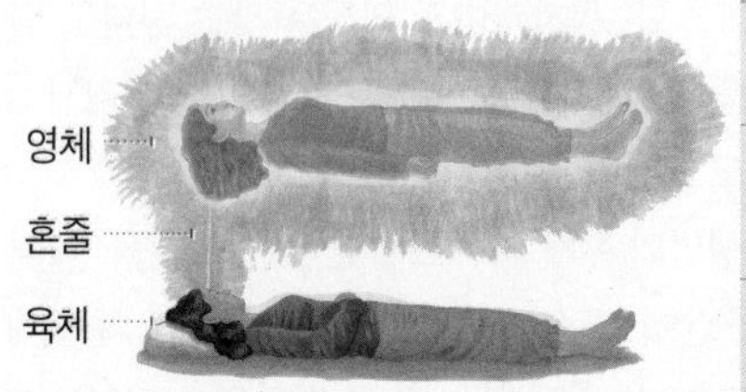

신神	속사람, 객체적 존재
영靈	공도公道적 존재, 우주 의식을 가진 존재
선仙	역사에 공덕을 쌓은 불멸의 존재

하여 24척추脊椎가 있으며, 현재의 천지 운행 도수度數인 365도에 따라 365경혈經穴이 신묘하게 갖추어져 있습니다. 이렇듯 인간의 몸은 하늘과 땅의 축소판으로 우주의 구조에 따라 신비스럽게 조직되어 있습니다.

그런가 하면 인간의 몸속에는 영체라는 보이지 않는 또 하나의 몸이 있습니다. **영체**(spiritual body)는 하늘생명에 의해서 화생된 속사람으로 **그 사람의 혼**(정신)**과 마음을 담는 그릇**입니다. 이 영체는 물질인 육체와 달리 비非물질 또는 초물질로 이루어져 있는데 진동수가 빨라 육안으로는 볼 수 없습니다. 생김새가 육체와 완전히 똑같은 영체는 육체와 함께 성장하고 변화해 갑니다.

증산 상제님께서는 인간 존재의 사후에 대해서 다음과 같이 말씀해 주셨습니다.

※ 김송환金松煥이 사후死後의 일을 여쭈니 말씀하시기를 "사람에게는 혼魂과 넋[魄]이 있어 혼은 하늘에 올라가 신神이 되어 제사를 받다가 4대가 지나면 영靈도 되고 혹 선仙도 되며 넋은 땅으로 돌아가 4대가 지나면 귀鬼가 되느니라." 하시니라. (2:118)

인간은 하늘의 삼신이 들어와 탄생합니다. 몸에 들어온 삼신은 혼魂으로 작용하는데, 동방 신교의 삼신문화에서는 혼이 세 가지로 작동한다고 하여 삼혼三魂이라 합니다. 『환단고기』는 삼혼을 영혼靈魂, 각혼覺魂, 생혼生魂이라 하였습니다. 이 삼혼의 작용으로 인간에게는 삼식三識, 즉 영식靈識, 지식智識, 의식意識의 작용이 있게 됩니다.

영식은 영혼과 같은 것으로 인간의 마음이 순수한 하늘의 조화신으로 충만해 있어서 온 우주를 거울에 비친 것처럼 사물들의 겉과 속을 통관하여 환히 아는 것을 말합니다. 『환단고기』의 "성이 신의 근본이다(性者 神之根也)"라는 구절은 삼신의 신성으로 충만해 있는 인간의 마음을 말합니다.

지식은 각혼과 같은 것으로 인간이 대상(사물)에 접하여 이치를 헤아려 아는 것을 말합니다. 시공간의 제약(작용)에 따른 감각적 지식이나 이성적 판단, 추론 등과 같은 학습을 통해서 아는 지식들이 여기에 속합니다.

의식은 생혼과 같은 것으로 생장염장을 본성으로 하는 인간에게서 생각들이 끊임없이 일어나는 것을 말합니다. 원효가『대승기신론소』에서 인간의 마음을 바다의 심연과 파도에 비유하였듯이 물결처럼 일어나고 소멸하는 것이 의식입니다. 이와 같이 만유의 생명 가운데 인간만이 유일하게 삼혼을 두루 갖추고 있어서 만물의 영장靈長이 되는 것입니다.

인간의 혼은 **영체**에, 넋은 **육체**에 깃들어 있습니다. 혼은 그 성질이 밝고 가벼워서 맑고 밝은 것을 좋아하며 긍정적으로 마음을 이끌어 갑니다. 그런 반면에 넋(백魄)은 음기운으로 무겁고 혼탁한 세속의 정서 작용으로 어둡고 퇴행하는 쪽으로 끌고 가는 성향이 강합니다. 혼은 **삼신**에 의해 생겨났으므로 삼혼으로 존재하고, 넋은 **칠성**七星 기운을 받고 나와 칠백七魄[2]으로 작용합니다. 이것을 일러 **삼혼칠백**三魂七魄이라 합니다.

인간으로 강세하신 증산 상제님께서는 처음으로 **혼**魂**과 넋**(魄), **신**神**과 귀**鬼, **영**靈**과 선**(仙=僊)의 관계를 하나의 통일된 원리로 밝혀 주셨습니다. 사람이 죽으면 혼(soul)은 육체(flesh)에서 분리되어 천상으로 올라가 하늘사람인 신神으로 생활하다가 4대라는 시간이 흐르면 영적 차원의 경지에 따라 영과 신선으로 변모한다고 말씀하셨습니다. 여기에 대한 구체적인 설명은 뒤에서 하기로 하고, 인간이 가지고 있는 속사람 영체에 대해 더 알아보기로 하겠습니다.

2) 속사람 영체의 본질

(1) 영체의 이탈 | 상제님께서는 영체의 혼에 대해 다음과 같이 밝혀 주셨습니다.

> ❋ 하루는 비가 내리니 한 성도가 약방 사랑에서 비를 구경하다 잠이 들거늘 … 호연이 신안이 열려서 보매 꼭 생쥐같이 생긴 것이 콧구멍에서 토방까지 나오더니 빗물에 잘박잘박하며 발을 대 보다가 다시 콧구멍으로 들어가고, 또 나왔다가 들어가고, 그러기를 계속하는지라 상제님께서 말씀하시기를 "저것이 사람의 혼이여. 저것이 하나라야 내 본심이고, 둘이면 도둑놈이다 …." 하시니라. (4:121)

혼이 머무는 속사람 영체는 평상시에 겉사람인 육체와 하나로 합치되어 있지만, 잠을 잘 때나 마취된 상태에서는 육체를 이탈해 몸 밖으로 빠져나갑니다.[3]

---

2 **칠백** | 도가와 불가에서 말하는 칠백에는 먹기를 좋아하는 시구尸狗, 옷 입는 것을 좋아하는 복시伏矢, 음행을 좋아하는 작음雀陰, 노름을 좋아하는 탄적呑賊, 재앙을 좋아하는 비독非毒, 탐내기를 좋아하는 제예除穢, 잡스런 일을 좋아하는 취폐臭肺라는 일곱 가지 백이 있다. 이러한 백이 제멋대로 날뛰지 못하게 마음을 닦고 잘 통제할 것을 강조한다.

3 영체 이탈에 대한 전문가 실반 멀두운Sylvan Muldoon(1903~1969)은, 속사람은 자기 육체에 우주생명을 전해 주는 생명의 콘덴서라 했다.

속사람은, 은백색 광채를 발하는 생명선으로 겉사람과 연결되어 있는데 이 끈을 혼줄 또는 영사靈絲라 부릅니다. 양 눈썹 사이 인당印堂에서 나오는 혼줄은 영체의 머리 뒤 연수延髓 쪽에 연결되어 있습니다. 영체와 같은 초물질로 이루어져 있으며 혼줄은 처음 이탈할 때 발광 부분까지 합쳐서 15㎝ 정도이지만, 영체가 멀리 영계나 외계 우주로 빠져나갈 때는 마치 실처럼 가늘어져 길어집니다.

영체가 육체에서 벗어날 때, 누워 있는 자세에서는 육체와 평행을 이루어 서서히 빠져나갑니다. 다시 돌아올 때도 수평 자세로 바꾸어 천천히 하강하여 육체와 합쳐집니다. 이때 무(잠재)의식에 맺혀 있는 어떤 감정이 문득 솟아올라 육체를 자극하면, 영체는 급강하여 육체에 강렬한 충격을 주게 됩니다. 그 순간 낭떠러지로 떨어지는 등의 깜짝 놀라는 꿈을 꾸기도 하고, 팔다리가 뒤틀리거나 경련을 일으키기도 합니다. 불가에서 도승들이 몸은 그대로 두고 영신靈身만 빠져나가 천상이나 외계 우주로 여행하는 것을 '시해법尸解法'이라 하는데, 이것도 일종의 영체(유체) 이탈입니다(4:138, 진묵대사의 예).

(2) 생명의 빛(aura)으로 나타나는 영체 | 속사람인 영체는 그 자체에서 생명의 빛을 발산합니다. 후광後光(aura)이라는 이 신비로운 빛에 둘러싸인 영체는 선천적인 영격靈格과 심령 진화의 정도에 따라 그 빛깔이 다르게 나타납니다. 우주 만물의 주위에는 항상 타오르는 이 생명의 불길이 하늘거립니다. 초록빛 풀잎이나 쥐 같은 동식물은 물론, 동전이나 돌 등에서도 영롱하게 반짝이는 오오라가 나타납니다.

영국의 월터 킬너Walter Kilner(1847~1920) 박사는 속사람이 뿜어 대는 생명의 불빛인 오오라의 색상에 따라 그 사람의 건강 상태와 성격과 품성을 알 수 있는 방법을 제시하였습니다. 그의 연구소에서 개발한 킬너 스크린이라는 청남색의 특수 안경을 쓰면 누구든지 밤하늘의 은하와 같은 이 빛을 볼 수 있다고 합니다.

꽃(좌)과 나뭇잎(우)의 오오라

현대의 심령 과학이 밝힌 바에 따르면, 대체로 성인聖人의 오오라는 은백색, 종교심이 깊고 심성이 고결한 사람은 자색, 관대하고 지성이 높은 사람은 황금색으로 나타납니다. 또 성격이 낙천적인 사람은 장밋빛, 화를 잘 내거나 정열적인 사람은 붉은빛, 직관력이 뛰어난 사람은 보랏빛을 발산합니다.

상제님께서는 당시 금산사 승려 오금해에게 영안을 열어 주시어 대우주를 조화로 다스리시는 당신의 성령의 광명을 체험하고 생생히 증언하게 하셨습니다.

> ❋ 하루는 밤에 모악산 비장골의 냇가 바위에 앉아 쉬시니 16세 된 금산사 중 오금해吳錦海가 시중을 드니라. 상제님께서 금해에게 "물 한 그릇 떠 오라." 하시므로 금해가 명을 받고 물을 뜨러 가다가 문득 뒤를 돌아보니 바위 위에 앉아 계신 상제님께서 태양과 같이 찬연한 불덩이로 빛나시거늘 그 광명이 얼마나 밝은지 기어가는 개미까지도 보일 정도더라. 금해가 하도 눈이 부시어 감히 바로 보지 못하고 고개를 돌리니라. (2:14)

그런데 인간의 내면에 있는 보이지 않는 무형의 마음 세계는 초물질의 영신으로 작용하고 있습니다. 그러면 인간의 마음이란 과연 무엇이며 어떠한 모습으로 존재하고 있는지, 그 신비를 함께 밝히기로 하겠습니다.

3. 인간의 마음

1) 마음이란 무엇인가

인간은 하루 낮과 밤, 1년의 봄·여름(양)과 가을·겨울(음) 같은, 크고 작은 음양의 변화 속에서 살아갑니다. 그런데 이러한 음양 변화 속에서도 인간의 마음은 시간을 초월해 **언제나 변하지 않는 본성**本性을 갖고 있습니다. 사색하고 행위할 때는 물론이요, 역사의 폭풍과도 같은 전쟁이나 고난의 환경 속에서도 마음의 본성은 결코 손상되거나 오염되지 않습니다.

유가에서는 이러한 마음의 관계를 '마음(心)과 본성(性)과 감정(情)'의 삼자 관계로 설명하여 '**심통성정**心統性情'이라는 말로 표현합니다. 마음이 성과 정을 통괄하는데 성性이 마음의 근원이요, 마음이 동한 것이 정情이라는 것입니다. 불가와 도가에서도 마음을 체體와 용用을 아우르는 개념으로 전합니다.

동방 삼신문화에서는 마음의 근원인 성性이 바로 삼신상제님의 마음 자리로서 그 **하느님의 조화 신성**이 우리 내면에 그대로 깃들어 있음을 밝히고 있습니다. 인간 마음의 뿌리가 바로 하느님의 조화로운 마음 자리라는 것입니다. 따라서 마음이 온전히 열릴 때 우리는 조물주 하느님(三神)과 하나 될 수 있습니다. 그러나 인간의 의식은 사물을 보고 듣고 접하면서 분열됩니다. 환경과 정서에 따라 마음이 하루에도 수백 번 바뀌고 뒤집히는 것이 그 작용의 현실입니다. 우리는 이러한 마음의 본체와 변화 작용을 음양론으로 나누어, 크게 의식과 무의식으로 나눌 수 있습니다.

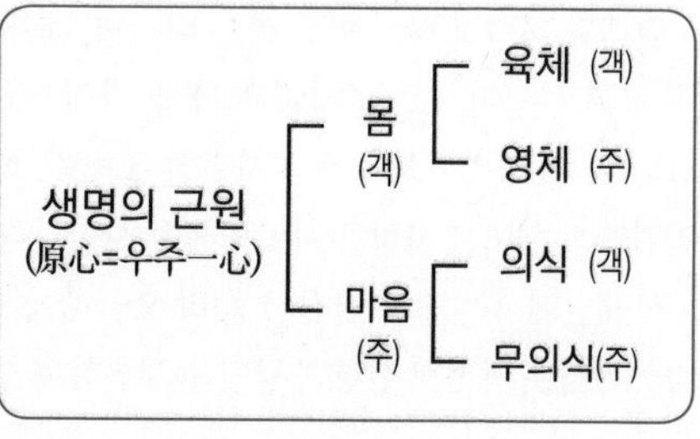

2) 마음의 음양 작용, 의식과 무의식

(1) 의식과 무의식 | 만물은 음양의 두 힘에 의해 서로 작용하며 변화합니다. 인간도 몸과 마음이 모두 음양으로 작용합니다. 몸은 유형(육체)과 무형(영체)으로 존재하고, 마음도 신비스럽게 음양으로 나뉘어 서로 긴밀하게 의존하며 작용합니다. 이 두 마음이 바로 의식과 무의식[4]입니다.

의식이란 '나'라고 느끼고 생각하는 마음(자아의식)입니다. 우리는 깨어 있을 때 늘 무엇을 인식하고(知), 슬픔과 기쁨, 아름다움 등을 느끼며(情), 자신의 자유의지로 결단(意)을 내립니다. 의식이란 무의식을 바탕으로 하는, 지성과 감정과 의지의 작용을 말합니다. 피곤한 하루 일과를 마치고 겉사람이 깊은 잠에 빠져 들면, 이 분별 의식도 꺼지게 됩니다. 그때 속사람인 영혼은 우주의 허공과 같이 무한히 펼쳐져 있는 무의식의 세계에 머물게 됩니다.

무의식은 의식과 이어져 상호 긴밀하게 작용하지만 잠재되어 있기 때문에 우리는 쉽게 느끼지 못합니다. 잠재의식은 엄밀히 말하면 의식과 무의식의 중간 단계이지만 여기서는 무의식과 하나로 묶어서 보기로 하겠습니다.

무의식은 태초부터 쌓인 인생의 온갖 사연과 체험이 오묘하게 녹화되어 있는 기억의 보고寶庫입니다. 인생이라는 초원을 거닐며 체험하는 수많은 사연이 무의식의 공막空膜에 녹화됩니다. 허물과 죄의 그림자가 인간의 무의식에 지워지지 않는 상처를 남기기도 합니다. 이러한 상흔이 그 사람의 말씨(言習)와 마음가짐은 물론, 운명과 인격을 형성하는 강한 힘으로 작용합니다. 이 무의식은 태초부터 영원히 살아 움직이는 마음의 근원 세계입니다. 또 무한한 영감의 원천이자 **우주와 만유 생명력의 근원**이기도 합니다. 심리학의 두 거장 프로이트Sigmund Freud와 융Carl G. Jung도 말하였듯이 인

---

4 무의식 | 무의식은 의식이 없다는 뜻이 아니라 자신의 내면에 있지만 의식되지 않는다는 뜻이다. 원어인 독일어 'Unbewusstsein(운베부스트자인)'은 영어로는 'unconscious'로 **의식되지 않은 것**을 뜻한다.

간은 극도로 긴급한 상황이 닥치면 무의식에 의존하게 됩니다. 인간은 원래 무의식의 상태에서 삶을 시작하여, 자라나면서 점차 의식 세계 속에서 살아갑니다. 이 의식은 잠잘 때나 상황에 따라 잠시 활동을 멈추기도 합니다. 하지만 무(잠재)의식은 생명의 유지를 위한 호흡이나 심장 박동과 같은 모든 생명 활동을 주관하며 끊임없이 작동합니다.

(2) 프로이트와 융이 말하는 무의식 | 프로이트는, 의지와 이성에 따라 작용하는 개별 의식(the little Self)인 자아는 수면 위에 떠 있는 빙산과도 같이 일부분에 지나지 않고, 마음의 대부분은 저 심해와도 같이 아득한 무의식 세계에 속한다고 하였습니다.

프로이트는 억압된 사고와 감정과 기억이 무의식을 이룬다고 보았습니다. 의식으로 받아들이기 어려운 생각이나 욕구를, 억압을 통해서 무의식으로 추방한다는 것입니다. 무의식은 직접 인식할 수 없고 다만 행동이나 꿈을 통해서 드러납니다.

정신 분석은 무의식을 파헤쳐 마음의 병을 치유하는 작업입니다. 무의식 깊은 곳에 자기를 억누르던 마음을 찾아 놓아줌으로써 비로소 억압에서 해방되어 자유로워지고 마음의 상흔이 치료될 수 있습니다.

프로이트는 인간의 마음이 **'원초아**原初我(본능, Id)', **'자아**自我(Ego)', **'초자아**超自我(Super-Ego)'라는 세 층으로 이루어져 있다고 보았습니다. 원초아는 무의식의 영역에 있으며 쾌감을 얻고자 하는 가장 원초적인 충동입니다. 이후 이 본능적인 욕구를 현실에 맞게 추구하는 자아가 생겨나고, 다시 부모와 사회의 도덕적 가치를 내면화하면서 초자아가 형성됩니다. 초자아는 원초아의 욕구와 충동을 억제하고, 자아로 하여금 도덕적 가치와 목표를 추구하게 합니다. 자아는 이 세 힘들 사이에 균형을 조정하는 역할을 합니다. 자아는 원초아의 본능적인 욕구와 초자아의 도덕적 기대를 현실에 맞게 조정하고 판단을 실행합니다. 프로이트는 이처럼 세 힘이 무의식 세계에서 서로 영향을 끼치면서 사람의 성격과 생각이 드러난다고 보았습니다.

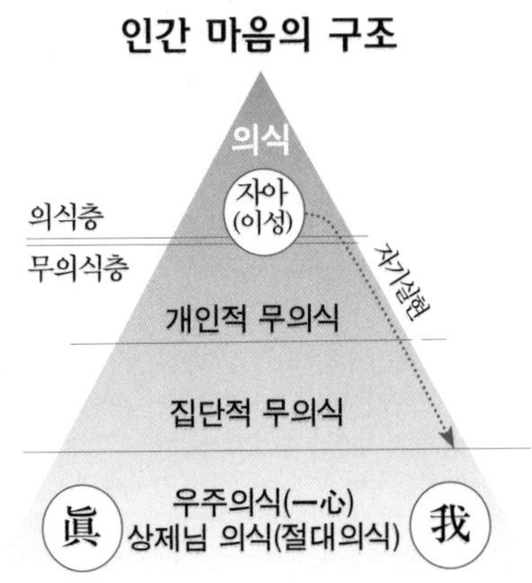

그는 인간의 생각과 행동이 의식이 아닌 무의식의 지배를 받는다고 보았습니다. 인간의 정신을 이해하는 가장 중요한 요소로서 무의식을 끌어들인 것입니다. '정신분석학' 이론의 틀을 잡은 프로이트는 "인간의 정신이 '의식'이라 여기던 것이 정신분석학에 의해서 뒤집어졌다."라고 말했습니다.

프로이트와 다른 방향으로 이론을 발전시킨 융은 인간의 무의식을 **'개인적 무의식'**과 **'집단적 무의식'**으로 나누었습니다. 집단 무의식은 종족적으로 유전되어 개인의 경험을 초월한다고 합니다. 어릴 때부터 쌓인 경험이 그 사람의 생각, 감정, 행동에 영향을 주는 것이 개인적 무의식입니다. 이에 반해 집단적 무의식은 옛 조상이 경험한 의식이 쌓여 개인이 속한 집단이나 민족, 인류 전체에 공통적으로 드러나는 정신의 바탕입니다. 이 집단적 무의식은 신화나 민담이 산출되는 원천이며 종교적 심성의 발원지이기도 합니다. 융 심리학[5]의 핵심은 **'자기(Self)**와 **'자아(Ego)'**입니다. 자기(진아眞我)는 의식의 빛이 닿지 않는 무의식의 바닥이자 집단적 무의식의 원형 속에 포괄됩니다. 그러나 자아는 의식이 작용하는 분별의 주체입니다. 인간은 자아라는 의식의 좁은 울타리를 넘어 무의식의 세계와 하나 됨으로써 '자기실현'에 도달할 수 있습니다. **자기실현**이란, 자아가 무의식의 깊은 심연에서 우러나오는 목소리를 감지하고 자기를 발견하는 과정입니다. 인간은 누구나 의식과 무의식의 분열을 지양하여 온전히 하나 될 수 있는 가능성을 갖고 있습니다. 일찍이 동양에서는 이 세계를 추구하고 찾아왔던 것입니다.

(3) 불교 유식설唯識說의 팔식八識 체계 | 불교 '유식설'에서는 이 **의식과 무의식**의 작용을 좀 더 구체적으로 전하고 있습니다. '유식唯識'이란 '유식무경唯識無境'을 줄인 말로 오직 마음이 만물을 인식하는 것일 뿐, 만물의 고정된 실체가 따로 없다는 뜻입니다. 유식설에서는 인간의 정신 활동의 영역을 여덟 가지로 구분하여 8식으로 말합니다. 여기에는 인체의 감각을 통해 받아들이는 안식眼識, 이식耳識, 비식鼻識, 설식舌識, 신식身識이라는 다섯 가지 식識(전오식前五識)과, 제6식인 의식意識, 제7식인 말나식末那識(manas-vijnana), 그리고 제8식인 아뢰야식阿賴耶識(alaya-vijnana)이 있습니다.

제6식인 의식은 '안·이·비·설·신'의 전오식前五識을 총괄해서 바깥 사물을 **분별**하고 인식하는 마음으로 **'요별식了別識'**이라 합니다. '요별'의 '요了'는 대상을 인식하는 것을 말하고 '별別'은 감각기관에 따른 차별을 의미합니다. 제7식 말나식은 자아를 중심으로 세계를 생각하고 **판단하는 분별 의식**입니다. 번뇌와 망상을 일으키는 마음이라 하여 **'염오식染汚識'**이라고도 부릅니다. '염오'는 잡된 것에 물든다는 뜻이며, **이 말나식**

---

5 **융 심리학** | 프로이트가 무의식을 대체로 부정적인 관점에서 본 데 반해서 융은 긍정적이고 창조적인 측면을 중시하여, 그것을 종교가 지향하는 내면의 신비, 영적 세계와 일치한다고 보았다. 또 프로이트가 꿈의 분석에서 과거의 행위에 의존하는 데 반해서 융은 미래의 예시적 측면을 강조한다. 융은 꿈을 통해 무의식이 지시하는 삶의 진실에 귀 기울임으로써 분열된 자기(Self)를 극복해 나가는 현상을 자아(Ego)의 자기실현이라 보았다(『카를 구스타프 융 - 기억 꿈 사상』, 376쪽). 융은 꿈 이외에도 신화를 중시하여 의식과 무의식을 연결하는 수단으로 보았다(같은 책, 551쪽).

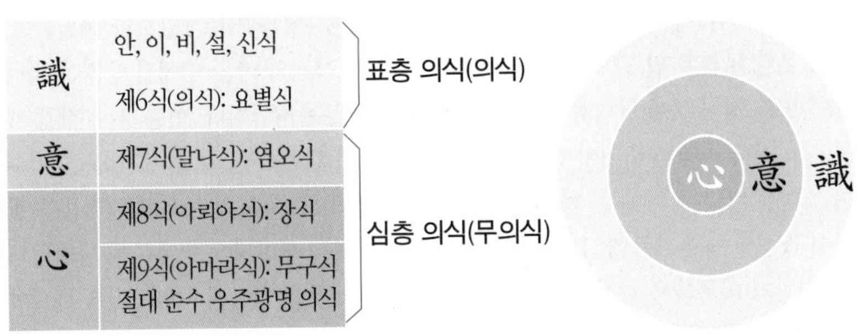

유식설의 삼식三識 관계

에서 집착이 생겨납니다. 그리고 제8식 아뢰야식은 인간의 생각과 행위의 저장고로 **'저장하는 식'**이라는 뜻으로 **'장식藏識'**이라 부릅니다. 여기에는 자신이 윤회의 과정과 이생에서 집착하여 경험한 모든 '기억의 종자'들이 저장됩니다. 저장된 종자는 언젠가는 현실 속에서 드러나는데 악의 종자는 업장을 소멸하는 **철저한 거듭남의 지속적인 수행 과정**을 거치지 않으면 반드시 응분의 결과를 가져옵니다. 이 장식에서 인과와 윤회의 사슬을 끊고 완전히 정화된 부처의식, **우주의 광명 의식**을 무구식無垢識 즉 **아마라식阿摩羅識**이라 합니다.

유식설에서 제8식 장식은 마음의 근원으로서 모든 의식을 포괄하는 심층 의식이고 제6식은 제8식의 경험이 반영되어 각양각색으로 다양하게 출현되는 표층 의식입니다. 그리고 자아의식에 해당하는 제7식 말나식은 제6식의 뿌리로서, 이 말나식부터 심층 의식이자 무의식 영역에 해당합니다. 유식설에서는 이러한 마음의 관계를 **'심心·의意·식識'**의 관계로 설명합니다. '심心'은 제8식인 아뢰야식을 말하고, '의意'는 제7식인 말나식, '식識'은 제6식인 의식을 말합니다.

미륵불의 가르침인 유식설을 체계화한 인물, 무착無着과 세친世親 | 무착(아상가Asańga의 한역)은 4~5세기경의 인물로, 북인도 간다라국(지금의 파키스탄, 페샤와르 지방)의 브라만 집안에서 아버지 카우시카kausika와 어머니 비린치Virinci 사이에 3형제 중 장남으로 태어났습니다. 그의 동생이 바로 설일체유부說一切有部에서 유식파로 전향하여 대성한 세친(바수반두Vasubandhu, 320?~400?)입니다.

『바수반두법사전婆藪槃豆法師傳』에 따르면 무착은 일찍이 소승불교에 출가하여 최고 경지인 아라한과阿羅漢果를 얻었으나, 그에 머물지 않고 도솔천의 천주이신 미륵불을 친견하고 교법을 받아 내리기

세친世親 바수반두
(Vasubandhu, 320?~400?)

를 발원합니다. 산 속 깊은 동굴에서 3년씩 피나는 수행을 거듭하였으나 서원을 이루지 못한 무착은 만 12년이 되던 어느 날, 산에서 내려와 마을 밖에서 수많은 벌레들이 병든 개의 몸에 달라붙어 살을 갉아 먹는 것을 목격합니다. 이를 본 무착은 개를 살리자니 벌레를 죽여야 하고, 벌레를 살리자니 개가 죽을 것 같아서, 옷을 벗어 펼친 다음 바랑 속의 칼을 꺼내 자신의 살을 베어 놓고, 부드러운 혀로 벌레들을 핥아서 정신없이 옮기는데, 홀연 병들어 죽어가던 개는 사라지고 미륵불이 나타납니다. 이렇게 미륵불을 친견한 무착은 유가행의 심오한 경지를 전수받고 이를 세상에 알렸으나 사람들은 믿지 않았습니다. 무착은 미륵불을 향해 다시금 간절히 발원하였습니다.

"나는 지금 중생으로 하여금 대승을 믿어 깨닫게 하고자 하오니, 오직 원하옵건대 큰 스승께서는 이 땅에 내려오셔서 대승을 해설하시어 중생들 모두가 믿고 깨닫게 해 주십시오."

이에 미륵님이 감응하여 밤마다 지상의 아유타국 강당에 내려와, 인연 있는 중생들을 널리 모이게 하고 『십칠지경十七地經』(현존하는 『유가사지론瑜伽師地論』의 앞부분)을 외우며 4개월 간 가르침을 내려주셨는데, 이것이 불가의 미륵님 신앙과 유식唯識사상 유포의 단서가 되었습니다. 무착은 이때의 가르침을 정리하여 『유가사지론』, 『분별유가론』, 『대승장엄경론』, 『변중변론』, 『금강반야바라밀경론』의 다섯 논서를 편찬하였습니다. 앞으로 강세하시는 도솔천의 천주님이요 미래불이신 미륵의 도법을 뭇 중생들이 받아 내릴 수 있는 기반을 마련해 준 것입니다. 무착은 말년에, 대승을 비방하던 동생 세친을 설득하여 위대한 대승불교자로 키웠습니다.

세친으로 알려진 무착의 동생은 본래 인도 이름이 바수반두Vasubandhu입니다. '바수Vasu'는 하늘(天), '반두bandhu'는 친하다(親)는 뜻입니다. 하늘, 즉 도솔천과 친함이 있다는 뜻으로 해석할 수 있습니다. 다시 말하면 도솔천 천주이신 미륵님과 친함이 있다는 뜻으로 무착과 세친 형제의 미륵불 친견, 가르침 그리고 유식학 성립은 이미 예정된 운명이라 할 수 있습니다.

또 아상가Asańga라는 이름의 한역인 '무착'은 글자 그대로 마음속에 일체의 '집착함이 없다'는 뜻입니다. 도솔천의 천주님이신 미륵님으로부터 오직 대승교법을 내려 받기를 염원한 무착은 '내 마음이 미륵님 마음이요 천지 마음'이라는 미륵님의 도법을 깨쳤습니다.

무착(좌)과 세친(우)

무착은 미륵신앙과 함께 유식설이라는 마음의 이법, 마음의 도리에 대해 종합적인 근본 체계를 세운 중심 인물입니다. 그런 의미에서 동방 미륵신앙의 표상인 진표眞表 대성사와 비견할 수 있습니다.

불교에서는 부처를 크게 과거불과 미래불로 나눕니다. 과거불은 무량한 과거세에 출현한 모든 부처를 통칭하는 말입니다. 경전마다 표현이 달라서 과거 7불, 과거 35불, 과거 53불, 과거 천불 등 여러 설이 있습니다. 그 중 대표적인 것이 과거 7불입니다. 시간이 맨 처음 시작된 때로부터 여섯 부처가 있었고(비바시불毘婆尸佛, 시기불尸棄佛, 비사부불毘舍浮佛, 구류손불俱留孫佛, 구나함모니불俱那含牟尼佛, 가섭불迦葉佛) 여기에 석가모니불釋迦牟尼佛을 더하여 일곱 부처가 된 것입니다. 그리고 미래불은 물론 미륵불입니다.

그런데 『삼국유사』 아도기라(阿道基羅; 혹은 아도我道, 또는 아두阿頭라고 한다)조에 따르면 우리 동방의 한반도는 과거불, 전불前佛시대를 연 땅입니다. 신라에 불법을 전해준 아도我道는 고구려 사람입니다. 그의 어머니는 고도령高道寧인데, 아들 아도가 다섯 살이 되자 출가시킵니다. 그리고 아도의 나이 19세가 되었을 때 이렇게 말합니다.

"이 고구려는 지금까지도 불법을 알지 못한다. 하지만 앞으로 3,000여 달이 되면 계림鷄林(신라)에서 성왕聖王이 나서 불교를 크게 일으킬 것이다. 그 나라 서울 안에 일곱 곳의 절터가 있는데, 모두 전불 때의 절터로서 앞으로 불법이 길이 전해질 곳이다. 너는 그곳으로 가서 큰 가르침을 전파하면 응당 이 땅의 불교의 개조開祖가 될 것이다."

북인도(네팔)에 석가모니가 출현하기 이전 전불시대부터 우리 동방 땅은 부처님과 인연 깊은 불국토였다는 것입니다. 전불시대는 인류의 원형 문화인 신교문화 시대라 할 수 있습니다. 다시 말하면 불도의 원형은 인류 창세 시대인 9천 년 전 환국桓國 이래 하늘의 본성에 근본을 둔 신교의 전도佺道인 것입니다.

그리고 불교에서 말하는 것처럼 말법시대가 되면, 석가가 호명護明 보살로 도를 닦았던 천상 도솔천 내원궁의 천주님이신 미륵불이 온 인류를 건지시기 위해 새로운 법을 가지고 지상에 강세하시는데, 이때가 바로 모든 종교에서 공통적으로 전하는 우주의 가을 대개벽기입니다.

3) 마음의 주인은 신神: 원신元神과 식신識神

(1) 마음과 장부臟腑의 정신작용 | 우리는 마음에 대해서 그 본체와 작용의 음양 구조를 중심으로 살펴보았습니다. 그런데 우리 몸에는 이 마음을 맡아 주관하는 주체가 실재하고 있습니다. 마음의 바탕은 '허령한 것'(신령)인데, 그것이 바로 **우리 인체의 장부 속에 깃들어 있는 '신神'**입니다.

'인간은 어떻게 사물을 보고 인식하는가? 인간의 정신이 어떻게 구성되는가? 인간이 죽음의 벽을 넘어 이 우주와 더불어 영원히 사는 길이 무엇인가?' 이에 대한 해답을 얻으려면 장부臟腑의 작용을 바르게 깨쳐야 합니다. 동방 배달 신교의 맥이 뻗어나가 저술된 『황제내경黃帝內經』[6]에는 오장五臟에 일곱 가지 신이 작용하고 있음을 밝히고 있습니다.[7]

심장에 머무는 신은 오장인 간심비폐신에서 작용하는 혼魂·신神·의意·백魄·지志의 다섯 신을 주관하고, 칠정七情[8]을 다스리며, 보고 듣고 생각하고 비판하는 모든 의식 활동을 맡아 합니다. 이 신을 우주 생명의 근원인 '원신元神'과 구별하여 '식신識神'이라고 합니다. 어머니의 뱃속에 생명이 잉태해 있을 때 우주의 광명 그 자체인 원신이 들어와 태아의 인당印堂에 머무는데 세상에 태어나면서 원신은 무의식의 세계로 떨어져 어둠에 묻히고 식신識神이 현실 세계에서 작동하게 됩니다.

오장 가운데서 가장 아래에 위치한 신장에는 '정精'이 깃드는데, 정은 대우주의 수십억 년 변화의 과정을 고스란히 담고 있습니다. **천지 우주의 태극수의 핵核이 바로 내 몸의 정精**입니다. 이 정과 신의 음양 작용을 통해 **'정신精神'**이 생성됩니다. 간과 폐에 각각 머무는 '혼魂'과 '백魄'은 정과 신의 음양 작용을 돕습니다. 폐에 머물면서 금金 기운을 주재하는 백은 정을 도와 정기를 바로잡아 주며, 혼은 간에 머물며 심장의 신이 작용하는 것을 돕습니다. 혼은 심장의 신을 따라 오가고 백은 신장의 정에 매여 드나듭니다. 그리고 비장과 위장은 지고지순한 천지의 뜻인 '의意'를 품고 있는데 '의'는 비·위脾胃의 토기土氣를 맡아 주재합니다. 이것이 신장 수기水氣의 주체인 '지志'와 하나되어 천지의 마신을 제압할 수 있는 **'의지意志'**를 생성합니다. 이처럼 나의 생각과 감정의 변화 그리고 나의 기개와 결단, 모든 정신 작용이 장부의 정신혼백 작용으로 일어나는 변화입니다.

❋ 우리 공부는 오장육부 통제 공부니, 곧 선각仙覺 지각智覺이니라. 이 공부가 도도통都道統이니라. (11:224)

---

6 **『황제내경黃帝內經』** | 『내경內經』이라고도 하며, 의학오경醫學五經의 하나이다. 중국 시조로 받드는 황제 헌원黃帝軒轅과 그의 신하이자 천하 명의인 기백岐伯의 대화로 이루어져 있으며 인체와 천지의 창조, 자연의 변화 원리에 대한 방대한 내용을 담고 있다. 산동성 유웅국 출신의 동이족인 '황제 헌원'은 배달 14세 치우 천황 때 인물로 그의 도통 연원은 배달 신교문화이다. 동방의 풍산風山에서 치우 천황의 국사인 '자부紫府 선사仙師'에게 신교의 도가 비서인 『삼황내문三皇內文』을 전수받고 동방 신교의 도맥을 이어 받았다.

7 『내경』에는 '오장五臟이 신神을 간직하는데 심장은 신神을 간직하고 폐장은 백魄을 간직하며 간장은 혼魂을 간직하고 비장은 의意를 간직하고 신장은 지志를 간직한다. 또 비장은 지智를 간직하고 신장은 정精을 간직한다. 이것을 일곱 가지 신이라고 한다'고 밝히고 있다.

8 **칠정七情** | 사람의 일곱 가지 감정. 기쁨(喜)·노여움(怒)·근심(憂)·생각(思)·슬픔(悲)·놀람(驚)·두려움(恐)을 말한다. 인간의 다섯 가지 감정을 희喜·노怒·사思·비悲·공恐이라 말하기도 한다.

상제님의 종통 계승자요 만유 생명의 어머니이신 태모님께서는, 자기 정신 작용의 근원인 장부를 통제하는 것이 영원히 사는 불멸의 선仙을 열고 지혜를 깨치는 길이라 말씀하셨습니다.

우리가 정과 신이라는 음양의 개념을 하나로 파악하고 그 변화의 이치를 십이지지의 원리로써 이해할 수 있을 때, 인간 정신의 생성과 변화에 대한 의혹이 말끔히 사라지게 됩니다. 이것을 깨우쳐 주는 책이, 한동석韓東錫 선생이 저술한 『우주변화의 원리』라는 책입니다.

(2) 원신元神이 열리는 마음의 조화 경계 | 인간은 닫힌 의식의 경계에서 정신 작용을 하며 살아가지만 무의식의 원신을 엶으로써 천지와 하나가 될 수 있습니다. 우리는 인간의 정신이 생성되는 작용을 정精과 기氣와 신神의 관계로 살필 수 있습니다. 정·기·신 작용을 통해 내 안의 원신元神이 열리면 내 본래 마음의 경계에 들어서게 됩니다.

우리 몸에서 육안肉眼은 수평을 이루고 있지만 영적인 눈 영안靈眼은 '정단精丹·기단氣丹·신단神丹'으로 수직vertical을 이루고 있습니다. 정은 배꼽 아래에 있는 하단전에, 기는 명치의 중단전에, 신은 상단전인 인당에 자리 잡고 작용합니다. 나의 정이 맑게 응축되면 중단전으로 올라가 기화氣化되고, 다시 상단전에서 신화神化되어 우주의 원신이 열립니다. 이때 우주를 다 비추고도 남을 대광명으로 가득 찬 내 생명의 본래 모습, 내 마음의 근원인 성性이 회복됩니다. 그리하여 내 마음 속에 천지의 대광명이 보이고, 사물의 신성을 있는 그대로 볼 수 있게 됩니다. 본래 나의 조화신인 원신으로 이 세상을 볼 수 있게 되는 것입니다.

그런데 영안이 열리는 과정에서 정이 굳어지고 순화하는 것이 현실 속에서 **마음의 문제로 귀결**되기 때문에 자기와 대화하고 자신의 근원인 마음을 들여다보는 **철저한 참회**가 요구됩니다.

❋ 파고 또 깊이 파라. 마음 얕은 것이 가장 큰 한恨이 되리라. (6:3)

❋ 상제님께서 하루는 글을 쓰시니 이러하니라.

文則天文이니 文有色하고 色有氣하고 氣有靈하니라
문즉천문 문유색 색유기 기유영

氣靈不昧하여 以具衆理而應万事라
기령불매 이구중리이응만사

문文은 곧 천문이니 문에는 색色이 있고
색에는 기氣가 있고 기에는 영靈이 있느니라.
기의 신령함(기 속의 영)은 어둡지 않아 모든 이치를 갖추어 만사에 응하느니라.

> 이어 말씀하시기를 "색色·기氣·영靈을 모르면 선배가 아니니라." 하시고 "보고 도 모르고 쥐어 주어도 모르고, 일러 주어도 모르는 것이 글이니 호박浩博한 이 세상에 자작도통自作道通 언제 하여 광제창생廣濟蒼生 한단 말가!" 하시니라. (8:25)

생활의 정서, 사물을 보는 눈, 세상을 바라보는 안목이 모두 내 마음의 경계에서 결정됩니다. 상제님께서는 도를 닦는 일꾼은 신명을 틔워 색·기·영에 밝아야 한다고 하셨습니다. 인간은 육안肉眼으로 색을 보는데 그 색 속에 기가 있고, 기 속에 영이 깃들어 있습니다. 그런데 원신이 터지면 영기가 뻗쳐 색으로 드러나는 사물의 본성을 볼 수 있습니다. 지속적인 수행과 심법 공부를 통해 정을 바탕으로 기를 생성하고, 기를 바탕으로 우주생명의 본원인 원신을 엶으로써 내 안에 천지 우주와 하나인 마음을 되찾아 삼라만상의 본래 경계를 그대로 들여다 볼 수 있게 되는 것입니다.

정신과 혼백의 체용관계

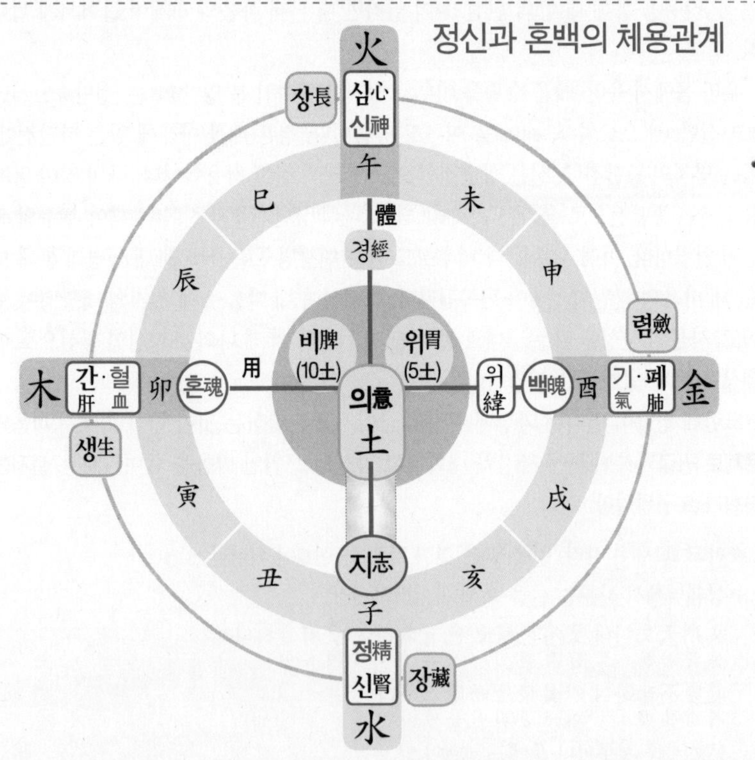

정신과 혼백의 체용體用 | 혼魂과 백魄은 몸속에서 음양적 구조를 이루고 있다. 그런데 혼은 신神을 따라 오가고, 백은 정精에 매여 드나든다. 이 정과 신이 혼백의 체體가 된다. 인간의 사후에는 유형의 기혈 작용이 멈추므로 정신은 더 생성되지 못하고, 혼과 백은 몸에서 빠져나와 귀신으로 존재하게 된다. 도표에 나타나 있듯이 정신 활동을 지배하는 오장五臟의 오신五神은 혼魂·신神·의意·백魄·지志이다.

4) 천지보다 큰 인간의 본래 마음

상제님은 "사람이라고 다 같은 사람이 아니라 크고 작고 깊고 얕음이 천층만층 구만층이니라."(8:3)라고 하셨습니다. 상제님께서 주재하시는 **우주 자연의 주체**는 드러나는 현상의 세계가 아니라 **드러나지 않는 초월의 세계**입니다.

인간의 두 몸(육체, 영체)과 두 마음(의식, 무의식)의 관계도 이와 같습니다. 이것을 본체(體)와 작용(用) 면에서 살펴보면, 겉으로 드러나는 육신과 현실적인 마음(의식)이 작용의 주체가 되지만, 본체적 측면에서 볼 때는 속사람 영체와 의식의 이면에 있는 마음(무의식)이 생명 활동의 기반이 됩니다.

인간의 본래 마음(性)은 천지의 모든 이치를 온전히 지니고 있으며, 모든 일을 완벽하게 이룰 수 있는 능소능대한 힘을 갖고 있습니다. 증산 상제님은 인간이 지닌 본래의 성품은 선도 아니고 악도 아닌, **선악을 초월한 중中**이라 말씀하셨습니다.

❋ 天地之中央은 心也라 故로
천지지중앙 심야 고
東西南北과 身이 依於心하니라
동서남북 신 의어심
천지의 중앙은 마음이니라
그러므로 천지의 동서남북과 사람의 몸이 마음에 의존하느니라. (2:137)

상제님께서 계시는 무극의 절대 자리는 선악의 대립이 끊어진 곳입니다. 그러나 천지 만물은, 이 무극생명이 갈라져 서로 대립하며 작용하는 **태극생명에서 화생**하였으므로 선과 악을 동시에 지니고 있습니다. 그리하여 인간은 때로는 착하여 덕을 쌓고 때로는 악해져서 죄를 범하기도 합니다. 인간의 본연지성本然之性은 선악을 떠난 절대 중中이지만, 인간의 기질에 따라 마음에 드나드는 천지간의 신명이 "혹유선或有善하고 혹유악惑有惡"(4:100) 하기에 인간이 선해지기도 하고 악해지기도 하는 것입니다.

상제님께서는 "선자사지善者師之하고 악자개지惡者改之하면, 오심지추기문호도로吾心之樞機門戶道路는 대어천지大於天地니라."(4:100)라고 하셨습니다. 착한 행동을 본받고 죄악과 허물을 참회하여 뜯어고치면, **'인간의 마음'이 천지보다 더 큰 조화의 근원**이라는 말씀입니다. 선천에는 추기(중추 기관)이자, 신이 드나드는 문호요, 도로인 마음이 닫혀 있어 내 마음이 우주보다 더 크다는 사실을 깨닫지 못하는 것입니다.

4. 하느님의 마음 조화, 천지 일심天地一心

1) 천지와 하나 된 마음

❋ 천지는 나와 한마음이니 사람이 천지의 마음을 얻어 제 마음 삼느니라. (2:90)

인간의 의식을 넘어 천지와 하나 된 순수의식, 그것은 곧 대자연의 마음, 하늘의 마음입니다. 상제님은 만물이 태어나는 근원인 천지 부모와 일체가 되어 있는 순수의식 경계를 '일심一心'이라 말씀하셨습니다. 인간은 일심의 발현으로 본래 마음을 회복할 수 있습니다.

- 지금은 하늘이 세상에서 천심天心 가진 자를 구하는 때니라. (8:20)
- 너희는 매사에 일심하라. 일심하면 안 되는 일이 없느니라. 일심으로 믿는 자라야 새 생명을 얻으리라. (8:57)

이제 만물이 근원으로 돌아가 열매 맺는 큰 가을의 때를 맞이했습니다. 이에 상제님께서 친히 인간으로 오셔서 인간이 천지 부모와 하나되어 광명의 새 생명으로 거듭날 수 있는 일심의 경계를 열어 주셨습니다. 이로써 인간과 천지 신명과 만유 생명이 한마음의 경계로 살아가는 신천지의 새 생명의 길이 열리게 되었습니다.

- 天地萬物이 始於一心하고 終於一心하니라
  천지만물 시어일심 종어일심
  천지만물이 일심에서 비롯하고 일심에서 마치느니라. (2:91)

'**일심**'이란 분열된 의식을 초월해 마음과 영과 몸을 다스리는 본래의 마음입니다. 상제님은 이 일심을 '**우주 만물이 생겨나기 이전부터 존재한 영원한 생명의 근원 자리**'라 말씀하셨습니다. 일심은 **하느님의 마음자리이자 성령의 본체 자리**입니다.

천지의 이법을 다스려 하늘땅의 꿈과 대이상을 성취하시는 대우주 통치자 하느님이신 상제님께서는 이 일심에 대해 천지 일심天地一心, 즉 천지와 하나 된 마음이라 하시어, 일심이 **천지 부모에서 비롯한다고** 밝혀 주셨습니다. 일심은 문자 그대로 한마음, 천지 부모와 하나 된 마음입니다.

사람마다 지니고 있는 개별적이고 주관적인 마음이 어떻게 온갖 차별성을 뛰어넘어 지구촌 온 인류와 한마음이 될 수 있을까요? 어떻게 인간과 천지 만물과 우주 자연계가 일체로 열린, 하느님의 마음인 우주정신에 도달할 수 있는 것일까요? 동방 배달의 신교문화에서는 인간이 '조물주 하느님'이라는 놀라운 소식을 전하고 있습니다. 그러면 동방 신교문화에서 밝히는 인간 존재의 비밀에 대해 살펴보겠습니다.

2) 내 안에 깃든 조물주 하느님: 동방 삼신문화의 인성론

고대로부터 동방 신교의 삼신문화에서는 우주를 창조하는 조화 성신인 조물주 하느님을 '삼신三神'이라 불러 왔습니다. 한 하느님(一神)이시지만 창조 변화 작용을 할 때는 낳고(造化), 기르고(敎化), 다스리는(治化) 세 가지 신성으로 모습을 드러내시기 때문에 삼신이라 한 것입니다. 삼신과 하나 되어 온 우주를 다스리시는 하느님을 우리 선조들은 아득한 예로부터 '삼신상제님', '삼신하느님'이라 불러 왔습니다. 삼신상제님이신 증산 상제님의 도를 만남으로써 우리는 조물주 삼신의 세계와 마음의 작용을 분명하게 깨칠 수 있습니다.

삼신은 조화의 손길로 만물을 지어 생명을 열어 주시고(造化神), 교화의 손길로 만유를 기르고 가르치시며(敎化神), 치화의 손길로 생명의 질서를 열고 조화롭게 다스려 만물 창조의 목적을 성취하십니다(治化神).

우주 삼계三界, 하늘과 땅과 인간을 낳아 주신 조물주 삼신의 신성과 조화는 하늘·땅·인간 속에 그대로 깃들어 있습니다. 그래서 동방 신교 삼신문화에서는 예로부터 하늘을 '**천일**天一', 땅을 '**지일**地一', 인간을 '**태일**太一'이라 불러 왔습니다. 여기서 '일一'은 대우주를 낳아 주신 **조물주 원신**을 말합니다. 인간은 온 우주의 거룩한 신성과 조화를 받아 내려 하늘땅의 원대한 이상을 실현하는 천지의 열매요 유일한 주인공이므로 하늘땅보다 더 크고 존귀하다는 의미를 담아 '인일人一'이라 하지 않고 '태일'이라 하였습니다. 조물주의 신성이 그대로 깃든 인간은 조물주 하느님 그 자체입니다. 동방의 신교문화권에서는 조물주 삼신의 신성을 온전히 회복한 인간을 예로부터 '태일太一'이라 불러 왔습니다. 인간 삶의 궁극 목적은 '태일'이 되는 데 있습니다.

인간은 이처럼 대우주 창조의 조화 성신인 **삼신**三神**의 밝은 신성과 무궁한 덕성을 온전히 지니고 태어났습니다.** 조물주 삼신의 세 가지 신성(조화·교화·치화)이 우리 인간의 몸 속에 들어와 '**삼진**三眞(세 가지 참된 것)', 즉 **성**性(본성)·**명**命(목숨)·**정**精(정기)이 됩니다. 우주를 빚어낸 **조화신**造化神은 우리 내면의 성性이 되어 생명의 근원, 인간 마음의 뿌리로 자리를 잡고, 천지 만물을 기르는 **교화신**敎化神은 우리 몸의 명命이 되어 생명과 깨달음을 열어 줍니다. 그리고 생명의 질서를 바로잡아 다스리는 **치화신**治化神은 정精이 되어 인간의 몸을 하느님과 같게 하는 생명의 동력원이 됩니다.

수행이란 내 생명의 근원인 성性과, 내 본래의 무궁한 생명력인 명命을 회복하는 것입니다. 성과 명을 회복하는 데 기본이 되는 우주의 에너지가 바로 정精입니다. 정은 우리가 생명을 유지하는 데 소모하는 모든 정신적 물리적 활동의 근원입니다. 성과 명을 회복하는 길은 성과 명 자체를 닦는 것이 아니라 정을 굳히고 맑혀 성과 명의 세계로 진입해 들어가는 것입니다. 상제님께서는 천지가 성공하는 가을 대개벽기를 맞아 내 몸에 수기水氣, 즉 정기를 축장하는 생명의 주문인 태을주를 내려 주셨습니다. 인간은 태을주 수행을 통해 조화로 충만한 성령의 본래 마음과 무궁한 생명력을 되찾을 수 있습니다.

인간이 진리를 찾아 수행을 성취할 때 성·명·정 삼진은 조물주 삼신의 신성을 온전히 지키는 빗장으로 작용하기 때문에 '삼관三關'이라고도 합니다. 인간 몸에서 삼신의 신성을 지켜내는 이 세 관문(삼관)은 인간이 삼신과 하나 되기 위해서 반드시 지켜야 할, 가장 중요한 조화의 핵심입니다. 수행자들이 이 삼관을 지키지 못하면, 순간 복마가 침범해 수행의 공력이 일시에 무너져 버립니다.

삼신의 신성을 지키는 성·명·정의 삼진은, 인간이 육신을 지니고 있기 때문에 **심心·기氣·신身**이라는 '**삼망**三妄'으로 운용됩니다. 순간순간 끊임없이 변화하는 '마음'과 '기운'과 '몸'의 삼망은 세 가지 허망한 것이라는 뜻입니다. 삼망은 부정적인 의미가 아니라 단지 인간의 삶을 이루는 요소들의 현실적인 특성을 강조한 말입니다. 삼망인 마음과 기와 육신은 삼신이 머무는 헤아릴 수 없는 조화의 방이 되기 때문에 '삼방三房'이라고도 합니다. 여기서 방이란 변화를 지어내는 근원처를 뜻합니다. 기는 마음을 떠나서 존재할 수 없고, 마음은 기를 떠날 수 없으며, 이 마음과 기의 중심에 몸이 존재합니다. 이 심·기·신이 사물과 접촉하고 용사하면서 **감感·식息·촉觸**의 변화 작용이 일어납니다. 창생이 지상에 태어나 심·기·신 삼망이 뿌리를 내리고, 이 삼망이 삼진과 서로 작용할 때 느끼고(感) 호흡하고(息) 접촉하는(觸) 변화를 짓는 것입니다.

삼신의 말단 작용인 감·식·촉은 삼신의 조화 세계로 들어가는 **세 길**이 되기 때문에 '**삼도**三途'라 합니다. 또 이 삼도를 **세 가지 문호**라는 뜻으로 '삼문三門'이라고도 합니다. 인간은 감정을 다스리는 '**지감**止感', 호흡을 고르게 하는 '**조식**調息', 사물과의 접촉(촉감)을 단절하는 '**금촉**禁觸'을 통해 삼도를 철저히 다스려 내 안에 내재된 삼신의 기틀인 성·명·정을 발현하여 삼신의 본래의 조화 세계에 들어설 수 있습니다.

위대한 동방의 삼신문화에서 밝혀 놓은 성·명·정과 심·기·신, 감·식·촉의 관계를 제대로 이해함으로써 우리는 내 몸과 마음의 구체적인 작용을 온전히 깨칠 수 있습니다. 신교의 엄정한 수행 생활은 궁극으로 성명정의 삼진을 회복해 천지와 더불어 일체가 되어 사는 영원한 **광명의 인간, 태일**이 되는 것입니다. 신교의 올바른 수행 생활을 통해 우주 삼신일체三神一體의 조화 경계인 성·명·정(神丹·氣丹·精丹)을 닦아 천지부모와 상제님의 뜻을 성취하는 주인공으로 거듭날 수 있습니다.

하늘·땅과 인간이 원시반본하는 후천 가을 대개벽기를 맞아 삼계 우주의 통치자 하느님이신 증산 상제님께서는 인간의 내면에 깃든 삼신을 온전히 발현시켜 하늘땅과 하나 된 태일 인간으로 거듭날 수 있는 길을 열어 주셨습니다. 내 몸에 있는 우주 조물주의 신성과 생명을 되찾아, **상제님의 조화 마음, 천지의 조화로운 마음을 회복하는 열쇠인 '태을주**太乙呪'를 전수해 주신 것입니다.

❋ 태을주를 읽어야 뿌리를 찾느니라. (7:74)

무형(陰)
조물주 삼신[元神]
Primordial God
체體
유형(陽)
삼신상제님[主神]
(참 하느님: 대우주의 통치자)
一神卽三神, 三神卽一上帝
Governing God
용用
一 神
교화신(師)
조화신(父)
치화신(君)
작용
본체
작용
성性
True Nature
명命
Life Lifespan
정精
Essence
삼관三關
삼진三眞
심心
Mind Mentality Heart
기氣
Qi Energy
신身
Body
삼방三房
삼망三妄
감感
Feeling Emotion
식息
Breathing Respiration
촉觸
Sense Touch
삼문三門
삼도三途
분란한열진습
芬爛寒熱震濕
희구애노탐염
喜懼哀怒貪厭
성색취미음저
聲色臭味淫抵
조식
調息
지감
止感
금촉
禁觸
응명 작덕
凝命 作德
응성 작혜
凝性 作慧
응정 작력
凝精 作力
태일太一 인간
眞我
천지와 하나 된 대광명 인간,
천지광명의 궁극의 이상세계 건설자
신인합일神人合一의
인간
을지문덕 장군의 가르침
"삼도三途 18경계[十八境]
를 고요히 잘 닦아라[靜
修境途]." (『태백일사』「고
구려국본기」)

『천부경』의 일자一者는 일기一氣, 일신一神, 일심一心

『천부경』은 만유생명의 근원을 '하나(一者)'로 규정한다. 이는 '일자'를 본체로 하여 현실계의 천지 만물의 '많음(多者)'이 비롯된다는 뜻이다. 동·서의 존재론, 신론, 인간론의 진리 정의의 문제는 '일자'와 '다자', 즉 본체와 역동적인 현상의 관계이다.

동방 한민족의 문화 코드로 보면 '일자'는 지기至氣 또는 양기良氣, 일신一神, 일심一心을 지칭한다.

역동적인 우주론(존재론)으로 보면 '일자'는 만물 생명의 근원이 되는 일기一氣 또는 양기이다. 이를 한민족의 역사 문화경전 『환단고기』에서는 "만물의 큰 시원 되는 지극한 생명을 양기良氣라 부른다."(『태백일사』「소도경전본훈」)라고 하였다.

'일자'는 우주 존재의 내밀한 본성으로 보면 일신이다. 이에 대해 『환단고기』는 "우주의 한 조화기운으로서 일자는 곧 하늘이며 공空이며 그 가운데 일신이 있고 이 일신이 삼신이 되는 것이다", "무릇 생명의 본체는 하나의 기운이다. 이 일기는 안으로 삼신이 있으며, 지혜의 근원 또한 삼신에 있는데, 삼신은 밖으로 일기를 싸고 있다."(『태백일사』「소도경전본훈」)고 밝히고 있다.

또 지혜의 근원으로 보면 '일자'는 하느님의 마음(一心)이다. 신은 우주의 기 곧 허虛이며 하나이다. 신은 이치에 따라 스스로 능히 움직여 변화를 짓는 영성적인 것이기에, 일자는 '우주 순수 의식'이나 '천지 마음'으로 호명될 수 있다. 그래서 우주 만물은 마음의 유식으로만 설명될 수 없고, 천지일심의 경계에서 그 모든 것을 종합하여 봐야 한다. 한민족은 이처럼 9천 년 전부터 '일자'를 우주에 충만한 생명의 기로, 신으로, 슬기의 근원으로, 광명한 하느님의 마음으로 인식하고 있는 것이다.

신은 아무 것도 없이 홀로 천지 만물을 창조할 수 없다. 서양철학자 화이트헤드는 만물을 형성하는 창조의 손길로 창조성, 영원한 객체, 신을 말한다. 여기서 만물 생명의 활동성을 가리키는 창조성과 이를 한정하여 현세계를 구현해 내는 영원한 객체는 각기 기氣와 이법(理)에 해당한다. 다시 말해 신은 홀로 우주 만물을 창조하는 것이 아니라 창조성과 영원한 객체를 매개하여 현실적 존재로 살아 있게 하는 실재이다.

『천부경』은 기요, 신이요, 마음(心)으로 정의되는 '일자'가 하늘(天一), 땅(地一), 인간(人一)으로 현현顯現 되었음을 상수象數로 밝히고 있다.

살아있는 천·지·인 삼재三才가 일체된 경계에서 우주 현상계의 영원한 생명수生命水인 6수水가 생성된다. 천지와 인간을 하나되게 하고, 인간의 천지 심법을 열어 몸속에 영원한 생명의 수기를 저장하게 하는 주문이 태을주太乙呪이다. 『천부경』은 오늘의 인류에게 '하나됨'을 체득하여 천지와 삼합三合을 이루고, 조물자 삼신의 순수 생명 의식을 되찾아 불멸의 심법과 영신을 얻으라고 가르친다.

❋ 태을주는 본심 닦는 주문이니 태을주를 읽으면 읽을수록 마음이 깊어지느니라. 태을주를 읽어야 신도神道가 나고 조화가 나느니라. (11:282)

태을주는 본심을 닦아 내 생명의 근본으로 돌아가게 함으로써 가을 개벽기에 원시반본의 도를 성취하게 하는 주문입니다. 생활 속에서 태을주를 꾸준히 읽다 보면 차별적으로 사물을 바라보는 작은 마음, 주관 의식의 경계가 사라지고 어느 순간 천지와 하나 되는 경계로 들어서게 됩니다. 인간의 분열된 의식이 **대우주와 하나 된 하느님의 마음, 대통일의 생명 의식**에 이르게 되는 것입니다. 우리는 태을주 수행을 통해 우주의 조화 의식 속에서 진정한 가을 인간, 태일로 거듭날 수 있습니다. 그리하여 천지 부모의 뜻을 이루고, 천지의 꿈과 목적을 성취할 수 있게 됩니다.(제10장 3절의 '생명의 주문 태을주' 참고)

3) 일심一心 경지에서 보여주신 상제님의 조화 권능

영원한 생명의 근원이시며 아버지 하느님이신 증산 상제님께서는 천지 만물을 화육化育하시고, 만사를 뜻대로 행하십니다. 가을 개벽철을 맞아 상제님께서는 인간으로 오시어 모든 인간이 일심의 경지에서 자기 창조 역량의 궁극을 여는 중통인의中通人義를 이룰 수 있도록 인간 완성의 길을 열어 주셨습니다. 나아가 후천 신문명의 질서를 열어 주시기 위해 천지조화의 권능으로 하늘과 땅, 만유 생명을 구원하는 천지공사를 집행하셨습니다. 이 천지공사를 통해 우리는 상제님이 열어 주신 일심의 세계와 중통인의의 경지를 들여다볼 수 있습니다.

이제『도전』의 성구를 통해서 수많은 창생과 여러 성도들에게 보여 주신 조화옹 하느님의 사사무애事事無礙한 **일심 조화 권능**을 몇 가지만 간단히 살펴보기로 하겠습니다.

(1) 도통道通을 열어 주심 | 천지의 주재자로서 후천 가을 개벽기를 맞아 인간으로 강세하신 증산 상제님께서는 신천지의 도통문을 열어 인류에게 후천 가을 우주의 새 생명의 은총을 내려 주셨습니다.

❋ 공자는 다만 72명만 도통시켰으므로 얻지 못한 자는 모두 원한을 품었느니라. 나는 누구나 그 닦은 바에 따라서 도통道通을 주리니 도통씨를 뿌리는 날에는 상재上才는 7일이요, 중재中才는 14일이요, 하재下才는 21일 만이면 각기 도통하게 되느니라. (2:141)

상제님이 내려 주시는 도통은 우주생명의 큰 틀인 **천지일월, 건곤감리의 도맥**을 따라 이루어집니다. 천지일월의 사체四體를 통해서 가을 천지의 도통 기운이 내려오게 되는 것입니다. 하루는 상제님께서 도문의 식주인이자 대두목의 상징인 김형렬 성도에게 도통을 열어 주시어 조화 세계에 눈 뜨게 하셨습니다.

❋ 상제님께서 김형렬金亨烈을 불러 "너의 천백번 소청이 도통하는 것이었으니 오늘은 너에게 도통을 내려 주리라." 하시니 그 즉시 형렬의 눈앞에 삼계가 환히 트이며 삼생三生이 밝게 비치고 일원세계一元世界가 눈앞에 있고 사해중생四海衆生이 마음에 나타나며, 모든 이치가 뚜렷이 드러나고 만상萬象이 펼쳐지며 서양에도 마음대로 가고 하늘 끝으로 새처럼 날아오르기도 하며, 풍운조화風雲造化가 마음대로 되고 둔갑장신遁甲藏身이 하고자 하는 대로 이루어지며 천지가 내 마음과 일체가 되고 삼교三敎를 두루 쓰며, 모르는 것이 없고 못하는 바가 없게 되니라. … 며칠 지나지 않아 상제님께서 "이제 그만 거두리라." 하시니 그 말씀이 떨어지자 바로 밝은 기운이 모두 사라져 겨우 신명의 출입을 보고 신명과 문답만 조금 할 수 있게 되니라. (7:6)

상제님께서는 또 성도들의 소원을 들어 도통의 경계를 열어 주시고 사흘 만에 다시 그 기운을 거두기도 하셨습니다. 이 사건을 통해서도 우리는 상제님께서 천지 도통을 주재하시는 도의 주재자 하느님이심을 분명히 알 수 있습니다.

❋ 성도들이 매양 '언제나 도통을 할거나.' 하며 도통 내려 주시기를 간청하거늘 상제님께서 하루는 성도들에게 도통 기운을 열어 주시니라. 이 때 한 성도가 산 사람의 혼을 불러 "돈 얼마를 가져오라." 하니 그 사람이 마치 무엇에 홀린 듯 돈을 가져오거늘 상제님께서 이를 아시고 크게 노하시어 사흘 만에 도통을 거두시니라. (7:80)

도통道通은 **천지일월의 대도의 심법이 전수되면서** 자신이 닦은 **근기와 천지에 쌓은 공덕功德을 바탕으로** 열립니다. 천지의 마음으로 일한 상제님의 일꾼이 가을 천지 역사의 주인공으로 자리잡으면서 도통이 열리게 되는 것입니다.

(2) 천체를 뜻대로 운행하심 | 증산 상제님은 삼계 우주의 주권자로서 "나는 천지일월天地日月이니라."(4:111), "해와 달이 나의 명에 의하여 운행하느니라."(4:111)라고 하셨습니다. 그리고 "나는 손마디 하나, 머리카락 하나만 있어도 천지 신명이 옹호를 해서 그것으로 살지, 죽는 사람이 아니여!"(6:107)라고 하시며, 천지와 함께 수한壽限이 영원하심을 밝혀 주셨습니다.

❋ 상제님께서 말씀하시기를 "나는 천지와 더불어 동행하노라." 하시니라. (9:76)

❋ 상제님께서 하루는 하늘을 가리키시며 말씀하시기를 "사람들은 여기서 보이는 하늘이 전부인 줄 알아도 그것은 중간하늘일 뿐이니라. 내가 참하늘이니

라. ….” 하시니라. (4:66)

생사를 초월한 영원한 생명의 근원처(天地日月)에 어재하시는 증산 상제님께서는 천지조화의 일심 자리에서 다음과 같은 기적을 임의로 행하셨습니다.

❋ 구릿골 약방에 계실 때, 하루는 아침 일찍 해가 앞 제비산 봉우리에 반쯤 떠오르거늘 상제님께서 여러 성도들에게 말씀하시기를 “이러한 난국에 처하여 정세靖世의 뜻을 품은 자는 능히 가는 해를 멈추게 할 만한 권능을 가지지 못하면 불가할지니 내 이제 시험하여 보리라.” 하시니라. 이어 축인 담배 세 대를 갈아 피우시니 해가 산꼭대기에서 솟아오르지 못하다가 상제님께서 담뱃대를 떼어 땅에 터시니 눈 깜짝할 사이에 수장數丈을 솟아오르더라. (2:121)

무신(1908)년 겨울 아침에 박공우 성도와 함께 대흥리를 떠나 태인 새울에 있는 최창조 성도의 집으로 가실 때도 떠오르는 태양을 향해 손으로 세 번 누르시어 태양이 더 떠오르지 못하게 하셨습니다.(3:277) 상제님께서는 이처럼 천지 일심의 무궁한 조화 경계를 보여 주셨습니다.

(3) 천지 자연의 변화를 뜻대로 주재하심 | 성도들이 보니, 상제님께서 웃으시면 구름이나 안개가 잔뜩 끼었다가도 금세 운무가 걷히며 해가 반짝 나고, 화를 내거나 얼굴을 찡그리시면 맑은 하늘에 갑자기 구름이 끼어 캄캄해지고 안개가 자욱해지며 비가 내리는 것입니다. 이처럼 상제님의 일노일소一怒一笑에 따라 날씨가 변함은 천지의 주재자이신 상제님의 마음에 천기가 응하는 까닭입니다.(4:127)

천지 만사를 주관하시는 조화주 하느님이신 상제님께서는 일심의 경지에서 삼계우주의 무궁한 조화를 뜻대로 주재하고 계십니다.

❋ 줄포로 가시는 중에 비가 내리거늘 상제님께서 가시는 길은 비가 내리지 않으니라. 한참을 걸어 곰소만을 만나니 줄포로 가려면 길을 멀리 돌아가야 할 상황이 된지라 상제님께서 발걸음을 멈추시고 담뱃대를 꺼내 바닷물을 향해 내리치시거늘 순간 바닷물이 양옆으로 솟구치고 줄포까지 일자로 갈라져 맨땅이 그대로 드러나니라. 이에 성도들이 탄성을 연발하며 갈라진 바닷길을 걷는데 바닥에 물기가 하나도 없어 마치 들길을 걷는 듯하더라. (5:301)

❋ 6월 중복날 상제님께서 대흥리 부근의 접지리接芝里 주점에 가시어 경석을 비롯한 여러 성도들에게 이르시기를 “오늘 번개가 일어나지 않으면 충재蟲災가 생겨서 농작물이 큰 해를 입으리니 잘 살피라.” 하시거늘 모두 주의하여 날이 저물도록 살피되 번개가 나지 아니하는지라. 상제님께서 하늘을 향하여 꾸짖으시기를 “천지가 어찌 생민의 재앙을 이렇듯 돌아보지 아니하느냐! 내가 이제 민록民

祿을 내리리라." 하시고 마른 짚 한 단을 무명지 길이로 끊어서 화로에 꽂아 불사르시니 별안간 북방에서 번개가 일어나니라. 상제님께서 말씀하시기를 "북방 사람만 살고 다른 지방 사람은 다 죽어야 옳겠느냐!" 하시며 다시 하늘을 향하여 꾸짖으시니 사방에서 번개가 번쩍이거늘 한 식경食頃쯤 지나 "그치라!" 명하시니 사방의 번개가 곧 그치니라. 이에 말씀하시기를 "이제 충해는 없이하였으니 금년 농사는 풍년이 들어 만백성이 즐겁게 살리라." 하시니라. (4:85)

이러한 공사를 통해 우리는 상제님께서 우주의 조화주로서 천지 만물을 주재하시고 바로잡으심을 알 수 있습니다.

❋ 병오년 10월에 청도원淸道院에서 공사를 행하시고 구릿골로 돌아오시어 말씀하시기를 "풍운우로상설뇌전風雲雨露霜雪雷電을 일으키기는 쉬우나 오직 눈 온 뒤에 곧 비 내리고, 비 온 뒤에 곧 서리 치게 하기는 천지조화로도 오히려 어려운 법이라. 내가 오늘 저녁에 이와 같은 일을 행하리라." 하시고 글을 써서 불사르시니 과연 눈이 내린 뒤에 곧 비가 오고, 비가 개자 곧 서리가 치니라. (4:76)

이렇듯 천지조화로도 행하기 어려운 기적을 뜻대로 행하심은, 우주 일심 경지에 계신 당신께서 신도를 주재하여 천지의 운행 질서도 뜯어고칠 수 있는 무소불능의 하느님이심을 보여 주신 것입니다.

(4) 하늘사람(神明)을 뜻대로 부리심 | 증산 상제님은 "크고 작은 일을 물론하고 신도神道로써 다스리면 현묘불측玄妙不測한 공을 거두나니 이것이 무위이화無爲以化니라." (4:5)라고 말씀하셨습니다. 천상의 신도를 주재하여 하늘사람들을 뜻대로 부리시고 기적이 일어나게 하심은 석가나 예수 등의 선천 성자들과 차원이 전혀 다른, 삼계 우주의 통치자인 상제님만이 가지신 절대 조화 권능입니다.

❋ 상제님께서 밖에 다니실 때는 신명에게 치도령治道令을 써서 불사르시어 여름에는 바람을 불게 하여 길에 이슬을 떨어뜨리시고, 겨울에는 진 길을 얼어붙게 하여 마른 신발로 다니시니라. 을사년 12월에 하루는 함열咸悅에서 구릿골로 가실 때 길이 매우 질어서 걸음을 옮기기 어려운지라 상제님께서 "치도령을 놓아야겠다." 하시고

勅令治道神將이라 御在咸羅山下인대 移御于全州銅谷하노라
칙령치도신장 어재함라산하 이어우전주동곡

치도신장에게 내리는 칙령이라.
내가 함라산 아래에서 전주 동곡으로 가려 하노라.

라고 써서 불사르시니 즉시 찬바람이 일어나고 날씨가 차지며 진 길이 얼어붙어 굳어지거늘 이에 마른 신발로 떠나시니라. (2:81)

신명 세계에서는 결코 거짓이 통하지 않습니다. 위의 성구 가운데 '칙령勅令'과 '어御'라는 말씀을 통해 우리는 상제님이 곧 천상의 최고 통치자 하느님이심을 능히 짐작할 수 있습니다.

※ 출행하실 때는 어느 때를 막론하고 낮에는 햇무리가 지고 밤에는 달무리가 지며 또 동구 양편에 구름기둥이 깃대와 같이 높이 솟아 팔자형을 이루므로 성도들이 그 이유를 여쭈니 말씀하시기를 "햇무리와 달무리는 신명이 나에게 준비가 되었음을 알리는 것이요, 팔자 모양의 기운은 장문將門이니라. 언제 어디서나 내 몸에는 항상 신장神將들이 따르느니라." 하시니라. (3:22)

(5) 마음을 꿰뚫어 보시고 성품을 뜯어 고쳐 주심 | 상제님께서는 박공우 성도를 천상의 군병을 거느리는 천군天軍 대장으로 임명하시기 전에 그 성품을 뜯어 고치셨습니다. 이러한 기적은 오직 조화주 하느님이신 상제님의 성령의 심광心光으로만 행하실 수 있는 무소불능한 조화 경계입니다.

※ 창조의 집에 계실 때 공우에게 물으시기를 "네가 눈을 많이 흘겨보느냐?" 하시니 공우가 "그러합니다." 하고 대답하는지라 이에 상제님께서 "집으로 돌아가라." 하고 명하시거늘 공우가 집으로 돌아갈 때부터 눈이 가렵고 붓기 시작하더니 집에 당도하매 안질이 크게 나서 달포를 앓으니라. 그 후에 밤을 지내고 일어나니 안질이 씻은 듯이 나았거늘 공우가 상제님께 가 뵈니 "안질로 고생하였느냐?" 하며 웃으시니라. 원래 공우는 성질이 사나워서 싸움을 즐기고 눈짓이 곱지 못하더니 이로부터 성질이 부드러워지고 눈짓도 고와지니라. (3:279)

※ 이 때는 신명시대神明時代라. 이제 신명으로 하여금 사람 몸 속에 출입하게 하여 그 체질과 성품을 고쳐 쓰리니 이는 비록 말뚝이라도 기운만 붙이면 쓰임이 되는 연고라. (2:62)

상제님께서는 주무실 때도 성도들의 마음가짐을 다 알아보시고, 멀리 있으나 가까이 있으나 사람의 마음을 훤히 꿰뚫어 보셨습니다. 이러한 사실을 통해 상제님의 마음과 우리들 마음이 일심 자리로 서로 매여 있음을 알 수 있습니다.

※ 천지공사를 행하실 때나 어느 곳에 자리를 정하여 머무르실 때는 반드시 성도들에게 "정심正心하라." 명하시고 혹 방심하는 자가 있으면 마음속을 보시는 듯 일깨워 주시며 주무실 때도 마음을 환히 들여다보시고 "마음을 거두라." 명하시니라. (5:162)

(6) 죽은 자와 병든 자를 일으키심 | 신도 세계를 주재하시는 상제님께서는 우주 절대자의 화권과 신력으로 죽은 자와 병든 자를 일으키시는 기적을 행하셨습니다.

❋ 무신년에 최창조의 열네 살 된 아들 상열相烈이 급병이 들어 백방으로 치료하였으나 별다른 차도를 못 보고 그대로 절명絶命한지라 … 상제님께서 손으로 아이의 배를 어루만지시고 "여물지 않은 보리를 잘라 오라." 하시어 보리의 즙을 내어 죽은 아이의 입안에 몇 방울 흘려 넣으신 뒤에 모두 방 밖으로 나오게 하시며 "두어 시간 후에 들어가 보라." 하시니라. 얼마 후 창조의 아내가 방에 들어가 보니 아이가 숨을 크게 몰아쉬며 왼다리를 움직이거늘 상제님께서 들어가시어 꾸짖어 말씀하시기를 "네가 어찌 어른 앞에 누워 있느냐." 하시니 죽은 아이가 문득 눈을 뜨고 깨어나니라. 상제님께서 모든 사람에게 사담私談을 금하시며 말씀하시기를 "이 아이가 머나먼 천 리 길을 갔다 왔으니 고요히 있어야 할지라. 안방으로 옮겨 눕히고 미음을 쑤어 먹이라." 하시거늘 이에 명하신 대로 하니 아이가 항문으로 추깃물을 쏟아 내며 정신을 차리니라. (3:224)

❋ 하루는 상제님께서 원평院坪을 지나시는데 길가에 한 병자가 있거늘, 온몸이 대풍창大風瘡으로 뒤덮여 그 흉한 형상이 차마 보기 어려운 지경이라. … 상제님께서 잠시 애처롭게 바라보시더니 병자를 부르시어 "내가 너를 고쳐 주리니 여기 앉으라." 하시고 성도들로 하여금 "길 위에 둥글게 병자를 둘러싸고 앉으라." 하신 후에 일러 말씀하시기를 "'대학지도大學之道는 재신민在新民이라.' 이 구절을 계속하여 외우라." 하시니라. 이에 성도들이 명을 받들어 외우는데 얼마 지나지 않아 "이제 되었으니 그만 읽고 눈을 뜨라." 하시거늘 모두 눈을 떠 보니 병자가 완전히 새사람이 되어 앉아 있는지라 모두가 크게 놀라니라. 새사람이 된 병자가 기뻐 뛰고 춤추면서 "하느님, 하느님이시여! 저의 큰 죄를 용서하시어 저에게 새로운 인생을 열어 주셨습니다." 하고 울부짖거늘 … 상제님께서 병자에게 "너는 북쪽으로 십 리를 가라. 거기에 가면 네가 살길이 있으리라." 하시고 그를 보내시니 한 성도가 상제님께 여쭈기를 "문둥병은 천형天刑이라 하여 세상에서는 치료할 방도가 없는 것인데 글을 읽게 하여 그 자리에서 고치게 하시니 어떤 연고입니까?" 하매 말씀하시기를 "나의 도道는 천하의 대학大學이니 장차 천하창생을 새사람으로 만들 것이니라." 하시니라.(2:79)

이번에는 하늘사람을 시켜 신도神道의 법방으로 병자를 치유하신 경우를 살펴보기로 하겠습니다.

❋ 구릿골에서 술장사하는 김사명金士明의 아들 성옥成玉이 어느 날 급증에 걸려서 나흘 만에 죽거늘 한나절이 넘도록 살리려고 백방으로 주선하여도 회생할 여망餘望이 없는지라 할 수 없이 그 어머니가 숨이 끊어진 아이를 안고 구릿골 약

방으로 찾아오니 상제님께서 미리 아시고 문득 말씀하시기를 "약방이 안 되려니 송장을 안고 오는 자가 있도다." 하시니라. … 상제님께서 차마 보지 못하시고 죽은 아이를 무릎 위에 눕혀 배를 만져 내리시며 허공을 향하여 큰 소리로 "미수眉叟[9]야, 우암尤庵[10]을 잡아 오너라." 하고 외치신 뒤에 모과를 씹어 그 즙과 함께 침을 흘려서 죽은 아이의 입에 넣으시니 아이가 문득 항문으로 추깃물을 쏟거늘 상제님께서 "나가서 회초리 하나 끊어 오라." 하시어 회초리로 아이의 종아리를 탁탁 때리시매 죽었던 아이가 크게 소리를 지르며 홀연히 살아나더라. 이에 아이의 어머니가 기쁨에 넘쳐 눈물을 흘리며 미친 듯 술 취한 듯이 말하기를 "하느님이시여! 하느님이시여! 죽은 자식을 살려 주시니 이 큰 은혜 호천망극昊天罔極하옵니다." 하니라. (4:124)

여기서 상제님이 부르신 하늘사람, 미수와 우암[11]은 실제로 지상을 다녀간 인물입니다.

❋ 하루는 상제님께서 구릿골에 계실 때 전주 용머리고개에 사는 앉은뱅이 김 모가 들것에 실려 와서 상제님께 애원하기를 "제가 전생에 죄가 많아 태어나면서부터 앉은뱅이가 되었사오나 이렇게 구차한 몸으로 더 살자니 세월은 슬픔뿐이요, 죽자니 인생이 너무 비참하옵니다. 이와 같이 폐인廢人의 지경이 된 형편을 하늘만이 아시고 사람들은 알지 못하오니 저에게 새 생명을 열어 주시어 재생의 은혜를 내려 주옵소서." 하고 비 오듯이 눈물을 철철 흘리며 슬픈 사연을 아뢰더라. 상제님께서 그 하소연을 들으시고 불쌍히 여기시어 그 사람을 앞에 앉히시고 담뱃대를 들어 올리며 말씀하시기를 "이 담뱃대를 따라서 차차 일어

---

9 **미수眉叟** | 조선시대 후기의 문신, 학자이자 남인南人의 영수領袖인 허목許穆(1595~1682)을 말한다. 미수는 허목의 호. 본관 양천陽川. 자 문보文甫·화보和甫. 나이가 쉰이 넘도록 초야에 묻혀 의학과 제자백가를 공부하였다. 뿐만 아니라 예학에 몰두하여 다방면에서 뚜렷한 실력을 쌓은 후 예순이 넘어서 처음 벼슬에 나와 재상의 지위까지 올랐다. 서인西人이던 우암 송시열과 벌인 예송논쟁이 유명하며, 삼척에 척주동해비陟州東海碑를 세우고 성천成川에 강선루降仙樓를 중수한 인물이다.

10 **우암尤庵** | 노론老論의 영수領袖인 송시열宋時烈(1607~1689)의 호. 본관 은진恩津. 자 영보英甫. 또 다른 호는 화양동주華陽洞主. 아명 성뢰聖賚. 효종의 승하 후 조대비의 상복 문제로 허미수를 중심으로 한 남인과 예송논쟁을 일으키며 격하게 대립하였다.

11 **미수와 우암** | 우암이 중년에 병이 나서 낫지 않자 아들을 시켜 허미수 선생의 처방을 받아오게 했고, 미수는 우암에게 독약인 비상으로 약방문을 지어 낫게 하였다고 전한다. 미수는 당시 남인의 영수領袖로서 정권의 주요 실세였음에도 비주자학적非朱子學的 입장에서 『동사東事』라는 역사서를 저술하고 조선이 소중화小中華라는 당시 유교적 입장을 부정하였으며, 자주적이고 주체적인 **'단군문화 정통론'**을 추구하였다. 반면에 우암은 중국 중심의 존화 사대를 지향하고 소중화 주의를 표방하였다. 두 인물의 대립은 남인과 서인 간의 예송논쟁이라는 정쟁으로 표면화 되었지만 그 이면에는 **한민족의 주체적 사관과 중국 중심의 존화 사대주의 간의 대결 구도**가 있었다. 상제님께서 허미수를 시켜 송우암을 잡아오라 하신 데에는 왜곡된 역사 의식과 정신을 바로잡으시려는 숨은 뜻이 있다.

서라." 하시니 그 사람이 담뱃대를 따라 무릎과 다리를 조금씩 펴며 천천히 일어서거늘 형렬에게 명하시어

曳鼓神 曳彭神 石蘭神 東西南北 中央神將 造化造化云 吾命令 吽
예고신 예팽신 석란신 동서남북 중앙신장 조화조화운 오명령 훔

이라 큰 소리로 외우게 하신 뒤에 그 사람으로 하여금 마당에서 걸어 보게 하시고 잠시 후에는 광찬에게 명하시어 회초리로 다리를 때려 빨리 걷게 하시니 마치 성한 사람 같은지라 그 사람이 기뻐 미친 듯이 뛰고 마당을 돌아다니며 외치기를 "하느님께서 이 세상에 강림하지 아니하셨다면 어찌 이럴 수 있으리오!" 하고 눈물을 삼키며 어떻게 보답해야 할지 모르더라. 상제님께서 그 사람에게 이르시기를 "들것을 버리고 걸어서 돌아가라." 하시고 사례금으로 받으신 서른 냥으로 큰길가 주막에 나가시어 오가는 행인들을 불러 술을 사 주시며 말씀하시기를 "다리를 펴 주니 고맙도다." 하시니라. (4:63)

상제님께서는 이처럼 신명들에게 명하여 불치의 병을 고쳐 주기도 하셨습니다. 여기서 고맙다고 하신 말씀은 수종 든 하늘사람들을 치하하신 것이며, 행인들에게 술을 사 주신 것은 곧 그 하늘사람들을 대접하신 것입니다.

(7) 조화권능으로 보여 주신 사랑과 자비의 정표 | 상제님은 만유 생명의 아버지 하느님으로서 후천 가을 대개벽기에 죽어 넘어갈 창생을 살리시기 위해 고난과 병고를 친히 대신 받으셨습니다.

❋ 이 때 청주淸州에서 괴질이 창궐하고, 나주羅州에서도 크게 성하여 민심이 들끓는지라. 상제님께서 말씀하시기를 "남북에서 마주 터지니 장차 수많은 생명이 죽으리라." 하시고

勅令怪疾神將이라 胡不犯帝王將相之家하고 犯此無辜蒼生之家乎아
칙령괴질신장 호불범제왕장상지가 범차무고창생지가호

괴질신장에게 내리는 칙령이라.
어찌 제왕과 장상의 집은 범하지 않고 이같이 무고한 창생들의 집을 범하느냐!

라 써서 불사르시며 말씀하시기를 "내가 이것을 대속하리라." 하시고 형렬에게 명하시어 새 옷 다섯 벌을 급히 지어 올리게 하신 다음 한 벌씩 갈아입으시고 설사하여 버리신 뒤에 다시 말씀하시기를 "병이 독하여 약한 자가 걸리면 다 죽겠도다." 하시니 이 뒤로 괴질이 곧 그치니라. (10:29)

❋ 상제님께서 가끔 수십 일씩 굶으시며 말씀하시기를 "뒷날 박복한 중생들에게 식록食祿을 붙여 주기 위함이니라." 하시니라. 또 여름에 솜옷을 입기도 하시고, 겨울에 홑옷을 입기도 하시니 성도들이 그 뜻을 여쭈면 "뒷날 빈궁에 빠진

중생으로 하여금 옷을 얻게 함이로다." 하시니라. (5:413)

여기서 우리는 고통 받는 인간에 대한 상제님의 뜨거운 정과 사랑을 느끼게 됩니다. 친히 병과 고난을 대속하시어 박복한 창생에게 새 생명의 길을 열어 주신 사랑과 희생을 통해 억조창생의 아버지이신 상제님의 한없이 자애로운 마음을 느낄 수 있습니다.

❋ 한 성도가 여쭈기를 "매양 병자를 보시면 차마 그 아픔을 보지 못하시어 몸소 대속하시니 무슨 까닭입니까?" 하니 상제님께서 말씀하시기를 "모든 병은 척隻이 있어 생기고 수數가 있어 앓는 것이니라. 그러므로 척을 풀어 주지 않으면 척으로 돌아가고 수를 제거하여 주지 않으면 화액禍厄으로 돌아가나니 내가 병고病苦를 대신 앓게 되면 척은 스스로 풀리고 수는 자연히 소멸되느니라. 내가 천하의 모든 병을 대속하리니 그러므로 후천에는 억조창생에게 병고가 없느니라." 하시니라.(9:87)

상제님께 아픔을 하소연한 사람은 농부, 광부, 과부, 봉사, 앉은뱅이, 문둥병 환자, 간질병 환자, 꼽추, 폐병 환자, 술 파는 사람, 삯바느질하는 여인 등 당시 사회에서 핍박 받으며 고달픈 삶을 살던 하층민이었습니다. 자비와 사랑의 하느님이신 증산 상제님은 창생의 슬픔과 아픔을 보듬어 주시고 가슴속에 응어리진 정한情恨을 녹여 쾌연히 기쁨의 빛으로 만들어 주셨습니다.

상제님께서는 병을 고쳐 달라고 하소연하는 창생의 간구를 사사무애의 일심 경계에서 이루어 주셨습니다.

❋ 수류면 회평會坪에 사는 18, 9세 된 소년 광부가 큰 돌에 맞아 다리가 부러지고 힘줄이 떨어져 마침내 그대로 굳어서 다리가 오그라져 굴신을 못 하는지라. 상제님께 와서 고쳐 주시기를 애걸하거늘 말씀하시기를 "남의 눈에 눈물을 흘리게 하면 내 눈에는 피가 흐르느니라." 하시고 "몸을 뛰어서 뼈마디와 혈맥에 충격을 주라." 하시니 그 소년이 몸을 한 번 솟구치매 오그라진 다리가 펴지며 곧 굴신을 마음대로 하게 되니라. (9:164)

❋ 오의관의 아내가 젊어서부터 청맹과니가 되어 앞을 보지 못하더니 남편의 병이 나은 것을 보고 상제님께 찾아와 그 고통을 슬피 하소연하며 자신도 눈을 뜨게 해 주시기를 지성으로 발원하거늘 이 광경을 보는 사람들 모두 눈물을 흘리니라. 상제님께서 말씀하시기를 "너도 일월의 광명을 보게 될 것이니라." 하시고 병자의 방문 앞에 가시어 병자를 동쪽을 향해 세우시고 양산대로 땅을 그어 돌리신 뒤에 소금을 조금 먹이시고 햇빛이 내리쬐는 곳에서 사성음四聖飮

한 첩을 달여 땅을 파고 부으시니 문득 그 눈이 환히 밝아져 만물이 또렷이 보이거늘 기쁨에 넘쳐 "이것이 꿈이냐, 생시냐!" 하고 소리치니라. 이 소문이 널리 퍼져 사람들이 인성人城을 이루매 모두 칭송하며 말하기를 "천주님께서 강세하셨으니 장차 새 세상이 될 것이라." 하니라. (5:130)

한편 상제님은 축복을 주시기 위해 사람들의 믿음과 정성을 시험하기도 하셨습니다.

- 너희들이 믿음을 주어야 나의 믿음을 받으리라. (8:39)
- 인색한 자는 병을 고치지 못하느니라. … 병이란 제 믿음과 정성으로 낫느니라. (9:107)
- 여러 성도와 더불어 태인 읍내를 지나실 때 한 여인이 아홉 살 된 아이를 업고 가다 길가에 내려놓고 서럽게 울거늘 상제님께서 그 옆을 지나시다가 물으시기를 "저 아이는 어떻게 된 것이며 그대는 어찌 그리 슬피 우는고?" 하시니 그 여인이 울음을 멈추고 아뢰기를 "이 애는 저의 자식인데 다섯 살 들면서 병이 난 것이 아홉 살까지 낫지 않아 하도 애가 타서 의원에게 갔더니 '벌레가 간을 범해서 못 고치니 데리고 가라.' 하여 도로 업고 오는 길입니다. 사람들이 제각기 '나울이 들었다.'고도 하고 '덕석자래'라고도 하며 갖가지 말을 하는데 뭐라 해도 제 자식은 놓친 자식입니다. 그런데 얼른 죽지도 않고 이렇습니다." 하고 다시 슬피 우니라. 상제님께서 "그리 슬피 울지 말라." 하시며 그 여인을 위로하시고 돌아서시어 최창조崔昌祚에게 "부인에게 그 집 뒷산에 조그마한 암자가 있는지 물어 보라." 하시거늘 창조가 물어보매 과연 있다 하기로 그대로 아뢰니 말씀하시기를 "아침 일찍 절간에 올라가서 절간 종을 세 번씩 사흘만 치면 나을 것이라고 해라." 하시니라. 창조가 여인에게 말씀을 전하면서 "우리 선생님은 하늘님이오. 시답잖게 듣지 말고 꼭 하시오." 하니 그 여인이 "그것이 무슨 말씀입니까? 당장 가서 하겠습니다." 하고 연신 절하며 주소를 묻거늘 상제님께서 다만 "전주 동곡약방이라 가르쳐 주라." 하시니라.(2:130)
- 며칠 후에, 태인 길거리에서 울던 그 여인이 남편과 함께 구릿골 약방으로 찾아오니라. 여인은 아이를 업고 남편은 장닭을 안고 와서는 "선생님, 저의 자식이 살았습니다." 하며 상제님께 절을 올리는데, 남자는 엎드려 연신 머리를 조아리며 일어날 줄을 모르더라. (2:131)

상제님께서는 창생을 한없이 아끼고 사랑하시는 자비와 구원의 아버지 하느님이십니다. 인간으로 오신 조화주 하느님으로서 될 일을 안 되게도 하시고 안 될 일을 완전히 뒤집어 성사시켜 주기도 하셨습니다.

천지와 인간이 함께 성공하는 천지성공 시대를 맞이하여, 상제님이 친히 인간으로 오시어 신명을 뜻대로 부리시고 일심의 조화권능을 쓰심은, **사람이 신을 거느리는 극치의 문화로서 후천 가을에 꽃필 인존문화의 푯대를 세우신 것입니다.**

- 너희들도 잘 수련하면 모든 일이 마음대로 되리라. (3:312)
- 너희들은 앞으로 신선을 직접 볼 것이요, 잘 닦으면 너희가 모두 신선이 되느니라. (11:199)
- 선천에는 사람이 신명을 받들어 섬겼으나 앞으로는 신명이 사람을 받드느니라. … 모든 일은 자유 욕구에 응하여 신명이 수종 드느니라. (7:5)

이렇듯 상제님께서는, 인간이 무궁한 성령의 마음을 열어 하느님과 같이 모든 일을 뜻대로 행할 수 있음을 깨우쳐 주셨습니다. 이제 후천 가을 대개벽기를 맞아 우리 인간이 천지와 하나 되는 '태일'이 됨으로써 진정한 천지의 주인공으로 거듭나게 됩니다. 그리하여 하늘땅의 꿈과 대이상을 성취하고, 온 인류가 진실로 한마음 되어 살아가는 후천 조화선경 세상을 지상에 열어 갑니다.

제2절 신명神明과 천상 신도神道 세계: 신도神道의 길

1. 육신의 죽음

죽음이란 사랑하는 가족, 부귀영화와 권세 등 이승에서 가지고 있던 모든 것을 두고 떠나야 하는, 인생이 안고 있는 가장 절박한 문제이자 피할 수 없는 운명입니다. 불과 수십 년 후에, 혹은 몇 년 후에 생명의 숨결이 멎고 피와 살이 한 줌 흙으로 돌아간다는 것을 생각하면, 죽음과 인생에 대해 한 번쯤 깊이 고뇌하지 않을 수 없습니다. 인간의 유한한 삶 속에서 거부할 수 없는 이 죽음이란 도대체 무엇일까요?

김송환이 사후의 일을 여쭈었을 때 "사람에게는 혼魂과 넋(魄)이 있어 혼은 하늘에 올라가 신神이 되어…."(2:118)라고 하신 상제님 말씀과 같이, 죽음이란 한마디로 혼백이 분리되고 그 혼이 천상 세계에서 하늘사람(神)으로 다시 태어남을 의미합니다. 그리고 혼과 음양 짝으로 육신에 내재해 있던 넋(魄)은 후에 윤회에 필요한 에너지 덩어리인 귀鬼로 전환합니다.

❋ 죽고 살기는 쉬우니 몸에 있는 정기精氣를 흩으면 죽고 모으면 사느니라. (10:45)

정기는 속사람인 영체와 겉사람인 육체를 하나 되게 하는 생명의 에너지입니다. 이 정기가 소진되어 혼줄이 끊어지면서 **영체와 육체가 분리되어 혼이 빠져 나가는 사건이** 바로 죽음입니다.

증산 상제님께서는 사경을 헤매는 병자를 일으키실 때에 '정신 차리라'고 천둥 같은 성음으로 소리치신 적이 있습니다. 정신精神이란 혼백 활동의 근원으로 육신을 지닌 인간의 기혈 작용으로 말미암아 생성되는 것입니다.

죽음의 현상을 연구하는 사람들은, 인간이 죽을 때 영적 유동체가 안개가 피어오르

사후死後의 혼과 넋 | 인간의 생명은 생장염장으로 순환 · 변화한다. 탄생과 죽음은 머리와 꼬리가 되어 서로 맞물리면서 천상과 지상으로 순환하는데, 이를 '윤회'라고 한다. 선천 생장 과정에서는 영혼이 성숙하기 위해 무수히 윤회를 거듭하지만 후천 가을이 되면 윤회의 기회가 대폭 줄어들게 된다.

듯이 육체의 전 표면에서 빠져나와 사라지는 모습을 발견했습니다. 이때 육신의 체중과 혈액량이 감소한다고 합니다. 그 이유는 육신의 기혈氣血 작용에 따라 만들어진 순수 정기가 이탈하기 때문입니다. 미국 매사추세츠주의 의학 박사 던컨 맥두걸Duncan MacDougall(1866~1920)은 혼줄이 끊어지는 사망 시점을 전후해 임종 환자의 몸무게를 측정하여 혼의 무게를 밝히려 했습니다. 이 실험에 따르면 혼의 평균 무게는 21g이라 합니다(「American Medicine」, 1907).

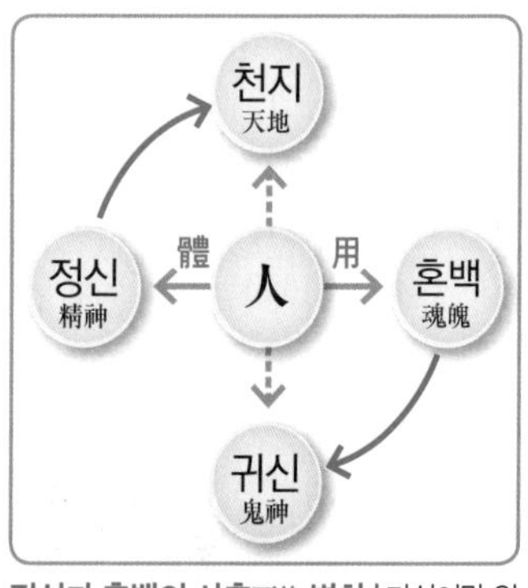

정신과 혼백의 사후死後 변화 | 귀신이란 원래 하늘의 신神과 땅의 귀鬼, 즉 천신지귀天神地鬼를 일컫는 말로 동양의 천지론에서 나온 용어이다. 그런데 인간의 사후, 육체와 분리된 혼백의 변형체를 흔히 귀신이라 부르고 있다.

사람의 임종이 가까워 오면 천상에서 **명부사자**冥府使者가 그 혼을 데리러 내려옵니다. 상제님은 시속에 전하는 속담을 들어 명부의 존재를 말씀해 주셨습니다.

❋ 속담에 부녀자들이 '살고 죽기는 시왕전十王殿에 달렸다.'고 하니 명부를 잘 받들도록 하여라. 명부사자冥府使者에게도 권한이 있어서 명부의 명을 받고 잡으러 왔다가 명부를 잘 위하는 사람을 만나게 되어 간곡한 사정을 들으면 어쩔 수 없이 돌아가느니라. 명부사자가 돌아가서 사실대로 명부전에 고하면 명부에서도 어쩔 수 없느니라." 하시니라. (9:212)

상제님께서는 죽음의 그림자를 드리우며 다가오는 명부사자의 권세를 꺾어 병자의 목숨을 살리시기 위해 다음과 같이 성도들의 믿음을 시험하신 적이 있습니다.

❋ 하루는 김준상의 집에 계실 때 준상의 아내가 양쪽 발바닥에 종창腫瘡이 나서 모든 약에 효험을 보지 못하고 마침내 사경에 이르거늘 … 준상과 갑칠에게 명하시기를 "오늘밤에 서로 교대하여 병자 곁에 있으면서 병자를 자지 못하게 하고 밤을 새우라. 명부사자冥府使者와 내 사자를 비교하여 누가 강한지 보리라." 하시니라. 이에 준상과 갑칠이 명을 좇아 그대로 행하거늘 병자가 정신을 잃고 매우 위독하더니 날이 밝아 오매 차츰 정신을 차리는지라. 상제님께서 말씀하시기를 "이제는 근심을 놓을지어다." 하시고 손가락으로 쌀뜨물을 찍어 종창 난 곳에 바르시며 "내일부터 병을 낫게 하리니 그리 알라." 하시더니 과연 일 년이 넘도록 낫지 않고 다 썩었던 발이 보름 만에 완쾌되거늘 준상의 아내가 상제님 전에 백배사례하니라. (5:242)

세상에는 사후의 세계를 체험하고 살아 돌아온 사람들의 이야기가 전해지고 있습니다. 일본이나 미국, 유럽 등지에서는 사망 진단을 받고 죽은 환자들이 다시 살아나 증언한 임사臨死 체험을 분석하여 체계화해 놓았습니다. 그 중에서 철학 박사이자 의학 박사인 레이먼드 무디Raymond A. Moody, Jr.가 쓴 『사후의 세계Life After Life』(1975)란 책을 보면, 그들의 증언 내용이 서로 일치하는 것을 확인할 수 있습니다.

죽었다가 살아난 사람들의 증언에 따르면, 숨결이 멎는 답답한 순간에 갑자기 요란한 소리가 들리며, 동굴 같은 어두운 공간 속을 빨려 들어가듯 지나 밖으로 나오면, 죽은 자신을 살려 내려고 애쓰는 의사와 울부짖는 가족을 환히 보게 된다고 합니다. 이때 죽은 사람이 "나는 죽지 않았어. 나는 여기 있어."라고 소리쳐도 사람들은 그 소리를 들을 수 없습니다. 왜냐하면 '죽은 사람'은 이미 육신을 빠져나와 4차원의 영계에 들어가 있기 때문입니다. 이윽고 말로 표현할 수 없는 황홀한 빛이 하늘에서 비쳐오면 그 빛의 존재(靈) 속에서 평화로움에 충만한 채 감미로운 기쁨과 강렬한 사랑을 느낀다고 합니다. 그때 빛의 존재가 '죽은 사람'에게 자신의 일생을 평가해 보라고 요구하고, 사자死者는 그 빛다발 앞에 서서, 지난 삶의 추억들이 하나하나 영화 필름처럼 스쳐 지나가는 것을 보게 된다고 합니다.

2. 사후 세계의 구조와 생활 모습

1) 천상의 법정, 명부冥府

죽음이란 아름다운 빛에 휩싸인 속사람(영체)이 육체라는 겉옷을 벗어두고 영계의 문을 들어서는 사건입니다. 속사람은 사후에 하늘사람이 되어서도 우주의 해답(道)을 찾는 구도의 길을 걷게 됩니다.

인간이 죽어 처음 가는 곳이 **명부冥府**입니다. 그곳은 지상 인간의 수명을 주관하고, 죽은 자의 죄악과 공덕을 심판하는 **천상의 법정**입니다. 상제님께서는 "명부 공사의 심리審理를 따라서 세상의 모든 일이 결정되나니"(4:4)라고 말씀하셨습니다.

> ❋ 나의 명으로 명부에서 데려오라고 해야 명부사자가 데려오는 것이니 각기 닦은 공덕에 따라 방망이로 뒷덜미를 쳐서 끌고 오는 사람도 있고, 가마에 태워서 모셔 오는 사람도 있느니라.(9:213)

죽음의 저 너머에 실재하는 4차원의 영적 세계를 연구하는 현대 심령 과학자들이 받은 영계 통신에 따르면, 명부는 지상과 천상 신계의 중간 지대에 있다고 합니다. 죽음의 의식을 마친 영혼이 이 사후 세계의 대기실(명부)에 체류하는 시간은 보통 3~4일이며, 이 기간에 지상에서 지은 선악의 업보에 따라 영적 급수가 정해진다고 합니다.

죽어서 영계에 갓 태어난 영혼은 마치 나비가 '누에고치 상태'의 답답한 삶에서 벗어나 자유스럽게 날아다니듯이 고된 인생살이에서 벗어나 지난날의 추억과 삶을 더듬어 보게 됩니다. 그리고 명부의 몽환계夢幻界 속으로 들어가 휴식 상태에 접어듭니다.

2) 천상 신도 세계의 구조

- 내가 죽으면 아주 죽느냐? 매미가 허물 벗듯이 옷 벗어 놓는 이치니라. (10:36)
- 사람의 죽음길이 먼 것이 아니라 문턱 밖이 곧 저승이니 나는 죽고 살기를 뜻대로 하노라. (4:117)

상제님의 이 말씀의 의미는 심령학자들의 말처럼 지상의 물질계 자체가 영계의 일부로 존재한다는 것입니다. 영계의 초超물질이 물질계에 침투되어 영체와 육체가 포개져 존재합니다.

천상 신도 세계의 지존의 통치자이신 상제님께서는 천상 신계가 **'다층 구조'**로 이루어져 있다고 밝혀 주셨습니다. 현대 과학에서는 이렇게 여러 층으로 형성된 우주의 본질을 파동의 원리로써 설명하고 있습니다(현대 심령 과학에서는 이 초물질 영계에도 물질계에서와 같은 감각이 있음을 밝히고 있습니다).

대우주의 본질을 이루는 파동은 그 진동수에 따라 빛깔과 에너지의 강도가 달라집니다. 인간이 만물의 영장이 될 수 있는 것은 동식물보다 더 강한 파동 에너지를 갖고 있기 때문입니다. 그러나 물욕과 정욕에 사로잡힌 인간은 그 파동이 동물과 같은 수준이 됩니다. 자연계에서 청색 광자光子가 적색 광자보다 더 눈부신 이유는 청색 빛이 더 진동이 빠르고 에너지가 크기 때문입니다. 영계도 상층으로 오를수록 차원(파동)이 높으며 더 눈부신 색상의 빛깔을 띠고 있습니다.

인간의 상념은 파동으로 나타나며 마음의 변화에 따라 파동의 강도도 변화합니다. 이것이 곧 영혼의 색상이자 영체의 빛깔로 드러납니다. 그러면 속사람의 모습은 어떠할까요? 앞에서 성도들이 신교神敎를 통해 천상에서 상제님을 뵈었을 때도 상제님은 지상에 계실 때의 모습 그대로였음을 알 수 있습니다. 이처럼 속사람 모습은 육신의 형상에 따라 결정됩니다. 그리고 사람은 죽은 후에도 평소의 성격과 품성을 그대로 가지고 가서 천상사람이 됩니다. 상제님께서는 인간이 천상사람으로 태어나서도 조상님에게 천지의 법도와 이치를 계속하여 배우게 된다고 말씀하셨습니다.

- 하늘에 가면 그 사람의 조상 가운데에서도 웃어른이 있어서 철부지 아이들에게 천자문을 가르치듯 새로 가르치나니 사람은 죽어 신명神明이 되어서도 공부를 계속하느니라. (9:213)

자신을 가장 아름답게 드러내 주는 사랑의 증표는 바로 지상에서 남모르게 행한 적선과 적덕입니다. 상제님은 보이지 않는 곳에서 사람들에게 음덕을 많이 베풀라고 말씀하셨습니다.

※ 크게 덕을 베풀고도 베풀었다는 생각을 하지 말라. 외식外飾을 버리고 음덕에 힘쓰라. 덕은 음덕이 크니라. (8:30)

명부에서 받는 심판의 과정이 끝나면 "길화개길실吉花開吉實 흉화개흉실凶花開凶實"(5:346)이라는 말씀과 같이, 자신이 닦고 뿌린 대로 자기 영체의 파동에 맞추어 천상의 계층에 자리잡게 됩니다. 그러면 천상의 영계는 어떻게 구성되어 있을까요? 불교에서는 삶과 죽음의 세계를 구분하지 않고, 욕망과 물질과 정신의 세계로 나누어 '삼계육도三界六道'[12]로 전하고 있습니다. 요가철학에서는 명부에서 초월계까지 7계로 말하고, 기독교에서는 가장 차원이 낮은 명부계부터 고차원의 영계까지 7층의 구조로 말합니다.

현대 심령 과학에서는 영계의 구조를 6층으로 구분하고 각 층에 대해 자세히 설명하고 있습니다. 제1층은 지옥, 제2층은 연옥이라 합니다. 이곳에 사는 하늘사람은 자신이 범한 죄악으로 말미암아 더러운 거리에서 흉악한 몰골로 살아가며, 상층에서 내려오는 밝은 빛에 추악한 모습이 드러나는 것이 두려워 어둠 속에서 살기를 좋아한다고 합니다.

제3층과 제4층은 보통의 창생들이 가장 많이 가는 곳입니다. 지상 세계를 이상화한 세계가 바로 제3층인데, 이곳에서 제4층으로 이동하게 될 때는 지상으로 환생하거나 다른 별로 이동하게 된다고 합니다. 제4층에서는 인류의 전 역사 과정이 우주의 혼 속에 파노라마처럼 나타나며, 이곳 신명들은 그 거대한 드라마의 정경 속으로 황홀하게 빨려 들어가 그 세계를 체험하게 됩니다. '순미純美의 세계'라 불리는 이 제4층은 의식의 변화가 급격히 이루어지는 색채계로, 영체의 파동이 급격한 진동을 일으켜 인간의 한계성을 벗어나 우주적 성격으로 변모해 갑니다.

제5층부터는 파장이 같은 사람끼리 모여 타인의 경험과 지식을 자신의 것처럼 쓸 수 있다고 합니다. 이렇게 형성된 단체의 혼을 '집단혼集團魂(group soul)'이라 합니다. 이 5층에는 수많은 집단혼이 우주적 규모로 모여 심령 종족(psychic tribe)을 형성합니다. 이 심령 종족의 거대한 집단혼 속에 깃든 지혜와 기쁨, 그리고 대우주가 지닌 전

---

12 삼계육도 | 삼계는 욕계欲界·색계色界·무색계無色界를, 육도는 지옥도地獄道·아귀도餓鬼道·축생도畜生道·아수라도阿修羅道·인간도人間道·천상도天上道를 말한다. 욕계는 맨 아래에 있으며 오관五官의 욕망이 존재하는 세계이고, 욕계 위에 있는 색계는 감관의 욕망을 떠난 물질적 세계이다. 무색계는 욕망과 물질이 사라진 순수 정신의 세계이다. 그리고 육도에서 천상도를 제외한 나머지 다섯 세계(지옥도, 아귀도, 축생도, 아수라도, 인간도)는 욕계에 해당하며, 천상도는 욕계 6천·색계 18천·무색계 4천으로 이루어져 있다. 그리하여 삼계는 욕계 11천·색계 18천·무색계 4천으로 총 33천으로 이루어져 있다고 본다. 도교에서는 최상의 대라천을 중심으로 하여 총 36천을 이루고 있다고 한다. 도교나 불교에서는 천계의 위계로서 우주를 말하고 있는 것이다. 그런데 인간으로 강세하신 상제님께서는 우주가 아홉 차원으로 벌여져 있음을 밝혀 주셨다. 종으로 9천을 이루고, 횡으로 다천多天을 이루고 있음을 밝혀 주신 것이다.

역사의 사연을 이해하여 우주와 일체감을 느끼게 됩니다. 여기서는 주관(나)과 객관(대상)의 대립이 없습니다.

제6층에 사는 천상 사람들은 은빛 찬란한 백광을 띠고 있으며, 인간적인 감정은 완전히 사라지고 순수 이성이 의식 세계를 지배한다고 합니다. 각 종교권의 성자나 성숙한 영혼들이 이곳에 머물면서 영생의 노래를 찬송하고 있는 것으로 전하고 있습니다.

그런데 우주 만유를 주재하시는 증산 상제님께서는 하늘 세계가 모두 아홉 단계, 곧 9차원으로 이루어져 있다고 밝혀 주셨습니다. 상제님께서는 아름다움과 영생의 희락이 넘쳐흐르는 가장 높은 하늘인 9천 하늘에 임어하여 계십니다. 선지자들은 삼계의 절대 주권자이신 아버지 하느님이시며 미륵존불이신 증산 상제님의 성령이 계신 성전을 옥경, 호천금궐, 도솔천궁으로 불러 왔습니다. 도교에서는, 상제님께서 우주생명의 본원인 무극 자리를 주재하시므로, 이 9천 하늘의 성전을 '무극전無極殿'이라 부르고 상제님을 '무극대제無極大帝'라 존칭하였습니다.

> 하루는 김송환金松煥이 상제님께 여쭈기를 "한 가지 알고 싶은 게 있습니다." 하거늘 상제님께서 "무엇이 알고 싶으냐?" 하시니라. 이에 송환이 "하늘 위에 무엇이 있는지 그것만 알면 죽어도 소원이 없겠습니다." 하니 상제님께서 "하늘이 있느니라." 하시니라. 송환이 다시 여쭈기를 "하늘 위에 또 하늘이 있습니까?" 하니 말씀하시기를 "있느니라." 하시매 또 여쭈기를 "그 위에 또 있습니까?" 하니 말씀하시기를 "또 있느니라." 하시고 이와 같이 아홉 번을 대답하신 뒤에 "그만 알아 두라. 그 뒤는 나도 모르느니라." 하시니라. (4:117)

이 말씀은 저 푸른 하늘 너머 우리가 죽어서 가는 하늘나라가 9층으로 이루어져 있음을 밝혀 주신 것입니다. 또 "대인의 말은 구천九天에 사무치느니라."(2:60)라는 상제님의 말씀을 통해서도 하늘의 구조를 알 수 있습니다. 9천으로 이루어진 천상의 구조를 그림으로 나타내면 다음과 같습니다.

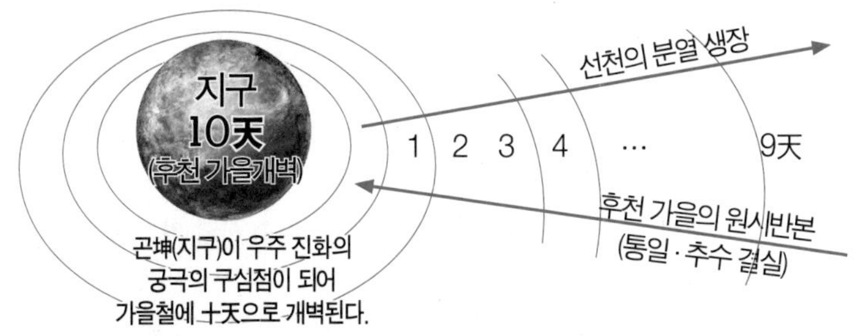

신명계의 구조 | 인간이 땅에서 살다가 육신을 벗은 뒤에는 지상에서 지은 공덕과 영적인 진화 정도에 따라 각기 다른 하늘에서 신명으로 살아간다. 종으로 9천(차원)을 이루고 있다.

◎ 천상에 계신 상제님의 성령 | 본래 9천에 임어하시다 강세하신 상제님께서는 사경을 헤매던 종도 신원일에게 친히 하느님의 성령의 모습을 계시해 주신 적이 있습니다.

❋ (정미, 1907年) 12월에 고부 운산리 신경수의 집에서 공사를 보실 때 하루는 신원일에게 이르시기를 "네가 일찍이 동쪽 하늘을 향하여, 붉은 옷을 입고 구름을 타고 앉은 사람에게 사배四拜한 일이 있을지니, 이제 다시 그와 같이 절하라. 내가 곧 그 사람이로다." 하시니라. 이에 원일이 일어나 상제님께 사배를 올리거늘 성도들이 모두 의아해하며 원일에게 그 연고를 묻는지라 원일이 대답하기를 "연전年前에 우연히 병이 들어 죽게 되었는데 별안간 정신이 황홀해지더니 어떤 큰 사람이 사인교四人轎를 타고 와서 내게 말하기를 '새 옷을 입고 문밖에 나가서 동쪽 하늘에 붉은 옷을 입고 구름을 타고 앉은 어른께 사배하라. 그러면 네 병이 나으리라.' 하므로 그 말대로 새 옷을 입고 문밖에 나가 동쪽 하늘을 바라보니 과연 그와 같은 어른이 계시므로 사배를 올렸더니 그로부터 병이 곧 나았는데 누워 앓던 사람이 갑자기 새 옷으로 갈아입고 밖으로 나가 허공에 대고 절을 하니 집안사람들이 모두 해괴하게 여기더라." 하니라. (3:222)

여기서 상제님께서 붉은색 성령의聖靈衣를 입고 계신다는 사실이 참으로 신비롭습니다. 상제님은 당신께서 창조·주관하시는 영원한 생명의 법도인 역易의 원리를 따라 자존하십니다. 지금은 천지의 여름철이 종말을 고하는 우주의 대전환기인 후천 가을 개벽기입니다. 상제님께서 일찍이 "나는 남방 삼리화三離火로다."(6:7)라고 하신 말씀은, 당신께서 선천 여름철의 천지 불(火) 기운을 주재하시어 **화신火神의 권세를 막고 계심을 의미합니다.** 상제님이 붉은 용포를 입고 계심은 바로 이러한 의미를 표상합니다.

◎ '묵은 하늘'의 그릇된 장례와 제례법: 후천 진법이 나온다 | 가을 우주 새 시대의 여명을 준비하시기 위해 강세하신 상제님께서는 여러 예식을 살피시고 나서 장차 진법眞法이 나온다고 말씀하셨습니다.

❋ 상제님께서 세상에 전하여 온 갖가지 예식을 두루 살피시고 크게 꺼려하시며 말씀하시기를 "이는 묵은하늘이 그르게 꾸민 것이니 장차 진법眞法이 나오리라." 하시니라. 또 제례진설법祭禮陳設法을 보시고 말씀하시기를 "이 또한 묵은 하늘이 그릇 정한 것이니 찬수는 깨끗하고 맛있는 것이 좋은 것이요, 그 놓여 있는 위치로 인하여 귀중하게 되는 것은 아니니라. 신神은 사람 먹는 데 따라서 흠향歆饗하느니라." 하시니라.… 또 말씀하시기를 "부모의 시신을 묶어서 묻는 것은 부모를 원수로 여기는 것이라. 묶지 말고 그대로 입관하여 흙으로 덮어 두는 것이 옳으니라." 하시니라. (4:144)

이 말씀에서 '묵은하늘'이란 말은 깊은 의미를 지니고 있습니다. 상극 이치 속에서 형성된 묵은 하늘은 모순과 거짓과 투쟁으로 일관해 온 선천의 역사를 만들어 낸 근원입니다. 그리고 '허례'란 이 묵은 하늘에 의해 만들어져 인류의 영혼 속에 수천 년 동안 깊이 뿌리박혀 흐르는 고루한 사고방식과 지나간 선천 시대의 가치관에 따라 형성된 그릇된 생활양식을 말합니다.

❋ 선천에는 백골을 묻어서 장사지냈으나, 후천에는 백골을 묻지 않고 장사지내게 되느니라. (7:52)

이 말씀과 같이 상제님께서는 후천 삶의 새로운 진법이 나오도록 세상의 운수를 뜯어 고친다고 하셨습니다. 진법을 내시면서 상제님께서 이처럼 장례와 제례법을 말씀하신 것은, 장례와 제례문화가 신명과 인간이 서로 매개하여 만나는 문화의 장이 되기 때문입니다.

3. 하늘사람, 신명神明

1) 신명은 생명의 주체

증산 상제님은 하늘사람을 보통 '신神'이나 '신명神明'이라 하시고 때로는 '귀신'이란 말도 같은 의미로 쓰셨습니다.

❋ 귀신鬼神은 천리天理의 지극함이니, 공사를 행할 때에는 반드시 귀신과 더불어 판단하노라. (4:67)

"귀신은 천리의 지극함"이라는 이 말씀에서 '천리'란 상제님이 창조·주관하시는 비인격적인, 순수한 우주 자연 정신을 의미합니다. 인간은 우주 1년의 생장염장 4계절 변화의 이치에 따라 대자연의 품성과 생명의 무궁한 조화기운을 받고 태어나 살아갑니다. 그리고 생을 마치면 '귀신은 천리의 지극한 존재'라는 말씀 그대로 순수한 영적 존재인 신명으로서 인간의 이성을 넘어선 4차원의 경계에서 살아갑니다. 그렇기 때문에 사람은 오직 수행을 통해서만 신도 세계를 체험하고 신명과 하나 될 수 있습니다.

하늘사람인 신神은 천리의 지극하고 오묘한 인격 화현체이자 생명체(道體)입니다. 그러므로 신神은 천지의 창조·변화 운동 원리인 우주생명의 신비스러운 창조 법도(三極之理)를 스스로 지니고 있으며, 천지와 만물을 창조한 주인(성신)으로서 우주를 운행시키는 생명의 근본 주체가 됩니다.

❋ 하루는 호연이 "참말로 신명이 있나요?" 하고 여쭈니 말씀하시기를 "신명이사

> 없다고 못 하지. 사람이 죽고 사는 것도 모두 신명의 조화로 되는 것이다." 하시고 또 말씀하시기를 "지금도 네 양쪽 어깨에 신명이 없으면 기운 없어서 말도 못 혀. 눈에 동자가 있어야 보이듯이 살아 있어도 신명 없이는 못 댕기고, 신명이 안 가르치면 말도 나오지 않는 것이여. 신명이 있으니 이 모든 지킴이 있는 것이다." 하시니라. (2:61)

우주와 만유 생명이 변화하는 모든 과정에는 신이 개입합니다. 이것은 신이 없이는 사람도 존재할 수 없다는 말씀입니다. 인간이란 존재는 천지의 신비를 그대로 투영시킨 육신의 옷을 지어 입고 **상제님의 창조 이상을 구현시켜 나가는 지상의 신**이기 때문입니다.

2) 일원적 다신관--元的 多神觀

신은 천지 만물의 생명의 근원입니다. 상제님은 인간의 혼이 천상에 올라가 신이 된다고 하셨습니다. 신이 천지 만물에 내재해 있으며 인간 만사가 신의 조화로 이루어진다는 것을 이렇게 천명하셨습니다.

> ❋ 천지간에 가득 찬 것이 신神이니 풀잎 하나라도 신이 떠나면 마르고 흙 바른 벽이라도 신이 떠나면 무너지고, 손톱 밑에 가시 하나 드는 것도 신이 들어서 되느니라. 신이 없는 곳이 없고 신이 하지 않는 일이 없느니라. (4:62)

이 말씀은 **우주 만유가 곧 신의 화현**이라는 것입니다.

신은 크게 **원신**元神과 **주신**主神으로 구분할 수 있습니다. 천지에 내재한 보편적 신성이 바로 원신입니다. 모든 사물에는 보편적 신성으로서 생명 활동의 본성이 되는 비인격적인 원신이 있고, 아울러 그 사물을 주재하는 인격신으로서 주신이 있습니다.

그리고 천지에 가득 차 있는 신神을 그 존재 방식에 따라 크게 **인격신**人格神과 **자연신**自然神으로도 구분할 수 있습니다. 인격신은 역사 속에서 인간으로 살다 간 신으로, 인간 형상을 하고 인간처럼 감정과 의지를 가지고 있습니다. 자연신은 자연물의 정령精靈으로 목신木神, 바위신, 산신山神, 운신雲神, 수신水神 등과 같이 천차만별의 모습으로 존재합니다.

하느님

원신元神 (음)	주신主神 (양)
체體(본체)	용用(작용)
삼신三神	삼신三神 상제님
천지 만물을 낳는 무형의 조물주 (일자一者)	천지 만물을 다스리시는 유형의 통치자 하느님

대자연의 세계를 영의 눈으로 바라보면

원신과 주신이 음·양 짝으로 존재함을 알 수 있습니다. 실례로 산을 다스리는 인격신인 산신山神이 있는가 하면, 산의 생명 활동의 본성으로서 존재하는 자연신이 있습니다. 이처럼 천지간에는 개별적으로 활동하는 수많은 자연신과 인격신이 있습니다.

그런데 **원신은 천지 만물에 보편적으로 내재하는 신성**이기 때문에 근본에 있어서는 **하나**(一者)입니다. 상제님께서는 본원적인 가치가 동등한 개별적 신이 천지에 가득 차 있다는 것을 밝혀 주심으로써 인류 역사에 대립과 분쟁을 지어낸 말썽 많던 신관들을 **일원적 다신관**一元的 多神觀으로 결론 내려 주셨습니다. 상제님께서는 당신이 유일한 창조주 하느님이고, 그 외는 모두 피조물이라는 말씀을 하지 않으셨습니다. 천지의 모든 신을 있는 그대로 인정해 주신 것입니다.

일원적 다신관은, 천상에 살아 있는 모든 선령신先靈神이나 우리 각자에게 깃든 신, 그리고 삼계 대권을 주재하시는 상제님의 성신이 그 본질적 가치로는 모두 동일하다는 것입니다. 단지 타고난 기국과 성품이 다르고 수행 경지의 높고 낮음의 차이가 있을 뿐입니다. 세상에 베푼 공덕의 크고 작음이 있기 때문에 천상 신도 세계에서 도격道格과 위격位格이 서로 구별되는 것입니다.

모든 사람이 인격과 심성과 성품에 독특한 차이가 있지만 동일한 인간으로서 각자 고귀한 인생의 주인공이 되듯이, 신명들 또한 그 본질에 있어서는 모두 동일한 존재로서 누구도 빼앗고 억압할 수 없는 존귀한 신격과 생명의 존엄성을 지니고 있습니다. 상제님은 최고의 조화 권능으로 **신의 세계를 주재하여 다스리시는, 최상의 위격에 계시는 인격적 통치자**이십니다.

3) 천상의 신명들

증산 상제님께서 신 또는 신명이라 부르신 하늘사람에는 **천사**天使와 **사자**使者도 있고, 인간을 죄악으로 이끌어 타락시키고 멸망하게 하는 **마귀**도 있습니다. 또 영적 단계가 아주 높은 **영**이나 **신선**과 같은 존재도 있습니다. 그 외에도 천상 신도 세계에는 여러 종류의 수많은 신이 있습니다.

(1) 하늘의 사자 | 앞서 우리는 상제님께서 인간으로 탄강하실 때 하늘나라에서 꽃빛을 타고 내려와 성모를 보살핀 선녀들이나, 김일부 대성사의 영을 천상 옥경의 상제님 보좌로 인도한 천사에 대해서 잠깐 살펴본 적이 있습니다. 기도나 수행을 할 때 신안이 열려서 보면, 하늘사람은 다음 성구 말씀처럼 불빛 같은 모습으로 보입니다.

❋ 하루는 박공우가 상제님을 모시고 신경수申京守의 집에서 잠을 자는데 꿈에 불빛 같은 사람 수십 명이 하늘로부터 내려와 상제님이 계신 문밖 뜰에서 절하고

뵙거늘 공우가 두려워하여 상제님의 등 뒤로 숨으니라. 다음날 상제님께서 "꿈에 무엇을 본 일이 있느냐?" 하고 물으시므로 공우가 그 일을 아뢰니 말씀하시기를 "그들이 곧 천상 벼락사자니라." 하시니라. (4:131)

상제님은 이렇듯 꿈으로 계시하시고 꿈 내용을 물으신 뒤에 하늘사람의 정체를 밝혀 주셨습니다.

사자使者는 천상의 명령을 받아 그 명령을 수행하는 신명입니다. 천상 사자도 천사에 속합니다. 하늘사람은 자신이 소속된 부서에 따라 각기 맡은 일을 수행합니다. 천상에는 상제님이 주재·통수하시는 군대 조직이 있는데 이 하늘의 군병을 '신병神兵'(5:333)이라 합니다. 그 외에도 상제님께서는 괴질을 맡은 '괴질신장'(7:50), 마마를 앓게 하는 '시두손님'(7:63), 도로를 닦는 '치도신장治道神將'(3:208) 등을 말씀하셨습니다.

(2) 마귀와 마신의 세계 | 선천 세상에는 상극 도수에 의해서 그 존재가 정당화되는 마신魔神의 세계가 있습니다. 선천에 악의 세계가 당당하게 존재할 수 있었던 이유는 **천지의 마를 극복함으로써만 성장 발전하게 되는 선천 우주의 상극 질서의 섭리 때문**입니다.

지금까지 살아온 선천의 인간 역사 속에서는 사마邪魔의 간여로 정의로운 세상이 실현될 수 없었습니다. 세상을 바르고 정의롭게 살려는 참마음을 가진 자가 오히려 실패하고, 남을 해코지 하고 억누르는 자가 부귀와 영화를 누리는 모순이 생겨났습니다. 타락한 악령인 사마는 우리를 죄악의 구렁텅이로 몰아넣으려고 늘 호시탐탐 기회를 엿보고 있습니다. 그리하여 인간 삶의 배후에서 생명을 죽이고 도적질하고 범죄를 저지르게 해 파멸과 멸망의 길로 끌어들이며, 항상 상제님에 대한 믿음의 줄을 끊어 놓으려 합니다.

❀ 나는 해마解魔를 주장하는 고로 나를 따르는 자는 모든 복마伏魔가 발동하나니 복마의 발동을 잘 받아 이겨야 복이 이어서 이르느니라. (9:2)

복마라 하신 상제님 말씀대로 마귀는 우리의 삶을 방해하기 위해 늘 엎드려서 기회를 노리고 있습니다. 신앙생활과 인생 최대의 적인 이 마魔를 상제님과 태모님은 '사마邪魔'(4:143), '마신魔神'(5:307), '복마伏魔'(5:347), '마귀魔鬼'(9:166) 등으로 부르셨습니다. 이 천지의 마들은 탐음진치貪淫瞋癡의 사마四魔로서 인간의 영 속에 탐욕과 음란과 화와 어리석음을 불러일으키는 영적 파장과 독기를 뿜어 넣습니다. 수많은 세상 사람들이 이 사종마四種魔의 책동策動과 올가미에서 빠져 나오지 못하여 파멸당해 가고 있습니다.

마신의 세계에는 탐음진치를 일으키는 복마 외에도 도적질시키는 적신賊神(4:77), 일을 망치는 농신弄神, 인간을 해코지하는 사악한 사신邪神, 조상에게 진 원한을 앙갚음하기 위해 몰려드는 척신隻神(3:188:10), 세상을 분열시키는 불(火) 기운을 맡은 '화신火神(5:275:4)' 등 수많은 종류의 마신들이 어둠의 세력으로 작용합니다.

'나를 따르는 자는 모든 복마가 발동한다'고 하신 상제님 말씀 그대로, 우리가 숱한 선천 종교를 뒤로 하고 세계와 인류 구원의 참 진리인 증산도를 받아들여 상제님을 향해 믿음의 정열을 쏟으면 쏟을수록 마귀들은 더욱 거세게 발동합니다. 우리의 믿음에 회의를 느끼게 해 혐오감과 미움과 불만을 갖도록 상황을 조장합니다. 증산 상제님의 진리는 우주의 가을철에 인간을 최종적으로 열매 맺게 하는 진리입니다. 그렇기에 상제님을 만나 신앙하는 것을 시기, 질투하고 믿음을 단절시키기 위해 천지의 마신들이 날뛰며 역사하는 것입니다.

우리는 언제나 영적으로 깨어서 근신하고 기도하며 결코 쓰러지지 않는 참된 신앙과 뜨거운 구도의 열정으로 모든 마신을 물리쳐야 합니다.

그러나 천지의 사마와 마신을 물리치는 일은 단지 우리의 힘만으로 되지 않습니다. 상제님을 내 영혼의 중심에 모시고, 천지간 모든 악령과 마신, 척신을 굴복시키고 물리치는 '**운장주**雲長呪'와, 천지 진액주인 '**오주**五呪'를 강력한 기운으로 읽어 가슴속에서 성령의 불길이 활활 타오를 때 모든 마신의 발동에서 벗어나 진정 자유롭게 됩니다(제10장 1절 진액주 참고).

(3) 천상의 다양한 신명들 | 증산 상제님께서 말씀하신 신들은 지상을 다녀간 천상에 실재하는 신명들입니다. 이제 그 신명에 대해 간단히 살펴보기로 하겠습니다.

상제님께서는 먼저 천지의 가을철을 맞이해 동서 종교 통일과 세계 통일, 그리고 천상 문명과 지상 문명의 통합을 이루기 위해 오신 당신을 '서신西神'(6:39)이라 하셨습니다. 하늘에 살아 계신 조상들의 영신을 '선령신'[13]이라 하시고, 자손을 둔 신을 '황천신黃泉神', 자손을 두지 못한 신을 '중천신中天神'이라 하셨으며, 또 자손을 태워 주는 신을 '삼신三神'[14]이라 하셨습니다.(2:118)

---

13 **선령신** | 조상은 자손을 위해 끊임없이 기도하며 보살펴 주는 제1의 보호성신이다. 그래서 상제님께서는 "자손이 선령을 박대하면 선령도 자손을 박대하느니라."(2:26), "너희는 선령을 찾은 연후에 나를 찾으라."(7:19) 하시며 조상의 음덕을 강조하셨다. 그리고 선령은 자손을 타 내리는 삼신이 된다.

14 **삼신三神** | 자연과 역사 속에 담긴 삼신의 네 가지 의미는 다음과 같다. ① 대자연의 삼신은 얼굴 없는 **자연신**으로 만유 생명의 근원이다. 태초에 하늘과 땅과 인간이 모두 우주에 충만한 원신인 삼신의 조화에 의해 태어났다. 삼신이 인간의 몸 속에 들어와 삼진三眞(성명정性命精)이 성립되었다. 이때 삼신은 조화, 교화, 치화라는 세 가지 창조성을 지닌 일신一神으로서 만물을 낳고 길러내며 다스리는 '우주의 순수한 창조 정신'을 말한다. ② 천상 신명계의 호천금궐에서 하늘과 땅, 인간과 뭇 신을 다스리시는 우주의 통치자이신 인격신, 곧 **삼신상제님**을 말한다. 삼신상제란 '삼신일체상제'의 줄임말로 '대자연의 삼신과 한 몸이 되어 천지 만물을 다스리시는 상제님'이란 뜻이다. ③ 우주의 삼신과 삼신상제님의 도를 민족의 역사정신으로 열어 주신 동방 시원 역사의 **국조삼신**(환인, 환웅, 단군)을 말한다. ④ 각 성씨의 **선령신**은 만물을 낳는 자연의 삼신을 대행하여 천상에서 자손을 타 내리는 삼신이 된다.

그리고 제왕을 지낸 신명을 '천자신'(5:215), 장상을 지낸 신을 '장상신將相神'(5:215)이라 부르셨으며, 선천에서 후천으로 바뀔 때 중심 역할을 하는 '황극신'(5:325)에 대해서도 언급하셨습니다.

지상을 다녀간 성인의 성신을 부르실 때는 '공자', '석가', '노자' 등과 같이 세상에서 쓰는 호칭을 그대로 쓰시고(4:46), '동학 신명'(5:205)이라 하신 것처럼 어떤 종교를 믿다 죽은 신자들의 영신은 그 종교의 이름을 붙여 말씀하셨습니다.

인류 문명을 개화시키는 데 몸 바친 종교가나 과학자, 철인의 신명을 상제님께서는 '문명신文明神', 그중 도통한 신명은 '도통신道通神'이라 부르셨습니다.(4:8)

그리고 원한 맺혀 죽은 신을 '원신冤神', 의로운 마음으로 혁명에 가담했다가 역적으로 몰려 비참하게 죽은 신명을 '역신逆神'(4:17), 굶어서 죽은 신을 '아표신餓莩神'(7:87)이라 하셨습니다.

상제님은 원한을 앙갚음하기 위해 자신을 해친 사람이나 그 후손에게 달라붙은 신명을 '척신隻神'(3:188)이라 하시고, 반면에 인생의 모든 분야에서 한 인간을 보살피고 지켜 주는 수호 성신을 '보호신'(4:154)이라 하셨습니다.

그리고 개벽주와 진법주문을 보면 천상의 수도인 옥경을 수호하고 주관하는 천존신장과 태을신장, 뇌성벽력을 다스리는 뇌성벼락 장군, 세상을 분란시키고 어지럽히는 악귀와 잡귀의 기운을 깨뜨리고 제어하는 금란장군, 24절후와 28수의 별자리에 응기하는 24장과 28장 등의 신장들이 있으며 그 밖에도 수많은 신명들이 천상에 존재하고 있습니다. 상제님께서는 또 구름을 몰고 다니며 비를 내려 주는 하늘사람을 국조이신 단군 성조 시대에 불렀던 이름 그대로 '우사雨師'(4:40)라 하시고, 부엌살림을 맡아 관할하는 신을 민간신앙 속에서 부르던 이름 그대로 '조왕신'(4:103)이라 부르셨습니다. 상제님께서는 이처럼 우리 동방 백의민족의 혼 속에 면면히 흘러 내려온 민족의 고유 신앙(神敎)을 그대로 인정해 주셨습니다.

4. 대우주의 핵심 자리, 지구

1) 지구가 10천으로 열린다

천상 신계의 구조를 밝히는 것은 곧 대우주의 구조를 밝히는 것입니다. 이에 대한 구체적인 상수象數 법칙의 논리는 다음 제4장에서 밝히기로 하고, 여기서는 기본이 되는 핵심만 살펴보겠습니다.

1~10까지 기본수 가운데 분열의 최대 수는 9입니다. 천지의 봄여름철인 선천은 분열·발전하는 양陽 시대이므로 양수(天數) 1, 3, 5, 7, 9 가운데 분열의 끝수인 9수의 작

용 원리에 따라 천상 세계도 9천으로 벌어져 존재합니다.

그런데 통일을 이루는 우주의 가을철은 후천의 음陰 시대로서 천상 신계는 음수(地數)인 2, 4, 6, 8, 10의 끝수인 10수로 벌어져 10천으로 존재하게 됩니다. 그렇지만 가을철에 열리는 제10천은 9천 위에 펼쳐지는 열째 하늘나라가 아닙니다. 선천은 분열하는 시기이므로 인간이나 신명도 영적 성숙도에 따라 상층 하늘로 진화해 나갔지만, **후천은 통일·성숙하는 운을 맞아 물질계인 지구가 열째 하늘나라인 10천으로 열리는** 우주의 **파격적인 대전환 운동**을 하게 됩니다.

우리는 이러한 사실을 정역의 논리로 재확인할 수 있습니다.『정역』은 무한 공간에 펼쳐진 하늘과 이 지구의 변화 관계에 대해 명쾌하게 해답을 제시하고 있습니다.

◎ 지地는 재천이방정載天而方正하니 체體니라. 천天은 포지이원환包地而圓環하니 영影이니라. 땅은 하늘을 싣고 동서남북이 방정하니 우주 신비와 변화의 주체니라. 하늘은 땅을 안고 무형의 둥근 형체를 하였으니 변화의 영(影=用, 객체)이니라. (「십오일언十五一言」)

동방의 대철인 일부一夫가『정역』에서 밝힌 이 말은, 바로 이 지구가 신비한 우주 변화의 진정한 주체이고 **우주 창조의 핵심 자리**라는 것입니다. 무형의 하늘은 지구를 안고 지상에 만물을 창조·변화시킬 수 있는 생명 에너지를 공급해 줄 뿐입니다.

앞으로 열리는 후천 가을철에는 이 우주 가운데 물질계인 지구에 궁극의 조화선경 낙원이 펼쳐짐으로써, 우주 역사의 최종 목적인 영계와 물질계의 통일이 이 땅 위에서 실현됩니다. 이 때문에 9천의 천상 보좌에 임어해 계시던 상제님께서 10천으로 열릴 지구에 강세하시어 후천 가을 우주의 인존 시대를 여시게 된 것입니다.

2) 천상과 지하의 신도 세계

삼계 우주의 통치자이신 증산 상제님께서는 이생에서 죽으면 만사가 끝장이라는 현세주의자들에게 다음과 같이 신비한 삼계 우주의 존재를 깨우쳐 주셨습니다.

❋ 하루는 상제님께서 이도삼李道三에게 "글 석 자를 부르라." 하시니 도삼이 '천天·지地·인人' 석 자를 부르거늘 상제님께서 글을 지어 말씀하시니 이러하니라.

天上無知天하고 地下無知地하고 人中無知人하니 知人何處歸리오
천상무지천 지하무지지 인중무지인 지인하처귀

천상에서는 하늘 일을 알지 못하고 지하에서는 땅 일을 알지 못하고
사람들은 사람 일을 알지 못하나니 삼계의 일을 아는 자는 어디로 돌아가리.
(2:97)

역사 속에 한 인간으로 오시어 걸어야 했던 외로운 인생길을 노래하신 이 시를 통해 상제님께서는 천·지·인 삼계에 가을 대개벽의 세계를 아는 자가 없음을 한탄하고 계십니다. 이 시에는 부모, 형제, 처자와도 나눌 수 없었던 상제님의 인간적인 고독감이 잘 나타나 있습니다.

또 상제님은 지상에 살며 현세주의자가 되어 버린 창생에게 **천상과 지상(지하) 세계의 존재를** 인간의 복식문화로서 알기 쉽게 깨우쳐 주셨습니다.

❋ 사람들이 허리띠를 가운데에 띠고 위에 목도리를 하고 밑에 꽃대님을 하듯이, 천상사람이 있고 땅속에도 사는 사람이 또 있느니라. (4:66)

인류는 역사 속에 무릉도원과 같은 신비 세계에 대한 전설과 신화를 간직해 왔습니다. '지구의 남극과 북극에는 거대한 구멍이 뚫려 있어 지구 안에는 별천지가 존재한다'는 신비한 이야기도 세상에 전하고 있습니다. 과거에 탐험가들이 북극을 탐험한 기록을 보면 그들이 극 입구 언저리에서 위치와 방향을 잃는 수가 많았고, 그곳에서 기이한 동물과 낙원 같은 신비한 세계를 목격하였다고 합니다. 우리는 다음 상제님 말씀에서도 이 지하 세계의 존재를 확인할 수 있습니다.

❋ 이로부터 지하신地下神이 천상에 올라가 모든 기묘한 법을 받아 내려 사람에게 '알음귀'를 열어 주어 세상의 모든 학술과 정교한 기계를 발명케 하여 천국의 모형을 본떴나니 이것이 바로 현대의 문명이라. 서양의 문명 이기文明利器는 천상 문명을 본받은 것이니라. (2:30)

이 말씀에서 지하문명 세계가 실제로 존재하며, 지하신은 지상에 살고 있는 우리와 동일하게 그 본질이 신神이며, 천상과 지상을 매개하는 역할을 함을 알 수 있습니다.

상제님은 이처럼 천상과 지하, 두 심령 세계의 경계가 트이고 난 후 천상과 지하 문명신의 크나큰 은혜를 입어 오늘의 과학 문명이 지상에 펼쳐지게 된 것이라 밝혀 주셨습니다.

5. 영원한 죽음은 영혼의 소멸

인간은 만물 생명의 근원인 하늘과 땅과 삼위일체의 존재로 태어나 죽는 날까지 하늘땅과 함께하며 살아갑니다. 그러나 인간은 천지에 비해 음양의 순수 생명력(율려수)이 작아서 끝없이 자신을 초극하며 살아야 하는 존재입니다. 무극생명에 근원을 둔 인간과 만물은 선악의 대립이 생겨나는 태극의 생명 자리에서 육신이라는 옷을 입고 태어나기 때문에 사망과 영생의 갈림길에서 고뇌하며 살아가게 됩니다. 선천 우주의 상극의 환경 속에서 도를 닦아 생명의 근원(道)으로 돌아가야 하는 이유가 바로 여기에 있습니다. 일반적으로 죽음이라 하면 우리는 당연히 육신의 죽음만을 생각합니다. 그러나 인간의 영혼도 소멸할 수 있다는 것을 알아야 합니다.

지금까지 인간의 영혼이 사후에 영원히 존재하느냐, 소멸하느냐 하는 문제를 생명의 원리로 밝혀 준 선천 종교는 없었습니다. 오직 상제님께서 그 해답을 내려 주셨습니다.

❋ 도道를 잘 닦는 자는 그 정혼精魂이 굳게 뭉쳐서 죽어서 천상에 올라가 영원히 흩어지지 아니하나 도를 닦지 않는 자는 정혼이 흩어져서 연기와 같이 사라지느니라. (9:76)

우리는 이 말씀을 통해 도를 닦아 영혼을 정화하지 않고, 자기중심으로 살면서 죄를 범하여 타락하면 어떤 결과를 초래하는지 깨닫게 됩니다. 사후에 그 영혼까지 죽음을 당하여 영원한 무無의 적막 속으로 연기와 같이 사라진다는 것을 분명히 알 수 있습니다.

인간은 시공이 끊어진, 영원한 생명의 귀향처인 증산 상제님의 절대 자리로 자신을 수렴시키지 않으면, 죽어 신명이 되어 하늘에서 얼마 동안 삶을 영위하다 소멸하게끔 운명 지어져 있는 것입니다.

❋ 가을바람이 불면 낙엽이 지면서 열매를 맺는 법이니라. 그러므로 이 때는 생사판단生死判斷을 하는 때니라. (2:44)

이번 가을 대개벽 때 인간과 신명은 선천 세상을 살아오면서 행한 모든 선악에 대하여 심판을 받게 됩니다. 영원한 생명과 진정한 죽음을 판가름 짓는 것은, 천지 부모와 하나 된 존재(太一)가 되느냐 되지 못하느냐 하는 데에 달려 있습니다. 여기에 천지와 더불어 하나 되는 삶을 살고, 조화로운 정신을 가져야 하는 필연성이 있습니다. 우리는 이러한 창조의 법도를 잠시도 잊지 말고 만물 생명의 근원이시며 인간의 영생과 자유를 주재하시는 상제님의 말씀(로고스=道)을 중심으로 살면서 끊임없이 도를 닦아 생명의 근원(道)으로 돌아가야 합니다. 탐욕과 이기심으로 인생을 소진한 자는 육체(겉사람)뿐만 아니라 영체(속사람)까지도 영원히 소멸되는 선천 말대의 진정한 죽음과 맞닥뜨리게 됩니다.

제3절 인간과 신명의 관계

1. 인간계와 신명계

1) 탄생(生)과 죽음(死)의 의미

생사화복을 주관하시는 우주 만물 생명의 주재자 하느님이신 증산 상제님은 생사의 윤회 원리를 이렇게 말씀해 주셨습니다.

生由於死하고 死由於生하니라.
생 유 어 사　　사 유 어 생

삶은 죽음으로부터 말미암고 죽음은 삶으로부터 말미암느니라. (4:117)

지상이나 천상에서 태어나는 것은 모두 이전 생에서 죽음으로 말미암아 이루어지는 것이며, 죽음 역시 태어남에서 비롯된 것이라는 말씀입니다. 인간이 지상에 육화되어 태어나는 것은 전생의 천상 가족 입장에서는 사랑하는 이와의 슬픈 이별이자 죽음이 됩니다. 한편 지상의 서글프고도 적막한 죽음은 천상의 조상 입장에서는 하늘사람으로 탄생하는 자손과 만남의 기회가 되는 것입니다.

한국어 판『리더스 다이제스트』(1980년 8월호)에 미국의 유명한 천문학자인 칼 세이건Carl E. Sagan 교수가 **'죽음과 탄생의 과정'**을 밝힌 재미있는 이야기가 실렸습니다. 이 글에서 세이건 교수는 영혼 세계로 들어서는 죽음의 과정과 이승에 태어나는 탄생의 과정이 동일하다고 말하였습니다. 인간이 태어날 때, 태아는 자궁의 수축 작용과 함께 격렬한 고통을 느끼며 어둠을 통과합니다. 그 후 자궁 바깥에서 비쳐 오는 이승의 빛을 쏘이면서 새 생명으로 태어나 지상 사람들과 만나게 됩니다. 마찬가지로 목숨이 다해 생명이 끊어질 때도 사자死者는 극심한 고통과 답답함을 느끼며 암흑의 터널을 지나게 됩니다. 이 어둠을 지나 빛 속에 싸인 채 하늘사람으로 태어나서 천상의 조상과 상봉하게 되는 것입니다.

이처럼 탄생과 죽음의 과정이 동일한 이유는 무엇일까요? 그것은 우리 인생이 이승과 저승이라는 존재계의 두 바퀴를 잡아 돌리는 **태극 생명수의 숨결을 따라 윤회하**기 때문입니다.

2) 생명 탄생을 매개하는 신도의 손길

현대 심령 과학자들이 밝힌 바에 따르면 천상에서 이루어지는 영적 진화는 지상에서 육신을 갖고 살 때보다 훨씬 더 어렵다고 합니다. 육신을 떠난 신명(하늘 사람)은 기혈 작용이 일어나지 않아 정신이 더 이상 생성되지 못하기 때문입니다. 이러한 이유로 많은 하늘사람이 지상과 다시 인연을 맺고 윤회하고 싶어합니다. 물론 그중에는 전생에 못 다 이룬 소망을 이루고 싶어 환생하는 경우도 많습니다.

한 인간의 탄생은 상제님의 주재 아래, 순전히 자기 **조상신의 음덕과 정성과 보살핌**으로 이루어집니다.

※ 하늘이 사람을 낼 때에 무한한 공부를 들이나니 그러므로 모든 선령신先靈神들이 쓸 자손 하나씩 타내려고 60년 동안 공을 들여도 못 타내는 자도 많으니라. 이렇듯 어렵게 받아 난 몸으로 꿈결같이 쉬운 일생을 어찌 헛되이 보낼 수 있으랴. 너희는 선령신의 음덕을 중히 여기라. (2:119)

상제님은 천지의 모든 원한을 풀어 주시고 소망을 이루게 해 주시는 사랑의 하느님이십니다. 천상에서 자손이 없는 신명은 지상의 부모 없는 고아나 다름없는 존재입니다. 의탁하여 마음 붙일 데가 없기 때문입니다. 상제님은 자손이 없는 신명을 중천신이라 하셨습니다. "지금은 천지도수가 정리되어 각 신명의 자리가 잡히는 때라."(4:9) 하신 말씀대로 자손 줄이 끊어져 외롭게 떠도는 고독한 중천신을 해원시키기 위해 상제님은 그들에게 복록을 맡아서 처리하는 권한을 부여하셨습니다.

※ 중천신中天神은 후사後嗣를 두지 못한 신명이요, 황천신黃泉神은 후사를 둔 신명이라. 중천신은 의탁할 곳이 없어 황천신에게 붙어서 물밥을 얻어먹어 왔으므로 원한을 품었다가 이제 나에게 하소연을 하니 이후로는 중천신에게 복을 맡기어 사私가 없이 고루 나누게 하노라. (4:104)

※ 살고 죽는 판단은 중천신이 하니, 중천신에게 빌어야 조상길이 열리느니라. (11:236)

중천신은 자손이 없기 때문에 모든 일에 공평무사公平無私합니다. 그러므로 서신사명을 띠고 오신 상제님께서도 말세의 선악 심판과 구원의 대권자로서 사정私情을 쓰시지 않기 위해 대를 이을 아들을 두지 않으셨습니다.

※ 하루는 태모님께서 이용기에게 말씀하시기를 "야. 용기야! 오늘 자식 달라고 오는 사람이 있다." 하시더니 잠시 후 아들이 없어 한恨이 된 어떤 사람이 찾아와 태모님께 아들을 내려 주실 것을 애원하거늘 태모님께서 삼신경三神經을 읽어 자손줄을 태워 주시니라. 이 때 용기가 신도神道가 열려 보니 삼신 일을 보고 칠성 일을 보면 두 기운이 합해져서 생명이 잉태되더라. (11:58)

※ 사람이 다 쓸데가 있나니 천황天皇에서 짚자리 뚝 떨어질 때 '너는 천하를 위해 뭐 돼라. 너는 뭐 돼라.' 하고 타고나느니라. (8:9)

영계에 관한 심령과학자들의 연구에 따르면 태아가 자궁에 자리잡은 지 두세 달이 되면 부모가 지닌 생명의 파동과 일치하는 하늘사람이 배꼽 줄을 통하여 모태로 들어간다고 합니다. 이것을 '입혼入魂'이라 하는데, 이때 부계와 모계의 선령신과 태아를 지켜 주는 보호신명의 입회 아래 '입혼식入魂式'이 이루어집니다.

육신이라는 옷을 입는 열 달의 잉태 시간이 끝나면 조상신(삼신)이 하늘에서 내려와 산모를 간호하고 새 생명의 탄생을 주관하게 됩니다. 이처럼 산모가 신명의 가호를 받는다는 것을 상제님께서 성수 32세 되시던 임인(1902)년 4월, 김형렬 성도 집으로 처음 들어서시던 장면에서 확인할 수 있습니다.

※ 4월 13일에 형렬이 제비창골 집에 있는데 산 너머 금산사金山寺 쪽에서 "형렬아, 형렬아!" 하고 부르는 소리가 또렷이 들리거늘 … 형렬이 크게 반가워하며 상제님을 모시고 용화동으로 돌아 집 앞에 이르러 "선생님, 안으로 들어가십시다." 하니 말씀하시기를 "자네 집에 산기産氣가 있네그려." 하시거늘 형렬이 놀라 여쭈기를 "어떻게 아셨습니까?" 하니 말씀하시기를 "삼신三神이 말을 몰고 자네 집으로 들어가므로 알았노라." 하시니라. (3:10)

3) 생명의 파동에 감응하는 신도 법칙

상제님은 '왕대 뿌리에 왕대 나고 시누대 뿌리에 시누대 난다'(6:79)고 말씀하셨습니다. 이 말씀처럼 부모의 영성靈性과 핏줄은 자손의 인간성 형성에 커다란 힘으로 작용합니다. 우주 대자연의 본질은 파동입니다. 부모가 음양합덕으로 조화를 이룰 때 부모가 각각 가지고 있는 생명의 파동에 따라 새로운 육신이 화생化生됩니다.

이후 모태에서 생명이 자라 지상의 공기를 쐬며 세상에 나오는 순간, 태아의 생명은 지구와 일월의 운행 도수에 의해 형성된 고유한 천지 생명의 파동선을 타게 됩니다. 이 세상에 나올 때 받는 **하늘생명**(天運=五運)과 **땅의 정기**(地氣=六氣)가 배합함에 따라 운명의 저항력, 곧 인생의 추진력(運)이 정해지고 체질의 강도(氣)가 결정되는 것입니다. 흔히 우리가 '기운氣運이 세다, 약하다'고 하는 말은 본래 이것을 가리킵니다.

그런데 인간의 영적 유동체가 소망 상념인 목적의식을 갖고 한 방향으로 줄달음칠 때, 그 파동이 그대로 쌓이고 맺혀 영혼에 독특한 업력業力을 형성하게 됩니다. 그렇기 때문에 상제님께서는 "마음과 입과 뜻으로부터 일어나는 죄를 조심하고 남에게 척을 짓지 말라."(5:416)라고 간곡히 당부하셨습니다.

업력의 파장 | 우리 자신을 옭아 묶는 죄악의 업력은 고요한 마음의 호수 위에 끓어오르는 망상에서 비롯되어 마음의 소리를 전하는 '입'을 통해 구체화되며, 자유의지에 따른 행동으로 드러나 굳어져 버립니다. 상제님께서는 '마음과 입과 뜻'으로 드러나는 상념 파동의 상호관계에 대해 **"말은 마음의 소리요, 행동은 마음의 자취라."**(3:97)

라고 말씀하셨습니다.

인생의 광야에서 내일 일을 모른 채 윤회의 수레 바퀴에 몸을 싣고, 울고 웃는 것이 창생의 삶입니다. 상제님께서 밝혀 주신, 전생의 업력이 이생에서 드러난 다음의 생생한 일화를 통해 우리는 업력의 파장을 가슴으로 절실히 느낄 수 있습니다.

❋ 하루는 신경수申京守가 돼지 한 마리를 기르다가 도둑 맞고 와서 아뢰기를 "내 성이 본시 가난하여 돼지 구할 돈이 없을 터인데, 제 집에서 기르는 돼지를 훔쳐 온 것이 틀림없습니다." 하니 상제님께서 말씀하시기를 "이놈아! 내가 시켰다. 그 돼지를 찾지 말라. 네가 전생에 남의 눈을 속여서 손해를 끼쳤으므로 이제 금세今世에 그 보복을 받은 것이니 분해하지도 말고 아까워하지도 말라." 하시니라. (9:126)

2. 마음의 힘

1) 세상 파멸의 원인, 원한冤恨

인간의 행복을 파괴하고 인류를 좌절과 파멸의 길로 이끄는 가장 큰 적敵은 무엇일까요? 증산 상제님께서는 그 비밀에 대해 이렇게 말씀해 주셨습니다.

❋ 대저 당요가 단주를 불초히 여겨 두 딸을 우순虞舜에게 보내고 천하를 전하니 단주가 깊은 원을 품은지라. 마침내 그 분울憤鬱한 기운의 충동으로 우순이 창오蒼梧에서 죽고 두 왕비가 소상강瀟湘江에 빠져 죽는 참혹한 일이 일어났나니 이로 말미암아 원의 뿌리가 깊이 박히게 되고 시대가 지남에 따라 모든 원이 덧붙어서 드디어 천지에 가득 차 세상을 폭파하기에 이르렀느니라. (4:17)

인간의 마음 속에 뿌리박힌 원한이 오늘날 이 세상을 저주와 싸움의 피바다로 만들게 되었다는 말씀입니다. 지금 우주를 파괴할 증오와 분노가 원한으로 맺히고 사무쳐 하늘과 땅에 넘쳐나고 있습니다.

❋ 원래 인간 세상에서 하고 싶은 일을 하지 못하면 분통이 터져서 큰 병을 이루나니… (4:32)

본래 **인간은 이성과 칠정육욕七情六欲을 타고난, 순수한 소망적 존재**입니다. 가슴에 타오르는 뜨거운 열정과 소망은 생명의 기쁨을 샘솟게 하는 인생의 추진력입니다. 이 푸르른 꿈이 외부 환경이나 운명의 마력에 의해서, 또는 자신의 과오로 말미암아 좌절되면, 부풀어 오르던 열정과 소망(願)은 무너져 원冤으로 돌변하게 됩니다.

원한은 사랑과 반대되는, 분노하고 증오하는 마음입니다. 분노는 복수심으로 화하여 앙갚음으로 나타나 마음의 평온과 화평의 능선을 허물어 버리고 이 세상의 평화를 파괴하게 됩니다. 그리하여 마침내 **"한 사람의 원한冤恨이 능히 천지기운을 막느니라."** (2:68) 하신 말씀처럼 천지의 이상을 실현하지 못하게 가로막는 상황으로까지 발전하는 것입니다. 상제님은 원한이 생겨나는 근본적인 원인을 이렇게 말씀하셨습니다.

> ❋ 선천에는 상극의 이치가 인간 사물을 맡았으므로 모든 인사가 도의道義에 어그러져서 원한이 맺히고 쌓여 삼계에 넘치매 마침내 살기殺氣가 터져 나와 세상에 모든 참혹한 재앙을 일으키나니… (4:16)

선천 분열 시대의 종교, 정치, 경제, 윤리 등 모든 문화는 상극의 질서 속에서 생겨나 본질적으로 상극성과 배타성을 지니고 있습니다. 그리하여 개인과 개인, 개인과 사회, 사회와 사회가 서로 부딪칠 때마다 갈등으로 뒤얽혀 온갖 원한이 맺히고 쌓여 왔습니다. 선천 종교에서 말하는 원죄나 업보를 넘어 인간은 누구나 가슴에 원과 한을 맺고 살아 왔습니다. 선천 말대인 오늘에 이르러서는 그 원한의 독기가 하늘과 땅에 넘쳐흘러 마침내 천상 세계와 인간 세계가 참혹한 재앙으로 멸망의 위기에 놓이게 되었습니다.

그러면 천지의 원한이 신명계와 인간계에 작용하는 이치를 이해하기 위해서 먼저 마음(心)과 생명(氣)과 인간과 신神의 관계에 대해 살펴보도록 하겠습니다.

2) 마음(心)과 생명(氣)과 인간과 신神

우리의 마음(心)과 생명(氣)과 몸(身)은 긴밀한 관계로 서로 영향을 주고 받습니다.

앞서 1절에서 우리는 삼계 우주를 창조 섭리하는 우주 조물주 삼신의 3대 신성(조화·교화·치화)이 인간 내면에 들어와 성性·명命·정精으로 드러남을 알았습니다. 이 성·명·정이 체가 되어 실제 작용하는 인간의 3대 요소가 마음과 기운과 몸, 즉 심心·기氣·신身입니다.

하늘과 땅과, 그 안에서 살아가는 인간과 만물은 모두 마음(心)으로 연결되어 있습니다. '귀신은 천리天理의 지극함'(4:67)이라 하신 말씀 그대로, 천리의 인격 화현체인 신神 역시 마음에 매여 존재합니다. 이 신도 마음과 생명을 지니고 있습니다. 인간은 신이 육화한 존재입니다. **그리하여 천지와 인간과 신이 모두 상제님의 생명(命)으로 지어져 서로 한마음(一心)으로 연결되어 있는 것입니다.**

(1) 마음이 기氣의 주체 | 무한한 우주 공간에 가득차 있는 상제님의 생명(命)이 **'기氣'**입니다. 이 기는 모든 사욕과 정욕을 떨쳐버린 인간의 일심에 감응합니다. 우리 자신 속에 있는 상제님의 마음인 **일심一心이 바로 기의 주체**입니다. 마음과 기의 관계를 보

여 주는 생생한 사례를 상제님의 다음 말씀에서 찾을 수 있습니다.

❋ 하루는 박공우朴公又를 데리고 정읍으로 가실 때, 상제님께서 "공우야, 마음속으로 '풍운조화風雲造化'를 외워라." 하시니라. 공우가 명하신 대로 지성으로 '풍운조화'를 외우며 걸어가는데 상제님께서 문득 "공우야, 네가 잘못 읽고 있구나." 하시거늘 공우가 깜짝 놀라 돌이켜 보니 '풍운조화'를 '천문지리天文地理'라고 그릇 외우고 있는지라. 곧바로 "풍운조화 풍운조화" 하고 고쳐 외우면서 대흥리大興里에 도착하니라. 이날 밤에 눈과 비가 번갈아 내리매 상제님께서 말씀하시기를 "네가 잘못 읽어서 지금 천기天氣가 한결같지 못하도다." 하시거늘… (2:112)

오늘날 과학은 인간을 비롯한 천지 만물이 오묘한 생명 파동의 줄로 연결되어 서로 밀어密語를 주고받는다는 우주생명의 신비 현상을 밝혀내고 있습니다.

증산 상제님께서 성수 39세 되시던 기유(1909)년 6월 22일, 어천하시기 이틀 전 밤에 구릿골 약방에 누우시어 별자리를 바라보시며 이렇게 말씀하셨습니다.

❋ 삼태성三台星에서 허정虛精의 '허' 자 정기가 나온다. (10:42)

여기서 말씀하신 **정기는 우주의 생명 선線으로, 상념**(생각)**을 지닌 생명의 파동**입니다. 현대 심령과학에서는 이 생명의 파동선을 **우주 선**線(cosmic ray)이라 부릅니다. 매초 수 수 천억의 우주 선이 지구로 쏟아져 들어오는데, 우리가 깊은 명상에 잠겨 있을 때 두뇌에 명중하여 꽂히면, 그 순간 사고가 바뀌게 된다고 합니다. 이때 유전 정보의 분자 배열까지 흔들어 돌연변이를 일으키기도 한다는 놀라운 사실이 밝혀지고 있습니다.[15]

상제님은 "천지간에 가득 찬 것이 신神이니… 신이 없는 곳이 없고 신이 하지 않는 일이 없느니라."(4:62)라고 하셨습니다. 천지 만물 속에 성신의 화현인 신명이 내재하여 온갖 사연을 실은 정기(상념의 파도)를 주고받으며 생명 활동과 운명에 자극을 준다는 말씀입니다.

❋ 하루는 정읍 수통점水桶店에서 유숙하실 때 공우가 모시고 있더니 이도삼이 찾아와 "이웃 버들리(朋來)에서 스무 살쯤 된 여자가 호랑이 밥이 되어 인근이 놀라고 있습니다." 하고 아뢰는지라. 상제님께서 마침 대청에 누워 계시다가 급히 일어나 공우에게 "하늘에 충성蟲星이 보이는가 보라." 하시거늘 공우가 나가서 살펴보고 나타나 있음을 아뢰니 상제님께서 목침으로 마루를 치시며 "충성아, 어찌 사람을 해하느냐!" 하시고 잠시 후에 말씀하시기를 "생명은 상하지

---

15 현대 과학은 인간이 만들 수 있는 에너지의 1만 배 이상의 에너지가 우주에서 오고 있고, 이 극한에너지 우주 선이 우주에 고루 퍼져 있는 것이 아니라 북두칠성 근처에서 발생한다는 사실을 최근 밝혀냈다.

아니 하였노라." 하시니라. 이튿날 그 여자가 살아 돌아왔는데 의복은 찢어졌으나 몸은 크게 다친 곳이 없더라. (3:216)

이 말씀에서 우리는 놀라운 사실을 깨닫게 됩니다. 호랑이가 인간 생명을 해하려 한 것은 충성(플레이아데스 성단에서 가장 밝은 묘성)에 내재한 신명이 호랑이의 뇌막에 살기殺氣를 보냈기 때문이라는 것입니다. 대우주 생명의 실재는 영적 파동이기에 마음의 상념이 파동으로 일어나 이처럼 머나먼 곳에 떨어진 존재에게 즉각적으로 영향을 미친 것입니다.

독일의 동물학자 한스 프롬Hans Fromme은 철새인 울새를 관찰하던 중, 이 새들이 보이지 않는 어떤 것에 반응하며 수만 리를 비행한다는 사실을 밝혀냈습니다(1957). 울새를 새장에 가두고, 울새의 이동 좌표로 알려진 해와 별을 볼 수 없게 하여도 여전히 목적지 방향으로 가기 위해 날개를 퍼덕이는 것을 관찰하였습니다. 그런데 철판으로 만든 우리에 넣고 외부의 파장을 차단하자, 울새는 더 날갯짓을 하지 않는 것을 볼 수 있었습니다.

이같이 동물들은 생명의 파장에 접속하면서 살아가고 있습니다. 신비로 가득 찬 아름다운 천지의 축소판인 인간 또한 마음과 기와 신의 일체 관계 속에서 이 우주의 보이지 않는 수많은 생명의 파동선에 감응하며 미지의 내일을 향해 걸어가고 있습니다.

(2) 신神의 문호門戶와 통로: 조화와 기적을 부르는 마음 자리 | 그렇다면 우주의 생명의 파동 선을 받으며 살아가는 우리 인간이 각자의 인생에서 빛나는 성공자가 되는 길은 무엇일까요?

우리가 인생의 진정한 성공자가 되기 위해서는 먼저 하늘과 땅과 인간, 그리고 마음과 신의 상호관계와 그 위력에 대해 바르게 깨치는 것이 중요합니다. 상제님은 이 문제에 대한 총 결론으로 다음과 같은 말씀을 내려 주셨습니다. 이를 여러 차례 마음으로 묵상하고 깨쳐서 인간의 위대한 창조성에 눈 뜨고 은혜를 크게 받으시기 바랍니다.

❋ 天用雨露之薄則 必有萬方之怨하고
천용우로지박즉 필유만방지원
地用水土之薄則 必有萬物之怨하고
지용수토지박즉 필유만물지원
人用德化之薄則 必有萬事之怨하니라
인용덕화지박즉 필유만사지원
하늘이 비와 이슬을 적게 내리면 반드시 만방에서 원망이 일고
땅이 만물을 기르는데 물과 흙을 박하게 쓰면 반드시 만물이 원성을 발하며
사람이 덕화德化가 부족하면 반드시 만사에 원망이 붙느니라.

天用地用人用이 統在於心하니
천용지용인용 통재어심

心也者는 鬼神之樞機也요 門户也요 道路也라
심야자 귀신지추기야 문호야 도로야

하늘이 비와 이슬을 내리고 땅이 물과 흙을 쓰고
사람이 덕화에 힘씀은 모두 마음자리에 달려 있으니
마음이란 귀신鬼神의 문지도리요 드나드는 문호요 오고가는 도로이라.

開閉樞機하고 出入門户하고 往來道路에
개폐추기 출입문호 왕래도로

神이 或有善하고 或有惡하니 善者師之하고 惡者改之하면
신 혹유선 혹유악 선자사지 악자개지

吾心之樞機門户道路는 大於天地니라
오심지추기문호도로 대어천지

그 문지도리를 여닫고 문호에 드나들고
도로를 왕래하는 신이 혹 선하기도 하고 악하기도 하니
선한 것을 본받고 악한 것을 잘 고치면
내 마음의 문지도리와 문호와 도로는
천지보다 더 큰 조화의 근원이니라. (4:100)

상제님은 생명의 근원이 되는 마음은 천지의 모든 성신이 드나드는 문이요 길과 같아서 천지 만물의 조화와 기적이 이 마음 자리에서 생겨난다고 하셨습니다. "너희들도 잘 수련하면 모든 일이 마음대로 되리라."(3:312) 하신 말씀과 같이, 인간의 마음은 무한한 기적과 조화의 중심 자리입니다. 천지 신명이 모두 인간의 마음 자리에 매여 있고 인간의 일심에 신이 감응합니다. 참회하고 죄를 용서 받아 상제님의 말씀 중심으로 살 때, 우리 마음은 천지보다 더 큰 하느님(상제님)의 마음과 하나가 될 수 있습니다.

마음이 평온할 때나 고독의 한기寒氣가 휘몰아쳐 올 때에도 늘 천지대도 진리의 말씀을 묵상하는 사람은 마음이 성결해져서 상제님의 성령의 불길을 체험하게 됩니다. 그리하여 빛나는 인생의 성공자가 되는 길은 기쁠 때나 슬플 때, 즐거울 때나 괴로울 때, 항상 생명의 근원이시며 행복과 축복을 내려 주시는 상제님을 우리의 마음에 모시고 '시천주侍天主 신앙'을 실천하는 것입니다. 죄를 용서 받아 상제님의 성령의 음성이 영혼 속에 울려 올 때까지 끊임없이 주문을 읽고 기도해야 합니다. 주문과 기도는 내 마음의 울림을 천지에 그대로 전달해 주는 역할을 합니다.

마음에 탐욕이 타오르는 자에게는 탐마와 적신이 들어 도적질을 시키고, 음란한 생각이 들끓는 사람에게는 음욕의 마귀가 침투해 영혼과 육신을 더럽히며, 믿음이 부족한 사람에게는 농신弄神이 들어와 자리 잡고 앉아 일을 망치게 합니다.(8:77)

❋ 마음속에 성현을 생각하면 성현의 신이 와서 응하고, 마음속에 영웅을 생각하고 있으면 영웅의 신이 와서 응하며, 마음속에 장사를 생각하고 있으면 장사

의 신이 와서 응하고, 마음속에 도적을 생각하고 있으면 도적의 신이 찾아와 응하느니라. 그러므로 천하의 모든 일의 길흉화복吉凶禍福이 스스로의 정성과 구하는 바에 따라서 얻어지는 것이니라. (4:89)

옛사람도 "무릇 지킬 만한 것보다 더욱 '네 마음'을 지키라. 생명의 근원이 이에서 남이니라."(「잠언」 4:23)라고 하여 마음을 잘 지킬 것을 간절히 당부하였습니다. 내 안에 있는 상제님의 마음(一心)을 열심히 잘 지켜 믿음이 충만할 때, 비로소 천지의 성령이 역사하여 상제님의 말씀(레에마)의 감동이 넘쳐흐르고 영원한 생명의 빛이 우리의 심령 속으로 흘러 들어오게 됩니다.

❋ 도道라는 것이 따로 없나니 제 마음속에 도가 있느니라. (8:81)

❋ 나한테 내가 있다, 나를 찾아라. 내가 나를 못 찾으면 이 천지를 못 찾느니라. (11:69)

3) 마음은 생명의 조화옹

벌써 오래 전 일이지만, 『소련권의 4차원 과학』이라는 서적이 세상에 출간되어 많은 사람의 호기심을 불러일으킨 적이 있습니다. 무신론의 이념 체제로 담장을 두른 구소련(러시아)이 당시 연간 140억 원이라는 거액을 투자하면서 인간의 마음과 영적 세계를 탐구해 생명의 신비 현상을 과학적으로 증명하였습니다. 이 책은 그 연구 성과 내용을 담고 있습니다.

현대의 4차원 과학은 동물과 식물을 비롯해 인간들 사이에서 일어나는 마음의 교류와 생명의 신비 현상을 증명해 가고 있습니다. 그리하여 식물과 동물과 사람이 주고받는 보이지 않는 '마음의 전달'도 부호화하고 언어화하기에 이르렀습니다. 소련의 과학 연구팀에 따르면, 명상 상태에서 마음으로 생각을 실어 보내는 소위 텔레파시 현상이 전자 뇌파계(EEG)에 포착되면서 여러 변화 현상이 탐지되었다고 합니다.

이 중 가장 흥미진진한 것은 송·수신자 간의 신체적 조화를 알리는 맥박의 리듬과 뇌파의 파동 변화입니다. 송신자가 마음으로 상념을 보내면 1~5초 사이에 수신자의 뇌가 활성화되기 시작하며, 이후 농도 짙은 감정을 송신해 감정의 결합이 성립되면 송·수신자의 심장 활동 주기가 일치하는 **동기화**同期化라는 현상이 나타난다고 합니다. 마음이 서로 접속되는 순간 두 사람의 심장은 마치 하나가 된 것처럼 동시에 똑같이 고동칩니다.

여기서 우리는 **'하늘과 땅에 있는 만물과 인간'의 마음이 하나가 되어 서로 영향을 미친**다는 마음의 법칙에 대한 상제님 말씀이 과학의 원리로 입증되고 있음을 알 수 있습니다. 동물과 식물과 인간 등 모든 생명체는 서로 마음으로 연결되어 일체의 공간과 시간의 장벽을 뛰어넘어 즉각 감응하는 것입니다.

소련 과학자들의 연구에 따르면, 부정적 감정은 그 사람의 심리와 생리에 나쁜 영향을 주는 반면, 유쾌하고 긍정적인 감정은 신체에 활력을 준다고 합니다. 셀로프 박사와 도로스킨 박사는 사고 작용이 혈구에 직접적인 영향을 준다는 사실을 밝혔는데, 환자를 긍정적 감정으로 유도했을 때는 백혈구가 1,500으로 상승하였지만 부정적 감정으로 유도하자 1,000 정도로 수치가 감소했다고 합니다(1956). 또 체코의 스테판 파이가 박사도 한 남자가 겪는 격심한 마음의 고뇌가 먼 곳에서 휴식하고 있는 사람의 혈액 농도에 변화를 일으킨다는 사실을 밝혀냈습니다(1959). 영국의 초심리학자 더글라스 디인 역시 텔레파시 현상이 혈액 농도에 영향을 준다는 사실을 실험을 통해서 수백 차례 확인했습니다. 이러한 연구는 마음의 위력을 과학으로 입증한 예입니다.

우리는 일상생활에서 가끔 살기를 받아 병이 나기도 하는데, 다음 말씀에서 그런 사실을 실감나게 느낄 수 있습니다.

> ❋ 어떤 사람이 참외를 가져와 올리매 상제님께서 잡숫지 않고 두시거늘 공우가 한 개를 먹었더니 설사가 나서 낫지 않는지라. 상제님께 아뢰니 말씀하시기를 "본래 그 아내가 주기 싫어하였으므로 살기煞氣가 붙어 있었나니 네가 그 살기를 맞았도다." 하시고 "닭국을 먹으라." 하시므로 공우가 명하신 대로 하매 곧 나으니라. (6:52)

한순간에 품은 마음의 살기도 이처럼 영향을 주는데, 가슴 깊이 응어리져 천지에 맺힌 원한의 파괴력은 어떻겠습니까? 몇 십 배, 몇 백 배 더 강렬한 충격을 안겨 주고, 피와 살을 마르게 하며 생명의 조화를 깨뜨려 인생을 파멸의 길로 몰아갑니다.

4) 만유를 지배하는 일심의 힘

> ❋ 최익현崔益鉉이 순창에서 잡히거늘 상제님께서 말씀하시기를 "일심의 힘이 크니라. 같은 탄우彈雨 속에서 정시해鄭時海는 죽었으되 최익현은 살았으니 이는 일심의 힘으로 인하여 탄환이 범치 못함이라. 일심을 가진 자는 한 손가락을 튕겨 능히 만 리 밖에 있는 군함을 깨뜨리느니라." 하시니라. (8:53)

일심은 천지를 빚어낸 조화옹 상제님의 성령이 임하여 계시는 마음자리입니다. 일심의 힘은 곧 도력道力이고, 시공과 인과를 초월한 우주의 정력定力입니다.

이 일심이나 원한의 힘은 어떠한 원리로 전달되어 작용하는 것일까요?

인간의 일심에서 투사되어 나오는 마음의 힘을 과학에서는 '염력念力(psychokinesis)'

이라 부릅니다.

과학자들이 오랫동안 연구한 결과, 우리는 모든 생명체와 인간의 영체가 내뿜는 오오라의 환상적인 불꽃을 볼 수 있게 되었습니다. 파벨 그리아이에프 박사는 만물과 인체 주변에서 여름철의 번갯불처럼 타오르는 이 생명의 '작용력장作用力場'을 통해 식물과 동물도 서로 통신을 한다는 사실을 밝혔습니다. 그리고 미국의 데이비드 솜슨은 '작용력대作用力帶 탐지기'를 개발해 인간의 작용력대가 두려움, 공격성, 낭패, 친밀감 등 다른 사람의 감정을 즉각 감지함을 증명해 냈습니다. 이것은 우리가 밤거리를 걸을 때 가끔 움찔하고 전율을 느끼는 경우를 생각해 보면 이해할 수 있습니다.

이 신체 주변의 에너지의 외피대인 작용력대는 일종의 전자기적인 주형鑄型으로 나타납니다. 밤하늘의 은하처럼 빛나는 생명체의 불길의 강도와 색상으로 생체 조직의 내부 상태를 알 수 있을 뿐 아니라, 신체 주변의 전기적 발산력으로 건강, 기분, 성격을 짐작할 수 있다고 합니다.

예일 대학의 신경 정신과학자인 레오날드 라벗즈 박사는 피부 위의 전자기장을 측정하는 과정에서 '마음이 신체 주변의 작용력대에 영향을 준다'는 사실을 밝혀냈습니다. 그는 '모든 인간은 자신을 감싼 생명의 작용력대가 주위의 모든 사람과 사물에 휩쓸려 함께 흐르고 있는 연관적 존재'라고 하였습니다. 다른 사람의 사고와 감정, 모든 환경이 우리 신체의 작용력대에 직접 영향을 주며 영적 능력을 좌우하는 요인이 된다는 것입니다.

그러면 인간의 마음이 어떻게 물질을 지배하고 파괴하는 것일까요?

소련의 과학자들은 엄밀한 과학적 실험과 측정을 통해 마음과 물질의 작용 관계를 규명해 냈습니다. 특히 우크톰스키 생리학 기관의 게나디 세르게이에프 박사는 신체 주변의 작용력대를 측정하는 탐지 장치를 고안해 영능력자가 지닌 염력의 비밀을 이렇게 밝혔습니다.

◎ 물체가 일단 움직이기 시작하면, 움직이게 하는 영능력자의 신변에 강력한 자계磁界가 진동하기 시작한다. 염력을 투사하면 자신의 에너지 피복 전체에 하나의 에너지파波의 진동이 일어나게 되는 것이다. 그런데 이때 생명력장生命力場인 작용력대만 진동하는 것이 아니라 뇌와 심장도 이 진동에 박자를 맞추어 고동을 친다. 이때 작용력대 탐지기는 작용력대가 마음의 힘을 투사하려고 하는 방향으로 집중하여 진동하고 있음을 보여준다.

세르게이에프 박사는 마음이 어떤 물체에 초점을 맞추고 겨냥할 때, 작용력대가 진동하면서 물체가 이동하는 것을 이렇게 설명했습니다.

◎ 마음의 힘이 투여되면 신체 주변에 생명력장의 진동이 자기파동磁氣波動처럼 나타난다. 이 순간, 마음이 집중하고 있는 대상은 비록 비자성적非磁性的인 물체라 하더라도 마치 자화磁化된 것처럼 반응을 일으키며, 영능자는 그렇게 해서 목표물을 자기 쪽으로 끌어당기기도 하고 밀어내기도 하는 것이다.

우리 마음에서 흘러나오는 힘(念力)이 중력이나 전자력 같은 **물리적 힘의 법칙을 초월해 작용**한다는 사실이 소련의 4차원 과학에 의해 밝혀진 것입니다. 이를 통해 우리는 인간의 원한과 일심의 힘이 어떻게 작용해서 파괴와 기적을 낳는지 이해할 수 있게 되었습니다.

인간은 우주와 한 몸으로 작용하는 유기체입니다. 마음과 영과 몸이 하나 되어 작용하는 소우주인 인간은 대우주와 한마음으로 일체가 되어 숨 쉬며 살아가는 우주생명의 일부입니다. 그리하여 인간의 마음에서 품은 원한과 한 생각이 우주 전체에 즉각적인 영향을 미치게 되는 것입니다.

3. 원한이 던지는 충격

마음이 아프고 병들어 원한을 품게 되면 영혼(神)도 따라서 병이 들고 생명(氣)은 원한의 살기로 검붉게 채색되어 갑니다. 열등감이 잠재의식에 깊이 뿌리박힘으로써 포한抱恨이 되어 외롭게 떠도는 한 원혼冤魂의 이야기를 살펴보겠습니다.

❋ 무신(戊申: 道紀 38, 1908)년 5월에 하루는 구미란龜尾卵에 사는 최운익崔運益의 아들 영학泳學이 병들어서 사경에 이르거늘 운익이 아침 일찍 구릿골 약방에 찾아와서 살려 주시기를 간절히 애원하니라. 이에 상제님께서 "좀 기다리라." 하시고 늦게 온 사람들은 돌보아 주시면서 운익에게는 종시 약을 지어 주지 않으시더니 해질녘이 되어서야 말씀하시기를 "병자의 얼굴이 심히 못나서 일생에 한을 품었으므로 그 영혼이 이제 청국 심양瀋陽에 가서 돌아오기를 싫어하니 어찌할 수 없노라." 하시거늘 운익이 곰보로 심히 얽은 자기 아들의 얼굴을 본 듯이 말씀하심을 신기하게 여기며 살지 못하리라는 말씀에 더욱 슬퍼하며 굳이 약을 청하니라. 이에 상제님께서 마치 난蘭을 치듯 회蛔 모양으로 부符를 그리시어 약포지처럼 약을 싸 주시며 "뱃속에 회가 살면 병자도 살고, 회가 죽으면 아들도 죽으리라." 하시고 다시 그 종이에 '구월음九月飮'이라 써서 주시거늘 운익이 그것을 가지고 집에 돌아가 대문을 열고 마당에 막 들어서려 하니 해가 뚝 떨어지면서 가족들의 곡성이 들리므로 방으로 들어가니 아들이 이미 숨졌더라.

운익이 돌아간 뒤에 성도들이 구월음의 뜻을 여쭈니 말씀하시기를 "구월九月에 장시황어여산하葬始皇於驪山下라 구월에 진시황을 여산 아래에 장사하였다 하였으니 살지 못할 뜻을 표시함이로다. 만일 굳이 약을 청하여 얻지 못하면 한을 품을 것이므로 그 마음을 위로하기 위하여 약을 주었노라. 그 아들이 워낙 복이 없는 자이므로 복을 주자면 들에 익은 곡식이라도 돌려줘야 하는데 그러면 날짐승이 다 굶어 죽을 테고 … 죽어서 다시 태어나야 하느니라." 하시니라. (9:142)

가슴 속 깊이 맺힌 원한이 한 인간으로 하여금 삶의 의욕을 잃고 죽음에 이르게 한 것입니다. 그런데 신도 세계에 태어난 신명의 원한은 다시 현실 세계에 그대로 영향을 미치게 됩니다.

상제님이 창조·주재하시는 천지 만물은 태극생명의 구조로 화생되어 상대성 원리에 따라 존재합니다. "인간의 탯줄이 끊어지면 탄생이며 혼줄이 단절되면 죽음"이라는 실반 멀두운Sylvan Muldoon의 말처럼 지상의 인간 세계와 천상의 신명 세계는 수레의 두 바퀴와 같이 긴밀한 관계를 맺고 있습니다. 인간과 신명은 마음의 파동으로 연결되어 손바닥의 앞뒤와 같이 밀접한 관계를 맺고 상호 반응하는 것입니다.

❋ 전쟁사戰爭史를 읽지 말라. 전쟁에서 승리한 자의 신명은 춤을 추되 패한 자의 신명은 이를 가나니 도가道家에서 글 읽는 소리에 신명이 응하는 까닭이니라. (4:122)

천상 신도 세계의 상황은 지상의 인간 세계 역사에 그대로 투영되어 나타납니다. 즉 이 세상에서 펼쳐지는 역사의 대세는 천상 신명계의 청사진에 따라 정해지는 것입니다. 이제 천상과 지상, 두 세계의 원한이 던지는 충격의 파문이 서로 어떤 영향을 미치는지 상제님의 말씀으로 살펴보도록 하겠습니다.

1) 인간의 원한이 신명계에 가하는 충격

상제님은 "한 사람의 원한이 능히 천지기운을 막는다."(2:68)라고 하시고, 원한이 천지에 미치는 충격이 얼마나 큰지 깨우쳐 주셨습니다.

❋ 상제님께서 49일을 한 도수로 계속하여 동남풍을 불리실 때 미처 기한이 다 차기도 전에 먼 곳에서 한 여인이 찾아와 자식의 병을 고쳐 주십사 애걸하거늘 상제님께서 공사에 전심하고 계시므로 병욱이 상제님께 아뢰지 못하고 돌려보내니 그 여인이 한을 품고 돌아가매 갑자기 동남풍이 그치는지라. 상제님께서 이 사실을 아시고 급히 그 여인에게 사람을 보내어 공사에 전심하심으로 인

해 미처 대답지 못한 사실을 말하여 안심하게 하시고 곧 자식의 병을 고쳐 주시니 즉시 바람이 다시 일어나거늘 "한 사람의 원한이 능히 천지기운을 막는다." 하시니라. (5:53)

이 말씀은 한 여인의 엄청난 원한의 충격이 검붉은 살기를 뿌리며 천지 기운을 막아버림으로써 마침내 상제님께서 집행하시는 공사에도 영향을 끼치게 되었음을 깨닫게 해 줍니다. 상제님께서는 인간으로 강세하시어 하늘땅에 존재하는 모든 인간과 신명의 원한을 끌러 한 마음으로 살 수 있는 후천 가을철의 조화와 상생의 새 세상을 여시기 위해서 신명 해원 공사인 천지공사를 집행하셨습니다.

2) 신명의 원한이 인간 세계에 가하는 충격

❋ 뱃속 살인은 천인공노할 죄악이니라. 그 원한이 워낙 크므로 천지가 흔들리느니라. 예로부터 처녀나 과부의 사생아와 그 밖의 모든 불의아의 압사신壓死神과 질사신窒死神이 철천의 원을 맺어 탄환과 폭약으로 화하여 세상을 진멸케 하느니라. (2:68)

❋ 인간의 원한이나 신명의 원한이 동일하니 … (11:271)

이 상제님 말씀은 인류가 무지 속에서 범하는 대죄악의 단면을 지적하시고 경계하신 것입니다. 지금 세상에는 낙태 수술 등, 생명을 경시하는 타락한 인간의 죄악이 이루 헤아릴 수 없이 범해지고 있습니다.[16]

아름다운 꿈에 젖어 성스러운 입혼식을 통해 지상에 태어날 수 있는 생명 선을 탔지만, 하얀 솜털보다 보드라운 태아의 영과 육이 예기치 않게 찢기고 잔인하게 유린될 때, 그 원한의 고통은 얼마나 클까요? 아기의 육신 속에 응결되었던 신명은 맺힌 원한을 풀 길이 없어, 활활 타오르는 전쟁의 불 길 속에 자신을 던져 마침내 폭발시켜 버리고 맙니다.

3) 신명과 인간의 원한 관계

다음 상제님 말씀을 읽고 신명과 인간의 원한 관계를 깊이 생각해 보기 바랍니다.

❋ 사람들끼리 싸우면 천상에서 선령신들 사이에 싸움이 일어나나니 천상 싸움

---

16 낙태아의 수 | 세계적으로 일 년에 약 5,500만~8,000만 명 정도의 아기가 낙태되는 것으로 추정된다. 지난 1999년 국제 가족 계획 연맹(IPPF)은 한 해 전, 세계의 신생아 수는 9천만 명이고 낙태로 죽는 태아는 5,500만 명으로 추산하였다. 이 엄청난 낙태아 수는 1960년에 약 4천만 건이었던 것이 계속 증가한 것이다. 1960~1997년 사이에 낙태 수술로 약 18억 명의 태아가 죽었다. 우리나라의 경우 2011년, 한 해 신생아 수가 47만 명인데 비해 낙태는 150만~200만 건에 이르는 것으로 추정된 바 있다.

이 끝난 뒤에 인간 싸움이 귀정歸正되느니라. (4:122)

이 말씀에서 우리는 다음과 같은 두 가지 중대한 문제를 깨치게 됩니다.

우선 지상의 인간이 척을 짓고 싸워 원한을 맺으면 그 여파가 그대로 천상의 신도 세계에 미쳐 하늘나라의 평화까지 파괴시킨다는 사실입니다.

또한 이 땅 위에 인류의 행복을 근원적으로 회복하기 위해서는 천상 4차원 영계에 얽혀 있는 원한을 먼저 풀어야 한다는 것입니다. **원한은 땅에서 먼저 맺혔으나 그것을 해원시킬 때는 하늘에서부터 시작해야** 합니다. 이것이 우주 가을철 **신천지의 조화 세상을 열기 위한, 너무도 중요한 '인류 구원의 천지 법도'**입니다.

지난 수천 년간 인류 역사는 원한과 투쟁으로 점철되어 왔습니다. 우주와 만유 생명의 중심에 계신 상제님은, 오늘날 하늘땅에서 생을 영위하는 신명과 인간과 만물 생명의 마음 깊은 곳에 맺히고 쌓인 원한이 '드디어 천지에 가득 차 세상을 폭파하기에 이르렀다'(4:17)고 하셨습니다.

그리하여 삼계 우주의 통치자이신 상제님께서는 기존의 선천 종교와는 차원을 완전히 달리하는, 놀랍고도 새로운 천지 구원의 법방을 선언하신 것입니다.

> ※ 선천에는 상극의 이치가 인간 사물을 맡았으므로 모든 인사가 도의道義에 어그러져서 원한이 맺히고 쌓여 삼계에 넘치매 마침내 살기殺氣가 터져 나와 세상에 모든 참혹한 재앙을 일으키나니 그러므로 이제 천지도수天地度數를 뜯어고치고 신도神道를 바로잡아 만고의 원을 풀며 상생의 도道로써 선경의 운수를 열고 조화정부를 세워 함이 없는 다스림과 말 없는 가르침으로 백성을 교화하여 세상을 고치리라. (4:16)

이 인류 구원의 새 진리는 선천 상극의 운 속에서 쌓이고 맺힌 만고의 원과 한을 풀어 주는 **'해원解冤'의 진리**이자, 천상과 지상을 동시에 구원하는 **'상생相生'의 대도**입니다. 상제님께서는 이 해원과 상생을 구원의 대법칙으로 삼아 신명계와 인간 세계와 자연계의 운로를 뜯어고쳐 천지에 우주 가을철의 새 역사를 질정質定하시는 **천지공사天地公事**를 집행하셨습니다.

후천 가을 세상을 설계하신 상제님의 천지공사에 따라 장차 이 땅 위에는 천지의 꿈과 이상이 실현된 조화 선경 낙원이 건설되고, 인간은 모든 원과 한을 씻어 내고 마음과 영이 완전히 열려 천지와 하나 된 인존의 **'대광명의 존재'**(太一)로 거듭나게 됩니다.

4장

천지개벽과 역수의 변화

지금까지 많은 성인들이 인류에게 천지 대격변의 위기를 알리고 새 세상의 도래와 구원의 소식을 전하였으나, 구체적인 변혁의 실상과 새 세상이 오는 이치에 대해서는 명확한 답을 주지 못했습니다. 앞으로 닥칠 지구촌의 대변혁은 천지개벽을 이해하지 못하고는 결코 그 원인과 변국의 전모를 알 수 없으며, 구원에 대해서도 확신할 수 없습니다.

언어 자체부터 신비로움으로 가득 찬 '천지개벽'이란 과연 무엇일까요?

제1절 천지개벽이란 무엇인가

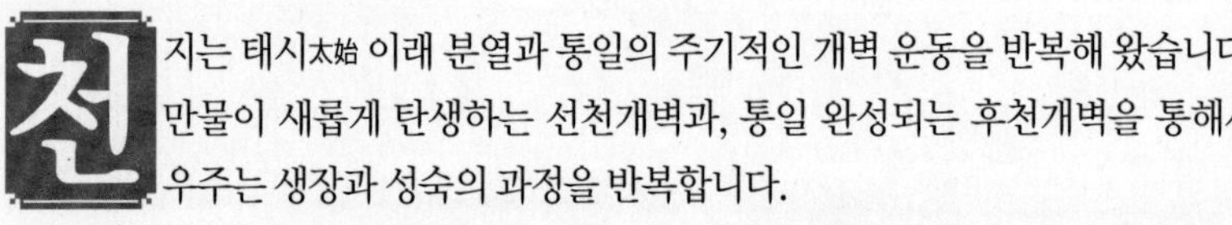

천지는 태시太始 이래 분열과 통일의 주기적인 개벽 운동을 반복해 왔습니다. 만물이 새롭게 탄생하는 선천개벽과, 통일 완성되는 후천개벽을 통해서 우주는 생장과 성숙의 과정을 반복합니다.

지금은 우주가 분열·성장의 과정을 끝내고 다시 통일의 질서로 바뀌는 후천 가을 대개벽기입니다. 삼계 우주의 통치자 하느님이신 증산 상제님께서는 오늘의 이 시대를 이렇게 말씀해 주셨습니다.

❋ 이제 온 천하가 대개벽기를 맞이하였느니라. (2:42)

❋ 지금은 온 천하가 가을 운수의 시작으로 들어서고 있느니라. (2:43)

이 말씀은, 지금 우리가 살고 있는 이 시대가 천지자연과 인간 문명의 질서가 근원적으로 대전환하여 **성숙**과 **통일**로 접어드는 후천 대개벽기임을 알려 주신 것입니다.

1. 우주의 태시 개벽

개벽은 '열 개開' 자 '열 벽闢' 자로서, 천지개벽天地開闢 또는 천개지벽天開地闢을 줄여서 일컫는 말입니다. 즉 개벽이란 **우주생명의 대변화 운동으로 하늘과 땅이 새로운 질서로 열림**을 뜻합니다. 서양 문화의 '창조'에 대응하는 말이 곧 동양 문화의 '개벽'입니다.

❋ 태시太始에 하늘과 땅이 '문득' 열리니라. 홀연히 열린 우주의 대광명 가운데 삼신이 계시니, 삼신三神은 곧 일신一神이요 우주의 조화성신이니라. 삼신께서 천지만물을 낳으시니라. (1:1)

이 성구는 우주 탄생의 비밀을 밝혀 주고 있습니다. 먼저 하늘과 땅이 문득 열림과 동시에 그 중심에는 대광명의 신이 있음을 전하고, 그 광명 속에 충만한 삼신三神에 의해 우주만물이 생겨났음을 선언합니다.

동방의 한민족은 우주의 본체를 신神으로 보았고, 이를 삼신三神이라 이름하였습니다. 삼신은 만물을 낳고, 기르고, 다스리는 조화造化·교화敎化·치화治化라는 세 가지 덕성을 바탕으로 우주를 창조·섭리하는 형상이 없는 조화성신입니다.[1] **이 삼신의 자기 현현顯現이 바로 하늘과 땅과 사람**입니다. 삼신의 본성과 지혜와 대광명이 하늘과 땅과 인간 속에 온전히 깃들어 있습니다. 태시[2]에 삼신의 조화造化 기운에 의해서 우주 이법을 바탕으로 천지가 열리고, 문득 열린 이 하늘과 땅의 조화로 만물이 생성되었습니다. 인간과 만물을 낳아 기르는 실질적인 부모이자 창조주가 천지天地입니다. 우주는 이법을 바탕으로 신이 매개하여 현실 세계를 열어 나갑니다(이理 · 신神 · 사事).[3]

현대 물리학의 거두 호킹S. W. Hawking 박사는『위대한 설계The Grand Design』에서 "우주의 자발적 창조야말로 무無가 아니라 어떤 것이 있는 이유, 우주가 존재하는 이유, 우리가 존재하는 이유이다. 도화선에 불을 붙이고 우주의 운행을 시작하기 위해서 신에게 호소할 필요가 없다."라고 말합니다. 우주는 신이 창조한 것이 아니라 '자연발생적'으로 생성되었다는 것입니다. '빅뱅(우주의 대폭발)'은 중력의 법칙에 따라 불가피하게 발생하며, 이러한 대자연의 법칙이 있기 때문에 우주는 무無에서 스스로 창조할 수 있었다고 말합니다.

호킹이 주장하는 이러한 과학적 우주관은 '삼신의 자기 현현'이 바로 우주만유라는, 동방 한민족의 삼신 우주관과 일면 부합합니다. 그러나 현대 과학은 결정적으로 우주 자체가 신이라는 사실을 깨닫지 못합니다. 현대 물리학은 '위대한 설계'를 현실화하는 조물주 신의 손길을 인정하지 않기 때문에 우주의 신비를 밝히는 데 근원적인

---

1 **삼신三神** | 우주의 조물주 하느님을 삼신이라 한 것은 '일즉삼一卽三 삼즉일三卽一'이라는 원리에 따라 한 하느님이 조화신, 교화신, 치화신이라는 세 모습으로 작용하면서 자신을 드러내시기 때문이다.

2 **태시** | 동양의 고대 사상가 열자列子는 태역太易·태초太初·태시太始·태소太素라는 4단계를 거쳐 우주가 개벽되었다고 하였다. 태역은 우주의 본체 자리 그 자체로 아직 변화가 없는 상태(未見氣也)를 말한다. 태초는 처음으로 변화의 조짐과 기운이 보이기 시작하는 때(氣之始也)이고, 태시는 형체가 처음으로 보이기 시작하는 때(形之始也), 그리고 태소는 형체가 질량으로 변화하는 때(質之始也)이다.

3 **이理·신神·사事** | 진리를 구성하는 전체 틀이 이법(理)과 신도(神)와 인사(事)이다. 이를 첫글자를 따서 '이·신·사'라고 한다. 이理와 신神은 진리의 두 얼굴이다. 우주 이법과 신도 세계가 하나 되어 진리를 구성한다. 이법과 신도를 바탕으로 자연 질서가 성숙함에 따라 인간 역사 또한 성숙해 나간다. 이(principles)와 신(spirits)이 하나 되어 작용함으로써 자연속의 온갖 사건(event)들과 사람의 일(human affairs)이 전개되고 발전하는 것이다. 선천에는 우주의 이법과 신도와 인사를 하나로 통일하여 전해 주는 성숙한 대도 진리가 없었기 때문에 진리의 전체 면모를 알 수 없었다. 가을 개벽기를 맞아 무극대도인 상제님의 추수 진리가 인간 세상에 나옴으로써 진리의 전체 구성 틀이 온전히 드러나게 되었다.

한계를 지닐 수밖에 없습니다.

지구의 동북방에 인간으로 오신, 하늘과 땅과 만유 생명의 **주재자 하느님**이신 증산 상제님은 태시에 하늘과 땅이 열린 시원 개벽의 순간을 이렇게 밝혀 주셨습니다.

> ❀ '천지가 간방艮方으로부터 시작되었다.' 하나 그것은 그릇된 말이요, 24방위에서 '한꺼번에' 이루어진 것이니라. (6:83)

이는 시간과 공간이 열리는 우주사의 일대 전환점에 대한 말씀입니다. 태시의 아득한 어느 시점에 무극(○)의 생명 막이 태극(☯)으로 화化하고, 시공이 열려 우주가 태어나는 극적인 경계를 지적해 주신 것입니다.

'천지가 24방위에서 **한꺼번에** 이루어졌다'는 말씀은 현대 물리학의 우주 생성론인 **대폭발**(Big Bang)**설**[4]로도 확인할 수 있습니다. 대폭발설에 따르면, 우주는 수백억 도에 이르는 초고온의 불덩어리 속에서 대폭발하여 24방위로 불꽃이 비산飛散하면서 탄생하였다고 합니다. 근래에는 대폭발설을 수정·보완하여, 우주는 무無에서 탄생하여 급격한 팽창(Inflation)과 대폭발의 과정을 거쳐 오늘날의 모습으로 변화했음을 밝혀내고 있습니다. 무에서 우주가 생겨났다는 **'무에서의 우주 창생론創生論'**[5]을 제시한 사람은 러시아 태생의 물리학자 빌렌킨A. Vilenkin(1949~)입니다. 그가 말하는 '무'란 아무것도 없는 절대 무가 아니라 '시간과 공간이 부단히 요동치는 살아 있는 무'입니다. 이 요동하는 무에서 홀연히 우주가 탄생했다는 것입니다. 이렇게 생성된 극미 우주가 급팽창하여 아기 우주(Baby Universe)가 되었고 곧이어 빅뱅, 즉 **'천지 탄생'**이라는 우주적 대폭발 사건이 발생했다고 합니다.

---

4 대폭발설 | 1920년대 러시아 알렉산더 프리드만과 벨기에의 게오르그 르메트르가 제안하였고, 1940년대 미국의 물리학자 조지 가모George Gamow(1904~1968)가 현재의 대폭발론으로 체계화하였다. 가모는 "우주는 약 100억 년 전에 초고온의 불덩어리 상태에서 대폭발을 일으켜 팽창을 시작하여 현재에 이르렀다."라는 가설을 제기하였다. 최근 지구 궤도 밖에 설치한 허블 망원경으로 우주를 관측한 결과 대폭발은 100억 년보다 훨씬 이전에 일어난 사건으로 판명되었다. 대폭발설은 '천지가 24방위에서 한꺼번에 이루어졌다'는 상제님의 말씀을 가장 잘 증명하는, 인간 지성이 이룩한 또 하나의 금자탑이라 할 수 있다.

5 무에서의 우주 창생론(급팽창 이론) | 종래의 정설인 대폭발설(빅뱅 우주론)은 우주가 왜, 어떻게 빅뱅을 일으켰는가 하는 근본적인 물음에는 답할 수 없었다. 그런데 '무에서의 우주 창생론'은 이러한 난제를 극복하고, 우주가 돌연 '무'의 상태에서 '터널 효과(tunnel effect)'에 따라 초극미 우주(지름 10^{-34}cm)로 탄생하였다고 설명한다. 처음 생겨난 우주는 소립자보다도 작은 초미니 우주(10^{-34}cm)였는데, 진공 에너지가 반발력으로 작용하여 극도로 짧은 시간(10^{-36}초) 안에 달걀 크기 정도로 급팽창(Inflaition)을 하였다는 것이다. 그리고 우주 탄생 10^{-34}초 후에 아기 우주 속에 저장된 진공 에너지가 한꺼번에 풀려나오면서 달걀 크기의 우주가 빛으로 가득한 불덩이로 화하게 되는데 이 순간이 바로 이제까지 알려진 빅뱅이라는 우주적 사건이 발생한 때이다. 그런데 2014년 3월 17일 미국 하버드-스미소니언 천체물리센터가 우주배경복사에서 중력파를 찾았다고 발표했다. 급팽창 과정에서 나온 중력파를 발견함으로써 급팽창이론(인플레이션)의 직접적인 증거를 찾게 된 것이다.

지금 우리 눈에 보이는 우주와 자연계의 모든 물질은 이 빅뱅이라는 대폭발에 의해서 생겨났습니다. 그런데 1977년에 노벨 화학상을 수상한 바 있는 프리고진I. Prigogine (1917~2003)은『확실성의 종말』에서 대폭발은 천지가 탄생한 하나의 사건일 뿐이며, 시간은 이런 우주의 탄생 사건 이전부터 영원히 존재하는 우주의 가장 신비한 변화의 본성이라고 지적하였습니다.[6)]

대폭발 이후 우주는 계속 팽창하였고, 어느 시점에 이르러 불과 수 분 만에 양성자와 중성자의 융합으로 우주의 최초 원자인 수소水素(H)가 만들어졌으며, 곧이어 4개의 수소 원자가 결합함으로써 헬륨(He)이 생성되었습니다. 이 우주를 구성하는 원소의 약 90%가 수소이고, 수소에 의해 형성된 헬륨이 약 9%, 그리고 산소 및 나머지가 1%를 차지하고 있습니다. 조그만 눈덩이가 뭉쳐져서 눈사람이 되듯이, 이렇게 생겨난 수소 구름이 뭉쳐져 하나의 아름다운 별로 탄생하기까지는 수십억 년의 세월이 걸린다고 합니다. 과학자들에 따르면, 한 은하계는 적어도 1,000억 개 이상의 별로 이루어지며, 대우주에는 이러한 은하계가 또 최소한 1,000억 개 이상 있다고 합니다. 이러한 수치만 봐도 우주의 무변광대無邊廣大함이란 실로 인간의 두뇌로는 상상하기 어려운 불가사의라 하지 않을 수 없습니다.

4
장

❋ "너희들 나가서 각기 별을 세어 오너라. 하늘에선 그게 자갈이다." 하시거늘 하늘을 보니 수없이 많은 별들이 총총히 빛나고 있더라. (2:108)

❋ 천지를 보아라. 하늘은 하나인 성싶어도 몇 천 덩어리이거늘, 하늘은 모두 하늘이요 끝간데가 없느니라. (2:101)

'하늘도 명천明天과 노천老天의 시비가 있다'(4:28)고 하신 상제님의 말씀처럼, 지금 이 순간에도 저 푸른 하늘 너머 아득한 곳에는 무수한 별이 탄생하고, 또 한편에서는 광막한 암흑의 공간 속으로 사라지고 있습니다.

2. 천지 변화를 주재하시는 개벽장 하느님

동방에서는 예로부터 우주의 조화성신인 삼신三神과 하나 되어 우주를 통치하시는 하느님을 삼신상제三神上帝님, 상제님이라 불러 왔습니다. 삼신이 무형의 조물주 하느님(元神)이라면 삼신상제님은 천지와 만유 생명을 주재하시는 유형의 인격신 하느님(主神)입니다.

---

6 끈이론 학자들이 최근에 제안한 가설 가운데 '우주가 어떻게 시작하였는지' 설명해 주는 '주기적 모델(Cyclic Model)'이라는 이론이 있다. 이 모델에 따르면, 빅뱅은 우연히 일어나는 일회적 사건이 아니다. 두 우주가 중력으로 가까워지면서 충돌하는 것이 빅뱅인데, 이것은 주기적으로 일어나는 사건이다. 빅뱅이 일어난 후 두 우주가 반발력으로 서로 멀어지면서 서서히 냉각되어 행성들이 생겨났다고 말한다.

※ 이 삼신과 하나 되어 천상의 호천금궐昊天金闕에서 온 우주를 다스리시는 하느님을 동방의 땅에 살아온 조선의 백성들은 아득한 예로부터 삼신상제三神上帝, 삼신하느님, 상제님이라 불러 왔나니 상제는 온 우주의 주재자요 통치자 하느님이니라. (1:1)

후천 가을개벽을 맞아 천상에서 인간으로 오신 상제님께서는 **'신도神道와 이법理法'**이 하나가 되어 열리는 생명 탄생과 우주 변화의 비밀을 밝혀 주셨습니다. 상제님의 진리는 신명 세계의 도와 천지의 이법을 바탕으로 가을 우주의 새 역사를 열어 나가는 진리입니다. 천지 만물의 모든 변화는 신도와 이법, 양자의 조화와 합일에 의해서 일어나는 것입니다.

증산 상제님은 성수聖壽 32세 되시던 임인(1902)년 4월, 김형렬 성도의 집에서 처음 도문을 열고 천지공사를 행하실 때 당신의 신원을 **'개벽장' 하느님**이라 밝혀 주셨습니다.

※ 시속에 어린아이에게 '깨복쟁이'라고 희롱하나니 이는 개벽장開闢長이 날 것을 이름이라. 내가 삼계대권三界大權을 주재主宰하여 천지를 개벽하여 무궁한 선경의 운수를 정하고 조화정부를 열어 재겁災劫에 싸인 신명과 민중을 건지려 하나니 너는 마음을 순결히 하여 천지공정天地公庭에 수종하라. 내가 세상에 내려오면서 하늘과 땅의 정사政事를 천상의 조정[天朝]에 명하여 다스리도록 하였으나 신축년 이후로는 내가 친히 다스리느니라. (4:3)

우주는 주기적인 개벽 운동을 통해서 분열과 통일의 과정을 반복해 왔습니다. 여기서 **개벽장**이란 말씀은 당신께서 바로 천지의 개벽을 주재하고 계심을 밝혀 주신 것입니다. 후천 개벽을 통해서 열리는 신천新天 신지新地의 가을 우주를 직접 설계하시고 후천 5만 년 새 세계를 여시는 삼계 **우주의 주재자, 통치자 하느님이심**을 천명하신 것입니다.

개벽장 하느님이신 상제님께서 이런 말씀을 내려 주셨습니다.

※ 나는 천지일월天地日月이니라. (6:7)

※ 나는 천지天地로 몸을 삼고 일월日月로 눈을 삼느니라. (4:111)

이 말씀은 진리에 대한 보편적인 정의를 내려 주신 도언道言입니다. 즉 천지일월은 **진리의 몸체**이고, 천지일월의 변화 원리가 바로 **진리의 원형**이라는 것입니다.

상제님께서 주관하시는 **'우주의 제1 법칙'**이자 **'만물 생성의 제1 법칙'**이 곧 **'천지일월의 법도'**입니다. 천지일월의 변화 법칙, 즉 천지 이법을 통해야 상제님이 어떤 분이시고, 진리가 무엇인지 제대로 깨칠 수 있습니다. 그때에 비로소 진리의 실체를 몸으로 체득할 수 있습니다.

3. 개벽은 천지 시공간時空間의 대전환 운동

천지일월의 변화 작용은 시간과 공간의 변화로 나타납니다. 상제님이 집행하시는 **천지개벽이란 천지일월의 대변국 작용이요 시간과 공간의 대전환 운동**입니다.

고전물리학에 의하면 시간은 물질의 밀도와 관계없이 언제나 일정하게 흐르며(절대 시간), 무한히 펼쳐진 공간 역시 시간과는 무관하게 존재합니다(절대 공간).

하지만 아인슈타인은 이러한 고전물리학적 세계관을 뒤집어 놓았습니다. 그의 상대성이론에 따르면 **시간과 공간**은 둘이 아니라 **상호 일체 관계로 존재**하면서 **'4차원의 시공 연속체時空連續體(space-time continuum)'를 형성**합니다.

시간과 공간이 상호 관통하여 일체로 존재한다는 말은 **정신과 물질, '이理'와 '기氣'가 둘이 아니라 하나라**는 의미와 일맥상통합니다. 우주에 무한히 가득 찬 기氣는 공간을 낳고, 기의 이면에 깃든 변화 원리인 이理는 시간의 흐름으로 나타나 만물의 변화를 통해 자신의 실재를 드러냅니다.

현대물리학에서는 공간에 가득 차 있는 기를 장場(field)이라는 용어로 표현합니다. 아인슈타인의 상대성이론에 따르면, 우주 시공의 전체 구조는 물체의 질량 분포에 따라 굽어진 채 연결되어 있다고 합니다. 질량을 가진 물체 주위에 형성되는 중력이 공간을 휘게 하고, 그 물체 주변의 휘어진 특수 공간인 중력장重力場의 세기에 따라 시간이 다르게 흐른다는 것입니다. 물체의 질량이 클수록 공간이 휘어지는 정도가 커지고 공간의 휘어짐이 클수록 시간이 더디 흐르게 됩니다. 쉽게 비유하면 지구보다 질량이 30만 배가 넘는 태양에 시계를 갖다 놓으면 시계가 그만큼 늦게 간다는 것입니다.

우주 공간이 휘어져 있다는 기상천외한 상대성이론이 처음 발표되었을 때 이 이론을 이해한 과학자는 전 세계에서도 극소수에 지나지 않았고, 아인슈타인은 미치광이 취급을 받았습니다. 그러나 과학자들은 공간이 휘어진 정도에 따라 빛이 휘어지는 현상을 실제로 관측하였고, 그 결과 상대성이론은 현대물리학을 태동시킨 주요 이론의 하나로 자리 잡았습니다.

아인슈타인의 상대성 이론은 중력이나 운동에 의해 시간의 흐름에 변화가 일어남을 밝히고 있다. 지구의 질량은 공간의 구부러짐을 발생시키고, 지구의 자전과 공전 운동은 지구 주위의 시공간을 회전 방향으로 휘게 한다.

아인슈타인의 상대성이론에 따르면, 물질은 '장이 고도로 응축된 특수한 시공간' 입니다. 물질은 시공간과 별개로 존재하는 것이 아니라 시공 구조의 일부를 형성하며, 시공간과 상호 의존하는 일체 관계로 존재합니다. 따라서 물체는 자신이 생겨난 전 우주 공간(氣=場)의 변화에 영향을 받으며, 우주 공간도 그 안에 존재하는 물질의 분포에 영향을 받게 됩니다. 그러므로 우주 공간의 생성 모체인 장에 전격적인 변화가 일어나면, 우주 공간 자체는 물론 그 안에 존재하는 천지 만물이 동시에 영향을 받는 것입니다. 천지·일월·성신의 시공 궤도가 수정됨으로써 이루어지는 천지개벽 역시 우주 에너지인 장의 질적인 대변화 작용으로 말미암아 일어나는 신비롭고도 심오한 우주 현상입니다.

4. 우주 변화의 궁극 목적

1) 가을 대개벽을 통해 이루는 천지성공天地成功

지금은 우주 시공이 전환하는 후천 가을 대개벽기입니다.

오늘날 인류가 당면한 현실을 보십시오. 선천의 종교와 철학과 사상, 윤리 도덕도 인간을 진정으로 구원하지 못하고 세상에는 다만 구원을 향한 절규만이 메아리치고 있습니다. 그 까닭은 과연 무엇이겠습니까? 지금까지 인류가 살아 온 세월은 인간과 자연이 분열·성장하는 우주의 봄·여름철 시간대였기 때문입니다. 선천에는 궁극적인 인간의 구원과 이상이 실현될 수 없습니다.

❋ 선천은 상극相克의 운運이라 상극의 이치가 인간과 만물을 맡아 하늘과 땅에 전란戰亂이 그칠 새 없었나니… (2:17)

❋ 선천에는 위무威武를 보배로 삼아 복과 영화를 이 길에서 구하였나니 이것이 상극의 유전이라. (5:412)

선천은 상극의 운이 지배하는 생장·분열의 시간대이기 때문에 자연 자체도 인간에게 온갖 재난과 화액을 던져 주고 있음을 이 말씀에서 알 수 있습니다. 따라서 선천에는 그토록 염원해 오던 인간과 세계 구원이 결코 이루어질 수 없습니다.

상제님께서는 지금이 분열하는 선천의 상극 시대에서 통일 운동을 하는 후천 상생의 시대로 전환하는 천지 개벽기임을 이렇게 밝혀 주셨습니다.

❋ 이때는 천지성공 시대라. (4:21)

이 말씀의 진정한 뜻은 무엇일까요?

지금은 선천개벽으로 인간과 만물을 낳아 길러 온 천지가 가을개벽의 운수를 맞아 진정한 인간 구원을 이루고 만유 생명을 추수(성공)하려는 때 즉, 천지가 통일 운동으로 전환하여 우주의 꿈과 대이상인 후천 5만 년 지상 낙원 세계가 실현되는 때라는 말씀입니다. 그래서 상제님은 이때를 **천지성공 시대**라 말씀하신 것입니다.

천지 변화와 인류 역사의 궁극 목적은 인간의 성숙과 후천 가을 우주의 **통일 문명을 성취하는 데에** 있습니다. 이러한 천지의 목적은 만물 생명을 낳아 길러 온 천지일월이 봄여름철의 자신의 공덕을 이루는 후천 가을철에 이르러서야 비로소 성취됩니다. 후천 가을개벽을 통해 실현되는 이 천지성공은 단순히 자연의 변화 도수(질서)만으로 얻어지는 것이 아닙니다. 우주의 이법을 바탕으로 신도神道가 작용하고 **최종적으로 인간의 손길을 거쳐서 이루어집니다.** 천지는 이理·신神·사事의 법칙에 따라 변화하고 마침내 그 최종 목적을 성취하게 되는 것입니다.

2) 이理·신神·사事의 우주 법칙

동서양의 종교와 철학과 과학에서 추구해 온 진리의 바탕을 이理·신神·사事, 세 글자로 압축할 수 있습니다. 이·신·사는 상제님이 천지 대자연과 이 세계를 통치하시는 바탕이요 이 우주의 도를 깨닫는 가장 근본이 되는 법칙입니다.

현실 세계의 가장 밑뿌리를 이루는 진리의 바탕은 우주의 이법理法, '리理'입니다. 우주에는 하늘과 땅과 인간과 만물이 태어나 살아가는 이법이 있습니다. 즉 우주 변화 원리, 우주 창조 원리가 있습니다. 그 핵심이 바로 상제님께서 밝혀 주신 우주 1년의 이치입니다. 우주 1년의 변화 이치에 따라 현실 세계가 열려 굴러갑니다.

그런데 이 우주의 이법만으로는 인간 세상의 온갖 사연과 사건들이 생겨나지 않습니다. 우주의 이법을 현실 세계에 매개하는 신의 손길이 있어야 합니다. 신이 개입함으로써 비로소 인간 현실 역사에 크고 작은 사건이 전개됩니다. 이법과 신도가 바로 진리의 두 얼굴입니다. 우주의 이법이 있고, 신도神道가 그 이치와 하나로 어우러짐으로써 하늘땅, 인간과 만물 생명이 생겨나고 변화합니다. 이것이 바로 이·신·사의 법칙입니다.

상제님과 동시대에 태어난 영국의 철학자 화이트헤드A. N. Whitehead(1861~1947)는 현실 세계를 끊임없는 생성과 변화의 과정으로 파악하였습니다. 그는 천지 만물이 생성하고 변화하는 데 기반이 되는 세 가지 기본 요소가 있다고 말합니다. '신(God)', '영원한 객체(eternal object)', '창조성(creativity)'이 그것입니다.

대자연의 가슴속에는 신비로운 객체, 영원히 살아 있는 추상들이 있습니다. 사물을 이루는 객관적인 무형의 요소가 존재한다는 것입니다. 화이트헤드는 이 요소를 '영원한 객체'라 이름했는데, 이것은 우주 창조의 이법인 '이理'와 유사한 면이 있습니다.

그리고 이 영원한 객체와 짝이 되어 만유 생명의 근원으로 작용하는 기본 요소가 바로 '창조성'입니다. 현실계의 모든 사건은 과거의 단순한 반복이 아니라 새로움의 원리로 매 순간 창조를 일으키도록 하는 숨은 생명력(창조성)에 의해 일어난다는 것입니다. 이 창조성은 동양의 기氣와 유사한 면이 있습니다. 화이트헤드에 따르면 이 우주에는 영원히 살아 있는 추상들(영원한 객체)과 창조성이 음양의 관계로 꽉 차 있습니다.

그런데 이 '영원한 객체'와 '창조성'이 음양 짝으로 발동하여 현실 세계를 구성하려면 양자를 매개하는 손길이 작용해야 합니다. 그 신비로운 주체적인 손길이 바로 '신神'입니다.

화이트헤드는 '신이 세 가지 속성(원초적, 결과적, 초월적 본성)'을 지니고 있다고 합니다. 그가 말한 신은 기독교의 유일 창조신과 다릅니다. 즉 무에서 유를 창조하는 신이 아니라 온 세계와 함께 경험하며 대화하고 늘 참여하는 부드러운 창조의 손길입니다. 이 신의 손길에 따라 우주 만물의 '현실적 존재(actual entity)'가 생성되고 변화하게 되는 것입니다. 이 과정을 화이트헤드는 **'창조적 전진(creative advance)'**이라 표현하였습니다.

화이트헤드가 밝혀 주는 신의 창조 손길에 대한 실제 내용을 정리해 보면, 증산도에서 말하는 '이-신-사'의 원리, 즉 우주 만물 생성의 법칙에 부합함을 알 수 있습니다. 우주 질서의 기본 원리인 이법이 있고, 여기에 신神이 생명 창조의 근원적 요소인 기氣를 매개함으로써 현실 세계가 이루어지고 변화해 가는 것입니다.

그런데 우주의 봄·여름철이 지나 우주의 가을 시간이 임박하면 천지의 원주인이신 상

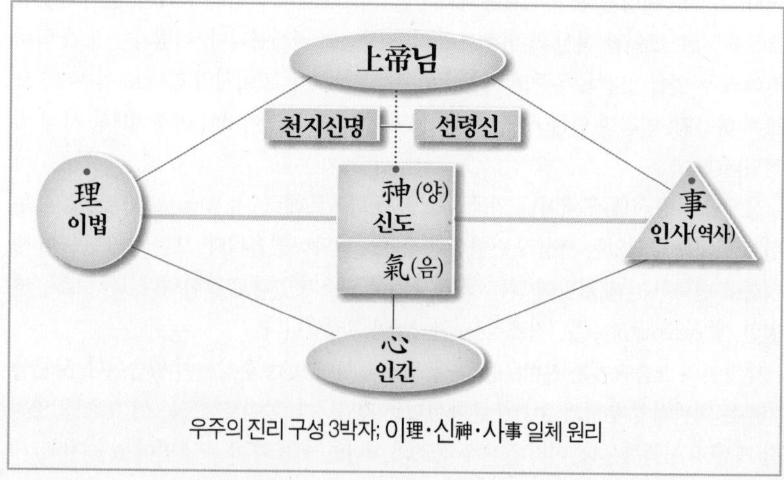

우주의 진리 구성 3박자; 이理·신神·사事 일체 원리

제님께서 우주의 목적을 이루시기 위해 인간의 현실 역사 속으로 직접 들어 오십니다. 그리하여 동서 인류 문화의 진액을 거두시고 천지 자연과 인간 역사의 새 질서를 열어 주심으로써 인간이 선천의 상극 운수를 종결하고 후천 가을 우주의 상생과 조화의 통일 운수를 열어 나가게 됩니다. 상제님께서는 우주 자연과 인간을 다 함께 성공(완성)시키시고 비로소 구원을 매듭지으십니다. 이에 대해 일찍이 프랑스의 의사인 영능력자 노스트라다무스는 '위대하시고 영원한 하느님은 변혁(revolution)을 완수하기 위하여 오실 것이고, 하느님의 의지대로 이루어질 것'이라 하였습니다.

그 하느님께서 직접 인간으로 오시어 전하신 구원의 위대한 소식을 이·신·사의 우주 법칙으로 밝힌 진리가 바로 **후천의 추수 진리인 증산도**입니다. 상제님의 구원 섭리는 대우주의 '자연 정신' 속에 그대로 깃들어 있습니다.

이제 인류 통일과 구원 소식의 본론인 천지공사의 심오한 내용을 이해하기 위한 기초 공부로서 '동양의 우주 사상'과 '천지일월의 변화 원리'에 대해 알아보기로 하겠습니다.

제2절 천지의 변화 질서를 밝힌 동방의 우주 사상

1. 우주 창조 수학의 원형 틀, 『천부경天符經』

1) 하느님이 내려 주신 인류 최초의 계시록

지금으로부터 9,200여 년 전, 안파견 환인께서 세운 인류 최초의 국가인 환국은 중앙아시아에서 시베리아, 만주에 이르는 방대한 강역에 걸쳐 9환족의 열두 나라로 이루어져 있었습니다. 『환단고기桓檀古記』 『삼성기三聖紀』에는 "오환건국吾桓建國이 최고最高라."라고 하여 우리 환족이 나라 세운 것이 가장 오래되었음을 선언하고 있습니다.

환국 말에 이르러 환인천제께서는 환웅에게 동방 태백산(백두산)으로 가서 나라를 열고 신교의 진리로 다스려 자손만대의 홍범洪範을 세울 것을 명하셨습니다. 이때 천부天符와 인印, 세 개를 종통의 상징으로 내려 주었습니다. 이에 배달국의 시조인 거발환居發桓 환웅은 태백산에 신시神市를 개창하고 환국 때부터 구전口傳되어 오던 글을 신지神誌(왕명을 주관하는 관직) 혁덕赫德에게 녹도문鹿圖文으로 기록하게 하였습니다. 후대에 신라의 대학자 고운孤雲 최치원이 전고비篆古碑에서 이 글을 보고 세상에 전하여 오늘에 이르고 있는데, 그것이 바로 하늘의 법法과 명命[7]을 밝힌 인류 최고最古의 경전인 『천부경』입니다.

『천부경』은 1에서 10까지의 수로써 삼신상제님이 주재하시는 하늘의 뜻과 만물 창조의 법칙을 전하고 있습니다. 수의 원리로 동방 우주론의 핵심을 밝힌 『천부경』은 **9천 년 전 삼신상제님이 인류에게 내려주신 천강서이자 최초의 계시록**입니다.

『천부경』에는 선천의 1태극이 후천의 10무극으로 열려나가는 우주생명의 변화 과정이 밝혀져 있습니다. 그래서 『천부경』은 1태극 경전이자 10무극 경전입니다. 장차 가을우주개벽으로 열리는 10무극 시대를 선언한 『천부경』은 인류의 미래를 전하는 미래 경전이요 개벽문화의 원형 경전입니다.

『천부경』은 모두 여든 한 자로 구성되어 있는데 그 가운데 서른한 자가 수數입니다. 그 서른한 자를 통해 수의 생성 과정과 상호 관계를 밝힌 『천부경』은 다름 아닌 **우주 수학 원전**입니다.

또한 『천부경』에는 9천 년 전 인류 태고문화인 신교의 우주관, 신관, 인간론의 정수가 담겨 있습니다. 신교로부터 유불선·기독교 사상이 나온 것을 볼 때, 신교시대의 경전인 『천부경』은 인류 최초의 종교 경전이자 문화 원전原典이기도 합니다.

---

7 중국의 쓰촨 대학 '주위에리朱越利' 교수는 천부天符에 대해 고전 문헌의 용례를 들어 군주의 천명, 부명符命, 하느님의 징조, 천성天性, 상제님의 명령, 부명符命 등 열 가지로 설명한다.

『천부경天符經』(9x9=81) Scripture of Heavenly Code

中	本	衍	運	三	三	一	盡	一
天	本	萬	三	大	天	三	本	始
地	心	往	四	三	二	一	天	無
一	本	萬	成	合	三	積	一	始
一	太	來	環	六	地	十	一	一
終	陽	用	五	生	二	鉅	地	析
無	昻	變	七	七	三	無	一	三
終	明	不	一	八	人	匱	二	極
一	人	動	妙	九	二	化	人	無

○상경	一始無始一이요 析三極 無盡本이니라. 天一一이요 地一二요 人一三이니 一積十鉅라도 無匱化三이니라.
○중경	天二三이요 地二三이요 人二三이니 大三合六하야 生七八九하고 運三四하야 成環五七이니라.
○하경	一妙衍 萬往萬來하야 用變不動本하니라. 本心本太陽하야 昻明하고 人中天地一이니 一終無終一이니라.

인류 원형문화의 제1 성전이자 우주 수학 원전인『천부경』을 바르게 깨침으로써 우리는 지구촌 인류 원형문화의 시원 코드를 해석할 수 있는 지혜를 얻을 수 있습니다. 그리하여 동북아 역사 문화의 뿌리도 바르게 알 수 있고, 동서 4대 문명의 근원으로서 인류 시원 종교인 신교 제천祭天문화의 틀까지 제대로 들여다 볼 수 있게 됩니다.

2)『천부경』에서 밝히는 우주 수학

인류 문명은 동방의 우주 수학을 근본으로 하여 태동되었습니다. 우리는『천부경』을 통해서 9천여 년 전, 동북아 문명의 창시자인 한민족이 처음으로 수의 체계를 창안했음을 깨닫게 됩니다. 우주 수학의 원형 틀인『천부경』의 내용을 먼저 대국적으로 살펴보겠습니다.

상경上經 … 一始無始一이요

하나는 천지만물이 비롯된 근본이나 무에서 비롯한 하나이니라.

일시一始는 '시작'을 뜻합니다. 만물은 이 하나(一)에서 비롯되었습니다. 화이트헤드의 말과 같이 만물은 물리적 극(Physical pole)과 정신적 극(Mental pole)으로 구성되어 있습니다. 하나는 물리적인 극極으로 말하면 지극한 일기一氣이며, 정신적인 극으로 말하면 만물의 근원인 일신一神입니다. 하늘·땅·인간은 물론, 천지 안의 모든 생명과 무수한 별자리도 대우주 조화의 근원을 상징하는 하나에서 온 것입니다. 서양의 철인들은 이를 '일자一者(본체)'와 '다자多者(현상)'의 논리로 설명합니다. 우주의 절대 하나는 악해지지도, 때 묻지도 않는 영원불변의 순수 그 자체입니다. 생명의 근원 역할을 하는 그 하나는 우주 만물을 낳은 조화의 근원이자 창조의 본체인 1태극(수水)입니다.

이어서 '무시일無始一'에서는 1의 근거, 하나의 소자출所自出을 밝힙니다. 1은 무無에서 시작한 하나라는 것입니다. 여기서 무無는 아무 것도 없다는 뜻이 아니라 모든 질서의 근원인 카오스, 즉 무극을 가리킵니다.

析三極 無盡本이니라.

이 하나가 나뉘어져 천지인 삼극으로 작용해도 그 근본은 다함이 없다.

석삼극析三極, 무궁한 우주는 하나의 조화에서 가장 지극한 셋으로 나누어집니다. 이는 일극즉삼극一極卽三極의 논리입니다. 동방 한민족의 경전 중 하나인 『삼일신고』에서는 이를 '집일함삼執一含三'의 원리로 전하고 있습니다. '하나 속에 셋이 있고, 그 셋이 일체가 되어 둥글어간다.'는 것이 동방 신교문화 우주론의 삼신일체三神一體 섭리입니다.

하나는 현상세계에서 반드시 셋으로 열립니다. 그런데 무진본無盡本, 그 근본, 우주의 절대 조화 자리는 다함이 없습니다. 하늘과 땅과 인간, 그리고 헤아릴 수 없이 많은 천지 만물의 생명이 하나에서 생겨나 끊임없이 변화하지만 그 조화의 근원은 결코 고갈되지 않습니다. 일一이 지극한 셋으로 나뉘어도 일의 신성과 생명은 증감이 없으며 다함이 없다는 것입니다.

天一一이요 地一二요 人一三이니

하늘은 창조운동의 뿌리로서 양의 근원 되고
땅은 생성운동 근원되어 음의 근원 되고
사람은 천지의 꿈 이루어서 천지합덕으로 주체가 되니

세 가지 지극한 것을 밝힌 '천일일天一一·지일이地一二·인일삼人一三'이라는 이 구절에는 인류 시원문화의 원형 정신이 드러나 있습니다. 천일天一·지일地一·인일人一, 즉 우주에서 가장 보배로운 세 가지 지극한 것인 하늘과 땅과 인간은 우주의 절대 조화 근원인 조물주(하나, 일一)의 마음과 신성을 다 가지고 있다는 것입니다. 그러므로 하늘도 조물주 하느님이요, 땅 지구도 하느님이요, 사람도 조물주의 생명과 신성과 광명을 그대로 지닌 조물주 하느님입니다.

이 천일·지일·인일 다음의 일一, 이二, 삼三은 하늘과 땅과 사람의 작용을 의미합니다. 하늘의 1은 양의 근원이 되고, 땅의 2는 음의 근원이 됨을 뜻합니다. 그리고 천지 음양의 결합으로 생겨난 사람은 천지 부모의 신성과 조화와 광명으로 **'하늘땅의 꿈과 이상을 이루는 중심 존재'**이기에 '인삼人三'이라 한 것입니다. 천지와 하나 되는, 우주 조화의 경계인 '천지 일심一心'에 머무는 것이 바로 동방 한민족의 9천 년 역사에서 전하는 '삼일三一심법'입니다.

一積十鉅라도 無匱化三이니라.

하나가 쌓여 열(十)로 열려 나가더라도 다함이 없이 3수의 조화를 이룬다.

일적십거一積十鉅하면, 1이 10까지 커져갑니다. 1이 변화하여 마침내 10수의 조화가 열리는 이 과정은 우주의 원리가 만물을 생장하고 성숙의 단계에서 새 세계가 열림을 뜻합니다. 배달국 5세 환웅의 막내 아들인 성인 제왕 태호 복희는 삼신상제님께 천제를 올리고 하늘에서 계시해 준 신물(용마)을 보고 깨달음을 얻어 1에서 10까지의 수를 우주의 시간과 공간의 자리에 배열해 우주 변화의 이법적 체계를 세웠습니다. 이를 하도河圖라고 하는데, 여기에서 그는 1에서 10까지 벌어진 수를 북방의 1·6수, 동방의 3·8목, 남방의 2·7화, 서방의 4·9금, 그리고 중앙의 5·10토로 배치해 놓았습니다.

우주 만물은 일一(겨울)에서 생명 태동을 시작하여 봄여름에 지엽을 내서 꽃을 피우고 가을에 비로소 성숙한 열매(10)를 맺습니다. 가을이 되면 모든 생장의 질서가 끝나고 새로운 성숙의 질서로 개벽하여 조화와 완전한 균형을 이루는 10무극 세계가 열리기 때문에 우주 만물이 결실하게 되는 것입니다.

그 다음 무궤화삼無匱化三 즉, 다함이 없이 언제 어디서든 삼수, 삼신三神을 근본으로 한다는 말입니다. 우주의 만물 생명의 변화는 항상 1에 내재된 3의 정신, 삼신의 신성으로 작동합니다.

중경中經 … 天二三이요 地二三이요 人二三이니

하늘도 음양운동 3수로 돌아가고
땅도 음양운동 3수로 순환하고
사람도 음양운동 3수로 살아가니

천이삼天二三·지이삼地二三·인이삼人二三, 하늘도, 땅도, 인간도 모두 음양의 변화 운동을 합니다. 그런데 그 음양 운동도 하나가 셋으로 벌어지고, 셋이 일체로 존재하는 대우주 3수의 틀을 벗어나지 않습니다. 하늘도 음양으로 조물주 삼신의 조화 신성을 갖고 있으며, 땅도 음양으로 삼신의 조화 신성을 갖고 있으며, 인간도 음양으로 조물주 삼신의 조화 신성을 갖고 3수의 도로 존재합니다. 그런데 인간이 삼신의 조화 신성과 대광명을 회복하는 길이 바로 '대원일大圓一'[8]의 정신입니다. 한없이 크고, 한없이 원만하고, 하늘땅과 하나인 마음(태일이 된 인간)으로 돌아가야 합니다.

大三合六하야 生七八九하고

천지인 큰 3수 마주 합해 6수 되니 생장성 7·8·9를 생하고.

대삼합육大三合六, 큰 3수를 합하면 6이 됩니다. 큰 3수는 바로 삼극을 가리킵니다. 천일·지일·태일 즉 하늘과 땅과 인간이 하나 되어 6(천일, 지이, 인삼 또는 천이, 지이, 인이)이 나옵니다. 즉 하늘과 땅, 인간의 일체 관계 속에서 열리는 그 조화의 생명이 6입니다. 『천부경』 81자의 정중앙에 위치하는 '육六'은 우주 현상계의 변화 작용의 중심수입니다. 우주가 6의 정신으로 상징되는 물(6水)에 의해서 돌아갑니다. 물은 우주 현상계의 생명의 근본이자 대우주의 생명력 그 자체입니다. 그 창조 변화 작용의 기본수인 6이 생·장·성으로 작동하여 생칠팔구生七八九를 이룹니다. 그리하여 우주의 중심별인 칠성(7)이나 사람 얼굴의 칠규가 나오고, 우주 시공의 근본 구조인 팔방위(8)나 팔괘가 이루어져 우주 생명력의 팔음팔양 운동이 있게 되는 것입니다

運三四하야 成環五七이니라

천지만물 3과 4수 변화마디 운행하고 5와 7수 변화원리 순환운동 이룬다.

운삼사運三四, 우주의 운동은 삼과 사의 변화 틀로 열립니다. 우주는 시간과 공간에서 하나를 근본 바탕(體)으로 하여 생·장·성의 셋으로 펼쳐집니다. 사계절로 보면 겨울이 1년 사시 변화의 근본 체體가 되어 천지의 봄·여름·가을이 전개되고, 공간으로는 북방이 네 방위의 체가 되어 동·서·남·북이 형성됩니다. 그리하여 생·장·성의 삼수 원리로 작용하면서 전체적인 변화는 넷으로 펼쳐지는 것입니다. 그리고 성환오칠成環五七에서는 순환을 이루게 하는 근원적인 힘(황극)의 본체와 작용이 5와 7임을 밝히고 있습니다.

하경下經(人經) … 一妙衍 萬往萬來하야 用變不動本하니라.

하나가 오묘하게 뻗어나가 만물이 수없이 오고가는데, 그 작용이 바뀌어 마침내 부동의 본체가 된다.

일묘연만왕만래一妙衍萬往萬來, 일一이 오묘히 변화하고 확장하며 끊임없이 오갑니다. 낮이 가고 밤이 오고, 봄·여름이 가고 가을·겨울이 오고, 해를 거듭하며 가고 오는

---

8 대원일 | 안파견 환인천제와 초대 환웅천황의 존호 '커발한(居發桓)'은 '대원일'을 우리 말로 나타낸 것이다.

순환변화가 끊임없이 일어납니다. 그런데 용변부동본用變不動本한다는 것입니다. 이 용변부동본은 작용(用)이 부동의 본체(本)로 바뀐다는 체와 용의 본질적인 변화의 한 소식을 전합니다. 여기서 '변할 변變' 자는 바로 천지의 가을 대개벽 작용을 의미합니다. **현상 세계가 우주의 본체 세계, 10무극의 세계로 바뀐다는 파천황의 한 소식입니다.** 후천 가을개벽이라는 거대한 몸부림을 통해 우주가 마침내 그 변화의 목적을 성취하게 되는 것입니다.

『천부경』에서 진실로 전하고자 한 진리의 한 소식이 바로 선천과 후천의 변화 소식입니다. 선천에서 후천으로 넘어가는 가을 대개벽기에 10무극 삼신상제님께서 강세하시어 후천 가을 우주의 정역 세계, 10무극 시대를 열어 주십니다.

本心本太陽하야 昂明하고

근본은 마음이니 태양에 근본두어 마음의 대광명은 한없이 밝고 밝아

본심本心, 우주의 근본은 마음입니다. 이 말씀은 **인간의 마음이 바로 우주의 조물주요 신이라는** 뜻입니다. 본태양本太陽 앙명昂明, 마음의 본성은 태양처럼 밝은 광명에 근본을 두어 한없이 밝습니다. 그러므로 인간이 자기의 본심을 여는 날, 조물주의 신성과 광명한 대우주의 생명력을 복원하게 됩니다. 이것이 우리 인간이 나아가야 할 삶의 최종 목적지인 것입니다.

人中天地一이니

사람은 천지의 마음(일심)을 얻어 (비로소) 태일太一이 되니

인중천지일人中天地一[9]이니, 사람이 천지의 마음과 생명을 관통해서(中) 하나가 된다는 뜻입니다. 천지 부모와 하나 된 인간을 신교문화에서는 태일太一이라 합니다. 본심본태양이 된 사람, 우주 태양 광명과 하나가 된 사람이 바로 태일입니다. 창세 역사, 인류 원형문화의 최종 결론이 바로 이 태일의 문화입니다.

一終無終一이니라.

하나는 천지만물을 끝 맺는 근본이나 무로 돌아가 마무리 짓는 하나이다.

일종무종일一終無終一, 여기서 일은 태일을 뜻합니다. 대우주의 조화의 근원인 '하나'

---

9 **인중천지일**人中天地一 | 우주 조물주와 하나인 인간 마음의 이치를 밝혀 동방 하느님 문화의 신교 헌장으로 법제화한 글이 바로 11세 도해 단군 때「염표문念標文」이다.「염표문」은 신교문화의 진리 주제를 깨달아 마음에 아로새기고 생활화하는 글이라는 뜻이다. '人以知能爲大, 其道也擇圓, 其事也協一.' 사람은 지혜와 능력이 있어 위대하니 사람의 도는 천지의 도를 선택하여 원만하고, 그 하는 일은 서로 협력하여 태일의 세계를 만드는 데 있다고 밝히고 있다.

로 돌아간 인간이 태일입니다. 인간은 천지와 한 마음(일심)이 되어야 천지의 조화 생명이 될 수 있습니다. 이제 천지 일심의 경계에 있는 태일이 인류 역사를 마무리 짓습니다. 무종일은 무에서 마무리 짓는 하나라는 뜻입니다. 태일이 가을 천지개벽에서 열리는 무극 세계로 돌아가 모든 것을 마무리 짓게 된다는 것입니다.

3) 하도와 낙서의 소자출, 『천부경』

우리는 '환국구전지서桓國口傳之書'요, 현 인류 문명의 근원인 『천부경』을 바탕으로 해서 삼신상제님이 주재하신 인류 창세문화의 원형을 밝힐 수 있습니다.

배달국 초에 마침내 이 『천부경』의 우주 수학에 완벽하게 정통한 한 인물이 나타났습니다. 그분이 바로 삼신상제님의 계시를 받아 천지 수학의 원본, 하도河圖를 그린 성인 제왕 태호 복희太昊伏羲입니다. 하도에는 『천부경』에서 밝힌 열 개의 수가 천지 우주의 시간과 공간의 틀에 따라 배열되어 있습니다. 태호 복희께서 시간·공간의 좌표에 10수 변화의 체계를 정립함으로써 고대 인류 문명의 꽃을 피우는 중대한 문화 혁명의 전기점을 맞이하게 됩니다.

그리고 그로부터 1,300년의 세월이 흘러 인류 역사의 대재앙인 9년 홍수가 범람했을 때, 뒷날 하夏나라를 개창하는 우禹가 홍수를 맡아 다스리는 과정에서 천상의 삼신상제님으로부터 신교를 받아 또 다른 천지 수학의 원본을 정리했습니다. 그것이 바로 하도와 음양 짝을 이루어 역수逆數 변화의 상극 원리를 밝혀 주는 낙서洛書입니다.

그러면 『천부경』의 10개의 수數가 생성되는 원리와 그 변화의 본질을 밝히는 하도와 낙서에 대해서 자세히 살펴보기로 하겠습니다.

2. 선·후천 개벽의 이치를 밝혀 주는 하도·낙서 : 천·지·인 삼계 우주의 수학 원본

천지 대우주는 하느님의 생명인 '기氣'로 가득 차 있습니다. 하늘과 땅과 인간도 무형의 '기'로 이루어져 있습니다. 우주 만물의 형상과 형체가 모두 기가 뭉쳐 만들어지는 것입니다.

우주의 생명에너지인 '기'는 율동으로 드러납니다. 이 율동을 '상象'이라고 합니다. 『주역周易』에서는 '천지일월과 만물의 변화(易)가 상象으로 나타난다(易者, 象也.)'고 하였습니다. 『정역正易』에서는 또 '천지 만물의 변화가 계절 변화의 역수의 수식으로 전개된다(易者, 曆也.)'고 하였습니다. 만물의 변화가 생명의 율동상(象)으로 나타나고, 그 변화 운동의 모습은 자연수로 드러난다는 것입니다. 다시 말해 수가 생명(氣)의 변화

현상을 그대로 반영한다는 말입니다. 기의 율동인 상이 '수數'로써 드러나기 때문에 동양에서는 이 수를 '상수象數'라 불러왔습니다. 이를 간단히 요약하면 자연수의 근거가 상이고 상의 근거가 기氣입니다. 그런데 상의 근거인 기는 '리理'를 따라 일체로 율동하기 때문에 기이면서 '리'입니다. 즉 우주의 변화 이치가 기를 통해 상으로 드러나고 상이 수로 나타나게 되는 것입니다(理→象→數).

『천부경』과 하도·낙서에 드러난 수를 공부한다는 것은 우주의 이법을 깨치는 일입니다. 다시 말해 대우주의 생명인 '기'와, 기에 내재된 '리'를 다스리시는 삼신상제님의 통치 이법을 깨치는 공부인 것입니다.

1) 하도·낙서의 계시

하도河圖는 **'우주 창조의 설계도'**이며, **낙서**洛書는 **'인간 역사가 후천의 성숙한 세계를 향해 발전해 가는 성장 과정의 원리'**를 담고 있습니다.

❋ 하루는 공사를 보시며 글을 쓰시니 이러하니라.

龜馬一圖今山河여 幾千年間幾萬里로다
귀 마 일 도 금 산 하 　 기 천 년 간 기 만 리

胞運胎運養世界하니 帶道日月旺聖靈이로다
포 운 태 운 양 세 계 　 대 도 일 월 왕 성 령

하도와 낙서의 판도로 벌어진 오늘의 산하
수천 년 동안 수만 리에 펼쳐져 있구나.
가을개벽의 운수 포태하여 세계를 길러 왔나니
변화의 도道를 그려 가는 일월이 성령을 왕성케 하는구나. (2:143)

이 말씀의 요지는 **'용마**龍馬**'의 하도**와 **'신귀**神龜**'의 낙서**가 천지에 계시되어 수천 년간 **자연과 인간의 신비를 탐구하는 근원**이 되었고, 천지 대운을 포태하여 **세계 역사의 변화 과정을 추진시켜 왔다**(養)'는 것입니다.

상제님의 천명에 따라 하늘(天地神道)에서 자연의 신비를 개명開明할 수 있도록 신물神物로써 드러내 준 것이 바로 하도와 낙서입니다. 오늘날 사용하는 '도서관'이란 말의 '도서圖書'가 바로 이 하도와 낙서에서 유래한 것입니다.

하도는 지금부터 5,500여 년 전에 성인 제왕 태호 복희가 하수河水[10]에서 용마龍馬의 등에 비친 상을 보고 그린 것입니다. 배달국 5세 태우의太虞儀 환웅의 열두째 아들로

---

10 하수河水 | 중국에서는 황하를 하수 또는 천하天河라 불렀다. 그래서 복희씨가 황하에서 하도를 얻었다고 주장한다. 그러나 하수라 불리는 천하天河의 비밀은 태호 복희가 활동하던 상고 시대 역사로 거슬러 올라가야 진실을 밝힐 수 있다. 배달의 상고사를 밝히는『태백일사』에는 배달국 태우의 환웅의 막내아들인 태호 복희가 삼신산(백두산)에서 천제를 모시고 천하에서 하도를 얻었다고 전한다. 하도가 나온 천하는 중국의 황하가 아니라 배달의 송화강을 일컫는 것이다.

태어난 태호 복희는 삼신께서 성령을 내려 주시는 꿈을 꾸고 천지 만물의 근본 이치를 꿰뚫어 보게 되었습니다. 이에 삼신산三神山(신교 도맥의 주산인 백두산을 일컬음)에 가서 천제를 모시고 천하天河에서 용마의 등에 어린 상을 보고 하도를 그렸습니다. 삼신상제님의 계시로 하도를 받아 내린 태호 복희는 이후 우주의 창조 원리를 팔괘로 밝힌 복희팔괘도를 완성했습니다.

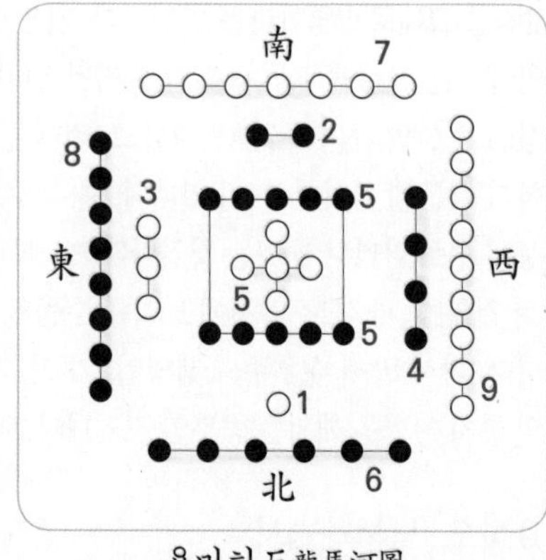

용마하도龍馬河圖

그리고 낙서는 4,200여 년 전에 하夏나라를 세운 우禹임금이 9년 홍수를 다스리던 중 낙수洛水에서 영묘한 거북(神龜)의 등에서 율동 치는 수상數象의 배열을 보고 도형화한 것입니다. 순舜임금의 사공司空 우는 9년 홍수의 치수治水 사업에 실패한 아버지 곤鯀을 이어 대홍수를 맡아 다스리게 되었습니다. 동방의 천자이신 단군왕검께서는 맏아들 부루扶婁로 하여금 도산塗山에서 우를 만나 오행의 원리로 물을 다스리는 오행치수법五行治水法을 전하게 하셨습니다. 치수법을 전수받은 우는 세 차례나 집 앞을 지나면서도 들르지 않고(三過其門而不入) 오직 치수 사업에 일심하였고, 그 일심 정성에 삼신상제님께서 낙서를 계시로 내려 주신 것입니다. 우는 9년 홍수를 마침내 성공적으로 다스리고 민심을 얻어 왕위에 올라 하夏나라를 개창하였습니다.

2) 하도의 상수

광대무변한 대우주를 마음속에 담는 기분으로 하도를 보십시오.

하도는 우주생명이 구성된 원리와 이 세상을 창조하고 변화시키는 천지의 이치를 보여 줍니다.

하도의 중심부는 무진장한 생명의 호수입니다. 그리고 중심부를 둘러싼 외부는 동서남북과 춘하추동이라는 시공에 따라 우주생명의 네 기운이 자리하고 있습니다. 하도는 우주의 창조·생성의 원 틀을 밝혀 사정방·사계절의 변화 정신을 상수象數로 정의 내리고 있습니다.

동방 9천 년의 깨달음과 구도의 역사는 결국 '1, 2, 3, 4'라는 우주 기본수의 정신을 깨닫는 것이라 말할 수 있습니다. 우주는 이 네 개의 수를 통해서 변화해 갑니다. 따라서 1, 2, 3, 4의 의미를 제대로 앎으로써 하늘과 땅과 인간, 우리 몸의 오장육부 운동,

그리고 인간의 마음 등 모든 것에 도를 통하게 됩니다. 앞으로 오는 가을 천지개벽의 이치, 우주 변화의 최종 목적에 대해서도 확연히 깨닫게 됩니다. 이 1(水), 2(火), 3(木), 4(金)라는 천지의 기운이 중앙 5토土의 매개로 각기 변화의 동반자를 만나게 되면서 이 현상계에는 아름다운 창조와 변화의 드라마가 펼쳐집니다.

하도에는『천부경』에서 선언된 1~10까지 열 개의 수가 시간과 공간의 좌표 위에 제각기 점으로 자리 잡고 있습니다. 하도의 제일 아래 북방의 겨울철에는 1·6(1+5)수水가 자리하고 있습니다. 만물이 분열하는 반대편의 남방 여름철에는 2·7(2+5)화火가, 만물 생명이 탄생하는 동방의 봄철에는 3·8(3+5)목木이, 천지 만물이 결실하고 수렴되는 서방 가을철에는 4·9(4+5)금金이 각각 자리합니다. 그리고 중앙에는 수화목금의 네 기운이 변화하면서 스스로 생성한 5·10토土가 자리합니다. 하도는 정북正北과 정남正南에 위치한 수화水火가 변화의 체體를 이루고 있습니다. 수화 즉 물과 불이 짝을 이루어 이 현실 세계를 움직이는 중심축이 되는 것입니다. 정동방正東方의 목木과 정서방正西方의 금金은 변화의 용用이 되고 있습니다. 그리고 하도에 표시된 점은 흑점과 백점으로 구분되어 있는데 백점은 하늘의 천수天數인 양수(1, 3, 5, 7, 9)를 표시하고, 흑점은 땅의 지수地數인 음수(2, 4, 6, 8, 10)를 나타냅니다. 하도의 중앙과 동서남북 각 방위(계절)에는 흑점과 백점이 음양으로 한 쌍씩 결합되어 있습니다. 이것은 천지 기운이 남성 에너지와 여성 에너지로 나뉘어 서로 결합함으로써 만물을 빚어내고 변화시킴을 의미합니다.

하도에서 각 방위의 안쪽에 자리 잡은 1, 2, 3, 4, 5를 '생수生數'라 하고, 외부에 있는 6, 7, 8, 9, 10을 '성수成數'라고 합니다. 생수는 무형의 기운을 나타내고, 성수는 유형의 물질을 표상합니다. 하도는 생수를 근본으로 해서 동서남북, 춘하추동이라는 천지 우주의 변화 틀을 형성하게 됩니다. 이러한 변화 틀을 바탕으로 하여 생겨난 중앙 5·10토土가 조화의 손길을 열어 나감에 따라 우주의 창조와 변화의 물결이 일어납니다. 봄철에 만물이 탄생하고 여름철에 성장하며 가을철에 결실을 거두고 겨울철에 다시 근원으로 돌아가 휴식하는 생명의 순환 고리가 만들어져 천지 만물 생명이 생성·변화해 나가는 것입니다.

그러면 각 방위(계절)에 배치되어 생명(氣)의 변화성을 밝혀 주는 상수가 생수와 성수로 구성되어 있는 이유는 무엇일까요? 그것은 우주생명이 천지 만물을 지어낼(生: creating) 수 있는 설계의 능력과 그 변화를 실현(成: becoming)할 수 있는 조화 능력을 동시에 지니고 있음을 뜻합니다. 이제 생수와, 성수, 그리고 하도의 중앙에 자리 잡은 중수中數에 대해서 알아 보기로 하겠습니다.

(1) 생수의 성립 | 1은 수數의 근본이며 시작과 근원, 그리고 통일의 정신을 상징합니다. 하도의 북방에 이 1이라는 상수가 있습니다. 북방에서 작용하는 천지의 에너지는 물입니다. 그러므로 모든 수의 근본이 1이라는 말은 곧 천지 만물의 근원이 물이라는 뜻이기도 합니다. 중국 남송 때 대철인 주회암朱晦庵이 "현상이 있으면 '기氣'가 움직이는 것이며, 거기에 '리理'가 따르고, 리理는 '수數'가 뒷받침한다."라고 한 구절을 잘 음미해 보십시오.

시·공은 일체로 작용합니다. 북방(空)은 계절(時)로 겨울이고, 천지의 겨울은 곧 빙하기입니다. 여기에 작용하는 기운이 물(水)입니다.

冬之氣는 道也니
동 지 기 도 야
겨울 기운은 근본인 도道이니 (6:124)

이 말씀의 의미는 지구와 우주의 겨울철에 작용하는 수기水氣가 생명의 근본(道)이라는 것입니다. 북방 수水는 천지의 조화를 상징합니다. 이 북방 생명수를 주재하는 하늘의 성신을 예로부터 한민족의 신교문화神敎文化에서는 검은색 영물(神靈)로 상징하여 '현무玄武'라 불러 왔습니다. 상제님이 친필로 남기신 『현무경玄武經』의 현무는 바로 조화를 의미합니다.

다음은 남방의 상수象數 2를 보십시오. 2는 불(火)의 상수로 계절로는 여름을 의미합니다. 이 2화火는 북방 1수水가 완전히 분열하여 생겨난 것입니다.

夏之氣는 蕩也요.
하 지 기 탕 야
여름 기운은 만물을 호탕하게 길러내는 것(蕩)이요 (6:124)

여름철의 불기운은 만물 생명을 극도로 분열·성장시킵니다. "나는 남방 삼리화三離火로다."(6:7)라고 하신 상제님께서 붉은 성령의聖靈衣를 입고 계신 것은, 당신께서 선천의 끝 시기에 불 기운의 겁액을 누르고 계심을 상징합니다. 이 남방의 천지 불기운을 신교문화에서는 붉은색의 신묘한 영물인 '주작朱雀'으로 표상합니다.

북방 1수와 달리 남방의 천지 불기운은 활활 타오르는 양의 성질을 갖고 있습니다. 그런데 왜 음수인 2를 쓰는 것일까요? 그것은 불의 외적·물리적 성질이 분열하는 양성陽性이지만 그 변화 정신의 본성은 수렴하는 음성陰性이기 때문입니다. 불의 근본정신은 결국 만물의 생명을 통일시켜 북방의 물로 되돌아가는 것입니다.

다음은 동방의 상수 3입니다. 3수는 '새로운 탄생'을 상징합니다. 북방(겨울)에 작용하는 생명의 근원인 1수水(一太極)가 남방(여름)의 천지 불(二火)기운으로 바뀌기 전, 분열의 시초 단계가 동방의 기운인 3목三木입니다. 3이 공간의 방위로는 동방에, 시간의 마디로는 생명이 소생하는 봄에 자리 잡고 있는 이유가 바로 여기에 있습니다. **3은 에너지의 상수**로서 물 기운(1水)과 불기운(2火)이 서로 음양으로 결합함으로써 신비로운 조화 작용이 태동하여 나온 수입니다. 여기서 만물이 처음으로 화생하게 됩니다.

❋ 春之氣는 放也요.
춘 지 기 방 야
봄 기운은 만물을 내어놓는 것(放)이고 (6:124)

상제님의 이 말씀과 같이 천지의 봄 기운(木)은 훈훈한 열기를 얼어붙은 땅에 펼쳐서(放) 생명 창조의 발돋움을 시작합니다. 이처럼 만물의 생명을 창조하는 봄 천지의 지극한 덕을 사랑(仁)이라 합니다(제1장 우주 1년 도표 참고). 신교 세계관에서는 만물을 화생, 탄생시키는 이 동방의 상서로운 천지기운을 **'청룡靑龍'**이라는 영물로 상징하였습니다.

마지막으로, 동방의 반대쪽인 **서방의 상수 4**를 보십시오. 봄 기운(木)이 분열 운동의 초기라면 서방의 가을 기운인 4금金은 **통일의 시초**입니다. '四'의 모습에는 분열하는 천지 기운을 에워싸 수렴·통일하는 상이 드러나 있습니다. 봄철에 만물을 낳는 사랑의 덕과는 반대로, 가을은 만물의 생명을 숙살지기肅殺之氣로 내리쳐 **생장(분열)의 과정을 일시에 종결짓고 풍성한 열매를 맺게** 합니다. 이러한 가을철 천도의 엄정한 덕성을 **의義**라 합니다.

❋ 秋之氣는 神也요.
추 지 기 신 야
가을 기운은 조화의 신神이며 (6:124)

❋ 천지의 대덕大德이라도 춘생추살春生秋殺의 은위恩威로써 이루어지느니라. (8:62)

가을철의 결실은 엄정한 '신의 섭리'와 더불어 이루어집니다. **가을은 '신의 계절'**입니다.

천지 대자연은 봄철에 만물을 낳아(춘생) 사랑의 은혜를 베풀고, 낙엽 지는 가을이 되면 만유 생명을 서신西神의 숙살 기운으로 내리쳐(추살) 선악 심판의 위엄을 떨칩니다. 동방의 신교문화에서는 이 서방의 살기를 주재하는 '천지의 현묘한 신령神靈'을 **'백호白虎'**라 불러 왔습니다.

상제님이 주재하시는 **천지의 법도는 사랑(仁)과 정의(義)**입니다. 오늘날 인류는, 우주가 사랑으로 만물을 내어 길러 온 선천에서 가을의 정신인 정의로써 숙청하고 결실하여 후천으로 일대 전환하려는 대변혁기를 살고 있습니다. 바야흐로 하늘과 땅과 인간이 다 함께 성공하는 천지성공 시대를 맞이하고 있습니다.

지금까지 알아본 사계절과 각 방위를 상징하는 1(水), 2(火), 3(木), 4(金)는 생수生數

로서 천지의 변화를 창조하는 기본이 되는 수입니다. 그런데 이 생수는 아직 각기 홀몸이어서 그 천지 기운으로는 만물 창조를 실현할 수 없습니다. 이에 **조화의 중성생명인 5토**(土)**가 중매자 역할**을 수행하여 생수의 배필인 성수成數(변화를 실현하는 수)를 만들어 줍니다.

(2) 성수의 성립

水火金木이 待時以成하나니 水生於火라
수화금목　대시이성　　수생어화

故로 天下에 無相克之理니라
고　천하　무상극지리

수화금목(四象)이 때를 기다려 생성되나니
물[水]이 불[火]에서 생성되는 까닭에
천하에 서로 극克하는 이치가 없느니라. (4:152)

우주의 생성生成**조화는 모두 물과 불의 변화 작용**이라고 압축해 말할 수 있습니다. 물과 불은 상극입니다. 그러나 불은 본래 물에서 생겨나며 분열(상극)의 극에 달하면 극즉반極則反의 원리에 따라 다시금 물로(북방 1·6水) 통일(상생)됩니다. 이처럼 자연은 창조의 오묘한 섭리에 따라 상극에서 상생의 질서로 순환합니다. 그것은 상극 자체에 이미 상생의 이치가 들어 있고 또 상생 속에 상극의 이치가 들어 있기 때문입니다. 그래서 물과 불은 상극이지만, 상제님께서 '물이 불에서 생성된다(水生於火)'고 말씀하신 것입니다. 이러한 우주의 이법에 따라 천지 만물을 주재하시는 상제님의 입장에서 보면, 인류 역사 발전 과정에서 일어난 모순과 투쟁 등 선천 세상의 분열 양상은 결국 인간과 문명이 통일을 이루기 위해 성장·발전해 가는 현상에 지나지 않습니다. 선천 세계의 모순적 양상은 후천이 되면 모두 상생의 통일 법도로 귀일歸一하게 됩니다.

앞서 알아본 목木·화火·금金·수水, 네 가지 천지 기운은 자신이 작용하는 시간(계절), 공간(방위)에서 각기 고유한 창조·변화의 덕성을 발휘합니다. 그러나 목·화·금·수, 4성四性 에너지 사이에는 음(金, 水)·양(木, 火)의 대립과 함께 상극의 관계가 작용하므로 만물 생성이라는 조화가 일어날 수 없습니다. 여기에 조화의 불을 붙이는 것이 중앙에 있는 중성생명의 상수인 5입니다.

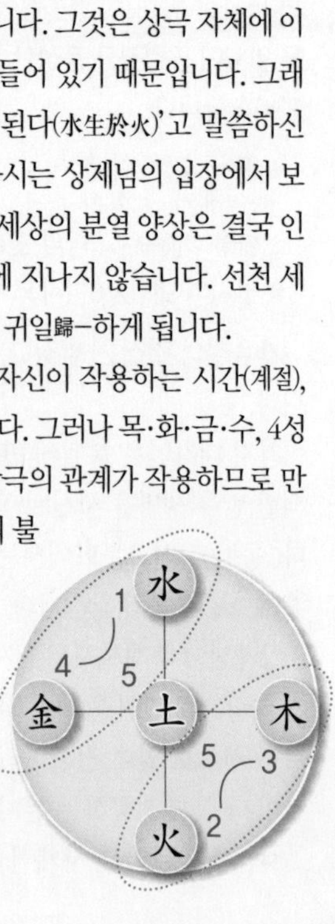

5(土)**는 양성과 음성을 동시에 지닌 중성 에너지입니다.** 5(土)가 중성이라는 것은 양 방위의 양성 에너지인 3(木)과 2(火), 음 방위의 음성 에너지인 4(金)와 1(水)의 합이 모두 5로 일치한다는 데에서 입증됩니다. 그런데 중성생명인 5토는 따로 존재하는 것이 아니라 1, 2, 3, 4 속에서 스스로 변화(自化)하여 생겨납니다.

중성생명인 5(土)의 중매로 북방 1태극수(陽水)의 짝인 음수陰水 6(1+5)이 탄생하고, 남방 2화(陰火)의 동반자인 양화陽火 7(2+5)이 탄생합니다. 마찬가지로 음목陰木 8(3+5), 양금陽金 9(4+5)라는 성수成數가 태어납니다. 그리고 하도의 중앙을 둘러싼 음토陰土 10(5+5)은 중앙의 5토가 스스로 변화하여 열리게 됩니다. 현실세계 자체의 변화 과정 속에서 5토와 10토가 스스로 생성되는 것입니다. 이러한 토의 생성·변화 작용 속에서 낮과 밤이 지속되고, 지구의 1년 사계절이 순환하고, 우주의 봄·여름과 가을·겨울이 순환하며 천지의 모든 순환이 이루어집니다. 우주는 토를 생성하는 것을 목적으로 매 순간 돌아갑니다. 따라서 인간의 진리 체험이란 내 몸에서 우주의 조화 생명력인 토를 생성하고 그 변화를 깨닫는 것입니다.

이 성수에서 양 기운이 가장 큰 수인 9를 태양수라 하고, 수렴하는 기운이 가장 큰 음수 6을 태음수라 합니다. 음양 운동의 대표수가 바로 태양수 9와 태음수 6입니다. 태양수는 아버지 상제님을 상징하고 태음수는 어머니 수부님을 상징합니다. 이 태양수와 태음수를 합하면 하도의 본체 생명수인 15가 되는데 10과 5도 역시 상제님과 수부님의 상징수입니다. 천지 부모님의 수 5와 10은 본체로 자리 잡고, 6과 9가 현실 속에서 천지 부모님의 수로 작용합니다.

(3) 중성생명의 상수(5, 10, 15)

※ 天反低而地高하고 中央備而五十이라
천반저이지고 중앙비이오십
하늘은 도리어 낮은데 땅은 높고
천지조화의 중앙은 오십토五十土를 갖추어 만물을 생성하느니라. (6:81)

※ 厥有四象抱一極하고
궐유사상포일극
대자연에는 사상四象이 있어 중앙의 한 지극한 조화기운을 품고 있고 (2:145)

① 5황극수와 10무극수 | **하도에서 외곽을 둘러싸고 있는 수의 구조는 우주의 현상 세계를 나타냅니다.** 이 현상 세계는 우주 조화의 고향인 중앙의 생명 바다, 즉 중궁中宮에서 창조된 것입니다. 그러기에 우리가 살고 있는 이 현실 세상이 진리(본체) 세계의 순수 모습과 변화 정신을 그대로 지니고 있는 것입니다(이사무애법계理事無礙法界).

우주 만유 생명의 뿌리는 무극無極(무의 지극한 경계)입니다. **무극은 모든 것의 바탕이면서 음양의 대립을 초월한 이상적인 진리 세계**입니다. 무극이 동動하여 태극으로 변화함으로써 음양 질서가 열리고, 여기서 다시 목화금수木火金水의 사상四象이 생겨나 현상계에 천변만화千變萬化하는 만물 생성의 파노라마가 펼쳐집니다.

하도 중앙의 외곽에 10토가 있고, 동서남북 사정위四正位의 내부에 1, 2, 3, 4라는 사상四象을 나타내는 수가 각기 위치합니다. 10수는 허虛하고 무無한 중성의 무극생명을 상징합니다. 사정위에 있는 1, 2, 3, 4의 합이 10(무극)이 되는 상수象數 원리를 통해서, 우리는 현상계가 우주 본체의 속성을 그대로 간직하고 있음을 알 수 있습니다. 무극생명을 상징하는 10수에는 사상 에너지의 정수가 모두 녹아 있습니다. 하도의 중앙에 5토와 10토가 함께 자리 잡고 있는 것은, 중앙의 본체 생명이 음(10土)과 양(5土)으로 짝을 이루어 천지 우주의 모든 변화와 조화를 일으키고 있음을 나타냅니다. 그리하여 하도의 중심 조화 생명력이 투사된 이 현실 세계(경험계)도 본체 세계의 성질을 그대로 지닌 채 태극의 음양 운동을 하며 변화해 갑니다.

중성생명인 양토(5土)와 음토(10土)의 사명은 서로 다릅니다. 앞에서 간단히 알아본 바와 같이 5(土)는 생수 1, 2, 3, 4에 에너지를 부어 주어 6, 7, 8, 9라는 성수를 만들고 천지생명의 분열 과정을 선도해 갑니다. 『정역』에서는 선천개벽 이후로 만물의 분열 운동을 주도하는 이 '양의 중성생명'을 5황극皇極이라 하였습니다(5황극은 유도儒道 정신의 본체임). 분산 운동의 주력자인 황극 생명은 자신의 사명을 마치고 나면, 10(土)으로 자화自化(5+5=10)하여 다음 단계인 후천의 통일 운동을 선도해 갈 '음의 중성생명(무극)'을 자신의 반려자로 만들어 놓습니다(10무극생명은 선도仙道 정신의 본체. 이것이 압축·공약된 태극의 공空은 불도佛道 정신의 본체). 그리하여 **5황극은 선천의 분열·생장 운동을, 10무극은 후천의 통일·수렴 운동을 주재**합니다. 이 5토와 10토의 천지기운이 인체에서 각각 작용하는 곳은 위장(양토)과 비장(음토)입니다.[11]

② 창조의 이상을 실현하는 15중극수 | 5황극과 10무극이 자리 잡고 있는 하도의 중심부를 중궁中宮, 중극中極, 무위無位라 하고, 중성생명의 상수인 15(10+5)를 중수中數 또는 중극수中極數라 부릅니다. 상제님(하느님)이 주재하시는 천지 만물은 이 음양의 순수 중성생명(15土)의 조화에 따라 생성, 변화 운동을 합니다.

여기서, 앞서 전한 "나는 천지일월天地日月이니라." 하신 상제님 말씀의 핵심적인 의미를 하도河圖의 중극수를 통해 살펴보겠습니다. 이 말씀에서 '나'란 하도의 중앙에 계시되어 있는, '생명의 조화 바다'를 주재하고 계신 상제님을 말합니다. 이 생명의

---

11 중앙 토기土氣를 주재하는 비·위장이 병들면 다른 장기도 병들고 힘을 쓸 수 없게 된다. 만물을 조화·중재하는 이 토기土氣의 주체를 '의意'라고 한다. '의'는 어떤 일을 결행하기 위해 품는 뜻으로, 인간의 망상된 욕심이 아니라 중앙 5·10토의 감성 작용으로 일어나는 지고지순한 천지의 뜻(생·장·염·장)이다. 뜻을 결단하고 실행하는 신장 수기水氣의 주체를 '지志'라고 한다. 이 수기가 충만해야 사람이 대범하고 용기가 솟구치게 되며, 그렇지 못하면 심약하고 기개가 부족하게 된다. 이 의意와 지志가 합쳐져 '의지意志'가 생성된다. 인간의 의지란 비장의 토 기운과 신장 수 기운이 합쳐져서 다져지며, 이 의지에 의해서 도심이 발동한다. 인간의 의지가 강력해야 천지 도심과 하나 되고, 천지의 일만 가지 악과 마신을 제압할 수 있다. 몸에서 수토합덕水土合德이 되지 않으면 정수가 파괴되고, 진리 의식이 다져질 수 없다.

천지 대정수大定數**, 50** | 『주역』「계사전」상편 9장에 "대연지수大衍之數 50"이라는 말이 나온다. 50에서 태극을 상징하는 본체 수는 '1'이고, 이를 근원으로 해서 49까지의 변화수가 열려 작용한다. 왕필王弼(226-249)은 대연지수를 "천지의 수를 연역하는 데 의뢰하는 수가 50이다[王弼曰 演天地之數, 所賴者五十也]"라고 풀이했다. 그래서 하도의 중궁수 5와 10이 만드는 천지의 대연지수 50은 본체와 작용을 아우르는 수이며, 천지의 큰 변화를 매듭지을 수 있기 때문에 '대정수'라고 한다.

조화 바다에서 천지일월이 생겨나 15 중성생명의 원동력을 공급받으며 상제님이 뜻하시는 창조의 이상 세계를 실현하게 됩니다. 즉 천지일월이 본체생명의 상수인 15수의 변화 원리에 따라 선천의 분열(생장) 운동과 후천의 통일 운동을 반복하는 것입니다. 다시 말하면 인간의 역사가 탄생하고 발전하여 성숙하는 우주 시공의 리듬은, 우주 인력을 통제하는 중성생명(15)의 변화 이치에 따라 **'천지일월'**이 형성시키는 것입니다. 그리고 현실 세계를 나타내는 하도의 외곽에서 외부에 있는 성수의 결합이 양 방위인 동남방에서도 15[8(木)+7(火)=15], 음 방위인 서북방에서도 15[9(金)+6(水)=15]로 나타나는 것은, 지금까지 설명한 우주 현상계의 일체 변화가 본체의 조화(15)에 뿌리 박고 이루어진다는 사실을 입증합니다. 이 시공이 끊어진 영원한 중성생명의 조화造化(土化作用) 바다가 베푸는 은혜의 자비로움이 바로 **믿음(信)의 세계**입니다. 탐욕과 세속적 가치를 떠난 뜨거운 믿음의 경계에 들어설 때, 비로소 이 조화생명의 숨결과 대광명을 느끼고 체험할 수 있습니다.

3) 하도와 낙서에 담긴 천지의 이법

❋ 九州運祖洛書中이라
구 주 운 조 낙 서 중
온 세상 운수의 근원은 낙서洛書 속에 들어 있네. (2:145)

(1) 선천의 변화 질서(상극)를 담은 낙서 | 인류 문명의 위대한 발전이 하도와 낙서라는 그림 두 장에서 비롯되었습니다. 선천 우주의 변화 작용도인 낙서洛書에는 '인간 역사가 상극으로 발전해 나가는 우주 여름철의 변화 이치'가 담겨 있습니다. 후천의 이상향을 향해 나아가는 고난에 찬 상극의 역사 과정을 표상하고 있는 것입니다.

낙서가 하도와 다른 가장 큰 차이점은 무엇보다 낙서의 중앙에 5토만 자리해 있다는 사실입니다. 10수가 드러나지 않는 낙서는 중앙의 5를 중심으로 하여 1에서 9까지 분열하는 상을 나타내고 있습니다. 사정방에 1, 3, 7, 9의 천수(양수)가 자리하고, 모서리에는 2, 4, 6, 8의 지수(음수)가 배치되어 팔방위로 벌어져 있습니다(九宮). 사정방에 수가 배열된 하도와 달리 낙서는 이처럼 선천 우주의 변화하는 역동적인 상을 드러내고 있습니다.

또 낙서에는 동방의 3·8목木이 중앙 5토를 극하고, 남방의 4·9금金이 동방 3·8목을 극하고 있습니다. 그리고 서방의 2·7화火가 남방에 있는 4·9금을 극하고, 북방의 1·6수水가 서방에 있는 2·7화를 극하고, 중앙의 5토가 북방 1·6수를 극하고 있습니다. 낙서는 이러한 상극의 과정을 통해 역사가 변화·발전하는 상을 나타냅니다.

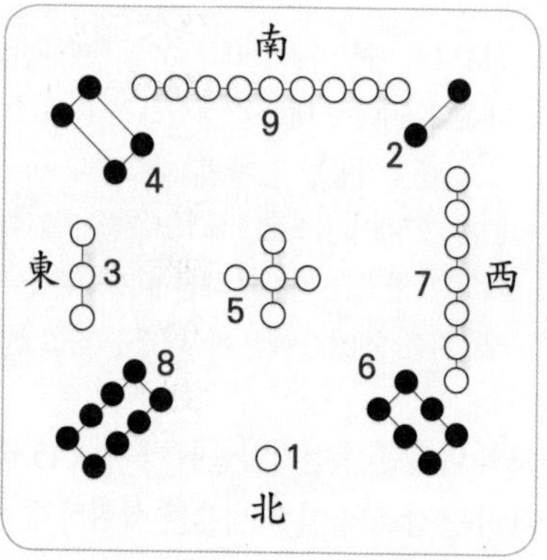

신귀낙서神龜洛書

한편 북방(水位)과 동방(木位)에는 하도와 같이 1·6수와 3·8목이 지키고 있지만 남방(火位)과 서방(金位)에는 4·9금金과 2·7화火가 서로 뒤바뀌어 자리해 금화교역金火交易의 상을 드러내고 있습니다. 낙서는 이처럼 서방과 남방에 천지 기운이 서로 소통하는 이치를 밝혀 선천에서 후천으로 개벽되는 이치를 전하고 있습니다.

(2) 하도와 낙서의 차이점 | 하도는 천지 창조의 이상향을 담은 청사진이며, 낙서는 이 꿈을 향해 나아가는 선천 인류의 고달픈 행군 과정을 그리고 있습니다. 하도와 낙서의 이러한 차이점을 좀 더 구체적으로 살펴보겠습니다.

첫째, 하도는 중궁에서 **완전수**(하느님 수)인 10이 5를 감싸고 있습니다. 반면 선천의 운행 질서를 나타낸 **낙서에는 중앙에 10이 없습니다.** 10은 후천 우주의 통일생명(무극)의 상수이므로 선천 분열 운동의 순환 이치를 드러내 주는 낙서에는 나타나지 않습니다. 그래서 선천 우주의 분열의 시간대에는 천지의 주재자이신 하느님(10未土)이 인간 세상에 직접 오시지 않습니다. 그렇기 때문에 우주 절대자 하느님의 대행자인 선천 성자들이 나와서 인간과 세상을 교화하게 됩니다.

둘째, 하도에는 상생의 천지 변화 이치가 나타나 있고 낙서에는 선천 역사를 지배해 온 **상극의 변화 이치**가 드러나 있습니다. 상제님께서도 말씀하셨듯이, 이 세상이 완전히 통일되기 전까지 **선천의 역사는 상극**이라는 천리에 따라 전개되어 나아갑니다.

※ 선천에는 상극의 이치가 인간 사물을 맡았으므로 모든 인사가 도의道義에 어그러져서… (4:16)

선천의 변화 질서인 상극은 천지기운이 '역사의 물길'을 열어 나가는 이치입니다. 낙서의 오행 상극도에서 보는 바와 같이 목극토木克土 → 금극목金克木 → 화극금火克金

→ 수극화水克火로 각 단계마다 상극의 변화 과정을 거쳐 역사가 전개됨을 알 수 있습니다. 선천에는 중성 에너지인 5토가 중심이 되어 분열 성장의 상극 시대를 발전시켜 나갑니다.

인류가 맨 처음에는 흙이나 돌을 도구로 사용(석기 시대)하다가 목극토木克土의 이치에 따라 나무를 사용하기 시작하였고, 이후 청동기와 철기 시대로 접어들면서 금극목金克木의 원리로 칼과 같은 쇠붙이 무기를 쓰게 되었습니다. 거기서 다시 화극금火克金의 이치로 화약 무기를 사용하는 시대가 전개되었고, 이제는 물의 조화로써 불을 제압하는 수소폭탄의 수극화水克火 시대에 이르게 되었습니다.[12] 앞으로 '극즉반'하는 원시반본의 이법에 따라 토극수土克水의 이치가 나와 토의 후천 통일 운수가 열림으로써, 선천 상극의 원한의 역사가 막 내리고 후천 상생의 성인 시대(2:18)로 역사의 대세가 전환하게 됩니다.

셋째, 하도와 낙서는 인류가 그토록 갈망한 우주 **통일의 이상 세계**가 어떠한 원리로 마침내 **지상에 현실화**되느냐 하는 문제에 정답을 계시하고 있습니다. 하도는 아직 실현되지 않은 **우주 통일의 꿈**을 담고 있으며, 낙서는 **상극의 질서를 통해 그것을 이루어 가는 선천 역사의 변화 과정**을 그리고 있습니다.

천지 만물이 태어난 **생명의 진수眞髓**는 하도의 중앙에 있는 10무극의 중성(본체)생명이 공空으로 통일되면서 만들어 놓은 **1태극수太極水**입니다. 이 태극수는 현상계에서 우주 운동 변화의 중심 방위인 북방에서 작용합니다.

낙서는 이 1태극수가 선천(+) 시대에 중성생명 5황극(+)의 도움을 받아 ①, 2, 3, 4, ⑤, 6, 7, 8, 9의 순서로 9까지 최종 분열하는 상을 나타내고 있습니다. 또한 변화의 궁

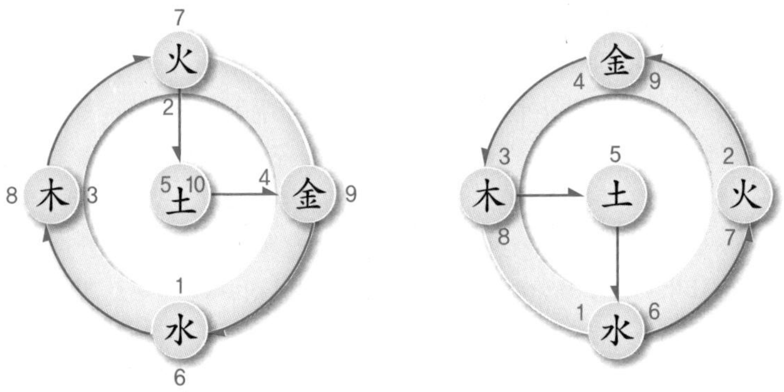

하도의 오행 상생순환도　　낙서의 오행 상극순환도

12 고갈 위기에 직면한 화석 연료가 기후 변화의 주범으로 지목되면서 수소 에너지를 기반으로 하는 수소 경제가 대안으로 등장하고 있다. 전문가들은 지구촌이 탄소 경제에서 수소 경제로 완전 전환될 것이라 내다보고 있다.

극 목적인 **후천 통일**(음운동) **운수의 10**(무극)**수를 지향**하고 있음을 보여 줍니다. 이것은 낙서의 외곽에 마주하는 수의 합이 각기 모두 10이라는 사실을 통해서 알 수 있습니다. 낙서는 생명의 근원인 1태극(水)이 중매자인 5황극의 보조를 받으며 상제님(10무극)의 꿈과 이상을 이루어 가는 과정을 나타냅니다. 또 **낙서에서 종과 횡, 대각선의 합이 모두 15**인 것은, 선천 세상이 하도의 중궁에 있는 **생명의 원천, 조화의 근원**(15)**을 지향한다는 뜻**이기도 합니다. 이 하도의 중극수 15는 다음 제3절에서 살펴 볼 '역수曆數의 변화'에서 원력原曆의 '윤도수閏度數'로 작용하게 됩니다. 그리고 낙서에서 천지기운이 분열해 가는 과정은 상수가 커 나가는 모습으로 나타나는데, 이를 선천 변화의 역수逆數 과정이라 합니다.

반면에 하도는 우주 통일의 이상향을 품은 모습을 표상합니다. 상제님 수(10)가 없어 후천을 향한 상극(선천 분열) 과정의 원리를 나타내는 낙서와 달리, 통일의 10수를 갖춘 하도는 후천 통일의 법도를 설명해 줍니다. 그 과정을 보면, 통일의 시초인 10무극생명이 ⑩(무극), 9, 8, 7, 6, ⑤(황극), 4, 3, 2, ①(태극)로 수렴되어 들어가면서(순수順數 과정) 1태극에 이르러 통일이 완성됩니다. 우주 통일의 근본 법도를 마련하신 **10무극 상제님의 뜻이 1태극에 이르러서야 지상에 온전히 실현되는 것**입니다. 이 1태극생명의 덕성을 본받아 출세하는 인물이 '1태극 대두목'입니다. 옛 선지자들이 인류 구원과 관련해 언급했던 **'이재전전利在田田'**은 바로 10무극과 1태극이 이루는 **십일성도十一成道**[13]**의 거룩한 도가 실현될 지상의 상제님 성소聖所**를 나타냅니다. **'10무극无極과 1태극太極의 결합**(十一成道)'으로 인류가 그토록 꿈에 그리던, 거룩하신 상제님의 후천 가을 세계가 펼쳐지게 됩니다. 그런데 생명의 순환 법칙으로 볼 때, **통일은 5황극皇極의 중개 작용으로 성취됨**을 알 수 있습니다. 황극생명의 덕성을 받은 인물이 선천의 역사를 마무리 짓고 후천의 통일을 완수하게 됩니다(6:2, 6:129, 7:81, 11:54).

여기서 우리가 잊지 말아야 할 중요한 사실은 분열 운동을 상징하는 낙서의 음양 결합수 45(1~9까지의 합)와, 통일 운동의 천리를 구성하는 하도의 음양 결합수 55(1~10까지의 합)의 총합인 100(45+55)을 **'천지 일원수一元數'**(5:354)라 부른다는 점입니다. 천지일월이 선후천을 거치며 상극(분열)과 상생(통일) 운동을 반복할 수 있도록 추진시켜 나가는 천지 음양 에너지의 가장 기본적인 상수象數가 바로 천지 일원수 100입니다.

넷째, 하도에는 4·9금金이 서방에 자리해 있고 2·7화火가 남방에 있습니다. 반면에 낙서는 금金과 화火가 서로 바뀌어, 4·9금金이 남방에 있고 2·7화火가 서방에 자리 잡

---

13 십일성도 | '십일성도'는 『정역正易』「십일일언十一一言」의 핵심 내용이다. 「십일일언」에서는 10무극과 1태극의 역동적 균형을 통해 이루어지는 새 진리의 출현을 선언하고 있다.

고 있습니다. 이것을 『정역正易』에서는 '**기동북이고수**氣東北而固守하고 **이서남이교통**理西南而交通이라', 즉 기는 동방과 북방에서 본래대로 굳게 지키고 서방과 남방에서는 천지 기운의 순환 원리가 서로 통해 있다고 하여 후천이 개벽되는 이치를 밝혔습니다.

상제님께서도 『정역』의 이 구절을 인용하시며, 가을 대개벽기에 인류를 살려 내는 태을주 숙구지 공사와 종통 전수 공사를 집행하신 바 있습니다.(6:51, 6:111) 천지기운이 여름의 불(火) 기운에서 가을의 금金 기운으로 바뀌어야 지금까지 말한 천지와 인간의 모든 이상이 실현되며, 우주 만유 생명의 성숙과 통일이 이루어질 수 있습니다. 그런데 우주의 여름(남방, 火)철에서 가을(서방, 金)철로 전환할 때는 **화극금**火克金**의 상극 원리에 따라 필연적으로 천지의 대변국이 일어나게 됩니다.** 이것이 **우주의 여름과 가을이 바뀔 때** 인류가 반드시 겪어야 하는 **후천 가을 대개벽**의 실상입니다.

3. 천지일월의 변화와 역易의 성립

상제님께서 신교神敎로 내려 주신 천지 변화 이법을 궁구함으로써 우주 창조의 신비와 그 변화 섭리를 깨칠 수 있습니다. 동방의 성인들은 일찍이 『천부경』과 하도·낙서 등의 계시를 받고 천지일월의 변화 법칙을 밝혀 '역易 철학'을 정립하였습니다.

역에는 환국 시대에 나온 **환역**桓易, 배달 시대의 **희역**羲易, 그리고 **주역**周易과 **정역**正易이 있습니다.(1장의 '역 철학' 관련 내용 참고) 환역을 바탕으로 해서 삼역三易 변화의 과정을 거치면서 희역, 주역, 정역의 체계가 정립되었습니다.

그러면 이 삼역 변화에 대해 살펴보기에 앞서 천지와 태양과 달의 주기적인 순환 운동을 바탕으로 성립된 역의 섭리를 밝히기 위해, 먼저 대우주의 구성 틀인 천지일월에 대해서 살펴보겠습니다.

1) 인간과 만물의 생성 근원, 천지일월

(1) 천지일월은 진리의 근본 틀 | **진리**眞理란 문자 그대로 참된 이치, 영원히 변치 않는 천도天道의 이법을 말합니다. 인간과 신명, 우주 만유 생명이 자기실현을 이루고 궁극의 창조 목적을 성취해 가는 변화의 법칙이 진리입니다.

증산 상제님께서는 진리의 바탕에 대해 이렇게 밝혀 주셨습니다.

> ❋ 이치가 곧 하늘이요 하늘이 곧 이치이니 … 나는 천지일월天地日月이니라. 나는 천지天地로 몸을 삼고 일월日月로 눈을 삼느니라. (4:111)

"나는 천지일월이니라.", '나는 하늘이요 땅이요 일월이다'라고 하신 이 말씀은 진리에 대한 우주론적인 정의입니다. 앞서 살펴본 바와 같이 천지일월은 진리의 몸체입니다. 천지일월이 순환하는 우주 변화의 이치를 통해야 진리를 제대로 알게 된다는 말씀입니다.

"나는 천지일월이니라." 하신 상제님의 말씀은 단순히 '내가 천지일월과 하나의 경계에 있다'는 뜻이 아닙니다. 여기에는 '나의 도권과 화권으로 천지일월을 내 뜻대로 움직인다, 내가 천지일월의 뜻과 목적을 이룬다'는 심오한 뜻이 들어 있습니다. 진리의 주인으로서 진리의 중심에 계신 상제님께서 천지일월을 뜻대로 운행하시고 천지만물을 주재하고 계신다는 말씀입니다. 즉 **당신님께서는** 진리의 몸체인 **천지일월을** 주관하시며 그 **운행 원리에 따라 자존**하고 계십니다. 그러므로 하늘과 땅과 태양과 달(天地日月)이 변화하고 운동하는 원리를 알 때 진리를 온전히 깨치고 상제님이 주재하시는 천지 우주의 개벽과 구원의 역사 섭리를 밝혀낼 수 있습니다.

(2) 천지는 억조창생의 부모

❋ 태시太始에 하늘과 땅이 '문득' 열리니라. (1:1)

상제님 진리의 법전인 『도전』의 첫 말씀의 주제가 '하늘과 땅'입니다. '우주'라는 말은 공간과 시간을 의미하는데, 그것을 달리 표현한 말이 하늘과 땅, 곧 천지입니다.

이 하늘과 땅은 만유 생명의 뿌리이며, 억조창생이 몸담고 있는 생명의 큰 집입니다. 만유 생명은 하늘땅의 품 속에서 태어나 살아갑니다.

천지는 생명의 근원으로서 하늘은 아버지이고 땅은 어머니입니다. 천지는 **나와 만유 생명을 낳아 준 부모이며, 진리의 원형**입니다.

❋ 천지는 억조창생의 부모요, 부모는 자녀의 천지니라. (2:26)

우주는 단순히 물리적인 공간이 아닙니다. 우주는 대성령체로서 신성으로 가득 차 있습니다. 그 가운데 인간이 사는 지구가 있습니다. 우리가 흔히 말하는 귀신이란 본래 천지의 영체를 일컫는 말입니다. 무형인 하늘에서 온 영체를 신神이라 부르고 유형인 땅에서 비롯한 영체를 귀鬼라 합니다. 태모님께서도 "천지를 믿고 따라야 너희가 살 수 있으니 천지 알기를 너희 부모 알듯이 하라."(11:114)라고 하셨습니다. 천지 부모를 살아 있는 영신으로 잘 받들라는 말씀입니다.

❋ 천지는 나와 한마음이니 사람이 천지의 마음을 얻어 제 마음 삼느니라. (2:90)

대우주와 완전히 하나 된 대광명의 의식 경계가 인간의 참된 본성입니다. 영靈이 환한 불덩어리로 타오르면서 평온해지는 절대 순수 의식 경계에서는 천지 만물이 다 살아 있음을 보고 느낄 수 있습니다.

우리 인간과 만유 생명의 실제적인 조물주는 하늘과 땅, 즉 천지 부모입니다. 따라서 '하늘과 땅을 제대로 느끼고, 천지 부모의 뜻을 알며, 천지 부모와 내가 하나가 되는 것', 이것이 진리의 틀을 깨칠 수 있는 핵심 과제입니다.

(3) 만물 생명의 원천, 일월 | 천지 만물은 한순간도 쉬지 않고 변화하고 있습니다. 이런 만물의 변화는 대우주 천체의 끊임없는 음양 순환 운동에서 비롯합니다.

상제님께서는 '도의 정신, 도의 질서를 시간 도수로 그려 내는 것은 일월이 한다'고 말씀하셨습니다.

❋ 천지음양天地陰陽 있었으니 건곤일월乾坤日月 없을쏘냐.
일월일월日月日月 만사지萬事知라. (11:201)

❋ 日月無私治萬物하고 江山有道受百行이라
일 월 무 사 치 만 물　　강 산 유 도 수 백 행
일월은 사사로움 없이 만물을 다스리고
강산은 큰 도가 있어 온갖 작용을 수용하느니라. (5:196)

천지는 변화의 원 기틀이고, 천지의 실제적인 공능功能은 모두 일월이 이루어 냅니다. 해와 달의 끊임없는 순환은 인간과 만물을 낳고 길러 내는 조화의 손길로서 작용합니다. 인간은 해와 달의 순환을 실제적인 '시간'의 주기로 인식합니다. 인간은 일월의 순환 리듬에 따라 살아가며, 생리 변화와 생각까지도 그 주기에 맞춰 일어납니다. 그러므로 일월의 생명기운을 잘 받으면 천지의 뜻을 성취하는 내명內明한 인간으로 성숙하게 되는 것입니다.

2) 천지를 대행하는 일월日月의 의미

천지를 대행하는 일월의 존재 의미는 무엇이며 인간과 만물에 어떤 의미를 던져 주고 있을까요? 일월이 천지 만물의 생명에게 미치는 존재 의미는 크게 네 가지로 정리할 수 있습니다.

첫째, 낮과 밤을 밝히는 눈부신 태양과 은은한 달의 광명은 인간과 만물을 낳고 기르는 **'생명 창조의 부모'**입니다.

❋ 胞運胎運養世界하니 帶道日月旺聖靈이로다.
포 운 태 운 양 세 계　　대 도 일 월 왕 성 령
가을개벽의 운수 포태하여 세계를 길러 왔나니
변화의 도道를 그려 가는 일월이 성령을 왕성케 하는구나. (2:143)

대도일월, 도를 머금고 실제 우주의 음양 운동을 이루어 내는 주체가 바로 일월입니다. 일월이 도의 음양 변화를 현상계에 드러내서 만유 생명을 길러냅니다. 천지를 대신하여 광명을 열어 주는 일월이 우주 만유 생명의 성령을 왕성하게 합니다.

상제님은 일월의 덕성을 이렇게 말씀하셨습니다.

天有日月之明이요 地有草木之爲라
천유일월지명 지유초목지위

天道在明故로 人行於日月하고 地道在爲故로 人生於草木이라
천도재명고 인행어일월 지도재위고 인생어초목

하늘에는 일월의 광명이 있고 땅에는 초목의 생성이 있느니라.
하늘의 도는 일월의 광명에 있는 고로
사람은 일월의 운행 도수를 따라 살아가고
땅의 도는 만물을 낳아 기르는 조화에 있는 고로
사람은 초목을 먹고 살아가느니라. (7:76)

이 말씀의 핵심 뜻은 무엇일까요? 그것은 천지일월과 인간이 일체 관계를 맺고 변화해 간다는 것입니다. 인간의 생명은 천지일월의 도수에 뿌리를 두고 그 변화에 조화를 이루고 있습니다. 따라서 이 자연 섭리와의 조화가 깨지면 인간은 결코 생명을 유지할 수 없습니다. 우주 만유 생명은 일월의 기운을 받아 삶을 영위합니다.

현대 과학에서도 달은 인간의 생리 작용에[14], 태양의 흑점 활동은 인간의 탄생과 죽음, 그리고 텔레파시와 같은 정신 작용에 영향을 미친다[15]는 사실을 밝혀낸 바 있습니다. 또한 달의 인력으로 바다에 조석 현상이 일어나며, 태양의 열에너지 변화로 인해 대기 중에서는 대기조석大氣潮汐 현상[16]이 일어납니다.

둘째, 일월은 **'다스림의 법도'**를 갖고 만유 생명을 사사로움 없이 다스리는 건곤 천지(무극)의 대행자입니다,

日月無私治萬物하고 江山有道受百行이라
일월무사치만물 강산유도수백행

일월은 사사로움이 없이 만물을 다스리고

---

14 여성의 월경月經도 달의 주기를 따른다. 인간 생체 리듬에서도 만월에 신경질과 편집증이 심해지고 반달과 만월에 불면증과 악몽이 극심해진다. 미국 정신과 의사 아놀드 리버Arnold Lieber 박사는 인체 내의 수분도 달의 인력에 의해 조석 간만 작용이 일어난다고 주장한다.

15 태양에서 방출된 이온화가스인 플라스마의 흐름(태양풍)은 지구까지 날아와 영향을 미친다. 플라스마는 이온핵과 자유 전자로 이루어진 입자들의 응집체인데 기체 상태에서 엄청난 에너지를 계속하여 가하면 이러한 응집체가 이루어진다. 고체·액체·기체와 더불어 '제4의 물질 상태'로 파악되고 있다. 지상에서 플라스마 상태는 극히 드문 현상이지만 우주에 존재하는 물질의 99%가 플라스마 상태라고 추정한다. 영국 고고학자 모리스 코트렐Maurice Cotterell은 태양 흑점에 의한 플라스마의 흐름이 지구 자기장에 영향을 미치고, 이것이 인간 심리와 정신 작용에 영향을 일으킨다고 말한다. 그뿐만 아니라 인류 문명의 성쇠가 태양 활동의 대변화에 영향을 받아 왔음을 과학적으로 밝히고 있다.

16 **대기조석 현상** | 바다의 조석과 같은, 대기에서 일어나는 조석 현상. 바다의 조석은 주로 달의 인력에 의해 일어나지만, 대기조석은 달의 인력보다 대기가 받는 태양 에너지 때문에 생기는 열적 작용에 의해 일어나는 현상이다. 지상에서는 규칙적인 일주기日週期 변화로 나타난다.

강산은 큰 도가 있어 온갖 작용을 수용하느니라. (5:196)

천지와 일월이 생겨나기 전, **우주생명**은 **'순수한 음양**(건곤, 무극)**'**상태로 변화 질서가 열리지 않은 무형의 경계였습니다. 그러다가 문득 음과 양이 나뉘며 천지 우주가 생성되어 태극 운동을 하면서 태양인 '해'와 태음인 '달'이 만들어지고, 이 일월이 중성인 '지구(坤土)'에 음양의 정기를 던져 줌으로써 지구상에 만물이 생겨나게 되었습니다. 그리고 **일월은** 순수 음양생명인 건곤 **무극을 대행하여 지공무사하게 끊임없이 만물을 다스리고 있습니다.**

과학자들은 전 우주에 일월과 같은 별이 수천억 개가 있다고 말하지만, 건곤 천지의 대변자로서 하늘·땅의 목적과 이상을 이루어 가는 존재는 오직 태양과 달밖에 없습니다. 다시 말해서 태양과 달이 우주의 유일한 감리로서 건곤 무극을 대행합니다.

셋째, 태양과 달은 만물을 창조하는 공능功能을 지니고 상제님의 창조의 꿈을 실현해 가는 **현실 생명 세계의 주체**입니다.

4 장

* 元亨利貞道日月이니 照人臟腑通明明이라
원형이정도일월 조인장부통명명
원형이정은 일월의 운행으로 이루어지니
일월이 사람의 장부까지 비추어 밝은 덕을 밝게 통하게 하는구나. (2:146)

상제님은 '원형이정元亨利貞', 즉 **생장염장**生長斂藏 사의四義를 우주 통치 질서의 근간으로 쓰십니다.(2:20) 그런데 천지 역사의 주기週期에 선천 생장(元亨)과 후천 염장(利貞) 운동의 변화 리듬을 만들어 주는 주인공은 바로 현실계의 태양과 달이라고 하셨습니다.

'원형이정도일월元亨利貞道日月', 이 말씀을 한번 깊이 음미해 보십시오. 이 말씀은 천지생명(氣=場)의 순환 이법을 천지의 변화 질서로 전개시켜 상제님(하느님)의 창조 이상을 현상계에 실현해 나가는 주인공이 바로 '도행道行(도의 운행, 도의 움직임)하는 일월'이라는 것입니다. 또 '도일월道日月'이라는 말씀에서, 역을 산출하는 근원(曆元)이 일월의 정묘한 운행 주기에 깃들어 있음을 알 수 있습니다.

넷째, "나는 천지일월이니라."라는 말씀처럼, **천지와 일월은** 상제님과 하나 되어 작용하는 우주의 성령체[17]입니다. 당신이 천지일월이라 하신 말씀은 상제님이 바로 천

---

17 **우주의 성령체** | 천지일월은 자연에 존재하는 객관적 대상이다. 이 천지일월의 성정性情을 역易에서 '건곤감리'라 한다. 그런데 천지일월은 단순한 물질적 존재가 아니다. 하늘은 신神이요 땅은 귀鬼다. 하늘은 성신으로서 모든 것을 보고, 모든 것을 다 알고 있다. 땅은 순수 조화신인 아버지 하늘의 이상을 모두 담아 만물을 낳아 기른다. 만물의 부모 되는 하늘땅은 살아 있는 우주적인 성령체이다. 이 하늘과 땅을 일월이 대행하여 만물을 지공무사하게 다스리고 궁극의 창조 섭리를 이룬다. 천지일월은 거대한 우주 성령체로서 대자연의 이치를 낳는 근원이기에 진리의 몸체라 하는 것이다. 이러한 천지와 일월을 주재하시는 우주의 주재자가 바로 삼신일체상제님이시다.

일월 성신聖神의 상징, 용봉龍鳳

천지를 대행하여 만유 생명을 낳고 다스리는 광명의 주체가 해와 달 즉 일월日月이다. 그 일월의 조화를 다스리는 자연신이 바로 용과 봉황이다. 달의 광명을 상징하는 용은 물의 조화를 짓고, 태양의 광명을 상징하는 봉은 불의 조화를 다스린다.

흔히 용봉문화의 원류가 중국이라 알고 있지만, 용과 봉은 동북방의 배달 신교문화에서 유래한 것이다. 용봉은 본래 환국·배달·조선으로 이어지는 동북아 우주 광명문화의 원 주인공을 상징한다. 또한 용봉은 우주 절대자인 상제님을 대행하여 천하를 다스리는 천자의 상징이기도 하다.

동방 한민족은 태고 창세 시대부터 삼신상제님께 천제를 올렸다. 천자는 온 우주를 주재하시는 상제님의 대행자로서 천제를 주관하였다. 이를 통해 천지 광명의 심법을 열고 상제님의 덕화와 가르침을 받아내려 나라를 다스렸다. 상제님의 대리자로서 세상을 다스리는 천자의 상징이 바로 일월 용봉이었다. 7,600년 전, 인류 시원문화로 평가받는 동이의 홍산문명 유적지에서 발굴된 용 형상과 봉황 모양의 토기들이 이를 증명하고 있다.

용은 전통적으로 천자의 상징물이었다. 조정朝廷의 건축물이나 기물器物에 천자의 상징인 용을 조각하였고 천자와 관계되는 것에는 '용'이라는 말을 붙여왔다. 봉황 또한 동방의 천자를 상징하는 상서로운 새로 받들어 왔다. 예부터 천자가 거주하는 궁궐의 문에는 봉황을 장식하고 그 궁궐을 '봉궐鳳闕'이라 불렀다.

용봉 토템 연구의 대가인 중국의 왕대유王大有는 배달 동이족의 제왕인 태호 복희와 염제 신농이 용봉문화의 뿌리라고 말한다. 그는 동방의 용봉 토템이 북미 대륙으로 건너가 인디언문화와 마야문명 그리고 아즈텍문명에까지 전해졌다고 한다.

용문화는 동서양에서 공통적으로 나타난다. 고대 그리스인들은 용을 '드라콘drakon'이라 불렀다. 그리스와 인접한 페르시아에도 군대의 깃발에 용을 그려 넣는 등 동방과 유사한 용문화가 존재하였다. 북유럽 바이킹도 방패와 뱃머리에 용의 머리를 새겨 넣었다. 하지만 용으로 상징되던 북방 기마 민족이 기독교문화의 유럽을 침공한 후 용은 사악한 존재로 왜곡되었다. 기독교 확산과 더불어 신의 은총을 방해하는 악마와 이교異教의 상징으로 그려진 것이다.

동방 배달문화의 상서로운 서조瑞鳥 봉황은 서양 문화의 모태인 그리스에 전해져 신성한 권력을 상징하는 그리핀Griffin(그뤼프스, 그뤼폰)으로 나타난다. 지중해 크레타섬 크노소스 궁전에는 신비의 새 그리핀이 등장한다. 궁전 옥좌의 뒷편 벽에 그려진 그리핀의 머리는 아름다운 벼슬에 완연한 봉황의 모습을 연상시킨다. 그리핀은 역사적으로 고대 중앙아시아에 처음 나타났고 서아시아 전역에 퍼져 그리스로 흘러 들어갔다. 고대 용봉문화가 실크로드와 그리스를 거쳐 유럽으로 전해진 것이다.

동방의 용봉 천자문화는 중세가 되면서 서양으로 건너가 유럽의 천자문화로 자리 잡게 된다. 그 모습은 오스트리아 인스부르크에 있는 합스부르크 가家에서도 발견된다. 합스부르크 가문의 창시자 루돌프 1세(1218~1291)가 입은 갑옷이나 혁대, 방패 등에서도 용 형상이 뚜렷하게 나타난다. 또한 바이킹과 맞서 싸운 왕으로 유명한 아더왕의 갑옷에도 왕의 위상을 보여주듯 가슴, 어깨 부위에서 용의 모습을 쉽게 확인할 수 있다.

동서양이 비록 용에 대한 인식의 차이는 있으나, 왕권의 상징이나 천자의 상징이라는 점에서는 그 의미가 같다고 하겠다.

불가리아 국립박물관 아이콘 램프

불가리아 고고학 민속박물관 벽화에 새겨진 봉황

아더왕 갑옷의 가슴에 새겨진 여러 용 문양
(오스트리아 인스부르크 티롤 민속박물관)

루돌프 1세의 갑옷에 있는 용 문양
(오스트리아 인스부르크 티롤 민속박물관)

지 우주의 주신主神이심을 우주 원리적으로 말씀하신 것입니다. 천지일월은 인간의 역사(인간)를 완성하는 우주 대자연의 순환 리듬인 **'생生·장長·성成'**을 형성하는 중심입니다. 그러므로 천지일월의 운동 변화 법칙은 천지일월의 주재자이시자 우주의 통치자 하느님이신 **상제님의 존재 섭리**인 것입니다. 우리가 상제님과 한 몸인 천지일월의 생명 에너지를 공급받지 못하면 죽음에 이르고 말듯이, 상제님을 우리 생명의 구주로 모시고 받아 들이지(侍天主) 않으면 만유 생명을 추수하는 가을 개벽기에 영원한 죽음을 맞이할 수밖에 없습니다.

상제님께서는 천지일월이 당신의 명을 받들고 있음을 이렇게 밝혀 주셨습니다.

❋ 天地大八門 이요 日月大御命이라. (5:196)
천지대팔문 일월대어명

이 말씀은 '천지가 뿜어내는 생명 에너지는 무한히 큰 8방위로 작용하고, 태양과 달은 존대한 나의 어명을 받들고 있다'는 뜻입니다. 여기서 상제님의 어명을 받드는 존재는 천지일월과 뭇 별(星辰)의 운행을 주관하는 하늘사람들입니다.

증산 상제님은 신도神道에 실재하면서 천지일월과 은하 속의 무수한 별을 다스리는 신명들의 실체에 대해서도 밝혀 주셨습니다.

❋ 左旋 四三八 天地는 魍魎이 主張하고
좌선 사삼팔 천지 망량 주장
九五一 日月은 竈王이 主張하고
구오일 일월 조왕 주장
二七六 星辰은 七星이 主張이라
이칠륙 성신 칠성 주장

좌선이라.
사삼팔, 천지는 망량이 주장하고
구오일, 일월은 조왕이 주장하고
이칠륙, 성신은 칠성이 주장하느니라. (4:141)

☴ 巽 4	☲ 離 9	☷ 坤 2
☳ 震 3	5	☱ 兌 7
☶ 艮 8	☵ 坎 1	☰ 乾 6

위에서 상제님께서 말씀하신 수들을 순서대로 배열하면, 왼쪽 정사각형 모양이 된다. 이것은 낙서洛書의 '점'을 수로 나타낸 것이기도 하다. 하도河圖와 함께 동양 역 철학의 시원이 된 낙서는 아랍인을 통해 유럽으로 전해져 '신비로운 정사각형 배열'이란 뜻의 '마방진Magic square'으로 불리게 되었다. 1부터 9까지의 자연수를 배열한 이 정사각형의 구조 속에는 오묘하고도 신비로운 수의 질서가 숨어 있다. 먼저 5를 중심으로 마주보는 두 수의 합이 모두 10이 되어서 5를 포함한 세 수의 합이 모두 15임을 알 수 있다. 그리고 1부터 9까지 수를 모두 더하면 45가 되는데, 이를 3으로 나누면 또한 15가 된다.

상제님이 밝혀 주신 이 천지·일월·성신의 섭리 속에는 상제님의 도업을 여는 도체道體(천지일월)와 천지 역사 속에서 인간 열매를 실제로 추수하는 도의 용 조직(道用; 칠성 도수 조직)에 관한 비밀이 모두 숨겨져 있습니다. 여기에 대해서는 '일꾼관'인 제10장에서 자세히 알아보겠습니다.

3) 천지일월의 변화 법칙을 밝힌 역도曆道

밤하늘에 반짝이는 아름다운 저 별과 이 세상에 살아 숨 쉬는 만물을 조용히 바라보십시오. 모두 한순간도 쉬지 않고 끊임없이 변화해 가는 무상無常한 존재입니다.

앞서 살펴본 바와 같이 증산 상제님은 "**나는 천지일월天地日月이니라.**"(4:111)라고 말씀하셨고, "주역은 개벽할 때 쓸 글이니, **주역을 보면 내 일을 알리라.**"(5:248)라고 일러 주셨습니다.

잠시도 멈추지 않는 천지일월의 순환·변화의 법칙을 해명한 천리天理가 바로 역(曆=易)입니다. 인류는 문명의 초기에 이미 역법을 만들어 발전시켜 왔습니다. 역曆의 역사는 과학과 철학의 분야에서도 가장 오랜 것입니다. 그런데 역사를 뜻하는 '역歷'과 책력을 뜻하는 '역曆'은 그 의미가 서로 대조됩니다. 전자는 보통 인간이 밟아 온 과거를 논하는 데 쓰이지만, 후자는 미래를 밝힌다는 뜻으로 쓰입니다.

역사적으로 볼 때, 성인들이 천체의 운행에 일정한 규칙성과 고유한 주기를 수학으로 법칙화함으로써 역법이 탄생했습니다. 그래서 **역수曆數**는 '**천지일월의 시공의 운행 도수度數**'를 담고 있습니다. 역에서는 천지일월의 이법과 그 성정을 드러내어 '건곤감리乾坤坎離'라 합니다. 하늘과 땅, 태양과 달을 나타내는 건곤감리는 **우주를 구성하는 틀**이자 **우주의 구성 원리**입니다. 만유 생명을 낳아서 기르는 변화의 네가지 **본체(四體)**가 바로 건곤감리입니다. 그런데 이 건곤감리를 다시 살펴보면 '건곤乾坤'은 **무극**으로서 **도의 체體**가 되고, '감리'가 도의 용用이 됩니다. 감리 중에서 구체적으로 **태극**(水)인 '감坎'이 **체**가 되고 **황극**(火)인 '리離'가 **용**이 됩니다.

'상경上經' 30괘와 '하경下經' 34괘로 이루어진『주역』의 64괘는, 건곤감리 4괘가 체가 되어 60괘를 만들어 냄으로써 우주에서 일어나는 변화 섭리를 나타냅니다. 바로 여기서 60진법이 나왔습니다. 우리가 쓰는 60갑자甲子도 건곤감리, 천지일월을 중심으로 하는 시간의 변화 주기입니다.

❋ 천지의 모든 이치가 역易에 들어 있느니라. (2:20)

❋ 천지의 이치는 삼원三元이니 곧 무극無極과 태극太極과 황극皇極이라. … 상제님께서 "나는 천지일월天地日月이니라." 하시고 건곤감리 사체四體를 바탕으로 도

체道體를 바로잡으시니 건곤(乾坤:天地)은 도의 체로 무극이요, 감리(坎離:日月)는 도의 용이 되매 태극(水)을 체로 하고 황극(火)을 용으로 삼나니 이로써 삼원이 합일하나니라. (6:1)

앞서 1장에서 살펴보았듯이 천지일월이 여는 시간과 공간의 변화 논리를 정확히 밝혀 주는 것이 역 철학입니다. 인류 시원 문명이 열린 환국 시대에 이미 환역桓易이 존재했으며, 배달시대에 성인 제왕 태호 복희가 환역과 '하도'를 바탕으로 하여 희역羲易을 창시했습니다. 그 뒤 주나라 창업의 기초를 세운 문왕이 괘사卦辭를 지어『주역周易』의 기틀을 세웠고, 조선 말에 이르러 동북 간방인 조선 충청도 연산 땅에서 김일부 대성사가 가을 천지의 역易인『정역正易』을 완성하였습니다.『정역』은『주역』을 기본으로 하여 후천 대개벽이라는 시공의 전환 법칙을 수리數理로 밝혀 놓은 완성역입니다. 상제님은 후천, 곧 정역 세상이 열리는 이치를 김일부 대성사에게 계시하여 세상에 알리게 하셨습니다.

※ 주역 공사는 이미 일부一夫 시켜서 봐 놓았노라. (3:198)

※ 내가 천지간에 뜯어고치지 않은 것이 없으나 오직 역曆만은 이미 한 사람이 밝혀 놓았으니 그 역을 쓰리라. (5:21)

천지일월의 변화 원리를 밝혀 주는 이 역易의 내용을 모르고는 상제님께서 말씀하신 '내 일', 즉 삼계를 구원하는 대역사大役事인 천지공사의 핵심을 알 길이 없습니다.

4) 삼역 변화와 팔괘도八卦圖

동방의 성인들은 천상의 상제님께서 내려 주신 계시를 통해 역 철학을 정립하고 우주 창조의 신비와 그 변화 섭리를 밝혀 놓았습니다. 성인들은 또 삼역三易을 정립하면서 천지의 변화 질서를 팔괘의 괘상으로 나타내 팔괘도를 완성하였습니다. 태호 복희가 최초로 그린 '복희팔괘', 문왕이 고난 속에서 완성한 '문왕팔괘', 그리고 김일부 대성사의 '정역팔괘正易八卦' 등, 삼역을 바탕으로 팔괘도를 완성함으로써 상제님께서 주재하시는 우주 창조·변화의 섭리를 깨칠 수 있는 길을 열어 놓았습니다.

이제 복희팔괘, 문왕팔괘, 정역팔괘가 각기 상징하는 천지 변화 질서의 의미에 대해 살펴보겠습니다.

(1) 우주 봄철의 창조도創造圖, 건곤감리의 복희팔괘 | 배달국 5대 태우의 환웅의 막내아들 태호 복희는 하도를 계시 받은 뒤, '복희팔괘도'를 완성합니다. 우주 봄철의 창조 질서도인 '복희팔괘伏羲八卦'는 일태극一太極을 중심으로 만물이 창조·생성되는 원리를 담고 있습니다. 태극에서 음양이 나오고, 음양에서 사상四象이, 사상에서 다시 팔

괘八卦가 생성됩니다. 태극이 삼변三變하여 팔괘로 벌어지면서 만물 생명이 창조되어 나오는 이치를 밝히고 있습니다.

복희팔괘를 보면 천지일월을 상징하는 건곤감리乾坤坎離가 우주의 중심축으로 자리 잡아 원 십자가原+字架를 이루고 있습니다. 이러한 우주의 구성 틀에 대해 상제님께서 "나는 천지일월이니라."(4:111)라고 말씀하신 것입니다. 우리의 국기인 태극기는 바로 이 복희팔괘에서 유래하여 천지일월 건곤감리 사체四體가 자리 잡고 있습니다. 복희팔괘를 보면 건곤乾坤 부모는 정남북에 벼리가 되고, 감리坎離의 중남중녀中男中女[18]가

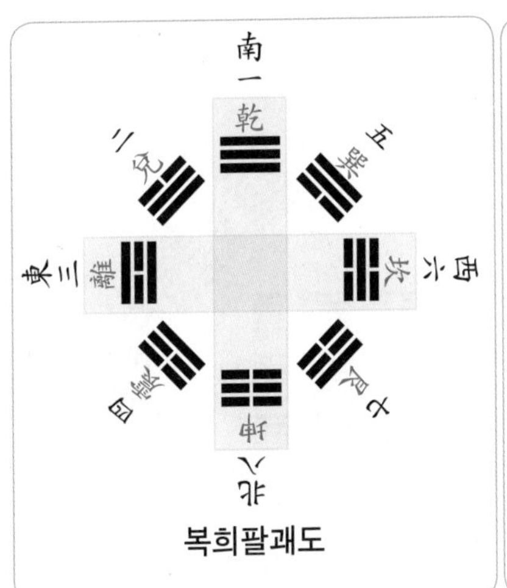

복희팔괘도

복희팔괘의 생성 원리
(태극 ⇒ 양의 ⇒ 사상 ⇒ 팔괘)

괘형	☰	☱	☲	☳	☴	☵	☶	☷
괘명	乾	兌	離	震	巽	坎	艮	坤
자연	天	澤	火	雷	風	水	山	地
가족	父	少女	中女	長男	長女	中男	少男	母
성정	健	悅	麗	動	入	陷	止	順
동물	馬	羊	雉	龍	鷄	豚	狗	牛
인체	首	口	目	足	股	耳	手	腹
오행	陽金	陰金	火	陽木	陰木	水	陽土	陰土

18 **부모괘와 6자녀괘** | 팔괘를 인도人道 중심으로 볼 때, 건곤을 부모로 하여 삼남 삼녀의 자녀괘가 자리하고 있다. 아버지 하느님(乾)의 생명(양효)이 근본 자리(本)에 있으면 장남長男, 중앙(中)에 있으면 중남, 가장 위(末)에 있으면 소남少男이라 한다. 그리고 어머니(坤)의 생명(음효)을 근본 바탕에 깔고 있는 것을 장녀長女, 중앙에 간직하고 있는 것을 중녀, 마무리 끝자리에 지니고 있는 것을 소녀少女라 한다.

동서에서 부모를 공양하고 있습니다. 건곤이 우주의 바탕(體)이 되고 일월日月 감리가 쓰임(用)이 되고 있습니다.

복희팔괘에서 양陽 방위인 동남東南의 '진·리·태·건'은 양이 성盛하는 과정이요 음陰 방위인 서북西北의 '손·감·간·곤'은 음이 자라 성하는 과정입니다. 이처럼 '일음일양의 도'[19]를 표상하는 복희팔괘도는 마주 보는 괘와 효가 완전한 대칭을 이루고 있으며 음양이 조화되고 질서가 자리 잡혀 안정된 모습을 하고 있습니다.

우주 봄철의 창조 원리를 담은 복희팔괘도는 팔방위에 8수까지 벌어져 '팔수도八數

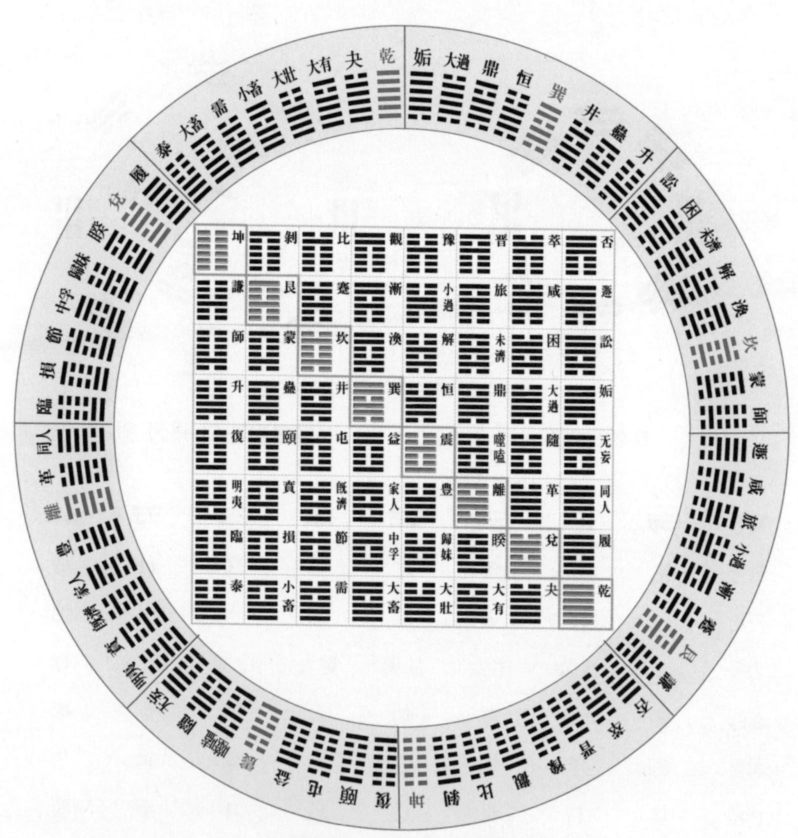

복희팔괘에서 도출한 64괘 원도

---

19 건태리진(양)은 초효가 모두 양이고, 손감간곤(음)은 초효가 모두 음으로 양의兩儀(음양)를 이루고 있다. 그리고 건태(태양)의 둘째 효가 양, 리진(소양)의 둘째 효가 음이고, 손감(소양)의 둘째 효가 양, 간곤(태음)의 둘째 효가 음으로 일음일양을 이루고 있다. 또 각 괘의 셋째 효에서도 역시 음양이 교차하며 일음일양을 이루고 있다.

圖'라 하고, 1건乾과 8곤坤의 수상을 취해 '일팔역一八易'이라고도 합니다. 그리고 태극이 만물을 생하는 원리를 나타내고 있기 때문에 '태극 팔괘도'라고도 부릅니다. 우주 봄철의 창조 원리를 밝힌, 팔수도八數圖인 복희팔괘는 생·장·성의 3역 중에서 생역生易에 해당합니다. 그리고 복희팔괘도에서 마주 보는 수의 합이 모두 9를 이루는 것은 분열의 9수 시대를 예고합니다.

(2) 선천 여름철의 변화 질서도, 문왕팔괘 | 주나라를 개창하는 문왕文王은 은나라 주왕紂王에 의해 유리 옥羑里獄에 갇혀 7년 동안 고초를 겪으면서 신교神敎를 받아 『주역』의 '괘사卦辭'를 짓고, 팔괘도를 완성합니다. 복희씨의 팔괘를 낙서에 대응시켜 선천 우주의 변화상을 담아 낸 이 괘상이 바로 '문왕팔괘文王八卦'입니다. 상제님께서 "장차 도통道通은 건감간진손이곤태乾坎艮震巽離坤兌에 있느니라."(10:35) 하신 말씀은 지금 우주 여름철의 팔괘인 문왕팔괘를 지칭하신 것입니다. 문왕팔괘는 오행五行이 상극하는 가운데 인류 역사가 발전해 나가는 우주 여름철의 변화 이치를 밝히고 있습니다.

낙서의 이수理數에 따라 배열된 문왕팔괘는 중앙에 낙서의 5토가 자리 잡고 있으며 우주의 봄철에 생겨난 만물 생명이 우주의 여름철에 5황극을 중심으로 분열하고 발전하는 모습을 담고 있습니다.

문왕팔괘를 보면 감리, 즉 물과 불이 정북과 정남방에 위치하여 중심축을 이룹니다. 복희팔괘에서 건곤의 쓰임(用)이 되었던 감·리가 문왕팔괘에서는 우주 변화의 벼리가 되고 있습니다.[20] 현실에서 물과 불의 상극적인 두 기운이 만나 하느님의 생명 기운인 토를 생성하고 천지 조화를 지어 선천의 변화를 일으키게 되는 것입니다.

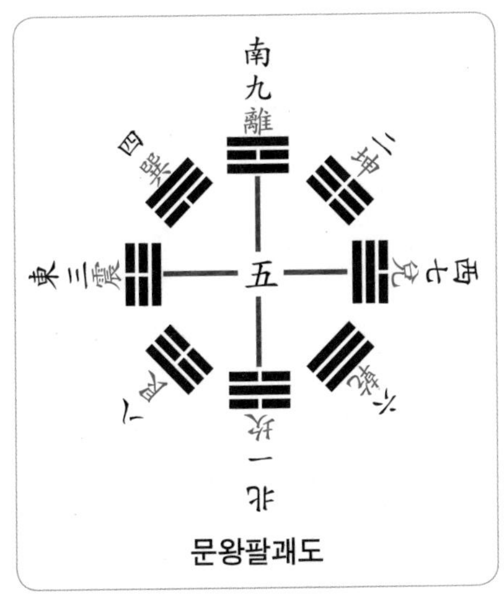

문왕팔괘도

문왕팔괘도에서 아버지 건괘는 우주 만물이 창조되는 조화의 서북쪽 술戌 방위(태극의 공空 자리)에 자리하고, 어머니 곤괘는 하추교역의 변화를 매개하는 서남방 10미토未土 자리에 위치하여 제 자리를 잡지 못하고 있습니다. 그리고 장남과 장녀인 진震과 손巽은 생명을 낳고 성장시키는 방위인 동과 동남방에 각각 자리 잡고 있습니다. 후천 가을 세상의 주인공인 간소

20 체용體用의 관계에서 복희팔괘가 체가 되고 문왕팔괘가 용이 된다.

남艮少男, 태소녀兌少女는 동북방과 서방에서 인류 문명의 종시終始를 기다리고 있으며 정동과 정서방에는 진·태가 자리하게 됩니다(震東兌西[21]).

문왕팔괘에서 중심축을 이루는 중남, 중녀의 감·리를 제외하면 그 어느 것도 대칭을 이루지 못합니다. 이처럼 음양의 조화를 이루지 못한, 부조화의 어그러진 인륜상人倫像을 드러내고 대립과 투쟁을 통해 성장·발전하는 우주 여름철의 역동적인 변화상을 잘 나타내고 있습니다. 감·리의 물과 불이 우주 여름철 변화의 중심축이 되어 무질서와 혼란 속에서 천지의 만물 생명을 길러내고 있는 것입니다.

문왕팔괘도는 중앙에 5토가 자리 잡고 팔방위로 벌어져 있으므로 '구궁도九宮圖'라고 합니다. 또 우주 여름철 변화의 중심축인 1감坎과 9리離의 수상을 취해 '일구역一九易'이라고도 합니다. 선천 여름철의 변화 질서를 나타낸 문왕팔괘는 장역長易에 해당합니다. 문왕팔괘도에서 마주 보는 수의 합이 모두 10수를 이루고 있어 무극의 10수 시대를 예고합니다.

(3) 후천 가을 우주의 변화도, 정역팔괘 | 『주역』「계사전繫辭傳」에는 '범삼백육십凡三百六十 당기지일當朞之日'이라 하여 장차 1년의 날(日) 수가 360일이 되는 때가 오리라 전하고 있습니다. 공자가 찾아낸 이 정역수正易數를 1년 360일의 정도수로 운행하는 가을 천지의 역수易數로 구체적으로 밝히고 이를 '정역正易'이라 이름한 이가 바로 조선의 대성인 철학자 김일부입니다.

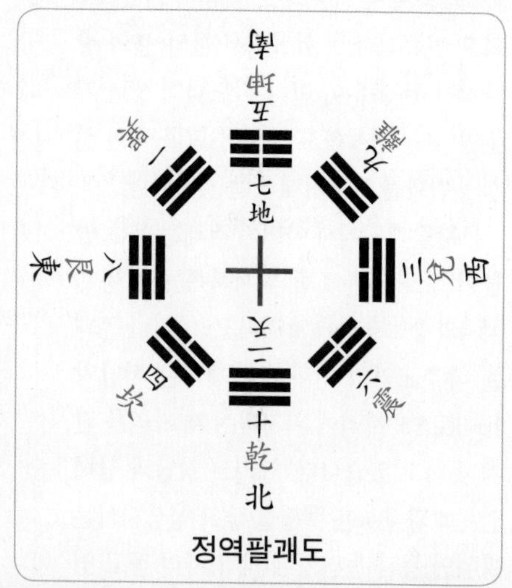

정역팔괘도

후천 대개벽으로 이루어질 가을 우주의 변화상을 밝힌 김일부 대성사는 '정역팔괘'를 완성했습니다. 괘가 중심에서 바깥을 향해 배열된 선천의 복희팔괘, 문왕팔괘와 달리 정역팔괘는 괘가 내부의 중심을 향해 있습니다. 봄 여름철에는 초목의 수기水氣가 아래에서 위로 뻗어나가지만 가을철이 되면 뿌리(근본)로 수렴하는 것과 같은 이치입니다. 머지않아 천지가 개벽

21 진동태서 | 상제님 천지공사의 도수에서 큰아들 김형렬 성도는 진장남에 해당한다. 그리고 김호연 성도는 막내딸 태소녀에 해당한다. 상제님께서는 김형렬 성도와 김호연 성도에게 많은 나이 차이에도 불구하고 부부의 연을 맺게 하셨다. "호연아, 인제 태운장이 네 연분이다."(10:37)라고 하신 상제님 말씀에서 우주 변화 원리에 따라 천지의 도수로 정하신 일임을 깨닫게 된다.

되어 후천 가을 우주가 열리면 세상은 정음정양의 이치로 돌아갑니다. 개벽으로 지축이 바로 서고 천지가 바로잡힘으로써 건·곤 부모가 제자리를 잡습니다. 우주의 봄철에는 '건곤乾坤'이 정남과 정북방에 우주의 중심축을 이루었지만 후천 가을철에는 '곤남건북坤南乾北'으로 하늘땅이 뒤바뀌어 지천태地天泰의 조화로운 세상이 열립니다.

후천의 정음정양의 변화 질서에 따라 육자녀괘도 모두 제 짝을 찾아갑니다. 선천 여름철에 동북방에 치우쳤던 간소남은 정동正東으로 이동해 서방의 태소녀와 음양 짝을 이뤄 천지 부모를 대행합니다. 상제님 진리의 '막둥이 도수'의 주인공인 간소남이 자라 후천 가을 우주의 주인공으로 자리 잡게 되는 것입니다. 그리하여 천지 부모가 종縱으로 자리 잡아 우주 변화의 바탕(體)이 되고, 횡橫으로 8간艮 소남과 3태兌 소녀가 천지의 쓰임(用)이 되어 '3·8용정用政'을 하게 됩니다. 상제님께서 한반도에 삼팔선을 그어 놓으신 데에는 이러한 천지 비밀이 감추어져 있는 것입니다.

병오년 2월에 군산으로 가시며 공사를 보실 때, 상제님은 김병선 성도에게 '영세화장건곤위永世花長乾坤位요 대방일명간태궁大方日明艮兌宮'(5:122)이라는 시를 읽게 하시어 후천 가을 대개벽의 천지 변화의 틀을 알려 주셨습니다. 이어 상제님은 군산에서 성도들과 윤선輪船을 타고 가시면서 성도들에게 개벽 상황을 체험하게 하셨습니다. 이 공사가 바로 가을 대개벽 상황에서 인류 구원의 천지 역사를 열어나갈 주인공을 출세시키는 '천자부해상天子浮海上 공사'입니다. 장차 후천 대개벽의 급박한 상황에서 간소남과 태소녀의 합덕(艮兌合德)으로 동서 세계 문명을 통일하고 지상에 조화 문명을 열게 됩니다.

정역팔괘는 10무극을 바탕으로 만물이 통일·성숙하는 후천 가을철의 변화 섭리를 나타내고 있습니다. 이러한 천지 변화의 이치를 밝힌 정역팔괘도를 '십수 팔괘도十數八卦圖'라 하고, 5와 10이 자리 잡아 일명 '오십역五十易'이라 합니다. 하도 중궁의 5·10토가 작용하여 완성된 정역팔괘는 가을 우주의 천지 변화 질서를 밝힌 미래역未來易이자 완성역完成易입니다.

4. 9천 년 우주론의 총결론, 우주 1년 창조 이법 도표

앞서도 살펴보았지만 『주역周易』 「설괘전說卦傳」에는 하느님의 말씀이 동북 간방艮方에서 이루어진다고 전합니다. '간艮은 동북지괘야東北之卦也니 만물지소성종이소성시야萬物之所成終而所成始也일새 고故로 왈曰 성언호간成言乎艮이라' 하여 간방艮方의 한반도에서 하느님의 말씀이 이루어져 선천 봄여름철의 역사가 마무리되고 인류의 천지 가을철 새 역사가 시작될 것을 전하고 있습니다.

『천부경』과 하도·낙서에서 비롯된 인류 문화가 삼역의 변화를 거쳐 상제님께서 강세하심으로써 가을 우주의 무극대도로 열매 맺게 되었습니다. 지금까지 살펴본 복희팔괘·문왕팔괘·정역팔괘에서 밝힌 천지 변화의 상은 바로 우주 1년의 선·후천 변화 질서와, 우주 봄·여름·가을철의 변화 섭리를 밝히고 있습니다. 이러한 천지 변화 질서를 밝힌 팔괘도의 이치를 총정리해서 만인이 쉽게 알 수 있도록 정리한 한 장의 그림이 바로 제1장에서 살펴본 '우주 1년 도표'입니다. '우주 1년 도표'는 1만 년에 걸친 동양 우주 사상의 최종 결론으로서 나온 것입니다. 천지의 창조 변화 질서 틀을 우주 1년 도표에 담아 세상에 전해 주신 분이 바로 증산도 안운산 태상종도사님이십니다.

우주 1년의 변화 도표 속에는 천지 변화 법칙의 대의가 다 들어 있습니다. 하늘땅의 창조 변화 이치와 인류 문명의 탄생과 성장, 그리고 오늘 지구촌의 현주소와 미래를 누구도 알기 쉽게 밝혀 줍니다. 봄·여름·가을·겨울의 우주 사시四時 변화와, 선·후천의 개벽 소식을 천지에서 인간농사 짓는 우주 1년의 법칙으로 전하고 있습니다.

대우주는 자신의 꿈을 이루어 줄 인간을 봄, 여름 동안 내고 길러서 비로소 천지의 가을철을 맞아 인간을 통해 그 꿈을 성취합니다. 삼계 우주의 통치자 하느님이신 증산 상제님께서는 선천 봄·여름철의 상극 세상을 살아 온 인간이 모든 원과 한을 끌러 내고 상생과 조화의 가을 세상에서 열매 맺을 수 있도록 친히 이 땅에 강세하셨습니다. 『주역』에서 전한 '성언호간成言乎艮'의 섭리 그대로 동북 간방의 조선 땅에 오시어 새 생명의 길을 열어 주신 것입니다. 장차 인간이 천지와 하나 되는 심법을 열고 우주의 열매 인간인 '태일太一'로 거듭나 조화선경 낙원을 지상에 건설함으로써 우주의 꿈과 대이상을 성취하게 됩니다.

하늘과 땅의 '오운육기五運六氣' 운동

음양오행과 오운육기

우주는 음陰과 양陽이라는 서로 다른 두 기운이 결합하고 분열하면서 생성, 변화한다. 거기서 하늘과 땅, 인간과 만물이 태어났다. 이 음양이 구체적으로는 '수화금목토水火金木土'라는 오행으로 변화하며 순환하게 된다. 즉 음양이 순환하는 구체적인 변화 틀이 바로 '오행五行'이다. 여기서 '음양오행론'이 나온 것이다.

오늘의 인류는 '신교神敎' 문화의 실체를 잃어버리고 유·불·선 이전에는 영성문화가 없는 것으로 알고 있지만, 신교는 유불선의 근원 모체가 되는 인류의 시원 종교이다. 신교는 태고시대에 성인聖人이 천상의 계시를 받아 인류에게 베푼 가르침으로 신의 가르침을 받은 성인은 천지와 한 마음을 지닌 태일 인간이었다. **하도와 낙서도 이 신교의 삼신상제님의 계시에서 비롯한 것이다.**

하도와 낙서를 보면 '수화금목水火金木'의 사상四象이 동서남북에 음양의 구조로 짝을 이루고, 그 중심에 스스로 화생한 '토土'가 위치해 있다. 토는 '수화금목'이 조화를 이루어 변화하게 한다. 이렇게 하도와 낙서의 전체 구성 틀이 수·화·금·목·토의 오행으로 이루어져 있는 것이다. 이 다섯 가지 기운이 진퇴하고 왕래하면서 우주가 지속적으로 순환하며 변화하게 된다.

그런데 오행이 하늘에서 변화운동을 할 때 이를 '운運'이라 하고, 땅에서 변화할 때는 '기氣'라고 한다. 하늘의 오행 변화를 운이라 하는 이유는 하늘 생명, 하늘 기운은 운동을 본성으로 삼기 때문이다. 하늘은 시작도 끝도 없이 영원히 살아 움직인다. 그런데 땅의 기운은 형체를 만들어 하늘의 변화 목적을 완수한다. 즉 땅은 하늘의 변화 목적인 통일·결실·완성을 이루는 것이다. 따라서 우주의 이상은 하늘이 아니라 땅에서 이루어진다.

하늘의 오행五行 운동은 구체적으로 '갑을병정무기경신임계甲乙丙丁戊己庚辰壬癸'라는 10천간天干으로 드러난다. 오행이 각각 음양으로 작용해서 10천간이 생겨나는 것이다.

그런데 오행 기운이 땅에 들어와 작용할 때는 지축이 기울어져 있어 '상화相火'라는 불이 하나 더 생겨난다. 그래서 땅에서는 오행이 육기六氣 운동을 하게 된다. 이 육기가 음양으로 작용함으로써 구체적으로 '자축인묘진사오미신유술해子丑寅卯辰巳午未申酉戌亥'라는 12지지가 생겨나게 된다.

이처럼 천지는 오운과 육기로 교합 운동을 하는데 이를 상수로 나타내어 '천지의 오육五六 운동'이라 한다. 이것이 '십일성도十一成道'의 섭리(오운 5+육기 6=11)이다. 그리하여 천지 운동의 변화가 '1태극太極'과 '10무극無極'의 이법으로 지상地上에서 결실을 이루게 되는 것이다.

오운육기 변화와 우주 운동의 본체

천간과 지지에서 음양이 실질적으로 변화 작용을 할 때는, 서로 마주보고 있는 기운끼리 '부부 운동'을 하게 된다. 천간天干에서 갑甲은 본래 3木이지만 정반대 자리에 위치한 10토인 기己와 현실에서는 부부 오행 관계를 맺으며 새로운 기운을 형성한다. 갑목甲木과 기토己土가 결합하여 토라는 기운으로 바뀌게 되는 것이다. 그리고 을목乙木과 경금庚金이 부부 오행을 맺어 금으로 변하게 된다. 그래서 갑기토甲己土 → 을경금乙庚金 → 병신수丙辛水 → 정임목丁壬木 → 무계화戊癸火로 순환하며 돌아간다.

그러므로 봄의 변화에서 갑은 그 바탕이 목이지만 실질적으로는 토의 정신을 갖고 변화한다. 그렇게 해서 선천은 토 → 금 → 수 → 목 → 화의 과정으로 변화가 돌아간다. 그런데 기己는 본성도 토土이고 실제 변화에서도 토로 작용한다. 그래서 후천은 기토로부터 토 → 금 → 수 → 목 → 화 과정으로 변화해 간다(오운 변화 도표 참고, 지지地支에서는 丑土와 未土가 합하여 그대로 토土로서 작용을 시작한다. 지축 경사로 상화相火의 과정이 생겨나서 축미토丑未土 → 인신상화寅申相火 → 묘유금卯酉金 → 진술수辰戌水 → 사해목巳亥木 → 자오군화子午君火로 순환하며 돌아간다). 이와 같이 선천과 후천 모두 토를 변화 마디로 하여 순환이 이루어진다. 이처럼 우주가 자율적으로 변화할 수 있는 것은 토가 자율적인 변화 요인을 지니고 있기 때문이다. 그래서 선천과 후천이 모두 토에서 기운이 열리게 되는 것이다. 토는 양을 음으로, 음을 양으로 전이시키는 역할을 하면서 우주를 영원히 순환하게 한다.

이 토土는 신神과 같다. 우주생명의 본성, 참 모습이 토土이다. 우주의 '중도실상中道實相'이 바로 토인 것이다. 운동의 본체로 작용하는 이 토土를 선천과 후천으로 구분해서, 선천의 5토土를 '황극皇極'이라 하고, 후천의 10토土를 '무극無極'이라 한다. 황극을 중심으로 선천의 분열 운동이 이루어지고 모든 변화가 수렴·통일되는, 변화의 궁극 목적은 무극에서 이루어지는 것이다. 이 무극이 완전히 통일돼 공으로 수렴한 자리가 술戌이다. 술은 태극의 자리로 만물을 창조하는 우주운동의 본체 자리이다.

한동석 선생이 『황제내경』을 일만독一萬讀하고 집필했다는 『우주변화의 원리』의 백미가 '정신론精神論'인데, 그 요지는 인간이 천지일월, 건곤감리의 자연정신을 그대로 받아서 생겨났다는 것이다. 구체적으로 우주는 건곤 무극의 정신으로 존재하고,

인간은 건곤 무극을 바탕으로 일월의 감리정신으로 살아가고 있음을 밝힌다. 이 정신론에서 본체론으로 내용을 끌고 가서 무극, 태극, 황극을 정의 내린다. 그런데 『우주변화의 원리』를 9장까지 읽어 보면, 우주의 본체를 단순한 원리나 이법적인 것만으로 설명하지 않는다. 동양철학 우주론의 대가인 그는 이신사理神事 논리에 의해 신도神道를 얘기하기도 하고, 신화 형식을 빌어 태극왕과 무극제라는 인사人事의 문제까지 틀 잡아 놓고 있다. 『우주변화의 원리』를 깊이 공부하면 궁극으로 천지일월 사체四體라는 주제에 이르게 된다. 여기에 관한 자세한 내용은 '8장 도운 공사'에서 살펴보기로 한다.

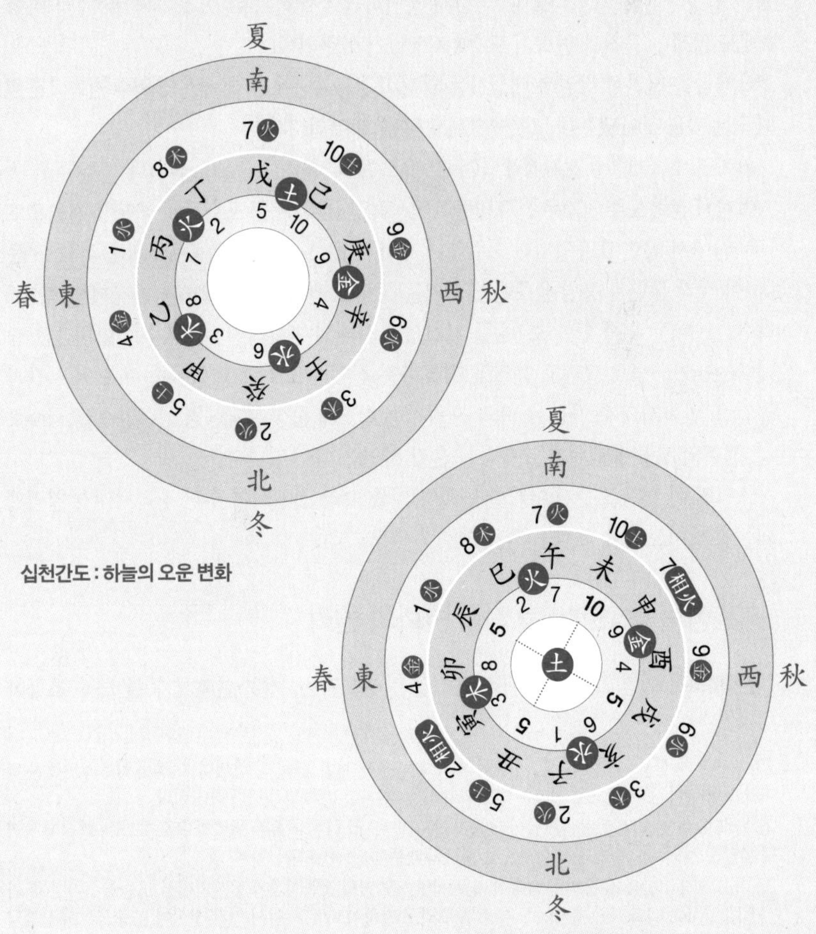

십천간도 : 하늘의 오운 변화

십이지지도 : 땅의 육기 변화

제3절 역수曆數의 3단 변화와 후천개벽

1. 윤도수閏度數와 정력正曆 도수

시간은 크고 작은 변화의 마디를 지으며 영원히 흘러갑니다. 우리는 1년 365일 천지 변화의 시간의 마디를 경험합니다. 그래서 인생을 살아가는 우리에게 가장 필요한 것 중의 하나가 바로 달력입니다. 세상 만사 가운데 역曆과 관련이 없는 일은 없습니다. 역이란 천지일월의 운행 질서를 시간의 순환 도수로 밝혀 놓은 것입니다. 다시 말해서 **천지일월의 변화를 시간의 마디로 밝힌 것**입니다. 일월은 일정한 순환의 마디를 따라 질서 정연하게 운행하므로, 이것을 체계화한 역수曆數에도 일정한 규칙과 변화의 도수度數가 있기 마련입니다.

상제님을 친견한 김일부 대성사는 일찍이 우주 1년에서 각 계절의 **역수 변화의 근원이 되는 역을 찾아냈는데 그것이 375도의 원력**原曆입니다.[22]

원력 도수 375[23]는 '360(정력 도수)+15(윤도수)'의 내용을 담고 있습니다.

여기서 **정력 도수 360은 천지 만물의 정상적인 1주기 운동 도수**로서 공자가 처음으로 『주역』에서 밝힌 내용입니다. 『주역』「계사전」을 보면 생명의 순수 양(乾)과 순수 음(坤)이 각각 분열과 통일 운동을 일으키는 상수를 건지책乾之策 216과 곤지책坤之策 144라 하고, 이 두 수를 합한 360수를 천지성공 시대의 이상적인 1년 역수로 밝혀 놓았습니다(360=216+144). 그리고 윤달을 형성하는 전체 **윤도수**閏度數 **15수**는 우주의 시간과 공간을 변화시켜 나가는 조화의 근원지인 **하도의 중성 본체생명 상수인 15중극수**로서, 선천의 시공에 희비가 교차하는 온갖 사연을 엮어 냅니다.[24]

그러면 이 15윤도수가 어떠한 변화 원리를 따라 전개되어 후천 정력시대가 열리게 되는지 알아보기로 하겠습니다.

2. 삼력三曆(원력, 윤력, 정력) 변화의 원리

원력原曆은 이름 그대로 정력과 윤력을 탄생시키는, '정正·윤閏 도수'를 모두 포함하

22| 김일부 대성사는 『정역正易』의 「대역서大易序」에서 '易者, 曆也.'라 하였다. 이렇듯 역易과 역曆은 의미가 상통한다. 구체적으로 전자는 변화의 현상을, 후자는 변화의 원리를 나타낸다.

23 원력 도수 375 | 원력을 375일이라 하지 않고 375도라 하는 이유는 원력의 윤도수 15는 현실에 드러나지 않고 자연계의 숨겨진 도수로만 존재하기 때문에 날(日)로 환산할 수 없다.

24 가을개벽과 함께 우주의 중심축이 바로 서면, 360일의 정력시대가 실현되면서 15중극수가 우주 가을철에 인사로 이화되어 세상에 드러난다. 그리고 지축이 바로 서면서 인간 정신이 15중극수의 상제님 정신과 하나가 된다.

는 역曆(우주 시간 변화)의 출발점이며 역수曆數의 근원이 됩니다.

❋ 삼천三遷이라야 내 일이 이루어지느니라. (6:64)

❋ 삼변三變이라야 성국成局이니라. (11:369)

이 말씀과 같이 우주는 '원력原曆 → 윤력閏曆 → 정력正曆'으로 나아가는 삼력 변화를 하며 순환합니다. 그 변화의 핵심 리듬을 이루는 것이 원력(375도)에 깃든 15윤도수입니다. 이 윤도수가 우주의 영원한 회귀처인 공空 속으로 완전히 수렴될 때(歸空), 천지의 이상이 실현된 영생의 후천 세계가 이 땅 위에 펼쳐질 환경이 조성됩니다.

천지일월이 주행하는 역수의 근원점인 원력에서 후천의 정력으로 향해 나아가는 과정이 선천 윤력 시대입니다. 상제님께서는 "당요가 일월이 운행하는 법을 알아내어 온 누리의 백성들이 그 은덕을 입게 되었느니라."(5:196)라고 말씀하시며, 윤력을 최초로 발견한 성인이 당요唐堯임을 밝혀 주셨습니다.

김일부 대성사는 『정역』에서 4,300여 년 전에 요임금과 순임금이 알아 낸 윤력 도수－제요지기帝堯之朞[25], 제순지기帝舜之朞－가 각각 366, 365¼임을 밝혔습니다.

이를 통해서, 역은 '원력(375) → 윤력(366 → 365¼) → 정력(360)'의 순차로 3단 변화함을 알 수 있습니다. 원력(375도)은 우주 1년 사계절의 주기가 출발하는 시공 변화의 기점입니다. 그런데 원력 내의 15윤도수가 어떠한 원리로 사라져서 마침내 1년 360일의 지상 낙원에서 후천 가을 정력시대의 성일聖日을 맞이하게 되는 것일까요?

우주 창조의 삼력 변화 원리를 밝히고 상제님의 강세를 예언한 일부 대성사는 선후천 교차기인 오늘의 이 시점에서 선천 윤력의 시공閏曆時空의 기본 수리를 이렇게 밝혔습니다.

◎ "오호嗚呼라. 금일금일今日今日이여. 63, 72, 81은 일호 일부一乎一夫로다."

아! 오늘 이 인류사의 대전환점이여!
63, 72, 81에 들어 있는 상수 논리는 만유가 한 근본으로 돌아가는
통일의 원리이니 이를 밝혀낸 자, 나 일부로다. (『정역』「십오일언」)

후천 통일 세계를 향한 선천 역수의 전환 원리는 궁극으로 이 정력수正曆數를 낳기 위한 과정입니다. 이것은 공자가 밝힌 건책수와 곤책수의 합인 360과 정확히 일치합니다.

---

25 제요지기 | 『서경書經』「요전堯典」을 보면 "帝曰 咨汝羲和, 朞 三百有六旬有六日, 以閏月定四時成歲(너희 희씨와 화씨들이여, 일 년은 366일이니 윤달을 넣어 네 철을 정하고 일 년을 이루도록 하라.)"라는 구절이 나온다. 「순전舜典」에는 "在璿璣玉衡, 以齊七政(선기옥형을 살펴서 해와 달과 다섯 별의 운행을 파악하였다.)"이라는 구절이 나오는데, 중국에서는 1900년에 이르기까지 오직 황제만 달력을 제정할 수 있었다.

건책수: 216=81 + 72 + 63 = 9 (9 + 8 + 7)
+ 곤책수: 144=54 + 36 + 27 + 18 + 9 = 9 (6 + 4 + 3 + 2 + 1)

정력수: 360

건곤乾坤은 우주 가장 깊은 곳에서 천지일월과 만물을 분열, 통일시키는 우주생명의 순수한 음(坤), 양(乾) 에너지를 말합니다. 건책수와 곤책수는 이 순수 음양생명에 내재한 오묘한 변화 원리(策)를 나타내는 상수로서, 선천의 분열과 후천의 통일 과정을 드러내고 있습니다. 위의 건책수 배열에서 보듯이 선천(乾道) 역수의 시발점은 9(9×⑨)이지만, 후천(坤道) 곤책수는 6(9×⑥)에서 출발합니다. 이것은 상수의 신비한 '순역順逆 원리'에 따른 것입니다. 선천은 양 운동을 하는 분열기이므로 역수의 변화 과정(1, 3, 5, 7, ⑨)에서 분열 기운이 가장 큰 성수成數인 9수로 시작(역수逆數 원리)합니다. 그에 반해 후천은 음 운동을 하므로, 통일해 들어가는 순수順數 과정(10, 8, ⑥, 4, 2)에서 수렴 기운이 가장 큰 성수인 6으로 후천 정력시대의 결실 운동을 시작하는 것입니다(9와 6은, 중궁수인 5와 10의 현상적인 음양의 작용수). 이를 기초로 하여 삼역 변화의 기본 내용을 간단히 살펴보겠습니다.

원력(375)에 들어 있는 15윤도수를 시간수로 환산하면 180시간[15(일)×12(시)]입니다. 이것의 구체적인 내용은 일원수 100과 80의 합으로 나타납니다[180=100(一元數)+80]. 이 180 중에서 100은 앞에서 살펴본 시공 변화의 근원수로서, 천지 음양 동정 변화의 상수(하락수河洛數=55+45)인 일원수입니다. 그리고 이 100 가운데 1은 천지 운동의 본체수가 되므로 일원수는 99와 1로 구성(100=99+1)됩니다. 그리하여 실제적인 윤력 도수의 전개는 81(9×9)[180-99=81]에서 출발하여 생·장의 윤력으로 변화합니다.

당요唐堯가 발견한 선천 봄 시대의 1년 기수朞數인 366일 중 윤도수 6을 시간으로 환산하면 72시간[6(일)×12(시)]입니다. 이것을 '선천 우주' 시공 개벽의 최초 출발점인 원

우주 시공의 삼력 변화	원력原曆	선천 윤력閏曆		정력正曆
	변화의 모체	생력生曆	장력長曆	성력成曆
발견자	김일부金一夫	당요唐堯	우순虞舜	공자孔子
변화 도수	375도	366도	365¼도	360도
윤도수	(15도) 15일×12시 = 180 = 99+81	(6도) 6일×12시 = 72	(5¼도) 5×12+¼×12 = 63	(0도)

우주 창조의 삼력 변화 원리

력의 윤도수 81과 비교해 보면 9시간이 감소했음을 알 수 있습니다.

그러면 순임금이 밝힌 선천 여름철의 1년 기수인 365¼일에서 윤도수를 살펴보겠습니다. 윤도수의 전환 원리는 항상 창조의 이상인 360수를 기준으로 합니다. 이 여름철의 윤도수 5¼은 시간으로 63시간[5(일)×12(시)+¼(일)×12(시)]입니다. 이 63시간은 당요의 생역의 윤도수인 72에서 다시 9시간이 공空 속으로 수렴된 것임을 알 수 있습니다.

생명의 3박자 율동에 의한 3역수 변화는, 원력의 실제 윤도수 81이 '81(9×9) → 72(9×8) → 63(9×7)'으로 각각 9씩 등감을 하여 **후천 낙원인 360일 정력시대가 이루어짐으로써 완성**됩니다.[26] 이런 과정을 통해 인류의 이상 세계를 건설할 수 있는 가을 천지의 자연환경이 비로소 열리게 되는 것입니다.

선천 윤도수의 시간수가 '81 → 72 → 63'으로 전개되는 원리를 자세히 살펴보면, 이 세 수의 총합인 216수는 360 정력수 중에서 선천 분열(생장) 운동을 주도하는 건도(남성 에너지)의 변화 책수가 된다는 것을 알 수 있습니다. 이러한 사실에서 진실로 신비스러운 자연의 섭리를 엿볼 수 있습니다. 그래서 그리스의 철학자 플라톤Platon(BCE

요堯 | 성은 이기伊祁, 이름은 방훈放勳. 도당씨陶唐氏 또는 당요唐堯라 부름. 재위 연도는 BCE 2357~BCE 2258. 제곡 고신의 아들이며 황제 헌원의 5세손.

순舜 | 성은 요姚, 이름은 중화重華, 고수高叟의 아들. 유우씨有虞氏 또는 우순虞舜이라 함. 재위 연도는 BCE 2255~BCE 2208. 맹자는 순을 동이족이라 하였음.

---

26 **일부 김항 대성사 생존 시 제자들의 계보 및 저술** | 일부 김항 대성사의 제자들이 남긴 저술과 논문은 대성사 생존 시에 출간된 이상용李象龍의 『정역원의正易原義』, 일부 대성사의 친척이자 제자인 김황현金黃鉉의 「일부선생행장기一夫先生行狀記」, 김정현金貞鉉의 『정역주의正易註義』, 하상역河相易의 소개로 정역계에 입문한 승려 염명廉明의 『정역명의正易明義』가 있다. 향적산 국사봉에 모여 정역사상을 연구한 2세대 제자들의 저술로는 함경도 출신 한장경韓長庚의 『역학원론易學原論』, 『주역周易·정역正易』, 늦게 정역계에 입문한 한동석韓東錫의 『우주변화의 원리』, 일부 대성사의 수제자 덕당德堂에게 배워 정역사상의 굳건한 기초를 세운 이정호李正浩의 『정역연구正易硏究』, 『정역正易과 일부一夫』, 『제3의 역학易學』, 백문섭白紋燮의 『정역연구의 기초』가 있다. 이정호의 제자 유남상柳南相의 『周·正易合經編』, 「하락상수론에 관한 연구」, 「정역사상의 근본문제」, 「정역의 도서상수원리에 관한 연구」, 「역학의 역수성통원리에 관한 연구」, 「김항의 정역사상」, 「력曆과 역易」, 「도서역학의 시간관 서설」, 권영원權寧遠의 『정역구해正易句解』, 『정역正易과 천문력天文曆』이 있다. 유남상의 제자 남명진南明鎭의 「제삼역괘도출현가능성의 논리적 근거」, 송인창宋寅昌의 『천명과 유교적 인간학』, 「일부 김항의 후천개벽설後天開闢說과 한반도의 미래」, 송재국宋在國의 『송재국 교수의 주역풀이』, 『송재국 교수의 역학담론』, 양재학楊在鶴의 『김일부의 생애와 사상』, 「정역사상의 현대적 이해」, 김만산金滿山의 「역학의 시간관에 관한 연구」, 이현중李鉉中의 『역경과 사서』, 『한국철학의 역학적 조명』, 『역경철학』, 윤종빈尹種斌의 『정역과 주역』, 『한국역학의 논리』, 임병학林炳學의 『역학과 하도낙서』, 「역학의 하도낙서원리에 관한 연구」, 「정역의 간지도수에 대한 고찰」 등이 있다.

427?~BCE 347?)은 "수학(기하학)을 모르는 자는 아카데미아Accademia에 들어오지 말라." 라고 하였고, 철인 수학자 피타고라스Pythagoras(BCE 580?~BCE 500?)는 '우주 만물의 본질은 수'라 했습니다. 또 영국의 수리 물리학자 제임스 진스James H. Jeans(1877~1946)는 우주는 수학자의 설계에 따라 창조되었을 것이라고 했습니다.

이상에서 살펴본 변화의 기본수인 9, 운동의 본체인 1태극수, 우주 변화의 핵심 축인 15, 생장성의 3변성도成道 원리로 변화 운동을 하는 '81 → 72 → 63'의 수리는 상제님이 집행하신 천지공사를 이해하는 데 중요한 생명의 상수입니다. 그런데 여기서 중요한 것은, **3역수 변화**가 현실 세계에서 천지 시공 질서의 개벽 운동으로 나타난다는 사실입니다. 이것은 바로 천체 궤도의 수정에 따른 **지축 정립으로 현실화**됩니다.

3. 윤도수에 의한 시공 궤도의 변화

우리가 상식으로 알고 있듯이 360도는 정원正圓을 형성합니다. 그런데 선천 봄여름 생(366일)·장(365¼) 시대의 시공 궤도는 정원에서 벗어나 타원 궤도를 형성합니다. 선천 윤력의 6, 5¼은 지구가 타원 궤도로 주행하면서 만들어 내는 윤도수인 것입니다.

이러한 타원 궤도는 지구 자전축의 경사(23.5°) 때문에 생겨납니다. 이것은 천체가 기울어져 있기 때문에 나타나는 현상으로, 천체의 정립과 경사는 일정한 주기로 일어나게 됩니다. 이러한 **천체의 변동 현상**이 바로 우주 자연계의 **천지개벽 운동**입니다.

선천 타원 궤도와 후천 정원 궤도 | 현대 과학이 밝혀 놓은 다음 그림은 우주의 천축天軸과 지축地軸이 기울어져 있음을 잘 보여 줍니다.

이러한 축의 경사는 '우주생명 순환도'에서 우주생명의 율동이 지향하는 중심축의 기준이 조금 기울어져 있는 데에서도 잘 알 수 있습니다. 이 우주생명의 순환도를 지구 중심으로 보면, 1년 12개월, 하루 12시의 변화가 생기게 됩니다. 우주 전체로 놓고 보면 우주 1년(一元) 129,600년을 이루는 열두 달(12會)의 변화가 생겨나며, 1개월(1會)은 10,800년이 됩니다.

그러면 왜 기울어진 천체가 바로 서는, 어마어마한 일이 일어나는 것일까요?

그것은 천지의 변화 운동이 일어날 때 변화의 중심 방위로 작용하는 **북방이 이동**하기 때문입니다. 생명의 순환도에서 볼 때 생명의 시원으로서 통일 운동의 시초가 되는 곳은 **무극생명**(10未) **자리**입니다. 그런데 이 무극생명이 완전히 통일되면 오묘한 공(戌五空)의 **상태로 압축**됩니다. 1장에서 살펴보았듯이 현대 물리학에서도 모든 물질의 가장 깊은 곳까지 추적해 들어가 본 결과 그 궁극의 자리가 바로 텅 빈 공空 자리라는 것을 알아냈습니다.

만물 생명은 이 공에서 생겨 나온 물(공간의 방위로 북방 1, 6水)에서 태어나 변화해 갑니다. 우주의 전 생명이 압축, 공약된 공은 실로 묘명진경妙明眞境한 경계입니다. 이 공은 천지 창조의 본체로서 침묵을 지키며 자신이 생해 놓은 북방에 천지 만물의 모든 운동 변화를 위임해 놓았습니다. 그리하여 천체의 북방이 움직이면 태초에 설계된 원력 375의 정·윤도수에 따라 선후천의 시공 궤도의 기본 틀이 전개되면서 거대한 우주의 윤회 바퀴가 돌아가게 됩니다.

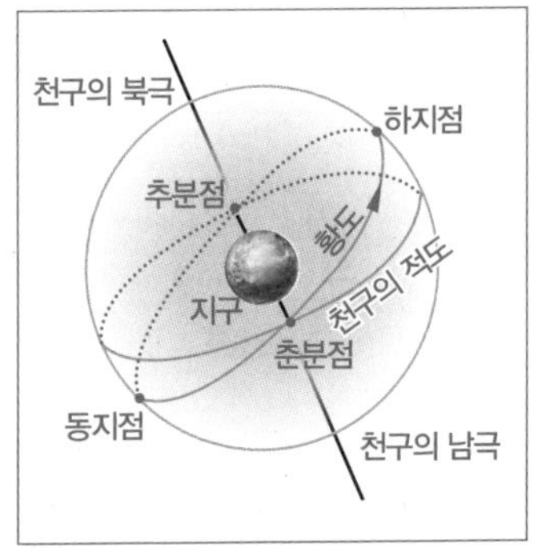

지금은 천체의 북극이 '축미丑未(동북) 방향'으로 기울어져 있기 때문에 9대 행성의 자전축도 모두 기울어져 타원 궤도로 운행하고 있습니다.

선천은 대립과 모순을 조화시켜 조절하는 중성생명인 진술축미辰戌丑未 4토가 각 방위(四正位)에 제 자리를 잡지 못한 채 기울어져서 작용하므로, 천지의 몸(천체)과 마음('이理'로서 우주의 혼)도 조화를 이루지 못하고 돌아갑니다. 그리하여 만물과 인간의 마음도 조화가 깨어져 인간 역사는 투쟁과 부조리 속에서 분열, 성장합니다. 그런데 이때 우주 운동은 자축인子丑寅(水土木)의 '생生' 과정, 묘진사卯辰巳(木土火)의 '장長' 과정, 오미신午未申(火土金)의 '성成' 과정을 거쳐서 삼박자의 변화 리듬으로 전개됩니다.

그러면 여기서 선천 변화 운동의 마무리 단계를 살펴보겠습니다. 다른 계절의 변화와 달리 여름(火)과 가을(金)이 바뀔 때는 서로 이질적인 기운이 상극(火克金)으로 부딪힙니다. 이 여름과 가을이 바뀔 때 일어나는 상극 작용을 중화하여 **후천 통일로 이끄는 중성의 천지기운이 10미토未土**입니다. 상제님은 가을개벽 시대에 오시는 구원의 하느님으로서 바로 이 같은 생명의 조화 원리를 따라 **온 인류가 후천 가을 우주의 새 세상으로 건너갈 수 있도록 구원의 법방**(土生金)을 마련해 주십니다. 상제님이 **'신미辛未생'**으로 오신 것은 바로 이러한 이유 때문입니다.

지수地數(음수)인 10은 이러한 원리를 주재하시는 상제님에 의해 우주의 이상 세계가 '천상이 아니라 지상에' 펼쳐짐을 상징합니다. 다음 장에 제시된 후천 지축도에서와 같이 천지의 이상 세계는 미未와 술戌이 각각 정남방과 정서방으로 올 때 현실화됩니다.

선천에는 자북磁北과 진북眞北[27]이 일치하지 않습니다. 그러나 기울어진 천축의 북

---

27 **자북과 진북** | 진북眞北(true north)이란 언제나 변하지 않는 북쪽으로 북극성의 방향을 말한다. 자북磁北(magnetic north)이란 나침반이 가리키는 북쪽으로 북반구에 있는 캐나다 북쪽 허드슨 만 부근을 가리킨다. 따라서 나침반이 가리키는 자북과 북극성 방향인 진북 사이에 편차가 생기게 된다. 그런데 최근에는 자북극이 북위 85도까지 북상해 진짜 북극에 560km까지 접근하였다. 또 지구 자기장의 세기도 빠르게 줄어들고 있다.

우주생명(太極) 순환도(九宮八風운동)

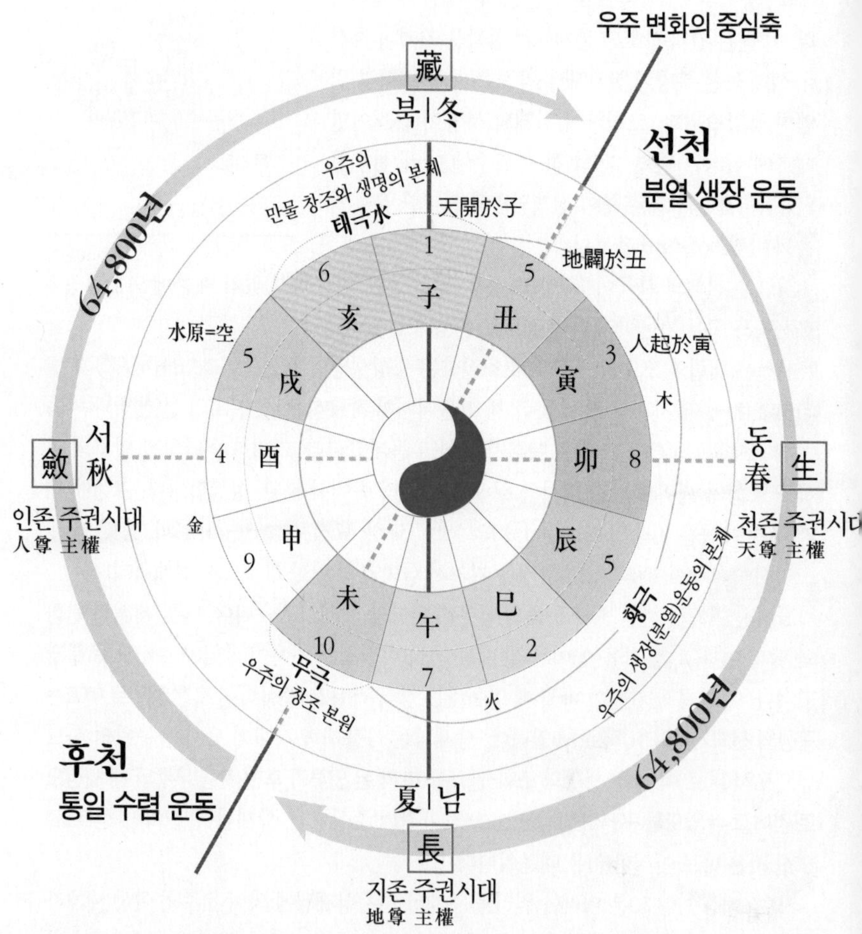

<table>
<tr><td rowspan="2">선천 분열 운동(逆) : 낙서</td><td colspan="3">1水 ⟶ 5土(丑, 辰) ⟶ 10土(未)</td></tr>
<tr><td>1태극</td><td>5황극</td><td>10무극</td></tr>
<tr><td rowspan="2">후천 통일 운동(順) : 하도</td><td colspan="3">10土(未) ⟶ 5土(戌) ⟶ 1水</td></tr>
<tr><td>10무극</td><td>황극
(空, 十一成道)</td><td>1태극</td></tr>
</table>

극이 정북으로 정립하면 9대 행성의 자전축도 '**모두 일시에**' 바로 서게 됩니다. 천체가 정립함으로써 천지일월이 선천 윤력(366, 365¼)의 타원 궤도를 벗어나 후천 정력(360)의 정원 궤도 위를 달리게 되는 것입니다. 상제님은 기울어진 천축을 당신께서 바로 세워 놓으셨음을 이렇게 말씀해 주셨습니다.

※ 공부하는 자들이 '방위가 바뀐다'고 이르나니 내가 천지를 돌려놓았음을 세상이 어찌 알리오. (4:152)

장차 후천 가을개벽으로 진술축미 4토가 정 동서남북인 4정위四正位에 자리 잡으면서 모든 생명 기운이 천지 평화의 화음인 '완전한 삼박자'로 율동하게 됩니다.

'후천 지축도'의 북방을 예로 들어 살펴보면, 정북正北에 위치한 축토를 중심으로 하여 오원五元 운동을 하게 됩니다. 서북방에는 음수陰水인 해(6水)와 그 반려자인 양수陽水 자(1水)가 만나고, 동북에서는 인(3木)과 묘(8木)가 음양으로 결합합니다. 그리하여 북방에는 전체적으로 '해자축인묘'가 자리를 잡아 '수-토-목'의 리듬을 형성합니다. 이것은 4방위에서 동일한 이치로 이루어집니다. 『정역』에서는 이를 '후천 오원五元 운동'이라 밝히고 있습니다(선천은 삼원三元 운동).

우주 창조의 이상이 완성되어 후천 가을철이 오게 되는 이러한 전환의 궁극 열쇠는 천축의 이동에 따라 북극이 잃어버린 고향을 찾아 제자리로 되돌아가는 데 있습니다. 그렇게 되면 우주생명의 변화 질서를 상징하는 태극의 모양도 '정음정양正陰正陽'을 상징하는 문양(☯)으로 바뀌게 됩니다.

선천은 우주의 환경 자체가 불완전하여 인간이 자유롭게 살아가지 못하는 세상입니다. 한마디로 인간(主)과 자연(客)이 함께 성장해 가는 미완성의 단계입니다.

이 선천의 봄(木)철에서 여름(火)철로 바뀔 때는 생역 366일이 장역 365¼일로 전환하여 ¾일의 역수가 감소하

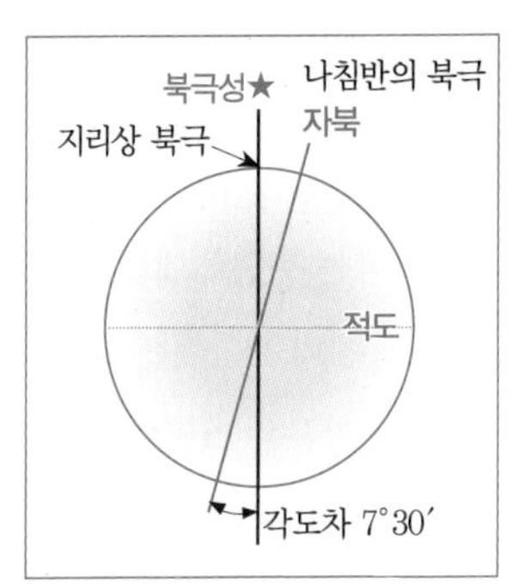

선천 지축도(봄 · 여름)

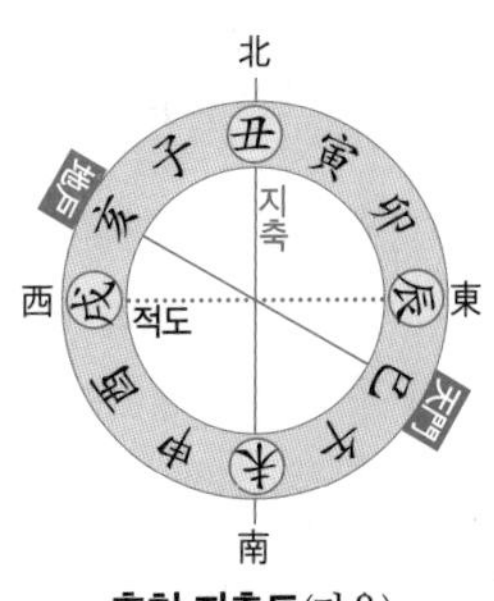

후천 지축도(가을)

후천말 지축도(겨울)

지만, 목생화木生火 하는 상생의 천지 이치에 따라 큰 변혁은 일어나지 않습니다. 그러나 365¼에서 360의 정력 도수로 넘어가는 후천개벽은 화극금火克金하는 천지 변화의 엄청난 고비입니다. 이때 윤도수 5¼이 영원한 공空 속으로 수렴되기에 천체가 정립하는 우주적 대변국이 일어나는 것입니다.

※ 내 세상에는 묘월卯月로 세수歲首를 삼으리라. (5:21)

지금은 인월寅月(선천의 음력 1월)이 한 해의 시작이지만 천체가 바로 서는 신천신지의 새 세상에는 묘월卯月[28](선천의 음력 2월)이 정월이 됩니다. 그때는 윤도수가 완전히 떨어져 나가기 때문에 항상 한 달은 30일, 1년은 360일로 일정하고, 음력과 양력이 일치해 언제나 변하지 않는 가을 새 우주의 상용력常用曆을 쓰게 됩니다.

칠성용정七星用政의 선기옥형 도수 | 인간으로 오신 개벽장 하느님이신 증산 상제님께서는 천체의 방위를 바로잡아 천지 궤도를 수정하시는 공사를 집행하셨습니다. 그것이 바로 우주의 중천中天인 북녘 하늘을 중심으로 해서 기울어진 천체를 바로 서게 하신 선기옥형璿璣玉衡 도수입니다.

선기옥형은 천체를 관측하는 기구인 혼천의渾天儀를 뜻하기도 하지만, 본래 북두칠성을 의미하는 말입니다. 북두칠성의 제1성~제4성(괴사성魁四星)을 선기璿璣라 하고, 자루에 해당하는 제5성~제7성(표삼성杓三星)을 옥형玉衡이라 부릅니다. 그래서 북두칠성을 일러 선기옥형이라 하는 것입니다. 즉 북두칠성의 다른 이름이 바로 선기옥형입니다. 북두칠성은 대우주의 모든 별을 다스리는 중심 별이자 황극으로 작용하는 별입니다.

따라서 선기옥형 도수는 곧 칠성 도수이고, 진주眞主(제2장 3절 참고)가 구체적으로 천지 정사政事를 펼치는 도수이기도 합니다. 상제님께서는 진주 도수의 주인공인 문공신 성도의 집에 계시면서 선기옥형에 관련된 공사를 보셨습니다.

※ 정미년 12월에 정토칠봉淨土七峰 아래 와룡리臥龍里 문공신文公信의 집에 계시며 대공사를 행하시니라. 며칠 동안 진액주津液呪를 수련케 하시고 당요唐堯의 '역상일월성신경수인시曆象日月星辰敬授人時'를 해설하시며 "천지가 일월이 아니면 빈 껍데기요, 일월은 지인至人이 아니면 빈 그림자라. 당요가 일월이 운행하는 법을 알아내어 온 누리의 백성들이 그 은덕을 입게 되었느니라." 하시고

日月無私治萬物하고 江山有道受百行이라
일월무사치만물　　　강산유도수백행

일월은 사사로움 없이 만물을 다스리고

---

28 묘월 세수 | 상제님 말씀과 같이 후천개벽이 되면 음력과 양력이 일치하게 되고, 묘월卯月이 한 해의 첫 달(세수歲首)이 된다. 또한 지축 정립과 동시에 지구의 중위도 지역은 사계절이 모두 쾌청한 봄가을 날씨가 되고 24절후도 김일부 대성사가 밝힌 후천의 새 24절후로 바뀌게 된다.

강산은 큰 도가 있어 온갖 작용을 수용하느니라.
하시며 선기옥형璿璣玉衡 도수를 보실 때

天地大八門이요 日月大御命이라
천지대팔문 일월대어명
禽獸大道術이요 人間大積善이라 時乎時乎鬼神世界니라
금수대도술 인간대적선 시호시호귀신세계

라 쓰시어 경수의 집 벽에 붙이시고 경수의 집에 저울갈고리 도수를 정하시니라. 이어 응종의 집에 추 도수, 공신의 집에 끈 도수를 정하신 뒤에 다시 경수의 집에 일월대어명日月大御命 도수와 공신의 집에 천지대팔문天地大八門 도수를 정하시고 여러 날 동안 주야로 세 집을 번갈아 왕래하시며 공사를 행하시니라. (5:196)

진주 도수의 주인 문공신 성도가 사는 곳의 지명은 정토**칠봉** 아래 **와룡리**란 곳입니다. 이곳에서 대공사를 집행하시면서 천지의 영원한 생명과 진리의 열매를 따는 **진액주**津液呪를 수련케 하시고, **'천지'**와 **'일월'**과 **'지인**至人**'**의 관계를 간명하게 밝혀 주셨습니다.

상제님께서 선기옥형 도수를 보시며 신경수 성도 집 벽에 붙이신 **"천지대팔문**天地大八門, **일월대어명**日月大御命, **금수대도술**禽獸大道術, **인간대적선**人間大積善**"**에는 모두 '큰 대大' 자가 붙어 있습니다. 이는 선기옥형 도수가 인간 역사의 운명을 바꾸는 **천지의 위대한 대도수**임을 밝히신 것입니다. 여기서 **'천지대팔문'**은 천지 '8방위'의 변화 기운을 상징합니다. 천지에는 만물을 낳아서 기르는 변화 운동의 근본 틀인 8방위가 있습니다. 음양과 사시 변화를 일으키는 8방위의 **'팔음팔양**八陰八陽**'**이 정음정양 도수의 실제이자 우주 본체의 틀입니다. **'일월대어명'**은 천지의 주권자이신 상제님의 천명을 일월에 맡기셨다는 뜻입니다. 따라서 일월은 천지 부모를 대행합니다. 그리고 **'금수대도술'**, 선천의 모든 가르침은 인간이 금수 경계를 벗어나지 못하기 때문에 인간을 교화하는 대도술이란 의미이며 **'인간대적선'**은 크게 선을 쌓으라는 뜻입니다. 여기서 선은 단순히 선하다는 뜻이 아니라 '살릴 생生' 자와 상통합니다. 사람을 많이 살려내는 것이 바로 가을 대개벽기에 크게 선을 쌓는 길입니다.

천지일월이 운행하는 궁극의 목적은 억조창생을 기르는 것입니다. 그런데 우주의 여름에서 가을철로 넘어가는 가을 개벽기에는 추수 진리인 상제님의 도법을 만나지 않고는 살아남을 수 없습니다. **당신님의 도법 전수**가 세상 사람을 선천 우주에서 후천 가을 우주로 인도하는 유일한 길입니다. 이것만이 인류를 **구원으로 인도하는 생명의 길**이요, **인간 구원의 총 결론**인 것입니다.

끝으로 **'시호시호 귀신세계時乎時乎鬼神世界니라'**는 말씀은, 지금 이 시대는 천지 신명이 상제님의 일꾼을 만나서 성공하려고 분주히 서두르는 때라는 것입니다.

상제님이 문공신 성도의 집에서 집행하시고 운산리 신경수 성도 집에 가셔서 보신 이 선기옥형 공사는, 상제님을 대행하는 진리의 주인인 진주를 내셔서 인류 역사의 운명을 돌려 놓으시는 공사입니다. 이것은 **천체를 바로 세우는 공사**인 동시에 상제님 천지대업의 인사 주관자로 하여금 **인류를 구원하는 칠성 도수를 집행하여 진주 도수를 실현케 하는 공사**인 것입니다.

또한 상제님께서는 진주 도수를 맡은 문공신 성도에게 천지의 바탕, 틀을 이루는 **'천지대팔문 도수'**와 **'끈 도수'**를 맡기셨습니다. 끈 도수는 인류를 심판하는 저울대질에서 그 무게를 다는 마지막 판결 과정입니다. 그리고 수명소 도수를 맡은 신경수 성도에게 **'저울갈고리 도수'**와 **'일월대어명 도수'**를 맡기셨는데, 저울갈고리 도수란 상제님을 대행하는 일월의 갈고리에 매달려야 후천 수명을 이을 수 있다는 것을 의미합니다. 신경수 성도가 살던 '운산리'는 '구름 운雲' 자, '뫼 산山' 자로 1태극 대두목을 상징합니다. 그리고 황응종 성도에게 맡기신 **'추 도수'**는 심법 전수의 중요한 의미가 있습니다. 추 도수를 맡으려면, 흔들림 없는 심법으로 무게의 중심을 잘 잡아야 한다는 뜻입니다. 상제님께서는 문공신, 신경수, 황응종 성도에게 각각의 저울 도수를 맡기시면서 진주가 **현실 역사 속에서 인류 구원의 정사를 펴는 선기옥형 도수**를 집행하신 것입니다.

4. 우주생명의 혼, 율려

소리(음파)는 공기의 진동을 통해 전해지고, 잔잔한 수면 위에 곱게 퍼져 가는 물결은 물을 매개로 하여 전진합니다.

17세기에 들어서면서 과학자들은 광자의 흐름인 빛도 그것을 전해 주는 매체가 공간에 있을 것이라 단정하고 그 존재를 **'에테르ether'**라 하였습니다. 에테르는 무한히 펼쳐진 우주 공간에 가득 차 있으며, 모든 물질 속에도 존재한다고 여겨졌습니다. 그런데 수백 년 동안 이 에테르의 실체는 밝혀지지 않았습니다. 20세기 초에도 앨버트 마이켈슨Albert Michelson과 에드워드 몰리Edward W. Morley 두 사람이 에테르의 실재성에 관한 일련의 실험을 통해 그 존재를 규명하려 했지만 역시 실패로 끝나고 말았습니다.

과학자들이 이 에테르에 관한 수수께끼를 풀기 위해 고민하고 있을 때, 아인슈타인이 나타나서 그 해답을 제시해 주었습니다. 그것이 바로 상대성이론입니다.

아인슈타인은 상대성이론에서 절대 기준계란 없으며 만물의 운동과 심지어 시간과 공간의 변화조차도 상대적으로 존재한다는 것을 밝혔습니다. 이 우주의 시공간은 에너지를 가지고 출렁이는 장으로 구성되어 있으며 탄력적으로 수축하고 팽창하기도 하는 것입니다.[29] 그리고 빛은 시공간 속에서 매질(매개체) 없이 일정한 속도로 운동합니다.

그렇다면 만물을 존재하게 하며 살아 출렁이는 이 시공간의 본질은 무엇일까요?

그것은 바로 대자연의 혼魂이라 불리는 **'율려律呂'**입니다. 우주생명의 혼인 율려는 만유 생명의 근원적, 궁극적인 실재로서 현상계에서는 관찰되지 않는 **영적 에테르**입니다. 천지의 1년 정역수인 129,600년을 주기로 천지일월이 선천의 생장 운동과 후천 우주의 염장 운동을 반복할 수 있도록, 저 하늘과 땅 사이에 가득 차 음양운동의 본체로 작용하는 **순수 음양생명**입니다.

동양에서는 율려를 음양으로 말해 왔습니다. 우주의 변화를 12지지地支로 말하면 6양陽과 6음陰으로 작용하고 있는데, 천지의 만물 생명을 낳아 길러서 존재하게 하는 우주의 양 기운이 율律이고, 만유 생명을 열매 맺고 쉬게 하는 우주의 음 기운을 려呂라고 합니다. 이처럼 음양 기운을 율동律動(+)시키고 여정呂靜(-)시키는 운동의 본체로 작용하는 것이 바로 영원한 생명의 근원이요, 음양운동의 핵심으로서 우주 성령의 조화의 핵심체인 율려입니다.

율려는 자신을 결코 겉으로 드러내지 않고, 침묵 속에서 아름다운 영생의 빛을 무한한 공간의 날개 사이로 뿜어내며 끝없이 생명의 노래를 부르고 있습니다.

율려는 천지가 만물을 낳아 살아 있게 하고, 인간과 만물이 순수 생명의 존재로 살아있게 하는 우주정신의 본체인 천지의 조화성령(cosmic spirit)입니다. 하늘과 땅과 인간이 율려에 의해서 태어나고, 율려에 실려서 매 순간 살아갑니다. 우주의 조화 율려는 하늘·땅· 인간과 천지 만물이 영원히 그렇게 돌아가게 하는 생명의 근원입니다.

『천부경天符經』에서 말하는 '일시무시일一始無始一', '일종무종일一終無終一'의 '일一'은 바로 만물을 생성하고 존재하게 하는 우주의 조화성령인 율려를 나타낸 것입니다. 『천부경』은 또 삼계 우주에 깃든 율려의 기본 구조를 '천일天一·지일地一·태일太一'로 노래하고 있습니다. 하늘과 땅의 성령 자체가 율려이고, 옥같이 맑고 순결하며 조금도 때 묻지 않은 이 율려 생명은 각기 차원을 달리하여 천지 만물에 아로박혀 살아 움직이는 감응성을 나타냅니다.

천지와 하나된 인간을 태일太一이라 하는 것은, 율려에서 비롯된 인간 심령의 본질

---

29 **우주의 시공간** | 최신 물리학 이론인 초끈이론에서는 우주가 '브레인Brane' 이라 불리는 막에 붙어 있다고 한다. 우주는 10차원(또는11차원)의 시공간인 막에 갇혀 있으며 심지어 빛조차도 이 막을 떠나서 존재할 수 없다고 한다. 즉 브레인이라는 막이 바로 우주를 채우고 있는 시공간이며 이 브레인이 수축하거나 팽창함으로써 우주가 수축, 팽창한다는 것이다.

역시 우주의 조화 율려라는 것입니다. 그래서 인간이 천지와 하나된 바로 그 태일의 심법을 얻어 몸과 마음속에 우주의 무궁한 조화 율려(太一)가 온전히 회복될 때, 삶과 죽음의 유한한 생명을 뛰어넘어 영원한 우주의 조화 생명체로 거듭날 수 있는 것입니다. 동방의 9천 년 환단문화에서는 하늘·땅·인간의 몸 속에 깃들어 있는 우주 율려의 광명한 빛을 각각 환桓·단檀·한韓이라 불렀습니다. 그리하여 율려의 대광명을 온전히 발현하여 천지의 꿈과 우주의 대이상 세계를 건설하는 역사의 주체 인간인 태일을 '대한大韓'이라 불러 왔습니다.

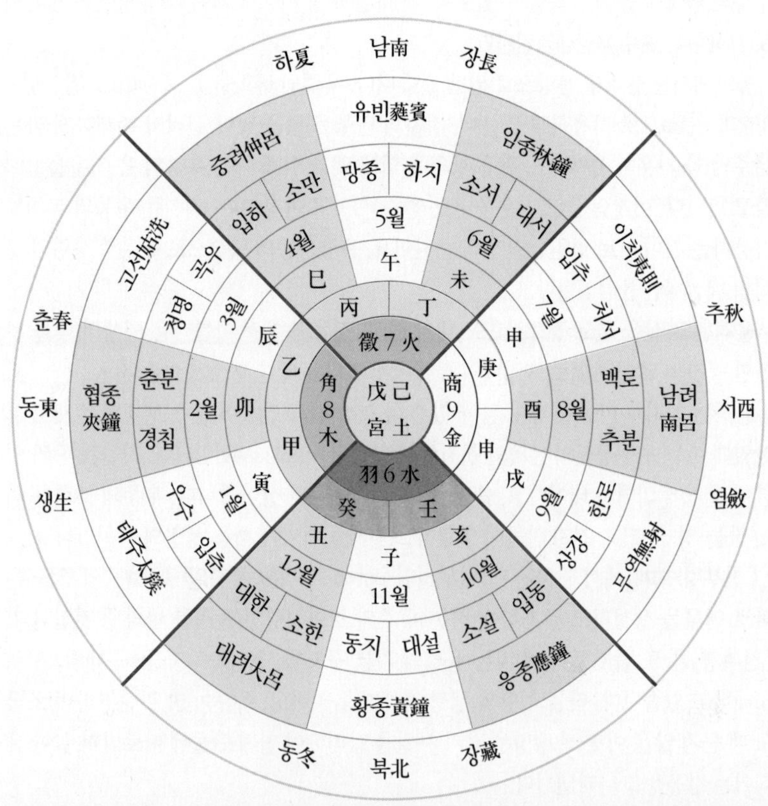

율려律呂 | 율려는 천지가 사계절(時), 8방위(空)의 음양 운동을 할 수 있게 해 주는 순수 음양, 또는 조화 정신, 핵을 말한다. 율려의 역사적 기원은 5,500여 년 전 하도(복희 팔괘)에서 비롯한다. 전통 음악에서는 6율6동六律六同(『주례周禮』「춘관春官」 편), 6율6간六律六間(『국어國語』「영주구伶州鳩」)이란 기록이 보이며, 『한서漢書』「율력지律曆志」에는 "건율乾律 … 곤여坤呂", 그리고 "율십유이律十有二 양육위율陽六爲律 음육위여陰六爲呂(율律은 모두 12개가 있는데, 육양은 율이 되고 육음은 여가 된다)" 라는 내용이 보인다. 율려는 이처럼 양의 6율과 음의 6려로 이루어지는데 6율은 황종 · 태주 · 고선 · 유빈 · 이칙 · 무역, 6려는 협종 · 중려 · 임종 · 남려 · 응종 · 대려로 이루어져 있다. 12율려는 말없는 천지의 생명의 빛이자 대우주의 노래이다.

대우주의 영혼인 이 율려를 상제님은 천지에 깃들어 있는 신神으로 말씀해 주기도 하셨습니다.

> ❋ 천지간에 가득 찬 것이 신神이니 풀잎 하나라도 신이 떠나면 마르고 흙 바른 벽이라도 신이 떠나면 무너지고, 손톱 밑에 가시 하나 드는 것도 신이 들어서 되느니라. (4:62)

이 말씀에서, 상제님은 생명의 빛인 율려 혼이 천지와 만물 속에 가득 차 있으며, 이 혼(Anima)이 떠나면 풀잎도 마르고 흙 바른 벽도 무너진다고 하셨습니다.

현대 과학은 사람과 동식물은 물론 무생물인 금속, 목재, 돌멩이도 하늘거리며 보석처럼 빛나는 생명의 불꽃(오오라)을 발산하고 있음을 밝혀냈습니다. 식물도 인간과 똑같은 감정을 가지고 있어서 때로는 고독해 하고, 때로는 슬퍼하고, 또 때로는 울고 웃기도 하며, 심지어 노이로제에 걸려 괴로워하는 경우도 있다는 것이 과학으로 증명되고 있습니다. 작은 꽃잎 하나에서도 세포 하나하나, 원자 하나하나가 모두 상호 연결되어 즉각 감응하며 생명의 춤을 추고 있습니다.

상제님이 김송환 성도에게 전하신 글 가운데 '**음중율려유여화**音中律呂有餘和'(6:121)라는 구절이 있습니다. 이 말씀은 만물 생명이 내는 소리에는 우주의 영혼이 부르는 생명의 노래, 곧 율(+)려(-)의 화음이 있다는 것입니다. 인간의 영성을 열어 주는 율려의 소리를 응축하여 나타낸 신성한 진리의 언어가 바로 '주문呪文'입니다. 태고 시대에 인류 창세문화를 개창한 성인 제왕들이 전수한 주문은 우주와 하나 되게 하는 생명의 노래요, 천지 광명의 음악인 '우주 음악Cosmic Music'입니다.

인류를 가을 신천지의 새 생명으로 거듭나게 하는 태을주 주문을 전해 주신 상제님께서는 "태을주는 우주 율려律呂니라."(2:140)라고 밝혀 주셨습니다. 태을주의 '훔'은 우주에 있는 모든 율려의 소리를 머금은 순수 생명의 소리입니다. 그리고 이 훔과 '나'를 하나 되게 하는 것이 '치'라는 음절입니다. 인간은 자기 안의 우주 율려를 깨우는 태을주를 읽음으로써 가을 우주의 영원한 생명으로 거듭날 수 있습니다. 내 안의 광명을 열어 천지 광명의 대이상 세계를 건설하는 태일 인간 '대한'이 될 수 있는 것입니다.

그런데 율려생명은 중앙 토土자리를 본체로 하여 자리 잡고 사정위四正位와 사유위四維位의 8방위로 작용하여(구궁팔풍九宮八風 운동) 천지일월로 하여금 정립과 경사를 반복하게 합니다. 이 율려 운동의 여덟 기본 방위를 상제님은 "천지대팔문天地大八門"(5:196)이라 말씀하셨습니다. 또 상제님께서 '천지진액주天地津液呪'(3:221)라 하신 오주五呪에서 전해 주신 '팔음팔양八陰八陽'은 현상계에서 율려가 음양 운동을 하며 드러나는 구체적인 모습을 말합니다.

선천은 지금까지 천지의 몸뚱이(천체)가 동북쪽으로 기울어져 상극相克의 질서로 만물을 길러 왔습니다. 그리하여 대자연의 영혼인 율려 성신은 인간과 만물 속에 고동치는 혼으로 하여금 기쁨보다는 슬픔을, 사랑보다는 원한을, 안락의 평온보다는 비애의 아픔을 노래하도록 속삭여 왔습니다.

김일부 대성사는『정역』에서 천지의 율려 혼은 1년에 12,960분分씩 현실 변화 운동에 가담한다고 밝혔습니다. 이것을 1년 날 수인 360으로 나누면 하루의 운동 도수는 36분이 되고, 이것을 도수로 환산하면 9도가 됩니다(하루 24시간인 1,440분이 360도이므로 하루의 운동 도수 36분은 9도가 되는 것이다.). 지구는 하루에 360도 자전 운동을 하므로 우주의 혼은 하루에 9/360, 즉 1/40만큼 작용한다는 뜻이 됩니다. 신묘하기 짝이 없는 이 율려의 작용 상수는 우주의 혼이 분열(9)과 통일(1)의 음양 운동을 영원히 지속하게 하는 본체로 작용한다는 것을 증명하고 있습니다.[30)]

오늘날 70억에 이르는 인류는, 우주의 율려 혼이 선천 시대의 분열의 머나먼 장정長程을 끝내고 후천 가을 우주의 대통일의 고향으로 찾아 들어가기 위해 기울어진 천지의 몸을 온전히 바로 세우려는 **전무후무한 대전환의 시대**에 살고 있습니다.

과학 지식이 해박한 사람도 대부분 천체와 지구의 자전축이 바로 선다는 사실에 대해서는 믿을 수 없는 일이라고 일축해 버리기 일쑤입니다. 천재 수학자 가우스K. F. Gauss의 명언, "수학은 과학의 여왕이다."라는 말을 상기해 보십시오. 하느님이 계시해 주신 하도와 낙서의 상수 원리를 모른다면 어떤 지식도 결코 자부할 만한 과학 지식이 될 수 없습니다. 이 상수 원리는 오직 후천의 대도 진리 차원에서 길을 제시한 역철학의 천도 변화 이치를 통해서만 알 수 있는 우주 신비의 최고봉입니다.

5. 지상 낙원, 후천(十天) 조화 선경 세계

帶道日月旺聖靈이로다
대 도 일 월 왕 성 령
변화의 도道를 그려 가는 일월이 성령을 왕성케 하는구나. (2:143)

神明世界에 和風蕩蕩하고 眞正乾坤에 皓月朗朗이라
신 명 세 계 　 화 풍 탕 탕 　 진 정 건 곤 　 호 월 낭 랑
신명의 조화세계 되니 화평한 신바람이 넘쳐나고
건곤이 바로 서니 밝은 달이 더욱 환하구나. (2:57)

---

30 **음양운동의 본체** | 우주의 혼인 율려가 하루에 1/40만큼 작용한다는 것은, 수·화·금·목의 음양 변화의 본체가 바로 율려임을 의미한다. 즉 수·화·금·목은 40이라는 변화의 수를 나타내는데(3·8木, 2·7火, 4·9金, 1·6水), 그 음양 운동의 전체 변화의 본체수(1)가 바로 율려인 것이다.

하늘과 땅이 기울어진 선천의 시공은 상극의 질서를 낳았습니다. 이때문에 선천에는 고통 속에 몸부림치는 우주의 혼이 인간의 혼에 고독과 비애를 새겨 놓았으며 구속의 멍에를 씌워 놓았습니다.

그러나 후천의 우주 가을철에는 생명을 낳고 기르는 북두칠성(선기옥형)을 중심으로 하늘의 몸이 바로 섬에 따라 지구와 일월의 자전축도 함께 정립하여(일월대어명) 우수에 젖어 있던 대자연의 혼은 슬픔을 떨쳐내고 무궁한 희열을 구가합니다(천지대팔문). 그리하여 선천의 시공 궤도 안에서 인간과 만물 생명의 영혼 속에 응어리진 슬픔과 설움, 아픔과 고달픔, 그리고 고독감과 소외감이 일월 성령의 대광명에 의해 말끔히 씻겨집니다. 후천의 무량 선경 세계가 지상에 펼쳐지는 것입니다.

❋ 수화풍水火風 삼재三災가 없어지고 상서가 무르녹아 청화명려淸和明麗한 낙원의 선세계仙世界가 되리라. (7:5)

❋ 정음정양正陰正陽으로 건곤乾坤을 짓게 하려니와… (4:59)

후천의 가을 세상이 되면, 지구에 수화풍 삼재三災가 없어지고 기후가 맑고 사계절 내내 봄과 같은 날씨가 지속됩니다. 그 이유는 선천의 낡은 시공 궤도가 조화調和의 새 정원 궤도로 갈아 끼워져 해와 달이 정원 궤도를 따라 돌아가기 때문입니다.

또 1년이 360일이 되어 시공의 역수가 정력正曆으로 전환되고, 음력과 양력이 일치하는 **'정음정양 시대'**가 열립니다. 그 속에서 인간 완성이라는 꿈이 이루어지고 천지성공 시대가 실현되며, 우주의 목적이자 대이상인 성인 시대(2:18~19)가 펼쳐지게 됩니다.

❋ 선천 영웅시대에는 죄로 먹고 살았으나 후천 성인시대에는 선으로 먹고 살리니 죄로 먹고사는 것이 장구하랴, 선으로 먹고사는 것이 장구하랴. 이제 후천 중생으로 하여금 선으로 먹고살 도수度數를 짜 놓았노라. (2:18)

그러면 지금까지 살펴본 내용을 토대로 하여 후천에 10천 통일 문명이 지상에 개창된다는, 파천황의 소식을 담은 상제님 진리의 본론으로 들어가 보겠습니다.

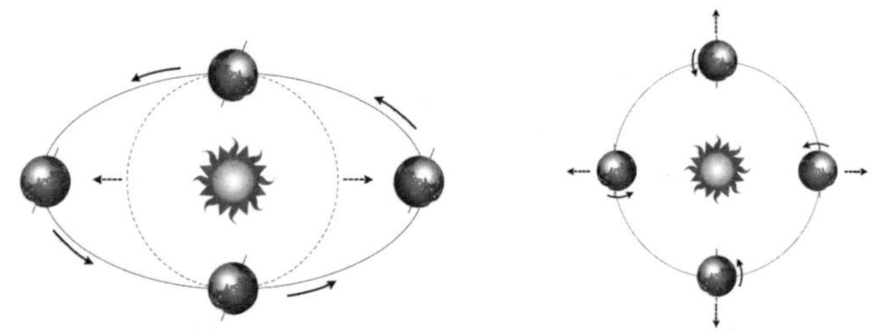

선천 윤력시대의 타원 궤도　　**후천 정력시대의 정원 궤도**

5장

증산도 진리의 근본이념

현대를 가리켜 참된 종교와 철학과 예술이 사라진 시대라 말합니다. 인류 역사에 숱한 종교와 이념과 사상이 출현했지만, 지금은 그 본래 사명과 의미를 잃어버리고 진리의 눈을 가리며 오히려 세상을 혼란에 빠뜨리고 있습니다.

오늘날 종교의 현실을 보십시오. 동서의 수많은 종교가 소리 높여 부르는 구원의 노래는 조화를 이루지 못하고 공허하게 울려 퍼지고 있지 않습니까?

세상 사람들은 각 종교의 시원이 한 뿌리임을 알지 못하고, 그들이 부르짖는 절대자(하느님, 미륵존불, 옥황상제)가 동일한 한 분임을 깨닫지 못하고 있습니다. 미륵(부처)님과 하느님을 전혀 다른 분으로 인식하고 동방 문화권에서 신앙해 온 우주의 통치자요 조화주 하느님이신 '옥황상제님'을 민간에서나 섬기는 신으로 알고 있습니다.

우리는 앞서 제2장에서 삼도三道의 본질을 밝히면서 유·불·선에서 받드는 천상의 최고 절대자가 동일한 한 분임을 살펴보았습니다. 가을 개벽기를 맞이하여 천상의 그 절대자 하느님께서 인간과 문명을 추수하시기 위해 친히 이 땅에 강세하셨습니다.

천상의 거룩한 보좌를 떠나 이 땅에 가난한 농부의 아들로 오신 증산 상제님은 성수 30세까지 가난과 고난 속에서 세상의 온갖 일들을 직접 체험하셨습니다. 31세 되시던 신축(1901)년에는 "종전의 알며 행한 모든 법술로는 세상을 건질 수 없다."(2:1) 하시고 석가모니와 주장춘의 예언 그대로 가을 우주를 열고 인간과 신명을 구원하시기 위해 천지 문호門戶[1]인 모악산 대원사 칠성각七星閣에서 21일 동안 태양과 같은 뜨거운 열정과 일심一心으로 수도에 전념하셨습니다. 마침내 음력 7월 7일(庚午日)에 상제님께서는 무상無上의 대도大道로써 천지대신문天地大神門을 여셨습니다.

증산 상제님께서는 깊은 좌절과 슬픔에 빠진 오늘의 인류와 천상 신명들을 구원하는 전대미문前代未聞의 천지공사天地公事를 집행하시어 기존 성자들의 가르침과는 전혀 그 법방이 다른 구원의 길을 여셨습니다. 이제 이 천지공사의 내용(제6~8장)을 체계적으로 이해하기 위한 토대로서 삼계개조三界改造 공사公事의 근본정신인 원시반본原始返本과 3대 실천 이념인 보은報恩·상생相生·해원解冤에 대해 알아보고, 이어서 원시반본의 정신에 깃든 주요 사상들에 대해 살펴보기로 하겠습니다.

---

1 **천지 문호** | 가을 천지의 통일문화의 대운을 여는 문으로 어머니 산인 모악산을 일컫는다.

제1절 가을의 근본정신, 원시반본原始返本

1. 근원으로 돌아가는 천지 섭리

❋ 상제님께서 원시반본原始返本의 도道로써 인류 역사의 뿌리를 바로잡고 병든 천지를 개벽開闢하여 인간과 신명을 구원하시기 위해 이 땅에 인간으로 강세하시니라.(1:1)

❋ 이때는 원시반본原始返本하는 시대라. (2:26)

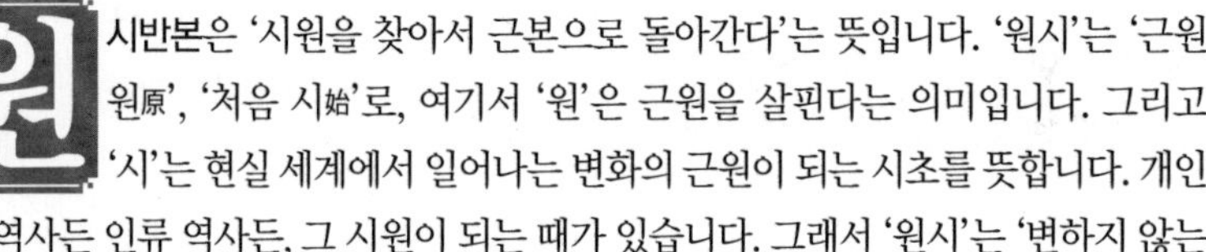

원시반본은 '시원을 찾아서 근본으로 돌아간다'는 뜻입니다. '원시'는 '근원 원原', '처음 시始'로, 여기서 '원'은 근원을 살핀다는 의미입니다. 그리고 '시'는 현실 세계에서 일어나는 변화의 근원이 되는 시초를 뜻합니다. 개인의 역사든 인류 역사든, 그 시원이 되는 때가 있습니다. 그래서 '원시'는 '변하지 않는 처음·시작을 살핀다'는 의미입니다.

그리고 '반본'은 '돌이킬 반', '근본 본'으로, 근본으로 돌아간다는 뜻입니다. 원시반본이란 단순히 처음·시원으로 회귀하는 것이 아니라 현재의 삶을 완성하기 위해 시원의 창조적인 뿌리를 바르게 인식하고 그 근본으로 돌아가는 것을 말합니다. 이것이 상제님이 말씀하신 원시반본의 정신입니다.

지금 이 시대는 선천의 분열·성장기를 마치고 원시반본의 도에 따라 가을철의 동서 통일문화 시대로 들어서는 우주사의 대전환기입니다.

❋ 내가 천지를 주재하여 다스리되 생장염장生長斂藏의 이치를 쓰나니 이것을 일러 무위이화라 하느니라. (4:58)

상제님께서 주재하시는 도道는 인간과 우주가 생겨나기 이전의 절대 자리입니다. 그 도의 정신에 따라 천지일월은 생·장·염·장하는 사시 변화를 무한히 열어 나갑니다. 선천 봄·여름철은 만유 생명이 탄생하여 끊임없이 분열·성장하는 때로서 후천 가을철, 성숙의 조화 세상을 향해 달려가는 '생장 시대'입니다. 이 생장 시간이 끝나면 생명의 근원으로 돌아가 가을철 통일문화를 결실하는 원시반본의 현상이 일어나게 됩니다.

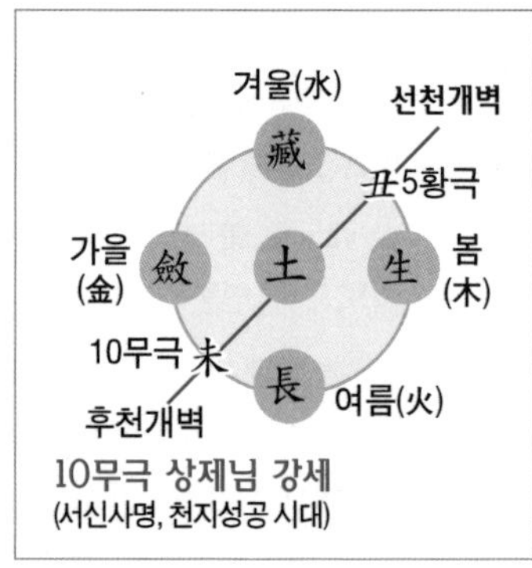

10무극 상제님 강세
(서신사명, 천지성공 시대)

우리는 생명이 원시반본하는 이치를 한 그루 나무의 1년 변화를 통해 쉽게 이해할 수 있습니다. 나무는 봄이 되면 뿌리에서 줄기로 수액을 빨아 올려 새

싹을 틔우고, 여름에는 사방으로 기운을 뻗쳐 가지마다 잎을 우거지게 합니다. 그리고 생장의 시간이 지나 가을을 맞으면 생명력의 근원인 수기水氣를 뿌리로 되돌리고 진액을 수렴하여 열매를 맺습니다. 이처럼 가을에는 언제나 분열 운동을 마치고 모든 **생명력을 뿌리로 되돌리면서 생장의 목적인 열매를 맺는 것**, 이것이 가을철에 자신의 근원을 찾아가는 **대자연의 원시반본 섭리**이자, 추살을 극복하고 생명을 유지하기 위한 우주 대자연의 몸짓입니다.

인간농사 짓는 우주 1년의 변화에서도 여름에서 가을로 넘어갈 때는 추살秋殺이라는 천지 이법에 따라 가을개벽과 함께 일제히 만유 생명이 추려지고 결실을 맺습니다. 우주의 통치자로서 인간으로 오신 참 하느님, 증산 상제님께서는 이 변국기에 지구촌 억조창생이 **생명의 뿌리(근원)를 찾아 열매 맺고 구원받을 수 있는 원시반본**의 길을 열어 주셨습니다. '오직 뿌리로 돌아가는 이 길을 따라야 산다. 이 법칙을 벗어나면, 누구도 살아남지 못한다.'고 준엄한 천명을 내리셨습니다. 장차 지구촌 70억 인류는 상제님이 밝혀 주신 원시반본의 섭리를 따라 후천 가을 세상으로 넘어가게 됩니다.

- 이제 말세의 개벽 세상을 당하여 앞으로 무극대운無極大運이 열리나니… 순결한 마음으로 정심 수도하여 천지공정天地公庭에 참여하라. (2:15)
- 물샐틈없이 짜 놓은 도수이니 죽자 사자 따라가라. (8:112)
- 이때는 천지성공 시대라. 서신西神이 명命을 맡아 만유를 지배하여 뭇 이치를 모아 크게 이루나니 이른바 개벽이라. (4:21)

머지않아 닥칠 가을 대개벽을 거치면서 우주 질서의 대전환이 이루어집니다. 원시반본의 도道에 따라 기울어진 천축天軸이 정립하면 천지에 가을의 10무극 생명수生命水가 폭포수처럼 쏟아지는 가운데 지구는 마침내 정역(1년 360일의 가을 후천력後天曆)의 시공 궤도를 돌게 됩니다. 그리하여 지상에는 10천天의 조화 낙원이 펼쳐질 수 있는 상서로운 '자연환경'이 조성됩니다.

- 후천은 온갖 변화가 통일로 돌아가느니라. (2:19)
- 지금은 여러 교敎가 있으나 후천에는 한 나무에 한 뿌리가 되느니라. (11:410)
- 앞세상은 만수일본萬殊一本의 시대니라. (2:27)

2. 가을 우주의 원시반본의 길

1) 원시반본의 의미

인간으로 오신 하느님이 우주의 가을철을 맞아 친히 열어 주신 성숙과 조화의 진리인 원시반본의 의미는 크게 네 가지로 요약할 수 있습니다.

첫째, 원시반본은 변화가 극에 달하면 다시 원래 자리로 돌아가는 **극즉반**極則反**의 섭리**에 따라 모든 생명이 분열·성장을 마치고 그 근원으로 복귀함을 뜻합니다. 천지 만물의 주인공인 인간 역시 **자기 생명의 근원으로 돌아감**으로써 자연의 가을 서릿발을 극복하고 열매를 맺게 됩니다. 여기서 생명의 근원이란 자신을 보살피고 인도하시는 각자의 조상님과 나아가 온 인류의 구원의 하느님(救主)이신 상제님의 성령의 품 안을 말합니다. 원시반본의 도는 가을 천지 개벽기에 만유 생명이 무조건 따라야 하는 천리天理입니다.

둘째, 원시반본은 인간과 만물을 낳아 길러 온 **천지가 성공하는 길**(**천지성공**)입니다. 후천 가을개벽으로 천체가 바로 서서 정음정양正陰正陽의 천지 운수가 열리면, 인류는 360일 정역 시대의 거룩한 시간대를 맞이합니다. "삼천三遷이라야 내 일이 이루어지느니라."(6:64) 하신 상제님 말씀과 같이, 천지는 우주 사계절의 창조 법칙인 시간의 세 박자 리듬(역도수曆度數의 삼단 변화), 즉 '탄생(366도) → 성장(365¼도) → 완성(360도)'이라는 세 단계의 시간 질서를 거쳐(三遷) 순환합니다. 이제 다가올 세 번째 성숙의 단계에서 인류가 그토록 절규하고 소망하던 이상 낙원이 지상에 열리게 됩니다. 어머니 지구는 상제님이 마련해 주신 구원의 처방인 천지공사의 도수에 따라 **10천 하늘로 거듭나고** 이러한 이상적인 자연환경 속에서 인간은 성숙과 구원을 실현하게 되는 것입니다. 상제님은 "인사人事는 기회機會가 있고 천리天理는 도수度數가 있나니…." (2:74)라고 말씀하셨습니다. 오직 우주의 가을철이 되어야만 원시반본하는 추수 원리에 따라 세계가 한 집안이 되는 지상 선경 낙원의 큰 꿈과 이상이 실현됩니다. 그동안 선천 종교는 대자연 천지일월의 변화 이법과 신비에 대해서 침묵한 채 단지 마음을 닦고, 참회하면 구원받을 수 있는 것처럼 가르쳐 왔습니다. 그러나 이것은 천지의 때를 알지 못한 채 구원의 단편적 사실을 말한 것에 지나지 않습니다. 진정한 인류 구원은 선천 봄·여름철의 상극의 역사 과정을 마무리 짓고 가을철의 결실을 열어 주시기 위해 천지 주인이신 상제님께서 지상에 강세하심으로써 이루어지게 됩니다.

셋째, 원시반본은 **우주 창조의 이상이 모두 완성되어 도**道**의 열매를 맺는 것**을 뜻합니다. "서신西神이 명命을 맡아 만유를 지배하여 뭇 이치를 모아 크게 이루나니"(4:21)라고 하신 상제님의 말씀 그대로, 원시반본은 선천에 생겨나 발전해 온 모든 사상과 종교가 통일되는 결실의 섭리입니다. 선천 세상에 증산 상제님의 명을 받고 내려온 공자, 석가, 예수 같은 성자나 철학자, 과학자를 비롯한 모든 사람의 꿈과 이상이 원시반본이라는 대통일 정신 속으로 흘러 들어가 후천 가을철의 상생의 조화와 통일문명으로 지상에 모습을 드러내게 됩니다.

❋ 이때는 천지성공 시대라. 서신西神이 명命을 맡아 만유를 지배하여 뭇 이치를 모아 크게 이루나니 이른바 개벽이라. (4:21)

가을의 근본 정신 원시반본은 동서문화의 정수를 모아 성숙한 인류 문화와 사상의 결정체를 창조합니다. 그리하여 세계 통일과 인류 구원의 기반이 실현되어 후천 5만 년 새 역사 창조의 위대한 힘으로 분출됩니다. 원시반본은 주장춘이 말한, 도의 완성인 오도熬道를 이루는 길이요, 주(인생)·객(자연)을 동시에 성숙시켜 천지의 결실 문화를 성취하는 길입니다(제1장의 '최후의 진인이 여는 결실 진리' 참고).

넷째, 원시반본은 선천의 자연과 문명을 지배하던 **상극 질서가 상생으로 전환함**을 의미합니다.

"내가 상생相生의 도로써 만민을 교화하여 세상을 평안케 하려 하나니…."(2:75), "만고의 원을 풀며 상생의 도道로써 선경의 운수를 열고…."(4:16)라고 하신 상제님 말씀에서 알 수 있듯이, 원시반본은 동서양의 종교·정치·사상의 상극적 대립이 지양된, **상생으로 가는 '절대정신'**입니다.

유·불·선·기독교 등 선천 종교 간의 갈등과, 영계와 현실 인간 세계에서 빚어진 민족 간의 갈등과 전쟁, 한반도의 남북한 대립을 비롯한 동서의 이념 대결과 충돌, 인류사의 이 **모든 상극 요소가 원시반본의 대도로 완전히 해소됩니다**. 여기서 비로소 **인류의 근원적이고 보편적인 구원**이 이루어지는 것입니다.

원시반본으로 열리는 후천의 변화

	변화 모습	원시반본의 대상
첫째	만물이 분열·성장을 마치고 생명의 근원인 천지 성령의 품으로 복귀.	인간과 만물
둘째	천체가 정립함으로써 천지가 1년 360일 질서로 조화됨.	만물을 낳아 길러 온 하늘땅
셋째	동서문화의 정수를 뽑아 후천 통일문명 결실.	동서의 종교·사상을 비롯한 모든 선천 문화
넷째	상극의 질서가 상생으로 전환.	천지와 인간 문명의 질서

2) 신천지가 열리는 천지한문天地開門

오늘날 후천개벽을 향해 줄달음치는 원시반본의 시운時運은, 하늘과 땅 사이에 "원원한 천지대운天地大運"으로 열려 있습니다. 상제님은 우리가 숨 쉬고 있는 이때를 '**천지의 한문**開門'이라고 말씀하셨습니다. 한문은 '개벽문'이자 새 하늘 새 땅으로 들어서는 하늘 법정의 문입니다. 한문은 1태극수의 분열 운동(火)에 종지부를 찍고, 원시반본의 이법에 따라 가을철을 여는 10무극이 성숙과 통일의 생명 막을 형성하는 금화교역金火交易의 문입니다[開=(門)+(一)+(十)].

지금 인류는 이 천지의 한문 앞에서 새 세상으로 들어가는 마지막 짧은 여정만을 남겨 놓고 있습니다. 상제님은 묵은 하늘과 땅이 물러나고, 꿈에 그리던 후천 선경의 새 세계가 열리는 이 거대한 변화에 대해 이렇게 밝혀 주셨습니다.

- 至曰天地禍福至요 氣曰天地禍福氣요 (7:69)
  지 왈 천 지 화 복 지　기 왈 천 지 화 복 기
- 至氣今至四月來 (5:336)
  지 기 금 지 사 월 래
- 冬至寒食百五除라 (5:407)
  동 지 한 식 백 오 제

장차 지축 정립과 더불어 일어나는 일련의 대개벽의 과정에서 가을 하늘의 숙살기운이 내리칩니다. 천지의 추살기운이 내려오면 천상 신명계의 인간 심판이 시작됩니다. 그때는 '지상의 후손과 천상의 조상신'이 함께 열매를 맺어 영생하느냐 아니면 동시에 우주의 어둠 속으로 영원히 소멸하느냐 하는 생사존망의 여부가 판가름 나게 됩니다.

- 상제님께서 하루는 세간에 전해 오는 '백조일손百祖一孫'이라는 말에 대하여 말씀하시기를 "가을바람이 불면 낙엽이 지면서 열매를 맺는 법이니라.그러므로 이때는 생사판단生死判斷을 하는 때니라." 하시니라. (2:44)

선천을 살아 온 오늘의 인간은 상극의 투쟁 속에서 뿌리 깊이 병들고 타락하여 지금과 같은 모습으로는 성숙의 하늘인 후천 가을의 신천지로 들어갈 수 없습니다. 먼저 '묵은 하늘'이 지은 온갖 갈등과 죽음의 기운을 씻어내는 치유의 과정을 거쳐야 합니다. 병든 삼계의 치유를 위해 상제님과 수부님께서 내놓으신 처방이 바로 원시반본을 실현하는 보은·상생·해원의 도법입니다. 인류는 상제님의 이 세 가지 우주 통치 사상을 실천함으로써 구원의 길로 들어설 수 있습니다.

제2절 원시반본의 3대 생활 이념: 보은·상생·해원

상제님께서 내려 주신 구원의 근본 섭리는 천지와 인간을 병들기 이전의 본연의 모습으로 회복시켜 완성과 성숙을 이루게 하는 것입니다. 이 원시반본을 실현하는 구체적인 실천 이념이, 천지로부터 받은 은혜에 보답하는 '보은', 그 보은의 정신에 따라 인류를 구원해서 모두 같이 잘살게 하는 '상생' 그리고 그 과정에서 원신寃神과 역신逆神은 물론 인간의 깊은 원한을 해소하는 '해원'의 도법입니다.

이제 천지성공 시대를 맞이하여 천상 신명계와 인간 세계에 가득 찬 천지의 원한을 모두 풀고, 서로 살리고 구원하는 상생의 도를 실천함으로써 인류는 천지의 꿈과 이상을 성취하게 됩니다. 상제님께서는 해원을 바탕으로 해서 천지공사를 집행하셨지만 일꾼들은 보은을 근본으로 하여 상생을 실천함으로써 해원을 이루어 나갑니다. 천지의 은혜를 갚는 '천지보은'은 가을개벽의 정신인 원시반본의 도를 실천하는 근본 이념입니다. 이 보은을 밑자리로 해서 구현해야 할 실천 이념이 상생입니다. 상생이 생활의 목적이고 일상의 생활 이념이 되어야 진정한 해원이 이루어질 수 있습니다.

원시반본을 구현하는 3대 실천 생활 이념인 보은과 상생과 해원은 장차 '인류를 구원하여 동서 세계를 통일하고, 후천 가을문명으로 인도하는 새 생명의 길'입니다.

1. 보은報恩의 도道

1) 만유 생명과 하나 되게 하는 '화합의 이념'

보은이란 받은 은혜에 보답하는 것을 뜻합니다.

천지 대자연의 오묘한 조화와 인생 만사를 들여다 보십시오. 주고받는 법칙에서 벗어나는 것은 아무것도 없습니다. 은혜를 받고 보답하는 삶은 우주생명의 조화와 창조 원리에 부합합니다. 인간은 부부간, 부모 자식간, 형제간은 물론, 이웃과 사회 속에서 서로 은혜를 주고 받으면서 살아갑니다. 대자연과 만물, 천지 신명들도 그러합니다. 하늘과 땅과 사람 즉 천·지·인 삼재三才가 '은혜를 주고 받음으로써' 일체로 변화하며 성숙해 나갑니다.

"남 잘되게 하라"
"척짓지 마라"
상생 相生
원시반본 보은
해원 解寃
일심一心
"매사에 일심一心하라"

보은의 도는 '황폐해진 자연'과 '원한으로 파산당한 신명계' 그리고 '병든 인간 세상'을 치유하여 단절된 자연과 신명과 인간의 생명의 끈을 연결하고 성숙시키는 **'화합과 일체의 이념'**입니다. 그리하여 상제님께서는 천지에서 뭇생명을 추수하는 가을철 개벽기를 맞아 먼저 인간 상호 간에, 신명들 사이에, 또 인간과 신명 간에 신세지고 은덕 입은 것을 서로 갚으며 상생의 길로 나아갈 수 있도록 보은의 삶을 명하셨습니다.

❋ 신농씨가 온갖 풀을 맛보아 의약을 짓고 농사짓는 법과 백곡을 정함으로써 천하가 그 은택恩澤을 입어 왔으나 그 공덕을 앙모하여 보답하지 않고 간혹 의원가에 '신농유업神農遺業'이라 써 붙일 뿐이며 강태공이 제잔금폭除殘禁暴의 묘략과 부국강병富國强兵의 술법을 전수함으로부터 천하가 그 덕으로 대업을 이루었으되 그 은덕을 보답지 않고 다만 디딜방아에 동티막이로 '경신년 모월 모일 강태공 조작姜太公造作'이라 써 붙일 뿐이니 어찌 도의道義에 합당하리오. 또한 강태공이 십 년 경영으로 삼천육백 개의 낚시를 벌였음이 어찌 한갓 주周나라를 일으켜 봉작封爵을 얻기 위함이었으랴. 이를 널리 후세에 전하려 하였음이니라. 이제 해원 시대를 당하여 모든 신명이 신농씨와 태공의 은혜에 보답하게 되리라. (4:145)

이 말씀에서, 배달 동이족의 강씨 성으로 역사 속에 다녀간 성인 제왕인 신농[2]과 강태공이 지금도 천상에서 하늘사람(신명神明)으로 생활하고 있음을 알 수 있습니다. 상제님께서는 5천여 년 동안 인류가 그들의 은혜를 입었으므로, 후천 가을의 보은 시대를 맞아 신명과 인간이 다 함께 보답하게 된다고 하셨습니다.

상제님께서는 "밥을 한 그릇만 먹어도 잊지 말고 반 그릇만 먹어도 잊지 말라." (2:28)라고 말씀하셨습니다. 또 **"배은망덕만사신背恩忘德萬死身"**(2:28)이라 하시어, 생명의 존재 법칙인 은혜를 주고받는 도리를 저버리는 자들은 추살의 가을 대개벽기에 준엄한 죽음의 심판대 위에 서게 될 것임을 경고하셨습니다.

---

2 신농 | 신농씨는 성씨가 강姜이고 열산씨烈山氏라고도 불렸다. 강수姜水에서 태어났기 때문에 성을 '강'이라 하였다. 아버지는 소전씨少典氏이고 어머니는 유와씨有媧氏이다. 신농씨는 사람들에게 농사짓는 법을 가르쳐 주었다. 농기구인 쟁기(耒)와 보습(耜)을 발명하여, 사람들이 농토를 개간하고 오곡을 심어 농사를 지을 수 있게 해 주었다. 신농씨 또는 열산씨라 부르는 이유가 여기에 연유한다. '신농神農'은 말 그대로 '신령스런 농부'라는 뜻이고, '열산烈山'은 '산의 초목을 불태워 농토를 개간한다'는 뜻이다. 신농씨를 염제炎帝라고도 하는데 남방을 다스리는 불의 신으로 여겼기 때문이다. 그리고 신농씨는 시장을 개설하여 태양이 정남방에 왔을 때 일정한 장소에 모여 사람들이 편하게 물건을 바꾸고 자유롭게 만날 수 있도록 하였다. 또 온갖 풀을 직접 먹어 보고 풀의 효능과 약성을 사람들에게 전해 주었다. 때때로 독초에 중독되어 목숨이 위태롭기도 했지만 인류를 위하여 약초를 구하는 일을 멈추지 않았다. 중국에서는 신농씨를 소의 머리를 한 인신우두人身牛頭의 모습으로 그렸다.

강태공姜太公 **여상**呂尙 | 신농씨의 후예로 동해(현 산동성, 강소성 근방)에서 동이족으로 출생하였다. 이름은 상尙, 자字는 자아子牙이다. 위수 반계磻溪에서 10년 동안 곧은 바늘로 낚시를 하다가 후에 문왕이 되는 희창을 만나게 된다. 그의 군사軍師가 되어 주 왕조 건설의 일등공신이 되었다. 문왕의 할아버지(태공) 고공단보가 기다리던 성인이라 하여 태공망太公望 혹은 태공이라 불린다. 무왕에 의해 제나라 왕에 봉해진 뒤 동방 신교의 삼신관을 중국 한족에 전수하였다. 이후 서방 중국 땅에 삼신상제님과 치우 천황 등에 제를 올리는 팔신제八神祭 풍속이 널리 성행하게 되었다. 병법의 태조인 치우 천황 이래, 병가의 중시조로 받들었다. 『육도삼략六韜三略』을 저술하여 역대 병법 사상가에게 지대한 영향을 끼쳤다. 후대의 손자孫子, 오자吳子, 위료자尉繚子, 이위공李衛公 등 제가諸家의 병법 사상이 『육도삼략』을 중심으로 한다.

2) 천지보은의 길

인간이 받는 가장 큰 은총은 천지 부모의 은혜입니다. 상제님의 도업을 이 땅에 뿌리내리신 태모님은 항상 "천지 알기를 너희 부모 알듯이 하라."(11:114)라고 말씀하셨습니다. 천지 이치에 따라 강세하시어 천지 부모의 뜻을 이루시는 인존 하느님이신 상제님께서는 인간이 천지의 은혜에 보답하는 은혜 수수授受 법칙을 **"도통천지보은**道通天地報恩"(6:128)이라 하셨습니다. '인간으로서 왜 살아야 하는가? 우리의 삶의 목적은 무엇인가?' 하는 물음에 대한 본질적인 해답이 '도통천지보은'이란 말씀에 다 들어 있습니다. 이것은 삶의 절대 실천 이념으로서, 그 누구도 어길 수 없고 이 길을 벗어나면 참 인간이 될 수 없는 대도의 말씀입니다.

'도통천지보은', 이 여섯 글자에 들어 있는 뜻은 진리 인간으로 성숙해가는 하루하루의 우리 삶이 곧 천지 부모의 은혜를 갚는 과정이라는 말씀입니다. '진리에 통하는 것이 하늘땅 천지 부모님의 은혜를 갚는 것'이라는 이 말씀에서 진리를 보는 마음의 눈이 활짝 열리게 됩니다. 인간으로 강세하신 상제님께서는, 인간이 삼재三才의 도를 깨칠 수 있도록 중통인의의 도통문을 여시고 해원·상생의 도법으로 병든 하늘과 땅을 바로잡으시어 모든 인간이 천지에 보은할 수 있는 길을 열어 주셨습니다.

우리가 하늘과 땅이 무엇이고, 만물의 생명이 무엇인지 깨치게 되면 진정한 천지 부모의 아들딸, 진정한 인간으로 거듭나는 태일(인존)의 길로 들어설 수 있습니다. 하늘과 땅은 단순히 물질적인 존재가 아니라 살아 있는 생명이자 신령神靈입니다. 내가 진실된 마음으로 기도하면 내 영혼이 천지와 교감하고 천지에서 생명의 말씀과 깨달음을 내려 주십니다. 천지 성령이 우리에게 신교神敎를 열어 주는 것입니다.

상제님께서는 또 "선천 인간 중에 천지의 홍은鴻恩을 갚은 사람이 없느니라."(2:23)라고 말씀하셨습니다. 인간은 우주 가을철 열매 진리인 상제님의 무극대도를 통해 후천 신천지의 자녀로 태어남으로써 천지의 뜻을 이루고 천지에 보은하는 존재가 될 수 있습니다. 장차 상제님의 일꾼들이 가을 대개벽에서 인류를 건져내고 천지의 대이상인 우주 가을철의 상생의 조화선경 문명을 지상에 건설함으로써 천지 부모의 은총에 보답하고 가을 천지의 영원한 새 생명으로 거듭나게 됩니다. 가을 개벽기에 상제님의 도를 만나, 우주의 봄여름철에 천지에서 농사지은 인간을 건져내는 일은 천지 부모에 대한 궁극의 보은이요 도통을 이루는 길입니다. 상제님께서는 사람을 많이 살려 내면 보은줄이 찾아들어 후천 가을 우주의 영원한 복을 얻게 됨을 강조하셨습니다.

3) 군사부君師父이신 상제님의 명에 순종하라

무엇보다 우리가 '반본'해야 할 곳은 신교문화의 주인공이시며 대우주의 생명의 중심에 계신 상제님입니다. 상제님은 군사부君師父 문화의 근원이십니다.

거룩하신 천상 보좌에 계시는 상제님은 대우주를 통치하시는 우주의 제왕이시고, 새 진리를 열어 주시는 인간과 천지 신명의 가장 큰 스승이시며, 억조창생을 살길로 인도해 주시는 생명의 아버지이십니다. 따라서 보은의 도를 실천하는 데는 충의忠義와 순명의 정신으로 상제님의 황명, 즉 천명을 받들고 대스승의 가르침에 순종하며, 참마음으로 아버지의 명을 실천하는 진정한 구도자로서 바르고 진실된 자세가 중요합니다.

인간으로 오신 상제님의 원시반본의 도에 의해, 앞으로 군사부일체의 통일문화가 열려 전 인류가 한 가족이 되는 후천 선경의 세계일가世界一家가 실현됩니다.

4) 너의 뿌리를 찾아 보은하라

원시로 반본하는 이때는 무엇보다도 내 생명의 직접적인 뿌리요, 나를 낳아 주신 조상을 잘 섬겨야 합니다. 가을 개벽기에 상제님 진리를 만나고 진리를 깨닫는 힘이, 조상이 닦은 공력에 따라 주어지기 때문입니다.

❋ 만성 선령신萬姓 先靈神들이 모두 나에게 봉공奉公하여 덕을 쌓음으로써 자손을 타 내리고 살길을 얻게 되나니 **너희에게는 선령先靈이 하느님이니라.** 너희는 선령

을 찾은 연후에 나를 찾으라. 선령을 찾기 전에 나를 찾으면 욕급선령辱及先靈이 되느니라. (7:19)

❋ 선령신이 짱짱해야 나를 따르게 되나니 선령신을 잘 모시고 잘 대접하라. … **선령의 음덕蔭德**으로 나를 믿게 되나니 음덕이 있는 자는 들어왔다가 나가려 하면 신명들이 등을 쳐 들이며 '이곳을 벗어나면 죽으리라.' 이르고 음덕이 없는 자는 설혹 들어왔을지라도 이마를 쳐 내치며 '이곳은 네가 못 있을 곳이라.' 이르느니라. (2:78)

우주 안에서 가장 소중한 존재는 자기 자신입니다. '나'라는 존재가 없다면 우주조차도 의미가 없습니다. 이러한 나의 존재를 있게 해 주신 분이 바로 생명의 뿌리인 부모와 조상 선령先靈입니다. 상제님께서는 "부모를 경애하지 않으면 천지를 섬기기 어려우니라. 천지는 억조창생의 부모요, 부모는 자녀의 천지니라."(2:26)라고 말씀하셨습니다. 태상종도사님께서도 "사람은 첫째로 조상을 알아야 한다. 자기 조상은 하느님보다 더 소중한 존재다. 자기 조상 없이 자신이 어떻게 생겨날 수 있는가."라고 말씀하시며 조상의 은혜에 대해 깨우쳐 주시고 "**부모 조상은 제1의 하느님이요 원 하느님은 제2의 하느님이다.**"라고 강조하셨습니다.

상제님께서는 제 조상을 부정하고 조상 제사를 거부하는 자, 조상의 음덕을 경시하는 자는 천지 만물의 생명을 추수하는 우주의 가을철에 결코 열매 맺을 수 없다고 무서운 경계의 말씀을 내려 주셨습니다(3절, '세계 각 민족의 원시반본'참고).

❋ 이때는 원시반본原始返本하는 시대라. 혈통줄이 바로잡히는 때니 **환부역조換父易祖하는 자와 환골換骨하는 자는 다 죽으리라.** (2:26)

동방 한민족의 뿌리는 환인桓仁·환웅桓雄·단군檀君의 삼성조三聖祖이십니다. 그러나 우리의 현실은 역사가 왜곡되어, 대부분의 한국인이 삼성조 시대의 역사를 제대로 알지 못하고 있습니다. 제 뿌리를 모르면 자신의 존재 의미를 결코 알 수 없습니다.

우주의 여름에서 가을철로 넘어가는 가을개벽기에는 뿌리 기운을 받아야 결실하는 자연의 이치 그대로 **자신의 뿌리와 근본을 찾는 일**이 생사를 결정하는 중차대한 문제입니다. 추살을 앞둔 이때는 특히 하늘의 모든 선령신들이 척신隻神과 마신魔神의 손에서 자손을 건져내기 위해 영적 대전쟁을 벌이고 있기에 내 생명의 뿌리인 조상을 찾고 혈통을 바로 세워야만 나의 생명을 보전할 수 있습니다. 가을 천지 개벽기에 우리가 조상님께 보은하는 궁극의 길은, 상제님의 진리를 만나 개벽을 극복하고 조상님과 함께 천지 부모의 꿈과 이상을 이 땅에 실현하는 일입니다.

2. 상생相生의 도道

인간 세상의 투쟁, 갈등, 대결 의식을 평화의 의식으로 되돌리는 상제님의 가르침이 보은입니다. 보은의 아름다운 덕성만이 궁극으로 우주 통치자 하느님의 마음인 상생을 열고 후천 가을 상생의 세상을 건설할 수 있습니다. 자연과 지구촌 각 나라 사이의 관계는 물론, 인류 문명과 인간 생활의 질서도 상생으로 거듭날 수 있습니다. 후천 5만 년 동안 지속되는 조화선경 낙원은 보은의 이념을 바탕으로 해서 열리는 상생의 세계입니다.

상생이란, '서로 상相', '살릴 생生'으로 먼저 천지의 가을 개벽기를 맞아 서로 살리고 구원하여 잘되게 한다는 뜻이 있습니다.

❋ 나의 도는 상생相生의 대도이니라. (2:18)

❋ 舊天地 相剋 大寃大恨 新天地 相生 大慈大悲 (11:345)
구천지 상극 대원대한 신천지 상생 대자대비

후천 가을 우주의 통일 이념인 상생은 세상에서 말하는 단순히 '서로 잘되게 한다'는 차원이 아니라, 선천 종교의 어떤 성인도 언급하지 못한, 인존 하느님께서 천지 이법에 따라 친히 내려 주신 구원의 도법이요, 가을문화의 새 진리입니다.

선천 세상에는 인류 구원을 표방하는 종교마저도 서로 대립하고 충돌합니다. 우리는 지난날 종교사에서 잘못된 믿음의 광기가 불러온 피의 역사를 너무도 선명히 기억하고 있습니다. 그런데 그 상극 질서의 이면에는 상생의 질서가 작용하고 있습니다. 상제님께서 "천하에 서로 극剋하는 이치가 없느니라."(4:152)라고 하셨듯이, 상극의 근본 바탕에 상생의 천지 이법이 작용하고 있기에 인간과 신명과 만물은 상생으로 서로 의지하며 살아갑니다.

인간으로 오신 상제님의 해원의 손길에 따라 상극의 천지 질서가 상생의 우주 환경으로 전환하여 가을 우주의 정역 시대가 펼쳐짐으로써 **후천에는 상생의 천지 질서**가 비로소 현실화됩니다. 삼계의 통치자 하느님께서는 삼계대권이라는 무량한 조화권능으로 하늘과 땅을 뜯어고쳐 선천 상극의 운을 문 닫고, 모든 인간이 성숙한 삶을 살 수 있는 가을 우주의 새 질서를 열어 주셨습니다. **상제님이 열어 주신 후천 새 우주의 천지 질서가 바로 상생**입니다. 그 속에서 살아가는 만물의 관계도 신천지의 주인공인 인간의 마음도 상생으로 바뀝니다.

❋ 내가 이제 후천을 개벽하고 상생의 운을 열어 선善으로 살아가는 세상을 만들리라. 만국이 상생하고 남녀가 상생하며 윗사람과 아랫사람이 서로 화합하고 분수에 따라 자기의 도리에 충실하여 모든 덕이 근원으로 돌아가리니 대

인대의大仁大義의 세상이니라. 선천 영웅시대에는 죄로 먹고살았으나 후천 성인시대에는 선으로 먹고살리니 죄로 먹고사는 것이 장구하랴, 선으로 먹고사는 것이 장구하랴. 이제 후천 중생으로 하여금 선으로 먹고살 도수度數를 짜 놓았노라. 선천은 위엄으로 살았으나 후천세상에는 웃음으로 살게 하리라. (2:18)

이 말씀과 같이, 후천 상생의 조화낙원은 내가 잘되기 위해서 남을 극하는 것이 없는 세계, 어둠과 죄악이 없는 평화와 조화의 세계입니다.

이제 가을 천지 개벽기를 맞아 인류는 상극의 질서를 뛰어넘어 성숙한 상생의 새 역사를 만들어 나가야 합니다. 가을 개벽기를 맞이한 지금 우리에게 주어진 절대 명제가 바로 가을 우주의 새 문화, 상생의 조화造化문명을 여는 것입니다.

❋ 이제 천지도수天地度數를 뜯어고치고 신도神道를 바로잡아 만고의 원을 풀며 상생의 도道로써 선경의 운수를 열고 조화정부를 세워 함이 없는 다스림과 말 없는 가르침으로 백성을 교화하여 세상을 고치리라. (4:16)

❋ 사람들은 제 자손만 잘되어 부귀하기를 바라나 너희는 부디 그러지 말라. 우리 일은 천하 창생이 함께 잘되자는 일이니 사욕을 버리고 오직 창생을 생각하라. 형제가 환란이 있는데 어찌 구하지 않을 수 있으랴. 사해四海 내에는 다 형제니라. (8:93)

❋ 우리 일은 남 잘되게 하는 공부니 남이 잘되고 남은 것만 차지하여도 우리 일은 되느니라. (2:29)

상생은 모순과 상극이 극복된 가을 신천지의 **'사랑과 조화의 통일 질서'**입니다. '먼저 남을 살리고 잘되게 해 줄 때' 비로소 나도 잘되고 구원받을 수 있다는 상생의 도법은 가을 세상을 여는 상제님 무극대도의 '실천 이념'입니다.

❋ 세상 사람들은 저 사람 못살면 내가 못사는 법을 모르니 세상이 모두 망하고 마는 것이며 제자가 못쓰면 선생이 못쓰게 되는 법을 모르다가 저놈도 죽고 이놈도 죽는 것이니 도시 제 마음 잘못 먹어 제가 죽는 줄 모르는구나. (8:8)

상제님께서는 신천지의 새 질서인 상생을 해원의 도법으로 열리도록 천지공사를 집행하셨습니다. 상극의 선천 세상에서 생겨난 역사상 크고 작은 갈등과 원한을 해원의 도로써 모두 풀어 상생의 조화문명의 질서를 열고 후천 가을 세상을 건설하게 하신 것입니다. 가슴에 원한을 품고서는 결코 진정한 상생의 삶을 살 수 없습니다.

3. 해원解冤의 도道

인간은 누구나 뜨거운 소망과 의지를 가지고 참다운 삶을 살기를 소망합니다. 그러나 상극 질서로 운행되는 선천의 역사 과정에서 자신의 뜻대로 살다 간 사람은 아무도 없습니다. 자연 환경 자체가 인간 내면의 영성이 온전히 발현될 수 없는 데다가 상극이라는 말 그대로 서로 대립하고 투쟁하는 구도 속에서 살아가야 했기 때문입니다. 인간 사회에 약육강식, 우승열패, 억음존양의 환경이 조성되었고, 시간이 흐를수록 인간의 가슴에는 원한이 맺히고 쌓였습니다.

"인간 세상에서 하고 싶은 일을 하지 못하면 분통이 터져서 큰 병을 이루나니…." (4:32)라고 하신 상제님 말씀과 같이, 인간은 그 동기가 선하든 악하든 간에 자신의 욕구가 좌절되면 가슴에 응어리가 맺히고 분통이 터져서 원한을 품게 되고, 그로 인해 때로는 자신도 모르게 자기부정의 깊은 병에 걸려 죄악과 타락의 길로 접어들게 됩니다. 상제님께서는 이 우주의 여름철 말에 살고 있는 인간이 '큰 병'을 앓고 있다 하시며, 유사 이래 처음으로 천지 이법 차원에서 그 근본 원인이 '원한'임을 밝혀 주셨습니다.

원한은 보통 '원망할 원怨', '한스러울 한恨' 자로 '원한怨恨'이라고 쓰지만 상제님이 말씀하신 원한은 '원망할 원怨' 대신에 '원통할 원冤' 자를 씁니다. '원冤'은 불공평한 일을 당해 마음 깊은 곳에 쌓인 원통함을 나타냅니다. 남에게 일방적으로 당해서 억울하고 분통이 터지는 개별적인 정서입니다. 이러한 원과 달리 '한恨'은 인간의 보편적인 정서입니다. 오랜 세월, 상극의 시련과 고통 속에서 원하는 바를 이루지 못해 가슴 깊이 응어리져 맺힌 마음입니다. 이 원과 한이 합쳐진 '원한冤恨'은 억울하고 원통한 일을 당해 가슴 깊이 응어리진 마음을 뜻합니다. 선천 세상에서 원한이 맺히는 것은 육신을 쓰고 살아가는 인간에게 피할 수 없는 숙명입니다.

태극의 음양 원리로 지어진 인간은 선과 악의 씨앗을 동시에 지니고 있습니다. 죄를 범하게 하는 악의 씨는 천지의 상극 질서와 원한 속에 뿌리를 두고 있습니다. 원신들이 원한을 품고서 분노와 저주의 기운을 뿌리고 보복 행위를 할 때, 그 기운을 받은 인간 세상에는 온갖 죄악의 파도가 넘실거리게 됩니다.

끓어오르는 원한의 부정적인 에너지가 마침내 말과 행위로 터져 나오고, 그로 말미암아 죄를 저지르면 자신은 물론 상대방의 운명까지도 바꿔 버립니다. 이 죄악의 모든 과정이 마음(무의식) 속에 아로새겨져 운명을 옭아매는 **업력**業力으로 작용합니다. 그래서 상제님은 '원한을 해소하는 것'이 '영원한 인류 화평을 이루는 길'이라 하셨습니다.

※ 마음과 입과 뜻으로부터 일어나는 죄를 조심하고 남에게 척을 짓지 말라. (5:416)

※ 이제 예로부터 쌓여 온 원冤을 풀어 그로부터 생긴 모든 불상사를 소멸하여야 영원한 화평을 이루리로다. (4:16)

상극의 인류 역사 속에서 누적되어 터져 나오는 원한의 봇물을 온전히 해소시킬 때, 비로소 후천 선경을 향한 평화의 문을 열 수 있다는 말씀입니다.

그러면 이 원한이 생겨나는 배경은 무엇이고 원한의 파괴성은 얼마나 강렬하며 세상에 어떠한 영향을 미치는지 좀 더 구체적으로 알아보겠습니다.

1) 원한이 생겨나는 선천의 환경

생명 활동의 주체는 마음입니다. 상제님은 하늘(구체적으로는 성신)이 비와 이슬을 내리고 땅이 만물을 길러 내고 사람이 하늘과 땅의 기운을 받으며 덕화를 펴는 것이 모두 '마음자리'에 매여 있다고 하셨습니다. 그러므로 하늘이 비를 적게 내리면 지상에서 만물이 원성을 발하고, 인간이 사랑이 부족하여 부덕하게 처사하면 만사에 원망이 스며들어 일이 이뤄지지 않는다고 하셨습니다.

※ 天用雨露之薄則 必有萬方之怨하고
천용우로지박즉 필유만방지원
地用水土之薄則 必有萬物之怨하고
지용수토지박즉 필유만물지원
人用德化之薄則 必有萬事之怨하니라
인용덕화지박즉 필유만사지원
하늘이 비와 이슬을 적게 내리면 반드시 만방에서 원망이 일고
땅이 만물을 기르는데 물과 흙을 박하게 쓰면 반드시 만물이 원성을 발하며
사람이 덕화德化가 부족하면 반드시 만사에 원망이 붙느니라. (4:100)

모든 생명은 마음을 근본으로 하여 '사랑'으로 조화를 이루며 살아갑니다. 그런데 지금까지 천지는 상극의 질서로 만물을 길러 왔습니다. 상제님께서는 **"선천에는 상극의 이치가 인간 사물을 맡았으므로** 모든 인사가 도의道義에 어그러져서 원한이 맺히고 쌓여 삼계에 넘치매 마침내 살기殺氣가 터져 나와 세상에 모든 참혹한 재앙을 일으키나니…."(4:16)라고 하시어 원한이 생겨나는 근본 원인이 선천 우주의 상극 질서 때문임을 밝혀 주셨습니다.

선천에는 천체의 경사로 말미암아 음양의 기운이 조화를 이루지 못합니다. 이러한 환경 속에서 살아 온 인간은 각기 다른 생활 경험을 통해서 상극의 정치·사회·종교·문화를 지어 내고, 약육강식이라는 생존 원리에 따라 대립과 분쟁을 반복하며 성장

하였습니다. 다양한 문화의 이면에는 서로 보완하고 도와 주는 '상보성相補性의 섭리'도 깃들어 있지만, 현실 속에서는 서로 배척하고 대립하는 상극의 원리가 더 크게 작용합니다. 실제 종교·율법·정치·경제 그 어느 것도 상극성을 띠지 않은 것이 없습니다. 이러한 사회 환경과 역사 배경 속에서 필연적으로 죄악의 씨인 원한이 발생하게 된 것입니다.

2) 원한의 파괴성

언제 폭발할지 모를 '죄악의 씨'를 잉태한 원한은 죽음의 기운을 뿌리며 인간을 타락시킬 뿐만 아니라, 세상을 파괴하는 무서운 힘으로 작용합니다.

심리학자나 저명한 의학자의 보고서에서도 현대 인간이 앓는 대부분의 질병이 '마음'에서 비롯한다고 합니다.

❋ 한 사람의 원한寃恨이 능히 천지기운을 막느니라. (2:68)

❋ 상극의 원한이 폭발하면 우주도 무너져 내리느니라. (2:17)

제3장에서 살펴보았듯이 인간의 '마음(心)'과 '생명(氣)'과 속사람인 '신神'은 일체가 되어 하나로 작용합니다.

마음은 영원한 '생명의 근원'입니다. 원한은 이 마음을 멍들게 하고 생명에 지울 수 없는 충격을 주어 속사람을 원기 어린 원혼寃魂으로 변화시킵니다. 속사람이 원혼으로 화하면, 그 원혼의 증오와 저주와 보복 때문에 세상에 온갖 참화가 일어납니다. 지난 수천 년 동안 수억조 인간이 뿌린 원기寃氣가 마음 깊은 곳에 응축되고, 세월과 함께 덧붙어져 오늘날 마침내 하늘과 땅에 가득 차 세상을 폭파하기에 이르렀습니다. 저명한 사회 심리학자인 에리히 프롬E. Fromm(1900~1980)은 '투쟁으로 응어리진 원한이 수천 년 동안 인류의 영혼 속에 유전되어 무서운 파괴력으로 잠재되었고, 이것이 성장하여 폭발하게 된다'고 하였습니다.

3) 인류 원한사의 첫 장

선천 세상에 가득찬 원한을 어떻게 풀 수 있을까요? 상제님은 **'인류 원한사의 첫 장'**을 연, 천륜이 단절된 한 사건에 대해 밝혀 주셨습니다. 그것은 서방 화하족華夏族이 중원에 자리 잡아가던 상고 시대 동방 배달족과 서방 화하족 간의 대립을 배경으로 하여 일어난 사건입니다.

❋ 무릇 머리를 들면 조리條理가 펴짐과 같이 천륜을 해害한 기록의 시초이자 원寃의 역사의 처음인 당요唐堯의 아들 단주丹朱의 깊은 원을 풀면 그 뒤로 수천 년

동안 쌓여 내려온 모든 원의 마디와 고가 풀리게 될지라. 대저 당요가 단주를 불초히 여겨 두 딸을 우순虞舜에게 보내고 천하를 전하니 단주가 깊은 원을 품은지라 마침내 그 분울憤鬱한 기운의 충동으로 우순이 창오蒼梧에서 죽고 두 왕비가 소상강瀟湘江에 빠져 죽는 참혹한 일이 일어났나니 이로 말미암아 원의 뿌리가 깊이 박히게 되고 시대가 지남에 따라 모든 원이 덧붙어서 드디어 천지에 가득 차 세상을 폭파하기에 이르렀느니라. (4:17)

(1) 순에게 왕위를 물려준 요임금 | 지금부터 약 4,300년 전인 '요순시대'는 인류 역사상 가장 이상적인 정치가 펼쳐진 시절로 알려져 있습니다. 요임금은 본래 동방 배달족의 후손으로[3], 맏아들 단주 외에 아홉 아들과 아름다운 두 딸 아황娥皇과 여영女英을 두었습니다. 적장자嫡長子인 주朱는 단연丹淵이란 곳에 제후로 봉해진 적이 있어 '단주丹朱'로 불렸습니다. 요임금은 98년 동안(단군 기원전 24년~단군 기원후 74년) 나라를 통치하였는데 재위한 지 70년이 되자 임금 자리를 물려 줄 후계자를 물색하였습니다. 대신들에게 후사後嗣에 대해 의견을 묻자 방제라는 신하가 "맏아들 주가 총명합니다(윤자주계명胤子朱啓明)."라고 아뢰었으나 요임금은 탄식을 하면서, "어리석고 다투기를 잘하니 되겠는가(은송가호嚚訟可乎)."라며 물리치고 순에게 왕위를 넘겨주었다고 합니다. 『서경書經』에는 요임금이 순에게 왕위를 선양禪讓했다는 기록이 나옵니다. 그러나 상제님께서는 이 요순선양설을 **"천륜을 해害한 기록의 시초"**(4:17)라고 하시며, 세상에 알려진 것과 달리 엄청난 비극의 사건이 숨겨져 있음을 일깨워 주셨습니다.

순임금에 대해『서경』에서 전하는 내용은 다음과 같습니다.

순의 아버지는 이름이 고수瞽瞍(본래 이름은 고수高叟)인데 '고수'는 앞 못 보는 장님이란 뜻으로 세상 물정을 모르는 사람을 의미합니다. 고수는 아내가 순을 낳고 세상을 떠나자 새 아내를 맞이하여 상象을 낳았습니다. 그런데 고수는 후처의 말만 듣고 막내아들 상을 편애하고 순을 학대하였습니다. 고수의 후처는 상과 짜고서 마침내 순을 집 밖으로 쫓아냈습니다.

쫓겨난 순은 산동성 역산歷山에서 홀로 밭을 갈며 하늘을 바라보고 울었습니다. 그는 뇌택雷澤에서 고기를 잡고 황하 부근의 하빈河濱에서 그릇을 굽기도 하였습니다. 이처럼 순은 이름 없는 농부이자 어부요, 도공으로 살았습니다.

그러나 순은 모진 고난에도 외로움을 달래며 언제나 흐트러지지 않는 태도로 부모형제에게 예를 다하였습니다. 순의 아름다운 효성과 뜨거운 인간미는 세인들에게 흠모의 대상이 되었고, 그 소문은 요임금의 귀에까지 들어갔습니다.

---

3 요의 부친 제곡고신帝嚳高辛은 배달의 8세 안부련 환웅의 신하 소전씨少典氏의 후예이다.

요임금은 순의 참된 인간성을 알아보기 위해 두 딸 아황과 여영을 순에게 시집보내며 잘 공경하라고 일렀습니다. 두 공주를 맞이한 순은 규수嬀水에서 혼례를 올리고 부모 형제와 함께 살았습니다. 3년간 수신제가修身齊家하는 모습을 주의 깊게 지켜본 요임금은 순을 시험하기 위해 대록大麓으로 들어가게 했습니다. 순은 바람이 사납게 불고 뇌우가 거세게 휘몰아쳐도 방향을 잃지 않았습니다(열풍뇌우불미烈風雷雨不迷).

시험을 마친 요임금은 순에게 왕위를 넘겨주었습니다. 우순은 30세에 등용되어 '정심, 수신, 제가, 치국'의 순서로 기국을 시험받는 기간(28년간)을 거친 뒤에 정식으로 왕위에 올랐습니다.

(2) 순임금과 두 왕비의 죽음: 소상반죽瀟湘斑竹의 유래 | 순에게 왕위를 빼앗긴 단주의 울분과 원한은 나날이 깊어만 갔습니다. 『서경』에서는 그 뒷이야기를 이렇게 전합니다.

세월은 꿈결같이 흘러 순임금도 많이 늙었습니다. 왕비 아황에게는 소생이 없고 여영은 외아들 상균商均을 낳았으나, 불초자 상균은 가무歌舞에 정신을 빼앗겨 살았습니다. 순임금은 재위 39년이 되던 해에 남쪽의 형산衡山으로 순수巡狩하여 삼묘를 정벌하고 창오의 들녘(광서성)에 이르러 갑자기 세상을 떠나고 말았습니다.

당시 우순의 남행 길을 따라 상수湘水 부근까지 따라간 두 왕비는 그곳에서 비보를 전해 듣고 슬픔을 누를 길이 없었습니다. "단주가 뜻을 이루지 못하고 깊은 한을 품어 순이 창오에서 죽고 두 왕비가 소상강에 빠져 죽는 참상이 일어났나니…."(4:31)라고 밝혀 주신 상제님 말씀과 같이 순임금이 객사한 것은, 단주가 50여 년 동안이나 가슴에 품고 있던 저주와 원한의 독기 때문이었습니다. 두 왕비는 이러한 사실을 알고

아황과 여영을 모신 상비사湘妃祠의 벽화 | 아황과 여영은, 동서방족을 통일하려던 원대한 꿈이 좌절된 오라버니 단주의 깊은 원한을 지켜 보았고, 남편 순이 아버지 요임금을 폐위시키고 왕위에 오름으로써 천륜이 파괴되는 아픔을 겪어야 했다. 이 벽화는, 순임금이 죽었다는 소식을 들은 비운의 두 왕비가 소상강에서 자결하기 직전의 비통한 모습을 담고 있다. 4,300년이 지난 오늘도 두 왕비의 애절한 아픔과 피맺힌 원한은 소상반죽에 핏자국으로 선연히 살아 전하고 있다.

소상 반죽 | 아황과 여영의 무덤가에는 소상 반죽이라는 대나무가 자라고 있다. 이 대나무에는 손가락 마디만 한 검붉은 반점이 두 왕비의 한을 아로새긴 듯 남아 있다.

있었기에 슬픔을 하소연할 곳이 없었고 결국 피눈물을 뿌리며 서로 부둥켜 안고 상수에 몸을 던져 한 많은 생을 마감했습니다.

지금도 상수 부근에는 보랏빛 반점이 선명한 대나무(소상반죽瀟湘斑竹)가 자라고 있는데, 이 반점은 이때 두 왕비가 흘린 피눈물이 대나무에 아로새겨진 것이라 전합니다.

(3) 단주에 얽힌 역사의 진실 | 지금까지 『서경』을 비롯한 유가儒家의 사서에서 접한 이러한 역사 내용이 많은 부분 왜곡되어 있다는 사실을 우리는 동방의 시원 역사를 밝혀 주신 상제님 진리를 통해서 깨달을 수 있습니다. 성인 제왕으로 미화된 요순의 역사로 말미암아 그동안 동방 9천 년 역사의 종통과 도통사의 연원이 지워져 있었습니다. 요순의 왜곡된 역사를 바로 잡는 것은 동방의 환국·배달·조선의 상고 역사를 복원하는 출발점입니다.

9천 년 동방 역사의 중심에 있는 4,300년 전 단주의 원한 사건은 동방의 배달 동이와 중국 한족의 화이華夷[4](華夏)가 갈라서는 정점에 자리하고 있습니다. 따라서 단주의 원한의 역사를 알면 동방의 배달과 중국 역사의 왜곡을 밝혀 낼 수 있습니다. 역으로 유가 중화中華 사관의 실상을 깨치고 동방 배달 역사의 진실을 밝힘으로써 역사 왜곡의 중심 인물, 비극의 왕자인 단주의 원한을 바르게 깨칠 수 있습니다.

중화 역사의 뿌리와 실체 | 단주의 부왕父王인 당요唐堯는 중국의 시조로 받드는 황제헌원黃帝軒轅의 통치 이념을 계승하였습니다. 헌원의 4대손[5]인 당요는 화이華夷세력을 중심으로 천하를 지배하려는 통치 역사 의식을 갖고 있었습니다. 동방의 배달에서 갈려나와 서방에 자리 잡은 헌원[6]은 스스로 천자라 자처하며 동방의 본조本朝를 배척하고 화이의 천하를 만들고자 했습니다. 이때 배달국의 치우 천황이 회수와 태산 일대의 땅을 점령하고 탁록涿鹿에서 헌원을 사로잡아 신하로 삼았습니다.[7]

---

4 예로부터 배달 동방족은 동이東夷 또는 동인東人이라 불렸다. 배달 동이의 일파가 서방으로 진출하여 중국 하·은·주 고대 3왕조를 열고 중화中華라 자처하며 스스로 '화하華夏'라 하였다. 서방으로 진출한 이들 화하족의 조상을 동이와 구별하여 '화이'라 부르기로 한다.

5 헌원의 첫째 아들인 현효玄囂의 손자 고신高辛이 바로 제곡帝嚳이다. 제곡은 헌원의 증손자가 된다. 그리고 곡의 셋째 부인이 진봉씨陳鋒氏의 딸인데, 그녀가 방훈放勳을 낳았는데 방훈이 바로 요堯이다. 그러니 요는 헌원의 현손자가 된다.(『사기史記』「오제본기五帝本紀」 참조)

6 배달의 8세 안부련 환웅천황의 군병감독관인 소전씨의 첫째 아들이 신농씨이고 둘째 아들이 공손씨公孫氏이다. 공손씨는 짐승을 잘 기르지 못해 배달 조정에서 헌구軒丘로 귀양 가서 살았는데, 그의 10세손이 황제黃帝 헌원軒轅이다. 4,700년 전 인물인 헌원은 배달국 14세 치우 천황의 제후였다. 치우 천황의 스승 자부 선사紫府仙師는 헌원에게『삼황내문三皇內文』을 전수하고 동방문화의 정수를 가르쳐 주었다.

7 배달의 치우 천황이 탁록 전쟁에서 황제 헌원을 무릎 꿇렸는데 사마천은『사기』「오제본기」에서는 오히려 '금살치우禽殺蚩尤' 즉 치우를 사로잡아 죽이고, 천자로 추대되었다고 실제 역사와 정반대로 기

요는 직계 조상인 헌원이 치우 천황에게 무릎 꿇은 굴종의 역사를 누구보다 잘 알고 있었습니다. 그는 부왕(제곡 고신)이 승하하자 왕위를 계승한 이복형 지摯를 쳐서 왕권을 찬탈했습니다. 그 과정에서 등극을 반대하는 제후와 정적을 숙청하고 무고한 백성을 무참히 살육하여 천하를 피로 물들였습니다. 배달의 치우 천황이 헌원의 난을 평정한 이래, 수백 년 동안 평화의 시대가 지속되었으나 요堯가 등장하자 중원은 다시 전란의 시기로 접어들었습니다. 요는 스스로 제왕이라 칭하며 동방의 본조인 단군조선에서 이탈하려 하였고 덕이 부족하여 끊임없이 이웃과 영토 분쟁을 일으켰습니다.

자신과는 달리 평화의 대동세계를 꿈꾸던 아들, 단주에게 대권을 넘길 뜻이 전혀 없던 요는 말년에 왕위를 전할 인물을 찾아 나섭니다. 그때 허유許由와 소부巢父의 고사[8]가 생겨난 것입니다. 요가 천하를 무력으로 쳐서 얻었기에 재위 말년에 9년 홍수 사건이 일어나 나라가 혼란에 빠지게 되었습니다. 이에 단군왕검은 본조와 인연이 있는 우순에게 요의 땅을 나누어 다스리도록 명하였습니다. 순의 부친 고수高叟는 동방 조선의 조정에서 농사를 주관하는 직책을 맡은 고시高矢의 친형이었습니다. 우순은 마침내 군대를 이끌고 요를 침공하였고, 망국의 벼랑에 몰리게 된 요임금은 우순에게 왕위를 승계하고 그에게 의지하여 목숨을 보전하였습니다. 순은 고위층 신분으로 동이족의 유력한 실력자였으며 고조선의 국력을 배경으로 왕위에 오른 것입니다.

그런데 순은 왕위에 오르자 태도가 돌변했습니다. 우선 "요가 덕이 쇠해서 순에게 구금당했다. 그 후에 단주를 언偃땅에 가두어 놓고 부자지간에 만나지 못하게 하였다."(사마정, 『사기정의史記正義』)라는 기록에서 보듯, 순은 요와 단주 부자의 천륜을 끊어 놓았습니다.

유가에서는 요가 순에게 순리적으로 왕위를 넘겨 준 것이라고 역사를 조작하였으나 상제님께서는 그 진실을 밝혀 주시고, 순의 역사를 '천륜을 해한 기록의 시초'라고 말씀하셨습니다. 『죽서기년竹書紀年』[9]을 비롯한 몇몇 사서에도 순이 무력으로 요임금

록하였다. 한고조 유방이 풍패에서 군사를 일으킬 때 치우 천황에게 제사를 올렸고, 병법의 중시조 강태공이 치우 천황을 병주兵主로 모신 사실에서도 사기의 기록이 거짓임을 확인할 수 있다. 『규원사화』에 의하면, 탁록대전에서 죽은 이는 치우의 부장인 치우비蚩尤飛이며, 그가 공을 세우려다가 잡혀 죽은 것으로 기록하고 있다.

8 **허유와 소부** | 요임금이 허유를 찾아가 왕위를 물려주고 싶다고 전하자 허유는 자신의 귀가 더러워졌다며 시냇물에 귀를 씻었고, 그 이야기를 들은 소부는 소에게 그 물을 먹일 수 없다며 위로 올라가 먹였다고 한다.

9 **『죽서기년』** | 『사기史記』와 더불어 중요한 고대 역사서의 하나이다. 제목이 없기 때문에 '급총기년汲冢紀年', '급총고문汲冢古文' 또는 '급총서汲冢書' 등으로 불린다. 원서가 죽간竹簡으로 되어 있어 '죽서

5장

을 구금하여 아들 단주와 만나지 못하게 하였다고 기록하고 있습니다.

상제님께서는 '유가에서는 요순을 인류 역사상 가장 위대한 성인 제왕으로 받들어 왔지만, 이것은 인류 역사 왜곡의 전형'이라 하셨습니다.

> ❋ 세상에서 요순지치堯舜之治를 일러 왔으나 9년 홍수는 곧 창생의 눈물로 일어났나니 요堯는 천하를 무력으로 쳐서 얻었고, 형벌刑罰은 순舜으로부터 나왔느니라. (4:30)

'9년 대홍수'는 요순 시절에 처형된 무수한 창생들의 원한과 저주로 일어난 것이며, 요임금은 무력으로 싸워서 천하를 얻은 인물이고, 순은 왕위에 오른 뒤에 '오형五刑[10]'이라는 다섯 가지 무거운 형벌을 만들어 자신의 정책에 반발하는 세력을 처단하고 박해한 잔인한 인물이라는 말씀입니다. 상제님은 또 맹자가 우순을 대효大孝의 대명사로 부른 이래 세상에서 지금까지 그렇게 알고 있으나, 실상은 그렇지 않다고 하시며 천하의 대불효라고 일침을 내리셨습니다.

> ❋ 세상에서 우순虞舜을 대효大孝라 일러 오나 순은 천하의 대불효니라. 그 부친 고수高叟의 악명이 반만년 동안이나 사람들의 입에 오르내리게 하였으니 어찌 한스럽지 않으리오. (4:30)

순의 부친 '고수'는 순이 서방 정권에서 벼슬을 하다 마침내 왕위에 올라 동방의 본조인 조선과 맞서자 아들과 대립하였습니다. 이를 곱게 보지 않은 서방 한족의 사가史家들이『서경』등의 사서에 '고수高叟'를 '瞽瞍(고수)'라 폄하하여 기록해 놓았던 것입니다. '고수瞽瞍'란 장님을 뜻합니다.

중국 화하華夏족은 동이의 역사를 의도적으로 왜곡하였고, 그들의 사서에 동방 본조의 정식 국호를 사용하지 않았습니다. 그들은 동방의 조선을 '예맥穢貊', '산융山戎', '동호東胡'라고 하여 짐승이나 오랑캐 등으로 기록함으로써, 자신들의 뿌리 역사를 부정하고 중국 주변의 야만인 집단으로 비하하였습니다. 동방 배달의 종주 문화권에서 이탈하여 독자적으로 문화를 열어나가던 화이족이 동이의 역사와 문화를 왜곡·조작하고 화하 중심의 역사관을 만들어 간 것입니다. 공자는 중국의 수치羞恥는 감추고

竹書'라고도 하며, 역사 사건을 편년체로 기술하여 기년紀年으로 칭하기도 하지만 일반적으로 죽서기년竹書紀年으로 불린다. 서진西晉 태강 2년(太康二年, 281)에 묘를 도굴하다가 발견되었고 당시 위魏의 안리왕安釐王(일설에는 魏襄王) 묘에 매장되어 있어서 진시황秦始皇의 분서갱유焚書坑儒로부터 훼손을 피할 수 있었다. 죽서에는 하·은·주를 거쳐 위魏 양왕襄王 때까지 역사를 기록하고 있다. 발견 당시 진무제晉武帝는 이를 매우 중시하여 죽간을 번역하게 하였으나 수차례의 정변과 담당 관리의 피살 등으로 지연되다가 부분적으로 정리되었고 이를 죽서기년竹書紀年으로 명명하였다.

10 오형은 '묵墨'(얼굴에 글자를 새기는 형벌), '의劓'(코를 베는 형벌), '월刖'(월형, 발을 자르는 형벌), '궁宮'(거세하는 형벌), '대벽大辟'(목을 베는 형벌)을 가리킨다.

'중화中華'의 역사를 높이며 이적夷狄의 역사를 낮춘다는 이른바 '춘추春秋 필법'으로 중화 사관을 정립했습니다. 유가 사관의 역사 인식에서 요와 순은 성인 제왕의 전범이요 영원한 이상이었습니다.[11] 또한 공자는 도통의 연원이 요에서 순으로 이어져 내려온 것이라 주장하여 동방 원형문화의 황금시절을 감추고 동방의 도통 맥을 단절시켜 놓은 것입니다.

단군왕검의 도움으로 치수에 성공한 사공 우 | 9년 홍수[12]가 일어나자 당요는 홍수를 다스리기 위해 곤鯀을 치수관으로 임명하였습니다. 곤은 범람하는 물을 막으려고 애썼지만 수년이 지나도 홍수는 여전히 다스려지지 않고 엄청난 재난이 발생하였습니다. 당시 요를 왕위에서 몰아내고 섭정을 하던 순은 치수관 곤을 죽이고 그 후임으로 곤의 아들 우禹에게 아버지의 일을 대신하게 했습니다. 사공司空(치수 담당 벼슬) 우는 곧바로 익益, 후직后稷과 더불어 물길을 관찰하는 한편, 백성들을 결집하여 돕게 하고 곤이 치수에 실패한 원인을 검토하였습니다. 우는 풍찬노숙風餐露宿을 하며 치수에 일심하느라 자기 집 앞을 세 번이나 지나면서도 집에 들르지 않았습니다. 이러한 우의 정성을 상제님은 다음과 같이 높이 평가하여 말씀하셨습니다.

> ※ 禹治九年洪水할새 三過其門而不入은
> 우 치 구 년 홍 수　　삼 과 기 문 이 불 입
> 以一身之苦로 而安天下之民이니라
> 이 일 신 지 고　　이 안 천 하 지 민
> 우禹가 구년홍수를 다스릴 적에
> 세 차례나 자기 집 문 앞을 지나면서도 들르지 않았음은 제 한 몸의 고달픔으로 천하의 백성을 평안케 하고자 함이었느니라. (2:50:1)

이러한 노력에도 불구하고 물길을 잡지 못하자, 우는 동방의 천제인 단군왕검께 도움을 간구했습니다. 『단군세기』에 의하면, 단군왕검은 BCE 2267년에 태자 부루를

---

11 『서경書經』「순전舜典」에 '동순망질 사근동후東巡望秩 肆覲東后'라는 구절이 나온다. "(순임금이) 동쪽 지역을 순수하여 천제를 지내고 산천을 바라보며 차례대로 제사한 뒤 마침내 동방의 천자를 찾아뵈었다."라는 뜻이다. 여기서 중국 사가들은 동후東后를 '동방의 제후'라 해석한다. 후后는 '제후 후侯'의 뜻이 아니라 군주(『강희자전』)를 지칭하는 말이다. 사근동후의 뜻을 더욱 분명히 하는 글자는 '근覲'이다. 『강희자전』에 '근覲'은 '하현상下見上'이라 하여 아랫사람이 윗사람에게 문안을 드린다는 뜻으로 나온다. 『강희자전』에는 "천자가 즉위하면 제후들이 북면하여 천자께 알현하는 것을 일러 근이라 한다."라고 하였다. 『서경』「순전」의 기록은 중국 학자들의 주장과 달리 '단군조선이 고대 동방의 종주국'이라는 역사적 진실을 극명하게 드러낸 구절이다. 고조선의 지원으로 보위에 오른 순은 9년 물난리도 고조선의 도움으로 해결하여 정치적으로 조선에 예속되어 있었다.

12 **9년 대홍수** | 요순시대의 홍수는 BCE 2288년~BCE 2280년까지 9년 동안 일어난 재해로 추정된다. 그러나 우가 치수 사업을 벌인 13년까지 포함하면, 총 22년에 달하며 그 기간 동안 범람한 홍수가 중국 전 지역을 삼켰다.

5장

보내 치수법을 가르쳐 주었습니다.[13] 이 사건으로 당시 단군조선은 동방의 천조天朝였으며, 문명의 주권이 동방에 있었음을 실감나게 깨닫게 됩니다. 부루태자는 낭야성琅邪城[14]에 들러 9년 홍수의 실상을 보고 받고 번한 왕에게 명하여 경당扃堂[15]을 크게 일으키게 하고 태산에서 삼신상제님께 천제를 올렸습니다. 그 후 도산塗山 회의를 소집하였는데 우가 늦게 온 방풍씨防風氏를 그 자리에서 참형에 처할 정도로 당시의 정황은 급박하였습니다.[16] 태자 부루는 도산에서 회의를 주재하여 우에게 『황제중경黃帝中經』과 오행치수법을 적은 '금간옥첩金簡玉牒', 그리고 치수에 필요한 세 가지 보물(천부天符와 옥인玉印, 신침神針, 황구종皇矩倧)[17]을 내려 주었습니다. 이로써 우는 오래지 않아 중원의 홍수 범람의 재앙을 막고 장장 13년에 걸친 치수 사업을 마무리지을 수 있었습니다.

왜곡된 단주 역사의 진실 | 철천徹天의 한을 맺고 죽은 왕자 단주에 얽힌 역사는 그동안 중국 사가들에 의해 사실과 다르게 철저히 왜곡되어 그 진실이 드러날 수 없었습니다. 그렇다면 역사의 진실은 무엇일까요? 상제님은 단주의 인물됨에 대해 이렇게 말씀하셨습니다.

❋ 요순시대에 단주가 세상을 다스렸다면 시골 구석구석까지 바른 다스림과 교화가 두루 미치고 요복要服과 황복荒服의 구별이 없고 오랑캐의 이름도 없어지며, 만리가 지척같이 되어 천하가 한집안이 되었을 것이니 요와 순의 도는 오히려 좁은 것이니라. (4:31)

❋ 한 성도가 상제님께 여쭈기를 "우禹가 단주의 허물을 들어 말하기를 '밤낮 쉬지 않고 강마다 배를 띄우고, 벗들과 떼를 지어 집 안에서 마시며 세상을 없애

---

13 단군조선에서는 단군 재위 50년(BCE 2284)에 홍수가 범람하여 풍백風伯 팽우에게 명해 물을 다스리게 하고 높은 산과 큰 하천을 잘 정리하여 백성을 편안하게 하였다. 이듬해에는 운사雲師 배달신倍達臣에게 명해 삼랑성을 건설하게 하고 마리산에 참성단을 쌓아 천제를 올렸다.

14 지금의 산동성 제성현 동남에 있다. 치우 천황의 후손인 초대 번한왕 치두남이 세상을 뜨자 아들 낭야가 즉위하였는데 이해 경인(단기83, BCE 2251)년 3월에 가한성可汗城을 개축하고 낭야성이라고도 불렀다. 여기서 부루 태자가 9년 홍수의 실상을 보고 받았다.

15 단군조선 시대에 미혼 자제를 대상으로 하던 교육기관이다. 여기서 독서와 예절, 활쏘기 등을 가르쳤다.

16 방풍씨에 관련된 일화는 『국어國語』「노어하魯語下」편과 『공자가어』「변물辯物」편에 나온다. 공자가 말하였다. "내가 듣건대, 옛날에 우가 회계산으로 신하들을 소집하였을 때 방풍이 늦게 도착하자 우가 그를 죽이고 시체를 진열하였으며, 그의 뼈가 수레에 가득 찼는데, 이것이 바로 그 큰 뼈이다(孔子曰: 丘聞之, 昔禹致群臣於會稽之山, 防風後至, 禹殺而戮之, 其骨專車焉, 此爲大矣)."(『공자가어孔子家語』「변물辯物」)

17 **삼보三寶** | 고조선의 신지 전자로 된 천부와 옥인을 몸에 차고 다니면 험한 곳을 다니거나 흉한 것을 만나도 안전하고, 신침으로는 물의 깊이를 측정할 수 있었다. 황구종은 험한 물을 진압하여 잔잔하게 할 수 있었다고 한다.

려 하였다' 하였습니다." 하니 말씀하시기를 "단주가 밤낮없이 쉬지 않았다는 것은 쉬지 않고 무엇인가를 하며 부지런하였다는 것이요 강마다 배를 띄웠다는 것은 대동 세계를 만들자는 것이며 벗들과 떼지어 집 안에서 마셨다 함은 사람들과 더불어 즐거움을 함께 하였다는 말이요 세상을 없애려 하였다 하는 것은 서로 주장하는 도道가 같지 아니하였다는 말이니라." 하시니라. (4:30)

세상 사람들과 더불어 살아가는 개방적이고 사교적인 심법을 지녔던 단주는 늘 민중의 삶을 걱정하였습니다. 동방 배달의 천지 광명문화의 심법을 지닌 단주 왕자는 부친 요임금과 달리 동방의 동이족(韓民族)과 서방의 화이족(漢族)이 함께 평화롭게 살아가는 대동 세계를 건설하고자 했습니다. 그러나 "대저 당요가 단주를 불초히 여겨 두 딸을 우순虞舜에게 보내고 천하를 전하니 단주는 이에 깊은 원을 품었다."(4:17)라고 하신 상제님 말씀과 같이, 순에 의해 아버지와의 천륜이 끊어지고 대망大望이 좌절된 단주는 깊은 좌절과 울분에 휩싸였습니다. 더욱이 요임금은 단주에게 바둑판을 만들어 주며 "너는 이 바둑을 두면서 먼저 덕을 닦으라."라고 훈계하였다 합니다. 대동 세상을 열려는 꿈과 야망이 모두 깨져 버린 단주는 순을 향한 증오와 분노를 영혼에 깊이 새기게 된 것입니다.

삼계 우주의 주재자로서 병든 천지를 뜯어고치시는 상제님께서는, '천륜을 해한 기록의 시초이며 원한 역사의 시작인 단주의 깊은 원冤'을 출발점으로 해서, 이후 4천여 년 동안 원한과 저주의 씨가 인류의 영혼 깊은 곳에 유전되고 더욱 크게 뻗어나가 이제 그 원과 한이 '천지에 가득 차서 세상을 폭파하기에 이르렀다'(4:17)고 하시어 오늘날 인류가 앓고 있는 처절한 고통의 근원을 밝혀 주셨습니다.

그리하여 상제님은 단주의 원한을 해소하는 과정을 지구촌 가을 통일문화를 여는 큰 기틀(오선위기 도수)로 삼으셨습니다. 인류 역사에서 가장 큰 원과 한을 품고 죽은 단주를 해원시키심으로써, 동북아 역사를 뛰어넘어 인류사에 진정한 평화 낙원을 구축하고자 하신 것입니다.

4) 인간의 원한이 남긴 것

상제님이 단주에 얽힌 한 맺힌 사연의 진실을 밝혀 주신 것은 인류의 행복과 사랑이 무엇에서 비롯되는지 깨닫게 해 주셨다는 데 지극히 중요한 의미가 있습니다. 단주 이전에 인류는 원한으로 깊이 물들지 않은 순수純粹의 시대를 살았음을 짐작할 수 있습니다. 그런데 동방 배달의 역사는 물론이요, 인류 역사의 물줄기를 돌려 놓은 단주의 원한이 인간의 잠재의식에 유전되면서 인류의 죄악과 고통이 깊어지기 시작한 것입니다.

단주丹朱를 도왔던 삼묘족

순은 삼묘三苗, 공공共工, 환두驩兜와 곤鯀을 사방으로 내쫓았으며 고조선의 국경에 유주幽州와 영주營州를 설치하여 상국上國(고조선)에 맞서려 했다. 그리고 우禹로 하여금 변방에 요복要服, 황복荒服을 두게 하여 자신의 정책에 반발하는 모든 세력을 차별하고 박해하였다.

그런데 이러한 사실은 한민족 고대사의 웅대함을 감추고 모든 역사 사실을 '요순선양', '요순태평'에 초점을 맞추어 왜곡하려는 서방 한족 사가들에 의해 모조리 삭제되거나 개작되었다.

『서경』을 보면 요순 임금에 맞서 끊임없이 저항한 족속으로 묘족이 등장한다.

본래 삼묘는 환국으로부터 반고씨를 따라 온 삼위산 족이었다. 삼묘족은 반고를 반왕盤王이라 부르며 생生·사死·수壽·요夭·빈貧·천賤을 반왕이 주관한다고 믿고 반왕에게 제사를 지낸다.

그런데 이들이 삼위산에서 황하 유역으로 정착한 이후로 동방 태호 복희씨의 교화를 받게 되었다. 그리고 배달국 치우 천황이 동방을 통일하고 중원에 입성하자 천황에게 귀속함으로써 오늘날까지 묘족은 반고씨와 태호 복희씨, 치우 천황 세 분을 조상으로 섬기며 제사를 지내고 있다.

삼묘는 동방족[九黎]의 일원으로 일찍이 치우 천황의 명을 받들어 탁록에서 헌원과 싸웠다. 이후 삼묘는 서방족에게 미운털이 박혀 갖은 박해를 받아야 했다. 『중국고대신화』의 저자 위엔커[袁珂]는 단주가 삼묘족과 매우 친근한 관계였다고 주장한다.

당시 삼묘국 임금은 협화만방協和萬邦을 주장하는 요임금의 아들 단주를 흠모하여 그의 등극을 후원하였다. 요임금이 단주를 불초하게 여겨 순에게 섭정을 맡기고 장차 보위를 넘기려 하자 삼묘국 왕은 부당한 처사라며 강력히 비난하였다.

이에 요임금은 순으로 하여금 삼묘 임금을 죽이게 하고 그 백성들을 삼위산三危山으로 유배보냈다(『산해경』「해외남경海外南經」). 또한 농관農官인 후직后稷에게 명하여 단주를 단수丹水로 추방하였다(『죽서기년竹書紀年』). 『괄지지括地志』에 단주의 옛 성城은 등주鄧州 내향현內鄕縣 서남 백삼십 리에 있었다고 한다. 지금의 하남성 남양南陽 석천현淅川縣이다.

나라를 잃은 삼묘의 유민들은 단주가 거

---

* 요순 간의 선양을 미덕으로 강조하는 유가에서도 순자는 요순선양에 대해 의문을 표명하였고, 한비자는 요순의 제위이양은 '순핍요舜偪堯'에 의해 이루어진 것이라 하였다. 이는 한비자 개인의 견해가 아니라 전국시대에 널리 퍼져 있던 내용으로 보여진다.

처하는 단수丹水가에 모여들어 단주에게 의지했는데 요임금은 삼묘가 단주를 옹립하려는 것을 크게 우려하여 순임금으로 하여금 군대를 보내 단수의 포구에서 싸우게 했다(『회남자淮南子』「병략훈兵略訓」). 그리하여 남쪽으로 멀리 쫓겨난 삼묘는 양자강 동정호와 팽려호 사이에 나라를 재건하였다(『산해경』「해외남경」, 『사기정의史記正義』). 일설에는 순임금이 군대를 끌고 창오에 내려가 삼묘족을 토벌하다가 전사하였다고 한다.

단주가 이처럼 원한을 맺게 된 데에는 당唐의 요임금, 우虞의 순임금, 하夏나라의 우임금에 이르기까지, 당시 중국 한족과 동방의 한민족 간에 얽힌 복잡한 사연이 숨겨져 있다.

환국-배달문화를 정통 계승한 동이족 후손인 묘족 | 사진은 묘족 여인이 전통 의상을 입은 모습이다. 모자 위에 보이는 봉황 장식은 묘족이 용봉 문화를 계승한 구이족의 일파라는 것을 보여 준다.

단주 대종大宗의 사당과 대비되는, 궁궐을 연상케 하는 순임금의 사당

역사의 명암 | 중국의 유적지 가운데 가장 초라해 보이는 단주 묘(아래 왼쪽)와 궁궐을 연상시키는 순임금 사당(위쪽)을 비교해 보면 4천여 년을 내려온 단주의 원과 한이 짐작된다.

단주 대종의 묘(왼쪽)와 그 내부(오른쪽)

에리히 프롬은 현대인의 잔인한 파괴성을 분석한 저서 『인간의 파괴성 해부The Anatomy of Human Destructiveness』에서 '선사 시대 이래 인간은 그 역사의 99%를 수렵민으로 살아 왔다'는 워쉬번의 말을 인용하면서 "원시 시대의 수렵민에게는 피비린내 나는 전쟁이 없는 것이 특징이다. 대개의 경우 살생을 목적으로 하지 않았으며, 전쟁이 일어나는 경우 그 동기는 단지 인간의 발전을 위한 것이었다."라고 주장하였습니다.

프로이트에 의하면, 인간은 본래 '삶의 본능(Eros)'과 '죽음의 본능(Thanatos)'이라는 두 가지 본능을 지니고 있습니다. 상보적 관계에 있는 두 본능 가운데 죽음의 본능이 삶의 본능을 억누를 때 폭력성이 생겨납니다. 그렇기 때문에 전쟁을 예방하려면 인간의 폭력성을 다른 곳으로 분출해야 한다는 것입니다.

인간은 선천의 생장 과정에서 삼박자로 분열 운동하는 우주생명의 리듬을 타고, 삶과 죽음의 두 본능 사이를 오가며 자신을 성장시켜 나가도록 운명지어진 존재입니다.

인생이라는 화폭 위에 장밋빛 꿈을 펼치고자 하는 삶의 본능이 좌절되면, 타고난 운명을 증오하고 울분을 터뜨리며 삶을 저주하는 죽음의 본능이 고개를 치켜듭니다. 이 죽음의 본능은 '파괴 본능'으로 돌변하여 자신과 상대방의 삶을 파괴하고 나아가 이 세상을 진멸시키는 도화선으로 작용합니다. 원한은 바로 삶의 본능을 앗아가고 자신과 타인을 죄악과 죽음의 구렁텅이로 몰아넣는 죽음의 본능입니다. 오늘의 인류는 '죽음의 본능'이 불러오는 '파괴 본능'의 불꽃에 휩싸여 있습니다. 상제님께서는 이러한 현실에 대해 "묵은 하늘이 사람 죽이는 공사만 보고 있도다."(5:411)라고 개탄하셨습니다.

증산 상제님께서는 원한의 '파괴 본능'이 분출되어 세상이 참혹히 멸망당하는 한 단면을 이렇게 말씀하셨습니다.

※ 예로부터 처녀나 과부의 사생아와 그 밖의 모든 불의아의 압사신壓死神과 질사신窒死神이 철천의 원을 맺어 탄환과 폭약으로 화하여 세상을 진멸케 하느니라. (2:68)

※ 선천은 억음존양抑陰尊陽의 세상이라. 여자의 원한이 천지에 가득 차서 천지운로를 가로막고 그 화액이 장차 터져 나와 마침내 인간 세상을 멸망하게 하느니라. 그러므로 이 원한을 풀어 주지 않으면 비록 성신聖神과 문무文武의 덕을 함께 갖춘 위인이 나온다 하더라도 세상을 구할 수가 없느니라. (2:52)

지금 천지간에는 원한이 가득합니다. 선천 억음존양의 부조리 속에서 온갖 수모를 당하며 고통스럽게 살다간 여성, 태어나기도 전에 뱃속에서 찢기고 짓눌려 죽어간 낙태아, 그리고 약육강식과 우승열패의 구도 속에서 억울하게 죽은 수많은 원신冤神과 역신逆神, 이들의 원한이 지금 천지를 가득 메우고 있습니다. "상극의 원한이 폭발하면 우주도 무너져 내리느니라"(2:17) 하신 상제님 말씀처럼, 우주의 여름철 말 상극의 극한 경계에서 가을 상생의 질서가 열릴 때, 원한이라는 폭탄이 가공할 위력으로 '일시에' 폭발합니다. 이것이 여러 선천 종교에서 예고한 인류의 종말적 상황이 올 수밖에 없는 근원적인 원인입니다.

이런 절박한 상황에서 인간으로 강세하신 미륵존불인 증산 상제님께서 선천 상극의 천지를 치유하는 '해원의 문'을 활짝 열어 놓으신 것입니다.

5) 해원의 도에 담긴 의미

증산 상제님께서 열어 주신 해원은 단순히 인간의 원과 한만을 푸는 것이 아니라, 인간으로 왔다 간 우주 속의 모든 신명들과 만유 생명의 원과 한까지 모두 끌러내는 것을 말합니다. 상제님의 해원은 원한의 갈등과 상처를 치유하여 인간과 신명의 꿈을 이루어 줍니다. 이러한 해원의 도에는 다음과 같은 세 가지 깊은 의미가 담겨 있습니다.

첫째, 해원에는 근원적인 **'평화의 이념'**이 담겨 있습니다.

천지 생명의 근본(道)은 마음이므로 한 사람의 마음에 맺힌 원한冤恨이 능히 천지기운을 막습니다. 마음에 맺힌 이 죽음의 병이 자신은 물론이요, 천지마저도 병들게 합니다. 그러므로 죄와 타락의 근원인 '원의 뿌리'를 찾아내 '원한의 마디와 고'를 풀어 버리는 일은 인류의 참된 평화를 되찾는 가장 근원적인 구원의 길입니다.

둘째, 해원에는 **'자유와 성숙의 이념'**이 담겨 있습니다.

선천에는 천체가 윤도수의 그물에 걸려 운행합니다. 따라서 불완전한 천지일월의 빛을 쏘이며 생장 시대를 살아가는 인간도 미성숙한 존재일 수밖에 없습니다. 더욱이 선천 상극의 운명에 구속받아, 마음에 원한의 핏기가 서린 오늘의 인간은 영혼의 자유를 잃은 채 살아갈 수밖에 없습니다.

진정한 화평과 조화는, 인간이 해원하여 마음의 자유를 되찾고 묵은 하늘이 해원하여 선천 우주의 상극의 시공 궤도를 벗어던질 때 성취될 수 있습니다. 우주의 모든 이상은 상제님의 손길로 이루어지는 후천개벽을 거쳐서 비로소 현실화됩니다.

셋째, 해원에는 **'사랑과 자비의 완성 이념'**이 담겨 있습니다.

해원은 인간의 갈등과 원한을 풀어 없애 줍니다. 그리하여 선천 종교가 실천 계율로 내건 사랑(仁)과 자비로 이루지 못한 모든 꿈을 이루게 합니다. 해원은 마음에서 지울 수 없는 척隻마저 끌러 버리고 사랑의 근본 목적을 달성할 수 있게 하기 때문입니다. 해원은 사랑과 자비를 포용하면서도 그것을 초월하는 이념입니다.

해원은 인간의 삶에만 국한되지 않습니다. 상제님께서 신천지 대신문을 여시고 내려 주신 다음 말씀을 한번 깊이 음미해 보기 바랍니다.

> 상제님께서 새 옷으로 갈아입고 대원사를 나서시니 갑자기 골짜기의 온갖 새와 짐승들이 모여들어 반기면서 무엇을 애원하는 듯하거늘 이들을 바라보며 말씀하시기를 "너희들도 후천 해원을 구하느냐?" 하시니 금수들이 알아들은 듯이 머리를 숙이는지라 상제님께서 말씀하시기를 "알았으니 물러들 가라." 하시매 수많은 금수들이 그 말씀을 좇더라. (2:12)

한 폭의 그림과 같은 이 성구에서 알 수 있듯이, 그동안 원한을 하소연할 길이 없었던 금수조차 모두 상제님의 해원의 도법으로 구원받게 됩니다.

우리는 이제까지 살펴본 상제님이 열어 주신 구원의 근본 이법인 보은·상생·해원의 도를 통해 참된 시천주 신앙을 이룰 수 있습니다. 선천의 모든 원과 한이 일시에 터져 나오는 가을개벽 상황을 상제님의 천명으로 극복하고, 그 과정에서 인류를 구원하고 상제님의 은총으로 가을 천지의 열매 인간으로 거듭나게 됩니다.

삼계에 넘쳐흐르는 천지의 원한을 해소할 '해원의 운수 길'을 여시기 위해 하느님께서 친히 강세하시어 집행하신 자세한 구원의 대공사 내용은 '제6장 천지공사'에서 살펴보겠습니다.

제3절 원시반본의 주요 사상과 내용

시반본은 만물 생명이 근원으로 돌아가 결실하는 대자연의 추수 섭리입니다. 이제 천지의 가을철을 맞아 모든 인간은 상제님이 열어 주신 원시반본의 섭리 속에서 보은·상생·해원의 도법을 실천하며 후천 가을의 새 생명으로 거듭납니다.

그러면 후천 가을 우주의 절대정신인 원시반본이 지향하는 새 생명의 길은 무엇이고, 원시반본이 실현된 후천 가을 세상은 어떤 모습으로 펼쳐질까요? 그 해답을 찾기 위해 원시반본의 주요 사상과 내용을 살펴보기로 하겠습니다.

1. 가을 우주를 여는 후천개벽 사상

1) 후천개벽 도래의 선포

동서고금을 막론하고 선천 종교는 본질적으로 궁극의 이상 세계인 후천 가을 세상

원시반본과 3대 실천 이념에 바탕을 둔 주요 사상

을 예고해 왔습니다. 그러나 앞서 살펴보았듯이 그 실체를 구체적으로 밝히지 못했습니다. 머지않아 새 세상이 열린다는 구체적인 후천개벽 소식은 19세기 후반, 이 땅에서 태동한 동학과 정역에서 비로소 선포되었습니다.

19세기 후반에 이르러 동방 조선의 선각자들은 자연과 문명의 총체적인 대변혁의 과정을 거쳐 인류가 꿈꿔 온 대이상 세계가 열린다는 후천개벽 사상의 체계를 세웠습니다.

상제님의 천명을 받아 동학을 창도한 수운 최제우 대신사는 선천 우주의 개벽 소식과 함께 시천주 신앙을 선포하였습니다.

◎ 어화 세상 사람들아 무극지운 닥친 줄을 너희 어찌 알까보냐 … 무극대도 닦아 내니 오만년지 운수로다 (『용담유사』「안심가」)

수운 대신사는 『동경대전』과 『용담유사』에서 우주의 통치자 상제님의 무극대도에 의해서 인류 역사가 새롭게 열릴 것이라 알렸습니다. 또 "십이제국 괴질 운수 다시 개벽 아닐런가"라고 하여 선천개벽 이래 다시 맞이하게 될 후천개벽으로 말미암아 전 지구촌에 괴질이 창궐해 인간 씨종자가 추려지고 문명의 전환이 이루어질 것을 알렸습니다.

수운 대신사의 개벽사상이 조선의 민중들 사이에 퍼져 가던 때, 대철인 김일부(1826~1898)는 새 우주의 개벽 이치를 밝히는 정역正易 체계를 완성하였습니다. 선천 주역周易의 시대가 끝나고 앞으로 후천 정역正易 시대가 도래할 것을 밝힌 일부는 개벽 우주의 신비경을 파헤치고 "세계세계혜世界世界兮여 상제조림上帝照臨이로다"(『정역』「십일음」)라고 노래하며, 꿈의 새 세계가 상제님의 강세로 성취될 것이라 밝혔습니다.

◎ 최수운은 내 세상이 올 것을 알렸고, 김일부는 내 세상이 오는 이치를 밝혔으며, … 수운가사는 수운이 노래한 것이나 나의 일을 노래한 것이니라. 일부가 내 일 한 가지는 하였느니라. (2:31)

인간으로 강세하신 상제님께서는 수운과 일부의 사명이 결국 당신의 강세를 준비하는 일이었음을 밝혀 주셨습니다. 삼계 우주를 통치하시는 절대 주권자 하느님이신 상제님의 손길에 따라 장차 후천 가을 대개벽의 과정을 거치면서 인간과 신명이 하나 되어 살아가는 가을 우주의 조화선경 세상이 열리게 됩니다.

2) 상제님의 삼계 우주 개벽 공사

이 땅에 강세하신 증산 상제님께서는 "지금은 온 천하가 가을 운수의 시작으로 들어서고 있느니라."(2:43)라고 말씀하셨습니다. 그러나 후천개벽은 단순히 우주의 이법 차원에서 상생의 새 천지 질서가 열리는 것이 아닙니다.

상제님이 밝혀 주신 삼계 우주의 신비를 밝히는 진리의 구성 틀은 이법과 신도와 인사가 하나로 어우러져 돌아갑니다. 후천개벽의 실상을 드러내는 자연개벽[18]·문명개벽[19]·인간개벽[20]이라는 3대 개벽을 성취하는 실질적인 관문은 '신도神道개벽'입니다. 상제님께서는 선천의 상극 세상에 쌓여 온 천지의 모든 원한을 해소하여 하늘과 땅과 인간과 신명이 상생의 새 질서로 살아갈 수 있도록 먼저 천상의 신명 세계를 통일하시고 '천상 조화정부造化政府'를 조직하시는 신도개벽 공사를 집행하셨습니다. "천지개벽을 해도 신명 없이는 안 되나니, 신명이 들어야 무슨 일이든지 되느니라." (2:44) 하신 상제님 말씀처럼 신도가 개입되어서 삼계 우주의 천지 질서가 개벽되는 것입니다.

천지가 여름에서 가을로 넘어가는 하추 교체기에 삼계의 질서를 주재하시는 개벽장 하느님께서 친히 인간으로 강세하시어 신도개벽 공사를 바탕으로 천지 자연의 질서를 개벽하시고 인간 역사의 운로를 새로이 정하심으로써 후천 가을 우주의 상생의 새 운수가 열려 나가게 된 것입니다. 인간과 천지 신명의 공의를 수렴하시어 질정質定하신 상제님의 삼계 우주 개조改造 공사인 천지공사天地公事에 따라 장차 후천 가을 우주의 질서가 상생으로 거듭나고 지구촌 문화가 이전과는 완전히 다른 **가을 우주의 '상생과 조화의 선仙 문명'**으로 개벽됩니다(천지공사에 대한 자세한 내용은 제6장 참고).

그런데 낡은 선천의 인간 의식으로는 새로이 개벽하는 후천 가을 우주의 대변혁을 감당해 낼 수 없습니다. 지구촌 온 인류가 일체의 묵은 가치관, 기존의 제한된 깨달음의 벽을 무너뜨리고 상제님께서 열어 주신 태을주의 천지 조화성령을 받아 내려 가을 우주의 열매 인간, 태일 인간으로 거듭남으로써(인간개벽) 후천 가을 개벽문화를 열어 나갈 수 있습니다. 궁극의 개벽은 결국 인간개벽을 통해 인류 문명의 질서를 총체적으로 대개벽함으로써 완수되는 것입니다.

---

18 **자연개벽** | 천지의 추살 기운으로 오는 괴질 발병과, 천체 정립으로 지축이 바로 서면서 발생하는 자연계의 일련의 대변혁을 말한다. 이에 따라 천지가 상극의 생장 질서에서 상생의 수렴, 통일의 이법으로 전환하게 된다.

19 **문명개벽** | 후천 가을 운수를 맞아 인류 문명이 선천 상극의 마지막 대전쟁을 넘어서면서 우주 일가의 조화 통일문명으로 대비약한다. 이로써 인류 문명이 상생과 조화의 선仙 문명으로 전환하여 생활문화의 대혁신이 일어난다.

20 **인간개벽** | 가을 도통문화인 신인합일神人合一의 만사지萬事知문화가 열려 인간이 선체仙體로 거듭나는 대변화를 말하며, 이로써 인간이 천지를 경영하는 인존으로 거듭나게 된다.

2. 천하 통일의 의통醫統 조화권

상제님께서는 무신(1908)년에 김갑칠 성도의 형인 김준상金俊相(김형렬 성도의 종제)의 아내가 앓던 불치병을 낫게 해 주시며 "만법 가운데 의통법이 제일이로구나."(5:242)라고 말씀하셨습니다. 천하에 무수한 법이 있지만, 그 가운데 가을 대개벽기에 죽어 넘어가는 인간의 생명을 건지는 의통법이 최고라는 말씀입니다.

병을 고쳐 주시고 준상의 집 방 한 칸을 얻어 약방을 여신 상제님께서는 약방에 약장을 짜 두시고 약장 공사를 집행하셨습니다.

❋ 4월 11일에 공신의 집 상량보에 오선위기도五仙圍碁圖를 그려 붙이시고 … 구릿골로 돌아오신 뒤에 백남신에게서 돈 천 냥을 가져오시어 준상의 집 방 한 칸에 약방을 꾸미시니라. 이때 공신으로 하여금 고부장에 가서 장판을 사 오게 하시어 약방 바닥에 깔며 말씀하시기를 "이는 고부의 선인포전仙人鋪氈 기운을 씀이로다." 하시니라. 상제님께서 목수 이경문李京文을 불러 약방 마루에서 약장과 궤를 짜게 하시니 … (5:243~245)

❋ 약장을 들이신 뒤에 빼닫이를 모두 빼서 약장 앞에 쭉 세워 놓으시고 그 앞에 제물을 차리게 하시어 천지에 제를 지내시니 … 상제님께서 먼저 절을 하신 다음 형렬과 그 외의 사람들로 하여금 절하게 하시니라. 제를 마치신 후에 상제님께서 약방문 앞에 새끼줄을 쳐 21일 동안 출입을 일절 금하시거늘 오직 갑칠의 출입만을 허락하시어 이른 아침마다 약방 청소를 시키시니라. 21일을 지낸 뒤에 비로소 방房을 쓰실 때 통감通鑑, 서전書傳, 주역周易 각 한 질과 철연자鐵研子, 삭도削刀 등 모든 약방 기구를 장만하여 두시고 말씀하시기를 "주역周易은 개벽할 때 쓸 글이니 주역을 보면 내 일을 알리라." 하시니라. 하루는 상제님께서 말씀하시기를 "경면주사鏡面朱砂 삼천 근三千斤이라야 내 일이 다 끝나느니라." 하시니라. (5:248)

병과 고통의 치유를 상징하는 약장을 준비하신 약장 공사는 원한과 질병의 고통을 치유해 인류를 후천 가을 우주의 새 생명으로 거듭나게 하는 공사입니다.

상제님께서는 약장 공사를 보시고, 온 세상 만세의 병을 다 고치는 '만국의원의 구원 공사'를 다음과 같이 보셨습니다.

❋ 상제님께서 구릿골로 돌아오시어 밤나무로 약패를 만들어

萬國醫院
만 국 의 원

이라 새기시고 글자 획에 경면주사를 바르신 뒤에 공우에게 명하시기를 "이 약

패를 원평 길거리에 붙이라." 하시므로 공우가 대답하고 원평으로 가려 하거늘 물으시기를 "이 약패를 붙일 때에 경관이 물으면 어떻게 대답하려 하느냐?" 하시니 공우가 아뢰기를 "'만국의원을 설립하여 죽은 자를 다시 살리고 눈먼 자를 보게 하며 앉은뱅이를 걷게 하며 그밖에 모든 병의 대소를 물론하고 다 낫게 하노라.' 하겠습니다." 하니라. 이에 상제님께서 크게 기뻐하시며 말씀하시기를 "네 말이 옳으니 꼭 그대로 하라." 하시고 약패를 불사르시니라. 이어 여러 성도들에게 말씀하시기를 "한 지방의 병만을 막아도 아니 될 것이요, 온 세상의 병을 다 고쳐야 하리라. 또 한 때의 병만을 막아도 아니 될 것이요, 천하 만세의 병을 다 고쳐야 하리니 이로써 만국의원을 개설하노라." 하시니라. (5:249)

상제님께서 의통 공사 가운데 하나인 만국의원 도수를 인암仁庵 박공우 성도에게 붙이신 이유는, 박공우 성도가 개벽기에 인류의 생사를 판단할 천상의 신병神兵을 거느리는 '천군대장天軍大將'이기 때문입니다.

장차 상제님의 의통법을 통해 '만국의원 도수'가 현실로 이루어집니다. 만국의원 도수는 먼저 태을주 조화 신권을 받아내리는 도공道功 도수[21]를 통해 세상에 펼쳐지고, 나아가 가을 천지의 서릿발 기운이 내리치는 대병겁 심판기에 인류를 구원함으로써 성취됩니다. 의통에는 의醫를 통通한다는 뜻과 함께 3년 병겁 심판에서 인간을 살려(醫) 천하를 통일統一한다는 의미가 있습니다.

❋ 지기至氣가 돌 때에는 세상 사람들이 콩나물처럼 쓰러지리니 때가 되어 괴병怪病이 온 천하를 휩쓸면 가만히 앉아 있다가도 눈만 스르르 감고 넘어가느니라. (2:45)

❋ 앞으로의 난은 병란病亂이니라. 난은 병란이 제일 무서우니라. (5:412)

후천 가을 우주의 숙살기운으로 선천 만물의 명줄이 끊어지고, 인간이라는 존재가 연기처럼 사라질 절체절명의 순간에 오직 하느님의 조화법인 의통법으로써 인류를 구원하게 됩니다. 가을 대개벽의 다급한 상황에서 생명을 구하는 유일한 법방이 바로 의통입니다.

그런데 상제님의 의통법은 가을 개벽기에 닥칠 추살의 괴질 병겁을 극복하는 법방만을 의미하지 않습니다. 증산 상제님께서는 일찍이 천지 의원을 자처하시고 당신의 직업을 죽음의 병독에 빠진 삼계 우주를 살려서(醫) 통일시키는(統) '의통醫統'이라고

---

21 **도공 도수** | 도공道功은 도를 성취하는 공부법으로 여기에는 눈을 감고 고요히 주문을 읽어 광명을 체험하는 정공靜功 수행법과 온몸을 움직여 신도를 체험하고 성신을 받아 내리는 동공動功 수행법이 있다. 앞으로 천지 조화 기운을 받는 도공 도수를 통해 만국의원 도수가 열리고 상제님 진리로 세상을 석권하는 대세 몰이로 들어 가게 된다.

말씀하셨습니다. 하늘과 땅이 원한과 저주로 찌들고 병들어 세상이 넘어갈 수밖에 없는 급박한 상황에 이르러 상제님께서 천지를 구원할 법방으로 의통을 내려 주신 것입니다.

불가의『화엄경』에는 말법 세계에 오시는 미륵을 '대의왕大醫王'이라고 전했습니다. 미륵은 '병든 세상을 살려 내는 위대한 대법왕'이라는 뜻입니다. 상제님의 9년 천지공사를 관통하여 흐르는 근본 정신은 '병든 하늘과 땅을 뜯어고쳐 인간과 신명을 온전히 살려 내는 것'입니다. 이것이 삼계 우주를 구원하는 상제님의 진정한 의통의 도입니다.

❋ 증산 상제님께서는 천지가 성공하는 가을 대개벽기를 맞아 인간으로 강세하신 개벽장開闢長 하느님이시니라. 삼계대권의 무궁한 조화권으로 천지공사天地公事를 집행하시어 그릇된 천지도수를 바로잡으시니 상씨름과 추살秋殺의 병겁病劫 심판으로 선천 상극 세상을 마감하시고 의통醫統 대권으로 천하 창생을 건져 우주일가宇宙一家의 조화선경을 열어 주시니라. (7:1)

의통법으로써 선천 문명이 매듭지어지고, 상제님의 가을 개벽문화가 열리게 됩니다. 이 천지 안에 있는 모든 상극의 분열상이 의통으로써 통일되고 이 땅에 **후천 통일의 조화 선경**이 건설되는 것입니다. 그리하여 우주의 목적과 대이상이 성취되고 후천 상생의 통일 조화문명이 열려 원시반본의 도가 실현됩니다.

3. 가을 우주의 인존人尊 사상

천지일월은 만유 생명의 뿌리요 진리의 바탕입니다. 모든 인간은 천지 부모에게서 몸을 받고 태어나 일월 부모의 광명을 받아 삶을 영위해 나갑니다. 그리고 죽으면 다시 하늘과 땅으로 돌아갑니다.

인간 존재에 대해 상제님께서는 이렇게 말씀하셨습니다.

❋ 形於天地하여 生人하나니 萬物之中에 唯人이 最貴也니라
형어천지 생인 만물지중 유인 최귀야
하늘과 땅을 형상하여 사람이 생겨났나니
만물 가운데 오직 사람이 가장 존귀하니라. (2:23)

상제님께서 인용해 주신 이 말씀은 인간의 존재 가치를 결론지으신 참 하느님의 위대한 선언입니다. 천지를 형상해서 생겨난 인간이 만유의 생명체 가운데 가장 존귀하다는 말씀입니다. 인간은 피조물이 아니라 오히려 온 천지 생명의 주체요 살아 있는 우주의 중심이라는 것입니다. 인간의 생명은 이처럼 위대하고 존귀합니다.

❀ 天地無日月空殼이요 日月無至人虛影이니라
천지무일월공각　　　일월무지인허영

천지는 일월이 없으면 빈 껍데기요

일월은 지인至人이 없으면 빈 그림자니라. (6:9)

❀ 인생을 위해 천지가 원시 개벽하고 인생을 위해 일월이 순환 광명하고 인생을 위해 음양이 생성되고 인생을 위해 사시四時 질서가 조정調定되고 인생을 위해 만물이 화생化生하고 창생을 제도濟度하기 위해 성현이 탄생하느니라. 인생이 없으면 천지가 전혀 열매 맺지 못하니, 천지에서 사람과 만물을 고르게 내느니라. (11:118)

이 말씀은 천지일월의 궁극 목적이 인간의 성숙에 있으며, 인간이 존재함으로써 천지일월도 존재 의미를 갖는다는 것입니다. 천지일월은 우주의 가을철에 인간과 천지만물의 생명을 열매 맺게 합니다. 그런데 천지의 대이상을 실현하는 그 주인공이 바로 인간입니다. 인간이 천지일월의 손발이 되어 그 뜻과 이상을 완성합니다. 오직 인간을 통해서 천지일월은 그 뜻을 이루고 모든 것을 성취할 수 있습니다.

❀ 事之當旺은 在於天地요 必不在於人이라
사지당왕　　재어천지　　필부재어인

然이나 無人이면 無天地故로 天地生人하여 用人하나니
연　　　무인　　　무천지고　　천지생인　　　용인

일이 흥왕하게 됨은 천지에 달려 있는 것이요

반드시 사람에게 달린 것은 아니니라.

그러나 사람이 없으면 천지도 또한 없는 것과 같으므로

천지가 사람을 낳아 사람을 쓰나니 (8:100)

인간의 일이 천지의 운에 매여 있지만 천지일월의 꿈을 실현하는 인간이 없으면 하늘과 땅도 존재 의미가 없습니다. 성숙의 후천 가을 세상에서는 천지의 대행자인 인간이 역사 속에 천지의 꿈인 이상 세계를 이룸으로써 궁극의 성공을 성취합니다. 인간은 천지일월의 뜻과 대이상을 성취하는 이 궁극의 성공(천지성공)을 이루기 위해서

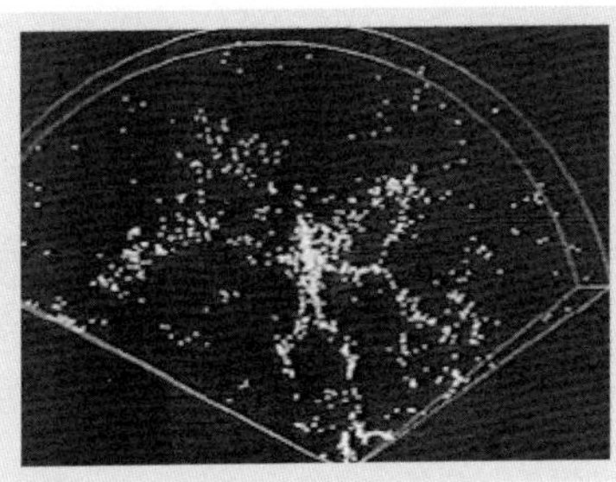

인간 모습을 하고 있는 우주 모형도 | 1986년 영국 과학자들이 우주의 모든 별 자리를 컴퓨터에 입력시켜 합성해 보았더니 사람이 팔을 벌리고 있는 모습이 나타났다. (『뉴사이언스』)

윤회를 거듭하며 선천 세상을 살아 왔습니다.

천지가 성공을 이루는 이때는 신명보다 인간의 삶이 더욱 존귀합니다. 인간은 궁극의 성공을 이루기 위해서 천지일월의 근본 이법을 깨치고 천지일월의 뜻에 따르는 삶을 살아야 합니다. 후천 가을 개벽기에 진리의 대광명에 눈뜬다는 것은, 전 인류를 구원하는 천지의 사역자로서 위대한 사명을 각성하고 천지의 자녀로 새롭게 태어나 인간 구원 사업에 동참한다는 것을 의미합니다. 이것이 바로 '가을 개벽기를 맞아 천지가 사람을 쓴다(用人)' 는 말씀의 참뜻입니다.

증산 상제님은 역사상 처음으로 인간 역사의 발전 과정과 그 궁극의 이상에 대해 이렇게 밝혀 주셨습니다.

※ 천존天尊과 지존地尊보다 인존人尊이 크니 이제는 인존시대人尊時代니라. 이제 인존시대를 당하여 사람이 천지대세를 바로잡느니라. (2:22)

※ 이때는 사람이 가름하는 시대니라. (3:14)

천지의 조화로 우주의 봄철에 태어난 인간은 선천의 인류 시원문명을 개창하고 발전시키며, 우주의 가을철을 향해 역사의 수레바퀴를 굴려 왔습니다. 이것이 선천 세상의 상극의 질서 속에서 살아 온 인간의 역사 과정이었습니다.

지금은 선천의 봄여름철 동안 농사지어 길러 온 인간을 추수하는, 천지 우주의 가을철로 들어서는 후천 가을 대개벽기입니다. 선천 개벽 이후 우주의 봄철은 천존 시대요, 여름철은 지존 시대였습니다. 그런데 가을 천지 대개벽 상황에서 인간이 천지와 하나 된 '태일太一'의 존재로 거듭나 상제님 태모(수부)님의 대역자로서 인류를 구원하고 천지의 뜻을 성취하게 됩니다. 그리하여 천지의 뜻과 대이상을 이룬 인간이 하늘과 땅보다 오히려 존귀한 인존으로 거듭남으로써 후천 가을 우주의 인존 시대가 열립니다. 장차 인간은 자신의 내면에 있는 신의 무궁한 영성과 조화성, 창조성을 완전히 발현시켜 가을 우주의 열매 인간으로 거듭나게 됩니다.

9천 년 전부터 동방의 신교문화권에서는 인간의 위격과 그 존재 의미를 태일이라 선언했습니다. '천일天一·지일地一·태일太一,' 하늘도, 땅도, 인간도 우주 조물주(一神)의 신성과 생명과 지혜와 광명을 동일하게 간직한 조물주의 화현이라는 것입니다. 그러나 선천 세상에는 모든 인간이 원죄가 있으며 신에게 복종하며 주종의 관계로 살아야 한다고 가르치기도 했습니다. 이는 인존의 위대성을 알지 못한 선천 봄여름철의 인간관이 지은 묵은 가르침입니다. 증산 상제님의 진리인 증산도는 인간을 하느님의 위격 경계로 거듭나게 하는 후천 가을 우주의 무극대도無極大道입니다. 인간이 하늘과 신도의 잘못된 점을 바로잡음으로써 하늘보다 위대해지고, 천지 신명도 인간을 받들게 됩니다.

※ 지금은 귀신이 사람의 법을 쥐고 있으나 앞 세상에는 사람이 귀신의 법을 쥐게 되느니라. (4:115)

※ 선천에는 사람이 신명을 받들어 섬겼으나 앞으로는 신명이 사람을 받드느니라. … 모든 일은 자유 욕구에 응하여 신명이 수종 드느니라. (7:5)

후천 가을 대개벽기에 인간농사를 끝마무리 짓고 천지의 꿈을 성취하는 주인공이 바로 인간이기 때문에 삼계 우주의 통치자 하느님이신 상제님께서도 인간의 역사 속으로 직접 들어오시는 것입니다. 이제 가을 천지 개벽기를 맞이해서 인간은 상제님의 도법을 만나 진리를 닦고 자기혁신, 자기계발을 통해 하느님의 위격 경계에서 가을개벽 사업에 동참하게 됩니다. 그리하여 인간의 역사를 하느님 중심 역사의 무대로 개벽하는, 즉 하느님의 문화를 여는 상제님 태모님의 대행자, 천지 우주의 대역자 일꾼으로서 살게 되는 것입니다.

후천 가을 세상은 신명과 인간이 하나 되는 세상, 천상과 지상이 통일된 세상입니다. 인존은 인간이 신인합일의 통일문화 시대를 열어 천지를 경영하는 신천지 역사의 주체가 되어 후천 조화선경의 하느님 문화를 개창하는 것을 말합니다. 장차 상제님의 일꾼들이 천지의 뜻과 목적을 이루어 도통을 실현하고 생명의 근원으로 복귀하여 원시반본의 도를 성취하게 됩니다. 이로써 지상에는 인간이 천지와 하나 되어 하느님의 위격 경계를 여는 인존 시대가 펼쳐집니다. 증산 상제님께서 친히 이 땅에 강세하신 이유가 바로 **가을 우주의 성스러운 인존 시대를 열어 주시기 위함**입니다.

삼계 우주의 통치자이신 증산 상제님께서는 다음 말씀을 통해 인간의 무한한 가능성을 일깨워 주셨습니다.

※ 나를 믿고 마음을 정직히 하면 하늘도 오히려 떠느니라. (6:3)

※ 너희들도 잘 수련하면 모든 일이 마음대로 되리라. (3:312)

※ 너희들은 앞으로 신선을 직접 볼 것이요, 잘 닦으면 너희가 모두 신선이 되느니라. (11:199)

우주의 가을철에 인간이 천지의 뜻을 이루고 성숙되어 인간의 지극한 존엄을 성취하는 인존 사상은 도의 근원이신 상제님(天主)을 진리의 참 주인으로 모시는 시천주侍天主 신앙을 통해서 실현됩니다. 인간을 낳아서 기른 천지일월의 뜻을 받들어 상제님의 이상 세계를 현실 속에 건설하는 것, 이것이 인간이 궁극의 성공을 이루는 유일한 길입니다.

4. 정음정양의 남녀동권 사상

생명은 음양의 조화로 존재합니다. 성性은 천지가 부여한 생명의 본성이며 생生의 원천이자 창조의 근원입니다. 만유萬有의 생명은 성과 사랑을 통해 창조되고 생존해 갑니다.

그런데 천지 부모가 인간을 낳아 기르는 선천의 봄여름철 세상에는, 하늘땅의 음양 운동이 균형을 이루지 못하고 양陽 중심으로 어그러져 있었습니다(三天兩地). 인간의 의식과 사회 제도도 전부 양 중심, 즉 하늘과 신과 남성 중심으로 발전해 왔습니다. 이러한 천지의 구조와 모습을 '억음존양抑陰尊陽'이라 합니다. 상제님은 억음존양抑陰尊陽의 선천 세상에서 정음정양正陰正陽의 후천 세상이 열릴 수 있도록 천지일월의 틀을 바로잡는 대개벽 공사를 집행하시고 남녀동권의 조화로운 정음정양正陰正陽 도수를 여셨습니다.

> ❋ 선천은 천지비天地否요, 후천은 지천태地天泰니라. 선천에는 하늘만 높이고 땅은 높이지 않았으니 이는 지덕地德이 큰 것을 모름이라. 이 뒤에는 하늘과 땅을 일체로 받드는 것이 옳으니라. (2:51)
>
> ❋ 여자가 천하사를 하려고 염주를 딱딱거리는 소리가 구천에 사무쳤나니 이는 장차 여자의 천지를 만들려 함이로다. 그러나 그렇게까지는 되지 못할 것이요, 남녀동권 시대가 되게 하리라. 사람을 쓸 때에는 남녀 구별 없이 쓰리라. 앞세상에는 남녀가 모두 대장부大丈夫요, 대장부大丈婦이니라. (2:53)

생명을 새롭게 창조하는 근원은 음陰의 '곤도坤道 정신'에 있습니다. 인간도 어머니 몸에서 잉태되어 세상에 첫발을 내딛지 않습니까. 우주의 주재자 하느님이신 증산 상제님은 여성과 남성에 대한 낡은 가치관을 허물어뜨리고 천지 질서의 근본을 바로잡아 주셨습니다. 다가오는 앞 세상을 정음정양의 남녀동권 시대라 선언하신 상제님께서는 여성을 바탕으로 해서 음양의 문제에 근원적인 처방을 내려 주셨습니다. 상제님께서는 후천의 '곤도坤道(地天泰)'가 앞세상 인간 역사의 새로운 운로이자 창조 섭리의 법도임을 거듭 밝혀 주셨습니다.

> ❋ 이때는 해원시대라. 몇 천 년 동안 깊이깊이 갇혀 남자의 완롱玩弄거리와 사역使役거리에 지나지 못하던 여자의 원冤을 풀어 정음정양正陰正陽으로 건곤乾坤을 짓게 하려니와 이 뒤로는 예법을 다시 꾸며 여자의 말을 듣지 않고는 함부로 남자의 권리를 행치 못하게 하리라. (4:59)

상제님께서는 또 "만고의 음덕陰德이 부인에게 있나니 부인을 잘 대접하라. 나 또한 경홀치 않느니라. 부인 수도婦人修道는 내 도의 근간根幹이요 대본大本이니, 이후에 부인들 가운데 도통자가 많이 나리라."(2:54)라고 하셨습니다.

성숙한 우주 가을철을 맞아 아버지 하느님이신 상제님께서는 아버지와 어머니가 천지의 주인으로 함께 자리잡도록 하셨습니다. 천지 생명의 어머니이신 수부首婦님을 역사의 중심으로 들어 오게 하신 것입니다. 천지를 주관하시는 아버지와 어머니가 천지 부모로 인간 역사에 자리잡으심으로써 정음정양의 세상이 현실화됩니다.

후천 가을개벽과 더불어 새로 태어나는 가을 우주에는, 정음정양으로 대자연을 다스리시는 하느님의 문화가 생활화되어 지구촌에는 남녀동권이 이루어짐은 물론 세상의 모든 구조적인 불균형이 사라져 조화와 통일의 이상 세계가 펼쳐집니다.

- 이후로는 지천태地天泰가 크다. (11:5)
- 독음독양獨陰獨陽이면 화육化育이 행해지지 않나니 후천은 곤도坤道의 세상으로 음양동덕陰陽同德의 운運이니라. (2:83)
- 오만년 대동 세계 개벽선경이 온다. 지천태地天泰 운으로 여자 세상이 돌아온다. (5:308)

5장

상제님은 후천 곤도 세상을 맞아 만유 생명의 어머니이신 수부님을 역사 속에 내세우시는 천지공사를 친히 집행하셨습니다. 상제님은 김형렬 성도에게 "천지에 독음독양獨陰獨陽은 만사불성이니라. 내 일은 수부首婦가 들어야 되는 일이니, 네가 참으로 일을 하려거든 수부를 들여세우라."(6:34)라고 말씀하셨습니다.

태모 고 수부님에게 종통 대권을 전하시는 지엄한 공사 예식에서 여성이 상위上位에 자리잡은 지천태[22]의 전형을 읽을 수 있습니다.

- 나의 일은 수부首婦가 있어야 되는 일이니 수부를 천거하라. (6:19)
- 수부님께 "웃통을 벗고 누우라." 하시고 배 위에 걸터앉으시어 "경석아, 장도칼 가져오너라." 하고 명하시니라. 상제님께서 장도칼을 수부님의 목에 대고 말씀하시기를 "죽어도 나를 섬기겠느냐, 천지대업에 중도불변中途不變 하겠느냐?" 하고 다짐을 받으시니 수부님께서 "변할 리가 있으리까." 하매 상제님께서 "그러면 그렇지." 하고 기뻐하시니라. 이번에는 상제님께서 친히 누우시어 수부님께 말씀하시기를 "내 배 위에 앉아서 그와 같이 다짐을 받으라." 하시거

22 지천태地天泰 | 하늘을 상징하는 건괘乾卦(☰)가 상승하는 양陽으로서 아래에 위치하고, 땅을 상징하는 곤괘坤卦(☷)가 하강하는 음陰으로서 위에 있어 하늘과 땅이 하나로 만나 조화를 이루는 모습이다. 그러므로 음양 생명의 합덕, 진정한 평등을 의미하고 태평, 평화를 상징한다. 분열과 대립을 낳은 천지비(䷋)의 선천 질서가 물러가고 후천 가을개벽과 함께 상제님 대도에 의해 지천태의 새 질서가 열리게 된다.

지천태괘

늘 수부님께서 하는 수 없이 그와 같이 하시며 "나를 일등一等으로 정하여 모든 일을 맡겨 주시렵니까?" 하니 상제님께서 "변할 리가 있으리까, 의혹하지 마소." 하시고 부符를 써서 불사르시며 천지에 고축告祝하시니라. (6:37)

수부首婦는 천상과 지상에 있는 모든 신명과 인간의 머리가 되는 여성으로, 상제님 말씀을 역사 속에서 이루시는 진리의 어머니이십니다. 지금까지 선천 종교인은 아버지 하느님만 찾고 어머니 하느님을 알지 못했습니다. **상제님과 같은 위격에 계신 수부님도 하느님**으로서 조화의 권능을 쓰십니다. 상제님과 수부님은 억조창생의 부모이시며 음양동덕으로 존재하십니다.

- 그대와 나의 합덕으로 삼계三界를 개조하느니라. (6:42)
- 상제님께서 수부님께 수부의 법도를 정하시고 말씀하시기를 "나는 서신西神이니라. 서신이 용사用事는 하나, 수부가 불응不應하면 서신도 임의로 못 하느니라." 하시고 (6:39)
- 수부님께서 후천 음도陰道 운을 맞아 만유 생명의 아버지이신 증산 상제님과 합덕合德하시어 음양동덕陰陽同德으로 정음정양의 새 천지인 후천 오만년 조화선경을 여시니라. (11:1)

인륜의 도에서 볼 때 수부는 상제님의 반려자이시고, 또 뭇 창생의 생명의 어머니이시므로 우리는 수부님을 **태모太母님**이라고도 부릅니다. 상제님의 종통을 계승하신 태모님께서 세 살림 도장을 개척하고 도생들에게 도를 전수하시는 과정은, 여자 하느님으로서 인간 역사 속에 자리 잡으시는 과정입니다. **태모님에 대한 바른 인식은 종통을 올바르게 보는 핵심 관건**입니다. 여기에 모든 신명과 인간의 죽고 사는 문제가 걸려 있습니다(제8장 도운 공사 참고).

5. 신인합일神人合一의 조화선경: 성신론聖神論

상제님께서는 후천 지상 조화선경을 열어 주시기 위해 신명계와 인간 세계를 통일하셨습니다. 상제님은 "내 세상은 조화선경이니, … 후천은 사람과 신명이 하나가 되는 세상이니라."(2:19)라고 하시며 신인합일神人合一의 세계를 말씀하셨습니다. 또 태모님은 "신인합일이라야 모든 조화의 기틀을 정한다."(11:98)라고 말씀하셨습니다. 이제 신명은 그 사람을 만나고, 사람은 그 신명을 만나 '신인합일의 도'로써 후천 조화선경 세상이 열립니다. '신인합일'은 증산도 신관과 인간관의 정수가 녹아 있는 용어입니다. 신은 우주 만물의 근원적 속성이며, 따라서 인간의 본성 또한 신입니다. 신과 인간과 천지 만물은 본래 하나의 경계에서 존재합니다.

※ 하루는 성도들에게 말씀하시기를 "너희들이 신명 보기를 원하니 내일은 신명을 많이 불러 너희들에게 보여 주리라." 하시거늘 … 이튿날 성도들을 데리고 높은 곳에 오르시어, 전에 없이 광부들이 무수히 모여들어 사방에 널리 흩어져 있는 원평 앞들을 가리키시며 말씀하시기를 "저들이 곧 신명이니, 신명을 부르면 사람이 이르느니라." 하시니라.

신인합일은 우주의 열매인 인간이 신과 동일한 본성을 갖고 있음을 의미합니다. 신과 인간의 관계를 드러내는 말에는 '신인합발神人合發'이라는 표현도 있습니다. 현실을 변화시키고 그 뜻을 이루기 위해 신명과 인간이 함께 부단히 노력하는 역동적인 운치를 드러내는 표현이 신인합발입니다. 신인합발은 신과 인간이 함께 발동하여 협력한다는 뜻입니다. 즉 신과 인간이 하나 되어 역사를 창조해 가는 천지의 법도가 바로 '신인합발'입니다. 태모님께서는 "신인합발이라야 하나니 신통해서 신명기운을 받아야 의통이 열리느니라."(11:285)라고 말씀하셨습니다. 인간의 일은 신의 기운을 받아야 성사된다는 것입니다. 또 인간과 신명의 뜻과 노력이 합치되는 것을 '인신합덕人神合德'이라 합니다. 상제님께서는 "내 일은 인신합덕으로 되느니라."(2:44)라고 하셨습니다. 인간의 노력만으로도 안 되고 일방적인 신의 은혜나 가호만으로도 일이 성사되지 않습니다. 인간과 신명의 뜻과 노력이 하나가 되어야 합니다.

신인합일, 신인합발, 인신합덕은 신과 인간의 관계를 잘 드러내 주는 진리 +언어들입니다. 그런데 신인합일이 신과 인간의 존재 관계를 표현한 말이라면, 신인합발이나 인신합덕은 신과 인간이 이신사理神事 원리에 입각하여 서로 협력해서 천지 역사를 개척해 나간다는 뜻입니다. 한마디로 인신합덕과 신인합발의 뜻과 목적이 성취된 진리 경계가 바로 신인합일의 도입니다. 신인합일은 인간과 신명이 합덕하는 후천 신인神人문화의 궁극의 조화 경계입니다. 상제님의 후천 조화선경 문화를 나타내는 가장 적합하고 올바른 표현이 바로 신인합일입니다.

이 신인합일을 제대로 이해하기 위해서는 신도神道의 성신 세계를 바르게 알아야 합니다. 신앙생활을 영광의 승리로 이끄느냐 아니면 패배의 깊은 절망으로 몰고 가느냐 하는 성패의 열쇠가 바로 이 성신聖神(성령)에 대한 이해에 달려 있습니다.

1) 상제님의 대도로 밝히는 성신의 세계

그러면 성신이란 과연 무엇일까요?

과학자들은 '천지간에 가득 찬 것은 에너지(氣, 場)'라 말합니다. 그러나 영성의 눈으로 보면, 대우주는 신神으로 가득 차 있음을 알게 됩니다. 한민족의 역사경전『환단고기桓檀古記』에 수록된『태백일사太白逸史』「소도경전본훈蘇塗經典本訓」에는 "신은 곧 우주의 기氣요, 기는 허虛요, 허는 곧 하나이다."라고 하여 '신은 곧 기(神卽氣)'임을 밝히고 있습니다. 신과 기는 떨어져 있는 것이 아니라 일체의 관계입니다. 이 신을 경외하는 뜻으로 '성신聖神'이라 부릅니다. 대우주의 본성은 겉으로 보면 허령창창한 '기氣'이지만 안으로 보면 바로 '성신'입니다. 제3장에서 살펴본 바와 같이 우리 동방 한민족은 우주의 성신을 '삼신三神'이라 불렀습니다. 그래서『태백일사』「소도경전본훈」에는 "일기一氣는 안으로 삼신三神이 있는 것이고 … 삼신三神은 밖으로 일기一氣를 포함하는 것이다."라고 정의하고 있습니다.

'삼신은 대우주에 충만한 기를 바탕으로 하여 만물을 이끌어 냅니다(三神有引出萬物)'. 삼신이 기를 운용해서 만물을 이끌어 낼 때 '조화造化, 교화敎化, 치화治化'라는 세 손길로 작용합니다. 삼신은 조화·교화·치화라는 세 가지 신성 가운데 조화를 그 중심 기능으로 역사하기 때문에 '조화성신造化聖神'이라고도 합니다. 기독교에서 말하는 전지전능한 유일신이 있고, 이분이 '말씀Logos'으로만 우주 삼라만상을 창조해낸 것이 아니라는 것입니다.

앞에서도 살펴보았지만, 증산 상제님은 하늘땅에 충만한 광명과 같은 존재인 조화성신에 대해 이렇게 밝혀 주셨습니다.

> ※ 천지간에 가득 찬 것이 신神이니 풀잎 하나라도 신이 떠나면 마르고 흙 바른 벽이라도 신이 떠나면 무너지고, 손톱 밑에 가시 하나 드는 것도 신이 들어서 되느니라. 신이 없는 곳이 없고 신이 하지 않는 일이 없느니라. (4:62)

일찍이 서양 사람들도 성신을 천지간에 가득 찬 바람이라는 뜻으로 '프뉴마pneuma(靈)'라 하였습니다. 그러면 이제 조화성신에 대한 중요한 내용을 네 가지로 간추려 살펴보겠습니다.

(1) 동·서 성신관 비교 | 동방 한민족의 신교에서는 일찍이 천지의 조화성신인 삼신三神을 조물주 하느님으로 말해 왔습니다. 그래서 인류 문화의 정수를 담고 있는『도전』1편 1장을 보면 "홀연히 열린 우주의 대광명 가운데 삼신이 계시니, 삼신三神은 곧 일신一神이요 우주의 조화성신造化聖神이니라."라고 분명히 밝히고 있습니다. 여기서 삼신은 서로 다른 세 분의 신이 아니라 한 하느님 즉 일신입니다. 일신이 창조의 세 가지 덕성을 지니고 있기 때문에 삼신이라 하는 것입니다. 세 덕성이란 만물을 창조하는 조화성, 깨달음과 가르침을 열어 만물을 길러 주는 교화성, 그리고 질서를 바로 잡아 주는 치화성입니다.

이 세 신성(덕성)을 지닌 일신이 3수의 법칙으로 우주를 창조합니다. 그렇게 해서 '일신즉삼신一神卽三神'이 하늘과 땅과 인간, 삼재三才를 낳음으로써 천·지·인이 삼위三位로 펼쳐지게 됩니다. 그러므로 하늘과 땅과 인간 속에는 이 조물주 삼신이 그대로 내재해 있습니다. 그것을 『천부경』에서는 '천일天一·지일地一·태일太一'로 집약하였습니다. 하늘도 땅도 인간도 삼신의 세 덕성을 그대로 지닌 하느님(일一)이라는 것입니다. 특히 인간은 천지의 대이상을 이루는 주인공이기에 예로부터 '클 태太'자를 써서 '태일'이라 하였습니다. 이 천일·지일·태일을 기독교의 삼위일체 논리로 본다면, 천일은 하늘 아버지(天父)로서 성부 하느님이 되고, 지일은 땅 어머니(地母)로서 성신 하느님이 되고, 태일은 천지를 부모로 하여 생겨나 우주의 꿈을 이루는 성자 하느님이 됩니다. 물론 삼신과 삼위일체를 정확히 일대일로 대응시키는 것은 다소 무리가 있습니다.

사실 우리 동양의 하느님과 서양 기독교의 하느님God(Deus)은 함께 논하기 어려운 깊은 간극이 있습니다. 서양에서는 동방 한민족의 9천 년 역사에서 말하는 "삼신즉일신三神卽一神이요, 일상제一上帝"라는 삼신하느님 대신 오직 유일신(God, Elohim)을 말할 뿐입니다. 이 신은 얼굴이 없는 추상적 원신元神의 성격이 강하기 때문에 인간의 역사 안으로 직접 들어올 수 없습니다. 그래서 구약에서 유대의 민족신 야훼로 그려지는 이 신은 창조주로서 아버지 '성부聖父'로 추앙 받지만 홀로 인간을 구원할 수는 없습니다. 인간 문제는 어디까지나 현실의 역사 속에서 이루어지는 것이기에 그 대행자인 아들이 인간 삶의 장場에서 직접 역사할 수밖에 없습니다. 이 '성자聖子' 아들을 통해서 비로소 아버지의 뜻이 이루어집니다. 그리고 아버지와 아들의 뜻을 이루게 하고 그 능력을 부여해 주는 또 다른 존재가 바로 기독교의 창조와 구원의 사역을 이룩하는 '성신聖神'입니다. 동방의 신교문화에서는 이 성신이 제2의 위격이지만 서양에서는 제3의 위격에 두고 있습니다. 성신은 성자가 세상에 오기 전부터 역사하지만 기독교에서는 하느님의 뜻을 이루는 성자의 위격을 더 중시하는 것입니다. 기독교에서는 이 성신이 어디서 오는지, 그 출원을 놓고 논쟁하고 정리하는 데 장장 천 년이란 긴 세월이 걸렸습니다. 여기에는 두 입장이 서로 대립합니다. 그리스, 러시아 등지의 동방정교에서는 성령이 만물의 근원이신 아버지에게서만 나온다고 주장합니다. 그리고 서방 교회(가톨릭)와 개신교에서는 아버지와 아들은 본질적 측면에서 하나이기 때문에 성령이 "아들에게서도(Fililoque)" 나온다고 주장합니다. 이것이 바로 동서방 교회 사이에 1천 년 동안 전개된 그 유명한 '휠리오케Fililoque 논쟁'의 핵심입니다.

이처럼 서양 기독교의 신은 결코 동방의 신교에서 말하는 삼신하느님과 같은 존재가 아닙니다. 삼신하느님은 인간의 역사에 직접 인간의 몸으로 들어올 수 있는 인격신이지만 기독교의 신(God)은 본질적으로 추상적이고 초월적인 원신이기 때문입니다. 기독교의 신은 십자가로 상징하여 나타낼 뿐, 결코 상제님처럼 인간의 얼굴을 지닌 신으로 나타낼 수 없습니다. 신약시대에 와서 유대라는 울타리를 벗어나면서 그

신이 세계 보편의 모습을 갖추기 시작했지만 여전히 예수라는 아들을 통해서만 역사하는 존재로 말하고 있습니다. 그러나 예수라는 역사적 인물은 아버지와 아들과 성신의 권능을 모두 행사하는 대우주의 아버지 하느님이 결코 아닙니다. 동방에서 말하는 우주의 통치자 '하느님'의 진정한 면모와는 엄연한 차이가 있습니다.

『아시아 이상주의Asian Millenarianism』의 저자인 이홍범 박사는 기독교의 신(God, Deus)은 동양에서 말하는 하느님과는 완전히 다른 존재이기 때문에 "서양 기독교에는 진정한 의미의 하느님 문화가 없다."고 강조합니다. 오늘날 한국의 기독교인들이 외치는 하느님은 철저히 구약의 유대민족신인 야훼를 일컫는 것이며 야훼 신은 초월적 창조신이라는 편협한 유일신관의 산물입니다. 그들은 유형과 무형의 조물주 하느님이 함께 존재하는 것을 깨닫지 못하기 때문에 원신과 인격신을 통합하는 진정한 하느님관을 인식하지 못하는 것입니다. 유일신관은 농경문화의 삼신하느님 신관이 삭막한 사막문화의 환경에서 편협하게 변질된 것입니다. 『신약성서』의 「요한계시록」에서 말하는 백보좌의 하느님은 동양에서 말하는 삼신하느님과 동일한 분입니다. 따라서 유대교의 편협한 신의 속성만 따로 떼어내어 마치 그것이 하느님의 진정한 모습인양 규정짓는 것은 매우 잘못된 일입니다. 이는 동방 한민족의 신교문화에서 말하는 하느님관의 정수를 잃어버리고 유대교의 편협한 유일신관만 옳다고 주장하는 것입니다.

동·서 신관을 관통하는 3수의 원리는 그 내용에서 확연히 다릅니다. 세 가지 신성(조화·교화·치화)이 깃든 동방 신교문화의 하느님은 3수의 법칙으로 우주를 창조하고, 만물을 살아있게 하고, 세계를 통치하며 하느님의 궁극적인 창조 목적을 성취합니다. 그러나 서양의 삼위일체 신관에서는 이 3수 법칙에 따라 한 신이 성부·성자·성신이라는 삼위의 신을 이루고 있습니다. 전혀 다른 역할을 하는 삼위의 신이지만 그 본질이 동일한 한 신이라고 말합니다. 동양에서는 **'하나 속에 셋이 깃들어 있다'**는 신의 내재성을 강조하는 데 비해 서양에서는 **'셋이 결국 하나'**라는 신의 초월성을 강조하는 것입니다.

(2) 성부·성자·성신 삼위일체三位一體 하느님관 | 우리는 조물주 삼신의 본체 자리와 하나 되어 만유를 주재하시는 상제님께서 도성인신道成人身하시어 인간으로 강세하셨음을 살펴보았습니다. 그러면 이제 상제님이 밝혀 주신 **당신의 강세 목적**을 성부·성자·성신의 삼위일체 신관으로 살펴보기로 하겠습니다.

먼저 동방 신교의 하느님관에서 말하는 **'성부聖父 하느님'**에는 두 가지 측면이 있음을 알아야 합니다.

첫째, 성부는 이 우주의 조물주 삼신三神을 말합니다. 생명의 근원 자리는 우주와 인간이 생겨나기 이전의 절대 자리입니다. 일찍이 동방 신교문화권에서는 이 생명의 절대 자리를 만물의 존재 근거인 신(一神)이라 하였습니다. 이것을 유도는 '중中', 불도는 '공空', 선도는 '무無', 서양의 선도인 기독교는 '성부聖父(十無極, 십자가 정신의 근원)'로 각기 불러 왔습니다. 이 일신이 현상 세계에서 조화신, 교화신, 치화신으로 작용하기 때문에 조물주이신 하느님을 삼신이라 불러 온 것입니다.

둘째, 성부는 이 도道의 근원 자리와 일체가 되어 우주 만물을 창조·주재하시는 실제적인 **인격신 하느님**(상제님)을 말합니다. 동방 한민족은 우주생명의 본체와 하나 되어 존재하시는 삼계 우주의 통치자 하느님을 '삼신일체상제님(三神一體上帝)'이라 하고, 줄여서 '삼신상제님'이라 불러 왔습니다.

우리는 동방의 하느님관을 통해서 내 생명이 발원한 궁극의 뿌리로서 얼굴 없는 원신元神인 우주 조물주 삼신이 있음을 알 수 있습니다. 그와 더불어 이 우주에는 삼신의 조화 그 자체가 되시어 우주를 직접 통치하시고, 삼신의 이상과 목적을 이루시는 살아 계신 참 하느님, 삼신상제님이 실재하신다는 사실을 알 수 있습니다.

동방 한민족의 하느님관에서 **'성자聖子 하느님'**은 시간과 공간을 초월한 생명의 근원 자리에서 상제님의 천명을 받고 인간을 구원하기 위해 육신의 옷을 입고(肉化) '사람으로 오는 성자'를 말합니다. 성인과 범부 중생도 인생의 본질적인 면에서는 모두 성부의 절대세계(道)에서 온 성자라 할 수 있습니다.

그리고 **'성신聖神 하느님'**은 그 근원과 실재가 천지의 성령으로서 인간을 진리의 삶과 영원의 안식처로 인도하는 안내자요, 보호자이며, 스승입니다. 기독교 삼위일체 신관에서는 아버지와 아들로부터 오는 거룩한 영을 성신 또는 성령이라 합니다. 성신은 하느님 아버지의 영이자 동시에 아버지가 지상에 내려 보낸 아들에게서 오는 영으로 거룩한 진리의 영, 치유의 영, 깨달음의 영, 삶의 고통과 온갖 환란에서 기적 같은 승리의 삶으로 인도해 주는 생명의 영입니다. 성신은 성부와 똑같은 인격과 생명력과 권능을 가지고 있습니다.

상제님은 기독교의 성신관을 넘어서서 우리 삶에서 실제로 사역하는, 사람과 똑같은 형상을 하고 있는 여러 성신에 대해 구체적으로 밝혀 주셨습니다. 상제님은, 조상신도 성신이고 하늘에서 내보낸 신장도 성신이며 각자의 보호신도 모두 성신이라 하셨습니다. 특히 조상신은 우리 생명의 근원이며 인생의 보호자로서 천지 제1의 성신입니다. 태상종도사님께서는 조상신은 그 자손에게 하느님과 같은 존재라고 말씀하셨습니다. 조상신을 포함한 이 모든 성신은 인간에게 깨달음을 주고 사물의 겉과 속을 볼 수 있는 지혜의 눈을 틔워 주며, 밝은 마음과 정의로움으로 순수하고 순결한 삶을 살게 하는, 천지와 같은 강력한 영성을 드러내 줍니다.

이 성신론에서 잊지 말아야 할 중요한 상제님의 가르침은, 우주에는 인격신의 세계뿐만 아니라 자연신의 성신 세계도 있다는 것입니다. 상제님은 '천지天地는 망량이 주장하고 일월日月은 조왕이 주장하고 성신星辰은 칠성이 주장한다.'(4:141)고 하셨습니다. 이 성부·성자·성신이라는 삼위의 하느님은 일체 관계로 역사하며 존재합니다. 생명의 근원이신 **'성부 하느님'**은 천지 만물과 인간을 **'창조·주재'**하시고, 육화하신 **'성자 하느님'**은 **'구원 사역'**을 하십니다. 그리고 '성신 하느님'은 **'성부의 창조와 성자의 구원 성업에 동참'**하여 인간을 깨우치고 고난에서 구원해 줍니다. 이처럼 삼위의 하느님이 현상계에서 **창조**(성부), **구원**(성자), **구원 성업 보좌**(성신)라는 각기 다른 사명을 맡아 우주를 다스립니다.

그런데 아버지 하느님이신 상제님께서 후천 가을의 인존 시대를 여시기 위해 직접 인간의 몸으로 오셨으므로 우주의 조물주 삼신과 일체로 계신 아버지 하느님이 친히 **구원 성업을 준비하시기 위해 '성자 하느님'**으로 오신 것입니다.

※ 聖父
성부
聖子 元亨利貞奉天地道術藥局 在全州銅谷生死判斷
성자 원형이정봉천지도술약국 재전주동곡생사판단
聖神
성신
천지의 정신인 원형이정의 도를 바탕으로 천지를 받드는 도술약국이라
전주 동곡에서 천하 사람의 생사 판단을 하느니라. (5:347)

※ 明月千江心共照요 長風八隅氣同驅라
명월천강심공조 장풍팔우기동구
강마다 밝은 달은 내 마음을 함께 비추고
온 천지에 큰 바람은 내 기운을 함께 모는구나. (2:111)

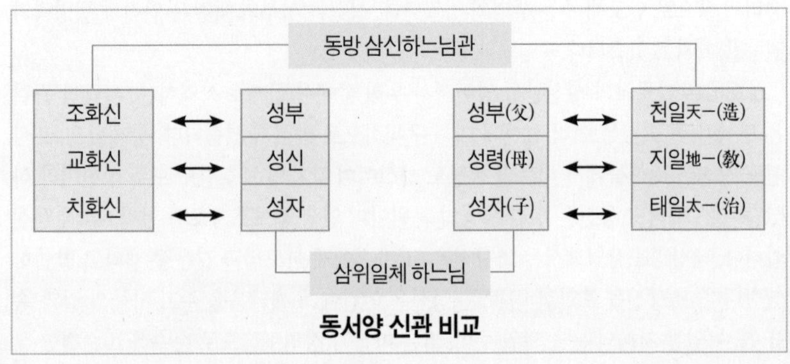

동서양 신관 비교

(3) 일원적 다신의 성신 세계 | 상제님은 인격을 지닌 한 신만 인정하고 나머지는 모두 피조물로 보는 유일신관[23]을 부정하셨습니다. 그것은 보편적인 진리가 아니기 때문입니다. 천지 팔방위에 가득 찬 대기나 광명처럼, 조화성신은 우주에 충만하다고 하셨습니다. 이 성신은 **'일원적 다신一元的 多神'**으로 존재합니다. **우주에 가득 찬 생명의 빛인 성신이 하나의 근원에서 나왔지만 현상적으로는 천차만별의 모습으로 존재**하는 것입니다.

성신은 앞서 살펴본 바와 같이 성부와 성자에게서 오는 생명의 영이라는 차원을 넘어 신도 세계에 영적 존재로서 실재하고 있습니다.

성신과 성령[24]은 일반적으로 같은 의미이지만 서양의 기독교에서는 이를 좁은 의미로 한정해서 사용하고 있습니다. 상제님께서는 '성삼위(성부·성자·성신) 일체 하느님관'에서 성령이 아니라 성신으로 말씀하셨습니다. 기독교에서는 성령(성신)을 성부와 성자에게서 나오는 것으로 한정하여 사용하지만 상제님께서 말씀하신 성신은 우주 안에 가득 찬 신성과 모든 개별적 인격신과 자연신까지 포함하는 것입니다.

우리는 제3장에서 혼과 백(넋), 신과 귀, 영과 선을 하나의 통일된 창조 원리로 밝혀주신 상제님 말씀을 살펴본 적이 있습니다. 상제님은 하늘사람을 보통 **신神**, **신명神明**(가끔 '귀신'이란 말도 같은 의미로 쓰셨음)이라 하셨습니다. 하늘과 땅에서 **인격신으로 살아가는 영적 존재가 바로 신명神明**입니다. 신명은 개별 인격을 지닌 영체로서 인간처럼 말하고, 감정을 느끼며 살아갑니다. 이 신이 4대가 흐른 뒤 영적으로 진화하여 그 위격이 변화하면 영靈과 선仙이 됩니다. 하늘사람인 영과 선도 상제님께서는 신(신명)이

5장

---

23 유일신관의 폐해 | 기독교 신앙은 유대족의 역사적 신앙 체계에 그 기원을 둔다. 그 핵심은 유대족이 섬긴 야훼가 창조신이라는 것이다. 그런데 오강남 교수(캐나다 리자이나 대학교)는 『예수는 없다』(현암사, 2003)에서 유대족이 처음에는 '엘EL'(복수형은 엘로힘)이라는 신을 섬기다가, 후에 '야훼신'을 신앙하게 되었다고 말한다. "히브리 성경에 2,500번 가량 나올 정도로 중요한 '엘로힘'이라는 이름은 어원적으로 따져보면, '엘EL'이라는 남성신과 '엘로아Eloah'라는 여성신의 이름이 합쳐진 명사에 복수를 나타내는 '임'이 붙어서 이루어졌다. 엘로힘은 남성과 여성신을 총체적으로 대표한 이름으로 그 속에 남성적 요소와 여성적 요소가 함께 내포되어 있다."라고 했다. 원래 아브라함은 수메르 문명권의 갈데아 우르에 살다가 가나안으로 이주를 했다. 수메르 문화권에서는 주신主神인 '엘EL'을 비롯한 7위의 다신多神을 하느님으로 섬겼다(엘로힘). 그런데 유대인들이 가나안 땅으로 이주하면서 그 문화적 배경과 삶의 환경이 바뀌고, 이후 신앙의 대상도 초기에 신앙하던 우주 절대자인 엘EL 신에서 그들의 조상신인 야훼신으로 자연스럽게 옮겨간 것이다. 이런 유대족 신앙의 역사적 맥락을 모른 채, 신약시대의 기독교인들은 야훼신을 우주의 조물주로 신앙해 온 것이다. 상제님께서는 '야훼는 유대민족의 하느님, 유대민족의 조상신'이라고 바로잡아 주셨다.

24 성신과 성령 | 성신은 홀리 고스트Holy Ghost(앵글로색슨계), 성령은 홀리 스피릿Holy Spirit(라틴계)이라 하며, 20세기 초 한글 번역본 『성서』에는 성신으로 번역됐으나 근래에는 성령으로 쓰고 있다. 모든 보호신과 조상신, 하늘의 위대한 신명들이 성신에 속하나, 서교에서는 삼위일체와 관련된 성령만 인정한다.

라 부르셨습니다. 이러한 천상의 영적 존재(신)가 우리에게 깨달음을 주고 기적의 삶으로 인도하기 때문에 상제님은 성령이 아니라 '성신' 이라 말씀하신 것입니다.

이 신의 관계에서 우리가 바르게 알아야 할 사실이 있습니다. 먼저 민간 신앙 속에서 생겨난 선입관 때문에, 사람들은 흔히 귀신이라 하면 타락하거나 저급한 신명으로 알고 있습니다. 그러나 귀신은 신명을 일반적으로 일컫는 말이며 본래는 하늘과 땅의 성신을 가리키는 말입니다. 그리고 신선에 대해서도 육신을 가지고 환골탈태換骨奪胎, 우화승천羽化昇天한 신령한 사람으로만 알고 있지만, 육신의 옷을 벗어 버린 뒤 천상에 올라가서도 그 공덕에 따라 신선이 될 수 있다는 것을 상제님은 분명히 말씀해 주셨습니다.

그렇다면 하늘의 신도 세계에 실재하는 성신은 구체적으로 어떤 존재를 말하는지 상제님 말씀을 통해 알아보기로 하겠습니다.

첫째, 성신은 성부 하느님이신 증산 상제님의 성령을 말합니다. 제3장에서 우리는 하늘 보좌에서 붉은 성령의聖靈衣를 입고 계신 상제님의 모습을 살펴본 적이 있습니다.

❋ 12월에 고부 운산리 신경수의 집에서 공사를 보실 때 하루는 신원일에게 이르시기를 "네가 일찍이 동쪽 하늘을 향하여, 붉은 옷을 입고 구름을 타고 앉은 사람에게 사배四拜한 일이 있을지니, 이제 다시 그와 같이 절하라. 내가 곧 그 사람이로다." 하시니라. (3:222)

둘째, 인간으로 살다 간 성자들의 신명을 말합니다. 상제님은 이 신명들을 '문명신'이나 '도통신'이라고도 말씀하셨습니다. 또 그 신들을 생존 시의 이름으로 부르기도 하셨습니다.

❋ 이마두가 천국을 건설하려고 동양에 왔으나 정교政教에 폐단이 많이 쌓여 어찌할 수 없음을 깨닫고 죽은 뒤에 동양의 문명신文明神을 거느리고 서양으로 건너갔느니라. 이마두의 공덕이 천지에 가득하니 신명계의 영역을 개방하여 동서양의 신명들을 서로 자유롭게 넘나들게 한 자가 이마두니라. (4:13)

셋째, 인간을 보호하고 도와주시는 보호성신을 말합니다. 상제님은 사람마다 자신이 닦은 기국器局에 따라 보호신명이 호위하고 있다고 말씀하셨습니다.

❋ 사람마다 그 닦은 바와 기국器局에 따라서 그 임무를 감당할 만한 신명이 호위하여 있나니 만일 남의 자격과 공부만 추앙하고 부러워하여 제 일에 게으른 마음을 품으면 신명들이 그에게로 옮겨 가느니라. 못났다고 자포자기하지 말라. 보호신도 떠나느니라. (4:154)

인간을 믿음의 길로 이끄시고, 죄악과 병고와 위기에서 구원해 주시기 위해 지금도 우리 곁에 바람처럼 소리 없이 와 계신 보호성신은, 모두 하늘의 성신으로서 이 세상에 실존했던 인물들입니다. 상제님의 천지공사 과정을 들여다보면 상제님께서 부리신 천상의 모든 성신은 영적 기능과 역할에 따라 각기 맡은 사명이 있고 또 고유한 이름이 있음을 알 수 있습니다.

이러한 보호성신 가운데 가장 가까이에서 늘 자손을 지켜 보며 이끌어 주시는 보호성신은 바로 조상신(선령)입니다. 우리를 낳아 주시고, 생전에 함께한 조상신이 지금 자손 곁에서 함께하고 계십니다. 우리 자손들의 행복과 성공은 모두 조상 성신의 가호와 기도 덕분임을 명심해야 합니다. '선령의 음덕으로 나를 믿게 된다.' (2:78) 하신 상제님 말씀처럼 조상신의 기도와 인도引導로 지상의 자손이 상제님 진리를 만나고 신앙하게 됩니다. 척신과 복마의 발동으로부터 자손을 지켜 주시고 생명의 길로 이끄는 제1의 보호성신입니다.

"이제 인종 씨를 추리는 후천 가을운수를 맞아 선령신을 박대하는 자들은 모두 살아남기 어려우리라."(2:26)라고 말씀하신 상제님께서는 신도 세계에 다양한 성신들이 존재하지만 자손에게는 선령신이 가장 존귀한 존재임을 강조하셨습니다. 1년 365일, 천년만년 늘 자손과 함께 하는 조상신은 자손에게 생명을 내려주고, 자손의 생사화복生死禍福에 직접 관여하는 위대한 성신입니다.

(4) 성신 세계의 구조와 태을천 상원군님 | 구도자로서 신앙생활을 영위하면서 우리의 호기심을 샘솟게 하는 가장 신비롭고 근원적인 궁금증은 바로 '하느님은 어떤 분이신가'하는 것입니다. 증산 상제님은 창조주 유일신관을 부정하셨습니다. 상제님은 '삼계 우주를 맡아 상제님의 이상대로 주관하신다'는 뜻을 가진 '주재主宰'란 언어를 쓰셨습니다. 천지의 주인이신 상제님께서는 대우주의 역사를 맡아 다스리시는 주재자 하느님이십니다.

선천 종교가 저마다 구원을 외치면서도 아집과 독선으로 분파·난립하여 대립하는 가장 큰 이유는 신관이 통합되어 있지 않기 때문입니다.

우주의 영적 구조(신계)는 생명의 상수 철학 원리에 따라 '9천天'으로 벌어져 있으며, 주재 성신(천주)이 다스리는 독립된 영적 하늘은 '33천天의 횡적 구조'를 하고 있습니다. 이러한 우주 신도의 신비를 상제님께서 체계적으로 밝혀 주셨습니다. 상제님은 이 33천을 주재하는 성신(하느님) 가운데 생명의 가장 근원 자리에 계신 한 분의 성신을 말씀해 주셨습니다.

❋ 오는 잠 적게 자고 태을주를 많이 읽으라. 태을천太乙天 상원군上元君은 하늘 으

뜸가는 임금이니 오만년 동안 동리동리 각 학교에서 외우리라. (7:75)

태을주太乙呪는 가을 대개벽기에 일어나는 인류 최후의 병겁 심판을 극복케 하는 구원의 주문입니다. 증산 상제님께서는 가을 개벽기를 맞아 원시반본의 도법에 따라, 온 인류에게 태을주를 통해 '태을천 상원군太乙天上元君님의 조화생명 기운'을 받을 수 있는 길을 열어 주시고, 인류의 하느님 신관의 결론과 원맥을 바로잡아 주셨습니다.

상제님께서는 '하늘 으뜸가는 임금'(7:75)이라 하신 **태을천 상원군**님은 **최상의 원시천존**天尊으로, 천상의 성신 세계에서 우주사의 가장 심오한 비밀을 간직하신 분입니다. 상제님은 '만리운미태을궁萬里雲迷太乙宮'(6:18)이라 하시어, 태을천 상원군님이 무궁한 신성과 신비한 오색 채운이 감도는 태을천(북녘 하늘의 태을성太乙星)의 태을궁에 임어하여 계심을 밝혀 주셨습니다.

태을천은 천지 우주의 조화성령의 근원입니다. 상제님께서는 이 우주의 생명문화에 대한 궁극의 해답으로 '태을천에서 천지 성령이 발원됨'을 처음으로 알려 주셨습니다. 하늘과 땅과 인간이 태을천에서 벌어져 나왔고, 천·지·인 삼계가 태을천을 근본으로 하여 한 몸으로 운행하고 있습니다. 태을천의 주인이신 태을천 상원군님은 선仙의 불멸의 생명 수數인 8수를 근본으로 하여 팔음팔양 도수로 천지 우주의 시간과 공간을 주재하고 계십니다. 이 태을천에서 주재하는 우주생명의 혼이자 핵인 율려律呂는 만물이 순수 생명으로 살아있게 하는 천지 생명력의 바탕이자 조화성령의 본체입니다. 상제님은 태을주를 읽음으로써 유한한 현실 삶 속에서 천지 조화성신을 내려 받아 율려를 회복하고 가을 우주의 영원한 생명으로 거듭날 수 있음을 그토록 강조하셨습니다. 천지 조화성신을 받아 태일로 거듭나게 하는 태을주 공부가 바로 후천 가을개벽을 넘어서는 구원의 핵심 관건입니다.

우리는 태을천 상원군님이 바로 우주생명의 근원이심을 명백히 이해하고 태을주를 송주해야 합니다. 인간으로 강세하신 증산 상제님께서 열어 주신 증산도의 가장 위대한 점 가운데 하나는, 원시로 반본하는 가을철 구원의 섭리에 따라 '신도 세계의 위계 질서와 체계'를 대혁신하고 바로잡아 그 기본 틀을 밝혀 준다는 사실입니다.

2) 신인합발로 여는 신인합일의 조화선경

선천의 역사는 상제님의 손길로 천지의 봄개벽과 함께 천지간에 가득 찬 신神이 만물 속에 깃듦으로써 시작되었습니다.[25] 태초 이래 우주의 본성인 신은 천지 만물의 존

---

25 성신이 개입하여 열린 만유 생명 | 인류학과 고고학의 성과에 따르면, 오늘의 인류(호모 사피엔스 사피엔스)가 지상에 모습을 나타내기 시작한 때는 지금부터 4만 년 내지 5만 년 전이라고 한다. 선사시대

재 근거입니다. "손톱 밑에 가시 하나 드는 것도 신이 들어서 되느니라."(4:62) 하신 상제님 말씀과 같이, 세상사는 천지의 성신이 감응하여 엮어 내는 것입니다.

인간의 삶과 역사의 대세는 인간의 노력만으로 이루어지는 것이 아닙니다. 상제님은 인간과 천지 만물의 변화 과정, 그리고 크고 작은 모든 사건의 근원에 신이 개입해서 이루어지는 것이라 밝혀 주셨습니다. 인간계의 모든 삶과 사건은 천상 신명계의 손길을 통해서 일어나기 때문에 인간계와 신명계가 일체적인 상호 연관 작용을 맺고 돌아갑니다. **신과 인간이 함께 역사를 개척해 나가는 우주의 법도**를 '**신인합발**神人合發'이라고 합니다.

인류 역사는 신인합발의 섭리에 따라 장구한 세월에 걸쳐 전개되어 왔습니다. 근대 문명의 비약적인 발전도 인간과 문명성신들이 신인합발로 역사役事한 것입니다. 그러나 근대 이후 신과 인간이 서로 소통하는 신교의 영성문화가 물질문화로 전도되면서 인간의 신성은 쇠약해지고, 천지 만물에 내재한 신의 존재는 잊혀져 갔습니다. 이제 신인상생의 후천 인존시대를 맞이하여 원시반본의 섭리에 따라 신과 인간이 본래의 모습을 되찾게 됩니다.

5장

인간은 육신을 지닌 신으로 인간 생명의 근본에서 육체적 활동에 이르기까지 마음이 모든 조화의 중심으로 작용합니다. 천지간의 신은 이 인간 마음의 작용인 의식과 생각에 따라 매순간 감응합니다(4:89). 우리의 마음과 생각이 탐욕과 죄악으로 물들면, 탐음진치貪淫瞋癡를 일으키는 복마伏魔와 적신賊神, 사신邪神, 척신隻神 등이 침투하여 인생을 암흑 속으로 몰고 갑니다. 마신의 손길은 인간의 마음에 침투해 부정적인 생각을 일으키고 자신감을 잃게 하며, 인간 관계를 막판에 어그러뜨려 하고자 하는 일을 틀어지게 합니다.

우리가 대자연과 하나 된 태일太一이 되기 위해서는 사마들의 기세를 제어하는 영적 능력을 가져야 합니다. 자손과 조상신의 영원한 생사가 결정되는 이번 가을 개벽기에는 **마신과의 영적 대전쟁**에서 승리하는 자만이 영원한 생명과 구원을 얻을 수 있습니다.

三界解魔大帝神位 願趁天尊關聖帝君 (3:221)
삼 계 해 마 대 제 신 위 원 진 천 존 관 성 제 군

를 지나 인류가 역사를 갖기 시작한 것은 약 1만 년 전으로 알려져 있다. 인간은 생명의 주인이자 조화의 주체이며 4차원의 존재인 신이 개입함으로써 출현한다. 얼어붙었던 천지의 겨울(빙하기)이 끝나고 혼돈과 어둠이 자취를 감추면서, 지상에도 천상의 성신이 작용하게 된다. 366도의 공간 궤도가 휘감아 돌리는 창조와 조화의 빛이 지상문명의 혼을 흔들어 깨우면(春之氣,放也), 이 빛을 타고 천상의 뭇 성신聖神이 강세하여 창조 운동을 시작함으로써 지상에 만물이 화생化生하는 것이다. 이렇게 생겨난 인간과 만물이 하느님께서 3역수(생역→장역→성역)로 펼치시는 시공의 창조 섭리에 따라 진화해 나간다.

※ 我得長生飛太淸하니 衆星要我斬妖精이라
아득장생비태청　　중성요아참요정
惡逆催折邪魔驚하고 躡罡履斗躋光靈이라
악역최절사마경　　섭강이두제광령
내가 장생을 얻어 태청을 날으니
뭇 별이 나에게 요사스런 정기를 베어 달라 호소하네.
패악과 무도한 기운 꺾으니 사악한 마들이 놀라고
칠성을 밟아 빛나는 성령의 세계로 올라가노라. (4:143)

신은 대자연계의 '생명과 조화의 주체'입니다. 성신의 세계는 이성적인 깨달음이 아니라 나의 영으로 직접 체험해야 합니다. 인간이 원신元神을 열어 신과 합덕할 때 이 하늘과 땅과 신의 꿈과 이상을 실현하는 인간의 역사가 전개됩니다. 상제님께서는 원시반본하는 가을 천지의 대운에 따라, 천지의 성신과 인간이 하나 되어 사마를 물리치고 신천지의 조화 세상을 열어갈 수 있게 하셨습니다. 천상의 신명과 지상의 인간이 합일合一하고 조화調和하여 지상에 우주의 조화 낙원 세계를 건설할 수 있도록 천지공사로써 신인 상생神人相生의 길을 열어 놓으셨습니다. 우리들이 신인합일로 이 현실 세계를 후천 조화선경 세상으로 만들어 우주의 꿈과 이상을 성취하게 됩니다.

※ 신인합일神人合一이라야 모든 조화의 기틀을 정한다. (11:98)
※ 내 세상은 조화의 세계요, 신명과 인간이 하나 되는 세계니라. (2:44)
※ 후천 선경세계는 … 인신합덕人神合德으로 인인人人이 성신 聖神되어 만백성이 성숙하고 불로장생하는 무궁한 조화낙원이라. (7:1)

이 우주 만유 속에 삼신의 숨결이 살아 있고, 온 우주를 채우고 있는 삼신의 신성이 인간의 몸 속에 그대로 깃들어 있습니다. 천지의 조화주 하느님이신 삼신상제님께서 인류에게 전해 주신 태을주를 읽음으로써 인간은 **삼신의 대우주 생명의 핵(율려)**을 받아내리고 조화성신 자체가 되어 천지 역사의 중심에 설 수 있습니다. 태을주 공부는 영안을 열어 천상과 지상, 즉 신도 세계와 인간 세계를 하나로 통합하는 결정적 계기를 마련해 줍니다. 태을주를 읽는 것은, 불멸의 생명을 받아내려 인간과 신명이 하나 되고 가을의 성숙한 새 우주를 여는 개벽 공부입니다.

이제 우주의 가을철을 맞아 인간 내면의 **조화성신**이 온전히 발현되어 태일의 인간이 되면, **인간은 온 우주 자연과 교감하며 신인합일의 후천 가을문화를 열어갈 수 있게 됩니다.** 그리하여 선천의 분열·성장 과정을 모두 마치고 영원한 **생명의 근원인 천지 성령의 품에서 후천 조화선경 세상을 살아가게 되는 것입니다.**

6. 동서 종교의 원시반본과 가을철 통일문화

지금까지 인류는 미성숙하고 불완전한 선천 상극 세상을 살아오면서 끊임없이 투쟁하고 경쟁하며 인류 문화를 발전시켜 왔습니다.

그러나 가을개벽을 지나면 우주는, 음양이 균형을 이루지 못한 선천의 시공 궤도에서 벗어나 조화로운 후천 가을 우주의 시공 궤도를 그리게 됩니다. 그 속에서 지구는 10천 선경 낙원의 세상으로 새롭게 태어나고, 모든 종교는 **상제님의 무극 대도**로 하나가 됩니다. 이 후천의 종교 통일을 알아 보기에 앞서 선천 동서 종교의 본질과 사명에 대해 먼저 살펴보겠습니다.

1) 선천 종교의 사명

❋ 선도와 불도와 유도와 서도는 세계 각 족속의 문화의 근원이 되었나니…. (4:8)

❋ 선천에는 상극의 이치가 인간 사물을 맡았으므로 모든 인사가 도의道義에 어그러져서…. (4:16)

상제님께서는 선천 종교가 **인류 문화의 근간**이 되었음을 밝혀 주셨습니다. 선천 종교는 상극의 천지 질서 속에서 인류 문화를 개창하고 후천 세상을 지향해 왔지만 미성숙한 시대 환경과 교리의 한계성으로 말미암아 인류를 구원할 수 없습니다.

그러면 세계 문화의 근원이 된 유·불·선과 기독교의 본래 사명은 무엇일까요? 상제님은 선천 동서문화, 곧 선천 종교의 상징인 동학과 서학의 사명을 이렇게 밝혀 주셨습니다.

❋ 東有大聖人하니 曰東學이요 西有大聖人하니 曰西學이라
동유대성인 왈동학 서유대성인 왈서학
都是教民化民이니라
도시교민화민
동방에 대성인이 있으니 곧 동학이요
서방에 대성인이 있으니 곧 서학이라.
이는 모두 창생을 교화하는 데 그 사명이 있느니라. (5:347)

선천 종교의 사명은 만백성을 교화하는 데 있다는 말씀입니다. 선천의 종교는 인류에게 상극의 비극적 멍에에서 벗어나 '**너 자신을 구원하고 이 세상을 위해 봉사하라**'고 가르쳐 왔습니다.

종교는 진리의 한 소식을 들으려는 뜨거운 열정과 투철한 믿음, 그리고 강인한 실천력을 지닌 자에게 광명과 영생의 길(道)을 열어 줍니다. 선천 종교의 사명은 인간과 인간, 인간과 자연, 인간과 신명이 서로 대립하고 투쟁하는 상극의 천지 질서 속에서 원한의 비극을 최소한으로 줄이고 사랑을 실천하여, 영원한 생명을 얻는 구도의 길을 가르치는 데 있습니다.

그러면 유·불·선 삼도가 전하는 구체적인 구원의 소식은 무엇인지 살펴봅시다.

2) 유·불·선 삼도三道가 전하는 영원한 삶

(1) 유·불·선 삼도의 진리 세계 | 우주 1년에서 선천개벽으로 하늘과 땅이 열리고(天開於子, 地闢於丑) 인간이 생겨났습니다(人起於寅)(5:359). 그리고 약 1만 년 전, 소개벽을 거친 뒤 하늘 문을 열고 내려온 빛나는 성신들이 사역하면서 인류 원형문화인 신교(제1의 종교)를 바탕으로 인류 문명이 동트기 시작했습니다.

이후 삼박자 리듬으로 윤회하는 생명의 선율을 타고 유·불·선(기독교) 삼도가 펼쳐졌습니다. 제2의 종교인 유·불·선 삼도가 맡은 전문 분야는 서로 다릅니다. 도道의 주재자 하느님이신 증산 상제님은 유·불·선의 특성을 다음과 같이 간단 명료하게 말씀해 주셨습니다.

> 佛之形體요 仙之造化요 儒之凡節이니라
> 불 지 형 체　선 지 조 화　유 지 범 절
> 불도는 형체를 주장하고 선도는 조화를 주장하고
> 유도는 범절을 주장하느니라. (2:150)

불교는 고요히 앉아 선정禪定에 들어 **형체**, 즉 우리의 자아 속에 숨어있는 영생의 빛이자 생명의 근원인 마음을 밝히는 데 목적이 있습니다. 몸의 형신形身 속에 존재하는 불멸의 생명인 법신의 본체를 한없이 파고들어 그 궁극의 경계를 밝히는 것입니다.

선교(도교, 기독교)는 **조화**를 주장합니다. 조화주 하느님께 일심 정성으로 기도하고 수련하여 생명의 '허무지도虛無之道'를 체득하고 영원한 기쁨과 평안을 찾아 10무극의 조화 경계에 드는 것을 목적으로 합니다.

유교는 천지 질서에 도덕의 뿌리를 두고 인간의 본성을 파악합니다. 그리하여 천도의 도덕정신으로 인륜의 푯대인 **예의범절**을 정립함으로써 세상을 조화롭게 다스리는 '평천하平天下'를 목적으로 합니다. 유·불·선 삼도가 전한 구원의 한 소식은 생명의 근원 자리와 이를 주재하시는 **인격적인 절대자**에 대해서도 밝히고 있습니다.

먼저 선천 종교의 위대한 성자들이 영원무궁한 생명의 근본 자리를 무엇이라 불렀는지 알아보겠습니다.

(2) 각 종교에서 말한 우주생명의 근원 자리 | 무상하게 변화하는 아름다운 이 우주와 그 속에서 살아가는 천지 만물은 과연 어디서 생겨난 것일까요?

※ 天地之中央은 心也라
천지지중앙 심야
故로 東西南北과 身이 依於心하니라
고 동서남북 신 의어심
천지의 중앙은 마음이니라.
그러므로 천지의 동서남북과 사람의 몸이 마음에 의존하느니라. (2:137)

무한한 하늘과 땅의 중심점은 우리 '인간의 마음'이라 하신 상제님의 이 말씀에서 우리는 영원한 생명의 근본 자리에 대한 해답을 찾을 수 있습니다. 상제님께서는 모든 사람이 갖고 있는 마음은 천지보다 크며, 천지도 우리의 마음에 매여 있다고 하셨습니다. 마음의 경계에서 볼 때 이 자리가 바로 일심一心 자리입니다. 우주생명으로 볼 때는 시공이 끊어진 자리로, 도교에서 말한 무(무극)의 세계이며, 불교의 공(태극), 유교의 중中, 기독교에서 말하는 성부의 자리입니다.

『정역』에서도, 시공이 끊어진 공空에서 시간이 흘러나온다고 합니다. 시간을 계속 나누어 들어가다 보면, 즉 한 시간을 분으로 분을 다시 초로 계속 미분하여 들어가면, 시간의 흐름이 끊어진 자리로 수렴됩니다. 다시 말하면 순간 속에 '영원'이 존재하는 것입니다. 시간은 끊임없이 흐르지만 그 속을 들여다보면 결코 그런 것이 아닙니다. 성인은 천지가 만들어 놓은 윤회의 굴레를 끊고 우주생명의 절대 근본자리인 우주의 조화 거울 속에 마음을 안주시킵니다.

생명의 3박자 리듬에 따라 삼도가 전해 준 이 영원한 생명의 세계는 이를 주재하시는 절대자 하느님의 마음자리이기도 합니다.

"내 아버지의 뜻은 아들을 보고 믿는 자마다 영생을 얻는 이것이니…."(「요한복음」 6:40)라고 한 예수의 가르침에서 '내 아버지'는 시공이 끊어진 10무극十无極의 영원한 생명을 뜻하며, 동시에 이 무극을 주재하시는 인격적인 하느님을 의미합니다. 이 10무극 생명의 표상이 바로 기독교의 십자가입니다.

석가는 미륵부처님의 강세를 말하였고, 공자는 『주역』에서 성스러운 말씀이 동북방에서 이루어진다(成言乎艮)고 하였습니다. 그리고 약 4백 년 전에 중국의 위대한 선지자 주장춘은 구원의 하느님이신 증산께서 금강산의 왕기旺氣를 타고 오신다는 소식을 전했습니다. 또 김일부 대성사는 『정역』에서 용화 시대의 도래와 상제님의 강세를 노래하였고, 하느님의 사도인 최수운 대성사는, 상제님께서 후천의 추수·결실 운수인 무극대운의 시운時運을 타고 오실 것을 선포하였습니다. 이들이 진리를 깨친 영원한 생명의 근원 자리가 바로 절대자 하느님의 마음자리입니다.

선천 종교(삼도)는 이처럼 한 생명의 실체(體)를 두고 관점(用)을 달리하여 이름을 다르게 붙여 왔지만, 그 공통된 주장은 모든 인간이 생명의 고향인 진리의 본원으로 돌

5장

아가 영생하라는 것이었습니다.

"'누구든지 한 사람만 오면 각기 저의 스승이라' 하여 따르리라."(2:40) 하신 상제님 말씀처럼, 선천 종교에서 각기 부르짖는 '이 세상을 구원하실 분'은 서로 이름만 다를 뿐, 동일한 한 분을 가리킵니다.

가을 대개벽을 앞두고 있는 오늘, 인류는 아직도 선천 종교의 관념과 틀에서 벗어나지 못하고 그 속에서 진리를 찾아 헤매고 있습니다. 백의민족으로 강세하신 **증산 상제님**은 유·불·선·기독교의 도맥에서 말한 우주의 절대자이십니다. 인간으로 완성하신 **대인군자**이시며, 중통인의를 이루신 **미륵존불**이시며, 천지조화를 자유자재로 쓰시는 무소불능한 **옥황상제이시며, 새 하늘 새 땅을 건설하시는 아버지 하느님**이십니다. 또한 선후천이 바뀔 때 하늘과 땅이 만들어 놓은 죽음과 심판의 벼랑(火克金) 끝에 구원의 다리를 놓아 후천 5만 년 조화 낙원으로 인도하시는 **생명의 하느님**(10未土)이십니다(火生土→土生金).

그러면 이제 인류가 그토록 목마르게 갈구하던 구원의 하느님이신 증산 상제님께서 종교 통일에 대해 말씀하신 내용을 잠깐 살펴보기로 하겠습니다.

3) 생명의 원시반본에 따른 종교 통일

지금은 우주생명이 원시로 반본함에 따라 새 하늘·새 땅이 열리고 온 인류가 한가족이 되는 조화문명이 열리는 대전환의 시간대입니다.

> ❋ 이제 말세의 개벽 세상을 당하여 앞으로 무극대운無極大運이 열리나니 모든 일에 조심하여 남에게 척隻을 짓지 말고 죄를 멀리하여 순결한 마음으로 정심 수도하여 천지공정天地公庭에 참여하라. (2:15)

위 말씀에서 우리는, 수운 대성사가 전한 후천 무극대운의 소식을 상제님께서 그대로 이루어 주셨음을 알 수 있습니다.

우주생명은 선천의 분열·성장 운동을 끝마치고, 극즉반의 원리에 따라 본래의 통일 상태로 되돌아가게 되는데 이를 **후천의 무극대운**이라 합니다. 상제님은 당신 스스로 무극대운을 주재하시는 **'무극신無極神'**(5:355)이라 하셨습니다.

> ❋ 이때는 원시반본하는 시대라. (2:26)
>
> ❋ 이제 개벽시대를 당하여 원시로 반본하는 고로…. (2:37)

상제님은 선(기독교는 서양의 선도)·불·유 삼도가 우주생명의 3박자 리듬, 즉 무극·태극(空)·황극의 참 본성(眞性)인 허무虛無·적멸寂滅·이조以詔를 받아내려 성장하였으나, 이제는 원시반본하는 **후천 통일의 이치**에 따라 선천 종교의 진액을 거두어 그 이상을 실현하는 성숙(冠旺)한 종교가 나오게 된다고 하셨습니다.

※ 受天地之虛無하여 仙之胞胎하고 受天地之寂滅하여 佛之養生하고
수 천 지 지 허 무 　 선 지 포 태 　 수 천 지 지 적 멸 　 불 지 양 생
受天地之以詔하여 儒之浴帶하고 冠旺은 兜率 虛無寂滅以詔니라
수 천 지 지 이 조 　 유 지 욕 대 　 관 왕 　 도 솔 　 허 무 적 멸 이 조
천지의 허무(無極)한 기운을 받아 선도가 포태하고
천지의 적멸(太極의 空)한 기운을 받아 불도가 양생하고
천지의 이조(皇極)하는 기운을 받아 유도가 욕대하니
이제 (인류사가 맞이한) 성숙의 관왕冠旺 도수는
도솔천의 천주가 허무(仙) 적멸(佛) 이조(儒)를 모두 통솔하느니라. (2:150)

※ 이제 불지형체佛之形體 선지조화仙之造化 유지범절儒之凡節의 삼도三道를 통일하느니라. … 내가 유 · 불 · 선 기운을 쏙 뽑아서 선仙에 붙여 놓았느니라. (4:8)

도道란 하느님이 열어 주시는 영원한 생명의 길입니다. 이 길(道)을 가르쳐 주는 것이 바로 종교입니다. 상제님은 도와 교를 같은 의미로도 쓰셨습니다.

도에는 선천 생장의 도와 후천 통일의 도가 있는데 유·불·선·기독교는 선천 생장의 도입니다. 이 선천 종교가 들려 준 영생의 구원 소식은 우리 혼 속에 깃들어 있는 영원한 **생명의 본체(道)를 찾으라**는 것입니다.

그러면 우주의 가을철을 앞두고 열리는 후천 통일의 도는 어떤 진리일까요?

상제님이 계신 9천 하늘은 예로부터 모든 것을 통일한다는 의미를 지닌 '도솔천兜率天'으로 불려 왔습니다. 상제님은 이 도솔천의 천주이신 '**미륵님**'으로서 '**말세에 오시는 새 진리의 부처님**'이십니다.

※ 내가 미륵이니라. 금산사 미륵은 여의주를 손에 들었거니와 나는 입에 물었노라. (10:33)

※ 나는 유불遊佛이 되리라. (2:111)

※ 솥이 들썩이는 것을 보니 미륵불이 출세함이로다. (2:46)

※ 미륵불은 혁신불革新佛이니라. (3:84)

미륵불상은 가부좌를 하지 않고 서 있는 모습입니다. 왜냐하면 미륵부처님은 선천의 낡고 묵은, 병든 하늘과 땅을 뜯어고치시고 새 생명이 넘쳐흐르는 후천 정역의 개벽 세상을 여시기 위해 분주히 움직이는 구원의 부처님이시기 때문입니다. 미륵님은 새 천지를 여시는 유불遊佛이며 혁신불이십니다.

사도 요한은, 천상의 흰 보좌에 앉으신 하느님께서 "보라 내가 만물을 새롭게 하노라." 하시며 새 하늘 새 땅을 보여 주셨음을 증언한 바 있습니다. 사도 요한이 말한,

천지 만물을 새롭게 하시는 백보좌 하느님은 모든 묵은 것을 새롭게 하시는 바로 혁신불인 미륵부처님이십니다.

이 미륵부처님은 또한 '사유思惟하는 부처님(Thinking Buddha)'이십니다. 온 인류가 죽어 넘어가는 가을 개벽기에 인간을 건져 내시고 신천지 새 세상을 여시기 위해 잠시도 생각을 놓지 않으시고 깊은 사유에 잠겨 계십니다.

백보좌 하느님이신 미륵불의 도가 바로 인간으로 오신 증산 상제님께서 인류를 구원하고 가을 우주의 상생의 세상을 건설하기 위해 열어 주신 **후천 통일의 도, 증산도**입니다. 상제님은 종교문화(선천 종교: 신교, 유·불·선)로 문명의 씨를 뿌리고 경작하시어 종교문화(후천 종교: 무극대도)로써 선천 문명을 결실하십니다. 증산도는 아버지 하느님이신 상제님께서 직접 강세하시어 창도하신 가을의 결실 종교(무극대도)입니다.

그리하여 이제 머지않아 도솔(통일)천의 하늘 문이 열리면서 지상에는 세상의 모든 문화가 상제님 대도로 통일되고 조화 선仙 문명이 열려 온 인류가 한마음으로 살아가는 후천 가을의 성일聖日을 맞게 됩니다.

7. 선천 종교와 과학과 역易 철학의 통일

지금 인류는 우주의 여름에서 가을철로 넘어가는 대변혁기에 살고 있습니다. 이때는 동서양이 서로 부족한 면을 보완하고 수용해서 **성숙한 인류 통일문화를 열어 나가는 대전환기**입니다. 서양은 물질문명 속에서 영적 갈증을 해소하기 위해 동양의 정신세계로 눈길을 돌리고 있고, 동양은 물질의 풍요를 찾아 서구의 과학문명을 받아들이는 데 애쓰고 있습니다. 상제님이 밝혀주신 역 철학이 이러한 통일문명의 길을 제시하고 있음을 우리는 제1장에서 간략히 살펴보았습니다.

역은 동서의 문명을 하나로 통합하는 통일된 원리를 제시합니다. 태상종도사님께서 처음 밝혀 주신 우주 1년의 변화 틀을 통해 우리는 선천 봄 · 여름철 변화의 궁극 목적이 가을철의 통일문명 건설에 있음을 깨닫게 되었습니다.

이제 원시반본하는 가을 개벽기를 맞아 하느님이 인간으로 오시어 후천 가을 우주의 무극대도를 열어 주셨습니다. 후천 통일의 무극대도인 상제님 진리의 전체 틀 안에서 종교와 과학의 모순과 대립이 해소되고, 선천의 **종교와 과학과 철학의 통합**이 이루어지게 됩니다.

과학은 자연의 이법 세계를 중심으로 우주의 신비를 밝혀 왔고 종교는 신의 조화 세계를 통해 진리를 추구해 왔습니다. 종교와 과학은 우주의 신비 세계를 밝힌다는 점에서 같은 목적을 갖고 있지만 각기 방법을 달리하여 목적을 추구해 왔습니다.

현대 과학은 물질세계의 가장 깊은 곳을 추적해 들어가, 우주 만물은 아무것도 없는 듯한 공空에서 생겨났다가 공으로 사라져 간다는 우주의 신비를 밝혀냈습니다. 이제 우주의 가을철을 앞두고 종교와 과학은 생명의 조화 세계를 밝히는 하나의 목적을 향해 더 가까이 다가서고 있습니다.

그러나 과학자들이 자연을 탐구해서 자연 속에 숨어 있는 질서를 찾아낸다 하더라도, 진리의 또 다른 얼굴인 신의 세계를 밝힐 수 없기 때문에 진리의 전모를 온전히 드러낼 수 없습니다. 마찬가지로 종교 역시 인간의 몸과 마음과 영을 통해 신의 세계를 직접 체험한다 하더라도 이법 세계의 질서와 틀을 이성적으로 온전히 깨칠 수 없으므로 우주의 신비를 밝히는 데 한계를 지닐 수밖에 없습니다.

❋ 이제는 판이 넓고 일이 복잡하므로 모든 법을 합하여 쓰지 않고는 능히 혼란을 바로잡지 못하느니라. (4:7)

상제님은 가을 개벽기를 맞아 우주의 모든 법을 통합해서 써야 세상의 문제를 총체적으로 해결할 수 있음을 말씀해 주셨습니다. 종교나 과학, 철학, 어느 한 분야의 가르침만으로는 지금 세상에서 당면한 문제들을 끌러낼 수 없습니다. 상제님께서는 후천 가을의 조화 세상을 여시기 위해 **이법을 바탕으로 신도와 더불어 모든 법을 합하여** 쓰시어 인간과 신명을 살리는 구원의 길을 열어 주셨습니다.

이제 원시반본의 이치에 따라 우주의 이법을 밝히는 역 철학, 물질 세계를 밝혀 가는 현대 과학, 그리고 신의 조화 세계를 추구하는 선천 종교가 상제님의 무극대도 안에서 대통합을 이루게 됩니다.

8. 도덕률의 원시반본: 군사부일체 문화

지구는 본래 우주에서 가장 훌륭한 구도의 장場으로 창조되어 대우주의 꿈과 이상이 실현되는 곳입니다.

흔히 도덕道德이라 부르는 도道[26]와 덕德이란 말은 '천도지덕天道地德'[27]에서 나왔습니다. 우리가 '부생모육父生母育'이란 말의 뜻을 헤아려 보면 도와 덕을 쉽게 이해할 수 있습니다. 아버지 하늘에서 내려 주는 기운을 받아 어머니 땅이 만물을 낳고 기르듯

천양天陽	지음地陰
천생天生	지성地成
천도天道	지덕地德
천개天開	지벽地闢
천도天度	지수地數

26 동양의 도道, 이理와 법法, '말씀'을 뜻하는 서양의 로고스logos가 모두 진리眞理를 뜻한다.

27 왼쪽에 제시한 말들은 모두 천지론을 바탕으로 하는 개념이다.

이, 생명의 근원인 도를 받아 포용하고 기르고 감싸는 사랑의 감화력을 덕이라 합니다. 덕德[德=彳+十五(十四+一)+心, 15획]은 하도의 중심인 중성의 조화생명(15)과 같이 만유를 포용·통일할 수 있는 중도中道 정신을 실천하는 것입니다.

지금까지 인류는 천도天道에 편중된 낡은 세계관에 매여서 살았습니다.

※ 선천에는 하늘만 높이고 땅은 높이지 않았으니 이는 지덕地德이 큰 것을 모름이라. 이 뒤에는 하늘과 땅을 일체로 받드는 것이 옳으니라. (2:51)

선천에는 천체의 경사로 말미암아 태극 생명수의 리듬도 불완전할 수밖에 없었으며 우주생명의 변화 질서를 상징하는 태극 모양도 옆으로 기울어진 모습(◒)이었습니다. 그러나 후천에는 천지의 축이 정남북으로 정립함으로써 태극수의 리듬도 바로잡혀 '하늘과 땅을 일체로 받드는' 가을 우주의 창조 법도가 실현됩니다. 그리하여 태극도 '정음정양正陰正陽'을 상징하는 모양(◑)으로 바뀌게 됩니다.

인간과 만물은 모두 지덕地德으로 태어나고 생존해 갑니다. 그러나 이제껏 인류는 지덕의 소중함을 망각해 왔습니다.

천지와 인간의 창조 목적은, 인간이 하늘(천도)과 땅(지덕)의 영원한 창조성인 도덕(천도지덕)을 연마하고 체득하여 **가을 천지의 완성된 인간**으로 성숙하는 데 있습니다. 상제님은 오늘날 인류가 앓는 심령과 육신의 크고 작은 병고가 생명의 근원인 도道를 이탈하고 상실함으로써(無道) 터져 나온 것이라 하셨습니다.

※ 大病도 出於無道하고 小病도 出於無道하니
대병 출어무도 소병 출어무도
得其有道면 則大病도 勿藥自效하고 小病도 勿藥自效니라
득기유도 즉대병 물약자효 소병 물약자효
큰 병도 무도에서 비롯하고 작은 병도 무도에서 생기나니
도를 얻으면 큰 병도 약 없이 스스로 낫고
작은 병도 약 없이 스스로 낫느니라. (5:347)

도덕 질서가 인간의 삶과 시대정신에 창조적 힘을 부여하지 못할 때, 오히려 묵은 질서로 전락합니다. 묵은 도덕 질서는 인간을 타락시키고 영혼을 파멸로 몰아넣으며 세상을 혼란에 빠뜨립니다.

※ 묵은하늘이 사람 죽이는 공사만 보고 있도다. (5:411)

※ 기유년에 하루는 어느 지방에서 '젊은 부인이 남편 상喪을 당한 뒤에 순절殉節하였다.' 하거늘 상제님께서 들으시고 말씀하시기를 "악독한 귀신이 무고히 인명을 살해한다." 하시고 글을 써서 불사르시니 이러하니라.
忠孝烈은 國之大綱이라
충효열 국지대강

然이나 國亡於忠하고 家亡於孝하고 身亡於烈하니라
연　　국망어충　　가망어효　　신망어열

충효열은 나라의 큰 기강이니라.
그러나 나라는 충忠 때문에 망하고 집안은 효孝 때문에 망하며
몸은 정렬貞烈 때문에 망하느니라. (2:135)

이 말씀의 핵심은 충·효·열이 인륜人倫의 기본이지만 세상의 묵은 의식 속에 갇힐 때, 오히려 현실을 마비시키고 사회를 파멸로 몰아간다는 것입니다. 그리하여 삼계대권의 주재자이신 아버지 상제님은, "장차 진법眞法이 나오리라."(4:144) 하신 말씀대로 새 시대의 도덕 질서가 전개되도록 천지공사로 질정하셨습니다.

❋ 모든 것이 나로부터 다시 새롭게 된다. (2:13)

❋ 말씀하시기를 "선천에는 도수가 그르게 되어서 제자로서 스승을 해하는 자가 있었으나 이 뒤로는 그런 불의를 감행하는 자는 배사율背師律을 받으리라." 하시니라.

하루는 상제님께서 말씀하시기를 "유가에서 군사부일체를 주장하나 삼강오륜三綱五倫 어디에도 스승과 제자의 도리는 없지 않으냐. 이에 삼강오륜을 보전補塡하니 앞으로는 사강육륜四綱六倫의 도륜道倫이 나오리라." 하시며 일러 주시니 이와 같으니라.

夫爲婦綱 父爲子綱 師爲弟綱 君爲臣綱
부위부강 부위자강 사위제강 군위신강

夫婦有別 父子有親 師弟有禮 君臣有義 長幼有序 朋友有信 (2:27)
부부유별 부자유친 사제유례 군신유의 장유유서 붕우유신

배사율은 개인 간의 사제 관계를 넘어 민족과 민족(예컨대 조선과 일본), 동양과 서양, 인간 세계와 신명계에 이르는 모든 관계에서 도덕률로 적용됩니다(제7장 세운 공사 참고).

삼계대권을 주재하시는 증산 상제님께서는 원시반본의 천지 도덕률을 바탕으로 후천 5만 년 삼계 우주의 새 역사 틀을 세우는 천지공사를 행하셨습니다.

❋ 선천의 도정道政이 문왕文王과 무왕武王에서 그쳤느니라. 옛적에는 신성神聖이 하늘의 뜻을 이어 바탕을 세움[繼天立極]에 성웅이 겸비하여 정치와 교화를 통제관장統制管掌하였으나 중고中古 이래로 성聖과 웅雄이 바탕을 달리하여 정치와 교화가 갈렸으므로 마침내 여러 가지로 분파되어 진법眞法을 보지 못하였나니 이제 원시반본이 되어 군사위君師位가 한 갈래로 되리라. (2:27)

'황皇 → 제帝 → 왕王 → 패覇 → 이적夷狄 → 금수禽獸'의 시대로 흘러온 인류 역사의

대세는 대철인 소강절[28] 선생이 처음 밝힌 이래로 하나의 상식처럼 인구人口에 회자膾炙되고 있습니다. 가을 대개벽기를 앞두고 있는 오늘 이 시대는 윤리와 도덕이 파괴되고, 인간이 자신의 정체성을 송두리째 상실하여 '금수 시대'가 되어 버렸습니다. 그러나 상제님의 '원시반본의 도법'에 따라 후천개벽의 심판과 구원이 끝나고 나면 지구촌에는 다시 성인聖人이 다스리는 황제 정치가 실현됩니다.

상제님께서는 우주의 근원(道)에서 생겨난 억조창생의 마음 깊은 곳에 한 가지 소원이 있음을『현무경玄武經』에서 이렇게 밝혀 주셨습니다.

❋ 曰有道하고 道有德하고 德有化하고 化有育하고 育有蒼生하고
왈유도 도유덕 덕유화 화유육 육유창생

蒼生有億兆하고 億兆有願戴하고 願戴有唐堯니라
창생유억조 억조유원대 원대유당요

예로부터 말해 옴에는 만물의 생명의 길인 도道가 있고
도에는 덕德이 있고 덕에는 교화敎化가 있고
교화에는 기름[育]이 있고 기름에는 창생이 있고
창생은 억조가 있고 억조창생에게는 받들어 모시고 싶은 님(君師)이 있으며
받들어 모시고 싶은 님에는 당요唐堯와 같은 성군이 있느니라. (2:125)

억조창생이 꿈같이 바라고 추앙하는 바는, 세상에서 말하는 '요순시절' 같은 태평성대太平聖代입니다. 상제님께서 '당요唐堯'를 지칭하신 것은 요의 덕치를 인정하신 것이 아니라 세상에서 꿈꾸어 온 태평 시대를 언급하신 것에 지나지 않습니다. 요순의 덕치가 역사의 진실이 아니지만 민중들의 바람으로 굳어졌기 때문에, 그 민중들의 기원祈願을 그대로 말씀하신 것입니다. 인류가 동경하고 갈망하던 참다운 덕치주의와 태평성세는 후천개벽으로 열리게 됩니다. 이번 가을개벽이 지나면 이 세상에는 하늘과 땅, 인간과 신명 세계에 누적된 상극의 모든 패악, 누적된 악습, 잘못된 제도가 근원부터 뿌리 뽑히고, 가을의 질서인 조화와 균형과 상생이 실현되는 후천 선경 세계가 건설됩니다.

❋ 이것이 곧 황극수皇極數라.
당요唐堯 때에 나타났던 수數가 이제 다시 나타난다. (7:58)

❋ 暮日還明하니 更見堯舜世하고 長春無時하니 何見霜雪寒고
모일환명 갱현요순세 장춘무시 하견상설한

저문 해가 밝아오니 요순 세상이 다시 나타나고
긴 봄은 정해진 때가 없이 계속 되니

---

28 소강절邵康節(1011~1077) | 중국 북송 때의 유학자. 이름은 옹雍, 자는 요부堯夫, 호는 안락선생安樂先生. 강절은 시호. 하남 사람. 유교의 역 철학을 상수 철학으로 크게 발전시켰다. 저서로『황극경세서皇極經世書』62권,『이천격양집伊川擊壤集』등이 있다.

어찌 서리와 눈 내리는 겨울을 보겠는가. (7:27)

앞으로 열릴 조화선경 세상에서는 '위민덕화爲民德化의 성인 정치'가 펼쳐집니다. 세상에서 평하기를, 정교政敎가 갈린 중세 이후로는 '교권(師)이 성권聖權이며 왕권(君)은 속권俗權'이라 말합니다. 그런데 이제 가을 개벽기를 맞이하여 성인 정치가 펼쳐진다고 하는 것은 군사위君師位가 하나 되어 성속聖俗 양권兩權이 다시 통일된다는 뜻입니다.

우리는 지금 후천개벽이라는 생사의 기로에 서서 선천 5만 년 상극 시대에 쌓인 모든 원한의 독기를 뽑아내는 해원 시대에 살고 있습니다. 이 해원 시대가 끝나고 우주의 가을철, 후천이 열리면 가을 우주의 조화 통치 법도인 **군**君·**사**師·**부**父를 일체로 받드는 세상이 펼쳐집니다. 인간으로 오신 증산 상제님께서는 군사부일체의 도권을 쓰십니다. 상제님은 인간과 만유 생명의 **아버지**이시며, 가을 우주의 새 진리를 열어 주신 **큰 스승**인 동시에 하늘과 땅을 주재하시는 **통치자** 하느님이십니다.

그러면 후천 가을철에는 왜 군사부 문화가 다시 열리게 되는 것일까요? 원시반본의 섭리에 따라 후천에는 우주 조물주 삼신의 본성이 인간 역사 속에 온전히 드러나기 때문입니다. 이 삼신의 본성인 조화·교화·치화가 현실로 모습을 드러낸 것이 바로 군·사·부입니다. 조·교·치의 삼신에서 만물을 낳는 조화신은 아버지의 도(父道)를 주장하고, 진리를 열어 주며 성신 역할을 하는 교화신은 스승의 도(師道)를 주장합니다. 그리고 인간과 만물 생명의 크고 작은 모든 것을 다스리는 치화신은 바로 임금의 도(君道)를 밝혀 줍니다. 이 우주의 신성 자체가 바로 군·사·부의 도로 드러납니다. 그리하여 우주 만유가 근본을 찾아가는 원시반본의 천지 이치에 따라 **군사부 문화**가 나오게 되는 것입니다.

태상종도사님께서는 이 군사부 문화가 **자연섭리의 결론이요, 인류 역사의 총 결론**이라 말씀해 주셨습니다. 후천의 신천지에는 성웅을 겸비한 인물이 출세하여, 정치와 종교를 통일하고 인류가 모두 한가족처럼 살아가는 **군사부일체의 통일 조화 문화**를 새롭게 펼쳐 나갑니다. 선천의 모든 사상과 정치, 종교가 상제님 군사부일체의 통일 문화 속에 수렴되어 천지의 꿈과 대이상이 이루어지게 됩니다.

9. 세계 각 민족의 원시반본: 각 민족의 정체성의 확립

이제까지 선천 종교는 지상의 인간 구원만을 외쳐 왔습니다. 그러나 상제님께서는 다음과 같이 선언하셨습니다.

❋ 이때는 천지성공 시대天地成功時代니라. (2:43)

❋ 내가 혼란키 짝이 없는 말대末代의 천지를 뜯어고쳐 새 세상을 열고 비겁否劫에

빠진 인간과 신명을 널리 건져 각기 안정을 누리게 하리니 이것이 곧 천지개벽天地開闢이라. (2:42)

후천 가을의 초종교인 증산도는 하늘땅이 함께 성공할 수 있도록 **천상의 조상과 지상의 자손을 동시에 구원하는 진리**입니다.

현대인을 정체성(identity)과 소속감이 없는 길 잃은 방랑자라고 합니다. '나는 누구이며 어디서 왔는가? 나는 왜 이 세상에 태어났으며, 이 민족과 세계는 지금 어디에 와 있는가?'라는 근원적인 물음에 전혀 해답을 찾지 못하고 있습니다.

증산도가 말세에 드러나는 정체성 상실의 위기를 극복하기 위해 제시하는 구원의 역사 섭리는 '자기 조상의 뿌리를 찾고, 자기 민족의 정기와 역사를 바로잡으라'는 것입니다. 이제 천지성공 시대를 맞아 각 민족이 원시반본하여 제 민족의 뿌리 정신을 되찾아야 합니다. 이것은 각 민족의 **혈통血統과 국통國統을 바로잡는 문제**이자 역사를 개척한 민족의 혼들이 쌓아 올린 **'고유한 시원사상'을 되찾는 문제**입니다.

오늘날 세계의 숱한 민족이 자기 뿌리를 잃고 **환부역조換父易祖**의 죄를 범하고 있습니다. 우주의 통치자 하느님이신 증산 상제님께서는 유대 민족의 야훼Yahweh, 중국의 반고盤固, 일본의 아마테라스 오오가미天照大神 등이 천상에서 자기 민족의 생존과 번영을 주도하는 **'각 민족의 수호성신'**이라고 밝혀 주셨습니다. 개벽장 하느님이신 상제님께서는 직접 유일신관을 파기하시고 각 민족의 수호성신을 '지방신地方神'이라는 이름으로 부르셨습니다(4:18).

그동안 얼마나 많은 종교인이 자기 민족의 수호성신을 망각한 채, 타민족의 수호성신에게 양자로 입적하였습니까? 상제님께서는 근본을 찾지 못하는 그릇된 신앙을, 핏줄과 조상을 바꿔 버리는 **'환부역조'**의 대죄라고 엄중히 경고하셨습니다.

❈ 이때는 원시반본原始返本하는 시대라. 혈통줄이 바로잡히는 때니 환부역조換父易祖하는 자와 환골換骨하는 자는 다 죽으리라. (2:26)

❈ 만성 선령신萬姓 先靈神들이 모두 나에게 봉공奉公하여 덕을 쌓음으로써 자손을 타 내리고 살길을 얻게 되나니 너희에게는 선령先靈이 하느님이니라. (7:19)

지금은 원시반본의 우주 섭리에 따라 지상의 자손이 자기 생명의 근원인 조상과 하나 되어 새롭게 거듭나야(更生) 하는 때입니다.

증산 상제님은 '역사상 민족 간의 투쟁과 대립은, 원시반본의 섭리에 따라 지구촌 각 민족의 지방신이 제자리를 잡고 혈통줄이 바로잡힐 때 종결된다'고 하셨습니다.

❈ 대개 예로부터 각 지방에 나뉘어 살고 있는 모든 족속들의 분란쟁투는 각 지방신地方神과 지운地運이 서로 통일되지 못한 까닭이라. 그러므로 이제 각 지방

신과 지운을 통일케 함이 인류 화평의 원동력이 되느니라. (4:18)

이 말씀과 같이 세계 각 민족의 원시반본이 현실화되는 날, 민족의 정통성과 주체성이 회복되고 민족 간의 대동 단합이 이루어지게 됩니다.

1) 인류 시원문명과 그 분화

(1) 인류 문명의 황금시대 | 잃어버린 한민족의 기원과 상고사를 밝혀 주는『환단고기桓檀古記』의『태백일사太白逸史』「삼신오제본기三神五帝本紀」에는, 최초의 인간은 선천 봄개벽과 더불어 북극수北極水(북수北水=천해天海)에서 천지의 조화로 화생化生하여 나왔음을 밝히고 있습니다. 또『삼성기三聖紀』에는 인류의 시조가 '나반那般과 아만阿曼'이고 인류 시원 국가인 환국의 모든 족속은 그 후손이라는 기록이 나옵니다. 한민족의 창세創世 역사는 이처럼 인류 발상에 대한 해답을 명쾌한 천리天理로 내려 주고 있습니다.

우리는 세계 각 민족이 인류 시원 국가인 환국에서 뻗어 나갔다는 놀라운 사실을, 한민족의 창세 역사를 통해서 확인하게 됩니다.

『환단고기』의『삼성기』는 동방 한민족의 뿌리이자 인류 창세 나라인 환국의 역사를 밝히고 있습니다. 12국가로 이루어진 환국桓國이라는 나라는 중앙아시아의 천산(일명 파내류산)을 중심으로 그 영역이 시베리아, 만주에 이르렀고 그 땅 넓이가 남북으로 5만 리, 동서로 2만여 리나 되었다고 합니다.

『삼성기』는 '오환건국吾桓建國이 최고最古라(우리 '환'의 나라 세움이 가장 오래 되었다)'라는 위대한 선언을 하고 있습니다. 여기서 '환桓'은 '밝을 환' 자로서 '광명'이라는 뜻입니다. 환은 인간의 자기 선언입니다. 과거를 살다 간, 그리고 현재를 살아가는 모든 인간, 한 사람 한 사람이 모두 환이요 우주 광명 그 자체라는 것입니다. 하늘과 땅과 사람이 모두 우주 조물주 삼신의 신성과 광명을 그대로 지니고 있습니다.

삼신의 후예인 환족이 신을 섬기고 신의 뜻에 따라 다스린 나라가 바로 환국입니다. 환족은 인류 문명의 태동기에 지구촌에 아홉 족속으로 나뉘어 12국가를 만들어 살았습니다. 지구촌의 모든 인류는 한 가족, 한 형제인 것입니다. 이 12환국을 다스린 통치자를 '환인桓仁'이라 불렀습니다. 초대 안파견安巴堅 환인부터 7세 지위리智爲利 환인까지 3,301년 동안 일곱 분의 환인이 나라를 다스렸는데 환인은 12환국의 **통치자**이자 시원문화를 개창한 인류의 큰 스승이었습니다. 상제님께서는 환인천제께서 천상 신명계에 조선국 상계신上計神으로 계신다고 밝혀 주셨습니다.

삼신의 뜻을 받들고 살던 환국의 백성은 영이 밝아서 천지의 신성과 하나 되어 자연과 교감하며 무병장수의 삶을 살았습니다. 사람들은 아침, 저녁으로 해와 달을 경배하며 하늘 광명을 내 마음과 영과 몸에서 열어 환한 사람이 되고자 하였습니다. 몽골 등 북방 아시아에 산재하는 삼신 신앙의 상징인 신단수神檀樹(宇宙木)문화는 바로 하늘의 신성인 광명과 하나가 되려 한 환국인들의 문화가 전승된 흔적들입니다.

특히 일본의 신단수문화는 신라의 왕자 천일창天日槍이 전한 것으로 천일창은 삼신단을 수호하는 관직을 가진 화랑이었습니다. 구마노 히모로기(웅신리熊神籬·신단수)의 전수와 함께 지구촌 뿌리 문화이며 원형문화인 신교 조화삼신의 신성을 받아 내리는 천신숭배 의례가 일본에 전해진 것입니다.[29]

서양의 고대 문명 연구가들은 이러한 인류의 태고시대를 '황금시대(the Golden Age)'라 부릅니다. 원시 샤머니즘 연구가인 칼 바이트H. Kal Weit에 따르면 아득히 먼 옛날은 인간이 행복과 평화 속에 살면서 초자연적인 힘을 쓰던 황금시대였습니다. 태고시대의 사람들은 별 어려움 없이 신과 소통할 수 있었고, 죽음을 모르고 질병과 고통이 없는 자유로운 경지에서 살았습니다. 또 사회과학자인 스티브 테일러Steve Taylor는 그의 책『자아폭발(The Fall)』에서 6천 년 이전의 유물에는 전쟁이나 무기와 관련된 것이 발견되지 않음을 지적하면서, 이때는 아직 인간의 자의식이 나타나지 않고 억압과 고통 없이 인간과 인간, 인간과 자연, 인간과 우주가 합일된 삶을 살았다고 말합니다. 그러나 이 조화로운 삶은 '기후 건조화'라는 환경 변화와 함께 식량난으로 인해 사람들이 대거 이주하고 개인성에 대한 날카로운 자각이 일어나면서 해체되었다고 합니다.

(2) 동서 문명의 분화 | 인류의 황금시대를 열었던 환국의 태고문명이 분화하는 대세를 살펴보면, 태극의 물결처럼 동서로 뻗어 나가 인류 문명의 큰 물줄기를 이루었음을 알 수 있습니다.

환국의 종통을 계승한 환족의 주류가 동으로 이동하여 백두산의 신시神市를 중심으로 동방의 배달문명을 개창하였고, 천산 산맥을 넘어 서남아시아로 이동한 환족은 이란의 산악 지대를 거쳐 메소포타미아 지역으로 남하하여 수메르 문명을 개창했습니다.

---

29 한민족 고유의 신단수문화는 곧 천제문화, 광명문화와 연결된다. 천일창이 일본에 가져온 신단수를 통해서 일본이 인류 최초의 문명 국가인 환국의 우주 광명 신성을 받게 되었으며, 일본의 신사문화가 시작된 것이다. 천일창은 신라 7대 일성왕逸聖王으로 추정된다. 일성은 3대 유리왕儒理王의 적장자嫡長子임에도 당시 세력권에서 밀려나 유랑생활을 하다가 배를 타고 왜로 가게 되었다. 이 때 왜왕에게 보물과 웅신리熊神籬를 가져가서 전하게 된다. 왜에서는 일성을 천일창이라 불렀다. 신라에서 동생 파사왕과 조카 지마왕이 세상을 떠나고, 후사를 두지 못하자 80이 가까운 나이에 신라로 귀국하여 왕위에 올랐다고 전한다.

환국의 정통 장자국이자 한민족의 동북아 시대를 처음 개창한 배달의 환웅은 환인 천제로부터 천부天符와 인印 세 개를 종통 계승의 상징으로 받아 3천 명의 제세핵랑濟世核郎을 거느리고 '배달'이라는 나라를 열고 문명을 개창하였습니다. 그리고 환국의 일부 환족은 동북으로 계속 이주하여 베링 해협을 건너 아메리카 대륙을 따라 정착하면서 인디언 문명[30] 등을 낳았습니다. 인디언의 한 갈래인 포니족은 언제나 담배의 첫 모금과 음식의 첫 숟가락을 신에게 바쳤습니다. 그들은 자신들이 믿는 위대한 신(Great Oversoul)이 '온 우주에 가득 차 있는 최고의 통치자이고 그분의 뜻에 따라 모든 일이 일어난다'고 믿었습니다.

한편 서방으로 이동한 환족이 이라크 남부에 정착하여 개창한 수메르 문명은 환국의 문명을 계승하고 발전시켜 서양 문명의 뿌리가 되었습니다[31]. 검은 머릿결의 수메르인들은 스스로 천산天山인 '안산'을 넘어 왔다고 말합니다. 그들은 삼신문화를 바탕으로 하는 삼수三數문화의 원리를 가지고 있었으며, 인격을 지닌 수많은 신들이 자연에 내재해 있다고 믿는 다신관을 갖고 있었습니다.

4천여 년 전, 유대 민족의 조상 아브라함은 수메르의 도시국가 우르(갈데아 우르) 출신으로 아버지를 따라 지금의 팔레스타인 땅, 가나안으로 이주하여 유대문화를 뿌리 내렸습니다. 수메르문화를 계승한 옛 유대인들은 조상의 무덤에 통로를 내어 음식을 넣어주는 등 동양의 조상 숭배와 비슷한 관습을 갖고 있었으며, 『구약』에는 여러 신들을 받아들여 신당神堂을 만들고 예배한 유대인들의 이야기가 빈번하게 등장합니다. 또 「창세기」에는 아이를 낳지 못하는 아브라함의 아내 사라에게 세 신이 찾아와 자식을 내려 주는 이야기가 나오는데, 여기서 동방 삼신문화의 자취를 찾아볼 수 있습니다.

수메르 문명은 메소포타미아 문명은 물론, 이집트 문명, 바빌로니아 문명, 그리스·로마 문명, 유대문화 그리고 인더스 문명[32]의 탄생에 직간접적으로 지대한 영향을 미

---

30 인디언들이 쓰던 생활 도구나 풍습이 우리의 전통문화와 아주 비슷할 뿐만 아니라 언어에서도 밀접한 유사점을 발견할 수 있다. 인디언 마을 입구의 장승과 토템, 박물관에 소장된 절구, 소쿠리, 베틀, 그리고 상투 문화, 비녀, 금줄 등등이 아주 유사하다. '자연지리학의 시조'라 일컬어지는 독일의 알렉산더 폰 훔볼트Alexander von Humboldt는 "아메리카의 많은 신화, 기념물, 우주 발생에 관한 사고는 동아시아의 것과 놀랄 만큼 흡사하다. 이것은 태고 시대에 어떤 연관성이 있음을 말해 준다."라고 주장한다.

31 수메르문화는 동방 배달의 신교문화와 놀라울 정도로 많은 유사성을 갖고 있다. 수메르에도 상투 문화, 순장 제도, 60진법, 씨름 문화 등이 있었다. 수메르 말은 우리 말과 같은 교착어일 뿐만 아니라 어순이 거의 같고, 유사한 단어도 많이 발견되고 있다. 또 6천 년전에 이미 성립된 학교 제도에서는 선생님을 아버지, 학생을 아들로 인식하고 있다. 이는 동방의 군사부일체 사상과 맥을 같이 한다.

32 수메르 문명은 현 이란('아리아인의 나라'라는 뜻) 북쪽 국경 너머 이란 고원에 살며 인도-유럽어를 쓰던 종족에게 영향을 주었는데, 이들이 BCE 2000년경에 남쪽으로 대규모로 이주하여 인도로 들어갔다. 그 후 인도 내륙 깊숙이 들어가 지금의 힌두교 베다문화를 열고 카스트 제도를 만들었다. 이 종족이

5장

쳤으며, 특히 지중해의 크레타 섬에 전파되어 유럽의 최초 문명인 미노아 문명(BCE 2700~BCE 1420)을 탄생시켰습니다. 환국에서 뻗어나가 서양 문명의 뿌리가 된 수메르 문명은 동방의 배달문명과 함께 고대 인류 문명의 양대 축이라 할 수 있습니다.

2) 동방 배달 한민족의 시원 역사와 문화 개창

물을 마시면서 그 근원을 생각한다는 '음수사원飮水思源'이라는 말이 있습니다. 무슨 일을 하든 항상 근본을 알라는 뜻입니다.

오늘의 우리를 있게 해 주신 혈통의 근원이자 한민족의 국조는 단군 성조聖祖이십니다. 상제님께서는 "나도 단군의 자손이니라."(2:26)라고 하시어 동방 한민족은 모두 단군의 후손이며, 단군이 신화 속의 인물이 아니라 역사의 실존 인물임을 천명하셨습니다.

※ 朝鮮國 上計神 中計神 下計神이 無依無托하니
조선국 상계신 중계신 하계신 무의무탁

不可不 文字戒於人이니라.
불가불 문자계어인

조선국 상계신(환인) 중계신(환웅) 하계신(단군)이 몸 붙여 의탁할 곳이 없나니 환부역조하지 말고 잘 받들 것을 글로써 너희들에게 경계하지 않을 수 없노라. (5:347)

※ 대명천지大明天地 밝은 날 살고 제일강산에 조화선경을 건설하니 조선국 상계신, 중계신, 하계신 지혜로 집을 찾아드소서. (11:172)

오늘날, 국조 단군을 부정하는 사태는 우리 민족의 유구한 역사에서 처음 있는 일입니다. 일제의 식민사관에 세뇌당한 사학자와 교육자가 지금 이 세대를 거짓말 역사로 오도하고 있습니다. 그리고 그 이전의 환웅 시대 역시 우리 동방 한민족의 엄연한 실존 역사라는 사실을 잊어서는 안 됩니다.

인류 최초의 국가인 환국의 마지막 지위리智爲利 환인께서는 환웅에게 종통과 국통 계승을 상징하는 천부天符와 인印을 내려 주시고, 동방 개척의 선봉장으로 세우셨습니다. 환웅은 백두산 신시神市(신의 도시)에 이르러 도읍을 정하고 나라 이름을 배달倍達이라 하였습니다. 거발환居發桓 환웅께서 삼신상제님께 천제를 올리고 나라 세움을 고하여 동방 한민족사의 최초 국가인 배달의 역사가 시작된 것입니다.

고대 인도를 지배한 '아리아인'이다. 일부에서는 아리아인의 부류가 유럽 쪽으로 진출하여 게르만족으로 분화하였다고 주장하기도 한다. 인도 고전어古典語인 산스크리트어와 유럽의 언어 대부분이 인도유럽 어족으로 동일한 언어 계열에 속한다. 독일의 히틀러는 아리아인의 절대왕국을 세운다는 미망으로 유럽 전역을 전쟁으로 몰아 600만 유대인을 살해하였다.

『삼국유사』에도 기록된, 만민을 구원하는 '**홍익인간**弘益人間'과 이 진리 법도로써 천하를 구원하는 '**재세이화**在世理化'는 단군이 아닌 환웅께서 제창하신 개국 이념입니다. 5,900여 년 전, 거발환居發桓 초대 환웅천황이 백두산에서 신시를 개창할 때, 홍익인간·재세이화·광명개천을 건국이념으로 천명하셨습니다.『환단고기』의『삼성기三聖紀』에는 거발환 환웅천황부터 마지막 18세 거불단居弗檀 환웅까지 총 18대 1,565년에 이르는 배달(국)의 역사가 기록되어 있습니다. 상제님께서는 선천 개벽 이후 한민족의 역사 시대를 본격적으로 연 환웅천황을 조선국 중계신中計神이라 말씀하셨습니다.

초대 환웅천황이 배달을 개국한 지 1,500여 년이 지나 18세 거불단 환웅이 세상을 떠나자, 단군왕검이 배달의 동이족을 통일하고 '조선朝鮮'이라는 나라를 세웠습니다(BCE 2333). 단군은 삼신상제님께 천제를 올리고, 송화강 유역(지금의 하얼빈)의 '아침의 태양 빛이 비추는 땅'이라는 뜻의 '아사달'에 도읍을 정하였습니다.

『규원사화揆園史話』,『단군세기檀君世紀』 등에 따르면 단군은 지금의 '대통령'처럼 최고 통치자를 일컫는 칭호입니다.『환단고기』에 실린『단군세기』에는 놀랍게도 마흔일곱 분 단군의 통치 역사 기록이 나옵니다. 단군조선은 총 47세 단군이 통치한 장구한 역사를 가진 나라입니다. BCE 2333년에 조선을 세운 단군 성조부터 마지막 47세 고열가高列加 단군까지 조선의 역년은 무려 2,096년이나 됩니다.

고려말에 재상을 역임한 행촌 이암이 옛 기록을 토대로 편찬한『단군세기』에는『삼국사기』와『삼국유사』에서는 찾아볼 수 없는 단군조선에 관한 소중한 역사 기록들이 실려 있습니다. 그 가운데 13세 흘달 단군 재위 50년인 BCE 1733년에 '오성취루五星聚婁' 현상이 있었다고 기록하고 있습니다. 금성·목성·토성·수성·화성, 다섯 행성이 루성婁星 근처에 일렬로 위치하는 이 현상은 수백 년에 한 번 일어나는 보기 드문 천체 현상입니다. 요사이 우리나라 천문학자들이 첨단 과학 기술을 이용해서 확인한 결과, 정확한 역사적 사실임을 입증했습니다. 그리고 구소련의 저명한 역사학자 U.M. 푸진은 동북아 일대를 무대로 하여 번성한 단군조선 시대의 유적을 조사해서『고조선』이라는 책을 편찬하기도 했습니다. 상제님께서는 조선을 개창하신 단군성조를 조선국 하계신下計神이라 밝혀 주셨습니다.

3) 동방 역사의 주인공, 배달 동이

한민족이 오랜 세월 동안 생활 속에서 가장 소중하고 숭고하게 받들어 온 것은 천지와 인간의 본성인 **대광명 정신**입니다.

환桓은 하늘의 광명입니다. 인류사의 뿌리 나라인 환국은 이 하늘 광명을 열어 시원 문명을 개창하였습니다. 그 하늘의 밝은 광명이 처음 비쳐 오는 곳이 동방의 밝은 땅,

桓 환
하늘의 광명

檀 단
땅의 광명

韓 한
인간의 광명

배달(밝달=밝은 땅)입니다. 배달은 한민족 역사의 첫 번째 나라입니다. 배달이 뜻하는 이 땅의 광명을 단檀이라 합니다. 우주 광명 의식을 열어 인류 시원문명을 개창한 천지 환단 시대의 황금시절이 바로 환국과 배달의 역사입니다.

그리고 배달을 계승한 조선이라는 국호 역시 아침의 밝은 빛을 가장 먼저 받는 땅이라는 뜻입니다. 당시 조선은 삼신三神의 뜻 그대로 인간의 광명을 실현한다는 의미에서 나라를 '삼한三韓'(변한·진한·마한)으로 나누어 통치하였습니다. 신교의 삼신 사상에 따라 나라를 다스린 조선의 이 통치 체제를 삼한관경제三韓管境制라 합니다. '한韓'은 하늘땅의 꿈과 이상을 실현하는 인간의 무궁한 광명을 의미합니다.

옛 조선을 이은 해모수의 북부여와 고주몽의 고구려, 그리고 단군조선의 영화와 광명을 회복하려 했던 한민족의 마지막 왕조인 조선과 지금의 대한민국에 이르기까지 나라 이름이 모두 '광명'의 의미를 담고 있습니다.[33] 우리 민족의 나라 이름이 이처럼 모두 광명을 의미하는 것은, 바로 우리나라가 광명의 근원인 하늘의 뜻을 실현하는 천자의 나라(천자국)이기 때문입니다.

"인간과 하늘의 혼란을 바로잡으려고 삼계를 둘러 살피다가 너의 동토에 그친 것은 잔피孱疲에 빠진 민중을 먼저 건져 만고에 쌓인 원한을 풀어 주려 함이라."(3:184) 하신 상제님 말씀은, 우리 한민족이 '동방 역사의 주인공'임을 확인해 주신 것입니다.

한민족은 동방의 광명 민족인 '배달의 후예'입니다. 동방의 주인인 배달 동이족이 바로 우리의 시원 조상입니다. 고대 중국인들은 배달 동방족을 '동방에 사는 큰 활을 쏘는 사람'이란 뜻으로 동이東夷 또는 동인東人이라 불렀다고 기록에 전합니다. 본래 천산의 동방 부근에 살았던 배달 민족은 간방艮方의 열매 문명을 예비하기 위해 떠오르는 태양을 바라보며 동방(백두산)으로 옮겨 왔습니다. 동방은 역사와 문명이 시작되고 열매 맺는 곳(終於艮, 始於艮)으로 후천 가을의 무극대운을 여는 새 역사의 주체인 황극이 자리잡는 방위입니다.

❋ 언제든지 동쪽에서 먼저 일어나니 동으로 힘써라. (3:306)

❋ 상제님께서는 어디를 가실 때 항상 머리를 동쪽으로 먼저 두르시고, 동쪽으로

33 국호에 담긴 광명사상 | 고조선의 국통을 이은 북부여의 부여는 '불'이라는 말로 광명을 나타낸다. 고구려 유민이 세운 대진국도 '동방 광명의 큰 나라'라는 뜻이다. 대진의 별칭인 발해도 '밝은 바다'라는 말로서 광명 사상을 포함한다. 고종 황제가 선포한 대한제국의 '대한大韓'이란 말에도 역시 '한'의 광명 정신이 담겨 있으며, 이 대한제국에서 오늘의 국호 대한민국이 나왔다. 환국 이래 동북아 한민족의 역사 과정은 실로 환단(천지광명)의 역사임을 알 수 있다.

한 발을 내딛으신 뒤에야 비로소 다른 곳으로 향하시니라. (5:420)

배달 겨레는 단군 성조께서 조선을 개국하시기 오래 전부터 백두산(한밝산)을 중심으로 하여 만주와 중국의 동부에서 남부에 이르는 광대한 지역에서 아홉 갈래(九夷)[34]로 나뉘어 살았습니다. 오늘의 한민족은 동방의 배달문화를 계승한 후예입니다.[35]

---

34 구이족 | 황이黃夷, 백이白夷, 적이赤夷, 현이玄夷, 풍이風夷, 방이方夷, 간이干夷, 양이陽夷, 견이畎夷. 성이 풍風인 복희씨는 풍이족이다.

35 한민족은 환인천제, 환웅천황, 단군왕검께서 개척한 환국, 배달, 조선의 삼성조 시대를 계승하여 북부여, 고구려(백제·신라·가야), 남북국 시대(대진국·후 신라), 고려, 조선, 임시정부, 대한민국으로 국통을 이어 내려왔다. 이 가운데 동방 한민족사가 시작되는 배달과, 고조선을 계승한 해모수의 북부여, 그리고 대중상과 그 아들 대조영이 세운 대진국은, 역사의 핵심이 사라지고 왜곡·단절되었다. 『삼국유사』에는 환웅천황이 신시를 열었다고만 언급하고 배달이란 나라 이름을 빠뜨림으로써 후세에 근본 뿌

자기동래紫氣東來 | 자紫는 천상의 자미원紫微垣, 태극太極, 천자天子, 신선神仙 등을 상징하는 고귀한 색이다. 자기동래는 이 같은 상서로운 문화의 뿌리가 동방에 있음을 의미하는 말이다. 지금부터 4,500여 년 전 순임금은 왕위에 오른 후 태산泰山에서 상제님께 천제(이를 봉선封禪 의식이라 함)를 올리고 동방의 천자를 찾아가 조근朝覲하는 예를 올렸다. 이후 역대 중국 제왕들은 그 전통에 따라 태산에서 천제를 지냈다. 태산 등정 길에 있는 도교 사원 입구에 걸린 '자기동래紫氣東來'라는 현판은 곧 천제의 기원이 동방족에 있음을 나타낸다. 청나라 초대 황제인 누르하치도 그들의 발상지인 심양瀋陽에 고궁을 짓고 그곳 봉황루鳳凰樓에 친필로 '자기동래紫氣東來'라는 현판을 달았다. 이 역시 천자 문화의 뿌리가 동방에서 왔음을 의미하는 것이다.

동황태일東皇太一 | 사마천은 『사기史記』 「봉선서」에서 천일·지일·태일의 삼일신을 제시하고 그 가운데 가장 존귀한 신을 태일신(太乙神)이라 하였다. 여기서 태일신은 태을주를 통해 찾게 되는 우주 절대의 원시 천존이신 '태을천 상원군님'을 가리킨다. 그런데 굴원의 『초사』 「구가」에는 '동황태일'에게 제를 올리면서 부르던 〈동황태일〉이란 첫 시구가 나온다. 여기서 동황태일은 태일의 심법을 전수받은 동방 종주국의 제왕을 일컫는다. 초나라는 대표적인 동이족 국가로 초나라 사람은 동이족 전욱 고양의 후예이다. 『제로유서齊魯遺書』 14권에는 "춘추시대에 초나라 또한 이夷로 취급되었다."라고 기술되어 있다.

<table>
<tr><td colspan="2">삼황三皇</td><td>천황天皇 — 환인桓因</td><td colspan="2">지황地皇 — 환웅桓雄</td><td colspan="2">인황人皇 — 치우蚩尤 또는 단군檀君</td></tr>
<tr><td colspan="2">오제五帝</td><td>소호 금천
少昊 金天
(前)265~181</td><td>전욱 고양
顓頊 高陽
(前)180~103</td><td>제곡 고신
帝嚳 高辛
(前)102~32</td><td>요堯·당唐나라
(前)24~74(後)</td><td>순舜·우虞나라
(後)79~126</td></tr>
<tr><td rowspan="3">3대
왕조</td><td>하夏</td><td>우禹왕</td><td>⇔ 걸</td><td colspan="3" rowspan="3">성탕이 이윤의 보필로 걸桀을 몰아냈다.(湯放桀)
문왕의 아들 무왕이 폭군 주紂를 쳤다.(武王伐紂)</td></tr>
<tr><td>상商(은殷)</td><td>탕湯왕</td><td>⇔ 주</td></tr>
<tr><td>주周</td><td>무武왕</td><td></td></tr>
</table>

※연대 표기는 단기전후檀紀前後 표시(2014년, 4347년)

배달 동이족은 치우 천황의 서방 개척을 계기로 청구에 도읍을 정하였고, 단군조선 시대에는 중국 역대 왕조의 주류를 이루었습니다.[36] 동이를 빼고는 동북아의 창세 역사를 말할 수 없습니다.

한족의 시조로 알려진 황제 헌원, 그리고 오제五帝로 일컫는 **소호, 전욱, 제곡, 요, 순**과 그 뒤를 이은 하·상·주 3왕조의 개국조인 **하나라 우禹, 상나라 탕湯, 주나라의 문왕, 무왕**이 모두 동이족 혈통입니다. 그리고 주나라 초기에 염제 신농의 후손인 강태공이 제후로 봉해진 **제나라**도 동이족의 나라이며, 주 무왕의 아우인 주공周公이 자신을 대신해 아들을 왕위에 앉힌 노나라도 제와 이웃한 동이족 국가였습니다. 춘추전국 시대의 혼란기를 주도한 다섯 나라가 모두 동이족의 국가였으며, 오월동주吳越同舟로 유명한 **오나라**와 **월나라**는 물론, 전국7웅의 하나이며 노자의 고향이기도 한 **초나라** 역시 동이족이 세운 나라입니다. 전국 시대를 끝내고 **중국을 최초로 통일한 진왕秦王 정政(진시황)의 선조 역시 동이였습니다.** 한마디로 **중국의 고대사는 배달·조선의 동이 민족이 중원으로 들어가 나라를 창업한 동이의 개척 역사**라 할 수 있습니다.

동이족은 배달 시대 이래 동방 신교의 삼신문화와 동방의 역易, 의술醫術, 문자文字 등 수많은 문물을 중국에 전수하고 그들의 역대 왕조를 일구었을 뿐만 아니라 지금의 중국문화의 주류를 형성하였습니다.

상제님은 동이 겨레의 시조 되시는 삼황(천황, 지황, 인황)[37]과 역사 무대에 등장하는

리를 알 수 없게 되었다. 한민족 고대사의 잃어버린 고리인 북부여 역시 우리 국통 맥에서 잊혀진 나라가 되어 버렸다. 그리고 중국 한족이 부르던 '발해'로 기억하는 대진국은 고구려 유민이 세운 나라임에도 소수의 고구려 유민이 세운 말갈의 나라로 왜곡되었다.

36 대만과 중국 학자들도 중국 역사의 주류가 한족漢族이 아니라 동이라는 공통된 의견을 내놓았다. 『중국사전사화中國史前史話』를 쓴 대만의 쉬량즈徐亮之와 북경대학의 고고문박학원考古文博學院 교수인 옌원밍嚴文明은 그들의 대담과 저서, 논문에서 '중국은 동이문화'라고 명확히 밝히고 있다.

37 **삼황** | 중국에는 삼황에 대한 일곱 가지 설이 있으나, 환국·배달·조선의 통치자가 그 핵심이다.

동이족 출신 성인들의 덕화와 공덕을 높이 평가하셨습니다. 우리는 상제님의 말씀을 통해 동방족의 혈통으로서 서방에 진출한 복희, 신농, 요, 순, 우, 탕, 문, 무, 주공, 강태공, 공자 같은 위인들이 지금도 천상에서 성신으로 살아 계심을 알 수 있습니다.

❋ 應須祖宗太昊伏인댄 何事道人多佛歌오
응수조종태호복 하사도인다불가
마땅히 선천문명의 조종祖宗은 태호 복희씨인데
웬일로 도 닦는 자들이 허다히 부처 타령들이냐 (5:282)

❋ 황제黃帝가 난亂을 지으므로 치우蚩尤가 큰 안개를 지어 이를 평정하였나니….[38] (2:31)

❋ 신농씨神農氏가 농사짓는 법과 의술로 천하 만세를 윤택하게 하였고 태공太公이 병법과 정치로써 천하 만세에 은혜를 주었나니 이제 하늘과 땅이 성공하는 가을철을 당하여 천지의 모든 신명들이 그들을 높이 받드느니라. (2:29)

동방의 주인공인 배달 동이족의 혈통으로 온 이분들은 동방은 물론 중원의 역사를 개척한 빛나는 혼이었습니다. 증산 상제님은 이 빛나는 혼들의 역사를 되살려, 한민족과 인류를 구원하고 후천 가을문명을 여는 위대한 창조의 원동력으로 쓰시어 천지공사를 집행하셨습니다.

4) 서방으로 이동한 동이

배달 동방족, 동이가 활동한 영역은 몽골에서 오르도스, 그리고 천산에 걸쳐 북방 초원 지대까지 포함하고 있습니다. BCE 3세기경 이 지역에서 유목 제국을 건설한 흉노도 동이의 후예입니다.『단군세기』는 3세 가륵 단군 때 약수弱水에 유배된 열양列陽

- 천황天皇, 지황地皇, 인황人皇:『사기史記』「보삼황본기補三皇本紀」에 인용된『하도河圖』와『삼오력三五曆』
- 천황, 지황, 태황泰皇:『사기』「진시황본기秦始皇本紀」
- 복희伏羲, 여와女媧, 신농神農:『풍속통의風俗通義』「황패편皇霸篇」
- 복희, 신농, 공공共工:『통감외기通鑑外紀』
- 복희, 신농, 축융祝融:『백호통白虎通』
- 수인燧人, 복희, 신농:『풍속통의』「황패편」에 인용된『예위禮緯』「함문가含文嘉」
- 복희, 신농, 황제黃帝:『십팔사략』,『제왕세기帝王世紀』와 손씨주孫氏注『세본世本』

38 **황제작란**黃帝作亂 | 원래 배달국 14세 천자인 자오지慈烏支 환웅천황(치우 천황)은 당시 염제 신농씨 나라의 마지막 임금인 유망이 쇠퇴의 길을 걷자, 서방으로 출정하여 여러 제후국을 차례로 복속시키고 유망의 수도를 함락시켰다. 이때 서방족 토착민의 우두머리인 헌원이 스스로 천자가 되려는 야망을 품고 군사를 모아 반란을 일으켰다. 그리하여 10여 년간 73회의 전투에서 천황은 한 번도 패하지 않고 마침내 헌원을 사로잡아 복속시키고 다시는 반란을 일으키지 않겠다는 약속을 받은 뒤 동방의 선진 문화를 전수하여 주었다. 그러나 후대에 사마천은 중국 25사의 첫머리인『사기史記』「오제본기五帝本紀」에서 '금살치우擒殺蚩尤(치우를 사로잡아 죽였다)'라고 기술하여 역사의 진실을 완전히 왜곡하였다.

의 욕살(지방 관직) 삭정索靖이 흉노의 시조가 되었다고 기록하고 있습니다. 흉노는 제국을 이룬(BCE 176) 후 신교 삼신문화의 고향인 옛 조선과 같이 나라를 셋으로 나누어 다스렸습니다. 중앙은 흉노의 왕인 '선우單于'가 통치하고 동쪽은 좌현왕이, 서쪽은 우현왕이 통치하였습니다.

천지와 일월을 숭배하고, 조상을 받들어 모시는 흉노는 자신들의 왕을 '탱리고도撑犁孤塗 선우'라고도 불렀는데, '탱리고도'는 **'하늘의 아들'**, **'천자**天子'를 의미합니다. 그들은 BCE 4세기 전국 시대부터 진·한 시대에 걸쳐 중국을 위협하는 세력이었습니다. 진시황 때 완성된 만리장성도 흉노의 침략을 막기 위해 쌓은 것이었습니다.[39]

흉노가 내분으로 분열된 뒤에 한나라 때 그 일부가 중앙아시아로 이동하였고, 서진西進한 흉노의 일부는 4세기에 흑해 북안北岸 지역에 도달해 유럽 사서史書에 '훈Hun' 이라는 이름으로 등장하며 일대 광풍을 일으켰습니다. 훈족의 침략은 '게르만족의 대이동' 을 야기하였으며 이로 말미암아 서로마제국이 멸망에 이르게 되었습니다. 훈족의 등장으로 결국 서로마 제국이 무너지면서 유럽의 고대가 마감되었던 것입니다.

흉노를 이어 북방 초원을 지배한 선비鮮卑도 동이에 속하는 동호東胡의 후예로 여러 선비 부족은 한나라 멸망 후, 중국 땅으로 밀고 들어가 5호16국 시대의 주역이 되었습니다. 수나라를 세워 중국을 통일한 양견과, 수를 이어 당나라를 세운 이연李淵도 모두 선비족 출신입니다.

중국의 남북조 시대에는 선비의 일파인 유연柔然이 북방 초원에 자리잡고 북조를 위협했습니다. 이후 북방 초원에는 유연에 예속되어 있던 돌궐突厥이 흥기하여 유연을 격파하고 초원의 패자가 되었습니다(552년). 중국 문헌에서 돌궐로 전하는 투르크도 동이의 영역인 몽골 초원을 본 근거지로 하여 일어난 족속입니다. 투르크는 당나라 시대부터 서진하여 12세기에는 동로마 제국의 영역인 아나톨리아 반도(현재의 터키 땅)까지 진출하였습니다. 그 주인공이 바로 투르크의 일파인 오스만 투르크입니다. 이들은 15세기 중엽에 콘스탄티노플을 점령하고 동로마제국을 멸망시켰습니다(1453년).

13세기에 러시아와 중동 일대까지 진출한 세계적인 대제국 몽골도 북방 초원 지역을 근거지로 하여 일어났습니다. 『단군세기』에는 4세 오사구 단군이 아우 오사달을 '몽고리한蒙古里汗' 에 봉封했다고 밝히고 있습니다.

몽골 부족을 하나로 통합한 칭기즈칸은 중앙아시아 일대를 정복해 나갔고, 그의 사후에 몽골은 유럽 원정에 나서서 원元나라를 열고 중국 땅 전체를 다스리는 대통일 제

---

39 중국 북방의 성벽은 조, 연, 진 세 나라가 BCE 4세기 말~BCE 3세기 중반에 자국 영토를 유목민으로부터 방어하기 위해 쌓기 시작한 것이다(니콜라 디코모스, 『오랑캐의 탄생』, 191쪽).

국이 되었습니다(1279년).

몽골의 유럽 진출은 서양의 중세를 마감하게 하는 원인이 되었습니다. 몽골군이 몰고 온 흑사병으로 유럽 인구가 급감하였고, 이로 말미암아 중세를 지탱해 온 농노제도가 무너지고 중세의 정신적 지주였던 교황과 교회의 권위가 힘없이 붕괴되었습니다. 흉노족이 유럽의 고대를 무너뜨렸다면, 몽골은 유럽의 중세를 마감하게 한 것입니다. 북방 기마 민족의 서방 진출이 유럽의 고대와 중세를 무너뜨리며 서양사의 흐름을 바꿔 놓았던 것입니다.

흉노, 선비, 돌궐, 거란, 몽골 등의 북방 민족도 동이의 갈래요 이들 역시 배달의 후예 단군조선의 일원입니다. 북방 민족은 자신들을 '천손(하늘의 자손) 민족'이라 일컬으며, 천신 즉 삼신상제님을 숭배하였습니다. 고구려와 백제, 신라, 가야의 유물과 제도에 북방 기마 민족의 자취가 나타나는 것은 모두 그 뿌리가 같은 배달 동이족의 혈통이기 때문입니다.

5) 원시반본으로 밝혀지는 인류 원형문화, 신교神教

우주 안의 만물은 영적 에너지를 지닌 신적인 존재입니다. 이 대우주 자체가 신(一神)이고 거기서 생성된 모든 자연도 우주 일신의 신성을 그대로 지니고 있습니다. 우주의 자연 의식으로 살아가던 환국의 백성은 이러한 신적 존재와 하나 되어 살았기 때문에 산, 흙덩이, 돌 등 자연의 모든 것이 신으로 일렁이는 것을 볼 수 있었습니다.

만물과 교감하고 신도神道 세계의 뜻을 받들어 온 동방 배달의 신교문화는 한민족이 환국 시절을 거쳐 광활한 만주에서 간방의 한반도로 오기까지 일관되게 신앙한 **동이 겨레의 뿌리 종교이자 인류의 시원 종교**입니다. 약 1만 년 전 인류 시원문명과 함께 생겨난 '제1 종교'인 신교는 지금의 유·불·선 삼교가 출현하기 전, 지구촌 온 인류가 함께 신앙한 모체 종교(urreligion)입니다.

신교의 제사장은 신을 받아 내리는 샤먼으로, 이들은 지금 우리가 알고 있는 세속 무당(black shaman)이 아니라 천지의 조화성령인 백색 광명을 받아 내리는 대무大巫(white shaman)였습니다. 태고의 황금 시절에 대무들은 하늘과 땅과 하나 된 사람(太一)으로 백성들에게 천지 성령을 열어 주고 우주의 조화주 하느님이신 삼신상제님의 뜻과 가르침을 받들어 나라를 다스렸습니다. 태고 시대에 환국의 통치자 안파견 환인은 삼신상제님의 가르침을 받아내려 인류에게 신교를 처음 베풀고 인류 '황금시절'의 태고문명의 체계를 세우셨습니다. 환국의 천지 광명 문화가 바로 신교문화입니다.

환웅천황이 여신 배달국 시대 이후로 동방 한민족이 오늘날까지 가슴속에 지녀온 삶의 근본 정신은 삼신상제님을 모시고 신교의 대도 광명으로 새 역사를 여는 '광명개천光明開天', 하늘땅의 광명을 회복하여 태일太一이 되는 '홍익인간弘益人間', 삼신하느님의 대도 진리로써 세상을 다스리는 '재세이화在世理化'라는 3대 이념입니다. 동방 한민족의 이러한 통치 정신은 신교의 정수精髓라 할 수 있습니다.

이제 우주 여름철의 '제2 종교'인 유·불·선·기독교에 가려져 있던 뿌리 문화인 신교가 우주의 가을철을 맞아 상제님의 원시반본의 도법에 따라 비로소 신비의 베일을 벗게 됩니다.

(1) 동방 한민족의 상제신앙 | 동방의 신교문화에서는 예로부터 우주의 조물주 하느님을 '삼신三神'이라 불러 왔습니다. 조물주 하느님은 만유 생명의 절대 근원으로서 일신一神이지만 현실세계에서 세 가지 신성神性으로 작용하기 때문에 삼신이라 한 것입니다. 삼신은 만물을 낳는 '조화신造化神', 만물을 기르고 깨우치는 '교화신敎化神', 그리고 만물의 질서를 열어나가는 '치화신治化神'으로 자신을 드러냅니다. 조물주 하느님은 만유생명의 본체(體)로서 일신이지만 그 작용(用)으로 보면 삼신인 것입니다.

삼신은 얼굴 없는 조물주로서 우주의 원신元神(Primordial God)이지만 이 무형의 삼신과 한 몸이 되어, '삼신의 조화'와 삼신 속에 내재한 '자연의 이법'을 직접 주관해서 천지만물을 낳아 기르고 다스리시는 유형의 주신主神(Governing God)이 있습니다. 그분이 바로 '삼신일체상제三神一體上帝님(삼신과 한 몸이신 상제님)'이십니다. 하늘과 땅과 인간과 신의 사회(spritual community)를 주재하고 다스리시는 우주의 최고 통치자가 바로 삼계 우주의 신권을 직접 쓰시는 삼신일체상제님이십니다. 환국桓國의 초대 안파견安巴堅 환인천제 이래로 동방 한민족은 삼계의 최고 통치자를 '삼신일체상제님', 즉 '삼신三神상제님'이라 불러 왔습니다. 삼신이 만물을 낳아 기르지만 그 삼신의 작용과 창조의 목적은 삼신상제님의 손길을 통해서 실현되고 완성됩니다.

최근 동방 배달 한민족의 삶의 중심 무대였던, 만리장성 밖 중국 요령성 지역에서 약 5,500년 전에 삼신상제님께 천제를 올리던 엄청난 규모의 제단祭壇[40]이 발견되었습니다. 여기서 고대 하느님 문화의 상징인 옥으로 만든 수많은 유물도 발굴되고 있

---

40 제단祭壇 | 객좌현 우하량촌의 여러 적석총 가운데 제2지점의 것이 특히 주목을 받는데 방형으로 짜여진 대형 무덤군과 삼신상제님께 천제를 올리던 원형 3단 구조의 제단(壇)을 함께 갖추고 있다. 그 전체 구조가 '하늘은 둥글고 땅은 방정하다'는 동양의 천원지방天圓地方 사상을 표현한다. 천원지방 구조는 고조선 때 지은 강화도 마리산의 참성단, 명나라 때 북경의 원구단, 조선 말기에 고종 황제가 세운 환구단 등의 제천단에서 공통적으로 나타난다. 5,500년 전에 배달 동이족이 세운 우하량 제단은 동북아 제천단의 원형이다.

습니다. 동북아 문명의 상제 신앙은 유대교나 인도, 이집트 등지에서 나타나는 하느님 신앙, 초월자 신앙보다 그 시기가 훨씬 더 앞섭니다. **홍산紅山문명**[41]이라 불리는 이 동북아 문화가 바로 **하느님 신앙의 뿌리**입니다. 홍산문명은 중국 황하 문명보다도 최소 천 년에서 수천 년 앞선 **상제 신앙의 뿌리 문화**입니다.

2,500년 전에 공자는 만물의 창조 법도를 "만물출호진萬物出乎震"(『주역』「설괘전」)이라 하여, 문명은 '진방震方, 즉 동방에서 태동하였다'고 했습니다. 태고 시대에 자연과 교감하며 살던 동방의 한민족은 우주의 주재자 하느님이신 **삼신상제三神上帝님**을 신앙해 왔습니다.

> ❋ 삼신께서 천지 만물을 낳으시니라. 이 삼신과 하나 되어 천상의 호천금궐昊天金闕에서 온 우주를 다스리시는 하느님을 동방의 땅에 살아 온 조선의 백성들은 아득한 예로부터 삼신상제三神上帝, 삼신하느님, 상제님이라 불러 왔나니 상제는 온 우주의 주재자요 통치자 하느님이니라. (1:1)

지금도 강화도 마리산에는 한민족의 국조이신 조선국 하계신下計神 단군왕검이 몸소 삼신상제님께 천제를 올린 제천단이 남아 있습니다. 동방 한민족은 예로부터 천지의 주인이신 삼신상제님께 천제를 올려 왔습니다. 그러나 중국의 왕들이 중원 대륙을 정복해 천자를 자처하고 천제문화를 차지하면서 **'상제신앙'**은 국가의 중심 이념에서 벗어날 수밖에 없었습니다. 민중의 삶 속에서 **'삼신三神신앙'**과 **'칠성七星신앙'**이 그 맥을 이어 내려 왔습니다.[42]

5장

이제 인간으로 오신 삼신상제님의 대도를 제대로 깨달아 잃어버린 상제신앙을 회복하고 상제님을 바르게 모실 때, 우리는 진리의 원형(archetype)을 되찾을 수 있으며, 진리가 무엇이고 진리의 궁극의 목적지가 어디인지 그 해답을 구할 수 있습니다.

> ❋ 삼신은 낳고 칠성은 기르느니라. (11:240)

---

41 **홍산문명** | 철광석으로 뒤덮여 산 전체가 붉게 보이는 '홍산紅山'에서 이름을 따 명명된 홍산문화는 내몽골 적봉시와 요령성 조양시를 중심으로 번창했던 '석기와 청동기를 섞어 사용한 BCE 4500~BCE 3000년경의 문명'이다.

42 **삼신과 칠성** | 상수철학에서 하느님은 '통일과 조화의 완전수'인 '10무극수'로 나타난다. 10무극 상제님은 체용體用의 관계로 살펴보면, 삼신三神을 본체로 하고 칠성七星을 용用으로 하여 만물을 다스리고 주재하신다[10=3+7]. 삼신은 생명을 낳는 원신 하느님이고, 칠성은 생명을 기르는 성령 하느님이다. 그래서 신교문화에서는 예로부터 삼신하느님과 칠성하느님을 함께 모셨다. 신교의 삼신 사상은 국가를 경영하는 제도의 근간이 되었다. 배달의 삼백三伯 제도, 고조선의 삼한관경제, 흉노의 좌·우현왕제도, 조선의 삼정승 제도, 현대 민주주의의 삼권분립 제도가 모두 삼신사상에서 비롯한 것이다. 그리고 칠성은 곧 북두칠성을 말하는데, 삼신상제님이 계시는 별이다. 북두칠성은 우주의 중심별로서 일월과 음양오행의 변화를 다스리며 인간의 무병장수와 생사화복, 영원불멸, 도통과 깨달음을 관장한다. 예로부터 우리 조상은 정화수를 떠 놓고 칠성님께 자손과 가정의 안녕과 축복을 기도하였다. 고인돌의 칠성 문양, 사자死者의 관 밑에 까는 칠성판이 모두 칠성 신앙에서 유래한 것이다.

※ 자손을 둔 신은 황천신黃泉神이니 삼신三神이 되어 하늘로부터 자손을 타 내리고 자손을 두지 못한 신은 중천신中天神이니 곧 서신西神이 되느니라. (2:118)

위 성구에서 우리는 동방 배달 민족의 숨결이 물씬 풍기는 정통 신앙이 **신교의 '삼신 신앙'**임을 알 수 있습니다.

집집마다 삼신께 제사 드리던 10월 상달 고사, 아이들 머리에 달아 주던 단기檀旗(댕기), 옷에 달았던 흰 동정東旌, 삼신단지, 아기를 낳으면 대문에 금줄을 드리우고 밥 세 그릇과 미역국 세 사발을 떠서 삼신께 올리던 풍속이 모두 삼신 신앙에서 유래한 것입니다. 그러나 이러한 풍습마저도 이제는 외래 종교와 이방 문물에 내몰리어 아득히 먼 추억 속으로 사라져 버렸습니다.

이제 우주 만유가 뿌리를 찾아 돌아가는 원시반본의 시운을 맞아 우리 동방 한민족은 거짓 역사의 미몽에서 깨어나 **잃어버린 동방의 시원 역사와 상제문화**를 되찾아 반드시 생명의 근원으로 돌아가야 합니다.

(2) 신교 우주 사상의 핵심 | 우주의 조물주 삼신은 현실계에 하늘과 땅과 인간으로 스스로 모습을 드러냅니다. 하늘도 삼신, 땅도 삼신, 인간도 삼신입니다. 삼신의 자기현현自己顯現(self-manifestation)이 바로 하늘과 땅과 인간입니다. 동방의 한민족은 이러한 삼계 우주의 비밀을 상수학적으로 '천일天一·지일地一·태일太一'이라 밝혔던 것입니다.

동방 한민족이 전한 신교문화의 우주 사상은, 인간이 자기 안에 깃든 삼신의 신성을 깨닫고 유한한 생명의 한계를 뛰어넘어 영원불멸의 태일 인간으로 거듭날 수 있음을 밝히고 있습니다. 삼신하느님의 신성과 생명이 온전히 깃들어 있는 인간은 살아 있는 대우주요 조물주 하느님 그 자체입니다. 신교문화의 핵심은 인간이 삼신상제님의 천명과 가르침을 받들어 우주의 광명을 체험한 태일의 존재로 거듭나는 데 있습니다.

「염표문」의 태일 사상과 홍익인간 | 신교에서 전하는 태일 사상은 옛 조선 11세 도해道奚 단군이 선포한 「염표문念標文」에 잘 드러나 있습니다. 「염표문」은 '큰 뜻을 마음 속에 새겨(念) 행동으로 드러내는(標) 글'이란 뜻입니다. 환국의 개창자 환인천제로부터 전수되어 온 우리 역사와 문화의 핵심 정신을 잊지 말고 마음에 잘 새겨 생활 속에서 항상 실천하라는 것입니다.

환웅천황이 환국의 마지막 환인천제에게 전수받은 '재세이화', '홍익인간'에 대해 열여섯 글자로 정리하고, 여기에 옛 조선의 도해 단군이 천지인의 창조 정신과 목적을 덧붙여 「염표문」을 만들었습니다. 「염표문」은 실로 동방 한민족의 **'민족헌장'**이자 **'신교문화헌장'**이라 할 수 있습니다.

念標文
염표문

天은 以玄默爲大하니 其道也普圓이요 其事也眞一이니라.
천 이현묵위대 기도야보원 기사야진일

地는 以蓄藏爲大하니 其道也効圓이요 其事也勤一이니라.
지 이축장위대 기도야효원 기사야근일

人은 以知能爲大하니 其道也擇圓이요 其事也協一이니라.
인 이지능위대 기도야택원 기사야협일

故로 一神降衷하사 性通光明하니 在世理化하야 弘益人間하라.
고 일신강충 성통광명 재세이화 홍익인간

하늘은 아득하고 고요함으로 광대하니
하늘의 도는 두루 미치어 원만(원융무애)하고
그 하는 일은 참됨으로 만물을 하나 되게(眞一) 함이니라.
땅은 하늘의 기운을 모아서 성대하니
땅의 도는 하늘의 도를 본받아 원만하고
그 하는 일은 쉼 없이 길러 만물을 하나 되게(勤一) 함이니라.
사람은 지혜와 능력이 있어 위대하니
사람의 도는 천지의 도를 선택하여 원만하고
그 하는 일은 서로 협력하여 태일의 세계를 만드는 데(協一) 있느니라.
그러므로 삼신(一神)께서 참마음을 내려 주셔서
사람의 성품은 삼신의 대광명에 통해 있으니
삼신의 가르침으로 세상을 다스리고 깨우쳐 인간을 널리 이롭게 하라

「염표문」은 하늘과 땅과 인간의 역할을 이렇게 정의합니다.

하늘은 깊고 아득한 고요함으로 광대하니, 그 도는 넓고 원융무애하며 그 하는 일은 참됨으로 만물을 하나 되게 합니다. 땅은 하늘의 생명과 기운을 모으고 간직해서 성대하니 그 도는 하늘을 본받아 한없이 원만하며 그 하는 일은 쉼 없이 길러 만물을 하나 되게 하는 것입니다. 하늘은 한순간도 거짓이 없이 참되고, 땅은 한순간도 쉼 없이 생명을 기릅니다. 사람은 지혜와 능력으로 위대하니, 그 도는 가야 할 길을 선택함으로써 원만한 존재가 됩니다. 사람의 할 일은 협력함으로써 하나가 되는 것입니다. 하늘과 땅의 자녀로 천지 부모天地父母의 꿈과 이상을 실현하는 주체太一인 인간은 협력을 통해 그 목적을 성사시킬 수 있음을 천명하고 있습니다. 태일의 이상 세계를 만드는 원동력이 바로 '협력'과 '참여'입니다. 이것이 동방 한민족이『환단고기』에서 전하는 역사 이상주의의 총 결론입니다.

'일신강충하사 성통광명하니 재세이화하야 홍익인간하라.' 일신강충은 조물주 하

느님이 인간에게 참 마음을 그대로 전수해 주셨다는 뜻입니다. 인간의 마음이 하느님 마음이요 내 마음이 하느님의 마음인 것입니다. 인간의 본래 마음이 우주의 대광명과 상통해 있습니다. 그러니 이 세상에 살면서 삼신 칠성 문화의 이치로 세상을 교화하여 홍익인간하라는 것입니다.

홍익인간은 단지 널리 인간을 이롭게 한다는 추상적인 뜻이 아닙니다. 천지와 하나 되어 광명을 체험하여 하늘과 땅과 인간 역사의 꿈과 대이상을 성취하는 인간을 말합니다. 환국에서 전한 최초의 국가 경영 통치 철학의 핵심이 바로 '홍익인간'입니다. 이 홍익인간은『환단고기』의 역사관에서 전하는, 우주의 광명과 하나 된 '대한大韓'이고 '태일'인 것입니다.

◎ 신교의 3대 경전 | 환국·배달·조선 시대에 우리 한민족이 상제님의 가르침을 받아 깨달음의 정신을 기록한 3대 경전이『천부경天符經』과『삼일신고三一神誥』,『참전(계)경參佺戒經』입니다.『천부경』과『삼일신고』,『참전계경』은 한민족과 인류의 시원 종교인 신교의 정수를 담고 있습니다.

『천부경』은 인류 창세역사인 환국 시대에 구전되어 오다가 배달 시대에 문자로 옮겨진 인류 문화 최초의 계시록입니다. '하늘의 이법을 기록한 경전'이라는 뜻인『천부경』은 우주 이법의 주재자이신 상제님의 천명을 기록한 경전입니다. 여든 한 글자로 이루어진 인류 최고最古의 경전이기도 한『천부경』은 10개의 수로써 우주의 창조와 변화의 원리를 압축적으로 밝히고 있습니다.

『삼일신고』는 신시에 도읍을 정한 배달의 시조 거발환 환웅이 백성을 교화하기 위해 지은 신학서神學書이자 인성론과 수행론의 경전입니다. 1년 역수의 원리에 따라 총 366자로, 다섯 개 장으로 이루어진『삼일신고』는 집일함삼執一含三과 회삼귀일會三歸一을 근본 정신으로 하여 삼신상제님과 인간과 우주 만물의 관계를 밝히고 있습니다.

『참전계경』은 배달 시대부터 내려오던 한민족의 윤리 교과서와 같은 경전으로 단군왕검께서 366훈訓으로 백성을 가르쳤고 고구려 재상 을파소에 의해서 지금과 같은 8강령 366절목을 갖추게 되었습니다.

동방 신교의 3대 경전은 한민족의 우주 사상을 밝히고 있습니다. 이 우주 사상을 제대로 깨침으로써 인간과 역사, 인간과 천지 우주의 관계에 대해 눈 뜰 수 있습니다. 이로써 내 안에 깃든 우주 조물주 삼신의 신성을 밝혀 영원불멸의 태일 인간으로 거듭날 수 있습니다.

(3) 동방 신교의 제천문화 | 신교문화의 가장 중요하고 대표적인 의식이 바로 천제天祭입니다. 동방 한민족은 천제문화를 통해 삼신상제님의 천명을 받고 심법을 전수받

아 왔습니다. 인간 세상의 통치자인 제사장이 천제를 올려 상제님께 창생의 안녕과 번영을 기원하고 상제님의 뜻을 내려받아 나라를 다스렸습니다(『태백일사』「삼한관경본기」). 환국 시대 이래, 동방 한민족은 하늘에 계신 삼신상제님을 신앙하며 천제를 가장 성스러운 문화로 받들어 왔습니다.[43]

옛 조선에서는 매년 봄과 가을 두 차례 천제를 올렸습니다. 음력 3월 16일 대영절大迎節(삼신상제님을 맞이하는 날)을 맞아 강화도 마리산에서 천제를 봉행하고, 10월에는 백두산에서 대천제를 봉행하였습니다. 부여에서는 제천 행사를 영고迎鼓[44]라 하였고, 동예에서는 무천舞天, 고구려에서는 동맹東盟이라 불렀습니다. 고려 때 국가에서 행한 팔관회와 연등회도 불교 행사가 아니라 바로 제천 행사였습니다.

천제가 끝나고 나면 모든 사람들이 하나로 어우러져 음주飮酒와 가무歌舞를 즐기며 한마음이 되는 대제전大祭典의 장을 열었습니다. 이 천제문화가 바로 신바람 나는 '한류韓流' 문화의 원형입니다.

유·불·선·기독교와 수많은 신흥 종교, 수행 단체가 유독 한국에서 번창하는 이유가 무엇일까요? 그것은 유·불·선 삼교의 모체 종교인 신교를 신앙해 온 한민족에게, 모든 종교를 수용하고 통합하는 조화 능력이 선천적으로 내재되어 있기 때문입니다. 천지간에 가득 찬 성신의 조화를 깨닫고 신앙한 한민족은 '신교神敎' 문화의 토양 위에서 위대한 영적 심성을 형성하였습니다.

동방 한민족의 천제문화는 이후 중국 땅으로 전해졌고[45], 이밖에도 요나라, 금나라 등 북방 민족과 일본 등으로도 전수되었습니다. 사실 일본만큼 신사와 천제가 일상화된 나라는 없습니다. 그런데 그 신사문화에서는 한민족 고유의 신교문화의 흔적이 발견됩니다. 일본 왕실의 사서 담당으로 일했던 일본 동경대 구메 구니타케 교수(久米邦武, 1839~1931)는 "신도는 제천의 옛 풍속이다(神道は祭天の古俗)."라고 밝힌 바 있습니다. 일본의 신사문화는 본래 천조대신을 섬긴 것이 아니라 천신을 섬긴 것이라는

43 환국 시대로부터 천제는 '소도蘇塗'라는 신성 지역에서 봉행하였다. 소도 주위에는 금줄을 매어 잡귀의 침범과 부정을 막고 입구에 그곳이 소도임을 알리는 높다란 솟대(立木)를 세웠다. 솟대 끝에 조각해서 올린 새는 삼신상제님의 사자이자 하늘의 뜻을 전하는 신조神鳥로서 바로 신교 삼신문화의 상징인 삼족오三足烏이다.

44 영고 | 영고에 대해『삼국지』「동이전」에는 "12월(은정월)에 하늘에 제사를 지내는데 나라의 큰 대회이다. 연일 마시고 먹고 노래하고 춤추기를 여러 날 동안 계속하는데 이름하여 영고라 하였다. 이때에 형옥을 깨고 나라 안의 죄수들을 풀어주었다(以殷正月祭天, 國中大會, 連日飮食歌舞, 名曰迎鼓, 於是時斷刑獄, 解囚徒)."라고 전한다.

45『사기』「봉선서封禪書」에는 춘추 시대까지 72명의 중국 왕이 산동성의 태산에 올라 천제를 지냈다고 전한다. 춘추 시대 이후 진시황, 한 무제 등도 태산에서 천제를 봉행하였다. 태산에는 지금도 '옥황대제玉皇大帝' 위패를 모신 옥황전이 보존되어 있다.

말입니다. 일본은 노동감사절인 11월 23일을 국경일로 정하고 있는데, 일본 왕가에서는 천여 년 전부터 매년 이날 신상제新嘗祭[46]를 올리고 있습니다. 그 해에 첫 수확한 곡식을 신단에 모셔 놓고 의식을 행합니다. 이에 대해 '일본의 아악과 한국의 아악'이란 연구논문을 발표한 아베 스베마사(安倍季昌) 일본 궁내청 아악장은 "일본 천황과 황태자가 참석하는 신상제에서는 한국의 신神인 한신韓神을 부르고, 고대 신라어로 '아지메 오게'라고 노래한다."면서 "이때 아지메는 천지인天地人을 뜻한다."[47] 고 설명합니다.[48] 구메 구니타케 교수 주장의 핵심은 바로 '한국과 일본은 모시는 신神이 같았다'라는 것입니다. 즉 일본에서도 동방 한민족이 예로부터 모셔 온 천신, 온 우주의 통치자를 모신 것입니다.

그러나 조선 초기까지 이어 오던 이 천제문화가 명明나라에 의해서 그 맥이 끊겼습니다. 천자국을 자처하던 명明이 천제문화의 고향인 조선에 천제를 금지시키면서 본래 천자국이던 조선은 기우제와 초제醮祭(하늘의 별을 향해 올리는 제사)를 통해 상제님께 제를 올릴 수밖에 없었습니다.

그렇게 수백 년간 조선에서 사라진 천제문화는 서양 제국주의가 조선으로 밀려오던 1897년 고종에 의해서 다시 부활하였습니다. 고종은 기울어 가는 국운을 다시 일으키기 위해 환구단圜丘壇을 세워 상제님께 천제를 올리고 황제로 등극하여 조선이 본래 동방의 천자국임을 만천하에 선포한 것입니다.

(4) 신교 신성 원형문화 도맥의 주인공, 낭가郞家 | 동방 한민족과 인류의 모체 종교인 신교는 유·불·선·기독교의 정신이 융해되어 있는, 영생불사하는 선의 근원과 맥이 닿아 있습니다. 이 선은 유·불·선의 선이 아니라 삼도三道의 기원이 된 원형 선입니다.

일찍이 신라 말기의 대학자요 문장가인 고운孤雲 최치원崔致遠은 신교를 '풍류風流'라 하였습니다. 그는 「난랑비서鸞郞碑序」에서 "나라에 현묘한 도가 있으니 풍류라 한다(國有玄妙之道, 曰風流). … 실로 삼교를 포함하여 접하는 모든 생명을 감화시키는 것이라(實乃包含三教, 接化群生)."라고 하여 한민족의 신교 정신을 확연히 드러냈습니다.

신교는 동방 배달 겨레가 9천여 년 동안 역사를 이어 오게 한 한민족 역사의 혼입니다. 이 신교를 중심으로 삼신상제님의 천명을 받들어 새 문명을 열고 나라를 개창한 역사 개척의 중심 세력이 바로 '낭가郞家'입니다. 구한말 민족의 선각자요 독립운동가

---

46 일본 황실에서 고대로부터 행한 제사. 벼의 수확을 경축하고 이듬해의 풍년을 기원하였다.

47 『단군세기』 서문에 하늘·땅·인간은 일체의 관계에 있다(대원일大圓一)고 하였다. 대원일을 우리말로 하면 커발환인데 초대 배달 환웅천왕의 호칭이 커발환이다. 이를 볼 때 천지인을 뜻하는 '아지메'는 '커발환 환웅'을 가리킨다고 할 수 있다.

48 홍윤기, 『일본문화사신론』, 한누리미디어, 2011.

이자 역사학자인 단재丹齋 신채호申采浩(1880~1936)는 한국 고대사 연구를 통해 신교의 맥이 우리 고유사상으로 이어졌음을 간파하고, 이를 '낭가'라 이름하였습니다.

환국 말기에 환웅을 따라 백두산 신시에 이르러 배달을 세운 3천 명의 제세핵랑濟世核郞이 낭가의 시초입니다. 이후 낭가사상은 배달의 삼랑三郞에 의해 계승되는데, 『환단고기』「신시본기」에 따르면 삼랑은 본래 우주의 조물주 삼신三神을 수호하는 자였습니다. 삼신을 모신 천신단을 숭고하게 받드는 인류 원형문화의 주인공이자 실천자였던 것입니다. 옛 조선 시대에는 이들을 국자랑國子郞, 또는 천지화랑天指花郞이라 하였습니다. 『환단고기』의 『단군세기』에 '13세 흘달 단군' 재위 20년(BCE 1763)에 '소도를 많이 설치하고 천지화를 심었다. 미혼 소년들에게 독서와 활쏘기를 익히게 하고, 이들을 국자랑이라 불렀다. 국자랑이 밖에 다닐 때 머리에 천지화를 꽂았기 때문에 당시 사람들이 '천지화랑'이라 불렀다는 내용이 나옵니다.

따라서 화랑花郞[49]이란 말 자체는 환국·배달·조선 시대부터 있던 언어로 봐야 하며, 그 꽃은 바로 황금시대의 천지 광명문화를 상징하는 환화桓花(무궁화)입니다. 화랑의 원형이 바로 천신단을 모시던 삼랑인 것입니다.

9천 년 전부터 삼신을 모시는 동방 한민족의 신관이 제세핵랑과 배달의 삼랑, 고조선의 국자랑 또는 천지화랑, 북부여의 천왕랑天王郞, 고구려의 조의선인皂衣仙人, 신라의 화랑花郞, 백제의 무절武節에 의해 계승되고, 이것이 일본으로 전해져서 일본의 신도문화로 꽃 피게 된 것입니다. 한민족의 낭가사상은 이후 고려의 재가화상在家和尙·선랑仙郞·국선國仙에 의해 이어졌습니다.

9천 년 역사의 한민족 낭가 사상은 신라 때 일본으로 전해져 일본 신도문화를 꽃피게 하였습니다. 약 2천 년 전, 신라 왕자

새 역사를 개척한
한민족 낭가郎家의 맥

환국
환桓 · 인仁
광명인간 지도자
(인간의 이상)

배달
환웅의 핵랑 · 삼랑
한민족 낭가의 시원

단군조선
국자랑

북부여
천왕랑

신라 고구려 백제
화랑 조의선인 무절

고려
(선랑) 국선 (재가화상)

조선
선비

조선말
동학군

가을 개벽기
참동학(증산도) 육임도꾼
(충의핵랑) : 칠성도꾼
9천 년 신교문화
삼랑의 도 완성

49 화랑 | 화랑정신에는 종교적 요소와 예술적 요소, 군사적 요소가 있다. 일반 상식은 군사적인 면에 치중되어 있지만 진정으로 화랑을 이해하려면 종교와 예술 측면을 보아야 한다. 김범부는 "화랑정신은 그 당시 백제에도 통해 있었고 백제와 고구려에도 통해 있었습니다. 그러고 보면 화랑의 정신이란 역사를 관통하여 한국 민족의 혈맥 속에 흐르고 있음을 알 수 있습니다.(『김범부의 생각을 찾아서』 85)"라고 하여 '화랑'이 신라만의 전유물이 아니라 한민족 역사속에 면면히 흐르는 고유사상임을 강조한다.

인 화랑 천일창天日槍이 구마노 히모로기(熊神籬)를 가져가 일본의 11세 수인垂仁왕에게 바쳤습니다. '구마노 히모로기'는 '천상의 신이 응감하는 신물(나무)'이라는 뜻으로 웅신단熊神壇이라고도 하며 도리이(鳥居)의 원형으로 볼 수 있습니다. 신단문화의 그 유래에 대한 비밀은『삼국유사』「고조선기」에 나옵니다.

◎ 웅雄이 솔중삼천率徒三千하사 강우태백산정신단수하降於太伯山頂神壇樹下하시니 위지신시謂之神市오 시위환웅천왕야是謂桓雄天王也시니라. (『삼국유사』「고조선기」)

환국 말기에 환웅이 백두산 정상 신단수 아래로 내려오셨습니다. 구마노 히모로기는 바로 삼신을 모시는 신단수인 것입니다. 천일창 이야기는『삼국유사』에 실린 신라 시대 연오랑延烏郞 세오녀細烏女 설화와 연결됩니다. 연오랑과 세오녀가 일본으로 건너가자 신라의 해와 달이 빛을 잃어서, 세오녀가 짠 비단으로 하늘에 제사를 지냈더니 다시 밝아졌다는 이야기가 전해오는데 이 설화는 일월신화日月神話로서 천일창 설화와 내용이 유사합니다. 또 연오랑은 삼족오와 연관이 되고, 화랑문화와 관련이 깊습니다. 화랑은 천지화랑에서 온 말로 삼신을 모시는 천신숭배의 제관을 뜻합니다. 따라서 천일창은 하늘의 태양 광명을 창처럼 쏟아붓는 신관이며, 천신단을 수호하는 제사장 역할을 한 신라의 왕자입니다. 화랑문화의 원형을 겸비한 천일창이 구마노 히모로기(熊神籬)를 일본에 모셔다 줌으로써 조화삼신의 신성을 받아 내리는 신교의 천신숭배 의례가 함께 전해졌고, 이로부터 일본은 독자적인 문화를 경영할 수 있는 주권자로서 또 다른 천자국으로 발돋움하기 시작하였습니다.

단재 신채호의『조선상고사朝鮮上古史』에 따르면, 한민족의 낭가사상은 단군조선의 수두제전(蘇塗祭典)에서 연맹왕국 시대의 영고·동맹·무천·소도로 이어졌고, 고구려에서 선배제도先輩制度로 이어져 고구려의 강성을 이룩했습니다. 이 선배를 뽑는 무술에 수박手搏과 덕견이(택견)가 있었는데 수박이 중국으로 들어가 권법拳法이 되고, 일본에 건너가 유도가 되었지만 정작 우리나라에서는 무풍武風을 천시하여 자취를 찾아보기 어렵게 되었다고 합니다. 단재의 견해에 따르면, 고려 중기에 '묘청妙淸의 서경천도 운동'에서 '국풍파國風派'[50]가 김부식의 '유학파儒學派'에게 패함으로써 낭가가 역사의 전면에서 물러나게 되었습니다. 그는 이 사건을 '조선 역사상 일천년래一千年來 제일대사건第一大事件'이라고 주장하였습니다.

비록 외래 종교와 사상에 물든 사대주의자들에 의해 신교의 맥이 역사의 일선에서

---

50 국풍파 | 정지상, 김안, 백수한 등은 보수적인 개경의 문벌 귀족 세력에 반대하며 자주적인 혁신 정치를 시행하려 하였다. 이들은 왕호를 황제로 격상시키고, 수도를 서경으로 옮겨 금을 정벌하고 옛 고구려 영토를 되찾을 것을 주창하여 '서경파' 라 불렸다. 이들은 고구려 계승 의식과 낭가의 자주적 전통 의식을 바탕으로 우리의 민족정신과 문화를 쇄신하고자 하였다. 단재는 이들을 '국풍파' 라 불렀다.

선천 한민족의 창세 이념	후천 세계 창세 이념
보본제천報本祭天	원시반본·보은
홍익인간弘益人間	해원·상생
재세이화在世理化	상제님의 신교로 세계 통치
광명이세光明理世	조화성령의 도통(광명)문화

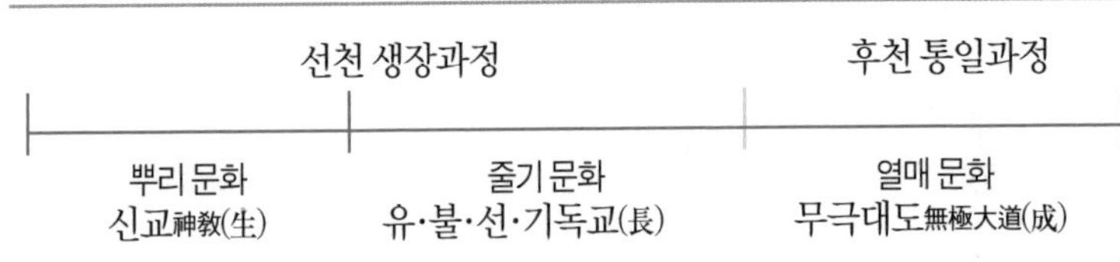

종교 문화의 삼천성도三遷成道

물러나게 되었지만 신교의 맥은 끊이지 않았고 동방 배달 한민족의 낭가는 역사와 함께 새 역사 개척의 원동력으로서 민중의 삶 속에 면면히 이어 내려왔습니다. 국난의 위기 때마다 나라를 수호하는 낭가의 호국 정신이 표출되었고 19세기 후반, 서양 세력의 침탈과 국가 존폐의 위기 속에서 마침내 동학으로 분출된 것입니다.

(5) 상제님 무극대도의 출현 | 동학을 창도한 수운水雲 최제우崔濟愚 대신사는 삼계 우주의 통치자이신 삼신상제님께 신교와 천명을 받아 후천개벽後天開闢과 함께 시천주侍天主의 새 시대가 열릴 것을 선언했습니다. "최수운崔水雲에게 천명天命과 신교神敎를 내려 대도를 세우게 하였더니…."(2:30)라는 상제님 말씀에서 알 수 있듯이, 상제님께서 수운 대성사에게 처음 내려 주신 사명은 한민족의 시원 종교인 신교의 맥을 되살려 '상제님의 무극대도를 펴라'는 것이었습니다

동방 한민족이 유구한 역사를 통해 신앙해 온 삼신상제님께서는 수운 대성사에게 내린 천명을 거두시고 마침내 환기桓紀 9068년, 배달국 신시개천神市開天 5768년, 단군기원 4204년, 신미辛未(1871)년에 원시반본의 이치에 따라 신교의 종주국인 동방의 조선 땅에 친히 강세하셨습니다.

상제님께서는 이제 가을의 후천개벽 시대를 당하여 원시반본의 이법에 따라 신교의 시원 정신으로 천상의 신도를 크게 혁신함으로써 지상 선경 낙원 건설과, 인류와 세계 구원의 길을 열어 놓으셨습니다.

❋ 이제 천지도수天地度數를 뜯어고치고 신도神道를 바로잡아 만고의 원을 풀며 상생의 도道로써 선경의 운수를 열고 조화정부를 세워 함이 없는 다스림과 말 없

5장

는 가르침으로 백성을 교화하여 세상을 고치리라. (4:16)

동방 배달 한민족의 혼이 깨어나고 인류 정신의 통합이 이루어지는 계기는 상제님의 천명으로 창시된 동학에서 처음 잉태되었습니다. 그러나 수운 대성사가 '진법을 들춰내어 신도神道와 인문人文의 푯대를 지으며 대도의 참빛을 열라'(2:30) 하신 천명을 실현하기 어려우므로, 상제님께서 그 명을 거두시고 친히 강세하시어 정역과 서구 과학문명을 비롯한 선천의 모든 문화와 종교를 수용하고 통일하는, 후천의 추수 진리인 무극대도를 열어 주셨습니다. 이로써 **세계와 인류를 구원하는 열매 진리인 증산도가** 세상에 출현하게 된 것입니다.

❋ 최제우에게 천명天命과 신교神敎를 내려 주었더니 조선 조정이 제우를 죽였으므로 내가 팔괘 갑자八卦甲子에 응하여 신미辛未(道紀 1, 1871)년에 이 세상에 내려왔노라. 궁을가弓乙歌에 '조선 강산 명산이라 도통군자 다시 난다.'는 말은 이를 두고 이른 말이니라. 최제우는 유가儒家의 낡은 틀을 벗어나지 못하였나니 나의 가르침이 참동학이니라. (2:94)

동학이 상제님의 강세를 준비하고 인간으로 오신 천주님을 모시는 시천주侍天主의 역사를 열었다면 상제님의 무극대도인 참동학은 시천주를 바탕으로 전 지구촌에 천주이신 상제님의 꿈과 대이상을 실현하게 됩니다. 인간으로 오신 상제님의 일꾼들이 참동학의 역사를 성취함으로써 가을 대개벽의 상황을 극복하고 후천 5만 년 상생의 조화 선경 세상을 이 땅에 건설하게 되는 것입니다.

그러면 다음 '천지공사' 장에서는 상제님께서 어떻게 천상 신도 세계를 바로잡아 후천 5만 년 지상 선경 낙원의 운로를 짜 놓으셨는지 살펴보겠습니다.

신교의 천신단天神壇 모시는 문화의 부활

1) 일본으로 전래된 신교문화의 두 코드

일본의 신도문화에는 두 가지 코드가 있다. 그 하나는 신라 때 화랑 천일창을 통해 전수된 '신도'이고, 또 하나는 백제로부터 전수된 '미륵불 신앙'이다.

일본의 불교는 28세 선화宣化왕 때(538년)에 들어왔다. 그런데 29세 흠명欽明왕이 대신으로 임명한 소가蘇我씨와 모노노베物部씨는 불교를 받아들일지 여부를 놓고 30년이 넘도록 치열한 종교전쟁을 벌였다. 이때 시두가 대발하여 30세 민달敏達왕이 죽고, 31세 용명用明왕도 시두에 걸리자 불교를 숭상하던 소가씨가 전통신을 모시자고 주장하는 모노노베씨를 멸족시키고 대권을 장악하였다. 이로부터 일본에 불교가 정착하였으며, 33세 추고推古여왕 때 아스카 문화가 크게 꽃피었다. 이때 들어온 미륵불상이 현재 일본의 국보 1호인 광륭사廣隆寺의 목조 미륵반가사유상이다. 일본의 미륵불상은 본래 백제 26세 성왕聖王을 통해 전래된 것이다. 성왕은 '전륜성왕'을 줄인 말로 스스로 미륵부처의 대행자로 자처했다.

천신을 모시는 신단수의 의례와 신과 하나 되는 신사문화의 외형적인 모습은 신라의 천일창을 통해 들어왔고, 내면적으로 실제 일본에서 신의 주체인 천신을 받들게 되는 것은 환국으로부터 북부여, 고구려, 백제를 거쳐 우주 광명의 미륵불 문화로 전래된 것이다.

천일창 왕자가 전한 신사문화에 불교문화가 더해져 일본 특유의 신불습합神佛習合(신부츠 슈고)* 형태로 자리잡게 되었다. 메이지유신 때는 한반도에서 전래된 불교문화의 흔적을 없애려고 신불분리령神佛分離令을 내렸으나, 민간에서는 신도와 불교가 습합習合된 형태로 그 원형을 지키고 있다.

2) 천조대신을 모시게 된 과정

그런데 지금 일본은 한반도에서 건너간 천신이 아닌 천조대신天照大神을 주신으로 모시고 있다. 어떤 변화를 겪게 된 것일까?

일본 최초의 민족학자 오카 마사오(岡 正雄)교수는 박사 논문 〈옛 일본의 문화층〉에서 "일본 개국신화의 모태는 단군의 개국신화다."라고 하여 고대 일본 역사의 시원을 규명했다. 또한 그는 일본 천황가의 황조신은 본래 **'고황산령존高皇産靈尊**(다카미무스히노미코토)'이었는데, 이를 의도적으로 천조대신天照大神으로 바꾸었음을 밝혀냈다. 교토대 사학과의 우에다 마사아키(上田正昭) 교수는 "일본 고대사「고사기」에서는 고황산령존을 고어산소일신(高御

---

* **신불습합** | 일본에 불교가 전래된(538년) 후 본래의 전통신앙인 신도神道와 불교가 융합하여 나타난 일본만의 독특한 신앙형태이다. 일본 역사에서 대표적으로 신불습합을 나타내는 상징으로는 898년 야쿠시사(藥師寺)에서 제작한 하치만 삼신상(八幡三神像)이 있다.

産巢日神, 다카미무스히노미카미), 또는 고목신(高木神, 다카기노카미)으로도 부른다."라고 하였다. 고목신이란 신체목(神體木, 신의 영체가 깃든 나무)으로, 신격화(神籬, 히모로기)된 신물이다. 이러한 신체목神體木 제례의식은 일본 교토의 기온마쯔리에서도 동일하게 행해졌다. 본래 일본이 모셨던 이 고황산령존은 앞서 신라의 천일창을 통해 전해진 히모로기(熊神籬)를 통해 알 수 있듯이 배달과 조선의 한민족으로부터 유래한 신神이다.

일본이 고황산령존 대신에 천조대신을 모시게 된 결정적인 계기가 있었다. 40세 천무天武왕 때, 백제가 나당 연합군에 의해 무너지자(660년), 자립을 해야 했던 일본은 천무왕을 중심으로 역사를 새롭게 개편하기 시작했다. 천무는 형인 38세 천지天智왕의 아들 오오토모(大友)를 몰아내고 '임신壬申(672년)의 전쟁'에서 승리하고 정권을 잡은 인물이다. 그는 전쟁에 나가기에 앞서 꿈속에서 하늘의 천조대신과 인사를 하며 '이번 전쟁을 통해 권력을 잡게 되면 당신을 일본 국가신으로 섬기겠다'고 약속했다. 결국 천무왕이 정권을 차지하면서 천조대신이 일본의 국가신으로 자리매김하게 된 것이다.

3) 일본을 지칭하는 야마토의 유래

일본에서 천신단을 모시는 신교의 광명문화는 50세 환무桓武(770~806 재위)왕 때 완성되었다. 백제 제25대 무령왕(501~523 재위)의 왕성王姓이 '화和'씨였다. 일본 왕실 역사서 『속일본기』에 "무령왕의 왕자 순타태자純陀太子의 직계 후손이 화을계和乙繼이며 그의 딸은 화신립和新笠 황태후이다. 화신립 황태후는 일본 제50대 환무천황桓武天皇의 생모이다."라는 기록이 나온다. '야마토'라 하면 일본의 첫 통일왕조 시대를 연 민족을 떠올리게 되는데, 이는 '야마토'가 일본 고대시대에 사용된 호칭이었기 때문이다. 야마토시대(4~7세기)를 일본 역사서에서는 이두식 표현으로 '和, 倭, 大和, 大倭'라 쓰고 있다. 그 중 가장 대표적인 표기가 '화和'인데, 훗날 큰 대大자를 붙여 '대화大和'로 쓰인 것이다. '대왜大倭'는 "서기 720년에 관찬 역사책인 『일본서기』를 편찬할 때 '야마토(倭)'에 큰 대大 자가 첨가돼 '야마토(大倭)'로 쓰이게 되었다."라고 도쿄대 사학과 이에나가 사부로(家永三郎) 교수 등이 밝히고 있다. 『일본서기』에는 신神의 시대가 등장하는 초기 역사에 이두식인 '만요가나'의 한자어로 '야마토(耶麻騰)'라고 쓰기도 했다. 현대 『일본어대사전(講談社·1992)』을 보면 '和를 倭라고도 한다. 일본과 일본어에 대한 것, 일본의 자칭'이라 설명하고 있다.

일본의 문화·역사정신인 대화大和정권의 화和는 바로 환무의 어머니 화씨의 화和와도 무관하지 않음을 알 수 있다. 이를 통해 『환단고기』에 나오는 광명 하늘, 환桓사상이 일본에 대화大和 사상으로 전래되었음을 유추할 수 있다.

잠시 환무왕에 대해 살펴보면, 그는 백제계이다. 환무왕 재위 시 가장 총애를 받던 왕실 최고의 무장 정이대장군(征夷大將軍)은 사카노우에노 다무라마로(坂上田村麻呂)라는 백제계 장수였다. 당시 환무왕은 홋카이도 큰 섬에 살던 아이누족 에조(蝦夷·에미시, 에비스) 집단의 큰 위협을 받고 있었다. 793년, 다무라마로는 일본 동북지방으로 밀고 내려오던 에조의 무력세력을 격퇴, 섬멸하였다. 이 공덕으로 다무라마로는 796년 동북지방의 태수로 임명되었고, 797년에는 왕실의 최고 무장이 되었다. 그의 딸 사카노우에노 하루코(坂上春子)는 환무 천왕의 비가 되어 후지이친왕(葛井親王)을 낳았다.(『歸化人』, 1965) 교토산대 고대사 담당 이노우에 미쓰오(井上滿郞) 교수도 이를 거명하며 "환무왕의 후비后妃 중 6명이 도래계 씨족"이라고 설명한 바 있다. 이를 볼 때 백제의 문화가 고스란히 일본왕가로 스며들었음을 알 수 있다. (홍윤기, 『일본문화사신론』)

4) 천신단 모시는 문화의 부활

필자는 지난 2014년 11월, 일본 현장답사 마지막 날, 백제신을 모신다는 삼도압三島鴨 신사를 찾아갔다. 예전에 이곳은 매우 큰 규모의 신사였다고 하는데, 명치 시대 이후 탄압을 받아 규모가 축소되어 지금은 지역민들의 지원으로 간신히 유지되고 있었다. 신사를 둘러보다가 신사의 유래가 적힌 간판을 보게 되었다. 거기에는 16세 닌토쿠(人德)왕 때 백제로부터 대산기대신大山祇大神(오오야마츠미노카미)을 모셔온 것이 이 신사의 기원이며, 또한 이 신은 '자손을 태워주는 신'이라는 설명이 쓰여 있었다. 신사의 본전 앞에는 어제신御祭神에 대한 설명이 있었다. 이 신사에서 모시는 어제신御祭神은 세 위로, 압사대주신鴨事代主神과 대산기대신大山祇大神, 그리고 차화소야희此花咲耶姬(고노하나사쿠야히메) 대신이었다. 3대 어제신 주인공들의 이름을 보고 읽으면서 의아한 감이 들어 한참 동안 생각에 잠겨 있는데, 궁사가 옆에 와서 친절히, 아주 공손하게 설명을 해 주었다. 압사대주신鴨事代主神은 이 땅에 정착한 압씨鴨氏(가모씨)족의 조상신으로 이즈모(出雲) 계열의 신이라 했다. 두 번째 신은 항해, 제철기술 등 많은 선진 문물을 가지고 이 지역(미시마, 삼도三島)에 정착한 삼도족이 모시고 온 대산기대신大山祇大神으로, 별칭이 와타시노카미(渡しの神, 건너온 신)라 하였다. 세 번째 신은 차화소야희此花咲耶姬(고노하나사쿠야히메) 대신大神인데, "이분은 누구입니까?"라고 궁사에게 물으니 놀랍게도 "일본의 가장 큰 산인 후지산의 산신이며, 대산기대신의 딸입니다."라고 한다. 순간 이렇게 작은 신사에서 일본의 주산인 후지산 산신이 세 번째 위치를 차지한다니, 그 말이 믿기지 않았다. 그래서 "정말 후지산 신입니까" 하고 거듭 반문하자 궁사는 조금의 주저함도 없이 "확실히 후지산 산신이며, 이 신사의 주신인 대산기대신의 딸입니다."라고 말하는 것이었다.

과연, 이 신들의 정체는 무엇일까?

압사대주신鴨事代主神의 '압鴨' 자는 압록강과의 연관성을 떠올리게 했다. 그렇다면 후지산신의 아버지라 하는 대산기대신大山祇大神의 대산은 태산, 즉 백두산을 뜻함이 아닐까? 후지산신이라는 '차화소야희此花咲耶姬'는 "이 산의 꽃을 들고 웃고 있는 공주님"이라는 뜻이다. 여기서 필자는 압록강과 가까운 곳에 살고 있는 백두산족의 일부가 백제를 거쳐 일본에 와서 문명을 열었다는 논리를 끌어 낼 수 있었다. 자료를 더 찾아보니 놀라운 사실을 알게 되었다. 압사대주신은 일본의 초대 왕 신무의 황후인 원도비오십령원(媛蹈鞴五十鈴媛, 히메타타라이스즈히메)의 아버지라는 것이다. 즉 이는 이즈모出雲 대사와 미와三輪 신사에서 모시고 있는 대국주신과 동격의 신인 것이다.

또한 대산기대신의 딸인 차화소야희는 고천원에서 일본 땅을 다스리라는 천명을 받고 내려간 니니기와 결혼하였다 하니, 초대 신무왕의 증조할머니에 해당한다. 이 니니기를 내려 보낸 신은 별칭이 고목신으로 신단수를 상징하며, 일본 조화삼신의 하나인 고황산령존이다.

이러한 사실들을 종합해 볼 때, 대산기대신은 백두산신 또는 백두산 신시에 도읍을 정한 환웅천황과 연결된다. 『환단고기』 『태백일사』「삼신오제본기」에 나오는 삼신산三神山인 백두산을 삼도三島라 한 것이고, 압은 압록강의 압鴨 자라고 본다. 압鴨 자는 오리라는 뜻으로 일본 신사문화의 도리이를 상징하기도 한다. 또 이 신사에서 모시고 있는 일본 후지산신의 이름 '고노하나此花, 이 산의 꽃'에서 '꽃'은 『환단고기』에서 말하는 천지화天地花 즉 환화桓花가 아닐까 한다.

현재 이 신사가 축소된 원인은 한반도에서 건너온 것이 너무 확실하기 때문이다. 명치 정부 이후로 정책적으로 신사를 축소시켰다. 일본은 이 신사뿐만 아니라 한반

오사카부 삼도압三島鴨(미시마카모) **신사 입구**

도의 신을 모시고 있는 신사를 의도적으로 은폐하고 왜곡 축소해 왔다. 지금은 이제 많은 사람들이 잘 아는 사실이지만 '가라사키 신사唐崎神社'의 "가라"는 원래 '한韓'을 지칭하는 말인데, 이 '한韓' 자를 '당唐' 자나 '신辛' 자로 다 바꾸어 놓았다. 이런 예는 일본 신사의 곳곳에서 찾아볼 수 있다.

일본은 이처럼 한반도에서 도래한 역사의 진실을 왜곡하고 감추려 하고 있다. 그런데 비록 왜곡된 일본 문화이지만 놀라운 강점 하나는 그 속에 인류의 원형문화, 북방 원형문화의 정수를 간직하고 있다는 사실이다.

비근한 예로, 살아있는 우주 조물주 삼신의 신성을 원圓과 방정함方과 삼각형角으로 표시하는데, 일본에 가면 고분시대(4~7세기)에 만든, 원방각圓方角으로 구멍이 뚫린 토기 수백 개를 커다란 원형무덤 주위에 둘러놓은 것을 볼 수 있다. 이러한 모양의 토기를 하니와(埴輪)라 한다. 왕이나 호족의 무덤에 이것을 둘러놓고 그 후손, 백성, 조정의 신하들이 와서 제사를 올리며 기도를 드린다.

한민족과 인류의 원형문화인 신교문화의 체제와 예식이 일본에 전해져 천신과 함께 조상을 신으로 모시는 신도문화로 자리 잡은 것이다. 일본의 제천문화가 바로 신사문화의 기본 성격이다. 9천 년 전 삼신상제님을 모시는 제천문화는 배달국 환웅천황 시대에는 소도蘇塗에 신단수神檀樹를 세우고 삼신상제님께 제사를 올리던 웅상雄像 문화로 계승되었고, 이러한 한민족의 천제문화가 일본으로 전해져 일본의 신도문화를 꽃피우게 한 것이다.

삼도압신사三島鴨神社 **본전**本殿

일본 주요 왕 계보

역대	왕명	주요 사건
1세	신무(진무神武) (前660-前585)	협야후 배반명. 36세 매륵 단군 재위 38년, 배반명을 보내 해상의 적을 토벌케 한 사실이 『환단고기』의 『단군세기』에 기록.
9세	개화(가이카開化) (前158-前98)	1~9세 천황, 대륙과 한반도에서 벼농사와 금속기 유입, 야요이 문화 성립. 일본학계 천황의 존재를 인정 안함.
10세	숭신(스진崇神) (前97-前30)	『일본서기』에는 조국 천황肇國天皇이라 함(처음 나라를 세운 왕이란 뜻). 미와산(三輪山)에 대물주신大物主神을 모시고 야마토 조정의 기틀을 쌓음.
11세	수인(스이닌垂仁) (前29-70)	신라 3세 유리왕의 장자長子인 천일창이 〈곰신단〉인 구마노 히모로기를 전함 : 천신 숭배, 신사문화의 시초.
14세	중애(쥬아이仲哀) (192-200)	12세 경행景行의 손자, 부인이 신공황후.
15세	응신(오진應神) (270-310)	부여왕 의라가 일본으로 건너가 응신왕이 됨. (『환단고기』의 『태백일사』「대진국본기」) 백제의 왕족인 왕인 박사와 아직기 왕자가 문물을 전수.
16세	인덕(닌토쿠仁德) (313-399)	백제 13세 근초고왕이 칠지도 하사.
21세	웅략(유라쿠雄略) (456-479)	백제 21세 개로왕의 동생, 곤지왕으로 25세 무령왕의 아버지. 도공·화공도래(463), 이세신궁 개창.
28세	선화(센카宣化) (535-539)	백제 성왕이 불상과 경전을 보냄. 공식적으로 불교 전래(538).
29세	흠명(긴메이欽明) (539-571)	선화의 이복 동생. 신도神道신앙→불교 신앙(신불습합神佛習合)이 자리 잡기 시작.
30세	민달(비다쓰敏達) (572-585)	흠명의 아들. 백제 대정궁 건설. *소가씨가 백제인이 들여 온 미륵석상 1구, 불상 1구 요청(584년. 일본서기), 시두로 사망
31세	용명(요메이用明) (585-587)	흠명의 아들. 시두로 재위 2년 만에 출가, 아들 쇼토쿠 태자. *소가씨가 모모노베씨를 멸족시킴(587).
33세	추고(스이코推古) (592-628)	흠명의 딸. 백제 왕족, 아스카 문화 일으킴, 쇼토쿠 태자 섭정. 중국 수양제에게 보낸 서신에서 '일출처천자日出處天子' 사용(『수서隋書』권 81「동이 왜국전」607년 기록). 미륵보살반가사유상(現일본 국보 1호) - 신라 26세 진평왕 때(616) 보내옴(『一代要記』).

일본의 국통맥

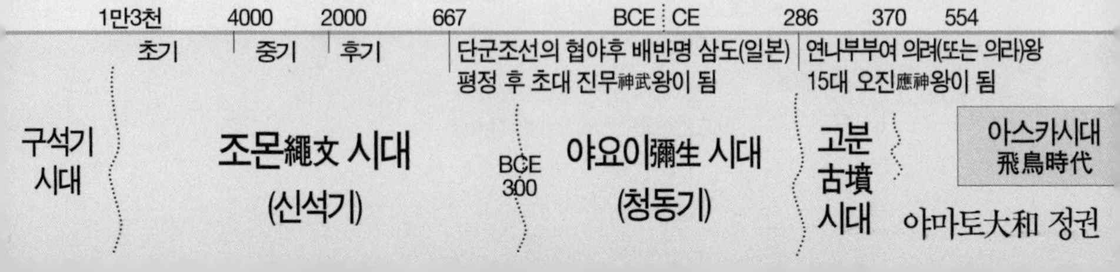

1만3천 | 4000 | 2000 | 667 | BCE ¦ CE | 286 | 370 | 554

초기 | 중기 | 후기

단군조선의 협야후 배반명 삼도(일본) 평정 후 초대 진무神武왕이 됨

연나부부여 의려(또는 의라)왕 15대 오진應神왕이 됨

구석기 시대

조몬繩文 시대 (신석기)

BCE 300

야요이彌生 시대 (청동기)

고분古墳 시대

아스카시대 飛鳥時代

야마토大和 정권

역대	왕명	주요 사건
34세	서명(죠메이舒明) (629-641)	백제 31세 의자왕이 왕자 부여풍을 야마토에 파견(631). 민달의 친손자.
36세	효덕(고토쿠孝德) (645-654)	대화大化 개신(646). 하쿠오 문화 꽃 피움.
37세	제명(사이메이齊明) (655-661)	38세 천지의 어머니. *백제 멸망(660). 백강구 전투에 2만 7천 명, 선박 400척 지원.
38세	천지(텐지天智) (661-671)	야마토에서 오미(近江) 천도(663), 국호 일본으로 개명(670). *고구려 멸망(668).
39세	홍문(고분弘文) (671-672)	천지의 아들. 임신의 난(소가씨 몰락)
40세	천무(텐무天武) (673-686)	제명의 아들. 행정 개혁(신라식), 천황 호칭 공식화. 황조신이 고황산령존에서 천조대신으로 바뀜.
41세	지통(지토持統) (686-697)	천지의 딸, 천무천황의 황후. 후지와라교(藤原京)로 천도(694)
43세	원명(겐메이元明) (707-715)	천지의 딸. 나라의 헤이죠교(平城京)로 천도(710), 『고사기』 편찬(712).
44세	원정(겐쇼元正) (715-724)	천무의 손녀. 『일본서기』 편찬(720).천무 천황의 황후.
45세	성무(쇼무聖武) (724-749)	42세 문무文武의 아들. 덴표天平 문화 번성, 시두 유행(735).
49세	광인(고닌光仁) (770-781)	백제 성왕의 후손, 황후가 화신립和新笠(백제 무령왕의 후손).
50세	환무(간무桓武) (781-806)	광인의 아들, 어머니가 화신립 황태후. 교토 헤이안교(平安京)로 천도(794), 『속일본기』 편찬(797).
52세	차아(사가嵯峨) (809-823)	『신찬성씨록』 편찬(814), 일왕 중심의 번국관 완성이 목적.

인류 문화의 원형, 제천祭天문화(상제문화)의 자취

둥베이東北 문화

중국정부가 지난 1980년대부터 본격적으로 발굴·소개하기 시작한 것이 홍산문화이다. 중국정부는 이를 인류의 4대 문명(이집트 문명, 메소포타미아 문명, 인도 문명, 황하 문명)보다 1500여 년 앞선, 세계에서 가장 오래된 문명으로 공식 인정했다. 그러나 이 유적지 발굴로 말미암아 가장 당황한 것은 중국정부였다. 그것은, 여기에서 인류의 원형문화가 쏟아져 나왔는데, 그 문화의 주인공을 설명하고 그 정신을 해석할 사서가 중국에는 한 페이지도 없었기 때문이다. 그래서 중국정부는 홍산문화를 '신비의 왕국'이라고 이름 붙여놓고 있을 뿐이다.

중국에서는 통상 홍산문화를 둥베이(東北) 문화라고 부른다. 둥베이 문화는 북방과 유라시아의 유목문화, 남방의 농경문화, 그리고 해양문화가 융합된 것이기 때문에 황하문명과 그 문화 코드가 현격히 다르다. 그것은 홍산문화가 생활문화 요소인 자연과 인간, 신과 인간 그리고 동서 문명을 융합 통일할 수 있는 그런 귀중한 문화 가치를 간직하고 있기 때문이다.

온 인류가 둥베이 문화를 동·서문명의 시원처로 받아들이고, 그 원형정신을 해석하여 새로운 인류의 성숙한 가을 문화를 열 수 있는 역사문화의 원전은 한국에만 있다. 그것은 천 년에 걸쳐 기록된『환단고기』뿐이다.

환국시대 이래 수천 년 동안 제천문화는 인류문명의 상징이었다. 현재 지구촌 곳곳에서 발견되는 산상山像, 웅상雄像, 피라미드, 지구라트, 거석巨石문화, 신단수, 칠성문화, 용봉龍鳳 문화 등의 유적들이 그것을 말해 준다. 동서양 문화의 특성을 달리 구

조보구 제천단에서 출토된 삼신 무늬 토기

토기에 그려진 삼신 무늬
(삼신: 녹룡鹿龍, 저룡猪龍, 조룡鳥龍)

조보구 유적의 원형 제천단

분할 수도 있지만, 상고 시대로 거슬러 올라갈수록 동서 문화에는 원형문화의 특성이 공통적으로 깃들어 있어, 문화의 보편성을 확인할 수 있다.

천원지방의 제단과 삼수문화

천원지방天圓地方, 3과 7수는 한민족과 인류 시원 문화의 비밀을 속 시원히 풀 수 있는 핵심 키워드이다. 상고 시대에 인류는, 고산 지역에서는 높은 산을 신체神體로 숭배하고 평지에서는 그 지역에서 상대적으로 높은 산을, 산이 없는 지역에서는 피라미드 같은 높은 제단을 만들어 천제를 지냈다.

환국(전기 홍산문화) 시대인 6420년~7150년 전의 조보구趙寶溝 유적은 원형 제천단(壇), 신전神殿(廟), 무덤(塚)이 삼위일체의 형태를 갖추고 있으며 그곳에서 봉황새 토기와 삼신무늬(三神紋) 토기*가 출토되었다. 이 토기에는 저용猪龍, 녹용鹿龍, 봉황새 등 세 마리의 신령스러운 동물이 그려져 있다.

우하량 유적지에서도 5,000년~6,600년 전의 3단으로 된 원형 제단, 신전, 방형方形 무덤이 발굴되었다. 중국학계는 우하량 여신묘에 사람 크기의 3배 되는 신상, 2배 되는 신상, 등신대 등 여신상이 적어도 세 개 있었다고 본다. 이는 여신의 지위가 3등급으로 나뉘었음을 시사하는데, 가장 큰 여신이 주신主神이며, 이 주신을 다른 여신들

우하량 제2지점 3단 원형 제단(상)과 적석총(하)

중국 사천성 삼성퇴박물관 광장 | 복원해놓은 원형 공연장(상)과 3단 방형 제천단(하)

---

* 다년간 고고학에 종사한 중국 내몽골자치구 적봉시의 문물 전문가인 장송백(張松柏) 씨는 내몽골자치구 삼성타라(三星塔拉)에서 출토된 C자 옥룡의 모양이 삼신무늬 토기에 그려진 저룡의 모양과 유사함을 지적한다. 버들잎 모양의 눈, 목 뒤로 넘긴 갈기, 그물 무늬 몸체 등이 일치성을 보이고 있다. 또 삼성타라에서 홍산 문화 관련 유적이 발굴된 적이 없기에 C자 옥룡을 홍산문화 유물이 아니라 조보구문화의 유물로 보는 것이 마땅하다고 말한다.

이 호위하고 있었다는 것이다.

중국 사천성 삼성퇴 박물관에 복구되어 있는 3,000~4,000년 전의 방형 3단 제단과 원형 공연장, 그리고 2,000년 전의 흑룡강성 쌍압산의 북두칠성 3단 원형 제단과 정4각형의 봉림고성 제7구역, 또 600년 전에 조성된 북경의 천단, 자금성도 모두 천원지방天圓地方의 구조를 이루고 있다. 이 천원지방 구조의 원형이 바로 홍산문화인 것이다.

만주족 샤먼과 홍산문화, 일본문화의 연계성

쌍압산 북두칠성 제단 위에는 북두칠성 외에 북극성도 표시돼 있는데, 중국의 저명한 천문 고고학자인 이세동伊世同에 의하면 이 북극성과 북두칠성의 위치로 보아 이 별자리는 제단이 조성된 2,000여 년 전의 모습이 아니라 4,000년~6,000년 전의 모습이라고 한다. 이는 환국 말기에서 단군조선 초기의 별자리 모습이므로 한민족과 매우 밀접한 관계가 있다고 하겠다.

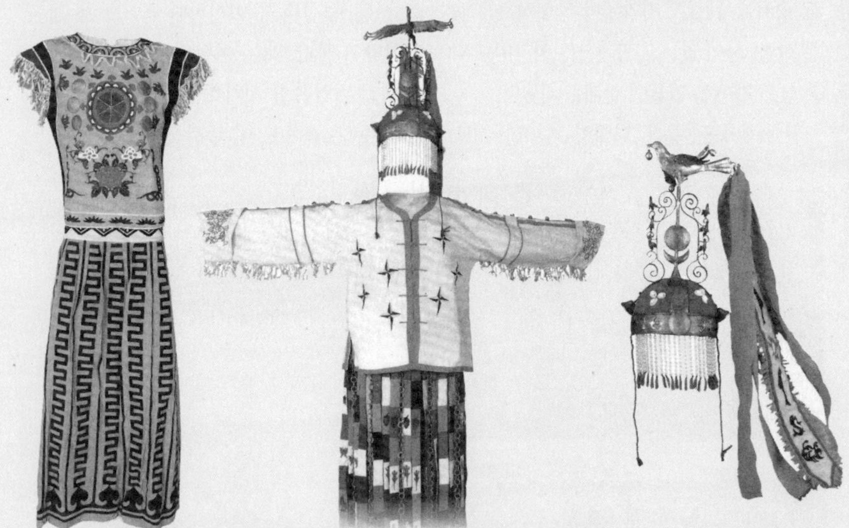

만주족 샤먼 제례복의 아亞 자 문양
(중국 길림성 박물관)

만주족 샤먼의 칠성신앙 제례복
(중국 길림성 박물관)

만주족 샤먼의 칠성신앙 제례모
(중국 길림성 박물관)

흑룡강성 쌍압산시 북두칠성 제천단
(434쪽 특각주 참고)

우하량에서 출토되는 5,000여 년 전의 옥결, 삼련벽 같은 옥기들이 흑룡강 각 지역에서 출토되고 있는 것도 이를 강력하게 입증해 준다.

현재 만주족 샤먼이 받드는 조상 신상神像은 9천 년 전 환국의 초대 안파견 환인상이라고 볼 수 있다. 이 중 푸른 버드나무 가지를 드리운 듯한 옷을 입고 있는 신상이 있다. 바이칼호 부근 영하 50도의 시베리아 지역에서 유일하게 생존하는 나무는 버드나무이다. 인류의 조상인 나반과 아만의 고향이자 환국의 중심이 이 지역이라는 것을 볼 때, 이 신상이 입고 있는 것이 버드나무라는 것을 확증할 수 있다. 현재 북한 구월산 삼성사에서 모시고 있는 환인·환웅·단군 세 분 성황의 모습은 안파견 환인상을 많이 닮았다.

일본 영언산英彦山 신궁에 모셔져 있는 후

만주족의 조상신 탈 (중국 길림성 박물관)
탈의 주인공은 9천 년 전 안파견 환인천제로 여겨진다.

버드나무 가지 모양의 옷을 입은 만주족의 조상 신상 (중국 길림성 박물관)

환인천제

환웅천황

단군왕검

황해도 구월산 삼성사 삼성전에 모셔진 삼성조三聖祖의 어진御眞

지와라(藤原) 환웅이 어깨에 어떤 식물을 걸쳤는데 이는 큰 나무를 환웅천황으로 숭배하는 웅상의 표식으로 볼 수 있다. 그리고 또 버드나무로 된 만주족 샤먼 제복祭服도 이와 연관성이 있다고 보는데,『단군세기』에서 단군왕검이 '버드나무 궁전(柳闕)에 머무르신다.'고 하였고 고주몽의 어머니의 이름도 버드나무꽃(柳花)이다. 여기서 우리는 배달, 단군조선, 고구려와의 문화의 연계성도 엿볼 수 있다.

신비로운 조화의 땅, 동북 간방

『주역』「계사전」에 "간艮은 동북지괘야東北之卦也니 만물지소성종이소성시야萬物之所成終而所成始也일새 고故로 왈성언호간曰成言乎艮이라."고 하였다. 간은 만물의 변화가 마무리되고 새 역사가 시작되는 곳이며 인류 동서남북 문명이 하나로 만나는 곳이다. 안운산 증산도 태상종도사님께서 처음으로 밝혀주신 지리에 의하면 동북방(중국 둥베이와 한반도)은 지구의 혈이자 열매이다. 이 말씀은 지정학적인 의미뿐 아니라,

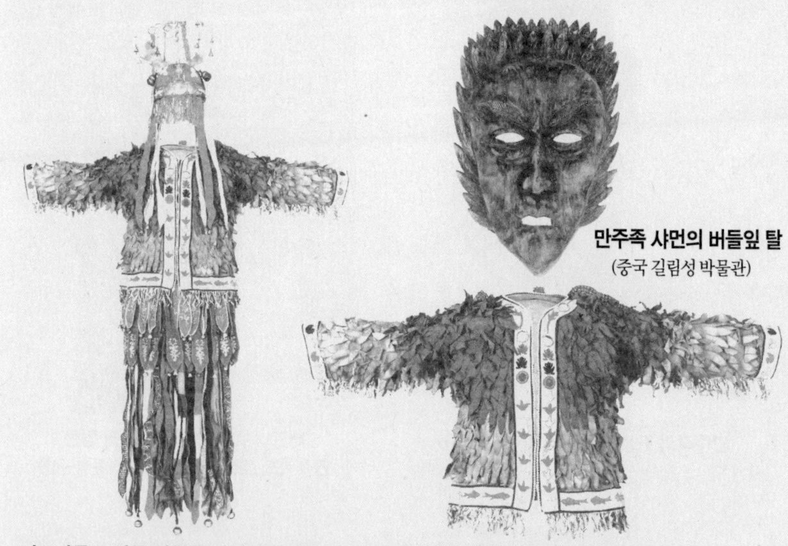

만주족 샤먼의 버들잎 탈
(중국 길림성 박물관)

버드나무로 만든 만주족 샤먼의 제례복 1
(중국 길림성박물관)

버드나무로 만든 만주족 샤먼의 제례복 2
(중국 길림성박물관)

원형 고분 (일본 기무라 고분군)

인류 문화의 핵이 바이칼, 천산 지역으로부터 점차 동진하여 동북 땅에 이른 후 수렴에 수렴을 거듭한 결과 수확의 땅인 동북아 한반도에서 열매를 맺는다는 말씀 의미도 포함한다. 실제로 중국, 나아가서는 서양의 문화도 유목문화, 농경문화, 해양문화의 거대한 물줄기가 합수合水하여 융합, 조화를 이루는(난류와 한류가 서로 만나는 지역에 세계 4대 어장이 있듯이) 동베이 땅[동북] 간방에서 그 발전의 원동력을 제공해 왔다. 그 실례로 이 땅에서 폭풍처럼 생겨나 번개처럼 사라진 유목민족이 서양 문화의 발전에 끼친 지대한 영향과 공헌을 들 수 있다. 또한 중국 역사를 통틀어 이 땅의 주인이 되면 전체 중국 땅의 최고 통치자로 군림하는 경우가 대부분이었다.

이렇듯 간방은 말할 수 없이 신비로운 조화와 변화의 땅*이다. 지금 동북아 지역의 한중일, 특히 한국과 중국 동북, 일본은 혈연적으로 유대가 형성된 곳이다. 일본의 오카 마사오 교수는 『일본민족의 기원(日本民族の起源)』(1958)에서 "일본 황국신도가 내세운 조상신 천조대신은 최고의 신이 아니며 최고의 신은 천신인 고황산령존高皇産靈尊, 다키미무스히노미코토)이다."라고 말하며 "천조대신의 신화는 동남아 묘족苗族의 신화를 옮겨왔다."라고 하였다. 일본 왕가에서 행하는 천제인 신상제新嘗祭와, 묘족이 이삭이 필 때 천부지모天父地母께 올리는 천제는 서로 깊은 관련이 있는 것이다.

인류 문화의 원형 코드, 3수와 7수 문화

홍산문화의 핵심 지역인 오한기에서 1천여 개의 유적이 발굴되었고 흑룡강성 쌍압산 지역에서는 2,000여 년 전의 유적이 1천여 군데 발굴되었다. 이는 같은 시기 다른 지역의 유적보다 훨씬 많은 숫자로, 이 지역 문화의 우수성을 충분히 증명해 줄 뿐만 아니라 전체 홍산문화 구역 내의 문화와도 공통성을 나타내고 있다.

현재 일본에는 3단으로 된 5,500년 전의 천문대가 있고, 한국의 가야, 나주, 경주 등

천지인을 상징하는 청동 3단 제천단 형상물
(중국 사천성 삼성퇴박물관)

* 만주족 샤먼 북두칠성 대신大神 제복祭服을 보면 7개의 칠성이 그려져 있고 모자에는 1마리의 큰 새와 6마리의 작은 새를 합하여 모두 7마리의 새가 있다. DNA 검사로 만주족과 한국인의 DNA가 거의 일치하는 것으로 밝혀졌다. 만주족은 우리 민족의 형제이며, 우리 민족의 일부이자 조상인 것이다. 일본 돗토리대 이노우에 다카오 교수 연구팀이 12개 동아시아 민족(집단)의 인간 유전자(게놈) 정보를 비교해 본 결과, 일본 본토인과 가장 가까운 집단이 오키나와인이나 홋카이도의 아이누족이 아니라 한국인과 중국에 거주하는 조선족으로 추정된다는 결론에 이르렀다.

지에도 존재하는 전방후원형(혹은 후방전원형) 무덤이 많다. 일본의 천원 지방 무덤과 대형 고분에는 천지인을 상징하는 원, 방(네모), 각(세모) 모양(아구리와 몸체가 둥글고 네모, 세모는 몸통에 뚫려 있다.)의 하니와가 수백 개가 있다. 일본의 하니와와 모양이 같거나 비슷한 토기가 둥베이와 허베이(하북) 등지에서도 많이 출토된다.

삼성퇴 유적에서 출토된 천계天界, 지계地界, 인계人界 3계를 상징하는 3단 청동 제천단을 보면, 상단에는 사람 몸에 새의 머리를 한 신상神像과 건축물, 새 등이 조성되어 있고 중단에는 사람 넷이 각기 산을 머리에 이고 서 있으며 하단에는 신수神獸 두 마리가 제단을 받치고 있는데, 몸통 중간에는 인人자 모양의 3가닥 문양이 그려져 있다. 여기서 신상과 하늘, 땅, 인간을 잇는 새는 천계를, 산은 지계를, 사람은 인계를 상징한다. 이 신단은 천지인 삼계와 산상과 웅상의 결합체로 우주 안 모든 생명의 일즉삼一卽三, 삼즉일三卽一의 일체성을 보여준다.

삼성퇴 유적에서 발굴된 가장 큰 청동상의 높이는 172cm이다. 태양신을 대표하는 연꽃 모양의 귀면 무늬와 회回 자 무늬의 높은 관을 쓰고 있는데, 머리 뒤통수 부분에 비녀 같은 것을 꼽은 흔적이 있다. 이것으로 보아 상투를 한 것으로 여겨진다. 이 청동상은 제정일치 시대의 촉나라의 왕이자 제사장이다. 상투의 "투" 자는 "북두칠성"을 상징하며, 상투와 함께 높은 관은 홍산문화 시기의 옥고나 원형 제단 주위의 원통형 토기와 같이, 북두칠성과 북극성의 자미원에 계신 상제님과 소통하는 매개체이다. 이 청동상은 용무늬가 새겨진 3겹의 옷을 입고 있다.

현재 발굴된 대표적인 신단수 유물은 중국 사천성 삼성퇴의 1호 청동 신단수이다. 그 높이는 3.96미터이고, 가지가 3층으로 되어 있으며 매 층마다 3개의 작은 가지가 있는데, 가지 위의 꽃과 열매는 위로 쳐들리거나 아래로 드리워져 있다. 위로 쳐들린 나무 가지의 꽃과 열매에는 태양太陽새가 한 마리씩 앉아 있는데 모두 9마리이다. 또 신단수 아래에는 용 한 마리가 드리워져 있다. 받침판은 둥근 원으로 되어 있고 그 위는 3면으로 산이 둘러싼 형태이다. 나무 가장귀와 과일 쟁반 아래에는 태양 문양의 둥근 판이 있다.

이세신궁伊勢神宮의 외궁外宮의 조형물
(이세신궁 천궁관遷宮館 내)

옥룡설산(중국 나시족의 삼신산)

이 외에도 지구촌 곳곳에서 인류 문화의 원형 코드인 3수와 7수 문화를 수없이 만날 수 있다. 고구려의 장군총이나 장수왕릉은 모두 7개의 계단으로 되어 있는데, 이 또한 북두칠성을 좌우지하는 별인 북극성에 계신 상제님 숭배 사상과 죽어서 상제님 곁으로 가려는 소원을 나타낸다.

한민족은 전통적으로 저 세상에 갈 때 관널에 "칠성七星판"을 깐다. 《오경통의五經通義》에서 "천신天神 중에서 가장 권위가 높으신 분은 호천 상제昊天上帝님이시고(즉 요백보耀魄寶, 천황대제天皇大帝, 태일太一이라고도 한다.) 그 곁에서 보좌하는 분을 5제五帝라고 한다."라고 한 것은 제천문화의 핵심을 잘 보여주는 구절이다. 3으로 된 숫자나 도형, 또는 동식물 형상, 원형 3단 제단, 7수나 칠성 등은 북극성의 자미원에 계신 상제님을 모시는 것을 상징한다.

중국 소수민족 문화에 남아 있는 천제문화

중국 소수민족의 제천, 티벳족과 나시족의 설산 숭배, 몽골족의 어워(오보), 나시족, 묘족의 신단수 제천문화, 나시족과 바이족 등의 흰색 숭배, 소수민족 샤먼의 삼신 채찍을 비롯한 삼수, 칠성문화는 그들이 광명 민족임을 증명한다.

청동 세발솥(鼎)▶

중산국中山國 착왕릉에서 출토. 솥의 표면에 명문이 있다. 아래 글은 솥 명문의 일부로 상제님과 선왕께 천제를 올린다는 내용이 보인다. (중국 하북성 박물관)

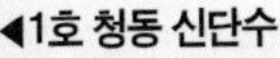

◀1호 청동 신단수

3천 년 전, 촉나라 시기에 제작한 청동 신단수 조형물 (중국 사천성 삼성퇴 박물관)

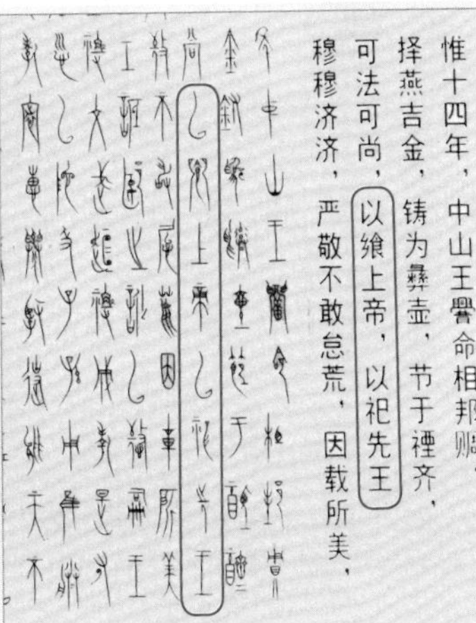

惟十四年，中山王嚳命相邦賙，
择燕吉金，铸为彝壶，节于禋齐，
可法可尚，以飨上帝，以祀先王，
穆穆济济，严敬不敢怠荒，因载所美，

삼지창형 청동기 (중국 하북성 박물관)

2천3백 년 전 백적족白狄族 선우부鮮虞部가 세운 중산국의 청동기 유물로 산山 숭배 문화가 나타나 있다.

그 소수민족들의 춤 문화를 보면 귀천이 따로 없이 다함께 둥글게 모여 손에 손을 잡고 춤을 추는데 그 원형은 환국 시대의 '환무環舞'이다.

용봉문화의 원조(원주인)는 환국, 배달이고 그 맥이 전 세계 각 족속에게 골고루 전파되어 결코 어느 한 정부나 민족, 개인의 소유물이 될 수 없이 인류 공동의 소중한 유산이 되었다. 용봉은 천지와 인간을 하나로 연결해 주는, 우주의 최고 통치자요 조화주 하나님이신 상제님의 영물이다.

산상과 웅상, 지구라트, 피라미드 등은 우주 광명문화, 신교 의식에서 만들어진 것이라고 볼 수 있다. 남송 때의 대학자 주희는 "문왕의 신명은 하늘에 있어 오르고 내림에 상제님 곁을 떠난 적이 없고 자손들은

중국 동족侗族의 용 모양 조형물

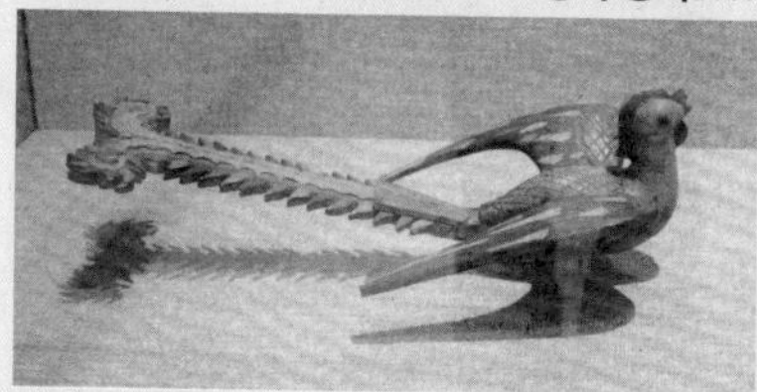

중국 묘족의 봉황새 모형

중국 묘족의 용주龍舟

묘족의 원형 군무 환국·배달의 천지 광명문화의 정신을 계승한, 9환족의 정통 후예인 묘족이 12환국을 상징하는 열두 개의 띠를 중심으로 환무環舞를 추고 있는 모습.

그 덕에 복을 받으며 임금은 천하를 얻는다(朱熹曰: "盖以文王之神在天, 一升一降, 无时不在上帝之左右, 是以子孙蒙其福泽, 而君有天下也)."라고 하였다.

소위 백적白狄(흰옷의 오랑캐: 본래 광명족의 동이)의 나라라 불리던 중산국의 착왕릉에서 2,300년 전에 만들어진 청동 세발솥이 아홉개 출토되었는데, 청동 세발솥은 천자를 상징한다. 그 중 가장 큰 솥에 "상제님과 조상님께 제사를 지낸다."라는 금문이 적혀 있다. 이는 삼신 상제님을 현실 속에서 섬긴 우리 조상들의 삶과 역사를 대변해 준다. 위소韋昭는 『국어國語·주어周語 상上』에서 "상제님은 하늘이시고 밝은 신이시며 일월이시다."라고 하였다. 『예기禮記·잡기하雜記下』에서는 맹헌자孟獻子의 말을 이렇게 적고 있다. "정월 일지에 상제님께 천제를 지낼 수 있다(正月日至, 可以有事于上帝)." 주나라는 음력 11월을 한 해의 머리로 하였으니 주나라의 달력에서 "정월"은 곧 음력 11월이다. "일지"란, 동지에 일양이 처음 생기는 모습을 표현한 것으로 "태양이 처음 떠오른다."라는 말이다. 동지 대천제의 큰 뜻을 알 수 있는 구절이다.

이렇듯 인류 천제문화의 원주인은 북두칠성에 계신 삼신상제님이시다. 따라서 제천문화는 상제문화요, 상제문화는 곧 제천문화이다.

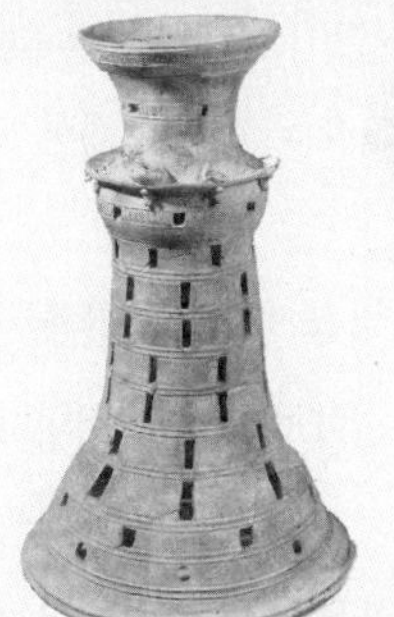

원형 하니와
(일본 오사카부립 치카츠아스카박물관)

원형 토기
(중국 당산박물관)

원통 모양 그릇
(가야, 국립김해박물관)

일본 고베 고시키즈카고분의 원방각 하니와

인물형 하니와
(일본 오사카 부립 야요이 박물관)

증산도의 우주관, 세계관, 신관 등 이제까지 살펴 본 진리 체계는 우주의 새 질서를 열어 주신 상제님의 삼계 개조改造의 대업인 '천지공사天地公事'의 심오한 섭리를 이해하기 위한 기초 과정이었습니다.

그러면 이제 6장 천지공사 편으로 들어가기 앞서 천지공사 말씀을 쉽고 친근하게 이해할 수 있도록 이제까지 살펴본 주요 내용을 다시 한 번 확인하면서 다음 질문에 대해 구체적으로 답해보기 바랍니다.

◇ 오늘의 시대정신을 13가지로 정의해 보세요. 제1장 3절 참고

◇ 왜 상제님은 당신을 '하느님, 미륵부처, 북두칠성, 대인, 군자, 옥황상제, 천주, 조화주, 천지일월, 참하늘, 산 하늘, 천황' 등으로 말씀하셨나요? 제2장 4절 참고

◇ 왜 우주의 도道는 삼도三道로 펼쳐지나요? 제1장 2절 참고

◇ 종교와 과학과 철학의 역할에 대해 이야기해 보세요. 제1장 1절 참고

◇ 예수, 석가, 공자의 사명과 가르침의 총 결론은 무엇입니까? 제5장 3절 6항 참고

◇ 최수운 대성사와 김일부 대성사, 그리고 진표 대성사가 인류에게 전한 소식은 무엇인지 비교하여 설명해 보세요. 제1장 4절 참고

◇ 지구 1년과 우주 1년에서 생장염장과 그 목적을 정리해 보세요. 제1장 2, 3절 참고

◇ 우주의 두 하늘, 선천과 후천의 자연과 인류 문명의 특성에 대해 비교 설명하세요. 제1장 2절 2항 참고

◇ 천지개벽의 뜻은 무엇이며, 개벽은 왜 일어나는 것일까요? 핵심을 말해 보세요. 제4장 1절 참고

◇ 상제님은 왜 우주의 가을에 인간으로, 강세하셔야 합니까? 그리고 동방의 조선 땅에 오신 이유는 무엇입니까? 제2장 1절 참고

◇ 상제님의 도호(증산)에 담겨 있는 뜻은 무엇입니까? 제2장 2절 참고

◇ 상제님의 삼계대권이란 무엇이며, 주재자 하나님, 서신사명이란 무슨 뜻인가요? 제2장 1, 2절 참고

◇ 인간의 참 모습과 죽음 이후의 세계에 대해 설명해 보세요. 제3장 1, 2절 참고

◇ 황하문명과 특성이 다른 소위 둥뻬이(東北)문화 즉, 신비의 왕국 홍산문화의 특성은 무엇이며 그 주인공은 누구인가요?

◇ 증산도의 종지인 후천개벽, 원시반본, 보은, 해원, 상생의 핵심을 설명해 보세요. 제5장 1, 2절 참고

◇ 진리를 보는 바탕인, 천도와 신도가 역사로 이화되는 진리 구성 원리(이理·신神·사事)에 대해 그 상호관계의 핵심을 간단히 요약해 보세요. 제4장 1절 1, 4항 참고

◇ 마음[心]과 신神과 생명[氣]의 상관관계는 어떠합니까? 제3장 3절 2항 참고

◇ 선천의 자연환경과 인류역사에서 상극과 원한은 왜 일어날까요? 제5장 2절 2항 참고

◇ 상제님께서 최수운 대신사에게 내려 주신 천명은 무엇이며, 그분은 왜 천명을 완수하지 못했습니까? 제1장 4절 4항, 제2장 1절 2항 참고

◇ 동양과 서양의 하느님관과 성령론의 차이는 무엇입니까? 제1장 4절 1항, 제5장 3절 5항 참고

◇ 한민족 9천년 역사의 국통맥의 전개를 정리해보세요.

◇ 신교란 무엇이며, 천상의 조화삼신을 모셔내리는 천신 숭배의 신단 섬김 문화를 환국을 계승해서 동방땅에 내려주신 분은 누구입니까? 이 천신단 모심의 신교문화 전통을 일본왕에 전해준 인물은 누구입니까?

상제님의 천지공사 세계를 제대로 알려면 위 질문에 대한 답을 충분히 설명할 수 있어야 합니다. 무엇보다 확고한 믿음을 갖고 깊이 사색하면서 차근차근 읽어 나가면 성신의 도움을 받아 영적으로 크게 깨치게 될 것입니다.

북두칠성 원형圓形 제단

흑룡강성 쌍압산시에 위치한 북두칠성 제단은 칠성하七星河를 사이에 두고 봉림고성鳳林古城과 마주하고 있다. 봉림고성은 칠성제단과 인접한 옛 성 유적으로 우리 민족과 깊은 관련이 있는 것으로 추정된다. 북두칠성 제단은 원형 3단으로 구성된, 세계에서 가장 큰 북두칠성 제단이다. 7개의 큰 구덩이가 북두칠성을, 또 하나의 큰 구덩이는 북극성을 나타내고 있다.

북두칠성 제단이 보여 주는 3수(3단으로 된 제단)와 7수(7개의 별자리)가 하나 된 모습은 삼신문화의 원형이 칠성문화 속에 깃들어 있고 칠성문화의 본질이 삼신문화라는 것을 잘 나타낸다. 환웅천황께서 웅족과 호족을 3·7일 도수로 수행을 하게 한 것은 광명의 참 인간으로 거듭나게 하는 도통의 비밀 열쇠가 바로 삼신·칠성과 하나 되는 데 있기 때문이다.

흑룡강성 쌍압산시 북두칠성 원형 제단 모형
(중국 중앙TV방송국 제10채널 〈봉림고성 발견기〉, 2010. 3. 3 방영)

칠성하七星河를 사이에 두고 칠성제단과 마주해 있는 봉림고성 유적 | 봉림고성은 성터의 둘레가 약 6.3km에 달하며 9개 구역으로 나뉘어 있다. 제5구역 내에 있는 이 동상은 중국 학계에서 이 지역 건국 신화의 주인공으로 내세우는 읍루왕 목죽림木竹林이다. 그러나 신화 내용의 유사성이나 그가 세운 나라가 후대에 부여(가섭원 부여)를 멸망시켰다는 점 등에서 고주몽 성제로 추정할 수 있는 여지가 많다.

6장

천지공사天地公事

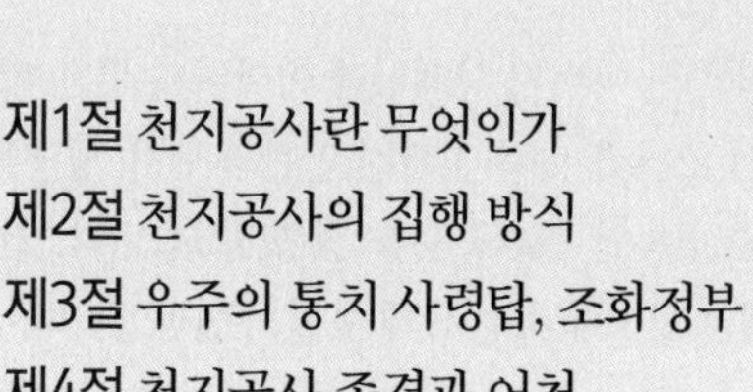

제1절 천지공사란 무엇인가
제2절 천지공사의 집행 방식
제3절 우주의 통치 사령탑, 조화정부
제4절 천지공사 종결과 어천

지금까지 우리가 알아본 상제님의 말씀은 우주 가을철의 향기가 배어 있는 후천 대도문화의 진리 언어입니다. **'천지공사'**라는 말 자체도 천지가 열린 이래 삼계 우주의 대권자이신 증산 상제님께서 처음으로 쓰신 언어입니다.

천지는 인간과 만물을 낳아 기르는 생명의 큰 부모입니다. 하늘 아버지는 생명의 씨를 내려 주고, 땅 어머니는 형체를 만들어 길러 줍니다. 이렇게 생겨난 만유 생명은 하늘땅과 '한마음'으로 살아갑니다. 이처럼 인간과 만유 생명은 한순간도 하늘땅을 벗어나 존재할 수 없습니다. 삶과 죽음은 물론, 인간의 꿈과 이상, 풀리지 않는 세상의 모순, 갈등과 원한까지도 모두 천지 속에서 생겨나 변화해 갑니다. 그러므로 인간 세상의 문제를 바로잡기 위해서는 지나간 역사 과정과 오늘의 현실, 나아가 미래까지도 천지 변화의 틀 속에서 들여다볼 수 있어야 합니다.

인간으로 강세하신 인존 천주님께서는 선천 말대에 이른 천지의 병을 진단하시고, 천지가 새롭게 태어나고 신명과 인간과 만유 생명이 후천 가을의 신천지 속에서 서로 한마음이 되어 성숙한 조화 통일 문명을 건설할 수 있도록 상생의 새 생명 길을 열어 주셨습니다.

이 장에서는 천지의 꿈과 이상을 이루시는 증산 상제님께서 어떤 방식으로 천지와 인류를 구원하시고, 신천지 새 세상을 열어 주시는지 함께 살펴보겠습니다.

제1절 천지공사天地公事란 무엇인가

인간으로 강세하신 아버지 상제님과 어머니 수부님(태모님)께서는 선천 상극의 질서에서 고난과 비겁에 빠진 인간과 만유 생명을 건져내시기 위해 각각 9년과 10년 동안 천지공사를 집행하셨습니다. 천지공사는 천지부모이신 상제님과 태모님께서 친히 행하신 삼계 구원의 법방입니다.

- 삼생의 인연이 있어야 나를 따르리라. (2:78)
- 너희들 공부는 성경신 석 자 공부니라. (8:7)

오직 삼생의 인연이 있는 사람과 순수한 마음으로 일심과 성경신을 다하는 사람만이 조상의 인도하심에 따라 천지부모님이 예비하신 새 하늘과 새 땅을 여는 천지공사에 동참할 수 있습니다.

1. 천지공사의 불가피성

1) 이 시대에 대한 종합 진단

첫째로, 지금 이 시대는 **'자연과 문명의 상극성'**이 극에 이른 때입니다.

선천에는 지축이 기울어진 채 운행함으로써 자연 환경부터 모순과 투쟁을 본질로 하는 상극성을 띠고 있습니다. 그리하여 적자생존, 약육강식의 생존 원리에 따라 상극의 악순환이 이어져 왔습니다.

❋ 선천에는 위무威武를 보배로 삼아 복과 영화를 이 길에서 구하였나니 이것이 상극의 유전이라. (5:412)

❋ 선천에는 상극의 이치가 인간 사물을 맡았으므로 모든 인사가 도의道義에 어그러져서 원한이 맺히고 쌓여 삼계에 넘치매 마침내 살기殺氣가 터져 나와 세상에 모든 참혹한 재앙을 일으키나니 …. (4:16)

상제님 말씀과 같이 선천 세상은 상극의 이치로 말미암아 원과 한이 끝없이 축적되어 왔습니다. 지금 천상의 신명계와 인류 역사 속에 쌓여온 원한이 하늘과 땅에 가득 차 세상에는 온갖 재앙과 참화가 끊임없이 일어나고 있습니다.

둘째로, 지금 이 세계는 수많은 사람들이 물질문화에만 집착하여, 영성을 상실하고 **도의 근원과 단절된 채 살아가는 절박한 상황**에 놓여 있습니다.

오늘날 과학 문명은 상극의 이치 속에서 발전을 거듭하여 눈부신 성과를 거두었습니다. 그러나 비약적인 발전을 이룬 현대 과학 문명은, '물질과 사리에만 정통하여' 오히려 인간으로 하여금 교만과 잔악을 길러 모든 죄악을 꺼림 없이 범하게 하였습니다. 물질문명의 이기를 누리는 현대인들은 천지 만물과 만사의 바탕인 신도神道를 부정하며, 모든 현상 자체가 **'신의 조화**[1]**'**임을 망각한 채 자연을 정복하고 파괴하였습니다. 이로써 신도의 권위가 땅에 떨어지고 인간은 금수와 같은 존재로 전락하였습니다.

셋째로, 이 시대는 분열의 극기에서 통일로 접어드는 우주의 대전환기입니다. 이제 곧 천지의 생명 기운이 **분열 운동을 종결짓고 통일 운동**(무극)**을 시작**하게 됩니다.

이러한 대변국의 상황에서 이마두 대성사님이 선천의 신성神聖과 불타와 보살들을 이끌고 9천의 통일 하늘인 도솔천에 계신 상제님께 간곡히 하소연하여, 마침내 아버

---

1 **신의 조화** | 여기서 신은 만물의 존재 근거가 되는 원신(Primordial God), 즉 '삼신三神'을 말한다. 자연에는 이와 성격을 달리하는, 이러한 신성을 다스리는 인격신(ruling god)이 무수히 존재한다. 이 인격신 가운데 가장 높고 존귀한 지존의 절대자 하느님이 삼신과 일체로 존재하시는 바로 '삼신일체상제님' 이시다.

지 하느님이시며 미륵존불이신 상제님께서 지상에 친히 강세하시게 된 것입니다.

2) 천·지·인 삼계 구원의 길을 여심

선천 세상에 태어나 살아가는 인간은 상극의 법칙에서 벗어날 수 없습니다. 인간은 이러한 상극의 질서 속에서 모순과 자기 한계를 극복하며 역사를 발전시켜 왔습니다.

그런데 "인간 세상에서 하고 싶은 일을 하지 못하면 분통이 터져서 큰 병을 이루나니"(4:32)라고 하신 상제님 말씀과 같이, 인간은 육신의 옷을 입고 있기에 욕구가 좌절되면 울분을 터뜨리고 세상을 저주하며 원한을 품게 됩니다.

선천의 인간은 속은 소인이면서 겉으로 군자인 양 행동합니다(外君子而內小人). 또한 선천 세상은 위엄과 무력, 강권으로 영화榮華를 추구하는 영웅시대이기 때문에 투쟁과 대결 속에서 상극의 원한을 지속적으로 증폭시켜 왔습니다. 상제님께서는 인류 역사에서 '원한의 뿌리'가 되는 단주의 원한에 시대가 흐름에 따라 온갖 원과 한이 덧붙어져 왔다고 말씀하셨습니다.(4:17)

단주 이후 4천여 년 동안 누적된 원한의 살기가 천지 만물을 짜 누르고, 세상에서 '가장 무서운 파괴력'으로 작용하고 있습니다. 인간과 만물을 낳아 길러 온 선천 하늘이 창조의 순수성을 상실한 '묵은 하늘'로 전락하여 죽음의 기운을 내뿜고 있는 것입니다. 이런 절박한 상황에서 인간 교화敎化를 본질로 하는 유·불·선·기독교 등 선천 종교는 세속화되어 인간 구원이라는 본래 목적에서 멀어지고 말았습니다.

이런 말세적인 상황은 니체Friedrich W. Nietzsche에서 비롯된 서구 실존주의 철학자들의 고뇌에서도 적나라하게 드러납니다. 니체는 '묵은 하늘'의 "신은 죽었다."라고 선언하고, 새 시대를 여는 초인超人이 출현하여 세계를 이끌어야 한다고 역설하였습니다.

후천 가을 대개벽기에 삼계를 구원하시기 위해 강세하신 상제님께서는 이 시대를 '천지에 원한이 맺히고 쌓여 삼계에 넘치매 마침내 살기殺氣가 터져 나와 세상에 모든 참혹한 재앙을 일으킴으로써 세상을 폭파하기에 이르렀다'고 진단하셨습니다. 선천 말대를 살아가는 인간은 이러한 원한의 살기로 말미암아 구원받지 못할 존재로 전락하게 됩니다.

하늘과 땅과 만유 생명은 한마음으로 연결된 하나의 생명체입니다. 그래서 상제님은 원한과 살기로 사람을 타락시키고 죽이는 '묵은 하늘'의 질서를 뜯어 고치지 않을 수 없다고 하신 것입니다. 이것이 상제님께서 인간으로 오실 수밖에 없는 역사적 배

경입니다,

“말세의 개벽 세상을 당하여 앞으로 무극대운이 열리나니….”(2:15)라고 하신 상제님 말씀과 같이 이제 천지부모의 생명의 숨결이 분열에서 통일의 과정으로 접어듭니다. 이에 우주 통치자 하느님이신 상제님께서는 인간으로 강세하시어, 죽음의 병독에 깊이 침몰된 삼계가 선천의 병독을 씻어 내고 천지의 원한을 풀어, 원시로 반본하는 무극대운의 천운을 받을 수 있도록 후천 5만 년 신천지 상생의 길을 열어 주신 것입니다.

상제님께서는 “이때는 서신西神이 명을 맡아 만유를 지배하여 뭇 이치를 모아 크게 이루나니 이른바 개벽이라.”(4:21)라고 말씀하셨습니다. 여기서 **‘서신’**은 우주 가을철의 추수 정신을 주재하시는 삼계 우주의 통치자를 의미합니다. 또한 서신은 가을개벽 때 **우주 만유의 명줄을 끊는 천지의 조화신**을 의미하기도 합니다. 우주 여름철에서 가을로 넘어갈 때 이 서신이 대자연과 문명 속으로 강력하게 밀려들어 와 생장을 종결지음으로써 새로운 성숙의 시간대가 열립니다.

지금은 천지 법도의 시간 정신에 따라 서신의 숙살肅殺 기운으로 만물이 말라 떨어지는 **‘천지개벽 시대’**이며, 동시에 **우주의 가을철을 맞아 크게 결실을 이루는 ‘천지성공 시대’**입니다.

❋ 이 때는 천지성공 시대天地成功時代니라. (2:43)

❋ 만물이 가을바람에 혹 말라서 떨어지기도 하고 혹 성숙하기도 함과 같이 참된 자는 큰 열매를 맺어 그 수壽가 길이 창성할 것이요 거짓된 자는 말라 떨어져 길이 멸망할지라. (4:21)

❋ 가을바람이 불면 낙엽이 지면서 열매를 맺는 법이니라. 그러므로 이 때는 생사판단生死判斷을 하는 때니라. (2:44)

지금은 조상과 자손이 원시반본의 이법에 따라 영원히 사느냐, 아니면 길을 못 찾고 영원히 죽느냐 하는 생사존망이 결정되는 때입니다. 후천의 가을 생명으로 거듭나야 하는 부활의 예비 시간인 것입니다. 우주(삼계)의 대변국이 임박한 지금, 인류에게 주어진 이 급박한 과제는 선천 종교의 어떠한 교화나 윤리, 철학으로도 결코 해결할 수 없습니다.

2. 판밖의 남모르는 인류 구원의 비도祕道

상제님께서는 선천 상극의 영웅시대를 끝맺고 후천 상생의 성인 시대를 열어 주시기 위해 ‘판밖의 남모르는 법’으로 천지공사를 집행하셨습니다.

※ 내가 하는 일은 도통한 사람도 모르게 하느니라. 나의 일은 판밖에 있느니라. 무릇 판 안에 드는 법으로 일을 꾸미려면 세상에 들켜서 저해를 받나니 그러므로 판밖에 남모르는 법으로 일을 꾸미는 것이 완전하니라. (2:134)

※ 나의 일은 귀신도 모르나니 오직 나 혼자 아는 일이니라. (5:3)

상제님께서는 상극의 '묵은 하늘'을 상생의 새 하늘로 개벽하시는 당신의 대업을 이렇게 밝혀 주셨습니다.

※ 職者는 醫也요 業者는 統也니
직자 의야 업자 통야
聖之職이요 聖之業이니라
성지직 성지업
천하의 직은 병들어 죽어 가는 삼계를 살리는 일(醫)이요
천하의 업은 삼계문명을 통일하는 일(統)이니라.
성스러운 직이요 성스러운 업이니라. (5:347)

※ 경석이 여쭈기를 "무슨 업을 하십니까?" 하니 웃으며 말씀하시기를 "의원 노릇을 하노라." 하시고…. (3:180)

※ 시속에 어린아이에게 '깨복쟁이'라고 희롱하나니 이는 개벽장開闢長이 날 것을 이름이라. 내가 삼계대권三界大權을 주재主宰하여 천지를 개벽하여 무궁한 선경의 운수를 정하고 조화정부를 열어 재겁災劫에 싸인 신명과 민중을 건지려 하나니…. (4:3)

후천 가을 대개벽을 주재하시는 개벽장이시며 개벽기에 뭇 생명을 살리는 천지 의원이신 증산 상제님은 당신의 직업을 '의통醫統'이라 하셨습니다. 의통은 말 그대로 '온 천하를 살려내어 통일한다'는 뜻입니다.

상제님은 천하를 살려내어 통일하는 당신의 도의 성격을 이렇게 밝혀 주셨습니다.

※ 장차 여기에서 전무지후무지법前無知後無知法이 나오리라. (5:306)

※ 옛적에는 판이 작고 일이 간단하여 한 가지 신통한 재주만 있으면 능히 난국을 바로잡을 수 있었거니와 이제는 판이 워낙 크고 복잡한 시대를 당하여 신통변화와 천지조화가 아니고서는 능히 난국을 바로잡지 못하느니라. 이제 병든 하늘과 땅을 바로잡으려면 모든 법을 합하여 써야 하느니라. (2:21)

묵은 하늘을 바로잡으시는 상제님의 법도는 인류를 근원적으로 구원하는 상생相生의 대도大道이며 예수, 석가, 공자 같은 성자도 전혀 알지 못했던 전대미문의 '무극대도'입니다.

3. 삼계 우주 개조改造 공사: 천지공사의 정의

이제 천지의 계절이 여름에서 가을철로 들어서는 대개벽기에 이르러 천지의 주재자이신 상제님께서는 원한으로 물든 선천 '묵은 하늘'을 뜯어고쳐, 당신님의 이상 세계가 본연의 가을개벽 섭리 위에 실현될 수 있도록 **천·지·인 삼계를 개조改造**하십니다. 그것이 바로 인존 하느님으로서 친히 이 땅에 강세하시어 가을 우주의 새 세상을 여시고 인류사의 꿈과 대이상을 총체적으로 이루어 주신 '천지공사天地公事'입니다.

* 나의 일은 천지를 개벽함이니 곧 천지공사니라.(5:3)
* 현하의 천지대세가 선천은 운運을 다하고 후천의 운이 닥쳐오므로 내가 새 하늘을 개벽하고 인물을 개조하여 선경세계를 이루리니 이 때는 모름지기 새판이 열리는 시대니라. 이제 천지의 가을 운수를 맞아 생명의 문을 다시 짓고 천지의 기틀을 근원으로 되돌려 만방萬方에 새 기운을 돌리리니 이것이 바로 천지공사니라. (3:11)

천지공사는 문자적으로 **'천지 자연과 그 속에서 살아가는 인간과 신명의 문제를 공도로 처결하시는 상제님의 성업聖業'**이란 뜻입니다. 천지天地는 사사로움이 없이 만물 생성의 법칙인 '리理'에 의해서 무위無爲로 변화해갑니다. 이 천지 이법을 근본으로 해서 당신님께서 후천 가을 문명의 새 역사의 운로를 정하신 일이 바로 공사公事입니다. 곧 천지는 자연(無爲, 天道)과 신도神道를 말하고, 공사는 문명 즉 인간의 역사(有爲, 人道)를 말합니다. 따라서 천지공사란 천지 자연과 신명과 인간의 문제를 동시에 끌러내는 상제님의 공적인 일입니다.

삼계 우주의 통치자 하느님이 강세하시어 집행하신 천지공사의 대의는 크게 다음과 같이 정리할 수 있습니다.

첫째, 천지공사는 선천의 병든 천지를 개벽하여 하늘과 땅에 살고 있는 인간과 신명을 건져내는 상제님의 구원 사업입니다.

* 이제 온 천하가 큰 병(大病)이 들었나니 내가 삼계대권을 주재하여 조화造化로써 천지를 개벽하고 불로장생不老長生의 선경仙境을 건설하려 하노라.(2:16)

이제 인류 역사의 틀이 본질적으로 바뀌는 문명의 대전환기인 가을 개벽기를 맞아 삼계 우주의 통치자 하느님께서 인간으로 오시어 선천 우주 즉 닫힌 우주의 상극 운 속에 갇혀 살아온 만유 생명의 원冤과 한恨을 풀어 새 생명의 길을 열어 주셨습니다. 상제님이 9년 동안 집행하신 천지공사는, 선천의 상극 도수에 걸려 폭발할 지경에 이른, 천지 신명과 인간의 원한의 불길을 모두 해소하는 과정입니다. 당신님께서는 그 누구도 해결하지 못한 인간과 신명의 원통함을 끌러 후천 상생의 새 세상을 열어 주시고 비겁에 빠진 인간과 신명을 널리 건져 각기 안정을 누리게 하십니다.

❋ 선천개벽 이래로 상극의 운에 갇혀 살아온 뭇 생명의 원冤과 한恨을 풀어 주시고 후천 오만년 지상 선경세계를 세워 온 인류를 생명의 길로 인도하시니 이것이 곧 인존상제님으로서 9년 동안 동방의 조선땅에서 집행하신 천지공사天地公事라. (5:1)

❋ 내가 혼란키 짝이 없는 말대末代의 천지를 뜯어고쳐 새 세상을 열고 비겁否劫에 빠진 인간과 신명을 널리 건져 각기 안정을 누리게 하리니 이것이 곧 **천지개벽天地開闢**이라. (2:42)

상제님의 천지공사 세계를 제대로 이해하려면 천지의 생명 세계를 체험하고 천지의 이법을 제대로 깨쳐야 합니다. '천지개벽天地開闢'이란 선·후천의 시공이 전환하는 우주의 대변혁을 의미합니다. 그런데 상제님이 위에서 말씀하신 천지개벽은 하늘땅의 질서를 근본적으로 바로잡아 천지의 궁극 이상을 실현하고 신명과 인간을 동시에 구원하는 '천지공사'를 뜻합니다.

둘째, 천지공사는 상제님이 하늘과 땅, 즉 인간 세계와 신명 세계의 질서를 바로잡아 신천지 새 역사의 시간표, 이정표를 짜신 일입니다. 천지의 조화주 하느님이신 상제님께서 천상의 조상과 지상의 자손이 하나 되어 살아가는 후천 조화선경 세계를 만드시기 위해 신명과 인간의 뜻을 모아 새 역사의 이정표를 짜 놓으셨습니다.

상제님께서는 상극의 선천 세상을 정리하고 구원하시기 위해 먼저 천지 신명과, 대자연 속에 깃든 자연신들까지 모두 통합하시어 신명계를 통일하시고 '천상 조화정부造化政府'를 결성하셨습니다. 상제님이 조화정부의 천지 신명과 더불어 짜신 새 역사의 이정표인 천지공사는 세운世運과 도운道運으로 대별됩니다.

❋ 상제님께서 만고원신萬古冤神과 만고역신萬古逆神, 세계문명신世界文明神과 세계지방신世界地方神, 만성선령신萬姓先靈神 등을 불러모아 신명정부神明政府를 건설하시고 앞세상의 역사가 나아갈 이정표를 세우심으로써 상제님의 대이상이 도운道運과 세운世運으로 전개되어 우주촌의 선경낙원仙境樂園이 건설되도록 물샐틈없이 판을 짜 놓으시니라. (5:1)

지금 이 세상의 역사는 상제님이 집행하신 9년 천지공사 그대로 움직여 갑니다.

셋째, 천지공사는 삼계 우주의 통치자이신 상제님께서 천지의 질서를 근본으로 인간과 신명의 역사를 공도적으로 심판하신 일입니다. 상제님은 당신의 성도들과 천지신명의 공의를 들으시며 하늘도 뜯어고치고 땅도 뜯어고쳐 물샐틈없이 도수를 굳게 짜놓으심으로써 선천 세상을 공판하셨습니다.

❋ 이제 하늘도 뜯어고치고 땅도 뜯어고쳐 물샐틈없이 도수를 굳게 짜 놓았으니 제 한도限度에 돌아 닿는 대로 새 기틀이 열리리라. (5:416)

❋ 내가 하늘과 땅을 뜯어고쳐 후천을 개벽하고 천하의 선악善惡을 심판하여 후천 선경의 무량대운無量大運을 열려 하나니 … 천지신명이 나의 명을 받들어 가을 운의 대의大義로써 불의를 숙청하고 의로운 사람을 은밀히 도와주나니 (2:43)

❋ 이 때는 신명시대神明時代라. 삼가 죄罪를 짓지 말라. 새 기운이 돌 때에 신명들이 불칼을 번뜩이며 죄지은 것을 내놓으라 할 때에는 정신을 놓으리라. (7:26)

삼계 우주를 개조하신 천지공사는 선천 종교에서 전혀 생각조차 못했던 인간과 세상에 대한 궁극의 최종 진단이자, 선천 세상의 문제를 모두 끌러내는 새 천지의 해결 법방입니다. 상제님께서는 천지공사의 최종 목적에 대해 다음과 같이 말씀하셨습니다.

❋ 내가 신명을 조화調和하여 만고의 원을 끄르고 상생의 도로써 조화도장造化道場을 열어 '만고에 없는 선경세계'를 세우고자 하노라. (2:24)

❋ 내가 이제 후천을 개벽하고 상생의 운을 열어 선善으로 살아가는 세상을 만들리라. 만국이 상생하고 남녀가 상생하고 윗사람과 아랫사람이 서로 화합하고 분수에 따라 자기의 도리에 충실하여 모든 덕이 근원으로 돌아가리니 대인대의大仁大義의 세상이니라. (2:18)

❋ 후천 선경세계는 가가도장家家道場이요, 인신합덕人神合德으로 인인人人이 성신聖神 되어 만백성이 성숙하고 불로장생하는 무궁한 조화낙원이라. (7:1)

상제님께서 천지공사로써 예정하신 **후천선경**은 우주가 한 집안 문명권으로 통일되는 **조화와 상생의 세상**이요, **물질 문명과 정신 문명이 합일**되어 인류의 꿈과 이상이 이루어지는 만사여의萬事如意의 세상입니다.

기성 종교에서 그토록 부르짖던 대동 세계, 극락정토, 태청 세계, 지상 천국은 상제님께서 천지공사를 통해 열어 주시는, 후천에 펼쳐질 지상 조화선경 세계를 두고 한 말입니다.

이렇듯 상제님께서 인간과 신명의 원억寃抑을 풀고 선천 상극의 묵은 질서를 뜯어고쳐 새롭게 열어 주시는 후천 선경 세계는 **천지공사의 최종 결실**이요, **5만 년 선천 봄 여름 세상이 걸어 온 인류 역사의 최종 목적지**입니다.

제2절 천지공사의 집행 방식
: 후천 지상선경을 건설하는 지구 통일문명 구축의 법방

삼계 우주 개벽의 궁극 목적은 바로 지상에 천지의 이상을 실현하는 것입니다. 이제 선천을 마무리 짓는 가을개벽이 끝나면 우주는 10천天으로 펼쳐지고, 지구는 그 열째 하늘로 새롭게 열려 신명과 인간이 하나의 문명권을 이루며 살아가게 됩니다.

상제님께서는 지구에 성숙과 통일의 생명(무극)으로 가득한 삼계 통일의 낙원이 펼쳐질 수 있도록 천지공사라는 새 역사의 이정표를 세우셨습니다. 그러면 당신님께서는 어떤 법의法儀로 천지공사를 집행하셨을까요? 상제님이 보신 천지공사의 집행 방식은 다음과 같습니다.

1. 모든 법을 합하여 쓰심
2. 우주 원리에 맞추어 공사를 행하심
3. 천명天命과 말씀으로 집행하심
4. 신교의 신도神道를 바탕으로 공사를 집행하심
5. 인간과 신명의 공의公義를 수렴하심
6. 선천의 역사와 인물을 새 역사 창조의 바탕으로 쓰심
7. 가을 우주의 상생의 질서가 열리도록 하심

1. 모든 법을 합하여 쓰심

많은 사람들이 종종 이렇게 묻습니다.

"증산도에는 유교도 들어 있고, 불교적인 면도 있고, 또 기독교적인 느낌도 있고, 샤머니즘과 애니미즘의 향취도 있는 것 같습니다. 또 미래의 과학 문명과 천지를 개벽한다는 어마어마한 역易 철학의 우주관도 깔려 있으니, 도대체 정체가 무엇입니까?"

이 물음에 대한 해답이 상제님의 다음 말씀에 들어 있습니다.

❋ 지난 임진왜란에 정란靖亂의 책임을 '최 풍헌崔風憲이 맡았으면 사흘 일에 지나지 못하고 진묵震默이 맡았으면 석 달을 넘기지 않고 송구봉宋龜峯이 맡았으면 여덟 달 만에 끌렀으리라.' 하니 이는 선도와 불도와 유도의 법술法術이 서로 다름을 이름이라. 옛적에는 판이 작고 일이 간단하여 한 가지만 따로 쓸지라도 능히 난국을 바로잡을 수 있었으나 이제는 판이 넓고 일이 복잡하므로 모든 법을 합하여 쓰지 않고는 능히 혼란을 바로잡지 못하느니라. (4:7)

최 풍헌(?~?)[2]은 조선 선조 때에 전남 고흥에 살던 선술을 통한 도인입니다. 진묵(1562~1638)은 불도를 통한 대성사이고, 송구봉(1534~1599)은 유도를 통한 군자입니다. 이 세 분은 모두 임진왜란 당시에 살았던 인물입니다. 상제님께서는 선도, 불도, 유도의 법술이 서로 다름을 지적하시고, 이제는 **모든 법을 합하여 써야** 한다고 말씀하셨습니다. 이것이 바로 가을 조화 문명의 **관왕冠旺 도수**입니다. 관왕 도수란 유·불·선을 통합하여 **후천의 성숙한 통일 문명을 내는 도수**를 말합니다.

❀ 하루는 상제님께서 공사를 보시며 글을 쓰시니 이러하니라.

佛之形體요 仙之造化요 儒之凡節이니라
불지형체 선지조화 유지범절
불도는 형체를 주장하고 선도는 조화를 주장하고
유도는 범절을 주장하느니라.

受天地之虛無하여 仙之胞胎하고
수천지지허무 선지포태
受天地之寂滅하여 佛之養生하고
수천지지적멸 불지양생
受天地之以詔하여 儒之浴帶하고
수천지지이조 유지욕대
천지의 허무(無極)한 기운을 받아 선도가 포태하고
천지의 적멸(太極의 空)한 기운을 받아 불도가 양생하고
천지의 이조(皇極)하는 기운을 받아 유도가 욕대하니

冠旺은 兜率 虛無寂滅以詔이니라
관왕 도솔 허무적멸이조
이제 (인류사가 맞이한) 성숙의 관왕冠旺 도수는
도솔천의 천주가 허무(仙) 적멸(佛) 이조(儒)를 모두 통솔하느니라.
상제님께서 말씀하시기를 "모든 술수術數는 내가 쓰기 위하여 내놓은 것이니라." 하시니라. (2:150)

상제님께서는 후천의 인존 시대를 여시기 위해 직접 인간으로 강세하시어 유·불·선의 이상을 성취하셨습니다. '묵은 하늘'의 도덕 질서를 개조하시어 완성된 인간인 대인군자로 사는 유도의 이상을 실현하시고(유지범절儒之凡節), 미륵불로 출세하여 천지를 개벽하심으로써 용화낙원의 이상 세계를 지향하는 불도를 완성하셨습니다(불지형체佛之形體). 그리고 삼계대권을 주재하시는 하느님(옥황상제)으로서 모든 일을 뜻대로 행하시어(선지조화仙之造化) 선도 조화의 극치를 보여 주셨습니다. 증산 상제님의

---

2 **최 풍헌** | 최 풍헌은 조선 중기 전라도 고흥 사람으로 해동의 선맥을 이은 도인이다. 그의 이름은 전해지지 않는다. 풍헌은 조선 시대 지방 수령을 보좌하던 향소의 직책이다.

도는 선천 종교(유·불·선·기독교)의 진수뿐만 아니라 과학과 철학을 비롯한 **동서 인류 문화를 원시반본시켜 통일하는 후천의 무극대도無極大道**입니다.

※ 나의 도道는 사불비불似佛非佛이요, 사선비선似仙非仙이요, 사유비유似儒非儒니라. 내가 유불선 기운을 쏙 뽑아서 선仙에 붙여 놓았느니라. (4:8)

※ 옛적에는 판이 작고 일이 간단하여 한 가지 신통한 재주만 있으면 능히 난국을 바로잡을 수 있었거니와 이제는 판이 워낙 크고 복잡한 시대를 당하여 신통변화와 천지조화가 아니고서는 능히 난국을 바로잡지 못하느니라. 이제 병든 하늘과 땅을 바로잡으려면 모든 법을 합하여 써야 하느니라. (2:21)

상제님께서는 이처럼 모든 법을 포용하는 후천 가을 우주의 무극대도로써 새 세상을 열어 놓으셨습니다. 천지공사를 명확히 이해하기 위해서는 상제님의 마음과 하나 되어 인류의 뿌리(원형) 문화인 신교와 유·불·선·기독교(제2의 종교문화, 줄기 문화), 그리고 역 철학과 과학 등을 종합적으로 볼 수 있는 안목이 있어야 합니다(제5장의 '선천 종교와 과학과 역 철학의 일원화' 참고). 이 때문에 세상 사람들이 증산도의 진면목을 제대로 알기 어렵습니다.

상제님의 도호인 증산甑山에서, 증甑(시루, 솥)이란 미성숙한 선천 문화를 찌고 익혀서 완성한다는 의미입니다. 주장춘의 비결에 나오는 '도출어오道出於熬'라는 말 그대로 상제님께서 성숙한 후천의 **오도熬道의 진리**를 열어 주신 것입니다.

"모든 술수術數는 내가 쓰기 위하여 내놓은 것이니라."(2:150) 하신 상제님의 말씀처럼 가을철에 결실하시기 위해 씨 뿌리신 선천 시대의 종교·과학·철학 등 모든 동서 문화는, 후천 통일의 운을 맞아 10무극(未)의 대도 세계로 원시반본하게 됩니다(10무극은 시원문화인 신교의 선仙을 나타냄). 그리하여 상제님 진리의 푯대인 천지공사에 선천 문화의 정수가 모두 녹아들어 후천 선도로 재창조됩니다. 앞으로 유·불·선의 열매인 무극대도의 조화 선仙 문명 시대가 지상에 펼쳐지게 됩니다.

2. 우주 원리에 맞추어 공사를 행하심

※ 나는 생장염장生長斂藏 사의四義를 쓰나니 이것이 곧 무위이화無爲以化니라. (2:20)

우주는 생·장·염·장이라는 네 가지 시간 정신에 의해 돌아가고 변화합니다. 상제님께서는 천지의 신명과 인간과 뭇 생명을 구원하는 천지공사를 우주의 변화 이법에 따라 집행하셨습니다.

※ 이제 하늘도 뜯어고치고 땅도 뜯어고쳐 물샐틈없이 도수를 굳게 짜 놓았으니

제 한도限度에 돌아 닿는 대로 새 기틀이 열리리라. (5:416)

이 성구에서 천지를 '뜯어고친다'고 하신 상제님 말씀의 뜻을 분명하게 이해해야 합니다.

기독교 사상에도 조예가 깊은 한 불교 신도가 수일간 상제님 진리를 듣고 나서 이런 질문을 한 적이 있습니다. '증산 상제님이 아버지 하느님으로서 하늘과 땅을 뜯어고치셨다면 천지개벽 같은 우주의 대변국을 뒤로 미루거나 앞당길 수도 있지 않느냐? 또 아니면 영원히 없애버릴 수도 있는 것 아니냐?' 하고 말입니다. 이것은 천지공사의 의미와 천지 만물의 이치, 그리고 상제님이 주관하시는 선·후천의 개벽 이치를 전혀 이해하지 못했기 때문에 나온 질문입니다.

상제님이 밝혀 주신 공사의 규범에 관한 다음 말씀을 읽고 잘 생각해 보기 바랍니다.

❋ 인사人事는 기회機會가 있고 천리天理는 도수度數가 있나니, 그 기회를 지으며 도수를 짜 내는 것이 공사의 규범이라. (2:74)

❋ 천지에서 위해야 날이 닥치고 시간이 되어야 날이 닥치느니라. 아무리 배가 고파도 풋나락은 못 먹는 법이니라. 아기가 열 달을 별러 나오는 것과 같이 때가 되어야 천지개벽이 되느니라. (7:3)

"천지개벽도 음양이 사시로 순환하는 이치를 따라 이루어지는 것이니" (2:20)라고 하신 말씀과 같이 상제님께서는 **천지생명의 순환 원리(우주정신)에 바탕**을 두고 삼계 역사의 기틀과 대세를 정해 놓으셨습니다. 그러므로 우주의 근본 원리를 알지 못하면 증산도 진리의 핵심을 바르게 이해할 수 없습니다.

3. 천명天命과 말씀으로 집행하심

많은 사람들이 이렇게 질문합니다. '어떻게 말로써 후천 5만 년의 역사를 정해 놓을 수가 있습니까? 강증산이란 분의 말씀도 옛 성인의 예언과 같은 것이 아닙니까? 과거에 성인들도 그러한 기적을 행하지 않았습니까?'라고 말입니다. 이러한 의문에 대한 답이 상제님의 다음 말씀에 명백하게 드러나 있습니다.

❋ 나는 예언자豫言者가 아니로다. 나의 일은 세상 운수를 미리 말함이 아니요, 오직 천지공사의 도수로 정하여 내가 처음 짓는 일이니라. (3:227)

❋ 나는 동정어묵動靜語默 하나라도 천지공사가 아님이 없고 잠시도 한가한 겨를이 없어 바쁜 줄을 세상 사람들은 모르느니라. (3:18)

상제님은 천지와 만물의 생사화복을 다스리시는 대우주의 주재자요 천지의 주권자이십니다. 천지 주권자이신 상제님의 말씀은 생명과 진리의 근원이요, 자연과 인간과 신도에 내려지는 천명입니다. 상제님은 천지일월의 자연계는 물론 인간과 신명 세계에 천명을 내려 말씀으로 천지공사를 집행하십니다. 우리가 살고 있는 현실 세계는 우주 역사를 주재하시는 증산 상제님의 말씀과 천명이 신도를 통해 실현되는 중심 무대입니다.

※ 나의 말은 약이라. 말로써 사람의 마음을 위안도 하며 말로써 병든 자를 일으키기도 하며 말로써 죄에 걸린 자를 끄르기도 하나니 이는 나의 말이 곧 약인 까닭이니라.… 나의 말을 잘 믿을지어다. 나의 말은 구천九天에 사무쳐 잠시도 땅에 떨어지지 아니하나니 부절符節과 같이 합하느니라 …

天地化權도 一由舌門이라
천 지 화 권　일 유 설 문
천지화권도 한결같이 혀로 말미암느니라. (2:93)

그렇다면 상제님은 어떻게 말씀으로 선천 상극의 이치를 개조하여 새 세상의 운수를 정하실 수 있는 것일까요? 현대 과학에서는 이 신비로운 의문에 대해 해답을 제공할 수 있을까요?

천지에 존재하는 **모든 생명과 창조 작용의 근원**은 **'마음(心)'**입니다. 상제님께서는 '말은 마음의 소리'(3:97)라 하셨습니다. **하느님의 마음의 소리인 말씀은 '천지의 뜻과 생각'을 실은 상념想念의 파동**입니다. 고요한 호수에 나뭇잎이 떨어지면 파문이 일어나듯이 마음에 한 생각이 일어남으로써 우주 변화의 수레바퀴가 굴러가기 시작합니다. 말씀(로고스), 즉 하늘의 뜻과 생각을 실은 상념의 파동이 진동수를 증가시킴에 따라 차츰 빛(光)으로, 색色으로, 물질(形)로 변화하게 되는 것입니다.

그런데 놀랍게도 현대 과학자들도 태초의 빛을 '물질을 창조하는 가장 근원적인 에너지'라 말합니다. 빛이 근원적인 에너지로 존재하고 이 빛을 바탕으로 하여 만물이 생겨났다는 것입니다.

천지 만물은 근본적으로 **파동성**을 갖고 있습니다. 그런데 자연은 태극의 상대성 원리에 따라 파동과 입자라는 두 가지 성질을 동시에 지님으로써 존재할 수 있습니다. 아인슈타인이 밝혔듯이 빛 그 자체는 광자光子(Photon)라는 소립자로 이루어져 있어서 입자와 파동의 양면성을 갖고 있습니다. 이 빛의 진동수가 바뀌면 에너지에 질적 변화가 생기면서 온갖 조화와 변화가 일어나기 시작합니다. 이 빛의 파동(진동) 밀도가 높아져서 물질화가 진행되면 먼저 우리 눈으로 볼 수 있는 색으로 드러납니다. 색色의 파동이 더 진행되어 오묘한 조화로 결합되면 물질로 화하여 광대무변한 아름다운 우주가 탄생하는 것입니다.

이러한 이치로 '동서남북에서 욱여들어 이루어진 천지'(11:229)가 일월을 창조합니다. 일월은 광명을 발하며 천지를 대행합니다. 일월은 또 일심으로 순환을 계속하면서 만물을 낳고 길러 천지 대자연의 생명을 새롭게 합니다.

❋ 帶道日月旺聖靈이로다
대 도 일 월 왕 성 령
변화의 도道를 그려 가는 일월이 성령을 왕성케 하는구나. (2:143)

상제님은 만물의 형상 속에 깃들어 있는 천지생명의 혼(氣, 靈)과 마음이 창조되는 모습을 다음과 같이 말씀해 주셨습니다.

❋ 文則天文이니 文有色하고 色有氣하고 氣有靈하니라
문 즉 천 문 　 문 유 색 　 색 유 기 　 기 유 령
氣靈不昧하여 以具衆理而應万事라
기 령 불 매 　 이 구 중 리 이 응 만 사
문文은 곧 천문이니
문에는 색色이 있고 색에는 기氣가 있고 기에는 영靈이 있느니라.
기의 신령함(기 속의 영)은 어둡지 않아 모든 이치를 갖추어 만사에 응하느니라. (8:25)

증산 상제님은 천지인 삼계를 주재하여 다스리시는 우주 통치자 하느님이십니다. 천지에서 만물을 창조하는 근본 자리가 바로 상제님의 마음자리입니다. 당신님은 천지 팔방위의 중심이 마음이라 하셨습니다. 일심으로 만물과 통정通情하시는 상제님께서는 천지 만물의 변화에 임하여 만사萬事를 조화造化로 다스리십니다. **만유 생명이 모두 상제님의 마음자리에 하나로 연결**되어 있는 것입니다. 그러므로 상제님께서 들려주신 **말씀이 생명의 성약聖藥**이요, **천지 법도의 근원**이며, 우주의 전 공간(九天)에 울려 퍼지는 **새 역사 창조의 성음聖音**입니다. 이처럼 상제님의 말씀은 옛 성인의 가르침이나 조화와는 그 차원이 전혀 다른 창조의 새 기틀인 것입니다.

❋ 대인의 말은 천지에 쩡쩡 울려 나가나니 오늘의 이 다짐은 털끝만큼도 어김이 없으리라. (6:37)

❋ 나의 말은 구천九天에 사무쳐 잠시도 땅에 떨어지지 아니하나니 부절符節과 같이 합하느니라. (2:93)

상제님께서 하신 말씀은 천지에 울려 나가 천지 만물과 생명의 근원이 됩니다. 그 생생한 실례를 다음 말씀에서도 명백히 확인할 수 있습니다.

❋ 무신(戊申: 道紀 38, 1908)년 2월에 성도들을 데리고 어디를 가실 때 보리밭 가를

지나시는데 성도들이 서로 말하기를 "이 세상에 빈부의 차별로 인하여 곡식 중에 오직 먹기 어려운 보리가 빈민의 양식이 되어 먹을 때에 항상 괴로움을 느끼니, 보리를 없애 버려야 먹는 데 차별이 없이 일치하리라." 하거늘 상제님께서 들으시고 말씀하시기를 "너희들의 말이 유리有理하니 보리를 없애 버리자." 하시고 부符를 그려 불사르시더니 4월에 크게 가물어 보리가 다 말라 죽으매 농민들이 크게 소동하니라. 이에 성도들이 이 일을 아뢰며 "이제 만일 보리 흉년이 들면 굶어 죽는 자가 많을 것입니다." 하거늘 상제님께서 꾸짖어 말씀하시기를 "전에는 너희들이 '보리를 없애 버림이 옳다.' 하고는 이제 다시 보리 흉년을 호소하느냐! 나의 일은 비록 농담 한마디라도 도수에 박혀 천지에 울려 나가나니 이 뒤로는 모든 일에 실없는 말을 삼가라." 하시니라. 이어 전주 용머리고개에 가시어 김낙범金洛範에게 "거친 보리밥 한 그릇과 된장국 한 사발을 가져오라." 하시고 "궁민의 음식이 이러하리라." 하시며 된장국에 밥을 말아서 다 드시니 문득 검은 구름이 일며 비가 내리거늘 보리가 다시 생기를 얻어 풍작을 이루니라. (4:95)

4. 신도神道를 바탕으로 공사를 집행하심

상제님께서는 신도를 바탕으로 천지공사를 집행하셨습니다.

증산도 진리는 하늘사람인 신명과 지상의 인간을 함께 구원하는 '신인상생神人相生의 대도大道 진리'입니다. 상제님은 크고 작은 일을 막론하고 만사를 신도로써 해결해야 한다고 하셨습니다. 그 이유는 성신이 응함으로써만 세상만사가 이루어지기 때문입니다.

※ 천지개벽을 해도 신명 없이는 안 되나니, 신명이 들어야 무슨 일이든지 되느니라. (2:44)

※ 크고 작은 일을 물론하고 신도神道로써 다스리면 현묘불측玄妙不測한 공을 거두나니 이것이 무위이화無爲以化니라. (4:5)

상제님은 인간과 성신의 조화로 세상을 구원하는 신인합발의 법도에 따라 모든 일을 신도로써 행하셨습니다. 신과 인간은 창조주와 피조물로 대립하는 존재가 아닙니다. 신이 육화肉化한 존재가 바로 인간입니다. 저 하늘과 땅에 가득 찬 무한히 많은 성신과 조화를 이루고 일체가 될 때(신인합일), 인간은 참다운 삶을 영위할 수 있습니다.

※ 공사를 행하실 때에는 반드시 술과 고기를 장만하여 여러 사람들과 함께 잡수시며, 때로는 식혜食醯를 만들어 성도들과 더불어 잡수시니라. (4:67)

상제님은 성신을 역사시켜 앉은뱅이와 불치병 환자를 치유하고, 죽은 자를 살리시는 숱한 기적을 행하셨습니다. 이 성구 말씀과 같이 공사를 보실 때는 반드시 술과 고기를 장만하여 여러 사람과 함께 잡수셨는데 이는 공사에 수종 든 신명을 대접하기 위함이었습니다. 사람이 먹는 것에 따라 신명이 감응하기 때문입니다. 상제님께서 이처럼 신명과 더불어 모든 천지공사를 집행하셨기 때문에 세속 사람들에게는 당신님의 천지공사가 단지 믿기 어려운 기행과 이적으로만 여겨지는 것입니다.

상제님께서 을사(1905)년 정월 그믐날에 김형렬 성도와 부안 변산에 가시어 수일간 머무르시며 공사를 보실 때 있었던 일입니다. 신원일 성도가 부친의 고기잡이가 잘되게 해 달라고 상제님께 소원을 빌자, 당신님은 천지 신명에게 사례금을 바치겠다는 원일 부자의 약속을 받고 승낙해 주셨습니다. 그런데 그해에 고기잡이로 큰돈을 벌었는데도 원일이 언약을 어기자 그 불의를 꾸짖으시며 다음과 같이 말씀하셨습니다.

> ❋ 내 일은 모든 것을 신명과 더불어 작정하는 것이므로 한 가지도 사사로이 못하나니 신명의 노여움을 사고서 무슨 일을 계속할 수 있겠느냐. 이 뒤로는 네 아비의 고기잡이가 철폐되리라. (3:118)

우리는 상제님의 다음 말씀을 통해서 신도 세계의 엄정한 법도를 엿볼 수 있습니다.

> ❋ 귀신鬼神은 천리天理의 지극함이니, 공사를 행할 때에는 반드시 귀신과 더불어 판단하노라. (4:67)

우리 정신문화의 고향은 환인천제와 환웅천황과 단군왕검 시절에 받들던 인류 시원의 원형 종교인 신교神敎(신도)입니다. 동방 배달 겨레는 9천여 년 동안 천지 우주의 주권자이신 상제님과 열성조列聖祖와 모든 조상신을 함께 섬기는 신교(일원적 다신관)를 받들어 왔습니다. 동방 배달 민족의 천제 의식儀式은 인간이 하늘과 땅, 천지부모와 한 마음으로 살겠다는 맹세요 상제님과 천지 신명에 대한 감사와 은혜의 대축전이었습니다. 이와 함께 민간에서는 병들고 원 맺힌 자를 풀어 주는 해원 의식儀式을 행해 왔습니다.

신교는 한민족의 신명 정서가 깃든 **영원한 생명의 조화 바람**(風流)**이며, 유·불·선의 모체**입니다. 동서양 문화의 원형이요 뿌리인 풍류 신도(風流道)에는 성신聖神과 속신俗神의 애절한 속삭임이 서려 있고, 아울러 원한 맺힌 하늘사람(寃神)을 해원시키는 무속巫俗의 강한 리듬이 응결되어 있습니다.

증산 상제님은 우리 민족의 삶과 심성과 풍토 속에 천성처럼 깊이 뿌리내린 풍류 신도의 무속의 선율을, 병든 하늘과 땅을 해원시키는 천지굿의 장엄한 성스러운 의식으로 승화하여 풀어 쓰셨습니다.

※ 여섯 살 되시는 병자(丙子: 道紀 6, 1876)년에 풍물굿을 보시고 문득 혜각慧覺이 열려 장성한 뒤에도 다른 굿은 구경치 않으시나 풍물굿은 자주 구경하시니라. (1:19)

※ 대흥리에서 공사를 행하실 때 하루는 "유생儒生들을 부르라." 하시어 경석의 집 두 칸 장방에 가득 앉히시고 재인才人 여섯 명을 불러오게 하시어 풍악을 연주하게 하시니라. 이어 "수부 나오라 해라." 하시니 수부님께서 춤을 우쭐우쭐 추며 나오시는지라 상제님께서 친히 장고를 치시며 말씀하시기를 "이것이 천지굿이라. 나는 천하 일등 재인才人이요, 너는 천하 일등 무당巫堂이니 우리 굿 한 석 해 보세. 이 당黨 저 당黨 다 버리고 무당 집에 가서 빌어야 살리라." 하시고 장고를 두둥 울리실 때 수부님께서 장단에 맞춰 노래하시니 이러하니라. 세상 나온 굿 한 석에 세계 원한 다 끄르고 세계 해원 다 된다네. 상제님께서 칭찬하시고 장고를 끌러 수부님께 주시며 "그대가 굿 한 석 하였으니 나도 굿 한 석 해 보세." 하시거늘 수부님께서 장고를 받아 메시고 두둥둥 울리시니 상제님께서 소리 높여 노래하시기를 "단주수명丹朱受命이라. 단주를 머리로 하여 세계 원한 다 끄르니 세계 해원 다 되었다네." 하시고 수부님께 일등 무당 도수를 붙이시니라. (6:93)

이 말씀의 내용을 예사로 보아 넘기면 천지공사의 진면목을 결코 알 수 없습니다. 진리는 뼈아픈 고통과 시련을 넘어 영적 체험을 거듭해야만 비로소 자기 것이 될 수 있습니다. 인류 시원 문명 시대부터 행해진 **무속의 해원굿**은 영혼 깊은 곳에 맺혀 응어리진 정한情恨의 원기를 시원스럽고 강렬한 선율로 흩뜨려 **원혼을 달래 주는 신비로운 치유 법방**입니다. 그러나 유·불·선·기독교의 외래 종교가 유입되는 과정에서 한민족의 뿌리 역사가 송두리째 단절되고, 삼신상제님을 신앙한 뿌리 원형 종교인 동방의 신교가 왜곡·부정되면서 신교의 해원 의식儀式이 미신이나 저급한 종교 행위로 여겨져 왔습니다. 천지에 가득 찬 신과 교감하며 역사를 개척한, 일원적 다신관을 바탕으로 하는 신교문화는 동북아 한민족뿐만 아니라 인류 시원문화의 원형입니다. 이 신교가 잊혀지고 왜곡, 말살되면서 서양 제국주의자들에 의해 정통 신교의 잔재가 샤머니즘shamanism[3]이나 애니미즘animism[4]으로 폄하된 것입니다.

---

3 **샤머니즘** | 주술, 종교적 직능자인 샤먼(무당)이 신명과 직접 접촉하고 교섭하는 종교 현상을 일컫는다. 독일의 칼바이트Holger Kalweit에 의하면 태고시대에는 '화이트 샤먼white shaman'이라 불리는 초자연적 신성을 가진 시원 무당, 대광명의 무巫가 있었다고 한다. 광명을 가로막는 일체의 삿된 기운을 제어하고 하늘과 바다, 지하 세계를 자유롭게 오르내리는 조화의 신성을 지닌 존재로서 이들은 인류의 큰 스승이었다. 이 광명의 무가 사라지고 샤먼은 세속 무, 블랙 샤먼black shaman으로 속화되었다.

4 **애니미즘** | 애니미즘이라는 말은 라틴어 '아니마anima(영혼)'에서 온 말이다. 애니미즘은 영혼에 대한

우주 통치자이신 삼신상제님을 중심으로 모든 조상신, 자연과 만물 속에 깃든 신까지도 교감하고 신도를 체험한 신교는 샤머니즘의 원형입니다. 상제님께서는 신교의 신도를 바탕으로 천지공사의 의례와 법술을 집행하시고 신교문화의 전통을 계승한 소중한 문화 자산인 해원의 의식儀式을 천지공사에 살려 쓰셨습니다. 증산 상제님께서는 당신이 이 병든 천지의 해원굿을 주도하는 천하 일등 재인이요 삼계의 원한을 풀어 주시는 해원신解寃神이며, 수부님은 상제님의 대도를 이어 받아 신명과 인간의 원한을 끌러 주는 천하 일등 무당이라 하셨습니다.

❋ 全州銅谷解寃神 (4:67)
전 주 동 곡 해 원 신

❋ 이제 예로부터 쌓여 온 원寃을 풀어 그로부터 생긴 모든 불상사를 소멸하여야 영원한 화평을 이루리로다. (4:16)

인간으로 오신 상제님은 천지(우주)의 뜻을 이루시는 하느님이십니다. 상제님은 해원신이 되시어 천지공사의 모든 과정을 **'신교의 신도神道 의식'으로 집행**하셨습니다. 원시반본의 섭리에 따라 무속의 해원굿을 창조적으로 승화시키신 것입니다. 상제님은 이 **천지공사**에 대해 다음과 같이 말씀하셨습니다.

❋ 내가 이제 신도를 조화調和하여 조화정부造化政府를 열고 모든 일을 도의道義에 맞추어 무궁한 선경의 운수를 정하리니 제 도수에 돌아 닿는 대로 새 기틀이 열리리라. (4:5)

이 말씀에서 **'도수'**[5]란, 상제님이 신도로 짜 놓으신 **신도**(신명계)**와 인간계의 천지 운로의 이정표이자 역사 전개의 시간표**라 할 수 있습니다. 이것은 상제님께서 '후천 5만년 지상 선경낙원'이라는 인류 문명의 미래상을 예정해 놓으시고, 그 과정을 우주의 혼에 새겨 넣은 천지의 필름과도 같은 것입니다. 지상에 펼쳐지는 세계사의 온갖 사건은 이 필름이 시간의 파도를 타고 돌아가면서 현실 세계에 그대로 투영되어 일어납

관념을 인간 이외의 여러 존재에도 인정하고, 그들과 밀접하게 관계를 맺으려는 종교적 행위를 말한다. 물신숭배物神崇拜, 영혼신앙靈魂信仰 또는 만유정령설萬有精靈說이라고도 한다. 영국의 인류학자 E. B. 타일러가 이 말을 처음 사용하였는데, 종교의 기원을 설명하는 동시에, 나아가 종교의 근본원리가 되었다고 주장한 데서 비롯한다.

5 **도수**度數 | 도수는 '천도지수天度地數'의 준말이다. '천도'는 하늘의 자연섭리의 법도를 말하고, '지수'는 시간 질서에 맞게 운행하여 땅에서 펼쳐지는 순환의 의미를 나타낸다. 구소련의 천문학자인 코지레프 박사는 '시간은 고유한 법칙(律)을 가진 흐름의 형(a flow pattern: 시간의 화살)을 가지고 있다'고 주장했다. 인간의 역사(人事)는 무작정 흘러가는 것이 아니라 반드시 '일정한 역사 정신의 시간 질서'에 맞춰 전개되는데, 그것이 바로 천지의 운행 원리(理)와 신도神道의 활동 결과로 나타나는 '천상의 이정표'이다. 상제님께서는 우주의 운행 법칙(理)을 바탕으로 하여 지운地運과 신도神道를 확정하시고 이것으로 지상의 인사 문제를 예정하는 동력원으로 삼아 크게 삼변성도三變成道의 원리로 선천 역사를 종결하고 후천 가을 질서로 전환하게 하신다고 말씀하셨다.

니다.

"모사謀事는 내가 하리니 성사成事는 너희들이 하라."(5:434) 하신 말씀과 같이, 상제님께서는 후천 가을의 인존 시대를 개창하시기 위해 모사재천謀事在天의 법방으로 인류사의 운명을 예정해 놓으시고, 성사재인成事在人의 법도에 따라 지상에서 인간이 한 치의 착오도 없이 그대로 실행하게 하셨습니다. 이때 상제님의 천지공사 도수가 인간 세계에 이루어지도록 역사를 선도하는 존재가 신도 세계의 천지신명입니다. 이렇게 **신명과 인간이 하나 되고 협동하여 역사를 창조**해 가는 것이 앞에서도 언급한 '**신인합발神人合發의 섭리**'입니다. 그래서 당신님은 "무궁한 선경의 운수를 정하리니 제 도수에 돌아 닿는 대로 새 기틀이 열리리라."(4:5)라고 말씀하신 것입니다.

상제님은 또 "부符는 귀신의 길이니라."(4:67) 하시며, 공사를 보실 때 늘 글이나 물형 약도物形略圖를 써서 불사르셨습니다.

> ※ 하루는 한 성도가 여쭈기를 "글이나 부적을 쓰시어 공사를 행하신 후에는 모두 불살라 버리시니 그 까닭이 무엇입니까?" 하니 상제님께서 말씀하시기를 "사람은 나타남(現)으로 알고 귀신은 불사름(燒)으로 아느니라. 내가 옥황상제로서 천지공사를 행하는 고로 반드시 불살라야 하느니라…." 하시니라. (4:67)

상제님께서 9년 동안 천지공사를 집행하시며 불사르신 종이의 양은 실로 엄청납니다.

> ※ 하루는 어떤 사람이 상제님을 헐뜯어 말하기를 "종이만 보면 사족을 못 쓴다." 하거늘 상제님께서 들으시고 일러 말씀하시기를 "내가 신미생辛未生이라. 통속에 미未를 양羊이라 하나니 양은 종이를 잘 먹느니라." 하시니라. 일찍이 '어린 양'으로 불리운 성자 예수가 십자가에 매달려 피 흘리며 아버지의 천국 복음을 전하였나니 '아버지 하느님'이신 상제님께서 예수를 해원시켜 이 땅 위에 천국을 열어 주시기 위해 신미생 양띠로 오시니라. (4:142)

상제님께서는 아버지 하느님을 부르짖은 예수의 원을 풀어 주시기 위해 양띠로 오셨음을 밝혀 주셨습니다. 그러나 상제님이 신미辛未(1871)생으로 오신 더 근본적인 이유는 성부 하느님의 천국으로 가는 생명 문의 기운이 10무극 미토未土이기 때문입니다.

5. 인간과 신명의 공의公義를 수렴하심

> ※ 천하의 모든 사물은 하늘의 명命이 있으므로 신도神道에서 신명이 먼저 짓나니

그 기운을 받아 사람이 비로소 행하게 되느니라. (2:72)

❋ 내 세상은 조화의 세계요, 신명과 인간이 하나 되는 세계니라. … 내 일은 인신합덕人神合德으로 되느니라. (2:44)

❋ 경석에게 말씀하시기를 "전날에는 네가 나의 말을 좇았거니와 이 공사에는 내가 네 말을 좇으리니 모든 일을 묻는 대로 잘 생각하여 대답하라." 하시고…. (5:340)

상제님의 도는 '인신합덕人神合德'과 '신인합발神人合發'의 역사 발전의 법칙에 따라 하늘사람과 인간을 동시에 살리는 진리입니다. 그래서 삼계의 역사 운로를 새롭게 개벽하시는 상제님께서는 항상 천지공사를 행하실 때, 공사에 **참여한 천상 신명들과 지상 사람들의 꿈과 생각을 공정하게 반영**하셨습니다. 조화정부의 성신들은 하늘나라의 이상을, 그리고 상제님을 모시고 수종 든 성도들은 인간이 품고 있는 꿈과 이상을 대변하였습니다.

천지공사는 상제님께서 인간과 신명에게 한 공적인 약속을 천지에 선포하신 것입니다. 그것은 신인합일神人合一과 신인상생神人相生의 이법으로 실현됩니다. 상제님은 인존시대를 맞아 이렇게 인간과 성신이 합석하여 처결한 도수, 즉 삼계의 새 역사 창조와 구원의 법방을 인간이 주인이 되어 선포하도록 천명을 내리셨습니다.

❋ 공우가 상제님을 종유從遊한 이후로 3년 동안 천지공사에 자주 수종하는데 공사 뒤에는 항상 공우로 하여금 각처 성도들에게 순회연포巡廻演布하라고 명하시며 "이 일은 곧 천지의 대순大巡이니라." 하시니라. (5:433)

❋ 내가 너에게 명하여 천지공사를 대행代行하게 하면 네 말이 곧 내 말이니라. (2:112)

6
장

천상 조화정부 (모사재천謀事在天)	천지 신명 사역(3변성도) 매개(명부 공사)	**지상 세계정부** (성사재인成事在人)
	⬇	
제1변 오선위기	애기판 씨름(生) 1차 세계대전	국제연맹(生)
제2변 오선위기	총각판 씨름(長) 2차 세계대전	국제연합(長)
제3변 오선위기	상씨름 (成) 가을 우주 금 도수	세계통일정부(成) 한국 소재(후천 낙원)

신인합발의 세계 정치 질서 원리

"나는 일동일정一動一靜을 사사로이 못하노라."(4:99)라고 하신 말씀과 같이, 상제님께서는 천지대신문天地大神門을 열고 천지공사를 행하실 때 인간과 신명 그 누구도 원망의 불씨가 남지 않도록 지공무사하게 처결하셨습니다. 우리는 공사 도중에 성도들에게 일일이 의견을 물으시는 상제님의 면모를,『도전』곳곳에서 발견하게 됩니다.

❋ 한 사람의 소리가 곧 대중大衆의 소리니라. (3:149)

❋ 파리 죽은 귀신이라도 원망이 붙으면 천지공사가 아니니라. (4:48)

6. 선천의 역사와 인물을 새 역사 창조의 바탕으로 쓰심

상제님은 선천 개벽으로 세상이 열리면 문명을 창조·개화시키는 우주의 빛나는 혼들을 지상에 내려 보내시고, 후천 가을 우주의 천지성공 시대를 맞이하면 친히 강세하시어 하늘나라와 지상의 문명이 동시에 결실을 거둘 수 있도록 역사하십니다.

❋ 모든 술수術數는 내가 쓰기 위하여 내놓은 것이니라. (2:150)

❋ 나는 선천에 이름이라도 있는 것을 쓰느니라. (4:29)

이 말씀과 같이 상제님께서는 선천 역사 속에서 지상을 다녀간 **'실존 인물'과, 그들이 남긴 '역사적 사건'을 '천지공사의 재료'로** 이화해 쓰셨습니다. 후천 선경을 여시는 데에 선천 문화의 진액을 뽑아 쓰신 것입니다.

우리는 상제님께서 배달 동이족의 위대한 인물과 그들이 남긴 문화를 천지공사에 취해 쓰셨음을 다음 공사의 내용을 통해 알 수 있습니다.

❋ 신농씨가 백초百草를 맛보아 약을 만들어 구제창생救濟蒼生에 공헌하였거늘 우리는 입으로 글을 읽어서 천하창생을 구제하느니라. 태을주太乙呪는 수기 저장 주문이니 병이 범치 못하느니라. 내가 이 세상 모든 약기운을 태을주에 붙여 놓았느니라. 약은 곧 태을주니라. (4:147)

❋ 염제 신농씨에게 제를 지낸 후에 태을주太乙呪를 반포하리라. (5:263)

상제님께서는 성수 38세 되시던 무신(1908)년 4월에 구릿골 김준상 성도의 집에 약방을 여시고 '인류 최후 심판과 구원의 의통醫統 공사'를 보셨습니다. 이것은 의약을 처음 지어 병자를 구제한 신농씨의 역사를 상제님의 천지공사로 되살리신 것입니다. 그리고 약방에 동이족 성인들의 역사를 기록한『서경書經』과 복희씨가 창시하여 우주 천리를 밝힌, 배달 동방 문화의 경전인『주역周易』을 놓아 두신 것은 후천 가을개벽의 법도를 짜시는 **천지공사에 새 역사 창조의 원동력으로 쓰시기 위함이었**습니다.

또 서양에 노아의 홍수가 일어났듯이 4,300여년 전 동양에는 9년 홍수가 있었습니다. 그때는 '요순시대'로서 당시 치수 사업에 실패하여 죽은 곤鯀의 뒤를 이어 아들인 우禹가 그 일을 맡게 되었습니다. 우는 세 번씩이나 집 앞을 지나면서도 그리운 처자를 보러 한 번도 들르지 않고(三過其門而不入) 단군조선으로부터 '오행치수법' 을 전수받아 치수 사업에 혼신의 힘을 바쳐 만민을 평안케 했습니다. 상제님은 이 같은 우의 성덕을 기리어 후천 세상에는 9년 홍수, 7년 대한大旱(큰 가뭄)과 같은 천재天災를 영원히 없애신다고 천지간에 공약하셨습니다.

❋ 九年洪水 七年大旱 千秋萬歲歲盡 (5:354)
구년홍수 칠년대한 천추만세세진

은나라의 마지막 임금인 폭군 주紂에 의해 유리羑里로 귀양 가 굴 속에 갇혀서『주역』64괘의 384효를 연역演繹한 성군 문왕文王[6]이나, 탕湯임금을 보필해 하나라의 폭군 걸桀을 타도한 이윤伊尹[7]에 대한 역사적 사실도 상제님께서는 도운 공사에 중요한 도수로 쓰셨습니다.

❋ 문왕文王은 유리羑理에서 384효爻를 해석하였고 태공太公은 위수渭水에서 3,600개의 낚시를 벌였는데 문왕의 도술은 먼저 나타났거니와 태공의 도술은 이 때에 나오느니라. (6:9)

이 '문왕 도수'(5:207)와 '이윤 도수'(5:226)에 대해서는 제8장 도운 공사에서 알아 보겠습니다. 그리고 선천의 역사적 사건과 인물을 쓰신 구체적인 내용은 제3절에서 살펴볼 '조화정부의 조직 구성'을 통해서도 알 수 있습니다.

7. 가을 우주의 상생의 질서가 열리도록 하심

삼계 대권의 주재자이신 증산 상제님은 "묵은 하늘이 사람 죽이는 공사만 보고 있도다."(5:411) 하시며, 이 '묵은 하늘'이 내뿜는 원한의 살기와 검붉은 저주로부터 창생을 건지시기 위해 당신의 영과 육을 모두 바쳐 대속代贖의 삶을 사셨습니다.

❋ 하루는 배고파 쓰러져 있는 사람을 보시고 혀를 끌끌 차시며 "내 창자라도 내어 먹이고 싶구나!" 하고 애처로이 바라보시다가 "가엾구나! 내가 너희를 살리려고 이제 내 생을 거둔다. 내가 너희들 다 같이 배부르게 줘 내려서 같이 살게 하려고 내 신명身命 자취를 감추려 하느니라. 어서어서 세상을 똑같이 살자! 이

---

6 문왕文王 | 성은 희姬, 이름은 창昌. 상商나라 주왕紂王 때 서백西伯(서방 제후의 장)에 책봉. 서주西周 건설의 기초를 확립. 50년간 주족周族의 장을 지낸 후 97세에 병으로 사망함.

7 이윤伊尹 | 이름은 이伊, 윤尹은 관직명. 하왕조 말엽 걸桀을 보필하다가 장차 하나라가 망할 것을 예측하고 탕을 보좌하여 상나라 개국 공신이 됨. 100세를 살았고 박亳 땅에 묻힘.

세상을 똑같이 빈틈없이 살자고 작정하는데 이렇다!" 하시며 안쓰러워하시니라. (2:126)

❋ 겨울에 이르러 하루는 "천하창생이 가난으로 인하여 추위에 고생할 것이니 내가 그 추위를 대속하여 한가寒家에서 지내리라." 하시고 그 해 삼동간三冬間을 방에 불을 때지 않으시고 짚을 깔고 지내시니라. 또 밥티 하나라도 땅에 떨어진 것을 보시면 반드시 주우며 말씀하시기를 "장차 밥 찾는 소리가 구천九天에 사무치리니 어찌 경홀히 하리오. 쌀 한 톨이라도 하늘이 아느니라." 하시니라. (2:128)

❋ 상제님께서 자리에 누우시며 말씀하시기를 "내가 이제 천하의 모든 병을 대속代贖하여 세계 창생으로 하여금 영원한 강녕康寧을 얻게 하리라." 하시니라. 이로부터 각종 병을 번갈아 앓으시되, 한두 시간씩 고통스러워하시며 병을 앓으신 뒤에는 갑자기 일어나 앉으시어 "약을 알았다." 하시고 거울을 들어 용안을 이윽히 보시면 그 수척하고 열기가 떠올랐던 기색이 씻은 듯이 사라지고 곧 원기를 회복하시니라. 앓으신 병은 대략 운기運氣, 상한傷寒, 황달黃疸, 내종內腫, 호열자虎列刺 등이더라. 병을 다 앓으신 뒤에 말씀하시기를 "세상에 있는 모든 병을 다 대속하였으나 오직 괴병은 그대로 남겨 두고 너희들에게 의통醫統을 전하리라." 하시니라. (10:28)

❋ 하루는 태모님께서 성도들에게 말씀하시기를 "이 세상 인류가 죄 없는 사람이 없나니 대죄大罪는 천지에서도 용서치 않으므로 불원간 제 몸으로 받으나 소소한 죄는 차차로 전하여져 그 과보果報가 자손에게까지 미치느니라. 그러므로 내가 그 죄를 대신하여 받아 없애리라." 하시고 바둑판 위에 청수를 올려놓으신 다음 성도들에게 오주를 읽게 하시니라. 잠시 후에 태모님께서 문득 혼몽昏懜하시어 호흡을 통치 못하시다가 반나절이 지나서야 깨어나시어 말씀하시기를 "세상일이 이와 같이 복잡하도다." 하시니라. (11:289)

상제님께서는 온 인류를 새롭게 하는 천지의 새 틀을 짜시기 위해 **9년 천지공사**를 집행하셨습니다. 그리고 곤坤 자리에 계신 어머니 수부님은 "내가 너희 아버지보다 한 도수가 더 있느니라."(11:76)라고 하시며 **10년 천지공사**를 보셨습니다. 상제님과 수부님께서는 인간과 우주 만물을 원래의 순수한 마음으로 돌아가게 하는 평화의 이념인 해원을 바탕으로 천지공사를 집행하시어 인간과 만유 생명을 죽음에 이르게 하는 병인 원과 한을 모두 풀어 주시고 상생의 삶을 살 수 있도록 하셨습니다.

모든 병을 대신 앓으시고 수십 일씩 굶주리시고 혹독한 추위와 더위에 괴로워하시며 인류의 죄업과 '묵은 하늘'의 악기惡氣를 대속하여 해소하신 상제님과 태모님의 천지공사는, 아버지 하느님과 어머니 하느님의 거룩하신 희생과 사랑과 봉사의 은혜로 이루어졌습니다. 이러한 은혜는 인류로 하여금 자신을 한없이 개혁하여, 서로 사랑하고 잘되게 하는 상생의 마음으로 세상을 구원하라는 숭고한 뜻을 담고 있습니다. 가을 신천지를 위한 구원 사업에 자신을 아낌없이 바쳐 봉사할 수 있도록 뜨거운 사랑의 등불을 밝혀 주신 것입니다.

아버지 하느님과 어머니 하느님의 철저한 희생과 개혁 정신으로 집행된 천지공사는 대속과 희생의 거룩한 성업聖業입니다. 이러한 천지공사의 주역인 상제님 일꾼은 신천지 새 생명을 받은 크나큰 은혜에 보답하는 보은의 삶을 실천해야 합니다.

제3절 우주의 통치 사령탑, 조화정부
: 천지인 삼계를 개벽하는 천지공사

상제님은 인간으로 강세하시어 선천 세계를 문 닫고 만유 생명이 상생하는 후천 선경을 열어 주시기 위해 대우주 통치자로서 삼계대권三界大權을 발동하여 쓰셨습니다. 먼저 하늘나라 성신들을 새롭게 정비하여 **천상 조화정부**(天朝)를 구성하시고, 혼란스러운 **지구의 기령**氣靈(地運)을 바로잡아 통일하셨습니다. 그 다음으로 하늘과 땅의 기운을 한데 모아 **도운과 세운이라는 인간 역사**(人事) **운로의 기틀**을 짜심으로써 후천 선경으로 나아갈 길을 열어 주셨습니다.

60여 명에 이르는 상제님의 주요 성도들은 수년 동안 하느님의 성음을 직접 들으며 하늘나라 성신들이 상제님의 명을 받들어 지상 역사의 방향을 처결하는 '장엄한 예식'을 수없이 체험하였습니다.

이제 천지성공 시대를 맞이하여 상제님께서 천지인天地人 삼계三界를 바로잡으신 그 틀을 간략히 살펴보겠습니다.

1. 하늘[天] 개벽 공사: 천상 신명계의 조화정부 조직

1) 천상 신명정부 개편

선천에는 천지생명이 분열해 가며 인간과 만물을 성장시킵니다. 이 생명의 선율을 타고 나온 모든 신명과 인간은 윤회를 거듭하며 자신을 발전시켜 왔습니다. 선천에는 하늘나라(靈界)도 지상과 똑같이 분열되어 있습니다. 그리하여 천지간에 가득 찬 신명들이 유유상종으로 결합해 수수 천만의 집단을 형성함으로써 그 혼란이 극에 달하게 되었습니다. 이것은 선천의 하늘과 땅이 자기 성숙을 위해 불가피하게 거쳐야 하는 과정입니다.

천지와 더불어 천상의 신명과 지상의 인간이 함께 성숙하는 천지성공 시대의 문턱에서 상제님께서는 지상 낙원을 건설하시기 위해 먼저 **천상의 신도 세계를 모두 통일하고 재조직하여 조화정부를 구성**하셨습니다. 그리고 닦은 공덕에 따라 각 성신에게 새로운 사명을 내려 주셨습니다

❋ 지금은 천지도수가 정리되어 각 신명의 자리가 잡히는 때라. (4:9)

❋ 이제 천지도수天地度數를 뜯어고치고 신도神道를 바로 잡아 만고의 원을 풀며 상생의 도道로써 선경의 운수를 열고 조화정부를 세워 함이 없는 다스림과 말 없는 가르침으로 백성을 교화하여 세상을 고치리라. (4:16)

조화정부는 천상의 '**통일 신명정부**'로서 온 우주의 자연계와 인간계를 통치하는 **천지공사의 사령탑**입니다. 천상 신도의 통치 사령탑인 신명정부를 조화정부라 하는 이유는 신도의 '조화造化'로 하늘과 땅과 인간의 역사를 다스리기 때문입니다.

상제님이 말씀하신 '조화(creation-transformation)'라는 말은 서양의 '창조(creation)'에 대응하는 말로 창조와 변화를 함께 나타냅니다. 초월자 신이 일방적으로 만물을 짓는다는 서양의 창조 개념은 창조와 피조라는 이원론적인 언어로, 진리에 부합되지 않습니다. 동양에서는 예로부터 조화라는 말을 써 왔습니다.

천지부모라는 동양의 전통적 가르침이 의미하듯이 하늘땅은 만유 생명의 근원인 부모로서 한 몸이 되어 음양 운동을 이뤄 나갑니다. 이러한 천지의 음양 창조 작용을 '천지조화天地造化'라 합니다. 천지 신명계와 자연계의 모든 변화와 교합 작용이 천지 조화인 것입니다. 그리고 상제님의 도권으로, 만물을 생성 변화케 하시는 통치의 손길도 바로 이 조화의 영역에서 이루어지는데 이를 '도술조화道術造化'라 합니다. 신명들에게 어명을 내리고 인간의 마음을 주재하고 역사 속의 사건과 선악을 심판하시는 상제님의 모든 권능 행사가 바로 상제님의 도술 조화입니다.

상제님께서 천지공사를 보신 이후로 신천지 새 역사의 전개 과정이 도운과 세운이라는 운세의 변화로 열려 나갑니다. 그 새 역사 통치의 사령탑이 바로 우주 만유를 신도의 조화로 다스리는 '신명(자연신 포함) 조화정부'입니다. 당신님께서는 천상 조화정부를 여시고 천지공사를 보실 때, 종종 '천상공정天上公庭, 천지공정天地公庭' 또는 '천지대신문天地大神門'을 여신다고 말씀하셨습니다. 조화정부는 선천 5만 년 역사를 심판하는 사법 기관이자, 새 천지 삼계의 운로를 의결하고 집행하는 입법 기관이며 행정 기관입니다. 상제님께서 후천 세상을 열기 위해 가장 먼저 행하신 이 신명정부의 조직 개편 공사를 '신도神道 개정改正 공사' 또는 '신정神政 대혁신 공사'라 부릅니다.

2) 조화정부 조직 구성

삼계 우주의 통치자 하느님이신 상제님께서는 가을 대개벽기를 맞아 신천지 조화 세상을 여시기 위해 천상 신명정부의 조직을 대대적으로 개편하셨습니다. 이 천상 조화정부(天朝)의 신도 조직은 다음과 같습니다(463쪽 도표 참고).

먼저 천상 조화정부에는 상제님의 종통을 계승하신 후계자로서 가을 우주의 정음정양 도수를 인사로 실현하시는 당신의 아내요 무극대도의 반려자이신 태모님의 **수부소**首婦所가 있습니다. 이와 함께 상제님 진리를 펴는 도정道政의 본부인 **포정소**布政所가 있습니다. 그리고 후천의 복록과 수명을 관장하는 **복록소**福祿所(천상 주재자 신경원 성도)와 **수명소**壽命所(천상 주재자 신경수 성도)가 있으며, 조화 낙원 건설자인 상제님의 일꾼을 양육하며 하느님의 대학교 문명을 주관하는 **대학교**(천상 주재자 김경학 성도) 조직이 있습니다.

그리고 **사십팔장** 조직이 천지의 기강을 잡고 선악을 심판하는 일을 주관합니다. 이와 음양 짝이 되는 **이십사장**과 **이십팔장** 조직은 각각 이십사 절기와 이십팔수라는 시간과 공간에 응하여 천지에 역사하며 가을철 인종 추수 개벽을 집행합니다.

조화정부를 주재하시는 증산 상제님의 말씀을 간추려 보면, 조화정부의 성신은 크게 자연신과 인격신으로 나누어집니다. 그 중 인격신계는 **동서양 문명신**文明神과 **도통신**道統神, **지방신**地方神, **만고원신**萬古寃神, **만고역신**萬古逆神, 각 **성**姓의 **선령신**先靈神 등으로 구성되어 있습니다.

가을개벽 실제 상황에서 이 우주 조화정부가 현실 역사 속에 인사화되어 자리를 잡습니다. 개벽 상황에서 열리는 만국재판소와 천상 조화정부가 합일하여 지구촌 문명의 위기에서 인류 역사를 선도하는 진정한 사령탑 역할을 하게 됩니다.

그러면 천상의 여러 성신과 조화정부의 조직 개편에 대해서 좀 더 자세히 살펴보기로 하겠습니다.

(1) 동서 문명신文明神과 도통신道統神 | 문명신이란 상제님의 천명을 받고 지상에 내려와 역사를 주도하며 인류 문명을 창조, 개화, 발전시킨 성신을 말합니다. 현실 역사 속에 종교가, 과학자, 철인 등으로 다녀간 위대한 인물의 성신이 여기에 해당합니다. 이들은 독일의 철학자 헤겔이 말한 '세계사적 인간'으로서 인류사에 빛나는 혼들입니다. 상제님은 문명신 가운데 **도**道**의 경지를 깨달아 통한 신명**을 '**도통신**道通神'이라 하시고, 그들을 거느리는 **주재성신**은 '거느릴 통統' 자를 써서 '**도통신**道統神'이라 하셨습니다.

상제님께서는 세계 문명신과 도통신을 하늘나라 각 부서에 임명하실 때 인류에게 끼친 공덕이 많고 적음을 기준으로 하셨습니다. 특히 역사에 드러나지 않은 신명의 음덕을 높이 치하하신 상제님은 선천 성자의 기운을 거두시고 유·불·선·기독교의 종장을 새로 임명하셨습니다.

◎ 새로 임명된 유·불·선·서도 종장 | 상제님은 동서양 4대 종교와 종장의 기운을 거두시고 새로운 종장宗長을 임명하셨습니다. 종장을 교체하신 것은 새로운 기운으로 후천 가을문화의 개벽을 완수하시려는 것입니다.

그러면 4대 종교 이외에 유대교, 이슬람교, 힌두교 등 각 민족의 고유한 종교는 어떻게 되는 것일까요? 상제님께서는 '천상의 모든 문명신과 도통신으로 하여금 세계 각 족속들의 여러 문화의 진수를 뽑아 모아 통일케 한다.'고 말씀하셨습니다.

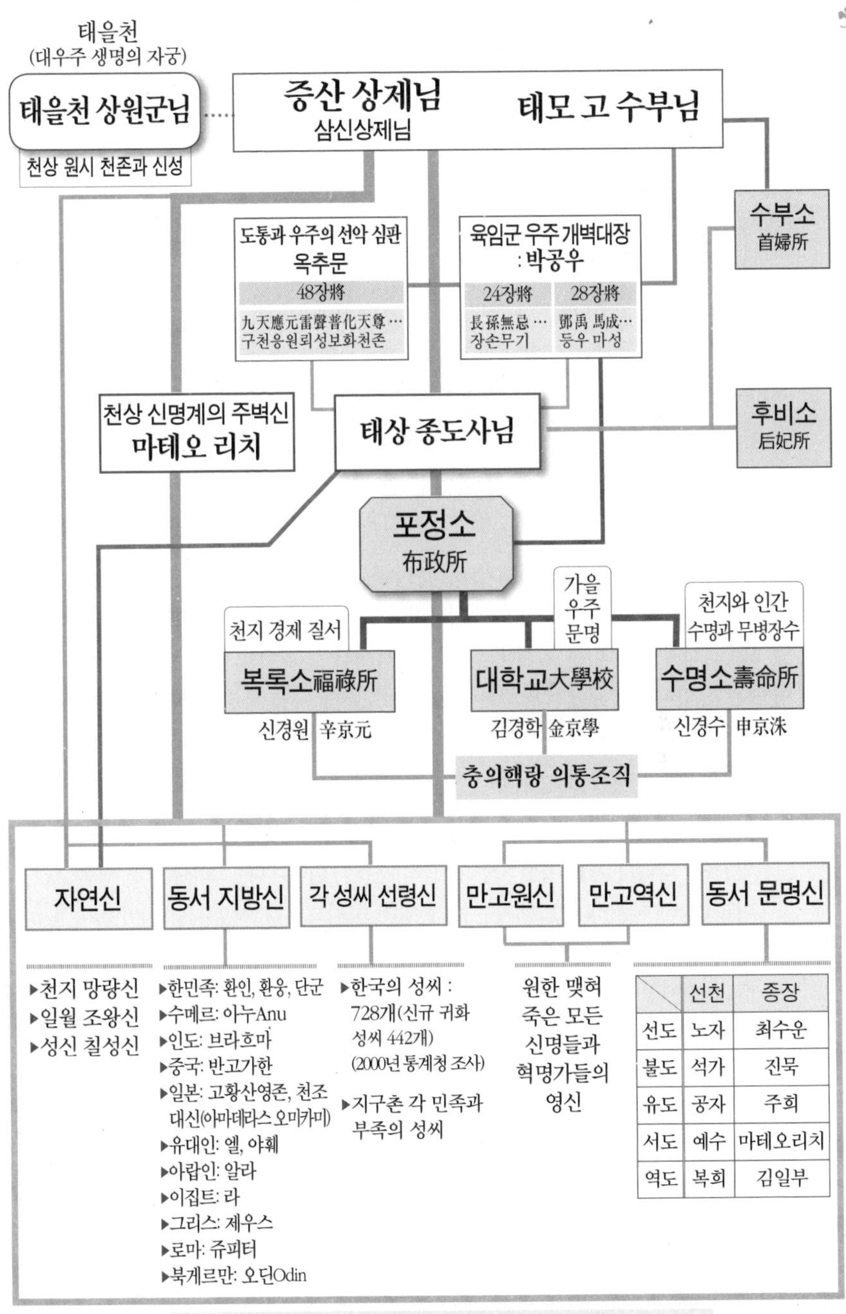

	선천	종장
선도	노자	최수운
불도	석가	진묵
유도	공자	주회
서도	예수	마테오리치
역도	복희	김일부

천상 조화정부의 신도 조직

❋ 선도와 불도와 유도와 서도는 세계 각 족속의 문화의 근원이 되었나니 이제 최수운은 선도의 종장宗長이 되고 진묵은 불도의 종장이 되고 주회암은 유도의 종장이 되고 이마두는 서도의 종장이 되어 각기 그 진액을 거두고 모든 도통신道統神과 문명신文明神을 거느려 각 족속들 사이에 나타난 여러 갈래 문화의 정수精髓를 뽑아 모아 통일케 하느니라. 이제 불지형체佛之形體 선지조화仙之造化 유지범절儒之凡節의 삼도三道를 통일하느니라. (4:8)

여기서 우리는 종교문화(三道)의 씨를 뿌린 성신과 거둬들이는 성신이 서로 다름을 알 수 있습니다. 신천지 가을 대개벽의 역사를 열기 위해 종장들이 전격적으로 바뀌었다는 이 놀라운 비밀을 그 누가 알 수 있겠습니까? 천상의 신도 세계에도 종교 집단이 있습니다. 신축(1901)년에 상제님이 천지공사로써 조화정부를 수립하시고 종장을 교체하시어 9천을 통일하셨으니, 그 이후 죽어서 천상에 올라간 신명은 자신이 믿었던 종교의 주재 성신(종장)이 바뀌었다는 사실을 알고 엄청난 충격을 받을 것입니다.

가) 서도 종장 이마두(마테오 리치) 대성사 | 종교와 과학은 선천 역사와 문명의 발전에 크게 이바지하였습니다. 종교의 덕화가 미치는 데에는 민족과 이념이라는 장벽이 있지만 과학 문명은 이를 초월해 전 인류로 하여금 그 혜택을 함께 누리게 합니다. 과학의 보조 없이는 종교에서 말하는 천국 건설도 한낱 구호에 지나지 않습니다.

상제님께서는 과학 문명 발전의 이면에 감춰진, **마테오 리치 신부님의 공덕**에 대해 다음과 같이 말씀해 주셨습니다.

❋ 이마두利瑪竇는 세계에 많은 공덕을 끼친 사람이라. 현 해원시대에 신명계의 주벽主壁이 되나니 이를 아는 자는 마땅히 경홀치 말지어다. 그러나 그 공덕을 은미隱微 중에 끼쳤으므로 세계는 이를 알지 못하느니라. 서양사람 이마두가 동양에 와서 천국을 건설하려고 여러 가지 계획을 내었으나 쉽게 모든 적폐積弊를 고쳐 이상을 실현하기 어려우므로 마침내 뜻을 이루지 못하고 다만 동양과 서양의 경계를 틔워 예로부터 각기 지경地境을 지켜 서로 넘나들지 못하던 신명들로 하여금 거침없이 넘나들게 하고 그가 죽은 뒤에는 동양의 문명신文明神을 거느리고 서양으로 돌아가서 다시 천국을 건설하려 하였나니 이로부터 지하신地下神이 천상에 올라가 모든 기묘한 법을 받아 내려 사람에게 '알음귀'를 열어 주어 세상의 모든 학술과 정교한 기계를 발명케 하여 천국의 모형을 본떴나니 이것이 바로 현대의 문명이라. 서양의 문명이기文明利器는 천상 문명을 본받은 것이니라. (2:30)

❋ 이마두는 보민신保民神이니라. (4:12)

상제님께서는 이렇게 선천개벽 이후 인류에게 가장 큰 은혜와 공덕을 베푼 위대한 성인이 마테오 리치 신부임을 처음으로 밝혀 주셨습니다. '은미 중에 끼친 공덕'이란, 이마두 신부가 사후에 천상에서 문명신을 거느리고 서양으로 돌아가 과학 문명을 비약적으로 발전시켰을 뿐 아니라, 인류와 신명계에 닥칠 큰 겁액을 상제님께서 강세하시어 끌러 주시기를 탄원한 것을 의미합니다. 이처럼 죽어서도 영신靈神으로 인류를 위해 봉사한 이마두 대성사를 상제님께서는 **서도 종장**으로 임명하셨습니다.

나) 선도 종장 최수운 대성사 | 상제님은 동학東學의 교조 **최수운 대신사**를 **선도**仙道 **종장**宗長으로 임명하셨습니다. 수운 대성사가 선도 종장의 지위에 오르게 된 것은, 동학의 본질이 인간으로 오시는 아버지 하느님(하늘님)을 모시는(侍天主) 선도이기 때문입니다. 상제님께서는 인간으로 강세하시기 전, 모악산 금산사에 임어하시어 수운 대성사에게 천명과 신교를 내려 동학을 창도하게 하셨습니다.

- 최수운崔水雲에게 천명天命과 신교神敎를 내려 대도를 세우게 하였더니 … 동경대전東經大全과 수운가사水雲歌詞에서 말하는 '상제'는 곧 나를 이름이니라. (2:30)
- 하늘은 억조창생의 임금(君)이요 억조창생의 아버지(父) 되나니 옛 성현들이 하늘을 모시는 도가 지극히 엄숙하고 지극히 공경스러워 통통속속洞洞屬屬하고 수운의 하늘을 모시는 가르침이 지극히 밝고 정성스러웠느니라. (5:233)

다) 유도 종장 주회암(주자朱子) 대성사 | **주회암 대성사**는 정치가·교육가·사상가로서 유학을 집대성한 불세출의 위재偉才이며 동시대의 불교, 도교 이론까지 섭렵해 방대한 사상 체계를 정립하였습니다. 상제님께서는 후세에 도덕과 학술에 끼친 영향과 삼교 회통에 대한 주회암 대성사의 노력을 높이 사서 그를 **유도 종장**으로 임명하셨습니다.

- 유가儒家의 인물들이 흠이 많으나 주회암朱晦庵은 흠잡을 데가 없느니라. (4:14)

주회암朱晦庵(1130~1200) | 남송 때의 철학자. 이름은 희熹, 호는 회암. 복건성福建省 우계尤溪 출생. 육조六朝 이후 수당 시대隋唐時代를 지배하였던 불교와 도교를 극복하고, 이기理氣, 즉 우주와 인간 심성을 일관하는 체계와 구조, 도를 회복하였다. 참인간으로 거듭나기 위한 이법의 실천역행 등에 관한 유교 사상을 집대성하여 이법과 인사를 통합한 실천적 성리학, 즉 주자학을 구축하였다.

라) 불도 종장 진묵 대성사 | **진묵 대사**는 7세의 어린 나이에 전주 봉서사鳳棲寺에 들어가 승려가 되었습니다. 변산 월명암月明庵, 완주 원등사遠燈寺와 대원사大願寺 등에 머물면서 수많은 도술 조화의 이적을 행하고 대중을 교화하다가 72세에 유학자 김봉곡에게 참혹하게 죽음을 당하였습니다. 대성사가 깨친 도의 경지는 유儒·불佛·선仙 삼교를 꿰뚫는 것으로 옛 선사들의 경지와는 차원이 달랐습니다.

진묵震默(1562~1633) | 전라도 만경현 불거촌 출생. 수많은 기행 이적을 행하여 당대에 석가불의 후신으로 추앙받았다.

- 도통을 하려면 진묵震默과 같은 도통을 해야 하느니라. (11:286)
- 신원일이 여쭈기를 "진묵대사가 칠성을 이레 동안 가두었다 하니 사실입니까?" 하거늘 "이제 시험하여 보리라." 하시고 이 날부터 석 달 동안 칠성을 가두시고 말씀하시기를 "이 세상에 천문학자가 많다 하나 칠성이 나타나지 않은 일을 발표한 자가 없도다." 하시니라. (3:277)

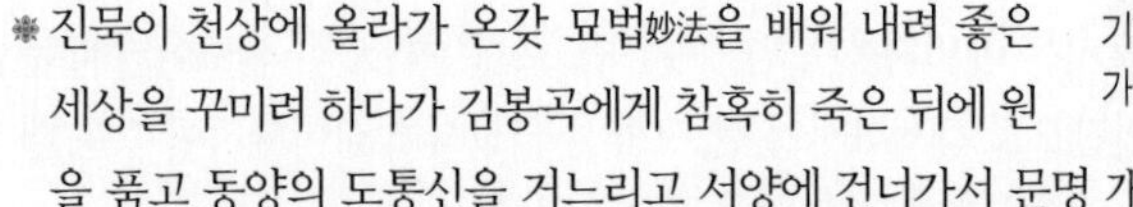

- 진묵이 천상에 올라가 온갖 묘법妙法을 배워 내려 좋은 세상을 꾸미려 하다가 김봉곡에게 참혹히 죽은 뒤에 원을 품고 동양의 도통신을 거느리고 서양에 건너가서 문명 개발에 역사役事하였나니 이제 그를 해원시켜 고국으로 돌아와 선경 건설에 역사하게 하리라. (4:14)

이마두 신부님과 마찬가지로 도통한 진묵 대성사는 동양에 이상 세계(불국, 천국)를 열고자 하였습니다. 그런데 선천 상극 세상의 배타성과 아집에 가로막혀 뜻을 이루지 못하고 세상을 떠났습니다. 두 분은 천상에 올라가서도 그 일을 멈추지 않았습니다. 문명신과 도통신을 이끌고 서양으로 건너가 불철주야 노력하는 과학자, 철학자의 혈심에 응감하여 강력한 영감과 알음귀를 열어 줌으로써 현대 문명을 급속도로 개방시키고, 발전시켰습니다(신인합발의 원리).

(2) 동서 지방신地方神: 각 민족의 수호성신인 지방신 | 지상 인간 세상과 천상 신명계는 손바닥의 앞뒤와 같이 존재의 양면을 이룹니다. 지상의 투쟁이 곧 하늘나라에 싸움을 촉발하고, 천상의 혼란과 변국은 지상 인간계에 그대로 투영됩니다. "옛적에는 동서양 교통이 없었으므로 신명들이 서로 넘나들지 못하였으나"(5:23)라는 상제님 말씀은, 천상의 신명들이 지상의 인간과 하나로 움직인다는 사실을 알려 줍니다. 즉 지상 물질계와 신도 영계가 서로 일체가 되어 움직임을 지적해 주신 것입니다.

인간 삶의 역사는 태고의 신화에서 출발합니다. 모든 민족에게는 고유한 신화가 있습니다. 신화는 지상의 인간과 천상의 신들의 만남을 노래한 서사시입니다. 우주와 인생의 섭리가 상징과 은유로 오묘히 함축되어 있는 신화는 민족 정신의 고향이며 생명의 샘입니다.

우리 민족을 비롯해 그리스, 로마, 인도, 유대, 중국, 일본 등 전 세계 각 민족의 신화에는 창조신이 등장합니다. 그런데 이들 **민족의 창조신**은 천지를 조판肇判하고 주재하는, 천상의 최고 자리에 계신 **통치자 하느님**(상제님)**이 결코 아닙니다**. 이 창조신들은 자기 민족의 영광과 번영을 영도하는 '민족의 하느님'입니다. 천상과 지상의 일정한 영역을 통치하는 지방신으로서 각 민족의 꿈과 이상과 정신을 일깨워 고동치게 하는 그 지역을 주관하는 주재신입니다.

선천에는 일정한 영역을 차지하고 사는 신명들이 자기 영역만을 지킬 뿐 서로 교류가 없었습니다. 각 민족의 빛나는 수호성신 역시 천상계와 지상의 일정한 영역만 주관했기 때문에 상제님께서 **지방신**이라는 명칭을 붙여 주신 것입니다. 그래서 신인합발의 이치에 따라 지상의 인간들도 서로 영역을 넘나들지 못하였습니다. 삼계의 개벽장 하느님이신 증산 상제님께서는 '이마두 신부가 천상의 지방신을 포함한 각 신명들을 서로 거침없이 넘나들게 함'(2:30)으로써, 근대 이후 동서양 교류가 본격화되었음을 밝혀 주셨습니다. 그리고 인류의 영원한 화평은 신명계에서 동서양의 각 지방신을 먼저 화합·통일하는 데서 시작된다고 말씀하셨습니다.

> ※ 대개 예로부터 각 지방에 나뉘어 살고 있는 모든 족속들의 분란쟁투는 각 지방신地方神과 지운地運이 서로 통일되지 못한 까닭이라. 그러므로 이제 각 지방신과 지운을 통일케 함이 인류 화평의 원동력이 되느니라. (4:18)

상제님은 '각 지방신과 지운을 통일케 함이 인류 화평의 원동력'이므로 세계 모든 민족의 지방신을 조화정부에 참여하게 하셨습니다. 인류 창세 역사와 동방 문화의 종주인 조선의 수호성신, 즉 환인천제·환웅천황·단군왕검으로 하여금 천상의 지방신들을 주재하게 하셨습니다.

기독교의 『구약전서』에 나오는 야훼도 지방신의 하나일 따름입니다. 아브라함과 이삭과 야곱의 하느님, 한마디로 이스라엘의 하느님입니다. 야훼는 자칭 '만군萬軍의 주'라 하였듯이 전쟁신입니다. 4대 예언서의 하나인 「에스겔」서에서 유대족의 선지자 에스겔에게 성훈을 내려 주는 이스라엘 족속의 하느님인 야훼의 모습을 생생히 엿볼 수 있습니다. 『신약전서』로 넘어가면 구약에서 그렇게 자주 나오던 야훼라는 이름은 자취를 감춥니다. 예수는 하느님 아버지를 부를 뿐입니다. 예수가 외친 '아버지'는 유대족의 하느님인 **야훼가 아니라 실재하시는 지존무상하신 우주 통치자 하느님**인 것입니다.

유대족이 아닌 다른 민족이 야훼를 섬긴다면 그것은 명백한 환부역조換父易祖입니다. 그럼에도 그동안 수많은 사람들이 타민족 수호성신에게 양자로 들어가 환부역조라는 씻기 힘든 크나큰 죄를 범했습니다. 예수가 말한 성부 하느님이신 증산 상제님께서는, 생명이 원시로 반본하는 천지성공 시대를 맞이해서 자신의 뿌리를 박대하고 환부역조하는 자들은 "다 죽으리라."(2:26)라고 경고하셨습니다.

야훼는 유대의 민족신

유대인들이 처음 섬긴 신은 구약의 야훼 신이 아니다. 유대민족의 조상 아브라함의 고향인 수메르에서는 여러 신들을 섬기고 조상신에게 제사를 지냈다. 『구약전서』의 대가이자 『The God of Old(옛적의 하나님)』의 저자인 제임스 쿠겔James Kugel 박사는 초기 유대인들은 수메르인처럼 조상에게 음식을 바치는 제례를 행하였다고 한다. 후에 유대교의 유일신 문화가 정착되면서 조상에 대한 제사가 우상 숭배로 금지된 것이다.

『구약전서』의 「신명기」(개역 개정판)에는 "지극히 높으신 자(the Most High)가 민족들에게 기업을 주실 때, 인종을 나누실 때에 이스라엘 자손의 수효대로 백성들의 경계를 정하셨도다. 야훼(Lord)의 분깃은 자기 백성이라 야곱은 그가 할당받은 기업이로다."*(「신명기」 32:8-9)라고 하여 야훼 위에 최고신이 또 존재하고 있음을 드러내고 있다.

BCE 2,100년경 수메르의 도시국가 우르를 떠난 유대인들의 조상 아브라함과 그 일족은 가나안에 들어오면서 가나안 땅의 최고신인 엘El 신을 비롯한 여러 신들을 함께 섬겼다. 「창세기」에도 이런 다신 신앙의 흔적이 여러 곳에 보이는데 그 가운데 하나가 바로 '엘로힘'이다. 엘로힘은 '엘'의 복수형이다. 하나님 한 분이 인간을 창조한 것이 아니라 여러 신들이 인간을 창조했다는 것이다. 유대인들은 자신을 '이스라엘'이라 부르는데 이는 아브라함의 손자인 야곱이 엘 신과 겨루어 이겼다는 데서 유래한 말이다. 야곱은 그의 부인과 첩, 여종에게서 12명의 아들을 낳았는데 이들이 이스라엘의 12부족의 시조가 되었다.

■ 모세가 유일신 신앙으로 선포

BCE 1,500년경에는 유대족 가운데 모세가 출현한다. 야훼가 유대인들의 유일신이 된 것은 모세의 출애굽 사건과 관련이 있다. 야훼는 시나이 반도의 시내산에서 모세에게 나타나 떨기나무 가운데 불꽃 속에서 "나는 네 조상의 하나님이니 아브라함의 하나님, 이삭의 하나님, 야곱의 하나님이니라."(출애굽기 3장 4-6)라고 하며 이스라엘 민족의 하나님임을 밝혔다. 당신의 이름을 무엇이라 알려야 할지 묻자 '나는 스스로 있는 자'(출애굽기 3:14)라고 하였는데 학자들은 이를 야훼의 뜻으로 본다. 유대인들은 거룩한 야훼의 이름을 불러서는 안 된다고 믿어 '엘로힘' 혹은 '아도나이Adonai'(나의 주), '하셈HaShem'(그 이름)이라는 말로 대신 불렀다. 그 결과 오랫동안 야훼의 정확한 발음이 잊히게 되었다.(중세의 마소라본에 자음과 모음을 붙여 나타냈는데 그 발음은 야훼Yahwhe에 가깝다.)

---

* 그리스 원어 구약 전서, 즉 '셉츄아진트Septuagint(70인역)'에는 '이스라엘의 자손sons of Israel'이 아니라 '신의 자손sons of God'으로 되어 있다. 그리고 〈사해문서〉에는 '신의 70아들(70 sons of God)이 지상의 70국가를 통치하기 위해 보내졌다'라고 되어 있다. 공동 번역판에는 "지존하신 이께서 만방에 땅을 나누어주시고, 인류를 갈라 흩으실 때, 신들의 수효만큼 경계를 그으시고 민족들을 내셨지만, 야곱이 야훼의 몫이 되고 이스라엘이 그가 차지한 유산이 되었다."라고 번역되어 있다.

야훼는 자신의 말을 이집트 파라오에게 전하기 꺼려하는 모세에게 다시 나타나 자신이 아브라함과 이삭과 야곱에게 전능의 하나님(엘 샤다이)으로 나타났으나 자신의 이름을 야훼라고 알리지 않았노라고 한다.(출애굽기 6:2-3) 야훼에게 계시를 받은 모세는 노예로 지내던 유대인들을 이집트에서 탈출시켜 가나안 땅으로 향하게 한다. 그들이 시내산에 이르자 야훼는 모세를 불러 마침내 율법을 내려 준다. 유대인은 그 율법을 지킴으로써 야훼의 백성이 되고 야훼는 그들의 신이 되기로 계약을 맺은 것이다.

광야에서 무려 40년을 방황한 유대인들은 모세 사후에 여호수아의 지도 아래 비로소 가나안을 정복하고 이스라엘을 세울 수 있었다. 그러나 이스라엘 백성은 십계의 약속대로 야훼 신만을 섬기지 않았다. 그들은 가나안 선주민과 함께 살면서 가나안 신들도 함께 섬겼다. 그 가운데 농업신 '바알'과 그 배우자 '아스다롯'은 많은 유대인이 숭배한 신이었다. 이방신 숭배로 야훼 일신주의자들과 유대 백성들 사이에 갈등이 컸음을 알 수 있다.

■ 600여 년의 이스라엘 국가 역사

여호수아 사후 약 350년을 '사사士師 시대'라 한다. 당시 이스라엘에는 왕이 없고 종교 지도자로서 재판관을 겸한 사사士師라는 통치자들이 다스렸다. 그 후 이스라엘 백성들의 여망에 따라 BCE 1,044년 사울이 이스라엘의 초대 왕이 되어 왕정이 처음 시작되었다. 그 뒤를 이어 사울의 사위인 다윗이 왕위에 올라 예루살렘에 도읍을 정하고 시리아까지 영토를 확대하였으나 그의 손자 대에서 유다와 이스라엘 두 왕국으로 분열된다.

북왕국 이스라엘은 BCE 722년에 앗시리아 제국에 멸망당하고, 유다왕국은 BCE 586년에 바빌론 제국에 의해 멸망한다. 바빌론으로 끌려가 포로 생활을 하던 유다왕국의 왕과 유력자들은 바빌론 제국이 페르시아에 멸망당하면서 반세기에 가까운 포로 생활을 끝내고 고향으로 돌아올 수 있었다. 야훼 일신 숭배는 이 무렵, 바빌론 유수幽囚를 전후한 시기에 확립되었다. 당시 유대 민족의 분열기에 야훼는 유대인에게 엘 신으로 여겨지고 다른 신들을 다스리는 신들의 왕으로 받아들여졌다. 유대인들은 국가의 힘과 그 수호신의 힘이 비례한다는 입장을 부정함으로써 종교적 신념을 강화하고 유지할 수 있었다. 그리하여 야훼는 이스라엘만이 아니라 전 세계의 하나님으로 바뀌어 갔다. 바빌론이 페르시아에게 멸망당하고 포로 생활에서 풀려나자 유대인들은 무너진 예루살렘의 성전과 성벽을 다시 세우고 예루살렘을 유대교의 성지聖地로 만들었다. 이 과정에서 유대교의 배타적인 성격이 더욱 굳어져 갔다.

스스로 '인자人子(the Son of Man)'라고 한 예수는 율법의 형식적인 준수에 매달린 유대인을 비판하고 아버지 하나님 나라의 도래를 외쳤다. 예수가 부르짖은 아버지 하나님은 구약의 야훼가 아니라 요한에게 계시를 내려준 신약의 우주 주재자 백보좌 하느님이시다. 그러나 예수 사후 아버지 하나님을 유대교의 신관으로 해석해서 기독교는 지금까지도 이스라엘의 민족신인 야훼를, 우주만물을 창조하고 인간을 지은 창조주 하나님으로 숭배하는 잘못을 범하고 있다.

자미원紫微垣

제왕의 색을 상징하고 고귀함을 나타내는 자줏빛(紫)은 동서양에서 모두 황제의 숭고한 권능을 상징한다. 우리나라에서도 자색을 매우 중시하였다. 고구려 고분 벽화에도 자색이 보이고, 신라 박혁거세는 자색 알(紫卵)에서 태어났다고 하며, 또 신라 법흥왕은 '자극전紫極殿'에서 등극하였다. 중국 황제가 머무는 궁전을 '자금성紫禁城'이라 하였고, 천자 문화의 뿌리가 동방임을 밝혀 예로부터 '자기동래紫氣東來'라는 말을 써 왔다. 천자를 상징하는 이 '자紫' 자는 우주의 중천中天 북녘 하늘의 별자리 '자미원紫微垣'에서 유래한다.

자미원 별자리는 천상의 상제님과 깊은 연관성을 갖고 있다. 자미원에는 북극성과 북두칠성을 어우르는 170여 개 별이 모여 있는데 하늘의 뭇 별들이 자미원의 북극성을 중심으로 돌고 있다. 자미원의 주신主神은 북극성의 '북극자미대제北極紫微大帝'이다. 중국 전한에서는 제왕의 별인 북극성에 '태일신太一神'이 항상 머문다고 하였고, 태일신을 우주의 최고신으로 섬겼다. 또 『회남자淮南子』「천문훈天文訓」에는 '자궁紫宮'에 태일太一이 거한다고 하였다. 기원전 2세기, 한 무제 때에는 장안성 남동쪽에 '박기태일薄忌太一'이라는 사단祀壇을 설치하고, 천일·지일·태일 신에게 제사 지냈다.

사마천의 『사기史記』「천관서天官書」에는 자미원의 북두칠성을 '천제가 타는 수레(帝車)'로 하늘의 정중앙을 운행하면서 사방을 통제한다고 하였다. 또 음양을 나누고 사계절을 정하고 오행을 조절하고 절기가 바뀌는 것이 모두 이 북두칠성에 연계된다고 하였다. 그리고 『도장道藏』에서는 북두칠성이 일체 인간의 생사화복을 주관한다고 하였다(主一切人民生死禍福). 북두칠성에 '보성輔星'과 '필성弼星'을 더해서 북두구진北斗九辰(九眞)으로 확장된다. 보성을 '존성尊星'과 '고상옥황高上玉皇'으로, 필성을 '제성帝星'과 '자미제군紫微帝君'으로도 말한다.

가을 개벽기에 친히 강세하신 상제님께서는 천체가 바로 서는 가을개벽의 '선기옥형 도수'를 집행하셨다. 선기옥형은 칠성을 일컫는 말로 선기옥형 도수는 곧 칠성 도수이다. "칠성이 내 별이니라." 하신 상제님께서 칠성 도수를 통해서 가을 우주를 여시는 것이다.

✵ 하루는 필성이 상제님과 목욕을 하는데 … 필성이 등을 밀려고 보니 붉은 점으로 북두칠성北斗七星이 선명하게 박혀 있거늘 … 상제님께서 손을 어깨 너머로 짚으시며 "간밤에 모기가 물어서 그랬다." 하시니라. 하루는 상제님께서 말씀하시기를 "북두칠성이 내 별이니라." 하시니라. (3:89)

이 자미원과 더불어 '태미원太微垣', '천시원天市垣'을 '삼원三垣'이라 한다. '원垣'은 담장이란 뜻으로 삼원의 중심인 자미원의 좌우에 태미원과 천시원이 있다. 태미원에는 상제님이 정사를 보는 조정朝廷이 있어 문무백관이 머무르며, 상제님이 다스리시는 하늘 도시인 천시원에는 일반 백성들이 머무르고 있다.

천상열차분야지도天象列次分野之圖

'천상열차분야지도각석天象列次分野之圖刻石'은 조선 태조 4년(1395)에 고구려 시대 평양에서 각석한 천문도('평양 성도星圖') 비석의 탁본을 바탕으로 돌에 새긴 천문도(국보 제228호)이다. 천상열차분야지도란 하늘의 모습(天象)을 '차次'와 '분야分野'에 따라 벌여 놓은 그림이란 뜻이다. '차'란 목성의 운행을 기준으로 설정한 적도대의 열두 구역을 말하고, '분야'란 별자리 구역을 열둘로 나눠 지상의 해당 지역과 대응시킨 것을 뜻한다.

태조본 천상열차분야지도는 1247년에 만들어진 중국의 순우천문도에 이어 세계에서 두 번째로 오래된 석각천문도이다. 천문도 오른쪽 아래 부분에 당초 조선 태조에게 바쳐진 탁본의 원본이 평양성에 있었다가 전란 중 대동강에 빠졌다고 새겨져 있다. **전하지 않는 천상열차분야지도의 원본은 순우천문도보다 거의 천 년이나 앞선다.**

조선을 건국한 태조 이성계는 역성혁명이 하늘의 뜻임을 내세우고자 고구려 성좌도 탁본을 구해 돌에 새기고자 하였다. 고려 말 천문학을 관장하는 서운관書雲觀 판사判事, 서산 출신의 류방택은 태조 측의 강압으로 이 일을 완수하게 되었다. 그는 멸문지화는 면했지만 고려의 신하로서 조선 건국에 결정적 역할을 한 것에 대해 몹시 자책한 것으로 알려져 있다. 계룡산에서 고려 말 충신들에게 제를 지냈으며, 이를 계기로 동학사에 야은 길재, 목은 이색, 포은 정몽주를 기리는 삼은각三隱閣이 세워졌다. 류방택은 속죄하는 마음으로 자신의 무덤에 비석을 남기지 말라고 유언했다 한다.(『하늘에 길을 묻다』, 박석재, 상생출판)

천문학자 박창범은 "동서를 막론하고 일찍이 이만큼 이른 시기에 온 하늘의 별자리를 한데 모아 그린 성도는 없었다. 관측 연대상으로 세계에서 가장 오래된 전천全天 성도星圖다."라며 그 역사적 의미를 밝히고 있다.(『하늘에 새긴 우리 역사』, 박창범, 김영사) **북극성 중심의 우주 지도 천상열차분야지도는 동양 천문도의 완결본完決本이다.**

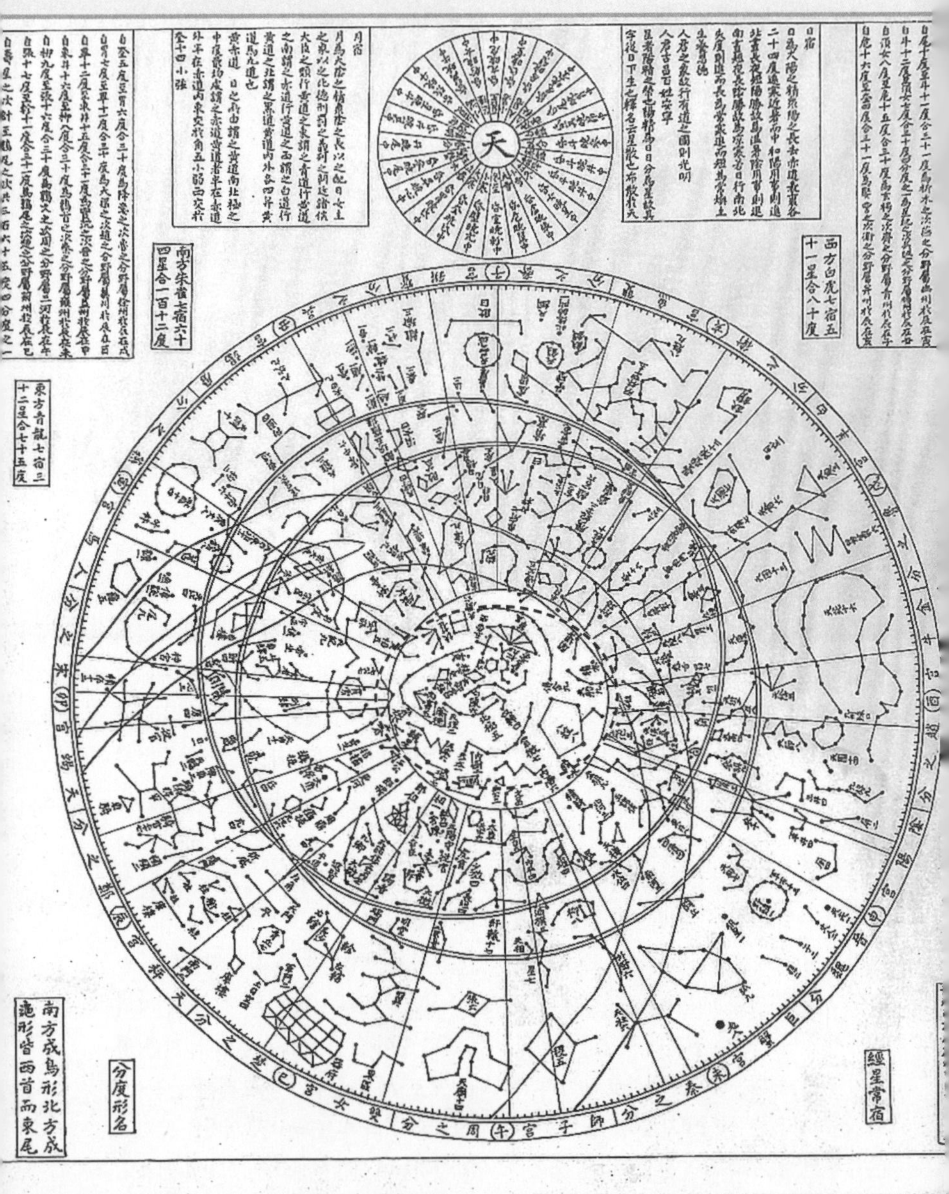
天
南方朱雀七宿六十四星合一百十二度
西方白虎七宿五十一星合八十度
東方青龍七宿三十二星合七十五度
南方成鳥形北方成龜形皆西首而東尾
分度形名
經星常宿

天象列次分野之圖

❀ 서교西敎는 신명을 박대하므로 성공치 못하리라. 이는 서양에서 신이 떠난 연고니라. 구천에 사무치는 '시~' 소리에 서양이 덜덜 떠느니라. (4:48)

❀ 자손이 선령先靈을 박대하면 선령도 자손을 박대하느니라. 예수는 선령신들이 반대하므로 천지공정에 참여치 못하리라. 이제 인종 씨를 추리는 후천 가을운수를 맞아 선령신을 박대하는 자들은 모두 살아남기 어려우리라. (2:26)

(3) **만고원신萬古冤神과 단주丹朱 대종大宗** | 인류 역사 이래로 원한 맺혀 죽은 모든 신명을 '**만고원신萬古冤神**'이라 합니다. 상제님께서는 수천 년 동안 쌓인 모든 원한을 근원적으로 끌러 내기 위해서는 '원한 역사의 뿌리'인 4천3백여 년 전, **단주丹朱**의 깊고 깊은 원한을 먼저 풀어 주어야 한다고 하셨습니다.

❀ 이제 예로부터 쌓여 온 원冤을 풀어 그로부터 생긴 모든 불상사를 소멸하여야 영원한 화평을 이루리로다. (4:16)

❀ 이제 원한의 역사의 뿌리인 당요唐堯의 아들 단주丹朱가 품은 깊은 원冤을 끄르면 그로부터 수천 년 동안 쌓여 내려온 모든 원한의 마디와 고가 풀릴지라. … 단주 해원을 첫머리로 하여 천지대세를 해원의 노정으로 나아가게 하노라. 이제 사람도 이름 없는 사람이 기세氣勢를 얻고, 땅도 이름 없는 땅에 길운吉運이 돌아오느니라. (2:24)

옛 조선의 초기 시절, 중국 요임금의 맏아들 단주는 동방족(한민족)과 서방족(한족)을 통합하여 대동 세계大同世界를 이루려는 원대한 포부를 지니고 있었습니다. 그러나 정치관이 다른 아버지 요임금은 아들을 불초하게 여겨 왕위를 순에게 전하고, 단주에게는 바둑판을 만들어 주어 외지로 쫓아 보냈습니다. 단주는 평화의 대동 세계를 건설하려는 꿈이 좌절된 데다가 불초하다는 누명까지 쓰고, 바둑을 두며 통한의 세월을 보내다가 죽었습니다. 상제님의 말씀에서 단주의 원한이 역사적으로 가장 클 뿐 아니라 원한의 뿌리가 되는 이유가 바로 여기에 있습니다.

『구약전서』에도 형 카인이 동생 아벨을 죽인 충격적인 사건이 나옵니다. 그들의 신이 양을 키우는 아벨의 제물을 받고 농사를 짓는 카인의 제물을 받지 않자 카인이 아벨을 죽인 것입니다. 이 사건은 대국적인 차원에서 보면 단순히 형제간의 골육상쟁에 지나지 않습니다.

그러나 단주의 원한은 아버지와 아들을 비롯한 가족들 간의 원한은 물론, 크게는 서방의 중화정권과 동방 단군조선 왕조와의 갈등이 총체적으로 얽혀 있는 인류 9천년 원한 역사의 중심핵이 되는 사건입니다. 특히 단주에 대한 역사 왜곡은 무엇보다 9천 년 창세문화와 동이문화에서 홍익인간이라는 광명의 역사관을 무너뜨린 대사건입니다. 태일太一의 심법을 열어 천하를 통치하려는 단주의 꿈이 무너지고 그 역사가 왜곡되고 만 것입니다. 상제님은 만고의 불효자로 낙인찍힌 단주의 비극적인 역사 왜곡 사건을, 동북아 역사의 정의를 바로 세우고 동·서 역사의 불의를 바로잡는 가장 근원적인 사건으로 보셨습니다. 한 걸음 더 나아가 단주의 원한 문제를 인류를 건져내는 가장 중대한 구원 사업의 출발점으로 지적해 주셨습니다.

상제님께서는 대동 세계를 만들려는 큰 꿈과 경륜과 지혜를 갖고도 뜻을 펴지 못한 채 가장 깊은 원한을 맺어 원한 역사의 뿌리가 되는 왕자 단주를 **만고원신의 주벽신**主壁神[8]으로 삼으셨습니다. 당신님은 해원의 첫걸음이 원한의 머리가 되는 단주의 깊은 원한을 푸는 것에서 시작해야 한다고 말씀하셨습니다. 단주가 지상에서 이루지 못한 포부를 펼 수 있도록 도수를 짜 놓으심으로써 인류 해원과 동서 세계 구원의 구체적인 방법을 마련하셨습니다.

- 먼저 단주의 깊은 원한을 풀어 주어야 그 뒤로 쌓여 내려온 만고의 원한이 다 매듭 풀리듯 하느니라. 이제 단주를 자미원紫微垣에 위位케 하여 다가오는 선경세계에서 세운世運을 통할統轄하게 하느니라. (4:31)
- 상제님께서 말씀하시기를 "회문산에 오선위기가 있나니 바둑은 당요가 창시하여 단주에게 전수하였느니라. 그러므로 단주의 해원은 오선위기로부터 비롯되나니 천하의 대운이 이로부터 열리느니라." 하시고 다시 말씀하시기를 "이로써 또한 조선의 시비를 푸느니라." 하시니라. (4:20)

상제님은 단주를 해원시켜 주시기 위해 그에게 천상 자미원에 머물며 세계 정치 운로를 관장하게 하셨습니다. 전 세계의 정치 판도를 주인인 한국을 중심으로 4대 강국(네 신선)이 바둑을 두는 형국으로 잡아 돌리시고 후천의 새 역사를 창업하는 그 일에 단주를 주인공으로 참여하게 하신 것입니다. 다시 말해 상제님께서는, 순창 회문산에 있는 오선위기五仙圍碁 혈의 기령氣靈이 뿜어내는 조화기운의 새 파장에 세상의 역사 운로를 응기시켜 국제 정세를 다섯 신선이 바둑 두는 형상으로 돌아가게 하셨습니다. 이것이 삼계에 깊이 쌓인 원한을 해소하기 위해 당신님이 천지에 질정하신 오선위기 도수입니다(오선위기에 관한 내용은 제7장 세운 공사 참고). 여기에 최초로 바둑을 둔 단주로 하여금 최상의 왕천자王天子로서 지구촌을 주재해 후천의 새 역사를 여는 일에 참여하게 함으로써 그 원한이 해소되도록 하신 것입니다. 이 단주 해원을 시작으로 수천 년 동안 쌓여 내려 온 선천 원한의 모든 마디와 고가 풀리게 됩니다.

---

8 **주벽신** | 주벽主壁은 방문에서 정면으로 보이는 벽을 뜻하고, 좌우로 앉은 좌석에서 한가운데의 주되는 자리를 의미한다. 또 사당에 모신 위패 중에서 주장되는 위패를 뜻하기도 하는데 주벽신은 제사를 모실 때, 가장 주장되는 신을 뜻한다. 여기서는 조직의 우두머리 되는신명을 말한다.

(4) 만고역신萬古逆神과 전명숙 대장군 | **역신**逆神이란 쾌도난마快刀亂麻의 의기로 혼란한 세상을 바로잡으려다가 역적의 누명을 쓰고 무참히 죽임을 당한 **혁명가의 영신**靈神을 말합니다.

※ 원래 역신은 시대와 기회가 지은 바라. 역신이 경천위지經天緯地의 재능으로 천하를 바로잡아 건지려는 큰 뜻을 품었으나 시세가 이롭지 못하므로 그 회포懷抱를 이루지 못하고 멸족의 화禍를 당하여 천추에 원귀가 되어 떠돌거늘 세상 사람들은 사리事理를 잘 알지 못하고 그들을 미워하여 '역적놈'이라 평하며 일상 용어에 모든 죄악의 머리로 일컬으니 어찌 원통치 않겠느냐. 그러므로 이제 모든 역신을 만물 가운데 시비是非가 없는 별자리(星宿)로 붙여 보내느니라. (4:28)

상제님께서는 역신들의 원한을 풀어 주시기 위해 먼저 그들을 시비가 없는 별자리에 붙여 보내셨습니다. 그리하여 역신들은 상제님께서 주재하시는 우주의 특정한 별에서 집단을 이루어 살아가고 있습니다. 이 **만고역신의 주벽신**主壁神은 동학혁명을 주도했던 **전명숙 장군**입니다.

※ 세상 사람이 전명숙의 힘을 많이 입었나니 1결結 80냥 하는 세금을 30냥으로 감하게 한 자가 전명숙이로다. (4:11)

※ 전명숙은 진실로 만고명장이라. 백의한사白衣寒士로 일어나서 능히 천하를 움직였느니라. (5:339)

※ 황제黃帝가 난亂을 지으므로 치우蚩尤가 큰 안개를 지어 이를 평정하였나니 난을 지은 사람이 있어야 다스리는 사람이 있느니라. 최수운은 동세動世를 맡았고 나는 정세靖世를 맡았나니 전명숙의 동動은 곧 천하의 난을 동케 하였느니라. (2:31)

상제님께서는 전명숙 장군이 일으킨 **갑오**(1894) **동학혁명**이 천상 신명들을 크게 동하게 함으로써, 그 후 **현대사에 일어난 모든 대변혁의 시발점**이 되었다고 하셨습니다

전명숙 장군 절명시絶命詩

時來天地皆同力이나 運去英雄不自謀라
시래천지개동력 운거영웅부자모
愛民正義我無失이어늘 愛國丹心誰有知리오
애민정의아무실 애국단심수유지

때가 이르러서는 천지가 다 함께 힘을 모았으나
시운이 다하니 영웅도 스스로 도모할 길이 없구나.
백성을 사랑하고 의를 바로 세웠을 뿐이요 잘못이 없거늘
나라 사랑하는 붉은 마음을 아는 이 누가 있으리.

(제2장 2절 참고).

상제님은 조화정부의 성신 가운데 헤아릴 수 없이 많은 만고원신과 만고역신을 해원解冤시키는 것이 지상 선경을 건설하는 첫걸음이라 하셨습니다. 이것이 인류사의 새 장을 열어 놓은 천지공사의 가장 중요한 핵심 주제입니다.

❋ 이제 단주 해원을 첫머리로 하고 또 천하를 건지려는 큰 뜻을 품었으나 시세時勢가 이롭지 못하여 구족九族이 멸하는 참화를 당해 철천의 한恨을 머금고 의탁할 곳 없이 천고千古에 떠도는 모든 만고역신萬古逆神을 그 다음으로 하여 각기 원통함과 억울함을 풀고, 혹은 행위를 바로 살펴 곡해를 바로잡으며, 혹은 의탁할 곳을 붙여 영원히 안정을 얻게 함이 곧 선경을 건설하는 첫걸음이니라. (4:17)

이 원신과 역신 해원 공사의 구체적인 내용이 다음 제7장과 제8장에서 함께 살펴볼 **'세운世運 공사'**와 **'도운道運 공사'**입니다.

(5) 동서양 각 성씨의 선령신 | 천지간에 가득 찬 성신 가운데 자손을 가장 열성껏 돌보며 역사하는 신명이 바로 조상신입니다. 이번 가을 개벽기에 살아남는 은혜는 바로 선령신의 공덕에서 비롯합니다. 각 성씨 시조 할아버지부터 대대로 조상들이 쌓은 선업과 악업에 따라 그 자손의 생사가 판가름 납니다.

❋ 만성 선령신萬姓 先靈神들이 모두 나에게 봉공奉公하여 덕을 쌓음으로써 자손을 타 내리고 살길을 얻게 되나니 너희에게는 선령先靈이 하느님이니라. 너희는 선령을 찾은 연후에 나를 찾으라. 선령을 찾기 전에 나를 찾으면 욕급선령辱及先靈이 되느니라. … 모든 선령신들이 발동發動하여 그 선자선손善子善孫을 척신隻神의 손에서 건져 내어 새 운수의 길로 인도하려고 분주히 서두르나니 너희는 선령신의 음덕蔭德을 중히 여기라. (7:19)

❋ 들으라. 각 성姓의 선령신先靈神 한 명씩 천상공정天上公庭에 참여하여 제 집안 자손 도통시킨다고 눈에 불을 켜고 앉았는데…. (6:135)

지구촌 인간은 신명계에 있는 자신의 조상신을 통해서 구원받을 수 있습니다. 조상이 자손을 구원하는 제1의 하느님인 것입니다. 조상의 인도로 증산 상제님의 도법을 전수받은 일꾼들이 인류와 세계 구원의 사역을 끝매듭짓게 됩니다. 상제님은 지공무사하게 천지공사를 집행하시기 위해, **각 성의 선령신 가운데 대표 한 명씩을** 천상 조화정부에 참여하게 하셨습니다.

(6) 명부대왕 | 명부冥府는 천상 신명과 지상 인간의 죽음과 탄생, 공덕과 선악을 심판하고 주재하는 **천상의 법정**입니다. 범부에서 역사적 인물에 이르기까지, 상제님의

천지도수에 따라 지상에 내려 보내고 천상으로 다시 불러들이는 윤회의 법도를 이 명부에서 주재합니다. 사람은 자신이 태어날 때 어떤 도수와 명命을 짊어지고 나왔는지 모를 뿐, 그때 그 일을 하도록 명부 공사로 정해져 있습니다.

❋ 형렬의 집에서 여러 날 동안 명부 공사冥府公事를 행하시며 말씀하시기를 "명부 공사의 심리審理를 따라서 세상의 모든 일이 결정되나니, 명부의 혼란으로 말미암아 세계도 또한 혼란하게 되느니라. 그러므로 이제 명부를 정리整理하여 세상을 바로잡느니라." 하시고 "전명숙은 조선 명부, 김일부는 청국 명부, 최수운은 일본 명부, 이마두는 서양 명부를 각기 주장케 하여 명부의 정리 공사장整理公事長으로 내리라." 하시며 날마다 밤낮을 쉬지 않고 글을 써서 불사르시니라. (4:4)

❋ 전명숙全明淑이 거사할 때에 상놈을 양반 만들어 주려는 마음을 두었으므로 죽어서 잘되어 조선 명부대왕冥府大王이 되었느니라. (2:29)

상제님은 명부의 혼란으로 말미암아 세상이 혼란하게 되었다 하시고, 역사에 위대한 공덕을 끼친 인물로 명부대왕을 새로이 임명하셨습니다. 상제님은 네 분의 명부대왕에 대해서만 밝혀 주셨는데, 문명신이기도 한 이 성신들은 조화정부에서 다른 직책을 겸직하고 있습니다. 앞서 살펴본 대로 조선 명부대왕 전명숙 장군은 만고역신의 주벽으로 계시고, 청국 명부대왕 김일부 대성사는 역도易道 종장, 일본 명부대왕 최수운 대신사는 선도仙道 종장, 서양 명부대왕 이마두 대성사는 서도西道 종장을 각각 맡고 계십니다.

2. 땅[地] 개벽 공사: 동서양 지운 통일

사람의 육신은 하늘과 땅의 축소판입니다. 우리 몸에 있는 오장육부, 12경맥, 24추椎, 365경혈이 모두 하늘땅 구조에 응기하여 생겨난 것입니다. 천지의 축소판인 인간이 땅 위에 태어나 몸으로 빨아들이는 생명의 젖줄이 **지기地氣(地運)**입니다. 증산 상제님은 지운이 인간과 지상의 모든 생명체의 생사화복과 직접 연결되어 민족성을 형성하지만, 지기가 통일되지 못했기 때문에 **민족 간에 투쟁이 야기**된다고 밝혀 주셨습니다.

❋ 천지를 개벽하여 선경을 세우려면 먼저 천지도수를 조정調整하고 해원으로써 만고신명萬古神明을 조화하며 대지강산大地江山의 정기精氣를 통일해야 하느니라. (4:19)

❋ 이제 각 지방신과 지운을 통일케 함이 인류 화평의 원동력이 되느니라. (4:18)

1) 인간과 신명은 지기地氣를 따라 역사한다

인간의 생사존망에 큰 영향을 주는 환경적 모체가 지기地氣입니다. 세상의 모든 일과 만물의 조화를 매개하는 신들도 이 지기의 영향을 벗어날 수 없습니다. 인간과 천지간의 성신들은 하늘 기운과 땅 기운(지운)의 영롱한 빛줄기의 율동을 타고 역사 창조의 마당에서 사역합니다.

※ 제 지방 일 제가 하고 앉았으면 신명이 끌려 갈 때 각기 군郡과 도道와 나라[國]의 경계로 구분되어 나갈 것이라. 장막과 경계가 없는 물속의 물고기도 제 노는 곳을 스스로 넘지 못하나니 신명도 인사人事도 그러하여 사람이 출타하면 지방신地方神이 호위하여 가다가 그 경계에 이르면 다른 지방신에게 인계하고 자기 지방으로 돌아가느니라. 각 지방의 산신山神이 그 지방을 맡나니 곧 지방신이요 지방 기지基址를 맡은 신은 기지신基址神이니라. (11:253)

선천의 종교는 인간 삶의 가장 중요한 조건인 천지 환경을 도외시해 왔습니다. 성인과 역사의 큰 인물도 모두 하늘땅 기운에 응해서 세상에 태어나는 것입니다.

상제님께서는 산하기령山河氣靈을 통일하시기에 앞서 산하대운山河大運을 돌리기 위해 다음과 같이 공사를 보셨습니다.

※ 하루는 종이에 글을 써서 불사르시니 이러하니라.

天下自己神은 古阜運回하고
천하자기신　고부운회
天下陰陽神은 全州運回하고
천하음양신　전주운회
天下通情神은 井邑運回하고
천하통정신　정읍운회
天下上下神은 泰仁運回하고
천하상하신　태인운회
天下是非神은 淳昌運回하니라
천하시비신　순창운회

천하의 자기신은 고부로 운이 돌아오고
천하의 음양신은 전주로 운이 돌아오고
천하의 통정신은 정읍으로 운이 돌아오고
천하의 상하신은 태인으로 운이 돌아오고
천하의 시비신은 순창으로 운이 돌아오느니라. (4:109)

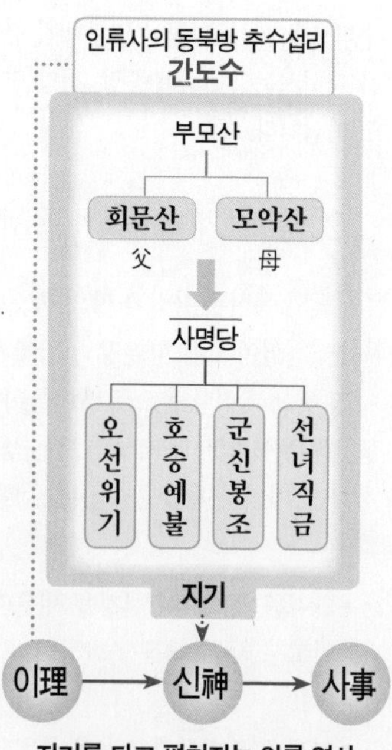

지기를 타고 펼쳐지는 인류 역사

장 소		사명당四明堂
순창淳昌	회문산回文山	오선위기五仙圍碁
무안務安	승달산僧達山	호승예불胡僧禮佛
장성長城	손룡巽龍	선녀직금仙女織錦
태인泰仁	배례밭拜禮田	군신봉조群臣奉朝

상제님의 이 말씀에서 천지 신명의 감응과 움직임은 지기의 발음 도수를 따른다는 것을 알 수 있습니다. 상제님의 성령(自己神)은 **고부 시루산**(甑山) 영봉을 타고 오시고, 후천 정음정양의 운수에 응하는 음양신陰陽神은 전주 **건지산**乾之山과 **곤지산**坤之山의 지운이 돌면서 사역합니다. 차경석, 박공우 두 성도를 만나신 후 열린 통정신通情神은 **정읍**에서 나오게 되며, 후천 임금과 신하의 기강을 바로잡는 상하신上下神은 태인에 있는 **군신봉조**群臣奉朝 **혈**穴이 발음되면서 그 기운이 열립니다. 또 후천개벽의 순간까지 종교·정치 등에 얽힌 온갖 이념의 시비를 가리는 시비신是非神은 **순창 회문산 오선위기 혈**의 발음 도수에 응하여 기운이 발동합니다. 이처럼 삼계의 주재자이신 증산 상제님은 지기의 절대적인 영향력을 인정하시고 그 기운을 천지공사에 취해 쓰셨습니다.

2) 인명과 지명 기운을 취하여 쓰심: 정명正名의 완성

천지 만물에는 모두 이름이 있고, 그 이름에 상응하는 기운이 발동합니다. 말은 마음의 소리이며 그 말의 힘은 파동으로 전달됩니다. 그리하여 좋은 말은 경사慶事를 부르고 저주와 원망의 말은 재앙을 초래하게 됩니다. 이러한 이치로 우리가 하느님께 축복을 간구하면 그 기도에 행복의 성신이 바람같이 임하시는 것입니다. 우리는 다음 말씀에서, 이름이 타고난 본성과 맞지 않을 때 그 속에 깊아 있는 기운이 엇갈려 발현되지 못함을 실감할 수 있습니다.

> ❋ 상제님께서 공우를 데리고 태인 남촌이변면南村二邊面 장재동壯才洞을 지나실 때 길가에 있는 박씨 묘를 보시고 말씀하시기를 "이 혈穴이 와우형臥牛形인데 금혈형琴穴形이라고 혈명을 잘못 지어 발음發蔭이 잘 못 되었느니라. 어디든지 혈명을 모르거든 용미龍尾 없이 조분造墳하였다가 명사名師에게 혈명을 지은 뒤에 용미를 달면 발음이 되느니라." 하시니라. (4:108)

생명의 조화주이신 상제님은 이와 같이 사물의 이름을 그 천성과 부합하도록 지으시고 천지공사를 행하셨습니다. 공사를 보실 때는 반드시 **공사에 참여하는 사람의 성과 이름, 공사에 관련된 산과 지방의 이름에 감응하는 생명의 파장을 응기시켜 집행하셨**

습니다.

예를 들면, 상제님께서는 전북 7군 중 함열咸悅에 자주 가셔서 공사를 보셨는데, 그 이유를 '모든 사람이 다 함께 기뻐한다'는 "만인함열萬人咸悅의 뜻을 취함이라."(5:433) 하셨습니다. 또 불가지佛可止에 전해 오는 '가활만인지지可活萬人之地' 즉 '가히 만인을 살릴 만한 곳'이라는 전설을 좇아 인류 구원 공사를 보셨습니다.(5:397) 선·후천이 바뀌는 때에 천지 수기水氣 돌리는 공사를 피난동避難洞에서 집행하셨고(5:262), 성신의 계시를 받고 찾아온, 태인 숙구지(수꾸지)에 사는 전태일全泰一을 통해 구원의 날에 역사할 일꾼의 숫자를 수놓아 보셨습니다.(6:111)

또 상제님께서는 차경석車京石, 이치복李致福 등 많은 성도에게 도명道名을 친히 내려 주셨습니다. "서울 경京 자 이름 가진 사람의 기운을 뽑아 써야 할지라."(5:274) 하신 말씀과 같이, 타고난 본성과 기국에 따라 도수를 정하여 각기 책임을 지워 주셨습니다.

❋ 상제님께서 방 안에서 내다보시며 "오랜만에 큰 일꾼 하나 들어오는구나." 하시고 치화가 인사를 여쭙자 마루로 올라오게 하신 뒤에 "이럴 때는 나이 적은 사람이 나이 많은 사람에게 인사를 받느니라. 사배를 하라." 하시니라. 치화가 공손히 사배를 올리니 이번에는 치화를 앉혀 놓고 친히 단배單拜로 답하시고 거주성명을 물으시거늘 치화가 아뢰기를 "시생은 부안 사람으로 성은 이가李哥요, 이름은 영로榮魯, 자字는 치화致和입니다." 하니 상제님께서 "화和는 화禍와 같은 음이라. 사람은 복이 있어야 하나니 치화致和를 치복致福으로 하라." 하시며 친히 이름을 고쳐 주시니라. (3:294)

❋ 형렬에게 물으시기를 "법이 시골에서 만들어져 서울로 가느냐, 서울에서 만들어져 시골로 가느냐?" 하시니 형렬이 "법이야 서울에서 만들어져 시골로 내려오지요." 하고 대답하거늘 "그러면 그렇지. 무릇 법이란 서울로부터 내려와 만방에 펴내리는 것이니 서울 경京 자 이름 가진 사람의 기운을 뽑아 써야 할지라. 그러므로 경수京守의 집에 수명소壽命所를 정하노라." 하시니라. 또 경학京學의 집에 대학교大學校를 정하시며 말씀하시기를 "경학의 학學 자가 배울 학자이니 대학교를 정하노라." 하시고 경원京元의 집에 복록소福祿所를 정하시니라. (5:274)

이름은 그 사물의 본질을 대변합니다. 후천 신천지를 개벽하시는 증산 상제님께서는 그 이름에 응감하는 생명의 파장이 발동할 수 있도록 **'같은 음을 취하여'** 도수를 짜셨습니다.

일찍이 공자는 "이름이 바르지 않으면 말이 순하지 않고, 말이 순하지 않으면 일이 이루어지지 못한다[名不正, 則言不順; 言不順, 則事不成.]."(『論語』「子路」)라고 하여 정명正名 사상을 세상에 펼쳤습니다. 상제님께서 이렇게 이름을 바로잡아(改名=正名) 주시고 그 이름에 응기시켜 천지공사를 보신 것은, 우주 삼계의 기운을 통일하시고 정명 사상의 궁극 이상을 이루어 주신 것입니다.

3) 후천 가을 지구의 부모산과 사명당四明堂: 산하기령山河氣靈 통일 공사

상제님께서는 천문天文·지리地理·인사人事의 삼재 이법에서 인간을 낳아 기르고 문명을 열어 나가는 데 가장 직접적인 영향을 주는 큰 힘으로 지구의 생성·변화 이치를 강조하셨습니다. 상제님께서 하루는 어느 산을 가리키시며 "이곳이 명당이니라." 하시며 크게 칭찬하신 적이 있는데 박공우 성도가 그 명당을 얻기를 수 차례 간청하자 후천의 장례법인 초혼장招魂葬으로 명당을 내려 주셨습니다.(3:254) 또 상제님께서 태전을 지나시다가 "이곳이 제왕지지帝王之地니라."(5:306)라는 말씀을 하셨고, 조선의 명당과 중요한 혈자리에 대해서 많은 말씀을 해 주셨습니다. 또 태상종도사님께서는 상제님이 간방 한반도로 오신 이유를 지구의 지리로 평하여 말씀해 주셨습니다.

❀ 일본이 바짝 오그려 우리 나라를 감싸주고 있는데, 이걸 내청룡內青龍이라고 한다. 쉽게 말하면 일본이 혈인 우리 나라의 담장이고 성곽인 셈이다. 또 여기 중국대륙에서부터 저 싱가포르까지가 내백호內白虎다. 청룡은 비상하고 즉 청룡은 나는 것 같이 보이고, 백호는 순복하고, 순하게 엎드려 있는 것 같아야 지리가 되는 것이다. 저 중국이 아주 첩첩이 에워싼 만첩백호萬疊白虎다. 그게 다 내백호다. 저 아메리카 대륙은 외청룡外青龍이고, 아프리카 대륙은 외백호外白虎다. 그리고 이 호주, 뉴기니아 앞쪽은 우리 나라의 안산案山이다. 그리고 기운이 빠지는 곳, 즉 물이 빠지는 파破는 대만해협이다. 언뜻 보면 구주에서부터 대만까지가 떨어져 있는 것 같지만, 사실은 연륙되어 있다. 그렇게 점점이 이어진 섬을 유구열도琉球列島라고 한다. 저 만주에서부터 요하, 난하, 황하, 양자강 물이 전부 황해로 쏟아져 나와 대만해협을 통해 빠져나간다. 그런데 그 기운이 설기洩氣 되는 게 안타까워, 대만해협에 금문도金門島니 조종도祖宗島니 하는 섬이 있어 물 빠지는 입구를 아주 협소하게 만들어 놓은 것이다. 그러니까 동해와 서해는 내명당수가 되는 것이다. 이 지구의 오대양육대주가 전부 한반도, 대한민국을 만들기 위해 그렇게 되어 있는 것이다.

선천 문명은 지기의 조종인 곤륜산이 시발점이 되어 그 기운이 석정산(佛), 니구산(儒)의 도봉道峰을 타고 내려와 석가, 공자를 냄으로써 인류 문화의 꽃을 피우게 되었습니다. 상제님은 이 선천 문명을 통일·결실하는 후천 문명의 종주산을 이렇게 밝혀 주셨습니다.

※ 전주 모악산母岳山은 순창 회문산回文山과 서로 마주서서 부모산이 되었나니 부모가 한 집안의 가장으로서 모든 가족을 양육 통솔하는 것과 같이 지운地運을 통일하려면 부모산으로부터 비롯해야 할지라. 그러므로 이제 모악산으로 주장을 삼고 회문산을 응기應氣시켜 산하의 기령氣靈을 통일할 것이니라. (4:19)

※ 世界有而此山出하니 紀運金天藏物華라
세계유이차산출 기운금천장물화
세계가 생겨나고 이 산이 나왔으니
후천(가을) 문명을 여는 운수가 이 산에 깊아 있느니라. (5:282)

회문산은 아버지 산으로 '회문산'에서 '문文'은 '부父'로 새기기도 합니다. 모악산은 일찍이 위대한 선지자 주장춘이 말했듯이, 천지의 문호로서 아버지 산인 회문산과 짝을 이루는 지구의 어머니 산입니다.

천지의 부모산이 모두 자리 잡은 한국은 지구의 간방艮方에 해당합니다. 선천 개벽이 열리면서 이곳 간방에서 하느님의 말씀이 이루어지도록(成言乎艮) 이미 예정되어 있습니다.

우주의 가을철을 맞아 창조의 이상을 이루시기 위해 삼계를 개조하시는 상제님께서는 후천의 새 역사를 여시는 기초 작업으로 아버지 산인 회문산을 후천 지구의 산군山君으로 정하시고 모든 산하의 기령을 통일하셨습니다.

회문산 | 회문산(837m)은 전라북도 순창군에 위치한다. 주봉에서 서쪽으로 투구봉(장군봉), 동쪽으로 지리산, 남쪽으로 무등산, 북쪽으로 모악산이 바라다 보인다. 그리 높지는 않으나 상제님께서는 사람 몸에 24추椎가 있듯이 회문산에 24혈穴이 있다고 하시고, 이곳에 산군山君 도수를 붙이셨다.(4:109) 또 오선위기五仙圍碁 혈에다 단주 해원 도수解冤度數(5:176)를 붙이시고, 최수운 대성사를 초혼하여 장사하셨다.(5:399) 그리고 가을 천지 추수 운과 연관되는 세 번 밤 까는 도수로써 오선위기 공사를 보시기도 하셨다.(5:296)

※ 사람의 몸에 24추椎가 있듯 회문산과 변산에도 24혈穴이 있어 큰 기운을 간직하였나니 이제 회문산은 산군山君 도수, 변산은 해왕海王 도수를 정하여 천지공사에 그 기운을 쓰노라. (4:109)

부모산은 지구 기운의 중추 신경입니다. 상제님은 이 부모산과 연결되어 역사 창조를 추진시켜 나가는 **사명당**四明堂에 대해 말씀하시고, 하늘의 뭇 성신과 더불어 사명당 기운을 풀어 세계 역사의 운로를 잡아 돌리시는 대공사를 다음과 같이 처결하셨습니다.

※ 수운의 글에 '산하대운山河大運이 진귀차도盡歸此道라.' 하고 궁을가에 '사명당四明堂이 갱생更生하니 승평시대昇平時代 불원不遠이라.' 하였음과 같이 사명당을 응기시켜 오선위기五仙圍碁로 천하의 시비를 끄르며 호승예불胡僧禮佛로 천하의 앉은판을 짓고 군신봉조群臣奉朝로 천하의 인금人金을 내며 선녀직금仙女織錦으로 천하 창생에게 비단옷을 입히리니 이로써 밑자리를 정하여 산하대운을 돌려 발음發蔭케 하리라. (4:19)

※ 치복에게 일러 말씀하시기를 "세상에서 궁을가弓乙歌의 '사명당이 갱생'이란 말을 중 사명당四溟堂으로 잘못 알아 왔으나 이는 본래 이 '사명당四明堂'을 이르는 말이니라. 조화造化는 불법에 있으니 호승예불의 기운을 걸어 조화를 쓰고 무병장수는 선술仙術에 있으니 오선위기 기운을 걸어 무병장수케 하고 군신봉조는 장상將相이 왕명을 받는 것이니 그 기운을 걸어 나라를 태평케 할 것이요 선

모악산 | 모악산(796m)은 전라북도 전주시, 김제시, 완주군에 걸쳐 솟아 있는 산이다. 진표 대성사는 이곳에 최초의 미륵불 도량인 금산사를 중창하였다(1:7). 상제님께서는 이곳 금산사 미륵금상에 30년간 임어해 계시다가 강세하셨고, 어천 시에도 금산사를 거쳐서 환궁하셨다.(2:30, 10:33) 또 모악산 뒤편 대원사에서 천지대신문을 여셨다(3:1). 태모님께서도 모악산 산신으로 잠시 계시다가 상제님을 따라 강세하셨다.(11:20) 가을 천지의 부모산이 한반도의 남쪽에 있다는 것은, 상제님과 태모님께서 이곳에 오셔서 인류를 구원할 새 역사판을 짜신 것과도 연관이 있다.

녀직금은 선녀가 비단을 짜는 것이므로 그 기운을 걷어 창생에게 비단옷을 입히리니 6월 보름날 신농씨神農氏 제사를 지낸 뒤에 일을 행하리라. 올해는 천지의 한문閈門이라. 이제 일을 하지 못하면 일을 이루지 못하리라." 하시니라. 하루는 새울 최창조의 집에 '사명당四明堂'이라 쓴 종이를 종처럼 매달아 놓으시고 "이 사명당 기운으로 사람 하나가 나오느니라." 하시니라. (5:395)

상제님께서는 또 후천의 새 하늘과 새 땅을 여시기 위해 지기를 통일시키는 과정으로서 '계룡산 정씨 왕국' 기운을 없애 버리신다고 말씀하셨습니다.

❋ 이제 산하대운山河大運을 거두어들이리라. (5:238)

❋ 예로부터 계룡산鷄龍山 정씨鄭氏 왕국과 가야산伽耶山의 조씨趙氏 왕국과 칠산七山의 범씨范氏 왕국을 일러 오나 이 뒤로는 모든 말이 그림자를 나타내지 못하리라. 그러므로 정씨를 찾아 운수를 구하려 하지 말지어다. (3:184)

상제님께서 여러 성도들에게 '조선 말에 정씨가 왕이 된다.'는 말을 경계하시며 "정씨로 왕이 될 만한 사람이 없느니라. 조선 사람은 정씨만 찾나니 아무것도 배운 것 없이 정씨만 찾아서 무엇 하리오. 한낱 분잡케만 될 뿐이라."(5:76)라고 말씀하셨습니다. 또 "시속에 그른 일 하는 자를 방정訪鄭맞다고 하고, 옳은 일 하는 자를 내정來鄭이 있다고 이른다."라고 하시며 조선 민중 사이에 널리 퍼진 비결 기운을 뿌리 뽑으셨습니다(5:76). 이밖에도 상제님께서는 정씨 기운 꺾는 공사를 다음과 같이 직접 보셨습니다.

❋ 우리 국운國運을 위하여 정鄭씨를 없이하였음에도 불구하고 세상에서 정씨의 노래가 끊이지 않으니 혹 이李씨가 정씨의 화禍를 받을 염려가 있겠으므로 이제 그 살煞을 풀기 위하여 이씨 기운을 돋우고 정씨 기운을 꺾는 공사를 보았노라. (5:239)

3. 인간[人] 개벽 공사: 인류 역사의 새 이정표를 정하심

1) 세운世運 공사와 도운道運 공사

삼계 우주를 통치하시고 경영하시는 증산 상제님은 인간으로 강세하시어 먼저 천상 통일 신단神團인 조화정부를 결성하시고, 그 다음에 지구의 산하기령을 통일하셨습니다. 그리고 이를 토대로 후천 5만 년 인류의 운명이 전개되어 나갈 천지 역사의 시간표(도수)를 짜셨습니다. 증산 상제님께서 천지 이법과 천지기운을 바탕으로 병든 천지 질서를 바로잡기 위해 행하신 천지공사는 인류 새 역사의 설계도이자, 이정표입니다. 만물을 낳아 길러 온 천지부모의 모든 공력이 우주의 가을철에 오시는 하느님이신 서신의 손길에 의해서 마침내 완성됩니다.

※ 나는 서신사명西神司命이니라. … 내가 이제 천지를 개벽하여 물샐틈없이 도수를 정하였느니라. (4:152)

※ 신명정부神明政府를 건설하시고 앞세상의 역사가 나아갈 이정표를 세우심으로써 상제님의 대이상이 도운道運과 세운世運으로 전개되어 우주촌의 선경낙원仙境樂園이 건설되도록 물샐틈없이 판을 짜 놓으시니라. (5:1)

후천 가을 새 역사의 운로를 정해 놓으신 천지공사는 크게 '세운 공사世運公事'와 '도운 공사道運公事'로 나뉩니다.

세운 공사란 세계 정치 질서의 운로를 도수로 짜 놓으신 것입니다. 그리고 세운의 전개 과정에서 천지 일꾼들이 나와 상제님의 도道 문화를 개척해 나가는 **상제님 도의 역사 궤도, 즉 당신님의 도가 전개되어 나가는 섭리를 짜 놓으신 것이 바로 도운 공사**입니다. 다시 말하면 인류를 구원하고 후천선경을 건설하기 위해 상제님의 대도大道가 인간 역사에 뿌리내려 자리 잡고, **종통 맥이 전수되는 과정이 바로 도운**인 것입니다. 한마디로 세운 공사는 세계 정치역사의 운명을, 도운 공사는 상제님 도의 5만 년 조화선경 건설의 운로를 짜 놓은 것을 말합니다.

※ 상제님께서 9년 동안 공사를 행하시어 선천 말대의 천지운로天地運路를 뜯어고치시고 후천세계 인간 생활의 모든 질서를 결정하시니 세간世間의 만사만물이 상제님의 붓끝을 거쳐가지 않은 것이 없더라. (5:435)

※ 이제 하늘도 뜯어고치고 땅도 뜯어고쳐 물샐틈없이 도수를 굳게 짜 놓았으니 제 한도限度에 돌아 닿는 대로 새 기틀이 열리리라. (5:416)

신축(1901)년 이후 인간 역사는 상제님께서 판 짜 놓으신 천지공사 내용에 따라 한 치의 오차도 없이 전개되고 있습니다. 따라서 천지공사를 단순한 예언이나 새로운 사상을 설파한 정도로 받아들인다면 상제님 진리의 진면목을 결코 체험할 수 없습니다.

앞으로 세상이 파탄나고 개벽 상황이 벌어지는 세운의 끝판 과정에서 상제님 일꾼이 세운과 도운을 통일하고 후천 가을 세상을 건설합니다. 현실 역사에서는 세운이 주체인 것처럼 보이지만 우주 역사로 볼 때는 상제님 도의 일꾼이 양육되고 성숙되는 세상의 판밖 도운이 지구촌 역사의 진정한 주체입니다.

2) 성사재인成事在人의 천지 도수

※ 상제님께서는 우주 내에 운행하는 기운을 걷어잡으시어 천리天理와 지의地義와

신도神道와 인사人事에 가장 합리적인 도수를 짜 놓으시고 모든 것이 제 도수에 맞추어 인사로 실현되도록 신도의 기틀을 굳게 질정하시니라. (5:435)

증산 상제님께서는 가을철 '인존 시대'를 맞아 후천의 조화 세상을 여는 **신천지 개벽의 대업을 당신의 종통 도맥을 계승하는 천지 일꾼에게 일임해 놓으셨습니다.** 가을 개벽기에 인류를 건져 지구촌 문화를 통일하고 후천 지상 선경을 건설하는 **성사재인成事在人의 이정표 도수**를 짜 놓으신 것입니다. 이것이 바로 **상제님의 도운 전개 과정**입니다.

❋ 선천에는 모사謀事는 재인在人이요 성사成事는 재천在天이라 하였으나 이제는 모사는 재천이요 성사는 재인이니라. (4:5)

❋ 모사謀事는 내가 하리니 성사成事는 너희들이 하라. (5:434)

상제님과 태모님께서는 우주의 조화 주신造化主神으로서 삼계대권을 발동하여 후천 새 역사의 운수를 정해 놓으시고(謀事在天), 이 도수(천지 새 역사의 프로그램)를 실현해 나가는 모든 관건을 일꾼에게 맡기셨습니다(成事在人).

❋ 이 때는 천지성공 시대라. 서신西神이 명命을 맡아 만유를 지배하여 뭇 이치를 모아 크게 이루나니 이른바 개벽이라. 만물이 가을바람에 혹 말라서 떨어지기도 하고 혹 성숙하기도 함과 같이 참된 자는 큰 열매를 맺어 그 수壽가 길이 창성할 것이요 거짓된 자는 말라 떨어져 길이 멸망할지라. (4:21)

상제님의 이 말씀처럼, 가을 대개벽기에는 순수하고 진실한 참 마음을 가진 사람만 살아남을 수 있습니다. 이 시대에 대해 당신님께서는 "이제 모든 선령신들이 발동發動하여 그 선자선손善子善孫을 척신隻神의 손에서 건져 내어 새 운수의 길로 인도하려고 분주히 서두르나니…."(7:19)라고 말씀하셨습니다. 하늘나라에 살고 있는 선대 조상들의 음덕이 자손줄에 와서 열매를 맺는 이때는, 자손을 척신의 손아귀에서 구해 내기 위해 모든 조상신들이 고군분투하는 시기입니다. 지금은 천상의 조상과 지상의 후손이 영원히 죽어 없어지느냐 아니면 영원한 생명으로 도약하느냐 하는 절체절명의 시간입니다. 이 때문에 조화주 하느님께서 친히 인간 세상에 오시어 신명과 인간이 누리며 살아가는 **천지의 생존 질서까지 뜯어고쳐 모든 생명을 근원적으로 구원하는 천지공사**를 집행하신 것입니다.

상제님께서 질정質定해 놓으신 9년 천지공사의 이정표(천지도수)가 이 세상 속에서 어떻게 실현되어 나가는지, 그 구체적인 내용은 제7장 세운 공사와 제8장 도운 공사에서 자세히 살펴보겠습니다.

제4절 천지공사 종결과 어천御天

1. 상제님의 마지막 언약과 당부

지공사로 비겁에 빠진 삼계를 건지시고 후천의 지상 선경 낙원을 열어 주시기 위해 인간으로 오신 증산 상제님은 9년 동안 천지공사를 집행하시고 마침내 천상 궁전의 보좌로 돌아가십니다.

❋ 동짓달에 광찬이 상제님께서 개벽을 속히 붙이지 않으심을 조급히 생각하여 불평을 품고 항상 좌석을 시끄럽게 하며 말하기를 "내가 집안일을 돌보지 않고 여러 해 동안 당신님을 따르는 것은 하루바삐 새 세상을 보자는 일이거늘 이렇게 시일만 천연하매 집에 돌아가서 처자권속을 대할 낯이 없으니 차라리 스스로 생명을 끊음만 같지 못하다." 하니 상제님께서 일깨워 말씀하시기를 "개벽이란 것은 때와 기회가 있나니 마음을 누여 어린 짓을 버리라.
… 형렬에게 일러 말씀하시기를 "죽는 일을 장차 나에게서 보게 되리라." 하시니라. (3:283)

당시 약 60여 명의 성도들은 쪼들리는 생활과 혼란하기 그지없는 사회적 정황 속에서도 상제님 천지공사에 수종 들며 모두 꿈에 부풀어 있었습니다. 9년 천지공사를 통해 조화정부를 열어 천지를 개벽하고 무궁한 후천 5만 년 지상 선경 세계를 여시는 일이 당대에 이루어질 것으로 알았던 것입니다.

❋ 선생님이시여, 하루빨리 이 세상을 뒤집어서 선경을 건설하시어 남의 조소를 받지 않게 하시고, 애타게 기다리는 저희에게 영화를 주옵소서. (2:74)

성도 대부분은 자신들이 죽은 뒤에 상제님 일이 성사되리라고는 꿈에도 생각지 못했습니다. 더욱이 삼계 대권의 조화권을 자유자재로 쓰시는 상제님을 지켜본 성도들은, 상제님께서 성수聖壽 마흔도 채 안 되신 한창 때에 천상으로 가신다는 말씀을 들을 때 깜짝 놀라지 않을 수 없었습니다.

❋ 자현을 불러 이르시기를 "널 한 벌을 만들어야 하겠으니 박춘경朴春京의 집에서 파는 관재棺材 중 잘 맞는 것으로 가져오라. 내가 장차 죽으리라." 하시고 다시 혼잣말로 말씀하시기를 "이 살이 어서 썩어야 할 텐데…." 하시니 자현이 놀랍고도 민망하여 "선생님이시여, 어찌 그런 상서롭지 못한 말씀을 하십니까?" 하고 여쭈거늘 "네가 내 말을 믿지 않는구나." 하시니라. (10:14)

상제님은 "애타게 기다리는 저희에게 영화를 주옵소서."(2:74) 하며 간절하게 부르짖는 성도들이 당신의 어천 후에 구슬픈 심정으로 허무와 좌절의 그늘에서 방황하게 될 것을, 옛 시로써 일러 주셨습니다.

※ 기유년 6월에 갑칠에게 장령將令을 붙여 서양으로부터 우사雨師를 넘겨 오시니 류찬명柳贊明이 여쭈기를 "이러한 묘한 법을 세상 사람이 다 알지 못하오니 원컨대 세상 사람으로 하여금 널리 알게 하옵소서." 하거늘 상제님께서 말씀하시기를 "너는 내가 길게 살기를 바라는구나." 하시고 옛글을 외워 주시니 이러하니라.

稚兒哭問母何之하니 爲道青山採菜遲라
치아곡문모하지 위도청산채채지

日落西山人不見한대 更將何說答啼兒오
일락서산인불견 갱장하설답제아

어린아이가 울면서 어머니 간 곳을 물으니
저 청산에 약초 캐러 간 발걸음이 더디다고 이르더라.
해는 서산에 지고 사람의 그림자는 보이지 않는데
장차 무슨 말로 저 우는 아이의 마음을 달래 주리오.

또 남원南原 양봉래楊蓬萊의 '자만시自輓詩'를 외워 주시니 이러하니라.

詩中李白酒中伶인대 一去青山盡寂寥라
시중이백주중령 일거청산진적요

又去江南楊進士하니 鷓鴣芳草雨蕭蕭라
우거강남양진사 자고방초우소소

시로 말하면 이태백이요 술 잘 마시기로는 유령이 뛰어난데
한 번 죽어 청산에 들어가니 모두 소식이 없네.
이제 또 강남의 양 진사도 가 버리니
자고새는 방초 위에 슬피 울고 고적한 비바람만 뿌리는구나. (10:20)

1) 천상 호천금궐로 환궁하실 것을 말씀하심

상제님께서는 강세하실 때 이미 당신의 어천 시점을 천지에 도수로 박아 놓으셨다 하시고, 개벽 공사를 속히 진행케 하시기 위해 천상으로 올라 가셔야 한다고 말씀하셨습니다.

※ 내가 애초에 이 세상에 내려올 적에 '내가 천지 일을 마치고 어느 때 돌아오리라.' 하고 내려와 한 치의 빈틈없이 공사를 행하고 있으나…. (10:2)

※ 내가 이 세상에 있으면 삼계의 모든 일이 지연되리라. 이제 천상에 가서 공사를 펴내어 빨리 진행케 하고 오리니 기다리지 말라. 공사를 마치면 돌아오리라. (10:1)

❋ 갔다 오는 사이에 서양의 여러 나라에서 일이 있으면 내가 하는 것으로 알아라. 다른 곳에서 일을 하면 내가 짓는 일이 호호탕탕浩浩蕩蕩하리라. (10:32)

상제님은 선천의 9수 원리에 따라 9년 천지공사를 마치신 뒤에 물샐틈없이 짜 놓으신 72년 동안의 화둔을 주재하시기 위해 어천하실 것을 말씀하셨습니다.

❋ 내가 이제 72둔遁을 써서 화둔火遁을 트리라. … 나는 곧 남방 삼이화三離火로다. (4:146)

여기서 72둔의 '72'는 72년을 말하는 것이며, 둔遁에는 숨는다(隱也)는 뜻이 있습니다. 이 72둔에는 지구상에 나올 핵무기와 선천 상극 천지의 재앙의 불 기운을 묻는 공사의 의미가 내포되어 있습니다. 그런데 72둔이 의미하는 도운사의 핵심은, 상제님께서 남방 삼리화의 광명을 여시기 위해 오셨지만 당신님 어천 후 세상에서는 72년간 진리의 구체적인 면모를 모르고 온갖 난법이 날뛰게 된다는 것입니다. 상제님께서 어천하시고 72년이 지나면서『증산도의 진리』가 처음 발간(1981)되어 진리 체계가 확립됨으로써 **상제님 대도 진리의 진면목이 세상에 공개되었습니다.**

2) 처족을 찾으시고 가족을 부탁하심

상제님께서는 고달픈 인생 여정을 마무리 지으시면서 처족을 일일이 찾으시고, 또한 당신의 가족을 종도들에게 부탁하셨습니다.

❋ 기유(己酉: 道紀 39, 1909)년 2월 9일에 김자현金自賢을 데리고 금구 내주평金溝 內注坪 정남기鄭湳綺의 집에 가시어 말씀하시기를 "이 길이 나의 마지막 길이니 처족妻族들을 일일이 찾으리라." 하시며 등불을 들리시고 밤새도록 여러 집을 찾으시니라. (10:10)

❋ 강성회姜聖會의 집에 가시어 영탁永鐸에게 말씀하시기를 "장차 네가 나를 대신하여 내 집안을 돌보자면 수고가 많으리라. 고목枯木에 장차 꽃이 피리라." 하시니라. 그 길로 본댁에 돌아오시니 가족들이 모두 모이거늘 말씀하시기를 "每事不待自然來(매사부대자연래)라." **하시니라.** (10:11)

❋ 하루는 상제님께서 박공우朴公又에게 물으시기를 "네가 일찍 부모를 잃었느냐?" 하시니 공우가 "예, 그렇습니다." 하거늘 말씀하시기를 "이 뒤로는 나의 부모를 네 부모와 같이 섬기라." 하시니라. (10:17)

상제님은 이렇게 어천하시기 전에 친족인 영탁에게 집안을 돌보도록 맡기시고, 박공우 성도에게는 부모님을 잘 모시도록 당부하셨습니다.

3) 금산사金山寺를 통해 환궁하실 것을 말씀하심

진표 율사의 발원에 의해 미륵불로 이 땅에 오신 증산 상제님께서는 이제 금산사로 다시 들어 가리라 하시고, 팔월 초하루에 환궁하실 것을 말씀하셨습니다.

❋ 하루는 성도들에게 말씀하시기를 "세상이 너무 악하여 몸둘 곳이 없으므로 장차 깊이 숨으려 하니 어디가 좋겠느냐?" 하시니 채사윤은 "내장사內藏寺로 가심이 좋겠습니다." 하고 신원일은 "부안扶安 변산邊山의 내소사來蘇寺로 가심이 좋겠습니다." 하거늘 상제님께서 들은 체도 하지 않으시더니 잠시 후에 "나는 금산사에 가서 불양답佛糧畓이나 차지하리라." 하시니라. 또 하루는 말씀하시기를 "내가 미륵이니라. 금산사 미륵은 여의주를 손에 들었거니와 나는 입에 물었노라." 하시고 "내가 금산사로 들어가리니 나를 보고 싶거든 금산 미륵불을 보라. 금산사 미륵불은 육장六丈이나 나는 육장 반으로 오리라." 하시니라. (10:33)

상제님께서는 탄강하시기 전에 금산사 미륵전에 머무르신 것(2:15)과 마찬가지로, 구원의 틀을 짜 놓으시고 하늘 보좌로 떠나실 때도 미륵신앙의 본도장인 **금산사를 통해 환궁**하셨습니다. 이 사실에서 우리는 상제님이 진표 대성사에게 내리신 계시와 그의 간곡한 하소연을 그대로 이루어 주신 미륵불이심을 다시금 확신하게 됩니다.

4) 후천에 성신으로 오실 것을 언약하심

❋ 나의 얼굴을 잘 익혀 두라. 후일에 출세할 때에는 눈이 부시어 보기 어려우리라. 예로부터 신선이란 말은 전설로만 내려왔고 본 사람은 없었으나 오직 너희들은 신선을 보리라. (7:89)

❋ 내가 장차 열석 자로 다시 오리라. (10:24)

상제님은 태양보다 더 눈부신 '열석 자의 신선'으로 오신다고 말씀하셨습니다. 이 말씀은 탄강하실 때 '시천주侍天主 조화정造化定 영세불망만사지永世不忘萬事知'라는 **시천주주의 열석 자 기운**을 취해 오신 것과 같이(열석 달 만에 탄강하심), 이후에도 그 기운을 갖고 성령으로 다시 오신다는 뜻입니다. '13'은 가을 결실 에너지(4·9金)의 상수象數로서 '후천의 완성'을 의미합니다.

상제님은 수부님과 성도들에게 이별의 아쉬움을 전하며 당신의 언약이 반드시 실현될 것을 시 한 수로 대신해 주셨습니다.

❋ 상제님께서 하루는 수부님께 물으시기를 "내가 비록 죽을지라도 마음을 변치 않겠느냐?" 하시니 수부님께서 대답하여 말씀하시기를 "어찌 변할 수가 있겠습니까." 하시매 상제님께서 글 한 수를 외워 주시니 이러하니라.

無語別時情若月이언마는 有期來處信通潮라
무 어 별 시 정 약 월 유 기 래 처 신 통 조
말없이 이별할 때의 정은 으스름 달빛처럼 애련한 것이언만
다시 올 기약 있어 믿는 마음은 조수처럼 어김이 없을진저. (10:7)

2. 선천을 종결 짓는 마지막 매듭 공사

상제님은 지상에서의 일을 모두 마치시고 성수 39세 되시던 기유년 6월 20일에 **'천지공사의 종결'**을 **선포**하셨습니다. 그리고 천상 궁궐로 돌아가실 때까지 나흘 동안 병겁을 마무리 짓고 개벽 세계를 여는 마지막 선천 매듭 공사를 집행하셨습니다. 여기에는 선천 상극의 변혁을 최종 마무리 짓는 병겁의 문제를 다른 도수와 구분지어 별개의 대사건으로 인식하라는 당신님의 의도가 깃들어 있습니다. 상제님께서 마지막으로 덧붙인 선천 매듭 공사에는, 선천 우주를 후천 우주로 연결하는 중대한 의미가 담겨 있습니다.

1) 믿음을 다짐 받으시고 영원한 강녕康寧을 내려 주신 공사

찌는 듯한 무더위가 기승을 부리던 기유년 6월 초열흘께였습니다.

❋ 약방에 돌아오시어 각처 성도들에게 "유월 스무날 구릿골 약방으로 모이라." 는 통지를 띄우시니라. (10:21)

상제님께서는 6월 20일, 구릿골 작은 약방에 모인 성도들에게 반석 같은, 굳은 믿음을 갖도록 다음과 같이 다짐 받으셨습니다. 이때 당신님은 열흘째 곡기를 끊고 계셨습니다.

❋ 상제님께서 여러 성도들을 한 줄로 꿇어앉히시고 말씀하시기를 "이제 너희들에게 다 각기 운수를 정하였나니 잘 받아 누릴지어다. 만일 받지 못하는 자가 있으면 그것은 성심誠心이 없는 까닭이니라." 하시고 다시 "너희들이 나를 믿느냐?" 하고 물으시니 모두 큰 소리로 "믿습니다." 하고 대답하니라. 또 물으시기를 "죽어도 믿겠느냐?" 하시니 모두 대답하기를 "죽어도 믿겠습니다." 하고 맹세하거늘 이와 같이 세 번 다짐을 받으신 뒤에 말씀하시기를 "한 사람만 있어도 나의 일은 이루어지느니라." 하시니 다만 성도들은 '천하사를 도모하는 데 위지危地에 들어가서 죽게 될지라도 믿겠느냐.'는 뜻으로 알더라. (10:26)

상제님께서는 9년 천지공사를 마치고 거백옥 도수를 보실 때도 성도들에게 다음과 같이 당부하셨습니다.

❋ "너희들은 삼가 타락치 말고 오직 일심으로 믿어 나가라. 일심이면 천하를 도모하느니라. 이제 9년 동안 보아 온 개벽 공사開闢公事의 확증을 천지에 질정質定하리니 너희들도 참관하여 믿음을 굳게 하라. 천지는 말이 없으되 오직 뇌성과 지진으로 표징하리라." 하시고 글을 써서 불사르시니 갑자기 천둥과 지진이 아울러 크게 일어나니라. (5:414)

6월 20일, 상제님께서는 성도들에게 일심을 가지고 잘 믿을 것을 간곡히 당부하시고, 마침내 천지공사를 마치셨음을 선포하셨습니다.

❋ 상제님께서 형렬이 새로 지어 올린 옷으로 갈아입으시고 천지공사天地公事를 마쳤음을 성도들에게 선포하시니 김경학金京學이 여쭈기를 "공사를 마치셨으면 나서시기를 바라옵니다." 하는지라 말씀하시기를 "사람 둘이 없으므로 나서지 못하노라." 하시거늘 경학이 재촉하여 말하기를 "제가 비록 무능하지만 몸이 닳도록 두 사람의 일을 대행하겠습니다." 하니 상제님께서 "그렇게 되지 못하느니라." 하시니라. (10:27)

상제님은 당신의 대업을 이룰 '두 사람'을 말씀하셨는데, 여기에 대해서는 도운 공사에서 상세히 살펴보겠습니다. 상제님께서는 나서시기를 바라는 김경학 성도의 재촉을 무마하시고 계속하여 병고를 대속하는 공사를 보셨습니다. 괴병만은 그대로 두시고 모든 병고를 대속하시며, 상생의 구원 정신을 바탕으로 뭇 창생이 영원한 강녕康寧의 축복을 받아 누릴 수 있도록 공사를 보셨습니다.

❋ 상제님께서 자리에 누우시며 말씀하시기를 "내가 이제 천하의 모든 병을 대속代贖하여 세계 창생으로 하여금 영원한 강녕康寧을 얻게 하리라." 하시니라. 이로부터 각종 병을 번갈아 앓으시되, … 병을 다 앓으신 뒤에 말씀하시기를 "세상에 있는 모든 병을 다 대속하였으나 오직 괴병은 그대로 남겨 두고 너희들에게 의통醫統을 전하리라." 하시니라. (10:28)

이튿날 21일에는 신원일, 이치복이 채사윤과 그의 처남에게 금전을 받아 상제님께 올리니 당신님께서 형렬에게 그 돈을 궤에 넣어 두게 하시고 금전을 낸 사람의 성명을 써서 불사르게 하셨습니다. 이때 신원일이 천하를 속히 평정하시기를 바라노라고 속내를 드러내자, 상제님께서는 "내내 하고 난 것이 동학東學이라. 이제 천하를 도모하러 떠나리니 일을 다 본 뒤에 돌아오리라."라고 말씀하셨습니다.(10:34)

상제님은 당신이 떠나실 것을 믿지 못하는 성도들에게 "내가 지금 일 때문에 급히 가려 하니 간다고 서운하게 생각지 말라. 이 다음에 다 만나게 되느니라. 나는 이제 올라가도 아사리 난리 속에서 사느니라."(10:36)라고 하시며 성도들을 위로해 주셨습니다.

2) 선천 성자의 기운을 거두신 공사

기유년 6월 10일부터 곡기를 끊으시고 소주만 드신 증산 상제님께서 22일에는 형렬에게 보리밥을 지어 올리라고 명하셨습니다. 곧 보리밥을 지어 올리자 상제님께서 보신 뒤에 가져다 두게 하시고 한나절이 지난 뒤에 다시 그 밥을 가져오게 하셨습니다. 상제님께서 밥이 쉰 것을 보시고 "내 녹줄이 떨어졌구나. 내가 이제 죽으리라."라고 말씀하셨습니다.(10:38)

◎ **선천 성인 심판 공사** | 이 날 오후에 상제님께서는 구릿골 약방으로 선천 성자의 신명을 불러 그 기운을 거두는 성인 심판 공사를 처결하셨습니다.

❀ 약방 마당에 멍석을 깔고 상제님께서 그 위에 반듯이 누우시어 치복에게 "새 자리를 그 앞에 펴라." 하시거늘 치복이 명하신 대로 멍석을 가져다 펴니 상제님께서 허공을 향해 준엄한 음성으로 말씀하시기를 "꼼짝 마라. 오늘은 참성인을 판단하리라." 하시고 문 앞에 세워 두었던 기旗를 가져다 불사르게 하시니 뜻밖에 벽력이 일어나니라.

이 때 상제님께서 큰 소리로 명하시기를 "공자孔子[9] 부르라." 하시니 성도들이 어쩔 줄 몰라 머뭇거리거늘 다시 "어서 공자를 부르지 못할까!" 하고 호통치시매 성도들이 놀라서 엉겁결에 "공자 잡아 왔습니다." 하는지라 상제님께서 "불러 오라 하였지 잡아 오라 안 했는데 너무했다." 하시고 "너희들은 눈을 감고 보라." 하시므로 성도들이 눈을 감고 보니 뜻밖에 펼쳐 놓은 자리에 공자가 무릎을 꿇고 "공자 대령했습니다." 하고 아뢰더라. 상제님께서 꾸짖으시기를 "공자야, 네가 소정묘少正卯를 죽였으니 어찌 인仁을 행하였다 하며, 삼대三代 출처黜妻를 하였으니 어찌 제가齊家하였다 하리오. 또한 내 도道를 펴라고 내려 보냈거늘 어찌 제자들을 도적질 해먹게 가르쳤느냐. 그 중생의 원억冤抑을 어찌할까. 그러고도 성인이라 할 수 있느냐! 너는 이곳에서 쓸데없으니 딴 세상으로 가거라." 하시고 큰 소리로 "저리 물리쳐라." 하시니라. (10:40)

석가모니釋迦牟尼 | 코리족 출신. 본래 코리족은 몽골의 코리 지방에서 내려온 몽골 고족으로 밝혀졌다. 석가는 인도의 드라비다계系도, 외래족인 아리아계系도 아니다. 구이인九夷人으로 동방 배달족 혈통이다. 3천 년 전, 인류 역사상 처음으로 신 중심의 세계관을 자신의 심법을 열라는 인본주의적 가르침으로 전환시켰다. 사진은 부루나 존자가 그린 석가모니 초상(대영 박물관 소재)

---

9 **공자**孔子(BCE 551~479) | 이름은 구丘, 자字는 중니仲尼. 산동성 곡부 출생. 신교문화의 정수를 뽑아 유가의 인류 법도의 기강을 세웠다. 인仁과 예禮의 실천을 강조한 그의 언행이 『논어論語』를 통해 전해지고 있다.

6장

공자는, 그 부모가 '니구산尼丘山'에서 기도해 낳았다 하여 자字를 중니仲尼라 하였습니다. 18~19세쯤에 혼인하여 딸 하나와 아들 하나를 두었는데 후에 아내를 내쫓았고, 그의 아들(백어)과 손자(자사)도 모두 아내를 내쫓았습니다(三代黜妻: 『예기禮記』「단궁檀弓」). 그리고 노나라에서 대사구大司寇라는 벼슬에 오른 지 7일 만에, 정치를 어지럽힌다는 죄목 다섯 가지를 들어 대부 소정묘少正卯를 궁궐 양관兩觀 아래에서 참수하였습니다(『공자가어孔子家語』「시주始誅」).

상제님께서는 공자가 수신修身과 제가齊家를 주장했지만 그 가르침과 행동이 일치하지 못한 것을 꾸짖으셨을 뿐 아니라, "유儒는 부유腐儒니라."(3:106) 하시어 유교의 근원적인 한계를 지적하셨습니다.

> ❋ 이어 "석가釋迦를 부르라." 하고 명하시니 즉시 석가모니가 "대령했습니다." 하고 꿇어앉아 아뢰거늘 상제님께서 꾸짖으시기를 "석가야, 너는 수음樹陰 속에 깊이 앉아 남의 자질子姪을 유인하여 부모의 윤기倫氣와 음양을 끊게 하니 너의 도가 천하에 퍼진다면 사람의 종자나 남겠느냐. 종자 없애는 성인이냐? 네가 국가를 아느냐, 선령을 아느냐, 중생을 아느냐. 이런 너를 어찌 성인이라 할 수 있겠느냐. 너도 이곳에서 쓸데없으니 딴 세상으로 가거라." 하시고 "이 자도 물리쳐라." 하시니라. (10:40)

석가는 왕족의 태자太子로 태어나 혼인하여 아들까지 두었지만, 생로병사의 괴로움을 가진 인생 문제에 의문을 품고 괴로워하다가 29세에 출가하였습니다. 그 후 고행을 통해 35세 때 크게 깨달음을 얻어 일생을 중생 교화에 헌신했습니다. 그러나 산 속에 들어가 도를 구한 석가의 가르침을 따르는 불교는 부모와 선령의 천륜을 끊기 때문에 선천의 문명 발전과 거리가 멀고 천리에도 근본적으로 어긋난다고 할 수 있습니다.

> ❋ 상제님께서 다시 명하시기를 "야소耶蘇 부르라." 하시니 즉시 예수가 꿇어앉아 "대령했습니다." 하고 아뢰거늘 상제님께서 꾸짖으시기를 "야소야, 너를 천상에서 내려 보낼 적에 내 도를 펴라 하였거늘 선령을 박대하는 도를 폈으니 너를 어찌 성인이라 할 수 있겠느냐! 네가 천륜을 아느냐 인륜을 아느냐. 너는 이곳에서 쓸데없으니 딴 세상으로 가거라." 하시고 큰 소리로 "이 자를 물리쳐라." 하시니라. (10:40)

기독교인들이 말하는 구약의 야훼(여호와) 하느님은 유대 민족의 신으로 중동의 한 지방신입니다. 그럼에도 야훼가 마치 우주를 창조한 창조주 하느님인 것처럼 그들은 믿음을 강요하고 있습니다. 그뿐 아니라 천상 조상신 숭배를 우상 숭배로 몰아붙임으로써 조상과 자손 사이를 단절시켜 천지의 뿌리를 뒤흔드는 죄악을 수천 년이나 범해 왔습니다. 이러한 교의와 전통은 예수[10]를 이 땅에 내려 보내신 상제님의 뜻에도 어긋나는 것입니다.

또 상제님은 노자를 부르라 하시어 이렇게 꾸짖으셨습니다.

❋ 이어서 "노자老子[11]를 부르라." 하시니 즉시 노자가 "대령했습니다." 하매 상제님께서 꾸짖으시기를 "노자야, 세속에 산모가 열 달이 차면 신 벗고 침실에 들어앉을 때마다 신을 다시 신게 될까 하여 사지死地에 들어가는 생각이 든다 하거늘 '여든한 해를 어미 뱃속에 머리가 희도록 들어앉아 있었다.' 하니 그 어미가 어찌 될 것이냐. 그런 불효가 없나니 너는 천하에 다시없는 죄인이니라. 또한 네가 '이단異端 팔십 권을 지었다.' 하나 세상에서 본 자가 없고, 나 또한 못 보았노라. 그래도 네가 신선神仙이냐! 너도 이 세상에서 쓸데없으니 딴 세상으로 가거라." 하시며 큰 소리로 "당장 물리쳐라." 하시니라. (10:40)

도교에서 시조로 받드는 노자는 일생을 무위자연無爲自然에 따라 무위무욕無爲無欲으로 살 것을 주장하였습니다. 그런데 노자는 80년 동안 어머니 태중에 있다가 백발이 되어 나왔다고 합니다. 이 때문에 상제님께서 천하에 불효자요 다시없는 죄인이라 꾸짖으신 것입니다.

❋ 잠시 후에 상제님께서 또 명하시기를 "공자, 석가, 야소, 노자를 다시 부르라." 하시니 그들이 모두 대령하거늘 말씀하시기를 "들어라. 너희들이 인간으로서는 상 대우를 받을 만하나 너희들의 도덕만 가지고는 천하사를 할 수가 없느니라. 너희들의 도덕이 전혀 못쓴다는 말은 아니니 앞으로 나의 도덕이 세상에 나오거든 너희들 모두 그 안에서 잘 살도록 하라. 나의 말이 옳으냐? 옳으면 옳다고 대답하라." 하시며 소리치시니 천지가 진동하여 문지방이 덜덜 떨리더라. 상제님께서 다시 말씀하시기를 "수천 년 밀려 오던 공사를 금일에야 판결하니 일체의 원억이 오늘로부터 고가 풀리느니라." 하시니라. (10:40)

선천 성자들은 상제님으로부터 인류를 교화하라는 사명을 받아 사랑과 자비와 인

6장

10 예수Jesus | 이스라엘 베들레헴 출생. 예수의 조상인 아브라함은 우르Ur 출신이다. 우르는 수메르의 도시 국가이다. 그는 서양 문명의 뿌리인 수메르 문명의 문화 혈통을 타고났다. 예수는 모든 인간이 하느님의 아들이며, 아버지 하느님의 시대가 도래할 것이므로 그 세상에 가기 위해 준비해야 한다고 설파하였다.

11 노자老子 | 초楚나라 고현苦縣 출신. 초나라 사람 굴원은 『초사楚辭』에서 '초나라 사람은 동이족 전욱 고양의 후예로 동황태일東皇太一을 받들고 있다.'고 하였다. 중국 도교(황로지도黃老之道)의 중시조로 받드는 노자는 동방 배달 신교의 신선술을 계승하였다.

애와 도덕으로 창생을 깨우치고 문화를 열어 나름대로 충실히 사명을 수행하였습니다. 그러나 이제 가을개벽을 앞둔 선천 말대에 이르러 근원적으로 한계를 지닌 성자들의 진리로는 이 세상을 구원할 방도가 없음을 지적하고 계십니다. 앞의 말씀에서 '이 세상', '이곳'이란 선천 상극의 환경 속에서 시련과 아픔에 비명을 지르고 있는 인류의 비참한 현실 세계를 의미합니다.

이처럼 선천 종교가 인류 구원과 새 역사 창조의 능력을 완전히 상실하였기 때문에 상제님께서 그 기운을 거두신 것입니다. 상제님께서 선천 동·서 문화의 4대 성자를 불러 공사를 처결하신 것은, 사실 인류의 선천 역사 과정을 심판하신 것이기도 합니다. 지금 상제님께서는 창생이 선천 성자에 매달려 그 신념 체계를 벗어나지 못해 다 죽게 된 것을 꾸짖고 계십니다. 상제님께서 이 공사를 통해 보여 주시는 궁극의 한 소식은, 장차 온 인류가 선천 성자의 권위와 질곡을 과감히 벗어 던지고, 창조적인 성숙을 이루어 그들의 기국과 깨달음을 능가하는 새 우주의 개벽 인간으로 거듭나야 한다는 것입니다.

이날 저녁에 상제님께서 김형렬 성도를 불러 "네가 나를 믿느냐?"라고 물으시자, 김형렬 성도가 믿는다고 대답하였습니다. 상제님은 위衛나라의 고사古事를 인용하시며 다음과 같이 말씀하셨습니다.

❋ "성인의 말은 한마디도 땅에 떨어지지 아니하나니 옛적에 자사子思가 위후衛侯에게 말하되 '약차불이若此不已면 국무유의國無遺矣라.'[12] 하였으나 위후가 그 말을 듣지 않았으므로 위국衛國이 참혹히 망하였느니라. 나의 말도 또한 땅에 떨어지지 않으리니 너는 오직 나의 말을 믿으라." 하시고 또 말씀하시기를 "믿는 자가 한 사람만 있어도 나의 일은 되리니 너는 알아서 하라." 하시니라.(10:41)

이어 상제님이 김형렬 성도에게 당신님의 일을 대신 보겠는지 물으시자 김형렬 성도가 재질이 둔함을 아뢰며 사양하였습니다. 이에 꾸짖으시며 "미유학양자이후未有學養子而後에 가자야嫁者也라, 자식 기르는 법을 배우고서 시집가는 여자는 없느니라."라고 깨우쳐 주시고, 다시 우순虞舜의 고사를 이야기하시며 당국하면 알게 되리라 말씀

---

12 『통감』1권 갑진년조에 나오는 기록. 以吾觀衛, 所謂'君不君, 臣不臣'者也!(내가 위나라를 보건대, 이른바 임금은 임금답지 못하고 신하는 신하답지 못하도다). 夫不察事之是非而悅人讚己, 闇莫甚焉(대저 임금은 일의 옳고 그름을 살피지도 않고 남이 자기를 칭찬하는 것만 기뻐하니 몽매함이 이보다 심한 것이 없고) 不度理之所在而阿諛求容, 諂莫甚焉.(신하는 세상의 이치를 헤아리지 않고 아첨만 일삼아 용납되기만을 구하니, 아첨함이 이보다 심함이 없다). 君闇臣諂, 以居百姓之上, 民不與也.(임금은 몽매하고 신하는 아첨하여 백성 위에서만 있으면, 백성이 함께 하지 않을 것이니) 若此不已, 國無類矣.(이 같은 짓을 멈추지 않는다면 나라가 남지 않을 것이다).『통감』 원문에서는 '류類' 자이나 상제님께서는 분명히 하시기 위해 '유遺' 자로 써 주셨다.

하셨습니다.(10:42)

3) 도성덕립道成德立 공사

상제님께서는 어천하시기 하루 전인 6월 23일 오전에, 이제까지 보신 그 어느 공사보다도 중요한, 천지공사의 최종 마무리 공사를 집행하셨습니다. 후천이 되면서 실현될 도성덕립道成德立 공사(10:43)를 행하시어 당신의 대업을 인사로 마무리 지을 지도자 일꾼을 내는 공사를 보셨습니다.

> ※ 23일 오전에 여러 성도들에게 이르시기를 "이제 때가 바쁜지라. 일이 절박하니 너희들 중에 임술생壬戌生으로 누이나 딸이 있거든 수부首婦로 내세우라." 하시니 형렬이 대답하여 아뢰기를 "수부는 염려 마시고 사업만 추진하옵소서. 수부는 저의 딸로 들여세우겠습니다." 하니라.이에 말씀하시기를 "세수 시키고 새 옷으로 갈아입혀서 데려오라." 하시니 형렬이 명하신 대로 하여 그 셋째 딸을 약방으로 데려오거늘 상제님께서 성도들로 하여금 약장을 방 한가운데로 옮겨 놓게 하시고 형렬의 딸에게 명하시어 약장 주위를 세 번 돌게 하신 뒤에 그 옆에 서게 하시고 경석에게 명하시어 大時太祖 出世 帝王 將相 方伯 守令 蒼生點考 后妃所라는 글을 쓰게 하시니 경석이 후비소后妃所를 후비소后妣所라 썼거늘 말씀하시기를 "잘못 썼다." 하시어 불사르시고 다시 써서 약장에 붙이게 하신 뒤에 말씀하시기를 "이것이 예식이니 너희들이 증인이 되라." 하시고 형렬의 딸을 돌려보내신 다음에 경석으로 하여금 그 글을 거두어 불사르시니라. (10:43)

이 공사를 보시면서 쓰게 하신 '대시태조大時太祖'에서 '대시大時'는 문자 그대로 가장 큰 때를 지칭합니다. 우주 역사상 인류에게 가장 큰 변화의 강도가 밀려오는 때는 우주의 봄·여름이 끝나고 가을철로 넘어가는 우주 환절기의 후천개벽의 시간입니다. 상제님께서는 천지가 넘어가는 대우주 개벽기에 인류를 구원하고 통일하는 태조를 내는 공사를 보신 것입니다. 원시반본의 우주 이법에 따라 상제님의 뜻을 펼치는 성인이 나와 당신님의 도권道權과 신권神權으로 천하를 통치함으로써 장차 후천에 제왕문화가 열리게 됩니다.

4) 후천선경 건설의 심법 전수와 의통醫統 전수 공사

상제님은 도성덕립 공사를 보시고 다시 경석에게 "치복을 부르라." 명하시고 치복이 약방에 들어가 명을 기다리자 아무 말씀없이 벽을 향해 누우신 채로 왼쪽 손바닥을 펴 보이셨습니다. 거기에는 '서전서문 만독 치복書傳序文 萬讀 致福'이라 쓰여 있었습니다. 이 '서전서문 만독'이라는 구절은 인류의 새 역사를 여는 통치자의 심법 경계를 말씀하신 것입니다.

보름 가까이 곡기를 끊으신 상제님께서는 소주를 동이째 가져다 놓으시고 큰 대접에 생청生淸을 타서 하루에도 몇 차례씩 잡수시어 사흘 만에 동이를 비우셨습니다. 명부冥府를 총괄하여 주재하시는 상제님께서 스스로 정기를 고갈시켜 명을 끊고자 하신 것입니다. 피가 위아래로 걷잡을 수 없이 솟구치고 쏟아져 입으신 명주 항라가 온통 피로 젖으셨습니다. 이 세상에 오신 당신의 사명을 마무리 짓고 돌아가시기 위해 헤아릴 수 없는 극심한 고통을 겪으셨습니다.

> ❋ 23일 오후에 상제님께서 몹시 고통스러워하시거늘 약방 마루에 누우셨다가 다시 뜰에 누우시고 마당에 나가 뒹굴며 신음하시고 사립문 밖에까지 나가 누워 괴로워하시더니 한참 뒤에 형렬을 불러 이르시기를 "나를 떠메고 너의 집으로 가자." 하시어 형렬의 집에 가서 누우셨다가 다시 약방으로 돌아오시니라. 이렇게 네댓 번 왕복하시니 형렬이 심히 지치거늘 경석이 대신하여 두어 번을 더 왕복하니라. 잠시 후 상제님께서 일곱 사람에게 양쪽 팔다리와 허리와 머리를 떠받치게 하시고 "이리 가자." 하시어 가리키신 곳으로 가면 잠시 뒤에 다시 "저리 가자." 하시는데 이러기를 여러 차례 하시더니 다시 약방으로 가 누우시니라. 이 때 갑자기 상제님께서 누우신 채 천장으로 일곱 번을 튀어 오르시니라.
>
> 상제님께서 말씀하시기를 "죽고 살기는 쉬우니 몸에 있는 정기精氣를 흩으면 죽고 모으면 사느니라." 하시고 경석으로 하여금 양지에
>
> 全羅北道 古阜郡 優德面 客望里 姜一淳 西神司命
> 전라북도 고부군 우덕면 객망리 강일순 서신사명
>
> 이라 써서 불사르게 하시니라. (10:45)

"죽고 살기는 쉬우니 몸에 있는 정기를 흩으면 죽고 모으면 사느니라."

지금 상제님께서는 '삶과 죽음(生死)의 도道'에 대해 최후의 가르침을 내려 주십니다. 절박한 죽음의 고통 속에서 생명生命의 세계를 개벽하는 말씀을 내려 주시는 것입니다.

상제님은 서신사명西神司命이라는 천리天理를 집행하러 오셔서 박복한 선천 창생의 가난과 온갖 질병을 대속하시기 위해 최후의 순간까지 땀 흘리시고 굶주리셨습니다. 삼계 우주 역사의 운로를 뜯어고치신 상제님께서는 선천 '묵은 하늘'이 쏘아 대는 천지의 깊은 원한과 저주와 슬픔을 한 몸에 모두 짊어지셨습니다.

이날 밤, 상제님께서는 괴질로 세상이 넘어가는 가을개벽 상황에서 인류를 구원할

활방인 의통醫統을 만국대장 박공우 성도에게 전해 주셨습니다.

※ 상제님께서 이어 말씀하시기를 "장차 괴질이 대발大發하면 홍수가 넘쳐흐르듯이 인간 세상을 휩쓸 것이니 천하만방의 억조창생이 살아 남을 자가 없느니라." 하시고 또 말씀하시기를 "공우야, 무진戊辰년 동짓날에 기두하여 묻는 자가 있으리니 의통인패醫統印牌 한 벌을 전하라. 좋고 나머지가 너희들의 차지가 되리라." 하시니라. 공우가 여쭈기를 "때가 되어 병겁이 몰려오면 서양 사람들도 역시 이것으로 건질 수 있습니까?" 하니 "천하가 모두 같으니라." 하시니라. (10:49)

무진(1928)년 동지에 머리를 든 자가 바로 용화동에서 동화교를 만든 이상호입니다. 상제님은 용화동에서 태모님의 셋째 살림이 열리도록 하시어 이상호가 태모님을 모시게 됨으로써, 후일 그곳에서 추수 도수를 개창하는 지도자에게 의통醫統이 이어지도록 공사를 보셨습니다.

3. 천상 보좌로 어천하심

24일 신축辛丑일 아침, 상제님은 약방에 누우신 채 호연을 부르셔서 그동안 보고 들은 천지공사 내용을 난법 해원의 혼란 시대에 함구하고 있다가, 후에 진법 판이 열릴 때 증언할 것을 당부하셨습니다.

※ 상제님께서 다시 눈을 감고 아무 말씀 없이 누워 계시는데 누가 말씀을 여쭈면 눈을 조금 뜨고 보시다가 도로 감고 하시는지라. 호연이 한참을 앉아서 기다리다가 "아, 나 부르더니 무엇 하려고 그래요?" 하고 보채거늘 상제님께서 숨을 길게 쉬시더니 "내가 가기는 가도 널 못 잊어서 불렀어." 하시니라. … 상제님께서 "그러는 거 아녀. 인제 모든 일을 형렬에게 물어. 그러면 내가 형렬에게서 다 들을게." 하시고 다시 "그쯤만 알고 함봉緘封을 혀. 봉사가 되어야 하고 벙어리가 되어야 하니 어쨌든지 참을성이 많아야 한다." 하고 당부하신 후에 호연을 내보내시니라. (10:53)

※ 상제님께서 눈물로 얼룩진 호연의 얼굴을 쓰다듬어 주시며 이르시기를 "호연아, 너는 천지에 제를 지내고 고축告祝을 해 놔서 버릴래야 버릴 수가 없을 것이다. 나를 믿는 사람들이 여러 대를 물러나야 하는데, 움이 피면 거기서 싹이 올라오고 움이 피면 또 싹이 올라오고 그러듯이, 자연히 너 구완할 사람이 생겨." 하시니라. 이어 말씀하시기를 "낳기는 제 부모가 낳았지만 맥은 네가 붙인다. 맥 모르는 놈은 죽는 것이니 난데없는 도인이 나선다. 천지에서 너를 돌아다보

느니라. 네 목숨 살려낼 사람이 생겨. 아무튼 잘 있고 잘해라, 잉?" 하고 다정스레 말씀하시니라. (10:56)

이어 상제님께서는 복남을 부르셔서 호연을 잘 보살필 것을 부탁하시며 한동안 무슨 말씀을 내려 주셨습니다.

잠시 후에 상제님께서 문득 밖에 모인 여러 성도들에게 꾸짖듯이 말씀하시기를 "글 배우는 사람이 도둑놈이지 도둑놈이 따로 없나니 붓대 가진 놈이 제일 큰 도둑놈이니라. 잡부자작雜敷自作하지 말라. 나의 도가 씨가 되어 싹이 나고, 또 싹이 나서 연連하게 될 때 그놈들이 앉아서 요리조리 다 만드니 앞으로는 해를 돌아가면서 속고 사는 세상이니라."라고 하시며 상제님의 말씀을 왜곡하는 자들을 경계하셨습니다.(10:57)

이에 김형렬 성도가 호연을 데리고 나가려고 일어서는데 갑자기 앞뒷문이 벌컥 열리며 바람이 휘몰아 들어오고 시퍼런 번갯불이 천둥소리와 함께 방안으로 들어왔습니다. 상제님께서 오른손으로 번갯불을 잡으시며 신도의 경망함을 호통치셨습니다.(10:57) 이 때 바깥에 천지 신장들이 모인 광경이 호연의 눈에 그대로 들어 왔습니다.

❋ 호연이 신안으로 보니 장수옷을 입은 헤아릴 수 없이 많은 신장들이 말을 타고 기치창검으로 무장한 채 문밖과 집 주위를 에워싸고 있더라. 신장들이 상제님께 각기 인사를 드리며 '저는 아무개입니다, 아무개입니다.' 하고 일일이 보고를 드린 다음 한 신장이 앞으로 나서서 "모시러 왔습니다." 하거늘 상제님께서 크게 호통 치시기를 "시간이 아직 안 되었는데 뭣 하러 그새 발동을 했느냐! 때가 되기도 전에 갈 수 없느니라." 하시니 신장들이 일제히 양쪽으로 갈라서서 하명을 기다리더라. 형렬이 호연에게 나가 있으라는 눈짓을 보내니 호연이 "비가 저렇게 쏟아지는데 나가다가 넘어지면 어떻게 해?" 하며 가려 하지 않거늘 상제님께서 "안아다가 놓아 줘라." 하고 명하시매 누가 뒤에서 덥석 보듬어다 찬문의 방에 내려놓고는 문을 닫고 가 버리는지라 호연이 홀로 방에 앉아서 보는데 양쪽으로 늘어선 신장들 가운데 한 신명이 손바닥에 무엇을 올려놓고 다른 손으로 탁 쳐 보더니 신장들을 향하여 "아직도 시간이 멀었구나." 하고 이르더라. 이에 줄의 맨 앞에 선 신장 하나가 줄의 가운데로 걸어나오니 양쪽 신장들이 그 뒤를 줄줄이 따르거늘 그렇게 얼마를 걸어나와 다시 양쪽으로 갈라져서 되돌아가더니 이내 처음과 같이 정렬하니라. 신장들이 두 줄로 서서 명을 기다리는데 상제님께서 "나○○ 왔느냐?" 하고 물으시거늘 그 신장이 아직 당도하지 않았기로 다른 신장이 나서며 "오시午時 지났습니다." 하고 아뢰

니 상제님께서 "이놈아, 네가 시기를 아느냐?" 하고 꾸짖으시니라. (10:58)

몹시 무덥던 이날, 상제님께서는 김형렬 성도의 집 사랑에서 마지막으로 형렬에게 몸을 기대신 채 작은 소리로 태을주를 읽으셨습니다.

❋ 이어 형렬에게 "꿀물 한 그릇을 가져오라." 하여 드시고 "날은 덥고 머나먼 길을 어찌 갈꺼나." 하시며 형렬에게 몸을 기대신 채 작은 소리로 태을주太乙呪를 읽으시니 방안에는 김형렬과 최상문, 그 외 두 명의 성도가 무릎을 꿇고 앉아 있더라. 이 때 경석이 방으로 들어오니 흘겨보며 말씀하시기를 "정가鄭哥, 정가鄭哥! 글도 무식하고 똑똑하지도 못한 것이 무슨 정가냐!" 하시고 다시 누우시니라. (10:58)

상제님께서는 이처럼 천상의 신장들이 대기하는 가운데 마지막 숨이 끊어지시는 순간까지도 태을주를 읽으셨습니다. 이 광경은 일꾼들에게 한없는 감동과 사모의 정이 뭉클 솟아나게 합니다. 9년 천지공사를 마치고 인류를 구원할 의통을 전수하신 뒤 숨이 끊어지시는 절박한 순간에도 상제님은 친히 구도자의 삶의 본보기를 보여 주고 계십니다. 구도자임을 영원히 잊지 말고 태을주의 화권을 강력히 체험해서 창생을 한 사람이라도 더 건지라는 명을 내리신 것입니다.

❋ 이 때 문득 하늘문이 열리며 선녀들이 황금빛 발판이 달린 빨간 줄을 좌우에서 내려 주고 마당과 고샅을 가득 메운 신명들은 노래하듯 일제히 어떤 글을 읽는데 마치 벌들이 모여서 웅웅거리는 듯한 소리가 온 하늘에 울려 퍼지니 그 광경이 아주 웅장하더라. 상제님께서 다급하게 "형렬아!" 하고 부르시며 "잘들 있거라. 잘 있거라, 간다." 하시고 하늘로 오르시는데 어느새 옥색 도포에 관을 쓰시고 붉은 띠를 두루마기 끝까지 길게 늘이시고 홍포선紅布扇으로 얼굴을 가리신 모습이 마치 장가드는 새신랑 같더라. 선녀들은 하늘에서 줄을 끌어올리고 말을 탄 신장들은 양옆에서 상제님을 호위하며 공중을 떠가거늘 그 광경이 참으로 위엄 있고 웅대하며 눈부신 대광명 속에 열려 있는 하늘길이 이루 형용할 수 없이 찬연하고 황홀하더라. 상제님께서 "나중에 또 이와 같이 내려오리라." 하시고 하늘문에 드시니 순간 문이 닫히거늘 먹구름이 온 대지를 흑암으로 물들이는 가운데, 기세를 더하여 거칠게 휘몰아치는 바람과 세차게 떨어지는 장대비와 번쩍번쩍 대지를 훤히 밝히는 번개와 방포성과도 같은 천둥소리에 온 천지가 소요하더라. (10:59)

❋ 사방에 잠시 흑암이 깃드는가 싶더니 갑자기 호연이 있는 방으로 번갯불이 쑥쑥 들어오며 문이 저절로 열리거늘 호연이 버선발로 뛰어나와 "올라가지 마

요. 떨어지면 어째요? 나랑 가요!" 하고 동동거리며 울다가 그대로 주저앉아 버리니라. 상제님께서 이를 애처로이 여기시어 "너는 올 곳이 못 된다. 나도 이제 몇 번을 둔갑할지 모르고, 나라고 안 늙고 이렇게 생겼간디?" 하시니 호연이 천만 뜻밖에 상제님께서 대답해 주심에 반갑고 또 안심이 되어 "둔갑은? 또 호랑이 가죽 둘러써요?" 하고 대꾸하거늘 상제님께서 "아니, 내가 천하를 갖고 내두르니 너 같은 녀석은 후우 불면 날아가." 하시니라. 이에 호연이 아직도 상제님께서 곁에 살아 계신 것처럼 느껴지므로 "어디 해 봐, 내가 날아가는가. 안 날아가네!" 하며 장난을 치는데 상제님께서 "호연아, 잘 있거라. 이 다음에 또 만나자!" 하시며 마지막 인사말을 하시더니 더 이상 대답하지 않으시거늘 마당과 고샅에서 엎드린 채 비를 맞으며 흐느끼던 성도들이 모두 일어서서 오색 서기가 비치는 하늘길만 쳐다보며 울더라. (10:60)

이날은 환기桓紀 9106년, 신시개천神市開天 5806년, 단군기원檀君紀元 4242년, 조선 순종純宗 융희隆熙 3년, 기유(己酉: 道紀 39, 1909)년 6월 24일(양력 8월 9일)이었습니다. 상제님 성수聖壽는 39세이셨습니다.

상제님께서 어천하시자 천둥 번개와 함께 그토록 퍼붓던 장대비가 일시에 뚝 그쳤습니다. 잠시 후에 언제 그랬느냐는 듯이 해가 나고 날이 청명하게 개며 오색구름이 뜨더니, 이레 동안 지붕에서 하늘까지 영롱한 서기가 고적한 공간을 꿰뚫었습니다.

어천하실 즈음에 상제님께서는 성도들에게 "너희들이 큰 복을 구하거든 일심一心으로 나를 믿고 마음을 잘 닦아 도를 펴는 데 공을 세우고 오직 의로운 마음으로 두 마음을 두지 말고 덕 닦기에 힘써 내가 돌아오기를 기다리라."(10:62)라고 깨우쳐 주셨습니다. 그리고 어천하시기 얼마 전, 수부님에게 "내가 이 세상에 있으면 삼계의 모든 일이 지연되리라. 이제 천상에 가서 공사를 펴내어 빨리 진행케 하고 오리니…"(10:1)라고 말씀하셨습니다. 상제님은 이렇게 수부님과 성도들에게 다시 돌아오실 것을 약속하셨습니다. 지금, 상제님께서는 9년 동안 집행하신 천지공사가 인사人事로 크게 굽이칠 수 있도록 천상 보좌에서 천지 도수를 집행하고 계십니다.

그러면 다음 장에서는 상제님께서 세상의 운로를 결정하신 세운 공사에 대해서 살펴보고, 도운 공사는 제8장에서 자세히 살펴보기로 하겠습니다.

7장
세운 공사

인간으로 강세하신 증산 상제님께서는 후천 가을 세상을 열어 주시기 위해 신축(1901)년부터 신천지개벽 공사를 집행하셨습니다.

상제님께서는 단주 이래로 헤아릴 수 없이 많은 원혼이 뿌려대는 원한의 파괴적인 힘[冤力]을 새 역사 창조의 원동력으로 승화시켜 인류가 후천 가을의 선경낙원 시대로 들어갈 수 있게 하셨습니다. 사무친 원한을 품고 죽어간 역사상의 모든 원신을 세 차례 크게 굽이치는 대전쟁에 역사케 하여 세운世運에 응기시키시고, 웅대한 이상과 정의감을 지녔지만 역적으로 몰려 무참히 죽어간 혁명가의 영신(역신)을 모두 도운道運에 붙여 역사하게 하셨습니다.

- 내 일은 삼변성도三變成道니라. (5:356)
- 삼천三遷이라야 내 일이 이루어지느니라. (6:64)
- 삼변三變이라야 성국成局이니라. (11:369)

상제님께서 천지공사로 짜 놓으신 세운과 도운이 크게 세 단계 변화를 거치면서 선천의 낡은 가치관과 불합리한 사회 구조가 개혁되고 '묵은 하늘'의 저주와 원한이 완전히 해소됩니다. '삼변성도'로 세 번 굽이치는 이 역사의 마디는 '천지성공 시대를 여는 준비 기간'입니다.

- 이 세상에 허다한 주의主義로 허다한 단체가 모임은 가을에 오곡을 거두어 결속結束하는 것과 같으니라. (5:200)
- 이때는 천지성공 시대天地成功時代니라. (2:43)

지금은 선천 여름철 말에서 후천 가을로 전환하는 대변혁기이자, 우주생명이 최대로 분열하는 때입니다. 상제님은 당신의 진리 도법을 세상에 드러내는 준비 기간으로 최대 분열수인 81(9×9)수를 쓰시고, 선천 역사의 난법을 정리하고 묵은 기운을 떨쳐 내는데, 천지 일원수인 100수를 한 도수로 정하여 공사를 처결하셨습니다.

- 이제 모든 일을 풀어놓아 각기 자유행동에 맡기어 먼저 난법을 지은 뒤에 진법을 내리니 오직 모든 일에 마음을 바르게 하라. (4:32)
- 乾坤不老月長在하고 寂寞江山今百年이라.
건 곤 불 노 월 장 재　　　적 막 강 산 금 백 년
천지는 쇠하지 않아 달이 항상 떠 있고 적막한 강산은 이제 백 년이로다. (10:24)

❀ 時節花明三月雨요 風流酒洗百年塵이라.
시절화명삼월우 풍류주세백년진
철 꽃은 내 도덕의 삼월 비에 밝게 피고
온 세상의 백 년 티끌 내 무극대도의 풍류주로 씻어 내니 (5:155)

선천 말대의 해원 시간이 지나면 후천 세상의 개막을 알리는 개벽의 시운으로 접어듭니다. 그리고 그 마무리 단계에서 동방 배달민족의 신교神敎문화가 부활하여 상제님의 천명을 성취하게 됩니다. 상제님의 후천 무극대도가 역사의 전면에 드러나 모든 난법을 청산하고 지나간 선천 역사를 매듭짓는 것입니다.

이제 상제님께서 세계 역사의 운로를 결정하신 세운 공사의 내용을 구체적으로 살펴보겠습니다.(상제님께서 천지공사를 보신 날짜는 음력으로 표기합니다.)

제1절 세운世運 공사의 기틀

제님께서는 세상의 모든 일이 당신님의 손길과 발걸음에 따라 그대로 이루어지도록 천지공사를 집행하셨습니다. 천지공사의 큰 틀은 당신님을 직접 모신 당대 성도들과 그 주위 사람들의 입을 통해 세상에 전해졌습니다.

❀ 내가 세상을 뒤집는 것은 손바닥 안팎 뒤집는 것과 같으니라. 이 세상일이 내 걸음걸이 하나하나에 따라 모두 그렇게 되느니라. (2:59)

세운 공사란 **인간 세상의 역사 운로**[1], 곧 지구촌 역사의 운명을 정하신 **상제님의 세계 정치**를 의미합니다. 당신님께서 보신 세운 공사에 따라 서양으로 기울어졌던 지구촌 힘의 질서가 약 100년의 시간 동안 크게 세 번 굽이치면서 동서 간 균형을 이루게 되고, 마침내 신교神敎의 종주국宗主國인 대한민국을 중심으로 **후천 상생의 새 세상**이 열리게 됩니다. 이는 천상 조화정부가 인간 역사 속에 자리잡혀 가는 대변혁의 노정路程이기도 합니다. 제1차 세계대전 후 결성된 국제연맹, 제2차 세계대전 이후 조직된 국제연합은 천상 조화정부가 지상에 완전한 모습을 드러내는 과도기의 준비 과정입니다. 앞으로 후천 가을개벽이라는 지구촌 문명의 대전환 과정에서 천상의 우주 조화정부가 신인합일의 섭리로 인간 역사에 완전한 모습의 조직 체계로 자리잡아 세계일가 통일문명을 열게 됩니다.

1 '인간 세상의 역사 운로'라고 할 때, 이 '역사'는 정치, 사회, 경제, 문화를 다 포함하는 총체적인 개념이다. 그러나 세운 공사의 중심 내용이 오선위기로 펼쳐지는 것을 고려해서 세계 정치사 내지 세계 정치 질서의 움직임으로 한정지어서 보기로 한다.

1. 세운 공사의 역사 배경

1) 동양으로 밀어닥친 제국주의의 물결

상제님께서 강세하신 1870년대는 서구 열강들에 의해 제국주의 시대가 열리던 때입니다. 15세기 말에 시작된 이른바 '지리상의 대발견' 시대부터 해외로 눈을 돌린 서양의 열강들은 19세기 들어와 산업혁명의 성공으로 생산력이 폭발적으로 증대되자, 시장 개척과 자원 확보를 위해 아시아와 아프리카로 손을 뻗쳤습니다. 그리하여 1870년대에는 새로운 무기 개발과 경제적 침탈 수단인 철도 부설, 전략 요충지 확보를 위한 서구 열강들의 경쟁이 아시아, 아프리카에서 매우 치열하게 벌어졌습니다.

15세기 말 포르투갈의 항해자 바스코 다 가마Vasco da Gama가 희망봉을 돌아 인도의 켈리컷에 도착함으로써 인도는 유럽 열강들의 아시아 침략의 거점이 되었습니다. 18세기에 청淸나라에 교역의 손길을 뻗친 영국은 산업혁명 이후의 무역적자를 해소하기 위한 방편으로 인도에서 재배한 아편을 중국으로 밀수출하였습니다. 청나라 조정은 여러 차례 금지령을 내렸으나 지켜지지 않아 청의 경제는 급속히 무너지고 사회가 피폐해져 갔습니다. 19세기에 들어서서 마침내 청나라가 강경하게 아편 무역을 금지하자 이를 빌미로 영국은 전쟁을 일으켰습니다(1839-1842). 두 차례의 아편전쟁에서 패한 중국은 이후 서양 열강들과 일련의 불평등조약을 맺고 반식민지 상태로 전락합니다.

한편 동방으로 세력을 확장하려던 러시아는 제2차 아편전쟁[2]에서 영국·프랑스와 청 간의 조약을 주선하여 연해주를 차지하고 조선과 국경을 마주하게 됩니다.(1860)

이후 동북 간방의 땅 조선도 제국주의 침략의 손길을 피할 수 없었습니다. 그동안 세계사의 흐름에서 소외된 조선은 제국주의의 침입을 제어하기에는 너무나 무력했습니다. 당시 조선을 비롯한 동양의 여러 나라는 열강의 각축장으로 변해가고 있었습니다.

- 이제 동양이 서양으로 떠 넘어가는데 공부하는 자들 중에 이 일을 바로잡으려는 자가 없으니 어찌 한심치 않으리오. (2:120)
- 너희들 이것 봐라. 동양이 서양으로 넘어간다. 아이고~ 아이고~ 목구녕까지 다 넘어갔다. 저 목구녕에 다 넘어가! (3:300)

---

2 **제2차 아편전쟁** | 영국 선적을 갖고 있던 애로 호의 중국인 선원이 밀수 혐의를 받아 청나라 관리들에게 체포되고 배에 달린 영국 국기를 끌어 내린 사건이 일어났다. 청나라는 당시 배에 영국 국기가 걸려 있지도 않았고 중국인 소유의 배이므로 영국이 나설 까닭이 없다고 일축했다. 배의 선적 등록 만기가 지나 있었음에도 이를 숨긴 채 영국은 의도적으로 이 사건을 전쟁의 빌미로 삼으려 했다.

❋ 이제 동양의 형세가 누란累卵과 같이 위급하므로 내가 붙들지 않으면 영원히 서양으로 넘어가게 되리라. (5:4)

상제님께서 "서양이 곧 명부冥府라."(2:120)라고 하신 말씀처럼, 당시 제국주의 열강의 패악과 폭력성은 동양을 죽음으로 이끄는 명부와도 같았습니다. 서신사명西神司命의 하느님이신 증산 상제님은 가을 우주의 통일문명을 여시기 위해 위기에 직면한 동양에 구원의 손길을 주시며 이렇게 말씀하셨습니다.

❋ 천지의 이치가 난리를 짓는 자도 조화요 난리를 평정하는 자도 조화니라. 최수운은 천하의 난리를 지었으나 나는 천하의 난리를 평정하노라.

天이 以技藝로 與西人하여 以服聖人之役하고
천 이기예 여서인 이복성인지역

天이 以造化로 與吾道하여 以制西人之惡하니라
천 이조화 여오도 이제서인지악

하늘이 기예를 서양 사람에게 주어 성인의 역사役事를 행하고
하늘이 조화를 나의 도에 주어 서양 사람의 악행을 제어하느니라. (4:10)

일찍이 이마두 대성사는 사후死後에 신도 세계에서 동양의 문명신을 거느리고 서양으로 건너가 천상 신도의 영역을 개방하였습니다. 이마두 대성사의 음덕으로 서양 사람들은 하늘(문명신)로부터 과학문명의 기예를 전해 받았지만 물질과 사리에만 정통하여 도리어 신을 부정하고 수많은 상극의 죄악을 거리낌 없이 자행하였습니다. 인간의 정신 활동을 무시한 채 역사를 물질의 운동과 반영으로만 보는가 하면, 과학주의에 경도되어 눈에 보이지 않는 신의 세계를 부정하며 자연을 정복하고 지배하려 하였습니다. 이러한 서양의 오만함이 우월한 기술과 거대 자본을 바탕으로 약소국을 침탈, 예속시키는 제국주의로 이어진 것입니다.

이 땅에 강세하신 우주 통치자 하느님이신 상제님께서는 삼계대권의 무궁한 조화로써 서양 문명의 이러한 해악을 제어한다고 하셨습니다. 상제님이 집행하신 천지공사는 서양 제국주의의 기운을 꺾고, 가을 우주의 통일문명을 개창할 인류 시원 역사의 주인공을 동방 땅에 내는 과정입니다.

2) 19세기 후반 조선의 상황

(1) 조선의 대내외 정치 상황

❋ 동방의 조선은 본래 신교神敎의 종주국으로 상제님과 천지신명을 함께 받들어 온, 인류 제사 문화의 본고향이니라. 한민족은 환국-배달-조선의 삼성조시대가 지난 후 열국시대 이래 중국 한족漢族과 일본에 의한 상고上古 역사의 왜곡

> 으로 민족사의 뿌리가 단절되어 그 상처가 심히 깊더니 상제님께서 원시반본原始返本의 도道로써 인류 역사의 뿌리를 바로잡고 병든 천지를 개벽開闢하여 인간과 신명을 구원하시기 위해 이 땅에 인간으로 강세하시니라. (1:1)

상제님께서 한반도에 강세하신 19세기 후반, 동방 조선은 중국의 속국을 자처하며 쇄국정책을 고수하고 있었습니다. 고종의 비妃 명성왕후는 시아버지 흥선대원군을 정계에서 물러나게 하고 일본과 강화도조약(1876)을 체결해 조선의 문호를 열기 시작했습니다. 그러나 강화도조약은 일본에 의해 일방적으로 강요당한 불평등 조약이었습니다. 이후 조선은 서양 열강들 가운데 미국과 가장 먼저 통상조약(1882. 5. 22)을 체결하고[3] 이후 다른 열강과도 연이어 통상조약을 맺게 됩니다.

임오(1882)년 6월, 조선에서는 구식 군대의 차별로 군란軍亂이 일어났고, 2년 뒤인 갑신년에는 급진개화파에 의한 정변(1884. 12. 4)이 일어났습니다. 그 때마다 군대를 파견해 변란을 진압한 청은 조선의 내정간섭을 더욱 강화했습니다. 그 후 약 10년 동안 외교 결정권을 가로채는 등 청은 조선의 속국화 정책을 추진해 나갔습니다.

이러한 청의 간섭과 압력에서 벗어나기 위해 조선은 러시아와 우호적 관계를 맺고자 했습니다. 조선의 요구에 따라 러시아가 한반도에서 입지를 넓혀가자 이번에는 영국이 러시아에 맞서 한반도 남단의 거문도를 점령하고 적극적인 행동에 나섰습니다.(1885. 3). 한반도에서 영국과 러시아의 갈등이 불거지자 청이 나서서 문제를 해결하고 대외적으로 조선에서의 권리 행사를 묵인받게 되었습니다. 이후 영국은 일본과 영·일동맹(1902)을 맺고 러시아에 공동 대응하는 전략을 세우게 됩니다.

(2) 천하의 난을 동하게 한 동학혁명

> ※ 갑오(甲午 : 道紀 24, 1894)년에 태인 동골 사람 전명숙全明淑이 보국안민輔國安民이라는 기치를 내걸고 동학 신도들을 모아 고부에서 난을 일으키니 온 세상이 들끓으니라. 일찍이 전명숙은 신묘(辛卯 : 道紀 21, 1891)년부터 3년간 서울을 오르내리며 흥선대원군을 만난 일이 있더니 대원군이 명숙의 뜻을 물은즉 "제 흉중胸中에 품은 뜻은 나라와 백성을 위하여 한 번 죽고자 하는 마음뿐이오." 하고 대답하니라. (1:43)

1860년에 상제님의 천명을 받아 창도된 동학은 불과 한 세대 만에 민중의 삶 속에서 민족의 새로운 희망으로 세력화되어 나타났습니다. 교조敎祖가 처형된 이후 삼례 집회, 광화문 복합상소伏閣上疏, 보은 집회 등으로 이어지는 동학 신도들의 대규모 집회는

---

3 조선은 1887년에 미국에 공사公使를 파견하고 차관을 모색하는 등 미국과 관계를 강화하고자 했지만 미국은 소극적인 자세를 보였다. 정치적 불안, 열악한 교통, 청·일의 무역 독점과 세금 징수 등으로 조선에서 얻을 수 있는 이익이 작다고 판단한 것이다.

교도들 간에 동류 의식을 강화하고 동학을 조직화하는 결정적 계기가 되었습니다.

> ✽ 갑오년 정월에 고부 군수 조병갑趙秉甲의 악정과 토색질에 분개한 농민들이 전명숙을 두령으로 하여 배들평의 말목장터에서 봉기하니 고부 관아를 점령한 농민군은 억울하게 옥에 갇힌 사람들을 모두 풀어 주고 원성의 근원인 만석보萬石洑를 헐어 버리니라. … 한편 이른바 '고부민란'의 진상을 밝히고 민심을 수습하기 위해 안핵사按覈使로 파견된 이용태李容泰는 동학 교도를 민란의 주모자로 몰아 동학 교도 대검거령을 내리니 고부 전역에서 군졸들이 죄없는 농민들을 구타하고 부녀자를 강음强淫하며 재산을 강탈하고 가옥을 불지르며 또 동학 교도를 조기 꿰미 엮듯 포승줄로 묶어 닥치는 대로 잡아들이고 그 처자들까지 살상하니라. 이에 전 군민의 통분이 뼈에 사무쳐 민심은 순식간에 다시 험악해지고 장차 큰 난리가 터질 것이라는 불안감이 고부 전역을 휩쓸더라. (1:44)

1894년 2월 10일, 고부군수 조병갑趙秉甲의 혹독한 가렴주구에 동학 교도와 농민들의 분노가 폭발했고 4월에 마침내 동학군이 봉기하였습니다. 전봉준 장군을 중심으로 동학 접주들이 무장현茂長縣에 모여 창의문倡義文을 발표하고 고부·흥덕·고창·부안·금구·태인 등 전라도 각처에서 동학 교도를 중심으로 농민들이 함께 일어선 것입니다.

동학군이 승승장구하며 전주성을 함락하자 조선 정부가 청에 파병을 요청함에 따라 기회를 노리던 일본도 톈진조약을 근거로 조선에 군대를 급파했습니다. 이에 동학군은 사태를 수습하기 위해 외국 군대의 철병과 폐정 개혁을 요구하며 정부와 화약和約을 맺고 해산하였습니다. 그러나 일본은 군대를 철수하기는 커녕 무력을 앞세워 경복궁을 점령하고 조선의 내정 개혁을 강행했습니다. 왕궁과 4대문을 장악하고 갑오개혁을 추진하는 한편, '청으로부터 조선의 독립'이라는 명분으로 아산만에 정박한 청의 군함을 급습해 청일전쟁을 일으켰습니다(1894). 일본군은 우세한 전력을 바탕으로 육지와 바다에서 청나라에 승리했습니다. 한편 뿔뿔이 흩어진 동학군도 다시 결집해 공주로 진격했지만 중화기로 무장한 일본군을 당해낼 수 없었습니다.

청일전쟁은 '중국 중심의 정치 질서'에 종지부를 찍고 동아시아의 세력 판도를 뒤집어 놓았습니다. 이후 동아시아에서 촉발된 국제 정치 질서의 급변은 마침내 세계대전쟁으로 이어졌습니다. 후천개벽의 개혁 정치를 외친 동학혁명은 세계 정치의 새 질서를 여는 근·현대 역사의 진정한 출발점이었습니다.

> ✽ 최수운은 동세動世를 맡았고 나는 정세靖世를 맡았나니 전명숙의 동動은 곧 천하의 난을 동케 하였느니라. 최수운은 내 세상이 올 것을 알렸고, 김일부는 내 세상이 오는 이치를 밝혔으며, 전명숙은 내 세상의 앞길을 열었느니라.(2:31)

(3) 대한제국의 몰락 | 러시아를 중심으로 독일과 프랑스가 뭉쳐 일본의 대륙 침략의 기세를 꺾자(삼국간섭) 갑오(1894)년 이후 일본의 내정갑섭에서 벗어나려던 고종은 새로운 변화를 시도했습니다. 친러·친미파 인사를 등용해 새 내각을 구성하고 반일 정책을 추진해 나갔습니다. 일본은 이에 대한 보복으로 일본의 정치낭인政治浪人들을 앞세워 경복궁을 습격해 왕후를 시해하고 정권을 탈취하는 역사상 전례가 없는 만행을 저질렀습니다(을미사변, 1895. 10. 8). 신변에 위협을 느낀 고종은 그후 정동의 러시아 공사관으로 거처를 옮기는 아관파천俄館播遷(1896. 2. 11)을 단행해야 했습니다. 파천을 주도한 세력은 이범진·이완용[4] 등 친러 개화파 세력이었습니다. 아관파천 이후, 열강은 철도 부설권, 삼림 채벌권, 광산 채굴권 등 조선의 각종 이권을 획득하며 경제적 이권 쟁탈에 열을 올렸습니다. 그 결과 조선의 재정은 더욱 어려워져 국운이 크게 기울었습니다.

고종은 1년 뒤에 경운궁으로 돌아와 각종 제도를 고치는 등 개혁을 추진하는 한편 상제님의 계시[5]를 받아 환구단을 세우고 천자로 등극해 상제님께 고유제告由祭를 올렸습니다. 상제님이 천하유력을 떠나시던 정유(1897)년, 마지막 망국의 과정에서 황제로 즉위한 것입니다. 고종은 국호를 '대한大韓', 연호를 '광무光武'라 선언함으로써 대한제국이 자주국이고 천자국임을 만천하에 선포하였습니다. 우주의 창조 섭리인 간 도수에 따라 동방의 조선 땅에 강세하신 상제님은 장차 개벽의 땅 한반도를 구심점으로 하여 신천지 새 역사의 운이 열려 나가게 하셨습니다.

> ❀ "내가 너의 화액을 끄르기 위하여 일러전쟁을 붙여 일본을 도와 러시아를 물리치려 하노라." 하시니 성도들이 … "한 사람의 액을 끄르기 위해 두 나라 사이에 전쟁을 붙인다 함도 그렇거니와 약소한 일본을 도와 천하에 막강한 러시아를 물리친다 하심은 더욱 터무니없는 말씀이라." 하더라. (5:50)

---

4 이완용은 본래 친미, 친러파로 분류되는 인물이었다. 1887년에 주차미국참찬관駐箚美國參贊官으로 미국으로 가서 대리공사가 되었다. 을미사변(1895) 이후 친일정권에 포위되어 불안과 공포에 떨던 국왕 고종을 궁 밖으로 나오게 하여 친일정권을 타도하고 새 정권을 수립하려 한 소위 춘생문사건春生門事件을 시도하기도 하였다. 그러나 이 사건은 친위대 대대장 이진호의 배신으로 실패하고 이완용은 1896년에 아관파천을 다시 주동하였다. 이후 그는 친러내각의 외부대신·학부대신·농상공부대신 서리를 겸직했다. 그러나 러일전쟁에서 일본이 승리하자 그는 친일파로 변신하여 을사조약 체결에 앞장섰다. 미국이 조선을 일본에 넘기려는 사실을 알고 친일파로 돌아선 것이다. 친일파 이완용은 을사조약체결에 앞장서고, 1910년 8월 22일 한일양국병합전권위원이 되어 합병조약을 체결하였다.

5 고종황제는 즉위 칙어에서 "짐이 부덕하여 마침 어려운 때를 당하였는데 상제께서 권고하여 위태로움을 편안함으로 바꾸고 독립하는 기초를 창건하여 스스로 주장하는 권리를 행하라 하시니 황제의 칭호를 추존코자 하매 천지에 제사를 고하고 황제의 자리에 나아감에 국호를 정하여 가로되 대한이라 하고 이해로써 광무 원년을 삼고 이에 역대 고사를 상고하여 따로 큰 제사를 행한다."라고 밝혔다.

대한제국 수립 이후에 러시아와 치열하게 대립하던 일본은 상제님의 천지공사에 따라 일·러전쟁을 일으켰습니다(1904. 2. 8). 전쟁에서 승리한 일본은 대한제국을 식민지로 만들기 위한 본격적인 작업에 들어갔습니다.[6] 을사늑약(1905)을 강제로 체결하는 한편, 통감부를 설치해 대한제국의 외교권을 박탈하고, 이후 군대를 해산하는 등 병합의 환경을 만들어 나갔습니다.

❋ 상제님께서 여러 날 동안 신명들에게 칙령을 내리며 말씀하시기를 "내가 이제 조선의 국운을 거두어 잠시 일본에 맡기려 하노니 최수운이 보증을 서리라." 하시거늘 … 또 말씀하시기를 "일본은 나의 일을 해 주고 품삯도 받지 못하고 가는 일꾼이니라." 하시고 "세간에서 칠월 보름을 백중百中이라 하나니 백중백중百中百中이라 일백 가지 일이 모두 적중하리라." 하시니라. (5:125)

비록 대한제국은 일제에 의해 무너졌지만 상제님의 세운 공사의 천명에 따라 장차 이 지구촌에는 태고시대 광명문화의 원 주인인 동북아의 한민족을 중심으로 세계일가 통일문명이 열리게 됩니다.

2. 세운 공사의 결론: 세계일가 통일문명 건설

1) 만국 제왕 기운을 거두어 세계 통일을 준비하심

❋ 후천은 온갖 변화가 통일로 돌아가느니라. (2:19)

❋ 나라라고 다 나라가 아니고, 천자라고 다 천자가 아니니 한 나라 백성의 주인 노릇을 하는 법은 그런 것이 아니니라. 그러니 네 나라 내 나라를 합치는 것이 어떻겠느냐? 장수는 장수대로 둔다 해도 왕은 한 사람이 해야지, 여러 사람이 되면 시끄럽지 않겠느냐? 그러니 우리가 **하나로**, **한 나라**로 만들자. (5:371)

증산 상제님께서 의도하시는 후천 5만 년 상생의 조화낙원 세상은 한민족이 중심이 되어 개창하는 세계일가[7], 나아가 **우주일가**를 이루는 **통일문명**입니다.

---

6 1905년 7월 29일 일러전쟁이 끝난 직후에 미국 루스벨트 대통령 특사 윌리엄 하워드 태프트(W. H. Taft) 육군 장관과 일본 총리대신 가쓰라 다로(桂太郞)가 도쿄에서 대한제국 문제를 중심으로 하여 비밀 협약을 맺었다. 이 협약이 바로 유명한 가쓰라-태프트 밀약이다. 이 밀약에서 일본은 필리핀에 대한 미국의 식민지 통치를 인정하고, 미국은 일본이 대한제국을 침략하고 한반도를 '보호령'으로 삼아 통치하는 것을 용인하고 있다. 러시아와 일제 사이에 포츠머스 강화 조약이 열리기 전에 이미 미국은 대한제국의 자치 능력을 부정하고 일제가 한반도 지역을 식민지배하는 것이 미국의 이익에 들어맞는다는 입장을 보였다. 이 합의로 일제는 대한제국에 대한 미국의 개입을 차단하고, 이 해 11월에 대한제국에 을사조약을 강요하게 된다.

7 **세계일가**世界一家 | 상제님께서 기유년 봄에 형렬과 호연을 데리고 행하신 세계일가 통일정권 공사가 지난 100년 세월 동안 지구촌 곳곳에서 인사로 실현되고 있다. 나라 사이의 장벽을 허물고 경제적·정치

상제님 천지공사의 도수 섭리에 따라 가을 천지를 향한 난법 해원의 과도기를 거치면서, 선천에 누적된 고루한 가치관이 바로잡히고 새 기틀이 열립니다. 지금은 '만고의 역신과 원신'이 인간에게 붙어서 뿌리 깊은 원한을 풀어 가는 **해원의 시간이자, 후천의 세계 통일을 준비하는** 시기입니다. 인간은 모두 존엄한 생명체로서 자아를 실현하려는 소망을 지닌 천지의 자녀입니다. 상제님은 불평등한 신분제도와 인종 차별을 낳은 선천 우주의 상극 구조가 오선위기의 형국으로 펼쳐지는 세 판의 씨름(세 차례 세계대전) 과정에서 모두 허물어지게 하셨습니다.

❋ 묵은하늘이 그릇 지어 서자와 상놈의 원한이 세상을 병들게 하였느니라. 이제 내가 적서嫡庶의 차별을 없이하였노라. (2:56)

❋ 대저 제생의세濟生醫世는 성인의 도道요, 재민혁세災民革世는 웅패雄霸의 술術이라. 이제 천하가 웅패에게 괴롭힘을 당한 지 오랜지라 (2:75)

상제님은 불평등하고 부조리한 선천 세상을 바로잡아 통일하시기 위해 **'세계 만국 제왕의 기운'**을 걷어 버리는 **'세계일가 통일정권 공사'**를 보셨습니다.[8] 상제님은 인류의 영원한 화평을 이루기 위해서는 먼저 각 지방신과 지운을 통일해야 한다고 말씀하셨습니다. 한반도에 위치한 천지 부모산인 회문산과 모악산을 중심으로 사명당의 기운을 발하게 해 지운地運과 각 지방신을 통일하신 증산 상제님께서는 전 세계를 통일하여 후천의 가을세상을 여시기 위해 이 땅에 황극신을 불러오는 공사를 보셨습니다. 이것은 한 뿌리에서 갈려 나온 세계 동서 문명이 시원을 찾아 돌아가는 가을 개벽기를 맞아 다시 한집안으로 통일되는 공사입니다.

❋ 무신년 10월에 고부 와룡리 문공신의 집에 머무르시며 대공사를 행하실 때 성도들에게 말씀하시기를 "이제 천하의 난국을 당하여 장차 만세萬世의 대도정사大道政事를 세우려면 황극신皇極神을 옮겨 와야 하리니 황극신은 청국 광서제光緖帝에게 응기되어 있느니라." 하시니라. 또 말씀하시기를 "황극신이 이 땅으로 옮겨 오게 된 인연은 송우암이 만동묘萬東廟를 세움으로부터 비롯되었느니

적 공동체로 발전하고 있다. 유럽 경제 공동체(EEC)가 정치적으로 하나 된 유럽 연합(EU)으로 발전하였고, 국제 무역도 세계무역기구(WTO) 체제로 전환하였다. 자유무역의 실현을 표방하는 WTO는 각국의 시장을 개방하여 자유무역을 실현하고 이를 통해 삶의 질을 향상시키고 발전해 나가자는 취지에서 탄생하였다.

8 상제님 공사에 따라 군주제는 제1차 세계대전 이후 전 세계적으로 사실상 사라졌다. 청조淸朝는 1911년 손문孫文의 신해혁명으로 역사 무대에서 자취를 감추었고, 러시아의 차르 체제는 1917년 레닌의 볼셰비키 혁명이 성공함으로써 니콜라이Nikolai 2세를 마지막으로 그 종막을 고했다. 전쟁에서 패한 독일과 오스트리아에서도 군주정이 붕괴되고 공화정이 들어섰다. 영국처럼 군주제가 유지된 극소수 나라는 왕의 실권이 없는 입헌 군주제로 바뀌었다.

라." 하시고 친히 곡조를 붙여 시천주주를 읽어 주시며 성도들로 하여금 밤마다 읽게 하시니라. 며칠이 지난 뒤에 말씀하시기를 "이 소리가 운상하는 소리와 같도다." 하시며 "운상하는 소리를 어로御路라 하나니 어로는 곧 임금의 길이라. 이제 **황극신의 길**을 틔웠노라." 하시고 문득 **"상씨름이 넘어간다!"** 하고 외치시니 이때 청국 광서제가 죽으니라. 이로써 세계일가世界一家 통일정권統一政權 공사를 행하시니 성도들을 앞에 엎드리게 하시며 말씀하시기를 "이제 만국 제왕의 기운을 걷어 버리노라." 하시고 성도들에게 "하늘을 보라." 하시매 하늘을 보니 문득 구름과 같은 이상한 기운이 제왕의 장엄한 거동처럼 허공에 벌여져 있다가 곧 사라지니라. (5:325)

이 세상에서 전개되는 크고 작은 모든 일은 조화정부 성신들의 심리審理에 따라 좌우됩니다. 천상 조화정부에서 정하는 명부 공사에 따라 역사적인 인물이 태어나고 죽음으로써 대세의 흐름을 바꿔 놓는 것입니다.

세상만사가 **보이지 않는 신神의 손길이 개입해** 이루어집니다. 황극신은 이 세계의 중심이 되는 제왕에 응기된 신입니다. 황극은 우주가 변화하는 작용의 중심이요, 인사로는 역사의 중심에서 천하를 다스리는 통치자를 가리킵니다. 상제님은 장차 조선이 세계를 통일하는 대업을 완수할 수 있도록, 명부 공사로써 광서제에 응기되어 있던 **황극신을 한반도로** 옮겨 오셨습니다. 상제님께서 **후천의 통일문명 시대를 여시기 위해** 그 신명을 부르는 공사를 보심에 따라 광서제가 갑작스런 죽음을 맞았습니다.

청조 말清朝末, 서태후西太后는 권력을 잡기 위해 친아들 동치제同治帝를 죽음으로 몰았던 권력의 화신이었습니다. 환락에 빠져 무절제한 생활을 일삼던 동치제는 19세(1874)에 요절하고 말았습니다. 서태후는 자기 여동생의 아들을 광서제(당시 4세)로 삼고 거의 반세기 동안 섭정을 하며 실권을 장악하였습니다. 그런데 1908년, 광서제가 38세로 갑자기 죽은 바로 다음 날 서태후도 세상을 떠났습니다. 서태후가 죽기 한 달 전에 조서를 내려 푸이(溥儀)가 광서제를 계승하고 선통제宣統帝(당시 3세)가 되었지만 만주족이 세운 청나라는 이미 몰락한 것이나 마찬가지였습니다. 3년 뒤 손문孫文이 주도한 신해혁명(1911년)이 일어나고, 이듬해인 1912년에 반봉건, 반제국주의를 표방한 동아시아 최초의 공화체제인 중화민국이 들어서게 되었습니다.

이때부터 18세기에 유럽에서 조짐을 보인 군주정치(왕정)의 붕괴가 전 지구촌에 급속히 퍼져나가 계급 제도가 타파되는 대변혁이 일어나기 시작했습니다. 해원을 위한 과도기 정치 체제인 민주주의가 왕정을 대신해 역사의 전면에 등장하고, 지구촌에는 제국주의의 침탈과 함께 자본주의 시장 경제 체제가 뿌리 내리게 되었습니다.

상제님은 황극신을 옮겨 오는 공사를 보실 때 친히 곡조를 붙여 주시며 **'시천주주'**

동이족 성왕과 동이족 출신의 중국사 제왕들 | 중국고대사연표

연도	왕조
	삼황오제 三皇五帝
BCE 2205	하夏
BCE 1766	상商(은殷)
BCE 1122	주周
BCE 770	춘추 春秋
BCE 403	전국 戰國
BCE 221	진秦
BCE 206	한漢 전한 | 후한
CE 220	삼국(위·촉·오)
265	진晉 서진 동진
304	5호 16국
420	북조
420	남조
581	수隋
618	당唐
907	5대
907	10국
938	요遼
960	송宋 북송 남송
1115	금金
1271	원元
1368	명明
1662	청淸
1912	중화민국
1949	중화인민공화국

를 읽게 하시고, 이 소리가 '**운상하는 소리**' 곧 상여 나가는 소리와 같다고 하셨습니다. 가을철 원시반본의 이치에 따라 집행하신 상제님 공사에 의해, 황극신이 인류 창세문화의 주역이며 뿌리인 동방의 조선으로 넘어오게 됩니다.

2) 9천 년 인류 문화의 주인공, 동방의 배달 한민족

그동안 중국은 황하문명을 중심으로 고대 문화를 개창한 동아시아 역사의 종주로 인식되어 왔습니다. 유교 사관에서는 요순시대 이래 진시황이 전국시대를 통일하고 황제라 칭한 후로 천자天子문화권(황극)을 정립한 것이라 주장하였습니다. 그러나 환국 이후 동방 천자의 종주권을 계승한 천자문화의 본 고향은 바로 한韓민족입니다. 동방 한민족, 배달 겨레는 대대로 상제님께 천제天祭를 올리고 상제님을 대행하여 세상을 통치하는 천자문화의 주인공입니다. 동방 한민족의 국통맥은 9천2백여 년 전 인류 창세문화를 연 환국桓國, 동방 광명문명의 주인공인 배달倍達, 한민족의 최고 전성기를 구가한 단군조선朝鮮의 삼성조三聖祖시대를 지나, 북부여北夫餘를 중심으로 한 열국列國시대, 고구려高句麗·백제百濟·신라新羅·가야伽倻의 사국四國시대, 그리고 대진大震·후신라의 남북국南北國시대를 거쳐 고려高麗와 조선으로 이어져 왔습니다. 그러나 고려 25세 충렬왕 대에 이르러 천자권을 양도하고 원나라의 부마국駙馬國으로 전락해 이때부터 황제는 왕으로 불리게 되었습니다. 이후 건국된 한양 조선朝鮮은 사대주의를 근본으로 한 왕정으로 일관하다가 결국 패망의 위기에 몰렸습니다. 이 마지막 몰락의 과정에서 상제님의 천명을 받은 고종이 황궁우皇穹宇를 세우고 천제를 올린 뒤에 대한제국으로 나라 이름을 바꾸고 황제로 등극함으로써 천자국天子國의 위상을 회복한 것입니다. 천자국으로 복원된 1897년에 천자문화의 국통맥이 바로 서고 황극신의 기운이 들어오기 시작하였습니다. 그러나 당시 대한제국大韓帝國에는 진취적인 동방 배달민족의 광명의 새 역사를 개창할 여력이 남아 있지 않았습니다. 인간으로 강세하신 증산상제님께서 무신(1908)년 10월에 보신 이 세계일가 통일정권 공사가 역사의 전면에 총체적으로 실현됨으로써 황극신이 동방의 이 땅에 온전히 넘어오게 됩니다.

상제님은 황극신이 넘어오는 공사가 현실 역사로 이뤄지면서 천자

문화의 본래 주인공인 한민족이 원시반본의 이법에 따라 동북아 9천 년 역사의 종주권을 되찾고 창세 역사의 근원을 밝혀 역사의 정의를 바로 세우게 하셨습니다.

태고 시절부터 삼신상제님을 섬겨 온 한민족의 9천 년 역사의 실체와 인류 원형문화의 비밀을 모두 간직한 책이 바로 동방의 시원 역사 경전인 『환단고기桓檀古記』입니다. 『환단고기』는 상제님을 받드는 천자문화의 원주인이 한민족, 즉 배달 동이족임을 명백히 밝히고 있습니다. 지난 20세기 후반, 한민족의 주활동 무대이던 만리장성 밖 요서 지역에서 발굴된 홍산문명은 이러한 사실을 입증하고 있습니다.

이제 동방 한민족이 삼신상제님의 천명을 받들어 동·서 인류 문화를 통일함에 따라 동방의 대한민국이 천자문화의 종주권을 회복하고 후천 가을문명의 도주국道主國으로 자리잡습니다. 우주의 가을철을 맞아 상제문화의 주인공인 한민족이 다시 인류사의 중심에 등장하여 세계 역사를 주도하는 황극으로 작용하게 되는 것입니다. 상제님께서 동방에 위치한 이 땅 한반도에 강세하신 이유도 바로 여기에 있습니다.

> ❋ 하루는 한 성도가 청淸나라를 중국中國이라 부르거늘 상제님께서 크게 꾸짖으시고 말씀하시기를 "청나라는 청나라요 중국이 아니니라. 내 세상에는 내가 있는 곳이 천하의 대중화大中華요 금강산이 천하만국의 공청公廳이 되느니라." 하시니라. (2:36)
>
> ❋ 소중화小中華가 장차 대중화大中華로 바뀌어 대국의 칭호가 조선으로 옮겨 오게 되리니…. (5:118)

상제님은 옛 조선이 쓰던 대국의 칭호 '대한大韓'도 원시반본의 도에 따라 조선으로 넘어오게 하시고, 한민족으로 하여금 세계를 구원하고 통일하는 기초를 다지게 하셨습니다.

3. 세운 공사로 펼쳐지는 역사의 대세

1) 인류의 통일문명이 나오는 과도기 역사

5,300년 전에 강수姜水에서 배달의 군병을 감독하던 소전少典의 아들 신농神農씨는 의학과 경농耕農의 시조로서 인류 문화의 복록과 수명의 길을 열어 주었습니다. 의학은 인류에게 수명을 연장해 주었고 농사는 복록을 열어 준 것입니다. 또 신농씨는 열산列山에서 한낮에 시장을 열어 물건을 교역하게 함으로써 자본주의의 토대인 시장문화를 최초로 개척했습니다. 그리하여 인류가 뿌리를 되찾는 원시반본의 가을문화 시대를 맞아 상제님께서도 인류 시원 성姓인 신농씨의 강씨 성으로 오시게 된 것입니다.

무릇 인간은 행복을 추구하며 살아갑니다. 상제님은 인간이 추구하는 행복의 요건을 '복록福祿과 수명壽命'이라 하셨습니다. 상제님께서는 "'수명복록壽命福祿'이라 하지마는 수명만 길고 복록이 없으면 죽는 것만 같지 못하거늘 … 이제는 복록을 먼저 하라."(9:130)라고 하시며 복록을 중시하셨습니다.

❋ 나의 일은 남 죽을 때에 살자는 일이요, 남 사는 때에는 영화榮華와 복록福祿을 누리자는 일이로다. (8:117)

상제님은 천상 신도세계에서 근대 문명의 발전을 선도해 후천 문명의 토대를 마련하고 인류의 복록과 수명의 새로운 지평을 열어 준 한 인물에 대해 밝혀 주셨습니다. 이상적인 하늘 문명을 땅에다 건설하려 한 웅지와 지적인 역량을 지닌 그분은 가톨릭 예수회 출신의 마테오 리치(M. Ricci, 1552~1610) 신부입니다. 중국에 선교사로 와서 뜻을 이루지 못하고 천상으로 돌아간 그는 천상 신명들과 함께 서양으로 내려와 근대 문명을 혁신하는 주도적인 역할을 하였습니다.(제2장 참고) 리치 신부님은 신명 세계의 장벽을 무너뜨려 동·서 문명을 개방하고 지구촌 문명을 이상적인 천국 문명 사회로 나아갈 수 있도록 길을 열어 놓았습니다. 이에 따라 유럽에서는 과학혁명과 함께 산업혁명이 일어났고 이를 토대로 하여 등장한 제국주의가 해외로 시장을 개척하면서 지구촌에 자본주의 문화가 본격적으로 열려 나가게 되었습니다. 그러나 상제님은 근대 문명에 대해 "이 문명은 다만 물질과 사리事理에만 정통하였을 뿐이요, 도리어 인류의 교만과 잔포殘暴를 길러 내어 천지를 흔들며 자연을 정복하려는 기세로 모든 죄악을 꺼림 없이 범행하니 신도神道의 권위가 떨어지고 삼계三界가 혼란하여 천도와 인사가 도수를 어기는지라."(2:30)라고 경계하셨습니다.

사유재산 제도를 바탕으로 개인의 욕망을 채워 주는 자유 시장경제 체제인 자본주의는 근대 역사의 원동력이었지만 부富의 집중과 투기를 조장해 빈부의 격차와 계층 간의 갈등을 확대하는 등 모순과 부조리를 안고 있습니다.

하느님이 인간으로 오시던 무렵, 유럽에서는 산업혁명 이후 형성된 산업자본주의 industrial capitalism로 인한 심각한 사회 문제를 해결하기 위해 '역사적 유물론'이 등장하였고, 이후 세계가 한 가족이 되는 준비 과정으로 들어가게 되었습니다. 공산주의는 사유재산을 부정하고 생산 수단을 사회적으로 공유해 분배의 정의를 실현하여 정의로운 사회를 이룩하고자 하는 이념입니다. 1917년, 러시아에서 마르크스주의 혁명을 통해 공산주의 국가가 처음 등장했습니다. 그러나 소련의 공산주의는 극소수의 인원이 국민을 통제함으로써 지배 세력의 독재 등 또 다른 문제를 야기했습니다. 1980년대 중반에 체제의 한계를 깨달은 소련이 개혁(페레스트로이카)과 개방(글라스노스트) 정책을 실시하며 일당 독재를 완화하고 시장경제 원리를 도입하면서 공산주의 체제에 동요가 생기게 되었습니다. 이러한 변화는 마침내 이후 동유럽 사회주의권의 해체를 불러 왔습니다.

결국 온 인류가 평등하게 살아가는 정의로운 이상 세계는 개벽 뒤에 열리는 후천 세상에서 비로소 건설됩니다. 상제님께서는 장차 지구촌의 녹을 고르게 분배해 창생의 삶을 평등하게 하는 후천의 복록소 도수를 보셨습니다.

❋ 상제님께서 허락하시고 말씀하시기를 "앞으로는 중천신에게 복록을 맡겨 고루 나누어 주게 하리라." 하시니라. 또 말씀하시기를 "앞세상에는 공덕功德에 따라서 그 사람의 복록이 정하여지나니 치우침과 사私가 없느니라." 하시니라. (9:143)

❋ 후천에는 공덕功德에 따라 사는 집도 등급을 둘 것이니 … 그러나 식록食祿은 고르게 하리니 만일 급이 낮고 먹기까지 고르지 못하면 원통冤痛치 않겠느냐! (7:21)

서구 사회에서 자본주의 문명의 병폐를 바로 잡고 사회주의와 자본주의의 장점을 취해 인류의 이상 세계를 향한 '제3의 길'[9]을 열어가려는 움직임이 있지만 최상의 경제 체제를 수립하려는 이러한 노력과 시도 역시 선천 세상에서는 제대로 작동할 수 없습니다. 지금 지구촌의 자본주의 시스템은 이미 한계에 다달아 있고, 욕망과 탐욕을 바탕으로 한 선천 상극 문화의 모순과 갈등이 축적되어 세상을 분열과 대결의 극한 상황으로 몰아가고 있습니다. 오늘의 신자유주의 경제 체제는 성장을 목표로 인간의 욕망과 탐욕을 끝없이 부추기고 있습니다. 백 년 전에 독일의 슈팽글러Oswald Spengler가 서구의 몰락을 말했듯이 서구 가치의 붕괴는 이미 예정된 코스를 향해 나아가고 있을 뿐입니다.

2) 가을 우주의 통일문명이 열린다

❋ **당분간 세계 경제의 녹줄은 서양에 두심** … "지금 조선 신명을 서양으로 보내면 나중에 배에 실려 오는 화물표를 따라 다시 돌아오게 되리라." 하시니라. "재

9 제3의 길 | 1990년대, 사회주의 국가가 붕괴된 후에 집권한 유럽의 좌파정권(영국의 토니블레어, 독일의 슈뢰더, 프랑스의 조스팽 등)은 우파의 신자유주의 정책을 표방하는 이른바 '제3의 길'을 선택하였다. '제3의 길'은 **좌파 이데올로기**와 **신자유주의적 요소**를 접목한 앤서니 기든스Anthony Giddens(1938~)의 이론을 근거로 한다. 영국의 사회학자 기든스는 1998년 영국에서 『제3의 길』이라는 사회과학 이론서를 출간하였다. 그는 중도 좌파의 입장에서 사회주의의 경직성과 자본주의의 불평등을 극복하고자 하였고 현대 사회민주주의의 복원과 성공에 이르는 길을 **제3의 길**이라 규정하였다.

7
장

주財主 기운을 서양에다 두노니 후일에 서양으로부터 재물을 보급 받으리라." 하시고 … (5:24)

상제님께서는 당분간 자본주의의 녹줄을 서양에 두고서 세계를 먹여 살린다고 하셨습니다. 자본주의 시장 체제 아래에서 인류는 서로 경쟁하고 더 좋은 물건과 서비스를 제공하며 신기술을 개발하고 경제적 발전을 이룩해 왔습니다. 상제님은 세계 만국이 서로 물화物貨를 통상하게 하는 공사를 보시며 이것이 '만국 인민의 새 생활법'이라 말씀하셨습니다.(5:200) 근현대 자본주의 역사는 이 같은 역동적인 과정을 통해 인간에게 물질적인 풍요를 안겨 주고 인간의 수명을 연장하였으며 또 인간의 생활 공간을 확대시키고 개방시켰습니다. 20세기 후반에는 '제3의 물결'[10]이라 불리는 미증유의 대변혁을 이끌어 현대 정보화 사회가 열리게 함으로써 지구촌에서 일어나는 모든 일을 안방에서 실시간으로 함께 공유할 수 있게 했고, 이 세계를 단일 시장 체제의 한 울타리로 묶어 놓았습니다. '이제 온 천하를 한집안이 되게 한다'(5:3)라고 하신 말씀 그대로, 이 세상 역사가 백여 년 전에 상제님이 집행하신 천지공사에 따라 진행되고 있습니다. 세계는 지금 인류의 가을문화, 상생의 후천 선경낙원 문명이 열리는 문턱까지 와 있습니다.

상제님께서 당분간 복록을 서양에 두셨지만 인류에게 녹줄을 분배하는 복록 대권의 심장부 조직이 장차 개벽과 함께 복록소 도수에 따라 한국으로 넘어 오게 됩니다. 그동안 자본주의 시장의 중심이 서양이었지만 이제 상제님 천지공사에 따라 동양으로 이동해 옵니다. 이 과정이 상제님의 9년 천지공사 이후 흘러온 백 년 세월의 역사였습니다. 지난 20세기의 세계 대전쟁은 세계 정치사에서 자본주의 시장문화의 모순과 폐해가 축적되어 폭발하는 과정이기도 합니다. 상제님은 동방의 조선 땅을 중심으로 하여 세 차례 세계 대전쟁의 변혁을 거치면서 인류사의 갈등과 원한이 총체적으로 해소되도록 하셨습니다. 머지않아 가을 천지개벽의 과정을 거치며 동서고금의 성자와 철인들이 꿈꿔 온 이상세계가 지상에 열리게 됩니다.

자본주의에서는 부를 창출하여 윤택하게 살아가는 행복한 세상을 만들려 했고, 사회주의에서는 복지와 분배 문제가 해결된 평등한 사회를 꿈꾸었지만 인간이 잊어버리고 있는 가장 본질적인 문제 하나가 있습니다. 상제님께서는 근대 문명이 인간의 생존 환경의 바탕인 하늘땅을 병들게 했기 때문에 "이제는 병든 천지를 바로잡아야

10 제3의 물결 | 엘빈 토플러Alvin Toffler는 『제3의 물결』(1980)에서 인류는 문명사에서 세 개의 큰 물결을 거쳐 왔다고 보았다. 농경 중심의 농업시대인 '제1의 물결'을 지나, 산업혁명의 기술 혁신으로 '제2의 물결'을 거쳐 왔으며 현재 세계는 '제3의 물결' 시대로 진입하고 있다고 했다. '제3의 물결'은 반도체를 중심으로 한 마이크로일렉트로닉스microelectronics 혁명을 통해 이루어지는 새로운 산업사회 시대를 말한다.

한다."(2:58)라고 말씀하셨습니다. 하와이대학교 짐 데이터James Dator 교수가 말하듯이, 지금 인류는 '서바이벌 소사이어티Survival Society[11]'의 시간대에 살고 있습니다. 앞으로는 천지 변화의 틀, 변화의 정신을 제대로 알아야 생존할 수 있습니다. 지구촌의 온갖 재앙은 생명의 큰 부모인 천지 자체가 병들어서 일어나는 것입니다.

하늘과 땅은 신에 의해 창조된 피조물이 아닙니다. 상제님은 하늘땅이 만물의 생명의 근원이요, 만물을 만들어내는 실제적인 조물주라 밝혀 주셨습니다. 천지는 만물이 비롯된 근원입니다. 인간에게 모든 녹을 내려 주는 존재가 바로 천지부모입니다. 물, 공기, 석유, 무수한 자원과 보석까지도 천지부모의 품에 있는 생명을 인간이 가져다 쓰는 것입니다. 우리 인류가 살고 있는 이 지구는 단순히 물리적인 흙덩이나 광물이 아니라 살아 있는 생명체입니다. 하늘과 땅은 만물의 정신과 물리적인 생명을 낳아 주는 영적 조화의 근원인 성령체인 것입니다.

그러면 인간은 무엇을 위해서 이 녹을 쓰고, 또 생산하고 공유해야 하는 것일까요? 인간은 천지의 꿈과 대이상을 실현하는 존재입니다. 상제님께서는 '복록성경신福祿誠敬信 수명성경신壽命誠敬信'(9:130)이라 하셨습니다. 성경신誠敬信을 다해 천지와 한 마음이 될 때 후천에 개인의 복록과 수명이 정해진다는 말씀입니다. 천지의 뜻과 목적에 부합함으로써 다가오는 후천 가을우주에서 살아남을 수 있습니다.

지금 선천의 상극 질서가 무너지면서 온 우주의 생명이 상생의 질서로 거듭나 진정한 하나의 공동체로 태어나려 하고 있습니다. 우리는 상생의 문명을 설계하신 상제님의 9년 천지공사를 제대로 들여다봄으로써 앞으로 후천 가을 우주의 조화문명, 상생의 통일문명이 열리는 역사의 과정을 이해할 수 있게 됩니다.

그러면 이제 상제님이 천지공사에서 짜 놓으신 신천지 새 역사의 판도를 한번 살펴보기로 하겠습니다.

4. 세운 공사의 기틀 : 오선위기五仙圍碁 바둑판과 세 차례 씨름판

1) 오선위기의 바둑판 도수

병든 하늘과 땅, 인간과 신도 세계를 개벽하시기 위해 망해 가던 동방의 조선에 강세하신 삼계 우주의 통치자 증산 상제님께서는 구원의 새 법방을 '판'의 개념으로 쉽게 말씀하셨습니다.

---

11 서바이벌 소사이어티 | 짐 데이터 교수는 지금은 새로운 도전보다 살아남는 것이 중요한 시대라고 주장한다. 그가 서바이벌 소사이어티에서 주장하는 '불길한 삼위일체(Unholy Trinity)'는 '금융시스템 붕괴', '석유시대 종말', '환경 재앙'을 일컫는다.

❋ 옛적에는 판이 작고 일이 간단하여 한 가지 신통한 재주만 있으면 능히 난국을 바로 잡을 수 있었거니와 이제는 판이 워낙 크고 복잡한 시대를 당하여 신통변화와 천지조화가 아니고서는 능히 난국을 바로잡지 못하느니라. (2:21)

❋ 나의 일은 판밖에 있느니라. 무릇 판안에 드는 법으로 일을 꾸미려면 세상에 들켜서 저해를 받나니, 그러므로 '판밖에 남모르는 법'으로 일을 꾸미는 것이 완전하니라. (2:134)

❋ 내 일은 판밖에서 성도하느니라. (5:250)

'판'[12]은 열린 공간으로서 '마당'이자, 사건이 벌어지는 '현장'으로 사건의 바탕이 됩니다. 넓게는 인간 삶의 과정과 역사의 전개 과정을 포함하고, 좁게는 '일이 벌어지는 자리', '일의 전환점이 되는 상황'을 뜻합니다. 상제님은 당신이 하시는 일에 대해 '옛 일을 이음도 아니요, 세운世運에 매여 있는 일도 아니요, 오직 내가 처음 짓는 일'(2:42)이라 하시고, 당신의 도를 '판밖의 남모르는 법'(2:134)이라고 말씀하셨습니다.

지금까지 인간이 살아 온 선천 역사를 **'판안'**이라고 한다면, **'판밖'**은 선천 세상에 매여 있지 않은 상제님의 후천 가을 세상을 상징합니다. '판안에 드는 법'이란 선천에 깨치고 가르쳐 온, 상극의 세상에 갇힌 제한된 법을 말합니다. 그런가 하면 **'판밖의 남모르는 법'**은 선천의 한계를 넘어선, 창세 이래 이 천지에 등장한 적이 없는 전혀 새로운 후천의 새진리 법방입니다. 선천 사고思考의 한계와 편견 등 일체의 장벽이 무너져 우주 만물을 조화와 균형의 새 생명 질서로 거듭나게 하는 가을 새 세상의 무극대도의 진리를 말합니다.

상제님께서는 선천 판안의 모든 법을 정리하시고, 가을철 통일문명, 지상 조화선경 문화가 열릴 수 있도록 판밖의 남모르는 법으로 천지 조화의 기틀을 새롭게 짜셨습니다. 만유 생명의 어머니인 지구의 혈 자리, 한반도의 순창 회문산 오선위기五仙圍碁의 지기가 발동해서 세계 정치 질서가 새롭게 열리도록 **'천지의 판'**을 짜신 것입니다. 그리하여 지난 20세기로부터 세계사의 정치 판도가 개벽의 땅 한반도를 중심으로 오선위기의 형국으로 벌어지며 천지 해원의 과정이 전개되어 왔습니다. 상제님이 공사 보신 오선위기 도수에 따라 선천 역사의 **'해원판'**이 열려 천지의 갈등과 증오와 원한의 살기가 세 차례의 바둑판(씨름) 과정에서 모두 씻겨나가게 됩니다.

---

12 '판'이란 말에는 씨름판, 굿판, 난장판, 윷판, 노름판 등과 같이 대상의 행위가 명백히 드러나는 경우가 있는가 하면 죽을판 살판, 판가름, 결판, 판몰이 등과 같이 쓰여 여러 상황 속에서 그 판의 속성을 나타내는 경우도 있다. 판이 지니는 일반적 속성으로는 첫째, 판에서 벌어지는 절박함과 위기감을 들 수 있다. 둘째, 이쪽과 저쪽을 나누는 판가름의 문제가 있다. 셋째, 판몰이 같은 말에서처럼 역동성이 있다. 끝으로 판은 단독이 아니라 판꾼이나 구경꾼들의 참여로 반드시 어우러짐의 구도를 이룬다.

※ 상제님께서 말씀하시기를 "회문산에 오선위기가 있나니 바둑은 당요가 창시하여 단주에게 전수하였느니라. 그러므로 단주의 해원은 오선위기로부터 비롯되나니 천하의 대운이 이로부터 열리느니라." 하시고 다시 말씀하시기를 "이로써 또한 조선의 시비를 푸느니라." 하시니라. (4:20)

※ 내가 이제 천지의 판을 짜러 회문산回文山에 들어가노라. 현하 대세를 오선위기五仙圍碁의 기령氣靈으로 돌리나니 두 신선은 판을 대하고 두 신선은 각기 훈수하고 한 신선은 주인이라. 주인은 어느 편도 훈수할 수 없어 수수방관하고 다만 손님 대접만 맡았나니 연사年事에 큰 흠이 없어 손님 받는 예禮만 빠지지 아니하면 주인의 책임은 다한 것이니라. 바둑을 마치고 판이 헤치면 판과 바둑은 주인에게 돌아가리니 옛날 한 고조漢高祖는 마상馬上에서 득천하得天下하였으나 우리는 좌상坐上에서 득천하하리라. (5:6)

상제님께서는 바둑의 시조인 단주丹朱가 인류 역사상 원한의 뿌리임을 밝혀 주셨습니다(제5장 참고). 상제님은 선천의 모든 원과 한을 풀어 주시기 위해 단주를 해원의 첫머리로 삼아 **오선위기 도수로 세계 운로를 정해 놓으셨습니다.** 오선위기란 '다섯 신선이 둘러앉아 바둑을 둔다'는 뜻입니다. 여기서 다섯 신선은 바둑판의 주인인 조선과 바둑판에 참여하는 주변 4대 강국을 가리킵니다. 다섯 신선이 세계 운로를 잡아 돌리는 것은 **역사 운동의 본체**가 바로 **5황극**이기 때문입니다.

상제님께서는 **바둑판**[13]**인 한반도**를 중심으로 세계 4대 강국이 패권을 다투면서 지구촌 정치 질서의 대세를 형성해 나가도록 하셨습니다. 이렇게 공사를 보신 이유는

오선위기五仙圍碁 | 순창 회문산에 있는 오선위기 혈의 기운을 뽑아 세운 공사의 기틀을 짜셨다. 오선위기란 다섯 신선이 바둑을 두는 형국을 뜻한다. 상제님은 한반도(주인)를 비롯한 세계 4대 강국(네 신선)이 한반도(바둑판)를 중심으로 패권을 다투며 지구촌 정치 질서의 대세를 형성해 나가도록 판을 짜 놓으셨다. 이 오선위기 도수는 역사 속에 애기판, 총각판, 상씨름이라는 전쟁 도수로 실현되어 나간다.

---

13 **한반도는 바둑판** | 38도선을 경계로 해서 남북으로 나뉜 한반도는 간艮 도수의 우주 섭리에 따라 선천 최후의 대결을 벌이는 천지 바둑판으로 운명이 정해져 있다. 바둑판은 후천 가을 우주의 정역수인 360을 원리로 하여 가로 세로 19로路, 361점(19×19)으로 이루어져 있는데 간 도수의 천지 운수가 이 땅에 와 닿아 조선시대에 360개 고을과 도읍 한양이 형성되어 있었다. 바둑판 중앙의 1점(天元)은 본체로서 불변하는 자리이다. 바둑판에서 가로줄과 세로줄 수를 합하면 38이 되는데(19+19), 이것은 한반도의 중심을 지나는 38도선을 상징한다.

바둑의 시조이자 원한 역사의 머리가 되는 단주를 해원시킴으로써 그동안 쌓이고 맺힌 인간과 신명의 원한을 모두 끌러내시기 위함입니다. 상제님은 세계 정치판의 운로를 오선위기로 짜 놓으시고 단주로 하여금 천자天子와 같이 그 운로를 주재하게 하여 단주의 원한도 풀어주고, 나아가 그 뒤로 맺힌 선천 원한의 마디와 고가 다 풀리게 하셨습니다.

※ 먼저 단주의 깊은 원한을 풀어 주어야 그 뒤로 쌓여 내려온 만고의 원한이 다 매듭 풀리듯 하느니라. 이제 단주를 자미원紫微垣에 위位케 하여 다가오는 선경세계에서 세운世運을 통할統轄하게 하느니라. (4:31)

이처럼 세운은 단주 해원 도수인 오선위기의 바둑판 도수로 전개되면서 선천 상극 역사의 시비가 모두 가려집니다. 자본주의와 사회주의, 이 세계의 시비를 비롯한 선천 상극의 모든 시비를 완전히 종식시키는 대사건이 바로 오선위기의 마지막 대결전인 남북 상씨름입니다.

오선위기 도수의 전개 과정에서 동북 간방의 한민족이 **'새 역사 창조의 구심점'** 으로 거듭나 마침내 지상에 가을철 통일문명, 지상 조화선경을 열게 됩니다.

2) 세 차례 씨름판 도수(전쟁 공사)

※ 내 일은 삼변성도三變成道니라. (5:356)

※ 상제님께서 말씀하시기를 "천지개벽 시대에 어찌 전쟁이 없으리오. 앞으로 천지전쟁이 있느니라." … "뒷날 대전쟁이 일어나면 각기 재주를 자랑하여 재주가 일등 되는 나라가 상등국이 되어 전쟁은 장차 끝을 막으리라." 하시니라. (5:202)

상제님께서는 후천 새 역사의 문을 여는 오선위기의 바둑판 도수가 삼변성도三變成道 원리에 따라 **'세 차례의 바둑'** 을 통해 이루어지게 하셨습니다. 그 대결 과정을 **'애기판 – 총각판 – 상씨름판'** 이라는 세 차례 씨름판으로 비유해서 말씀하셨습니다.

※ 상제님께서 말씀하시기를 "현하대세가 씨름판과 같으니 애기판과 총각판이 지난 뒤에 상씨름으로 판을 마치리라." 하시고 … 또 말씀하시기를 "씨름판대는 조선의 삼팔선에 두고 세계 상씨름판을 붙이리라. 만국재판소를 조선에 두노니 씨름판에 소가 나가면 판을 걷게 되리라…." 하시니라. (5:7)

이 말씀은 개벽으로 들어서기까지 난법 해원 시대에 펼쳐질 세계사의 전체적인 전개 과정과 그 결말을 밝혀 주신 것입니다. 후천 정역 시대를 여는 주체인 한민족을 중심으로 세계 4대 강국이 얽혀 세 차례의 씨름(전쟁)을 벌이면서 판을 매듭짓게 됩니다.

상제님 공사 말씀처럼 **한반도는 바둑판인 동시에 씨름판**이 됩니다.

상제님이 말씀하신 씨름은 유구한 역사를 이어 온, 한민족 고유의 정서가 깃든 민속 놀이입니다. 상제님께서 재세하시던 당시만 해도 난장亂場[14]이 서면 으레 씨름판이 벌어지기 마련이었습니다. 초반에 아이들이 겨루는 **애기판**과, 중반에 청년들이 겨루는 **총각판**을 거친 후 마지막 상씨름판에는 어른들이 겨루어 최종 승자를 결정지었습니다. 특히 이 **상씨름**은 **'소'**를 상품으로 걸고 최후의 일전을 벌여 **'소걸이 씨름'**이라고도 불렸습니다. 상제님께서는 이 고유한 풍속을 천지공사에 끌어 쓰셨습니다.

뒤에서 구체적으로 알아보겠지만 세운 공사의 **애기판 씨름**은 일러전쟁과 제1차 세계대전으로 전개되었고, **총각판 씨름**은 중일전쟁과 제2차 세계대전으로 역사 속에 펼쳐졌습니다. 그리고 **상씨름**은 남쪽 상투쟁이와 북쪽 상투쟁이가 38도선을 경계로 하여 힘을 겨루는 6·25 한국전쟁으로 시작되어 제3차 세계대전으로 전개됩니다.[15]

상제님께서 동서양의 기울어진 판을 바로 잡기 위해 보신 전쟁 도수는 선천 세상에 쌓여 온 온갖 원과 한을 끌러 주시는 과정입니다. 선천의 원한으로 인류가 진멸지경에 이른 상황을 전쟁으로 조율하심으로써 '큰 화를 작은 화로써 막아 다스리며' (2:17) 단계적으로 원한의 살기를 해소하고자 하셨습니다. 그리하여 궁극으로는 전쟁의 역사를 끝막으면서 선천의 상극 질서를 정리하십니다. 전쟁 도수는 인류를 많이 건지기 위해 상제님께서 조율하신 최선의 전략인 것입니다.

상씨름은 상투를 튼 두 주인끼리 벌이는 싸움이지만, 그 내면의 진정한 의미는 후천 가을 대개벽을 맞아 **인류 문명사의 모든 원한과 고통, 모순과 비극을 일소一掃하는 최후의 결전**입니다. '상씨름'의 '상上'에는 상투를 튼 어른이란 뜻과 함께 최후 그리고 '가장 강력한'이라는 뜻이 들어 있습니다. 한반도를 중심으로 벌이는 남북 상씨름은 결과적으로 지구촌 동서양 문화의 장벽을 무너뜨리는 세계 상씨름이며, 천지 질서가 분열에서 통일로 돌아서는 결정적인 계기가 되는 **천지 전쟁**이며 **개벽 전쟁**입니다. 지구촌 전 인류의 생사를 판가름하는 이 상씨름 전쟁을 제대로 인식하면, 이 시대를 살

---

14 **난장亂場** | 난장이란 정기적 장(市場)이 아닌 특수한 장으로 물자가 다량으로 생산되는 지역이나 인근 지방의 생산물이 집산되는 곳에서 열리게 되는 것이 보통이지만 지방의 경기 부양과 번영을 도모하기 위해 열리는 수도 있었다. 난장에는 장사꾼만 아니라 구경하기 위해서 인근지방 사람은 물론, 먼 곳의 사람들까지도 모여들었다. 그뿐 아니라 예인藝人·투기꾼·도박꾼·건달패·난장굿을 벌이는 무당까지 모여들어 소비를 조장하였으며, 노름·싸움·폭행·사기 등이 흔하게 행해졌다. 이리하여 '난장판'이라는 속어가 생겨나기도 하였다. 난장판을 벌이면 한편에서는 장이 서고 다른 한편에서는 씨름, 줄다리기, 윷, 남사당패 놀이, 보부상 놀이 등 온갖 민속 행사들이 함께 펼쳐졌다.

15 상제님께서는 계획적으로 전쟁을 통해 세상의 모든 원한의 살기를 소멸하게 하셨다. 그런데 종국에는 이 전쟁이 첨단 핵무기와 생화학전으로 세상을 공멸의 위기에 빠뜨리게 되므로, 이름 모를 괴질이 창궐(病亂)하는 천운으로 다스려 마지막 전쟁(상씨름)을 끝막으신다.

아가는 인류의 삶의 향방은 물론 한반도의 갈등과 분단의 역사, 나아가 동·서양 근현대사를 보는 안목이 달라집니다.

결국 오선위기로 전개된 세운의 1·2차 세계대전과 마지막 마무리 남북 상씨름 대전쟁은 상극의 질서 속에 누적되어 온 원한의 에너지를 해소하면서 상생의 문화와 질서를 열어 나가는 과정입니다.

상제님께서 오선위기 도수를 보실 때 "바둑을 마치고 판이 헤치면 판과 바둑은 주인에게 돌아가느니라."(5:6)라고 하신 이 '주인'이 상씨름판에서 비로소 등장합니다. '주인의 등장'이란 인류 시원의 종주이자 후천 세상을 여는 주체 민족인 우리 한민족의 등장을 말하는 것이기도 하지만, 진정한 뜻은 **선천 역사를 종결짓고 후천 새 세상을 여는 도운의 참 주인이 출현한다는 것입니다.** 도운의 주인, 상제님 도통道統문화의 진주에 대해서는 제8장에서 자세히 알아보기로 하겠습니다.

그러면 이제 세상의 운로를 결정하신 상제님의 세운 공사 내용을 살펴보면서 세계 역사가 어떻게 전개되어 나가는지 알아 보기로 하겠습니다.

제2절 애기판 씨름: 제1변 세운 공사

인류는 지금 후천 가을개벽이 시작되는 선천의 마지막 시간대에 살고 있습니다. 이제까지 세상은 모순과 투쟁이 끊이지 않고 상극의 극한을 향해 치달아 왔지만 지금 이 시간대는 상극을 넘어 상생의 질서가 열리고 있습니다. 난법 해원의 양상이 극한으로 치닫는다는 점에서 상제님이 짜 놓으신 세운의 과정이 상극의 모습으로만 보일 수 있지만, 그 과정에서 오히려 상생의 새 질서가 점차 열려 나갑니다. 난법 해원 시대를 거쳐 개벽의 과정을 지나면, 마침내 삼계가 구원되어 역사 속에 상생의 가을 조화세상이 도래하게 됩니다.

1. 일본을 내세워 서양 제국주의를 물리치심: 일·러전쟁

상제님께서 천지공사를 행하시던 20세기 초엽에는 제국주의 국가들의 약소국 침략이 절정에 이르렀습니다. 아시아와 아프리카는 물론, 태평양의 작은 섬까지도 서구 열강의 식민지가 되고, 동북 간방의 조선도 누란의 위기에 처해 있었습니다.

- 이제 동양에서 서양 세력을 몰아내고 누란累卵의 위기에 처한 약소국을 건지려면 서양 열강 사이에 싸움을 일으켜야 하리라. (5:166)
- 전쟁 도수니라. 내가 한날 한시에 전 세계 사람들을 저와 같이 싸움을 붙일 수 있노라. 부디 조심하라. 나의 도수는 밖에서 안으로 욱여드는 도수이니 천하대세를 잘 살피도록 하라. (5:165)

실로 절박한 위기 상황에서 상제님은 서양 제국주의 세력을 꺾고 꺼져 가는 동방의 빛을 후일 다시 밝히기 위해 일본 제국주의로 하여금 러시아, 영국, 독일, 프랑스등 서구 열강을 동양에서 몰아내게 하는 공사를 처결하셨습니다. 상제님은 계묘癸卯(1903)년 10월에, 친일파로 몰려 순검대에게 쫓기고 있던 김병욱 성도를 통해 이렇게 공사를 보셨습니다.

애기판 씨름 | 상제님은 조선을 중심에 두고 러시아 · 일본 간에 전쟁을 붙여(영국, 프랑스가 훈수) 서양 세력을 동양에서 몰아내셨다. 애기판 씨름은 일 · 러전쟁으로 시작되어 제1차 세계대전으로 비화되었다. 이 공사에 따라 전쟁 후 국제연맹(1920)이 조화정부의 제1차 발현으로서 역사에 모습을 드러내게 되었다.

- 상제님께서 병욱에게 물으시기를 "일본과 러시아가 조선의 허약함을 틈타 서로 세력 다툼을 하는데 조정에서는 당파가 나뉘어 누구는 일본과 친선하려 하고 누구는 러시아와 결탁하려 하니 너의 생각은 어떠하냐?" 하시니 병욱이 대답하기를 "인종의 차별과 동서양의 구별이 있으니 일본과 친선하고 러시아를 멀리함이 옳겠습니

다.” 하거늘 말씀하시기를 “네 말이 옳으니라. 이제 만일 서양 사람의 세력을 물리치지 않으면 동양은 영원히 서양에 짓밟히게 되리라. 그러므로 서양 세력을 물리치고 동양을 붙잡음이 옳으니 이제 일본 사람을 천지의 큰 일꾼으로 내세우리라.” 하시니라. 또 말씀하시기를 “내가 너의 화액을 끄르기 위하여 일러전쟁을 붙여 일본을 도와 러시아를 물리치려 하노라.” 하시니 성도들이 그 말씀을 믿지 않고 서로 이르기를 “한 사람의 액을 끄르기 위해 두 나라 사이에 전쟁을 붙인다 함도 그렇거니와 약소한 일본을 도와 천하에 막강한 러시아를 물리친다 하심은 더욱 터무니없는 말씀이라.” 하더라. (5:50)

조정에서 김병욱 성도를 잡아들이려 하자 상제님은 **애기판 씨름 공사**를 보시어 공사公事와 사사私事가 함께 끌러지게 하셨습니다. 이 애기판에서 **동양 제국주의 일본**과 **서양의 제국주의 러시아**가 한반도를 중심으로 판을 대하게 되었습니다. 러시아를 선두로 하여 몰려드는 서구 열강을 몰아내시기 위해, 비록 러시아에 비해 힘은 약하지만 당시 동양의 유일한 제국주의 국가인 **일본을 '천지의 큰 일꾼'으로** 내세우신 것입니다.

1902년, 일본은 러시아의 남하를 경계하던 영국과 '영·일 동맹'을 맺어 극동에서 가장 우수한 해군력을 갖추게 되었습니다. 러시아는 이듬해 프랑스와 '러·불 동맹'을 맺고 이에 맞섰습니다. “두 신선은 판을 대하고 두 신선은 훈수를 한다.”라고 하신 상제님 말씀대로, 드디어 오선위기의 편 가르기가 시작된 것입니다. 이전에 이미 바둑판인 조선 영토를 양분하려는 움직임이 일어났습니다. 1896년에 아관파천(1896.2)으로 고종이 러시아 공사관으로 가자 이후 판세가 불리해진 일본이 조선을 '38도선'에서 양분해 남과 북에서 각기 우위권을 인정하자고 제안했지만 러시아의 반대로 성사되지 않았습니다. 이후 러시아의 남하에 영국과 일본이 동맹을 맺자(1902) 입지가 좁아진 러시아가 이번에는 39도 선을 경계로 한반도를 분할하자고 제안하였습니다. 일본은 이 제의를 거절했고 두 나라는 일·러전쟁이 일어날 때까지 한반도를 드나들며 산발적인 전투를 벌였습니다. 상제님께서 일·러전쟁을 붙인다고 하신 후로 약 1년 반 동안, 일본과 러시아는 또 다른 두 씨름꾼인 영국과 프랑스의 훈수를 받으며 싸움을 벌였습니다. 그때 대한제국은 '주인은 어느 편도 훈수할 수 없어 수수방관한다' 하신 말씀대로 국외 중립을 선언하였습니다. 당시 러시아는 일본과 산발적인 전투만 벌였을 뿐 전면전쟁은 준비하지 않았지만, 청·일전쟁(1894)에서 세계를 놀라게 한 일본은 러시아를 상대로 전쟁을 벌일 만반의 준비를 하고 있었습니다.[16]

---

16 삼국간섭(1895)으로 러시아에 원을 품게 된 일본은 전쟁 준비를 시작한다. 청·일전쟁 후 청국으로부터 받은 전쟁 배상금을 군비 확충에 사용하고 전쟁 준비를 지속하였다. 러시아의 남하정책을 견제하던 영국과 미국에 외교적, 군사적 지원을 받았을 뿐 아니라 막대한 차관을 들여왔다. 그리고 영일 동맹

1904년 2월 초, 마침내 일본의 선제공격으로 일·러전쟁의 포화가 불을 뿜기 시작했습니다(1904. 2. 8). 승패를 가른 결정적인 싸움은, 대한해협 부근에서 일본 연합군 함대와 러시아 발틱 함대가 벌인 해전海戰이었습니다. 상제님은 이 전투에서 동양 제국주의 일본이 승리할 수 있도록 천지공사를 집행하셨습니다.

❋ 상제님께서 전주에 계실 때 천지대신문을 열고 날마다 공사를 행하시며 성도들에게 말씀하시기를 "제갈량의 전무후무한 재주라 함은 남병산南屛山에서 칠일칠야七日七夜 동안 동남풍을 빌어 적벽화전赤壁火戰에 성공함을 말함이 아니더냐. 이제 49일 동안 동남풍을 빌어 와야 하리라. 이 동남풍으로 밀려드는 서양의 기세를 물리쳐야 동양을 구할 수 있으리라." 하시고 성도 서너 명을 거느리고 남고산성南固山城으로 가시어 만경대萬景臺에서 49일 동남풍 공사를 행하시니라. … 그 뒤로 과연 일러전쟁이 일어나더니 일본 군사가 승세를 타고 해륙전에서 연속하여 러시아를 물리치니라. (5:53)

49일을 한 도수로 하여 보신 이 공사에 따라 동남풍이 불어오자, 천지기운을 탄 일본 함대는 바람을 이용하여 을사(1905)년 5월에 러시아의 발틱 함대 38척을 궤멸시켰습니다. 세계의 절반을 돌아 9개월을 항해한 끝에 오선위기 바둑판인 조선의 동해에 이른 발틱 함대는 힘 한번 제대로 써보지 못하고 일본 함대의 공격에 무너졌습니다. 이로써 애기판 씨름은 일본의 승리로 끝을 맺고 미국에서 포츠머스 조약(the Treaty of Portsmouth)이 맺어졌습니다. 장차 상씨름판의 훈수꾼이 될 미국이 애기판에 개입하게 된 것입니다.

일본인들은 천우신조로 불어온 이 동남풍을 '가미가제[神風]'라 불렀습니다. 당시 도고 제독의 참모로 해전에 참여한 아끼야마[秋山] 중장(당시 중좌)은, 발틱 함대가 쓰시마 해협을 항진하는 장면을 영몽靈夢으로 두 번이나 자세히 계시 받음으로써 전쟁을 승리로 이끌 수 있었다고 고백하였습니다(아사노 키즈지로[淺野和三郎]『동룡冬龍』).

2. 서양 대전쟁 기운의 조성과 약소민족 해방 도수

누구도 일본의 승리를 예상하지 못했지만 일본이 러시아를 누르고 승리를 거두자 유럽 강대국들은 일본의 패기와 진취성에 놀랐습니다. 러시아는 전쟁에서 패한 여파로 10여 년 뒤 로마노프 왕조가 무너지게 되었고, 아시아의 일본은 세계 제국주의 국가의 대열에 당당히 들어설 수 있었습니다. 특히 전후에 체결한 포츠머스 조약(1905.

(1902)과 가쓰라 태프트 밀약(1905)을 맺어 아시아에서 영국과 미국의 이권을 지키는 대신 일본의 조선 침략을 지원하는 약조를 받았다.

9)을 통해 일본은 지난날 그렇게나 꿈꾸던 조선을 독점적으로 지배할 수 있었을 뿐만 아니라 만주에 대한 주도권을 잡음으로써 대륙 침략의 발판을 마련할 수 있었습니다.

한편 전쟁에서 패배한 러시아는 극동 지역을 지배하려던 꿈을 접고 발칸 반도 쪽으로 눈을 돌려야 했습니다. 이로써 러시아의 전력戰力 한계가 노출되어 유럽을 지탱하던 세력 균형도 무너지기 시작했습니다. 그 후 약 10년 동안(1905~1914), 유럽에서는 발칸 반도에서 오랫동안 쟁점이 되어 온 복잡한 인종 문제와 식민지 쟁탈 문제로 언제 폭발할지 모르는 긴장 상태가 계속되었습니다.

이 같은 긴장 국면의 이면에는 **상제님 천지공사에 따른 신도의 손길이 작용**하고 있었습니다. 증산 상제님께서는 유럽 제국의 침략 야욕을 풀어놓으시기 위해 '애기판 씨름' 공사를 신도神道로써 다음과 같이 처결하셨습니다.

※ 계묘년 3월에 상제님께서 형렬과 여러 성도들에게 이르시기를 "옛적에는 동서양 교통이 없었으므로 신명들이 서로 넘나들지 못하였으나 이제 기차와 윤선으로 수출입하는 화물의 물표를 따라 서로 통하게 되었나니 조선 신명을 서양으로 보내어 역사役事케 하리라." 하시니라. 이에 한 성도가 "조선 신명에게 서양을 맡기심은 무슨 까닭입니까?" 하고 여쭈니 말씀하시기를 "조선 신명을 서양으로 보내어 천지에 전쟁을 붙이는 일꾼으로 쓰려 하노라." 하시고 이어서 "이제 재주財主를 얻어 길을 틔워야 할지니 재주를 천거하라." 하시거늘 이때 마침 김병욱金秉旭이 전주 부호 백남신白南信을 천거하니라. (5:23)

※ 지금 조선 신명을 서양으로 보내면 나중에 배에 실려 오는 화물표를 따라 다시 돌아오게 되리라. (5:24)

※ "이제는 병든 천지를 바로잡아야 하느니라. 조선의 대신명大神明을 서양으로 보내 큰 난리를 일으켜 선천의 악폐惡弊와 상극의 기세를 속히 거두어서 선경세계를 건설하리니 장차 동서양을 비빔밥 비비듯 하리라." 하시니라. (2:58)

상제님께서는 **서구 열강을 동양에서 몰아내시기 위해 한민족의 수호성신을 이처럼 서양으로 보내어 유럽 전역에 전운이 조성되게 하셨습니다**. 그리하여 아프리카와 아시아의 약소민족과 식민지 국가들은 자주 정신을 배양하고 근대화할 수 있는 시간적 여유를 얻게 되었습니다.

일본은 일·러전쟁에서 승리하자 정계 원로인 이토 히로부미(伊藤博文)를 '특명전권대사'로 대한제국에 보내 갖은 공갈과 협박 끝에 '을사늑약'을 체결하고 외교권을 박탈했습니다(1905.11.17). 나라를 빼앗기게 된 조선은 크나큰 충격에 휩싸였고, 민족의 정기가 극도로 쇠잔해져 갔습니다. 이에 상제님은 당시 고종 황제의 시종무관이던 민영환의 순국殉國을 명부 공사로 처결하시어 자주독립을 향한 민족의 대동 단합이 이루어지도록 대세를 잡아 돌리셨습니다.

❋ 大人輔國正知身이요 磨洗塵天運氣新이라
대인보국정지신 마세진천운기신
遺恨警深終聖意요 一刀分在萬方心이라
유한경심종성의 일도분재만방심
대인이 나라 위해 일함에 정히 자신을 알고
티끌세상 갈고 씻어내니 운수가 새롭구나.
남긴 원한을 깊이 경계하여 성상聖上의 뜻을 다하고
한 칼로 몸을 가름에 천하 사람의 마음이 있노라.
이 글을 자현에게 주시며 말씀하시기를 "이것은 민영환閔泳煥의 만장輓章이니라… 시세時勢를 짐작해 보건대, 일도분재만방심一刀分在萬方心으로 세상일을 알리라." 하시니라. (5:114)

이 명부 공사의 심리에 따라 을사늑약 체결에 비분강개한 민영환이 할복 자결하자 피폐한 민족 정신은 자주독립을 향한 충정으로 혁신되어 삼천리 강토와 민족의 혼속에 불붙어 갔습니다.

대마도로 끌려간 면암 최익현의 순국(5:139), 의암 손병희의 죽음(6:123), 안중근 의사의 이토 히로부미 저격(5:365) 등도 모두 상제님의 명부 공사 처결대로 이루어진 것입니다.

'안安' 성姓에 붙인 이등박문 심판 공사 | 옛 조선의 도읍인 하얼빈에서 일으킨 안중근 의사의 이토 히로부미 저격 사건은 동방 배달 민족의 대한大韓의 광명 역사를 되찾는 신호탄입니다. 안중근 의사는 31세의 젊은 나이로 생을 마쳤지만, 동양 평화의 꿈을 향한 대한의 기개와 자주 독립 의지를 만천하에 떨친 위대한 인물이었습니다.

❋ "무신년 겨울 상제님께서 대흥리에 계실 때 하루는 청수를 모시고 마루에 쪼그려 앉으시어 내성에게 명하시기를 "내 몸을 결박하라." 하시니 내성이 겁에 질려 아뢰기를 "차라리 죽을지언정 어찌 감히 당신님의 몸을 묶을 수 있겠습니까?" 하매 말씀하시기를 "내가 명하거늘 어찌 망설이느냐! 단단히 결박하라." 하시니라. 내성이 마침내 눈물을 흘리며 명을 받들어 옥체를 꼭 묶으니 상제님께서 다시 명하시기를 "내성아, 큰 몽둥이로 내 몸을 세게 치며 '일등방문一等方文이 제일이냐, 이등방문이 제일이냐? 일등방문이다!' 하고 소리쳐라. 도수이니 빨리 쳐라! 만일 이행치 않으면 신명들에 의해 큰 해를 당하리니 사정없이

쳐라!" 하고 호령하시니라.… 내성이 엄명에 눌려 "일등방문이 제일이냐, 이등방문이 제일이냐? 일등방문이 제일이다!" 하고 크게 소리치며 있는 힘껏 옥체를 세 번 내리치니 상제님께서 떼굴떼굴 구르시며 "아이고, 이놈이 나를 죽이네! 이룰 성成 자로 이름을 고쳐 줬더니 나를 죽이네!" 하고 비명을 지르시니라. 잠시 후에 상제님께서 껄껄 웃으시며 "이제 되었다. 이등방문이 넘어가니 일등방문인 네가 낫다." 하시니라. 다시 내성에게 명하시기를 "담뱃대를 들고 나를 향해 총 쏘는 흉내를 내며 꼭 죽인다는 마음으로 '탕탕' 소리를 내라." 하시니 내성이 명에 따라 총 쏘는 흉내를 내거늘 이에 한 성도가 여쭈기를 "이제 이등박문을 폐하시는데 어찌 내성을 쓰셨습니까?" 하니 말씀하시기를 "안성安姓을 썼노라." 하시니라."(5:341)

1909년 10월 26일 하얼빈 역, 오전 9시 반이 조금 넘은 시간이었습니다. 러시아 재무대신 코코프체프Kokovsev, V.N.와 열차 회담을 마치고 열차에서 내려 의장대를 사열하는 이토 히로부미(伊藤博文)를 향해 인파 속에서 달려나온 안중근安重根 의사가 총을 꺼내 방아쇠를 당겼습니다. 첫 세 발이 모두 이토 히로부미에게 명중했습니다. 이어 네 번의 총성이 다시 울렸고 옆에서 호위하던 일본 총영사 등이 쓰러졌습니다. 안중근 의사는 그 자리에서 총을 던지고 소리 높여 "코레아 우라(대한 만세)!"를 세 차례 외쳤습니다. 세계를 격동시킨 대한국인大韓國人 안중근 의사가 천지를 대신하여 조선 침략의 원흉 이토 히로부미를 심판하는 순간이었습니다.

동방 천자문화의 종주인 조선을 지배하려는 이토의 야심은 천지에서 용납할 수 없는 불의不義이기에 우주의 통치자이신 상제님께서 역사의 한 인물을 내시어 그를 처단하게 하신 것입니다.

안씨 성을 가진 안중근 의사로 하여금 이등박문을 저격하게 하신 이 공사는, 천지의 일등 일꾼이 나와서 천자국을 넘보는 '이등방문二等方文'을 처단하고 동방 배달 역사의 혼을 되찾아 상제님 일을 끝매듭지을 수 있도록 하신 도수입니다.

저격 사건이 일어난 그해 봄에 상제님께서는 김형렬 성도와 함께 이토 히로부미의 기운을 직접 보고 심판하시기 위해 통감부에 가신 일이 있습니다. 일찍이 상제님의 명성을 익히 들은 이토 히로부미는 혜안을 얻고 싶어 상제님 만나기를 고대하고 있었습니다.

❋ 상제님께서 형렬과 함께 안내를 받아 통감의 집무실에 드시니 이등박문이 상제님의 용안을 뵙자마자 **정신을 잃고** 고꾸라지니라. 잠시 후 그가 깨어나매 형렬이 "대왕인 그대가 어찌 천자를 보고 쓰러지느냐!" 하니 이등박문이 놀라며

"천자라니 무슨 천자인가?" 하거늘 형렬이 "조선의 천자다." 하고 다시 "○○이 있느냐? 그것이 있어야 우리 선생님과 대면하지 없으면 상대를 못 한다." 하니 이등박문이 기세에 눌려 말을 더듬는지라. 형렬이 "네가 어디서 벼슬을 사 왔든지 훔쳐 온 게로구나! 진짜가 아니니 말을 더듬는 것 아니냐? 대왕치고 어찌 그것이 없냐? 가짜도 있고, 참짜도 있냐? **뿌리 없는 대왕**이 어디 있느냐?" 하니 … 형렬이 "그런다고 하늘에서 정하여 준 재주가 늘겠느냐? 신명 탓이지. 네가 아무리 올라가고 싶어도 신명 위로는 못 올라가는 것이다. 네가 글을 배워도 헛것을 배웠구나. 대왕은 당치도 않다." 하니라. 이때 상제님께서 자리에서 일어나시며 형렬에게 이르시기를 "말도 알아들을 만한 것보고 해야지, 말 못 알아듣는 건 사람도 아니니 가리지 말고 우리가 돌아서자." 하시니 이등박문이 상제님께 달려들며 "제 편이 되어 저를 도와 주시오!" 하고 사정하거늘 상제님께서 "나는 누가 말해도 안 듣는다. 나는 너희와는 상종相從이 못 되니 이만 가노라." 하시고 곧장 밖으로 나오시니라. 상제님께서 안암동安岩洞으로 돌아 다음 날 구릿골로 돌아오시니라."(5:365)

이등박문은 명치를 도와 일본 근대화에 앞장선 인물로, 조선의 식민지화를 주도하고 동북아 역사의 종주권을 빼앗아 아시아의 패권을 움켜쥐려는 야심가이자 조선 침략의 원흉이었습니다. 이등박문이 천지의 원 주인인 상제님을 뵙자마자 정신을 잃고 거꾸러졌다가 깨어나 천자가 되게 도와달라 하지만 상제님께서는 상종도 안하겠다며 밖으로 나오셨습니다.

상제님은 동양의 평화를 무너뜨리는 불의한 침략주의자 이등박문을 무너뜨리는 데 안씨安氏 성을 쓰셨고, 이 성구에서 보듯이 공사를 마치고 구릿골로 돌아오실 때도 안암동安岩洞으로 돌아서 오셨습니다. 안내성安乃成 성도에게 붙인 일등방문 도수, 이 속에 한민족이 동방 역사의 주인공으로 자리 잡고 온 인류가 영원한 평화와 천지광명의 역사를 누리는 비밀이 감춰져 있습니다.

3. 조선을 일본에 의탁하신 연유

1) 서양 세력으로부터 조선을 구하심

상제님께서 9년 천지공사를 끝내신 다음해인 경술(1910)년에서 지난 1981년까지는 이른바 '72둔' 공사의 영향을 받게 됩니다. '72둔'에 대해서는 제4절에서 자세히 설명하겠습니다.

상제님은 경술년부터 시작되는 72년 중 그 절반 시간인 36년 동안 일본이 조선 땅에 들어와 상제님 일에 사역하게 하셨습니다.

다음 말씀을 보면 우리나라를 일본에 의탁하신 '하느님의 뜻'을 '신도의 법리'로써 알 수 있습니다.

❋ 일본 사람이 3백 년 동안 돈 모으는 공부와 총 쏘는 공부와 모든 부강지술富强之術을 배워 왔나니 너희들은 무엇을 배웠느냐. 일심一心으로 석 달을 못 배웠고 삼 년을 못 배웠나니 무엇으로 그들을 대항하리오. 그들 하나를 죽이면 너희들은 백이나 죽으리니 그런 생각은 하지 말라.(5:4)

❋ 상제님께서 말씀하시기를 "조선을 잠시 다른 나라에 넘겨주고 천운天運을 기다리게 할 것이니라." 하시고 "조선을 서양으로 넘기면 인종이 다르므로 차별과 학대가 심하여 살아날 수 없을 것이요 청국으로 넘기면 그 민중이 우둔하여 뒷감당을 못할 것이요 일본은 임진란 후로 도술신명道術神明들 사이에 척이 맺혀 있으니 그들에게 넘겨주어야 척이 풀릴지라. 그러므로 내가 이제 일본을 도와 잠시 천하통일天下統一의 기운과 일월대명日月大明의 기운을 붙여 주어 천하에 역사를 하게 하리라. 그러나 그들에게 한 가지 못 줄 것이 있으니 곧 어질 인仁 자라." 하시니라. … 이어서 양지에 천하시비신순창운회天下是非神淳昌運回라 쓰시며 말씀하시기를 "이 공사의 결정으로 인하여 천하의 모든 약소민족도 조선과 같이 제 나라 일은 제가 주장하게 되리라." 하시니라. (5:177)

예로부터 동이족이라 불린 한민족은 동방의 천손 민족이며, 우리 삶의 터전인 간방 한반도는 하느님의 말씀이 실현되는 도덕궁[仁方]입니다. 상제님께서는 애기판 씨름에서 승리한 일본으로 하여금 간방 조선에 일꾼으로 들어와 서양 세력의 진출을 막고 개화의 길을 닦는 데 역사하게 하시고, 주인인 조선에게는 본연의 도덕적 기품과 충의의 정신을 잃지 않게 하셨습니다.

상제님께서 침략열이 강한 일본에게 '천하통일지기'를 몰아주시며 조선을 위탁하신 데에는 까닭이 있습니다. 무엇보다 인류 시원 역사의 주인공인 한민족으로 하여금 시련의 역사 속에서 잠자는 민족혼을 일깨우고 민족정기를 일신함으로써 인류 구원과 후천 문명 건설이라는 성스러운 대업을 감당할 수 있게 하시려는 깊은 뜻이 깃들어 있는 것입니다.

2) 일본의 삼한三恨을 끌러 해원시켜 주심

상제님이 공사로써 조선을 일본에 맡기신 또 다른 이유는 임진왜란 때 일본 사람들이 품었던 삼한三恨을 풀어 주시려는 뜻도 있습니다. 상제님께서는 일본이 다시 조선에 들어옴으로써 일본의 천고역신千古逆神들도 같이 역사하게 된다고 말씀하셨습니다.

- 지난 임진란에 일본사람이 조선에 와서 성공하지 못하여 세 가지로 한이 맺혀서 삼한당三恨堂이 있다 하나니 먼저 도성都城에 들지 못하였음이 일한一恨이요 인명을 많이 죽였음이 이한二恨이요 수종水種을 가르쳤음이 삼한三恨이라. 그러므로 이제 해원시대를 당하여 먼저 도성에 들게 됨에 일한이 풀리고 인명을 많이 죽이지 않게 됨에 이한이 풀리고 3년 가뭄 백지白地 강산에 백성들이 추수를 하지 못하게 됨에 삼한이 풀리리라.[17] (5:286)
- 지금은 천지도수天地度數가 정리되어 각 신명의 자리가 잡히는 때라. 일본 사람이 효孝줄을 띠고 조선에 건너와서 임진란 때에 각 오지奧地에 들어가 죽은 저의 선령신들을 찾아가려 하므로 이제 조선의 의병들이 그 일을 이루어 주려고 산중 깊숙한 곳까지 그들을 이끌고 들어가느니라. (5:287)
- 이제 일본 사람으로 하여금 조선에 와서 천고역신千古逆神을 거느려 역사케 하느니라. (5:52)

정미(1907)년 12월, 상제님은 후천 새 역사의 주인공을 내는 '진주眞主 도수' 공사를 보시기 위해 고부 경찰서에 친히 들어 가시어 일본 헌병에게 모진 고문과 갖은 모욕을 당하셨습니다. 상제님께서 뒤에 말씀하시기를 "지난 임진난리에 사명당이 일본에 가서 인피 삼백 장을 받아 오려 하였나니, 그 때 일본 공주가 '나 먼저 벗기라.' 하고 자결하였느니라. 그 죽은 혼령이 원귀가 되어 내가 죽은 뒤에 너희를 죽이려고 헌병을 이끌고 왔나니, 내가 해원시켜 그 도수를 때웠노라."(5:214)라고 하셨습니다. 일본 공주의 원혼이 수백 년 동안 천지에 맺혀 있다가, 강력한 일본 제국주의 세력과 더불어 해원하려 하기 때문에, 서슬 시퍼런 제국주의의 기세에 살아남을 자가 적을 것을 아시고 상제님께서 대속하시어 일본 공주를 해원시키고 미리 액땜하여 주신 것입니다. 후천의 진주를 내는 진주 도수의 공사 내용은 제8장 도운 공사에서 살펴보겠습니다.

4. 천상의 병마대권자 관운장과 제1차 세계대전

서양 제국주의의 침략의 손길이 아프리카를 넘어 동아시아로 세력을 확장하면서, 아편전쟁으로 중국을 병들게 하고 다시 제국주의의 마지막 관문인 한반도로 뻗쳐오고 있었습니다. 이에 증산 상제님께서는 일본 제국주의를 앞세워 서양 세력을 막게

17 삼한이 풀리리라 | 이 말씀에서 역사를 보는 인식이 근본적으로 전환되어야 함을 알 수 있다. 즉 신도神道를 바탕으로 해서 인사人事를 보아야 한다. 앞으로 상제님의 문명이 더욱 성숙되면 인류사人類史를 인사와 신도 양 차원에서 보는 새로운 역사 인식의 신도사관神道史觀이 나오게 된다.

하시고 신음하는 약소민족을 지키기 위해 서양에 대전쟁을 일으키는 공사를 보셨습니다. 이 대전쟁 공사를 신도에서 집행하는 주인공이 바로 천지 병마대권兵馬大權을 맡아 주재하는 관운장입니다. 상제님께서는 관운장을 세계 대전쟁신으로 삼으시어 서양 제국주의의 불의를 꺾는 공사를 맡게 하셨습니다.

※ (정미년) 4월에 신원일을 데리고 태인 관왕묘 제원關王廟 祭員 신경원辛京元의 집에 머무르실 때 하루는 원일, 경원과 함께 관왕묘에 가시어 관운장關雲長에게 천명을 내리시며 공사를 행하시니라. 이때 상제님께서 말씀하시기를 '이제 동양에서 서양 세력을 몰아내고 누란累卵의 위기에 처한 약소국을 건지려면 서양 열강 사이에 싸움을 일으켜야 하리라. 관운장이 조선에 와서 극진한 공대를 받았으니 그 보답으로 당연히 공사에 진력 협조함이 옳으리라.' 하시고 양지에 글을 써서 불사르시며 관운장을 초혼하시니 경원은 처음 보는 일이므로 이상하게 생각하니라. 이때 자못 엄숙한 가운데 상제님께서 세계대세의 위급함을 설하시고 서양에 가서 대전쟁을 일으키라는 천명을 내리시거늘 관운장이 감히 거역할 수는 없으나 선뜻 마음이 내키지 않아 머뭇거리는지라 상제님께서 노기를 띠시며 '때가 때이니만큼 네가 나서야 하나니 속히 나의 명을 받들라. 네가 언제까지 옥경삼문玉京三門의 수문장 노릇이나 하려느냐!'하고 엄중히 꾸짖으시니라. 관운장이 그래도 대답을 아니하매 상제님께서 관운장의 수염을 휙 잡아당기시고 옷을 찢어 버리시니 이 때 조상彫像에서 삼각수三角鬚의 한 갈래가 떨어지니라. 이렇게 하룻밤을 지새시며 '이 놈, 저놈' 하고 불호령을 내리시거늘 관운장이 마침내 굴복하고 상제님의 명을 받들어 서양으로 가니라. (5:166)

상제님께서는 '관운장이 병마대권을 맡아 성제군의 열에 서게 된 것이 재주와 지략 때문이 아니요 오직 의리 때문'이라고 하시며, 상제님은 또 "천지간에 의로움보다 더 크고 중한 것은 없느니라. … 나는 추상 같은 절개와 태양같이 뜨거운 충의忠義를 사랑하노라."(4:15)라고 말씀하셨습니다. 오관참장五關斬將[18]의 고사로 유명한 관운장은 충의의 화신입니다. 상제님께서는 충의로 충만한 관운장에게 서양 제국주의의 불의

---

18 오관참장五關斬將 | 도원결의를 맺은 의형 유비劉備가 있는 곳으로 가기 위해 저지하는 적장을 베고 다섯 관문을 돌파한 데서 유래한 고사성어이다. 하비성을 지키던 관운장은 조조의 공격을 받아 성을 빼앗기게 되었다. 이때 항복을 권유하는 조조의 부하 장요張遼에게 3가지 조건을 제시하게 된다. 첫째, 조조가 아닌 한漢나라 황제에게 항복하는 것이며 둘째, 모시고 있는 유비의 두 부인의 안전을 보장할 것이며 셋째, 유비가 있는 곳을 알면 언제든지 떠나겠다는 것이었다. 조조가 이 조건을 받아들여 관우는 일시적으로 항복하고, 백마白馬 전투에서 조조를 위하여 공을 세웠다. 그 후 유비가 원소에게 의탁하고 있다는 소식을 들은 관운장은 조조를 떠나 의형 유비에게 가면서 오관참장의 고사를 만들게 되었던 것이다.

와 오만을 청룡언월도靑龍偃月刀로 내리쳐 베게 하신 것입니다.

앞에서 우리는 조선의 보호성신들을 서양으로 보내 관운장의 주재 아래 대전란을 일으키게 하신 상제님의 공사를 살펴보았습니다. 상제님은 당시 조선의 대부호 백남신 성도가 헌성한 10만 냥을 성신들에게 노자로 주시며 길을 터 주셨습니다. 다음은 그 공사에 관한 상제님 말씀입니다.

❋ 조선 신명을 서양으로 보내어 천지에 전쟁을 붙이는 일꾼으로 쓰려 하노라. (5:23)

❋ 이 지방을 지키는 모든 신명을 서양으로 보내어 큰 전란戰亂을 일으키게 하였나니 이 뒤로는 외국 사람들이 주인 없는 빈집 드나들듯 하리라. 그러나 그 신명들이 일을 다 마치고 돌아오면 제 집 일은 제가 다시 주장하게 되리라. (5:25)

❋ 전주 김준찬의 집에 계실 때 김덕찬과 김낙범 등이 모시니라. 하루는 낙범에게 물으시기를 "관왕묘에 치성이 있느냐?" 하시니 낙범이 "있나이다." 하고 대답하거늘 말씀하시기를 "관운장이 지금 이 지방에 있지 않고 서양에 가서 큰 난리를 일으키고 있나니 치성은 헛된 일이니라." 하시니라. (5:401)

조선의 각 지방을 돌보고 지켜주는 보호성신들이 상제님의 명을 받고 서양에 가서 크게 역사하였습니다. 1906년부터 1914년까지 유럽에서는 영국·프랑스·러시아(삼국협상)와 독일·오스트리아·이탈리아(삼국동맹)의 두 제국주의 집단이 충돌을 일으키며 긴장을 고조시켜 가고 있었습니다. 언제 터질지 모르는 긴장 속에서 유럽은 세계의 화약고라 불린 발칸 반도에서 복잡하게 얽힌 민족 문제가 불거지면서(독일 중심의 범게르만주의와 러시아 중심 범슬라브주의의 충돌) 전쟁의 소용돌이에 휩쓸려 들어갔습니다(1912.10~1913.9).

마침내 1914년 6월 28일에 오스트리아령 보스니아를 방문한 오스트리아 황태자 부부가 수도 사라예보에서 암살당하는 사건이 발생했습니다. 보스니아는 1908년에 오스트리아(게르만주의 국가)에 합병되었는데 반反오스트리아 테러리스트 조직인 '흑수단(Black Hand)' 소속의 한 세르비아 청년에게 저격을 당한 것입니다.[19] 이 사건이 바로 누구도 원하지 않았고 '전혀 예상하지 못했던' **제1차 세계대전**이라는 대재앙의 도화선이 되었습니다. 1·2차 발칸 전쟁을 통해 이 지역의 슬라브주의의 맹주로 떠오

19 오스트리아 왕위 계승자 페르디난트 대공 부부의 암살은 '기묘한 불운'이 만든 결과였다. 1914년 6월 28일, 황태자 암살 미수 사건이 그날 두 번이나 일어났다. 첫 번째는 오픈 카가 빨리 지나는 바람에 실패했고, 두 번째는 수류탄이 빗나가 수행원 20여 명이 부상당했다. 암살을 피한 황태자는 신변의 위험을 알면서도 부상자 위문을 고집했다. 병원으로 향하던 중 기사가 길을 잘못 들어 방향을 바꾸려 하는데 때마침, 테러 기회를 잃은 흑수단 요원 '가브릴로 프린치프'가 그 길에서 배회하고 있었고 그곳에서 불운의 황태자 부부는 저격을 당하고 말았다.

른 세르비아 정부가 이 암살 계획에 관여하고 있었습니다. 분개한 오스트리아가 정확히 한 달 뒤에 세르비아에 선전포고를 함으로써 5년간(1914~1918) 34개국이 참여한, 첫 세계 대전쟁이 시작되었습니다. 일본도 뒤늦게 독일에 선전 포고를 하고 연합국의 대열에 합류했습니다. 이 대전쟁은 상제님의 천명을 받들어 서양에 건너간 관운장과 조선 대신명들의 보이지 않는 역사로 벌어진 것입니다.

그런데 이 세계 대전쟁 중에 질병이 돌자 1918년에 돌연 종전終戰을 맞이하였습니다. 한 번 걸리면 3일 만에 죽는다 하여 '3일 독감'이라 불린 스페인 독감[20]이 창궐하자 병사들은 물론 수많은 사람들이 죽어 넘어가면서 서둘러 전쟁을 끝맺게 된 것입니다. "병란兵亂과 병란病亂이 함께 오느니라."(7:34) 하신 상제님의 말씀이 그대로 실현된 것입니다.

이 제1차 세계대전이 끝나고 유럽에서는 더 큰 전쟁이 준비되고 있었습니다. 서양 제국주의 열강이 전후戰後 파리 강화회의에서 베르사유 조약을 체결하면서 또 다른 화근禍根을 낳았습니다. 지난 전쟁의 교훈을 무시한 채 전승국의 의도에 따라 복잡하고 새로운 국경선이 다시 그어지면서 민족간 감정의 골이 더욱 깊어졌습니다. 제1차 세계대전을 반대한 영국의 사회주의 정치가 필립 스노든phillip Snowden(1864~1937)은 이 베르사유 조약에 대해서 "그것은 평화조약이 아니고 다음 전쟁의 선언이다."라고 말한 바 있습니다. 이처럼 제국주의 열강의 꺼지지 않는 탐욕이 애기판 전쟁에 이어 더 큰 전쟁을 불러 오게 된 것입니다.

5. 애기판 씨름의 역사적 의의

이제까지 우리는 천상 조화정부에 있는 한민족의 보호성신들이 자손 곁을 떠나 지상에서 세계 역사를 선도해 가는 면모를 살펴볼 수 있었습니다.

애기판 씨름으로 제1차 세계대전이 유럽 전역에서 불붙음으로써 침략욕에 불타던 서양 제국주의 세력이 동양에 뿌리를 내리지 못하고 주춤하게 되었습니다.

❋ 一元數 六十三合爲吉凶度數 (5:354)
일원수 육십삼합위길흉도수

---

20 스페인 독감 | 14세기 중엽 페스트가 유럽 전역을 휩쓸었을 때보다도 많은 사망자가 발생해 인류 최대 재앙으로 알려져 있다. 독감이 처음 보고된 것은 1918년 초여름이다. 당시 프랑스에 주둔하던 미군 병영에서 독감 환자가 나타나기 시작하였으나, 특별한 증상이 없어 별로 주목을 끌지 못하였다. 같은 해 8월 첫 사망자가 나오고, 이때부터 급속하게 번지면서 치명적인 독감으로 발전하였다. 2년 동안 전 세계에서 2,500만~5,000만 명이 죽은 것으로 추산된다. 2005년 미국의 한 연구팀이 알래스카에 묻혀 있던 한 여성의 폐 조직에서 스페인 독감 바이러스를 분리해 재생하는 데 성공하였는데, 재생 결과 바이러스는 2000년대 초부터 아시아를 중심으로 빠르게 번진 조류독감(조류인플루엔자) 바이러스 H5N1과 거의 일치하는 것으로 확인되었다.

❀ 이씨와 일본 왕과의 싸움을 붙였더니 이씨가 패하였다. (5:240)

경술(1910)년에 '한일합방'이 일제의 강압에 의해 체결되고 그로부터 9년이 되는 무오(1918)년에 1차 세계대전이 끝나고 이듬해 1월 파리에서는 전승국의 강화회의가 개최되었습니다. 이 강화회의에서 미국의 윌슨Thomas W. Wilson 대통령이 제창한 14개 조항의 평화 원칙이 적용되었습니다. 1917년 러시아에서 사회주의 혁명을 성공시킨 레닌이 제정 러시아 치하의 피압박 민족들에게 민족 자결의 원칙을 선언하자 식민지의 민족 운동에 영향을 미치기 시작했습니다. 이러한 분위기에서 윌슨 대통령이 주창한 민족자결주의 원칙은 식민지 상태에서 독립을 열망하는 약소 민족들에게 큰 희망을 안겨 주었습니다. 그러나 윌슨의 민족자결주의는 전쟁 후 발칸반도 및 동유럽의 패전국들이 식민지를 내놓고, 승리한 영국과 프랑스가 패전국의 식민지를 차지하지 못하게 하려는 의도에서 나온 것이었습니다. 따라서 윌슨의 선언은 패전국 영토에 귀속된 소수의 민족들을 대상으로 한 것이었지 승전국의 식민지에는 전혀 적용되지 않았습니다.

그러나 윌슨 대통령이 '민족자결주의'를 발표하자, 해방의 열망은 고무되었고 이를 소망의 빛으로 삼아 우리나라에서는 3·1 독립운동(1919)이 일어났습니다. 이후 인도, 중국, 서남아시아 등지에서도 반제국주의 운동이 거센 불길처럼 타오르기 시작했습니다. 중국에서 5·4 운동(1919)이 일어났고, 인도 등지에서 독립운동이 연이어 일어났습니다.

유럽과 중동에서 일부 제국이 몰락하고 많은 약소민족이 독립함으로써 제1차 세계대전은 **동서양의 세력 균형을 이루는 첫 손길로 작용**하였습니다. 영국 등 유럽의 제국주의도 전쟁을 통해 기세가 한풀 꺾이고 종전과 함께 오스만투르크와 오스트리아-헝가리 제국이 해체되었습니다. 러시아 제국은 전쟁 중 공산혁명으로 무너지고(1917), 독일 제국은 빌헬름 2세가 퇴위하고 바이마르 공화국으로 바뀌었습니다(1918). 반면에 인권과 민주주의를 세계에 뿌리 내린다는 '자유 이념'을 들고 나온 미국은 군사 강국으로 자리 잡았고, 연합국의 일원으로 참여한 일본도 많은 이익을 챙기며 신생 제국으로서 위상을 확고히 했습니다.

애기판 씨름의 결과로, 동양 여러 나라는 구시대적 가치관에서 벗어나 훗날의 번영을 기약하는 초석을 마련할 수 있었습니다. 아울러 상제님의 '세계일가 통일정권 공사'에 따라 천상 조화정부가 지상에 발현되기 시작한 것도 값진 성과입니다. 제1차 세계대전 후, 전쟁 처리를 위해 베르사유 조약을 체결하면서 국제분쟁의 평화적 해결을 위한 노력의 결과로 국제연맹이 탄생하였습니다. 윌슨 미국 대통령이 1919년 1월 파리평화회의에서 평화를 위한 14개 조항을 발표하고, 이듬해 1월 10일 42개 회원국(창립 기준)이 스위스 제네바에 모였습니다. 이로써 세계 평화를 정착하기 위해 **'국제연맹'**(1920)이 설립되어 역사 속에 **세계 통일의 첫걸음**을 내딛게 된 것입니다.

3·1 운동과 해외 독립운동의 전개 | 일제의 식민 지배를 받던 조선의 온 백성이 참여한 3·1 운동은 민족 최대의 항일 독립운동으로 민족의 독립 의지와 저력을 천하 만방에 떨쳤습니다.

일본은 조선을 강점한 뒤 조선 민족을 폭력과 강압으로 수탈하는 무단통치武斷統治를 실시했습니다. 조선 땅에는 헌병경찰제도를 통해 수많은 사람들을 학살·투옥하고 탄압하는 일본의 식민지 지배에 대한 분노와 저항 의지가 높아갔습니다. 3·1 운동이 일어나기 한 해 전인 무오(1918)년에는 10월부터 이듬해 1월까지 '무오년 독감'이라 불리는 '스페인 독감'이 발생해 수많은 사람들이 목숨을 잃어 민심이 흉흉했습니다. 게다가 강제 양위를 당한 고종 황제가 기미년(1919) 1월에 세상을 떠나자 수많은 음모설이 나도는 가운데 일제에 대한 분노가 극에 달했습니다.

이때 윌슨 대통령이 민족자결주의를 제창하자(1919. 1) 민족지도자들은 독립에 대

제1차 세계대전 이후 민족운동과 독립 현황

승전국	당시 민족운동 상황
영국	▸이집트 - 명목상 독립(1923), 영국의 군사 주둔권과 수에즈 운하 관리권을 인정 ▸인도 - 사티아그라하 투쟁 선언 (1919년 봄) ▸팔레스타인 - 후세인-맥마흔 협정으로 아랍인의 독립 약속.
일본	▸한국 - 3.1운동; 일본의 식민통치에 항거 ▸중국 - 5.4 운동; 반군벌, 반제국주의 운동
프랑스	▸베트남 - 호치민의 공산당, 민족운동 주도
네덜란드	▸인도네시아 - 이슬람 동맹 중심의 민족 운동 전개
기타	▸사하라 사막 이북 - 에스파냐 령 모로코가 자치를 약속받은 뒤, 튀니지와 알제리, 리비아에서 독립운동 전개 ▸사하라 사막 이남 - 제1차 세계대전 후 범아프리카 회의 개최, 자치권 획득 운동 전개

패전국	당시 독립 상황
러시아	▸핀란드 독립 ▸발트해 연안 3국(라트비아, 에스토니아, 리투아니아) 독립 ▸폴란드 독립-독일, 오스트리아, 러시아의 각 일부 통합
오스만투르크 제국	▸그리스, 레바논, 시리아, 요르단, 키프러스 독립
오스트리아-헝가리 제국	▸오스트리아, 헝가리, 체코슬로바키아 독립 ▸유고슬라비아 탄생(남부의 여러 슬라브 민족 통합)

한 열망을 크게 불러 일으켰습니다. 그리하여 마침내 동방 배달민족의 3·1 정신을 상징하는 3월 1일에 민족대표들과 청년 학생들이 주도하여 전국 방방곡곡에서 거족적인 항일 독립 만세운동을 일으키게 된 것입니다. 비록 민족의 염원인 독립으로 이어질 수 없었지만 이를 계기로 항일 무장 투쟁과 비무장 애국계몽 운동이 하나로 통합되고 상하이에 마침내 대한민국 임시정부를 탄생시켰습니다.[21] 임시정부는 수립 이후, 이승만의 외교독립론, 안창호의 독립준비론, 이동휘의 무장투쟁론으로 나뉘어 격렬한 노선 갈등을 빚기도 했습니다. 1919년 파리강화회의에 독립청원 등의 외교적인 독립운동 방법이 실패하면서 1920년초부터 만주 지역에서는 독립군의 무장 항쟁이 활발하게 일어났습니다. 홍범도 장군은 압록강을 넘나들며 수십 차례의 대규모 진공 작전을 감행하고 봉오동 전투(1920. 6. 7)에서 대승을 거두었습니다. 또 홍범도 장군과 김좌진 장군의 독립군 연합 부대는 청산리대첩大捷(1920. 10. 21~26)으로 항일 무장 독립 운동사에 가장 빛나는 전과를 올렸습니다.

오랜 유랑 생활을 하며 명맥을 유지해 온 임시정부는 1932년 윤봉길 의사의 상하이 의거[22]를 계기로 중국 국민당 정부의 지원을 받아 공동 대일 항쟁의 물꼬를 텄습니다. 이후 대한민국 임시정부는 대한 광복군을 창설(1940)하고 비로소 항일 독립운동의 중추기관으로서 역할을 수행하게 되었습니다.

---

21 3·1 운동 이후 연해주의 광복군 정부, 13도 대표의 한성 정부, 연해주의 대한 국민 의회가 상하이에 있는 대한 민국 임시정부로 통합되었다.

22 1932년 4월 9일, 상하이 홍커우 공원에서 일왕日王 생일인 소위 천장절天長節 축하 행사와 상하이 사변 전승 기념식이 열렸다. 윤봉길 의사가 폭탄을 투척해 일본의 상하이 파견군 총사령관 시라카와 요시노리 등을 폭사시켰다. 당시 국민당 정부의 지도자 장제스蔣介石는 "4억 중국인이 해내지 못하는 위대한 일을 한국인 한 사람이 해냈다." 라며 격찬하였다.

국제연맹의 탄생

1920년 1월 10일, 공식적으로 출범한 국제연맹은 42개 회원국(창립 기준)이 스위스 제네바에 모여 창설하였다. 국제연맹의 창설은 당시 국제 분위기를 반영하여 연맹 규약의 26개 규정 가운데 거의 절반이 전쟁 방지에 초점이 맞추어졌다. 국제연맹의 활동은 집단안전보장, 국제분쟁 중재, 군비 축소, 경제·사회적 국제협력 증진 등을 내용으로 하고 있으며, 특히 침략국가에 대해 경제적·군사적 제재를 가할 수 있는 권한을 갖고 있었다. 조직은 15개 국가까지 구성될 수 있는 이사회, 그리고 총회와 사무국으로 이루어졌으며, 주요 의제는 만장일치로 의사결정이 이루어지게 한 점이 특징이다. 국제연맹은 설립 당시 영국과 프랑스, 일본, 이탈리아 등 4개 상임이사국을 포함하여 42개 회원국으로 출발하였고, 1920년대에는 소규모 국제 분쟁을 해결하고 국제 평화와 안전 유지에 효과적으로 기여했다. 그런데 그 출발은 미국 등 주요 강대국의 불참으로 곡절을 겪었다. 미국 윌슨 대통령이 주창한 원칙을 기반으로 출발하였지만, 미국은 유럽에 대한 불간섭을 원칙으로 하는 먼로주의(Monroe Doctrine)에 위배된다며 당시 상원의 반대로 가입하지 못했다. 또 러시아 혁명 직후의 소련과 패전국인 독일도 가입이 인정되지 않다가, 1926년과 1934년에 각각 가입하였다. 국제연맹은 1930년대부터는 국제분쟁 해결에 무능을 드러내기 시작했다. 일본의 만주사변(1931)과 중일전쟁(1937)에 침묵했고, 이탈리아의 에티오피아 침공(1935)을 비롯한 독일, 소련 등의 침략 행위에 어떤 조치도 취하지 못하고 2차 대전을 막지 못했다. 이런 분위기에서 1935년부터 1939년 사이 여러 회원국이 탈퇴하였고, 1939년 12월 이사회를 마지막으로 이사회 총회는 활동을 중단했다. 결국 1945년 10월 24일 유엔이 창설되자 다음해 4월에 열린 제21차 총회에서 국제연맹은 기구를 해체하고 국제연합에 자산을 이양하기로 결정하였다. 또 국제사법재판소와 국제노동기구도 국제연합에 그대로 인수되었다.

스위스 제네바 태생의 사업가인 앙리 뒤낭Henri Dunant은 1859년 이탈리아 북부의 솔페리노Solferino 전투에서 많은 사상자들이 내버려져 있는 비참한 광경에 충격을 받고, 마을 부녀자들과 함께 아군과 적군의 차별 없이 전상자들을 돌보아 주었다. 그 후 제네바로 돌아온 뒤낭은 전시 부상병들의 구호를 위한 중립 민간기구의 창설을 주장하였고 이에 유럽의 여러 국가들이 호응하여 마침내 1863년, 국제부상자구호위원회(후에 국제적십자위원회로 개정)가 창설되고 그 본부를 제네바에 두게 되었다.

제3절 총각판 씨름: 제2변 세운 공사

1. 일본 군국주의軍國主義의 역사

1) 일본 군국주의의 뿌리와 일본의 침략 야욕

일본 군국주의의 뿌리는 막부(바쿠후)시대幕藩體制의 역사로 거슬러 올라갑니다. 12세기 말, 전국을 장악한 쇼군(征夷大將軍)이 막부(무사武士 정권, 본래는 군사 지휘 본부를 의미)를 중심으로 절대 권력을 휘두르며 무사들에게 영지를 보장하고 복종을 강요하면서 막부라는 군부 정치 체제가 일본 역사에 등장했습니다. 봉건제도를 근간으로 하는 막부체제는 19세기까지 지속되었습니다.[23)]

16세기, 군웅할거의 시기인 전국시대戰國時代(센코쿠 시대)를 끝내고(1590) 조선을 침략한 도요토미 히데요시豊臣秀吉(1536~1598)가 죽자 다시 권력을 뺏기 위한 쟁투가 일어났습니다. 그 권력 쟁투에서 승리한 도쿠가와 이에야스德川家康(1543~1616)는 에도江戶(도쿄의 옛 이름)에 새로운 막부를 조직했습니다. 에도 막부에는 도쿠가와 가문 대대로 이어지는 쇼군을 정점으로 여러 대신이 정무를 담당하고, 지방에는 번주藩主(영주領主)인 다이묘가 거의 완전한 자치권을 부여받아 무사를 거느리고 절대 권력을 행사하는 집권적 지배체제인 막번 제도가 정립되었습니다.

18세기 말에 이르러 에도 막부는 서양으로부터 개항을 요구 받았지만 접촉을 꺼렸습니다. 1853년에 다시 미국의 페리M.C.Perry 제독이 군함 4척을 이끌고 도쿄 만灣에 나타나 개국을 요구하자 이듬해에 막부는 쇄국을 포기하고 미·일 화친조약을 맺었습니다. 시모다下田와 하코다테箱館를 개항하고 이어 여러 서구 열강과 조약을 맺게 되었습니다. 이후 막부에 대한 비판이 끊이지 않았고, 1867년에 서부의 사츠마薩摩 번(현 카고시마 현)과 초슈長州 번(현 야마구치 현)의 두 지도자가 정변을 일으켰습니다. 1868년 1월 3일, 천왕의 궁전을 장악한 사츠마·초슈 연합군은 천왕의 이름으로 '왕정복고 대호령'을 발표하고 메이지 정부를 수립했습니다. 메이지 정부는 막번체제를 무너뜨리고 정치·사회 제도를 대변혁하는 메이지 유신을 감행했습니다. 일왕日王을 중심으로 하는 중앙집권 조직을 만들고

총각판 씨름 | 일본과 중국이 주역이 되고, 독일과 소련이 훈수한 중일전쟁(1937)이 총각판의 서막이다. 총각판 씨름은, 전운이 짙게 깔린 만주에서 중일전쟁으로 시작되어 제2차 세계대전으로 확대되어 나갔다. 총각판 씨름이 끝난 뒤에 국제연합이 발족하였다.

23 미나모토노 요리토모(源賴朝)가 설치한 가마쿠라(鎌倉) 막부(1192~1333)를 이어서 아시카가 다카우지(足利尊氏)의 무로마치(室町) 막부(1336~1573)가 열렸고, 끝으로 도쿠가와 이에야스(德川家康)가 에도(江戶) 막부(1603~1867)를 열어 약 700년 가까이 막부 체제를 유지하였다.

근대화로 가는 온갖 부국강병富國強兵과 팽창 정책을 추진해 나갔습니다.

❋ 상제님께서 명치와 더불어 여러 공사를 보시고 돌려보내시니라. 상제님께서 말씀하시기를 "명치 그놈, 참 잘난 놈이다. 명치만큼 똑똑한 놈이 없다. 똑똑하고 무서운 놈이니 장차 서양 세력을 물리치리라." 하시고 … 하시니라. (5:51)

메이지 정부의 초기에 '정한론征韓論'이 거세게 일어났지만 내치 개혁을 이루고 차후에 조선을 정벌하자는 이들이 정권을 장악했습니다. 이후 일본 정부는 1890년대까지 내적으로 통합 기반을 마련하는 데 치중했습니다.

1890년대 중반에 이르러 신新정부는 도쿠가와 막부시대에 외국과 체결한 불평등 조약을 개선하고, 이때부터 식민지 건설에 대한 야욕을 본격적으로 드러내기 시작했습니다. 상제님께서는 일본을 '천지의 일꾼'으로 내세워 잠시나마 동아시아를 제패할 수 있도록 천하통일지기를 붙여 주셨습니다.

출범 당시부터 군국주의 색채를 강하게 띤 메이지 정부는 1890년 메이지 헌법의 발효로 새로운 국가 체제를 정비하고 군국주의의 길로 나아갔습니다. 일본은 청·일전쟁(1894~1895)에서 승리해 군국주의의 기반을 다지고, 러·일전쟁(1904~1905)으로 열강으로서 지위를 굳히고 군국주의를 확장해 나갔습니다. 대륙으로 진출하려던 일본은 서구 열강이 제1차 세계 대전쟁에 몰두하는 틈을 타 결국 목적을 달성하고 그 후 만주사변(1931년)을 계기로 군국주의의 기틀을 확립하였습니다.

증산 상제님께서는 동북아의 종주권을 쟁취하려는 일본의 오랜 침략 야욕을 채워주시면서 자연스럽게 서양 제국주의를 몰아내는 역할을 하게 하셨습니다. 일본은 임진왜란 이래로 대륙 침략의 야망을 버리지 않고 동북아의 패권을 차지하려는 강렬한 욕망을 품어 왔습니다. 19세기 후반 정한론자가 득세하면서 다시 동북아를 정벌하려는 야망이 꿈틀대자 상제님은 이러한 일본의 침략 야욕을 천지공사로 이화하셔서 러시아 세력을 물리치고 서양 세력을 몰아내게 하신 것입니다.

일본을 하나로 묶는 근원적인 힘은 일본의 주신主神인 천조대신天照大神과 그들의 조상신을 섬기는 신사神社문화에서 비롯합니다. 일본에는 10만 여 개의 신사가 있으며 그 구심점이 되는 신사가 이즈모 대사出雲大社와 이세신궁伊勢神宮입니다. 일본은 조상신을 숭배하는 일체된 마음과 천왕을 신으로 섬기는 황국 사관을 바탕으로 아시아를 넘어 지구촌을 정복하고자 태평양전쟁을 일으킨 것입니다.

2. 중·일전쟁과 제2차 세계대전

❋ 장차 일청전쟁이 두 번 일어나리니 첫 번째에는 청국이 패하고 말 것이요 두

메이지 유신의 주역과 정한론征韓論

메이지 유신을 이끈 세 인물

일본의 메이지 유신을 성공적으로 이끌어낸 세 명의 인물로 기도 다카요시木戶孝允(1833-1877), 사이고 다카모리西鄕隆盛(1828-1877), 오쿠보 도시미치大久保利通(1830-1878)를 일컫는다. 기도 다카요시는 메이지 신정부가 수립되자 신정부의 거두巨頭로서 정책 결정에 강한 영향력을 행사하였고, 1871년 서양 여러 나라를 순방, 내치內治의 긴급성을 통감하여 정한론을 뒤로 미루고, 입헌정치 체제의 필요성을 역설하였다. 사이고 다카모리는 조선에 특사로 가서 조선의 왕을 의도적으로 모욕하고 자신이 처형된 뒤에, 정한론의 명분을 만들겠다고까지 주장한 급진적 정한론자다. 오쿠보 도시미치는 신정부가 수립된 뒤에 참의參議가 되어 과감한 제도 개혁을 단행하였고, 정한론을 주장한 사이고 다카모리 일파가 하야한 뒤에라도, 메이지 유신정부의 핵심 인물로서 부국강병의 기틀을 쌓았다.

다시 고개 든 정한론

1868년, 메이지 정부는 외교 노선을 통해 신정부의 설립을 조선에 알리려 했으나 당시 조선의 실권자인 흥선대원군은 외교 문서의 접수조차 거부하였다. 이후 신정부에서 정한론이 제기되었고, 1871년 초, 조선의 사정을 살피고 온 사다 하쿠보佐田白芽(1833-1907)는 "대군을 보내 일거에 공격하면 50일을 넘기지 않고 국왕을 포로로 잡을 수 있다."라고 주장하였다. 1873년에는 정한론을 둘러싸고 정부 수뇌부의 분열이 일어나게 되었다. 메이지 유신을 성공으로 이끈 유신삼걸維新三傑의 한 인물인 사이고 다카모리는 급진적인 조선 침략을 주장하였고, 당시 일본 정부는 대병력을 동원해 출병하려 했으나 이를 실현할 수 없었다. 1873년 6월, 2년에 걸쳐 구미 자본주의 국가를 시찰하고 돌아온 이와쿠라 도모미岩倉具視, 오쿠보 도시미치, 기도 다카요시, 이토 히로부미伊藤博文 등의 사절단이 일본의 내치內治 개혁을 먼저 이룬 뒤에 조선을 정벌하자고 주장하였기 때문이다. 유신 삼걸 가운데 한 인물인 오쿠보 도시미치는 사이고 다카모리가 추진하던 정한론을 무산시켰고, 이에 사이고는 분노하여 참의參議에서 사퇴하고 고향으로 돌아갔다. 그 후 1877년 사이고가 군사를 일으켜 세이난전쟁西南戰爭을 일으켰으나 정부군에 의해 진압되었다.

번째 일어나는 싸움이 10년을 가리니 그 끝에 일본은 패하여 쫓겨 들어가고… (5:405)

상제님께서 붙여 주신 천하통일지기를 타고 애기판에서 승리한 일본은 제1차 세계대전 이후에도 국력이 급속히 신장되어 갔습니다. 1931년에는 '만주사변'[24]을 일으켜 만주를 점령하고 1932년 청淸의 마지막 황제 푸이(溥儀)를 만주국의 꼭두각시 왕으로 앉혔습니다. 이러한 일본의 침략 행위를 국제연맹이 제지하려 했지만, 일본은 국제연맹을 탈퇴하고 대륙 침략에 더욱 열을 올렸습니다.

이후 1936년에 이르러 중국 대륙에 전운이 다시 감돌고 이듬해인 1937년에 마침내 전쟁의 불씨가 붙었습니다. 일본은 노구교蘆溝橋 사건[25]을 일으켜 중국의 공격으로 조작하고 이를 빌미로 **중·일전쟁**(1937~1945)을 일으켰습니다. 이 전쟁이 바로 오선위기 도수의 총각판 씨름의 시작입니다.

중국과 일본 사이에 전쟁이 일어나자 **소련**은 중·소 불가침 조약(1937)을 체결하고 일본에 대항하면서 **중국에 훈수**를 두었습니다. 그리고 '베를린-로마추축(Berlin-Roma 樞軸, 1936)'을 형성하며 전쟁을 준비하던 **독일**은 소련의 코민테른에 맞서기 위해 일본과 반反코민테른 협징[26](방공防共협징, 1936. 11. 25)을 맺고 **일본에 훈수**를 두기 시작했습니다. 히틀러는 1936년 3월 7일, 라인란트의 비무장을 결의한 조약을 파기하고 이곳에 군대를 진주시키며 재무장을 단행하고 있었습니다.

이처럼 중국과 소련, 독일과 일본이 각기 손을 잡음으로써 1936년에 두 번째 오선위기 판(1936~1945)의 틀이 갖추어지기 시작했습니다. 1937년 7월에 이른바 추축국의

---

24 **만주사변** | 만주사변이란 용어는 일본 제국주의 입장에서 사용한 말이다. 일본은 만주사변을 중국 내의 문제로 한정되어야 한다고 강변한다. 그러나 이는 엄연히 일본이 중국을 침략한 사건이므로 '사변'이 될 수 없고 분명히 국가 간의 '전쟁'인 것이다. 그럼에도 일제에 의해 만주사변이라는 용어가 보편적으로 사용되어 굳어졌다. 상제님께서 말씀하신 두 번의 일·청전쟁 중 첫 번째 일어난 일·청전쟁이 바로 이 만주전쟁이라 할 수 있다. 상제님께서 천지공사를 보실 당시 중국은 아직 '청'나라였기에 일·청전쟁이라 하신 것이다.

25 **노구교 사건** | 만주 사변이 일어난 지 6년 뒤인 1937년 7월 7일에 베이징 근교 노구교蘆溝橋 부근에서 야간 훈련 중이던 일본군과 중국군 사이에 사소한 충돌이 일어났다. 일본군이 야간 훈련을 실시하던 중 몇 발의 총소리가 나고 병사 1명이 행방불명 된 것이다. 그 병사는 용변 중이었고 20분 후 대열에 복귀했으나, 일본군은 중국군 측으로 사격을 받았다는 구실로 주력 부대를 출동시켜 다음날 새벽 노구교를 점령했다. 7월 11일 중국의 양보로 현지협정을 맺었으나 화북 침략을 노리던 일본은 강경한 태도를 보이며 관동군과 본토의 3개 사단을 증파하여, 7월 28일 북경·천진에 총공격을 개시함으로써 중·일전쟁으로 돌입하였다.

26 **반코민테른 협정** | 세계 공산당 모임인 코민테른의 정보를 교환하고 방위 수단을 협의하고 협력하기 위한 협정으로 1937년 11월에 이탈리아가 여기에 가담함으로써 '일·독·이'의 이른바 추축국이 형성되었다. 독일과 이탈리아가 손 잡을 때 무솔리니가 세계의 새 질서를 만들 축이 두 나라에 의해 형성될 것이라는 뜻으로 이 말을 처음 사용하였다.

하나인 일본이 중국을 침공해 중·일전쟁을 일으킴으로써 마침내 총각판 씨름의 막이 오른 것입니다. 국제연맹의 집단안보 질서를 무시한 이른바 '추축국'의 집단 광기가 또 한 차례 세계 대전쟁의 참극을 불러 왔습니다.

일본의 선공으로 중국 대륙에서 전쟁이 불붙은 가운데 독일 히틀러의 폴란드 침공으로(1939) 유럽에서도 전쟁의 불길이 타오르기 시작했고, 1940년 9월에는 일본·독일·이탈리아 세 나라 사이에 정치·경제·군사적 수단을 공동으로 지원한다는 삼국 군사동맹 조약을 체결해 소위 '추축국'의 틀을 굳건히 해나갔습니다.

한편 일제가 군수 자원을 확보하기 위해 동남아로 전선을 확장하자, 미국은 석유 등 자원 공급을 중단하고 경제 제재를 가하며 일제를 견제했습니다. 이에 일본 군부가 1941년 12월, 진주만을 기습 공격해 태평양전쟁(1941~1945)을 일으킴으로써 전 세계가 대전쟁의 불길에 휩싸이게 되었습니다.[27] 1937년에 벌인 일본의 중국 본토 침략, 그리고 아시아 태평양전쟁으로 이어지는 한 축과, 1939년 독일의 폴란드 침공으로 유럽 지역에서 벌어진 또 다른 한 축의 전쟁에 세계 열강들이 얽히고 설켜 대전쟁을 벌였습니다. 제2차 세계대전은 유럽 대륙에 국한된 1차 세계대전과 달리 이처럼 세계로 확산되었고, 인적·물적 자원과, 과학·기술이 총동원된 그야말로 총력전(total war)이었습니다.

상제님은 이 총각판 전란에 대해 다음과 같이 말씀하셨습니다.

※ 歲月汝遊劒戟中이나 往劫忘在十年乎아
세월여유검극중　　왕겁망재십년호
不知而知知不知하고 嚴霜寒雪大鴻爐라
부지이지지부지　　엄상한설대홍로
세월아! 너는 전쟁의 겁액 속에서 흘러가는데
가는 겁액이 십년 세월에 있음을 잊었느냐!
내 일은 모르면서도 알 것이요 알면서도 모르리니
이 끔찍한 겁액의 고난도 큰 화로에 상설이 녹듯 하리라. (5:323)

3. 일본의 패망과 조선의 해방

상제님께서 일본에게 천하 통일의 기운을 붙여 주신 결과, 일본은 불과 3개월 만에

---

27 1941년 12월 7일 07시 40분, 일본은 미국 하와이 주州 오아후 섬 북녘 상공으로 항공기 공격대를 진격시키고 "도·도·도"라는 무전을 타전했다. 전군 돌격하라는 신호였다. 이어서 수분 후에 기습에 성공했다. 이 기습 후에 미국, 영국, 네덜란드는 일본에 선전宣戰 포고했다. 미국의 대일對日 선전포고 나흘 뒤인 11일에는 베를린-로마-도쿄 추축의 일원인 독일이 일본을 도와 미국에 선전을 포고했고 이탈리아도 뒤따랐다. 이듬해 1월 1일 미국·영국·중국·소련 등 26개국이 '연합국 선언'에 조인함으로써, 연합국(민주주의 진영) 대 추축국(파시즘 진영) 사이의 전쟁 구도가 명료해졌다.

동남아시아 대부분을 집어삼키고 이른바 '대동아공영권'이라는 기치를 내걸었습니다. 이로써 일본은 아시아에서 서양 세력을 물리치고 패권을 장악하게 되었습니다.

그러나 일본의 오만은 여기에 그치지 않았습니다. 메이지 유신(1868) 이후 근대 문명을 전하여 개화를 이끈 스승의 나라, 미국을 집어 삼키려 달려들었습니다(1941년 12월 7일 진주만 공격). 조선도 고대로부터 일본에 문화를 전수한 스승국으로서 일본과는 '사제 관계'로 맺어져 있습니다. 스승의 나라를 침략하는 것은 신도神道에서 절대 용납하지 않습니다. 상제님께서는 조선을 침략하고 미국을 공격하여 제 스승을 잡아먹으려 한 일본의 죄를 배사율背師律로 다스려 참혹히 망하게 하셨습니다.

- 서양 사람에게서 재주를 배워 다시 그들에게 대항하는 것은 배은망덕줄에 걸리나니 이제 판밖에서 남에게 의뢰함이 없이 남모르는 법으로 일을 꾸미노라. … 일본 사람이 미국과 싸우는 것은 배사율背師律을 범하는 것이므로 장광長廣 팔십 리가 불바다가 되어 참혹히 망하리라. (5:119)
- 조선은 원래 일본을 지도하던 선생국이었나니 배은망덕背恩忘德은 신도神道에서 허락하지 않으므로 저희들에게 일시의 영유領有는 될지언정 영원히 영유하지는 못하리라. (5:118)
- '배은망덕만사신背恩忘德萬死身'이니라. (2:28)

상제님께서 '불바다가 되리라' 하신 '장광長廣'은 일본의 나가사키(장기長崎)와 히로시마(광도廣島)를 두고 하신 말씀입니다. 1945년 8월 6일에 히로시마, 8월 9일에 나가사키에 원자폭탄이 투하되자 일본은 미국에 무조건 항복을 선언했습니다. 조선과 아시아의 여러 나라를 빈집 드나들 듯하며 야심을 불태우던 일본은 배사율에 걸려 참혹히 패망한 것입니다.

- 서울에서 10여 일을 머무르시며 여러 가지 공사를 행하시고 경복궁 앞에 벽력표霹靂表를 묻으신 뒤에 성도들에게 이르시기를 "모두 흩어져 돌아가라. 10년 뒤에 다시 만나리라. 10년도 10년이요, 20년도 10년이요, 30년도 10년이니라." 하시거늘 한 성도가 "40년은 10년이 아닙니까?" 하고 여쭈니 말씀하시기를 "40년도 10년이야 되지만 넘지는 아니하리라." 하시니라. (5:132)
- 기유년 어천하실 무렵에 상제님께서 호연에게 "공부해야지, 저놈들을 싹 쓸어 보내야지!" 하시거늘 호연이 "어떤 놈?" 하니 "아, 까만 놈 말여." 하시고 "호연아! 이제부터는 앉으나 누우나 붓으로 점을 찍으며 '일본놈 씨도 없이 해 주십시오. 이 땅에서 개가 핥은 듯이 없애 주십시오. 우리 조선을 찾게 해 주십시오.' 하고 항시 입에 달고 다녀라." 하시니라. 이후로 호연이 틈만 나면 먹을 갈

아 가르침대로 행하니 … 을유(乙酉: 道紀 75, 1945)년에 해방이 되매 과연 일본 사람들이 모두 개가 핥은 듯이 깨끗하게 물러가니라. (5:404)

"오랜만에 어렵게 빠져나오는구나."(5:323)라고 하신 상제님 말씀대로 조선은 오랜 고생 끝에 일본의 압제에서 벗어났습니다. 이로써 **서양 세력을 물리치는 일본의 사명이 끝나고** 조선을 포함한 **동양의 여러 나라는 제 권리를 찾을 수 있게 되었습니다.** 상제님은 일본에 붙이신 천하통일지기를 거두시면서 일본의 침략 야욕을 뿌리 뽑는 지기 공사를 보셨습니다.

❀ 일본은 너무 강렬한 지기地氣가 모여 있어 그 민족성이 사납고 탐욕이 많으며 침략열이 강한지라 조선이 예로부터 그들의 침노侵擄를 받아 편한 날이 적었나니 그 지기를 뽑아 버려야 조선도 장차 편할 것이요 저희들도 또한 뒷날 안전을 누리리라. 그러므로 내가 그 지기를 뽑아 버리기 위해 전날 신방죽 공사를 본 것인데 신방죽과 어음語音이 같은 신호神戶에서 화재가 일어난 것은 장래에 그 지기가 크게 뽑혀질 징조니라. (5:295)

신호神戶는 일본 발음으로 고베입니다. 1995년 1월 17일, 일본 고베에서 강력한 지진이 일어나 온 시가지가 불바다가 되었습니다. 간사이關西 지방의 효고현兵庫縣 남부에 위치한 고베시에서 진도 7.2에 달하는 당시 일본 지진관측 사상 최대의 파괴력을 지닌 지진이 발생했습니다. 이 지진으로 고베시 반경 100㎞ 안에서 집중적인 피해가 발생하였고 오사카大阪와 교토京都까지 영향을 미쳤습니다. 고베시의 피해 규모는 사망자 6,300여 명, 부상자 2만 6,804명에 달했고 수많은 건물과 공장 산업시설, 고속도로·철도·통신 시설 등 사회 기간시설이 파괴되었습니다.

고베 대지진은 일본의 강렬한 지기를 뿌리 뽑는 상제님 공사에 따라 일어난 것입니다. "일본은 너무 강렬한 지기地氣가 모여 있어 그 민족성이 사납고 탐욕이 많으며 침략열이 강하다."라고 하신 상제님 말씀처럼, 일본은 중세 시대에 동아시아 국가의 연안지방을 기습해 무고한 민간인을 살육하고 약탈을 일삼으며 근대 초에는 대륙 진출을 넘보며 동북아를 전쟁의 소용돌이로 몰아 넣었습니다. 일본의 침략 야욕은 19세기 말 다시 표출되었습니다. 일본에서는 조선을 정벌하자는 정한론이 제기되었고, 1894년 동학군의 봉기를 구실로 삼아 마침내 조선에 군대를 파견하고 청나라와 전쟁을 일으켰습니다. 상제님께서는 일본의 이러한 침략 근성을 제국주의 기운에 붙여 해원을 이루게 하셨습니다.

상제님 공사에 따라 일본은 애기판 씨름과 총각판 씨름에서 전쟁을 일으키고, 이어 진주만을 공격해 태평양전쟁을 일으켰으나 배사율에 걸려 참혹히 패망을 보게 되었던

히로시마[廣島], 나가사키[長崎] 원폭 투하

원자폭탄은 아인슈타인의 건의에 따라 미국에서 핵 물리학자 오펜하이머의 책임 아래 20억 달러를 들여 3년 간 연구 끝에 극비리에 개발되었다. 원자폭탄 개발(일명 맨해튼 계획)은 원래 나치 독일을 표적으로 하였다. 그런데 1945년 5월 독일이 연합군에 백기를 들어 유럽에서 전쟁이 끝나자 표적이 일본으로 바뀌었다. 당시 미군 폭격기가 일본 본토 150개 도시를 무차별 폭격했으나 일본은 끝까지 항전했다.

미국은 소련이 참전하기 전에 전쟁을 조속히 끝내기 위해 일본에 원자폭탄을 투하하기로 결정했다. 미군이 원자탄을 폭격하기로 계획한 도시는 첫째 히로시마[廣島], 둘째 고쿠라[小倉], 셋째 나가사키[長崎]였다. 교토[京都]는 고성古城이 많아 애초에 제외되었다. 당시 히로시마는 제2군 사령부가 있는 중요한 군사 도시였지만, 이미 여러 도시가 미군의 공습을 받은 것과 달리 그때까지 공습을 받지 않았다. 히로시마를 공습하지 않은 이유는 원자폭탄을 투하하여 그 파괴력을 계측하기 위해서였다. 1945년 8월 6일 오전 8시 15분 17초, 인류 최초로 히로시마에 무게 약 4.4t의 핵폭탄 '꼬마(Little boy)'(우라늄 핵폭탄)가 투하되었다. 원폭 투하의 목표 지점은 역설적이게도 '서로 살린다'는 뜻을 지닌 상생교였다. 상생의 세상을 열기 위해서는 선천 묵은 역사를 송두리째 뿌리 뽑아야 함을 냉엄하게 보여 주신 것이다. 번쩍이는 섬광과 함께 버섯구름이 피어오르자 순식간에 히로시마는 죽음의 도시로 변했다. 연구를 책임졌던 로버트 오펜하이머는 폭탄의 파괴성에 놀라, "나는 세계의 파괴자, 죽음의 신이 되었습니다."라고 하며 그 충격과 괴로움을 토로하였다.

원폭 투하의 목표 지점인 상생교(左)와 원자폭탄 투하 후 핵구름의 모습(右)

히로시마 폭격 사흘 후인 8월 9일 새벽, 소련이 일본에 선전포고를 하고 만주 일본군에 대한 공격을 개시하였다. 이것은 소련의 개입 없이 태평양전쟁을 끝내려던 미국에 큰 영향을 미쳤다. 8월 9일 두 번째 폭격 목적지인 고쿠라를 향해 원자폭탄을 실은 B29 폭격기가 날아갔지만, 그날 아침 공교롭게도 고쿠라 전역에 안개가 가득 끼어 조종사는 목표지점을 도저히 확인할 수 없었다. 그래서 폭격 대상이 나가사키로 갑자기 변경되었다.

이렇게 '廣島'와 '長崎'에 원폭이 투하되어 "장광長廣 80리가 불바다가 되어 참혹히 망하리라." 하신 상제님 말씀이 실현되었던 것이다.

히로시마 원폭 피해

1. 폭탄 투하 후 1초 이내에 섭씨 6,000도 열기로 반경 1km 이내 인간의 장기가 산화되어 증발.
2. 화염 폭풍 후 시속 320Km의 충격파 발생, 5만여 명 사망.
3. 최초 폭발 후 10초 만에 7만 명 사망.
4. 폭발 30초 후에 후폭풍 시작.
5. 원전으로 총 사망 14만여 명, 부상자 10만여 명.

일왕의 종전終戰 조서 | 1945년 8월 10일 새벽 3시에 일왕은 무조건 항복을 결정했다. 8월 15일, 전국에 종전終戰 조서를 발표하고 9월 2일에 항복 문서가 조인되었다.
"짐은 세계의 대세와 제국의 현 상황을 감안하여 비상조치로써 시국을 수습코자 충량한 그대 신민들에게 고한다. 짐은 제국정부로 하여금 미·영·소·중 4국에 그 공동선언을 수락한다는 뜻을 통고토록 하였다. 생각건대 제국신민의 강령을 도모하고 만방공영의 낙을 같이함은 황조황종皇祖皇宗의 유범으로서 짐의 권권복응하는 바(拳々措カサル所) 전일에 미·영 양국에 선전한 까닭도 또한 실로 제국의 자존과 동아의 안전을 서기庶幾함에 불과하고 타국의 주권을 배하고 영토를 범함은 물론 짐의 뜻이 아니었다. 세계의 대세가 또한 우리에게 불리하다. 그뿐만 아니라 적은 새로이 잔학한 폭탄을 사용하여 빈번히 무고한 백성을 살상하여 참해에 미치는 바 참으로 측량할 수 없게 되었다. … 짐은 제국과 함께 종시 동아 해방에 노력한 제 맹방에 유감의 뜻을 표하지 않을 수 없다. … 신민은 짐의 뜻을 받들라. 1945년 8월 15일. 히로히토"

것입니다. 총각판 씨름은 조선의 독립을 약속한 카이로 회담[28]과 포츠담 회담[29]을 거쳐 '왕겁망재십년호아往劫忘在十年乎'(5:323)라고 하신 대로 10년 만에 끝이 났습니다. 상제님이 말씀하신 "칠월칠석삼오야七月七夕三五夜"(5:407)는 을유(1945)년 음력 7월 7일(양력으로 8월 14일)과 양력 8(3+5)월 15(3×5)일을 암시하신 것입니다. 이날 일본이 항복하고 빈손으로 쫓겨남으로써 10년에 걸친 총각판 씨름이 대단원의 막을 내렸습니다.

그러나 일본은 제2차 세계대전의 다른 패전국과 달리 부끄러운 과거를 반성하지 않고, 오히려 침략을 미화하고 영토 분쟁을 부추기고 있습니다. 고베 대지진은 이러한 뿌리 깊은 일본의 침략근성을 뿌리 뽑는 상제님의 공사가 현실로 드러난 것입니다.

4. 총각판 씨름의 역사적 의의

1) 약소국의 독립과 국제 경제의 출현

상극의 이면에 상생이 깃들어 있는 것이 선천의 우주 섭리입니다. 위대한 건설은 파괴를 바탕으로 이루어집니다. 중·일전쟁과 제2차 세계대전이라는 총각판 싸움은 수많은 파괴와 희생을 남겼지만, 아시아와 아프리카 등지의 식민지 국가들이 독립을 성취하는 획기적인 전환점이 되기도 했습니다. 이는 서양 제국주의 세력의 기운을 꺾어 동서양 힘의 균형을 맞추고자 하신 상제님의 뜻이 실현된 결과입니다.[30]

상제님은 조선의 보호성신들이 일을 다 마치고 돌아오면, "제 집 일은 제가 다시 주장하게 되리라."(5:25)라고 하셨습니다. 이 말씀대로 서양에 건너가 세계 역사를 주도한 조선의 대성신들이 고국에 돌아와 조선이 다시 바둑판의 주인 노릇을 하게 되었습니다. 또한 총각판 전쟁 이후, 동서양이 상생의 이념에 따라 긴밀한 유대관계를 맺고 물화物貨를 상통相通함으로써 지구촌 역사의 새로운 기틀과 생활 질서가 열리게 되었습니다.

✽ 상제님께서 공신의 집에 계실 때 밤중에 여러 성도들로 하여금 서로 번갈아 가며 물독의 물을 반 바가지씩 퍼내어 우물에 쏟아 붓고 다시 우물의 물을 반 바

---

28 **카이로 회담** | 1943년 11월 3개국(미·영·중)이 이집트 카이로에서 일본이 점령한 모든 지역에서 일본세력을 축출한다고 합의한 회담.

29 **포츠담 회담** | 1945년 7월 26일에는 독일 포츠담에서 3개국(미·영·중)의 공동선언(13개 항목)이 채택되었다. 그리하여 일본의 항복을 권고함과 동시에 일본에 대한 전후戰後처리 방침대로 카이로 선언이 이행되도록 합의하여 한국의 독립은 확약確約 되었다.

30 서양 제국주의 열강의 패악과 폭력으로부터 조선과 약소민족을 구하고, 동서양의 세력 균형을 맞추고자 하는 것이 상제님 천지공사의 뜻이다. 세 차례 씨름 과정이란 상제님의 뜻이 실현되어 가는 과정이다. 이러한 과정을 거쳐 후천 세상을 이끌어 갈 참 주인(眞主)을 역사 속에 내시는 것이 상제님이 궁극으로 의도하시는 것이다.

가지씩 길어 독에 붓게 하시니라. 이어서 또 다른 사람들로 하여금 여러 우물의 물과 독의 물을 전과 같이 갈아 붓게 하시며 말씀하시기를 "이것은 천하만국이 물화物貨를 통상하는 공사이니 만국 인민의 새 생활법이니라." 하시니라. (5:200)

2) 국제연합(UN)의 탄생

총각판인 제2차 세계대전의 결과, '국제연합國際聯合(United Nations)'이 탄생했습니다. 또 한 차례의 대전쟁에서 인류는 원자탄의 등장으로 세계 공멸의 위기를 느끼고 지구촌에 다시는 참극이 일어나지 않기를 염원하게 되었습니다. 세계 평화와 국제간의 협력에 대한 열망은 제1차 세계대전 후에 탄생한 국제연맹 조직을 더 보완하고 강화함으로써 마침내 국제연합(UN)을 결성하게 했습니다(1945. 10. 24).

국제연합의 창설에 주도적 역할을 한 미국의 제안으로 국제연합 본부가 미국에 세워졌습니다. 당시 미국의 거부 록펠러 가문이 국제연합의 취지에 찬동해 거금을 기부함으로써 뉴욕시 맨해튼 섬의 이스트 강변 지역에 부지를 마련하고 이곳에 유엔 본부를 두게 된 것입니다.

국제연합이 창립되면서 세계는 크게 두 진영으로 나뉘기 시작했습니다. 미국은 자유민주주의와 자본주의를 내세우고, 소련은 사회민주주의(인민민주주의)와 공산주의를 주창하였습니다. 미국을 중심으로 한 **'자본주의'**와, 소련을 중심으로 한 **'공산주의'**라는 **힘의 균형이 태동**함에 따라 국제연합도 양대 이데올로기의 대립 구도로 형성되었습니다. 대립 구도로 열린 국제연합의 탄생으로 인류는 상씨름 후에 펼쳐질 상생의 통일 우주촌 조화세상에 한 발짝 더 다가서게 되었습니다.

국제연합의 탄생 | 1945년 미국 샌프란시스코에서 개최된 '연합국회의'에 참석한 50개국 대표들이 미·영·중·소 4개국 대표가 합의한 초안을 기초로 국제연합헌장을 작성하고 6월 26일, 50개국 대표들이 여기에 서명하였다. 이후 1945년 10월 24일 국제연합헌장이 비준되면서 국제연합이 공식 출범하였다. 애기판 씨름의 결과로 발족되었던 국제연맹이 총각판 씨름에서 무력함을 드러내자 새로운 시대에 맞는 더욱 조직적이고 세계적인 규모를 갖춘 국제연합이 등장한 것이다. 유엔의 주요 활동은 크게 평화유지활동, 군비축소활동, 국제협력활동 등으로 나눌 수 있으며, 조직은 크게 주요기구와 보조기구, 전문기구로 구성되어 있다. 주요기구에는 총회, 안전보장이사회, 경제사회이사회, 국제사법재판소, 사무국이 있다. 유엔은 국가들간의 분쟁을 평화적으로 해결하기 위해 여러 제도적인 장치들을 마련하고 또 필요할 경우 평화를 위협하는 세력을 무력으로 제압하기 위해서 안전보장이사회의 결의에 따라 국제연합군(유엔군)을 조직할 수 있게 하였다. 비상비군非常備軍인 국제연합군이 1950년 초반 상씨름의 한국전쟁 때 최초로 조직되었다.

양대 세계 대란의 중심에 있던 독일의 역사

1. 게르만 왕국의 역사

독일은 게르만족을 조상으로 한다.

게르만 여러 부족은 375년경 아시아에서 침입한 훈Hun족의 압박으로 대이동을 전개하였고 유럽 각지에 왕국을 세워 나가기 시작했다. 한나라 때 중앙아시아로 이동한 흉노의 일부가 4세기에 흑해 북안北岸 지역에 도달해 훈족으로 등장하였다. 이후 훈족은 알란족, 고트족 등의 유럽 민족을 공격하였고, 이로 말미암아 촉발된 게르만족의 대이동이 결국 서로마 제국을 무너뜨리게 된다. 훈족의 출현은 유럽이 고대에서 중세로 넘어가는 계기가 되었다.

481년에 살리 프랑크계系의 한 지파의 장長인 클로비스Clovis(재위 481~510)가 프랑크족 전체를 통합하여 통일 프랑크 왕국을 수립하였다. 후에 클로비스 왕은 3,000명의 부하와 함께 세례를 받고 로마 가톨릭으로 개종하였다. 이는 로마 교황과의 우호관계를 보증하는 일로 프랑크 왕국 발전의 중요한 계기가 된다. 8세기 후반 카를로스Carolus 대제(샤를마뉴, 742~814)가 주변 국가를 정복하여 거의 대부분의 게르만족을 통합하였다. 800년에는 교황 레오 3세로부터 서로마 황제의 칭호를 받았다. 중세 유럽 문화의 3대 요소라 할 수 있는 그리스·로마의 고전문화, 기독교 문화, 게르만 정신이 이 시기에 완전한 통합을 이루었다. 그 후 카를로스 대제의 손자 대에 이르러 영토 상속 분쟁이 일어나 843년 베르됭 조약을 체결하고 3국으로 분열하게 되는데 그 가운데 동프랑크가 오늘의 독일 역사로 이어지고 서프랑크가 프랑스로 이어지게 된다.

911년, 카롤링거 가문의 왕위가 끊어져 프랑켄 가문의 콘라트 1세가 독일 국왕에 선출되어 즉위하게 된다. 그 뒤에 독일 국왕 오토Otto(재위 936~973)가 카를로스 대제에 이어 다시 중부 유럽의 패권을 장악하였다. 오토는 귀족의 침탈로부터 교회를 지키고 이탈리아의 현지 귀족을 토벌하여 교황을 수호하였고 962년, 교황 요하네스 12세로부터 제관帝冠을 받고 황제에 오르게 된다. 이로써 신성로마제국이 출현하게 되었고 이후 독일 국왕은 황제의 칭호를 갖게 되었다. 상당한 시기 동안 오스트리아의 합스부르크Habsburg 가家에서 황제권을 차지했으나 유럽 전체를 통합하지는 못하였다.

2. 프로이센의 등장

1806년에 나폴레옹에 의해서 신성로마제국이 해체되자 제국의 여러 영방국가領邦國家(Territorialstaat, 제후국)가 라인동맹으로 바뀌었고 나폴레옹이 몰락하자 1815년 빈 회의에서 라인동맹이 독일연방으로 변경되었다. 그 가운데 합스부르크 가의 오스트리아와, 순수 독일주의를 지향하는 프로이센이 독일연방의 핵심국가로 부상했다. 1834년에는 프로이센을 중심으로 18개 연방 간에 관세동맹을 체결해 오스트리아와 다른 경제 노선을 걷기 시작하였다. 프로이센은 중세 이래 신성로마 황제의 정책이 독일의 발전과 통일을 저지시켰고 또한 오스트리아 민족 중 75% 이상이 이민족이어서 통일 독일의 순수성을 저해한다는 이유로 오스트리아를 배격했다. 오스트리아 중심의 통합을 주장하는 대독일주의에 반해 이를 소독일주의라 한다. 1862년, 프로이센은 비스마르크Bismarck(1815~1898)가 총리가 되면서 오스트리아를 제외한 프로이센 중심의 통일을 주장하였고, '프로이센-오스트리아 전쟁(1866)'과 '프로이센-프랑스 전쟁(1870~1871)'을 승리로 이끌면서 독일의 통일을 이룩하였다. 1871년 파리 교외의 베르사유 궁전에서 프로이센 왕 빌헬름 1세Wilhelm I(재위 1871~1888)가 황제로 등극하고, 비스마르크가 재상으로 취임하여 25개 영방領邦 국가들을 통합함으로써 통일 독일제국을 수립하였다. 이로써 프로이센이 독일을 통일하고 오늘날과 같은 독일이 역사에 등장하게 된 것이다. 1890년 비스마르크가 은퇴하고 왕위에 오른 젊고 모험적인 황제 빌헬름 2세Wilhelm II(재위 1888~1918)는 범게르만주의를 표방하고 '신항로 정책'이라는 세계 정책을 추진하여 국제적 긴장을 조장했으며 1898년 영국의 해군력에 도전하여 군함 건조 경쟁을 벌였다.

3. 제1 · 2차 세계 대전쟁

1914년 6월 28일, 세르비아인에 의해서 오스트리아 황태자 프란츠 페르디난드 공 암살사건이 벌어져 긴장이 고조되었다. 한 달 뒤 1914년 7월 28일, 오스트리아가 세르비아에 대해 선전 포고를 함으로써 제1차 세계 전쟁이 발발하였다. 이후 독일, 오스트리아-헝가리 제국, 오스만투르크, 불가리아로 구성된 동맹군 측과 영국, 프랑스, 러시아, 이탈리아, 일본, 세르비아 등으로 구성된 연합군 측의 전쟁으로 확대되었다(제1차 세계대전First World War). 1918년 11월 독일은 항복하였다. 그리고 혁명이 일어나 호엔촐레른Hohenzollern 왕가의 빌헬름 2세가 네덜란드로 망명하였다. 그 후 독일은 군주제에서 공화제로 전환되었고, 이후 1919년 2월 바이마르Weimar 헌법을 제정하여 18개 공화국으로 구성된 연방공화국을 선포하고, 프리드리히 에베르트Friedrich Ebert를 초대 대통령으로 선출하였다.

연합국은 베르사유 평화회의에서 바이마르공화국에 무거운 전쟁 배상금과 군비 축소를 부과하였다. 베르사유 협정에 대한 독일 국민들의 불만으로 청년 히틀러가 조직한 나치당이 쉽게 권력을 잡을 수 있었다. 나치당 지지자들은 아리아 인종 및 게르만족의 우월성과 강력한 중앙집권적 국가를 지지하였다. 1933년 선거를 통해 권력을 잡은 아돌프 히틀러Adolf Hiltler(1889~1945)는 자신의 고향이기도 한 오스트리아를 무력으로 합병하고, 독일인이 많이 살고 있는 체코를 침공하였다. 그리고 베르사유

협정을 통해 상실한 독일 영토의 회복을 요구하며 1939년 9월 1일, 폴란드를 침공하였다. 이에 영국과 프랑스의 대독 선전포고로 제2차 세계대전이 발발하였다. 1941년 가을부터 다음해 봄까지 독일이 승기를 잡는 듯했으나, 1942년 여름부터 수세에 몰리기 시작하였고 1945년 5월 8일, 마침내 항복하였다.

4. 유대인 대학살

히틀러가 이끈 나치Nazis당(국가사회주의 독일노동자당)은 유럽에 성행한 반유대주의, 백색인종주의, 제국주의, 반사회주의, 민족주의 사상에 입각한 나치즘을 내세우며 유대인 학살을 자행했다. 독일에서 시작된 루터의 종교개혁은 그의 종교적 영향만큼이나 오래도록 반유대주의를 자극하였고 루터의 사상은 독일에서 반유대주의의 근본 원칙으로 이용되었다.

유대인은 고대부터 유럽에서 많은 박해와 차별을 받았다. 자신들만이 구원받을 수 있다는 선민의식을 갖고 있었고 고리대금업과 같은 금융업을 통해 부를 축적함으로써 이민족으로부터 멸시와 핍박을 받았다. 중세 십자군 원정 때 십자군에 의해 무참히 학살당하기도 하였으며, 흑사병이 창궐하자 유대인이 병을 퍼뜨렸다는 소문이 퍼져 많은 유대인이 학살당하였다.

1905년에는 러시아에서 유대인의 세계 정복을 예언하고 기술한 '시온의정서'가 처음 나돌기 시작하였다. 이 문서는 유대인 박해를 정당화하기 위해서 유대인을 가장한 집단이 만든 것이라고도 하는데 제1차 세계대전 발발 후 유럽에서는 이 문서의 영향으로 유대인이 그 배후에서 전쟁을 일으켰다는 음모론이 제기되었다. 진위를 떠나 그 파문과 영향이 전 세계로 퍼졌고, 제2차 세계대전에도 영향을 끼쳤다. 히틀러는 전쟁을 일으키면서 유럽인을 위한 전쟁이라 주장하였고 유대인의 음모로부터 독일과 유럽을 구한다는 사명감을 갖고 있었다.

히틀러는 독일인이 순수한 아리안족임을 확신하고 독일이 지배하는 유럽을 이룩하려고 하였다. 히틀러는 비뚤어지고 배타적인 세계관으로 소위 인종청소라는 이름으로 유대인 대학살(Holocaust)을 자행하였다. 강제수용소에 유대인을 수용하고 가스실에서 질식시켜 죽이고 그 시체를 태웠다. 독일뿐 아니라 모든 독일 점령지의 유대인이 그 대상이 되었다. 이 홀로코스트 정책으로 6백만 명의 유대인이 희생되었다*. '홀로코스트'는 불에 태운 번제燔祭의 제물을 뜻하는 그리스어에서 유래한다.

---

* 독일의 유대인 학살 못지않게 한민족도 일제에 의해 엄청난 희생을 겪었다. 김삼웅은『일제는 조선을 얼마나 망쳤을까』(사람과 사람, 1998)에서 1875년 일제가 수교를 요구하면서부터 1945년 종전까지 일제에 의해 희생되거나 침략 전쟁에 동원된 조선인이 어림잡아 8백만 명에 이른다고 하였다. 동학혁명군 학살, 의병·독립군의 처형, 농민·노동운동가·항일운동가의 고문, 학병·징병·군속·징용·정신대 등의 전쟁에 동원된 조선인에 이르기까지 수많은 동포가 살상되고 약탈당했음을 밝히고 있다.

5. 분단 독일의 통일

독일은 패전 후 1944년 9월 12일 런던 의정서에 따라 미국, 영국, 소련이 독일과 베를린을 각각 3개 지역으로 분할하여 점령했고, 1945년 미국, 영국, 소련 간 '얄타회담'의 결정에 따라 프랑스도 점령국으로 참여하였다.

제2차 세계대전 후 통일독일 정부수립을 위한 동·서 간 교섭이 실패하고 냉전이 구체화되자 1949년 5월 23일, 서방 점령지역에서는 '기본법(Grundgesetz)'을 공포하고 독일 연방공화국(BRD, Bundesrepublik Deutschland, 서독)을 수립하였고, 소련 점령지역도 1949년 10월 7일에 독일민주공화국(DDR, Deutsche Demokratische Republik, 동독)의 수립을 선포하였다. 이로써 독일은 동독과 서독으로 분단되었고 1961년 8월 베를린 시내를 동서로 가르는 장벽이 설치되었다. 그 후 1969년 10월에 집권한 독일 사회민주당(SPD)의 빌리 브란트Willy Brandt 총리는 동방정책(Ostpolitik)'을 발표하고 소련 및 동구권과 관계를 개선하면서 동독과의 교류도 과감히 추진하였다. 소련에서 고르바초프가 집권한 이후 동구권에 개혁 무드가 조성되었고 1989년 11월 9일 베를린 장벽이 붕괴되면서 통일무드는 급속히 고조되었다. 이후 서독 정부는 막강한 경제력을 내세워 소련에 경제협력을 약속하고 주변국들에 외교공세를 펴면서 1990년 초부터 독일 통일의 조건을 결정하기 위한 동서 독일 두 나라와 미국, 영국, 프랑스, 소련의 2+4 회담을 열었다. 이 회담에서 독일 통일이 승인 되어(1990년 10월 3일) 마침내 동·서독 간 통일이 이루어졌다.

오늘날 21세기 독일이 서구 유럽 공동체(EC, 회원국 27국)의 중심 국가, 큰 형님 노릇을 할 수 있는 문화와 역사적 힘은 과거 로마제국의 영광과 위업을 계승하여 약 900년 동안 지속된 신성로마제국의 역사 경영 경험에서 온 것이라 할 수 있다.

제4절 최종 승자를 결정짓는 상씨름: 제3변 세운 공사

상투를 튼 상투쟁이끼리 벌이는 '상씨름'은 가장 강력한 씨름이란 뜻으로 선천의 마지막 힘겨루기를 말합니다. 오선위기 바둑판의 주인 간에 벌이는 '최후의 결전'인 것입니다. 상씨름에서는 우주의 통치 사령탑인 천상 조화정부가 인간의 역사 속에 구현되는 중대한 인류사의 전기점을 맞게 됩니다. 이제 지구촌은 지상 선경 낙원을 건설하는 마지막 한 판 바둑의 승부를 가름할 상씨름의 운으로 들어섰습니다.

그러면 이제 우리의 가장 큰 관심사인 상씨름판의 전개 과정에 대해 살펴보겠습니다.

1. 삼팔선 공사와 남북 분단(남조선 도수)

1) 한반도의 지정학적 위치

오늘날 신흥강국으로 부상한 대륙 세력 중국과 세계 초강대국인 해양 세력 미국이 힘을 겨루는 'G2시대'에 동북아의 한반도는 전략적 요충지로 자리잡고 있습니다.

동북아 배달문명의 주인공인 한민족은 예로부터 고대 선진 문명을 일본과 동아시아에 전파했습니다. 그후로도 문화적 독자성을 지켜 왔지만 한반도 안으로 세력이 움추러들면서 한민족은 역사의 대변혁기 때마다 가혹한 시련을 겪어야 했습니다.

대륙 세력과 해양 세력이 만나는 지정학적 위치에 놓인 한반도는 국제 정치 질서에 민감하게 영향을 받았습니다. 대륙의 신흥 세력이 패권을 잡거나, 바다 건너 일본에서 정권을 통일하고 대륙을 침략하고자 할 때마다 한반도에는 예기치 못한 역사적 시련이 찾아 왔습니다.

16세기 말, 일본이 전국시대를 통일하고 중국 대륙을 정벌한다는 명목으로 두 번에 걸쳐 전쟁(임진왜란, 정유재란)을 일으키며 조선을 침입해 왔고, 17세기 초에는 명明이 무너지고 청淸이 들어서는 과정에서 여진족이 두 차례 전쟁(정묘호란, 병자호란)을 일으키며 조선을 쳐들어 왔습니다. 임진왜란 당시 일본이 명明에 한반도를 나누어 차지하자는 분할론을 최초로 들고 나오기도 했지만 명과 조선의 반대로 무산되었습니다.

근대로 들어오면서 러시아가 연해주를 차지하고 조선과 국경을 맞대면서 조선은 복잡한 국제관계에 놓이게 됩니다. 한반도를 가운데 놓고 힘을 겨루던 청과 일본이 전쟁을 벌이기 직전, 한반도 분할론이 제기되었습니다.[31] 청·일전쟁이 끝나고 10년

---

31 1894년 7월 22일, 청·일전쟁 발발 직전에 영국의 외상 킴벌리Kimberley가 한반도 분할안을 제시하

뒤 다시 일본은 러시아와 맞붙었고 여기서 승리한 일본이 한반도를 독차지 하게 됩니다.

한반도에서 일본이 물러나자 미국과 소련이 38도선을 경계로 만나게 됩니다. 그러나 이번에는 어느 쪽도 한반도를 독식할 수 없는 상황이었습니다. 미 · 소 양국은 동아시아의 세력 균형을 위해 한반도를 남과 북, 둘로 나눠 자신의 세력권에 두고자 했습니다.

2) 삼팔선 공사와 남북 분단

"빼앗긴 들에도 봄은 오는가!"

일제 강점기 한 민족 시인의 이 절규도, 상제님께서 "제 도수에 돌아 닿는 대로 새 기틀이 열리리라."(5:414)라고 말씀하신 대로, '칠월칠석삼오야七月七夕三五夜'로 판짜 놓으신 천지의 제 도수가 돌아 닿자 가슴 벅찬 기쁨으로 바뀌었습니다. 1945년 '8월 15일', 민족사는 새로운 국면으로 접어들었습니다. 하지만 광복과 해방의 환희도 잠시, 또 다른 시련이 한민족 앞에 기다리고 있었습니다.

총각판 씨름의 마무리를 앞두고 미·소 양국은 전쟁 수행과 전후 문제 처리를 위해 1945년 2월, 당시 소련(현재 러시아)의 크림반도에 위치한 **얄타에서 협정**을 맺었습니다. 이때 상씨름판에 **미·소가 개입하는 계기**가 만들어졌습니다. 소련의 도움이 필요했던 연합국 측은 소련에게 일·러전쟁 이전에 극동 일원에서 가졌던 권익을 회복시켜 주기로 약속했습니다. 그러면서 한반도에 대해서는 구체적인 사항을 명문화하지 않아 소련이 한반도에 대해 이해관계를 주장할 여지를 남겼습니다.

이후 소련은 유럽에서 전쟁을 마무리하고 대일본전에 참여하기로 한 얄타회담의 약속에 따라 일본의 패망이 확

상씨름 | 바둑판(한반도)의 주인 결정전決定戰으로, 이 상씨름판에서 마지막 주인이 결정된다. 남과 북의 대결인 상씨름은 1950년 한국전쟁으로 시작되어, 휴전 후 미소 냉전 구도 하에서 체제 대결을 계속하였다. 소련의 해체로 냉전이 끝난 지금도 그 구도가 계속되고 있다. 상씨름은 더 이상이 없는 궁극의 씨름이라는 뜻이다. 따라서 선천 상극의 모든 문제를 총체적으로 끝막는 가장 강력한, 최후의 대결이라는 의미와 역사성을 갖는다.

였다. 그는 "극동의 평화를 위하여 조선을 중립화하든지 청과 일본이 조선을 분할 · 점령하자."고 제의하였다. 구체적인 경계를 표시하지는 않았지만 청·일 두 나라가 한반도를 남북으로 분할 · 점령하자는 내용이었다. 이 안은 한반도를 독점하려는 일본에 의해 거절되었다. 이후 일본은 '베베르 · 코무라 각서'(1896.5), '로바노프 · 야마가따 의정서'(1896. 5) 등을 체결하여 38도선을 경계로 러시아와 남북으로 세력권을 나누려는 계획을 갖고 있었으나 러시아의 반대로 무산된다. 다시 1902년 영 · 일동맹 후에는 러시아가 39도선을 경계로 하는 안을 제기했지만 일본이 거절하고 영 · 미의 도움을 받아 일 · 러전쟁을 일으키게 된다.

실해진 1945년 8월 9일 일본에 선전 포고를 하고, 만주를 거쳐 파죽지세로 북한에 들어와 주요 도시를 점령했습니다. 소련의 참전에 당황한 일본은 8월 10일 새벽에 연합국 측에 항복 의사를 통고했습니다. 1천km나 떨어진 오키나와에 군을 주둔시키고 있던 미국은 소련의 한반도 단독 점령을 막기 위해 긴급히 '일반명령 제1호'를 기초했습니다. 여기에는 일본군이 '연합국 지휘관에 대한 무조건 항복'을 지시하는 명령과 함께 각 지역별로 어떤 연합국의 지휘관에게 항복해야 할지 지정되어 있었습니다. 북위 38도선 이북의 조선에 주둔한 일본군은 소련의 극동 최고사령관에게, 38도선 이남의 일본군은 미국의 태평양부대 최고사령관에게 항복하라는 내용을 8월 10일 밤에 서둘러 마련한 것입니다. 이때 소련은 마음만 먹으면 한반도 전체를 먼저 점령할 수 있는 상황이었지만 38도선 이북에서만 일본군의 항복을 받는 데 이의를 제기하지 않았습니다.

미군은 9월 9일 인천에 상륙해 점령군으로 서울에 들어왔습니다. 이로써 38도선 이북에는 소련이, 이남에는 동방의 청룡 기운을 띠고 온 미국이 진주하게 된 것입니다. 미국은 지구촌 인종이 모두 모인 인종 전시장이요, 세계 문화의 중심지로서 현 인류 문화의 꽃을 피우고 있습니다. 선천의 변화 섭리를 밝힌 문왕팔괘에서 미국은 태괘兌卦(태소녀)에 해당합니다. 그리고 동북 간방에 위치한 한국은 소남少男을 뜻하는 간괘에 해당합니다. 상제님께서 정역의 개벽 이치로 밝혀 주신 간태艮兌 합덕合德의 이치에 따라 개벽을 앞두고 태소녀兌少女 미국이 간소남艮少男 한국으로 들어 오게 된 것입니다. 간소남의 한민족은 인류 시원문화의 주인공으로서 장차 선천의 인류 문화를 열매 맺게 하는 역할을 합니다. 이에 대한 상제님의 공사 말씀을 보십시오.

❋ 일본 사람이 서방 백호 기운을 띠고 왔나니… 동방의 청룡青龍 기운이 동動하면 백호는 물러가느니라. (5:285)

❋ 상제님께서 공우에게 물으시기를 "공우야 쌀이 솥을 따르느냐, 솥이 쌀을 따르느냐?" 하시니 공우가 "쌀이 솥을 따르지요." 하고 아뢰거늘 말씀하시기를 "네 말이 옳도다. 쌀은 미국이고 솥은 조선이니 밥을 하려면 쌀이 솥으로 올 것 아니냐." 하시고 "장차 일본이 나가고 서양이 들어온 연후에 지천태 운이 열리느니라." 하시니라. (5:336)

이러한 상황에서 미·소 양군이 삼팔선을 경계로 남과 북에 진주하면서 상씨름판의 틀이 형성되기 시작했습니다. 이후 한반도를 중심으로 자유주의 진영의 미국 · 일본과 공산주의 진영의 소련 · 중국이 서로 판을 대하면서 마지막 상씨름판의 오선위기가 열리게 됩니다.

이번 가을 개벽기에 전 인류가 죽고 사는 **총체적인 역사 심판의 문제가 삼팔선에 걸려 있습니다.** 상제님께서는 "삼팔선에 씨름판대를 두고 세계 상씨름판을 붙인다."(5:7)라고 말씀하셨습니다. 가을개벽 상황으로 들어가면서 씨름판대가 놓인 이 삼팔선이 무너지게 됩니다.

상제님께서 우주 원리를 바탕으로 하여 쓰신 72둔遁은 천지공사를 마치신 다음 해인 경술년(1910)에 시작되었습니다. 72둔은 음양의 태극 원리에 따라 1981년까지 **양 36둔과 음 36둔**으로 나뉩니다. 양(+) 36년은 세계의 관심을 서양으로 돌려 빼앗긴 바둑판(조선)을 일본에게서 되찾는 시간입니다. 상제님이 한민족의 보호성신을 서양으로 보내 전쟁을 일으키게 하신 것이 바로 이 시간대에 해당합니다. 음(-) 36년은 미국의 도움을 받아 세계의 관심을 한반도에 집중시키기 위한 준비 기간입니다. 이 기간에 한국의 보호성신이 고국으로 모여들어 우리나라는 한강의 기적이라 불리는 세계 역사상 유례가 없는 고속 경제 성장을 이루어 냈습니다.

양陽은 동動하고 음陰은 정靜하는 상반된 성질을 지니듯이, 상제님은 양(+) 36년 동안에는 일본이 직접 조선에 들어와 역사하게 하시고, 음(-) 36년 동안은 미국으로 하여금 바둑판의 주인인 조선을 뒤에서 보조하게 하셨습니다. 서방 숙살지기인 백호 기운을 몰고 온 일본은 침략과 파괴를 통해 이땅을 바꾸어 나갔고, 동방 청룡 기운을 띠고 온 태방兌方의 미국은 각종 원조를 통해 간방艮方 한국의 산업화와 경제발전에 조력했습니다.

3) 남북 분단의 고착화

제2차 세계대전이 끝난 직후, 한반도는 38도선을 경계로 남과 북으로 갈라질 위기에 놓였습니다. 일본 제국주의가 물러나고 그 자리에 미·소 양군이 삼팔선의 이남과 이북에 주둔하게 된 것입니다.

이러한 상황에서 한반도 문제와 종전 후의 문제들을 해결하기 위해 미·영·소 3국의 외상들이 소련의 모스크바에 모여 회의를 열었습니다. 이 회의에서 조선에 임시 정부를 만들어 연합국의 감독 아래 5년간 한반도를 신탁통치하고 그 후에 독립시킬 것을 결정하였습니다. 미·소 공동위원회를 조직하고 여기서 조선의 정당·사회단체들과 협의해 한반도 전체를 총괄하는 임시 정부를 만들고 이를 감독한다는 것이었습니다.

이러한 결정이 조선에 전해지자 해방 정국의 좌우익 진영에서는 신탁통치에 반대하는 운동이 일어났습니다. 삼팔선을 철폐하는 문제보다 신탁통치를 받는다는 점이 부각되면서 신탁통치가 식민 지배의 연장으로 여겨진 것입니다. 그러나 이후 소련의 지령을 받은 좌익 진영에서는 갑자기 신탁통치를 지지하는 입장으로 돌아섰습니다.

미·소 양쪽이 물러나면 한반도에서 사회주의 혁명을 주도할 수 있으리라 판단한 것입니다. 이후 찬탁과 반탁 노선이 극심하게 대립하면서 좌우 이념 대립의 골이 급격히 깊어졌습니다.

신탁통치를 실시하기 위해 통일 임시정부를 수립하고자 두 차례 미·소 공동위원회가 조직되었지만 모두 실패로 돌아갔습니다. 좌익과 우익 진영의 대립이 극한으로 치달으면서 통일 임시정부를 수립하는 일이 힘들어졌습니다. 제1차 미·소 공동위원회가 결렬되고 한 달 뒤인 1946년 6월3일, 이승만은 독자적으로 '정읍 선언'을 발표하고 남한 단독 정부 수립을 강력하게 주장했습니다. 그 뒤 미국이 남과 북에 각각의 입법기관을 설치하는 안을 제의했지만 관철되지 못하고 미국은 한반도 문제를 유엔에 모두 이관하게 됩니다. 유엔에서는 남북한 총선거를 실시해 정부를 수립하고 미·소 양군이 철수할 것을 가결했습니다. 하지만 소련의 제지로 유엔한국위원단이 이북에 들어갈 수 없게 되자, 결국 선거가 가능한 남한에서만 선거를 실시할 것을 결의하게 됩니다.

1948년 5월 10일, 남한에서는 단독 선거를 실시해 그해 8월 15일, 초대 대통령 이승만의 취임과 함께 '대한민국' 정부를 수립하였습니다. 북한에서는 이미 1946년 2월 8일에 김일성을 위원장으로 하는 '북조선 임시 인민 위원회'가 구성되어 정부 구실을 해 왔고, 1948년 9월 9일에 '조선민주주의 인민공화국'정부를 수립하게 됩니다.

해방 정국에서 분단을 극복하고 통일정부를 수립하려는 뜨거운 열망과 시도가 있었지만 이러한 통일 운동이 결실을 볼 수 없었습니다. 9천 년 동방 한민족의 역사와 문화의 원형을 완전히 잃어 버리고, 자유·인권·평등과 같은 서구의 근대적 가치와 민족주의 이념만으로는 남북의 분단을 극복할 수 없습니다. 남북 분단은 단순히 이념의 대립만으로 이루어진 것이 아니라 상제님의 세운世運 공사에 따라 오선위기로 펼쳐지는 한반도 주위의 국제 정세에 따른 결과입니다. 당시 민족 지도자들은 천지에 질정質定된 세운의 질서를 이해하지 못했지만 한민족은 새로운 인류사의 '남조선 도수'가 열리는 역사의 중심에 있었습니다. 한반도의 진정한 통일은 장차 후천개벽의 문을 여는 상씨름의 끝판에서 세운과 도운을 하나로 통합하는 상씨름꾼들에 의해서 실현됩니다.

2. 상씨름의 초반전, 6·25 한국전쟁

상씨름의 초판 싸움은 1950년 6월 25일 새벽 3시, 북한의 남침으로 시작되었습니다. 폭풍처럼 남침을 감행하며 파죽지세로 밀어닥쳐 나라의 운명은 그야말로 풍전등화의 위기에 몰렸지만 전황은 상제님의 천지공사 도수 명령 그대로 진행되었습니다. "가마[釜]가 끓고 인후咽喉가 타고…."(7:17)라는 말씀처럼, 부산釜山에는 수많은 피란민이 몰려 가마가 끓었고, 인천상륙작전을 감행할 때 밤낮으로 함포 사격을 가하여 '인후(인천)'가 타는 상황이 현실로 나타났습니다.

1950년 9월15일, 국제연합군(유엔군) 사령관 더글라스 맥아더Douglas MacArthur 장군은 수세에 몰린 초기의 전세를 만회하기 위해 인천상륙작전[32]을 감행했습니다. 당일 새벽 연합군 선단이 인천 앞바다에 집결해 팔미도 등대에서 보내오는 신호에 따라 월미도로 밀려들었고, 새벽 5시에 북한군의 방어 진지에 엄청난 폭격을 가하기 시작했습니다. 유엔군은 예정된 교두보를 확보한 뒤, 큰 저항을 받지 않고 서울로 진격할 수 있었습니다.

인천상륙작전의 성공으로 전세는 뒤집혔습니다. 유엔군은 국군과 더불어 9월 28일 서울을 되찾고 이어 평양을 점령하고 파죽지세로 중국과 국경을 맞댄 압록강까지 치고 올라갔습니다. 그러자 소련의 스탈린과 미리 약속한 중국의 마오쩌뚱은 '항미원조抗美援朝 보가위국保家爲國', 미국에 대항해 조선을 돕고 집과 나라를 지킨다는 표어를 내걸고 마침내 초판 상씨름 전쟁에 개입했습니다. 1950년 10월 중순에 중국군 26만이 압록강변에 집결했고 그 후 본격적인 전투를 자제하다가 11월 중순에 총반격을 개시했습니다. 산악 유격 전술로 단련된 중국군의 반격에 국군과 유엔군은 후퇴를 거듭했습니다. 이듬해(1951년) 1월 1일 중국군이 삼팔선을 넘어 내려오자 1월 4일에는 다시 서울을 빼앗긴 채 한강 남쪽까지 밀려났습니다.

하지만 상제님께서 "호병胡兵이 침노하리라. 그러나 한강 이남은 범치 못하리라."(5:405) 하신 말씀대로 더 이상 밀고 내려오지는 못했습니다. 중국군이 한강 이남을 넘어오지 못한 이유 가운데 하나가 '병영 내에 유행한 괴질' 때문이었습니다. 그 괴질이 유행성 출혈열의 원인 바이러스로 밝혀진 바로 한탄바이러스[33]입니다. 국군과 유엔

---

32 인천상륙작전 | 맥아더 사령관도 인천상륙작전이 5,000대 1의 도박임을 안다고 할 정도로 인천은 공격 작전을 감행하기에 불리한 지리적 조건을 갖추고 있었다. 인천항에 이르는 수로는 협소한 단일 수로로 대규모 함정의 진입이 불가능하고, 적이 기뢰를 부설하면 많은 피해가 생길 수 있었다. 구불구불한 해협은 조류가 격하고 세계에서 조수차가 가장 큰 곳 가운데 하나였다. 간조시 해안에는 2~5km의 광대한 갯벌이 생겨 군함의 접안이 곤란했다. 그러나 맥아더는 북한이 서울 인천 지역에 군사력을 증강하는 것이 불가능하다고 믿었고 적의 전투부대는 낙동강 일대의 제8군 정면에 투입돼 있다고 확신하였기 때문에 군사적 도박을 감행하였다. 9월 12일 적의 주의를 돌리기 위해 연합군은 군산에서 양동작전을 감행했고, 동해안에서는 9월 14, 15일 삼척 일대에 맹렬한 폭격을 가하기도 했다. 9월 15일 맥아더의 작전대로 인천의 바다와 공중에서 가해지는 엄청난 폭격에 적은 거의 저항하지 못했고 어두워지기 전까지 상륙군은 인천의 3분의 1 이상을 점령할 수 있었다. (윌리엄 스툭William Stueck 저, 김형인 외 역, 『한국전쟁의 국제사』, 2001, 푸른역사)

33 한탄바이러스 | 1976년 한국인 이호왕 박사가 야생 등줄쥐의 폐에서 유행성 출혈열의 원인 바이러

군은 1월과 2월에 반격 작전을 개시해 중국군과 북한군의 공세를 저지할 수 있었습니다. 이에 중국군은 다시 4월과 5월 두 차례에 걸쳐 이른바 춘계대공세春季大攻勢를 감행했습니다. 춘계공세는 70만에 달하는 대군을 동원한 공격이었고, 여기에 국군과 연합군의 역공세가 되풀이되면서 전황은 교착 상태로 빠져 들었습니다. 특히 5월 공세에서 중국군은 거의 10만 병력을 잃게 되자 휴전회담을 제의하게 되었습니다. 1951년 7월 8일 개성에서 첫 회담이 열린 뒤로도 1953년 휴전이 이루어질 때까지 서로 공방을 거듭하며 치열한 전투가 계속되었습니다.

3. 삼팔선이 휴전선으로: 상씨름 초반 전쟁의 휴전 과정

1) 길고 지난한 휴전 협상의 과정

바둑판 조선 땅은 총각판이 끝나면서 '38도선(삼팔선)'을 경계로 하여 남북으로 나누어졌습니다. 그 후 한민족 역사상 가장 뼈아픈 동족상잔을 겪으면서 삼팔선은 태극 모양의 휴전선休戰線으로 바뀌었습니다. 이 휴전선은 상씨름이 아직 끝나지 않은 전쟁임을 상기시켜 주는 동시에 후반기 상씨름의 시작을 예고하고 있습니다.

❀ 삼팔목三八木이 들어 삼팔선이 웬일인고!(11:262)

❀ 씨름판대는 조선의 삼팔선에 두고 세계 상씨름판을 붙이리라. (5:7)

상씨름판은 세계 역사의 운명을 뒤집는 대전쟁입니다. 상씨름 초반전 역시 세계 전쟁이었습니다. 국제연합이 설립된 이래로 사회주의·자본주의 두 진영으로 갈라져 세계가 모여들어 싸운 유일한 세계 전쟁입니다.

초반 상씨름 전쟁이 터지고 사흘 뒤인 1950년 6월 28일 국제연합 안전보장이사회의 '한국 군사원조 결의'에 따라 연합군이 드디어 한국전쟁에 참가하기 시작했습니다.[34] 인천상륙작전의 성공으로 유엔군이 38도선을 넘어 거침없이 밀고 올라가자 이승만 대통령은 한국전쟁의 궁극 목적을 통일에 두었고 맥아더 사령관도 뜻을 같이했습니다.[35] 미국 트루먼 대통령도 한국 문제가 군사적 수단으로 해결될 수 있기를 희

스를 발견하였다. 한국전쟁 당시 처음 발견된 지역(한탄강)의 이름을 따서 한탄바이러스라 부르게 되었다. 들쥐를 숙주로 하여 감염되는 한타바이러스에는 한탄바이러스, 서울바이러스, 뉴욕바이러스 등 다양한 바이러스가 있다. 한국전쟁 당시 중국과 북한은 미국이 세균전을 벌이고 있다고 주장하고 여러 곳에서 그러한 정황을 제시함에 따라 국제과학조사단이 실제 파견되기도 하였다. 생체 실험으로 악명 높은 일본 731부대 출신 간부들이 미 세균전에 관련돼 있다는 설이 있으나 미국은 세균전 수행을 전면 부인하고 있다.

34 이 무렵 소련은 중국 공산당 정부와 국민당 정부 간의 의석 교체 문제로 안전보장이사회의 참석을 거부하고 있었다. 이 때문에 안보리에서 유엔군 파견을 결정할 때 소련은 거부권을 행사할 수 없었다.

35 맥아더 사령관은 중국이 한국전쟁에 개입하자 전면전을 주장하였다. 미 해군이 중국 해안을 봉쇄하

망했습니다.

그러나 1950년 10월 16일, 중국이 참전하면서 상황은 달라졌습니다. 미국 정부는 동·서 이념과 결부된 한국 문제가 군사적 수단으로 해결될 수 없음을 인식하고 정치적 타협에 의한 종전을 고려하게 됩니다. 트루만 대통령은 삼팔선에서 휴전할 생각을 굳히고 38도선에서 유리한 교섭을 시도하려 했습니다.

1951년 4월과 5월, 중국군의 춘계 대공세 실패 후 미국 정부도 확전을 피하면서 전황은 교착상태로 빠져 들었고 이로부터 본격적인 휴전회담이 진행되었습니다. 1951년 7월 연락장교회의로 휴전회담이 시작되었고, 이듬해 7월에 본회의가 시작되어 휴전협정이 조인될 때까지 무려 25개월이라는 긴 시간 동안 지루하고도 힘든 과정이 이어졌습니다.

휴전회담에서 풀어야 할 최대 난관은 포로 교환 문제였습니다. 유엔국 측은 포로의 의사대로 가게 할 것을 주장한 반면, 공산군 측은 모두 본국으로 소환해야 한다고 맞섰습니다. 게다가 신생 중국의 국력을 소진하는 것이 통제에 유리하다고 생각한 스탈린은 휴전을 서두를 이유가 없었습니다.

1953년 3월, 스탈린이 사망하고 미국의 정권이 교체되자 휴전회담에 새로운 전기가 마련되었습니다. 휴전회담이 재개되고 포로 교환 협정이 맺어진 것입니다(1953. 6. 8). 그러나 국내에서는 휴전 반대 운동이 뜨거운 불길처럼 일어났고, 이승만 대통령이 반공 포로를 일방적으로 석방시켜 휴전 협상에 일대 고비를 맞았습니다(1953. 6. 18).

1953년 6월 25일, 미국에서는 대통령특사를 한국에 보내 한미 현안 문제를 논의했습니다. 이승만 대통령은 미국이 일본과 맺은 군사동맹처럼 한국과도 상호방위조약을 체결해 줄 것을 강하게 요구했습니다. 이에 미국은 한미상호방위조약 체결과 장기적 경제원조 등의 조건을 제시했고 한국 정부가 이 조건을 받아들임으로써 휴전 협상의 전망이 밝아지게 되었습니다. 조약 가조인식에서 미국 대표 덜레스가 "이 조약은 우리 청년들의 피로 봉인되었다."라고 말한 바와 같이 공산주의에 맞서 피 흘리며 싸운 두 나라는 혈맹의 관계를 맺게 되었습니다.

한미상호방위조약의 체결로 인계철선(trip wire)이 형성되어 한국은 이후 경제적 번영과 정치적 민주화를 이루고, 여러 방면에서 비약적인 발전을 이룰 수 있었습니다.

고 공군으로 하여금 만주를 폭격하게 하고, 대만에 있는 국부군을 한국전에 투입해 중국의 남부지방에 상륙시켜 제2의 전선을 펴자고 주장했다. 그러나 트루만 대통령은 중국과 소련까지 참여하는 전면 전쟁의 위험을 경계하며 이를 수용하지 않았다. 1950년 11월 3일, 맥아더는 한반도에서 원자폭탄 사용도 고려할 수 있다며 강경한 태도를 표명하였고 미국의 우방인 영국은 깊은 우려를 표명하며 반대 의사를 분명히 했다. 이로써 맥아더의 군사 전략은 트루만 대통령의 외교 전략과 갈등을 빚게 되었고 결국 파국으로 치닫고 말았다.

식민지 상태에서 분단의 아픔을 딛고 선진국 반열에 오른 대한민국은 약소국의 아픔을 함께하고, 상생으로 세계 민족의 화합과 성숙을 위해 노력할 수 있는 유일한 나라입니다. 장차 상씨름의 마지막 끝판에서 가을 하늘의 이름 모를 괴질이 지구촌을 덮칠 때 이 땅의 상제님 일꾼들이 의통성업을 집행하고 세계 인류를 구원하게 됩니다. 이는 이역만리 머나먼 길을 떠나와 이 땅의 자유와 평화를 지키다 죽어간 젊은이들의 숭고한 희생에 대한 보은이기도 합니다.

2) 휴전선에 깃든 의미

1953년 7월 27일 오전 10시 판문점에서 국제연합군 총사령관 클라크Mark Wayne Clark와 북한의 김일성金日成, 중국군 사령관 펑더화이가 휴전 조인문에 최종적으로 서명하여 협정을 맺음으로써, 한국전쟁은 마침내 정전停戰이 되고 삼팔선은 휴전선으로 바뀌었습니다.

> ❋ 상제님께서 말씀하시기를 "현하대세가 씨름판과 같으니 애기판과 총각판이 지난 뒤에 **상씨름으로 판을 마치리라.**" 하시고 종이에 태극 형상의 선을 그리시며 "이것이 삼팔선이니라." 하시니라.(5:7)

상제님께서는 태극 형상의 선을 그으시고 이것이 삼팔선이라 말씀하십니다. 이는 삼팔선이 태극 형상의 선으로 바뀌어 휴전이 이루어질 것을 말씀하신 것입니다. 그렇다면 남북의 분단선이 '38도선 → 휴전선'으로 변하여 태극(☯) 형상의 곡선을 그린 다음에 통일이 되는 것은 어떤 도道적 비의秘義를 담고 있는 것일까요? 이것은 **간방에서 선천 태극(상대성)의 분열 운동이 종결되고 무극의 우주(삼계) 통일이 이루어짐을 상징합니다.**

남북이 통일되어 휴전선이 없어진다는 것은 곧 **선천 태극(☯)이 후천 무극(○)의 통일 운동으로 전환함을 의미합니다.** 상씨름을 넘어 남북이 하나 되면, 지구는 '10천天 하늘'로 열려 선천 태극의 음양 대립과 분열 운동에 종지부를 찍고 지구촌은 물론 삼계 우주가 통일됩니다. 이처럼 지구 간방에 위치한 **한반도는 세계 통일뿐 아니라 우주 통일과 직결되는 핵심 자리입니다.** 후천 5만 년 무극대운無極大運을 여는 천지 심판과 구원의 핵심 문제가 남북 문제에 모두 압축되어 있는 것입니다. 남북 상씨름은 동서 상씨름이요 세계 대전쟁으로서 **선천 5만 년 인류사에 누적된 상극 요소를 완전히 제거하는, 즉 모든 전쟁을 종결하는 선천 최후의 전쟁이요 천지 전쟁인 것입니다.**

치열했던 한국전쟁의 격전지

국군의 빛나는 최대 승전, 용문산 전투

중국군은 1951년 4월 춘계공세를 감행하여 실패하자 5월 16일에 다시 대공세를 감행하기 시작했다. 중국은 동부전선의 연합군을 치기 위해 대공세를 펼치면서도 동부전선으로 병력이 증원되는 것을 막기 위해 중부전선에서 강력한 공격을 가해 왔다. 1951년 5월 17일 밤, 중부전선의 중국군은 북한강을 따라 한강 합류지점에 진출하였고, 미 제24사단과 국군 제6사단이 이 중국군을 격퇴하였다. 특히 제6사단은 용문산 전투에서 중국군 3개 사단의 공격을 격퇴하고 도주하는 적을 멀리 화천 지역까지 진격하여 섬멸하는 전공戰功을 올렸다. 이 전투에서 전방 경계를 담당한 제6사단 제2연대는 적의 공격을 받고 고립되었지만 전면 방어진지를 편성하고 공군과 포병의 대규모 화력을 지원 받으며 이틀이나 진지를 고수하였고, 그 동안 용문산 일대에서 대기하던 제6사단 주력 2개 연대가 중국군 포위망을 역습하였다. 이에 중국군은 자기네보다 훨씬 많은 병력의 대대적인 반격이라 오판하고 전열이 완전히 와해되었고 5월 21일 새벽 3개 사단 병력이 2개 연대 병력에게 패주하는 상황이 벌어졌다. 승세를 탄 한국군은 패주하는 중국군에게 맹렬한 추격을 개시하였고 다시 북쪽으로 강을 넘을 여유도 없던 중국군 3개 사단 병력은, 북한강 남쪽 연안을 따라 양평에서 춘천을 거쳐 화천까지 장장 60~70km를 쫓기며 화천 저수지(현 파로호)에 이르렀다. 화천호에 이른 중국군은 퇴로가 막히자 수많은 병력이 우왕좌왕하다가 사살되거나 익사하였고, 그 넓은 호수가 중국군의 시신으로 뒤덮혔다. 확인된 중국군 사망자 수만 1만 7천여 명에 이르고 포로가 2,200명에 이르는 대승을 거두었다. 이승만 대통령은 이 용문산 전투의 승리를 기념해 화천호에 '오랑캐를 깨뜨린 호수'라는 뜻의 파로호破虜湖라는 이름을 부여하였다.

가장 참혹하고 치열했던 백마고지 전투

크고 작은 전투 가운데서도 한국전쟁사상 가장 참혹하고 치열했던 전투가 바로 395고지 전투, 일명 백마고지 전투였다. 백마고지는 말 모양을 한 고지에 폭탄을 하도 퍼붓는 바람에 공중에서 보니 하얗게 되었다고 하여 붙여진 이름이다. 강원도 평강을 정점으로 철원과 김화를 잇는 '철의 삼각지' 내에 있는 백마고지는 전차가 지나는 철원평야를 통제할 수 있는 중요한 전략적 요충지이다. 1952년 10월 초, 철원 북방의 이 395고지를 확보한 국군 제9사단이 중국 정예부대 제38군의 공격을 처음 받은 것은 10월 6일 새벽이었다. 이로부터 양측은 10일 동안 무려 스물네 차례나 뺏고 빼앗기는 치열한 전투를 벌였고, 미군 포병과 공군까지 지원받은 9사단의 승리로 끝이 났다. 이 전투는 1만 4천여 명의 중국군 사상자와 3천4백여 명의 국군 사상자를 냈고, 국군과 미군은 포탄을 22만 발, 중국군은 5만 5천 발을 소비하고, 총 27만 5천 발의 포탄을 발사하였다. 또 10일 동안 미 공군은 주간 669회, 야간 76회의 출전 기록을 세우며 중국군을 폭격했다. 백마고지 전투는 인류 전쟁사에서 가장 치열한 전투의 하나로 기억될 것이다.

파로호 | 일제강점기인 1943년에 화천수력발전소가 건설되면서 만들어진 인공호수로, 본래 이름은 화천호였다. 이것이 한국전쟁 이후 이승만에 의해 '파로호破虜湖'로 바뀌었는데, 이는 '오랑캐를 무찌른 호수'란 의미이다. 중국 공산군 3만 명을 수장시킨 전투의 승리를 기념하는 이름으로 이곳에는 전쟁 속에 죽어간 수없이 많은 사람들의 아픔이 서려 있다.

1950년 9월 15일 오전 12시 30분 인천 팔미도 등대 | 당시 첩보부대 미 극동군사령부 주한연락처(켈로: KLO·Korean Liaison Office) 소속의 한국·미국 부대원 6명은 기진맥진해 있었다. 인천 상륙 작전이 가능하다는 신호를 알려야 할 등대의 불을 자정까지 켜야 했지만, 장치를 작동시킬 나사 하나를 수 시간째 못 찾고 있었다. 모두들 '이제 죽었구나'라고 생각했다. 그때 땅바닥에 누워 있던 27세 한국인 대원의 손에 손톱만한 나사가 잡혔다. "이거다!" 이 대원은 급히 나사를 이용해 장치를 작동했다. 이 청년이 바로 최규봉(87·대한민국 KLO 기념사업회 명예회장)씨다. 이날 오전 1시 50분 마침내 팔미도 등대의 불을 밝힐 수 있었다. 최씨 등 KLO부대원들은 맥아더 장군의 지시를 받아 팔미도에 잠입, 인민군 15명을 물리친 뒤 팔미도 등대에 불을 켜는 데 성공한 것이다. (〈조선일보〉, 2010년 09월 14일)

4. 금강산의 겁살 제거

※ 하루는 공사를 보시며 글을 쓰시니 이러하니라.

閑談敍話로 可起風塵이요 閑談敍話로 能掃風塵이라
한담서화 가기풍진 한담서화 능소풍진

한가롭게 주고받는 말로 천하의 난리를 일으킬 수 있고
한가롭게 주고받는 말로 천하의 난리를 쓸어낼 수도 있느니라. (4:129)

상제님은 말씀 한마디로 천지에 풍진을 일으키기도 하시고 없애버리기도 하시는 등 만사를 뜻대로 행하시는 우주의 조화주 하느님이십니다. 상제님께서는 천지간의 조용하고 시끄러운 일들이 모두 나로 말미암는다고 하셨습니다. 그 증산 상제님께서 후천의 세계 역사를 주도해 나갈 1만2천 명 도통군자를 내시기 위해 금강산[36] 공사를 집행하셨습니다.

태상종도사님께서는 "지구의 축, 지구의 뿌리가 곤륜산"이라 밝혀 주시고, "곤륜산에서 맥이 뻗어 나와 요동 칠백 리 만주 땅에 결인結咽 하고 백두산을 일으켜 놓았다."라고 하셨습니다. 그리고 "백두산에서 금강산으로 맥이 내려와 다시 금강산에서 태백, 소백으로 뻗어 사람의 24 척추와 같이 펼쳐져 있다."라고 하셨습니다.

『화엄경華嚴經』에는 해동 금강산에 대해 '바다 가운데 금강산이 있으니 옛적부터 많은 보살들이 머무르고 있었고, 지금은 법기法起 보살이 그의 일천이백 권속과 함께 그 가운데 있으면서 법을 설한다[37]'라고 밝히고 있습니다. 이는 석가모니가 우리나라 전불 시대前佛時代[38]의 보살에 대해 전하고 있는 내용입니다. 금강산은 전불 시대 불법의 성지聖地요 미륵불을 기다려온 진리의 성산聖山입니다. 일찍이 명나라 주장춘은 "해동 금강산의 정기를 타고 '증산甑山'이라는 진인이 오셔서 인간과 만물을 성숙시키는 '오도熬道'를 여신다."라고 하였고, 석가모니는 입적을 앞두고 그의 아들과 제자들에게 "장차 말법이 되면 도솔천 천주이신 미륵님이 오셔서 새 법을 여시니 너희는 그때에 열반에 들라."라고 전하였습니다. 그 미륵님으로 오신 증산 상제님께서 1만2천 명의

---

36 백두대간의 중심부에 자리하는 금강산은 계절마다 서로 다른 이름으로 불립니다. 봄에는 지혜의 금강산金剛山, 여름에는 신선이 노닌다는 봉래산蓬萊山, 가을은 골짜기마다 단풍이 흐드러져 풍악산楓岳山, 겨울에는 기암괴석이 하얗게 드러난다 하여 개골산皆骨山이라 부릅니다. 이 금강산 1만2천 봉 골짜기 골짜기마다 유점사楡岾寺, 표훈사表訓寺, 장안사長安寺 등 이른바 팔만구암자八萬九庵子가 들어서 있습니다.

37 海中有處, 名金剛山. 從昔已來, 諸菩薩眾, 於中止住. 現有菩薩, 名曰法起. 與其眷屬, 諸菩薩眾, 千二百人俱. 常在其中, 而演說法. (『화엄경(八十華嚴經)』 제45「보살주처품(菩薩住處品)」)

38 『삼국유사』의 '아도기라阿道基羅' 조에도 "아도본비我道本碑"를 인용하며 계림의 수도에 일곱 가람터가 있다고 하면서 모두 전불 때의 가람터요 법수가 길이 흐르던 땅이라 하여 전불시대에 대해 전하고 있다(皆前佛時伽藍之墟 法水長流之地).

바둑판이자 씨름판인 한반도

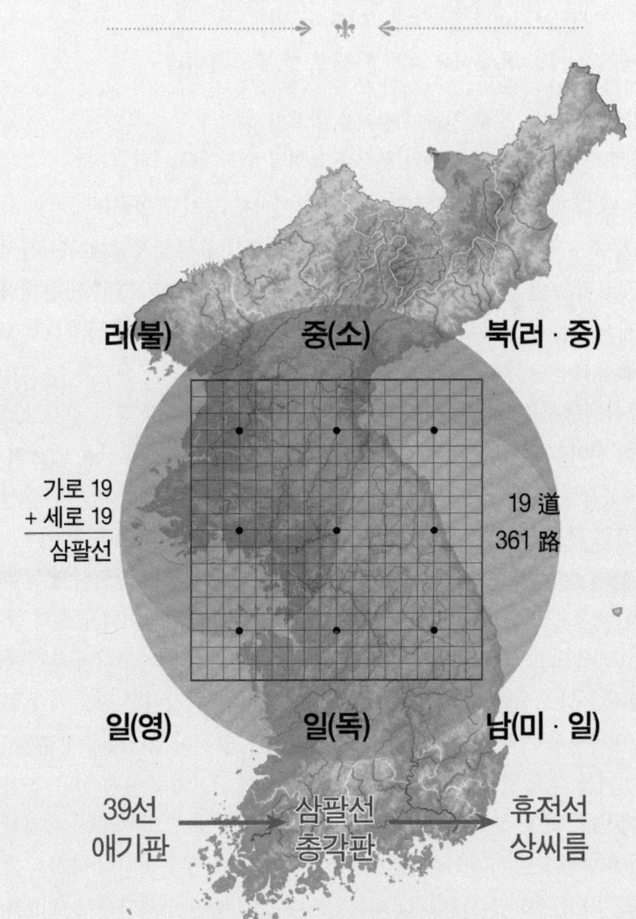

상제님의 세계 정치
오선위기五仙圍碁 삼변성도三變成道

애기판	총각판	상씨름판
생生	장長	성成
러(불) - 일(영)전쟁 (1904~1905)	중(소) - 일(독)전쟁 (1937~1945)	남(미 · 일) - 북(중 · 러)전쟁 (1950 ~)
제1차 세계대전	**제2차 세계대전**	**후천개벽 상황**

	애기판	총각판	상씨름 초반전
기간	1914.7.28 - 1918.11.11 (4년 4개월 지속)	1939.9.1 - 1945.8.15 (6년간 지속)	1950 - 1953
장소	유럽, 아프리카, 중동, 중국, 태평양 제도	유럽, 러시아, 지중해, 아프리카, 중동, 동아시아, 동남아시아, 태평양	한반도
참전국	**연합국** - 영국, 프랑스, 러시아, 이탈리아, 미국, 일본, 중국, 포르투갈, 루마니아, 그리스, 세르비아, 몬테네그로 **동맹국** - 독일, 오스트리아, 헝가리 제국, 오스만 터키, 불가리아	**연합국** - 미국, 영국, 폴란드, 자유 프랑스, 소련, 중국, 오스트레일리아, 뉴질랜드, 캐나다, 네델란드 **추축국** - 독일, 일본, 이탈리아, 비시 프랑스, 핀란드, 헝가리, 루마니아, 불가리아, 타이	**유엔군** - 한국, 미국, 오스트레일리아, 영국, 캐나다, 뉴질랜드, 터키, 룩셈부르크, 콜롬비아, 벨기에, 에티오피아, 프랑스, 그리스, 필리핀, 남아공, 타이. **비공식 지원**- 일본, 중화민국(대만). **의료 지원**- 인도, 이탈리아, 덴마크, 스웨덴, 노르웨이 **공산군** - 북한, 중국. **비공식 지원**- 소련 **의료 지원**- 체코
총동원 병력	6,500만	1억1,000만	310만
피해 규모	**연합국(군인)** 전사 514만, 부상1,283만, 실종 412만 **동맹국(군인)** 전사 338만, 부상 838만 실종 362만 **합계** 전사 852만 부상 2,118만 실종 775만 민간인 사망 1,300만 추정 **총 사망자 2,152만**	전사 2,500만 부상 3,500만 민간인 사망 2,500만 **총 사망자 5,000만** ※소련 국민 2,000만 사망(전사자 포함) - 인구의 1/10에 해당 **1차 대전 비교** 교전국 수 2배, 동원 병력 2배, 전사 3배, 민간인 희생 2배, 부상 2배 증가	**유엔군 측** **국 군** - 전사 23만, 부상 71만, 실종 4만 **유엔군** - 전사 3.7만, 부상 11만, 실종 4만 **민간인** - 사망 37만, 부상 23만, 실종38만 **합 계 - 사망 64만**, 부상 105만, 실종 46만 **공산군 측** **인민군** - 전사 29만, 부상 22만, 실종 9만 **중국군** - 전사 18만, 부상 71만, 실종 2만 **민간인** - 사망40만, 부상159만, 실종68만 **합 계 - 사망 88만**, 부상 252만, 실종80만 **총 사망자 152만**

	국제연맹	국제연합
시작 연도	1차 대전 직후인 1920년 - 미국 대통령 우드로 윌슨의 제안으로 창설	2차 대전 직후인 1945 - 현재까지
회원국	대영제국(영국, 호주, 뉴질랜드, 남아연방, 캐나다, 인도), 이탈리아, 프랑스, 일본, 브라질, 아르헨티나, 중국, 파라과이, 칠레, 우루과이, 콜롬비아, 페루, 볼리비아, 베네수엘라, 스위스, 벨기에, 네델란드, 소련 등 초창기 42개국에서 60개국으로 확대. (미국 제외)	세계 대부분의 국가 포함 현재 192개국
본부	스위스 제네바	미국 뉴욕

7 장

도통군자를 내시기 위해 금강산 공사를 다음과 같이 집행하셨습니다.

❋ 상제님께서 순창 농바우에 계실 때 조선 국운 심판 공사를 마치시고 형렬에게 이르시기를 "허미수가 중수한 성천成川 강선루의 일만 이천 고물에는 녹祿줄이 붙어 있고 금강산 일만 이천 봉에는 겁살劫煞이 끼어 있나니 이제 그 겁살을 벗겨야 하리라." 하시고 "너는 광찬과 원일을 데리고 구릿골로 돌아가 열흘 동안 아침저녁으로 청수 한 동이씩을 길어서 스물네 그릇에 나누어 놓고 밤에는 칠성경을 스물한 번씩 읽으며 백지를 사방 한 치씩 오려 그 종이에 한 사람이 모실 시侍 자 사백 자씩 써서 네 벽에 돌려 붙이고 나를 기다리라." 하시고…. (5:184)

❋ 상제님께서 구릿골에 이르시어 갑칠에게 염소 한 마리를 사 오라 하시거늘 갑칠이 염소를 사서 지고 오매 말씀하시기를 "너 소 한 마리 메고 오느라고 욕봤다." 하시고 염소를 잡아 그 피를 손가락으로 찍어 벽에 돌려 붙인 일만 이천 모실 시 자 위에 일일이 점을 치신 뒤에 성도들에게 물으시기를 "이 형상이 무엇과 같으냐?" 하시니 갑칠이 아뢰기를 "아라사 병정 같습니다." 하거늘 상제님께서 말씀하시기를 "아라사 병사가 내 병사니라." 하시고 "모든 일을 잘 알아서 하라." 하시니라. (5:185)

이 말씀에서 겁살은 금강산 1만2천 봉의 정기를 누르고 있는 소위 팔만구 암자八萬九庵子의 '선천 부처 기운'을 뜻합니다. 그리고 이 공사를 보시며 쓰게 하신 '모실 시侍' 자를 파자破字하면 '절[寺] 사람[人]'으로, 미륵불의 도를 받는 1만2천의 부처를 상징합니다.

상제님 도의 구도자로서 실천해야 할 후천 가을 진리의 주제를 한 글자로 요약한다면 바로 '모실 시侍' 자라 할 수 있습니다. 인류 역사의 최종 결론이 이 모실 시侍 자의 주인공이신 상제님을 바르게 모시는 데 있습니다. '모실 시' 자는 **하느님을 가장 잘 섬긴, 도통 받는 1만2천 도통군자**를 상징합니다.

상제님께서 '염소'를 '소'라 말씀하신 것은, 우주 원리로 축미丑未(무극의 축)가 음양일체로 작용하기 때문입니다. 천지부모의 성령을 상징하는 수가 하도 중궁中宮의 15입니다. '5축토丑土'와 '10미토未土', 천지부모의 15토 정신으로 하루와 지구 4계절 우주 사시四時가 영원히 순환합니다. 천지부모의 조화 성령 기운으로 상제님께서 모실 '시侍' 자를 쓰도록 명하신 것은 상제님의 대권으로 선천의 부처 기운을 제거하시고 새 역사의 1만2천 도통군자 부처를 내심을 뜻합니다. 상제님의 희생의 피, 희생적 삶을 바탕으로 우주의 꿈과 이상을 실현할 그 역사의 주인공들에게 천지부모의 조화

성령의 은총을 내려 주시는 것입니다.

상제님께서는 그 글자 모양이 "아라사(러시아) 병정과 같다."라고 대답한 김갑칠 성도의 말을 인정해 주시며 "아라사 병사가 내 병사니라."라고 하셨습니다. 이 공사로 말미암아 유물론을 신봉하는 소련과 북한이 **금강산의 선천 부처 기운을 거두게 된 것입니다.**

삼팔선이 태극 형상의 휴전선으로 고착되면서 금강산이 북한의 무신론자들 손에 넘어가 금강산에 있는 사찰이 폐쇄되고, 다만 종교의 자유를 선전하기 위한 몇 개의 절만이 남아 있습니다. 빈 그림자만 감돌게 될 금강산 사찰의 적막감을 상제님께서 허미수許眉叟(허목許穆, 1595~ 1682)의 시로써 대변해 주셨습니다.

※ 步拾金剛景하니 青山皆骨餘라
보 습 금 강 경　　　청 산 개 골 여
其後騎驢客이 無興但躊躇라
기 후 기 려 객　　무 흥 단 주 저
걸어서 금강산의 정경을 둘러보니 푸른 산이 모두 뼈만 남아 있구나.
저 뒤의 나귀 탄 나그네 흥이 없어 주저만 하는구나. (5:185)

상제님께서 이러한 공사를 보신 데에는, 후천 새 문명을 여는 역사의 주역 일꾼 1만 2천 명을 길러낼 수 있도록, 지구 어머니가 간직한 금강산의 정기를 보존하려는 깊은 뜻이 담겨 있습니다.

※ 하루는 공사를 행하실 때 "백두산의 기운을 뽑아 제주 한라산漢拏山에 옮기고, 덕유산에 뭉쳐 있는 기운을 뽑아서 광주 무등산無等山으로 옮기고, 금강산의 기운을 뽑아 영암 월출산月出山으로 옮긴다." 하시니 한 성도가 그 이유를 여쭈거늘 상제님께서 말씀하시기를 "백두산에 천지天池가 있고 한라산에도 못이 있으며, 금강산이 일만 이천 봉이요 월출산도 일만 이천의 기운이 있음이로다." 하시니라. (4:42)

5. 초반 상씨름 후의 국제 정치 질서 변화

1) 상씨름판의 마지막 오선위기: 육자六者 대결 구도의 전개

제2차 세계대전 이후, 세계는 자본주의와 공산주의라는 양대 이념 체제가 서로 대립·경쟁하는 현상이 나타났습니다. 제2차 세계대전의 전승국인 소련은 자국을 둘러싼 동유럽을 비롯해 아시아의 주위 국가를 공산화시켜 위성국가로 만들어 갔습니다. 미국은 1947년 3월, 공산주의의 확산을 막기 위해 공산화를 거부하는 국가에 군사적·경제적 원조를 제공하겠다는 '트루먼 독트린'을 발표했습니다. 이 원칙은 이후 미국 외교 정책의 기조가 되었고, 전후戰後 유럽의 경제 부흥을 목적으로 하는 '마셜 계획'과 '북대서양 조약'으로 구체화되었습니다.

상씨름 초반 전쟁의 발발은 냉전 양극 체제의 소산이었습니다. 마지막 상씨름판의 오선위기 도수는 '육자 대결 구도'로 세상에 드러났습니다.

초반 상씨름 전쟁이 발발하기 1년 전인 1949년 10월 1일, 중국 대륙에서는 제국의 역사를 종결지었던 중화민국이 쫓겨나가고, 중화인민공화국이 수립되었습니다. 일본이 패망하고 본격화된 국공내전이 마오쩌뚱毛澤東(1893~1976)이 거느린 인민해방군의 승리로 막을 내린 것입니다. 마오쩌뚱은 김일성과 가진 베이징 회담(1950. 5)에서 북한의 남침에 동의하고 한국전에 미군이 개입하면 병력을 파견하겠다고 약속했습니다.[39] 그 전에 스탈린에게 수 차례 도움을 요청한 김일성은 1950년 1월 말, 이미 소련으로부터 남침을 허락받은 상태였습니다. 스탈린은 미국이 개입하면 중국도 개입할 것을 지시하고 항공기를 동원해 중국군을 엄호하겠다고 약속했습니다.

1950년 6월 25일, 북한에 의해서 초반 상씨름이 발발하고 미국이 유엔군을 편성해 한국전쟁에 참전하자 중국은 북한을 도와 한반도로 밀고 들어왔습니다. 무기 및 군수 지원을 약속한 소련도 전차와 항공기를 지원하고 소련군 조종사를 직접 참전시켰습니다.[40]

한편 미국은 동북아에 자유민주주주의 체제를 뿌리내리기 위해 아시아의 강력하고 충직한 동맹국이 절실한 상황이었습니다. 1951년 9월 8일, 한국전쟁이 진행되던 시기에 미국 샌프란시스코에서는 제2차 세계대전 참전 연합국과 일본 사이에 전쟁 상태를 종결짓는 강화 조약[41]이 체결되었습니다. 미국과 영국이 공동 주최한 '샌프란시스코 강화 회의'는 일본을 자유주의 진영에 끌어들이고 패전의 굴레에서 해방시키

---

39 중국은 국공내전이 마무리되면서 1949년에 이미 김일성의 요청에 따라 팔로군 중 조선인 부대를 북한으로 들여보냈다. 1949년 7~8월에 제164사단, 제166사단의 2개 사단 2만여 명이 입북하였고, 1950년 4월경 1개 사단 약 1만4천 병력이 입북하였다. 팔로군은 중국군의 주력부대로 당시 국공내전으로 단련된 최강의 부대였다. 1949년 초에는 스탈린그라드 전투에 참가했던 소련군 출신 약 5천 명의 조선인도 북한으로 들어왔다. 만주와 소련에서 활동하던 부대의 입북은 북한의 전력을 비약적으로 증강시켰다.

40 소련의 스탈린은 김일성과 군사비밀협정(1949. 3. 17)을 체결해 6개 보병사단과 3개 기계화 사단, 비행기 150대를 원조할 것을 약속하였다.

41 **샌프란시스코 강화 조약** | 일본에게 가장 큰 피해를 입은 중국, 한국, 몽골이 초청되지 않은 상황에서 연합국 48개국과 일본 사이에 조약이 체결되었다. 당시 한국 정부는 조약 참여를 위해 미국을 상대로 설득했으나 일본의 로비 외교로 목적을 이룰 수 없었다. 요시다 일본 총리는 "전쟁에 졌지만 외교에는 승리했다."라고 했지만, 당시 결과는 외교적 승리로만 얻은 것이 아니라 국제 정세가 일본에게 유리하게 흘러가고 있었다.

는 요식 절차가 되었습니다.[42] 당시 미 군정 하에 있던 일본은 한국전쟁 특수特需로 재무장화와 경제 부흥에 성공하고 미국과 정치적·경제적인 공조 체제를 굳히게 되었습니다. 전후 일본 경제를 일으킨 요시다 시게루(吉田茂, 1878~1967) 전前 총리는 한국전쟁을 "신이 내린 선물"이라고 말했습니다.

마지막 상씨름판에서 각기 조선의 주인임을 주장하는 남한과 북한을 중심으로 **'미국과 일본'**, **'소련과 중국'**이 서로 한편이 되어 육자 대결 구도를 형성함으로써, 진짜 주인을 판가름하는 마지막 오선위기의 막이 올랐습니다.

2) 상씨름판 오선위기 도수의 일꾼들

상제님께서는 대한민국을 위해 천지 일을 하는 일본, 미국, 중국을 각각 '깔담살이 머슴', '중머슴', '상머슴'에 비유해 말씀하셨습니다. 깔담살이란 집안에서 잡일을 거드는 나이 어린 머슴을 말합니다. 깔담살이 머슴인 일본은 제1변과 제2변의 세운에서 서양 제국주의 세력을 막아내는 역할을 맡았습니다. 그리고 중머슴인 미국은 총각판의 마무리와 상씨름판의 형성에 결정적인 역할을 했고, 제3변 세운 역사에서 지구촌의 자유시장 경제 체제를 구축해 남한의 경제 발전과 민주주의 기틀을 마련하는 데 일조했습니다.

> ❋ 하루는 상제님께서 말씀하시기를 "일본은 깔담살이 머슴이요, 미국은 중머슴이요, 중국은 상머슴이니라. 깔담살이가 들어가면 중머슴이 나와서 일하고, 중머슴이 들어가면 상머슴이 나오리라." 하시니라. (5:22)

또 "아라사 군사가 내 군사니라." 하신 상제님 말씀대로 러시아도 상제님의 세운 공사에서 큰 소임을 맡은 일꾼입니다. 사회주의 체제를 확산시켜 중국과 북한에 사회주의 체제가 들어서는 데 도움을 주었고, 상씨름판 형성에 주도적인 역할을 했습니다. 또 사회주의 혁명을 통해 역사에 제국주의를 몰아내는 구실을 했습니다. 주인의

---

42 **일본의 청산되지 않은 과거** | 1946년 5월 3일, 일본의 전쟁 책임을 묻는 '극동국제군사재판'에서 이미 일본에 대한 면죄의 조짐이 드러나고 있었다. 이 재판에서 A급 전범 28명이 기소되었지만 연합국 최고사령관인 맥아더는 일본의 점령 정책을 위해 전쟁의 가장 큰 책임이 있는 히로히토 일본 국왕을 재판에 기소하지 않았다. 2년 후에 내려진 판결에서 7명이 교수형, 16명이 종신금고형, 2명이 유기금고를 받았다. 그 후 A급 전범으로 금고 7년형을 받은 시게미쓰 마모루는 1950년 가석방 후에 내각의 부총리와 외무장관을 역임하고 A급 전범으로 종신형 판결을 받은 가야 오키노리는 이케다 내각에서 법무상을 역임하였다. 또 A급 전범 혐의자이며 아베 수상의 외조부인 기시 노부스케는 복역하다 석방되어 57년부터 60년까지 수상을 역임하였다. 경희대 허동현 교수는 "이들에게 패전 이전의 제국 일본에 대한 기억은 자랑스러운 영광의 역사이지 반성해야 할 역사가 아니다."라고 말한다. 그리고 "교과서가 계속 왜곡되는 가장 큰 이유는 독일에서는 전범세력이 추적·처벌되고 있지만 전후 일본에서는 제국주의 침략전쟁을 자행한 전범세력이 청산되지 않고 지배세력으로 탈바꿈했기 때문이다."라고 설명한다.(EBS, 〈지식채널e〉 "청산되지 않은 과거", 2008)

마음을 헤아려 일하는 상머슴인 중국도 북한을 도와 상씨름판을 여는 일을 하였고, 가을개벽을 앞둔 시점에서 동북아 시대를 열며 세계 패권을 동북아로 옮겨오고 있습니다. "중머슴(미국)이 들어가면 상머슴(중국)이 들어오리라."(5:22) 하신 상제님의 말씀이 지금 실현되고 있습니다.[43] 장차 마지막 상씨름판에서 상머슴이 상제님의 심부름꾼으로서 크게 역사하게 됩니다.

3) 상씨름 공사의 핵심, 남조선 배 도수

바둑판의 주인 자리를 놓고 남과 북으로 나뉘어 힘을 겨루는 상씨름은 상제님이 선천 역사를 매듭짓기 위해 짜신 최후의 한 판 전쟁입니다. 애기씨름과 총각씨름은 상씨름의 마지막 판을 향한 준비 단계일 뿐입니다.

❋원평에 이르시어 군중을 향해 말씀하시기를 "이 길은 남조선南朝鮮 뱃길이니 짐을 채워야 떠나리라." 하시고…. (3:183)

❋이 일은 남조선 배질이라. 혈식천추 도덕군자의 신명이 배질을 하고 전명숙全明淑이 도사공이 되었느니라. (6:83)

❋산하대운山河大運을 돌려 남조선 배 도수를 돌리리라. (5:112)

❋하루는 약방에 성도 여덟 사람을 벌여 앉히신 뒤 사물탕 한 첩을 지으시어 그 봉지에 사람을 그리시고 두 손으로 약봉지를 받쳐 드시며 시천주주를 세 번 읽으시니라. 이어 여덟 사람으로 하여금 차례로 돌려서 그와 똑같이 하게 하신 후에 "남조선 배가 범피중류汎彼中流로다." 하고 노래하시며 … "이제는 상륙하였으니 풍파는 없으리라. 장차 조선이 제일로 좋으니라." 하시니라. (5:388)

❋상제님께서 매양 뱃소리를 내시매 성도들이 그 뜻을 여쭈니 "조선을 세계 상등국으로 만들려면 서양 신명을 불러와야 할진대 이제 그 신명이 배에 실려 오는 화물표를 따라 넘어오게 되므로 그리하노라." 하시고…. (5:389)

상씨름 도수의 핵심은 바로 **'남조선 도수'**입니다. 남조선이란, 지리적으로 살펴볼 때 간 도수가 펼쳐지는 간방艮方 조선의 남쪽 땅을 말합니다. 또한 "시속에 남조선南朝鮮 사람이라 이르나니, 이는 남은 조선 사람이란 말이라."(6:60)라고 하신 말씀처럼 동서 종교나 기타 이념에 찌들지 않은 순연純然한 조선 사람을 의미하기도 합니다.

---

43 2013년 10월 7일, 인도네시아 발리에서 개막된 '아시아태평양경제협력체제(APEC)' 정상 회의와, 10월 9일에 열린 '아세안 회의'에 미국 오바마 대통령이 국내 재정 적자로 야기된 '연방정부 폐쇄 사태'로 불참하고, 존 케리 국무장관이 대리로 참석하였다. 미 언론에서는 미국의 대통령이 국내 정치 문제로 발목이 잡히는 동안 중국과 러시아가 기세를 잡고 미국의 빈 자리를 노리는 무대가 펼쳐졌다고 전한 바 있다. 이와 관련해서 미국의 정치 분석가 닐 보위는 오바마의 APEC 불참은 아시아·태평양 지역에서 '미국과 중국의 위상 변화를 가져 올 상징적인 사건'이라 지적하였다.

남조선 도수의 깊은 의미는 **동방 한민족의 광명 역사를 회복하여 상제문화의 종주권을 드러내는** 데서 올바로 찾을 수 있습니다. 남조선 도수는 환국, 배달, 조선 이래 9천년 역사의 국통을 바로잡고, 남북 분단 이후 세계 인류가 안고 있는 문제를 총체적으로 끌러 내는 후천 가을대개벽의 핵심 주제이기도 합니다.

한마디로 남조선 도수는 **지구촌 인류의 생사를 판단하고 새 우주 문명을 건설하는 핵심 코드**입니다. 특히 인류를 건져 내어 후천으로 태우고 가는 남조선 배 도수는 동방 한민족사의 발전 과정에서 우리 민족이 이루어야 할 궁극의 과제이며 역사의 최종 결론입니다. 8·15 광복을 기점으로 태동해 6·25 남북 전쟁 이후 본격적으로 현실화되기 시작한 남조선 배 도수의 결론은 제9장에서 자세히 살펴보기로 하겠습니다.

4) 한국을 세계 상등국으로 만드심

하느님의 창조 섭리가 한반도에서 이루어지기 위해 바둑판의 '태극 율동'이 삼단계로 변화해 온 지난 난법 해원의 과도기 과정에서 한민족은 몸서리치는 아픔을 체험했습니다.

상제님 천지공사의 목적이 인사로 실현되는 과정에서 조선은 35년 간 나라를 잃은 채 가혹한 식민지를 경험하였고, 520만에 이르는 사상자와 1,000만 이산 가족을 양산한 동족상잔의 6·25 남북 전쟁을 겪어야 했습니다. 이후 4·19 혁명과 5·16 군사혁명, 5·18 민주화운동 같은 현대사의 수많은 희생과 아픔 속에서 피와 땀과 눈물을 흘리며 시련을 이겨 내고 짧은 기간에 산업화와 민주화의 비약적인 발전을 이루었습니다. 서구의 선진국이 산업화를 이루고 현대 정보사회로 나아가는 데 200년이 넘는 시간이 걸린 데 비해 대한민국은 불과 30~40년 만에 고도 성장을 이룬 것입니다.[44]

> ❋ 태모님께서 말씀하시기를 "지금은 서양이 잘살지만 나중에는 동양이 잘살게 되느니라." 하시고 "조선과 미국은 운세가 서로 바뀌리라." 하시니라. (11:261)

상씨름의 3년 초판 싸움이 끝난 뒤 남과 북은 각자의 이념에 따른 부강한 국가를 건설하기 위해 새로운 경쟁에 돌입했습니다. 초기에는 북한이 경제력과 군사력에서 앞섰지만, 70년대를 거치면서 대세는 남쪽으로 기울기 시작했습니다.

대한민국은 50~60년대의 전후戰後 원조 경제를 지나 1960년대 후반부터 정부의 주도 아래, 급속한 경제 성장을 보이며 점차 신흥공업국으로 변모했습니다. 한국은 부

---

44 현대 경영학의 아버지로 불리는 피터 드러커(1909~2005)는 대한민국의 경제 발전에 대해 "한국의 놀라운 경제 성장을 제외한다면 20세기 역사를 논할 수 없다."라고 말하였다. '최빈국'의 경제 수준에 머무르던 대한민국은 상제님이 집행하신 천지공사에 따라 세계에서 가장 짧은 시간에 '한강의 기적'이라 불리는 놀라운 경제 성장을 이루어 냈다.

존자원賦存資源이 부족해 수출 위주의 정책을 지향할 수밖에 없었습니다. 한국 산업화의 초석이 된 가장 중요한 사건은 한강의 기적을 뒷받침한 경부고속도로의 건설이었습니다. 국토의 대동맥에 해당하는 서울·부산간의 도로망을 구축함으로써 정부는 근대화와 산업화의 효과를 극대화할 수 있었습니다.[45] 이 기술력을 바탕으로 수많은 기초 산업 시설과 기지를 건설하는 한편, 이후 세계 각지에 기술자와 근로자를 파견해 해외 건설 산업을 추진하기도 했습니다.

남한은 한강의 기적으로 불리는 이러한 초고속 경제 성장을 이루어 군사력에서도 우위를 점했습니다. 그러나 1980년대에 오면서 성장 지상주의 경제정책에 종합적인 반성이 일기 시작했습니다. 1970년대 후반부터 젊은이들을 중심으로 시민들이 민주화운동에 적극 나섰고, 1979년 12·12 사태로 권력을 잡은 신군부 세력은, 국민이 원하던 민주주의에 대한 열망을 저버리고 무력으로 시위를 진압하고 비상계엄을 전국으로 확대했습니다. 민주화운동은 군부의 무자비한 무력 강경 진압으로 수많은 희생자를 내고 민주화운동은 끝내 실패하고 말았지만 민주화에 대한 국민의 열망은 점점 더 커져갔습니다. 1987년 6월, 마침내 민주화의 뜨거운 열기가 다시 불붙어 대통령 직선제 요구를 관철하고 이 땅에 민주주의를 뿌리내리는 계기를 만들었습니다. 1988년에는 서울 올림픽을 개최해 경제, 문화, 스포츠 등 여러 방면에서 급부상하는 대한민국의 이미지를 전 세계에 알렸습니다.

이즈음 세계 판도에도 급속한 변화가 일어났습니다. 동유럽에서 불기 시작한 거센 자유화 바람으로 1989년에 베를린 장벽이 무너지고, 이를 신호탄으로 소련과 동유럽의 공산주의 체제가 붕괴되어 갔습니다. 이로써 미국과 소련을 주축으로 한 양극 체제가 무너지면서 국제정세는 새로운 국면으로 접어들었습니다.

이러한 분위기 속에서 한·소 정상회담이 성사되고(1990. 6. 4) 유엔에서 한국과 소련이 한 ·소 수교 공동성명서를 발표하고 국교를 수립하였습니다.(1990. 9. 30) 일·러전쟁 후에 조·러수호통상조약(1884)이 파기된 뒤 냉전시대를 거치면서 100년의 세월이 지나 다시 수교가 이루어진 것입니다. 또 40여 년 간 냉전을 치러온 중화인민공화국과도 1992년에 수교를 맺음으로써 동북아에 새로운 국제질서가 열리게 되었습니다.

---

45 1968년 2월 1일에 경부고속도로 기공식을 거행하여, 2년 5개월이라는 짧은 시간과 429억 원의 비용으로 428km에 달하는 도로망을 완성하였다. 당시 건설 기술과 장비가 제대로 없는 데다 강행군을 시도한 결과, 77명의 근로자가 사고로 순직하였다. 건설 공사에 목숨을 바친 77인의 희생을 기리기 위해 1970년 7월 7일에 순직자 위령탑을 제막하고 대한민국 최초의 고속도로인 경부고속도로를 개통하였다. 이후경부고속도로를 비롯한 고속도로망이 세계로 향한 수출길이 되어 산업 발전을 이끌었고 대한민국은 세계가 놀라는 경제 성장을 이루어낼 수 있었다. 1964년에 1억 불이던 수출 액수가 1971년에 10억불, 1977년에는 100억불로 괄목성장하였다.

한·중 수교로 중국이 남한과 북한에 영향력을 행사하고 정치·군사적으로 급성장하는 일본에 대응할 근거를 마련하면서 동북아에 새로운 힘의 구도가 조성된 것입니다.

❋ 장차 우리나라 말과 글을 세계 사람이 배워 가리라. … 우리나라 문명을 세계에서 배워 가리라. (5:11)

❋ 앞으로는 조선이 세계의 일등국이 되리니… 내가 이곳 해동조선에 지상천국을 만들리니 지상천국은 천상천하가 따로 없느니라. (7:83)

2002년에는 한·일 월드컵에서 '붉은 악마'에 의해 '대한민국'이라는 이름이 전 세계인들의 안방에 전해졌고, 지금은 IT 산업, 문화 산업 등 각 부문에서 대한민국의 역동성에 세계가 주목하고 있습니다. 한국문화의 열풍을 뜻하는 '한류韓流'가 1997년 동아시아에서 시작되어 전 세계에 새 문화의 바람을 일으키고 있습니다. 세계 여러 나라에서 한국의 문화 콘텐츠에 주목하고 세계의 많은 젊은이들이 한국의 역사와 한글을 배우려 하고 있습니다. 원시로 반본하는 우주 가을철의 새 기운이 밀려오면서 인류 시원문화의 본고향인 대한민국의 한류문화가 전 세계로 몰아치고 있는 것입니다.

상제님께서는 숱한 풍파를 거치면서 남조선으로 하여금 세계 상등국으로 나아가는 항해를 이어가게 하셨습니다.

❋ 萬國活計南朝鮮이요 淸風明月金山寺라
만국활계남조선　청풍명월금산사
文明開化三千國이요 道術運通九萬里라
문명개화삼천국　도술운통구만리
만국을 살려낼 활방은 오직 남쪽 조선에 있고
맑은 바람 밝은 달의 금산사로다.
가을의 새 문명은 삼천 나라로 열려 꽃피고
도술 문명의 대운은 우주 저 끝까지 통하리라. (5:306)

상제님의 이 시에서, 우리는 분단이라는 비극 뒤에 세계 통일로 가는 열쇠가 남조선인 대한민국으로 넘어오는 깊은 섭리를 깨닫게 됩니다.

'만국활계남조선'이라는 말씀에서는 상씨름 결전이 결국 남조선 배 도수로 완결될 것임을 짐작할 수 있습니다. 장차 가을 대개벽의 풍랑 속에서 남조선 배의 의통성업醫統聖業(9장에서 상술)을 통해 인류를 건지고 세계를 구원하게 됩니다. 남조선 배는 상극의 선천 바다를 건너 가을 우주, 상생의 조화선경으로 항해하는 구원의 배이며, 남조선 배 도수는 그 항해의 주역이 바로 대한민국이 되도록 섭리하신 것입니다.

이는 한민족이 하느님에게 특별히 선택된 민족이기 때문이 아니라 조상을 비롯한 천지간의 뭇 신명을 잘 모시고 받들며 살아 왔기에 '보은 이념'에 따라 그 은혜를 돌려받는 것입니다.

❋ 이 세상에 조선과 같이 신명神明 대접을 잘하는 곳이 없으므로 신명들이 그 은혜를 갚기 위하여 각기 소원을 따라 꺼릴 것 없이 받들어 대접하리니 도인道人들은 아무 거리낌없이 천하사天下事만 생각하게 되리라. (2:36)

❋ 상제님께서 일러 말씀하시기를 "순망즉치한脣亡則齒寒이라, 입술이 없으면 이가 시리나니 중국 인민이 부흥하여야 우리도 이어서 부흥하게 되리라. 중국이 오랫동안 조선의 조공을 받아 왔으니 이 뒤로 25년 만이면 중국으로부터 보은신報恩神이 넘어오리라." 하시니라. (5:322)

그리고 '만국활계남조선'에 이어 노래하신 '청풍명월금산사'는 상제님의 진리가 펼쳐지는 곳이 바로 충청도 땅 태전太田이라는 말씀입니다. 상제님께서는 "내가 후천 선경 건설의 푯대를 태전에 꽂았느니라."(5:136)라고 천명하시고, 태전을 **후천 선경 문명을 건설하는 구심점**으로 삼으셨습니다.

상제님께서 질정하신 천지공사에 증산도 제3변 추수 도운의 중심 성지인 태전을 사령탑으로 하여, 인류를 구원하는 의통성업이 집행됩니다. 장차 병란病亂이 터지고 3년 동안 지구촌에 괴질 병겁이 돌면, 한국의 수도와 세계 문명의 중심이 남조선의 태전으로 옮겨오게 됩니다.

6. 씨름판에 소[牛]가 나가면 판을 걷게 되리라

"시속에서 씨름판에 소를 상금으로 거나니"(8:117)라는 말씀처럼, 과거 전통 씨름판에서는 천하장사를 가리는 최후의 결전을 앞두고 승자가 몰고 갈 소가 등장하여 한껏 분위기를 돋웁니다. 이처럼 씨름판에 소가 나가는 것은 상씨름 결전이 임박했음을 알리는 신호입니다.

그런데 20세기가 저물어가던 1998년 6월 16일, 이 한반도 **상씨름판에 소가 나가는 사건**이 일어났습니다. 바로 현대그룹 고 정주영 명예회장이 소떼를 몰고 북한을 방문한 것입니다. 정주영 명예회장은 서해 바닷가 서산농장에서 키운 소 500마리를 싣고 휴전선을 넘어 북으로 갔습니다. 이로써 100년 전에 짜 놓으신 상제님 공사가 현실로 이루어졌습니다.

❋ 씨름판대는 조선의 삼팔선에 두고 세계 상씨름판을 붙이리라. 만국재판소를 조선에 두노니 씨름판에 소가 나가면 판을 걷게 되리라. (5:7)

상씨름판인 한반도에 소가 나간 이 사건은 상씨름의 전 역사가 마무리 국면으로 들어감을 의미합니다. 남과 북이 그동안 힘을 기르기 위해 느슨하게 잡았던 샅바를 다시 움켜잡고 마지막 한 판 승부를 내기 위해 대결 국면으로 들어선 것입니다. "씨름판에 소가 나가면 판을 걷는다."라는 말씀은, 작게는 60년 이상 끌어 온 분단 상황이 끝난다는 것이요, 크게는 선천 천지의 상극 질서가 종결된다는 말씀입니다.

씨름판 소는 1998년~2003년까지 네 차례에 걸쳐 북으로 갔습니다. 소가 나간 직후 남북은 영수회담, 적십자회담, 장관급회담 등을 개최하며 잠시 평화 분위기를 조성하는 듯했습니다. 그러나 2002년에 북핵 문제가 전 세계적인 이슈로 등장하며 세계는 개벽의 땅 한반도를 중심으로 크고 작은 격변의 소용돌이에 휘말려 들었습니다. 또 2001년 미국에서 일어난 9·11테러를 신호탄으로 하여 미국이 중동에서 이라크 전쟁을 벌이는 등 점점 상씨름 전쟁의 도수를 높여 갔습니다.

2012년 초, 미국 오바마 대통령은 지구촌에 두 개의 전쟁을 동시에 수행하는 미국의 전략을 취소한다고 발표했습니다. 이것은 패권주의 경쟁에서 권좌를 넘보는 중국에 자리를 내 주지 않기 위해 동북아에 해외 전력을 집중하겠다는 의도입니다. 동북아 전운의 중심이 바로 한반도의 삼팔선입니다. 앞으로 한반도의 삼팔선을 중심으로 해서 신천지 새 역사의 개벽문이 열리게 됩니다.

정주영 회장의 소떼 몰이 방북

상제님 천지공사에 따라 네 번에 걸쳐 1,600여 마리의 통일소가 삼팔선을 넘어갔다.
첫 번째(500마리): 1998년 6월 16일-정주영 회장
두 번째(501마리): 1998년 10월 27일-정주영 회장
세 번째(500마리): 2000년 8월 8일-정몽헌 회장
네 번째(100마리): 2003년 10월 6일-정주영 체육관 개관 행사 때 정주영 일가가 북한으로 소를 몰고 감.

7. 천지 불을 묻는 화둔 공사: 핵무기의 사용을 막으심

※ 형렬에게 일러 말씀하시기를 "내가 이제 화둔火遁을 하였나니 너의 집에 불을 조심하라. 만일 너의 집에 불이 나면 화신火神이 세력을 얻어 온 세계에 큰 재앙을 끼치리라." 하시거늘 형렬이 놀라 집안사람들을 단속하여 종일토록 불을 조심하니라. (5:275)

오늘날 인류는 천지의 불[火]기운이 용광로처럼 타오르는 선천 여름철의 극기에 살고 있습니다. 인류는 종말에 이르러 불의 심판을 받는다는 말이 있습니다. 불의 심판이란 세계적인 지진, 가공할 핵무기의 폭발, 선·후천 교차 시 이루어지는 지축정립 등, 화극금火克金 하는 우주 상극의 기운으로 말미암아 일어날 파국적 상황을 말한 것입니다. 또한 이러한 우주 환경 아래에서 처절한 고뇌와 아픔, 형언할 수 없는 슬픔으로 뒤엉킨 심화心火의 불덩이를 안고 사는 현 세계의 인생들의 비극을 말하는 것이기도 합니다.

상제님은 '묵은 하늘'(先天)의 원한과 저주의 파동에 맞추어 난동을 부리는 화신火神의 세력을 누르고 불기운을 잡아 주셨습니다. **화둔 공사를 보시어 인류가 상씨름판의 대결전에서 핵폭탄으로 종말을 고하지 않도록 천지 대세를 돌려놓으신 것입니다.**

※ 하루는 밤중에 약방에서 '삼십육만신三十六萬神'이라 쓰시고 또 운장주를 쓰시어 성도들로 하여금 "7백 번씩 외우라." 하시며 말씀하시기를 "이제 국가國家에나 사가私家에나 화둔을 하였는데 날마다 바람이 불다가 그치고 학담으로 넘어가니 사람이 많이 상할까 하여 그리하노라." 하시니라. (5:391)

상제님은 이 화둔 공사를 동방 한민족 고유의 신교문화 의식으로 집행하셨습니다. 이때 36만이나 되는 천상신명들을 불러 쓰시고 천하의 대차력주인 운장주를 송주하게 하셨습니다.

※ 하루는 상제님께서 신경원의 집에 계실 때 성도들에게 말씀하시기를 "천지에 변산처럼 커다란 불덩이가 있으니 그 불덩이가 나타나 구르면 너희들이 어떻게 살겠느냐." 하시며 …. (5:227)

※ 말씀하시기를 "만일 변산 같은 불덩이를 그냥 두면 전 세계가 재가 될 것이니라. 그러므로 내가 이제 그 불을 묻었노라." 하시니라. (5:229)

※ 내가 이제 72둔遁을 써서 화둔火遁을 트리니, 나는 곧 남방 삼리화三離火로다. (4:146)

상제님께서는 전쟁 도수의 안전장치로서 세운의 72둔遁 공사인 화둔 공사를 처결하셨습니다. 그 결과 상제님께서 어천하신 지 72년째 되던 1981년, 미국 레이건 대통령은 **제로옵션**(zero option)을 제안하였습니다. 이 제안을 계기로 미·소 두 강대국은 지구촌을 몇 번 파괴하고도 남을 핵무기를 폐기하는 일에 적극적인 관심을 갖고 협상을 벌이는 긴 여정에 올랐습니다. 이 과정 역시 상제님의 공사에 따라 이루어진 것입니다.

8. 한·중·일 역사전쟁

갑오동학 혁명이 일어난 지 2주갑周甲(120년)이 되는 2014년은 세계 1차 대전 발발 100주년이 되는 해이기도 합니다. 제1차 세계대전이 서방 유럽 중심의 패권 싸움이었다면 100년이 지난 지금, 한반도를 중심으로 하는 동북아에서 무력 충돌의 가능성이 점점 커지고 있습니다. 지금 한민족은 세계 초강대국인 미국, 중국, 일본, 러시아가 충돌하는 세운의 가장 뜨거운 중심 지대에 놓여 있습니다. 남북한을 가르는 휴전선은 중국과 미국을 비롯해 여러 나라가 무한 경쟁의 힘 겨루기를 하는 무서운 화약고이자 미래 세계 전쟁의 마지막 전선입니다.

특히 최근 벌어지고 있는 한·중·일 간의 역사전쟁은 민족 감정을 부추기고 국가 간 대치 상황을 조장하며 동북아에 위기감을 고조시키고 있습니다. 이 역사전쟁은 그 근원으로 들어가보면 **'동아시아 역사의 종주권 싸움'**입니다. 중국은 이미 오래 전에 동북아 역사의 종주권을 가로채 스스로 세계의 중심이자 천자天子의 나라로 자처하고

제로옵션zero option | 브란트 서독 총리가 1981년 여름 모스크바를 방문했을 때 처음으로 사용한 표현이다. 1981년 11월 레이건 미국 대통령이 NATO의 결정을 토대로 소련이 종래 서유럽을 겨냥해 설치한 SS4, SS5 및 배치·증강 중인 SS20을 전면적으로 철거한다면(zero) 미국도 1983년 말부터 서독에 배치 예정인 퍼싱II 및 NATO 5개국에 배치 예정인 GLCM(지상발사순항미사일)의 배치를 중지하겠다면서 제로옵션을 제안했다. 이 제로옵션에는 미·소 양국이 가진 핵무기를 상호 신뢰 하에 줄여 나가서 궁극에는 지구촌에 있는 모든 핵무기를 제로로 만든다는 상제님의 화둔 도수가 밑바닥에 깔려 있다. 미·소 양국은 1987년 12월에 중거리 핵전력(INF) 폐기 협정에 서명하고, 중거리 미사일에 장착하는 핵탄두를 해체·폐기했다. 1991년 7월에 미국과 소련은 대륙간 탄도 미사일(ICBM) 감축 협상(START I)을 하고, 1993년 1월에 다시 전략 무기 감축 협상(START II)을 체결했다. 또 1996년 9월에는 유엔 총회에서 핵확산 방지를 위한 '포괄적 핵실험 금지 조약'(CTBT)을 결의하였다. 2009년에 취임한 미국의 오바마 대통령도 핵 없는 세계를 만들 것을 제창했다. 상제님 화둔 공사에 따라 제로옵션이 끊임없이 실현되어 가고 있는 것이다.

있습니다.

중국은 최근에 들어와 고대사를 재확립한다는 명목으로 탐원공정探源工程, 서남공정西南工程, 서북공정西北工程, 동북공정東北工程 등의 대규모 국가 프로젝트를 추진하여 주변 민족들의 역사를 심각하게 왜곡하고 있습니다. 동북공정을 통해 대진국(발해)과 고구려의 역사를 중국사로 편입하는 역사 조작을 자행했습니다. 고구려와 대진국은 스스로 천자의 나라임을 자부하며 독자적인 연호를 쓴 대제국이었습니다. 특히 동북아를 호령하던 고구려는 수 양제의 100만 대군을 물리쳤고, 645년 당 태종의 정예병 30만을 안시성에서 물리치고 패주하는 당 태종을 뒤쫓아 북경 지역을 접수하였으며, 그곳에 고려성을 쌓기도 했습니다. 그럼에도 중국은 외교적 의례儀禮인 동아시아의 조공 제도를 왜곡해 고구려가 중국에 조공을 바친 중국 왕조의 속국이었다고 우기고 고구려 역사는 중국의 변방사라는 터무니 없는 주장을 펼치고 있습니다. 이것도 모자라 지금은 단군왕검의 조선국을 한漢과 병기하는 것을 금지하고 조선군郡, 조선현縣으로 부르며 일개 군·현으로 격하하는 역사 날조를 저지르고 있습니다.

일본 역시 중국 못지 않은 역사 왜곡을 자행하고 있습니다. 일본은 자기 나라를 만세일손萬世一孫의 천왕(日王)이 다스리는 '신국神國(신의 나라)'이라 주장하며, 한국 고대사를 왜곡 부정하고 조선에 대한 식민 지배를 정당화하고 있습니다.

일본의 역사는 단군조선 이래로 한민족이 일본 열도로 건너가 이룩한 것입니다. 삼국시대에는 한반도의 백제계 사람들이 일본에 진출하여 일본 조정을 주도했습니다. 그러나 백제가 몰락하자 국호를 '왜'에서 '일본'으로 바꾸고 과거 백제와 관계한 역사의 흔적을 지워 버렸습니다(670년). 그리고 자국 왕가의 혈통이 한반도와 무관하게 일본 땅에서 자생한 것이라며 왕통을 날조해 이른바 '만세일계萬世一系'를 주장하고 있습니다. 또 한일병탄(1910) 직후에는 일왕의 특명으로 동방 한민족의 뿌리역사를 도려내는 작업에 착수하고 '내선일체內鮮一體'를 주장했습니다. 최근 들어서는 '독도 영유권'을 주장하며 영토 침탈의 야욕을 노골적으로 드러내고 있습니다.

환국과 배달은 대한민국의 시원역사이자 중국과 일본의 뿌리 역사이기도 합니다. 중·일의 한국 고대사 왜곡은 결국 제 뿌리와 근원을 부정하는 행위인 것입니다.

이러한 중국과 일본의 역사 왜곡 문제가 심각한 이유는, 이것이 단순한 역사 왜곡만의 문제가 아니라 동북아와 나아가 세계의 평화와 안위를 위협하는 일이기 때문입니다. 지금 중국과 일본은 역사 왜곡을 정치적인 도구로 이용해 패권주의와 군국주의로 치닫고 있습니다. 중국의 지도자 시진핑은 '위대한 중화 민족의 부흥'을 꿈꾸고, 일본 총리 아베 신조는 국제 공헌을 앞세워 자위대 해외 파병의 꿈을 실현시켜 가고 있습니다. 무섭게 부상하는 경제력과 군사력을 바탕으로 중국은, 아시아는 물론 세계를 제패할 기회를 노리고 있고, 일본은 군비 확장의 정당성을 주장하며 군사 대국화를 넘어 군국주의로 치닫고 있는 것입니다.

- 군령교에 가시어 지팡이로 산에다 구멍을 뚫으시며 "이곳은 장차 삼국대전三國大戰을 하여야 터지리라. (5:189)
- 清音蛟舞二客簫요 往刦烏飛三國塵이라
  청음교무이객소　왕겁오비삼국진
  두 나그네의 맑은 퉁소소리에 교룡이 춤을 추고
  가는 겁액刦厄 기운 까마귀 나니 삼국에 풍진이 이는구나. (6:18)
- 난의 시작은 삼팔선에 있으나 큰 전쟁은 중국에서 일어나리니 중국은 세계의 오고 가는 발길에 채여 녹으리라. (5:415)

중국과 일본이 군비 경쟁을 벌이는 가운데 아시아는 중국과 주변국 간의 영토 분쟁, 센카쿠 열도(중국명 댜오위다오) 분쟁, 일본의 독도 침공 야욕 등등, 영토 분쟁과 패권 쟁탈 문제로 긴장 국면으로 치닫고 있습니다.[46] 극단적 민족주의를 앞세운 중국과 일본의 역사전쟁이 동북아 지역을 역사상 가장 격렬한 대전쟁의 소용돌이로 몰아가고 있는 것입니다.

1970년대 닉슨 대통령의 중국 방문을 성사시킨 헨리 키신저Henry Kissinger(1923~) 전 미국 국무장관도 "현재 아시아는 19세기 유럽의 상황과 흡사하다. 군사적 충돌 가능성도 배제할 수 없다. … 중·일 관계의 긴장 국면이 격화하면서 전쟁이라는 유령이 아시아를 배회하고 있다."라고 경고한 바 있습니다.

7장

9. 상씨름이 넘어간다: 사마소司馬昭 도수

오선위기 도수의 상씨름판은 세계 통일을 향한 마지막 결전입니다. 이제 이 남북 상씨름이 어떠한 과정을 거쳐 종결될 것인지 상제님 말씀으로 그 요점을 알아 보겠습니다.

46 중국은 시진핑 주석 취임 이후 '주동작위主動作爲(해야 할 일을 주도적으로 한다)'를 대외 정책으로 내걸었다. 동중국해에 방공식별구역(CADIZ)을 선포한 것도 중국 외교의 기본 틀이 바뀌었기 때문이라는 분석이 나오고 있다. 1980년대 덩샤오핑(鄧小平)이 세운 '도광양회韜光養晦(빛을 감추고 어둠 속에서 힘을 기른다)'라는 대외 전략에서 적극적으로 바뀐 것이다. 그리고 2007년 '아름다운 일본'이란 슬로건을 내걸고 나온 아베 일본 총리도 2013년 신년사부터 '강한 일본'을 주창하고 있다. 파이낸셜타임스(FT) 수석논설위원 마틴 울프는 "시 주석과 아베 총리, 강력한 민족주의 지도자들이 동시에 집권해서 파멸적 갈등을 초래할 위험이 존재한다."라고 말한다. 또 아베 신조(安倍晋三) 일본 총리는 중·일 관계를 "1차 대전 전前 독일·영국 관계와 유사하다."라고 언급해 파문을 일으키기도 했다.

선천 말 '난법 해원 시대'와 '후천 개벽기'까지 한반도에서 벌어질 중요 사건을 요약해 주신 다음 말씀을 깊이 음미하시기 바랍니다.

※ 사발에 물을 떠 오라 명하시어 손가락으로 물을 튕기시며 "서양은 어족이라 '시~시~' 소리가 나면 한 손가락을 튕기지 않아도 쉬이 들어가리라." 하시니라. 이 말씀을 마치신 뒤에 "동래울산東萊蔚山이 흐느적흐느적 사국四國 강산이 콩 튀듯 한다." 하고 노래 부르시니라. (5:405)

※ 무명악질이 돌면 미국은 가지 말라고 해도 돌아가느니라. (5:406)

1970년대부터 한반도 문제에서 주요 쟁점으로 등장한 주한 미군 철수가 앞으로 도수에 맞아 실현될 때는, "한 손가락을 튕기지 않아도 쉬이 들어가리라."(5:405)라고 하셨습니다. 세력 균형을 맞추기 위해 들어왔던 훈수꾼이 떠나간다는 것은 곧 '상씨름판 종결이 임박하였음'을 의미합니다.

상제님은 세 판 씨름의 전 과정에서 중국의 대세를 다음과 같이 밝혀 주셨습니다.

※ 아라사 군사가 내 군사니라. 청국은 아라사 군사에게 맡길 수밖에 없노라. … 중국은 동서양의 오가는 발길에 채여 그 상흔傷痕이 심하니 장차 망하리라. 이는 오랫동안 조선에서 조공 받은 죄로 인함이니라. (5:402)

돌이켜보건대 바둑판을 가르는 '태극의 율동'이 '삼박자(39도 선 → 38도선 → 휴전선)'로 변화하는 과정에서 얼마나 많은 사람들이 피를 흘렸습니까? 애기판과 총각판에서는 조국 광복에 대한 열망을, 남북 상씨름판에서는 통일에 대한 사무친 염원을 가슴에 품고 얼마나 많은 사람이 죽어갔습니까? 선천에 누적된 원신들의 원한을 해소하는 과정은 그렇게 지난했습니다.

그러면 세계 초강대국 미국과 중국의 운명이 뒤집어지는 상씨름의 끝 마무리 과정에서 세계 통일의 운수는 어떻게 열리는 것일까요? 상제님은 이 과정을 중국의 삼국시대 역사에 빗대어 말씀하셨습니다.

※ 상제님께서 구릿골 약방에 계실 때 하루는 여러 성도들을 벌여 앉히시고 큰 소리로 글을 읽히시니 이러하니라.

三國時節이 誰知止於司馬昭리오
삼국시절 수지지어사마소
삼국시절이 사마소에서 대세가 그칠 줄을 그 누가 알았으리오. (5:356)

중국 한漢나라는 184년에 황건적의 난으로 붕괴하기 시작했고, 이후 조조, 손권, 유비를 비롯한 수많은 영웅이 패권을 다투었습니다. 군웅이 할거하던 이 시대에 유비의 군사軍師 제갈공명이 낸 삼분천하三分天下의 계책대로, 조조의 뒤를 이은 조비曹丕가

220년에 위魏나라를 세우고, 유비劉備가 221년에 촉한蜀漢을, 손권孫權이 222년에 오吳나라를 세움으로써 삼국 시대(220~265)가 열렸습니다. 그 영웅들이 한평생 세력을 다투었지만 끝을 보지 못하고 천상으로 떠난 뒤에 무명無名의 사마소司馬昭[47]가 등장하여 천하 통일의 기반을 닦았습니다. 위나라 대신 사마의司馬懿의 아들인 사마소는 조조의 후손인 조환曹奐을 대신해 실질적인 황제 노릇을 하며 263년에 촉나라를 멸한 뒤, 자기 아들 사마염司馬炎에게 통치권을 물려주었습니다. 그 후 사마염은 265년에 진晉나라를 세우고 280년에 오나라까지 통합함으로써 97년(184~280)간의 분열 시대를 끝내고 중국을 다시 통일했습니다. 사마소가 대업의 기반을 닦고 그 아들 사마염이 천하 통일을 성취한 것입니다.

'삼국시절이 사마소에서 대세가 그칠 줄을 누가 알았겠는가' 하시며 처결하신 사마소 도수의 참 뜻은, 상씨름판에 종지부를 찍는 인물이 문득 하늘에서 떨어지듯 출세하는 것이 아니라 약 100년이라는 시간을 거치며 삼대에 걸쳐 길러진다는 것입니다.

"상씨름이 넘어간다."(5:325)는 상제님 말씀은 곧 선천 역사가 마감 시점에 접어들어 묵은 하늘과 병든 땅이 새 하늘과 새 땅으로 바뀌는 긴박한 시기가 이르렀음을 알려주는 신호탄입니다. 상씨름이 넘어가는 세운의 마지막 과정에서 상제님 도운의 일꾼이 나와 후천 가을 우주의 새 세상을 열게 됩니다. 이것이 상씨름판 오선위기五仙圍碁 도수의 최종 결론입니다.

10. 세계일가世界一家의 통일정부의 등장

천상 조화정부는 상제님 명을 받들어 자연과 문명, 인간과 신명의 세계를 주재하는 대우주의 통치 사령탑입니다. 상제님은 우주 조화정부를 새로 구성하시고 이 조직을 바탕으로 인간의 새 역사 판을 짜셨습니다.

오선위기 도수로 전개되는 애기판·총각판·상씨름판의 마무리를 거치면서 조화정부가 인간 역사의 구성 틀로 완전히 자리 잡습니다. 모든 생명이 삼변성도하는 완성 법도에 따라 세계 통일정부 역시 세 차례 변천 과정을 거치면서 역사 속에 자리 잡게 됩니다. 그 과정이 애기판 후의 국제연맹, 총각판 이후 세계 질서를 조정하는 국제연합(UN) 시대로 전개되었습니다.

---

47 사마소司馬昭(211~265) | 중국 삼국시대 위魏나라 대신 사마의司馬懿의 둘째 아들이다. 형인 사마사司馬師가 죽은 뒤 정권을 장악했다. 사마소는 조환曹奐을 황제로 옹립함으로써 사실상 모든 전권을 갖게 되었고, 후에 사마염司馬炎을 후계자로 지명하였다. 사마염은 천하를 통일한 후에 아버지 사마소를 주周 문왕文王에 견주어 문제文帝로 추존하고 자신은 무제武帝로 추존받았다.

태전이 새 서울이 된다

상제님 태모님께서는 수도를 장차 서울에서 후천의 중심 성지가 될 태전으로 옮기는 공사를 집행하셨다. 상제님은 "내가 후천선경 건설의 푯대를 태전太田에 꽂았느니라.", "새 세상이 오면 서울이 바뀌게 되느니라. 큰 서울이 작은 서울 되고, 작은 서울이 큰 서울이 되리니 서울은 서운해지느니라."(5:136)라고 하셨고, 태모님께서도 "앞으로 태전太田이 서울이 되느니라."(11:365)라고 말씀하시며, 여러 차례 수도 이전에 관련된 공사 말씀을 내려 주셨다.

정부에서는 수도권의 과도한 집중에 따른 부작용을 줄이고, 국가 균형 발전 및 국가 경쟁력 강화를 목적으로 행정중심복합도시인 세종시를 건설하고 정부세종청사를 세워 2012년부터 2014년까지 3단계로 나누어 중앙 행정 기관을 이전하였다.

이것은 "병란兵亂과 병란病亂이 함께 오느니라."(7:34) 하신 병란 도수의 발동에 앞서, 서울에서 태전으로 수도가 옮겨가는 과정이다. 상제님께서는 "피란은 콩밭(太田) 두둑에서 하느니라. 태전太田이 문턱이니라."(7:43)라고 말씀하셨다.

세종청사로 이전한 중앙행정기관 | 국무총리실, 기획재정부, 공정거래위원회, 국토해양부, 환경부, 농림수산식품부, 교육과학기술부, 문화체육관광부, 산업부, 지식경제부, 보건복지부, 고용노동부, 국가보훈처, 법제처, 국민권익위원회, 국세청, 소방방재청.

정부 세종청사 표지석 제막식 | 2012년 12월 27일, 1단계로 이전하는 총리실을 비롯 기획재정부, 공정거래위원회, 국토해양부, 환경부 등 6개 중앙행정기관과 6개 소속기관이 입주를 마쳤다. 사진은 정부세종청사가 개청식을 갖고 정부세종청사 시대의 개막을 기념하기 위해 청사 종합안내동 전면 광장에서 표지석 제막식을 하고 있는 모습이다. 2013년에는 6개 중앙행정기관과 12개 소속기관에 이어 2014년에는 4개 중앙행정기관과 2개 소속기관이 이전한다.

행정중심복합도시 세종시 연혁

2004	4. 17	신행정수도 건설 특별법 제정
	10. 21	신행정수도 건설 특별법에 대한 헌법재판소의 위헌 판결
2005	3. 18	행정중심복합도시 건설 특별법 제정
	10. 8	중앙행정기관 등의 이전 계획 고시
2006	7. 31	행정중심복합도시 건설 기본 계획 확정
2007	7. 20	행정중심복합도시 건설 기공식 개최
2008	12. 22	정부청사 건축 공사 착공
2010	1. 11	세종시 수정안 발표
	6. 29	세종시 수정안 국회 부결
	8. 20	중앙행정기관 등의 이전 계획 변경 고시
	12. 27	세종특별자치시 설치 등에 관한 특별법 제정
2012	7. 1	세종특별자치시 출범
	9. 15	국무총리실 세종청사 입주
	12. 27	기획재정부, 공정거래위원회, 국토해양부, 환경부 등 6개 중앙행정기관과 6개 소속기관 세종청사 입주(1단계)
2013	12. 29	보건복지부, 고용노동부, 국가보훈처, 교육부, 문화체육관광부, 산업부 및 10개 소속기관 이전(2단계)
2014	1월-11월	한국법제연구원, 한국조세재정연구원, KDI 국제정책대학원 등 국책연구기관 16개 이전
	12. 26	법제처, 국민권익위원회, 국세청, 우정사업본부, 한국정책방송(KTV) 등 5개 기관 이전(3단계)

제1차 대전이 끝난 후인 1920년 스위스 제네바에 국제연맹이 세계 정부로 지상에 처음 발현되었고, 2차 대전이 끝난 1945년 10월 미국 뉴욕에 국제연합이 두 번째로 설립되어 오늘에 이르렀습니다.

그동안 과도기적 시운 속에서 국제적인 분쟁에 개입하여 세계평화를 위해 중재자 노릇을 해 온 국제연합이 후천 가을 대개벽을 직면하면서 더 이상 역할을 수행할 수 없는 상황에 봉착하게 됩니다. 이때 천상의 조화정부와 지상의 만국재판소가 합일하여 **세계 통일정부를 발족**해 가을개벽 상황을 극복하고 인류의 신천지 새 역사를 주도하는 진정한 사령탑으로 자리 잡게 됩니다.

❋ 하루는 상제님께서 성도들에게 말씀하시기를 "앞으로 세계 여러 나라들이 일어나 각기 재주 자랑을 하리니 큰 재주가 나올수록 때가 가까이 온 것이니라. 재주 자랑이 다 끝난 후엔 도술로 세상을 평정하리니 도술정부道術政府가 수립되어 우주일가를 이루리라." 하시니라. 또 말씀하시기를 "선천은 기계선경機械仙境이요, 후천은 조화선경造化仙境이니라." 하시니라.(7:8)

이제 가을개벽의 실제 상황을 맞아 오선위기의 상씨름판이 마무리되면 세계일가 통일정권 공사에 따라 대우주 사령탑이 지상 인간 문명 속에 자리 매김합니다. **지상 후천 조화정부**는 남조선 배의 최종 목적지인 한반도의 중심, 후천 선경문명의 심장부인 태전에 자리 잡습니다. 원시반본의 섭리에 따라 창세문명을 열었던 동방의 배달 한민족이 인류를 구원하는 중심 성지인 태전에서 세계 통일정부 시대를 열게 되는 것입니다.

제5절 남북 상씨름판 전쟁 도수 마무리 시간대

1. 100년의 난법 해원 시대

상제님께서는 선천 역사를 정리하는 100년 시간대에 대해 여러 차례 말씀하셨습니다. 상제님은 이 100년이라는 시간을 다음과 같이 말씀하셨습니다.

❋ 時節花明三月雨요 風流酒洗百年塵이라
시절화명삼월우 풍류주세백년진
철 꽃은 내 도덕의 삼월 비에 밝게 피고
온 세상의 백 년 티끌 내 무극대도의 풍류주로 씻어 내니…. (5:155)

❋ '백년탐물百年貪物이 일조진一朝塵이라.' 하느니라. (9:19)

❋ 乾坤不老月長在하고 寂寞江山今百年이라
건곤불노월장재 적막강산금백년
천지는 쇠하지 않아 달이 항상 떠 있고
적막한 강산은 이제 백 년이로다. (10:24)

100수는 천지 변화의 근원이 되는 수(천지 일원수一元數)입니다. 하도河圖의 총합 55와 낙서洛書의 총합 45를 합한 수가 바로 100입니다. 제4장 '천지개벽과 역수의 변화'에서 살펴보았듯이, 하도는 천지 변화의 상생의 도를, 낙서는 상극의 도를 나타냅니다. 하도·낙서의 총합인 100수는 우주 1년 사시 변화 정신의 두 얼굴(상생과 상극)을 담고 있는 전체 수입니다. 천지는 상생의 도와 상극의 도가 합덕이 됨으로써, 즉 두 가지 변화 정신이 하나가 되어 만물을 낳고 길러 궁극으로 가을개벽의 결실 운을 여는 것입니다.

후천 가을개벽을 완성하시는 상제님께서도 **선천 세상을 마무리 지으시기 위해 100년의 준비 기간을 두셨습니다.** 우리가 상제님의 천지공사 시간대의 정신을 깨치려면 '하도와 낙서에 담긴 천지 정신'을 읽어 낼 수 있어야 합니다.

상제님이 천지공사로 정하신 지난 100년의 역사는 애기판, 총각판, 상씨름판으로 이어지는 전쟁의 역사였습니다. 하버드대 교수이자 경제사학자인 니얼 퍼거슨Niall Ferguson은 『증오의 세기』에서 일·러전쟁부터 한국전쟁까지를 극단적인 폭력으로 점철된 '세계전쟁'의 시기로 보았습니다. 그 기간에 한민족은 일제지배와 동족상잔이라는 모진 시련을 겪어야 했습니다. 퍼거슨은 그 후의 세계역사를 '긴 평화'가 이어지는 '제3 세계의 전쟁' 시기로 보았습니다. 그런데 상제님께서 어천하신 후 나라를 잃고 휴전하기까지 우리 한민족이 겪은 고난의 시간이 45년입니다. 그 후의 기간이 평화 속에 긴장이 지속되는 하도의 가을 수렴의 운세가 열려 나가는 시간입니다.

세운 질서의 체용 변화

순창 회문산 오선위기혈의 기령을 타고 한반도를 중심으로 다섯 신선이 바둑을 두는 형국으로 돌아가는 세운 질서는 지상과 천상에서 체體와 용用이 서로 뒤집힌 순역順逆의 관계 속에 전개된다.

지상 인간세계에서는 4대 강국이 역사를 변화시키는 주체(體)가 되고, 한국은 4대 강국의 힘의 역학 관계에 따라 움직이는 작용(用)의 역할을 한다. 하지만 천상 신명계에서는 정반대로 조선의 신명들이 세계 개벽 질서를 현실적으로 창출해 가는 천지역사의 주체(體)가 되어, 4대 강국의 상호관계와 힘의 균형 상태를 조정해 가므로 이들 4대 강국이 작용(用)을 하는 것이다.

이처럼 천상의 정치(神政)와 지상세계의 정치와의 상호관계를 체와 용의 순역 이치로 뒤집어서 헤아려 볼 수 있어야 한다. 이로써 세계 4대 강국이 왜 콩알만 한 작은 한반도를 가운데 놓고 대결하면서, 후천의 새질서를 향해 파워게임을 벌이는가 하는 개벽 역사의 큰 비의祕義를 알 수 있다.

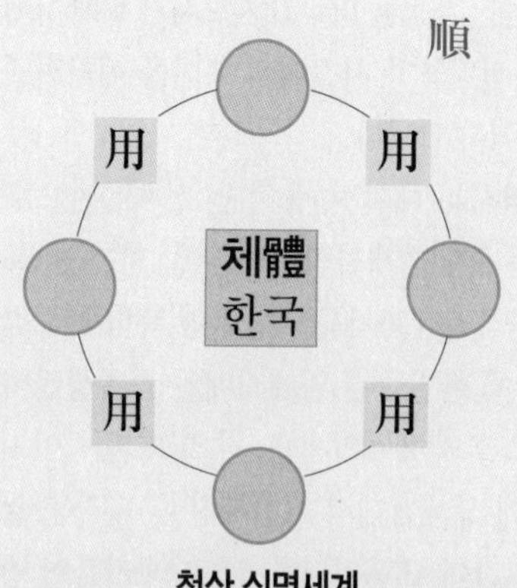

천상 신명세계

천지를 잡아돌리는 신도의 주체-한국

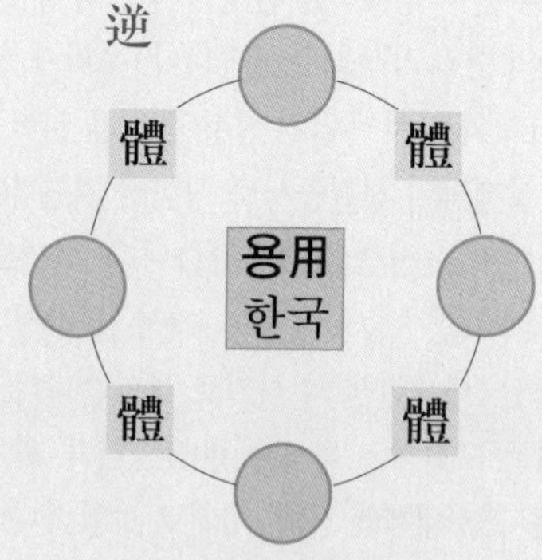

지상 인간세계

역사를 변화시키는 현실의 작용-4대 강국

상제님은 당신께서 공사로 보신 낙서의 45년과 하도의 55년이 지나 100년이 차는 시간을 '**무기戊己 천지 한문開門**'이라 말씀하셨습니다.

선천 세상을 마무리 짓기 위해 상제님이 준비하신 이 100년의 시간 정신이 구체적으로 지향하는 목적은 과연 무엇일까요?

> ❋ 이제 천하의 마魔를 해원시켜 난신亂神들로 하여금 각기 그 소원을 이루게 하여 앞으로 오는 후천 오만 년에는 다시 망령된 짓을 못하게 하리라. (6:126)

상제님의 세운 공사 목적은 선천에 누적된 원한을 해소하고 병든 천지를 바로잡아 상생의 세계일가, 후천 선경 세상을 여는 것입니다. 지난 100년의 기간은 천지간의 **원신들을 해원하는 시간**이었습니다. 선천 상극의 시운 속에서 천고에 떠도는 원신들의 응어리진 원한과 원억을 풀어 주지 않고서는 후천 상생의 새 역사를 열 수 없습니다. 그래서 상제님께서 신인상생과 신인합발의 구원과 창조의 섭리에 따라, 원신들을 인간에게 붙여서 원과 한을 마음껏 풀어 버릴 수 있도록 100년이라는 '**해원의 절대 자유 시간**'을 열어 주신 것입니다.

> ❋ 時乎時乎鬼神世界니라 (5:196)
> 시 호 시 호 귀 신 세 계
>
> ❋ 大大細細를 天地鬼神은 垂察하라
> 대 대 세 세 　 천 지 귀 신 　 수 찰
> 이제 천지간의 크고 작은 모든 일들을
> 천지 귀신은 고개를 드리우고 세세히 살펴야 할지니라. (6:87)

현재 이 세상에서 일어나는 모든 일은 신도 세계의 신명이 개입하여 일으키는 것입니다. 상제님께서는 신명들이 고개를 드리우고 인간 세상을 살피고 있으니, 살길을 찾기 위해서는 망령되이 행동하지 말고 무엇보다도 개인과 민족의 뿌리인 조상 선령신을 찾아 잘 섬기라고 당부하셨습니다.

아울러 세계가 물 끓듯 하는 지금은 후천 낙원을 열기 위해 '**가을 우주 문화의 진법을 준비하는 거룩한 잉태의 시간**'입니다. 인류 구원과 통일의 상제님 진법 출현을 예비하는 이 시간은 "천하대세가 종기를 앓음과 같으니 내가 이제 그 종기를 파하였노라."(2:46) 하신 말씀과 같이, 인류 역사상 가장 큰 아픔을 겪는 진통기인 것입니다.

이제 상제님께서 천지공사로써 해원문解冤門을 여신 지 100년이라는 시간의 큰 마디를 넘어섰습니다. 바야흐로 선천 말대의 난법 해원 시대가 가을개벽을 향해서 본격적인 마무리 과정으로 들어선 것입니다. 지금 이 세상은 하늘과 땅에 가득 찬 원한의 불덩어리를 모두 해소하는 상제님의 마지막 도수를 남겨두고 있습니다.

2. 난법의 상극 해원 시대를 종결짓는 분기점, 무기戊己 천지 한문

상제님은 세계가 가을천지 대개벽의 대세에 본질적으로 눈뜨고 난법 해원의 마무리 과정으로 진입하는 역사의 분기점을 '천지의 한문閈門'이라 말씀하셨습니다.

❋ 이 운수는 천지에 가득 찬 원원한 천지대운天地大運이므로 갑을甲乙로서 머리를 들 것이요, 무기戊己로서 굽이치리니 무기는 천지의 한문閈門인 까닭이니라. (6:109)

'한문閈門'이란 '마을 어귀에 있는 문門'을 뜻합니다. 한문은 마을로 들어서는 관문이요, 마을의 안과 밖을 구분 짓는 경계입니다. 여기서 말씀하신 '무기戊己'는 상제님 어천 이후 100년 만에 맞게 되는 날새는 새벽맞이 무자戊子(2008)·기축己丑(2009)년을 말합니다. 그러나 개벽의 목적지에 이르기까지 무기 한문은 크게 의통성업의 육임군 조직 준비와 그 완료를 의미하는 두 시간대로 구분할 수 있습니다.

❋ 이제 보라! 천하대세를 세상이 가르치리라. 사람이 가르치는 것이 아니요, 이 세상이 갈수록 달라지나니 저절로 아느니라. (2:33)

이 성구 말씀과 같이 '무기 천지 한문'의 시간대를 넘어서면서 인류는 다가오는 가을개벽의 크고 작은 격랑을 생활 속에서 체험하고 느끼게 됩니다. 지구촌 정치, 경제, 환경, 기후 변화 등 삶의 모든 영역에서 위기 상황을 인식하게 되는 것입니다. 중국 쓰촨성(2008)과 아이티(2010), 동일본(2011)에서 발생한 대지진은 거대한 자연 변혁의 조짐을 실감하게 했습니다. 개벽의 급물살을 타는 격동 속에서, 인류를 구원하고자 하는 수많은 천지 일꾼들이 세계 곳곳에서 깨어나게 됩니다. 그 중심에 증산도 100년 도사의 결정체이자 증산 상제님과 태모 고 수부님의 말씀과 성적을 집대성한 대도 경전『도전道典』이 있습니다. 증산도 영어『도전』을 비롯한 중국어·일어·독어·불어·러

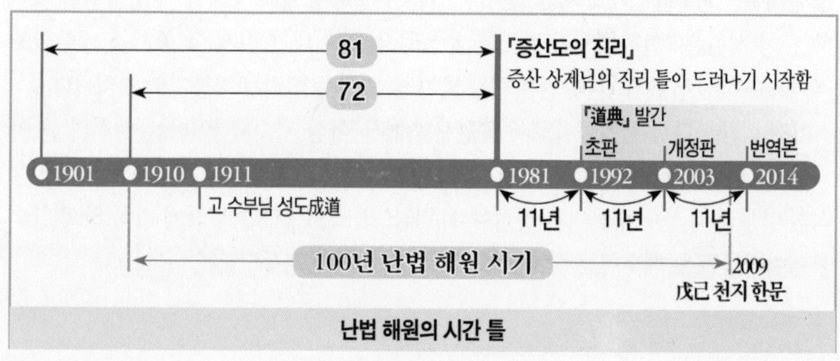

난법 해원의 시간 틀

시아어·스페인어 등 외국어로 번역된 후천 무극대도의 진리 원전인『도전』이 완간본 출간 11년만에 지구촌에 상제님의 참 진리를 전하게 되었습니다.『도전』의 출간과 번역은, 증산도 역사는 물론 배달 시대 이래 6천 년 한민족사와, 인류사에 가장 경축할 만한 문화 사건이며, 인간으로 강세하신 **강증산 상제님의 개벽 소식을 세상에 알리는 결정적인 계기**가 됩니다(제8장 참고).

3. 상씨름 병란兵亂을 끝막는 '대병란大病亂'의 발발

1) 천자국이라야 이 신명이 들어오느니라

세상 역사의 문제를 해결하는 비밀의 열쇠가 인류 원한사의 뿌리인 단주에 주어져 있습니다. 상제님께서 세계 역사를 다섯 신선이 바둑 두는 형국으로 잡아 돌리시고, 단주로 하여금 세상 운로를 주관하여 마무리 짓게 하셨습니다. 당신님이 구릿골 약방문을 여실 때, 약장 중앙에 '단주수명丹朱受命'이라는 네 글자를 쓰셨는데, 이는 '깊고 깊은 원한을 품고 죽은 단주가 하느님으로부터 천명을 받았다'는 뜻입니다. 상제님께서 단주로 하여금 신명정부에서 세운을 통할하여 선천 세상의 원한을 모두 해소하고 후천 상생의 가을 대동大同 세상을 열게 하심으로써 단주의 모든 원과 한을 끌러 주신 것입니다.

상제님께서 천지공사를 보신 이래, 100여 년의 시간 동안 세계 역사의 운명이 지구의 중심이자 혈 자리인 한반도를 바둑판으로 삼아 단주 해원 도수에 따라 선천 상극 세상의 원과 한을 씻어내는 노정으로 전개되어 왔습니다. 애기판 제1차 세계대전과 총각판 제2차 세계대전을 거쳐서, 이제 선천 인류 역사를 마무리 짓는 주인끼리의 마지막 한판 승부인 상씨름을 통해 천지 봄여름철 세상에 쌓여온 모든 원과 한이 씻겨 나갑니다. 이 남북 대결의 종결 사건을 통해 실제 가을 대개벽 상황으로 들어서게 됩니다.

신천지의 해가 떠오르기 전 준비 시간인 무기 천지 한문을 넘어서면서 세계는 상씨름판의 개벽 문이 열리는 파탄 도수(5:303)(제9장 참고)를 향해 나아가고 있습니다. 아울러 자연과 문명, 인간 삶의 전 영역에서 후천개벽의 모든 주제가 현실로 드러나기 시작합니다. 그 중 가장 심각한 난제難題가 대륙 간에 경계도 없이 전 지구촌에 급속히 확산되어 죽음을 몰고 오는 소병小病과 대병大病, 곧 **병란**病亂의 문제입니다.

❋ 앞으로의 난은 병란病亂이니라. 난은 병란이 제일 무서우니라. (5:412)

❋ 소병, 대병이 들어오는데 죽는 것은 창생이요, 사는 것은 도인道人이니… (11:386)

7
장

※ 병겁이 처음에는 약하다가 나중에는 강하게 몰아쳐서 살아남기가 어려우리라. 나의 운수는 더러운 병病 속에 들어 있노라. (5:291)

처음에는 그리 강하지 않은 소병小病들이 지구촌을 습격해 오지만, 이러한 소병도 점점 강도를 더해 갑니다. 그러다가 종국에는 천자국 조선에 시두時痘(천연두)가 대발하는 것을 신호탄으로 하여(제9장 참고) **대병大病이 창궐**하게 됩니다. 상제님이 어천하시기 1년 전인 무신戊申(1908)년에 하루는 최창조 성도의 집에서 이런 공사를 보셨습니다.

※ 하루는 최창조의 집에서 성도 수십 명을 둘러앉히시고 "각기 글 석 자씩을 부르라." 하시므로 천자문의 처음부터 부르기 시작하여 최덕겸崔德兼이 '일日 자'까지 부르니 상제님께서 말씀하시기를 "덕겸은 일본 왕도 좋아 보이는가 보다." 하시며 "남을 따라 부르지 말고 각기 제 생각대로 부르라." 하시니라. 그 다음 날 밤에 담뱃대 진을 쑤셔 내시며 덕겸에게 "한 번 만에 잡아서 놓치지 말고 뽑아내어 문밖으로 내버리라." 하시거늘 덕겸이 명하신 대로 하니 온 마을의 개가 일시에 짖어대는지라, 덕겸이 여쭈기를 "어찌 이렇듯 개가 짖나이까?" 하니 말씀하시기를 "대신명大神明이 오는 까닭이니라." 하시거늘 또 여쭈기를 "무슨 신명입니까?" 하매 말씀하시기를 "시두손님인데 천자국天子國이라야 이 신명이 들어오느니라. 내 세상이 되기 전에 손님이 먼저 오느니라. 앞으로 시두時痘가 없다가 때가 되면 대발할 참이니 만일 시두가 대발하거든 병겁이 날 줄 알아라. 그 때가 되면 잘난 놈은 콩나물 뽑히듯 하리니 너희들은 마음을 순전히 하여 '나의 때'를 기다리라." 하시니라. (7:63)

상제님 명대로 담뱃대의 진을 빼서 마당에 던지자 온 동네 개들이 한꺼번에 짖어대는 까닭에 최덕겸 성도가 그 연유를 여쭈었습니다. 상제님께서 "대신명이 오는 까닭이니라."라고 말씀하십니다. 대신명은 바로 시두신명입니다. 개벽이 되기 전에 시두신명이 조선으로 들어온다는 말씀입니다.

'시두가 대발하면 곧 가을개벽의 실제 상황으로 들어간다!' 이것이 간방艮方 땅 한반도에 강세하신 우주 통치자 하느님이신 상제님의 천명天命입니다. 인류 역사의 틀이 바뀌는 '가을개벽으로 진입하는 초기 상황'에 천지개벽의 불길을 당기는 사건이 이 땅에서 일어난다는 것입니다.

'시두와 천자국天子國, 그리고 간艮 도수'! 이것이 후천 가을개벽의 비밀을 푸는 핵심 코드입니다. 이 세 가지 코드의 뜻과 상호 관계를 대도 차원에서 이해할 수 있을 때 개벽의 땅 한반도의 운명을 들여다볼 수 있을 것입니다.

2) 서양 천자국의 운명을 좌우한 시두

'천자국이라야 시두 신명이 들어온다'라고 증산 상제님께서 말씀하셨듯이, 가을개벽의 전령자인 시두는 고대에서 근대에 이르기까지 서양 천자국들의 탄생과 몰락에 깊이 관련되어 있습니다.

BCE 1500년 경 동방 환족의 일파가 동유럽 지역(현 헝가리와 불가리아)으로 이주를 하면서 중앙아시아의 유목민족 아리안족이 인도와 터키 북부 히타이트 지역으로 이동을 하게 된 것으로 보입니다. 유럽 최초의 시두 발생은 아리안족이 중앙아시아에서 터키 북부로 이주하여 자리를 잡던 시기에 나타납니다. BCE 1350년 이집트를 침공하기 위해 군대를 준비하던 히타이트의 왕 수필룰리우마 1세와 황태자 아루누완다 2세가 시두로 사망했습니다. 그 후 BCE 1275년경 이집트와 히타이트와의 전쟁 때 시두가 이집트로 유입되었는데, BCE 1157년에 사망한 람세스 5세의 미라에서도 시두 흔적이 보입니다.

시두는 이집트 문명으로부터 큰 영향을 받은 그리스 문명을 계승한 로마 문명의 변천사에도 큰 힘으로 작용하였습니다. 로마는 유럽의 상당 부분, 메소포타미아, 그리고 오늘의 중동 일대까지 지배한 서양의 첫 천자국이라 할 수 있습니다.

동방에서 시작된 시두는 로마의 황제와 귀족들이 중국의 비단을 구입하기 위해 신설한 실크로드를 통해 파르티아에 전해집니다. 166년 파르티아와의 전쟁 때 로마에 시두가 유입되어 14년간 창궐하여 로마 인구를 1/4로 감소시켰습니다. 원래 로마는 태양신 미트라를 최고의 신으로 모셔왔지만, 마땅한 치료법이 없는 가운데 백여 년 전 예수가 행한 치병 사례가 로마인들에게 구원의 메시지로 다가왔습니다. 시두 면역이 형성된 그리스도인들이 환자들을 적극적으로 간호하면서 대중의 마음을 얻은 기독교는 마침내 로마인의 종교로 자리 잡게 되었습니다.

이렇게 로마의 종교까지 바꾼 시두는 로마의 멸망에 결정적인 영향력을 끼쳤습니다. 3세기에 들어서서 로마는 극심한 정치·사회적 위기를 겪으며 동로마와 서로마로 분열되었습니다. 452년 훈족의 왕 아틸라가 서로마를 침공했을 때 로마 성벽 안팎으로 시두가 창궐하여 로마는 겨우 수천 명만 생존한 폐허로 전락했습니다. 그로부터 24년 뒤 고트족과 반달족의 침입을 맞서 싸우던 게르만 용병 오도아케르 장군이 로마 황제 로물루스 아우구스툴루스를 폐위시킴으로서 서로마의 역사는 끝나게 됩니다. 시두 창궐과 동방 유목민족 침략으로 서로마가 망하면서 서양의 고대 시대가 끝나게 된 것입니다.

서로마가 사라진 땅에 게르만족의 여러 왕국이 들어서는데 그 중 가장 성공적으로 발전한 나라가 프랑크 왕국입니다. 프랑크 왕국의 카를루스 대제(768~814)는 로마 교황과 손을 잡는 정책을 취해 서로마 황제 칭호를 얻습니다. 그의 손자 대에 프랑크 왕국은 동서로 분열되고, 동프랑크 왕국의 오토 1세(재위 936~973)는 교황으로부터 '신성로마제국'의 황제 칭호를 받았습니다(962년). '신의 뜻을 실현하는 신성한 국가' 신성로마제국의 성립은 로마를 이은 새로운 서양 천자국의 탄생 사건이었습니다.

신성로마제국의 황제는 선출제였는데, 가장 많은 황제를 배출한 가문은 합스부르크 가입니다. 필자는 2014년 가을, 세계환단학회 창립을 기념한 '베를린 환단고기 북콘서트' 때, 통치 영역은 말할 것도 없고 문화 역시 최고 수준을 자랑하는 유럽 제1의 왕가인 합스부르크 가의 여러 궁정과 유적을 답사했습니다. 17세기 초 신성로마제국의 페르디난트 1세 황제가 자신의 조부 막시밀리안 1세(재위 1489~1519)를 위해 세운 인스부르크 궁정교회 답사는 특히 인상적이었습니다. 막시밀리안의 생애를 묘사한 24개의 부조가 새겨진 화려한 석관과, 그 둘레에 줄지어 서 있는 동상의 곳곳에 놀랍게도 동방 천자문화를 상징하는 문양들이 새겨져 있었습니다. 동상의 두꺼비 문양, 갑옷의 도깨비 문양, 칼과 방패의 용 문양은 태고시대 동방의 천자문화가 유럽으로 전수되었음을 보여줬습니다.

루돌프 공작이 독일 왕으로 선출된(1273년) 이후 합스부르크 가문은 유럽에서 자리잡기 위해 여러 유럽 왕실들과 정략결혼을 통해 세력을 키웁니다. 그리하여 카를로스 5세(재위 1519~1556)에 이르러 신성로마제국은 오스트리아, 스페인, 이탈리아 그리고 아즈텍 잉카까지 아우르는 대제국으로 자리 잡게 됩니다.[48]

루돌프 공작 이후 제1차 세계대전이 종전될(1918년) 때까지 6백여 년 간 유럽을 통치한 합스부르크가의 흥망성쇠도 시두와 무관하지 않습니다. 1711년 합스부르크 출신의 신성로마제국 황제 요제프 1세가 아들도 없이 32세의 젊은 나이로 시두에 걸려 죽자, 그의 동생 카를로스 6세(재위 1711~1740)가 황제의 자리에 올랐습니다. 즉위 2년 후 카를로스 6세의 외아들이 죽어 합스부르크 왕가는 절손의 지경에 처했고, 합스부르크 가의 모든 영토는 유일한 상속녀인 마리아 테레지아에게 전해졌습니다. 신성로마제국의 황제 자리에는 그녀의 남편인 프랑스 로렌 지역 출신의 프란츠 슈테판이 올

48 시두는 아즈텍 문명과 잉카 문명의 몰락에도 결정적 요소였다. 합스부르크가 출신의 스페인 사람 코르테즈가 시두에 걸린 군인의 시체를 이용해 아즈텍 사람을 몰살시켰다(1520년). 스페인 출신 피사로의 침략을 받은 잉카제국도 역시 시두로 멸망하였다(1531년). 시두에 대한 면역이 없던 아즈텍인들과 잉카인들의 80~90%가 사망하였다. 두 제국의 몰락으로 아즈텍과 잉카에 있던 다량의 보물과 은을 약탈한 스페인은 유럽에 최고의 자금줄이 되었고, 이에 힘입어 유럽은 비약적인 발전을 했다.

랐지만(1740년), 실질적인 통치자는 마리아 테레지아였습니다.[49]

오늘날까지 여제라 칭송되는 그녀의 통치력으로 합스부르크 가는 전성기를 구가했고, 더불어 신성로마제국은 유럽의 중심국가로 권력을 행사했습니다. 시두로 인한 절손이 오히려 신성로마제국을 명실상부한 서양 천자국으로 굳히는 호재로 작용한 것입니다.[50]

신성로마제국이 동프랑크의 후신이라면, 서프랑크의 후신은 프랑스입니다. 프랑스 역사 또한 시두로부터 자유로울 수 없었습니다. 1774년 태양왕 루이 14세의 아들 루이 15세가 시두로 사망하고, 육체적 정신적으로 미성숙했던 그의 손자 루이 16세가 등극했습니다. 그의 무능은 결국 1789년 프랑스혁명을 촉발시켰고, 루이 16세가 단두대의 이슬로 사라진 후 나폴레옹이 프랑스 황제로 즉위합니다(1804년). 982년 이후 계승되어 오던 왕통이 끊기고, 평민 출신의 나폴레옹이 프랑스를 역사상 처음으로 황제국, 즉 천자국의 반열에 올린 것입니다.

섬나라 영국 왕가도 16세기 헨리 8세 이후 18세기까지 시두로 인한 절손과 왕통 단절의 고난을 겪었습니다. 헨리 8세의 아들 에드워드 6세가 시두로 인한 합병증으로 사망하여 왕위가 그의 딸 메리 1세(재위 1553~1558)와 엘리자베스 여왕(재위 1558~1603)으로 이어졌습니다. 엘리자베스가 죽은 후 영국을 통치한 것은 스튜어트 왕가인데, 그 가문의 메리 여왕이 불과 6년 재위 후 32세의 나이에 시두로 사망했고(1694년) 후사가 없어 그녀의 여동생 앤이 즉위했습니다. 앤 여왕(재위 1702~1714) 또한 후사 없이 죽자, 영국 의회가 독일 하노버의 공작인 조지 1세를 영국 왕으로 임명했습니다.[51] 영어를 전혀 하지 못하는 조지 1세가 정치를 내각에 맡기는 바람에 내각책임제라는 영국의 독특한 통치 체제가 생겨났습니다.

이렇게 시두로 인해 유럽의 제왕들이 목숨을 잃고 유럽 역사가 요동치는 가운데 시두 예방 접종법이 18세기 유럽 사회에 소개됐습니다. 1700년 동양의 청나라 강희제가 시두 예방을 위해 개발한 인두접종법이 중국에서 선교활동을 하던 예수회를 통해 영국 왕실에 보고되었습니다. 송나라 때부터 전해오는 처방을 종합해서 개발했다는

49 마리아 여제의 40년 통치 이후 아들 요제프 2세가 왕위를 계승했고(1780년), 이로써 신성로마제국의 황위는 합스부르크가에서 합스부르크-로렌 가로 넘어갔다.

50 마리아 여제의 자식들에는 시두가 큰 시련으로 닥쳤는데, 그녀의 아들 카를 요제프가 시두로 사망한(1761년) 것을 시작으로 이듬해에는 딸 요한나, 그 이듬해에는 며느리, 그로부터 4년 뒤 1767년에는 또 다른 며느리와 딸이 시두로 죽었다.

51 한편 1730년 러시아에서는 로마노프 왕조의 마지막 왕이었던 표트르 2세가 대관식과 결혼식을 올리기로 한 당일에 시두로 사망했다. 이로써 러시아의 로마노프 직계 혈통이 완전히 끊어졌다. 이에 표트르 대제의 딸 안나 페트로브나의 아들 표트르 3세에 의해 홀슈타인-고토로프 로마노프 왕가가 새롭게 시작되었다.

청나라의 인두人痘접종법은 최초의 시두 보건정책이라 할 수 있습니다. 1717년에 영국은 이 접종법을 적법한 의술로 인정하고 시두 퇴치에 힘을 기울였습니다. 하지만 이때 영국의 왕위는 이미 독일 혈통으로 넘어간 후였습니다.[52]

인두접종법에 이어 1798년 영국에서 에드워드 제너(1749~1823)의 종두법이 발표되었는데 이 종두법은 나폴레옹의 유럽 제패에 크게 기여했습니다. 첩자들을 통해 종두법을 알게 된 나폴레옹은 1804년 황제에 즉위한 뒤 병사들과 민간에 우두접종을 실시하였고, 이후 시두로부터 자유로워진 나폴레옹의 군사들은 오스트리아, 프로이센, 러시아 군대와 싸워 이겼을 뿐만 아니라, 천년 제국인 신성로마제국마저도 해체시켰습니다(1806). 이로써 나폴레옹은 유럽의 천자를 꿈꾸었지만, 러시아 원정(1812년)에서 참패하면서 몰락의 길을 걷기 시작했습니다. 그후 독일인들의 반프랑스 봉기와 워털루전투(1815)의 패배 끝에 나폴레옹은 황제의 자리에서 내려와야만 했습니다.

종두법은 나폴레옹 이후 절대 강자 없이 권력의 공백 상태에 있던 유럽에 프로이센이 새로운 강국으로 등장하는 데에도 큰 힘을 발휘했습니다. 프로이센은 22개 영방領邦으로 구성된 당시 독일의 중심이었습니다. 나폴레옹의 조카인 나폴레옹 3세가 프로이센의 재상 비스마르크의 정책에 말려들어 전쟁을 벌였는데(1870년), 이 싸움에서 프로이센이 대승을 거둡니다. 프랑스군은 워털루전쟁(1851년) 이후 예방접종을 실시하지 않아 전쟁 중에 터진 시두에 속수무책이었던 반면, 프로이센군은 모든 병사들에게 5년에 한 번씩 시두 백신을 접종해 전력의 손실이 없었기 때문입니다. 전쟁 시작 몇 달 만에 프로이센군이 파리를 점령하여 프로이센 왕 빌헬름 1세가 베르사유 궁전에서 독일 황제로 등극하며 독일제국을 선포했습니다(1871년). 시두 백신의 접종으로 제국의 반열에 오른 독일은 유럽 열강들의 식민지 쟁탈 전쟁에 뛰어들었고, 유럽 강대국의 힘겨루기는 두 차례의 세계 대전쟁으로 이어졌습니다.

이상을 종합하면, 시두를 통해서 한 나라의 제국이 무너지고 새로운 왕권이 들어서고 새로운 신앙이 자리 잡고, 정치 시스템이 진화를 가져왔습니다. 근대에 와서는 왕조를 문 닫고 전쟁의 판도와 세계사의 흐름을 바꾸고 주도해 왔습니다. 새로운 천자문화를 만들어나가는 역사의 은밀하고 충격적인 그리고 인류에게 고난을 주는 손길로 작용하는 시두! 시두는 단순한 전염병이 아니라 인류 역사의 대세를 결정하는 중대한 손길로 작용해 온 것입니다.

---

52 인두접종법은 미국의 독립 쟁취(1783년)에도 기여했다. 토머스 제퍼슨이 독립선언서를 낭독하면서(1776년) 영국으로부터의 독립 전쟁이 시작됐는데, 조지 워싱턴 장군이 자신의 군대에 인두접종을 실시했다.

3) 병란兵亂·병란病亂 후 후천개벽의 날 새는 과정

시두가 발생하고 나서 상씨름판이 넘어감과 거의 때를 같이 해 이제까지 없던 이름 모를 무서운 괴질이 발생합니다.

이번 마지막 상씨름 전쟁은 가공할 무기가 대량으로 투입되는 총력전이 될 것이기에 전 인류가 파멸의 상황으로 치달을 수밖에 없습니다. 상제님께서는 이 전쟁이 핵전쟁으로 번져 세상이 파멸당하지 않도록, **화둔 공사와 괴질로써 천지 전쟁을 끝막는 대병겁 공사**를 보셨습니다. 앞으로 병겁이 돌면 지난 8·15 광복 직후 바둑판인 조선에 들어왔던 미군이 철수하고, 온 인류는 가을개벽 상황을 맞이하게 됩니다.

※ 장차 병란兵亂과 병란病亂이 동시에 터지느니라. 전쟁이 일어나면서 바로 병이 온다. 전쟁은 병이라야 막아 내느니라. 그때는 모든 것이 뒤죽박죽이 되어 이기고 지는 쪽이 없이 멸망하리라. (5:415)

※ 병이 돌면 미국은 불벌자퇴不伐自退하리라. (7:35)

※ "이 뒤에 이름 모를 괴질이 침입할 때는 주검이 논 물꼬에 새비떼 밀리듯 하리라." 하시니라. 또 말씀하시기를 "앞으로 세상이 한바탕 크게 시끄러워지는데 병겁이 돌 때 서신사명 깃대 흔들고 들어가면 세계가 너희를 안다. 그 때 사람들이 '아, 저 도인들이 진짜로구나.' 하는 것을 깨닫게 되리라." 하시니라. (5:291)

개벽의 실제 상황이 전개되면 하느님의 도장인 해인海印의 조화를 손에 든 상제님의 육임 도꾼이 서신사명西神司命 깃대를 흔들며 세상으로 나아갑니다. 인간으로 오신 증산 상제님의 일꾼들에 의해 인류가 구원되고 남북통일은 물론 전 세계가 한가족으로 통일되는 후천선경이 건설됩니다. '단주수명'으로 열려 온 오선위기의 세계 역사 과정은 세운이 아니라 도운에서 마무리되어 가을 우주의 통일문명권이 열리게 되는 것입니다. 국제 정치 질서도 지금의 불완전한 국제연합 시대를 끝맺고, 천상의 조화정부가 신인합일의 가을천지 섭리에 의해 지상의 세계 통일정부로 온전히 발현하게 됩니다.

수천 년 고난의 세월을 견디며 간방에서 살아온 한민족은, 외래 종교와 외세의 물결에 휩쓸려 민족의 뿌리 정신을 잃고 헤매다가 후천 가을 대개벽을 앞두고 비로소 상제님을 다시 만났습니다. 상제님 말씀대로 '동서 각 교파에 빼앗기고 남은 못난 사람인' 남은 조선 한국 사람들이 상제님의 도법을 받아 천지 일꾼이 되어 인류를 구원할 의통성업 육임 도군으로 조직화됩니다.

상제님께서는 육임 도군이 역사의 전면에 등장하는 후천개벽의 날 새는 과정을, 옛글을 통해 이렇게 밝혀 주셨습니다.

※ 七八年間古國城은 畵中天地一餠成이요
칠팔년간고국성　화중천지일병성
黑衣飜北風千里하고 白日頃西夜五更이라
흑의번북풍천리　백일경서야오경

칠팔 년 동안에 고국성은
그림 속의 세상, 한 조각의 떡과 같네.
검은 옷이 북쪽으로 나부끼니 바람은 천 리에 이르고
환한 해가 서쪽으로 기우니 밤이 벌써 깊었구나.

東起靑雲空有影하고 南來赤豹忽無聲이라
동기청운공유영　남래적표홀무성
虎兎龍蛇相會日에 無辜人民萬一生이니라
호토용사상회일　무고인민만일생

동쪽에서 일어난 푸른 구름은 허공에 그림자만 드리우고
남쪽에서 온 붉은 표범 홀연히 소리를 죽이는구나.
호랑이[寅], 토끼[卯], 용[辰], 뱀[巳]이 서로 만나는 날에
아무 죄 없는 창생들이 무수히도 죽겠구나. (5:408)

'칠팔 년간 고국성은 화중천지일병성이요', 여기서 칠팔 년간이란, 그 합이 15토인 7과 8이 변화해서 이루는 가장 큰 수의 시간을 의미합니다. 그런데 그림 속 세상, 한 조각 떡과 같다고 한 것은 아직 후천 선경이 현실이 아닌 꿈이요 이상이라는 말씀입니다.

그리고 이어서 북·서·동·남의 순으로 사방위에서 오는 기운을 노래하고 있습니다.

'흑의번북 풍천리하고 백일경서야오경이라', 검은 옷, 즉 죽음의 기운이 북쪽에 나부끼니 그 바람이 천리에 이르고, 환한 해가 서쪽으로 기울어 밤이 캄캄하게 깊었다는 뜻입니다. '동기청운공유영하고 남래적표홀무성이라', 동쪽에서 푸른 구름 일어나고 남쪽에서 온 붉은 표범이 문득 소리를 죽인다고 했습니다. 동방에 청운이 일어 그림자를 드리운다는 것은, 동방에서 전 인류를 살려내는 상서로운 기운, 즉 '간艮 도수'의 사명을 받은 상제님의 일꾼들이 나오는 것을 상징합니다. 그리고 '남래적표홀무성'이란, 남방의 운 즉 남방 사오미巳午未 시간대에 인존 칠성 도수를 이룩하는 상제님의 육임 도군이 마지막 출정의 때를 넘보고 있다는 것입니다.

'호토용사상회일에 무고인민만일생이라', '호[寅]·토[卯]·용[辰]·사[巳]'가 '서로 만나는 날' 이후로 상씨름 마무리 운수를 열어가는 중대한 전기점의 시간대를 맞이하게 됩니다. 이 시간대 이후는 천지가 후천 가을대개벽의 문턱에 들어서서 한민족의 분단 운명과 전 인류의 생사존망이 결정되고 천지의 질서가 전환하는 시간대로 들어서게 되는 것입니다.

여기에는 날이 새는 시간대를 넘어 **'무고인민만일생'** 시간대에는 오직 개벽을 총체적으로 준비하라는 상제님의 준엄한 명령인, 가을 추살의 기운으로 넘어가는 창생을 살려내는 살릴 생生 자 포덕공부에 일념하라는 깊은 뜻이 담겨 있습니다.

이번에 가을개벽의 실제 상황과 함께 남북 문제가 모두 해소됩니다. 남북 문제는 단순히 동북아에 위치한 조그만 분단 국가의 대결 문제가 아니라, 전 인류의 운명이 걸린 문제입니다. 그래서 상제님은 이것을 '세계 상씨름판'(5:7)이라 말씀하신 것입니다.

삼팔선에서 3·8(3+8=11)은 '동東'의 정신이자, '십일성도十一成道'의 의미를 내포하고 있습니다. 삼팔선 문제의 해결이 곧 십일성도입니다. 남북 분단의 상징인 삼팔선이 끌려져 남과 북이 통일되면서 장차 선천의 인류 역사가 매듭지어지고 상제님의 천지대업이 성취됩니다. 온 인류가 예의 주시하고 있는 지구촌 유일의 분단 국가로서 가장 강력한 군사력이 밀집되어 있는 한반도, 언제 어디서 폭발할지 모르는 한반도의 대립 상황이 무기 천지한문을 넘어서서 신천지 새벽녘을 맞으며 극적인 대전환의 마무리 정국을 향해 나아가고 있는 것입니다.

8장

도운道運 공사

천지공사는 천·지·인 삼계를 주재하시는 삼신상제님께서 후천 조화선경이라는 대이상향을 지상에 펼치시기 위해 직접 인간의 몸으로 오시어 행한 천지 정사天地政事입니다. 다시 말해 대우주 통치자이신 증산 상제님께서 원과 한으로 점철된 선천 역사를 해원의 도로써 종결짓고, **후천 5만 년 상생의 조화 낙원을 여신 우주 정치**宇宙政治가 바로 천지공사입니다.

※ 상제님께서 만고원신萬古寃神과 만고역신萬古逆神, 세계문명신世界文明神과 세계지방신世界地方神, 만성선령신萬姓先靈神 등을 불러모아 신명정부神明政府를 건설하시고 앞세상의 역사가 나아갈 이정표를 세우심으로써 상제님의 대이상이 **도운**道運과 **세운**世運으로 전개되어 우주촌의 선경낙원仙境樂園이 건설되도록 물샐틈없이 판을 짜 놓으시니라. (5:1)

천지공사의 양대 산맥인 '세운世運 공사'와 '도운道運 공사' 가운데 **도운 공사**는, 증산 상제님의 도가 인간 역사에 뿌리내려 도성덕립道成德立하는 개척 과정에 관한 공사입니다.

애기판·총각판·상씨름판의 삼변성도로 전개되는 세운과 마찬가지로 도운 역시 세 번 크게 굽이치면서 변화해 갑니다. 상제님의 종통 계승자이신 고 수부님께서 무극대도의 씨를 뿌리시고(낙종落種), 차경석 성도가 옮겨 심은 뒤에(이종移種), 상제님·수부님의 종통을 계승한 인사의 대권자가 모든 것을 거두어 들이고 마무리를 짓습니다(추수秋收). 상제님 도의 낙종과 이종은 제1변 도운에서, 그리고 추수는 제2변 도운과 제3변 도운을 거쳐 실현됩니다.

이 장에서는 상제님 종통 도맥의 구성 원리와, 역사 속에서 실현되는 도맥의 전수 과정, 그리고 선천 역사의 최종 마무리 과정에서 펼쳐지는 세운과 도운의 통일 과정에 대해서 알아보겠습니다.

제1절 상제님의 종통 도맥과 도운의 개시開始 : 수부首婦님의 종통 대권 계승

1. 상제님 무극대도의 종통 도맥

1) 종통宗統이란 무엇인가

든 생명의 세계에는 창조와 변화의 근본 맥이 있습니다. 흐르는 물에는 수맥이 있고, 산에는 산맥이 있고, 우리 몸에는 혈맥과 기맥이 있습니다. 이와 마찬가지로 도의 세계에도 그 깨달음의 맥이 역사 속에 개척되어 뻗어갑니다.

- 사람은 그 사람이 있고, 도는 그 도道가 있고, 땅은 그 땅이 있느니라. 시속에 '맥 떨어지면 죽는다.' 하나니 연원淵源을 잘 바루라. (6:128)
- 상제님께서 말씀하시기를 "사람이 낳기는 제 어미가 낳았어도 맥을 전해 주는 사람이 있어야 산다. 사람이 아프면 맥을 먼저 짚어 보지 않느냐? 맥 떨어지면 죽느니라. (6:65)

증산 상제님의 개벽의 도에는 상제님이 천지공사로 우주의 신명들에게 선언하신 도통 맥道統脈과 그것이 인간 세상에 뿌리내려가는 개척사의 종통 맥이 있습니다. 상제님을 신앙하는 데 가장 중차대한 문제는 상제님의 종통 전수의 핵심인 도통의 뿌리와 이로부터 뻗어나가는 도통 맥을 바르게 보는 것입니다.

종통에서 종宗은 '마루 종' 자로 종가宗家, 종교宗敎 등에서와 같이 '더 이상이 없는 최상'을 의미합니다. 그리고 통統은 '거느릴 통' 자로 기운을 바르게 끌고 나가는 정통을 뜻합니다. 믿음과 진리 전수의 역사는 정통正統과 윤통閏統의 대결입니다. 정통은 그 정신과 창조력의 맥이 도조道祖로부터 인정되어 내려오는 데 반해 윤통은 근본을 잊고 곁다리로 흘러 내려오는 분파된 맥을 말합니다. 종통 도맥은 상제님으로부터 뻗어 내리는 도의 정통 맥으로, **상제님의 심법과 도권 계승**을 의미합니다.

상제님 진리의 종통 맥을 바로잡는 일은 신앙의 성패뿐만 아니라 전 인류의 생사와 직결된 구원의 핵심 문제입니다. 상제님의 종통 도맥을 깨치기 위해서는 진리의 구성 틀을 바르게 들여다 볼 수 있어야 합니다. 상제님께서 전수하신 수부 도수와 천지일월, 건곤감리乾坤坎離라는 **'우주 진리의 사체四體'**를 바르게 깨칠 때 진법 창조라는 성업의 길로 들어설 수 있습니다.

- 非運通이면 不可近하고 非通靈이면 不可近하고
  비운통 불가근 비통령 불가근

非靈泰면 不可近하고 非泰統이면 不可近하라
비 영 태　　불 가 근　　　비 태 통　　　불 가 근

운수가 맞아도 형통하지 않거든 가까이 말고 형통해도 신령하지 않거든 가까이 말 것이며 신령함이 크고 평안치 않거든 가까이 말고 크고 평안해도 종통宗統이 아니거든 가까이하지 말지어다. (6:99)

2) 천지일월 사체四體로 이루어진 종통 맥

상제님 도의 종통 맥은 만물을 생성·존재하게 하고, 변화의 질서를 낳는 근본 틀인 천지일월 사체로 구성되어 있습니다. 이 천지일월을 역易의 음양 원리로 상징하여 표현하면 건곤감리乾坤坎離라 합니다. 다시 말해 건곤감리의 정신이 형상화되어 드러난 것이 바로 천지일월입니다.

건곤 곧 하늘 땅이 만물을 생성하는 바탕이라면, 감리인 해와 달은 천지를 대신해서 만물을 낳고 기르는 실질적인 우주의 손길로 작용합니다. 즉 천지는 조화의 바탕인 본체(體)가 되고, 일월은 음양의 변화를 구체적으로 실현하는 작용체(用)인 것입니다.

❋ 天地無日月空殼이요 日月無至人虛影이니라
천 지 무 일 월 공 각　　　일 월 무 지 인 허 령

천지는 일월이 없으면 빈껍데기요 일월은 지인至人이 없으면 빈 그림자니라. (6:9)

천지가 만유 생명의 근원이자 생성의 바탕이지만, 일월이 없으면 결코 만물을 낳아 기를 수 없습니다.

상제님과 수부님이 아버지 하느님과 어머니 하느님으로 함께 오셔서 천지 조화의 본체로서 무극대도를 열어 주시고, 일월의 섭리로 오는 인사의 지도자도 두 사람이 짝이 되어 이 도를 펼치고 뿌리내립니다. 모사재천의 두 체(天地)와 성사재인의 두 체(日月)가 합하여 상제님 도의 사체(天地日月)를 이루는 것입니다. 이것이 바로 상제님께서 "나는 천지일월이니라.", "나는 천지로 몸을 삼고 일월로 눈을 삼느니라."(4:111) 라고 하신 말씀의 참 뜻입니다.

수부님께서는 천지일월 사체의 원리로 구성되는 종통 도맥에 대해 '진리의 주인이 네 분으로 오신다'고 하여 사진주四眞主를 말씀하셨습니다.

❋ 잘 되었네 잘 되었네, 천지 일이 잘 되었네.
바다 해海 자 열 개開 자 사진주四眞主가 오신다네. (11:251)

'사진주四眞主'가 도운의 역사에 온전히 자리 잡고 상제님 진리의 틀이 제대로 모습을 드러낼 때, 사진주의 심법을 계승한 일꾼들이 마침내 상제님의 마패와 해인海印의 조화 도권으로 천하 창생을 구원하는 의통성업醫統聖業을 완수하고 후천 조화선경을 건설하게 됩니다.

❋ 상제님께서 공신을 데리고 슬그머니 마당으로 나가시더니 잠시 후에 밖에서 도란도란 이야기하는 소리가 들리거늘 방문 가에 앉아 있던 송원도가 호기심이 나서 손끝으로 창호지를 뚫고 내다보니 상제님과 세 사람이 서 있는데 발은 땅을 딛고 있으되 머리는 구름을 뚫고 하늘까지 닿아 있더라. 이를 보고 깜짝 놀란 송원도는 죽는 날까지 "하느님이 넷이다."라고 이르니라. (5:385)

3) 천지 뭇 생명의 어머니 수부님에게 종통을 전수하심

인간으로 강세하신 증산 상제님께서는 어천하시기 2년 전인 정미년 동짓달, 태모太母 고高 수부首婦님을 맞이하시어 수부 책봉 예식을 봉행하시고 친히 천지대업의 종통宗統을 전수하심으로써 어천 후 당신의 도업이 정음정양의 이치로 역사에 뿌리내릴 수 있도록 하셨습니다.

❋ "내가 너를 만나려고 15년 동안 정력을 들였나니 이로부터 천지대업을 네게 맡기리라." 하시며 … 상제님께서 친히 누우시어 수부님께 말씀하시기를 "내 배 위에 앉아서 그와 같이 다짐을 받으라." 하시거늘 수부님께서 하는 수 없이 그와 같이 하시며 "**나를 일등一等으로 정하여** 모든 일을 맡겨 주시렵니까?" 하니 상제님께서 "변할 리가 있으리까, 의혹하지 마소." 하시고 부符를 써서 불사르시며 천지에 고축告祝하시니라. 상제님께서 말씀하시기를 "대인의 말은 천지에 쩡쩡 울려 나가나니 오늘의 이 다짐은 털끝만큼도 어김이 없으리라." 하시고 이도삼李道三, 임정준林正俊, 차경석車京石 세 사람으로 하여금 증인을 세우시니라. (6:37)

상제님은 수부님에게 늘 "너는 복동福童이라. 장차 천하 사람의 두목頭目이 되리니 속히 도통道通하리라."(11:5)라고 말씀하시고 대흥리에 계실 때 수부님에게 '천하 일등 무당 도수'(6:93)를 붙이셨습니다. 이것은 수부님께서 도통을 받으신 뒤에 대흥리에서 상제님을 대행하여 최초로 교단을 개창하는 사명을 맡도록 하신 공사입니다. 상제님은 당신님 어천 이후에 수부님이 당신의 성령 감화感化로 도통을 받으시어 '털끝만큼도 어김이 없이' 도운의 세 살림을 집행하도록 공사를 보셨습니다.

❋ 하루는 상제님께서 약방 벽 위에

士農工商 陰陽 氣東北而固守 理西南而交通
사농공상 음양 기동북이고수 이서남이교통

과 그밖에 여러 글을 써 붙이시고 형렬에게 명하시어 "그 위에 흰 종이로 포개어 붙이라." 하신 뒤에 말씀하시기를 "오늘은 천지대공판을 떼는 날이니 자네들 그렇게 아소." 하시니라. 이어 김준상金俊相에게 명하여 "보시기 한 개를 가져오라." 하시고 자현에게 이르시기를 "마음 가는 대로 보시기를 종이 바른 곳에 대고 도려 떼라." 하시므로 자현이 명하신 대로 하니 그 속에서 '**음**陰' **자**가 나오는지라 상제님께서 무릎을 탁 치시며 "옳다! 천지도수가 맞아 들어간다." 하시니라.

이어 말씀하시기를 "음과 양을 말할 때에 음陰 자를 먼저 읽나니 이는 지천태地天泰니라. 너의 재주가 참으로 쓸 만하구나. 옳게 떼었느니라. 그러나 음 자의 이치를 아느냐? 사람은 여자가 낳는 법이므로 옳게 되었느니라." 하시고 "후천에는 **음**陰**도수**가 뜬다." 하시니라. 또 말씀하시기를 "약장藥欌은 곧 안장롱安葬籠이며 신주독神主櫝이니라. 약방 벽지를 뜯을 날이 속히 이르러야 하리라." 하시니라 이 뒤에 대흥리에 가시어 수부님께 일러 말씀하시기를 "약장은 곧 네 농바리가 되리라." 하시니라. (6:51)

상제님께서는 구릿골 약방의 약장이 수부님의 '농籠바리'가 되면서 도운의 살림이 시작되도록 하셨습니다. 또한 당신이 떠나신 후 수부님 홀로 맡아 나가야 할 도운의 노정이 험난함을 아시고 안타깝게 여기셨습니다.

- 하루는 상제님께서 수부님을 보시고 말씀하시기를 "저기 앉은 저 양반은 사람 없어 어찌하랴." 하시니 경석이 아뢰기를 "제가 도와 한 가지를 하려 합니다." 하거늘 말씀하시기를 "혼자 할 일은 못 되느니라." 하시니라. (6:101)
- 말씀하시기를 "네가 금구金溝로 가면 네 몸이 부서질 것이요, 이곳에 있으면 네 몸이 크리니 이곳에 있는 것이 옳으니라." 하시고 "앞으로 내가 없으면 크나큰 **세 살림**을 네가 어찌 홀로 맡아 처리하리오." 하시니라. (11:8)

상제님께서 수부님에게 붙이신 종통 맥 전수 공사를 간단히 정리해 보면 첫째, 수부님으로 하여금 천하 일등 무당으로서 강령降靈 도수를 받게 하셨고, 둘째, 대흥리에서 세 살림의 첫 도운을 주재하게 하셨으며, 셋째, 약장이 수부님의 농바리가 되면서 도운이 시작되게 하셨습니다.

상제님께서 도운의 종통 연원宗統淵源을 수부님에게 전수하신 이유는 후천 곤도坤道 우주의 창조 원리에 따라 태모님으로 하여금 천지 어머니로서 10년 천지공사를 집행하시어 도운사의 첫 장을 열어 나가게 하신 것입니다.

4) 종통 도맥을 셋도수로 집행하심

우리는 제1장에서 3박자 리듬(무극·태극·황극)에 따라 율동하는 우주생명의 신비한 창조 변화원리에 대해 알아보았습니다.

※ 천지의 이치는 삼원三元이니 곧 무극無極과 태극太極과 황극皇極이라. 건곤乾坤[天地]은 도의 체로 무극이요, 감리坎離[日月]는 도의 용이 되매 태극[水]을 체로 하고 황극[火]을 용으로 삼나니 이로써 삼원이 합일하니라. 그러므로 **도통**道統은 **삼원합일**三元合一의 이치에 따라 인사화人事化되니라. (6:1)

우주 창조의 조화 원리인 무극·태극·황극은 우주 변화 질서의 근본 틀인 천지일월의 구성 원리로 운용됩니다. 만유 생명의 근원인 하늘과 땅, 즉 건곤乾坤 천지는 일체로 도의 체體인 무극無極이 됩니다. 대성령체인 우주는 하늘과 땅, 건곤이 귀鬼와 신神으로 한 몸이 되어 만물 창조의 근원이 되는 것입니다. 그리고 감리坎離 정신에 따라 생겨난 해와 달, 즉 일월이 도의 용用으로 태극(水)과 황극(火)이 됩니다. 천지의 뜻을 일월이 실현하듯이 무극에서 비롯된 우주 운동은 태극과 황극을 거쳐 완성됩니다.

무극의 10미토未土에서 우주생명의 통일이 시작됩니다. 그리고 생명이 공空으로 화化하는 통일은 태극의 술戌 자리에서 이루어집니다. 즉 무극(未)은 '생명의 근원'으로 '통일의 모체'가 되고, 무극이 낳은 태극(戌五空)이 '생명을 창조하는 기반'으로서 '통일의 완성'을 이룹니다. 그리고 황극은 생명을 분열·성장시켜 성숙을 향해 이끌어 감으로써 마침내 무극과 태극의 이상을 '현상 세계에 성취'합니다.

후천 가을 개벽기를 맞아 인간 세상에 오신 하늘 아버지 상제님과 땅 어머니 수부님은 만유 생명의 근원인 무극제無極帝 하느님이십니다. 그리고 무극제이신 상제님과 수부님의 도업을 계승하여 광명문화를 여는 일월의 두 지도자가 태극과 황극의 이법에 따라 천지의 이상을 실현하고 마침내 도성덕립을 이루어 냅니다. 이처럼 천지일월 사체가 인간 역사에 무극·태극·황극의 도맥으로 현실 속에 드러나는 것을 상제님은 '셋도수'로 말씀하셨습니다.

이처럼 우주생명의 삼원三元(무극·태극·황극)이 합일하여 우주 운동이 완성되듯이, '셋도수'란 도성덕립을 위해 무극·태극·황극(삼극)이 인사로 실현되어 상제님 도의 체體(도통 맥)를 이루는 것을 말합니다.

※ 상제님께서 셋도수를 맞추시기 위해 임인년 이래로 8년 동안 형렬과 호연을 함께 데리고 다니시고, 공사로써 두 사람이 부부의 연을 맺게 하시니…. (5:428)

상제님은 무극제이시고, 임술생 김형렬 성도는 1태극을 상징하며, 김호연 성도는 황극의 중보 역할을 수행합니다. 이 '셋도수'에 따라 상제님 도의 종통 맥이 무극→태극→황극으로 이어져 지상에 조화선경 문명이 건설되고, 우주 창조의 목적을 완수하게 됩니다.

'셋도수'의 바탕이 되는 우주 조화의 삼원 이치는 9천 년 전 환국 시대에 인류 최초의 계시록이자 우주론 경전인 삼신상제님의『천부경天符經』에서 그 연원을 찾을 수 있습니다.『천부경』에서는 '하나(절대 경계)가 현상에서 지극한 셋으로 드러나지만 그 근본의 조화력은 다함이 없다, 즉 변함 없이 영원히 똑같다(一始無始一 析三極無盡本)'고 말합니다. 이 '석삼극무진본'의 섭리에 따라, 일신一神은 조화신·교화신·치화신의 삼신으로 현상계에 드러나 하늘·땅·인간을 낳고, 우주생명의 이법은 무극·태극·황극의 삼원으로 변화하며 작용하게 됩니다. 그렇기에 후천 가을 개벽기에 천지의 뜻과 이상을 실현하는 인류 구원 사업 역시 무극·태극·황극의 삼원합일의 이치에 따라 인사화하여 성취되는 것입니다.

2. 도운의 준비 과정과 도운사의 전체 틀

1) 상제님 어천 후 방황한 성도들

❋ 성도들에게 말씀하시기를 "이곳에서 일을 꾸미기가 구차하여 이제 떠나려 하노라. 갔다 오는 사이에 서양의 여러 나라에서 일이 있으면 내가 하는 것으로 알아라…." 하시고 이어 말씀하시기를 "내가 **팔월 초하루**에 **환궁**還宮하리라." 하시니라. (10:32)

기유(1909)년에 상제님께서 홀연히 천상으로 떠나시자, 성도들은 부모를 여읜 듯 실의와 절망감으로 가슴이 무너져 내렸습니다. 새 세상에 대한 간절한 소망과 부푼 꿈은 하루아침에 물거품이 되고, 수 년 동안 상제님을 수종 들며 겪은 온갖 사연이 아련한 기억 속에서 허망하게 맴돌 뿐이었습니다.

상제님 어천 후 어느덧 한 달이 흐른 7월 그믐께에 김경학, 차경석, 박공우, 김광찬 성도가 김형렬 성도를 찾아가 장래 일을 함께 의논하였습니다. 이때 차경석 성도가 "선생님께서 당신이 곧 미륵불이라 말씀하셨고, 또 어천하실 때 '금산사로 들어가리라' 하셨으니 우리가 이제 미륵전彌勒殿에 참배하여 당신을 대한 듯이 정성을 들여 취할 길을 생각하면 반드시 선생님의 감화를 받아 깨달음이 있으리라."(10:84) 하고 의견을 내었습니다. 이에 치성 날을 정하고 그날이 이르자 성도들이 제물을 준비해 금산사로 갔습니다. 그런데 김경학 성도의 삼종수三從嫂(8촌 형제의 아내)인 금산사 여승女僧이 뜻밖에 돌무지개문 밖까지 나와서 성도들을 맞이했습니다. 여승은 "어젯밤에 금산사 여러 불타와 오백 나한과 호위신장들이 일제히 돌무지개문 밖에 나와서 거룩한 행차를 맞아들이는데 그 행차 뒤에 그대들이 따라오는 꿈을 꾸었으므로 이제 나와서 기다리는데 그대들이 오는 것을 보게 되니 어찌 기이한 일이 아니리오."(10:84)라고 하였습니다.

일행은 미륵전에 당도하여 종이에 '옥황상제지위玉皇上帝之位'라 써서 미륵불상에 붙이고 정성껏 치성을 올렸습니다. 그러고 나서 그 종이 위패를 떼어 금산사 경내에 있는 사실私室의 벽에 모시고 상제님께 기도하였습니다. 그때 김형렬 성도가 문득 신안이 열려 대장전大藏展에 들어가니 상제님께서 완연한 미륵불의 모습으로 들어오시어 시詩 한 수를 보여 주고 홀연히 사라지셨습니다.

※ 魚糧水積三千界요 雁路雲開九萬天이라
어 량 수 적 삼 천 계 　 안 로 운 개 구 만 천
無語別時情若月이언마는 有期來處信通潮라
무 어 별 시 정 약 월 　 유 기 래 처 신 통 조
어량魚糧은 물 속 삼천 세계에 쌓여 있고
기러기 길은 구름 개어 하늘 구만리로다.
말없이 이별할 때의 정은 으스름 달빛처럼 애련한 것이언만
다시 올 기약 있어 믿는 마음은 조수처럼 어김이 없을진저. (10:84)

성도들의 정성에 감응한 상제님께서 이처럼 시 한 수로 마음을 굳건히 잡아 주시고 다시 만날 언약을 해 주신 것입니다. 치성을 마치고 집에 돌아온 김형렬 성도는 그날이 바로 어천하시기 전에 상제님께서 '환궁하리라' 일러 주신 8월 초하루임을 깨달았습니다.(10:32)

2) 상제님 성도들의 태을주 수행과 포교

금산사에서 치성을 드린 후로도 성도들은 마음을 추스르지 못하고 상제님 같은 스승을 찾으러 사방으로 돌아다녔습니다. 김경학 성도도 여기저기 방황하다가 이듬해인 경술(1910)년 2월에야 집으로 돌아왔습니다. 그런데 어머니가 급병으로 세상을 떠나 가족들이 장례 준비를 하느라 바삐 움직이고 있었습니다. 김경학 성도는 "내가 만고의 대신인大神人을 찾아 헤매다가 늙으신 어머니의 임종도 지키지 못하였구나."라고 한탄하며 대성통곡하였습니다.

그러다가 문득 '태을주로 사람을 많이 살리리라' 하신 상제님 말씀이 떠올라 상제님께 청수를 모시고 기도 올린 다음, 지성으로 **태을주**太乙呪를 읽기 시작했습니다. 그러자 어머니가 살아나는 기적이 일어났습니다. 천지 조화성령을 체험한 김경학 성도는 이때부터 병자가 생기면 스스로 청하여 찾아가 태을주를 읽어 병을 낫게 해 주었습니다.(10:89)

그 즈음 인근 놋점리에 사는 류의경柳義卿이 장질부사(장티푸스)로 사경에 이르자 그 집안사람이 찾아와 살려 주기를 간청하였습니다. 김경학 성도가 류의경을 찾아가 청

수를 올린 뒤 상제님께 기도하고 태을주를 정성껏 읽어 그의 병을 치료해 주었습니다. 치병의 이치를 묻는 류의경에게 김경학 성도는 **'상제님이 천지를 개벽하시는 조화주 하느님'**이심을 알리고 상제님의 신성하심을 전하여 신앙의 길로 인도하였습니다. 그 길로 두 사람은 금산사 미륵전으로 가서 치성을 올리고, 구릿골 약방에서 상제님의 자취를 둘러보며 며칠 머무르게 되었습니다.

하루는 약방 아랫목 벽에 칼끝으로 그어진 **십자형十字形 자국**이 문득 눈에 띄어 그 오려진 네 각角을 떼어 보니 거기에는 한 자 길이나 되는 큰 **'날 일日'** 자가 씌어 있었습니다. 날 일 자가 뜻하는 태양은 천지의 광명을 상징합니다. 상제님께서 '날 일' 자를 써 놓으시고 이를 훗날 보게 하심은 후천 5만 년 상제님 선경 문명의 진리 대광명이 김경학 성도의 **대학교 도수**로 열릴 것을 알려 주신 것입니다. 며칠 후 다시 약방에 가서 둘러보니 이번에는 약방 동편 문 상인방上引枋 위 벽지에 십자형 칼자국이 있었습니다. 떼어 보니 **'십봉명개훈十奉命開訓'**이라는 다섯 글자가 가로로 씌어 있었습니다. 봉명개훈은 '천명을 받들어 나의 가르침을 열라'는 뜻이고 열 십 자는 상제님께서 바로 10무극 하느님이심을 의미합니다. **십봉명개훈은 무궁한 조화 세계, 상제님의 10무극 조화 세상을 김경학 성도가 받은 대학교 도수로 열라는 뜻**입니다. 류의경이 그날 집으로 돌아와 저녁에 청수를 올리고 태을주를 송주하는데 문득 신안이 열리고 무수한 기적이 나타났습니다.(10:90)

이후 김경학 성도를 찾아오는 사람이 나날이 늘어나면서 태을주 **포교가 시작**되었습니다. 뿐만 아니라 **'태을주를 읽으면 성신聖神의 감화感化가 내린다'**는 소문이 퍼지면서 성도들도 태을주 수련을 시작하였습니다. 일찍이 상제님께서는 김경학 성도에게 후천 5만 년 가을문화를 여는 대학교 도수를 맡기시며, "학교는 장차 이 학교가 크리라."(6:61)라고 하셨습니다. 상제님의 이 말씀이 그대로 실현되어 **김경학 성도의 태을주 포교로 도가 크게 열려 나가기 시작했습니다.**

이즈음 상제님께서 성령으로 안내성 성도를 찾아 오셔서 태을주 공부에 전념할 것을 명하셨습니다. 태을주에 대한 구체적인 내용은 9장과 10장에서 살펴보겠습니다.

난법의 태동 | 당시 성도들은 모두 자신의 눈앞에서 벌어졌던 숱한 신권 조화를 목격하고 영적 체험을 했기 때문에 자신이 모신 분이 바로 대우주의 통치자이신 상제님이라는 것을 너무도 잘 알고 있었다. 그런데 왜 정작 초기 기록들에서는 상제님을 천사天師, 선생先生, 대선생大先生이라 하여 상제님 어천 후 온갖 난법자들이 고개를 쳐들 수 있는 길을 열어 놓게 된 것일까? 그것은 초기 기록자들이 상제관, 즉 상제 문화의 뿌리와 근본을 볼 수 있는 창세 시원 역사관과 진리 의식이 부족하였기 때문이다.

※ 경술(1910)년 봄에 하루는 상제님께서 내성에게 찾아오시어 명하시기를 "너는 집에서 나오지 말고 봉두난발蓬頭亂髮로 지내며 수련하라." 하시거늘 내성이 명을 받들어 머리를 풀어 내린 채 방에 들어앉아 태을주 공부에만 전념하니라. (10:91)

이후 안내성 성도가 마침내 신안이 열려 기적을 체험하자(10:92~93), 방황하던 성도들이 안내성 성도를 찾아와 함께 태을주를 읽기 시작했습니다. 이리하여 성도들 사이에 자연스럽게 태을주 수행이 널리 퍼져 나갔습니다.

3) 도운 전개의 전체 틀을 정하신 대나무 공사

그러면 상제님 어천 이후 도운은 어떻게 전개되어 나갔을까요?

기유(1909)년 봄에 상제님께서는 다음과 같은 공사를 보셨습니다.

※ 상제님께서 구릿골 약방에서 천지대신문을 여시고 대공사를 행하실 때 성도 아홉 사람을 벌여 앉히신 뒤에 이르시기를 "이제 **도운**道運**을 전하리라.**" 하시고 성도들에게 물으시기를 "일 년 중에 가장 빨리 자라나는 것이 무엇이냐?" 하시니 모두 "대나무입니다." 하고 대답하거늘 말씀하시기를 "대[竹]의 기운이 만물 중에 제일 크니 그 기운을 덜어 쓰리라." 하시니라. 이어 **갑칠**甲七에게 "푸른 대 하나를 뜻대로 잘라 오라." 하시어 그 마디 수를 헤아리니 모두 열한 마디이거늘 한 마디를 끊게 하시어 무릎 밑에 넣으시고 남은 열 마디 중 끝의 한 마디를 잡으시며 말씀하시기를 "이 한 마디는 **두목**頭目이라. 왕래와 순회를 마음대로 할 것이요 남은 아홉 마디는 **구궁 도수**九宮度數로 교教 받는 자의 수효와 맞는도

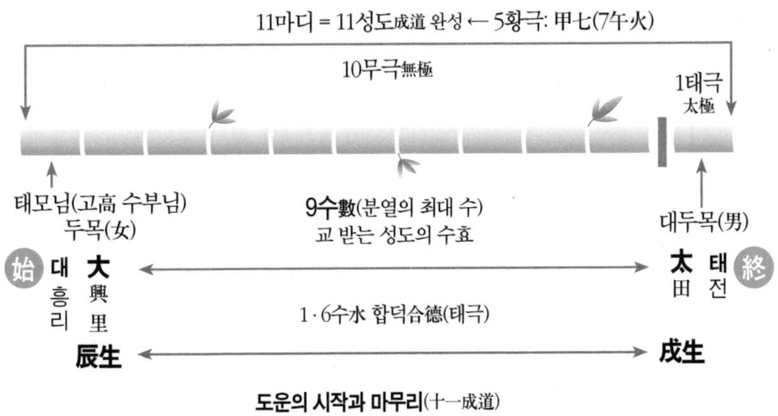

도운의 시작과 마무리(十一成道)

다.” 하시고 갑칠에게 “뜰에 나가 하늘에 별이 몇 개나 나타났는가 보라.” 하시니라. 갑칠이 밖에 나가 살펴본즉 검은 구름이 온 하늘을 덮었는데 다만 하늘 복판이 열려서 **별 아홉 개**가 나타났거늘 그대로 아뢰니 말씀하시기를 “이는 교 받는 자의 수효에 응함이니라.” 하시고 또 말씀하시기를 “**도운道運의 개시開始가 초장봉기지세楚將蜂起之勢**를 이루리라.” 하시니라. (6:106)

수천 년 내려온 선천의 종교 판과 달리 ‘판밖 진리’인 상제님 대도는 후천개벽을 앞두고 짧은 기간에 역사 속에 뿌리내려 저변을 확대해야 하는 사명을 안고 있습니다. 상제님은 이 역사적 과제가 실현될 수 있도록 성장속도가 가장 빠른 대나무의 기운을 도운 공사에 취해 쓰셨습니다. 상제님 도판의 운세가 벌어져 나갈 형세를 대나무 **열한 마디 공사**로써 천지에 질정質定해 두셨습니다.

이 공사에서 대나무 열 마디는 **상제님 대도의 운로**가 후천을 상징하는 **10무극十無極**수로 **시작**될 것을 의미합니다. 즉 열 마디는 상제님을 추종하는 초기 교단의 분열 수를 뜻하고, 그 열 마디 가운데 그 끝의 한 마디는 모든 교단의 ‘두목’으로서 상제님께 친히 도통을 받으신 수부님을 상징합니다. 그리고 상제님께서 이 열 마디와 별도로 **‘무릎 밑에 넣으신 한 마디’**는 후에 판안의 난법 도운을 통일하여 진법 도운을 열 진리의 큰 스승이신 ‘대두목(1태극)’을 상징합니다. 이 한 마디를 따로 분리하신 이유는, 대두목이 역사하는 시간대가 나머지 열 마디의 주인공들과 시간적으로 단절되어 있음을 알려 주신 것입니다.

❋ 하루는 상제님께서 말씀하시기를 “내 일은 고욤나무에 좋은 감나무 접붙이듯이 된다.” 하시니라. (8:15)

이 ‘대나무 공사’에는 또 다른 주인공이 한 사람 있습니다. 바로 이 공사를 수종隨從든 김갑칠 성도입니다. 이름이 ‘갑’목甲木과 ‘7’오화午火를 뜻하는 김갑칠 성도는 마지막 추수판 도운에 등장하여 세계 구원과 종교 통일의 사명을 완수하는 인사의 대권자(황극)를 상징합니다. 속이 빈 대나무는 그 형상이 가운데 효爻가 끊어진, 이괘(☲)와 상통합니다. 일찍이 상제님께서는 ‘대나무같이 속이 통통 빈 도통자’(10:35)라야 천하사의 비밀을 알 수 있다고 말씀하셨습니다.

상제님은 이 공사에서 도운의 개시가 ‘초장봉기지세楚將蜂起之勢’를 이룰 것이라 하셨습니다. 상제님 말씀 그대로 수부님께서 도문을 개창하시자, 마치 항우項羽(BCE 232~202)를 좇아 여기저기서 초나라 장수들이 봉기하는 것과 같이 수부님을 중심으로 교세가 크게 일어났습니다. 상제님께서는 또 “그 후에 다시 진법眞法이 나오게 되리라.”(6:126)라고 하시며, 대나무 열한 마디가 의미하는 10무극과 1태극의 결합, 즉 '십일성도十一成道' 원리를 실현할 상제님 대도의 진법 시대가 그 후에 열리게 될 것을 알려주셨습니다. 10무극 상제님(무극제)을 대행하여 1태극 대두목이 마침내 상제님의 진법을 들고 나옴으로써 선천의 세계가 통일되는 길이 열리게 되는 것입니다.

※ 때가 오면 한 사람이 먼저 도통을 받나니 이는 만도萬道가 귀일歸一하는 천명이니라. … 도통줄은 대두목에게 주어 보내리라. (6:129)

그러면 이제 상제님 도를 개창하시는 상제님의 반려자 태모 고 수부님이 무극대도의 종통을 계승하여 대도통을 이루시고 교단 창립을 선언하시는 도운의 개척 과정에 대해서 살펴보겠습니다.

3. 상제님의 종통 계승자, 태모 고 수부首婦님

1) 인간과 신명의 어머니, 수부님

상제님은 **태모 고 수부님**을 당신님의 도의 **계승자**로 천지에 질정質定해 두셨습니다. 후천은 '곤도坤道 시대'이기 때문에 여성에게 하느님의 종통 대권을 전수하신 것입니다.

'**수부**首婦'는 문자적으로 '**천지 뭇 생명의 머리**[首]**가 되는 여성**[婦]'을 뜻하는 말로 '어머니 하느님'을 의미합니다. 우주 주재자의 공식 호칭인 '**상제**上帝'와 음양 짝을 이루는 호칭이 바로 수부입니다. 수부님은 선천 억음존양抑陰尊陽의 질서를 허물어 후천의 음존陰尊 시대를 여는 구원의 선봉장이시며, 상제님의 종통 맥을 계승하여 인류를 후천 가을 우주의 열매 인간으로 새롭게 태어나게 하는 '**생명의 큰**[太] **어머니**[母]'이십니다. 태모[太母, Great Mother]이신 수부님은 '천지 만물과 온 인류의 생명의 어머니'로서 가을 천지의 정음정양 도수를 인사人事로 실현하십니다. 상제님이 아버지로서 먼저 길을 열어 후천 5만 년 판도를 짜 주시고, 수부님은 어머니의 자리에서 실제로 상제님 도의 씨를 역사에 뿌리십니다. 이것이 후천 가을 우주개벽의 근본인 정음정양 도수의 핵심입니다. 아버지 상제님이 오시고 어머니 수부님이 오셔서 우주의 주인이 인간 역사 속에 정음정양으로 자리잡는 것입니다. 따라서 아버지 상제님과 어머니 수부님을 생명의 부모로 함께 받들지 않고서는 그 누구도 가을 천지개벽에서 구원의 길을 찾을 수 없습니다. 상제님께서는 "나의 수부, 너희들의 어머니를 잘 받들라. 내 일은 수부가 없이는 안 되느니라." 또 "수부의 치마폭을 벗어나는 자는 다 죽으리라."라고 하시어(6:96), 난법에서 벗어나지 못하는 진리 왜곡자들의 최후를 엄중히 경계하셨습니다.

※ 수부님께 말씀하시기를 "네 나이는 스물아홉이요, 내 나이는 서른여덟이라. 내 나이에서 아홉 살을 빼면 내가 너 될 것이요, 네 나이에 아홉 살을 더하면 네가 나 될지니 곧 내가 너 되고 네가 나 되는 일이니라." 하시니라. 또 말씀하시기를 "**그대와 나의 합덕으로** 삼계三界를 개조하느니라." 하시니라. (11:6)

※ 하루는 태모님께서 성도들에게 말씀하시기를 "상제님께서 천지공사를 통해 평천하를 이루시고 '**수부 도수**首婦度數로 천하 만민을 살리는 **종통대권**宗統大權은 **나의 수부, 너희들의 어머니에게 맡긴다.**'고 말씀하셨느니라." 하시니라. (11:345)

선천 건도 시대乾道時代에 양陽 중심의 문화로 말미암아 여자가 남자의 사역거리와 완롱玩弄거리로 전락한 것은 실로 큰 비극이 아닐 수 없습니다. 선천 상극 시대에서는 누적된 인간의 원한, 특히 억압과 차별을 당해 온 여성의 원한으로 인해 천도와 인사人事의 도수가 정상 궤도를 벗어날 수밖에 없었습니다. 역 철학자들은 천체가 정립하여 후천이 되면 정음정양은 자연히 이루어질 것이라 말합니다. 물론 정음정양은 대자연의 섭리로 이루어지는 것이지만 인간 역사를 깊이 성찰해 본다면 자연의 변화 섭리만으로는 결코 실현될 수 없습니다. 왜냐하면 **대자연의 질서 속에서 문명과 역사를 창조하는 일은 인간의 손길로 이루어지기 때문입니다.**

상제님께서는 일찍이 "여자의 말을 듣지 않고는 남자의 권리를 행하지 못하게 되리라."(4:59) 하셨습니다. 여성의 인권人權을 바탕으로 하는 **남녀동권 시대**를 열어 놓으신 것입니다. 그리하여 오늘날 여성의 사회적 지위가 상승하여 여성이 해원할 수 있는 길이 열리게 된 것입니다.

※ 앞세상에는 남녀가 모두 **대장부**大丈夫요, **대장부**大丈婦이니라. 자고로 여자를 높이 받들고 추앙하는 일이 적었으나 이 뒤로는 여자도 각기 닦은 바를 따라 공덕이 서고 금패金牌와 금상金像으로 존신尊信의 표를 세우게 되리라. (2:53)

2) 수부 사명의 주인공이신 고 수부님

정음정양正陰正陽의 곤도 세상을 여시기 위해 상제님은 고 수부님을 만나시려고 15년 세월 동안 정성을 쏟으셨습니다.

※ 내가 너를 만나려고 15년 동안 정력을 들였나니 이로부터 천지대업을 네게 맡기리라. (6:37)

상제님께서는 맨 먼저 부모님이 맺어주신 정 수부님을 아내로 맞이하셨고, 다시 김형렬 성도의 셋째 딸인 김 수부님을 맞이하셨지만 두 분 모두 수부 사명首婦司命을 받지 못하였습니다. 상제님께서 천지공사에서 확정하신 정식 수부는 '나의 수부, 너희들의 어머니'(6:96)라 선언하신 고 수부님 오직 한 분이십니다.

(1) 부모님이 맺어 주신 정 수부님 | 상제님이 혼기에 이르시자 성부聖父(상제님의 부친)께서 매파를 두어 여러 차례 간선을 하였으나 그때마다 상제님께서 그 집 선대의 가계와 친족의 인품과 악성 등 집안 내력을 훤히 아시고 말씀하시니 쉽사리 혼인이 이루어지지 않았습니다. 마음에 드는 며느릿감을 구하지 못한 채 몇 년을 보내게 되자 간선을 너무 까다롭게 하였다고 생각한 성부께서는 자부子婦의 덕성을 운명에 맡기기로 하고 어디서든 청혼이 들어오면 즉시 허혼하리라 마음을 정하셨습니다.

상제님 성수聖壽 스물한 살 되시던 신묘(1891)년 늦가을, 신태인읍 백산리에 있는 잔뫼절의 화주[1] 전광명화全光明華가 하동河東 정鄭씨 문중의 열여덟 살 난 규수를 중신하자 성부께서 즉시 허혼하고 자부로 맞이하였습니다. 정 수부님(1874~1928)의 휘諱는 치治 자, 순順 자이십니다. 그런데 정 수부님은 몸이 정상이 아니신데다 성정性情이 원만하지 못하여 자주 성모聖母님과 갈등을 일으키셨습니다.

갑오 동학혁명 이후로 상제님께서 광구천하의 뜻을 품고 3년 간 천하를 유력하고 돌아오시자 정 수부님은 상제님께 하소연을 하였습니다.

> ❋ 하루는 정씨 부인이 간곡히 말씀드리기를 "이제는 그만 돌아다니시고 남들처럼 집에서 재미있게 살림이나 하사이다." 하니 증산께서 말씀하시기를 "그렇게 작은 말이 어디 있느냐! 천지조화를 부리는 사람이 어찌 내 집안을 알며 자식을 아느냐." 하시고 이후로는 더욱 집을 가까이 하지 않으시니라. (1:74)

가난과 외로움 속에서 지내던 정 수부님이 살림살이에 힘쓰시기를 간청하였지만, 상제님은 천하를 건지러 지상에 오신 하느님이시기에 가정사에 매일 수 있는 분이 아니셨습니다.

상제님께서는 "전쟁은 가족 전쟁이 큰 것이니 한 집안의 난리가 온 천하의 난리를 끌어내느니라."(3:164)라고 말씀하셨습니다. 집안의 불화 때문에 자주 우울하셨던 상제님은 당신 가정의 분란 기운으로 세상에 일어날 큰 재앙을 막기 위해 '장효순의 난'을 몸소 대속하셨습니다. 장효순은 본래 성질이 사납고 제멋대로 행동한다 하여 마을 사람들에게 '천동擅動'이라 불리는 자였습니다.

갑진(1904)년 정월 보름에 장효순은 사경에 이른 손자에게 상제님이 알려 주신 대로 냉수를 먹였습니다. 그런데 손자가 살아나지 않자, 상제님을 살인범으로 몰아 세웠

---

1 화주 | 화주승과 같은 말. 인가에 다니며 사람들에게 불연을 맺게 하고 시주를 받아 절의 양식을 대는 승려를 말한다.

습니다. 장효순의 가족은, 당시 상제님 가족이 거처하던 전주 화정리 이경오李京五의 협실까지 찾아가 성모님을 무릎 꿇리고 피가 홍건하도록 때리고 발길질을 하였습니다. 이로 인해 상제님 가족은 태인 굴치로 다시 피신해야 했습니다(3:69~71). 상제님은 당신 집안의 불화 기운이 세상에 큰 난리를 초래할 것을 막기 위해서 장효순의 행패를 그대로 당하게 하셨던 것입니다.

❋ 하루는 성도들이 여쭈기를 "선생님의 무소불능하신 권능으로 어찌 장효순의 난을 당하셨습니까?" 하니 말씀하시기를 "도중道中에나 집안에 분쟁이 일어나면 신정神政이 문란하여지나니 그대로 두면 세상에 큰 재앙을 불러일으키므로 내 스스로 그 기운을 받아서 해소한 것이로다…." 하시니라. (3:88)

장효순의 난 이후로도 가정 불화가 끊이지 않자 상제님은 성부님의 명命을 좇아 정 수부님을 박처薄妻하시기에 이르렀습니다.

❋ 갑진년에 구릿골에 계실 때 하루는 고부 와룡리臥龍里 사람 황응종黃應鐘이 상제님께 와 뵙고 '정씨 부인과 인연을 끊으라.'는 부친의 명을 전하니 이는 고부 본댁에서 정씨 부인이 시부모에게 불효하여 집안이 화평하지 못하므로 부친께서 응종을 보내어 이 사실을 말씀드리게 함이라. … 이어서 형렬, 자현, 보경, 공숙 등 여러 성도들에게 이르시기를 "가정사는 친명親命대로 처리하노니 너희들이 증인을 설지니라." 하시고 형렬에게 명하시기를 "내가 초취初娶와는 아주 인연을 끊었노라. 고부 본가에 가서 박처薄妻함을 성명聲明하고 돌아오라." 하시거늘 형렬이 대답하고 가지 아니하니라. (3:90)

상제님께서 정 수부님을 박처하신 것은 세속의 관념으로 생각하는 이혼의 의미가 아닙니다. 정 수부님의 인품과 기국이 천지 뭇 여성의 머리로서 당신의 천지대업을 계승하는 수부 사명을 감당할 수 없기에 수붓감을 달리 구하실 것을 천지에 선언하신 것입니다. 상제님께서 어천을 앞두고 내주평에 가셔서 처족妻族을 일일이 찾으신 사실에서, 상제님께서 정 수부님과 맺은 인연을 소중하게 여기셨음을 알 수 있습니다. 정 수부님을 맞으신 일에 대해서는, 『정감록』을 통해 세상에 전해내려 온 정씨 기운을 거두기 위해서라고 상제님께서 밝혀 주신 바 있습니다.(4:70)

(2) 끝내 수부 사명을 받지 못한 김 수부님 | 갑진(1904)년에 상제님께서 '수부를 선정하라'는 명을 내리자 김형렬 성도가 자신의 셋째 딸을 수부로 천거했습니다. 이에 상제님께서는 성도들과 조화정부 성신들의 입회 아래 김 수부님을 새 수부로 맞아 들이셨습니다. 김 수부님(1890~1911)의 휘諱는 말末 자, 순順 자이십니다.

※ 상제님께서 묵묵히 앉아 계시다가 자시子時가 지나자 "천하 창생을 다 맡겠느냐?" 하고 물으시거늘 말순이 아뢰기를 "십오 세 소녀로서 어찌 감당하리오마는 천지공사가 그러하다면 맡겠나이다." 하고 대답하니라. 이에 상제님께서 피를 토해 머금고 받아 먹으라고 손짓하시니 말순이 달려들어 입으로 받아 삼키니라. 이후로 상제님께서 형렬을 장인으로 대하시고 공사석에서 평좌를 허락하시니라. (3:93)

그런데 양반으로서 딸을 재취再娶로 보낸다고 비난하는 문중과 이웃들의 시선을 의식한 김형렬 성도는 수부로 책봉하는 예식을 차일피일 미루었습니다. 선천 건도乾道 시대의 역사 의식으로는 그 누구도 수부 도수의 의미를 제대로 깨닫기 어렵습니다. 상제님의 수석 성도인 김형렬 성도 역시 수부 사명의 중대성을 깊이 깨닫지 못한 것입니다.

※ 형렬이 셋째 딸 말순을 수부로 내세워 상제님을 시봉케 하되 사람들의 비난을 꺼려 예식을 올리지 아니하고 뒷날로 미루기만 하더니 상제님께서 "정식으로 수부의 예禮를 갖추어 식을 거행하라." 하고 누차 엄명하시는데도 형렬이 끝내 말씀을 따르지 아니하니라. (6:19)

김 수부님은 수부 사명을 받들겠다고 천지에 다짐하였지만, 김형렬 성도의 우유부단함 때문에 결국 수부 책봉 공사가 성사되지 못하고 김 수부님은 끝내 비극적인 최후를 맞게 됩니다. 어천하시기 하루 전, '후천 선경 도성덕립道成德立 공사'를 보실 때 상제님께서는, 차경석 성도가 '후비소后妃所'를 '후비소后妣所'로 잘못 쓴것을 지적하시며 김 수부님의 운명을 예시하셨습니다.(10:43)

'수부 사명'을 받들지 못한 정 수부님과 김 수부님에게는 예로써 수부라는 호칭을 드리는 것이고, 천지공사의 정신으로 볼 때 수부는 오직 태모 고 수부님 한 분이십니다.

4. 수부 책봉과 천지 종통 대권 전수

1) 태모님의 탄강과 유소 시절

수부님은 존성尊姓이 고高씨이고, 본관은 장택長澤이며, 성휘聖諱는 판判 자, 례禮 자이십니다. 경진庚辰(1880)년 음력 3월 26일 축시丑時에 전라도 담양도호부潭陽都護府 무이동면無伊洞面, 지금의 성도리成道里에서 탄강하셨습니다.

기묘(1879)년 5월에 절을 찾아 기도하고 계시던 성모님께서 하루는 높은 산에 올라 웅장한 집으로 들어가는 꿈을 꾸셨습니다. 한 선관仙官이 주는 붉은 책과 누런 책을 한 권씩 받고서 놀라 깨어났는데, 이로부터 회임懷姙하여 수부님을 낳으셨습니

다.(11:2)

수부님께서 여섯 살 되시던 해(1885)에 성부님께서 돌아가시자, 수부님은 성모님을 따라 외외가外外家 송씨 집안의 승문僧門에서 생활하셨습니다. 아홉 살 되시던 무자(1888)년에는 다시 정읍 대흥리大興里에 사는 이모부 차치구(차경석 성도의 부친)의 집으로 이사하게 되었습니다. 이때부터 이모부를 좇아 동학을 신앙하며 시천주주侍天主呪 수련을 하셨습니다. 그 후 열다섯 살 되시던 해(1894)에 이모의 권유로 같은 동네에 사는 동학 신도 신 씨申氏에게 출가하셨으나 13년 만(1907)에 사별하셨습니다.

2) 수부로 책봉되심

상제님께서 37세 되시던 정미(1907)년에 차경석 성도에게 '수부를 택정하라.'는 명을 내리시자 차경석 성도는 자신의 이종 누님을 천거하였습니다.

※ 정미년 10월에 상제님께서 순창 농바우에서 대흥리로 가실 때 태인 행단에 이르시어 차경석에게 일러 말씀하시기를 "천지에 독음독양獨陰獨陽은 만사불성이니라. **내 일은 수부首婦가 들어야 되는 일이니**, 네가 참으로 일을 하려거든 수부를 들여세우라." 하시니라. 또 말씀하시기를 "천지공사에 수부가 있어야 순서대로 진행할 터인데 수부가 없으므로 도중에 지체되는 공사가 많으니라." 하시고 "**수부의 책임하에 있는 중요한 공사**가 산더미같이 쌓여 있으니 **속히 수부를 택정擇定하라.**" 하고 특명을 내리시니라. 이 때에 마침 경석의 이종누님 고부인高夫人께서 홀로 사시는 중이므로 경석이 그 사정을 말씀드리니 상제님께서 재촉하시며 "속히 주선하라. 공사가 지연이로다." 하시니라. (6:34)

차경석 성도의 수부 천거로 상제님께서는 바로 다음 달에 수부 책봉 예식을 집행하셨습니다.

※ 동짓달 초사흗날 대흥리 차경석의 집 두 칸 장방長房에 30여 명을 둘러 앉히시고 수부 책봉 예식을 거행하시니라. 상제님께서 말씀하시기를 "내가 진주眞主 도수를 천한 데 가서 가져온다." 하시고 "정읍은 왕자포정지지王者布政之地요, 정井 자는 새암 정 자 아니냐." 하시니라. 이어 경석에게 명하여 "수부 나오라 해라." 하시고 부인께 이르시기를 "내가 너를 만나려고 **15년 동안 정력을 들였나니** 이로부터 **천지대업을 네게 맡기리라.**" 하시며 수부님을 옆에 끼시고 붉은 책과 누런 책 각 한 권씩을 앞으로 번갈아 깔게 하시며 그 책을 밟고 방에서 마당까지 나가시어 "남쪽 하늘의 별을 바라보고 네 번 절하라." 하신 뒤에 다시 그

책을 번갈아 깔게 하시며 밟으면서 방으로 들어오시니라. (6:37)

이 예식의 장면을 통해, 고 수부님을 잉태하실 때 성모님이 꾸셨던 태몽이 현실로 이루어졌음을 알 수 있습니다. 성모님께서 꿈에 붉은 책과 누런 책을 받으신 것과 같이, 이 예식에서 상제님과 태모님께서 붉은 책과 누런 책을 밟고 걸으셨습니다.

상제님께서는 이때 "이로부터 **천지대업을 네게 맡기리라.**"라 하시며 **고 수부님에게 천하사의 종통 대권을 전수**하셨습니다. 이후 상제님은 차경석 성도의 집에 처소를 정하여 수부님을 머물게 하시고, 그 처소를 '수부소首婦所'라 부르게 하셨습니다.

이번 가을 대개벽기에 고 수부님을 상제님 대도의 종통 대권자로 모시는 일은 인류가 구원의 길로 들어서는 절대 관문입니다. 상제님께서 정미(1907)년에 하신 다음과 같은 말씀에서 천지공사는 상제님과 수부님이 합덕合德하여 이루시는 일임을 알 수 있습니다.

※ 하루는 상제님께서 남을 등지고 북을 향하여 서시고 수부님으로 하여금 북을 등지고 남을 향하여 서게 하신 뒤에 그 가운데에 술상을 차려 놓게 하시고 수많은 글을 써서 술상 위에 놓으시고는 수부님과 함께 서로 절하시니라. 이어 상제님께서 말씀하시기를 "**그대와 나의 합덕으로 삼계三界를 개조**하느니라." 하시니라. (6:42)

상제님께서는 수부님이 장차 도통을 열고 '천하 사람의 두목'으로서 상제님 대도의 계승자가 되어 천하 대업을 주도하게 되실 것을 다음과 같이 밝혀 주셨습니다.

※ 상제님께서 항상 수부님의 등을 어루만지며 말씀하시기를 "너는 복동福童이라. 장차 **천하 사람의 두목頭目이 되리니 속히 도통道通**하리라." 하시고 "이후로는 **지천태地天泰**가 크다." 하시니라. (11:5)

※ 나는 서신西神이니라. 서신이 용사用事는 하나, 수부가 불응不應하면 서신도 임의로 못 하느니라. (6:39)

이듬해 무신(1908)년 겨울, 상제님께서는 수부님에게 **천하 일등 무당 도수**를 붙이셨습니다. 어머니 하느님이신 수부님께서 신도神道를 내려 받아 인간과 천지 만물을 해원시키는 공사를 보신 것입니다.

※ 대흥리에서 공사를 행하실 때 하루는 "유생儒生들을 부르라." 하시어 경석의 집 두 칸 장방에 가득 앉히시고 재인才人 여섯 명을 불러오게 하시어 풍악을 연주하게 하시니라. 이어 "수부 나오라 해라." 하시니 수부님께서 춤을 우쭐우쭐 추며 나오시는지라 상제님께서 친히 장고를 치시며 말씀하시기를 "이것이 **천지굿**이라. 나는 천하 일등 재인才人이요, **너는 천하 일등 무당巫堂**이니 우리 굿 한

석 해 보세. 이 당黨 저 당黨 다 버리고 무당 집에 가서 빌어야 살리라." 하시고 … 수부님께 일등 무당 도수를 붙이시니라. (6:93)

그 옛날 **신교**神教 **시대**는 제사장이 신의 계시를 받아 백성을 다스리고 보살피던 **신성 문화 시대**가 꽃핀 때입니다. 그때 하느님께 올리는 천제의 주관자인 제사장은 태곳적 황금시대의 문명을 주도한 **화이트 샤먼**White Shaman[2]입니다. 화이트 샤먼은 하늘의 신들과 직접 소통하며 천지 광명 속에서 초자연적인 힘을 쓰던 우주적 영성을 지닌 대무大巫였습니다. 이제 원시반본하는 가을 개벽기를 맞아 상제님께서 수부님을 천하 일등 무당으로 정하여 인류의 원형문화를 회복하는 길을 열어 놓으셨습니다.

또 삼계의 절대 주권자이신 증산 상제님께서는 당신님의 종통 대권 전수자가 수부님이심을 천지에 확증시키시기 위해 친히 고 수부님과 함께 양주동행兩主同行 공사를 보셨습니다.

수부님께 일러 말씀하시기를 "내 털토시와 남바위를 네가 쓰고 우리 둘이 함께 걸어가자. 우리가 그렇게 걸어서 곳곳을 구경하며 가면 사람들이 우리를 보고 부러워하여 말하기를 '저 양주兩主는 **둘이 똑같아서 천정연분**天定緣分이로다.' 하리니 세상 사람들은 우리를 구경하고, 우리는 세상 사람들을 구경하며 천천히 걸어가는 것이 좋으리라." 하시더니 그 이튿날 다시 말씀치 않으시니라. (6:70)

대흥리 포정소 터 | 고수부님께서 신해(1911)년에 포정소 문을 여시고 도장 개창을 선언하신 곳이다.

---

2 **화이트 샤먼**White Shaman | 인류의 뿌리 문화 시대에 천지 조화의 성령을 받아 창생을 우주의 대광명 세계로 인도한 신도神道의 대사제大司祭이자 인류 문명을 계도한 위대한 영적 스승이다. 하늘과 땅과 바다와 지하 세계를 자유자재로 왕래한, 성령의 신권을 쓰는 대무大巫로서 자연과 하나 되어 수백 년 동안 장수하며 조화로운 삶을 산 신인神人이다.

증산 상제님은 이 공사를 보시기 약 두 달 전인 무신년 8월에 수부님이 머물던 대흥리에 오시어 "네가 금구로 가면 네 몸이 부서질 것이요 이곳에 있으면 네 몸이 크리니 이곳에 있는 것이 옳으니라."(6:67)라고 하시고, 정읍 대흥리에 상제님 진리를 펴는 도정道政의 사령탑인 '포정소布政所'를 설치하는 포정소 도수를 정하셨습니다.

❋ 무신년 겨울에 정읍 대흥리에 계시며 대공사를 행하실 때 경석과 성도 수십 명을 부르시어 상제님께서 수부님과 함께 앞서 가시고 성도들은 뒤따르게 하여 대흥리 주변을 한 바퀴 도신 뒤에 집으로 돌아오시어 백지에 글을 써서 불사르시고 말씀하시기를 "이는 **포정 공사**布政公事라. 정읍에 **포정소**布政所를 정하노라." 하시며 "장차 크게 흥하리라." 하시니라. (6:78)

'크게 흥한다'는 이름 그대로 장차 **대흥리**大興里**에서 도운이 크게 흥성할 것**을 예정하신 것입니다. 이때 상제님께서는 수부님에게 친히 '옥황상제'라는 명정을 써 주시며 당신님의 신원을 거듭 확인시켜 주셨습니다.

❋ 무신년 겨울에 대흥리에 계실 때 어느 날 수부님께

玉皇上帝
옥 황 상 제

라 써서 붉은 주머니에 넣어 주시며 "잘 간직해 두라. 내가 옥황상제니라." 하시니라. (6:82)

옥황상제는 천지 만물의 생명을 다스리시는 조화주 하느님, 통치자 하느님의 공식 호칭입니다. 상제님이 '옥황상제'라 쓴 명정을 염낭 속에 넣어 수부님께 주신 것은 그 자체로써 종통 전수라는 큰 의미가 담겨 있습니다.

3) 수부 사명의 각득覺得

태모님은 상제님 진법 도맥의 계승자요 종통의 전수자이십니다. 그러나 당시는 여성을 단지 남성에 종속된 존재로 여기던 터라 종도들은 물론이고 직접 공사에 참여한 성도들조차 이러한 사실을 잘 이해하지 못하였고 받아들이지 않았습니다.

상제님은 수부님을 만나신 지 1년여 시간이 지나, 도솔천으로 환궁하실 준비를 하셨습니다. 하루는 수부님의 모친이 오시자 "왕대 뿌리에 왕대 나고 시누대 뿌리에 시누대 나나니 딸이 잘되도록 축수하십시오." 라고 하시며 모친의 단독丹毒을 낫게 해 주셨습니다.(6:79) 또 어느 때는 수부님에게 "내가 비록 죽을지라도 마음을 변치 않겠느냐?" 물으시고 수부님과 이별하는 안타까운 심정을 시詩로 지어 전해 주셨습니다.(10:7)

기유(1909)년 음력 6월 24일, 상제님께서 구릿골 김형렬 성도의 사랑방에서 어천御天

하시자, 차경석 성도를 비롯한 여러 성도들은 수부님께 어천 사실을 알리지 않았습니다. 오히려 청국 공사를 보시러 중국 남경南京에 가셨다고 수부님께 거짓으로 고하였습니다. 성혼하신 지 2년도 채 못 되어 상제님께서 어천하셨기에 차마 사실대로 말씀드리지 못한 것입니다.

경술(1910)년 6월 그믐께부터 수부님이 주문을 읽으시면 광명 속에 상여와 들것이 자주 나타났습니다. 때로는 상제님께서 의관을 갖추신 모습으로, 때로는 홑바지 적삼에 풀대님 바람으로 들어오시는 모습이 환히 보였습니다(11:11). 수부님은 불길한 징조라 여기시어 불안한 마음을 금할 수 없었습니다.

7월에는 수부님의 오른발 용천혈湧泉穴에 독종毒腫이 나서 다리가 심하게 부어올랐습니다. 어느 날 저녁에 상제님께서 오시어 "네가 종기로 얼마나 고통하느냐?" 하시며 종처腫處를 혀로 핥아 주시자 즉시 통증이 없어졌습니다. 수부님께서 곤히 잠드셨다가 아침에 일어나니 종기는 나았으나 곁에서 주무실 줄로 믿었던 상제님은 보이지 않았습니다. 수부님께서 경석과 집 안에 있는 여러 사람에게 상제님 계신 곳을 물어도 아는 사람이 없고 오히려 이상히 여길 뿐이었습니다.(11:12)

그 후 9월 초 어느 날 저녁에 수부님께서 주문을 읽으시는데 문득 신안이 열렸습니다. 무지개 줄기와 같은 푸르고 붉은 색의 서기瑞氣가 문 앞에서 구릿골로 가는 길을 따라 뻗쳐 있는 것이 보였습니다. 그 상서로운 기운이 끝나는 곳에 구릿골 대밭과 초빈草殯이 보이고 거기에 이엉 얹은 모습과 그 날개 끝에 추깃물 묻은 것까지 자세히 보여 매우 이상하게 여기셨습니다.

이튿날 저녁, 갑자기 상제님께서 들어오시며 "내가 죽었는데 네가 어찌 나의 묻힌 곳을 찾아보지 않느냐?"라고 말씀하셨습니다. 수부님께서 크게 놀라 고민으로 밤을 새우시다가 새벽이 되자 아무도 모르게 분粉 한 갑, 독약 한 봉과 예전에 상제님께서 주신 붉은 염낭을 지니고 사립문을 나서셨습니다. 새벽 으스름 적막한 천지에 북쪽으로 터진 빈 들에는 찬 기운만 감돌 뿐이었습니다. 처음 찾아가는 구릿골이라 방향을 알 수 없었으나, 전날 밤 광명 속에 나타났던 큰길을 따라 초빈한 곳을 향해 걸어가셨습니다.(11:13)

수부님께서 계시지 않음을 알게 된 차경석 성도와 아우 윤칠은 급히 뒤를 좇았습니다. 수부님을 만나자 독약을 빼앗고 함께 돌아가실 것을 간청하였습니다. 그러나 수부님께서 전혀 듣지 않으시므로 할 수 없이 뒤를 따르는데 수부님의 걸음이 빨라져서 80리나 되는 먼 길을 한나절 만에 당도하였습니다.(11:14)

원평院坪에 이르러 수부님께서 윤칠에게 주과포를 약간 준비하게 하여 들리시고 구릿골 김형렬 성도의 집 뒤 대밭 끝에 있는 초빈 앞에 다다르셨습니다. 수부님께서 몸소 초빈을 헤치기 시작하시므로 경석이 할 수 없이 윤칠에게 초빈을 헤치고 재궁梓宮의 천개天蓋를 떼어 내게 하였습니다. 열어 보니 상제님의 어용御容은 살아 계실 때와 조금도 다르지 않았습니다.(11:15)

수부님께서 염낭을 열고 먼저 엽전 일곱 푼을 꺼내 재궁에 넣으신 뒤에, 상제님께서 일찍이 '장차 내가 죽거든 꼭 입에 넣어 달라' 하신 진주眞珠 한 개를 꺼내 입 안에 넣어 드렸습니다. 또 쌀 세 알과 흰 바둑알 세 개를 넣어 드리니 바둑알은 뱉어 내시므로 염낭에 도로 넣고, 한삼汗衫을 가슴에 고이 덮어 드렸습니다. 그 위에 '옥황상제玉皇上帝'라 쓴 명정銘旌을 덮고 천개를 닫았습니다. 주과포로 전奠을 올리고 재배再拜를 드린 후 초빈을 다시 봉하게 하셨습니다.(11:15)

수부님은 상제님과 사별死別하는 통과의례를 거치면서, 상제님은 옥황상제이시고 당신은 상제님의 천지대업을 물려 받은 수부임을 깊이 자각하셨습니다. 이로부터 어머니 하느님으로서 한 생애를 살아가시게 되었습니다.

4) 태모 고 수부님의 대도통

신해(1911)년 4월, 수부님은 차경석 성도와 류응화柳應化 성도, 그리고 류응화의 둘째 아들 석남錫湳을 데리고 대원사大願寺에 들어가, 대례복大禮服을 갖추어 입고 상제님의 성령聖靈과 혼례식을 올리셨습니다. 이때 만고장상萬古將相의 이름을 적어 차례로 크게 부르시고 칠성각七星閣에서 49일 동안 진법주 수련을 하셨습니다. 그 뒤에 다시 운산리 신경수 성도의 집 윗방에서 100일 동안 수도하셨습니다. 수도를 마치신 수부님은 활연대각豁然大覺하시어 삼계三界의 이치를 두루 통하셨습니다.(11:17)

9월 중순, 수부님께서 대흥리로 돌아와 차경석 성도에게 상제님 성탄치성聖誕致誠을 올릴 것을 명하셨습니다. 차경석 성도가 가족의 생계를 위해 장사를 하려고 빌려 두었던 자금으로 제수祭需를 마련하고, 19일 새벽에 수부님께서 상제님 어천 후 처음으로 성탄치성을 봉행하셨습니다.(11:18)

다음 날인 9월 20일 아침, 수부님께서 마당을 거니시다가 갑자기 정신을 잃고 쓰러지셨습니다. 수부님께서 네댓 시간을 혼절해 계시던 중, 정신이 황홀한 가운데 큰 저울 같은 것이 공중에서 내려오는 것이 보였습니다. 자세히 보니 그 위에 오색 과실이 높이 괴어 있는데 땅 가까이 내려와서는 갑자기 허물어져 쏟아졌습니다. 그 순간 수부님이 놀라 깨어나시자 둘러앉아 애통해하던 집안사람들이 모두 기뻐하였습니다. 이날 수부님께서는 상제님의 성령으로 수부의 신권神權과 도권道權을 온전히 내려 받으셨습니다. 이로부터 대권능을 자유자재로 쓰시고 신이한 기적과 명철한 지혜를 나타내시며, 천하 창생의 태모太母로서 상제님 대도의 생명의 길을 여셨습니다.(11:19) 대도통을 하신 이날, 수부님은 상제님과의 인연을 다음과 같이 밝혀 주셨습니다.

❋ 태모님께서 말씀하시기를 "금산사 미륵전 남쪽 보처불補處佛은 삼십삼천三十三天 **내원궁 법륜보살**內院宮 法輪菩薩이니, 이 세상에 고씨高氏인 나로 왔느니라. 내가 법륜보살로 있을 때 상제님과 정定한 인연으로 후천 오만년 선경세계를 창건하기로 굳게 서약하고 세상의 운로에 맞춰 이 세상과 억조창생을 구제할 목적으로 **상제님을 따라 인간 세상에 내려왔느니라.**" 하시니라. 이어 말씀하시기를 "내가 이 세상에 오려고 모악산 산신으로 내려와 있던 중에, 상제님께서 오시기에 금산 미륵불로 인도하고 시종하다가 상제님께서 개 구狗 자 아홉 드는 구구지九狗地의 중앙인 시루산 아래 객망리 강씨 문중에 태어나시기로 나는 9년 만에 담양 땅 고씨문高氏門에 태어나서 신씨와 인연타가 상부喪夫를 당한 후에 수부공사首婦公事로 상제님과 만났을 적에 상제님께서 말씀하시기를 '나는 **제주 번개**를 잡아 쓰노라. 수부, 잘 만났구나. 만날 사람 만났으니 오죽이나 좋을쏘냐.' 하셨느니라." 하시니라. (11:20)

5) 도문道門의 개창

이날 수부님은 혼절하셨다가 깨어나 장차 상제님의 종통 도맥이 전개될 과정을 낙종·이종·추수의 이치로써 밝혀 주셨습니다. 수부님 당신께서 도운의 첫 씨를 뿌리시고(낙종), 차경석 성도가 그 씨앗을 옮겨 심어 도세를 키우고(이종), 나중에 다시 새로운 인물이 나타나 도운을 추수하게 될 것이라 하셨습니다.

❋ 이때 수부님께서 일어나 앉으시어 갑자기 상제님의 음성으로 경석에게 "누구냐?" 하고 물으시니 경석이 놀라며 "경석입니다." 하거늘 또 "무슨 생이냐?" 하고 물으시니 경석이 "경진생庚辰生입니다." 하고 대답하니라. 이에 말씀하시기를 "나도 경진생이라. 속담에 동갑장사 이利 남는다 하나니 우리 두 사람이 동갑장사 하자." 하시고 다시 생일을 물으시니 경석이 "유월 초하루입니다." 하고 대답하거늘 말씀하시기를 "내 생일은 삼월 스무엿새라. 나는 **낙종**落種 **물**을 맡으리니 그대는 **이종**移種 **물**을 맡으라. **추수**秋收할 사람은 다시 있느니라." 하시니라. (11:19)

상제님 도의 종통 대권의 전수 과정을 천지에 선포하신 이 공사는 수부님이 대도통을 이루시고 수부로서 신권을 쓰신 첫날에 행하신 첫 공사로 도운의 가장 중차대한 문제를 처결하신 것입니다.

수부님께서는 상제님 성령에 감화되시어, 사명을 받는 주인공이 태어난 달에 맞추어 **낙종·이종·추수**라는 도운의 개척 사명을 부여하셨습니다. 천지의 인간농사 짓는 상제님 도업이 낙종·이종·추수라는 세 차례 변천 과정을 거쳐 이루어지도록 공사 보신 것입니다.

9월 24일에 수부님께서는 "구릿골에 일이 있어 가리라." 하시고 경석에게 사인교四人轎와 백마 한 필을 빌려 오라 하셨습니다. 이튿날인 25일, 경석에게 '어명御命'이라 쓴 한삼을 입히시고 갓을 주물러 '어사御史 도수'를 정하신 뒤에, 경석을 백마에 태워 앞세우시고 당신께서는 사인교를 타고 길을 떠나셨습니다.

이날 수부님 일행은 원평에 이르러 송찬오宋贊五의 주막에 처소를 정하였습니다. 그리고 경석에게 상제님께서 머무시며 공사를 보셨던 구릿골 약방에 가서 약장과 궤櫃와 기타 약방 기구 일체와 벽에 붙인 글과 벽에 바른 종이까지 모조리 떼서 방바닥의 먼지까지 쓸어서 가져오라고 명하셨습니다.(11:23)

차경석 성도가 구릿골에 가서 김형렬 성도에게 찾아온 뜻을 고하자, 태운장 김형렬은 "내 딸이 사경에 임박하였노라. 이러한 우환 중에 무엇을 달라 함이 심히 경우가 아닐 뿐 아니라 본래 선생님 재세 당시부터 나에게 보관케 하신 물건이니 그리할 수 없노라." 라며 거절하였습니다. 이에 차경석 성도가 천지공사에서 결정된 일을 좇지 않으면 화禍가 있을 것이라 하니 태운장은 "만일 천지공사에서 결정된 일이라면 신도神道에서 어떤 징조를 나타낼 것이니, 징조가 나타나지 않으면 나는 그대의 말을 믿지 못하겠노라."라고 하였습니다.

김형렬 성도가 명을 듣지 아니한다는 기별을 들으신 수부님께서 양지에 해와 달을 그려 놓고 두 손 식지食指로 하늘을 향하여 지휘하셨습니다. 그러자 갑자기 맑은 하늘에 벽력이 일어나고 소나기가 쏟아지며 번개가 구릿골 약방에 들어와 온 집을 둘러 감았습니다. 크게 놀란 김형렬 성도는 문득 "망하는 세간살이는 아낌없이 버리고 새 배포를 꾸미라. 만일 아껴서 놓지 않고 붙들고 있으면 몸까지 따라서 망하느니라." 하신 상제님의 말씀이 떠올랐습니다. 이때 셋째 딸(김수부)이 아픈 몸을 이끌고 나와서 차경석 성도의 뜻대로 할 것을 간청하니, 그제야 "진실로 하늘의 뜻이니 마음대로 가져가라."라고 허락하였습니다.(11:24)

차경석 성도는 약장과 궤, 철연자와 삭도, 횃대와 부벽시付壁詩와 액자 등 모든 기구와 방바닥의 먼지까지 쓸어 담아 짐꾼에게 지웠습니다. 그런 뒤 마침내 도배지를 떼니, 일찍이 상제님께서 "이 종이를 뜯을 날이 속히 이르러야 하리라."(6:51) 하신 말씀이 현실로 이루어졌습니다. 차경석은 태운장에게 돈 20원을 주며 "따님의 병이 위중하다 하니 약소하나마 약값에 보태어 쓰십시오." 하고 인사하였습니다. 차경석 성도 일행이 비바람을 무릅쓰고 마을 앞 정문旌門 거리에 이르자, 문득 풍우와 뇌성이 그치고 곡성哭聲이 들렸습니다. 잠시 후 '김 수부가 돌아가셨다'는 부고가 오니, 이로써 "약장은 곧 안장롱安葬籠이니라." 하신 상제님 말씀이 응험되었습니다.(11:25)

29일 아침에 김형렬 성도가 송찬오의 주막으로 가 수부님을 찾아 뵈니 수부님께서 김형렬을 위로하셨습니다. 이어 수부님께서 태인 도돔실 류응화에게서 족두리와 원삼을 빌려오게 하여 새롭게 단장하셨습니다. 수부님은 사인교를 타고, 약장과 모든 물건을 짐꾼에게 지워 앞세우고 원평을 떠나 대흥리로 돌아오셨습니다. 그 모습이 마치 신부가 농籠바리를 앞세우고 신행新行을 가는 것 같았습니다. 이로써 "약장은 곧 네 농바리가 되리라." 하신 상제님 말씀이 이루어졌습니다. 대흥리에 돌아오신 수부님이 약장과 기타 기물을 윗방에 봉안하시고 부벽시를 벽에 붙이고 약장 앞에서 치성致誠을 올리시니, "약장은 네 신주독神主櫝이니라." 하신 말씀도 그대로 실현되었습니다.(11:27)

상제님의 종통을 계승하신 수부님은 이로써 도운의 첫 씨를 뿌릴 준비를 모두 마치시고 정읍 대흥리에서 첫 교단을 여시게 됩니다.

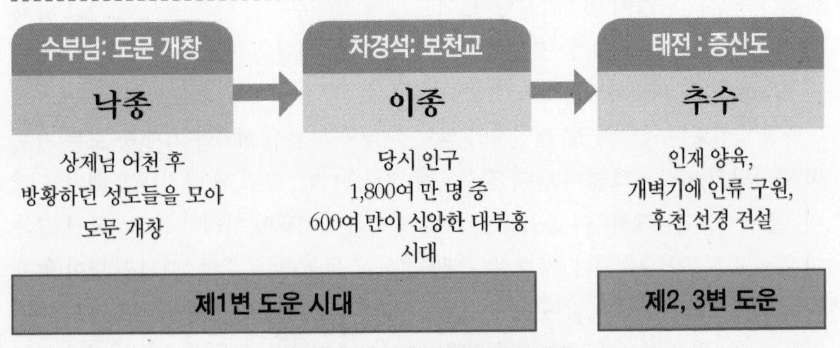

증산 상제님 도운의 개창과 전개 과정

제2절 제1변 도운 개창사 : 낙종과 이종 도운의 전개

태모 고 수부님께서 정읍 대흥리에서 도문을 열고 첫째 살림을 시작하심으로써 낙종 도수가 실현되었습니다. 그러나 차경석 성도의 배신과 욕심으로 오랜 세월 유폐에 가까운 생활을 하셔야만 했습니다. 수부님께서는 본소를 조종리로 옮겨 둘째 살림 시대를 여셨습니다. 고 수부님은 그곳에서 어머니 하느님으로서 '**10년 천지공사**(1926~1935)'를 **선언**하시고, 상제님의 천지공사가 실현될 수 있도록 정음정양의 새 질서를 천지에 질정하셨습니다. 그러나 조종리 신도들의 불의와 무지로 수부님은 다시 본소를 옮겨야 하셨고 이후 용화동에서 셋째 살림 시대를 개창하셨습니다. 그곳에서 22년에 걸친 세 살림 도수를 마치시고 옥체가 쇠약할 대로 쇠약해지신 수부님은 오성산으로 옮겨 은거하시며 10년 천지공사를 모두 마무리하시게 됩니다.

※ 수부님께 이르시기를 "내가 없으면 그 크나큰 **세 살림**을 어떻게 홀로 맡아서 처리하리오." 하시니 수부님께서는 다만 상제님께서 어느 외처에 출입하시겠다는 말씀으로 아시니라. (6:82)

1. 낙종 도운과 수부님의 세 살림

1) 제1변 도운의 개창(낙종 도운): 첫째 살림 정읍 대흥리 도장 [신해(1911) 10월 초~무오(1918) 10월 중순]

신해(1911)년 9월에 상제님의 성령 감응으로 대도통을 이루신 수부님은 그 다음 달 10월에, 정읍 대흥리 차경석 성도의 집을 본소本所로 정하시고 **포정소**布政所 **문을 열어 도장 개창을 선언**하셨습니다. 이로써 수부님의 첫째 교단 살림 시대가 열려 제1변 도운 가운데 '낙종 도운'이 시작되었습니다.

상제님 어천 이후 방황하던 성도들이 크게 발심發心하여 수부님 교단에 모여들자 수부님은 성도들로 하여금 각기 사방으로 다니며 포교에 힘쓰게 하셨습니다. 이때부터 상제님 무극대도의 포교 운동이 조직적으로 전개되어 3년 만에 전라남북도, 충청남도, 경상남도와 서남해의 모든 섬에 태을주 소리가 끊이지 않고 울려 퍼졌습니다. 이로써 도운의 씨가 이 땅에 뿌려지게 되었습니다.(11:28) 성도들이 이때 교명敎名을 무엇으로 정할지 여쭈자 수부님은 "천하를 통일하는 도인데 아직은 때가 이르니 '선도仙道'라고 하라." 명하셨습니다.(11:29)

수부님의 첫째 살림 - 정읍 대흥리 교단

● 정읍 대흥리[신해(1911) 10월 초~ 무오(1918) 9.21]

첫째 살림 후 : 김제 송산 마을 천종서 집[무오(1918) 9.21 ~ 무오(1918) 10월 중순]

신해 (1911)년	▸ 9월 20일, 수부님의 대도통, 낙종 · 이종 · 추수의 이치로 도맥을 선언하심. ▸ 9월 25일~29일, 어사 도수를 정하신 뒤 경석을 백마에 태우시고 수부님은 사인교를 타시고 행차하시어 약장과 궤, 약방 기구 일체를 가지고 돌아 오심. ▸ 10월 초, 상제님 성도들 소집 → 차경석 성도 집에 포정소 문을 열고 교단 개창을 선언하심. ▸ 3년 동안 전라남북도, 충청남도, 경상남도, 서남해 일대 섬까지 포교 운동이 조직적으로 전개.
을묘 (1915)년	▸ 상제님 성도들이 통사동 영모재에 모여 도통 공부를 함. ▸ 차경석 성도의 야심이 드러나기 시작하자, 성도들이 지방 신도들과 연계하여 따로 교단을 열기 시작 → 도운의 뿌리 분열 시대 열림.
병진 (1916)년	▸ 1915년 봄에 이어 이해 가을에 이치복 성도를 중심으로 본소 이전 운동이 일어났으나 두 차례 모두 실패. ▸ 차경석 성도, 동지에 24방주제를 조직하고 통교권 장악 → 수부님 처소 방문에 주렴珠簾을 걸고 '예문禮門'이라 하여 차경석 성도 허락 없이는 출입을 금지함.
정사 (1917)년	▸ 10월, 차경석 성도가 일제 감시를 피해 길을 떠남.
무오 (1918)년	▸ 9월 21일, 상제님 성탄치성 봉행 후 수부님께서 첫째 살림을 마무리하심. ▸ 9월 21일, 수부님께서 김제 송산 마을 천종서의 집으로 거처를 옮기심.

을묘(1915)년에 김형렬 성도가 신안이 열려 신명을 부리고 풍운조화를 짓는다는 사실이 전해지자 다른 성도들도 신력神力을 통하고 싶어 통사동通司洞에 있는 영모재永慕齋에 모여 함께 도통 공부에 들어갔습니다. 이때 참석한 사람은 박공우, 김경학, 김광찬, 문공신 성도 등 20여 명이었습니다. 얼마 후에 박공우 성도의 당질이며 훗날 원불교 교조가 되는 박중빈朴重彬[3]도 이 자리에 참석하게 되었습니다. 그러나 공부하는 도

3 박중빈朴重彬 | 원불교의 창시자인 소태산 박중빈(少太山 朴重彬, 1891~1943)은 전남 영광군 길룡리 출생으로 박공우 성도는 그의 당숙(堂叔, 5촌 아저씨)이었다. 이런 인연으로 그는 상제님 어천 후 당시 원평에 살던 박공우 성도로부터 상제님의 신성하심을 많이 전해 듣고 태모님의 대흥리 도장 시절부터 상제님을 돈독하게 신앙하고 금산사 미륵전을 오가며 참배하였다. 그는 대흥리 도장 시절에 신앙한 지방 조직의 조직원이었고(원광대 원로 교수의 증언), 그 후 보천교 간부 임경호의 12임 중의 한 사람이었다.(전북대 이강오 교수의 증언) 1915년 통사동 영모재永慕齋에서 박공우, 김경학 등 20여 명이 모여 도통 공부를 할 때 당숙인 박공우 성도에게 간절히 청하여 그 자리에 참석하였으나 뜻밖에 김광찬의 광기

중에, 김광찬 성도가 광기狂氣 발동으로 주먹을 휘두르며 난동을 부리자 이를 본 성도들이 도통 공부에 회의를 품고 모두 흩어져 버렸습니다.

한편 수부님이 여신 도문은 삼남(전라·충청·경상도)을 중심으로 교세가 날로 커져 갔습니다. 그런데 차경석 성도가 도욕이 앞서, 혈통으로는 이종 누님이고 법통法統으로는 도道의 스승인 수부님을 배반하고 교권을 자신에게 집중시켰습니다. 차경석 성도는 교권을 움켜쥐고자, 수부님과 신도 사이를 이간하여 인맥을 끊었습니다. 또 수부님이 거처하시는 처소 방문에 주렴珠簾을 걸고 '예문禮門'이라 하여 자신의 허락 없이는 누구도 출입을 못하게 하였습니다. 그리고 자신의 아내 이씨李氏에게 수부님 시중을 들게 했습니다. 이러한 행위는 겉으로 태모님을 높이는 체하면서 실제로는 성도들이 태모님을 알현하는 길을 막기 위한 것이었습니다. 차경석 성도의 야심을 간파한 성도들은 분개하여 더러 도문道門을 하직하고, 지방 신도들과 연락하여 따로 교단敎團을 세우기도 했습니다.(11:37) 이때 이치복 성도를 비롯한 몇몇 신도들이 본소를 옮기려는 운동을 벌였는데, 차경석 성도의 방해로 저지되었습니다.(11:38)

이후로 도장에 신도들의 자취가 끊어지고 오직 차경석 성도가 자신의 아우들과 더불어 수부님을 모시게 되었습니다.(11:39)

이로부터 상제님께서 공사 보신 도운 개창의 도수대로 '판안 난법' 도운이 초장봉기지세(6:106)로 벌어져 나가기 시작했습니다. 차경석 성도의 교단(후에 보천교普天敎라 함)을 시작으로, 김형렬, 김자현, 김갑칠 성도의 미륵불교, 안내성 성도의 증산대도교甑山大道敎, 이치복 성도의 제화교濟化敎(삼덕교三德敎의 모체), 박공우 성도의 태을교太乙敎, 문공신 성도의 고부파, 김광찬 성도의 도리원파桃李園派, 김병선 성도 교단 등 여러 교파가 분립하여 **뿌리 도운의 분열 시대**가 열려 나갔습니다.(11:40)

2) 둘째 살림: 김제 조종리 교단 [무오(1918) 10월 중순~기사(1929) 9.21]

정읍 대흥리에서 시작된 수부님의 첫째 살림은 무오년에 봉행한 상제님 성탄치성을 끝으로 마무리되었습니다. 차경석 성도가 통교권統敎權을 장악한 병진(1916)년 동지 이후, 수부님은 신도들을 만나지 못하여 답답한 심정으로 세월을 보내야만 하셨습니다. 2년 뒤인 무오년 9월 19일에 수부님은 모든 일을 정리하시고, 이틀 뒤 21일

로 인하여 성도들이 모두 흩어져 돌아가고 박중빈도 뜻을 이루지 못했다. 그 후 1928년 금산면 청도리 귀신사歸信寺에서 수도하고 있던 박중빈을 만난 채경대(蔡慶大, 인도교人道敎 창교주)는 이 때 박중빈이 말하기를 "중노릇 하기 위하여 불경 공부佛經工夫를 하는 것이 아니라 증산 신성甑山神聖의 사업을 하기 위함입니다."(『범증산교사』 445)라고 하였다 한다. 그는 일본 제국주의의 민족종교 탄압으로 인해 불교 쪽으로 기울었지만 오늘날 원불교의 교리를 살펴보면 용어만 다를 뿐이지 상제님 진리의 핵심이 그대로 들어있음을 알 수 있다.

새벽에 김제군 공덕면 공덕리孔德里 송산松山 마을 천종서의 집으로 거처를 임시로 옮기셨습니다.(11:44)

10월 중순에 김제군 백산면 조종리祖宗里에 사는 강응칠姜應七, 강사성姜四星, 강원섭姜元聶 등 강씨 신도들이 수부님을 모시고자 종서의 집으로 찾아왔습니다. 강씨 신도들이 수부님의 거처를 옮기기로 종서와 합의하자 수부님께서는 "다른 것은 없고 다만 성씨姓氏 하나 보고 가노라." 하시며 허락하셨습니다.(11:46) 이후 강응칠과 강사성을 비롯한 열두 사람이 성의껏 성금 700원을 마련하여 동짓달 11일에 성전 건축을 시작하였습니다. 이듬해 기미(1919)년 윤7월 18일에 여섯 칸 겹집 전퇴의 성전이 완공되었습니다. 이날 수부님께서 중조中祖 마을의 새 성전으로 옮기심에 따라 수부님의 둘째 살림이 본격화되었습니다.

수부님은 성도 두어 사람과 더불어 도장에서 생활하시며 소작 논 스물네 마지기 농사 일을 감독하시고 한 달에 한두 번 치성을 올리시며 한가로이 수행을 하셨습니다. 늘 새벽닭이 울고 난 뒤에 주문을 읽으시는데 그 소리가 낭랑하면서도 쩌렁쩌렁하여 건너편 원조元祖 마을까지 들렸다고 합니다.(11:50)

(1) 10년 천지공사의 시작을 선언하심 | 수부님께서 대흥리에서 조종리로 오신 지 9년째 되던 병인(1926)년 3월 5일에, 여러 성도를 조종리 도장에 불러 모으셨습니다. 천지뭇 생명과 억조창생의 어머니이신 수부님께서는 "이제부터는 천지가 다 알게 내치는 도수인 고로 천지공사天地公事를 시행하겠노라." 하시고 "건乾 십수十數의 증산 상제님께서는 9년 공사요, 곤坤 구수九數의 나는 10년 공사이니 내가 너희 아버지보다 한 도수가 더 있느니라." 하시며 **'10년 천지공사(1926~1935)'의 시작을 선언하셨습니다.**(11:76)

❋ 상제님의 천지공사는 낳는 일이요, 나의 천지공사는 키우는 일이니라. (11:99)

이해 4월 초파일 치성 전날 저녁, 수부님께서 마당 중앙에 단을 쌓고 청수를 한 동이 길어다 놓게 하신 다음, 오색 깃발을 세우게 하신 뒤에 공사를 보셨습니다. 수부님

천종서 성도의 집(좌)**과 조종리 중조마을 도장 주변 전경**(우)

이우인李愚仁(1930~2007) | 수부님께서 공사의 증언자로 선언하신 전선필 성도를 직접 만나, 수부님의 성언과 성적을 총체적으로 전해 들었다. 후에 그 내용을 10년에 걸쳐 상세히 증언하였다. 수부님의 칠성 도수와 관련된 성구 내용도 이우인 성도가 증언하였다.

은 풍운조화를 일으키시다가 문득 점잖게 서 있는 고찬홍高贊弘 성도를 불러 당신님의 옷을 갈아입히라는 명을 내리셨습니다. 이에 어찌할 바를 모르는 고찬홍을 확 잡아당기시니 갓이 당신의 하초下焦에 부딪혀 부서졌습니다. 수부님은 민망스러워하는 고찬홍 성도와 대중을 향해 큰 소리로 "야~ 이놈들아! 너희가 다 내 밑구녕에서 나왔다. 천하가 다 내 밑구녕에서 나왔다, 이놈들아!"라고 말씀하시며, 당신을 온 인류의 어머니로 부르도록 천지에 선포하셨습니다.(11:93)

그해 어느 날 수부님께서 고민환高旻煥을 수석 성도로 세우시고 **칠성용정 공사**七星用政公事를 보셨습니다.

❋ 태모님께서 강응칠姜應七에게 명하여 "네가 입는 갓과 도포를 가지고 오라." 하시어 남장男裝을 하시더니 다시 민환에게 "네가 입는 의관을 가져오라." 하시어 그 옷으로 갈아입으시

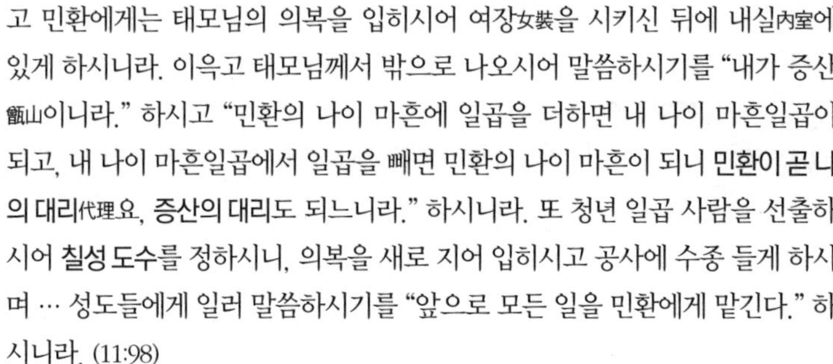

고 민환에게는 태모님의 의복을 입히시어 여장女裝을 시키신 뒤에 내실內室에 있게 하시니라. 이윽고 태모님께서 밖으로 나오시어 말씀하시기를 "내가 증산甑山이니라." 하시고 "민환의 나이 마흔에 일곱을 더하면 내 나이 마흔일곱이 되고, 내 나이 마흔일곱에서 일곱을 빼면 민환의 나이 마흔이 되니 **민환이 곧 나의 대리**代理요, **증산의 대리**도 되느니라." 하시니라. 또 청년 일곱 사람을 선출하시어 **칠성 도수**를 정하시니, 의복을 새로 지어 입히시고 공사에 수종 들게 하시며 … 성도들에게 일러 말씀하시기를 "앞으로 모든 일을 민환에게 맡긴다." 하시니라. (11:98)

❋ 칠성 공사는 후천 인간을 내는 공사요, 낳아서 키우는 공사니라. 후천 기운은 사람을 키우는 칠성 도수七星度數이니, 앞세상은 칠성으로 돌아가느니라. (11:99)

수부님께서는 칠성 도수로써 10년 천지공사의 문을 여셨습니다. 칠성 도수는 **칠성의 조화성령 기운을 받아 선천 인간을 후천 가을인간으로 낳아 기르는 도수**입니다. 이 도수에 따라 장차 제3변 도운에서 상제님 일을 매듭짓는 지도자와 일꾼이 나와서 가을 대개벽기에 육임 의통 구호대를 조직하게 됩니다. 육임 구호대가 세상과 인류를 구원하고 선천 역사를 종결하여 후천 가을의 조화 선 문명을 열어 나감으로써 칠성 도수가 완결됩니다.

(2) 도체 조직 공사와 종통 도맥 전수의 숙구지 공사 | 정읍 대흥리에서 도운의 씨앗을

뿌리신(낙종 도운, 첫째 살림) 수부님께서는 이후 조종리로 장소를 옮겨 나머지 도수를 맡아 보시며, 장차 추수 도운에서 대두목이 상제님 진리를 정립하고 일꾼 양육을 통해 도성덕립을 성취할 수 있도록 어머니 하느님으로서 천지공사를 집행하셨습니다.

병인(1926)년에 수부님은 상제님의 무극대도를 세상에 뿌리내려 **육임 의통구호대의 조직 틀을 짜는 도체道體 조직 공사**를 행하셨습니다.

수부님의 둘째 살림 - 김제 조종리 교단

- 김제 중조 마을 오두막집[무오(1918) 10월 중순~무오(1918) 11월 중순]
- 김제 하조 마을 강응칠 집[무오(1918) 11월 중순~기미(1919) 윤7.18]
- 김제 중조 마을 도장[기미(1919) 윤7.18~기사(1929) 9.21]

무오년 (1918)	▸ 10월 중순, 강씨 신도들이 송산 마을 천종서의 집으로 찾아와 수부님을 모시기를 여러 차례 청함에 "성씨 하나 보고 가노라." 하시며 허락 → 중조 마을 오두막집에 임시로 거처를 정하여 머무르시고, 한 달 뒤 하조 마을 강응칠의 집으로 옮기심. ▸ 11월 11일, 강응칠·강사성 등 12명이 낸 성금 700원으로 김제 중조 마을에 성전 건축 착공. ▸ 제주 신도 문인택이 성금 10만여 원을 갖고 나오다가 목포항에서 발각되자, 대흥리 교단에서 수부님께 모든 것을 떠넘김 → 수부님께서 대속하시어 38일간(11.25~1919.1.3) 옥고를 치르심(11:49).
기미년 (1919)	▸ 윤7월 18일, 여섯 칸 겹집 전퇴 성전 완공 → 수부님이 새 성전으로 옮겨 가심으로써 둘째 살림 교단 본격화됨.
병인년 (1926)	▸ 3월 5일, 조종리 도장에서 10년 천지공사의 시작을 선언하심. ▸ 칠성용정 공사 후, 본격적으로 10년 천지공사를 집행하심. ▸ 도체 조직 공사를 보심.
무진년 (1928)	▸ 1월 3일, 화백 김옥현金玉鉉에게 상제님 어진御眞을 그리게 하심 → 화법이 졸렬하여 3월에 정산定山 채용신蔡龍臣을 불러 다시 그리게 하심 → 3월 26일 태모님 성탄절에 어진 봉안. ▸ 5월, 수부님께서 간부 조직 개편 → 강씨 신도들, 소작답을 끊고 도장 운영을 방해. ▸ 9월, 대두목을 깨우는 숙구지 공사를 행하심.
기사년 (1929)	▸ 강응칠, 조종리 도장을 저당 → 도집 재판 사건 발생. ▸ 9월 19일, 상제님 성탄치성 봉행. ▸ 9월 21일, 순흥 안씨 집성촌 정읍 왕심리로 옮겨 가심.

도체는 '천지일월의 성령을 받아 상제님의 마음과 하나 되어, 상제님의 도권을 쓰는 '도의 주체' 세력을 말합니다. 상제님 일꾼은 육임 조직을 완수하고 의통성업을 집행하면서 도체의 심법을 온전히 전수받게 됩니다(제10장 참고).

수부님께서는 도체 조직의 구성 단위를 육임, 팔봉, 십이임, 이십사임으로 정하고 각기 그 아래에 다시 6명, 8명, 12명, 24명을 배정하셨습니다. 총 36명(6×6), 64명(8×8), 144명(12×12), 576명(24×24)으로 이루어진 도체 조직을 짜신 것입니다.

❋ 하루는 태모님께서 치성을 봉행하신 뒤에 "**육임**六任 **도수**를 보리라." 하시고 **도체**道體 **조직 공사**를 행하시니 이러하니라. 동서남북 네 방위에 인원을 정하시어 동쪽은 청색, 서쪽은 백색, 남쪽은 적색, 북쪽은 흑색으로 큰 깃발을 세우게 하시고 깃대 앞에는 책임자를 맡겨 세우시며 중앙에는 황룡기黃龍旗를 세우신 뒤에 그 앞에 층으로 단을 높게 설치하신 다음 태모님께서 윷판을 그려 놓으시고 그 위에 정좌하며… 성도 50명을 선출하여 사정방四正方을 임명하시고, 각각 **육임**六任, **팔봉**八奉, **십이임**十二任, **이십사임**二十四任을 선정하시어 동쪽 기旗에 육임, 서쪽 기旗에 팔봉, 남쪽 기旗에 십이임, 북쪽 기旗에 이십사임을 일렬로 세우신 다음 그 나머지 인원은 육임 아래에 여섯 명씩 배정하니 36명이요 팔봉 아래에 여덟 명씩 배정하니 64명이요 십이임 아래에 열두 명씩 배정하니 144명이요 이십사임 아래에 스물네 명씩 배정하니 576명이요 고민환高旻煥과 강원섭姜元聶은 태모님을 모시고 중앙에 서니라. 태모님께서 말씀하시기를 "이 다음에 수백만의 인원이면, 그 본줄기 되는 인원만 일정한 규칙을 정하여 나아갈진대 세계 민족을 포섭하리라." 하시고 이로부터 사정방의 육임, 팔봉, 십이임, 이십사임과 그 하단 조직으로 포교 운동을 일으키시니 도세가 크게 일어나기 시작하니라. (11:126)

이처럼 상제님 진법을 여는 도체 조직을 인사 도수로 구체화하심에 따라 장차 육임 도군 조직이 현실 역사 속에서 지구촌을 상제님의 무극대도로 통일하게 됩니다. '일정한 규칙을 정하여 조직을 짜 나가면 세계 민족을 모두 포섭할 수 있다'는 수부님 말씀 그대로, 장차 수백만 명의 일꾼이 들어오면 육임, 팔봉, 십이임, 이십사임의 도체 조직 속에서 일사분란하게 그 사명을 다하게 됩니다.

2년 뒤인 무진(1928)년 1월 3일, 수부님께서 화백 김옥현金玉鉉을 시켜 처음으로 상제님 어진御眞을 그리게 하셨습니다. 그러나 화법이 졸렬하여 제대로 그려 내지 못하자 3월에는 당시 조선에서 가장 유명한 정산定山 채용신蔡龍臣을 불러 다시 그리게 하셨습니다. 태모님께서 어진을 세 번 감수하신 끝에 3월 26일 태모님 성탄절에 봉안하셨습니다.(11:184~185) 상제님께서는 일찍이 당신의 어진 봉안 공사를 처결하신 바 있습니다.(6:102)

이해 9월에는 수부님께서 태인 숙구지로 행차하셔서 추수관秋收官으로 오실 **대두목을 깨우는 숙구지宿狗地 공사**를 집행 하셨습니다.

※ 태모님께서 종종 성도들에게 말씀하시기를 "자던 개가 일어나면 산 호랑이를 쫓느니라." 하시고 여러 차례 절실히 말씀하시기를 "내가 **숙구지宿狗地 공사**를 보아야 하느니라." 하시더니 9월에 이르러 "이제 때가 멀지 않으니 자는 개를 깨워야겠다." 하시며 성도 수십 명을 거느리고 태인 숙구지로 행차하시어 공사를 행하시니라. 이 때 마포麻布로 일꾼들 여름살이 30벌을 지어 동네 머슴사는 사람들에게 입히신 후에 통桶 하나에 고깃국을 담고 밥을 잘 말아 뜰 앞에 놓으며 말씀하시기를 "많이 먹으라." 하시고 "**이제 잠든 개를 깨웠으니 염려는 없다.**" 하시니라. (11:215)

상씨름판의 추수 도운을 일으켜 장차 마지막 상씨름판 과정에서 판몰이의 기틀을 마련하는 대두목을 수부님은 '잠자는 개(壬戌)'로 비유하여 말씀하셨습니다. '잠자는 개'는 천지의 1태극수 물 기운을 갖고 오는 바로 술戌생의 대두목을 가리킵니다(제5절의 '수원 나그네' 참고).

(3) 상제님과 수부님의 말씀 성편成篇 공사 | 둘째 살림 시대에 수부님은 상제님과 당신님의 말씀을 성편하는 공사를 보셨습니다.

기사(1929)년 6월에 이상호가 『대순전경大巡典經』을 간행하자, 고찬홍 성도가 수부님께 올렸습니다. 수부님은 바닥에 놓인 책을 담뱃대로 휙 밀쳐 버리시고, "운장雲長과

숙구지 마을 전경

진묵震默은 나의 보필이니 상제님과 나의 사략史略을 편찬할 사람은 진묵밖에 없느니라."라고 말씀하셨습니다.(11:244)

『대순전경』은 종통에 대해 고의로 제대로 드러내지 않았습니다. 태모님이 상제님의 종통 대권 계승자임에도 불구하고 고부인이란 호칭을 쓰면서 종통을 숨기고 왜곡했습니다. 천상에서 상제님과 태모님 행적을 편찬하는 일을 주관하는 문명신은 진묵 대성사입니다. 천상에서 역사하는 진묵 대성사의 도움으로 제3변 추수 도운에서 상제님과 수부님의 천지공사 내용과 말씀을 집대성함으로써 도道의 원전原典을 성편하게 됩니다. 수부님께서는 또 "때가 되면 **상제님과 나의 사략史略을 편찬할 사람**이 판밖에서 나오느니라."(11:312)라고 말씀하셨습니다.

3) 셋째 살림으로 넘어가는 과도기: 왕심리 도장 [기사(1929) 9.21~신미(1931) 11.15]

(1) 본소를 왕심리로 옮기심[4] | 수부님께서는 병인(1926)년에 칠성용정 공사를 보신 뒤로 고민환 성도에게 도무를 위임하셨습니다. 이에 강응칠과 강사성을 비롯한 몇몇 조종리 강씨 신도는 친목단을 조직하고 그동안 자신들의 공로와 신앙 경륜을 내세우며 불만을 토로하였습니다. 무진(1928)년 5월에 이르러 수부님께서 간부 조직을 개편하시자 이들은 노골적으로 반동을 하고 강응칠은 아예 도문을 떠나 버렸습니다. 강씨 신도들은 도장에서 10여 년 동안 부쳐 오던 소작 답 24두락마저 끊고 갖은 공작을 하며 도장 운영을 방해하였습니다. 이후 기사(1929)년에는 강응칠이, 수부님이 거처하시는 조종리 도장을 자의로 팔아 버림으로써 이른바 **'도집 재판 사건'**[5]이 발생하게 됩니다.

조종리 강씨 신도들의 방해로 전국 각지에서 왕래하던 신도들의 발길은 대부분 끊어졌습니다. 수부님께서는 강씨 신도들의 불의에 크게 진노하셨으나, 그 뒤 9월 18일경에 이르러 "인간의 원한이나 신명의 원한이 동일하니 할 수 없는 일이로다."라고

4 수부님께서 왕심리로 본소를 옮기신 배경은 조종리 강씨 신도들의 도를 넘는 불의와, 보천교 신도들의 아사餓死와 굶주림 때문이었다. 이러한 현실적인 상황의 이면에는 천지공사의 도수 섭리가 함께 작용하고 있다. 즉 추수 도운의 앞길을 여시기 위해서 순흥 안씨 집성촌인 왕심리로 옮겨 가신 것이다. 이후 안운산 태상종도사님이 추수판 도운을 여시어 대부흥의 시운을 맞게 된다.

5 **도집 재판 사건** | 강응칠이 신앙을 하다가 가산家産이 바닥나자 불만을 품고 조종리 도장을 저당 잡혔다. 이에 도장 성도들이 응칠의 채무를 대신 갚아 주었으나 응칠은 그 아래 오두막집 주인에게 도장을 팔아 버렸다. 오두막집 주인이 태모님께 도장을 내어 줄 것을 요구하였으나 태모님께서 크게 노하시며 응하지 않으시자 오두막집 주인이 전주 지법에 고소하였다. 도장은 여러 신도가 공동 모금으로 건축한 것이라, 결국 응칠이 패소하였고 도장 건물의 문서상의 소유자로 되어 있던 그 아들 대용이 6개월 징역형을 살았다.(아들 대용의 이름으로 된 도장을 저당 잡혔으므로 당사자인 대용이 형을 살게 된 것이다.)

말씀하시며 정읍으로 이사하실 뜻을 밝히셨습니다.

수부님은 9월 19일에 상제님 성탄치성을 봉행하시고, 21일에 조종리를 떠나 순흥 안씨順興安氏의 집성촌인 정읍 왕심리旺尋里로 옮겨 가셨습니다. 11년 전에 수부님께서 정읍 대흥리를 떠나시던 날 역시 9월 21일이었습니다. 수부님은 오직 담뱃대 하나만 들고 몇몇 성도들과 함께 상제님 어진을 모시고 가셨는데 당시 강사성, 강응칠 등 강씨 신도들은 그림자도 보이지 않았습니다.(11:207, 269, 271)

수 년 전에 수부님께서는 강씨 신도들의 불의함을 아시고 경계하신 바 있습니다. 일찍이 무오(1918)년에 유일태劉一太 성도가 수부님을 찾아뵈었을 때, 수부님께서 간밤 꿈의 일을 물으셨습니다. 유일태 성도가 "상제님께서 새우젓 세 단지를 주시며 '한 단지는 천종서千宗瑞를 주고, 한 단지는 강사성을 주어라' 하셨습니다." 라고 아뢰자, 수부님께서 "새우젓과 같이 오장五臟이 곯도록 썩어야 하느니라."라고 말씀하셨습니다.(11:43) 이는 천종서와 강사성이 무진년에 수부님을 배신할 것을 말씀하신 것입니다. 강씨 신도들이 도장에서 부치던 소작 답을 떼어 버릴 때 천종서도 이 일에 동조하였습니다.

왕심리로 거처를 옮기신 수부님은 모든 원혼신寃魂神을 해원시키는 공사를 보시느라 친히 병고를 겪으셨습니다. 이 공사로 어깨에 커다란 박만 한 종기가 나 증세가 위중해지자 고민환 성도가 종기를 터뜨리고 약을 써서 사나흘 만에 완쾌되셨습니다.(11:276)

무진(1928)에서 기사(1929)년 사이에는 지방의 보천교 신도들이 대흥리와 그 부근 마을로 대거 이사하였습니다. 그전부터 교단에서 이주자의 자립경제를 위해 직물 공장을 운영해 왔으나, 갑자기 늘어난 수천 가구의 생계를 감당할 수 없었습니다. 차경

정읍 왕심리 전경

석 성도가 신도들을 구제하려는 목적으로 벽곡辟穀을 장려하였으나 오히려 독毒과 기아飢餓로 죽는 사람이 속출했습니다. 벽곡은 본래 도가에서 신선이 되기 위해 곡식을 먹지 않고 솔잎, 대추 등을 아주 조금씩 먹는 양생법입니다. 보천교 신도들이 굶주림을 참다 못해 왕심리에 계신 수부님께 찾아와 배고픔을 호소하자 수부님은 그들을 모두 거두어 구제하셨습니다. 매일 수십 명씩 와서 굶주림을 호소하는데 그 당시 왕심리 도장에 왕래하는 보천교 신도가 무려 일만 명을 넘었습니다.(11:274) 신미(1931)년 정월 18일에는 세 명의 성도에게 대흥리에 싸전을 운영하게 하시어 굶주리는 보천교인들이 끼니를 이을 수 있게 하시고, 또 굶어서 죽은 순교자들을 해원시키기 위해 치성을 올리게 하셨습니다.(11:294)

경오(1930)년 정월 초사흗날에 고사치성告祀致誠을 마치신 수부님은 모인 성도들에게 "참사람이 어디 있느냐. 참사람을 만나야 하리니 춘하추동 사시절에 일시라도 변치 말고 성경신 석 자로 닦으면서 진심으로 고대하면 참사람을 만나리라." 라고 말씀하셨습니다.(11:277)

(2) 용화동으로 옮기신 배경 | 왕심리로 옮기신 이듬해인 경오(1930)년부터 여러 차례 사람을 보내 수부님을 시봉할 뜻을 밝힌 인물이 있었습니다. 그는 일찍이 보천교 간부로 있다가 사직한 후, 동화교東華教를 연 이상호李祥昊(1888~1966)입니다. 수부님은 그의 뜻을 받아 주지 않으셨습니다. 그러자 이상호는 신미(1931)년 7월 29일에 간부 조학구趙鶴九와 더불어 직접 찾아왔습니다. "제가 듣기로는 천사天師[6]께서 사모님께 세 살림에 관하여 말씀을 하시고 또 여러 성도들에게 '용화동이 나의 기지라' 하셨다 하므로 제가 무진년 동지에 여러 교우들과 함께 용화동에서 동화교를 창건하고 이듬해 기사년 3월 16일에『대순전경』을 편찬하여 진법眞法의 기초를 정하고 때가 돌아오기를 기다렸더니 이제 천사의 회갑을 당하매 비로소 사모님께서 세 살림을 차릴 도수가 된 듯하오니 청컨대 사모님께서 용화동으로 본소를 옮기심이 옳을까 하옵니다." 라고 하였습니다.

이 말을 들은 고민환 성도가 이 일은 세 살림 도수의 도국 변천道局變遷이라 생각하여, 수부님께 용화동으로 거처를 옮기길 것을 여러 차례 간곡히 청했습니다. 이에 수부님께서 할 수 없이 허락하시고 "먼저 상제님 성탄절에 영정을 모시고 용화동에 가서 회갑치성을 올리고 그 뒤에 기회를 보아 본소를 용화동으로 옮기리라." 라고 말씀하셨습니다.(11:306)

---

6 천사天師 |『대순전경』에서 이상호는 상제님에 대한 호칭을 '천상의 스승'이란 뜻으로 '천사天師'라 기록하고 있다. 상제문화의 전통과 역사에 어두운 이상호의 한계를 드러낸다. 이로써 진리를 있는 그대로 드러내지 못하고 왜곡하여 후일 난법자들이 고개를 쳐들 수 있는 길을 열어 놓게 된 것이다.

9월 보름날 이상호는 수부님을 모시려고 왕심리로 임경호林敬鎬와 이성영李成英(1895~1968)을 보냈습니다. 수부님은 성도 10여 명과 함께 상제님 어진을 모시고 용화동으로 가시어 19일 새벽에 회갑치성을 올리셨습니다. 그리고 약 두 달 뒤 동지치성을 기해 왕심리 일을 정리하고 용화동으로 이사하실 것을 선포하셨습니다.(11:307, 309)

4) 셋째 살림: 김제 용화동 교단[신미(1931) 11.15~계유(1933) 11.5]

(1) 이상호 형제의 야심 | 수부님께서는 신미(1931)년 동지 전날에 용화동으로 이사하시고 다음 날 새벽에 동지치성을 봉행하셨습니다. 그리고 도장 조직을 새롭게 구성하심으로써 수부님의 셋째 살림이 시작되었습니다.(11:314)

새로 발족한 조직에 맞춰 모든 일을 정돈하신 수부님께서는 "두어 달 동안 일을 보고 돌아오리라." 하시고 다시 왕심리로 가셨습니다. 이듬해 임신(1932)년 3월 20일에 마침내 용화동으로 돌아오시어 새로 지은 집에서 공사를 행하시고 도장 살림을 주재하셨습니다.

그런데 얼마 지나지 않아 이상호를 주축으로 한 용화동 신도들이 수부님의 가르침을 받들지 않고 제멋대로 행동하기 시작했습니다. 그들은 수부님의 위격을 알지 못할 뿐 아니라 유교 의식에 사로잡혀 수부님이 행하시는 신정神政 공사를 결코 이해할 수 없었던 것입니다. 이에 김수열 성도와 전선필 성도는 이상호를 불량한 사람이라 여기고 용화동을 떠나 각자 집으로 돌아가 버렸습니다. 이상호, 이성영 형제가 수부님을 모신 본래 의도는 자신들의 정통성을 확보하고 수부님의 신권을 등에 업고 교세를 확장하려는 것이었습니다. 그런데 막상 모시고 보니, 수부님이 신도神道로써 행하시는 천지공사와 언행을 이해할 수 없었고 무당짓으로만 여겨졌습니다. 이상호와 이성영은 수부님의 행동이 외부에 알려져 교단의 품위가 떨어질 것을 우려한 나머지 수부님을 고립시켰습니다. 수부님은 용화동 신도들의 불의로 말미암아 고립된 생활을 하시면서도 천하 창생의 죄를 대속하시느라 당신의 건강을 돌보지 못하여 옥체가 점점 쇠약해지셨습니다.(11:356)

용화동 교단은 조종리 도장에서 온 신도들과 동화교 출신 신도들로 이루어져 있었습니다. 그런데 양측 신도들의 신앙 의식이 크게 달라서 교리 해석과 도장 운영 방식이 맞지 않았습니다. 조종리에서 온 신도들이 떠난 뒤 도장은 쇠퇴하여 마침내 사람의 그림자조차 찾아볼 수 없는 지경이 되고 말았습니다.(11:363)

수부님께서 모든 일을 고민환 성도와 상의하여 처리하시자 이를 시기하던 이상호는 심지어 고민환 성도를 해치려 하였고 이러한 사실을 아신 수부님은 고민환을 늘 당신 곁에 붙어 있게 하셨습니다.

그러던 어느 날 고민환 성도는 "슬프도다! 교인들이 어머님의 신도를 이해하지 못하고 하나같이 허례를 일삼으며 또한 생명을 다루는 도업을 앞에 두고 장난삼아 망동하니 어찌 이것이 사람을 살리는 천하사 일꾼의 자세라 할 수 있으리오."라며 탄식하였습니다. 고민환 성도는 비통과 의분을 참지 못하고 용화동 도장 출범 이후 떨어져 나간 신도들을 모아 다른 방도를 찾으리라 생각하고, 한편으로 이상호 측에게 위해危害를 당할까 두려워 한밤중에 도장을 빠져나와 고향 옥구로 돌아갔습니다. 그 후 고민환 성도는 떨어져 나간 신도들을 일일이 방문하며 교단 재건립 운동을 추진하였습니다. 옥구군 옥산면 남내리沃溝郡 玉山面 南內里 지재 마을 문영희文榮喜의 집에 임시 연락처를 정하고 도체道體 조직 작업을 진행해 나갔습니다.(11:327)

임신(1932)년에 옥구로 돌아간 고민환 성도는 도체를 조직하고, 옥구군 성산면 오성산五聖山에 기지基址를 정하였습니다. 고민환 성도는 그해 가을부터 다섯 칸 겹집 전퇴의 도장 건물을 짓기 시작하지만 재정난에 부딪혀 중단하게 되었습니다. 다음해 계유(1933)년에 고민환 성도와 뜻을 같이하는 문명수와 이중진이 수부님을 찾아 뵈니 수부님께서는 오성산에서 동지치성을 봉행할 것이라 말씀하시며 오성산 도장의 완공을 재촉하셨습니다. 이에 이진묵이 자신의 집을 팔아 비용을 충당하여 공사를 속행하였지만 동지절까지 시간이 촉박하여 이에 수부님이 거처하실 큰 방 하나만 정리하여 모셨습니다. 도장은 이듬해 갑술(1934)년에 비로소 완공되었습니다.(11:364)

(2) 용봉기龍鳳旗 공사로 종통 맥 전수 | 수부님께서는 오성산으로 떠나시기 얼마 전 **당신의 도업을 이어받을 추수 도운의 주인공이 용화동을 발판으로 하여 일어날 것을 공사로 처결하셨습니다.**

※ 태모님께서 용화동에 계실 때 천지에서 신도가 크게 내리매 여러 차례 용봉龍鳳을 그려 깃대에 매달아 놓으시고 공사를 행하시더니 용화동을 떠나시기 얼마 전에 다시 **용봉기龍鳳旗**를 꽂아 두시고 이상호에게 이르시기를 "**일후에 사람이 나면 용봉기를 꽂아 놓고 잘 맞이해야 하느니라.**" 하시고 "용봉기를 꼭 꽂아 두라." 하시며 다짐을 받으시니라. (11:365)

'용봉기龍鳳旗'는 상제님 도업을 성사시키는 두 인물을 상징합니다. 이 두 인물을 상제님은 '용화동 계룡봉'에 비유하셨습니다. 계룡봉에서 계鷄는 봉황[鳳]을 뜻하므로, 두 지도자를 용과 봉으로 상징하여 말씀해 주신 것입니다.

※ 하루는 공우를 데리고 **용화동龍華洞**을 지나며 이르시기를 "이곳이 곧 용화도장이라. 이 뒤에 **이곳에서 사람이 나서거든** 부디 정분을 두고 지내라." 하시니라.

정읍 왕심리 도장 [기사(1929) 9.21 ~ 신미(1931) 11.15]

수부님의 셋째 살림 - 김제 용화동 교단

● 신미(1931) 11.15 ~ 계유(1933) 11.5

오성산 도장 [계유(1933) 11.5 ~ 을해(1935) 10.6]

※태모님께서 용화동으로 이사하신 날짜는 1931년 11월 14일이지만 다음 날 동지치성을 봉행하시고 다시 왕심리로 돌아가셨다가 다음 해 1932년 3월 20일에야 다시 용화동으로 가셨다. 왕심리에 처음 가신 1929년 9월 21부터 1932년 3월 20까지 줄곧 왕심리에 머무셨고 이 기간 중 1931년 9월 17일~19일(상제님 회갑치성)과 1931년 11월 14~15일(동지치성)에 치성을 봉행하시기 위해 용화동에 머무르셨다.

기사년 (1929)	▸ 9월 21일, 신도 7~8명과 김제역으로 가시어 기차로 왕심리 도장에 가심(11:272).
경오년 (1930)	▸ 이상호가 문을 연 동화교에서 수부님을 모시겠다는 뜻을 여러 차례 밝힘.
신미년 (1931)	▸ 정월 18일, 대흥리에 싸전을 열어 기아에 허덕이는 보천교 신도의 끼니를 잇게 해 주심. ▸ 7월 29일, 이상호가 간부 조학구와 함께 직접 찾아와 용화동으로 옮기실 것을 간청함. ▸ 9월 보름, 임경호, 이성영이 왕심리로 옴 → 수부님께서 9월 19일 성도 10여 명과 용화동으로 가시어 상제님 회갑치성을 봉행하심. ▸ 동지 전날(11월 14일)에 용화동으로 이사, 다음 날 동지치성을 봉행하시고, 도장 조직을 구성하심 → 수부님 셋째 살림 시작(용화동으로 이사하신 후, 그 이튿날인 11월 15일부터 다음 해 3월 20일까지 왕심리에 머무르심).
임신년 (1932)	▸ 3월 20일, 왕심리 일을 모두 정리하시고 용화동으로 오셔서 도장 살림을 주재하심. ▸ 용화동 신도의 유교의 틀에 매인 의식 → 수부님, 고립된 생활을 하심. ▸ 김수열, 전선필 성도 - 이상호와 같이 일할 수 없다고 생각하여 교단 떠남. ▸ 고민환 성도, 고향 옥구로 피신한 후 교단 재건립 운동을 추진하고 도체 조직을 하면서 오성산을 기지로 삼아 도장 건물을 짓기 시작 → 재정난으로 여러 차례 건축이 중단됨.
계유년 (1933)	▸ 11월, 수부님이 이상호에게 '일후에 사람이 나면 용봉기를 꽂아 놓고 맞으라.'고 당부하심. ▸ 11월 5일, 옥체가 쇠약해지셔서 신도의 등에 업혀 오성산 도장으로 옮겨가심. ▸ 11월 6일, 완공되지 않은 오성산 도장에서 동지치성 봉행.

갑술년 (1934)	▶ 오성산 도장 완공. ▶ 9월 7일, 김경학, 김영학 성도가 수부님께 찾아 옴 → 수왕암으로 가셔서 수련 공부를 주재하심. ▶ 9월 11일, 금산사에 들르셨다가 용화동에 가심 → 품고 오신 용봉기를 꽂으심, 영정을 개사하라 명하심.
을해년 (1935)	▶ 10월 6일 축시, "증산 상제님이 오시면 나도 올 것이요, 내가 오면 상제님도 오시리라."(11:416)라는 말씀을 남기시고 선화하심.

하루는 **용화동 뒤의 계룡봉**鷄龍峯을 가리키며 말씀하시기를 "이곳이 **불무 발판**이니 불무는 **두 발판**을 부지런히 밟아야 바람이 나는 것이라. 그러니 이곳을 자주 밟아야 바람이 나게 되리라." 하시니라. (6:66)

'용화 도장에서 사람이 나선다'는 상제님 말씀처럼, 이후에 용으로 상징되는 지도자가 김제 용화동에서 먼저 도운의 판을 개척하게 됩니다. 상제님께서 계룡봉을 불무 발판이라 하시고 이 두 발판을 열심히 밟아야 불이 제대로 일어난다고 하셨듯이, 용화동이 발판이 되어 천지 불 기운의 봉황으로 상징되는 지도자가 이어서 출세하게 됩니다. 수부님은 "물을 먼저 쓰려 함이니라."(11:351)라고 하시어 천지 수기를 갖고 오는 태극 대두목이 초기 추수 도운을 먼저 여실 것을 말씀하시고, 또 "상씨름판에는 콩밭(太田)에서 엉뚱한 인물이 나온다."(11:413)라고 하시어 콩밭인 태전에서 천지 사업을 마무리하게 될 것을 말씀하셨습니다.

용화동을 떠나실 때 수부님은 거처하시던 집을 이상호에게 주시고 "상호야! 저기다 건곤사당을 짓겠느냐?"(11:366)라고 물으시며 다짐을 받으셨습니다. 건곤은 상제님과 태모님을 상징하므로 건곤사당은 곧 상제님과 태모님을 모시는 도장을 뜻합니다. 수부님은 또 이성영을 방으로 불러들이시어 어진 앞에 꿇어 엎드리게 하시고, 어진 개사改寫와 저술과 도장 건축 등 뒷일을 감당하도록 세 번씩 다짐을 받으셨습니다. 성영이 건성으로 "예, 예!" 하고 대답하자 수부님은 "이놈이 빠져나갈 궁리만 하고 말뚝마냥 대답만 하는구나." 하시며 담뱃대로 머리를 딱딱 때리셨습니다. 잠시 후 혼잣말씀으로 "영사靈砂, 주사朱砂…."라 하시며 두 손가락을 펴 보이시고, 용화동을 떠나실 때 훗날 의통성업을 성취할 지도자 일꾼의 사명을 암시해 주셨습니다.(11:366)

5) 수부님의 오성산 도장 은거와 선화仙化 [계유(1933) 11.5~을해(1935) 10.6]

계유(1933)년 동짓달 5일에, 수부님은 파란 만장한 세 살림을 뒤로 하시고 오성산 도장으로 거처를 옮기셨습니다. 그때 수부님께서는 온갖 고초를 겪으신 터라 옥체가 쇠약해지신지라 한 성도의 등에 업히신 채 간신히 도장으로 가셨습니다. 이를 지켜본 마을 사람들은 죽은 사람도 살리는 권능을 가지신 분이 다른 사람 힘들게 업혀 간다고 수군거렸습니다. 용화동에서 오성산 도장으로 온 다음 날 봉행한 동지치성에는 김수응과 조학구 등 몇 사람만이 참석하였습니다.(11:367)

오성산 도장으로 옮기시기 전에도 수부님께서는 임피, 옥구 신도들을 늘 칭찬하셨습니다.

> ※ 태모님께서 용화동에 계실 때 임옥臨沃 신도들이 태모님의 신도 세계를 잘 이해할 뿐 아니라 치성 때면 대소사를 전담하고 공사에 잘 수종하며 뒷일을 다 하니 태모님께서 항상 말씀하시기를 "**임옥 신도가 내 자손**이니, 보리밥일 지경이라도 임옥 자손을 데리고 모든 일을 처리하리라." 하시니라. (11:363)

이 말씀에서 '임옥'이란 임피와 옥구를 함께 이르는 말입니다. 오성산으로 거처를 옮기신 후에 수부님께서는 익산, 전주, 임피, 옥구 등지에서 종종 찾아오는 신도들의 문후를 받으실 뿐, 별다른 공사를 보지 않으셨습니다. 어느 날은 용화동 도장에서 겪으신 고초를 생각하시며 "내가 너희 아버지 말씀을 안 듣고 가서 그랬다." 하시고 길게 탄식하셨습니다.(11:368)

이듬해 갑술(1934)년 9월 7일에는 당시 73세이던 김경학金京學성도가 김영학金永學과 함께 수부님을 찾아왔습니다. 김경학 성도가 "저희들이 모악산 수왕암水王庵에서 수련을 행하던 중에 상제님의 성령이 나타나시어 수십 년 동안 사모님과 막혀 지낸 것을 꾸짖으시고 '이 길로 가서 너희들의 어머니를 모셔다가 지난 모든 일을 풀고 이전 정의情誼를 다시 계속하지 않으면 화禍가 있으리라'고 말씀하셨습니다. 이에 저희 두 사람이 일동을 대표하여 왔사오니 저희들의 이전 과실을 깊이 용서하시고 함께 가시

수부님께서 은거하신 오성산 (전북 군산시 성산면聖山面 소재)

어 앞으로 사흘 동안 수련 법석法席을 주재하여 주옵소서."라고 말하며 회오悔悟의 눈물을 흘렸습니다. 수부님께서는 "지난 일은 한갓 꿈과 같을 뿐, 칠십 노인이 멀리 와서 이렇듯 간곡히 말하니 내가 비록 건강이 허락지 않을지라도 멀리할 수 없노라." 하시고 두 사람과 함께 수왕암으로 가셔서 수련 공부를 주재하셨습니다.

공부를 마치자 수부님께서는 11일에 금산사에 들르셨다가 용화동으로 가시어 이틀 동안 머무셨습니다. 이때 이상호와 이성영을 불러 개사한 영정이 많이 틀렸으니 다시 개사하라고 명하셨습니다. 또 오성산에서 가져오신 용봉기龍鳳旗를 꺼내어 손수 꽂아 놓으시고 "이 자리는 용화세존龍華世尊의 꽃밭이 되리니 사람을 잘 맞아 들여야 하느니라." 말씀하시고 13일에 오성산 도장으로 돌아오셨습니다.(11:384)

하루는 수부님께서 "나의 한恨을 다 얘기하자면…, 너희는 모르느니라." 하시고 후일 고찬홍 성도의 아내가 된 백윤화白潤華에게 **"27년 만에 근본을 찾았다."**라고 말씀하셨습니다. 어느 날 또 윤화에게 "너는 선불유仙佛儒의 근본을 찾아 잘 수행하여 무극대도의 앞길을 천명闡明하라. 이후로는 포교의 길이 열리리라." 하시고, 이어서 "지금은 여러 교敎가 있으나 후천에는 한 나무에 한 뿌리가 되느니라."라고 말씀하셨습니다.(11:410)

오성산에 은둔하신 지 어느덧 2년이란 세월이 흘러 을해(1935)년이 되었습니다. 수부님은 성도들에게 "너희들은 집안만 잘 지키고 있으라. 내가 너희 아버지한테 빨리 가야 너희들이 잘될 것이라." 또 "내가 올 적에는 세상 사람들이 알게 하고 오리라." 하시며 당신님께서 곧 천상으로 올라가실 것을 암시하셨습니다. 또 "너희들이 죽으면 혼신魂神이라도 잘되게 해 주마."라고 말씀하기도 하셨습니다.(11:414)

선화仙化하시기 전날인 10월 5일 저녁에는 여러 성도들에게 "차후에 형편이 어려우면 너희들끼리 앉아서 너희 아버지와 나를 위해 보리밥 한 그릇에 수저 두 벌만 놓아도 나는 괜찮으니라."라고 말씀하셨습니다.(11:415)

밤이 되자 수부님께서는 "목욕물을 데워라." 하시고 목욕을 하신 뒤에 일전에 성도들이 해 올린 새 옷으로 갈아입으셨습니다. 수부님은 요에 누우시어 고민환 성도를 불러 머리맡에 앉히셨습니다. 두어 시간 후에 문득 성도들에게 "너희들이 마음만 잘 고치면 선경 세계를 보게 되건만…, 선경 세계가 바로 눈앞에 있건만…." 하시고 다시 "잘 꾸리고 있으라." 이르셨습니다. 민환이 무슨 뜻인지 다시 여쭈니 "글쎄 말이네."라고만 말씀하셨습니다. 수부님은 "내 자리 옆에 새 요를 하나 더 깔아라." 하시고 "증산 상제님이 오시면 나도 올 것이요, 내가 오면 상제님도 오시리라."라고 말씀하셨습니다. 잠시 후에 "나의 머리에 손을 대라." 하시고 상제님 어진을 향해 손을 흔드시며 "너희 아버지가 벌써 오실 때가 되었는데."라고 세 번 거듭 말씀하신 뒤에 눈을 감으시고

고 수부님의 생애와 천지공사 약력

연도	날짜	행적
1세 1880년	3월 26일	담양군 성도리에서 **탄강**하심.(11:2)
6세 1885년	·	부친 고덕삼 작고하심. 이후 모친과 함께 외외가 송씨 승문에 가서 지내심.
9세 1888년	·	정읍 대흥리에 사는 이모부 차치구의 집으로 이사하심.
15세 1894년	·	동학신도 신申씨와 **혼인**하심.
21세 1900년	·	6월 딸 태종太宗을 낳으심.
28세 1907년	6월	남편 신씨 작고함.
	11월 3일	증산 상제님과 **'수부 책봉 예식'**을 올리심.(11:5)
30세 1909년	6월 24일	증산 상제님, 천지공사를 마치고 **어천**하심.
31세 1910년	9월초	구릿골에 있는 상제님 초빈에 가셔서 **'옥황상제'**라 쓴 명정을 덮어드림.
32세 1911년	4월~9월	대원사 칠성각에서 상제님 성령과 혼례식을 올리시고 49일 동안 **진법주 수련**을 하심. 이어 고부 운산리 신경수 성도의 집에 가셔서 100일 동안 수련한 후 **활연대각** 하심.
	9월 19일	**상제님 성탄치성**을 처음 봉행하심.
	9월 20일	**대도통大道通**을 이루시고, 도운의 종통맥인 낙종, 이종, 추수자에 대해 선포하심.(11:19)
	10월	구릿골 김형렬 성도 집에서 약장을 가져오신 후, 교단 창립을 선포하고 교명을 **'선도仙道'**라 하심.(11:29) 이후 조직적인 포교활동을 전개하시어 3년 만에 삼남 일대에서 도세道勢가 크게 일어남.
33세 1912년	7월3일~9월2일	차경석 성도를 데리고 충북 청주(현재 괴산군 청천면) 만동묘萬東廟에 가셔서 날마다 치성을 봉행하심.
34세 1913년	·	이용기 성도에게 **아들 도수**를 붙이심.(11:32)

연도	날짜	행적
37세 1916년	11월 28일	차경석 성도가 24방주 체계를 조직하여 교권을 장악함.
39세 1918년	9월 21일	김제 송산리 천종서 성도의 집으로 이거하심.
	10월 4일	차경석 성도 **60방주** 조직.
	10월 중순	김제 조종리 중조마을로 이거하심.
	11월 중순	하조 마을 강응칠 성도의 집으로 옮겨 9개월 동안 치성을 올리심.
	11월 25일	**무오년 옥화**獄禍 발생(11:49) - 보천교 성금 사건이 발단.
40세 1919년	1월 3일	38일간의 옥고를 치르고 나오심.
	윤7월 18일	성도들의 의연으로 **조종리 도장**이 건립되자 도장에서 지내시며 소작답 24마지기를 경작하심.
41세 1920년	8월	고찬홍 성도에게 포교 기운을 붙여 옥구(군산)로 보내시자, 그가 박종오 성도를 포교하여 함께 포교 대세를 크게 일으킴.
	.	보천교 교단 간부 **55만 7천 7백 명**에 이름.
42세 1921년	.	고권필, 강칠성 성도에게 **'칠성 기운'**을 붙여 아들을 점지해 주심 (자식을 점지해 주신 일화가 매우 많아 이후부터는 기록하지 않음).
	10월 15일	안개를 피워 치성에 참예한 신도들이 일경日警의 검문을 피해 무사히 집으로 돌아가게 하심.
44세 1923년	7월 20일	관동대지진으로부터 김수남 성도를 구해 주심.
47세 1926년	3월 5일	**10년 천지공사의 시작을 선포하심.**(11:76) 시천주주 위주로 공사. 강휘만 성도에게 '신농씨 도수'를 붙여 이종할 비를 내려 주심.
	3월 24일	'조왕竈王 공사'를 행하시어 여성 신도가 많이 늘어남.(11:86)
	4월 7일	'당신님이 **만유 생명의 어머니임**'을 선포하심.(11:93)
	.	고민환 성도를 수석 성도로 정해 **'칠성용정 공사'**를 행하심.(11:98)
	.	**'칠성 공사'**에 대해 선언하심.(11:99) · **"칠성공사는 후천 인간을 내는 공사요, 낳아서 키우는 공사"** · **"상제님의 천지공사는 낳는 일이요, 나의 천지공사는 키우는 일"**
	.	**'남조선 배 공사**(성주와 현인 군자 모셔 오는 공사)'를 행하심.(11:121)
	5월 3일	하늘에 12개의 해를 나타나게 하시어 '세계 12제국의 기운을 통일하는 공사'를 행하심.(11:104)

8장

연도	날짜	행적
47세 1926년	5월 25일	인류의 구원과 행복을 천지에 기도하심.(11:114)
	.	876명 신도를 모아 **'육임 구호대 도체 조직 공사'** 행하심.(11:126)
48세 1927년	3월 29일	이용기 성도에게 '일본인 치병 도수'를 붙이심. 이후 이용기 성도를 일본에 보내 치병하고 포교하게 하심.
	.	**인마**人馬 **공사** 행하심(11:153) - **황극을 인사화**人事化하는 공사.
	.	강대용 성도에게 **태자 도수**를 붙이심.(11:154)
49세 1928년	2월~3월26일	정산 채용신에게 **상제님 어진**御眞을 그리게 하여 봉안하심.
	.	**미륵불 봉영 공사** 행하심(11:200) - 후천 용화세계의 주불이신 미륵불을 봉영奉迎하는 공사.
	5월	열[十] 항목의 계율을 내려 주심.(11:206)
	.	정읍 **칠보산 태자봉 공사** - 여동빈 선관의 조화권능으로 머리 빗겨 갱소년更少年 시켜 주옵소서.(11:210)
	9월	태인 숙구지에 가셔서 **'숙구지 공사'**를 행한 후, **"잠든 개를 깨웠으니 염려 없다."**(11:215)라고 하심.
50세 1929년	.	삼신을 옮겨 **자손줄**을 내려주심 - **"삼신은 낳고 칠성은 기르느니라."**(11:240)
	9월 21일	조종리 도장을 떠나 정읍 왕심리 도장으로 이거하심. 이후 굶주림을 호소하는 보천교 신도들을 구휼하심.
	.	**상씨름 병란**兵亂 **공사** 집행하심- "이 뒤에 상씨름판이 넘어 오리니 그 때는 **삼팔선**이 무너질 것이요…."(11:263)
	.	**시두와 병겁**病劫 **공사** 집행하심- "시두의 때를 당하면 **태을주**를 읽어야 살 수 있느니라."(11:264)
51세 1930년	.	'인류의 죄를 대신 받아 없애는 공사'를 행하시고 혼절하셨다가 깨어나심.(11:289)
52세 1931년	1월 18일	이용기 성도에게 보천교 신도들의 구휼을 위해 싸전을 운영할 것과 보천교 순교자의 해원 치성을 올릴 것을 지시하심.
	4월	노자老子신명을 불러 꾸짖으시고, 여동빈 신명을 불러 '후천 창생을 갱소년 되게 하라'고 명하심.(11:298)
	6월초	'인간 세상의 선악을 판별하는 공사'를 행하심.(11:300)
	.	전대윤 성도에게 '애기 치병 도수'를 붙이심.(11:302)

연도	날짜	행적
52세 1931년	9월17~21일	김제 용화동에 있는 동화교 측의 간청으로, 용화동에 가셔서 상제님 성탄치성을 올리고 돌아오심.
	11월 14일~15일	용화동에 가셔서 동지치성을 올리신 후, 도장 조직을 새롭게 구성하여 선포하시고 도운의 **셋째 살림 도장**을 여심. 이후 다시 왕심리 도장으로 돌아오심.
53세 1932년	3월 20일	김제 용화동 도장으로 이거하여 본격적으로 도장 살림을 주재하시며 공사를 행하심.
54세 1933년	.	고 수부님을 체포하러 온 일본 순사와 경찰서장을 쫓아버리심.
	.	**선천 불교 막장 공사**를 행하심 - **"후천 대불**大佛을 내는 **칠성 공사, … 칠성도수는 천지공사를 매듭짓는 도수니라."**(11:360)
	.	용화동의 이상호, 이성영에게 "일후에 사람이 나면 **용봉기**龍鳳旗를 꽂아 놓고 맞이하라." 명하심.(11:365)
	.	**태전 공사**를 행하심 - **"앞으로 태전이 서울이 되느니라."**(11:365)
	11월5일	김제 용화동을 떠나 옥구 오성산 도장으로 이거하심.
55세 1934년	9월7~13일	김경학 성도 등의 간청으로 **모악산 수왕암**에 가서 **수련법석**을 주재해 주심. 이어 용화동에 가서 용봉기를 꽂아 두고 돌아오심.
	9월19일	**"살려 내자, 살려 내자"** 하시며 '일제로부터 조선 백성을 구해 내는 공사'를 행하심.(11:385)
	.	'억조창생을 살려 내자!' 통곡하시며 후천 개벽기에 천하 창생을 구원하는 공사를 행하심.(11:388)
56세 1935년	.	자라나는 아이들에게 **'칠성'**이라 부르시며 기운을 붙여 주심.
	.	전선필 성도에게 "나의 일을 후세에 전하고 포교하라."라고 하시며 '고 수부님의 행적에 대한 **증언 도수**'를 붙이심.(11:411)
	.	**콩밭**(太田) **도수**를 집행하심 - **"상씨름 판에는 콩밭**(太田)**에서 엉뚱한 인물이 나온다."**(11:413)
	10월 6일	옥구 오성산 도장에서 **선화**仙化하심.(11:416)

8장

선화仙化하셨습니다. 수부님께서 한恨 많은 세월을 뒤로 하신 채 천상으로 떠나시니, 성수聖壽 56세이셨습니다. "을해년에 임옥에서 땅 꺼진다."(11:391)라고 하신 상제님 말씀대로 천지 어머니께서 을해乙亥(1935)년에 선화하신 것입니다. 때는 단군기원 4268년, 을해년 10월 6일, 서력기원 1935년 11월 1일 축시丑時였습니다. (11:416)

수부님께서는 천지신명과 억조창생의 어머니로서 세 살림 도수를 맡아 도문을 개척하시어 100년 도운의 역사를 열어 주셨을 뿐만 아니라, 친히 10년(1926~1935) 천지공사를 집행하시어 상제님 천지공사 내용이 현실 속에 뿌리 내릴 수 있도록 후천 5만년 새 역사의 운로를 질정하셨습니다.

수부님의 세 살림 개척 과정은 천하 창생을 위한 어머니 하느님의 희생과 대속의 기나긴 여정이었습니다. 장차 수부님의 22년 세 살림 도수의 공력과 정성 기운을 따라 상제님 도의 종통 계승이 이루어지고, 이를 바탕으로 추수 일꾼들이 나와서 지구촌 70억 인류의 생사를 매듭짓고 상제님 대업을 성취하게 됩니다.

2. 이종 도운과 도운의 대부흥기, 보천교

1) 이종 도운의 시작과 전개

수부님께서 정읍 대흥리에서 첫 교단을 개창하시어 상제님 도의 낙종 도운이 열린 이래, 삼남 지역과 서남해 일대를 중심으로 상제님 무극대도의 포교 대부흥이 널리 퍼져 나갔습니다. 그러나 동학 역신 해원 공사를 맡은 차경석 성도가 수부님의 교권을 장악하면서 낙종 도운이 마무리되고 도운의 씨를 옮겨 심는 이종 도수가 실현되었습니다.

차경석 성도는, 일찍이 상제님께서 자신의 집 벽에 "천고춘추아방궁千古春秋阿房宮이요 만방일월동작대萬方日月銅雀臺(3:187)"라고 써 붙이신 글을 잘못 해석하였습니다. 그 글의 주인공인 진시황과 조조가 각기 '여呂'와 '영嬴', '하후夏候'와 '조曹'라는 두 성姓을 가졌던 것처럼, 차씨인 자신의 성이 실제로는 정씨鄭氏임을 암시하신 말씀이라 생각했습니다. 이러한 해석을 바탕으로 '곧 새 왕조가 들어서고 자신이 천자로 등극하게 되리라'는 확신을 갖게 되었습니다. 이처럼 새 시대에 대한 큰 포부와 열망을 지닌 차경석 성도는 상제님 공사에 따라 일본 제국주의의 탄압에 맞서 도운을 크게 일으키며, 수부님이 뿌리신 도운의 씨를 전국 방방곡곡에 옮겨심는 이종 도운을 크게 열어 나갔습니다.

(1) 신도 6백만 도세를 일군 차경석 성도의 보천교 | 을묘(1915)년부터 차경석 성도가 교권을 차지하려 하자 이를 간파한 성도들은 도문을 떠나거나 따로 나가 교단을 열었

습니다. 을묘년 봄과 병진(1916)년 가을, 이치복 성도는 본소를 옮기려는 운동을 벌였지만 차경석 성도의 저지로 실패했습니다. 그해 병진년 동지에 차경석 성도는 드디어 통교권統敎權을 장악하고, 이상호李祥昊, 문정삼文正三, 채규일蔡奎壹의 도움을 받아 자신이 상제님의 종통宗統을 이어받았다고 하였습니다. "곤이내閫以內는 짐朕이 제지制之하리니 곤이외閫以外는 장군이 제지하라."(6:92) 하신 말씀을, 상제님이 자신에게 대도의 종통을 전해 주신 말씀이라 믿었습니다. 또『서전』의 '홍범도해洪範圖解'와 김일부 선생의 '정역팔괘', 그리고『정감록』과 풍수설 등을 이용하여, 수부님의 사명은 자신에게 상제님 도를 전하는 데 있으며, 이제는 자신이 전면에 나서서 상제님의 도통을 이어 세계를 경략하는 대사명을 실천할 단계에 이르렀다고 생각했습니다.

차경석 성도는 이처럼 통교권을 장악하고 조직 체계를 새롭게 정비하였습니다. 24방위에 따라 24방주제方主制를 조직하여 방주의 책임 아래 모든 교단 내 업무를 진행하게 했습니다. 이듬해 정사(1917)년에는 일제의 감시를 피해 대장정에 올랐고 전국을 떠돌며 교세를 확장시켜 나갔습니다. 그리고 무오(1918)년 말에는 조선에도 스페인 독감이 유행하여 7백만 명이 감염되고, 14만 명이 비참하게 죽어 갔습니다. 이로 말미암아 개벽기에 사람 살리는 생명의 주문인 태을주가 민중들 사이에 널리 퍼져 나갔습니다.

기미(1919)년 9월에 이르러 차경석 성도는 24방주 제도를 확대하여 **60방주제를 조직**하고 경남 함양 대황산大篁山에서 고천제告天祭를 봉행했습니다. 그 후 불과 5~6개월 사이에 교인이 수십만에 이르더니 경신(1920)년에 간부 숫자만 55만7천7백 명이 되었습니다. 이처럼 세계 종교사상 그 유례를 찾을 수 없을 정도로 교세가 급속도로 확장된 데에는 몇 가지 이유가 있습니다. 그 첫째 이유는 상제님이 짜 놓으신 **동학 역신 해원 도수** 때문입니다. 수십만에 달하는 동학의 원혼들이 차경석 성도에게 붙어 원한을 푸는 과정이었던 것입니다.(5:205) 둘째로 방주제라는 비밀 조직으로 교단을 운영했기 때문에 일제의 종교 탄압을 피할 수 있었습니다. 또 식민지 백성으로 암울한 삶을 살던 때에 '지상선경 세상'이 열린다는 교리는 조선의 독립과 새 왕조 건설이라는 새

보천교 도세 성장의 성공 핵심 | 보천교는 1919년에 간부 조직을 짜 나가기 시작해서 3년 만에 목표를 달성한다. 조직을 이룬 원리는 다음과 같다. ① 먼저 60방주를 조직하고 방주는 각각 대리 1명씩을 둔다(방주 60명, 대리 60명). ② 각 방주는 각각 6임을 조직한다(6임 360명). ③ 조직된 6임은 다시 각기 12임을 조직한다(12임 4,320명). ④ 12임은 다시 각기 8임을 조직한다(8임 34,560명). ⑤ 끝으로 8임은 15임을 조직한다(15임 518,400명). 이렇게 해서 조직된 간부 수가 방주 60명, 대리 60명, 6임 360명, 12임 4,320명, 8임 34,560명, 15임 518,400명으로 총 557,700명이 된 것이다.

희망의 소식으로 민중들의 가슴을 강하게 파고 들었습니다.

당시 민중은 조선 독립의 꿈을 실현할 주인공이 바로 차경석이라 믿었습니다. '차천자車天子, 차 천자' 하며 구름같이 모여든 신도가 무려 6백만에 달했습니다. 당시 기독교 신자는 30만(1920년) 정도에 지나지 않았습니다.

신유(1921)년 정월에는 교단을 재조직해 전국 각 도道에 '정리正理'와 '부정리副正理'를 각 1명씩 두고, 360군郡에 '포장布長'과 '부포장副布長'을 각 1명씩 배속하였습니다.

그해 9월 24일, 월곡月谷 차경석 성도는 경남 함양군 황석산黃石山에서 고천제를 올려 교명을 '보화교普化敎'라 하고 국호를 '시국時國'이라 선포하였습니다. 경찰의 삼엄한 경계망 속에서도 수일 전부터 지척을 분간할 수 없는 안개가 짙게 깔려 천제를 무사히 마치게 되자 신도들은 천운天運이 차 교주에게 있다고 믿었고, 차경석의 신통묘술과 제위 등극에 대한 신망은 더욱 굳건해졌습니다.

(2) 일제 탄압과 차경석 성도의 상제관 오도 | 그 무렵 핵심 간부 이상호李祥昊(1888~1966)가 일제 경찰에 검거되었다가 교단 공개를 권고 받고 석방된 일이 있었습니다. 차경석 성도는 이상호에게 교단 공개에 관한 전권을 위임하였습니다.

이상호는 임술(1922)년에 천자를 상징하는 '보화普化'라는 이름 대신에 '보천교普天敎'라는 이름으로 조선총독부에 교단을 등록했습니다. 이로써 세상에 보천교가 널리 알려지게 되었지만, 이는 역설적이게도 교단을 쇠퇴의 길로 이끄는 계기가 되었습니다. 교단 공개로 감시와 통제 속에서 일제의 손아귀에 놀아날 수밖에 없었기 때문입니다.

차경석 성도는 절대적인 권위를 발휘하면서 자신이 만국 천자의 위位에 오를 줄로 굳게 믿고, 갑자(1924)년 1월에 모든 교인에게 청의靑衣를 입게 하였습니다. 그러나 그해 6월 보천교에서 파면당한 이상호를 주축으로 이른바 '보천교 혁신운동'이 일어나고, 보천교의 '시국대동단時局大同團[7]' 활동으로 교단의 권위와 교세가 크게 떨어지게

---

7 시국대동단 | 차경석은 소위 '보천교 혁신운동'과 일제의 탄압으로 사면초가에 몰리자, 상황을 타개하기 위해 갑자(1924)년 9월에 문정삼과 임경호를 일본에 사절단으로 보내게 된다. 두 사람으로 하여금 보천교의 취지를 전하고 일본 정부의 이해를 촉구하게 한 것이다. 그들은 "보천교의 종지宗旨가 인의仁義를 숭상하고 상생相生을 중심으로 한 대동단결을 목적으로 하고 있다."라고 말하고, "전 인류가 대동단화大同團和 하기 위해서 일본과 조선의 단합을 전제로 해야 되지 않느냐."라는 설로 일제의 호감을 샀다. 이에 일본 정부는 사절단에게 '시국광구단時局匡救團이라는 특별기관을 만들어 일본인과 대동단화할 수 있는 실질적인 성의를 보이라.'는 요구를 하였다. 이에 차경석은 이 특별기관을 '시국대동단時局大同團'이라 개칭하고, 문정삼과 임경호에게 운영 책임을 맡긴 후, 연사의 선정과 강연 순서 등을 지시하였다. 그러나 시국대동단은 일제의 요구에 의해 조직된 단체라 보천교 측 주장은 완전히 무시되었다. 대동단의 취지를 설명하는 취지서의 문안조차 볼 수 없었으며, 연사는 모두 친일 단체로 구성된 십일연맹의 인사들로 채워졌다. 이로써 시국대동단의 강연은 보천교의 취지와 무관한, 친일 사상을 고취하는 수단으로 전락하고 만 것이다. 당시 민중들은 보천교를 친일 교단으로 규탄하며 대동단이 강연하는 곳을 아수라장으로 만들고, 심지어 교당을 파괴하고 신도들을 구타하였다. 일본 경찰은 뒤에서 이를 교사

되었습니다. 그간 보천교의 막강한 교세를 두려워하여 회유책에 비중을 두던 일제는 민심이 이반하는 틈을 타서 유사종교라는 매도 속에 적극적인 탄압과 위압威壓을 가하기 시작했습니다.[8] 한때 조선총독 사이토 마코토(齋藤實)와 경무국장 아사요시(淺利)가 보천교 본소를 방문했다는 소문이 돌면서, 차경석이 조선총독을 대신해서 조선을 통치하리라는 억측까지 생겨났지만 그것은 일제 치하에서 조선 민중이 가질 수 있었던 한낱 희망에 지나지 않았습니다.

차경석 성도는 을축(1925)년에 짓기 시작한 대성전인 십일전十一殿이 5년 간의 공사 끝에 드디어 완공되자 기사(1929)년 3월 16일 낙성落成에 맞춰 천자 등극식을 거행하려 하였습니다. 그러나 일제는 일본 황실에 대한 불경 행위라며 행사 자체를 금지했습니다. 그뿐만 아니라 보천교 관련 건물을 폐쇄하고 전국 교인들을 검거하여 고문하고, 집회를 금지하였습니다. 이후 교단은 빠른 속도로 와해되어 갔습니다.

> ❋ 하루는 상제님께서 형렬에게 말씀하시기를 "정읍이 대창大昌하되 잠농지운蠶農之運이라. **누에는 집만 지으면 죽나니** 집만 끝이 나면 죽으리라." 하시니라. (3:187)

상제님의 말씀대로 십일전 건물 완공을 기점으로 일세를 풍미하던 차경석 성도의 운이 다해 갔습니다.

십일전 완공 1년 전인 무진(1928)년 정월 초삼일, 부인 이씨는 치성을 마치고 차경석 성도에게 "영안靈眼을 통하여 보니 상제님 자리에 삼황오제신三皇五帝神이 들어서고 상제님께서 풀대님에 삿갓을 쓰고 보좌를 떠나시더라. 삼황오제신은 곧 경석의 아버지 차치구車致九더라."라는 말을 하였습니다. 아내로부터 이러한 이야기를 전해 들은 차경석 성도는 휘하의 4방주方主(수·화·금·목의 남여 방주)를 불러 부인의 개안 사실을 알리고 "수십 년 동안 노력하던 일이 모두 허사로 돌아갔으니 누구를 원망할 것 없이 이제 교단을 해산하고 각기 고향으로 돌아가라."라고 하였습니다. 그러나 간부들 입장에서는 해산도 용이한 일이 아니므로 궁여일책으로 유교부흥 운동으로 방향을 바꾸어 새롭게 출발할 것을 비밀리에 제안했습니다(『보천교연혁사』).

이튿날 유교에 가깝게 변질된 교리의 변화를 전해 듣고, 간부와 신도들은 적극적인 반대 운동을 벌였습니다. 이후 많은 신도들이 교리의 변화에 반대하며 보천교를 떠나갔습니다.

敎唆하였다. 결국 보천교는 일제의 보호는커녕 보천교를 해체하려는 일제의 계책에 따라 사회로부터 지탄의 대상이 되고 교단의 명예만 훼손하는 결과를 초래하였다.

8 1924년 '보천교 혁신운동'이 일어나기 이전에 일제의 탄압이 없었던 것은 아니다. 1918년에 제주 신도 문인택文仁宅이 성금 10만여 원을 면화 포대에 감추어 나오다가 발각되어 1차 수난이 있었고, 1920년에 권태호權泰鎬에 의해 60방주 조직이 탄로나 2차 수난을 겪었다.

❋ 하루는 상제님께서 한참 바쁘게 공사를 보시다가 느닷없이 "경석아! 네가 나를 꼭 믿겠느냐?" 하시니 경석이 "예! 꼭 믿겠습니다." 하고 대답하거늘 이와 같이 세 번을 다짐받으신 후에 다시 물으시기를 "그렇다면 내가 두겁을 써도 믿겠느냐?" 하시니 "예! 그대로 믿겠습니다." 하고 대답하니라. 상제님께서 말씀하시기를 "너희 집안은 전주 이씨全州李氏 때문에 망하게 되리라." 하시고 …. (6:90)

이 공사에서 상제님이 언급하신 '전주 이씨'는 바로 차경석 성도의 부인입니다. 차경석 성도는 보천교를 크게 일구어 천자의 권세를 누리려 하였으나 끝내 그 꿈이 수포로 돌아가자 왜곡된 신앙의 길로 가게 되었습니다.[9)]

갑자(1924)년과 기사(1929)년에 천자 등극설이 퍼졌으나 일본 제국주의의 벽에 막혀 실현될 수 없었습니다. 갑자년에는 이상호 형제가 중심이 되어 소위 '보천교 혁신운동'을 일으키고 그 뒤에 '시국대동단'의 파장으로 민심이 돌아서는 결과를 가져왔고, 기사년에는 일제에 의한 대대적인 탄압으로 깊은 절망의 수렁에 빠져든 것입니다.

(3) 보천교 문화운동과 그 한계 | 일제 강점기 조선총독부의 식민 정책은 조선의 역사와 전통을 왜곡하여 조선인으로 하여금 자국의 모든 것에 경멸적인 혐오감을 갖게 하고, 조선인의 생각과 사상, 그리고 생활 양식을 일본화시켜 조선의 민족 정신을 말살하는 것이었습니다. 특히 조선의 전통과 사상을 토대로 하는 민족 종교를 '유사類似 종교'로 매도하고 경찰에서 직접 감시하고 탄압하였습니다. 당시 조선 사회는 일제 식민교육으로 말미암아 우리의 전통문화를 모두 미신이나 구시대의 유물로 치부하였습니다. 그러나 보천교에서는 상투를 틀어 갓을 쓰고 흰 옷과 도포를 입었으며, 우리 고전을 연구하고 풍물놀이 등 전통음악을 진흥하였습니다.

상투는 한민족 고유문화이자 인류 원형문화로, 북녘하늘의 칠성에 계신 상제님과 내 마음을 하나로 맞춘다는 의미를 갖고 있습니다. 상제님은 일찍이 차경석 성도에게 단발을 중단하고 머리를 다시 기르게 하시고 친히 상투를 올려 주셨습니다. 그때 망건서網巾序와 망건시網巾詩를 지어 주시는데 망건서에 '천자를 꿈꾸어 온 너의 지극한 꿈이 꼭 이뤄질 것'이라 하셨습니다.(3:211) 이 차경석 성도의 천자 꿈은 장차 도성덕립 후에 인사로 이루어지게 됩니다.

---

9 차월곡 사후에 보천교는 상제님을 교조教祖로 받들고 차경석 성도를 교주教主로 하는 구파와 차경석 성도를 교조로 받드는 신파教主로 분열 대립하게 된다. 구파 교단에서는 무진(1928)년 이후, 차 교주가 상제님을 배반한 것이 아니라고 주장한다. 그 근거로 1930년대에 일제 관변 학자 무라야마 지준(村山智順)과 차 교주가 나눈 대화 기록을 제시한다. 이 기록에서 무라야마는 "증산 선생이 인간에 생하심이 곧 옥황상제가 화현하신 것입니까?" 라고 묻자 차경석은 "그렇습니다. 교조께서 생존시에 내가 옥황상제라는 말씀도 계셨습니다."라고 답한 부분이 있다. 그뿐 아니라 기록 내용 전반에 걸쳐 종도從徒로서 예를 다하고 있음을 알 수 있다.

보천교에서는 또 민족대학 설립을 추진하고, 조선물산장려회가 추진한 토산품 애용과, 물자 절약 운동인 물산장려 운동을 전폭적으로 지원하였습니다.[10] 정읍 대흥리 일대에 직물 공장, 염색 공장, 갓 공장 등 현대적인 생산 시설도 갖추었는데, 이것은 일제에 의지하지 않고 자급자족할 경제기반을 조성하기 위한 것이었습니다.

보천교 교단은 독립 운동에도 적극 가담하여, 60방주제를 통해 치성금과 성미誠米를 모아 비밀리에 상해 임시정부와 해외 독립운동 단체에 조달했습니다. 상해 임시정부에서 국내에 보낸 밀사들을 보천교에서 보호하고 도왔는데, 『천지개벽경天地開闢經』을 집필한 이중성[11]은 상해 임시정부에서 파견한 밀사였습니다.

일제가 작성한 정보 보고서에 따르면, 보천교는 1921년경 대한민국 임시정부 북로군정서 총사령관이던 김좌진 장군에게 군자금 2만여 원을 지원하였습니다. 이러한 움직임을 포착한 일제는 보천교 감찰을 강화하고 언론을 통해 보천교를 사교邪敎로 매도해 집회와 헌금을 금지시켰습니다. 일제의 협박과 탄압을 극복하기 위해 보천교는 사회적 활동을 벌여 나갔습니다. 임술(1922)년에는 출판사를 만들어 보천교의 기관지로 〈보광普光〉이라는 잡지를 발행했습니다. 중앙 일간지도 창간하고자 했으나, 상해 임시정부를 지원하는 보천교의 언론기관 설립을 총독부에서 허가할 리 없었습니다.

그러던 중 갑자(1924)년에 최남선이 발행한 조선 최고의 주간지 〈동명〉이 일간지

---

10 안후상은 「보천교와 물산장려 운동」에서 다음과 같이 밝혔다. "조선물산장려회 이사 명단에 보천교 간부 4인이 포함돼 있으며, 조선물산장려회 기관지 〈산업계〉 창간과 운영에 보천교의 역할이 컸으리라 이미 앞에서 언급하였다. 참고로, 〈산업계〉 인쇄를 보광사 인쇄부에서 했는데, 보광사는 보천교의 사업체로 기관지 〈보광〉을 발간한 곳이기도 하다. … 〈산업계〉의 창간과 운영이 보천교의 거교적인 도움 없이는 불가능했으리라는 점이다."

11 **천지개벽경의 저자 이중성(1897~1958)** | 경상남도 동래군 기장면에서 출생하였고 본관은 합천陜川이다. 그는 1914년 10월, 18세에 일본으로 건너가 한때 와세다 대학에서 수학하였고, 20세인 1916년부터 본격적인 독립운동에 뛰어들었다. 그가 다시 국내에 잠입한 것은 1928년 봄이었다. 그는 보천교와 교섭하면서 일제의 지배가 상제님 천지공사로 정해진 것이고, 장차 조선 독립을 넘어 후천개벽을 통해 새로운 세상이 도래할 것을 알게 되었다. 그러나 보천교의 내분을 지켜보면서 보천교에서 나와 대흥리 앞 비룡촌에 거처를 정하고 상제님 성언聖言을 수집하였다. 독립운동에 헌신한 순수함으로 상제님 신앙에 뛰어들었지만 성훈 수집을 통해 호호탕탕한 상제님 진리 세계를 알게 되면서 영웅심리가 발동한 것이다. 이중성은 요순선양의 고사를 끌어와서 상제님을 후천의 당요唐堯로 만들고 자신은 후천의 우순虞舜으로 만들었다. 그리고 "후천의 대권은 덕 있는 사람에게서 덕 있는 사람에게로 전수된다."라는 말을 만들었다. 『천지개벽경』에서는 상제님을 '대선생大先生'으로 호칭하면서 제자가 묻고 선생님은 답변하는 논어의 문답식을 차용하였다. 문체文體도 한문체漢文體로 바꿔서 상제님 말씀 기운을 느낄 수 없도록 만들어 버렸다. 『천지개벽경』의 또 다른 문제점은 당시 항간에 퍼져 있던 여러 비결들을 끌어 와서 상제님 말씀으로 왜곡시킨 것이다. 그리고 『천지개벽경』에 나오는 비결의 주인공으로 '원성遠姓의 이씨'를 등장시키는데 자신이 합천陜川 이씨이므로 원성의 이씨는 전주 이씨가 아닌 이중성 자신을 가리키는 것이다. 이중성은 1946년 4월 27일 『천지개벽경』의 서문을 썼으나 책을 출간하지 않았다. 『천지개벽경』 서문에서 "나는 잘못도 많고 죄도 많으니 나의 자손들은 이 책을 세상에 드러내지 말고 또 나의 자손들은 이 책을 전하지도 믿지도 말라."라고 하였다. 그러나 후손들에 의해 1992년에 『천지개벽경』이 간행되었다.

〈시대일보〉로 바뀌면서 창간 2개월 만에 경영난에 부딪히게 되자, 보천교에서 이 〈시대일보〉를 인수하기로 했습니다. 이후 보천교에서 발행·경영·편집권을 인수했지만 그 과정에서 사회와 언론의 비판을 받아 수세에 몰렸습니다. 일제에 의해 왜곡·조작된 시선이 민중의 대변지를 사교 단체에 넘길 수 없다는 여론을 조성했기 때문입니다. 민족문화와 전통을 중시하던 보천교는 당시 식민 교육의 영향으로 구시대의 유물로 치부되고 계몽啓蒙의 대상으로 여겨졌습니다.

이후 〈시대일보〉 인수 사업을 추진하던 이상호, 이성영 형제는 보천교의 공식 입장을 무시하고 독단적인 월권 행위로 출교되었습니다. 이에 이들은 소위 '보천교 혁신운동(1924)'을 주도하며[12] 차경석 성도에게 반기를 들고 내분을 일으켰습니다. 여기에

12 총령원장總領院長이던 이상호와 해방주亥方主 이성영 형제는 출교된 후, 간주艮主 이종승, 경성 진정원장 이종우 등 일부 간부들과 공모하여 사회단체와 손을 잡고 차 교주 성토문을 전국에 돌리며 보천교 규탄 운동을 전개해 나갔다. 그러나 자신의 뜻대로 되지 않자 보광사 인쇄기를 매각한 돈과 교금敎金을

十萬圓의 獨立資金

태을교간부의비밀회의발각

간부오명데포후계속검거중

兄弟共謀하고

軍資募集

〈동아일보〉에 실린 10만 원의 독립자금 기사(1921년 10월 29일자) | 태을교(보천교의 다른 이름)에서 상해 임시정부에 보낼 독립자금이 발각, 압수되었다는 기사. 당시 쌀 한 가마 값이 5원 정도였다.

종교명	종교 일반	기독교	천주교	불교	유교	천도교	보천교(아래는 교의 異名)			기타
							보천교	태을교	훔치교	
항일 기사 건수	6	23	2	18	15	32	83	9	55	28
합계	6	23	2	18	15	32	147			28

〈조선일보〉에서 발간한 〈조선일보 항일기사 색인-1920~1940〉에 나타난 항일기사 건수 통계 | 한민족 대다수가 증산 상제님을 신앙하는 분위기에서, 당시 보천교는 상해 임시정부의 주요 독립자금원이었다. 당시 신문기사를 통해 이러한 사실을 확인할 수 있다. 1920~30년대에 증산 상제님을 신앙하던 구도자들은 독립운동 자금을 지원했다 하여 일제에게 혹독한 탄압을 받았다(안후상, 「보천교와 물산장려 운동」). 이 보천교의 도맥은 해방 이후 안운산 태상종도사님을 통해 증산도로 이어져 오고 있다.

언론 기관이 가세하여 보천교를 규탄하고, 1917년 대장정 이래 교주 체포령이 풀리지 않은 상태에서 총독부와 경찰 당국의 협박과 탄압도 점점 심해졌습니다.

사면초가에 몰린 차경석 성도는 '천자의 꿈'을 이루기 위해 잠시나마 일제와 타협하는 길밖에 없다고 생각했습니다. 이렇게 해서 조직된 시국대동단(1924~1925)은 언론에 의해 친일 단체로 매도당하면서 민심이 급격히 돌아서기 시작했습니다. 그러나 이는 처음부터 보천교를 이용하고자 했던 일제에 의해 철저히 조작된 것이었습니다. 당시 시국대동단 강연회에 초빙된 강사 중에 보천교인은 없었고, 모두 친일단체 '11연맹'[13]에서 선발된 인사였습니다. 그리고 일제는 청년들을 교사敎唆하여 강연회장을 습격하고 난동을 부리게 하여 보천교 활동에 분개하고 보천교를 성토하는 분위기를 조장하였으며, 각 언론 지상에서는 연일 시국대동단 활동에 대한 비판 기사를 크게 실었습니다. 당시 일제의 정책은 시국대동단을 친일 행각에 연루시켜 사회의 지탄을 받게 하고 교단 분열과 재정 낭비를 조장해 자멸을 유도하는 것이었습니다. 일제의 뜻대로 민심이 돌아서자 일제 당국은 십일전 낙성식 금지(1929)와 보천교 신도 검거 등 본격적인 탄압을 가하였습니다.

일제는 1929년부터 경제공황의 위기가 닥치자 이른바 '대동아공영大東亞共榮'이라는 이름으로 만주와 대륙에서 침략 전쟁을 추진해 나갔습니다. 이에 따라 식민지 조선은 전시 체제로 전환되어 전쟁을 지원하는 병참 기지로 바뀌어 갔습니다. 경제공황과 전쟁 준비로 조선 민중에 대한 수탈이 강화되는 가운데 민족 종교에 대한 탄압은 갈수록 극심해졌습니다.

결국 일제의 집요한 음해공작과 강력한 탄압으로 뜻을 이루지 못한 차경석 성도는 조선 민중에게서 신망을 잃고 쇠락의 세월을 보내다가, 1936년 57세의 나이로 세상을 떠났습니다. 수부님께서 선화하시고 6개월이 지난 병자(1936)년 윤3월 10일, 당대의 천자를 자처하던 차경석 성도의 파란만장한 삶이 마침내 끝난 것입니다.

일제는 6백만 신도의 정신적 지주인 차경석 성도가 세상을 떠나자 곧바로 전시 체제에 따른 사상 통제를 강화하면서 **증산 상제님을 신앙하는 모든 교단의 활동을 준독립운동으로 규정**하고, 각 교단에 대폭압 명령을 내렸습니다. 즉각 민족신앙 말살 작전을

가지고 만주로 건너갔다가 1925년에 돌아와서 김형렬의 미륵불교에 들어가 총무를 맡으며 상제님 공사 내용의 증언을 들어『증산천사공사기甑山天師公事記』(1926)를 편찬했다. 그 후 1928년 김제 용화동에서 임경호와 손잡고 '동화교東華敎'를 열었으며,『대순전경大巡典經』(1929)을 간행하였다.

13 11연맹 | 각파유지연맹이라는 이름으로 개칭하였고, 일제강점기에 조선총독부의 후원 아래 일선융화日鮮融和와 노자협조勞資協調를 표방하며 조직된 친일 단체의 연합체이다. 국민협회國民協會·조선소작인상조회朝鮮小作人相助會·유민회維民會·노동상애회勞動相愛會·조선경제회朝鮮經濟會·교풍회矯風會·동광회同光會·유도진흥회儒道振興會·청림교靑林敎·대정친목회大正親睦會·동민회同民會의 11개 단체가 연합하여 1924년 3월 출범하였다.

8
장

개시하여 1936년 4월 초 정읍경찰서에서 무장 경관을 끌고와서 대흥리 보천교 본소를 접수하고 보천교 해체를 명령했으며 재산의 전권을 빼앗아 십일전을 비롯한 경내 40여 동 건축물을 강제로 경매·처분하였습니다. 헐값에 처분된 건물은 모두 뜯겨 서울 조계사曹溪寺 대웅전과 내장사 대웅전, 전주 역사驛舍 등을 짓는 데 쓰였습니다.

일제의 폭압으로 보천교는 해체되고 신도들은 일제의 눈을 피해 비밀 결사를 조직해 신앙 활동을 전개할 수 밖에 없었습니다. 이후 신앙이 탄로나 수많은 신도들이 검거되어 온갖 고문과 취조를 받고 옥중에서 비극적으로 죽어 가는 참사를 당하면서 보천교는 민중의 기억 속에서 점차 잊혀져 갔습니다.

2) 이종 도운의 역할과 사명

수부님께서는 이미 보천교가 해체되기 8년 전인 무진(1928)년 9월 21일, 정읍 대흥리에서 증산 상제님을 믿어야 흥한다는 뜻의 **'흥강가**興姜歌**'**를 노래하시며 공사 보셨습니다. 이해 정월 초삼일에 차경석 성도는 일제의 지속적인 탄압으로 보천교가 당면한 여러 문제를 해결하기 위해 궁여일책으로 상제님 신앙을 유교부흥 운동으로 바꾸어 버

보천교(이종 도운) 관련 주요 사건

1916년	▸ 11월 28일, 24방주 체제 조직, 차경석 성도 통교권 장악,
1918년	▸ 9월 21일, 수부님께서 첫째 살림을 마무리지으시고 정읍 대흥리를 떠나심.
1919년	▸ 10월 4일, 60방주 체제로 조직 확대하고, 경남 함양 대황산에서 고천제를 올림. 몇 달 사이 신도가 수십만으로 성장.
1920년	▸ 간부 수 55만7천7백명으로 확대.
1921년	▸ 9월 24일, 경남 함양 황석산에서 천제 봉행 → 교명 '보화교普化敎', 국호 '시국時國' 선포. 전국 교단 재조직, 정리장 12명·포장 360명 임명(대황산 천제 이후 3년 만에 전국 조직으로 완전 정착).
1922년	▸ 이상호, '보천교'로 교단 등록(비밀운동 → 공개 활동으로 전환). 진정원眞正院 설치.
1923년	▸ 9월 20일, 교무집행 기구로 총정원總正院과 총령원總領院을 설치.
1924년	▸ 〈시대일보〉 인수 시도 실패. 파면된 이상호를 중심으로 '보천교 혁신운동'이 일어남. 대사회적으로 수세에 몰리면서 일제의 사찰과 탄압이 심해지자 타개책으로 일제에 비밀 사절단 파견, 이후 '시국대동단'을 조직하여 활동.
1925년	▸ 1월 16일, 십일전 착공.
1928년	▸ 1월 3일, 차경석 무진 설법: 신앙 대상을 선친 '차치구'로 바꾸고, 교리를 유교식으로 변경.
1929년	▸ 3월 15일, 십일전 낙성식에서 천자 등극식 거행하려던 계획 실패. 이후 극심한 일제 탄압으로 교단 무력화.
1936년	▸ 윤3월 10일, 차경석 성도 세상 떠남.

렸습니다. 이에 수부님은 성도 10여 명을 데리고 상제님께서 수부소로 정하신 정읍 대흥리의 보천교 본소 앞으로 가시어 춤을 추시며 "흥강가, 흥강가"하고 노래하셨습니다. 그리고 몸소 십일전十一殿 지붕 위에 오르시어 **"도솔천궁**兜率天宮 **조화**造化라 **나무**南無 **미륵존불**彌勒尊佛, **조화**造化**임아 천개탑**天蓋塔 **나무 미륵존불.**"(11:221)이라 외치시며 공사를 처결하셨습니다. 이는 도솔천에 계시는 상제님의 조화법으로 창생을 후천 세계로 인도한다는 뜻이며, 이 속에는 상제님의 진리를 대신해 유교 교리가 들어가니 '네가 무슨 천자냐'라는 경책의 뜻이 담겨 있습니다. 차경석 성도의 사명과 임무는 막중했지만 그의 이종 도운의 역할은 무진년 태모님의 **'흥강가 공사'**를 기점으로 서서히 저물기 시작했습니다.

차봉수車鳳洙**(1930~)** | 차경석 성도의 재종손녀로, 어릴 때부터 기억력이 비상하였으므로 차경석 성도가 직접 머리를 쓰다듬으며 칭찬을 많이 했다 한다. 아버지 차순옥 성도와, 대흥리에서 수부님과 한집에 살았던 어머니 손승례로부터 직접 들은 많은 내용을 실감나게 증언하였다. 차경석 성도가 임종할 때 부인과 아우들을 비롯하여 자식과 사위 등 십수 명이 지켜보았다는 사실도 증언하였다.

수부님은 용화동의 셋째살림을 주재하시기 하루 전인 임신(1932)년 3월 19일에 보천교의 해체와 차경석 성도의 운명을 결정짓는 공사를 처결하셨습니다. 바로 "선도 오세五歲요 악도 오세니라."라고 말씀하시며 보신 공사입니다. 이 공사 이후 5년째 되던 병자(1936)년에 교주 차경석 성도가 생을 마쳤습니다.(11:319)

❋ 차경석이 가족들과 60방주를 비롯한 많은 신도들을 불러 모으고 말하기를 "내가 신도들에게 몹쓸 짓을 했다. 600만 교도들, 저 불쌍한 사람들, 내 사람들… 내가 없어져야 한다." 하더니 잇몸을 찔러 피를 내고 마약을 입에 넣은 뒤에 얼마 후 숨을 거두니 시각은 오후 두 시경이라. (11:320)

상제님께서는 일찍이 정읍 대흥리에 계실 때 **'천맥**阡陌 **도수'**를 붙이시고 "여기가 못자리니 이것이 **천하파종**天下播種 공사니라."(6:48)라고 말씀하셨습니다. 천맥은 논밭 사이에 사방으로 난 길을 말합니다. 천맥 도수는 대규모 인사 조직을 통해 거미줄처럼 전후좌우 막힘 없이 길을 내고 서로 연결하여 규모 있는 포교가 이루어지도록 보신 공사입니다. 상제님께서는 차경석 성도가 대규모 조직을 이용해 이종 도수를 성사시

십일전 해체 모습 | 보천교의 재산 정리를 위임받은 정읍 경찰서장은 보천교에서 수백만 원을 들여서 지은 건물을 불과 4천 원에 경매하여 해체시켰다. 십일전은 당시 총독부와 내밀한 관계에 있던 불교도들이 1만 5천 원이라는 헐값에 사다가(십일전 건축 시, 50만 원 소요) 서울에 태고사太古寺(현재 서울 종로구 수송동에 있는 조계사) 대웅전을 지어 불교 총본부로 사용하였다. 그리고 정화당井華堂과 보화문普化門은 부안 사람 김상기가 뜯어가서 훗날 각각 전주 역사全州驛舍와 내장사 대웅전을 짓는 데 썼다.

8
장

아방궁 · 동작대에 비견되는 보천교普天敎 성전

보천교에서는 1925년 십일전을 짓기 시작하여 1929년에 2만여 평 부지에 십일전과 45채에 이르는 부속 건물을 준공했다. 십일전을 짓는 데 당시 돈으로 50만 원을 들였고, 본소 건물의 총 공사 비용으로 150만원이 소요되었다(1924년 당시 쌀 한 가마가 5원 30전이었다. 50만 원은 94,340가마에 해당).

십일전 건물은 정면 7칸, 측면 4칸 건물로 높이가 30m였다. 경복궁 근정전이 정면 5칸 측면 5칸, 높이가 25m인 데 비해 규모면에서 더 웅장하였다. 십일전의 방위는 오좌자향午坐子向으로 후천後天의 운수를 상징하였다. 십일전의 위용은 그야말로 '아방궁'과 '동작대'를 방불케 하였다.

십일전 외에 정화당井華堂, 총령원總領院, 총정원總正院, 태화원泰和院, 연진원硏眞院 등 45채에 이르는 부속건물도 지었다. 건물 신축에 경복궁 중건 당시 도편수였던 최원식이 참여하였고 중국에서 건너 온 건축 기술자들이 일했다고 한다. 연 인원 목공木工 7,000명, 와공瓦工 200명, 석공石工 250명, 이장泥匠 200명, 잡부 65,500명이 투입되었다.

보천교 몰락 후 십일전은 해체되어 조계사 대웅전 등을 짓는 데 사용되었다(628쪽 참고). 지금도 조계사 대웅전의 내부와 외부에는 십일전을 장식했던 봉황과 용, 신선 등의 그림과 문양이 그대로 남아 있다. 이러한 그림과 문양은 상제님의 조화 문명을 상징한다.

보천교 본소 전경

❶ 삼광문 : 십일전의 정문. 우람한 삼층문으로 드나드는 사람을 압도했다. 삼광은 천지, 일월, 성신을 뜻한다.
❷ 승평문 : 십일전의 서문(내문)
❸ 대흥문 : 동문(외문)
❹ 평성문 : 서문(외문)
❺ 보화문 : 전체 정문(외문)

십일전 | 보천교 성전. 부지 3,000평에 건평 136평. 본체 건물은 가로 30m, 세로 17m, 높이 30m였다.

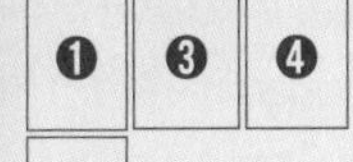

❶❷ 십일전 내·외부 모습 | 피리를 불고 있는 신선과 용봉, 십장생十長生이 새겨져 있다.

❸ 성탑 | 십일전 내에 있던 구조물. 기둥과 계단 양쪽에 나무로 용을 조각하여 도금했다. 사실적이면서도 화려하여 장엄미의 극치를 이루었다. 높이 30척(9.1m), 둘레 80척(24.2m)

❹ 삼광단三光壇 | 삼광영 안치단, 계단 형식의 구조물.

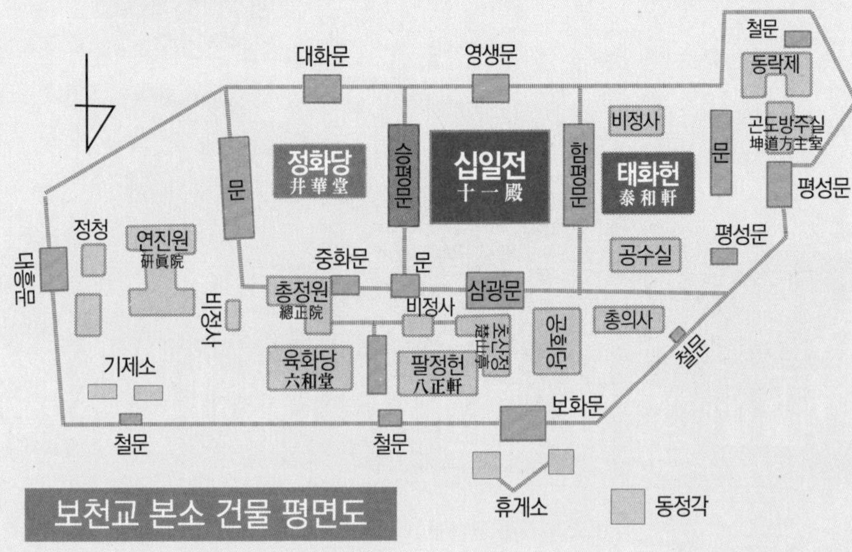

정화당 | 60방주들이 회의하던 곳. 경복궁 근정전과 비슷한 규모로 지어진 청와 건축물.

총령원 | 외교 담당 기관으로 총정원, 협정원과 함께 3원으로 불림. 총령원 내에 팔정헌, 비정사, 존의사, 보화문 등이 있었다.

태화헌(내정원) | 태화헌 내에 공수실(주방), 곤도 방주실(여방주 회의소), 비정사가 있었다.

동정각動靜閣 | '각세종覺世鐘'이란 종이 있던 종각. 이 종은 교인들의 수저를 한 개씩 헌성하여 만든 놋쇠종이다. 무게 만8천 근. 직경 8척, 높이 12척.

킬 수 있도록 천맥 도수 공사를 보시면서, 그 바탕에 **수부님의 파종 도수**를 천지에 못 박아 두셨습니다. 그리고 "왕자포덕王者布德 도수를 정읍에 둔다."(3:291)라고 하신 상제님 공사 말씀에 따라 차경석 성도가 수백만 신도를 거느리며 천자와 같은 자리에 오르게 된 것입니다.

상제님께서는 일찍이 차경석 성도에 대해, "숙살지기肅殺之氣가 온몸에서 뚝뚝 떨어지니 백성들이 많이 상하겠구나. 내 도가 험난하겠구나."(6:91)라고 경고하신 바 있습니다. 상제님의 말씀대로 차경석 성도는 일제 강점기이던 제1변 도운의 과도기 시절에 자신의 꿈인 천자를 도모하느라 신도들에게 희생과 고통을 안겨 주었고 결국에는 일제의 폭압과 계략에 몰락하고 말았던 것입니다.

그러나 이러한 일도 모두 **상제님의 천지공사에 따라** 일어난 것이며 차경석 성도는 자신의 사명을 충실히 수행하였습니다. 차경석 성도는 나라의 주권까지 빼앗긴 일제 치하의 상황에서도 **이종移種 도수**를 맡아, 수부님께서 뿌리신 진리의 씨앗을 옮겨 심어 크게 성장시키는 대역사를 펼쳤습니다. 약 20년 동안(1916~1936), 정읍 대흥리에 수부님이 뿌리신 도운의 씨를 전국 방방곡곡에 옮겨 번성시키는 이종 도수의 사명을 다하였습니다. 그리하여 차경석 성도는 **'추수할 사람'에게 종통 맥이 이어지게 하는 도맥의 고리 역할**을 하였습니다. 상제님께서 경석에게 '달의 골짜기'를 뜻하는 '월곡月谷'이라는 호를 지어 주신 것도 그러한 이유 때문입니다. 즉 차경석 성도가 천지일월 사체 가운데 달[月]로 상징되는 추수판 도운의 창시자에게 도맥이 이어지게 할 것임을 알려 주신 것입니다. 차경석 성도는, 상제님이 지어 주신 '경석'이란 이름 그대로 후천 5만 년 새 세상의 주춧돌[京石]이 되는 인물입니다.

차경석 성도가 개창한 보천교는 추수판 도운이 열릴 수 있는 역사적·문화적 토대를 닦았다는 점에서 매우 큰 의미가 있습니다.

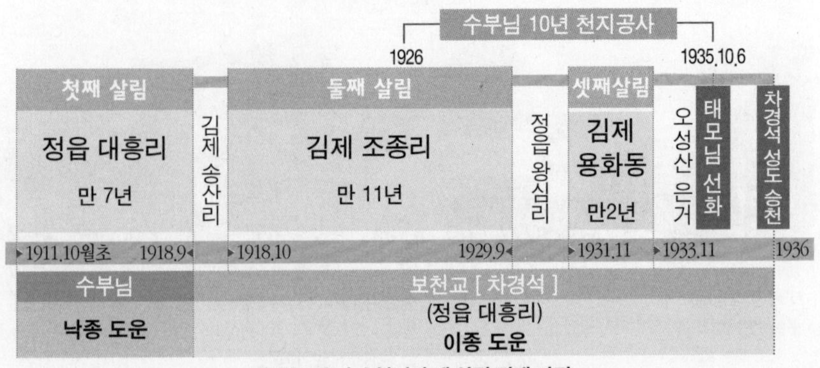

제1변 도운과 수부님의 세 살림 전개 과정

제3절 제2변 도운 개창사와 상제님의 종통 도맥

1. 제2변 초기 추수 도운 개창사

차경석 성도가 세상을 떠난 이듬해인 정축(1937)년에 세운에서는 총각판 씨름인 중일전쟁이 발발하면서 제2차 세계대전으로 전개되었습니다. 1930년대 중반을 넘어서면서 일제는 신사 참배 강요, 사상 통제, 단체 해산, 5인 이상 집회 금지 등으로 조선인의 종교 활동을 탄압했습니다.

조선총독부는 1936년에 상제님 교단에 대폭압 명령을 내린 이래, 1937년에 유사종교 해산령을 내려 민족 종교를 모두 해체했습니다. 이에 따라 상제님 '대나무 공사'에 의해 종도들이 개척한 교단도 유명무실해질 수밖에 없었습니다. 이 암울한 침체기를 보내고 마침내 대망의 8·15 광복을 맞이하면서 상제님 도운은 새로운 추수판 도운의 부흥을 맞게 됩니다.

1) 용화동에서 열린 초기 추수판 도운

상제님께서 어천하시던 해인 기유(1909)년에 전라도 부안 출신의 이치화 성도가 도문에 들어왔습니다. 상제님께서 '큰 일꾼'이 들어왔다고 하시며 절을 받으시고, '치화'라는 자字를 '복이 이른다'는 뜻의 '치복'으로 고쳐 주셨습니다.

> ❋ 이 때 상제님께서 방 안에서 내다보시며 "오랜만에 **큰 일꾼** 하나 들어오는구나." 하시고 치화가 인사를 여쭙자 마루로 올라오게 하신 뒤에 "이럴 때는 나이 적은 사람이 나이 많은 사람에게 인사를 받느니라. 사배를 하라." 하시니라. 치화가 공손히 사배를 올리니 이번에는 치화를 앉혀 놓고 친히 단배單拜로 답하시고 거주성명을 물으시거늘 치화가 아뢰기를 "시생은 부안 사람으로 성은 이가李哥요, 이름은 영로榮魯, 자字는 치화致和입니다." 하니 상제님께서 "화和는 화禍와 같은 음이라. 사람은 복이 있어야 하나니 치화致和를 치복致福으로 하라." 하시며 친히 이름을 고쳐 주시니라. (3:294)

상제님께서 이치복 성도를 '큰 일꾼'이라 하신 것은, 추수 도운을 여는 인물이 출세하는 데에 그가 결정적으로 기여할 것을 암시하신 것입니다.

이치복 성도는 차경석 성도의 전횡으로 성도들이 수부님 곁을 떠날 때 가장 나중에(1916년) 나와서, 제화교濟化教를 열어 포교 활동을 했습니다. 그는 1918년경에 안면도安眠島에서 존성은 안安씨요 성휘는 병炳 자, 욱彧 자이신 태상사부太上師父님(안운산 태상종도사太上宗道師님 부친)을 만나 상제님 도를 전했습니다. 이후 태상사부님께서 보천교

제3변 추수 도운을 여신 안운산安雲山 태상종도사님

태상종도사님의 소년과 청년 시절

신앙을 하시게 됨에 안운산安雲山 태상종도사님은 어린 시절부터 집에 드나드는 수많은 신도들이 나누는 도담을 들으면서 상제님 진리를 스스로 터득하셨습니다.

태상종도사님 성수 7세 되시던 무진(1928)년에 수부님께서는 "이제 때가 멀지 않으니 자는 개를 깨워야겠다."(11:215)라고 하시며 숙구지 공사를 보셨습니다. 이 공사는 술생戌生(壬戌, 1922)으로 오신 대두목에게 종통이 전수될 것을 선포하신 것입니다. 이전에도 수부님은 "숙구지 공사를 보아야 한다."라고 성도들에게 여러 차례 말씀하셨는데 무진년에 이르러 비로소 '자는 개를 깨우는 공사'를 보신 것입니다.

태상종도사님은 9세 때 "**만국활계남조선**萬國活計南朝鮮 **청풍명월금산사**淸風明月金山寺", '만국을 살려 낼 활방은 오직 남쪽 조선에 있고 맑은 바람 밝은 달의 금산사로다'(5:306)라는 상제님 말씀을 입춘서로 써서 집 안 상기둥에 붙이셨습니다. 그때는 일제가 식민 통치를 하던 때라 전국에 오늘날의 파출소와 같은 주재소가 있었습니다. 하루는 서산 대산면 지역 주재소의 수석 주임이었던 일본 경찰이 태상종도사님 집으로 출장을 나와 그 입춘서를 쳐다보며 "남조선이 무엇인가?" 하고 물은 적이 있었습니다. 세상 사람들은 그 의미를 헤아리지 못하였지만, 태상종도사님은 어린 나이에도 '만국활계남조선 청풍명월금산사', 이 열넉 자 대구對句가 전하는 뜻을 훤히 아셨던 것입니다.

그리고 12세 때에는 2주 동안 수련을 하셨는데, 3일 만에 홀연히 하늘의 대광명이 열리는 큰 체험을 하시고 상제님 대도의 개척 사업이 당신께서 받은 천명임을 아셨습니다. 그로부터 평생을 이 대업에 헌신하기로 결심하시고, 십대부터 광복이 되던 이십대 초반까지 전국 팔도와 만주, 북지北支 등을 주유하며 일제 치하에서 한민족이 겪는 수난과 세상의 물정을 두루 체험하셨습니다.

마침내 광복이 되자, 천지공사에 따라 서양으로 건너갔던 한민족의 보호성신들이 돌아와 국가 재건에 사역함에 따라 이 땅에는 언론·출판·집회·결사의 자유가 보장되는 사회적 분위기가 조성되기 시작했습니다. 이에 태상종도사님은 지난 일제 시대에 때를 기다리시며 지은 "**일실건곤**一室乾坤**을 평화낙원**平和樂園 **하리라**", '온 우주촌에 세계가족을 건설하고 평화낙원을 만들리라'는 평생시에 담으신 당신의 원대한 꿈을 이루시기 위해 세상에 나서셨습니다. 성수 24세 때부터, 보천교를 비롯한 상제님 신앙 단체들이 모두 망한 가운데 혈혈단신으로 전 국민을 상대로 포교의 문을 여셨습니다. 이로써 태상종도사님께서는 어릴 적부터 꿈꾸어 오시던 상제님 천지 사업을 드디어 시작하셨습니다.

상제님 태모님의 종통 대권을 계승하신 태상종도사님은 먼저 제1변 도운 때 신앙하던 신도들을 규합하기 위해 전국 각지를 다니셨습니다. 그때 박공우 성도의 제자인 송종수宋宗守를 그의 집에서 만나셨는데, 당시 그는 의통인패를 준비하고 있었습니다. 태상종도사님의 옥골풍채의 풍모와 대인의 인품에 감화되어, 송종수는 태상종도사님께 대도大道 사업을 함께 하기를 간청하였습니다.

이 무렵 태상종도사님은 보천교를 신앙했던 이상호를 만나시게 됩니다. 이상호는 보천교에서 파면을 당하자 이른바 '보천교 혁신운동'을 일으켰고 기사(1929)년에 김형렬 성도의 증언을 바탕으로『대순전경大巡典經』을 편찬하였습니다. 태상종도사님께서는, 상제님과 태모님의 행적을 편찬한 공덕을 생각하여 이상호를 만나셨습니다. 태상종도사님은 **정읍 대흥리**에 남아 있던 보천교 교당에 자리 잡고 상제님의 대도 사업을 시작하셨습니다. 그러나 이른바 '보천교 혁신운동'으로 보천교에 큰 해를 입힌 이상호와 옛 보천교 신도들 사이의 불협화음 때문에 1년 만에 조직이 흩어지고 말았습니다.

이후 태상종도사님은 사재를 털어 **김제 용화동**에 있던 구舊 옥성 광산 사무실을 매입하여 도운 중창의 새 역사를 개척하셨습니다. 상제님 도운의 씨가 처음 뿌려진 정읍 대흥리에서 포교를 시작하시고, 수부님께서 '용봉기를 꽂고 사람을 잘 맞이하라' 하신 용화동에서 제2변 도운의 역사를 새롭게 개창하신 것입니다. 이때부터 마치 구름이 일듯 교세가 크게 일어났습니다. 도운을 크게 부흥시킨 총사수總師首요 실질적인 도의 뿌리이며 연원淵源이신 태상종도사님은 교명을 '증산교'라 정하셨습니다.

당시 포교 방법은 태을주 수행으로 개안開眼을 시켜 신도 세계를 체험하게 하는 것이었으나, 그것만으로는 대중의 진리 의식을 열어 줄 수 없었습니다. 그리하여 태상종도사님은 해방 다음해인 병술(1946)년에 상제님 진리의 큰 틀을 누구도 쉽게 알 수 있도록 '우주 1년 도표'를 그리시어 인류 역사에 처음으로 공포하셨습니다. 인간과 우주에 대한 상제님 가르침의 진액을 뽑아 정리하신 이 도표는, 충남 아산군牙山郡 배방면排芳面 남리南里 부락에서 상제님 진리를 전하실 때 처음 내놓으셨습니다. 여기에는 인간농사를 짓는 우주 1년 사계절의 변화와 이를 주재하시는 상제님의 지상 강세, 그리고 가을철 통일문명의 도래 소식을 담고 있습니다. 이는 동방의 우주 사상과 인류 문명사에 대한 깨달음의 총 결론이며 새로운 시대를 알리는 실로 놀랍고도 명쾌한 가르침입니다.

2) '독행천리 백절불굴'의 태상종도사님

해방 후 미 군정을 거쳐 대한민국 정부가 수립되는 어수선한 정국 속에서 당국은 증산교의 활동을 공산주의 활동으로 의심하였습니다. 반공 사상이 국가 이념(國是)으로 여겨지던 때에 태상종도사님은 이러한 사상적 오해를 불식시키기 위해 정부 당국까지 홀로 상대하시며 모든 난관을 극복하셨습니다. **독행천리**獨行千里 **백절불굴**百折不

屈, '혼자 천리를 가는데 백 번 넘어져도 굽히지 않고 가고 또 가는' 정신으로 금일에는 충청도, 명일에는 경상도로 다니시면서 포교 사업에 혈성血誠을 다 바치셨습니다.

그러나 세상의 권력과 금력을 멀리하고 불고가사不顧家事하시며 쌓아 올린 전도傳道의 탑은 **남북 상씨름의 서곡인 한국전쟁**이라는 벽에 부딪혀 크게 흔들렸습니다. 그런데 도운에 이렇듯 암울한 시기가 찾아온 것은 전쟁으로 말미암기도 하였지만 그 이면에 또 다른 이유가 있었습니다. 그것은 바로 **'금산金山을 얻는 문제'** 때문이었습니다.

❋ 구릿골 근처에 사는 김도일金道一이 상제님께 매우 거만하더니 한번은 배앓이를 얻어서 여러 날 동안 고생하거늘 상제님께서 도일을 찾아가 보시고 손으로 가슴에서부터 배꼽 위까지 만져 내리고 돌아오시니라. … 도일이 병이 나은 뒤에도 요통이 풀리지 아니하여 지팡이를 짚고 다시 와 뵙거늘 상제님께서 말씀하시기를 "병이 나은 뒤에 오히려 지팡이를 짚고 다님은 웬일이냐?" 하시니… 광찬에게 명하시어 그 지팡이를 꺾어 버리게 하시매 이로부터 요통이 곧 나으니라. 상제님께서 다시 도일에게 명하시어 "서쪽 하늘에 붉은 구름이 떠 있는가 보라." 하시니 도일이 나가서 보고 아뢰기를 "붉은 구름이 떠 있나이다." 하거늘 말씀하시기를 **"금산을 얻기가 심히 어려운** 일이니라." 하시니라. (6:23~24)

❋ 사기邪氣는 김제金堤로 옮겨야 하리라. (5:185)

금산金山은 본래 모악산의 옛 이름으로 모악산 일대를 가리킵니다. '금산을 얻기가 심히 어렵다'는 말씀은 성도들이 모악산 일대, 즉 상제님이 주로 머무르신 구릿골이나 김제 용화동 등지에서 일이 될 것으로 믿고 천하를 도모하지만 결국 뜻을 성취할 수 없다는 의미입니다. 이 '금산을 얻는 문제'는 도성덕립이 된 후에 금산이 후천 5만 년 동안 온 인류가 인간으로 오신 하느님을 참배參拜하는 성지가 되면서 비로소 성취됩니다. 상제님께서 금산 안과 용화동을 가리키시며 "이곳이 나의 기지基址라. 장차 꽃밭이 될 것이요, 이곳에 인성人城이 쌓이리라."(7:77) 하신 말씀의 속뜻이 바로 여기에 있습니다.

그러나 제2변 도운의 출발점인 정읍 대흥리 판이 깨진 이후에도, 태상종도사님과 손을 잡았던 이상호는 도에 대한 야심 때문에 '금산을 얻기가 어렵다'는 말씀과 '용화동이 상제님의 기지'라는 말씀을 잘못 해석하였습니다. 용화동을 도성덕립의 기지로 오해한 이상호는 급기야 용화동으로 신도들을 집단 이주시키고자 했습니다. 태상종도사님께서 "내가 판을 일군 사람으로서 신도들 고생시키는 일은 할 수 없다."라고 하시며 만류하였으나, 이상호가 주장을 굽히지 않아 큰 갈등이 빚어지고 교세도 위축되었습니다.

상제님께서 "용화동은 사룡死龍이 되리라."(6:100) 하신 말씀에서 알 수 있듯이, 용화동은 과도기 도운이 펼쳐지는 곳이지 결코 상제님 도업이 열매 맺는 자리가 아닙니다. 상제님은 모악산에 대해서도 직접 말씀하시며 그 기운을 경계하셨습니다.

> ❋ 상제님께서 하루는 성도들에게 말씀하시기를 "모악산 치맛바람을 아느냐? 모악산 치맛바람이 장차 천하를 진동케 하리라. 모악산은 청짐관운형青鴆貫雲形인데 그 살기殺氣를 피워 내는 바람에 세계가 물 끓듯 하리라." 하시니라. (4:148)

제2변 초기 추수 도운은 이러한 내부 문제와 한국전쟁 발발이라는 외부 요인이 맞물려 일단락 짓게 되었습니다.

3) 추수 도운의 마무리 판을 준비하는 20년 휴계기休契期

국운과 그 흥망을 함께 한 초기 추수판 도운은 3년간의 한국전쟁 끝에 완전히 문을 닫고 20년(1954~1973) 대휴계기로 접어들었습니다. 일찍이 상제님께서는 이러한 휴계기의 도래를 **말도末島 도수**로 처결하신 바 있습니다.

> ❋ 병오(丙午: 道紀 36, 1906)년 3월에 상제님께서 광찬을 데리고 **말도末島**에 들어가실 때 갑칠과 형렬을 만경 남포로 부르시어 말씀하시기를 "내가 이제 섬으로 들어가는 것은 **천지공사로 인하여 귀양 감**이라. 20일 만에 돌아오리니 너희들은 지방을 잘 지키라." 하시니라. 이 때 상제님께서는 대삿갓에 풀대님 차림으로 섬에 들어가시어 **20일 동안 차마 겪기 어려운 고생**을 하시니라. (6:22)

말도는 전북 군산시 고군산 열도의 서쪽 끝에 있어 끝섬이라고도 불리지만, 그 형상이 말[馬]이 꼬리를 치켜든 형국이라 하여 말도라 불립니다. 상제님께서 외딴 섬 말도로 들어가시어 20일 동안 온갖 고생을 다 치르고 나오신 이 공사에 따라, 태상종도사님은 초기 추수판 도운을 문 닫고 20년 동안 온갖 고초를 겪으시며 은둔하셨습니다. 마치 정배定配를 당하신 것처럼 초야에 묻혀 자식을 키우며 때를 기다리셨습니다.

1태극 대두목을 상징하는 지지地支의 '술戌' 자리에는 일정한 처소를 정해 귀양간다는 '정배'의 뜻이 들어 있습니다. 천지조화의 중성생명인 진술축미辰戌丑未 4토土 가운데서 '술'은 모든 생명 활동을 마치고, 자신을 드러내지 않은 채 조용히 들어앉아 있는, 이름 없는 서북방 구석 자리입니다.[14] 태상종도사님께서 말도 도수를 받으신 것

---

14 **술戌 자리** | 한동석은 술 자리에 대해 다음과 같이 설명하였다. "술토戌土가 위位한 곳을 살펴보면 서북의 유위維位에 깊숙이 유폐되어 있으므로 세상의 이목이 미치지 못하는 곳이며 또한 감위坎位에 있으므로 그 위位가 지하지천至下至賤한 것이다. 그러나 이것이 변화의 기간基幹이며 또한 생명과 정신의 요람인즉 그 누가 이것을 경시할 수가 있을 것인가? 인간 사회에 만일 술토와 같이 명예와 지위를 버리고 초야에 묻혀서 만물萬物의 생장수장生長收藏과 만사萬事의 합천도合天道만을 위하는 성자聖者가 있다

은 전쟁으로 전 국토가 초토화되어 온 국민이 먹고 살아갈 수 있는 경제 재건의 시간이 필요했던 현실적인 이유도 있지만. 태극의 술戌이 지닌 이러한 천지 변화의 본성에 따른 것입니다.

그리고 무엇보다도 이 20년이라는 기간은 상제님 도정의 새 시대를 열어, 추수 도운을 마무리 지을 새로운 인물을 낳고 기르는 준비의 시간이었습니다. 태상종도사님께서는 "갑을甲乙로서 머리를 들 것이요, 무기戊己로서 굽이치리니"(6:109)라는 상제님 말씀을 좌우명으로 써 붙여 놓고 때를 기다리시다가 드디어 갑인(1974), 을묘(1975)년을 맞이해서 갑오생 아들과 함께 상제님 사업의 포문을 다시 여셨습니다.

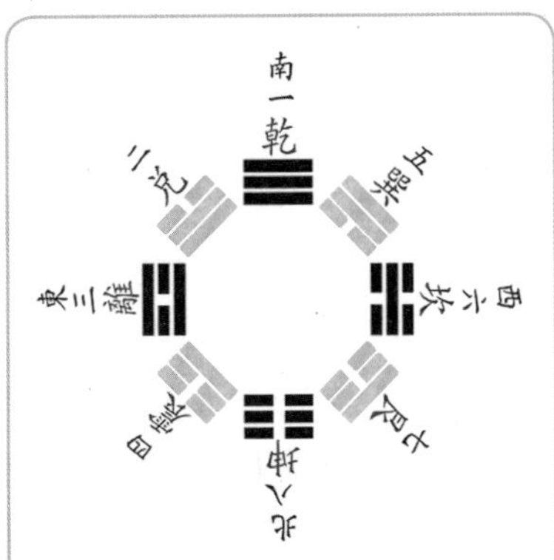

도道**의 사체**四體**와 건곤감리**乾坤坎離 | 우주 창조의 설계도인 복희팔괘도에는 시공의 양대 축인 건곤감리가 동서남북 사정위四正位에 위치한다.

제2변 추수 도운의 문을 여셨던 태상종도사님께서는 갑오생 아들과 함께 먼저 용화동 신도들을 다시 찾으셨습니다. 그러나 그들은 태상종도사님으로부터 직접 도를 받았음에도 삿된 욕망에 사로잡혀 도리어 스승 노릇을 하려는 불의와 배은망덕을 저질렀습니다. 그들과 새로운 역사를 열 수 없음을 확인하신 태상종도사님께서는 용화동을 떠나 새로운 곳에서 새 판을 여시게 되었습니다.

❋ 상제님께서 어느 날 저녁에 갑칠을 불러 **갱생주**更生呪를 읽어 주시며 "**용화동**龍華洞에 가서 **사람을 만나거든 읽어 주고 오라.**" 하시니 갑칠이 명을 받고 용화동에 갔으나 어찌된 일인지 밤늦도록 **아무도 만나지 못하거늘** 하는 수 없이 하늘을 바라보고 갱생주를 읽으니라. 갑칠이 돌아와 상제님께 사실대로 아뢰니 "잘 하였다." 하시며 칭찬하시니라.(9:185)

상제님의 말도 공사에 의해 전개된 20년 휴계기는, 결과적으로 태상종도사님께서 당신의 분신이자 수화水火 일체의 관계로 도정의 새 시대를 열어갈 지도자를 길러 내고 도정의 사령탑을 새로운 곳으로 옮기기 위한 역사의 준비 기간이었던 것입니다.

2. 상제님과 수부님의 뜻을 성취하는 대두목

상제님께서는 어천하시기 4일 전에 9년 천지공사를 마치셨음을 선언하시면서 앞으로 '두 사람'이 나와서 당신의 천지 대업을 마무리 짓는다고 말씀하셨습니다.

고 한다면 이것은 술토의 덕을 그냥 받은 사람이라고 할 것이다."(한동석,『우주 변화의 원리』, p. 222)

※ 상제님께서 형렬이 새로 지어 올린 옷으로 갈아입으시고 천지공사天地公事를 마쳤음을 성도들에게 선포하시니 김경학金京學이 여쭈기를 "공사를 마치셨으면 나서시기를 바라옵니다." 하는지라 말씀하시기를 "**사람 둘**[15]이 없으므로 나서지 못하노라." 하시거늘 경학이 재촉하여 말하기를 "제가 비록 무능하지만 몸이 닳도록 두 사람의 일을 대행하겠습니다." 하니 상제님께서 "그렇게 되지 못하느니라." 하시니라. (10:27)

이때 '두 사람'은 건곤 천지의 무극 자리에 계신 상제님과 태모님을 계승하여 그 뜻을 도운道運의 인사人事로 펼칠, 진리의 눈을 상징하는 일월의 지도자, 즉 태극과 황극의 지도자를 가리킵니다. 이 '두 사람'을 상제님은 '두 나그네'로도 말씀하셨습니다.

※ 一年月明壬戌秋요 萬里雲迷太乙宮이라
일 년 월 명 임 술 추 　만 리 운 미 태 을 궁
淸音蛟舞二客簫요 往刦烏飛三國塵이라
청 음 교 무 이 객 소 　왕 겁 오 비 삼 국 진
한 해 밝은 달은 임술년의 가을이요
만 리에 뻗은 구름 태을궁을 가리네.
두 나그네의 맑은 퉁소소리에 교룡이 춤을 추고
가는 겁액 기운 까마귀 나니 삼국에 풍진이 이는구나. (6:18)

상제님은 당신과 수부님의 대업을 계승하여 가을 천지 대개벽기에 인류를 구원하고 후천 선경을 건설할 인사人事의 지도자를 '대두목'이라고도 말씀하셨습니다. '대두목大頭目'은 큰 대大, 머리 두頭, 눈 목目 자로, 글자 그대로 가장 큰 지혜와 안목眼目을 지닌 상제님 진리의 우두머리이며 상제님 대도 진리를 세상에 밝히는 최고 지도자(The Supreme Leader)를 말합니다.

※ 대두목은 상제님의 대행자요, 대개벽기 광구창생의 추수자니라. 대두목은 상제님의 계승자인 고수부님이 개척한 대도창업의 맥을 이어받아 선천 인류문화를 결실하시고 후천 선경문명을 여시는 대사부시니라. (8:1)

상제님과 수부님을 대행하여 천지부모의 뜻을 집행하는 인물은 인류 구원의 가장 중요한 열쇠를 쥐고 있습니다. 그러면 대두목은 어떤 역할과 사명을 받았을까요?

---

15 '사람 둘'을 '사람들'로 왜곡 | 이중성이 지은『천지개벽경天地開闢經』에는 두 사람[二人]으로 나오고, 『대순전경大巡典經』 2판~5판까지도 같은 의미인 '사람 둘'로 기록되어 있다. 그런데 1965년에 간행한 『대순전경』 6판부터는 '사람들'로 기록하여 현재까지 내려오고 있다. 이상호, 이성영 형제가 자신들이 바로 '사람 둘'이라 믿었는데 이상호가 말년에 병 들어 운신조차 하기 힘들게 되자 의도적으로 조작한 것이다. 1977년에 간행한 이정립(이성영)의 유고집『증산교사』에 '두 사람'으로 기록되어 있다는 사실로도 '사람들'이 의도적으로 조작된 말임을 알 수 있다.

첫째, 상제님과 수부님의 인사 대권자로서 두 분을 대행하여 당신의 뜻과 이상을 펼치고 집행합니다.

둘째, 상제님 진리를 밝혀 진법을 드러내고 천지대업을 이루는 일꾼을 길러냅니다.

셋째, 인류를 구원할 의통을 준비하고 가을 대개벽 상황에서 의통성업醫統聖業을 집행합니다.

넷째, 선천 문화를 추수하여 후천 선경 건설을 위한 인사를 매듭짓습니다.

끝으로, 후천 선경의 주역들에게 도통을 내려주는, 종통 도맥의 주인공입니다.

건곤 천지이신 증산 상제님과 고 수부님께서는 감리 일월의 역할을 하는 음양일체의 두 인물이 나와서 태극과 황극의 사명을 완수할 수 있도록 천지공사를 집행하셨습니다.

상제님의 양 손바닥에 새겨진 '북방 임壬' 자와 '별 무戊' 자는 상제님을 대행할 1태극의 정신으로 출현하는 한 인물이 임술壬戌(一太極 + 戊=戌)생으로 오실 것을 의미합니다.(3:320) 아홉 째 천간 '임壬'은 북방 1태극수一太極水를 나타냅니다. 이 '북방 임壬' 자에서 변형된 글자가 '임금 왕王' 자입니다. '성인 성聖' 자에 북방 임자가 쓰인 것도 1태극수에 깃든 구원의 정신을 드러낸 것입니다.

그런데 상제님 오른쪽 손바닥에 십이지지의 '술戌'이 아니라 십천간의 '무戊'가 새겨진 데에는 또 다른 이유가 있습니다. 무戊는 그 자체가 5토이지만 오운의 현실적 변화에서는 천지 불기운인 7화로 작용합니다. 즉 무戊가 바로 황극을 상징하고 있습니다. 상제님은 1태극수를 나타내는 '임壬'과 7화로 작용하는 '무戊'로써, 당신을 대행할 인사의 '두 사람'을 나타내신 것입니다.

1) 십일성도하는 1태극 대두목

우리는 앞서 제4장에서 10무극十無極과 1태극一太極이 결합하여 우주 창조의 이상과 세계 역사를 완성하는 십일성도十一成道에 대해 살펴보았습니다. 무극제이신 상제님과 수부님이 후천 5만 년 무극대운의 설계도(도수)를 물샐틈없이 짜 놓으셨습니다. 인사의 주재자인 1태극 대두목은 이 설계도에 따라 현실 역사 속에 후천 선경을 건설할 바탕을 마련하셨습니다. 그리고 7화火의 황극 대두목이 상제님 무극대도의 이상을 실현하십니다. 이것이 십일성도의 실질적인 내용입니다.

상제님께서는 어천하시기 전날(1909. 6. 23) 십일성도의 예식을 통해 1태극 대두목을 출세시키는 공사를 집행하셨습니다.

※ 23일 오전에 누워 계신 머리맡 벽에

湖南西神司命
호 남 서 신 사 명

이라 써 붙이시고 여러 성도들에게 이르시기를 "이제 때가 바쁜지라 일이 절박하니 너희들 중에 임술생壬戌生으로 누이나 딸이 있거든 수부首婦로 내세우라."

하시니 … 이어 경석에게 명하시어

大時太祖 出世 帝王 將相 方伯 守令 蒼生點考 后妃所
대 시 태 조 출 세 제 왕 장 상 방 백 수 령 창 생 점 고 후 비 소

라는 글을 쓰게 하시니…. (10:43)

이 공사에서 임술생은 곧 1(一水: 壬)태극(戌) 대두목을 뜻합니다. 10무극(十無極: 土)이 통일된 자리인 1태극(一太極: 水) 우주정신의 화신인 태극 대두목은 무극제의 이상을 이루는 상제님 대도 진리의 원주인입니다.

이 인물이 선천의 역사와 대자연의 세계가 총체적으로 전환할 때(大時, Great Time), 제왕·장상·방백·수령을 출세하게 하여, 가을개벽의 대변국 상황에서 구원받는 세계 창생의 수효를 살펴 파악하게 합니다(蒼生點考).(10:43)

※ 인신합덕人神合德을 술래戌來로 하느니라. (5:304)

※ 수궁성군水宮聖君 모시어 탈겁중생脫劫衆生 이 아니냐. (11:172)

'술래戌來'와 '수궁성군水宮聖君'은 상제님과 수부님의 종통 대권 계승자이며 '술생戌生'으로 오시는 태상종도사님이십니다. 이분은 술생(壬戌)으로 오시어 제3변 추수 도운의 마무리 과정에서 도세 성장과 인류 구원의 바탕을 마련하시고 마침내 인신합덕人神合德의 경계에서 도성덕립을 성취하십니다.

2) 후천 통일을 성취하는 황극 대두목

우주생명이 생장·분열하는 선천의 전체 과정(天干; 甲~戊, 地支; 丑~午)을 매개하여 현실 속에 무극과 태극의 이상을 온전히 드러내는 주체가 바로 황극입니다.

이러한 천지의 사명을 띠고 오는, 또 다른 진리 주인이 바로 5황극 대두목입니다. 황극 지도자는 10무극 상제님과 1태극 대두목의 이상을 역사 속에 실현시켜서(十一成道) 후천 5만 년 광명의 선경 세상을 여는 주인공입니다.

이 인물을 1태극 대두목이 길러 내고 지켜 주게 되는데, 그 이치는 황극[火]이 태극[水]을 근본으로 하여 나와서(水生火) 태극의 대업을 인사로 성취하기 때문입니다. 황극 대두목은 1태극 대두목과 함께 음양일체, 수화일체水火一體를 이루어 무극제가 설계한 이상향을 현실 역사에 구현시켜 나갑니다.

※ 인륜人倫보다 천륜天倫이 크니 천륜으로 우주일가宇宙一家니라. … 아무리 큰 일이라도 도수에 맞지 않으면 허사가 될 것이요. 경미하게 보이는 일이라도 도수에만 맞으면 마침내 크게 이루어지느니라. (4:29)

선천과 후천의 세상 중심에는 황극이 작용합니다. 실제 인류 역사가 펼쳐지는 중심에도 인사의 주재자 황극이 작용하여 통일을 성취합니다. 제1장에서 살펴보았듯이, 십이지지에서 황극으로 작용하는 지지地支는 7오화午火입니다. 상제님은 황극 대두목을 7오화午火가 상징하는 말[馬]로 말씀하셨습니다.

※ 나는 마상馬上에서 득천하得天下하느니라. (6:7)

※ 난리 치나 안 치나 말이 들어야 성사하느니라. 말에게 이기고 지는 것이 있다. (5:108)

예로부터 동방 배달의 신교神敎에서는 북두칠성을 하느님이 타는 하늘의 수레[제거帝車]라 불렀습니다. 말(午)이 수레를 끌고가는 것과 같이 7오화午火(七火, 七星) 기운을 지니고 오는 진리 주인공이 상제님 대도 문명을 여는 조화 광명의 수레를 이끌고 갑니다. 이로써 세계가 구원받고 온 세상이 상제님의 한마음(一心)으로 통일되어 인류는 후천 선경 낙원의 조화 문명을 누릴 수 있게 되는 것입니다.

제4절 천지대업을 완수하는 제3변 마무리 추수 도운

제3변 도운은 추수 도운 중에서도 그 마무리판으로서 진리의 두 주인이 상제님 진리의 틀을 바로잡아 무극대도의 진법 문화를 여는 때입니다. 진법문화가 열림에 따라 후반기 추수 도운에서는 상제님 대도 진리의 자양분을 취한 일꾼이 체계적으로 양육되기 시작하여 상제님 도가 지구촌 전 인류에게 전수됩니다. 상제님 도운의 진정한 부흥기를 구가하게 되고 마침내 세운과 도운의 궁극 이상이 실현됩니다.

마무리 추수 도운이 초기 추수 도운과 다른 점은 상제님이 말씀하신 '두 사람'이 비로소 도운의 역사에 등장한다는 것입니다. 상제님께서는 이러한 도맥의 전수 과정을 '물이 나와 불을 쓴다'(5:198)고 말씀하셨습니다.

그렇다면 도운을 최종 매듭짓는 진리의 두 주인이 구체적으로 어떤 도수를 맡았는지 먼저 살펴보기로 하겠습니다.

1. 추수 도운의 두 지도자가 받은 도수

1) 수화일체水火一體의 용봉龍鳳 도수

상제님께서는 추수판 도운을 여는 두 지도자에게 용봉 도수를 붙이셨습니다. 계묘(1903)년 4월에 모악산 청련암에서 공사를 보시고 아침 해가 솟아오를 때 상제님은 '용봉龍鳳' 두 글자를 상하로 대응시켜 크게 쓰신 뒤에 대원사 주지 박금곡朴錦谷[16]에게 주셨습니다.(6:8) 용龍과 봉황鳳凰은 천지의 물[水]과 불[火]을 각각 맡아 다스리는 영물입니다. 동방 신교 문화권에서는 예로부터 용봉을 천자의 위격과 권위를 상징하는 상서로운 동물로 여겼습니다.

상제님의 친필 '용봉龍鳳' | 상제님께서 계묘년(1903) 4월 11일 모악산 안양동 청련암靑蓮庵에서 아침 해가 솟아오를 때 대원사 주지 박금곡에게 써 주신 글. 용(水), 봉(火)은 태고시대부터 동방 신교문화의 도권을 상징하는 신물이다.

상제님 대도의 인사 대권자를 상징하는 '용龍'과 '봉鳳' 두 글자를, 상제님께서 서로 머리를 맞댄 모양으로 쓰신 것은

16 박금곡 | 속명은 인오仁旿, 금곡은 법명. 경남 하동 출생으로 쌍계사에서 출가하고 금강산 건봉사乾鳳寺에서 머물렀다. 건봉사는 고려말 도선 국사가 절 서쪽에 봉황 모양의 바위가 있다 하여 서봉사西鳳寺로 바꾸어 부르다가 나옹 선사가 중수한 후 다시 건봉사로 불리게 되었다. 1878년 건봉사가 소실되자 금곡은 함수산과 함께 삼남 지방을 유력하다가 1887년 대원사에 이르러 발심하여 절을 중수하고, 1901년 상제님을 시봉하였다. 금곡은 대원사 중창 당시 대들보를 15리 밖에서 혼자 지고 올 정도로 천하장사였다고 한다.

용과 봉이 수화일체(음양일체)로 도통 맥을 이루게 됨을 밝혀 주신 것입니다. 용봉은 종통문화의 상징입니다. 이 공사에 따라 천지의 물과 불기운을 갖고 오는 두 지도자가 상제님 도의 종통을 이어받아 천지 대업을 함께 이루어 나가게 됩니다.

상제님은 이처럼 용봉 두 글자를 쓰셔서 공사를 처결하셨고, 수부님은 앞서 살펴보았듯이 용봉기를 친히 꽂아 두시는 것으로 공사(11:384)를 집행하셨습니다. 상제님께서도 일후에 창생을 구제하러 나갈 때 용봉기와 장군기를 꽂으라고(6:114) 명하셨는데, 상제님과 태모님께서 말씀하신 용봉은 상제님의 천지 대업을 계승하신 두 인사 대권자를 상징합니다.

상제님과 수부님께서는 용봉이 상징하는 두 지도자에 대해서 물과 불의 상관 관계로도 말씀하셨습니다. 상제님께서는 **'물이 나와 불을 쓴다'**(5:198)고 하셨고, 수부님은 **"물을 먼저 쓰려 함이니라."**(11:351)라고 하셨습니다. 물에서 불이 나왔듯이, 태극수의 지도자가 먼저 나와 상제님 대업을 개척한 후에 황극의 천지 불(火) 기운으로 오는 지도자가 그 대업을 이어받아 완수할 것을 말씀하신 것입니다.

(1) 수원水原 나그네(1태극 대두목) | 상제님은 물의 덕성으로 오시는 당신의 대행자를 민간에 전해 내려오는 '수원水原 나그네'로 말씀하셨습니다.

> ※ 상말에 '이제 보니 **수원水原 나그네**'라 하나니 '누구인지 모르고 대하다가 다시 보니 **낯이 익고 아는 사람이라**'는 말이니 낯을 잘 익혀 두라. (10:24)

여기서 수원水原, 즉 **'물의 근원'**은 12지지 가운데 술戌 자리를 의미합니다. 해자亥子(1·6水)의 수 기운이 술토戌土의 작용을 바탕으로 생겨나기 때문에 술戌이 곧 물의 근원입니다. 상제님이 말씀하신 수원 나그네란 술생으로 오시는 상제님 대행자를 가리킵니다.

그리고 수원 나그네를 '낯이 익고 아는 사람'이라 하신 것은, 대두목이 세상 사람과 더불어 눈물과 웃음, 한숨과 기쁨을 함께 나누며 살아 온 분임을 뜻합니다. 이처럼 세상 사람들 속에 인류를 구원하는 성자가 늘 함께했음에도 세상은 이를 알아보지 못한다는 뜻입니다.

상제님과 수부님께서는 술戌생으로 오는 인사의 태극 대두목(壬戌)을 '잠자는 개'에 비유하셨습니다.

> ※ **'잠자던 개**가 일어나면 산 호랑이를 잡는다.'는 말이 있나니 (6:75)
>
> ※ 이제 때가 멀지 않으니 **자는 개**를 깨워야겠다.(11:215)

'잠자는 개(壬戌)'에 비유되는 대두목이 바로 상제님의 대업을 계승하는 인사 대권자인 것입니다. 상제님께서는 다소 충격적이고 납득하기 어려운 방법으로 다음과 같이 공사를 처결하셨습니다.

❋ 하루는 상제님께서 개의 창자를 빼내신 후 그 가죽을 둘러쓰시고 사람들에게 달려드시니 모두 크게 놀라니라.(6:75)

❋ 상제님께서 개의 머리에 박적을 씌우시니 그 개가 마치 사람처럼 두 다리로 서서 머리를 이쪽저쪽으로 내두르며 온 동네를 돌아다니거늘 동네 사람들이 모두 문을 열고 나와 구경하니라.(5:100)

또 상제님, 수부님께서는 대도의 계승자인 1태극 대두목이 출세하는 과정에 대해서도 공사를 보셨습니다.

❋ 하루는 성도들에게 말씀하시기를 "대인의 행차에 삼초三招가 있느니라. 갑오(甲午: 道紀 24, 1894)년에 일초가 되었고, 갑진(甲辰: 道紀 34, 1904)년에 이초가 되었고, 손병희孫秉熙는 삼초를 맡았나니 삼초 끝에는 대인이 나오리라." 하시고 손병희의 만사輓詞를 지어 불사르시니 이러하니라. (6:123)

❋ 태모님께서 말씀하시기를 "너희들 큰 데 가지 말아라. 보리밥 한 술에도 도통이 있느니라. 장차 초막에서 성현聖賢이 나오리라." 하시고 다시 "일초一招, 이초二招, 삼초三招 끝에 대인大人이 행차하시는구나." 하고 노래하시니라. (11:413)

걸립패[17]가 굿판을 열 때면, 동네 어귀에서 일초, 이초, 삼초로 세 차례에 걸쳐 나발을 불어 그 시작을 알렸습니다. 상제님께서는 동학의 3대 교주 손병희가 천지 굿판의 삼초를 맡았고 그 끝에 대인이 나온다고 하셨습니다.[18] 여기서 '끝'이란, 상제님께서 손병희의 '만사輓詞'를 지어 불사르신 것에서 알 수 있듯이 손병희의 죽음을 의미합니다. 손병희가 죽고 이어서 1태극 대두목이 올 것을 상제님께서 말씀하신 것

17 걸립패 | 정월 대보름이나 추석 전후에 각 집을 방문하여 집안 고사告祀 굿을 하는 무리를 일컫는다. 마을에서 패를 조직하기도 하지만, 무리를 지어 각처로 돌아다니며 풍악을 하고 기예를 부리면서 돈이나 곡식을 얻는 전문 패도 있었다.

18 손병희 | 갑오(1894)년 동학농민운동 때 통령統領으로서 북접北接 농민군을 이끌고 남접南接 농민군을 이끄는 전봉준全琫準과 논산에서 합세하였다. 농민군은 호남·호서를 석권하고 북상하여 관군을 격파했으나 일본군의 개입으로 실패하자 손병희는 원산元山·강계江界 등지로 피신하였다. 1903년 한반도를 둘러싸고 러시아와 일본 간에 대립이 격화되자 손병희는 러일전쟁을 피할 수 없다고 인식하고 동학교도를 동원하여 러시아 세력을 축출하는 한편 한국 정부를 개혁하고 정권을 장악할 것을 계획했으나 실패로 돌아갔다. 갑진(1904)년 8월경 손병희 지도 하에 갑진 개혁 운동을 시작하였고, 9월 하순 전국 각지에서 동학교도들이 진보회進步會를 결성하여 회원들을 중심으로 머리를 자르고 개화복을 입는 등 개화 운동을 확산시켜 나갔다. 1905년 12월 1일, 손병희는 '동학'을 '천도교'로 교명을 바꾸고 다음 해 1906년에는, 1901년에 시작한 일본 망명 생활을 끝내고 귀국하였다. 조선에 돌아와서 교육 사업(보성전문학교 인수)과 출판 사업에 관심을 쏟았고, 1919년에는 민족대표 33인 중 한 명으로 3·1 운동을 주도하였다. 기미 독립선언서 낭독 후 일본 경찰에 체포되어 3년 징역형을 선고받았고, 병보석으로 출옥 후 임술(1922)년 5월 19일에 세상을 떠났다.

입니다.

(2) 남방 삼리화三離火(황극 대두목) | **우주 변화 원리에서 태극이 우주 통일 운동을 완성하고 황극이 무극과 태극의 이상을 완성하듯이, 도운 역사에서도 1태극 대두목이 상제님 천지 대업의 기초를 다지고 5황극 대두목이 이를 마무리지어 무극대도를 완성하여 후천 지상선경 문명을 열게 됩니다.**

❋ 나는 **남방 삼리화三離火**로다. … 내가 장차 불로 오리라. (6:7)

제2장에서 살펴보았듯이, 무극제이신 상제님은 모든 것을 수용하고 중재하는 토 기운 그 자체이시지만 현상적으로는 화 기운으로 드러나십니다. 오행의 실제 변화에서 토가 화로 작용하기 때문입니다. 그래서 상제님께서 당신의 신원을 '삼리화'라 밝히신 것입니다. '삼리화'는 문왕팔괘에서 불을 나타내는 남방 리離괘를 가리키는 말입니다.

그런데 이 말씀에는 천지의 여름철에서 가을로 바뀔 때가 되면 상제님 무극대도(10未土)가 세상을 광명하게 하는 7오화午火 즉 불의 광명문화로 드러난다는 또 다른 뜻이 깃들어 있습니다.

황극은 5토를 체體로 하고 7화를 용用으로 삼기 때문에 황극 대두목은 만유 생명을 성숙시키는 불[火] 기운을 띠고 옵니다. 상제님께서는 앞으로 5황극 대두목이 당신님을 대신하여 불의 덕성으로 후천 광명문화를 열게 될 것을 "내가 장차 불로 오리라."라는 말씀으로 은유적으로 표현하셨습니다.

상제님은 광명문화를 여는 5황극 대두목을 7오화午火가 상징하는 말[馬]로 비유하여 말씀하시고 황극 대두목의 사명과 임무를 말[馬] 공사로써 예정하셨습니다.

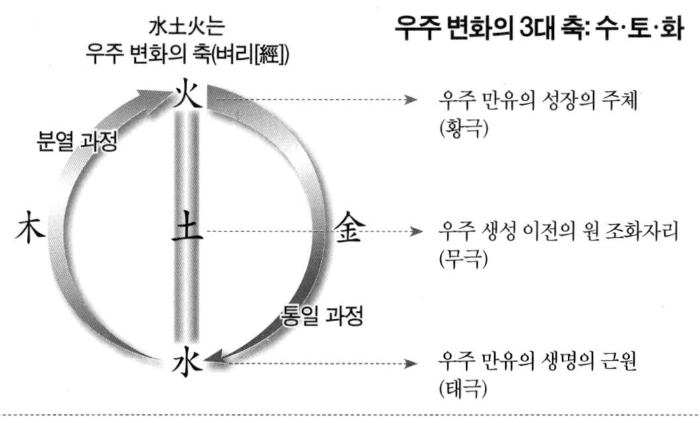

❋ 하루는 상제님께서 형렬과 호연을 데리고 길을 가시던 중 느닷없이 막대기 하나를 가랑이 사이에 넣고 끌고 가시며 "아이들마냥으로 말 탄다." 하시거늘 호연이 "뭔 말을 타요? 막대기 하나 주워서 찔러 가지고 찍찍 그시면서." 하고 코웃음을 치는데 이 때 **"나는 말 하나 탔다!"** 하고 외치시는 소리에 쳐다보니 어느새 저만치 가 계시더라. (6:14)

❋ 정미년 여름에 크게 홍수가 져서 논과 밭이 모두 잠기고, 냇물이 불어 사람의 키를 넘기니 인명이 많이 상해 크게 어수선하니라. 이 때 상제님께서 호연을 데리고 전주 남천교南川橋에 가시니 물이 크게 불어 물살이 매우 거세거늘 상제님께서 급류를 거꾸로 거슬러 오르시며 "말도 거꾸로 타냐? 말도 거꾸로 타냐?" 하고 호연에게 물으시는지라 호연이 "아이고, 그게 물이지 말이에요?" 하니 상제님께서 "나는 말로 보인다." 하시고 연신 "이러~이 끌끌! 이러~이 끌끌!" 하고 외치시며 말을 타시듯 하시니라.(6:30)

❋ 상제님께서 양지로 고깔을 만들어 **'마장군馬將軍'**이라 써서 문지방 위에 걸어 놓으시고 짚으로 두 아름쯤 되는 인경人磬을 만들어 방 가운데 달아매시고 백지로 돌려 바르신 뒤에 24방위 글자를 돌려 쓰시고 간간이 다른 글자도 쓰시어 그 위에 양지를 비늘같이 오려 붙이시니 그 모양이 쇠비늘을 잇대어 붙인 갑옷과 같더라. (5:175)

상제님께서 전주 남천교南川橋에서 말 타는 흉내를 내시며 공사 보실 때 호연에게 '물이 말로 보인다'고 하신 말씀은 **물(水)과 불(午火, 말)이 일체 관계** 즉 1태극 대두목과 5황극 대두목이 수화일체로 작용할 것을 말씀하신 것입니다. 말에 관한 상제님 공사는『도전』곳곳에서 볼 수 있습니다. 수부님께서도 수차례 말 공사를 집행하셨습니다. 조종리 도장에 계실 때 수부님께서는 치성 때마다 신도들이 보는 가운데 인마人馬를 만들어 타고 다니셨습니다. 강원섭과 강대용에게 주로 인마를 짓게 하시는데 **인마를 타시고** 마을 한가운데에 있는 당산나무까지 나가 그 주위를 강강술래 하듯 빙빙 돌기도 하셨습니다.(11:153)

건곤 하느님이신 상제님과 수부님께서는, 황극 대두목이 7오화午火의 광명문화를 열어 나갈 것을 이처럼 말 공사로써 천지에 질정해 두셨습니다.

2) 진주 노름의 독조사 도수

(1) 진주 도수 | 상제님께서는, 대두목은 '진주眞主 노름을 하는 독조사의 운명'을 건는다고 하셨습니다. 온갖 고난과 시련을 겪으며 상제님 도운의 새 역사를 개척하는 대두목의 운명을 진주 노름이라는 세속의 노름판에 비유하여 말씀하셨습니다.

상제님이 말씀하신 진주는 '참 진眞' 자, '주인 주主' 자로서 '진'은 거짓이 아닌 '참'이요, '진리' 자체라는 뜻이고, '주'는 '주인', '주인공'을 의미합니다. 진주란 한마디로 진리의 주체, 진리의 주인공, 상제님 진리의 참 주인을 말합니다. 진주 도수는 상제님과 태모님 즉 천지부모의 종통을 계승하여 마침내 한민족과 인류를 선천 상극 우주에서 후천 상생의 우주로 인도하는 상제님의 대행자를 내는 도수입니다.

정미(1907)년 12월에 상제님께서 고부 와룡리臥龍里 문공신 성도의 집과 운산리雲山里 신경수 성도의 집을 왕래하시며 후천 선경 건설의 주인공인 진주를 내시는 공사를 이듬해 경칩절인 무신戊申년 2월 4일까지 무려 38일에 걸쳐 다음과 같이 행하셨습니다.

- 12월에 상제님께서 와룡리 문공신의 집과 운산리 신경수의 집을 왕래하시며 공사를 행하실 때 "이곳에 천자피금혈天子被擒穴이 있으니 이제 그 기운을 풀어 쓰리라." 하시며 여러 가지 의식을 행하시니라. … 천지대신문을 여시고 사람 수효를 삼십삼천 수三十三天數로 채우신 뒤에 성도들에게 말씀하시기를 "이제 만일 일을 당하여 순검이나 병정이 들어오는 것을 보고 겁을 내어 도망할 마음이 있는 자는 다 돌아가라. … 천하사天下事를 하는 자는 위태로움에 들어서서 편안함을 얻고, 죽음에 들어서서 삶을 얻는 것이니 일을 하는 자는 화지진火地晉도 해야 하느니라." 하시니라. (5:201~208)
- 운산리를 떠난 일행이 칠성七星바위를 지나 수금水金을 거쳐 다내[月乃]에 이르니 상제님께서 순검 대장을 불러 … 모두 배불리 먹이시고 다시 길을 떠나실 때 상제님께서 갑자기 벌떡 일어서시더니 하늘을 향해 양손을 크게 벌리시며 **"천지가 다 내 것이다!"** 하고 큰 소리로 외치시니라. … 경찰서에 이르니 … 순검들이 **상제님의 상투를 풀어 대들보에 매달고** 옷을 다 벗긴 뒤에 십여 명이 사방에 늘어서서 **죽검으로** 사정없이 옥체를 **후려치며** … 묻기를 "그러면 무슨 일로 모였느냐?" 하거늘 상제님께서 말씀하시기를 "이제 혼란복멸覆滅에 처한 천지를 뜯어고쳐 새 세상을 열고 대비겁大否劫에 싸인 사람과 신명을 널리 건져 각기 안락을 누리게 하려는 모임이로다." 하시니라. … "사람마다 지혜가 부족하고 도략韜略이 없으므로 천하사를 도모치 못하나니 천하사에 뜻하는 자 어찌 별로히 있으리오. 그대가 만일 도략과 자비가 있다면 어찌 가만히 앉아서 볼 때리오." 하시니라. 이에 순검들이 … "네가 누군데 감히 그런 말을 하느냐?" 하니 상제님께서 큰 소리로 **"나는 강 천자姜天子다!"** … "너희가 나를 강 천자라 하니 강 천자이니라. 나는 천하를 갖고 흔든다." 하시거늘 형렬과 자현은 이 말씀을 듣고 혼비백산하여 "이제 우리는 다 죽었다." 하고 성도들 가운데 누군가는 "저, 죽일 놈 보게." 하며 욕을 하니라. (5:212~213)

※ 그믐날 저녁에 … "이제 **천자신**은 넘어왔으나 너희들이 혈심을 가지지 못하였으므로 **장상신**將相神이 응하지 아니하노라." 하시니라. … 며칠 후에 공신은 석방하였으나 상제님의 말씀은 한낱 '광인의 미친 소리'라 하여 상제님을 구류간에 홀로 감금해 두더니 **38일** 만인 무신년 2월 4일 만물이 싹트는 경칩절驚蟄節에 석방하니라. (5:215~223)

당시 성도들이 '고부화란古阜禍亂'이라 부른 이 공사는 인간으로 강세하신 우주의 주재자 하느님이 친히 감옥에 들어가 온갖 고초를 받으신 '우주적 대사건'입니다.

처음 모인 33명 중에서 12명이 돌아가고 남은 21명이 마음을 굳게 다지고 이 공사에 참여하였습니다. 상제님을 따른 사람은 문공신, 김형렬, 김자현, 문학철文學喆(문공신의 형), 문수암文首岩(문공신의 당질), 허성희許聖喜(문공신의 매부), 그리고 김광수金光洙, 김공빈金工彬, 김참봉金參奉, 이화춘李化春, 박장근朴壯根 등이었습니다.

성도들은 모두 끝까지 순종하겠다고 철석같이 다짐했지만, 살을 에는 듯한 추위와 배고픔과 고문에 못 이겨 상제님을 원망하며 대부분 믿음을 저버렸습니다. 천상 조화정부의 뭇 성신과 함께 도수를 처결하는 대 공사장에서 성도들이 행한 이러한 불평과 배신은 "너희들이 혈심을 가지지 못하였으므로 장상신將相神이 응하지 아니하노라." 하신 상제님 말씀처럼, 천지도수로 그대로 박혀 도문에 영향을 미치게 됩니다.

상제님은 진주를 내는 이 공사에서 장차 천지 일꾼들이 겪을 화액을 미리 대속하시느라 감옥에서 상투가 대들보에 매달린 채 순검들이 후려치는 죽검에 맞아 피투성이

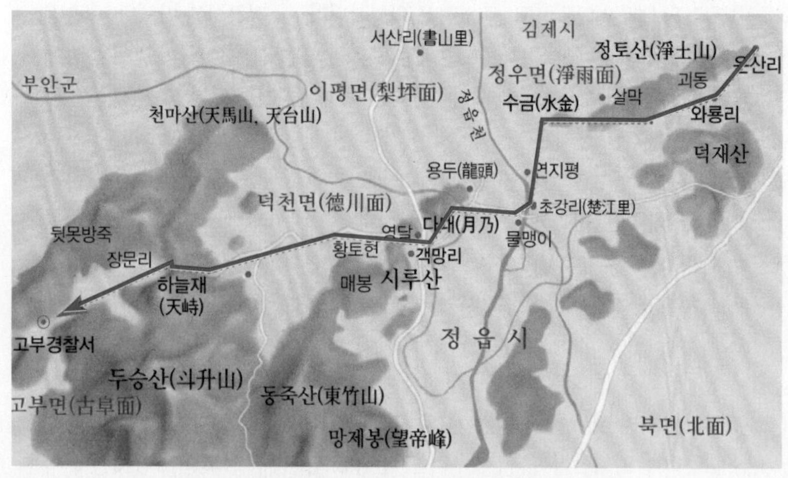

진주 도수를 집행하시기 위해 상제님께서 이동하신 경로

가 되셨습니다. 이러한 상제님의 모습에서 우리는 하느님의 인간적인 면모와 자비를 가슴 뜨겁게 느낄 수 있습니다.

상제님께서 선천 묵은 하늘의 저주와 원한의 살기를 대속하심으로써, 인류를 구원하는 일꾼들이 역사의 시련에 희생되지 않고 그 대업을 무사히 완수할 수 있도록 길을 닦아 놓으셨습니다. 상제님께서 몸소 감옥에 들어 가시어 큰 화액을 대속하신 이 날, 정미년 12월 26일은 인류의 구원을 예정하신 인류 재생의 성일聖日입니다.

❋ 十二月 二十六日 再生身 姜一淳 (5:354)
십이월 이십육일 재생신 강일순

(2) '15진주'와 '갑자꼬리' | 상제님은 진주를 '열다섯 수'로 말씀하셨습니다. 이 열다섯 수의 시원처는 하도 중앙에 있는 영원히 쉬지 않고 만물을 낳아 기르는 우주의 생명 바다인 하도의 중궁입니다. 하도 중궁에 있는 천지 조화수造化數 '15'는 동서남북 4 방위의 본원으로 작용하며 음양 기운을 조화하여 우주가 선천에서 후천으로, 다시 후천에서 선천으로 영원히 돌아가게 하는 조화의 근원 바탕입니다. 선천 역사의 변화 과정을 상징하는 낙서에서도 각 열(2·7·6, 9·5·1, 4·3·8)의 합이 모두 15인 것은, 선천 역사가 생명의 조화 근원인 15수를 바탕으로 펼쳐져 왔음을 보여 줍니다.

상제님이 진주를 열다섯 수로 말씀하신 것은, 진주가 천지 조화수인 15의 토덕土德을 집행하여 가을개벽에서 인류를 건져 후천 조화 세상으로 인도하는 **진리의 참 주인**이기 때문입니다.

상제님께서는 '가구假九'라는 노름판에 15진주가 나오는 비결이 감춰져 있다고 말씀하셨습니다.

❋ 세속에 **가구**假九라는 노름판이 있어서 **열다섯 수**數**가 차면 판몰이**를 하는 것이 곧 후천에 이루어질 비밀을 세간에 누설한 것이니 (5:7)

❋ 상제님께서 평소 성도들과 노실 적에 종종 '**가구**假九 **진주**眞主**치기 노름**'을 하시니라. 하루는 상제님께서 "다 터라." 하시고 투전을 들고 탁 치시며 "**○씨가 판을 쳤다!**" 하시고 … 또 말씀하시기를 "끝판에 ○씨가 있는 줄 몰랐지. 판 안 끗수 소용 있나. **끝판에 ○씨가 나오니 그만**이로구나. …" 하시니라. (6:74)

'가구假九'라고도 불리는'가구 진주치기 노름'은 천지 조화수 15를 갖고 벌이는 노름입니다. 세 사람이 모여 패를 돌려서 각기 받은 세 장의 패로 우열을 따지는데, 가장 높은 것은 '진주'인 5[19]를 석 장 잡은 것입니다. 그 다음으로는 가장 큰 끗수인 '갑오' 9를 쥔 경우입니다.

---

19 **15진주** | 투전에는 패마다 고유한 명칭이 있다. 1은 '따라지', 5는 '진주', 6은 '서시', 7은 '고비', 8은 '덜머리', 9는 '갑오', 0은 '무대'라 부른다.

'가구'란 '거짓 가假', '아홉 구九' 자로, 문자적인 의미로는 끝까지 분열해서 완성된 것처럼 보이지만 결국에는 열매를 맺지 못한 쭉정이를 말합니다. 선천에서 끝마무리를 짓지 못하고 보람도 없이 멸망당하고 마는 존재가 가구입니다. 상제님이 벌여 놓으신 이번 '진주치기 노름판'에서 선천 세상의 가짜 아홉, 선천 가구판의 역사가 모두 정리됩니다.

상제님께서는 진주를 또 '갑오갑자꼬리'로도 말씀하셨습니다.

❋ "현하대세가 가구假九판 노름과 같으니 **같은 끗수에 말수가 먹느니라.**" 하시고 "그 때는 무위이화로 내 일이 이루어지리니 **갑오갑자甲午甲子꼬리**니라. 갑자꼬리로 종장終章을 짓느니라." 하시니라. (5:357)

❋ 공우가 여쭈기를 … "그럼 막내아들은 누구입니까?" 하니 말씀하시기를 "갑칠甲七이니라. 갑칠이가 갑오갑자甲午甲子꼬리니라." 하시니라. (5:337)

투전에서 패의 합이 아홉 끗수인 것을 '갑오'라고 합니다.[20] 그런데 상제님이 말씀하신 '갑오갑자 꼬리'[21]의 뜻은, '갑오'가 '갑자'의 분열 기운을 매듭짓는 꼬리라는 것입니다. 갑자로 시작되는 '60갑자'의 세차歲次에서 그 주기의 절반인 30년이 지나 분열 과정을 마치고 맞는 첫 해가 바로 갑오인 것입니다.

이 갑오가 선천 기운을 종결짓습니다. 상제님께서 '갑오갑자꼬리'를 말씀하시면서 '갑자꼬리로 종장終章을 짓는다'[22]고 하신 말씀은 갑자꼬리인 '갑오'가 선천의 '진주치기 노름판'을 종결지을 것을 밝혀 주신 것입니다. 가장 마지막에 나오는 갑오가 마지막 판몰이로 난법 해원 판을 모두 매듭짓고 선천 세계를 마무리 짓습니다.

(3) 독조사 도수 | '독조사 도수'는 진주에게 주어진 고난의 도수입니다. 독조사 역시 노름판에서 쓰는 용어로 자기가 가진 것을 내내 잃기만 하다가 마지막에 개평을 얻어 판을 싹 쓸어가는 최후의 승자를 가리키는 말입니다. 추수 도운의 진주는 독조사의 길을 걷도록 상제님께서 문공신 성도를 내세워 공사로 처결하셨습니다.

---

20 갑오 | 가보치기, 가보잡기, 갑잡골 등으로도 불리는 갑오잡기에서는 두 장의 패에 적힌 숫자가 동일한 경우를 제외하고는 패의 합이 9인 갑오가 승자가 된다. 아홉 끗수 즉 '갑오를 잡은 자'가 그 판의 진주가 된다.(강명관, 『조선의 뒷골목』, 푸른역사, 2003)

21 갑오갑자꼬리 | 한말의 문장가요 역사가인 황현黃玹(1855~1910)이 쓴 「오하기문梧下記聞」에 "마조패馬弔牌라는 놀이가 있어 놀이꾼은 아홉을 얻으면 큰 소리로 '갑오갑자미甲午甲子尾'라고 외쳤는데 이것은 갑오가 갑자의 꼬리가 되는 것을 말함이다."라는 구절이 있다. 마조패는 원래 중국 명나라의 노름인데, 여기서 마조패는 조선 후기의 도박성 놀이인 마조와 골패를 합친 말로 여겨진다. 정약용은 「목민심서」에서 투전과 골패를 합하여 마조강패馬弔江牌라 적고 있다.

22 갑자꼬리로 종장終障 | 상제님께서 최수운 대신사에게 내려 주셨던 천명과 신교를 거두신 해가 갑자년(1864)이다. 그리고 상제님이 수운 대성사에게 천명과 신교를 내려 주심으로써 비롯된 무극대도의 꿈과 이상이 갑오갑자꼬리 도수에 의해 인사로 성취된다.

❀ 상제님께서 출옥하시면 압수당한 돈과 무명을 찾아 외상을 갚아 주실 줄 믿었던 공신은 큰 돈을 내고도 다시 수저 하나 남김없이 살림살이를 차압당하매 크게 불평을 품고 있더니 얼마 후 상제님께서 집에 찾아오시매 지난 일을 낱낱이 헤어 아뢰며 불쾌한 어조로 폭담을 하니라. … "네 말을 들으니 그렇겠도다. 내가 순창 농바우에서 사흘 동안 머물며 너를 처음 만난 뒤로 네가 여러 가지 큰 공사에 참관하여 너에게 이윤伊尹 도수를 붙인 바 있고 고부 도수를 보려 하나 가히 감당해 낼 만한 사람이 없으므로 네게 주인을 정하여 독조사 도수를 붙였노라. **진주眞主노름에 독조사**라는 것이 있어 남의 돈은 따 보지 못하고 제 돈만 잃어 바닥이 난 뒤에 **개평을 뜯어 새벽녘에 회복**하는 수가 있으니 같은 끗수에 말수가 먹느니라. 네가 고부에서도 밥값을 말한 일이 있었으나 그 돈을 쓰면 독조사가 아니니라. 만일 네가 꼭 돈이 있어야 되겠으면 내가 주마. 그러나 그리하면 그 도수는 다른 사람에게 옮겨야 하느니라." 하시니…. (5:226)

감옥에 들어가시기 전 상제님께서 진주 도수를 준비하실 때 천 냥이라는 큰돈을 바친 문공신文公信 성도는 감옥에서 갖은 곤욕을 치렀습니다. 출옥한 뒤에도 그 여독으로 크게 앓고 있었는데, 상제님 일행이 일전에 외상으로 남긴 밥값 때문에 고부 주막 주인에게 살림살이까지 모두 차압당하였습니다. 얼마 후 공신이 상제님께 불만을 쏟아 놓자 상제님께서 "네게 주인을 정하여 독조사 도수를 붙였노라."라고 하시며, 남의 도움 없이 자신의 운수를 개척해야 하는 독조사 도수의 의미를 깨우쳐 주셨습니다. 상제님의 이 말씀이 그대로 처결되어, 지금도 문공신 성도는 천상에서 진주 도수와 독조사 도수를 주재하고 있습니다. 문공신 성도는 큰 고난을 받는 진주의 상징이며 '세계일가 통일정권 공사(황극신 공사)'의 주인공이기도 합니다.

상제님께서 어천하신 후에 문공신 성도는 당신님이 명하신 7년 공사를 집행하였고, 조철제가 상제님의 성골을 도굴해 가자 이를 찾으려 하다가 7년 형을 선고 받고 대전 형무소에서 옥고를 치르기도 했습니다. 이처럼 험난한 인생 역정을 보낸 문공신 성도는 '갑오(1954)'년에 76세로 생을 마쳤습니다. 세상을 떠나기 얼마 전, 제자들에게 "큰 스승은 후에 청운교青雲橋, 낙수교落水橋를 타고 오시리니 주위가 어쨌든 끝까지 잘 마치게."(10:149)라고 당부하였는데, 청운교와 낙수교를 타고 오는 큰 스승은 바로 진주 '두 사람'을 가리킵니다.

그렇다면 인사의 지도자가 받은 독조사 도수는 현실 역사에서 어떻게 실현될까요? 문공신 성도의 생애가 보여 주듯이, 독조사 도수란 상제님 세상을 열기 위해 자신의 모든 것을 다 바치는 희생과 고난의 도수입니다. 그래서 이 도수를 받은 진주는 청춘과 재산과 정성을 전부 바쳐 마침내 상제님 대업을 실현시킵니다.

초기 추수 도운을 개척하시고 다시 마무리 추수 도운의 포문을 여신 태상종도사님께서는 일생에 걸쳐 이 독조사 도수를 실현하셨습니다. 상제님께서 '칠월칠석삼오야七月七夕三五夜'라는 시로써 일본의 패망을 못 박아 두셨음을 미리 아시고 때를 기다리시던 태상종도사님은 드디어 광복을 맞아 젊음을 불사르며 추수 도운을 여셨습니다. 그러나 한국전쟁의 여파로 그동안 포교한 신도들과 헤어지게 되셨습니다. 그뿐만 아니라 전 재산을 다 바쳐 교단의 재정을 도맡아 끌러 내시느라 휴계기를 선포하실 무렵에는 무일푼이 되셨습니다. 신도도 잃고 재산도 잃고 그야말로 빈손이 되셨습니다.

20년 휴계기 동안에도 상제님께서 붙이신 독조사 도수의 고난은 계속되어, 태상종도사님께서는 한시도 편하실 날이 없이 노동으로 가정 살림을 꾸리고 자식을 양육하셨습니다. 그 어려운 가운데서도 의통 준비 사업을 하셨습니다. 그리고 마침내 '독조사는 남의 돈은 따 보지 못하고 잃기만 하다가 새벽녘에 개평을 뜯어 본전을 회복한다' 하신 상제님 말씀과, '갑을로 기두한다'는 상제님 천지공사 도수 그대로 성수 53세가 되시던 1974(甲寅)년에 당신과 일심동체가 되어 상제님 대업을 집행할 '독조사 도수의 개평'을 얻어 도운의 새 장을 여셨습니다. 그 개평이 나오는 과정을 상제님은 '고목에서 움이 돋고 움 속에서 새끼를 낳아 꽃 피고 열매가 되어 세상에 풀어진다'고 말씀하셨습니다.

❋ 지금은 나하고 일할 사람이 없느니라. 내 일을 할 사람은 뒤에 다시 나오느니라. 이제 **나와 같은 사람이 나온다.** 뛰어나는 사람이 있다. 알려고 힘쓰지 말고 시대가 돌아가며 가르치는 시기를 봐라. 이제 곧 돌아오느니라. **썩은 고목에서 새순이 돋아나서 내 일을 이루느니라.** … 늦게 오는 자를 상등 손님으로 삼으리라. (6:64)

❋ 또 말씀하시기를 "내 일은 **고목**에서 **움**이 돋고, 움 속에서 **새끼**를 낳아 꽃이 피고[枯木生花] 열매가 되어 세상에 풀어지느니라." 하시니라. (6:65)

3) 태극 대두목의 문왕 도수

폭군의 대명사인 걸桀과 주紂는 각각 하夏나라와 상商(은殷)나라를 망하게 한 임금입니다. 걸은 은殷나라를 세운 성탕成湯에게 내쫓겼고, 주는 문왕과 무왕에게 패망당하였습니다. 문왕은, 자신의 아들 무왕이 폭군 주를 베고 주周나라를 열 수 있도록 창업의 기초를 닦았습니다. 상제님께서는 그런 문왕[23]의 업적을 기려 천지공사에 취하여

---

23 **문왕** | 성은 희姬, 이름은 창昌. 상商 주왕紂王 때 서백西伯(서방 제후의 장)에 책봉되어 주周나라 건설의 기초를 확립하였다. 50년간 주족周族의 장을 지내고 97세에 병으로 사망하였다. 후에 문왕으로 불리

쓰셨습니다.

상제님께서는 고부 경무청에 들어가시기 직전에 진주 도수와 독조사 도수의 주인공인 문공신 성도에게 이 문왕 도수를 붙이셨습니다.

> ❁ 상제님께서 공신에게 일러 말씀하시기를 "너에게 정음정양 도수를 붙이나니, 네가 온전히 잘 이기어 받겠느냐. 정심으로 잘 수련하라. 또 **문왕文王 도수가 있으니 그 도수를 맡으려면 극히 어려우리라.** (5:207)

독조사 도수와 마찬가지로 대두목이 숱한 고난과 역경을 거쳐 창업의 큰 기틀을 마련하는 것이 문왕 도수입니다.

문왕은 성이 '희姬'요 이름은 '창昌'으로, 상나라 말기 주왕紂王 때 서백西伯(서방 제후의 장)으로 있으면서 폭군 주왕에 의해 유리羑里로 보내져 옥에 갇힌 적이 있습니다. 문왕은 주왕의 의심을 풀기 위해 큰아들을 죽여 끓인 국을 먹어야 하는 시련까지 겪어야 했습니다. 상제님 도판에서 문왕 도수를 받은 대두목은 인류와 세상을 위해 가족의 희생까지도 감수하며 당신의 모든 것을 다 바치시는 희생과 헌신의 표상입니다.

지화명이괘

상제님께서 '개벽할 때 쓸 글'이라 하신 『주역』의 서른여섯째 괘가 지화명이괘地火明夷卦입니다. 여기서 '명이明夷'란 밝음[明]이 상한다[夷]는 뜻으로 이 지화명이의 괘상은 태양[離]이 땅[坤] 속에 빠져들어 있는 모습입니다. 이 괘상은 속세의 사람들 속에서 온갖 시련과 역경, 음해 등 갖은 고난을 당하면서도 그 어려움을 견디어 사선의 경계를 넘고 넘어 인고의 세월을 견뎌내야 하는 태극 대두목의 삶을 상징합니다. 『주역』의 명이괘 「단전彖傳」에서는 "밝음이 땅 속으로 들어간 것이 명이(明入地中, 明夷)인데, 천부적으로 심성이 문명文明하고 밖으로 유순하여 큰 곤경을 당하게 되니 문왕이 이러한 상황에 직면하였다(內文明而外柔順, 以蒙大難, 文王以之)."라고 하여 지화명이괘를 문왕의 인생에 빗대어 풀이하였습니다.

는 희창이 제후로서 선정을 베풀어 그에게 민심이 기울자 상의 주왕紂王은 이것을 두려워하여 희창을 유리羑里에 있는 옥에 유폐시켰다. 이곳에서 희창은 『주역周易』 괘사卦辭를 짓고, 복희팔괘를 연역하여 문왕팔괘를 완성하였다. 그 후 서백 희창의 신하들이 미녀와 명마, 진귀한 보석 등을 주왕에게 바치고 주왕의 측신들을 매수하였다. 주왕은, 희창이 구금 중에도 전혀 원망하는 빛이 없고 또 미녀와 보석을 보내자 다시 서백에 임명하였다. 원수를 갚고 치욕을 씻기 위해 인재를 찾던 서백 창은 위수渭水 근처를 지나다가 낚시로 세월을 보내던 여상呂尙을 만났다. 희창은, 선왕先王인 태공太公이 기다리던 인물이 곧 여상이라는 것을 알고, 여상을 태공망太公望이라 부르고 군사軍師로 맞아들였다. 이 태공망이 바로 주 왕조 건설의 일등공신인 강태공이다. 태공망을 만난 희창은 만년에 이르러 천하의 3분의 2를 장악함으로써 상을 멸망시킬 토대를 마련하였다. 그러나 상을 멸망시킬 계획을 남기고 병으로 세상을 떠났다. 태공망은 희창의 아들 무왕武王을 도와 상나라 주왕을 멸망시키고 주周나라를 세우는 데 크게 공헌하였다.

이 지화명이괘를 통해 우리는 문왕과 같이 고난의 길을 가야 하는 1태극 대두목의 운명뿐만 아니라 문왕 도수를 받는 대두목의 성정이 어떠한지도 짐작할 수 있습니다. 내면에는 의義로움이 뜨겁게 불타오르고 겉은 솜같이 부드러운 외유내강外柔內剛한 성품입니다. "명이明夷는 이간정利艱貞하니라."라고 한 지화명이괘의 괘사卦辭와 같이 대두목은 어려운 일이 닥쳐도 불의와 타협하지 않고 곧은 마음으로 일관하여 마침내 큰 빛을 찾아 승리하게 됩니다.

문왕 도수를 받으신 태상종도사님께서는 20년 과도기 세월 동안 온갖 시련 속에서도 불의와 타협하지 않고 오직 한 길로 나아가셨습니다. 그리고 마침내 도기 104년(1974) 당신님이 길러 내신 갑오생 아들과 함께 제3변 마무리 추수판 도운을 개창하셨습니다.

도기 114년(1984)에 증산도대학교를 출범시켜 일꾼 양육의 초석을 마련하시고, 도기 121년(1991)에는 증산 상제님 어진을, 이듬해에는 태모님 진영을 새롭게 봉안하면서 증산도 신앙 대중화를 선언하셨습니다. 그리고 도기 128년(1998)에 상생문화 연구소를 설립하여 상제님 진리를 학문적으로 더욱 체계화하고 진리를 널리 대중화할 토대를 마련하셨습니다. 도기 132년(2002)에는 태을궁(교육문화회관)을 준공하여 미륵불로 오신 상제님을 모신 성전聖殿을 태전에 건립하심으로써 '청풍명월의 금산사'를 현실 역사 속에 이루셨습니다. 또 도기 137년(2007)에는 STB 상생방송국을 개국하여 전 세계에 상제님 신앙을 대중화할 수 있는 길을 여셨습니다. 태상종도사님의 은공으로 상제님의 혼, 진리의 혼을 세계 곳곳에 전할 수 있게 된 것입니다. 그뿐 아니라 태상종도사님은 가을 개벽기에 병겁으로 죽어 넘어가는 창생을 살릴 유일한 신물神物인 의통을 준비하시어 실질적인 인류 구원의 길을 닦아 놓으셨습니다. 의통 준비 사업은 태상종도사님 성수 29세(1951) 되시던 때에 착수하여 추수 도운사에서 일관되게 한 생애 동안 지속되었습니다.

이처럼 태상종도사님은 이 땅에서 일본이 물러간 이후 잠시도 쉼 없이 도성덕립의 기반을 닦고 후천 통일의 기틀을 다지셨습니다. '그 도수를 맡으려면 극히 어렵다' 하신 상제님 말씀처럼 한 생애를 바쳐 고난을 겪으시며 창업자의 길을 걸으셨습니다. 태상종도사님은 일꾼들에게 천지 대업을 성취할 영광의 길을 열어 주시고, 도기道紀 142년, 임진壬辰(2012)년 2월 3일(양력 2월 24일) 성수 91세로 등천登天하셨습니다.

그런데 태상종도사님께서 받으신 문왕 도수 속에는 무왕 도수가 내재되어 있습니다. **"물이 나와 불을 쓰리라."**(5:198) 하신 상제님 말씀과 같이 물에 해당하는 태극 대두목이 문왕 도수를 맡아 후천 통일의 기틀을 다지고, 불기운으로 오는 황극 대두목이 후천 선경의 통일을 완수하는 무왕 도수를 맡게 됩니다.

문왕 도수와 무왕 도수에는 주나라 문왕과 무왕이 펼친 선천의 대도大道 정치를 원시반본의 섭리에 따라 후천에 군사부일체의 도정道政 문화로 다시 확립한다는 의미가 담겨 있습니다.

❋ 선천의 도정道政이 문왕과 무왕에서 그쳤느니라. 옛적에는 신성神聖이 하늘의 뜻을 이어 바탕을 세움에 성웅이 겸비하여 정치와 교화를 통제관장하였으나 중고中古 이래로 성聖과 웅雄이 바탕을 달리하여 정치와 교화가 갈렸으므로 마침내 여러 가지로 분파되어 진법을 보지 못하였나니 이제 원시반본이 되어 군사위君師位가 한 갈래로 되리라. (2:27)

상제님께서 차경석 성도와 이치복 성도에게 세상을 바르게 다스릴 수 있는 도리와 심법의 정수가 깃든 서전서문書傳序文을 만 번 읽게 하셨는데, 이는 장차 출세할 대두목이 서전서문에 담긴 이상적 통치자의 심법을 득하여 군사부일체의 후천 세상을 열 것을 공사로 처결하신 것입니다.

❋ 하루는 경석에게 말씀하시기를 "나의 조정朝廷에 설 사람은 서전서문書傳序文을 많이 읽어야 하느니라. 너는 만 번을 읽으라. 대운大運이 그에 있느니라." 하시니라. (6:45)

❋ (기유년 6월 24일 어천 직전에) 다시 경석에게 명하시어 "치복을 부르라." 하시니 치복이 약방 안으로 들어가 문 옆에 서서 명을 기다리거늘 상제님께서 아무 말씀도 없이 벽을 향해 누우신 채로 다만 왼쪽 손바닥을 펴 보이시는데 '書傳序文 萬讀 致福(서전서문 만독 치복)'이라 쓰여 있는지라 치복이 그 글을 마음에 새기니 상제님께서 나가라는 손짓을 하시거늘 곧 밖으로 물러나니라. (10:43)

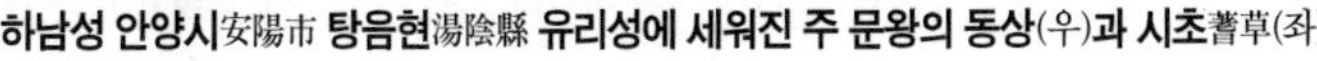

하남성 안양시安陽市 탕음현湯陰縣 유리성에 세워진 주 문왕의 동상(우)과 시초蓍草(좌)

앞서 제7장에서, 우리는 상제님께서 세운과 도운의 끝판에 동일하게 붙이신 도수가 삼국 시대 역사 속 인물을 취해 공사 보신 '사마소 도수'임을 살펴 보았습니다. 천하 통일을 성취한 진晉나라 사마염司馬炎은 견실한 통일의 기틀을 마련한 아버지 사마소司馬昭를 주나라 건국의 토대를 쌓은 '문왕'에 비유하여 '문제文帝'로 추존하였고, 자신은 훗날 주나라 '무왕'에 비유되어 '무제武帝'로 추존되었습니다. 이처럼 사마소 도수는 문왕 도수의 연장으로서 도운이 어떤 과정 속에서 마무리될 것인지 잘 보여 줍니다.

4) 이윤 도수

증산 상제님께서는 문공신 성도에게 문왕 도수와 함께 그 음양 짝이 되는 이윤伊尹 도수도 맡기셨습니다.

❋ 내가 순창 농바우에서 사흘 동안 머물며 너를 처음 만난 뒤로 네가 여러 가지 큰 공사에 참관하여 너에게 이윤 도수를 붙인 바 있고 (5:226)

이윤[24]은 성탕成湯을 보필하여 중국의 상商(은殷)나라를 세운 개국공신입니다. 하 왕조 말엽 유신씨有莘氏 부락(현 산동성山東省 조현曹縣)의 가노家奴였던 이윤은 탕의 명망을 듣고 그를 위해 일하고자 열망하였습니다. 이윤은 때마침 탕의 비妃로 간택된 유신씨 여인을 수행하는 요리사가 되어 상나라에 갔습니다. 이윤은 맛있는 요리로 탕왕의 주목을 끌었고, 요리의 이치로써 치국관을 피력하여 탕왕을 감탄케 했습니다. 『한비자』, 『사기』 등에 따르면 이윤은, 탕왕이 자신을 기용하지 않자 실망한 나머지 하나라로 가서 걸 밑에서 한동안 벼슬을 하였습니다. 이윤은 걸의 폭정을 목도하고 다시 탕에게 돌아와 재상이 되었고, 탕왕이 걸을 정벌하고 중원의 새 왕조인 상나라를 세우는 데에 결정적인 역할을 했습니다.

---

24 이윤 | 어머니가 이수伊水에 살았기 때문에 이伊를 성으로 삼았다. 윤尹은 상나라 때 재상에 해당하는 벼슬 이름이다. 『사기색은』「은본기殷本紀」에서 '윤은 바로잡다는 뜻이니, 탕이 그로 하여금 천하를 바로잡게 하였다(尹, 正也, 謂湯使之正天下)'고 하였는데, 탕이 이윤을 재상에 명해 나라를 다스리게 한 것을 가리킨다. 이윤은 의술에도 조예가 깊어 '탕액의 비조鼻祖'로 불린다. 중국 역대 의술가들은 이윤이 『탕액경법湯液經法』 32권을 저작한 것으로 본다. 원나라 정원貞元 연간에 세운 복희, 신농, 황제를 모신 삼황묘三皇廟에 이윤이 배향되어 있는데, 삼황은 모두 상고시대 의학사에서 중요한 위치를 차지한다. 또 이윤은 '주방장 문화'의 효시이기도 하다. 중국에서는 '팽임지성烹飪之聖'이라 하여 그를 '요리의 성인'으로 추앙한다. 이윤은 역사상 최초로 '정조鼎俎'라는 조리 기구를 이용해 오미五味(다섯 가지 맛)를 조화시키는 요리법을 창시하였다. 『제왕세기帝王世紀』에 따르면, 이윤은 100여 세를 살았고 태갑의 아들 옥정沃丁 재위 8년(BCE 1549)에 세상을 떠나 박亳 땅에 있는 탕왕의 능침 옆에 묻혔다. 이윤의 자손은 이伊, 신莘, 윤尹, 형衡 네 성으로 분파되었는데 그중에서 윤씨가 뚜렷한 성씨로 『사기』에 남아 있다.

※ 天道教桀於惡하고 天道教湯於善하니
천도교걸어악　　천도교탕어선
桀之亡과 湯之興이 在伊尹이니라
걸지망　탕지흥　재이윤
천도가 걸에게는 악을 가르치고
천도가 탕에게는 선을 가르쳤나니
걸이 망하고 탕이 흥한 것이
모두 이윤伊尹에게 달려 있었느니라. (6:122)

凡事之本은 必先治身이라
범사지본　필선치신
대저 모든 일의 근본은
반드시 먼저 몸을 다스리는 데 있다.
– 이윤伊尹

그 후 이윤은 여러 전장제도典章制度를 제정하여 상나라 초기 사회를 안정시키고 경제를 발전시켜 천하에 이름을 떨쳤습니다. 이윤은 탕왕에서 옥정沃丁까지 다섯 임금을 보필하였습니다.『사기』에 따르면, 탕이 세상을 떠난 후 이윤은 외병外丙과 중임仲壬을 왕으로 섬기고 다시 탕의 장손인 태갑太甲의 스승이 되었습니다. 태갑이 선대왕인 탕의 통치 방침을 따르지 않자 이윤은 태갑을 탕의 묘지가 있는 동궁桐宮에 모시고「이훈伊訓」,「사명肆命」,「조후徂后」 등을 지어 어떻게 정치를 해야 하고, 어떤 일을 해서는 안 되며, 어떻게 탕의 법도를 계승하는가에 대해 가르쳤습니다. 태갑이 동궁에 머무는 동안 이윤이 섭정하였고, 3년 후 태갑에게 통치권을 돌려주고 태갑의 보좌가 되었습니다. 이윤은 무려 5대에 걸쳐 임금을 바르게 모신 최고의 보필자였습니다.

『맹자』「만장萬章」편에 따르면, 이윤은 들에서 농사를 지으며 살았다고 합니다. 탕은 사람을 세 번이나 보내어 이윤을 초빙하였습니다. 그때 이윤은 "하늘이 백성을 내어서는 먼저 안 사람이 늦게 아는 사람을 알게 해 주고, 먼저 깨달은 사람이 늦게 깨닫는 사람을 깨닫게 한다(天之生此民也, 使先知覺後知, 使先覺覺後覺也)."라고 하면서 자신

이윤의 스승, 유위자有爲子 | 고조선의 선인仙人.『단군세기』에 따르면 유위자는 고조선 11세 도해 단군 때 국자랑國子郞을 가르치던 사부師傅로서 단군에게『천부경』과『삼일신고』로써 백성들을 교화할 것을 건의하는 헌책獻策을 올렸다. 또 대진(발해)의 대야발이 쓴『단기고사檀奇古史』에는 11세 단군부터 13세 단군 때까지 태자대부太子大傅, 국태사國太師를 지냈음을 밝히고 있다. 유위자는 신교 우주관, 인간론, 심성론, 역사관을 완결지어 동방 문화에 홍익인간론을 정립하였을 뿐만 아니라 우주에는 무형의 조물주 삼신과 우주를 주재하는 인격신 삼신상제님이 음양으로 존재함을 밝혀 신교의 신관 체계를 세웠다. 또 한민족과 인류 창세 문화의 근본 주제를 '도지대원道之大源이 출호삼신出乎三神'이라 선언하였다. 이것을 한무제 때 유학자 동중서董仲舒가 '도지대원道之大源이 출호천出乎天'으로 왜곡시킨 것이다. 이윤은 유위자 문하에서 신교의 가르침과 정신을 전수받아 은나라 성탕成湯 임금의 훌륭한 재상이 되었고 이로써 중국에 신교 문화를 전수하고 진흥시켰다.

은 먼저 깨달은 사람이니 탕을 보좌하여 백성을 깨우칠 것을 결심하고 출세하였다고 합니다. 이처럼 선각자 이윤은 백성을 가르치는 데에도 최고의 교권敎權을 가진 인물이었습니다.

상제님은 이윤의 공적을 기려 천지공사에 이윤 도수를 붙이셨습니다. 이윤 도수는 천하사 일꾼이 자신을 바르게 세워 주군을 훌륭히 보필하고 새 역사를 개창하는 도수입니다. 이윤 도수는 한마디로 보필자 도수입니다. 상제님께서 진주 사명을 받은 문공신 성도에게 문왕 도수와 이윤 도수를 같이 맡기신 것은, 이윤 도수도 진주와 관련된 도수이기 때문입니다. 문왕 도수가 태극 대두목에게 맡겨진 것이라면, 이윤 도수는 태극제의 보필자인 황극 대두목에게 맡겨진 것입니다.

문왕 도수와 이윤 도수는 서로 음양 짝이 되는 도수입니다. 문왕 도수는 이윤 도수가 있음으로써 온전히 실현되고, 이윤 도수는 문왕 도수가 있기 때문에 성립됩니다. 문왕 도수의 주인공인 태극 대두목은 이윤 도수를 맡은 황극 대두목의 변함없는 보필을 받아 일평생 과업을 결실하게 됩니다.

지금까지 살펴본 추수 도운의 두 지도자가 받는 도수 가운데, '진주 도수'는 추수판 도운의 중심 주제입니다. 도운의 주권자이자 진리의 주인인 진주의 실체가 마무리 추수 도운에 이르러 온전히 드러납니다. 두 진주가 등장함으로써 상제님 도의 진법문화가 펼쳐져 선천 문화의 진액을 모두 뽑아모아 인류 보편의 후천 대통일 문화를 열 수 있기 때문입니다.

그러면 이제 추수 도운의 두 진주가 펼치는 마무리 추수 도운의 구체적인 전개 과정을 살펴보기로 하겠습니다.

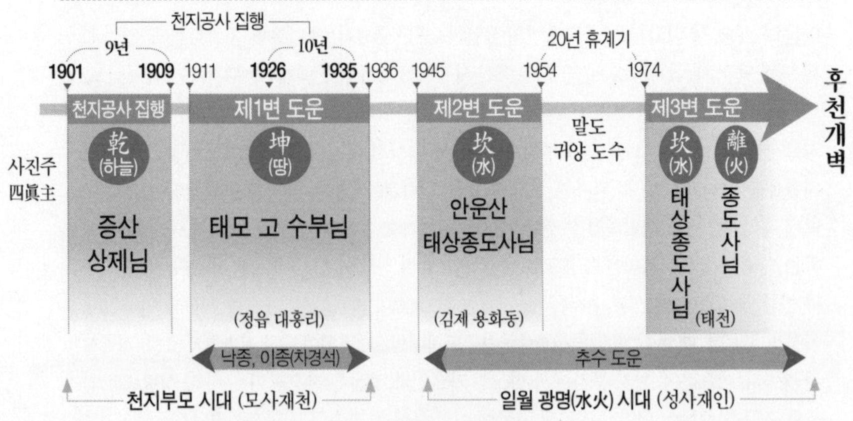

도운의 전개 과정

2. 제3변 마무리 추수 도운의 시작과 전개

1) 갑을甲乙로 머리를 들어 일어남

1태극 대두목의 20년 은둔기가 끝나고 시작된 제3변 추수 도운은 상제님 도업의 판몰이 과정입니다. 이때부터 상제님 진리의 틀이 세상에 드러나기 시작하고 조직의 역량을 갖추어 장차 인류를 구원할 의통 구호대를 구성하게 됩니다. 상제님은 제3변 추수 도운의 마무리 판이 열려 굽이치는 형국에 대해 다음과 같이 일러 주셨습니다.

❋ 갑을甲乙로서 머리를 들 것이요, 무기戊己로서 굽이치리니 무기는 천지의 한문閈門인 까닭이니라. (6:109)

이 말씀을 마음에 새기며 휴전 이후, 때를 기다리며 태전太田에서 은둔하신 안운산 태상종도사님께서 드디어 음력으로 **갑인**甲寅(1974)년, 양력으로는 **을묘**乙卯(1975)년에 다시 세상에 나서셨습니다. 동방 청룡의 목木 기운이 동하면서 제3변 도운이 머리를 들기 시작한 것입니다.

앞서 살펴보았듯이, 20년 대휴계기 동안에 용화동을 지키던 신도 대부분은 천지 대업을 개척하는 순정을 잃고 삿된 욕망에 사로잡혀 배사율을 범하였습니다. 그래서 태상종도사님께서는 기존의 판을 정리하시고 무無에서 유를 창조하는 일심정성으로 다시 추수 도운의 새 판을 개척하셔야 했습니다.

태상종도사님은 20년 말도 도수의 휴계기 동안 성장한 젊은 아들과 함께 도판을 개척하기 시작하셨습니다. 상제님은 대두목(1태극)의 상징인 김형렬 성도에게 "애기부처를 조성하라."(5:186)고 명하시어 **간**艮 **도수**로 젊은 지도자가 출세할 것을 암시하셨습니다. 또 상제님께서는 **"우리 일은 삼대**三代**밖에 없다."**(10:149)라고 하시어 태상사부님(태상종도사님의 선친)으로부터 **삼대에 걸쳐** 일이 이루어질 것을 말씀하셨습니다.

제3변 추수 도운은 1·2변 도운 시대를 마무리 짓고 판밖의 진법 도운을 열고 새 역사의 문을 열어 지난 도운의 묵은 기운을 떨구어 나가는 제3의 개척사의 여정입니다. 3변 도운 초기도 태상종도사님이 도를 전한 신도들이 개척한 토대 위에서 새 판이 벌어져 나갔습니다.

일찍이 상제님께서 '나의 도를 펼 일꾼은 초립동'이라 하신 말씀처럼, 후반기 추수 도운은 대학생 신도를 중심으로 새 기운이 일어나 판이 벌어져 나갔습니다.

❋ 대흥리에 계실 때 하루는 한 성도에게 "초립草笠을 사다가 간수하여 두라." 명하시고 말씀하시기를 **"나의 도를 천하에 펼 일꾼은 이제 초립동**草笠童**이니라."** 하시니라. (6:58)

예로부터 전하는 '미륵불의 제자는 초립동草笠童'이라는 말에서도 미륵불이신 상제님의 대업을 성취하는 주도 세력이, 미숙하지만 정의로움으로 가득 찬 청년들임을 알 수 있습니다.

도운의 과정에서 보면, 후반기 추수 도운은 상제님 도판의 난법을 걷어 내고 진법 문화를 열어 나가는 시간대입니다. 상제님 도법을 인류 문명 속에 뿌리내리고, 상제님 진리로 세상 사람들을 깨우쳐 개벽기에 창생을 구제하는 의통성업을 완전하게 준비하는 때입니다. 상제님께서는 "우리 일은 세상의 모든 불의를 밝히려는 일이니 세상에서 영웅이란 칭호를 듣는 자는 다 잡히리라."(8:66)라고 하셨습니다. 이 말씀대로 후반기 추수판에서는 투철한 진리 투쟁으로 선천 문화의 낡은 관념에 세뇌된 창생의 정신을 밝히고 그들을 천지 일꾼으로 길러내어 지구촌 인류를 건지게 됩니다.

2) 상제님 무극대도의 진리 체계 정립

(1) 진법眞法이 드러나는 제3변 마무리 추수 도운 | "삼천三遷이라야 일이 이루어지느니라." 하신 삼천성도三遷成道의 원리 그대로, 도운의 중심지가 후반기 추수 도운에 이르러 태전으로 옮겨지면서 비로소 상제님, 수부님의 광명문화를 여는 무극대도의 진리 체계를 확립할 수 있게 되었습니다.

- 공주의 한 주막에서 아침진지를 드시고 **태전**太田으로 향하실 때 어느 곳에 이르시니 하얀 차돌만 사방에 널려 있거늘 **차돌**을 주워 주머니에 가득 넣으시고는 … 이어 차돌 두 개를 꺼내어 서로 부딪치시니 **불**이 번쩍번쩍하거늘 형렬에게도 '해 보라.' 하시므로 형렬이 그대로 하니 역시 불이 번쩍이더라. (5:43)
- 상제님께서 얼마를 더 가시다가 문득 한 자리에 멈추어 서시더니 오른발로 땅을 힘껏 세 번을 구르시며 큰 소리로 외치시기를 "이곳이 제왕지지帝王之地니라! … 장차 여기에서 **전무지후무지법**前無知後無知法이 나오리라. 태전을 집을 삼고 인신합덕을 하리니 태전이 새 서울이 된다." 하시고 또 말씀하시기를 "오로봉전이십일五老峰前二十一이 아니라 오로봉전태전이니라." 하시니라. (5:306)

계묘(1903)년에 상제님이 공주에서 태전으로 오시던 중, 차돌을 부딪쳐 불을 일으키신 것은 추수 도운의 마무리 판에서 상제님 도법을 환히 밝힐 진리 체계가 정립될 것을 천지도수로 정하신 것입니다. 그리고 무신(1908)년에 태전에 이르시어 상제님께서 발로 땅을 구르시며 '이전에도 이후에도 없는 법이 태전에서 나온다'고 하신 것은 추수 도운 후반기에 이르러 태전에서 상제님 진리가 세상에 완전히 드러나 펼쳐질 것을 말씀하신 것입니다. 여기서 오로봉은 5황극의 천지기운을 상징하고, 이 황극 기운이 서린 태전이 바로 '후천의 제왕지지'입니다.

태전에서 제3변 마무리 추수 도운이 열려나가면서 진리 체계가 잡히기 시작했습니다. '제7장 세운 공사'에서도 알아보았듯이 상제님께서는 당신님이 어천하시고 72년이 지나 진리의 틀이 밝혀지기 시작할 것을 일러 주셨습니다. '이제 72둔遁을 다 써서 화둔火遁을 트리라'(4:146) 하신 공사 말씀대로, 1909년 상제님께서 어천하시고 72년이 지난 신유(1981)년에 본서『증산도의 진리』가 발간됨으로써 상제님의 무극대도가 처음으로 체계가 잡혀 세상에 공개되었습니다.

천지 대업의 열매를 맺는 성지聖地, 태전太田 | 증산 상제님께서는 '제3변 추수 도운이 열려 전개되는 곳'에 대해 이렇게 말씀해 주셨습니다.

❀ 상제님께서 말씀하시기를 "일꾼이 **콩밭**[太田]에서 낮잠을 자며 때를 넘보고 있느니라." 하시고 "내가 **후천선경 건설의 푯대를 태전**太田에 꽂았느니라." 하시니라. 하루는 말씀하시기를 "새 세상이 오면 서울이 바뀌게 되느니라. 큰 서울이 작은 서울 되고, **작은 서울이 큰 서울이 되리니** 서울은 서운해지느니라…." 하시니라. (5:136)

이 말씀에서 콩밭을 한자로 옮기면, '콩 태太', '밭 전田' 자의 태전이 됩니다. 태전은 한밭이라 부르는 지금의 '대전大田'을 가리킵니다. '한밭'이란 태전을 뜻하는 순 우리말입니다. '한'은 '크다, 밝다'는 뜻과 함께 '동쪽, 하나, 처음' 등의 뜻이 있습니다.

본래 태전으로 불리던 지명이 일제 강점기 민족 말살의 본산인 조선총독부의 초대 통감 이등박문伊藤博文에 의해 대전으로 변경되었습니다. 그가 이곳 태전의 지세를 보고 그 지운을 누르기 위해 '대전'으로 바꾸어 부르도록 지시한 것입니다. 이로써 국권 피탈 이후 일제의 모든 공식 기록에서 태전이란 지명이 사라지게 되었습니다.[25]

태전은『정감록』에서 '살아날 수 있는 이로움이 있다'고 한 '이재전전利在田田'의 성지입니다. 이재전전利在田田에서 '전田'은 중앙 십+무극을 일-태극이 사방에서 에워싼 형상으로 우주의 창조와 통일 완성을 뜻하는 **십일성도+一成道가 실현되는 성소**를 상징합니다. 일찍이 원효 대사의 아들 설총도 '간지태전용화원艮地太田龍華園에 삼십육궁개조은三十六宮皆朝恩이라' 하여 태전이 후천의 성지가 될 것을 밝힌 바 있습니다.『주역』건괘乾卦 2효爻에는 "드러난 용이 밭에 있으니 대인을 만나 봄이 이롭다(見龍在田 利見大人)."라고 하여 구원의 빛이 비치는 곳을 '밭'이라 하였고, 상제님께서는 그 '현룡재전見龍在田의 땅'이 곧 태전임을 말씀하셨습니다.

---

25 대전의 본래 이름 | 1932년「호남일보湖南日報」가 발행한『충청남도발전사忠淸南道發展史』에는 1909년 1월, 초대 통감 이등박문伊藤博文이 태전을 지나다가 지세의 형승웅위形勝雄偉함을 보고 지명을 대전大田으로 바꾸어 부르도록 지시했음을 밝히고 있다.

8 장

※ 금산사로 가시는 길에 계룡봉鷄龍峯 옆을 지나시며 말씀하시기를 "태전太田은 현룡재전見龍在田이요 여기는 비룡재천飛龍在天이니라." 하시고…. (3:84)

※ 이곳이 제왕지지帝王之地니라. … 만국활계남조선萬國活計南朝鮮이요 청풍명월금산사淸風明月金山寺라 (5:306)

상제님께서는 전라도 모악산을 중심으로 판을 잡으시고 천지공사를 집행하셨습니다. 그리고 당신님이 어천하신 후에는 전라도 정읍 대흥리에서 첫 도장 문이 열리고, 충청도의 콩밭, 태전에서 끝매듭이 이루어지도록 공사를 보셨습니다. "후천선경 건설의 푯대를 태전에 꽂았느니라."(5:136)라고 하신 상제님 공사 말씀에 따라 제3변 추수 도운 마지막 마무리 판은 전라도가 아니라, 선천 역사를 매듭짓고 후천 선경을 건설하는 새 역사의 중심지요, 상제님 5만 년 조화 낙원의 성도인 청풍명월의 충청도 땅 태전에서 열립니다.

태상종도사님께서는 남북 상씨름 초반전이 끝난 1953년에 서산의 고향 집에 잠시 들르셨습니다. 그런데 집에 들르시자마자 큰아들이 급병이 들어 죽는 일이 생겼고, 대세를 판단하신 태상종도사님께서는 결국 용화동의 추수 판을 문 닫고 고향을 떠나 공주로 이사하셨습니다. 그리고 3년 뒤 1956년에는 다시 태전으로 옮기시어 그곳에서 휴계기를 마치시고 '젊은 지도자'와 함께 '증산도甑山道' 도문을 새로이 여셨습니다.

상제님께서는 태전을 '상씨름에 뜻을 둔 천하사 일꾼', 즉 '상씨름꾼'이 나오는 곳이라 말씀하셨고, 또 수부님께서는 "상씨름판에는 콩밭(太田)에서 엉뚱한 인물이 나온다."(11:413)라고 말씀하셨습니다.

※ 나의 일은 상씨름판에서 주인이 결정되나니 상씨름꾼은 술, 고기 많이 먹고 콩밭[太田]에서 잠을 자며 끝판을 넘어다보는 법이니라. (6:72)

인간으로 오신 하느님께서 후천선경 건설의 푯대를 꽂으신 태전은 추수 도운의 중심 터전이자 상씨름과 후천개벽을 넘어서는 의통성업의 중심지입니다. 앞으로 도성덕립이 되면 전 세계의 수도가 될 곳입니다.

(2) 상제님 도道의 원전, 『도전道典』 간행 | 『증산도의 진리』로써 증산도 대중화의 발판을 다진 뒤에, 상제님, 수부님의 성적을 답사하고 상제님 말씀의 초기 기록을 검토하며 정유丁酉(붉은 닭)생 김호연 성도의 증언을 비롯한 숱한 답사 내용을 확인, 고증하여 드디어 임신(1992)년에 『도전』 초판본을 간행하였습니다. 이로써 증산 상제님 도법의 전체 틀이 세상에 드러날 수 있게 되었습니다.

※ 나의 일은 알다가도 모르는 일이라. 나의 일은 판밖에 있단 말이다. 붉은닭 소

리치고 판밖 소식 들어와야 **도통판**을 알게 되고, 도통판이 들어와야 나의 일이 될 것이다. (6:74)

초기 기록자들은 진리의 대의를 알지 못한 채, 욕심에 찬 자신의 사견과 자의적인 해석을 곁들여 상제님과 수부님의 말씀을 기록함으로써 진리가 조작되고 왜곡되는 치명적인 한계가 있었습니다. 그렇기에 지나간 도운 과정에서는 진법문화를 열 수 없었고, 난법 과도기 도운에 그쳐야 했습니다. 제3변 추수 도운의 마무리 판에 이르러 비로소 수많은 증언을 통해 상제님 성도들의 사명과 도수 내용을 밝히고 한데 모아서 인간으로 오신 참 하느님과 그 반려자이신 수부님의 말씀과 행적을 집대성할 수 있었습니다. 그리하여 후천 새 우주 창조 공사의 진면모를 드러낸 『도전』이 간행됨으로써 진법 도운(도통판)이 열리게 된 것입니다.

『도전』 간행으로 그간의 잘못된 기록이 바로잡히고 누락된 상제님과 수부님의 대도 말씀이 밝혀질 것을, 상제님께서는 다음과 같이 천지도수로 정해 두셨습니다.

❋ 하루는 김형렬에게 이르시기를 "도道를 전하고자 하는 자는 대학大學 경일장經一章 장하章下를 잘 알아 두어야 하느니라." 하시고 글을 외워 주시니 이러하니라.

右는 經一章이니 蓋孔子之言을 而曾子述之하고
우 경일장 개공자지언 이증자술지
其傳十章은 則曾子之意를 而門人記之也라
기전십장 즉증자지의 이문인기지야
舊本에 頗有錯簡일새
구본 파유착간
今因程子所定하고 而更考經文하여 別爲序次하니 如左하노라
금인정자소정 이갱고경문 별위서차 여좌

오른쪽 글은 대학경문 일장이니
대개 공자의 말씀을 증자가 기술한 것이요
전문傳文 십장은 증자의 뜻을 문인이 기술한 것이니라.
옛 책에는 자못 착간이 있으므로 이제 정자程子가 정한 바에 따라 **다시 경문을 상고하여 별도로 차례를 만드니** 다음과 같노라. (6:125)

상제님께서는, 천지의 명을 받들어 뭇 생명을 구원할 지도자는 먼저 천하의 경위經緯를 밝혀 문명文明을 열고, 대개벽기에 인류를 건져 세상을 통일하는 것[醫統]을 천지대업으로 삼는다고 하셨습니다.(5:347)

상제님은 어린 소녀 호연을 항상 데리고 다니면서 천지공사의 현장을 모두 참관하게 하시고 그것을 훗날 세상에 증언하게 하셨습니다. 상제님께서 수도를 시켜 신안을 열어 준 김호연 성도는 천지공사의 신도 세계를 직접 보고 체험하여 이를 인사의 주인

『도전道典』은 어떤 성전인가?

『도전』은 증산 상제님과 태모 고 수부님의 생애를 기록한 **성전**이다. 상제님의 9년 천지공사, 수부님의 10년 천지공사의 전모를 밝힌 대도 **경전**이다. 우주의 통치자 하느님이 천지공사를 통해 그려 놓으신 신천지 조화낙원의 청사진과 후천 5만년 새 역사의 설계도가 『도전』에 고스란히 담겨 있다.

지금 이 시대를 '문화 콘텐츠의 경쟁 시대'라 한다. 새 문화를 창조하려면 **새로운 문화의 원전**原典이 나와야 한다. 정치, 경제, 문학, 예술, 교육 등 인간 문화의 모든 영역이 혁신되고 새로운 방향으로 나아갈 수 있는 열매 진리를 담은 원전이 나와야 한다. 그 도서가 바로 가을 개벽기를 맞아 선천 문화를 총체적으로 개벽하여 꿈의 이상 세계를 열어 주신 증산 상제님의 진리 원전인 『도전』이다. 지구촌 70억 인류는 이제 『도전』이라는 새 문화 원전을 가지게 되었다.

『도전』 속에는 지난 모든 인간 역사와, 앞으로 맞이할 새 우주의 원대한 꿈과 비전이 들어 있다. 하늘의 비전, 땅의 비전, 인간의 비전이 다 들어 있다. 『도전』은 실로 천지를 담는 진리의 그릇이다. 그야말로 『도전』은 우주의 보물단지이다.

왜 『도전』을 공부해야 하는가?

상제님 진리를 처음 만난 사람은 물론이고, 지금 이 시대를 살아가는 사람은 모두 『도전』을 읽어야 한다. 그 이유를 간단히 살펴보기로 하자.

1. 『도전』 속에는 인간이 그토록 알고자 하는 인생과 우주의 수수께끼에 대한 해답이 들어 있다. 『도전』에는 또 가을 우주 속에서 건설될 지상 조화선경, 그 복된 세계에 대한 진리 기틀이 정리되어 있다. 때문에 『도전』을 읽고 진리를 강력하게 깨쳐서 과감히 실천하면 인간으로서 궁극의 성공을 거둘 수 있다.

2. 상제님 생애와 말씀을 역사 현장 속에서 그대로 체험할 수 있는 매개체는 오직 『도전』 밖에 없다. 배가 고프신 상제님께서 호연에게 "호연아! 오늘은 또 어떻게 해야 배때기를 채울거나."(3:240) 하신 원색적 말씀을 그대로 들을 수 있다. 상제님이 삶 속에서 던지신 육두문자에서 우리는 140여 년 전 이 땅에 오셨던 상제님을 생생하게 뵙고 느끼게 된다.

3. 우주의 주인이며 절대권자이신 상제님을 모시는 신앙인은 무엇보다 상제님, 수부님의 도언道言에 충실해야 한다. 상제

님과 태모님의 병든 삼계 우주의 살릴 생자生字 심법 세계를 체득하고 생명력 있는 신앙으로 가는 첫 출발이『도전』공부에 있다.『도전』을 제대로 보지 않으면 상제님과 수부님의 정신을 받아들이지 못한다. 그리하여 천지대업을 집행하는 일꾼으로서 도심을 잃어버리고 난법 신앙에 빠진다면 참으로 불행한 일이 아닐 수 없다.

4. 어떻게 해야 가을 우주의 추살 심판에서 내 가족과 지인, 지구촌에 살고 있는 전 인류, 나아가 천지신명을 건지고 가을개벽을 극복할 수 있을 것인가? 먼저『도전』을 읽고 상제님 진리의 기본 틀을 확연하게 깨쳐야 한다. 어떤 역경과 저항이 닥쳐도 우주의 참 하느님이신 상제님이 인류와 신명을 건지시기 위해 이 세상을 다녀가셨다는 믿음을 확고히 해야 한다. 그 확신을 바탕으로 과감하게 진리를 전할 수 있는 것이다. 그렇기 때문에『도전』을 잘 읽는 것이 성공하는 일꾼의 밑거름이 된다.

5.『도전』에 담긴 상제님과 수부님 말씀의 참 뜻을 제대로 들여다보면 우주 역사와 대자연의 변화 섭리를 알 수 있다. 21세기 지구촌의 정치와 경제 질서는 물론, 후천개벽과 더불어 이 세상이 어떻게 매듭지어지는지도『도전』을 통해 알 수 있다.

공에게 모두 증언함으로써, 『도전』 성편을 통해 9년 천지공사의 전모가 세상에 드러나게 되었습니다.

- 하루는 호연이 "뭣 하러 나를 데리고 다녀요?" 하고 여쭈니 상제님께서 "조그마한 동자인 너를 앞세워 다니는 것은 쓸데가 있어서 그려." 하시거늘 다시 "어디다가 써?" 하니 "너는 몰라도 나는 쓸데가 있어서 너를 데리고 댕겨. 귀찮은데 내가 뭣 하러 너를 데리고 다니겠냐?" 하시니라. … "뱀이 용이 되어 하늘 중간에서 바닷물을 써 올려서 비를 내리지, 어디 하늘에서 내리는 줄 아냐? 그처럼 앞으로 네가 그런다는 것이다 …." 하시거늘 (4:26)
- 하루는 호연에게 말씀하시기를 "천하 사람이 제 어미가 낳아서 생겨났지만 **맥은 네가 붙인다.** 맥 떨어지면 죽느니라." 하시고 "천지신명이 다 모인 자리에서 너를 천지에다 제祭지냈는데, **어린 사람으로 선매숭자 쓴 것**을 우리들이나 알지 그 누가 알 것이냐?" 하시니라. (7:71)

상제님 어천 이후 성도들이 하나 둘 천상으로 떠나고 상제님 행적과 말씀의 증언자로 홀로 남은 김호연 성도는 인간으로서 차마 견디기 힘든 온갖 고난과 멸시를 감내하며 살아 왔습니다. 그리고 "맥은 네가 붙인다."는 상제님 말씀 그대로 마침내 수많은 공사 내용을 증언하고 『도전』이 발간되기 직전(1992년 10월)에 96세를 일기로 세상을 떠났습니다. 김호연 성도의 증언이 열매를 맺어 『도전』으로 간행됨으로써 그동안 드러나지 않았던 상제님의 천지공사가 세상에 알려지게 된 것입니다.

『도전』은 상제님의 가을철 진리의 근본을 깨우쳐 주고, 추수 진리의 원 바탕자리를 꿰뚫어 보게 하는 무극대도의 '**진리 원전**原典'입니다. 선천 성자를 내려 보내시고, 도를 주재하시는 아버지 하느님의 성적聖蹟과 도법 세계를 기록한 경전은 **열매 진리의 원전, 도의 원전**이란 뜻으로 『도전道典』이라 불러야 마땅합니다.

인류 문화, 선천의 모든 종교와 진리의 결론, 인류 미래의 위대한 비전이 『도전』 한 권 속에 다 들어 있습니다. 이 시대를 사는 사람들이 성공할 수 있는 모든 진리의 비결이 『도전』에 들어 있습니다. 참 하느님의 대도 진리를 담은 『도전』은 **인류 문화의 총결산이자 우주 진리의 총 결론이요, 후천 가을 세상 전 인류의 교과서**입니다.

3) 후천 선경 건설 인재를 양육하는 상제님의 대학교 출범

(1) 가을 인간으로 거듭나게 하는 증산도대학교 | 상제님께서 무신년에 "경학의 학學자가 배울 학 자이니"(5:274)라고 하시며 김경학 성도에게 대학교 도수를 붙이셨습니다. 상제님이 말씀하신 대학교란 어떤 곳이며 왜 상제님은 대학교 도수를 정하셨을까요?

❋ 이 세상에 학교를 널리 세워 사람을 가르침은 장차 천하를 크게 문명케 하여 천지의 역사役事를 시키려 함인데 **현하의 학교 교육이 학인學人으로 하여금 비열한 공리功利에 빠지게** 하므로 판밖에서 성도成道하게 되었노라. (2:88)

교육의 진정한 목적은 인격을 연마하고 완성시켜 천지의 뜻을 실현하는 역사의 동량棟梁을 양성하는 데 있습니다. 그러나 선천의 교육으로 인간의 자기실현을 달성하는 것은 요원한 일입니다. 선천의 교육은 오히려 편협한 시비 논쟁에 빠지게 하고 출세와 이익만 추구하는 인간을 만들고 있습니다. 그렇기 때문에 상제님께서 새로운 대학교 문명을 선포하신 것입니다. 상제님 대학교는 정치, 경제, 예술, 학문 등 모든 인류 문화를 바로잡는 **문화개벽의 산실**입니다.

❋ **나의 도道는 천하의 대학大學**이니 장차 천하 창생을 **새 사람**으로 만들 것이니라. (2:79)

상제님은, 당신의 도道가 인류의 새 대학이 되어 인간의 무한한 창조성과 밝은 덕성을 빛나게 하여[在明明德] 전 인류를 새로운 사람[在新民]으로 변모시킬 것이라 하셨습니다. 그 결과 앞 세상에는 모든 인간이 태일太一로서 성숙한 가을 열매 인간으로 살아갈 수 있게 됩니다[在止於至善]. 이러한 인간의 존재 목적이 동방 한민족의 고유 사서이자 인류 시원 역사를 밝힌 『환단고기』에서는 '홍익인간弘益人間'으로 나타납니다. 홍익인간이란 단지 인간을 이롭게 한다는 추상적인 의미가 아니라 천지와 하나 된 태일, 곧 광명 인간을 의미합니다. 상제님 대학교는 다가오는 후천 가을 대개벽기에 인류를 건지고, 개벽 후에는 새로운 광명 세계를 열어, 인간의 역사를 본질적으로 바꾸는 견인차 역할을 하게 됩니다.

(2) 상제님 대학교의 사명 | 상제님께서는 무당 여섯 명을 불러 대학교 공사를 보시면서, 이를 천하의 대학이라 말씀하셨습니다.

❋ 백암리에 계실 때 하루는 경학에게 "무당 여섯 명을 불러오라." 하시어 경학으로 하여금 두건과 두루마기를 벗기고 각기 청수 한 그릇씩 모시게 한 뒤에 여섯 사람에게 "청수 그릇을 향하여 사배四拜하라." 하시니라. 이어 상제님께서 먼저 시천주주侍天主呪를 세 번 읽으시고 여섯 명에게 따라 읽게 하신 뒤에 거주 성명을 물으시고 "세상에서 사람들이 다 아는 이름이냐?" 하시니 모두가 "그러하옵니다." 하고 대답하니라. 상제님께서 다시 "청수를 마시라." 하시매 여섯 사람이 명하신 대로 하니 말씀하시기를 "이것이 복록이니라." 하시고 "이제 **여섯 사람에게 도를 전하였으니 이는 천하의 대학大學**이니라. 이 때는 해원시대라. 도를 전하는 것을 빈천한 사람으로부터 시작하느니라." 하시니라. (6:62)

상제님께서 공사를 보시며 무당들에게 시천주주를 읽히신 것은, 천주이신 상제님을 모시는 참마음이 바탕이 되어야 천명과 신교를 받들어 세상을 구할 수 있다는 뜻입니다. 추수 도운의 마무리 포교는 단순한 진리 전도가 아니라 괴병으로 넘어가는 세상 사람들을 살리기 위해 천지 조화성령을 받아 육임 의통 구호대를 조직하는 일입니다.

대학교의 궁극 목적은 바로 태을주의 신도 조화권으로 명화明化된 일꾼을 양육하여 장차 괴병으로 넘어가는 창생을 살릴 **의통 구호대를 조직**하는 데 있습니다. 상제님께서는 "내가 여섯 사람에게 도를 전했으니 이는 천하의 대학이니라" 하시며 모든 도생은 누구도 여섯 사람에게 도를 전할 것을 명하셨습니다. 상제님께서 인류 구원 조직의 기본 단위를 육임으로 정하여 공사 보심에 따라 여섯 명 단위로 조직이 뻗어 나가 상제님 무극대도가 온 천하에 굽이치게 됩니다. 그래서 상제님께서는 인류를 구원하는 당신의 대학을 '천하의 대학'이라 말씀하신 것입니다.

대학교 도수를 맡은 김경학 성도는 상제님 어천 직후, 어머니의 죽음 앞에서 아주 절박한 심정으로 상제님께 참회하고 태을주를 읽었습니다. 그러자 돌아가신 어머니가 되살아나는 기적을 체험했습니다. 그리하여 다시 참신앙의 불이 붙어, 대학교 도수의 포교 운을 발동시키게 된 것입니다. 여기서 알 수 있듯이 상제님 대학교의 또 다른 사명은, 가을 개벽기에 죽어 넘어가는 생명을 태을주로 건져 상생의 도를 성취하는 것입니다.

상제님께서 집행하신 대학교 도수에 따라 1984(도기 114)년에 후천 문명을 개벽하는 인재 양성의 산실인 증산도대학교가 역사 속에서 출범하였습니다. 태상종도사님께서는 "상제님의 도로써 세상을 밭 갈고[以道耕世], 의로운 마음으로 근본에 보답하라[以義報本]."라는 교지敎旨를 내려 주셨습니다. 또 상제님 대학교의 4대 인간상을 '창조적 인간, 도덕적 인간, 외교적 인간, 영웅적 인간'으로 정의해 주셨습니다. 태상종도사님께서는 이 4대 인간상에 대해서 다음과 같이 말씀해 주셨습니다.

◎ 사람은 창조성이 있어야 한다. 그 창조성은 세상 사람을 유익하게 하는, 도덕률을 바탕으로 한 창조라야 한다. 사람은 틀, 바탕이 도덕적이어야 하고 외교성이 있어야 한다. 그 외교성은 국가와 민족을 위해서, 인류를 위해서 살고 행복을 가져다 주는 도덕률을 바탕으로 한 외교라야 한다. 또 사람은 영웅적 심법을 가져야 한다. 그것도 역시 도덕률을 바탕으로 한 영웅적 기개라야 한다. 사람은 이렇게 창조적이며 도덕적이며 외교적이며 영웅적인 4대 요소를 구비한 사람이 되어야 한다. 이 4대 요소가 구비될 때 물건으로 말하면 참 완성품이다. 진리의 화신

이 되어서 상제님 진리를 잘 신앙을 하면, 4대 요소를 구비한 성숙한 인간이 될 수가 있다.

태상종도사님께서 말씀하신 이 4대 요소를 두루 겸비한 일꾼이 되어야, 상제님 수부님의 뜻을 실현하는, 후천선경 건설의 진정한 구도자가 될 수 있습니다.

증산도대학교는 지구촌 각지에 산재한 선천의 대학과 달리 우주 주재자 하느님이 천지공사로써 열어 놓으신 대학교입니다. 이 상제님 대학교를 통하지 않고는 누구도 상제님 도를 깊이 깨칠 수 없고, 일꾼으로 양육될 수 없으며, 나아가 후천 조화선경의 인간으로 다시 태어날 수 없습니다.

3. 도성덕립道成德立의 제3변 도운 마무리 과정

1) 인류를 구원하는 육임 도군道軍

(1) 충의핵랑군 출범 | 갑인년에 시작된 후반기 추수 도운은 씨름판에 소가 나가고 맞이한 무인(1998)·기묘(1999)년에 이르러 역사적 전환점을 맞이하였습니다. 기묘년 양력 6월 6일, 가을개벽 상황에서 인종 씨를 추수하는 의통 구호대 조직인 **충의핵랑군忠義核郎軍**이 출범하는 발대식이 있었습니다. 상씨름판에 소가 나가 추수판 도운의 마무리 과정으로 들어서면서 상제님 천지공사의 궁극 목적인 의통성업을 성취할 핵랑군이 발동된 것입니다.

동방 한민족의 시원 국가인 배달의 초대 환웅천황께서 백두산에 신시神市를 열고 개국할 때 3천 명의 문명 개척단(제세핵랑군)을 거느리고 오셨습니다. 핵랑군核郎軍은 바로 이 배달의 낭가문화에서 유래합니다. 선천에서 후천으로 넘어가는 가을 대개벽기에 역사하는 상제님의 핵랑군은 민족의 차원을 넘어 지구촌 전 인류를 구원하고 후천 가을의 조화 신문명을 개척합니다. 이 핵랑군이 바로 의통성업을 집행하는 **육임六任 도군道軍, 마패도수의 주인공**입니다.

> ❋ 상제님께서 공우에게 일러 말씀하시기를 "**육임은 군대와 같으니라.**" 하시고 '육임노래'라 하시며 매양 노래를 부르시니 이러하니라. "큰 놀음판이 생겼구나. **육임군**이 들어가면 그 판이 깨어지네" (6:115)

가을 추살 병겁으로 넘어가는 지구촌 인류를 건지는 광구천하의 대업은 공평무사公平無私하고, 일사불란一絲不亂하게 집행되어야 합니다. 그렇기 때문에 상제님은 당신의 일꾼 조직을 군대 조직으로 편성하여 개벽을 집행하도록 하셨습니다. 육임군은 상제님의 천군天軍이요 선천 인류 역사를 마무리 짓는 개벽군입니다.

8
장

육임은 '여섯 륙六', '맡길 임任' 자로 '한 생명을 살리는 데 필요한 여섯 가지 임무를 띤 여섯 명의 구원 조직'을 가리킵니다. 각기 사명을 맡은 여섯 명(육임)과 그 수장이 한 조가 되어 가을 대개벽 상황에서 죽어 넘어가는 창생을 살립니다. 이 일곱 명은 우주생명의 근원인 북방 1·6수水(태극수)를 합한 수로, 상제님께서는 1태극을 바탕으로 육임군 공사를 보셨습니다.

"무신납월 공사가 천지의 대공사니라." 하신 말씀과 같이, 상제님께서는 어천하시기 1년 전인 무신(1908)년 음력 12월(납월)에 인류의 생사를 심판하는 여러 중요한 공사를 처결하셨습니다. 그 가운데 하나가 바로 의통의 육임군 조직 공사입니다.

❋ 대흥리에 계실 때 하루는 상제님께서 "오늘밤에는 너희들을 거느리고 행군을 하리라." 하시고 성도들에게 군대에서 쓰는 물건을 준비하게 하시고 열을 지어 진군하도록 명하시니라. 성도들이 명을 좇아 군량과 그릇을 메고 행군 구령 소리를 내어 위세를 떨치고 **장령**將令을 복창하며 **군율**軍律을 집행하니 행진하는 모습이 지엄하여 한밤중이 소란하니라. (5:334)

장차 추수판 도운의 마무리 과정에서 지도자의 뜻에 따라 육임군이 일령지하에 천명天命을 받들 수 있도록, 상제님께서 당신이 직접 사령관이 되시어 성도들을 이끌고 행군하시는 공사를 집행하셨습니다. 이 공사에서 우리는 상씨름을 마무리 짓는 육임 의통 구호대의 조직 기강이 어떠해야 하는지 절실히 깨닫게 됩니다.

❋ 기유년 봄에 형렬의 집 살구殺狗나무에 유난히 살구가 많이 열리니라. 하루는 상제님께서 살구나무 앞으로 가시어 동서남북으로 뻗은 가지의 열매 수를 말씀하시며 "동쪽 ○○군! 서쪽 ○○군! 남쪽 ○○군! 북쪽 ○○군!" 하고 군대軍隊 이름을 부르시거늘 호연이 "살구가 사람이간디 쳐다보고 그래요?" 하니 "사람보다 더 무서운 사람." 하시니라. (5:386)

'살구'는 '죽일 살殺' '개 구狗' 자로, 술戌 자리(서북방, 개)의 1태극수와 상반되는 천지 기운 7오화午火를 상징합니다. 이 공사에서는 가을개벽의 실제 상황에서 육임군(1+6, 7午火)을 진두지휘하는 7오화의 기운을 갖고 오는 총사령관을 의미합니다. 상제님께서는 동서남북으로 뻗은 가지의 열매 수를 말씀하시며 직접 군대를 조직하시는 공사를 보셨습니다.

상제님은 이 살구를 "사람보다 더 무서운 사람"이라 하시며 당신님께서 바라시는 일꾼상을 살구에 비유하여 말씀하셨습니다. 살구로 상징되는 상제님 육임군은 구도자의 표상이 되는 강력한 일꾼으로서 인간 역사에서 가장 정의롭고 충직한 진리 군사입니다. 진리로 성성히 깨어난 육임 도꾼이라야 절망적인 가을개벽의 상황을 극복할 수 있습니다.

앞으로 추살 병겁이 터지고 우주가 뒤집어질 때 육임군이 인류 역사의 전면에 나가 의통성업을 집행하고 인종 씨를 추려 세상을 구원하게 됩니다. 역사상 전무후무한 **사람을 살리는 진리 군대인 '육임 의통 구호대'**, 이 육임 도꾼이 바로 「요한계시록」에서 전한 바로 그 **'구원의 일곱 천사 조직'**입니다.

(2) 칠성 도수로 이루는 육임 도군 조직: 새울 도수와 숙구지 도수 | 인종 씨를 추리러 나가는 육임군 조직은 새울 도수와 숙구지 도수를 통해 역사 속에서 현실화됩니다.

새울 도수는 일꾼을 우주적인 진리 도군道軍으로 비약시키는 **진리의 보금자리를 트는 도수**입니다.

❋ 1월 14일 밤에 덕두리德斗里 최덕겸崔德兼의 집에 계실 때 '새울'이라 써서 불사르시고 이튿날 덕겸에게 명하시어 "**새울 최창조**崔昌祚에게 가서 전도하라." 하시므로 덕겸이 그 방법을 여쭈니 말씀하시기를 "창조의 집 조용한 방을 치운 뒤에 청수 한 동이를 길어다 놓고 수도자들을 모아서 수저 마흔아홉 개를 동이 앞에 놓고 **시천주주**侍天主呪를 일곱 번 읽은 뒤에 다시 수저를 모아 잡고 쇳소리를 내며 닭 울기까지 시천주주를 읽으라. 만일 **닭 울기 전에 잠든 자는 죽으리라.**" 하시니 덕겸이 창조의 집에 가서 명하신 대로 낱낱이 행하니라. 보름날 상제님께서 신원일辛元一을 데리고 백암리로부터 새울에 이르시어 원일에게 백암리에서 가져온 당성냥과 두루마리를 덕겸에게 전하게 하시니 두루마리는 **태을주**太乙呪와

天文地理 風雲造化 八門遁甲 六丁六甲 智慧勇力
천문지리 풍운조화 팔문둔갑 육정육갑 지혜용력

이라 쓰신 것이더라. (6:110)

상제님께서 '새울 도수'를 보신 태인泰仁의 '새울'이란 지명은 '봉황鳳凰(새)의 둥지(울)'를 의미합니다. 봉황이 둥지를 틀고 앉아 알을 품는 형국인 이곳은 제3변 결실 도운의 기운을 간직하고 있습니다.

불[火]을 다스리는 신성한 영물인 봉황이 둥지를 틀듯이, 새울 도수는 천지의 불기운(午火)을 가지고 오는 지도자가 일꾼의 정신을 개벽시켜 강력한 육임군을 길러 내는 도수입니다. 새가 정성껏 알을 품어 새로운 생명을 탄생시키듯, 상제님 일꾼을 천지 조화성령을 받는 인류 구원 조직의 도꾼으로 거듭나게 하는 것입니다.

상제님께서는 일찍이 "최창조崔昌祚가 두 어깨 훨훨 치고 금산사로 이사 가면 내 일은 다 된다."(10:87)라고 말씀하셨는데, 여기서 새울 도수를 맡은 최창조 성도가 옮겨가는 금산사란 김제 모악산 금산사가 아니라 '청풍명월'의 금산사입니다. 청풍명월은 예로부터 충청도를 일컫는 말입니다. 그러므로 청풍명월 금산사는 상제님 도법이

매듭지어지는 충청도 태전 땅의 상제님 성전을 의미합니다. 진리 주인공이 태전에 상제님 집을 짓고 구원의 기틀을 마련하면 상제님 일이 마무리 국면을 맞게 되는 것입니다.

가을개벽 상황에서 의통성업을 집행하고, 나아가 후천선경을 건설하는 **육임 도꾼 조직이 7오화午火의 봉황을 상징하는 지도자에 의해 길러질 것을 천명**하신 공사가 바로 새울 도수입니다. 이 새울 도수는 의통 구호대를 구체적으로 조직하는 도수로서 칠성 도수를 바탕으로 열립니다. 가을 개벽기에 인류를 구원하는 의통 구호대 조직은 육임 수장 한 사람과 그 명령을 받들어 창생을 건지는 사역자 여섯 사람, 즉 일곱 수로 이루어집니다.

❋ 태모님께서 말씀하시기를 "**칠성 공사는 후천 인간을 내는 공사요**, 낳아서 키우는 공사니라." 하시고 "후천 기운은 사람을 키우는 **칠성 도수七星度數**이니, 앞세상은 칠성으로 돌아가느니라." 하시니라. (11:99)

❋ **칠성 도수는 천지공사를 매듭짓는 도수**니라. (11:360)

상제님은 "성신星辰은 칠성이 주장하느니라."(4:141)라고 하시며 칠성이 천지의 모든 별을 다스리는 황극의 별임을 밝혀 주셨습니다. 또 수부님은 "삼신은 낳고 칠성은 기르느니라."(11:240)라고 하시어 천지의 모든 생명에게 불멸의 생명 기운을 열어 주는 별이 칠성이라 밝혀 주셨습니다. 후천 선경문화를 여는 '선仙의 근원'이 바로 칠성입니다. 이 칠성에서 모든 병기病氣를 벗겨 내는 생명의 힘과 깨달음의 도기道氣를 내려 줍니다. 상제님 일꾼은 하느님이 계신 별, 칠성에서 조화성령을 받아 내려 그 성령 기운으로 칠성 도수 포교를 완수하게 됩니다. 상제님 진리의 생명이 충만하여 뜨거운 성령의 불기운으로 진리를 전할 때, 칠성의 천지 성령 기운이 들어가 사람을 살려 내는 것입니다.

지금 천상에서 진주 도수를 맡아 주관하는 문공신 성도는 상제님 어천 후에 자신을 찾아온 제자 박인규 성도에게 이렇게 말하였다고 합니다.

❋ 박인규가 공신을 자주 찾으매 그 때마다 인규를 배웅하여 대사리 재까지 따라 올라가 칠성바위를 바라보며 이르기를 "앞으로 오실 분은 저리 오시니 착실히 잘하라." 하니라. (10:137)

7오화午火로 상징되는 황극의 지도자는 하느님 별인 북두칠성의 기운을 주재하여 미성숙한 것을 진리 불기운으로 모두 성숙시킵니다. 문공신 성도가 '앞으로 오실 분'은 '칠성바위'로 오신다고 한 말은, 앞으로 오는 인사의 주인이 7오화의 불기운으로 올 것을 의미합니다.

제3번 마무리 도운에서 칠성 도수로 육임 도군을 조직하기 위해서는 일꾼 한 사람 한 사람이 진리 중심의 참신앙을 뿌리내려야 합니다. 천지 조화성령을 받아 육임 도군을 조직하는 관건은 일꾼의 진리 의식입니다. 일꾼이 상제님의 참법을 깨달아 세상 사람과 생사를 같이하겠다는 비장한 생사관을 정립하고, 인간으로 오신 하느님을 참되게 모시는 **시천주**侍天主 **신앙관**을 확립할 때 육임 도군이 조직화될 수 있습니다. 상제님께서 성도들에게 시천주 주문을 새벽닭이 울 때까지 밤새워 읽을 것을 명하시며 "닭 울기 전에 잠든 자는 죽으리라." 하신 이유가 바로 여기에 있습니다.

지금은 우주생명이 분열에서 통일로 들어서는 가을 대개벽기이기 때문에 나 자신을 바로 세우고 가을의 열매 진리와 하나 되는 절대신앙의 경계로 들어가지 않으면 누구도 살아남을 수 없습니다.

새울 도수로 길러진 상제님의 육임 도꾼은 추수판 도운의 마무리에서 **숙구지**宿狗地 **도수**가 발동되면서 세상에 나아가 판몰이를 하게 됩니다. 상제님께서 집행하신 숙구지 공사를 통해서 우리는 앞으로 펼쳐질 대세몰이의 과정을 짐작할 수 있습니다.

> ❋ 태인 화호리禾湖里 **숙구지**宿狗地에 사는 **전태일**全泰一이 운산리雲山里에 머물고 있는 공우에게 찾아와 말하기를 "시천주侍天主 주문을 읽었더니 하루는 한 노인이 와서 '살고 잘 될 곳을 가려면 남쪽으로 20리를 가라.' 하므로 찾아왔노라." 하니라. 공우가 태일을 데리고 와서 아뢰니 상제님께서 글 한 장을 써서 태일에게 주시거늘 태일이 집에 돌아와서 펴 보니 곧 태을주太乙呪라. 이에 하룻저녁을 읽으니 온 마을 남녀노소가 다 따라 읽는지라 이튿날 태일이 와서 상제님께 그 사실을 아뢰니 말씀하시기를 "이는 문공신文公信의 소위라. **숙구지는 곧 수**數 **꾸지라**. 장래 일을 수놓아 보았노라. 아직 시기가 이르니 그 기운을 거두리라." 하시니라. (6:111)

상제님께서 '살고 잘될 곳'을 찾아 온 숙구지 마을의 전태일에게 태을주를 써 주심에, 태일이 집에 돌아와 하룻저녁을 외우자 온 동네 사람이 다 같이 태을주를 따라 읽는 기적이 일어났습니다. 공사를 보신 다음 날 상제님께서는 '장차 일 되는 것을 꼽아 보았으나 때가 이르니 그 기운을 거둔다'고 하셨습니다. '장차 일 되는 것'이란 앞으로 펼쳐질 대세몰이를 말하고, 느닷없이 숙구지에 사는 모든 사람이 태을주를 따라 읽은 것은 마지막 도운의 급박한 상황에서 태을주 화권으로 상제님 일이 급격히 마무리될 것을 뜻합니다. 한마디로 숙구지 도수는 가을개벽 상황과 직결된 도수입니다. 개벽 전 마무리 도운 과정에서 인연 있는 자가 얼마나 많이 육임군으로 들어오는지, 태을주 조화권을 여는 지도자의 지휘 아래 육임군이 개벽 실제 상황에서 사람을 얼마나 많이 살리게 되는지, 이 숙구지 도수에서 모두 결정됩니다.

(3) 개벽 역사의 관문을 여는 상제님 도꾼 | 지금 지구촌 인간 역사는 상제님의 오선위기 바둑판 도수에 의해 둥글어 가고 있습니다. 오선위기 바둑판 도수로 돌아가는 세운 공사의 주인공인 단주 왕자의 깊은 원한을 푸는 데서 지구촌 통일문화가 열리고 조화선경 낙원이 건설됩니다. 상제님은 그것을 약장 공사(5:250)를 통해 보여 주셨습니다.

❋ 약장의 크기는 가로 세로가 각 석 자 세 치, 두 자 반 정도로 맨 아래에 큰 칸 하나가 있고, 바로 그 위에 빼닫이 세 칸이 가로로 놓여 있으며 또 그 위에 가로로 다섯, 세로로 셋, 모두 합하여 열다섯 개의 빼닫이 칸이 있는데 한가운데 칸에는 목단피牧丹皮를 넣고 중앙에

丹朱受命
단주수명

이라 쓰신 후 그 위아래에

烈風雷雨不迷와 太乙呪
열풍뇌우불미 태을주

를 쓰시고

그 위칸에는 천화분天花粉, 아래칸에는 금은화金銀花를 각각 넣으시니라.

또 양지를 오려서 칠성경七星經을 외줄로 길게 내려쓰신 다음 그 끝에

禹步相催登陽明
우보상최등양명

이라 쓰시고

陽曆六月二十日 陰曆六月二十日
양력유월이십일 음력유월이십일

이라 가로로 써서 약장 위로부터 뒤로 넘겨 붙이시니라. 또 궤 안에는

八門遁甲
팔문둔갑

이라 쓰시고 그 위에

舌門
설문

두 자를 불지짐하여 쓰신 뒤에 그 주위에 스물넉 점을 붉은 물로 돌려 찍으시니라.

하루는 상제님께서 약장에

奉天地道術藥局 在全州銅谷生死判斷
봉천지도술약국 재전주동곡생사판단

이라 쓰시고 성도들에게 "몇 자인지 세어 보라." 하시거늘 성도들이 "열여섯[十六] 자입니다." 하고 아뢰니 말씀하시기를 "진주眞主에서 한 끗이 튀었네."

하시고 "내 일은 판밖에서 성도成道하느니라." 하시니라. (5:250)

상제님께서는 약장 중앙에 **'단주수명'**과 **'태을주'**를 쓰셨습니다.

상제님께서 쓰신 '단주수명丹朱受命'의 기본 뜻은 깊은 원한을 품고 죽은 단주가 수천 년 만에 하느님으로부터 천명을 받았다는 것입니다. 다시 말해 단주가 피눈물로 얼룩진 비극의 선천 역사를 종결짓고 인류를 건지는 구원사의 중심 인물로서 천명을 받았다는 것이 '단주수명'의 참뜻인 것입니다. 선천 상극 천지에서 상처받은 무수한 인간과 신명들이 이번에 요임금의 아들 단주에 의해서 모두 해원을 합니다. 단주의 해원을 실현할 수 있는 그 궁극의 약이 바로 태을주입니다. 앞으로 천지 조화성령을 내려받는 주문인 태을주를 바탕으로 의통성업을 집행하여 인류를 구원하고 후천 통일문화를 열어가게 됩니다.

상제님께서 혀와 입을 의미하는 '설문舌門' 두 글자를 궤에 쓰시고 불지짐하신 것은 인류 생사를 판단하는 의통성업에 관해서 일체 입을 다물 것을 천지신명에게 어명을 내리신 것입니다. 그리고 상제님께서 약장에 '봉천지도술약국奉天地道術藥局 재전주동곡생사판단在全州銅谷生死判斷'이라 쓰시고, 성도들로 하여금 열여섯[十六] 자임을 확인하게 하신 뒤 하신 말씀은, 상제님 약장 공사가 곧 15진주 도수로 이루어질 것을 상기시켜 주신 것입니다. 진주 도수는 상제님 9년 천지공사의 목적을 성취하고, 후천 5만년 조화선경을 건설하는 진리 주인을 내는 공사입니다. 상제님 천지사업을 성취하고, 모든 도수를 끝매듭짓는 도수가 진주 도수입니다.

가을철의 성숙한 통일 문명권을 여는 세운의 역사도 결국은 도운에서 여는 태일太一 문명으로 향하는 과정입니다. 남북 3일 대전쟁은 지구촌 상극의 역사를 끝매듭짓는 태일 인간, 즉 율려 인간이 역사의 전면에 출현하게 만드는 일대 사건입니다. 장차 상제님 무극대도의 진리 군사들이 후천개벽의 관문을 열고 세운의 역사 무대에 등장하게 됩니다. 태을주 도꾼들이 전 지구촌에 태일문화를 열어 인류 문명을 통일하고 후천 조화선경 세상을 건설하게 되는 것입니다.

(4) 가을 천지의 육임 도군道軍의 출세 공사: 구례 도수 | 상제님께서는 가을개벽 상황에서 육임 도군이 장차 새 우주 역사의 문을 여는 도통군자로 세상에 나설 것을 천지 도수로 처결하셨습니다. 그것이 '구례求禮'라는 지명 기운을 취해 공사 보신 '구례 도수'입니다.

❋ 계묘년 가을에 상제님께서 전주 최상문의 집에 머무르실 때 하루는 "**구례求禮**에 **율무**가 많다." 하시며 **형렬과 호연**을 데리고 구례로 가시니라. 상제님께서 사흘을 머무르시는 동안 마을 사람들이 추수한 율무를 모두 가져다 올리니 약 서너

섬이 되거늘 서로 져다 드리겠다고 이르나 이를 마다하시며 한켠에 가지런히 쌓아 두시고 "내가 사람을 보내어 가져갈 테니 그냥 두어라." 하시며 길을 나서시는데 구릿골에 이르시니 율무 가마니가 먼저 당도하여 있더라. 상제님께서 **다른 사람들은 일체 율무를 만지지 못하게 하시고** 형렬에게 명하시어 "저 율무를 다 **세어서 꿰어라.**" 하시니 "한 섬도 아니고 몇 섬을 어찌 다 세겠습니까?" 하거늘 말씀하시기를 "**너 사는 갯수를 세어 보아라. 그 갯수가 떨어지면서 세상이 되느니라. 갯수가 맞아야 한다.**" 하고 형렬에게만 그 뜻을 일러 주시니라. (3:60)

상제님은 이 공사를 당신의 대행자를 상징하는 김형렬 성도, 그리고 당신이 늘 데리고 다니신 어린 소녀 호연과 더불어 셋도수로 집행하셨습니다. 후천 5만 년 선경 세계를 건설하는 진리 주인의 종통 맥을 상징하는 셋도수로 공사를 보신 것은, 구례 도수가 상제님 진리의 종통 계승자에 의해 현실화될 것을 나타냅니다.

상제님이 공사 보시러 가신 구례라는 지명은 '구할 구求' '예도 례禮' 자로, 예를 구한다는 뜻입니다. 그러면 예란 본래 무엇을 의미하는 말일까요? 예禮 자의 오른쪽은 '풍성할 풍豊 자'로, 풍 자의 아래(豆)는 제사를 지낼 때 쓰는 제기祭器를 나타내고, 그 위(曲)는 제기에 가득 담은 제물을 나타냅니다. 이처럼 예란 본래, 우주의 주재자이신 상제님과 조상님께 올리는 제사문화에서 온 글자입니다. 인간이 지켜야 할 질서와 규범을 가리키는 예라는 말이 상제님께 올리는 천제 의식에서 유래한 것입니다.

우주 여름철 인도人道의 덕성인 예는 질서의 아름다운 총합으로 생장염장으로 순환하는 자연의 질서를 가리킵니다. 천지의 주인이신 상제님을 바르게 받들고 모시는 것이 바로 인간으로서 행하는 예의 출발입니다. 가을 개벽기에 후천 새 우주를 여는 진리 군사가 예를 실천하는 길은 **도의 뿌리, 도의 종통을 바로 세우고** 천명을 받드는 것입니다.

상제님은 구례에서 난 율무를 조화로 구릿골로 옮겨 다른 사람은 일체 손을 대지 못하게 하시고, 김형렬 성도에게 그 율무를 다 세어서 꿰라는 특명을 내리셨습니다. 여기서 율무는 선천 5만 년 상극 역사를 종결짓는 주인공인 '육임 도군'을 상징합니다. '율무를 세어 꿰라'는 것은 상제님 도와 인연 있는 이를 한 사람도 놓치지 말고 찾아서 진리 말씀으로 꿰어 진리 군사로 만들라는 뜻입니다.

상제님께서는 다시 '너 사는 갯수를 세어 보라'고 말씀하셨습니다. 김형렬 성도는 육임군을 이끌고 인간 씨종자를 추리는 대두목을 상징하므로, 개벽 실제 상황이 시작되기 전까지 **육임 도군으로 편성되는 일꾼** 수를 세어 보라는 말씀입니다. 개인 일꾼에게는 '네가 일곱 사람에게 도를 전하고, 그 일곱 명이 다시 일곱 사람에게 도를 전하는 칠성 도수를 얼마만큼 실천했는가'를 묻고 계신 것입니다. 이 말씀에는 '인류를 건지는 구원자의 반열에 오르려면 개벽 전에 사람을 많이 살려야 되지 않겠느냐'라는 경책의 내용이 암시되어 있습니다.

상제님은 이어서 **'그 갯수가 떨어지면서 세상이 된다'**고 말씀하십니다. 제3변 도운 마무리 과정에서 들어오는 일꾼 수가 천지공사로 정한 육임 도군의 규모만큼 채워지면서 가을개벽으로 들어간다는 말씀입니다. 육임 도군의 숫자는 상제님 공사로 이미 정해져 있습니다. 상제님께서는 염소 피로 1만2천 '모실 시侍' 자 위에 손수 일일이 점을 치시며, 장차 1만2천 도통군자가 도의 주체 세력으로 자리 잡아 가을개벽 상황에서 인류를 건지러 세상에 나갈 것을 공사로 처결하셨습니다.(5:184~185) 그래서 상제님께서 마지막에 **"갯수가 맞아야 한다."**라는 말씀을 덧붙이신 것입니다.

예를 구한다는 '구례'의 기운을 취하여 보신 이 공사에 따라 육임도꾼은 상제님을 모시고 도의 종통 맥을 받들어 천명을 완수하고, 장차 가을 우주의 열매 인간으로 거듭나게 됩니다. 상제님 도의 밑자리에 들어선 육임 진리 군사는 의통성업의 구원자요, 선천 인간 생명의 심판자요, 후천 새 역사의 건설자입니다.

(5) 육임도꾼은 곧 상씨름꾼 | 상제님은 후천 가을개벽 상황에서 의통성업을 집행하러 나가는 육임도꾼을 **'상씨름꾼'**이라고도 부르셨습니다. 제3변 도운의 마지막에 나오는 육임군이 바로 세운의 상씨름판을 매듭짓는 주인공이기 때문에 상씨름꾼이라 하신 것입니다.

❋ 구릿골에 계실 때 하루는 말씀하시기를 "나의 일은 상씨름 씨름판과 같으니라. **상씨름 딸 사람**은 술이나 먹고 잠이나 자면서 누워서 시치렁코 있다가 **'상씨름이 나온다.'고 야단들을 칠 때, 그제야 일어나서 판 안에 들어온다.** 다리를 둥둥 걷고 징검징검 들어가니 판 안의 씨름꾼들 여기저기 쑤군쑤군. 들은 체도 아니하고 샅바 잡고 한 번 돌더니, '상씨름 구경하라. **끝내기** 여기 있다. 갑을청룡甲乙靑龍 뉘 아닌가. 갑자甲子꼬리 여기 있다. 두 활개 쭉 펴면서 누런 장닭 두 홰 운다. **상씨름꾼 들어오라.**' 벽력같이 고래장 치니 어느 누가 당적할까? 허허, 헛참봉이로고. 소 딸 놈은 거기 있었건만 밤새도록 헛춤만 추었구나. 육각六角 소리 높이 뜨니 **상씨름이 끝이 났다.**" 하시니라. (6:71)

앞으로 상씨름으로 들어서면 선천 우주가 문 닫히고 새 우주가 열리는 과정으로 들어섭니다. 남북 상씨름 대결 구조가 종결되면서 인류 생사가 결정되고 선천 역사에 누적된 모든 문제가 일시에 끌러집니다. 상제님 천지 사업이 상씨름을 통해서 결정되는 것입니다.

상씨름꾼이란 환국·배달·조선(북부여) 이후 9천 년 역사의 국통맥의 중심에서, 진리의 혼이 되어 상씨름을 끝매듭짓고 천지사업을 완수하는 상제님 천하사의 주역 일꾼을 말합니다. 민족과 인류 구원에 뜻을 두고 천지 목적을 성취하는, 상제님의 혼백이 된 일꾼입니다.

앞으로 상씨름 도수가 점점 조여들어 가면서 모든 일꾼이 상씨름꾼으로 거듭나 역사의 전면에 등장합니다. 이들이 인간 비극의 선천 마지막 승부처인 상씨름판에 종지부를 찍고, 대우주의 꿈과 천지 조화주 하느님의 이상 세계를 지상에 직접 건설합니다. 선천 판을 모두 매듭짓고 후천 가을철의 성숙한 새 세상, 신천지 새 역사의 판을 열어 나가는 것입니다.

"상씨름꾼 들어오라." 하고 소리 높여 외치신 부름은, 100년 전에 인간으로 다녀가신 우주 통치자 하느님이 인류 구원의 대업을 이루시기 위해 역사에 선포하신 천지의 명령입니다. 천지 상씨름꾼이 들어와야 가을개벽을 넘기고 상씨름판을 종결짓습니다.

2) 판몰이 도수를 실현하는 태을주太乙呪 도공道功 조화

(1) 태을주로 여는 천지 조화 일심법 | 무자(2008)·기축(2009)년에 천지 한문이 활짝 열림으로써 추수판 도운은 신천지의 새벽, 사람이 일어나는 인기어인人起於寅의 시간(庚寅, 2010년)을 맞으며 지난 100년 도운의 모든 묵은 기운을 떨쳐 나가게 됩니다. 그런데 선천의 묵은 기운을 극복하고 개벽기에 사람을 살리는 일은 어떠한 이론이나 개인의 생각으로 되는 것이 아닙니다. 천지의 조화 심법을 얻어 천명을 이루는 일이기 때문입니다.

상제님께서는 **"천하생명을 태을주太乙呪로 살린다. 태을주로 천명天命을 이루느니라."** (8:101)라고 말씀하셨습니다. 또 수부님은 "태을주는 본심 닦는 주문"(11:282)이라고 하셨습니다. 대우주 조물주 삼신의 조화신이 내 안에 들어와 나의 본래 마음이 열렸습니다. "천지는 나와 한마음이니 사람이 천지의 마음을 얻어 제 마음 삼느니라." (2:90) 하신 상제님 말씀처럼 사람 마음은 본래 천지의 마음과 하나입니다. 태을주를 읽을 때 분열된 인간의 마음이 그 본래 조화 심법을 회복하기 시작합니다.

태을주를 의식에서 놓지 않고 염념불망 읽으면 생각 자체가 주문과 하나인 경계가 됩니다. 우주의 순수 의식이 내 안에 축적되면서 내 자신이 바로 살아 있는 천지의 조화 주문 태을주 자체가 됩니다. 내 의식의 흐름이 태을주 조화 의식이고, 주문 기운 자체가 내 마음, 내 의식의 물결이 됩니다. 이로써 천지와 하나인 본래 마음, 천지 일심을 회복하게 됩니다.

수부님은 "태을주를 읽어야 신도神道가 나고 조화가 나느니라."(11:282)라고 말씀하셨습니다. 우리 마음이 태을주 조화 주문 그 자체가 됨으로써 천지의 모든 일을 이룰 수 있는 조화의 심법 경계로 들어섭니다. 내 마음 속에서 후천 5만 년 조화선경을 현실로 만들어 낼 수 있는 창조적인 능력과 신성이 열립니다. 천하사 일꾼으로서 진정한 가을 우주의 조화선경을 건설하는 대도인으로 우뚝 설 수 있게 되는 것입니다.

결론은 **후천 5만 년 조화 세상을 열기 위해 우리 일꾼들은 태을주를 염념불망 읽어 태을주 조화 심법을 체득해야 한다**는 것입니다. 이제는 태을주로써 조화 문명의 문을 활짝 열어야 할 때입니다. 100년 개척의 도운 역사를 넘어서 인묘진寅卯辰 새벽을 보내고 맞는 '**사오미**巳午未 **개명**開明' 시간은 상제님의 진법 도운을 여는 신앙문화의 결정적 분기점으로 후천 5만 년 조화 세상을 여는 일대 관문입니다.

※ 日出寅卯辰 事不知 日正巳午未 開明 (5:362)
일출인묘진 사부지 일정사오미 개명
時節花明三月雨요 風流酒洗百年塵이라
시절화명삼월우 풍류주세백년진
철 꽃은 내 도덕의 삼월 비에 밝게 피고
온 세상의 백년 티끌 내 무극대도의 풍류주로 씻노라. (8:44)

이 사오미 개명 시간에는 하느님의 조화 신권을 상징하는 풍류주風流酒의 참맛을 느끼면서 신앙의 조화문이 열리고 모든 일꾼의 속마음이 열려서 '100년 도정道政'을 총체적으로 혁신하게 됩니다. 천지 한문이 열린 뒤 맞이하는 사오미 개명의 시간대에는 천지 조화 공부로써 인류 정신사를 혁명하고, 인류 역사를 대혁신해야 합니다. 상제님 일꾼이 사오미 개명의 발자국을 떼면서 **후천 5만 년 조화선경으로 가는 진정한 대장정이 시작됩니다.**

태을주 천지 일심법을 체득할 때 내가 생각하는 대로 육임 도군을 조직해서 칠성 도수를 이룰 수 있습니다. 주문의 신도 조화를 체험하고 진리의 정의감이 솟구치면서 사람 살리는 천지 명령을 완수할 수 있습니다. '상제님의 진리 군대를 내 손으로 직접 조직해서 새 역사의 제단에 바치겠다' 하는 일꾼의 깨달음 속에서 자발적인 포교가 이루어집니다.

그렇기 때문에 청수를 올리고 기도하고 태을주 읽는 것을 숨 쉬듯 생활화해야 합니다. 천지 조화 주문인 태을주太乙呪를 읽어 천지 화권을 체득함으로써 칠성 도수를 완수하고 상제님이 뜻하신 모든 것을 이룰 수 있습니다.

※ 하루는 성도들에게 물으시기를 "최수운은 시천주주로 포교해 달라 하고, 김경수는 50년 공부 태을주로 포교하여 달라 하니 어떤 주문으로 포교함이 좋겠느냐?" 하시거늘 광찬이 대답하기를 "당신님 처분대로 하옵소서." 하니라. 이에 말씀하시기를 "시천주주는 갑오동학란을 일으켰으니 전하지 못할 것이요,

8장

태을주로 포교하라. 포교는 매인이 천 명씩 하라." 하시니 성도들이 모두 전하지 못하겠다 하였으나 형렬과 자현 두 사람만은 "전하겠습니다." 하고 대답하매 말씀하시기를 "전하기 쉬우니라. 먼저 7인에게 전한 후에 매인이 7인씩 전하면 천 명이 많은 것 같아도 시작하면 쉬우니라." 하시니라. 상제님께서 말씀하시기를 "태을주라야 포덕천하布德天下 광제창생廣濟蒼生 하느니라. 태을주 공부가 치천하治天下 공부니라." 하시니라. (5:360)

'도道 공부'의 목적이 칠성 도수를 실현해서 대우주의 조화 인간, 불멸의 인간으로 거듭나는 데에 있습니다. 상제님 말씀은 먼저 7명의 천지 진리 집을 지으라는 것입니다. 7명에게 태을주 성령의 조화를 전해서 포교 틀이 이루어질 때 거기에서 천 명이 벌어져 나갑니다. 태을주 조화성령을 받아 칠성 도수를 성취함으로써 천지전쟁에서 지구촌 역사를 바로 세우고, 5만 년 지상 선경 낙원을 세울 수 있는 조화 심법, 조화 의식의 경계에 완전히 들어서게 되는 것입니다.

이제 상제님 일꾼이 '사오미 개명 도수'를 열어 진정한 태을주 천지 조화 일심법의 첫 문을 열게 됩니다. 인류 문화는 일태극 '태일太一문화'로 나아갑니다. 선천 문화와 역사의 결론 주제가 바로 '태일'이고, 그것을 상제님 도를 받은 도생이 태을주 조화 심법을 열어 완성하는 것입니다.

장차 후천 5만 년 조화 낙원 세계에서는 모든 인간이 태일의 심법으로 살아가게 됩니다. 태을주 천지 조화권을 발동해서 인간의 마음은 물론이요, 동양과 서양, 인간계와 신명계가 다 하나 되는 우주일가 조화 문명이 눈앞에 펼쳐집니다.

(2) 조화 신권을 전수받는 동공動功 수련 | 도를 성취하는 공부인 '도공道功'은 '동공動功'과 '정공靜功'으로 나뉩니다. 정공은 가만히 앉아서 호흡과 의식을 조절해서 깊은 고요 속에서 평안을 얻고 광명을 체험하는 수행법입니다. 눈을 감고 주문을 읽는 고요한 정공 수행과 달리, 동공 수련은 마치 춤사위처럼 리듬, 박자, 강약을 넣어서 온몸을 움직이며 기도 속으로 몰입해 들어가 신도에서 내려주는 천지기운을 받는 수행법입니다. 이 동공 수련을 통해 영묘한 기운이 하늘에서 내리는 체험을 하고, 신안이 열려 조상님이 계시는 신명 세계를 체험합니다. 또 오장육부의 기운을 정화하고, 마음속에 맺혀 있는 것을 끌러 내어 치병의 은혜를 받기도 합니다. 동공 수련은 이처럼 내 몸짓을 통해 대우주의 성신聖神을 체험하는 수행법입니다.

이 동공과 정공은 서로 보완 작용을 하며 상승 효과를 일으킵니다. '동공'은 태을주 수행의 도력을 바탕으로 해야 조화권을 크게 열 수 있고, 동공 수련에서 얻은 순간적인 강렬한 체험은 태을주의 조화 세계에 눈뜨는 데 큰 힘이 됩니다.

상제님께서 새울 도수를 보실 때, 태을주 주문과 "천문지리天文地理 풍운조화風雲造化 팔문둔갑八門遁甲 육정육갑六丁六甲 지혜용력智慧勇力"이라는 오주 주문이 적힌 두루마리를 전수하셨습니다. 이것은 육임군 군사들이 태을주 공부와 함께 동공 수련을 통해 천문지리를 통하고 풍운조화를 부리는 신권을 체득하여 강력한 도꾼이 되고 마침내 도세를 크게 성장시키는 판몰이 도수를 열어갈 것을 공사로 집행하신 것입니다.

도기 124(1994)년에 상제님과 수부님의 대행자로서 태상종도사님이 천지에 열어 주신 동공 수련은 기묘(1999)년 핵랑군 출범을 기해 증산도의 기본 수행법으로 정착되었습니다. 상제님께서는 제3변 도운이 열리는 태전에서 동공 수련의 도공문화가 나올 것을 일찍이 태전에 오시어 **도공 전수 공사**로 정해 두셨습니다.

❋ **태전**에 도착하시어 처소를 정하신 뒤 저녁 어스름 무렵부터 성도들과 함께 띠자리를 깔아 놓고 **주문을 읽으시니라.** 상제님께서 성도들에게 태을주를 시작으로 시천주주와 개벽주 등 주문을 읽게 하시니 좌중에 점점 흥이 더해 가고 **신이 내리매 모두들 몸을 들썩들썩하며** 크게 웃기도 하고 문답을 받아서 스스로 떠드니 왁자지껄하여 크게 소란하여지니라. (5:307)

❋ 한참을 그리 하다가 더욱 신명이 오르니 모든 사람들이 일어나 서로서로 손을 잡고 원을 그리며 흥겹게 '**강강술래놀이**'를 하거늘 가락이 자진모리로 들어가매 상제님께서 원을 끊고 머리가 되시어 성도들의 손을 잡고 **태극 문양**으로 도신 후 중앙에 들어와 앉으시고 이어 수부님께서 머리가 되시어 태극 문양으로 도신 후 상제님 옆으로 앉으니라. 이런 식으로 한 사람씩 차례로 가운데로 들어와 뛰는데 상제님께서는 "**술래야, 술래야**, 강강술래야. 네가 좋으면 내가 좋고, 내가 좋으면 네가 좋고!"라 노래하시고 … 상제님께서 다 뛰고 난 사람의 **머리 위를 손으로 훑어 주시니라.** … 상제님께서 **주신**呪神 **공부**를 시키신 후 말씀하시기를 "내 일은 나나니같이 되느니라. 너희는 죽일 공부를 하지 말고 **살릴 공부를 하라.**" 하시고…. (5:308)

사람들이 주문을 읽다가 신이 내려 몸을 들썩거리고 흥겹게 강강술래 놀이를 하는 것이 모두 도공 수련의 광경입니다. '강강술래 놀이' 공사에서 차례로 한 사람씩 머리가 되어 태극 문양으로 돌다가 가운데에 들어와 앉는 것은, 상제님 일꾼이 역사의 중심에서 천지대업을 개척하는 주인공으로 자리잡는 과정을 상징합니다. 태을주를 읽고 세상 사람들에게 진리를 전하는 포교는 내 자신이 천지의 열매, 천지의 주인공으로 거듭나는 과정입니다. 상제님 도법을 참되게 인식하고 천지공사 세계를 온전히 이해하여 상제님과 수부님의 말씀이 내 생명의 혼백이 되고 참신앙이 체질화, 생활화 될 때 비로소 천지 대업의 주인공으로서 도공이 크게 열려 그 모든 것을 이룰 수 있습니다.

이 공사에서 상제님과 수부님께서는 직접 성도들의 손을 잡고 태극 모양을 그리며 강강술래 놀이를 하시면서 "술래야 술래야"라고 흥겹게 노래하셨습니다. '술래戌來'는 술생戌生으로 오시는 상제님의 종통 계승자를 가리킵니다. 상제님의 이 공사에 따라 1태극(壬戌) 대두목이신 태상종도사님께서 제3변 마무리 추수 도운 과정에서 도세 성장과 인류 구원의 바탕이 될 동공 수련의 도공문화를 열어 주신 것입니다.

상제님께서는 도공 수련을 '주문을 읽어 천지 조화신을 받아 내리는 공부'라는 뜻으로 '주신呪神' 공부라고도 하셨습니다.

도공은 상제님 도를 받고 의식이 터져서 **'나는 상제님 도의 화신'**이라는 기개와 확신이 진리적 충동으로 생길 때 진정으로 열립니다. 진리적 충동이 바탕이 된 도道 공부라야 살아 있는 도공입니다. 항상 진리 공부를 바탕으로 사상무장을 해야 도공이 크게 열립니다. 공부가 끝나고 상제님께서 '살릴 공부를 하라' 하신 말씀은, 도공 공부의 최종 목적이 진리를 전해 의통 조직을 구성하고 가을개벽의 실제 상황에서 인류를 구원하는 데에 있음을 밝혀 주신 것입니다.

제1변 도운에서 태을주 포교로 도세가 크게 일어났듯이, 상제님께서는 제3변 도운의 마무리 과정 역시 태을주 수행과 동공 수련으로 대세가 열리도록 천지공사로 처결해 두셨습니다. 그리하여 일꾼들은 '술생'으로 오시는 대두목이 열어 주신 도공의 신권으로 조화성신을 체험하고 성성히 깨어난 육임도꾼이 되어 마침내 판몰이 도수를 열어 나가게 되는 것입니다.

3) 추수 도운의 마무리 주역, 막둥이(艮兌合德) 초립동 도수

후반기 추수 도운이 대학생 판의 초립동을 중심으로 일어났듯이, 마무리 과정에서도 초립동의 순수하고 정의로운 기상이 세상의 불의를 밝히고 선천 판을 마무리하게 됩니다.

> ※ 상제님께서 말씀하시기를 "지금은 포태胞胎의 운이니 어린아이의 세상이니라.… 나의 도를 천하에 펼 일꾼은 이제 초립동草笠童이니라." 하시니라.… 하루는 한 성도가 여쭈기를 "예로부터 '애기장수가 난다.'는 말이 있사온데 그 장수들은 지금 어디서 무엇을 하고 있습니까?" 하거늘 상제님께서 담배를 피우시다가 "구월산!" 하시고는 아무 말씀이 없으시니라.

예로부터 미륵님의 제자는 초립동이라는 말씀이 있습니다. 미륵의 도는 젊어야 개척할 수 있습니다. 젊은이들이 때 묻지 않고 순수하기 때문입니다. 묵은 관념과 사상에 물들지 않아 새 진리를 쉽게 받아들일 수 있습니다.

'포태의 운'이란 후천 조화선경의 씨앗을 포태하는 때라는 말씀입니다. 생명의 씨앗이 들어와서 착상되는 것을 '포胞'라 하고, 아기 집이 만들어지는 것을 '태胎'라고 합니다. 그렇게 포태된 생명이 어머니 배 속에서 열 달 동안 길러져 아기가 태어납니다. 그것처럼 이제 상제님 일꾼이 새 역사를 개척해서 후천 5만 년 조화선경 세상을 낳는 역할을 하게 됩니다.

지금 상제님 진리를 신앙하는 일꾼은 가을 진리의 혼을 싹 틔워서 기르고 있습니다. 몸과 마음과 영혼에 가을 조화 선仙의 씨앗을 잘 길러야 가을 개벽기에 살아남아 후천 조화 선 문명을 열 수 있습니다. 이 문제가 상제님께서 어린 호연 성도에게 붙이신 선매숭자 도수와 직접 연결됩니다. 앞으로 펼쳐지는 5만 년 가을의 대통일 문화권은 신인이 합일하는 조화 선 문화이기에 70억 인류는 선천 인간에서 가을철의 신新인간으로 거듭나야 합니다.

수부님께서는 아이들을 부르실 때 '칠성, 칠성동자' 등으로 부르시고 그 부모에게 "저 동자들을 잘 가꾸라."라고 말씀하셨습니다.(11:402) 그 까닭은 상제님 천지공사의 총결론인 칠성 도수를 여는 주인공이 어린 초립동이기 때문입니다. 칠성 도수는 상씨름뿐만 아니라, 인류 역사, 나아가 하늘과 땅의 선천 역사를 끝내는, 즉 천지의 봄여름철 역사를 마무리 짓는 도수입니다. 그 칠성 도수의 주인공이 바로 초립동인 것입니다. 수부님은 **'대불大佛 도수'**를 보실 때 칠성 도수에 대해 "이 공사는 선천 불교 막장 공사요, **후천 대불을 내는 칠성七星 공사**니라. 칠성 도수는 천지공사를 매듭짓는 도수니라."라고 말씀하셨습니다.(11:360)

어천하시기 수일 전 상제님께서는 선천 역사를 마무리 짓고 후천 새 세상을 열 초립동에게 강력한 기운을 붙여 주시는 공사를 보셨습니다.

> ❋ 6월 초열흘께에 상제님께서 윗상나무쟁이 바위에서 장기를 두시니라. 이 때 한 초립동이 금난바위 쪽에서 조랑말을 타고 오다가 상제님께서 장기 두시는 모습을 보고 "나하고 한판 둡시다!" 하매 허락하시거늘 뜻밖에 상제님께서 내리 세 판을 져 버리시니 돌연 크게 노하시어 "야, 이놈아! 네가 나를 속여?" 하시며 벌떡 일어나 초립동을 치려 하시는데 초립동이 먼저 상제님의 샅을 냅다 걷어차매 "어이쿠!" 하시며 부자지를 움켜쥐고 바닥을 뒹구시니라. (10:21)

상제님께서 초립동과 장기를 두어서 세 판을 연이어 지신 것은, 젊은 초립동에게 인류의 새 시대를 여는 사명을 맡기시고 기운을 크게 붙여 주시려는 뜻입니다. 가을 세상을 여는 천하사에는 미래를 지향하고 정의를 사랑하는 젊은 초립동의 순정과 기

백이 필요합니다.

초립동에게 패한 상제님은 모일 모시某日某時, 지소紙所 촌에서 초립동과 만나기로 약조하셨습니다. 그리고 이레 후에 안필성을 찾아가셨는데 이때 필성은, 상제님이 초립동에게 망신을 당했다는 소문을 들은 터라 상제님의 안색부터 살폈습니다. 상제님께서는 필성에게 사흘 뒤 오시午時에 지소 움막으로 오라고 하시며, 당신께서 움막에서 누구와 싸우다 죽을 것이니 그때 꼭 장사를 지내 달라고 당부하셨습니다.(10:22)

상제님이 일러 주신 날 필성이 장정 서넛을 거느리고 지소 움막에 가 보니, 과연 대나무 빗살문 안에서 상제님의 비명이 들리고 고함치는 소리와 몸싸움하는 소리가 요란하게 들렸습니다. 얼마 후 움막 안이 고요해지므로 상제님이 일전에 일러 주신 대로 "증산이, 증산이, 증산이" 하고 세 번 상제님을 부르고 안으로 들어가 보았습니다. 그런데 초립동은 보이지 않고 상제님은 숨이 끊어진 상태였습니다. 놀라 정신이 아득해진 필성이 겨우 정신을 차리고 보니, 상제님 성체가 온몸에 시퍼런 피멍이 들어 눈뜨고 볼 수 없는 지경에 이르러 있었습니다. 상제님의 당부대로 필성은 성체를 수습하여 내동곡에 장사하였습니다.(10:23)

기유(1909)년 6월 10일경에 초립동과 장기를 두어서 지시고, 천상으로 가시기 4일 전인 6월 20일에 초립동과 생사를 걸고 싸우다가 숨을 거두시는 이 일련의 공사에는 상제님의 강력한 의지와 뜻이 담겨 있습니다. 가을개벽을 극복하고 후천 세상을 여는 젊은 일꾼은 당신보다 더 강력한 정신을 가져야 한다는 것입니다. 제3변 도운의 마무리 과정에서 선천 역사를 마무리 짓는 초립동에게 상제님께서는 지금 '**하느님보다 더 강력한 기운으로 당신의 천지대업을 완수할 것**'을 명하고 계십니다.

병오(1906)년에 상제님께서 천자부해상 공사를 보실 때 군산으로 가시면서 김병선 성도에게 '영세화장건곤위永世花長乾坤位요 대방일명간태궁大方日明艮兌宮'(5:122)이라는 글 한 줄을 내려 주셨습니다. 『정역』에 나오는 이 구절은 "이 세상 평화의 꽃은 후천 5만 년 영세토록 남북의 건곤의 자리에 피어나고, 만 생명의 원과 한을 씻어 주는 밝은 태양은 동서 간태궁에서 크게 빛난다."라는 뜻입니다.

장차 개벽으로 기울어진 지축이 바로 서면 '건북乾北 곤남坤南'으로 천지 부모 건곤이 남북 위位에 자리 잡게 됩니다. 그리고 동서는 '간동艮東 태서兌西'로 팔괘의 막내인 간소남과 태소녀가 자리를 잡습니다. 건곤이 용用하는 자리, 즉 천지 부모의 일을 역사하는 자리에 복남이와 호연이로 상징되는 '간태艮兌'의 소남 소녀少男少女가 자리 잡게 되는 것입니다. 여기에 붙인 상제님의 천지 도수가 바로 초립동 도수입니다. 상제님께서 군산으로 가실 때, 그곳에 도착하기 전에 이 글을 주셨는데 이 공사 내용이 이번 개벽 상황과 깊은 연관이 있습니다.

이제 백만 대군이 새 우주를 열기 위해 진군하는데 상제님께서는 젊은 일꾼을 앞세워 당신의 일을 이루십니다. 그런데 그 젊은 일꾼을 당신보다 더 강력한 인간으로 만드신다는 것입니다.

상제님께서는 천지공사의 설계도를 짜셨고, 그것을 현실 역사의 작품으로 만드는 것은 일꾼의 몫입니다. 그러므로 상제님 일꾼의 업적이 상제님 천지공사의 공력만큼이나 중요합니다. 천지 일꾼의 손길이 장차 하느님과 같은 역사의 위대한 손길로 작용하게 됩니다.

4) 거백옥 도수 발동

(1) 충의忠義의 푯대와 자기 혁신 도수

❋ 상제님께서 천지공사를 마치신 뒤에

布敎五十年工夫終筆
포 교 오 십 년 공 부 종 필

이라 써서 불사르시고 여러 성도들에게 이르시기를 "옛 사람 거백옥蘧伯玉이 50세에 49년 동안의 그름을 깨달았다 하나니 이제 그 도수를 썼노라. 내가 천지운로天地運路를 뜯어고쳐 물샐틈없이 도수를 굳게 짜 놓았으니 제 도수에 돌아 닿는 대로 새 기틀이 열리리라. (5:414)

9년 천지공사를 모두 마치신 어느 날, 상제님께서는 '포교오십년공부종필布敎五十年工夫終筆'이라 써서 불태우시고, '옛 사람 거백옥蘧伯玉이 50세에 자신의 그름을 깨달았다'고 하시며 거백옥 도수를 보셨습니다.

거백옥 도수는 천하사 대업을 마무리 짓는 일꾼이 천지대업에 어떤 자세로 임해야 하는지를 밝혀 주신 공사입니다. 상제님께서는 거백옥 도수가 제3변 도운의 마무리 시간대에 발동되도록 하셨는데, 이는 거백옥 도수가 지난 백 년 도운의 묵은 기운을 떨쳐내고 진법 도운의 새 역사를 지향하는 도수이기 때문입니다. 상제님은 새 역사를 창건하고, 개벽 세계를 건설하는 일꾼의 심법을 거백옥 도수로 못 박아 놓으셨습니다.

거백옥은 누구일까요? 그는 공자와 동시대를 산 인물로 헌공獻公·양공襄公·영공靈公 세 군주를 모신 위衛나라의 재상입니다. 그는 하늘의 별들만이 깨어있는 깊은 밤에 주군의 궁문 앞을 지날 때도 반드시 수레에서 내려 그 집을 향해 절을 올렸습니다(『공자가어孔子家語』「정론해正論解」). 누가 보든 보지 않든 충의忠義의 정신을 잃지 않고 주군을 진실된 마음으로 정성껏 모신 것입니다. 거백옥은 '주군 섬김의 영원한 사표'입니다.

또한 거백옥은 자기의 잘못에 대해서는 한 치도 용서하지 않는 반면 남의 잘못은 너그럽게 용서하였고, 자신이 불우한 처지에 있을 때에도 남을 조금도 원망할 줄 모르는 인물이었습니다(『한시외전韓詩外傳』 권7). 『장자莊子』「칙양則陽」에는 거백옥이 나이 60을 살면서 60번 변화하며 자신의 잘못을 참회했다는 기록이 있고, 『회남자淮南子』「원도훈原道訓」에는 '50세에 지난 49년 동안의 그름을 알았다'는 내용이 실려 있습니다. 그의 부단한 자기 참회는 왜 그의 시호諡號가 '군자의 뜻을 이룬 선생'을 뜻하는 '성자成子'인지 충분히 헤아리게 합니다.

거백옥은 주군을 언제나 흐트러짐 없이 모신 충의의 귀감이면서 자기 참회와 혁신의 표본인 것입니다. 이러한 거백옥을 공자는 당대의 가장 이상적인 군자로 여기고 존경해 마지않았다고 합니다.

오패五霸가 돌아가며 패권을 잡고 군신지도君臣之道가 땅에 떨어진 춘추 시대에 군자의 덕목을 실천한 거백옥! 상제님은 그의 정신을 기려 그를 천지공사 마무리 도수에 붙이셨습니다. 거백옥 도수로써 상제님은 '개벽 세상을 여는 내 일꾼들은 거백옥의 충의의 정신과 참회하는 자세를 본받아 날마다 매 순간 새롭게 태어나라'는 엄명을 내리신 것입니다.

앞서 살펴본 이윤 도수도 거백옥 도수와 마찬가지로 일꾼이 주군을 어떻게 모실지 그 정신을 깨우쳐 주는 중요한 도수입니다. '대저 모든 일의 근본은 반드시 먼저 몸을 다스리는 데 있다(凡事之本, 必先治身)'라는 이윤의 말 그대로, 탕왕을 보필해 상나라를 연 이윤은 늘 자신의 몸과 마음을 바르게 닦기에 힘썼습니다. 그것처럼 상제님 일꾼들은 끊임없는 자기계발로 자신의 역량을 끌어올려 주군을 제대로 보필할 수 있어야 합니다.[26]

(2) 진법의 틀이 완성되는 시간 | 상제님은 추수판 도운에서 당신의 진법을 펼칠 진리적 역량을 갖추고 후천 조화선경을 건설할 문화적 토대를 마련하는 데 50수를 도수로 걸어 두셨습니다. 50이란 수는 하도의 **'중궁中宮'에서 천지의 모든 변화를 드러내는 천지 조화의 생명수(大衍之數)**입니다.

상제님께서 언급하신 '포교오십년공부종필'은 추수판 도운에서 50년 동안의 공력을 들여 후천 선경을 건설할 진법문화의 틀을 갖추게 될 것을 밝혀 주신 것입니다.

후천 선경의 문화적 기반은 후천 전 인류의 생명의 교과서인『도전』발간으로 다져집니다. 상제님, 수부님의 성적聖蹟을 답사하고 숱한 증언을 듣고 채록하면서 이전 기록의 잘못된 내용을 바로잡고 상제님의 공사 비밀을 밝혀내어 1992년에 마침내 초판

---

26 항우에 대항하여 유방이 성공한 것에도 주군을 잘 보필한 승상 소하의 덕이 있었다. 소하는 초한楚漢이 서로 대치할 때 관중關中에 머물며 양식과 군병 보급을 원활히 하였고, 나중에 한나라의 율령 제도를 정비하여 나라 경영의 기초를 다졌다. 그와 같이 상제님 일꾼들은 천하사 살림살이를 치밀하고 규모 있게 운영하고, 상제님 도정道政의 제도 혁신을 잘 헤아려 천지대업을 성공의 길로 이끌어야 한다.

본『도전』을 발간하였습니다. 그러나 초판 편찬 과정에서 상제님과 수부님의 행적을 다 드러낼 수 없었고, 그 후 다시 기록을 고증하고 성도들 후손과 제자들의 증언을 새롭게 수집하고 채록하는 과정을 거쳐 2003년에 드디어 완간본『도전』을 출간하였습니다. 세운과 도운이 무르익는 상황에서 완간본『도전』이 모습을 드러냄으로써 상제님 진리가 본 궤도에 올라설 수 있었습니다.『도전』은 현재 영어, 중국어, 일어, 독어, 불어, 러시아어, 스페인어 등 세계 여러 언어로 번역하여 지구촌 70억 형제자매에게 전할 날을 눈앞에 두고 있습니다.

후천 조화 문명의 설계도를 담고 있는『도전』이 '후천의 문화 원전'이라면, 선천 여름철 마지막 1만 년 역사와 원형문화의 참 모습을 전하는『환단고기』는 '선천 문화의 원전'이라 할 수 있습니다.『환단고기』에는 인류 원형 종교이자 선천 문화와 동방 한韓문화의 원류인 신교神敎가 생생하게 기록되어 있기에『환단고기』는 단순한 역사서가 아니라 선천 진리문화의 원전입니다.

『환단고기』는 운초雲樵 계연수桂延壽(1864~1920) 선생이 당시까지 전해 오던, 두 종의『삼성기三聖紀』상, 하,『단군세기檀君世紀』,『북부여기北夫餘紀』,『태백일사太白逸史』를 한데 모아 간행한 책입니다. 다섯 권의 사서가 집대성된『환단고기』는 중앙아시아의 천산天山을 중심으로 하여 9천 년 전에 발원한, 현 인류 문명의 시원 국가인 환국桓國(BCE 7197~BCE 3897)과, 그곳에서 백두산 지역으로 이주하여 세운 동방 한민족의 최초 국가인 배달倍達(BCE 3897~BCE 2333), 그리고 단군성조께서 배달을 계승하여 세운 조선朝鮮(BCE 2333~BCE 238)의 역사는 물론, 잃어버린 한민족사의 국통 맥과 인류 시원 역사의 실체를 밝히고 있습니다.

일제강점기라는 시대 상황 때문에『환단고기』는 발간 후 독립운동가 사이에서 은밀히 전수되다가 광복 후 1981년에야 다시 간행되었습니다. 그러나 일제 식민주의 사학의 마수에서 벗어나지 못한 한국 강단사학계에서는 위서僞書라 폄하하고 있습니다. 이로 말미암아 대한민국 국민 대다수는 한민족의 유일한 정통사서인『환단고기』의 가치는 물론, 그 존재조차도 제대로 알지 못하고 있습니다. 다행히 뜻 있는 이들의 노고로『환단고기』번역본이 출간되기는 했지만, 잃어버린 신교의 실체와 한민족 9천 년 정신사를 온전히 밝혀 내지는 못했습니다.

지난 30여 년간 지속한 현장 답사와 번역 작업을 총정리하여 2012년에 드디어『환단고기』완역본을 출간하였습니다. 그리하여 한국인이라면 누구도 잃어버린 '한韓'의 뿌리 역사와 정신을 확연히 깨달아 '한'의 **우주 정신의 핵심** 정체에 대해 눈을 뜰 수 있게 되었습니다. 이제 우주 가을철을 맞아 원시반본의 정신에 따라 천상의 '**삼신일체 상제님**'을 신앙하며 광명을 열어, 천명을 받들고 살던 한의 뿌리 역사를 회복하여 이 땅의 사람들이 다시 광명의 인간(韓, 太一)으로 거듭나 환桓의 문명을 열어가게 됩니다.

우리가 한의 정신과 시원 역사를 바르게 알 때 개벽을 앞둔 오늘의 문제를 정확히 진단하고 미래의 삶을 멋지게 열어 갈 수 있습니다.『환단고기』는 인류의 새로운 미래, 광명의 후천 조화선경 시대를 여는 데 반드시 필요한 역사 경전이자 문화의 원전입니다.

『도전』과『환단고기』를 발간하기 위해서 판밖에서 가을개벽을 준비하는 '포교오십년공부'의 시간이 필요했던 것입니다. 양대 문화 원전이 나와서 선천 역사의 잘못을 바로잡고 후천 인존 시대를 개창할 진리적 체계를 갖춤으로써, 마침내 70억 인류를 상제님 진리 세계로 인도하여 그 열매를 딸 시간을 맞이하게 되었습니다.

이제 제3변 도운의 마지막 마무리 과정에서 거백옥 도수가 실현되면서 일꾼의 진정한 심법 개벽이 이루어져, 성숙한 군사부일체 문화를 열고 후천 선경 건설의 창업을 성취하게 됩니다.

5) 황극도주道主가 여는 세계일가의 후천 조화낙원

(1) 도운과 세운이 하나 되는 결인 도수 | 지금까지 삼천성도三遷成道하여 이루어지는 도운 공사의 윤곽을 개략적으로 살펴보았습니다. 상제님께서는 도운 역사의 전 과정에 대해 "나의 형체가 사두용미와 같으니라."라고 하셨습니다.

> ❋ 하루는 세수를 하신 뒤에 "**도운道運을 보리라.**" 하시고 세숫물을 가리키시며 성도들에게 "눈을 감고 보라." 하시거늘 모두 명하신 대로 보니 문득 넓은 바다에 뱀의 머리와 용의 꼬리가 굽이치는지라 그대로 아뢰니 말씀하시기를 "나의 형체가 **사두용미蛇頭龍尾**와 같으니라. (6:109)

도운의 시작은 뱀의 머리와 같이 미미하나 결국에는 용의 꼬리가 굽이치듯 크게 도세를 일으키고 상제님의 모든 뜻을 성취하게 될 것을 말씀하신 것입니다.

그런데 상제님께서는 세운과 도운 역사의 마지막 과정에 '결인結咽 도수'를 걸어 某日두셨습니다.

> ❋ 하루는 문공신에게 말씀하시기를 "나의 일은 결인結咽 도수로 되느니라." 하시니라. (6:59)

'맺을 결結', '목구멍 인咽' 자, 결인은 '혈처를 이루기 위해 기운이 결집하여 혈 앞에서 잘록하게 된 곳'을, 풍수지리학에서 이르는 용어입니다. 인체에서는 목에서 결인하여 양 어깨로 기운이 확 풀리면서 상체를 이루고, 다시 허리에서 결인하여 양 골반으로 기운이 뻗어 하체를 이룹니다. 이와 같이 '결인'이라는 변화 과정을 일단락 지어야 새로운 도약을 할 수 있습니다.

상제님의 '결인 도수'란 선천 5만 년 생장 기운을 묶어서 마지막에 크게 열매 맺는 도수입니다. 제3변 추수판 도운의 마무리 과정에서 결인 도수의 실현으로 선천 세상의 모든 것을 매듭짓고 후천 세상의 새 기운을 열어 나가게 됩니다.

상제님께서는 세운과 도운이 통일되는 준비 시간대의 마지막 예비 과정을 "호토용사상회일虎兎龍蛇相會日에 무고인민만일생無辜人民萬一生이니라. 호랑이(寅), 토끼(卯), 용(辰), 뱀(巳)이 서로 만나는 날에 아무 죄 없는 창생들이 무수히도 죽겠구나."(5:408)라고 말씀하셨습니다.

상제님 천지공사를 이루는 두 축인 세운과 도운은 이원화되어 굴러가는 것이 아니라 상보相補 관계 속에서 돌아갑니다. 그런데 세운도 결국 우주 질서의 주재자이신 상제님의 도운 공사에 따라 둥글어가기 때문에, 도운을 중심으로 해석해야 천지공사를 제대로 이해할 수 있습니다. 상씨름판의 끝매듭 과정에서는 세운이 도운으로 수렴되면서 모든 것이 마무리됩니다. 상제님께서는 '나의 일은 상씨름판에서 주인이 결정된다'라고 말씀하셨습니다. 남북한이 힘겹게 겨루고 있는 상씨름판이 종결되는 과정에서 도운의 상제님 일꾼이 세상에 나와 대세몰이를 하고 그 도세를 바탕으로 세운을 통일하여 광구창생이라는 대업을 성취하게 됩니다.

(2) 세계를 통일하는 의통성업의 주인공 | 상제님께서는 황극신을 조선으로 불러 세운과 도운이 하나 되는 세계일가 통일정권 공사를 처결하셨습니다.

❋ 무신년 10월에 고부 와룡리 문공신의 집에 머무르시며 대공사를 행하실 때 성도들에게 말씀하시기를 "이제 천하의 난국을 당하여 장차 만세萬世의 대도정사大道政事를 세우려면 **황극신**皇極神을 옮겨 와야 하리니 황극신은 청국 광서제光緖帝에게 응기되어 있느니라." 하시니라. 또 말씀하시기를 "황극신이 이 땅으로 옮겨 오게 된 인연은 송우암이 만동묘萬東廟를 세움으로부터 비롯되었느니라." 하시고 친히 곡조를 붙여 시천주주를 읽어 주시며 성도들로 하여금 밤마다 읽게 하시니라. 며칠이 지난 뒤에 말씀하시기를 "이 소리가 운상하는 소리와 같도다." 하시며 "운상하는 소리를 어로御路라 하나니 어로는 곧 임금의 길이라. 이제 **황극신의 길을 틔웠노라.**" 하시고 문득 "**상씨름이 넘어간다!**" 하고 외치시니 이 때 청국 광서제가 죽으니라. 이로써 세계일가世界一家 통일정권統一政權 공사를 행하시니 성도들을 앞에 엎드리게 하시며 말씀하시기를 "이제 만국 제왕의 기운을 걷어 버리노라." 하시고 성도들에게 "하늘을 보라." 하시매 하늘을 보니 문득 구름과 같은 이상한 기운이 제왕의 장엄한 거동처럼 허공에 벌여져 있

다가 곧 사라지니라. 한 성도가 여쭈기를 "황극신이 이 동토東土에 넘어오면 천하의 대중화大中華는 조선이 된다 하였사온데 그렇게 되면 청나라는 어떻게 됩니까?" 하니 "내가 거처하는 곳이 천하의 대중화가 되나니 청나라는 장차 여러 나라로 나뉠 것이니라." 하시니라. (5:325)

상제님께서는 천자신의 우두머리인 황극신이 당시 청나라 광서제에게 응기되어 있다고 하셨습니다. 본래 천자국인 조선이 중국을 천자국으로 받들며 조공을 바치고 소중화를 자처했기 때문에 황극신도 중국 황제에게 응기해 있었던 것입니다.

그런데 상제님은 우암尤庵 송시열宋時烈의 제자들이 스승의 유지를 받들어 이 땅에 중국 황제에게 제사지내는 '만동묘萬東廟'[27]를 세운 사실을 말씀하시면서, 이 사건을 인연으로 황극신을 조선으로 옮겨 오게 되었다고 하셨습니다.

만동은 '황하수가 만 번을 굽이쳐도 결국은 동쪽으로 흘러 황해로 빠진다'는 '만절필동萬折必東'에서 유래한 말입니다. 또 『주역』에서 간艮의 정신에 대해 "종어간 시어간終於艮始於艮"이라 했듯이, 모든 것은 동쪽에서 열매를 맺고 동쪽에서 시작합니다. 아침 해가 떠오르는 동은 출발, 근원을 뜻합니다. 자연의 태양이 동에서 떠오르듯이, 새 역사를 열 문명의 태양도 동에서 떠오릅니다. 이러한 천지 이법에 따라 후천 5만 년 새 역사가 동방땅 한반도에서 열리게 되는 것입니다.

한반도가 동東의 역사 정신을 띠고 있을 뿐 아니라 삼신상제님을 모신, 천자문화의 본고향이기 때문에 상제님께서 황극신을 조선으로 부르시며 '황극신의 길을 틔웠다'고 말씀하신 것입니다. 이어 상제님께서 문득 천지가 무너지도록 "상씨름이 넘어간다."라고 소리 지르시며 '세계일가 통일정권 공사'를 행하셨습니다.

'상씨름이 넘어간다'는 것은 곧 '가을개벽 상황으로 들어간다'는 말씀이지만, 천지공사 정신으로 보면 지구촌이 한집안으로 통일되는 대변혁을 맞이하는 것입니다. 이 대변혁의 한가운데에서 세계를 통일하는 대신명인 황극신이 출세하고, 그 성신과 함께 황극도주가 현실 역사에 등장하여 인류 역사의 통일을 주관하게 됩니다. 장차 동방 한반도에서 황극신이 역사함으로써 선천 상극 세계의 판이 끝나고 온 인류가 한 가족이 되는 후천 새 세상이 열리게 됩니다.

상제님은 이와 관련하여 "일중위시교역퇴日中爲市交易退 제출진帝出震"(5:362)이라고

---

27 만동묘 | 임진왜란 때 조선에 원병을 보낸 명明나라 14세 신종神宗(만력제萬曆帝)과 마지막 황제(16세) 의종毅宗(숭정제崇禎帝)을 제사지내기 위해 조선 숙종 43년(1717), 청주淸州 화양동華陽洞에 세운 사당이다. 만동묘 건립은 송시열宋時烈의 유명遺命에 따른 것이다. 송시열은 정읍에서 사약을 앞에 놓고 수제자 권상하에게 자신이 은거하던 화양동에 만동묘를 세울 것을 당부하였다. 그 후 송시열의 제자들은 만동묘 옆에 화양서원을 건립하고 송시열을 배향하였다. 조선 말기(1865)에 흥선대원군이 서원을 철폐할 때 화양서원과 만동묘를 맨 먼저 철폐하였다.

도 일러 주셨습니다. '하루 중 밝은 대낮[日中]에 장이 서서[爲市] 장꾼들이 볼일을 다 보고 물러가면[交易退], 동쪽 진震방에서 제帝가 나온다[出]'는 것입니다. 여기서 장터는 '개벽 장터'를, 장꾼은 바로 오선위기의 주역을 말합니다. 오선위기의 주역들이 볼일을 다 끝내는, 상씨름의 결말이 임박한 때에 인류를 구원하는 주인공이 동방에서 나와 선천 역사의 종지부를 찍게 됩니다. 천지공사로 정하신 난법 해원 시대가 끝나면서 상제님 진리의 상씨름 일꾼들이 천지 대운을 타고 나와, 도세를 판몰이하고 인류 구원의 의통성업을 완수하게 되는 것입니다.

6) 천지 도업을 매듭짓는 인사의 주인공

(1) 진법 개척의 지난한 과정 | 지난 백 년 도운의 개척사는 5만 년 후천선경을 열기 위한 선천 상극 세상의 정화 과정, 준비 과정으로 일심 어린 1천만 선배 구도자들이 새 역사의 기반을 다지는 지고지순한 희생과 헌신의 역사였습니다.

상제님을 만나 모든 것을 다 바치며 수종들던 성도들은 언제까지나 곁에 계실 줄 믿었던 상제님께서 어느 날 갑자기 어천하시자, 허망함을 못 이기고 방황하였습니다. 이때 많은 성도들이 등을 돌리며 떠나갔는데, 상제님 어천 후에 김갑칠 성도가 찾아오자 김광찬 성도는 "증산은 누구이고, 나는 누군가. 죽은 증산 믿지 말고 나를 믿게." 하며 김갑칠 성도에게 돈을 쥐어 주었습니다. 김갑칠 성도가 화가 나서 "에이, 산벼락 맞아 죽을 놈!" 하며 김광찬 성도의 얼굴에 그 돈을 집어던지고 돌아와 버렸는데, 이후 실제로 벼락을 맞아 죽었다고 합니다.

김광찬 성도는 상제님 재세 시에 양모養母의 부음을 듣고도, 자기가 없는 사이에 개벽이 와서 다른 사람들에게 좋은 게 다 돌아갈까봐 집으로 돌아가지 않을 정도로 세속의 욕심으로 꽉 차 있던 인물이었습니다.

6백만 신도를 규합했던 보천교 교주 차경석 성도가 세상을 떠나자, 일제는 보천교 파괴공작에 적극 개입해서 불과 며칠 사이에 동아시아에서 가장 큰 건물인 십일전을 강제로 뜯어 내 경매 처분해 버렸습니다. 그 때 그 많던 신도들이 신앙을 배신하고 떠나버린 안타까움이 있었습니다. 태모님께서 도문에 늦게 들어온 고민환 성도를 쓰셨을 때도 강씨 신도들이 떠나갔고, 굳게 믿고 모셨던 태모님께서 갑자기 선화하시자 많은 신도들이 바람처럼 떠나갔습니다. 평생불변심의 상제님 일심 신앙 도수의 주인공이신 태상종도사님의 승천도 오늘의 일꾼들에게 불변심의 심법을 묻고 있습니다.

(2) 상제님 도를 성취하는 일꾼의 심법 | 상제님께서 하루는 성도들에게 "세상 사람들이 물건 장사 할 줄만 알지, 천지공사 뿌리장사 할 줄은 모르는구나."(9:106:6)라고 말씀하셨습니다. 천지에서 가장 거룩하고 보람되고 이 남는 장사인 천하사 사업을 세

상 사람들은 잘 모른다고 하셨습니다.

유비, 관우, 장비 3인이 도화꽃이 만발한 봄동산에서 천하를 건져 보자고 결의를 하면서, 우리가 서로 배반하면 천인이 공노할 것이며 동년동월동일에 같이 죽자고 천지에 맹세하였습니다. 『도전』에 실리지 않은 태모님 답사 말씀 중에, "천지 안에 있는 모든 장수 가운데 관운장이 제일이라."라고 하신 말씀이 있는데 그 뜻을 가슴 깊이 생각해 봐야 합니다. 상제님께서 "나는 추상 같은 절개와 태양같이 뜨거운 충의忠義를 사랑하노라."(4:15:7)라고 하신 바로 그 충의의 삶을 살다간 천하의 명장이 관운장입니다. 그는 살아서 숱한 적장의 목을 베고 병사들을 참수했지만, 상제님·태모님께서는 늘 관운장을 칭찬하시면서 그의 의로운 마음이 영원한 충의의 태양과 같아서 인류 역사에서 올바른 삶의 지표가 된다고 깨우쳐 주셨습니다.

상제님의 진리의 근원 정신은 원시반본이며, 나를 우주의 근본에 바로 세우는 덕목이 보은과 상생입니다. 천지 부모에 대한 보은 의식을 바탕으로, 천지의 뜻과 가을 하늘의 변화 이치에 순종하여 추수 진리를 열어 주신 상제님 진리 사업에 적극적으로 참여하고 아무리 어려운 난관이 있어도 순종하고 화합하여 함께 조화를 이루어 나가야 합니다.

또한 상제님께서 세우신 대행자 일꾼에 대한 올바른 믿음을 갖고 생사를 함께하는 현장 참여 중심의 지순한 신앙의식을 가져야 합니다. 상제님 태모님의 대도를 바르게 세워 진리 대의, 신앙 혼백, 가을 우주의 의통대권을 전해 주신 태상종도사님의 큰 은혜를 잊지 않고 늘 감사할 줄 아는 올바른 보은 신앙관을 가져야 합니다.

천지부모와 국조와 조상(4선조)과 스승에 대한 보은 의식, 나에게 상제님의 도를 전해주고 바르게 인도해 주는 도장의 살림꾼인 선배 일꾼들에 대해 깊이 감사하는 마음, 각 지역 도장의 중심 일꾼에 대해 감사하는 마음이 무엇보다 소중합니다. 생활 속에서 은혜를 베풀어 준 모든 이에 대해 감사하는 마음을 갖고 상제님의 가르침을 실천해야 합니다.

상제님께서는 "도둑질하는 자도 나누어 먹은 것이 덕이 되어 혹 살아남는 자도 있느니라."(9:63:7) 하셨습니다. 가을철의 중심 가치는 의리와 정의입니다. 의리를 소중히 여겨 생사고락을 함께 하고 적극적인 행동과 참여가 중요합니다.

지금은 우주 1년 가운데 행동 개시를 해야 하는 최상의 황금 시간대입니다.

우리 일은 살릴 생 자 공부, 남 잘되게 하는 공부입니다. 자신을 낮추고 헌신하며, 남을 배려해서 아래 사람들을 더 높여 주고 더 큰 일꾼으로 자랄 수 있도록 잘 인도해 주어야 합니다.

❋ 너희들은 삼가 타락치 말고 오직 일심으로 믿어 나가라. 일심이면 천하를 도모하느니라. (5:414:4-5)

❋ 마음 지키기가 죽기보다 어려우니라. 사람 마음이 열두 가지로 변하나니, 오직 송죽松竹처럼 한마음을 잘 가지라. (8:6:1-2)

❋ 증산 상제님께서 어천하실 즈음에 성도들에게 몇 차례 깨우쳐 말씀하시기를 "너희들이 큰 복을 구하거든 일심(一心)으로 나를 믿고 마음을 잘 닦아 도를 펴는 데 공을 세우고 오직 의로운 마음으로 두 마음을 두지 말고 덕 닦기에 힘써 내가 돌아오기를 기다리라." 하시더니 천만 뜻밖에도 상제님께서 어천하시매 몇몇 성도들이 크게 낙심하여 흩어져 돌아가니라. (10:62)

❋ "도道 살림도 그침없이 제 살림도 그침없이, 끈 떨어지지 말고 나아가거라." 하시니라. (11:70:5)

❋ 상제님께서 말씀하시기를 "공부하다가 낭(낭떠러지)에 떨어지면 죽느니라." 하시니라. (9:77:1)

상제님의 진리와 도법 세계에서는 무엇보다 진리와 도법을 체질화하는 신앙, 실천하고 **행동하는 일꾼 신앙**이 소중합니다.

가을의 정신은 '원형이정'에서 이利입니다. 이라는 것은 이로울 이利 자로, 시비를 가려서 사물 변화의 한 매듭을 완결짓는 것을 말합니다. 가을 개벽기에는 일꾼으로 살아가는 나의 믿음과 공력으로 조상과 내가 상제님의 일꾼으로 선택되고 **'다 함께 구원받는다'**는 사실을 명심해야 합니다. 이것이 상제님의 신앙, **증산도 구원론의 놀라운 소식**입니다. 이것은 선천 어떤 종교에도 없는 **구원의 확증, 구원의 축복**입니다.

후천 가을에 참된 삶의 열매를 맺고, 한 생애를 참되게 사는 진리 신앙의 열매는 무엇인가. 그것은 나와 모든 조상들이 함께 구원받는다는 것입니다. 내 인생의 시련과 고난이 강하게 밀려올 때, 신앙생활의 정서가 흔들릴 때 상제님에 대한 신앙을 배신하는 경우가 있습니다. 상제님께서는 "믿는 자를 가려 손을 꼽는데, 만일 배신하는 행위가 있어 꼽혔던 손이 펴지는 때에는 살아남지 못하리로다."라는 경각의 말씀을 내려 주셨습니다. 거룩한 입도치성날! 상제님과 태모님, 천지신명, 조상신들을 모시고 천제를 올리며 천지에 맹세한 그날의 언약을 배신하면 모든 인생의 가치, 살아온 공력이 한순간에 다 무너진다는 것을 가슴 깊이 각인해야 합니다. 나 한 사람의 신앙 타락이 나만의 죽음, 배반의 사건이 아니고 모든 천상의 조상을 죽음으로 몰아넣는 최악의 길임을 명심해야 합니다.

그리하여 상제님께서는 아무리 힘들고 어려워도 "물샐틈없이 짜 놓은 도수이니 죽자 살자 따라가라."(8:112:6)라고 말씀하신 것입니다.

(3) 마패를 받는자가 나의 원 제자 | 제3변 추수 도운의 마지막 절정의 역사 순간인 갑오년(2014)에 상제님이 직접 전수해 주신 마패馬牌 도수가 인사로 실현되었습니다. 마패 공사는 김형렬 성도, 김자현 성도, 김갑칠 성도와 깊은 연관이 있습니다. 상제님께서 "너희들이 믿음을 주어야 나의 믿음을 받으리라."(8:39) 하신 믿음의 증표가 바로 마패입니다. 안동 김씨 문중의 답사증언에 의하면 상제님의 마패는 의통을 집행하는 신패神牌로서, 상제님께서 마패를 주시며, "이것이 나의 신표니라. 이것이 없으면 원 제자가 될 수 없느니라. 이후에는 만인이 이를 보고서 찾아와 다 우러러보리라."라고 하셨습니다. 따라서 마패를 전수받는다는 것은 상제님의 의통 조화권을 전수받는 일꾼 신앙을 하는 사람이며, 상제님의 올바른 신앙인임을 증명하는 상징입니다.

❋ 이 달에 대흥리 차경석車京石의 집에 계실 때 하루는 종이 서른 장 되는 양지 책에 앞 열다섯 장에는 면마다 옆으로 **배은망덕만사신**背恩忘德萬死身이라 쓰시고 또 그 면마다 가운데에는 세로로 **일분명**一分明 **일양시생**一陽始生이라 쓰시고 뒤 열다섯 장에는 면마다 옆으로 **작지부지성의웅약**作之不止聖醫雄藥이라 쓰시고 또 그 면마다 가운데에는 세로로 **일음시생**一陰始生이라 쓰신 뒤에 경면주사 가루와 보시기 한 개를 놓고 광찬에게 이르시기를 "**이 일은 살 길과 죽을 길을 결정하는 것이**니 잘 생각하여 말하라." 하시니 광찬이 아뢰기를 "선령신을 부인하거나 박대하는 놈은 살 기운을 받기 어려울까 하옵니다." 하거늘 상제님께서 한참 생각하시다가 말씀하시기를 "너의 말이 옳다." 하시고 보시기를 종이로 싸서 경면주사 가루를 묻혀 각 장마다 앞뒤로 **도장** 찍듯이 찍어 넘기시며 말씀하시기를 "이것이 마패馬牌니라." 하시니라. 이 때 양지 책 한 권을 묶어 의약복서종수지문醫藥卜筮種樹之文이라 쓰시니라.(7:66)

상제님께서는 마패 공사를 보실 때 먼저 양지 책 앞 열다섯 장에는 배은망덕 만사신을 쓰셨고 뒤 열다섯 장에는 작지부지 성의웅약이라 쓰셨습니다. 이것은 동서남북과 춘하추동으로 돌아가는 천지의 영원한 순환운동을 매개하는 우주의 조화 생명력인 15토를 근본으로 보신 공사입니다. 가을철의 인류사 추수 대업을 집행하는 의통 전수 충의핵랑의 조직과 사명에 대한 이 공사에서, 상제님께서는 육임군 조직의 1차 사명을 완수한 일꾼들에게 직접 제작하신 마패를 믿음의 증표證票로 내려 주십니다. 앞 열다섯 장에는 동지로부터 일어나는 하늘 · 땅 · 인간의 변화 기운의 과정을 '배은망덕만사신背恩忘德萬死身萬死身 일양시생一陽始生'이라 하시고, 뒤 열다섯 장에는 하지로부터 일어나는 하늘·땅·인간의 변화 기운의 과정을 '작지부지성의웅약作之不止聖醫雄藥 일음시생一陰始生'이라 하셨습니다. 이것은 1년 사시 변화를 15진주 도수에 맞추어 마패 전수 공사를 행하신 것입니다.

상제님께서 가을개벽의 실제 상황을 향한 힘찬 전진을 선언하신 병자정축 북 도수를 보신 이후, 병자, 정축, 무인, 기묘년(1996~1999년)의 기묘년인 1999년 양력 6월 6일에 상제님의 의통 충의핵랑 육임 도군 군령이 발동되었습니다. 그리고 그로부터 만 15년이 지난 갑오년(2014년) 말띠 해의 동지 대천제에 상제님의 신표인 마패 도수가 인사화되었습니다.

마패에는 네 가지의 깊은 뜻이 담겨 있습니다.

첫째, 9천 년 전 인류가 최초의 문명을 열어나갈 때, 상제님께서 계시해 주신 우주의 경전인 『천부경』에 나타난 우주가 돌아가는 목적, 인간으로 태어난 삶의 궁극 목적은 우주의 생명수인 6수를 여는 것입니다. 마패를 전수받는다는 것은, 천지 부모와 합일되는 삶을 살면서 가을개벽을 준비하는 여섯 명의 일꾼을 길러 낸 구도자로서 상제님의 진정한 일꾼임을 인정받는 것입니다.

둘째, 상제님의 뜻에 부합하는 심법 개벽, 심법 공부에 일념하는 삶을 살아서 가을천지의 우주 광명문화를 여는 데에 동참하겠다는 천지 서약의 뜻입니다. 또한 조상과 내가 하나 되어 천지의 열매 인간인 태일의 신앙인이 되겠다는 것을 맹서하고 결의하는 신앙의 징표徵標라 할 수 있습니다.

셋째, '신패를 받음으로써 나의 원 제자가 되느니라' 하신 상제님의 말씀에서 알 수 있듯이, 가을개벽으로 넘어가는 상황에서 참된 신앙인의 자질을 당신님께서 인증해 주시는 **신앙인의 증표**입니다. 이것은 후천 새 역사를 여는 일꾼의 자리, 그 역사 무대 위에 떳떳이 나설 수 있는 보증수표와 같은 것입니다.

넷째, 마패를 수여받는 것은 개벽기에 의통을 집행하고 세상 사람을 살려내는 구원자로서 선천 상극의 갈등과 원한의 역사를 종결짓는 종결자, 심판자의 권능을 부여받는 것입니다.

❋ 惟靈惟氣여 錫我鴻福이로다 英雄才氣는 處處飛騰이나
유령유기 석아홍복 영웅재기 처처비등

桑田碧海는 自在其時라 回首江山하니 更起精神이로다
상전벽해 자재기시 회수강산 갱기정신

충만한 기와 영이여! 나에게 주어진 홍복이로다.
선천 영웅들의 재기는 곳곳마다 날뛰는데
상전벽해의 개벽천지는 스스로 정해진 때가 있느니라.
강산을 되돌아보니 다시금 새 정신이 용솟음치는도다. (6:138)

이제 제9장에서는 머지않아 닥칠 가을개벽의 구체적 상황을 먼저 살펴보고, 천지공사의 궁극 목적이요 일꾼의 절대 과업인 의통성업과 마침내 열리는 후천 조화선경 문명에 대해 자세히 알아보도록 하겠습니다.

9장
인류 구원과 후천 선경

상제님께서 주재하시는 천지의 법도는 춘생추살입니다. 봄에는 낳고(春生) 가을에는 죽이는 것(秋殺), 이것이 우주의 근본 법칙입니다.

※ 천지의 대덕大德이라도 춘생추살春生秋殺의 은위恩威로써 이루어지느니라. (8:62)

우주 봄철에는 천지에서 인간과 만물을 무한히 내고, 가을철에는 모든 생명의 명줄을 끊고 열매를 거두어 천지의 목적을 이룹니다. 우주는 선천 봄에는 만물을 낳는 은혜를 베풀고, 후천 가을이 되면 모든 생명을 숙살지기肅殺之氣로 내리쳐 열매를 맺게 함으로써 마침내 천지가 성공하는 이상 시대로 들어서게 합니다.

지금 인류는 우주(천지)의 환절기에 살고 있습니다. 증산 상제님께서는 천지의 숙살기운이 몰아치는 가을개벽을 앞둔 오늘, 인륜의 기강인 충忠·효孝·열烈이 땅에 떨어져 천하 창생이 금수禽獸로 전락했다고 말씀하셨습니다.

※ 道理不慕禽獸日이요
도 리 불 모 금 수 일
도리를 우러르지 않으니 금수 시대요. (2:145)

※ 醫統
의 통
忘其君者無道하고 忘其父者無道하고 忘其師者無道하니
망 기 군 자 무 도 망 기 부 자 무 도 망 기 사 자 무 도
世無忠 世無孝 世無烈이라 是故로 天下가 皆病이니라
세 무 충 세 무 효 세 무 열 시 고 천 하 개 병
임금에게 입은 은덕을 잊은 자도 도리에 어긋난 자요
어버이에게 입은 은덕을 잊은 자도 도리에 어긋난 자요
스승에게 입은 은덕을 잊고 배반하는 자도 도리에 어긋난 자이니
세상에 충忠도 없고 효孝도 없고 열烈도 없는 고로
천하가 모두 병들어 있느니라. (5:347)

상제님은 세상 인간이 모두 '무도無道'하기 때문에 천하가 병들었다고 하셨습니다. 인간이 무도해진 이유는, 우주 진리의 근간인 군사부의 도리道理가 무너졌기 때문입니다. 천지의 가을철이 열리면 후천에는 원시반본의 이법에 따라 선천의 모든 사상, 정치, 종교가 군사부일체의 상제님 통일문화 속에 수렴되어 역사의 이상이 완성되고 천지의 꿈이 이루어진 조화선경 세상이 펼쳐집니다.

제1절 가을 우주를 여는 개벽 심판
: 추살秋殺의 천지 법도

1. 파탄破綻 도수로 열리는 가을 우주의 금金 도수

1) 금 도수의 대전제, 파탄 도수

선천 말대를 살아 가는 오늘의 인류는 과연 어떤 과정을 거쳐 추살의 심판을 극복하고 가을 우주로 들어서게 될까요?

'풍류주세백년진風流酒洗百年塵'(5:155)이라는 말씀과 같이, 상제님께서는 인간으로 오셔서 선천 세상을 마무리 짓고 새 세상을 여는 준비 기간으로서 100년의 시간을 설정해 두셨습니다(제7장 참고). 오선위기 도수로 전개되어 온 세운의 역사가 100년을 넘어서면, 세상은 선천을 마무리하는 과정으로 들어서게 됩니다.

구천지 상극 세계의 묵은 기운의 **'파괴'**와 신천지 상생문명의 **'창조'**라는 문명 개벽을 주제로 하여 집행하신 상제님의 천지공사가 바로 서천 장암(현재 충청남도 장항)에서 보신 **'금 도수'**와 **'파탄 도수'**입니다. 이 두 도수 속에 후천 가을 세상을 여는 새 역사의 비밀이 들어 있습니다.

❋ 상제님께서 군산 바닷가에 이르시어 **내성**乃成을 옆구리에 끼시고 바다 위를 걸어 서천 장암長岩으로 건너가시거늘 수부님과 성도들은 일렬로 **상제님의 발자국을 밟으며 뒤를 따르니라.** 상제님께서 장암에 이르시어 **금**金 **도수**를 보시니라. 금 도수를 보신 다음 상제님께서 담뱃대에 불을 붙여 몇 모금을 빨아 '푸우, 푸우' 하고 연기를 내 뿜으신 뒤에 공우에게 물으시기를 "이 연기가 무엇과 같으냐?" 하시거늘 "산불이 난 것 같습니다." 하고 아뢰니라. 상제님께서 이번에는 불씨가 담긴 담뱃대로 허공을 후려치시니 담배 불똥이 흩어지거늘 성도들에게 대통을 가리키시며 "이것은 무엇 같으냐?" 하고 물으시니라. 이에 누구는 '수박덩이 같다.' 하고 또 누구는 '포탄砲彈 같다.' 하거늘 상제님께서 담뱃대를 재떨이에 탕탕 털며 말씀하시기를 "**이것이 파탄**破綻**이 나가는 연기다.**" 하시고 노래하듯 말씀하시기를 "**파탄이 나간다. 파탄이 나간다.**" 하시니라. 장암에서 공사를 마치신 뒤에 임피로 향하시는데 성도들 모두 기분이 들떠 서로 웃고 떠들며 가니라. (5:303)

'금金**'**은 **우주의 가을 시대**를 상징하며, 천지가 인간농사를 지어 추수하는 **결실 기운**을 뜻합니다. 또 가을의 선경 낙원 세상을 살아가는 데 꼭 필요한 생명력의 기반이 되는 **녹**祿을 뜻하기도 합니다. 여기서 녹은 의식주 생활과 관련된 **유형의 녹**은 물론이고 인간의 정서 생활, 영성문화 등 행복과 관련된 **무형의 녹**까지 포함합니다. 이처럼 후천 선경문명과 관련되는 모든 것을 한 글자에 담아 집행하신 공사가 바로 **금 도수**입니다.

상제님께서는 이 금 도수와 함께 파탄 도수도 보셨습니다. '**파탄**破綻'이란 '모든 것이 무너지고 파괴되는 것'을 의미합니다. 파탄 도수를 보실 때 담뱃대를 들어 허공을 후려치시자 담뱃대에서 불똥이 흩어졌습니다. 이것은 선천 상극 세상을 끝매듭짓는 거대한 불씨를 상징합니다. 그러시고는 "파탄이 나간다."라고 노래하듯 말씀하셨습니다.

상제님께서는 왜 금 도수를 보시면서 파탄 도수를 보셨을까요? 가을문화가 나오는 과정에는 금 도수와 파탄 도수가 선·후천의 상극과 상생 질서의 연관 관계로 서로 맞물려 있기 때문입니다. **파탄 도수를 통해** 상극의 선천 문명이 무너지고 **가을의 후천 문명이 열리는 금 도수**가 나오게 됩니다.

지금 세계의 변화는 단순히 문명의 패러다임이 바뀌는 수준이 아니라 우주의 계절이 바뀌는 **천지의 대변혁 차원에서 보아야** 합니다. 앞으로 천지의 계절이 가을로 들어서면서 인류 문명이 파국의 상황을 거쳐 새로운 상생의 질서로 열립니다.[1] 동서의 모든 '종말론'은 이러한 천지 운행 법칙의 비밀이 왜곡되어 알려진 것에 지나지 않습니다.

파탄 도수는 **새 생명의 후천 세상을 열기 위한 대전제**입니다. 그 이유는 선천 문화로는 가을 금金 시대의 통일의 새 질서와 새 운수를 감당할 수 없기 때문입니다. **파탄 도수는, 가을 우주의 금 도수가 실현되는 과정에서 화극금**火克金**의 충격 때문에 일어나는 필연적인 통과의례**입니다. 선천 인간의 욕망과 묵은 정신의 모든 거품이 완전히 무너져 내려야 비로소 가을철 수렴의 새 문화를 받아들일 수 있습니다. 인류는 선천 여름의 상극문명이 파탄나는 마지막 고통의 과정을 겪으면서 '**새로운 가을문명 시대**'로 진입하게 됩니다.

파탄으로 가는 선천 문명의 현주소를 보여 준 대표적인 사건이 지난 2008년에 일어난 미국발 금융 위기입니다. 세계 경제의 중심국인 미국에서 발생한 금융 위기가 일파만파 전 세계의 경제 위기로 번져 나갔습니다. 앞으로 지구촌은 갈수록 더 큰 변혁의 소용돌이 속으로 휩쓸리게 됩니다.

---

1 『월드 쇼크 2012』에는 여러 세계 석학들이 현대문명의 몰락과 새 시대의 도래를 예견하고 있다. 에너지 의학 전문가인 칼 마렛Karl Maret은 "모든 생명은 율동과 주기를 토대로 한다. 인류는 줄곧 이 율동과 주기를 종교 달력과 민간 달력을 통해 기려왔고, 이러한 전승이 문명의 중추를 이루었다."라고 말하면서 새로운 주기의 도래를 예견한다. 그리고 다니엘 핀치백Daniel Pinchbeck은 400년 된 현대문명의 패러다임이 이제 그 노선의 종착점에 다다랐다고 말한다. 지금 이 시대 변혁의 기운에 대해 그는 "세계의 종말이 임박했다는 알람alarm이다. 그러나 그것은 한 시대의 끝, 다른 시대의 시작이다. … 우리 시대는 양자 도약의 시대이다. 세상이 존재해 온 이래 가장 급진적인 파괴와 재건의 시대이다."라고 강조한다.

『X이벤트』의 저자 존 L. 캐스티는 "역사상 가장 편리한 현대사회야말로 불행하게도 **재난에 가장 취약한 사회다.**"라고 말합니다. '**X**(extreme)**이벤트**'란 인간의 사고 범위를 넘어서 일어나는 '**치명적인 극단의 사건**'을 뜻합니다. 미국을 충격과 공포에 빠뜨린 9·11테러(2001)로부터 미국발 국제 금융 위기(2007~2008), 중동 민주화 운동(2010), 후쿠시마 원전 사고(2011), 유로존 위기(2012), 급성 전염병 에볼라 창궐(2014) 등 지구촌을 뒤흔드는, 예상치 못한 초대형 사고가 끊임없이 일어나고 있습니다. 캐스티 박사는 현대 사회가 고도로 발전하면 할수록 복잡성의 격차가 누적되고, 그것이 압축되어 오다가 '어느 한순간 X이벤트로 방출된다.'고 합니다. 그는 현 세계를 지탱하는 데에 필요한 복잡성이 오히려 세상을 붕괴시킬 위협이 되고 있다고 역설합니다. 한 예로, 1980년대 이래로 금융 설계자들은 금융 시장의 위기에도 불구하고 사람들을 현혹하기 위해 자신들도 이해할 수 없는 복잡한 금융 상품을 줄줄이 개발했다는 것입니다. 그 가운데 '신용 부도 스와프(CDS)'는 채권 발행자가 만기 도래 시 상환하지 못할 경우, 손실분을 보상하는 금융 상품입니다. 이 상품은 결과적으로 전 세계에 무려 62조 달러(약 7경 원)에 달하는 손실을 낼 위기에 처해 있습니다. 그 규모는 세계 시장경제를 완전히 붕괴시키고도 남을 정도입니다. 그는 이밖에도 여러 문명 붕괴 시뮬레이션[2]을 소개하면서 "X이벤트는 반드시 또 일어난다."라고 강력하게 주장합니다.

2) 후천이 열리는 가을개벽의 관문

지금 세계적으로 가장 중요한 이슈가 되고 있는 북한 핵무기 문제는 **천지의 재앙의 불을 묻는 '화둔 도수'**로 끌러지도록 상제님께서 천지에 질정質定해 두셨습니다. 화둔 도수가 아니면 핵전쟁이 전 인류에게 재앙을 끼쳐 가을철 새 세상을 열 수 없기 때문입니다. 앞으로 이 화둔 도수가 마무리 되면서 선천 문명이 몰락하는 파탄 도수가 터져 나옵니다. 후천 선경이라는 새 문명이 열리기 위해 선천 상극의 축적된 원한 기운이 일시에 폭발하는 대사건이 발생하는 것입니다.

그런데 상제님은 파탄 도수와 금 도수, 이 심판과 구원의 두 공사를 왜 금강錦江 하구인 장항에서 보셨을까요? 여기에는 심오한 의미가 내포되어 있습니다. 금강은 군

9장

2 캐스티 박사는『X이벤트』에서 11가지 X이벤트 시나리오를 제시한다. ① 디지털 암흑-장기적이고 광범위한 인터넷 정지 사태, ② 식량 위기-세계 식량 공급 시스템의 붕괴, ③ 전자 기기의 파괴-EMP 폭탄에 의한 전자 기기 상실, ④ 세계화의 붕괴-세계 지정학적 질서의 재편, ⑤ 물리학적 재난-신종 물리학 입자의 지구 파괴, ⑥ 핵폭발-핵무기의 불안한 전망, ⑦ 석유 소진-세계 석유 공급 고갈, ⑧ 전염병의 창궐-전 세계적인 전염병 확산, ⑨ 정전과 가뭄-전력망 확보와 식수 공급 실패, ⑩ 로봇의 재앙-인류를 위협하는 지능 로봇, ⑪ 금융의 몰락-글로벌 디플레이션과 금융 시장의 붕괴.

산과 서천 사이를 지나 서해로 빠져 나갑니다. 상제님께서 금강 하구인 장항에서 공사를 보신 이유는, 괴질 병겁이 최초로 발생하는 금강 하구가 바로 가을 신천지의 새 세상으로 들어가는 가을개벽의 관문이기 때문입니다.

상제님은 개벽으로 들어서는 과정에 대하여 "병란兵亂과 병란病亂이 함께 오느니라."(7:34)라고 말씀하셨습니다. 장차 마지막 상씨름판에서 병란兵亂(전쟁)이 일어나게 되는데 이때 금강 하구에서 괴질이 발생해서 누구도 손쓸 수 없는 긴박한 상황으로 번져 나가게 됩니다. 이 개벽 상황에서 판밖에 있던 상제님의 진리 군대, 육임 도군이 역사의 전면에 등장해서 개벽을 집행하고 후천 선경 세상을 건설하게 됩니다.

2. 후천개벽 상황의 세 벌 개벽

한 시대가 끝나고 새로운 시대로 바뀔 때에는 거대한 변혁이 따릅니다. 그런데 우주의 계절이 여름에서 가을로 전환하는 때는 단순한 변혁의 차원을 넘어 천지의 틀이 바뀌는 이른바 '개벽開闢'(4:21)이라는 엄청난 대격변이 일어납니다. 이 과정을 거치면서 선천 상극 세상과는 차원이 완전히 다른 후천 조화선경 세상이 열립니다.

상제님께서는 후천개벽 상황이 전개되는 과정을 천지공사로써 질정해 놓으셨습니다. 그 공사 내용은 크게 세 가지 사건으로 정리됩니다. 바로 '상씨름 대전쟁'과 '인류의 생사를 심판하는 괴질 병겁', 그리고 '지축이 정립하는 자연의 대변혁'입니다. 문제의 심각성은 이 '세 가지 개벽 사건'이 한 덩어리로 얽혀서 인과적으로 발생한다는 데 있습니다. 끝이 보이지 않는 총체적인 온 우주의 위기 상황이 지금 우리들 곁으로 숨가쁘게 다가오고 있습니다.

1) 지축이 정립하는 자연 개벽

많은 사람들이 "후천 가을은 언제 열립니까?"라고 질문합니다.

사실 후천 가을은 인류 문명사에서 이미 시작되었습니다. 1871년 음력 9월 19일, 가을 우주의 뜻과 목적을 이루시기 위해 서신사명西神司命의 하느님이 지상에 인간으로 오신 때부터 이 세상에 가을 운이 열리기 시작했습니다. 선천 상극의 우주에서 비로소 후천 가을이 열리기 시작한 것입니다. 그러나 후천 가을의 질서가 실질적으로 열리기 시작한 것은, 상제님이 천지대신문을 여시고 천지공사를 집행하신, 즉 가을 천지의 새 역사 질서를 짜신 1901년 이후라 말할 수 있습니다. 그렇지만 여전히 현실 속에서 가을 우주를 느낄 수는 없었습니다.

우리가 후천 가을 세상을 인식할 수 있는 진정한 출발점은 지축이 바로 서는 '지축 정립' 사건입니다. 지축이 정립하고 **천지 수기**水氣가 도는 **자연 개벽의 발동**에서 비로소 **가을철 우주가 현실로 다가오기 시작합니다.**

이제 세 벌 개벽인 '상씨름 대전쟁', '병겁 심판', '지축 정립' 가운데서, 먼저 **지축 정립과 지구 공전궤도 수정을 동반하는 자연 개벽**에 대해서 알아보겠습니다.

※ 당요唐堯의 '역상일월성신경수인시曆象日月星辰敬授人時'를 해설하시며 "천지가 일월이 아니면 빈껍데기요, 일월은 지인至人이 아니면 빈 그림자라. 당요가 일월이 운행하는 법을 알아내어 온 누리의 백성들이 그 은덕을 입게 되었느니라." 하시고

日月無私治萬物하고 江山有道受百行이라
일월무사치만물 강산유도수백행

일월은 사사로움 없이 만물을 다스리고
강산은 큰 도가 있어 온갖 작용을 수용하느니라.

하시며 선기옥형璿璣玉衡 도수를 보실 때

天地大八門이요 日月大御命이라
천지대팔문 일월대어명

禽獸大道術이요 人間大積善이라 時乎時乎鬼神世界니라
금수대도술 인간대적선 시호시호귀신세계

라 쓰시어 경수의 집 벽에 붙이시고 경수의 집에 저울갈고리 도수를 정하시니라. 이어 응종의 집에 추 도수, 공신의 집에 끈 도수를 정하신 뒤에 다시 경수의 집에 일월대어명日月大御命 도수와 공신의 집에 천지대팔문天地大八門 도수를 정하시고 여러 날 동안 주야로 세 집을 번갈아 왕래하시며 공사를 행하시니라. (5:196)

정미년 12월, 상제님께서는 일찍이 일월의 운행 법도를 발견한 요임금에 대해 '당요가 일월이 운행하는 법을 알아내어 온 누리의 백성들이 그 은덕을 입게 되었다.'고 하시며 그 공덕을 높이 평가하셨습니다. 그리고 후천 정역 시대를 열기 위해 기울어진 천체의 방위를 바로잡는 **'선기옥형 도수'**를 집행하셨습니다(제4장 3절 참고). 이 도수는 **천지일월의 사진주**四眞主**가 역사에 인사**人事**로 자리잡는 도수**이기도 합니다.

앞서 제4장에서 살펴보았듯이 선기옥형은 천체를 측량하는 기구를 뜻하기도 하지만 본래 북두칠성을 의미하는 말입니다.

선기옥형에 관한 기록은 문헌상으로는『서경』「순전」에 처음 나오는데, 순임금이 왕위에 올라 맨 먼저 한 일이 선기옥형(혼천의)을 살펴서 칠정七政(해, 달, 수성, 금성, 화성, 목성, 토성)의 운행 현상을 정비하는 것이었습니다.

그러면 이제 기울어진 천체를 바로 세우는 '선기옥형 도수'가 실현됨으로써 나타나

는 현상들에 대해 알아보겠습니다.

(1) 천축天軸 정립 | 후천개벽이 될 때 기울어진 천축天軸이 한순간에 정립됩니다.

❋ 永世花長乾坤位요 大方日明艮兌宮이라.
영세화장건곤위 대방일명간태궁
영원한 평화의 꽃은 건곤위에서 길이 만발하고
대지 위의 태양은 간태궁을 밝히리라. (5:122)

❋ 공부하는 자들이 '방위가 바뀐다.'고 이르나니 내가 천지를 돌려놓았음을 세상이 어찌 알리오. (4:152)

천축이 정립하면 태양계 모든 행성의 자전축도 일시에 바로 서게 됩니다. 이때 23.5도 기울어진 지구의 자전축도 바로 서게 됩니다. 선천은 양陽 시대로 천지의 북방 축이 양 방위로 기울어져 '3양2음三陽二陰 운동'을 해 왔습니다. 이 운동의 영향을 받아 지구의 바다와 육지도 3:2의 비율로 이루어져 있습니다. 하지만 앞으로 천지가 선천이라는 우주의 소년기와 청년기를 지나 음양의 완전한 균형이 이루어지는 정음정양의 성숙기로 들어서는 후천 가을이 되면, 지축 정립과 함께 바다와 육지가 정음정양의 비율로 새롭게 태어납니다. 즉 하늘과 땅, 해와 달, 남녀의 음양 균형, 인권의 균형 등 우주의 중심 가치인 이상적인 조화Harmony가 이루어지는 가을의 질서는 23.5도 기울어진 지구의 중심축이 바로 서서 본래의 정 동서남북의 방위인 진술축미가 제자리에 옴으로써 실현되는 것입니다.

우리는 제4장에서 무정한 우주생명(氣)이 시간의 꼬리표(윤도수)를 아홉 끝수로 세 번씩 잘라 냄으로써 360일 정도수의 정원正圓 궤도를 이루는 천지 운동의 신비를 살펴보았습니다. 이 천지 운동은 천체가 정립함으로써 완성됩니다. 역 철학자와 일부 천체물리학자들은, 천체 정립은 때가 되면 발생하는 우주의 주기적 변화 현상이라 말합니다. 물론 그 말이 틀린 것은 아니지만, 진리의 전모를 드러내는 설명이 될 수는 없습니다.

왜냐하면 천체 정립의 이면에는 천체 운행을 주재하는 보이지 않는 손길이 작용하기 때문입니다. 그 손길의 주인공은 생명과 조화의 주체인 '성신聖神'입니다. "손톱 밑에 가시 하나 드는 것도 신이 들어서 되느니라."(4:62) 하신 말씀과 같이, 이 세상의 모든 사건과 변화는 반드시 성신이 들어서 이루어집니다. 상제님은, 천지는 '망량 성신', 일월은 '조왕 성신', 그리고 우주의 모든 별자리는 북방의 '칠성七星의 성신들'(4:141)이 주재한다고 하셨습니다. 이에 대한 상제님 공사가 천체를 바로잡는 선기옥형 도수 가운데 하나인 '일월대어명 도수[3]'입니다.

---

3 일월대어명 도수 | 일월대어명 도수는 일월의 자리에 있는 대스승이 우주 주재자이신 상제님의 천명

(2) 지축 정립과 지각 변동 | 천축과 함께 지축이 바로 서게 되면 그 충격으로 지구에는 거대한 지진, 홍수, 해일, 화산 폭발 등 엄청난 천재지변이 일어납니다.

* **앞으로 개벽이 될 때에는 산이 뒤집어지고 땅이 쩍쩍 벌어져서 푹푹 빠지고 무섭다.** 산이 뒤집혀 깔리는 사람, 땅이 벌어져 들어가는 사람, 갈데없는 난리 속이니 어제 왔다가 오늘 다시 와 보면 산더미만 있지 그 집이 없느니라. (7:23)
* 일본은 불로 치고 서양은 물로 치리라. 세상을 불로 칠 때는 산도 붉어지고 들도 붉어져 자식이 지중하지만 손목 잡아 끌어낼 겨를이 없으리라. (2:139)
* 하늘에서 천둥 나고 땅에서 지진 나서 물이 몰랑몰랑해져 송장을 다 치워 버리게 되리니 그쯤 되면 높은 데 가야 살 것이니라. (7:35)

이처럼 지구 곳곳에 땅이 갈라지고 화산이 폭발하며, 수많은 나라가 바다 속으로 침몰하는 대격변이 일어납니다.

상제님, 태모님께서는 한반도에도 엄청난 지각변동이 일어난다고 말씀하셨습니다.

* 하루는 말씀하시기를 "앞으로 중국과 우리나라가 하나로 붙어 버린다." 하시고 "장차 동양 삼국이 육지가 되리라." 하시니라. (7:18)
* 남만리南萬里 서만리西萬里 북만리北萬里, 삼만리三萬里 지구가 삼백 길 위로 솟아 조선朝鮮 동갑 되는 땅덩이가 둥둥 떠오네. 동서양 인종이 다 살아도 터가 남는구나. (11:265)

"장차 바다가 육지 되고 육지가 바다 되는 세상을 당하리라."(11:263)라고 하신 태모님 말씀처럼, 지축이 정립하면서 육지가 물속으로 들어가기도 하고 거대한 땅이 솟아오르기도 합니다. 한반도 주변은 서해(황해)와 남해 쪽 땅이 솟아올라 중국 대륙과 연결됩니다. "동래울산東萊蔚山이 흐느적흐느적 사국四國 강산이 콩 튀듯 한다."(5:405)라는 상제님 말씀에서, '흐느적흐느적'이라는 표현을 보면 동남쪽 해안에 큰 지각 변동이 일어나 육지가 물속으로 들어가는 곳도 있음을 알 수 있습니다. 태모님께서는 이에 대해 "부산釜山은 백지白紙 석 장이 뜨느니라."(11:263)라고 말씀하셨습니다.

그런데 이러한 변화는 수백 년에 걸쳐 서서히 이루어지는 것이 결코 아닙니다. 상제님께서는 "**개벽은 기둥 하나 안고 도는 동안에 된다.**(7:70)"라고 말씀하셨습니다. 실제로 천지의 여름에서 가을철로 바뀔 때는 순식간에 이루어지는 지축 정립으로 이처럼

을 받아 대업을 성사하는 진법 광명 도수이다. 상제님께서는 수명소 도수를 받은 신경수 성도 집에서 일월대어명 도수를 보셨다. 후천 5만 년 무병장수 문명을 여는 수명소 도수에 일월대어명 도수가 붙어 있는 것이다.

엄청난 변화가 일어납니다. 이러한 자연 개벽의 결과로 마침내 가을 우주의 새 하늘 새 땅이 열리고 지구는 1년이 360일로 바뀌게 되는 것입니다.

(3) 천지의 수기水氣 회복 | 장차 후천개벽이 일어나면서 천지에 '수기水氣'가 돌게 됩니다.

지구는 '곤坤 자리'로서 우주의 조화 기운을 모두 받아들여 생명을 창조하는 유일한 성지聖地입니다. 도의 세계에서 들여다보면 지구는 우주의 온갖 신비가 깃든 '살아 있는 영靈'입니다. 지구가 성령체로서 생명을 창조하는 별이 되게 하는 근원이 바로 수기, 즉 물[水]입니다. 해류가 순환하는 오대양과 수많은 강줄기는 지구의 기혈氣血로서 만물을 길러 내는 생명력의 원천입니다.

그런데 지금은 태극수太極水가 극한으로 분열하여 화신火神이 크게 득세(火神司命)하는 천지의 여름철 말기입니다. 다시 말해서 선천 봄여름철의 분열 생장 운동이 극에 달해 생명력의 근원인 수기가 소진된 때입니다. 이에 상제님께서는 우주생명이 화火 기운과 수水 기운 사이에서 극즉반極則反하는 원리에 따라, **천지에 고갈된 생명수를 다시 돌리는 공사를 처결하셨습니다.**

❋ 무신년 6월에 상제님께서 대흥리에 계실 때 하루는 성도들에게 일러 말씀하시기를 "이제 앞으로 천하에 수기水氣가 마를 것이니 수기를 돌려야 하리라." 하시고, 뒷산 피난동避難洞 안安씨 재실齋室에 가시어 집 앞 동쪽 우물을 댓가지로 한 번 저으시며 말씀하시기를, "음양이 고르지 못하니 무슨 연고가 있을지라. 재실에 가서 물어 오라." 하시니라. 내성이 명을 받고 가서 사연을 물으니 '사흘 전에 재지기는 죽고 그 아내만 있다.' 하거늘 돌아와 아뢰니 말씀하시기를 "다시 행랑에 가 보라. 딴 기운이 떠 있도다." 하시매 내성이 행랑에 들어가 보니 봇짐장수 남녀 두 사람이 있거늘 돌아와서 그대로 아뢰니라. 이에 상제님께서 재실 대청에 오르시어 여러 사람들로 하여금 "서쪽 하늘을 바라보고 만수萬修를 크게 부르라." 하시고 …

詩云伐柯伐柯여 其則不遠이로다
시 운 벌 가 벌 가 　 기 칙 불 원
도끼자루를 베고 도끼자루를 벰이여. 그 법칙이 멀리 있지 않도다.
눈앞에 보는 바는 어길 바 없지마는
이는 도시都是 사람이요 부재어근不在於斤이라.
목전지사目前之事 쉽게 알고 심량深量 없이 하다가서
말래지사末來之事 같잖으면 그 아니 내 한恨인가.

처음에 작은 소리로 한 번 읽으시니 문득 맑은 하늘에 뇌성이 일어나고 다시 큰 소리로 읽으시니 뇌성이 대포 소리와 같이 크게 울리며 화약 냄새가 코를 찌르니라. 또 지진이 강하게 일어나 천지를 진동하니 여러 성도들이 정신을 잃고 마루 위에 엎어지거늘 내성에게 명하시어 각기 물을 먹이니 모두 일어나니라. (5:262)

수기를 돌리는 이 공사에서 우리는 다음과 같은 중요한 사실을 기억해야 합니다.

첫째, 이러한 공사 정황은 **지축이 바로 설 때** 벌어질 상황입니다. 곧 공사 중에 천지가 진동하고 지진이 일어나 여러 성도가 정신을 잃고 마루 위에 엎어진 것은, 장차 후천개벽 상황에서 그와 같은 상황이 벌어지게 될 것을 보여 주신 것입니다. "천지는 말이 없으되 오직 뇌성과 지진으로 표징하리라."(5:414) 하신 말씀처럼, 가을개벽이 가까워 오면 개벽의 징조로서 무서운 천둥과 큰 지진이 자주 발생하게 됩니다.

둘째, 이 공사는 '재난을 피한다.'는 뜻을 지닌 **'피난동'**에서 집행되었습니다. 이것은 **후천개벽의 대환란 속에서 재난을 피할 방도**를 철저히 준비하여 유비무환의 훈련을 잘 행하라는 것입니다.

셋째, 상제님이 쓰러진 성도들을 살리기 위해 **안내성**安乃成 성도에게 명을 내리셨다는 사실입니다. 상제님은 당신의 대업이 성취되도록 하기 위해 수기를 돌리시는 이 공사에서 **'마침내 이룬다'**는 뜻의 이름을 가진 **안내성 성도**에게 기운을 붙이셨습니다.

넷째, "음양이 고르지 못하다." 하시고 잠시 후 "딴 기운(남녀 볏짐 장수)이 떠 있도다."라고 하신 말씀에서 알 수 있듯이, 천지에 수기가 돌 때 비로소 3양2음의 시운이 끝나고 **정음정양의 시운이 역사 위에 현실화**됩니다.

다섯째, 이 공사를 보실 때 사람들에게 크게 부르게 하신, '만 번 닦으라'는 뜻의 '만수萬修'는 상제님의 보호신장이라는 사실입니다. 늘 상제님을 엄호하고 여러 공사에서 수종 든 만수 신장은, 한漢나라 때 천상에서 이십팔수 별자리 기운에 응해 내려 보낸 이십팔장 가운데 한 인물입니다. 이 공사에서 만수 신장을 부르게 하신 것은, 선천 말 겁액의 다리를 무사히 건너 믿음의 열매를 맺기 위해서는 그 누구도 **상제님의 가을 진리를 '끊임없이 닦아야 한다.'**는 것을 의미합니다.

여섯째, 상제님께서는 "목전지사 쉽게 알고 심량 없이 하다가서 말래지사 같잖으면 그 아니 내 한인가."라는 시구로써 **성경신을 다하는 일꾼의 일심 신앙**을 강조하고 계십니다. 이는 눈앞의 현실에만 온갖 정력을 들이고 진정 우리의 영혼을 불태워야 할 광구창생의 천하사를 중단 없이 행하지 못하는 모든 일꾼들에게 내리신 말씀입니다. 정작 개벽의 때를 당했을 때 제대로 **한 생애를 다 바친 종신**終身 **신앙, 역사적 신앙의 열매**를 맺지 못해 크게 후회하고 한을 맺게 될 것을 경계하신 것입니다. 상제님은 이 구절을 두 번 읽으시면서 일꾼들의 진정한 일심 신앙을 당부하셨습니다.

마지막으로, "도끼 자루를 베고 도끼 자루를 벰이여, 그 법칙이 멀리 있지 않도다." 라는 시구가 의미하는 내용입니다. 이 구절은 본래 『시경』에 있는 구절을 공자의 손자인 자사子思가 『중용』 13장에 인용한 것입니다. 도끼 자루를 만들기 위해 나무를 베는데 도끼 자루 만드는 법은 이미 내 손에 들린 도끼 자루에 들어 있다는 뜻입니다. 상제님을 믿어 큰 열매를 맺는 비결이 다른 데 있지 않고 이제까지 살펴본 여러 말씀을 잘 받들어 행하는 데 있음을 깨우쳐 주시는 말씀입니다.

상제님께서 화신火神의 세력을 꺾고 불[火] 기운을 묻으신 화둔 공사와 더불어 천지의 수기 돌리는 이 공사를 집행하심으로써 우주 역사가 단절되지 않고 선천 여름 우주에서 후천 가을 우주로 넘어갈 수 있게 되는 것입니다.

(4) 지기地氣의 발동 | 후천개벽이 시작되면 천지에 수기가 도는 것과 동시에 땅 기운이 발하게 됩니다.

❋ 지금은 천지에 수기水氣가 돌지 않으므로 묘를 써도 발음이 되지 않느니라. 이 뒤에 수기가 돌 때에는 와지끈 소리가 나리니 그 뒤에라야 땅 기운이 발하리라. (4:108)

세계일가 조화 낙원을 이루는 도수度數에 따라 세상 질서를 바로잡는 수기가 돌면서 이제까지 제대로 발음發蔭되지 못했던 지구촌의 땅 기운이 모두 발하게 됩니다. 왜 수기가 돌 때 '와지끈' 소리가 나는 것일까요? 이것은 천축과 지축이 바로 설 때 순식간에 윤도수라는 꼬리(5¼)가 떨어져 나가 시공 궤도가 수정되면서 엄청난 물리적 충격이 가해지기 때문입니다.

간방 땅 한반도는 후천 낙원을 열기 위해 천지의 수기를 돌리는 혈穴 자리입니다. 상씨름의 결실 운을 받는, 한민족은 주변 4대 강국이 주고받는 힘의 대결을 안으로 수렴하여 새 역사를 만들어 나갑니다. 이로써 대한민국이 지구촌을 통치하는 도주국道主國이 되어 무위이화로 세계를 통일하고 마침내 인류의 새 시대를 여는 역사적인 과업을 성취하게 됩니다.

2) 개벽을 여는 대전쟁, 상씨름

(1) 상씨름은 천지전쟁

❋ 현하대세가 씨름판과 같으니 애기판과 총각판이 지난 뒤에 상씨름으로 판을 마치리라. (5:7)

이 말씀에서 판이란 '선천 세상'을 말하며, '판을 마친다.'는 것은 선천 세상의 문을 닫는다는 말씀입니다. 이 **선천 역사의 막을 완전히 내리게 하는 사건이 바로 상씨름**입니다.

상씨름은 인류 역사의 크고 작은 전쟁을 끝막는 **최후의 한판 승부**입니다. 단순히 남북한의 대결이 아니라 선천 문명의 상극 정신과 역사상의 모든 전쟁을 완전히 종식시키는 **최후의 전쟁**으로서, **후천 개벽의 실제 상황으로 들어가는 천지 대전쟁**입니다.

- 상씨름으로 종어간終於艮이니라. 전쟁으로 세상 끝을 맺나니 개벽 시대에 어찌 전쟁이 없으리오. (5:415)
- 천지개벽 시대에 어찌 전쟁이 없으리오. 앞으로 천지전쟁이 있느니라. (5:202)

상제님께서는 상씨름을 **'천지전쟁'**이라 하셨습니다. 천지전쟁에는 다음과 같은 뜻이 함축되어 있습니다.

첫째, 우주 봄여름철의 상극 운수를 끝내고 **가을의 상생문화 시대**를 여는, **천지의 운명을 결정짓는 전쟁**이라는 뜻입니다. 극한의 경쟁과 투쟁으로 전쟁의 비극이 끊일 날 없었던 선천의 상극 시간대가 이 전쟁으로 종결되고 천지 역사의 운명이 바뀌게 됩니다.

둘째, 땅 위에 사는 인간만의 싸움이 아니라 **하늘의 신명까지 총동원되어 싸우는**, **하늘과 땅 차원의 대전쟁**이라는 뜻입니다.

셋째, 천상 조상과 지상 자손의 **생사가 동시에 결정되는 영적 차원의 대전쟁**이라는 뜻입니다. 개벽기에 자손이 살면 선령도 살고, 자손이 죽으면 선령도 함께 소멸됩니다. 자손은 열매요 선령은 뿌리이기에 열매를 맺지 못한 뿌리는 생명력이 다해 존립할 수 없는 이치와 같습니다.

상씨름에 지구촌 전 인류의 운명이 걸려 있습니다. 가을개벽의 실제 상황으로 터지는 남북 상씨름은 선천의 상극 전쟁을 마감하고, 상생의 새 질서를 여는 인류 최후의 대전쟁입니다. 여기에 70억 인류의 운명이 달려 있습니다.

- **때가 되면 세계전쟁**이 붙으리라. … 난의 시작은 삼팔선에 있으나 큰 전쟁은 중국에서 일어나리니…. (7:35)
- 이 뒤에 상씨름판이 넘어오리니 그 때는 삼팔선이 무너질 것이요, 살 사람이 별로 없으리라. (11:263)

누구도 거역할 수 없고, 결코 피할 수 없는 **최후의 한판 승부 상씨름**! 그 절체절명의 상황이 우리가 살고 있는 바로 이 땅, 한반도에서 벌어지게 됩니다. 앞으로 맞이할 남북 상씨름은 동서고금의 그 어떤 전쟁과도 비교할 수 없는, **우주사를 바꾸는 가장 강력한 세계 대전쟁**입니다. 그 변혁의 거대한 폭풍 속으로 우리 한민족과 온 인류가 휩쓸

9장

려 들어가고 있습니다.

※ 천지에 변산처럼 커다란 불덩이가 있으니 그 불덩이가 나타나 구르면 너희들 이 어떻게 살겠느냐. (5:227)

※ 만일 변산 같은 불덩이를 그냥 두면 전 세계가 재가 될 것이니라. 그러므로 내가 이제 그 불을 묻었노라. (5:229)

오늘날 인류는 상극의 불[火] 기운이 활화산처럼 타오르는 선천 여름철의 마지막 시간대에 살고 있습니다. 원한과 분노의 불기운은 인간 문명을 파괴하는 무형의 살기로 존재하며, 핵무기와 같은 극단적인 대량 살상무기로 그 형체를 드러냅니다. 그러나 세계를 종말로 이끄는 전면적인 핵전쟁은 일어나지 않습니다. 상제님께서 천지 불을 묻는 '매화埋火(화둔) 공사'로써 극한적인 상극의 대결 구도를 상생의 구도로 전환시켜 놓으셨기 때문입니다. 그러나 파천황적인 가을개벽의 충격이 오면서 선천의 난법 해원 시대가 끝나는 날, 전쟁도 영원히 끝을 맺게 됩니다.

(2) 장차 병으로 끝을 막으리라 | 선천 역사를 끝맺는 상씨름은 어떻게 막을 내리게 될까요? 상제님은 삼천성도三遷成道하는 우주 섭리를 따라 100여 년간의 난법 해원 시대에 동양 약소민족들이 해원하고 독립, 발전함으로써 동·서양의 기울어진 세력이 균형을 이루도록 하셨습니다. 그러나 동양이 워낙 뒤떨어져 있으므로 상제님은 상씨름의 오선위기로 판을 마치고, 병겁을 통해 동서양 힘의 불균형을 바로 잡는다고 하셨습니다.

※ 동서양 싸움을 붙여 기울어진 판을 바로잡으려 하였으나 워낙 짝이 틀려 겨루기 어려우므로 **병病으로써 판을 고르게 되느니라.** (7:34)

※ 앞으로 세계전쟁이 일어난다. 그 때에는 인력으로 말리지 못하고 오직 병이라야 말리느니라. 동서양의 전쟁은 병으로 판을 고르리라. (2:139)

앞으로 지구촌이 상씨름의 소용돌이 속으로 빨려 들어가는 극적 상황에서 병이 들어와 전쟁이 종결된다는 말씀입니다. 그러기에 상제님은 일꾼들에게 후천으로 넘어가는 최대 관문인 병겁 심판에서 구원의 유일한 생명인 '의통 공부'를 하라고 당부하셨습니다.

※ 상제님께서 말씀하시기를 "선천에는 위무威武를 보배로 삼아 복과 영화를 이 길에서 구하였나니 이것이 상극의 유전이라. 아무리 좋은 것이라도 쓸 곳이 없으면 버린 바 되고, 비록 천한 것이라도 쓸 곳이 있으면 취한 바 되나니 이제 서양에서 건너온 무기의 폭위暴威에는 짝이 틀려 겨루어 낼 것이 없으리니 **전쟁**

은 장차 끝을 막으리라." 하시고 "그러므로 모든 무술과 병법을 멀리하고 비록 비열한 것이라도 의통醫統을 알아두라. 사람을 많이 살리면 보은줄이 찾아들어 영원한 복을 얻으리라." 하시니라. (5:412)

이 가을개벽의 병겁 상황에서 도운이 세운을 주도하여, 증산 상제님의 일꾼들이 역사의 전면에 등장하게 됩니다.

3) 생사를 판가름하는 병겁病劫 심판

상제님으로부터 천명과 대도를 받은 최수운 대성사도 일찍이 "12제국 괴질 운수 다시 개벽 아닐런가."라고 노래하며 인류가 괴질로 마지막 심판을 받을 것에 대해 한 소식을 전했습니다.

그렇다면 선천에서 후천을 이어 주는 가을개벽 상황에서 괴질 병겁은 왜 일어나는 것일까요?

❋ 선천의 모든 악업惡業과 신명들의 원한과 보복이 천하의 병을 빚어내어 괴질이 되느니라. 봄과 여름에는 큰 병이 없다가 가을에 접어드는 환절기換節期가 되면 봄 여름의 죄업에 대한 인과응보가 큰 병세病勢를 불러일으키느니라. … 선천의 모든 악업이 추운秋運 아래에서 큰 병을 일으키고 천하의 큰 난리를 빚어내는 것이니 큰 난리가 있은 뒤에 큰 병이 일어나서 전 세계를 휩쓸게 되면 피할 방도가 없고 어떤 약으로도 고칠 수가 없느니라. (7:38)

선천 인간의 모든 악업과 신명의 원한이 봄여름 동안 축적되어 오다가 여름이 끝나고 가을로 들어서는 개벽 시간대를 맞이하면 한꺼번에 터져 나와 병겁을 일으키게 됩니다. 천고에 깊은 원을 맺은 모든 신명들이 가을 천지의 숙살(서릿발) 기운을 타고 발동함으로써 괴병이 일어나는 것입니다. 이 과정에서 선천의 모든 원한과 저주와 증오의 기운이 일제히 해소됩니다.

병겁은 5만 년 선천 역사를 마무리 짓는 대개벽기에 전 인류의 생사를 판가름하는 대변혁의 과정으로 전쟁보다 훨씬 더 강력하고 치명적입니다.

❋ 이 뒤에 괴병이 돌 때는 자다가도 죽고 먹다가도 죽고 왕래하다가도 죽어, 묶어 낼 자가 없어 쇠스랑으로 찍어 내되 신 돌려 신을 정신도 차리지 못하리라. 병이 여기저기서 정신없이 몰아 올 적에는 '골치 아프다.', '배 아프다.' 하면서 쓰러지나니, 여기서 죽고 나면 저기서 죽고, 태풍에 삼대 쓰러지듯 척척 쌓여 죽는단 말이니라. 그 때는 문중에 한 사람만 살아도 그 집에 운 터졌다 하리라. (7:36)

❋ 병겁의 때가 되면 홍수 넘치듯 할 것이니 누운 자는 일어날 겨를이 없고 밥 먹던 자는 국 떠먹을 틈도 없으리라. (7:37)

❋ 방안떨이가 동네떨이요, 동네떨이가 고을떨이요, 고을떨이가 천하떨이니라. (7:49)

❋ 장차 십 리 길에 사람 하나 볼 듯 말 듯한 때가 오느니라. 지기至氣가 돌 때에는 세상 사람들이 콩나물처럼 쓰러지리니 때가 되어 괴병이 온 천하를 휩쓸면 가만히 앉아 있다가도 눈만 스르르 감고 넘어가느니라. (2:45)

병겁이 닥치면 눈 깜짝할 사이에 인간의 명줄이 끊어집니다. 병겁의 급박한 상황에 대해 상제님께서 "이 뒤에 이름 모를 괴질이 침입할 때는 주검이 논 물꼬에 새비떼 밀리듯 하리라."(5:291), "당래에는 병겁이 들어와 천하를 진탕으로 만들 것인데 뉘라서 활방을 얻어 멸망하는 인종을 살리리오."(7:32)라고 말씀하셨습니다.

증산 상제님께서는 온 인류를 심판하는 괴질 병겁은 당신의 명에 따라 신도神道 차원에서 천상 신장들이 주도하여 처결하는 대심판임을 밝혀 주셨습니다.

❋ 내가 이곳에 무명악질無名惡疾을 가진 괴질신장들을 주둔시켰나니 신장들이 움직이면 전 세계에 병이 일어나리라. (5:291)

제2절 인류 구원의 법방

1. 인류를 구원하는 의통법

증산 상제님께서는 "난은 병란病亂이 크다."(7:34)라고 말씀하셨습니다. 머지않아 인류는 누구도 예외 없이 가을 천지의 통과의례를 거치게 됩니다. 천지는 봄여름철에 생명을 한없이 낳아서 길러 내지만, 가을철이 되면 생장의 기운을 끝막는 숙살지기肅殺之氣를 내리칩니다. 그것이 인간 세상에는 괴병의 모습으로 드러나게 되는 것입니다. 천지조화로 인간의 명줄을 끊는 추살秋殺 병란에서 조화주 상제님의 일꾼들이 **하느님의 신권인 의통醫統**으로 인류를 살려 내고, 후천 선경 세상을 열어 가게 됩니다.

1) 병겁의 전개 과정: 전 세계 3년 괴질 운수

상제님께서는 병겁이 처음 발생하는 곳과 병겁이 확산되어 나가는 대세를 다음과 같이 말씀해 주셨습니다.

❋ 병겁이 군창群倉에서 시발하면 전라북도가 어육지경魚肉之境이요, 광라주光羅州에서 발생하면 전라남도가 어육지경이요, 인천仁川에서 발생하면 온 세계가 어육지경이 되리라. 이 후에 병겁이 나돌 때 군창에서 발생하여 시발처로부터 이레 동안을 빙빙 돌다가 서북으로 펄쩍 뛰면 급하기 이를 데 없으리라. 조선을 49일 동안 쓸고 외국으로 건너가서 전 세계를 3년 동안 쓸어버릴 것이니라. (7:41)

군창(군산)에서 병겁이 터지면 전라북도가 어육지경이 될 정도로 처참한 상황이 되고, 광주와 나주에서 터지면 전라남도가, 인천에서 터지면 전 세계가 어육지경에 이른다고 하셨습니다. 이 괴병은 지금까지 그 누구도 경험해 보지 못한 **'초급성超急性 질병'**으로 전북 군산에서 처음 발생하여 한반도를 49일간 돌고 외국으로 건너가 전 세계를 3년 간 휩쓸게 됩니다. 병겁의 시발처인 군산에 대해서는 이렇게도 말씀하셨습니다.

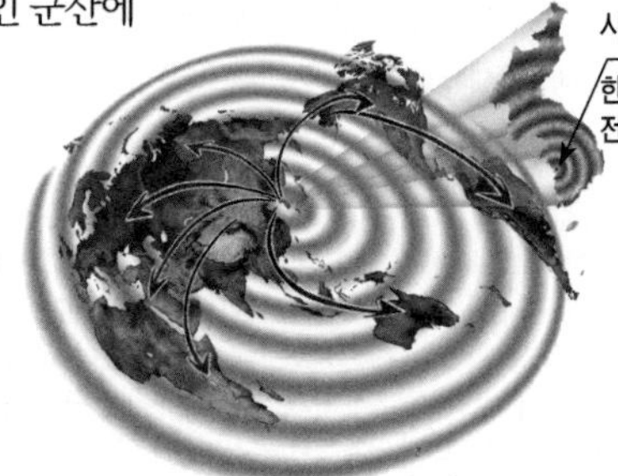

❋ 가마釜가 끓고 인후咽喉가 타고 창자魚腹가 썩으면 세상일을 가히 알리라. 고기는 꼬리魚尾가 병들면 힘을 못 써 죽느니라. (7:17)

"창자가 썩으면 세상일을 가히 알리라."

상제님은 삼면이 바다로 둘러싸이고 북쪽으로 압록강과 두만강이 흐르는 우리나라의 지형을 큰 물고기에 비유하셨습니다. 지도를 펴 놓고 살펴보면, 전라도 북부지방에서 발원한 금강의 물줄기가 충청도 땅을 휘감고 돌아 군산에서 바다로 나가는데, 금강이 바로 물고기의 배(魚腹)에 해당합니다. '창자가 썩는다.'는 것은 어복에 해당하는 **금강이 오염**되는 것을 말씀하신 것입니다.

물고기는 병들면 창자부터 썩어 들어갑니다. 가을개벽의 중심 자리인 한국의 금강이 심각하게 오염되는 지경에 이르면[4], 환경 오염이 극에 달해 지구는 생명력을 잃고 생태계가 파괴되어 갑니다. 그리고 세상이 총체적으로 심각한 위기 상황을 맞이해서 사람들은 **'개벽이 아니면 안 된다.'**는 대세의 절실함을 깨닫게 됩니다.

❋ 병겁이라야 천하통일을 하느니라. (2:139)

장차 전 지구촌을 휩쓸면서 인류의 생사를 심판할 괴질 병겁은 개인과 개인, 민족과 민족, 국가와 국가 간의 모든 의식의 벽, 문화의 벽, 관념의 벽을 일순간에 무너뜨립니다. 병겁은 상극의 선천 문명이 **상생의 후천 문명으로 전환하는 과정에서 꼭 거쳐야 할 창조적 진통**이며, 선천 인간이 **후천의 새 생명으로 재탄생**하기 위해 누구도 예외 없이 넘어서야 하는 **통과의례**입니다. 3년 병겁을 치르는 과정에서 선천 5만 년 동안 찌들었던 상극의 묵은 기운이 모두 말끔히 씻겨 나갑니다.

그런데 가을개벽이 오기 전에 개벽의 전령사傳令使 시두時痘가 먼저 폭발하게 됩니다. 두창, 손님마마라고도 하는 시두에 걸려 생명을 잃을 때 보면, 그 증상과 병증이 오장육부가 다 말라서 온몸이 그야말로 처참하도록 흉악한 모습으로 죽어갑니다.

이에 대해 상제님께서 이렇게 말씀하셨습니다.

❋ 시두손님인데 천자국天子國이라야 이 신명이 들어오느니라. 내 세상이 되기 전에 손님이 먼저 오느니라. **앞으로 시두時痘가 없다가 때가 되면 대발할 참이니 만일 시두가 대발하거든 병겁이 날 줄 알아라.** (7:63)

❋ 앞으로 시두가 대발하면 내 세상이 온 줄 알아라. (3:284)

태모님께서도 "장차 이름 모를 온갖 병이 다 들어오는데, 병겁病劫이 돌기 전에 단독丹毒과 시두時痘가 먼저 들어오느니라."(11:264)라고 말씀하셨습니다.

---

4 금강 오염 | 1981년 대청댐이 완공되고 1990년 금강 하굿둑의 배수 갑문이 내려진 이래 금강 수질이 급속히 오염되어 가고 있다. 거기에 4대강 사업으로 연기의 세종보, 공주의 금강보, 부여의 백제보까지 만들어져 강물의 흐름이 느려짐으로써 대규모 녹조가 발생하고 수질이 오염되어 2012년 10월에는 수만 마리 물고기가 떼죽음을 당하기도 하였다. 4대강 사업으로 설치된 대형 보로 인해 금강의 수질 상황이 최악에 이른 것이며 실제 현장탐사에서 금강의 바닥 생태계가 완전히 죽어 있음이 확증된 바 있다. (SBS 스페셜, 4대강의 반격)

질병을 연구하는 전문가들은 이제까지 인류 역사에서 '**시두**時痘(천연두)'로 희생된 사람 수가 5억 명이 넘을 것으로 추정하고 있습니다. 이 숫자는 전쟁과 그 외 전염병으로 사망한 사람을 모두 합한 수보다도 많습니다.

시두는 제너Edward Jenner(1749~1823)가 종두법을 개발한 이후 지구상에서 서서히 자취를 감추기 시작했습니다. 1980년 5월 세계보건기구(WHO)는 제33차 총회에서 시두라는 질병이 마침내 지구상에서 완전히 사라졌다고 선언했습니다. 그런데 상제님께서는 **병겁이 발생하기 전에 전주곡**으로서 시두가 다시 창궐할 것이라 말씀하셨습니다. **전염병의 제왕인 시두**가 발생하는 것은 장차 동방의 창세 역사의 천자국 시대가 다시 열릴 것을 알리는 신호탄이기도 합니다.

최근 들어 부쩍 많은 전염병이 불시에 등장하여 전 지구촌을 위협하고 있습니다. 2003년에 크게 유행한 사스SARS, 같은 해 홍콩에서 발병한 조류독감, 2009년 멕시코 독감으로 시작된 신종플루, 2014년에 서아프리카에서 발생한 에볼라 등등, 인류에게 공포를 가져다주는 전염병의 대유행(Pandemic)은 곧 세상을 강타할 시두와 함께 괴질 병겁의 출현을 예시하는 천지의 상象입니다. **'가을개벽의 전령자'**인 **시두**는 인간 몸의 수기를 모두 말려 버리는 병입니다. 상제님께서는 '태을주는 수기水氣 저장 주문'(2:140)이라 말씀하셨습니다. 또 태모님께서는 "**시두의 때를 당하면 태을주를 읽어야 살 수 있느니라.**"(11:264)라고 하셨습니다. 천지의 추살 기운인 병란이 본 궤도에 들어서기 전부터 **반드시 태을주의 조화 기운을 우리 몸에 축적**해야 살 수 있습니다. 지금 우리는 이러한 사실을 직시하고 긴장된 마음으로 천지 대세에 대처해야 합니다.

2) 인류 구원의 유일한 법방, 의통醫統

장차 괴질 병겁이 전 세계를 3년 동안 휩쓸 때, 과연 인류는 어떻게 대병란大病亂을 극복할 수 있을까요? 상제님은 "병겁이 돌 때는 세상의 모든 의술은 무용지물無用之物이 되느니라."(7:39)라고 하셨습니다. 그때는 그 무엇으로도 해결할 수 없고 오직 상제님이 전해 주신 구원의 법방으로써만 병겁에서 살아남을 수 있습니다.

❋ 병겁이 들어올 때는 약방과 병원에 먼저 침입하여 전 인류가 진멸지경盡滅之境에 이르거늘 이 때에 무엇으로 살아나기를 바라겠느냐. 귀중한 약품을 구하지 말고 오직 **성경신으로 의통을 알아 두라.** (7:37)

❋ 모든 기사묘법奇事妙法을 다 버리고 **오직** 비열한 듯한 **의통을 알아 두라.** 내가 천지공사를 맡아봄으로부터 이 땅의 모든 큰 겁재를 물리쳤으나 오직 병겁만은 그대로 두고 너희들에게 의통을 붙여 주리라. (7:33)

후천으로 넘어가는 최대 관문인 병겁 심판에서 인간 씨종자를 추리는 상제님의 인류 구원 법방이 바로 의통입니다.

❋ 만법 가운데 의통법이 제일이로구나! (5:242)

❋ 職者는 醫也요 業者는 統也니 聖之職이요 聖之業이니라
직자 의야 업자 통야 성지직 성지업
천하의 직은 병들어 죽어 가는 삼계를 살리는 일[醫]이요
천하의 업은 삼계문명을 통일하는 일[統]이니라.
성스러운 직이요 성스러운 업이니라. (5:347)

의통이란 '살릴 의醫' 자, '통일한다'는 '통統' 자로 '지구촌 창생을 상제님의 조화법으로 병겁에서 살려 내어 온 천하를 통일한다.'는 뜻입니다. 병든 하늘과 땅, 인간과 신명을 모두 고쳐 성숙한 가을문화로 통일하고 **후천 5만 년 선경 세상을 여는 구원의 법방이 의통입니다.**

머지않아 전 인류가 상제님 대도의 진법 열매인 의통을 받지 않고서는 단 한 사람도 살아남을 수 없는 때가 닥칩니다. 가을개벽의 숙살기운이 병겁으로 휘몰아칠 때, 상제님 도군道軍이 먼저 **'상제님의 신패神牌'**인 마패馬牌를 전수받음으로써 의통을 전수받을 수 있는 믿음을 인증받게 됩니다. 이로부터 상제님의 도생들이 당신님의 천명을 집행하여 창생을 살려 낼 수 있게 됩니다. 의통은 태을주太乙呪를 바탕으로 하는 **'실재하는 신물神物'**로서 상제님의 조화 신권과 도권을 상징합니다. 의통으로 생명을 살려 내는 인류 구원의 대업을 **'의통성업醫統聖業'**이라 합니다.

❋ 정미(丁未: 道紀 37, 1907)년 11월에 하루는 구릿골에서 형렬에게 명하시어 종이에 64괘를 점點 치고 24방위 글자를 둘러 쓰게 하신 뒤에 그 종이를 가지고 문 밖에 나가시어 태양을 향하여 불사르시며 "나와 더불어 함께 살자." 하시고 형

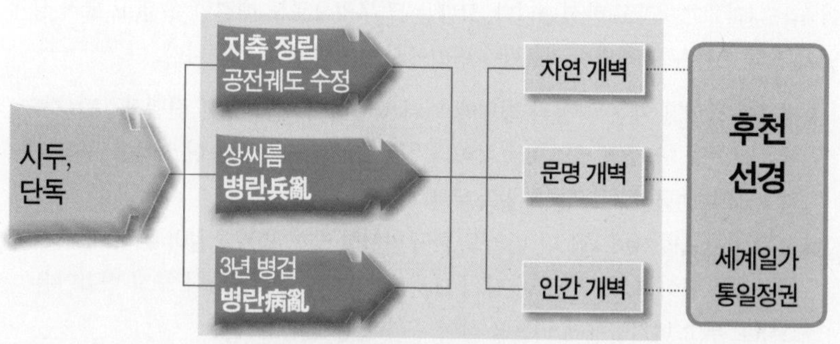

천지에서 생명을 거둬들이는 추살의 관문

최초의 전염병 시두

질병사에서 가장 먼저 나타나는 전염병은 홍역과 시두이다. 그 중에서도 시두가 인류 문명사에서 최초의 전염병일 가능성이 높다.

시두는 흔히 마마, 두창痘瘡, 두신痘神 등으로 불리며, 그 위력만큼이나 여러 별칭*을 지녔다. 인류에게 가장 큰 희생을 남겨 '죽음의 병'으로 불리는 시두는 라틴어로는 배리올라Varsiola 또는 배리올라 베라Variola vera라고 하는데, 이는 '점박이의'라는 뜻의 varius 또는 '뾰루지'라는 뜻의 varus에서 유래했다. 영어에서는 맨 처음 팍스pox 또는 붉은 역병red plague으로 불렸는데, 스몰팍스smallpox라는 용어는 매독(great pox 또는 syphilis)과 구분하기 위해 15세기 영국에서 처음 사용된 것이다.**

그렇다면 시두는 언제 어떻게 등장하게 된 것일까?

이것을 알기 위해서는 전염병의 발생 조건을 알아보아야만 하며, 문명의 발상지와도 무관하지 않음을 인지해야 한다. 전염병이 발생하기 위해서는, 풍토병이 발생할 수 있는 농경문화의 형성과 풍토병을 옮길 수 있는 유목문화 또는 해양문화가 있어야 한다.

유럽은 4천 년 전부터 전염병이 발생할 수 있는 조건이 형성된다. 경제 이동에 따른 인구 이동, 그리고 전쟁 문화가 시작된다. 이 시기는 단군조선의 관경제에 따르면, 삼한의 송화강 아사달 시대(BCE 2333년~BCE 1286년)이다. 서구의 전염병 학자들은 가축-시두바이러스가 인간-시두바이러스로 변이한 시기를 이때로 잡고 있다. 그 이유는 이 시기부터 유럽에서 시두 전염병에 대한 보고들이 발견되기 때문이다.

시두 발병 사례를 보면, (1)인도에는 시두 여신으로 시탈라마타가 있다. 말을 탄 여신의 모습은 모권 사회와 유목민 문화를 상징하고 있는데, 이는 인도의 시두 발생이 모권 사회의 이주와 함께 시작됐음을 알 수 있다. 소급연대는 인도 아리안족이 인도에 도착한 BCE 1500년 경을 넘지 않는다. (2)유럽에서의 최초의 시두 발생 사례는 BCE 1350년 히타이트 수필룰리우무스 1세 때이다. 그와 그의 아들은 미타니와 전쟁 중에 시두가 발생하여 사망한 것으로 나온다. 히타이트에 있던 시두는 모세의 출애굽에 나오는 전염병 사례로 볼 때 BCE 1275년 람세스 2세와 히타이트와의 전쟁 중에 이집트에 도착하였던 것으로 추정된다. (3)이집트에 토착화된 시두의 사례는 BCE 1157년 사망한 이집트 람세스 5세의 미라에서 발견되고 있다.

---

* 강남서신江南西神, 호구별성戶口別星 마마, 시두손님, 손님마마, 역신마마, 홍진국대별상, 서신국西神國 마누라 등 별칭이 많다.

** pox의 어원은 인도유럽어 beu-에서 유래된 것으로, '붓다to swell, 불다to blow'라는 뜻이다. (출처: 온라인 어원사전 etymonline.com)

시두 기원에 대한 이론과 시두 바이러스의 형성

존 홉킨스 대학의 의학박사 토마스Tomas A, Cockburn는 시두의 기원에 대한 이론을 그의 책『The Evolution and Eradication of Infectious Diseases』에서 제시하였다. 그 이론을 요약하면 다음과 같다.

- 백만 년 전에 야생 동물에서 고대 시두 바이러스가 나타났다.

- 수천 년 전에 돌연변이가 발생하면서 인간과 함께 살게 된 가축들에게 전염이 되었다.

- 몇몇 종류의 바이러스가 다시 한 번 변이를 일으키면서 가축에서 인간으로 옮겨 오면서 시두와 수두, 그리고 여러 다른 종류의 시두 바이러스로 변모하게 된 것이다.

이 이론대로라면 인간에게 있는 시두바이러스는 '두 번의 개벽'이라고 불릴 만큼 거대한 돌연변이 현상이 발생했던 것으로 보인다. 첫 번째는 야생동물에서 있던 야생동물-시두 바이러스가 인간이 기르는 가축에게 전염되었을 때이고, 두 번째는 가축에게 있던 가축-시두 바이러스가 인간에게 전염되었을 때이다.* 그렇다면 시두 바이러스는 언제쯤 형성됐을까?

요하문명, 발해연안문명 등으로 일컬어지는 홍산문명에서 그 실마리를 찾을 수 있다. BCE 6500년 경부터 음식을 저장하는 토기가 나오고 음식을 만들 때 불을 사용하기 시작했다. 이는 인류 최초로 농경문화를 가르쳤다고 알려져 있는 환국의 3대 고시리 환인이 살았던 시기와 일치한다. 이 시기는 동물 토템이 대량 나오는 때이다. 또한 농경문화가 정착되면서 가축을 키우기 시작했던 시기이다. 이러한 일련의 과정 속에서 간단한 감염병이 존재할 수 있는 환경이 조성되었다. 따라서 야생 동물에 있던 고대-시두 바이러스에 돌연변이가 발생하면서 가축으로 전염된 시기가 이 무렵이었음을 유추해 볼 수 있다.

5,000년 전부터 발달된 농경문화로 인구수가 증가하고 경제 행위가 시작되었다. 지위와 신분이 자리 잡게 되고 커다란 무덤 형식이 나타나기 시작했다. 바로 신시 배달(BCE 3897년~BCE 2333년)이 형성된 시기이다. 배달의 유적인 홍산문화에는 상제님께 제를 올리는 원형으로 구성된 천단과, 돌을 쌓아 올린 방형의 적석총 무덤이 발견되고 있다. 이 시기에 염제 신농 성황 (BCE 3413년~BCE 3218년)이 '농경의 신'이자 '의학의 신'으로 숭앙받았다는 사실에서 풍토병이 사회 문제로 대두하였음을 알 수 있다. 가축-시두바이러스가 다시 한 번 변이를 일으키면서 인간으로 옮겨 와 오늘날 우리가 아는 인간-시두 바이러스가 형성된 시기를

---

* 동물 시두 바이러스와 인간 시두 바이러스의 관계 : 원숭이 시두 바이러스를 추출해서 인간이나 소, 쥐에 투입한다 해서 시두 증상이 나타나는 것은 아니다. 하지만 소 시두 바이러스의 경우에는 사람에게 투입하는 경우 시두 증상이 발생하는 것을 예방하는 백신으로 작용한다. 이 사실은 사람과 소의 시두바이러스가 상당히 가까운 종류라는 것을 뜻한다. 실제로 각 포유동물에 시두를 발생하는 유사 바이러스들을 모두 분석해 본 결과 같은 종류의 바이러스에서 나온 것임이 밝혀졌다.

이쯤으로 잡을 수 있지 않을까? 더군다나 이 시기는, 네 발 수레가 발견된 것으로 보아 다른 지역과의 무역까지 가능했던 것으로 보인다. 인구의 이동과 함께 전염병이 발생할 수 있는 조건이 충분히 형성되었을 것이다. 『환단고기』「태백일사」 삼신오제본기에는 '**황웅**黃熊은 여신女神이시니 **주병**主病하시니라'라는 말이 나온다. 환웅의 배달 시대에 이미 사회적으로 문제가 되는 질병이 존재했고, 이를 주관하는 이가 있었음을 알 수 있다.

시두의 치료법을 제시한 『동의보감』

시두는 전염병이라는 것 하나만 놓고 볼 때 서양의학과 동양의학 사이에 큰 차이점이 없다. 시두에는 치료법이 없고 오로지 예방법만 있을 뿐이다. 그 예방도 서양은 소의 우두균을, 동양은 인간의 시두균을 이용했는데 효과나 부작용만 약간 다를 뿐 큰 차이가 없다. 그런 의미에서 도가의 철학서라 할 수 있는 『동의보감』에 시두의 치료법이 소개되어 있다는 것은 놀라운 사실이 아닐 수 없다. 이 의서에서 제시하는 치료법은 우리가 흔히 아는 한의학적 방식이 아니다.

『동의보감』 프로젝트의 총 책임자였던 허준은 서자 출신이었다. 이러한 신분적 제약을 갖고 있던 그가 훗날 양평군陽平君으로까지 불릴 수 있게 된 것은 1590년 광해군의 시두를 치료하면서였다.

『동의보감』「소아과편」에 나오는 시두 치료법은 다음과 같다.

'매화(꽃)를 복용하면 두창이 나오는 것을 면할 수 있다. 음력 12월에 매화(꽃)를 채취하는데 많고 적음을 구애받지 말고 응달에 말려서 가루를 낸다. 꿀로 감실만한 크기의 환(알약)을 만들어 매번 1환씩 좋은 술로 녹여 먹으면서, 태을구고천존太乙救苦天尊을 일백 번 외우면, 묘하기가 말로 다할 수 없다.'

여기서 아주 특이한 점은 물질적인 환을 복용함과 더불어 '**태을구고천존**太乙救苦天尊'*이라는 주문 수행이다. 이는 환국을 계승한 환웅천황께서 '주원유공呪願有功하시며 복약성선服藥成仙하셨다'는 구절을 떠올리게 한다. 결국, 시두 치료법의 비밀은 태을太乙에 있으며, 증산 상제님께서 인류 구원의 법방으로 내려주신 태을주太乙呪와 그 맥이 상통한다.

* 태을구고천존太乙救苦天尊을 그대로 직역하면 "고통으로부터 구원을 내려 주는 하늘의 존귀하신 태을신太乙神이시여" 라는 뜻이다. 태을太乙은 갈홍이 『포박자』를 지었을 당시에도 **불생불사의 신약을 주관하는 주신**主神이었으며 시두가 만연하던 사회에서 살아가던 백성에게 신앙의 대상이었다. 이러한 도가의 전통은 1,200년 후 『동의보감』에까지 내려오게 된 것이다. 허준은 도교의 신선술을 시두의 치료법으로 제시한 것이다.

렬을 돌아보시며 "잘 믿는 자에게는 해인海印을 전하여 주리라." 하시니라. 이어 말씀하시기를 "세상 사람들이 해인사에 해인이 있는 것으로 알고 또 정씨의 것이라 하나, 실물은 없고 기운만 있는 것을 내가 가지고 왔으니 일심자一心者에게 전하여 주리라." 하시니라. (7:30)

※ 임인(壬寅: 道紀 32, 1902)년 초가을에 하루는 공주公州에 사는 한 사람이 찾아와 '부친이 죽게 생겼다.'며 살려 주시기를 애원하거늘 상제님께서 형렬과 호연을 데리고 공주로 가시니라. 그 집에 이르시어 바가지에 물을 떠다가 문턱 가운데에 놓게 하시고 호연에게 명하시어 약지에 물을 묻혀 방의 네 구석에 튕기게 하신 뒤에 그 손가락에 경면주사鏡面朱砂를 묻혀 인당印堂을 찍으며 "어御!" 하고, 명치를 쿡 찌르며 "명命!" 하게 하시니 병자가 진저리를 치며 깜짝 놀라 깨어나거늘 이로부터 병이 완쾌되니라. (7:10)

상제님께서 '나를 잘 믿는 자에게 전해 주리라' 하신 '해인'[5]은 바로 해인 의통을 말합니다. 의통 인패를 다른 말로 '해인海印'이라 하는 이유는, 상제님께서 의통 도수를 변산 해왕海王(바다의 주신主神) 도수에 붙여 놓으셨기 때문입니다. "나와 더불어 함께 살자." 하신 것은 앞으로 의통을 집행함으로써 인류가 당신님과 더불어 후천 가을 세상을 살게 될 것을 말씀하신 것입니다.

의통은 64괘와 24방위의 원리로 집행됩니다. 그리고 상제님께서 공사 보실 때, 태양을 향해 종이를 불사르셨는데, 천지일월 가운데 태양은 황극의 불기운(火)을 상징합니다. 인류 구원의 신물神物인 의통은 상제님 천지공사에서 정한 인사人事의 주인공에 의해서 집행됩니다. 우주의 모든 신명도 인사人事의 주인공에 감응하여 상제님의 천지 대업을 이루게 됩니다.

상제님께서는 어천하시기 전날 밤에 천상의 개벽대장이 될 박공우 성도에게 장차 괴질 병겁을 극복하는 구원의 법방을 극비리에 전해 주셨습니다.

※ 이 날 밤 성도들을 모두 물리시고 공우만 부르시어 같이 주무실 때, 밤이 깊기를 기다려 이르시기를 "이리 가까이 오라." 하시거늘 … 상제님께서 물으시기를 "공우야, 앞으로 병겁이 휩쓸게 될 터인데 그 때에 너는 어떻게 목숨을 보존하겠느냐?" 하시거늘 공우가 아뢰기를 "가르침이 아니 계시면 제가 무슨 능력

---

5 해인海印 | 프랑스의 위대한 영능력자 미셸 노스트라다무스(1503~1566)는 동양인이 유럽인을 구원하는 모습을 이렇게 전하고 있다. "동양인이 자기 고향을 떠나리라 아페닌 산맥을 넘어 골(골 족은 프랑스인)에 이르리라: 하늘과 물과 눈을 넘어 누구나 '그의 장대'로 맞으리라."(『백시선百詩選』 2:29) 그리고 동시대 조선의 대철인 격암格庵 남사고南師古(1509~1571)는 "정신 차려서 해인海印을 알지라. 무궁조화 한량 없도다. 너희 선령 조상 신명은 해인을 알지 못할까 탄식이라."(「격암가사」)라고 노래하였다.

으로 목숨을 건지겠습니까." 하니 말씀하시기를 "의통醫統을 지니고 있으면 어떠한 병도 침범하지 못하리니 녹표祿票니라." 하시니라. (10:48)

❀ 상제님께서 이어 말씀하시기를 "장차 괴질이 대발大發하면 홍수가 넘쳐흐르듯이 인간 세상을 휩쓸 것이니 천하 만방의 억조창생 가운데 살아남을 자가 없느니라." 하시고 또 말씀하시기를 "공우야, 무진戊辰년 동짓날에 기두起頭하여 묻는 자가 있으리니 **의통인패醫統印牌** 한 벌을 전하라. 좋고 나머지가 너희들의 차지가 되리라." 하시니라. 공우가 여쭈기를 "때가 되어 병겁이 몰려오면 서양 사람들도 역시 이것으로 건질 수 있습니까?" 하니 말씀하시기를 "천하가 모두 같으니라." 하시니라. (10:49)

가을 개벽기에 상제님이 전하신 **종통 맥을 바르게 찾는 일**은, 조상과 나의 생사가 걸린 너무도 중요한 문제입니다. 진리의 종통 맥을 찾아야만 의통을 전수받아 후천 가을 세상으로 넘어갈 수 있기 때문입니다. 추살의 개벽기에 생명을 지켜 주는 **유일한 구원의 증표**가 **의통**입니다. '천하가 모두 같다' 하신 상제님의 말씀 그대로 전 인류가 오직 의통 대권으로 구원받게 됩니다.

상제님의 9년 천지공사를 관통하는 근본정신이 **'의통醫統의 도道'** 입니다. 의통으로써 가을 개벽기에 **선천 세상의 깊은 병통을 송두리째 뿌리 뽑고, 동서양이 하나의 문화로 통일된 무궁한 조화선경 세상을 건설**하게 됩니다.

3) 인류 구원의 성약聖藥, 태을주太乙呪

상제님께서는 무신(1908)년 여름에 구릿골에 사는 김준상 성도 아내의 병을 고쳐 주시고, 그 집 방 한 칸을 얻어 약방을 여신 후 **'의통 공사'**를 보셨습니다. 의통 공사는 세속의 의원처럼 약을 지어 몸의 병을 고치는 공사가 아니라, 3년 추살 병겁에서 천하 만민을 살려 구원의 길을 여는 대공사입니다.

상제님께서 약장 중앙에 **'태을주太乙呪'**라 쓰셨는데, 이것은 바로 **태을주가 추살 기운인 괴병을 극복하는 의통성업醫統聖業의 근본**이 된다는 중요한 의미가 있습니다.

대병겁의 살기가 뻗쳐 "자다가도 죽고 먹다가도 죽고 왕래하다가도 죽는"(7:36) 사상 초유의 위기를 당하면 전 인류는 **'구원의 우주 성가聖歌'인 태을주**를 읽지 않으면 죽을 수밖에 없습니다. 의통 조화권을 받은 세계 창생이 3년 간 지구촌 곳곳에서 태을주를 읽으며 구원 받는 모습을 그림 보듯이 꿰뚫어 본 격암格菴 남사고南師古는 이 구원의 상황을 **'우성재야牛聲在野'**라 전했습니다. '우성牛聲'이란 태을주의 **'훔치훔치吽哆吽哆'**(소 울음소리 훔, 입 크게 벌릴 치)를 가리키는 말입니다.

❋ 태을주太乙呪로 천하 사람을 살리느니라.
병은 태을주라야 막아내느니라.
태을주는 만병을 물리치는 구축병마驅逐病魔의 조화주라.
만병통치萬病通治 태을주요, 태을주는 여의주니라.
광제창생廣濟蒼生, 포덕천하布德天下하니 태을주를 많이 읽으라.
태을주는 수기水氣 저장 주문이니라.
태을주는 천지 어머니 젖줄이니 태을주를 읽지 않으면 다 죽으리라.
태을주는 우주 율려律呂니라. (2:140)

❋ 태을주는 천지 기도문이요, 개벽기에 천하창생을 건지는 주문이니라. (11:387)

제4장에서 만물의 생명을 동정動靜하게 하는 천지 음양 조화의 근원적 동력원인 순수 음양을 '**율려**律呂'라 하였습니다. 율려에는 '천지성령의 순수 율려'와 그것을 인사에 내려 주는 '신도神道 차원의 율려'가 있습니다. 신도의 우주 율려를 주재하는 하늘이 바로 '**태을천**太乙天'입니다. 여기서 인간과 만물에 우주 율려의 조화 성령 기운을 내려 주게 되는데, 이 천지의 조화 성령을 받아내리는 주문이 바로 태을주입니다. 인간은 천지 자연과 달리 율려수가 부족하여[6] 생명에 본질적인 한계가 있지만, 오직 태을주를 읽어 율려를 받아 내림으로써 이를 극복할 수 있습니다.

가을 우주의 숙살기운으로 정리되는 **인간 개벽에서 생명을 구하는 유일한 도구**는 천지와 더불어 영원히 하나 되어 살 수 있게 하는 **태을주와 의통뿐**입니다. 생명의 여의주인 태을주는 무형의 신권神權이요, 태을주를 바탕으로 하는 **의통은 유형의 도권**道權입니다.

❋ 태을주를 읽는 것은 천지 어머니 젖을 빠는 것과 같아서 **태을주를 읽지 않으면 그 누구도 개벽기에 살아남지 못하느니라.** (6:76)

❋ 천하생명을 태을주太乙呪로 살린다. 태을주로 천명天命을 이루느니라. (8:101)

❋ 내가 이 세상 모든 **약기운을 태을주에** 붙여 놓았느니라. 약은 곧 태을주니라. (4:147)

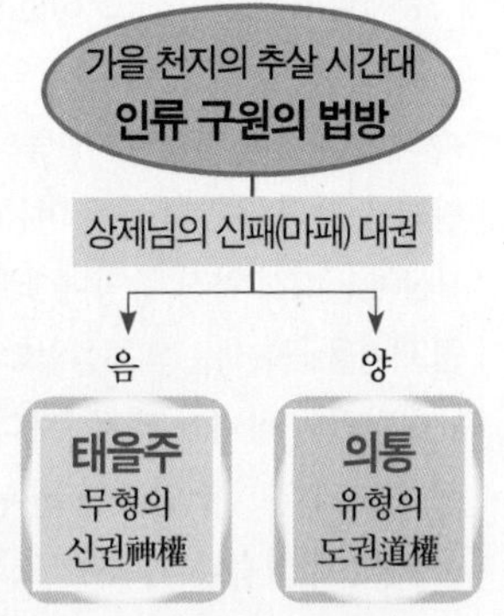

---

6 율려수의 부족 | 지구가 하루(24시간)에 360도 자전운동 하는 것을 분으로 따지면 1,440분이다. 1,440분의 음양 운동 중에서 36분이 변화의 주체, 즉 순수음양인 율려의 분수이다. 그 36분의 작용이 음양운동의 본체이며, 순수정신인 것이다. 그러나 현실적으로 인간의 율려수가 작용하는 것은 28수에 불과하다. 그 이유는 인간의 토화작용의 한계, 즉 정신의 본체가 인간의 형체라는 협소한 악조건을 받고 있고 인간적인 정욕 때문에 천운에 의해서 율려수를 제한당하고 있기 때문이다.

2. 의통성업의 중심지, 남조선

1) 만국을 살려 낼 활방活方이 남조선에

가을 개벽기에 인간농사를 추수하는 의통성업이 처음 집행되는 곳은 남조선입니다. 이곳에서 선천 세상을 마무리 짓는 괴질 병겁이 가장 먼저 발생하는데, 그 이유는 구원의 법방이 바로 남조선에 있기 때문입니다. **남조선이 인류 구원의 사령탑**이 되어 지구촌 인류를 건져 내어 후천 가을 세상으로 인도하게 됩니다. 남조선은 문자적으로 '남쪽 조선' 즉, 분단된 과도기 체제의 남쪽 조선을 말합니다.

상제님은 한반도가 남북으로 갈리기 이전부터 '남조선'이란 말을 즐겨 쓰셨습니다. 상제님께서는 왜 남조선을 이처럼 강조하셨을까요? 남조선은 **하느님이 인간 세상에 자리 잡으시는 중심 땅**이기 때문입니다. 이 남조선을 중심으로 하여 당신님의 일이 이루어집니다. 일찍이 상제님이 오시는 길을 연 동학은 경상도를 중심으로 일어났고, 신도 수가 6백만 명에 이른 상제님 진리의 제1변과 제2변 도운은 전라도를 중심으로 판이 형성되었습니다. 그리고 상제님 천지대업의 마무리 과정은 충청도 땅을 토대로 하여 마지막 판을 매듭짓게 됩니다. 장차 상제님 천지공사를 매듭지어 인류를 구원하는 일꾼들이 '남쪽 조선'(5:306)에서 출현합니다.

상제님은 일찍이 이에 대해 **'만국활계남조선'**이라 노래하셨습니다. 상제님께서는 수부님과 여러 성도들을 데리고 직접 태전에 오셔서 이 시를 읊어 주셨습니다.

> 萬國活計南朝鮮이요 淸風明月金山寺라
> 만국활계남조선　　청풍명월금산사
> 文明開化三千國이요 道術運通九萬里라
> 문명개화삼천국　　도술운통구만리
> 만국을 살려낼 활방은 오직 남쪽 조선에 있고
> 맑은 바람 밝은 달의 금산사로다.
> 가을의 새 문명은 삼천 나라로 열려 꽃피고
> 도술 문명의 대운은 우주 저 끝까지 통하리라. (5:306)

천지의 주재자이신 상제님이 직접 인간으로 오셔서 남쪽 조선을 중심으로 인류 구원의 모든 것이 이루어지도록 천지공사를 집행하셨기에 **'만국활계남조선'**, 지구촌 모든 나라를 살릴 계책이 남쪽 조선에 있다고 노래하신 것입니다.

상제님께서는 또 **'청풍명월금산사'**라 하시어, 남조선 도수를 집행하는 구원의 핵심이 되는 곳을 일러 주셨습니다. 여기서 금산사는 가을 천지의 열매를 맺는 미륵님의 도법이 나오는 곳을 가리킵니다. 금산사 미륵불이신 상제님의 도법을 들고 나오는 진리 주인이 '청풍명월의 땅', 충청도 태전에서 출현할 것을 노래하신 것입니다.

태전은 대전의 본래 이름으로, 가을개벽 상황에서 남조선의 수도가 서울에서 태전으로 옮겨갑니다. 상제님께서는 "태전을 집을 삼고 인신합덕을 하리니 태전이 새 서울이 된다."(5:306)라고 말씀하셨습니다.

장차 가을개벽이 닥치면 남조선의 수도가 될 태전에 **'만국재판소'**가 열리게 됩니다. 의통성업을 집행하는 이 '만국재판소'에서 천지 대재앙과, 인류를 심판하는 추살의 3년 병란 상황을 정리할 뿐만 아니라 각국의 정치, 경제, 역사 분쟁, 이념과 종교 갈등 등 인류 문화에 내재해 온 일체의 분쟁 요소를 총체적으로 심판하고 바로잡아 갈등을 종식시키게 됩니다.

❋ 만국재판소를 조선에 두노니 **씨름판에 소가 나가면 판을 걷게 되리라.** (5:7)

이 만국재판소가 후천 통일정부로 발족됨으로써 세계의 지상 선경문화가 개창되고, 후천의 질서가 바로 잡히게 됩니다.

2) 인류를 구원하는 남조선 배 도수

상제님께서는 남조선이 주체가 되어 행할 인류 구원의 과업을 **남조선 배 도수**로 정해 놓으셨습니다. 남조선 배는 삼계대권을 주재하시는 상제님의 천지 도수를 따라 숱한 난관을 뚫고 항해를 해 나가는 구원의 '도덕선道德船'입니다.

❋ 사명당四明堂을 외우시며 "산하대운山河大運을 돌려 남조선 배 도수를 돌리리라." 하시니라. (5:112)

❋ 남조선 배가 떠나오니 어떠하냐? 이 일이 우리들의 기초니라. (5:113)

남조선 배가 출항한 것은 8·15 해방과 함께였습니다. 광복 후 삼팔선을 경계로 북쪽에는 소련군, 남쪽에는 미군이 들어와 점령함으로써 남과 북이 서로 갈리게 된 것입니다.

1946년 6월 3일 이승만 대통령은 제1변과 제2변 도운의 발상지인 전라북도 정읍에서 '남한 단독정부'의 필요성을 공식으로 선언했습니다. 그 후 1948년 8월 15일에 대한민국 정부가 수립되고, 다음 달 9월 9일에 북한 정부가 수립되면서 남북 분단이 고착화하였습니다. 이때부터 본격적으로 시작된 남조선 도수는, 오선위기 도수로 일어난 한국전쟁의 과정을 거쳐 이제 그 막바지를 향해 가고 있습니다.

❋ 이 길은 남조선南朝鮮 뱃길이니 짐을 채워야 떠나리라. (3:183)

상제님께서는 무신년 겨울에 행하신 남조선 배 공사에서 이 배를 배질하는 천상의 주인공들에 대해 밝혀 주셨습니다. 바로 **'혈식천추 도덕군자'**의 신명들이 이 배를 운행하는 주인공입니다. 천추만대에 길이 빛날 도덕군자의 성신들이 인류를 구원하는 사명을 안고 이 남조선 배에 타고 있습니다. 이 배를 이끄는 도사공은 조선의 명부대왕인 전명숙 장군이라 하셨습니다. '짐을 채워야 떠나리라.' 하신 말씀에서 '짐'이란 바로 배에 태울 세상 사람들입니다.

> ※ 무신년 12월 상제님께서 정읍 대흥리 경석의 집에 포정소를 정하시고 공사를 행하시는데 양지에 24방위 글자를 돌려 쓰시고 중앙에 혈식천추 도덕군자血食千秋 道德君子라 쓰신 후에 말씀하시기를 "'천지가 간방艮方으로부터 시작되었다.' 하나 그것은 그릇된 말이요, 24방위에서 한꺼번에 이루어진 것이니라." 하시고 또 말씀하시기를 "이 일은 남조선 배질이라. 혈식천추 도덕군자의 신명이 배질을 하고 전명숙全明淑이 도사공이 되었느니라. 이제 그 신명들에게 '어떻게 하여 만인으로부터 추앙을 받으며 천추에 혈식을 끊임없이 받아 오게 되었는가.'를 물은즉 **모두 '일심에 있다.'**고 대답하니 그러므로 **일심을 가진 자가 아니면** 이 배를 타지 못하리라." 하시고 모든 법을 행하신 후에 불사르시니라. (6:83)

일꾼들이 이 배에 오를 수 있는 길은 가혹한 운명의 장애물을 뛰어넘는 **처절한 인고의 열정과 지극한 일심**을 소유하는 것임을 상제님께서 강조하고 계십니다.

상제님 일꾼으로서 살아가는 목적, 신앙하는 목적은 바로 이 **남조선 배를 운행하는 혈식천추 도덕군자가 되는 것**입니다. 혈식천추란 개벽기에 창생을 건진 불멸의 공덕에 대해 천지와 역사가 내려 주는, 영원히 끊어지지 않는 생명의 녹을 말합니다. 혈식천추 도덕군자가 되는 길은 **모든 것을 다 바쳐 봉사하고 희생하는 것**입니다. 죽음도 마다하지 않고 세상을 위해 역사함으로써 천지를 감동시킨 도덕군자에게 천지는 **영원한 보은의 녹줄**을 내려 줍니다.

상제님은 또 **남조선 배의 운명**에 대해 "이제는 상륙하였으니 풍파는 없으리라." 하시고 남조선 배가 상륙하면 **'조선이 제일로 좋아지게 된다.'**고 하셨습니다.

> ※ "남조선 배가 범피중류汎彼中流로다." 하고 노래하시며 말씀하시기를 "갑오년甲午年에는 상륙을 못 하여 풍파를 당하였으나, 이제는 상륙하였으니 풍파는 없으리라. 장차 조선이 제일로 좋으니라." 하시니라. (5:388)

상제님께서는 이 말씀을 하시기 5년 전인 갑진(1904)년부터 3년 동안 매년 한 번씩 군산에 있는 **'오성산五聖山'**에 가시어 '배말뚝 박는 공사'를 보셨습니다. 3년째 되는 병오(1906)년 12월 그믐날 마지막 말뚝을 박으시고 "남조선 배가 잘 도착하였노라." (5:163)라고 하셨습니다.

상제님은 정미(1907)년, 원평에서 '남조선 뱃길' 공사를 보시며 그곳에 모인 군중을 향해 "이 길은 성인 다섯을 낳는 길이로다."(3:183)라고 말씀하셨습니다. 당시 성도들은 그 뜻을 알지 못하고 '다섯 명의 성인'을 말씀하신 것으로만 이해했습니다. 그러나 '성인 다섯'과 '오로봉전태전'(5:306)이라 하신 '오로봉' 그리고 이 공사에서 '오성산'은 모두 **천지의 5황극 기운을 상징**합니다. 오성산에 배말뚝을 박으신 것은, 상제님께서 남조선 배를 운항할 역사의 주인공들을 정하신 공사입니다.

상제님께서 원평에서 출범을 알린 남조선 배는 태전에서 마지막 항해를 시작합니다. 이 구원의 배는 오선위기를 끝매듭짓는 배로서, 가을개벽 상황을 맞아 가장 험난한 마지막 항해의 닻을 올리게 됩니다.

지금 동북아 역사 대전쟁의 운명이 눈 앞에 성큼성큼 다가오고 있습니다. 장차 지구촌 문명의 새 질서가 열리는 인류사의 대전환의 문턱에서 상제님 일꾼이 의통 대권으로 동북아의 불의한 역사전쟁을 끝내고 남북 통일을 성취합니다. **한반도의 통일은 곧 의통**입니다. 남조선 배에 승선한 **도사공과 혈식천추 도덕군자들이 할 일은 바로 인류를 구원하는 의통성업**입니다. 대우주의 꿈이 오직 참 하느님이 전수하신 의통의 조화대권 속에서 실현됩니다. 추살의 대병겁에서 인류를 건지는 의통성업으로 선천의 전쟁의 역사를 끝내고 후천 5만 년 상생의 조화선경 세상을 열게 되는 것입니다.

3) 천자부해상天子浮海上 공사: 동방 천자국이 부상한다

온 인류의 생사가 판가름 나는 가을개벽의 풍랑을 뚫고 거친 바다를 항해하는 남조선 배는 상제님의 또 다른 공사가 실현되는 가운데 '후천 지상선경'이라는 최종 목적지에 무사히 도착하게 됩니다. 그 공사가 바로 상제님께서 병오(1906)년 2월에 보신 **'천자부해상 공사'**입니다.

❋ 2월에 대공사를 행하시려고 서울로 떠나시며 말씀하시기를 "**전함을 순창**淳昌**으로 돌려 대리니** 형렬은 지방을 잘 지켜 모든 일에 소홀히 임하지 말라." 하시고 또 여러 성도들에게 명하시기를 "이 일은 천하의 대운大運을 정하는 일이니 깨끗한 종이에 각기 소원을 기록하라." 하시어 그 종이로 안경을 싸 넣으시니라. 이어 상제님께서는 정남기, 정성백, 김갑칠, 김광찬, 김병선 등을 데리고 **군산으로 가서 배를 타기로 하시고** 신원일과 김선경, 김보경, 김봉규와 그 외 한 사람에게 "태전太田으로 가서 기차를 타라." 하고 명하시며 말씀하시기를 "내가 이제 조선의 국운을 바로잡으려 하나니 이는 수륙병진水陸竝進이니라." 하시니라. 다시 원일에게 명하시기를 "너는 먼저 서울에 들어가 '천자부해상天子浮海上'이라 써서 남대문에 붙이라." 하시니 원일이 명을 받아 일행을 거느리고 태전으로 떠나니라. (5:121)

❀ 상제님께서 일행을 거느리고 군산으로 떠나실 때 **김병선**에게 명하시어 글 한 수를 외우게 하시니 이러하니라.

永世花長乾坤位요 大方日明艮兌宮이라
영 세 화 장 건 곤 위 　대 방 일 명 간 태 궁
영원한 평화의 꽃은 건곤위에서 길이 만발하고
대지 위의 태양은 간태궁을 밝히리라.

군산에 이르시어 … 갑칠에게 "일인당 오매烏梅 한 개씩 준비하게 하라." 하시고 윤선에 오르시니라. 이어 상제님께서 부符를 써서 불사르시매 **바람이 크게 일어나고 천지가 진동하거늘 배 안의 사람들이 모두 혼비백산하여 쓰러지며** "선생님 살려 주십시오." 하고 소리치니 "아직 큰 줄을 놓지도 아니했는데 야단치느냐. 일후에는 어찌할까." 하시며 오매를 입에 물게 하시어 안정시키시니라. (5:122)

❀ 이날 밤, 종이에 싼 안경을 꺼내시어 종이 심지로 코를 찔러 피를 낸 다음 그 피를 안경알에 발라 다시 종이로 싸신 뒤에 갑칠에게 주시며 명하시기를 "이것을 **북쪽**을 향하여 바다에 던지라." 하시니라. … 갑칠이 다시 갑판 위에 올라가 살피니 별안간 번개가 치거늘 그 방향으로 던져 놓고 들어오니 일시에 풍파와 벽력이 그치고 바다가 잔잔해지니라. 이에 상제님께서 말씀하시기를 "일후에 북방에는 살아남을 자 없으리라." 하시니라.

이튿날 **인천에 당도**하여 보니 배에 '연蓮'이라 써 붙이셨더라. 곧 기차로 바꾸어 타고 서울에 이르시어 "각기 담배를 끊으라." 하시고 광찬의 인도로 황교黃橋에 사는 그의 종제 영선永善의 집에 드시니 원일 일행이 먼저 당도하여 있더라. (5:123)

이 공사는 가을개벽의 실제 상황을 압축하여 보여 주고 있습니다. 상제님께서는 2월에 공사를 행하러 서울로 떠나시며 **'전함을 순창으로 돌려 댄다'**고 하셨습니다. 전쟁하는 배를 오선위기 혈이 있는 순창으로 돌려 댄다는 것은 정치, 종교, 사상, 문화 등 선천 인류 역사의 모든 갈등과 시비를 끌러 내는 **'오선위기 씨름판'에 전쟁 운을 붙이신다**는 뜻입니다. 즉 상씨름 대전쟁이 발발하는 상황을 말씀하신 것입니다.

상제님께서는 배를 타고 **군산**에서 **인천**으로 출발하셨습니다. 군산은 가을 추살 기운으로 괴질이 처음 발병하는 곳이고, 인천은 병겁이 개벽의 땅 조선에서 전 지구촌으로 확산되어 나가는 출구입니다. 상제님이 군산에서 인천으로 배를 타고 가신 것은 병겁이 발병해서 확산되는 대세를 가늠해 보신 것입니다.

그런데 상제님께서 공사를 보시러 군산으로 떠나실 때 김병선 성도에게 "영세화장건곤위 대방일명간태궁"이라는 시구를 읽히신 뜻은 무엇일까요? '김병선金炳善'이라는 이름은 여름(炳)과 가을(金)이 바뀌는 금화교역金火交易의 가을개벽을 상징합니다. 김병선 성도가 읽은 이 시구는 천체가 개벽되어 천지일월이 '정도正度 운행'하는 가을 신천지의 낙원 세계를 노래하고 있습니다. 상제님은 병란兵亂과 병란病亂이 함께 터지는 상황에서 지축이 일시에 정남북으로 정립하여 천지 자연의 질서가 바뀔 것을 암시하신 것입니다.

인천으로 가는 배 안에서 상제님께서는 **대개벽의 충격**을 보여 주셨습니다. 바람이 불고 천지가 진동하자 성도들이 모두 혼비백산하여 쓰러지며 상제님을 찾는 상황이 벌어집니다. 상씨름 대전쟁, 지구촌 대병란, 지축 정립이라는 삼각 구도로 조여 올 가을 개벽의 절박한 상황을 성도들로 하여금 잠시 체험하게 하신 것입니다.

서울에 당도하신 상제님은 신원일 성도를 재촉하시어 '천자부해상'이라는 글귀를 '남대문(숭례문)'에 써 붙이게 하셨습니다. 남南은 방위로 광명의 남쪽 조선, 시간으로 우주의 여름철을 상징하므로, 여기서 '남대문'이란 '가을 개벽기 구원의 큰 문이 남쪽 조선에 있다.'는 뜻입니다. 그리고 신원일 성도 일행에게 태전을 거쳐 서울로 올라가게 하신 이유는 남조선의 중심이 바로 태전이기 때문입니다.

상제님께서 인류 구원이라는 대역사를 완성하는 의통 구호대 공사를 보시며 내려주신 다음 말씀에서도, 세운 공사와 도운 공사의 결론인 남조선 도수가 충청도 땅, 태전에서 매듭지어진다는 것을 알 수 있습니다.

※ 불[火]개벽은 일본에서 날 것이요, 물[水]개벽은 서양에서 날 것이니라. 인천에서 병이 나면 **전 세계가 인人개벽**을 당하리니 세상을 병으로 쓸어 버리리라. **피란은 콩밭[太田]** 두둑에서 하느니라. 태전太田이 문턱이니라. (7:43)

※ 대란지하大亂之下에 대병大病이 오느니라. 아동방我東方 삼일 전쟁은 있어도 동적강銅赤江은 못 넘으리라. 서울은 사문방死門方이요, 충청도는 생문방生門方이요, 전라도는 둔문방遁門方이니 **태전으로 내려서야 살리라.** (5:406)

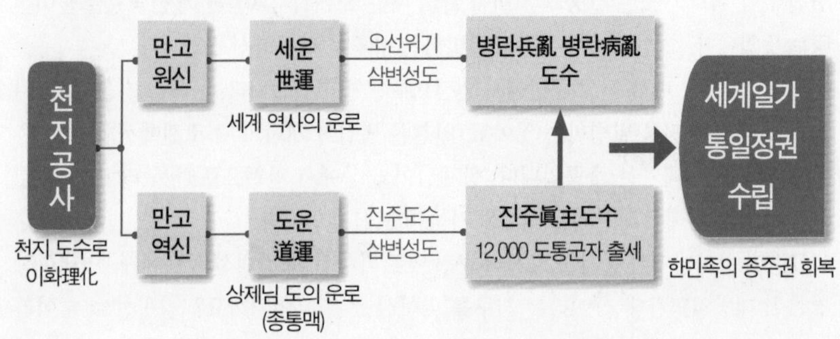

상제님께서 남대문에 써 붙이게 하신 '천자부해상'은, 동방의 조선 가운데서도 남쪽 조선에서 **상제님의 진리를 들고 나오는 도인**道人**이 출현**[帝出震]하여, 참 진리의 법방으로 세 벌 개벽을 극복하고 인류사의 모든 꿈과 이상을 이루는 것을 상징합니다. 이 공사로 말미암아 **동방 조선은 상제문화의 도주국, 즉 '천자 나라**(天子國)**'이던 종주국**宗主國**의 위상을 회복**하고 잃어버린 시원 역사를 되찾게 됩니다. 이것이 가을개벽을 극복하는 천자부해상 공사의 총 결론입니다.

3. 인류 구원의 대세

1) 선천 말대의 총체적 위기

우리는 춘생추살이라는 무정한 천지 심판의 냉혹함을 생각하며 불면의 밤을 지새게 됩니다. 상제님께서는 역설적으로, 앞일을 모르고 사는 사람이 오히려 마음 편하게 살 것이라 말씀하셨습니다.

> ❋ 대저 사람이 아무 것도 모르는 것이 편할지라. 오는 일을 아는 자는 창생의 일을 생각할 때에 비통을 이기지 못하리로다. 이제 천하창생이 진멸盡滅의 경계에 박도하였는데 조금도 깨닫지 못하고 이利끗에만 몰두하니 어찌 애석치 아니하리오. (2:45)

천지 대세가 넘어가는 오늘날, 한 치 앞의 운명도 모르는 뭇 중생은 부질없이 이利끗에만 몰두하며 모든 정열을 바치고 있습니다. 이러한 슬픈 현실을 비유해 '연소지화燕巢之禍'라 합니다. 처마 밑 기둥에 불이 타오르건만 어미 제비는 위험을 전혀 알지 못하고, 둥지에서 노란 주둥이를 내미는 새끼들을 먹이기에 정신이 없다는 말입니다.

> ❋ 이제 모든 일을 풀어놓아 각기 자유행동에 맡기어 먼저 난법을 지은 뒤에 진법을 내리니 오직 모든 일에 마음을 바르게 하라. (4:32)

지금은 상제님께서 모든 것을 풀어 자유행동에 맡기심으로써 타락과 악행이 만연하는 난법 해원 시대입니다. 우주 역사가 후천 인존 시대로 전환하기 위해 인류의 의지를 시험하는 과정입니다. 여름 천지의 불기운이 극도에 치달아 오른 오늘날, 현대인은 "죄 없는 자가 없어 모두 제 죄에 제가 죽게 되었으니…."(11:83)라는 태모님의 탄식 그대로, 물질문명이 주는 쾌락과 치유 불가능한 사회악의 향연에 취하여 생명의 참 가치와 존재 의미를 잃은 채 휘청거리고 있습니다. 20세기 후반, 불과 30세의 나이에 서구 자본주의의 가치 체계가 안고 있는 허구를 깨달은 프랑스의 앙리 레비Henri Lévi는 "현대는 신의 황혼기이며 인간의 황혼기"라 하였습니다.

지금 삼계 우주는 극한의 고통에 빠져 있습니다. 하늘도 묵은 하늘로 전락하고, 인간과 신은 원한에 사무쳐 서로 죽음으로 몰아가고 있으며, 자연도 원한 서린 살기殺氣의 불기운을 대지 위에 뿌려대고 있습니다. 천지의 성신들은 이러한 **삼계 우주의 위기**를 상제님께 하소연하였고, 이를 받아들여 조화주 하느님께서 이 땅에 오셨습니다.

상제님께서는 가을개벽에서 인류를 다 건질 수 없다고 하시며 애통해 하시고 눈물을 흘리기도 하셨습니다.

❋ 하루는 상제님께서 벽을 향하여 돌아누워 계시더니 문득 크게 슬퍼하시며 "전 인류가 진멸지경에 이르렀는데 아무리 하여도 전부 다 건져 살리기는 어려우니 어찌 원통하지 않으리오." 하시고 흐느껴 우시니라. (7:47)

❋ "천하창생이 모두 저 송사리 떼와 같이 먹고 살려고 껄떡거리다가 허망하게 다 죽을 일을 생각하니 안타깝고 불쌍해서 그런다 … 허망한 세상! 허망하다, 허망하다!" 하시며… "세상만사 덧없이 넘어간다. 세상만사 헛되고 허망하다!" 하고 구슬피 읊조리시니라. (7:48)

2) 후천 5만 년 새 생명의 길

(1) 누가 열매 맺는가 | 그러면 상제님 진리로 먼저 구원받아, 장차 세 벌 개벽의 심판과 고난에서 세상을 구원하는 사람은 어떤 요건을 갖추어야 하는 것일까요?

첫째, 구원의 가장 큰 원동력은 **선령의 음덕蔭德과 삼생三生의 인연**입니다.

❋ 선령신이 짱짱해야 나를 따르게 되나니 선령신을 잘 모시고 잘 대접하라. 선령신이 약하면 척신隻神을 벗어나지 못하여 도를 닦지 못하느니라. 선령의 음덕으로 나를 믿게 되나니 음덕이 있는 자는 들어왔다가 나가려 하면 신명들이 등을 쳐 들이며 '이곳을 벗어나면 죽으리라.' 이르고 음덕이 없는 자는 설혹 들어왔을지라도 이마를 쳐 내치며 '이곳은 네가 못 있을 곳이라.' 이르느니라. (2:78)

❋ 앞으로는 적선적덕積善積德한 사람이라야 십 리 가다 하나씩 살 동 말 동 하느니라. 내 집안, 내 동기간, 내 자식이라고 다 사는 것이 아니요, 내 자식도 복이 있어야 사느니라. (7:24)

뭇 생명이 낙엽처럼 떨어지는 가을 개벽기에는 모든 선령신이 발동하여 자손을 척신의 손에서 건져 내어 새 운수의 길로 인도하려고 분주히 서두르기 때문에, 무엇보다 선령신이 짱짱해야 합니다. 우리의 심령 속에 활화산 같은 **신앙의 불기운을 불어 넣어 주는 힘은 선령의 음덕에서 나오는 것**입니다.

내 생명의 직접적인 뿌리요, 나를 있게 한 조물주는 바로 부모, 조상입니다. 안운산 태상종도사님께서는 "지구상에 있는 전 인류는 제 조상이 자기의 하느님이다. **자기 조상이 제1의 하느님이고** 진짜 하느님은 제2의 하느님이다."라고 말씀해 주셨습니다. 모든 생명은 뿌리 기운을 받아 태어나고 자라며 살아갑니다. 우리는 '선령신이 짱짱해야 나를 따르게 된다'는 이 말씀을 영적 체험을 통해 깊이 체득해야 합니다. 수천 년을 쌓아온 조상의 음덕에 힘입어 그 자손이 상제님을 제대로 신앙하게 되는 것입니다.

이러한 조상의 음덕과 아울러 전생, 이생, 후생에 걸친 위대한 인연으로 상제님의 무극대도를 만나게 됩니다.

❋ 삼생三生의 인연이 있어야 나를 따르리라. (2:78)

전생과 이생의 인연으로 상제님 진리를 만나고, 그 만남에 의해 다음 생까지 결정된다는 말씀입니다. 그런데 현실적으로 중요한 것은 바로 지금 이 순간입니다. 오늘 이 순간, **'하느님 아버지가 이 땅에 오셨구나, 나는 오직 상제님 진리를 위해 살 것이다.'**라는 확신을 갖고 광제창생을 위해 뛰어들어야 합니다. 인간은 누구나 상제님 진리를 만나기 위해서 살아가고 있는 것입니다.

둘째, 인간으로 오신 상제님의 천지대도에 머물러야 합니다.

❋ 한 성도가 여쭈기를 "세간에 '도하지道下止'라는 말이 있사온데 과연 그러합니까?" 하니 말씀하시기를 "이제 하늘과 땅이 대비겁大否劫에 처하였으니 **천지대도에 머물지 않는다면 어떻게 살겠느냐?"** 하시니라. 또 이르시기를 "성경신誠敬信 주장하여 원형이정元亨利貞으로 행한다면 도하지가 예 아닌가! **원형이정으로 살아야 한다. 그러면 정의가 승리한다."** 하시고…. (7:3)

옛 비결서에 나오는 '도하지道下止'는 인간으로 오신 상제님의 도에 머물러야 산다는 뜻입니다. 오늘날 인류의 삶의 최종 목표는 대개벽기에 구원을 받아 열매 맺는 것입니다. 그런데 선천 성자들의 도법, 선천 진리로는 천지가 뒤집어지는 가을개벽에서 살아남을 수 없습니다. 오직 인간으로 오신 천주님, 하늘의 본래 주인 되시는 조화주 하느님의 도법을 만남으로써 구원의 길이 열립니다. **성경신을 다해 상제님의 대도 진리를 잘 닦고 정의롭게 살아야만 구원받을 수 있습니다.**

그런데 상제님 진리는 상제님의 종통 안에서만 올바로 깨칠 수 있습니다. 상제님은 종통의 중요성을 강조하시며, 세상을 바르게 보고 처세하는 도리에 대해 이렇게 일러 주셨습니다.

❋ 非人情(비인정)이면 不可近(불가근)하고 非情義(비정의)면 不可近(불가근)하고
非義會(비의회)면 不可近(불가근)하고 非會運(비회운)이면 不可近(불가근)하라

인간다운 정이 아니거든 가까이 말고
그 정이 의롭지 않거든 가까이 말며
의로워도 모일 만하지 않거든 가까이 말고
모일 만해도 운에 맞지 않거든 가까이 말지라.

非運通이면 不可近하고 非通靈이면 不可近하고
비운통 불가근 비통령 불가근
非靈泰면 不可近하고 非泰統이면 不可近하라
비영태 불가근 비태통 불가근

운수가 맞아도 형통하지 않거든 가까이 말고
형통해도 신령하지 않거든 가까이 말 것이며
신령함이 크고 평안치 않거든 가까이 말고
크고 평안해도 종통宗統이 아니거든 가까이하지 말지어다. (6:99)

상제님은 난법에 빠지지 않는 가장 원론적인 핵심 문제를 말씀하고 계십니다. '비인정非人情'을 근본으로 하여 난법을 극복하는 최종 결론의 주제에 대해 종국에는 '비태통非泰統이면 불가근不可近하라.'고 하십니다.

여기서 말씀하시는 '통統'은 '정통正統'과 '종통宗統'을 말합니다. 상제님 진리에서 올바른 가르침의 종통 도맥이 중요한 이유는, 무엇보다 진리 왜곡의 문제 때문입니다. 난법은 진리를 왜곡하고 그 뿌리를 부정합니다. 상제님 도문의 백 년 역사에서 가장 패역무도한 난법자는 상제님의 지엄하신 수부 도수, 정음정양 도수를 부정하고 수부님의 자리에 들어 앉아 종통을 왜곡하는 자입니다. 상제님께서는 "수부首婦의 치마 그늘 벗어나면 다 죽느니라."(11:6)라고 하시어 난법의 길을 가는 자들의 최후에 대해 엄중히 경계하셨습니다.

셋째, 난법 해원 시대를 맞아 빈천한 사람이 먼저 살 기운을 받는다고 하셨습니다.

❀ 또 물으시기를 "살 사람은 누구이겠느냐?" 하시니 대답하기를 "들판에서 농사짓는 사람과 산중에서 화전 파는 사람과 남에게 맞고도 대항치 못하는 사람이 살아야 하겠나이다." 하므로 말씀하시기를 "네 말이 옳으니 그들이 상등 사람이니라." 하시니라. (7:53)

❀ 이제 해원시대를 맞아 도道를 전하는 것을 빈천한 사람으로부터 시작하느니라. … 오직 빈궁한 자라야 제 신세를 제가 생각하여 도성덕립道成德立을 하루바삐 기다리며 운수 조일 때마다 나를 생각하리니 그들이 곧 내 사람이니라. (2:55)

이 말씀은 어리석고 가난하고 힘없는 사람들만 살게 된다는 뜻이 아닙니다. 선천 문화와 역사에 정신을 뺏기지 않고 참 진리에 목말라 있는 이들이 천지의 대도 진리를 빨리 받아들일 수 있다는 말씀입니다.

하루 빨리 진리를 받아들여 자아의 혼을 일깨워 상제님을 성심으로 따르겠다는 결단을 내리는 사람이 살아남습니다. 이때 **진리로 인도하는 조상의 음덕**이 중요한 손길로 작용합니다. 상제님께서는 "이제 모든 선령신들이 발동發動하여 그 선자선손善子善孫을 척신隻神의 손에서 건져 내어 새 운수의 길로 인도하려고 분주히 서두르나니 너희는 선령신의 음덕蔭德을 중히 여기라."(7:19)라고 말씀하셨습니다. 그러나 조상의 음덕이 아무리 크더라도 자손이 어리석고 게을러서 개벽 진리를 깨닫지 못하고 받아들이지 못한다면 조상의 음덕 또한 열매 맺을 수 없습니다. 진리를 제대로 받아들이려면 심령이 비약飛躍하는 과정을 거쳐야 합니다.

(2) 열매 맺지 못하는 자 | 증산 상제님께서는 인류에게 닥칠 가을개벽을 극복할 구원의 법방인 의통을 내려 주셨지만, 70억 인류가 모두 추살 병겁에서 구원받는 것은 아닙니다. 그러면 이 우주의 겁살이 뻗치는 대개벽 심판에서 어떤 사람이 구원받지 못할까요?

첫째, 상제님은 **남을 못살게 굴고 피눈물을 흘리게 한 자**는 그들의 부귀, 명예, 금력, 권력과 상관없이 그 악척 때문에 모조리 콩나물 뽑히듯 한다고 하셨습니다. 이들은 묵은 기운이 영과 육을 쩌 누르고 있어서 설령 후천의 새 운수를 열어 주어도 감당할 수 없습니다.

❋ 오직 어리석고 가난하고 천하고 약한 것을 편히 하여 마음과 입과 뜻으로부터 일어나는 죄를 조심하고 남에게 척을 짓지 말라. 부하고 귀하고 지혜롭고 강권을 가진 자는 모든 척에 걸려 콩나물 뽑히듯 하리니 이는 묵은 기운이 채워져 있는 곳에서는 큰 운수를 감당키 어려운 까닭이니라. (5:416)

둘째, 선령신과 민족의 시조신을 부인하거나 박대하는 자는 살 기운을 받기 어렵다고 하셨습니다.

❋ 이 때는 원시반본原始返本하는 시대라. 혈통줄이 바로잡히는 때니 환부역조換父易祖하는 자와 환골換骨하는 자는 다 죽으리라. … 이제 인종 씨를 추리는 후천 가을운수를 맞아 선령신을 박대하는 자들은 모두 살아남기 어려우리라. (2:26)

❋ 너희에게는 선령先靈이 하느님이니라. 너희는 선령을 찾은 연후에 나를 찾으라. (7:19)

셋째, 군사부君師父가 한 갈래로 합치되는 원시반본의 가을개벽 정신에 따라 **스승의 은혜를 저버리는 배은망덕한 자**는 반드시 배사율을 받으리라고 하셨습니다. 이것은 개인뿐만 아니라 민족 간의 관계에서도 동일하게 적용되는 가을 우주의 이법입니다.

※ 선천에는 도수가 그르게 되어서 제자로서 스승을 해하는 자가 있었으나 이 뒤로는 그런 불의를 감행하는 자는 배사율背師律을 받으리라. (2:27)

※ 조선은 원래 일본을 지도하던 선생국이었나니 배은망덕背恩忘德은 신도神道에서 허락하지 않으므로 저희들에게 일시의 영유領有는 될지언정 영원히 영유하지는 못하리라. (5:118))

넷째, 선천 종교에 깊이 물든 자를 경계하셨습니다.

※ 시속에 남조선 사람이라 이르나니, 이는 남은 조선 사람이란 말이라. 동서 각 교파에 빼앗기고 남은 못난 사람에게 길운吉運이 있음을 이르는 말이니 그들을 잘 가르치라. (6:60)

※ 저도 모르는 놈이 세간에 사람을 모으는 것은 '저 죽을 땅을 제가 파는 일'이니라. (2:95)

우리는 지금 옛 사람들이 말한 대로 백 명 조상에 자손 한 명이 살아남는 '백조일손百祖一孫'의 대변국기에 살고 있습니다. 이토록 살아남기 어려운 개벽기에 구원의 길은 동서의 각 종교에 물든 사람보다는 오히려 이들 종교에 회의를 느끼거나 종교를 안 믿는 사람에게 열려 있습니다. 왜냐하면 선천 종교인들은 생장生長 시대의 가르침인 자신의 종교만을 절대적이라 여기는 배타심을 갖고 있기 때문입니다. 그래서 그들 종교와는 언어와 진리의 성격이 다른 상제님의 무극대도를 잘 받아들이지 못합니다.

인류는 지금까지 '선·후천의 창조 섭리'를 모르고 살아 왔습니다. 불교인은 마음만 잘 닦으면 그만이라 여기며, 유교를 신봉하는 사람은 신천지 개벽을 목전에 두고도 인륜과 도덕만 외치고 있습니다. 기독교인은 우주의 가을개벽 이치에 대한 인식이 없이 유일신 신앙에 빠져 조상을 박대하고 민족의 시조신을 우상이라 여깁니다. 오늘날 기독교가 서구 문명의 번영 위에서 영화를 누리고 있으나 상제님께서는 "서교西敎는 신명을 박대하므로 성공치 못하리라."(4:48)라고 경계하셨습니다.

다섯째, 진실하지 못한 자, 믿음의 순정을 잃은 교만한 자는 자기 스스로 구원의 길을 막는다고 말씀하셨습니다.

※ 만인경萬人鏡에 비추어 보면 제 지은 죄를 제가 알게 되니 한탄한들 무엇하리. … 시속에 '병신이 육갑六甲한다.' 하나니 서투른 글자나 안다고 손가락을 곱작거리며 아는 체하는 자는 죽음을 면치 못하리라. (7:64)

※ 將驕者는 敗니 見機而作하라.
장교자 패 견기이작
장수된 자 교만하면 패하리니 기틀을 보고 일을 지으라. (8:89)

❋ 오장五臟이 바르지 못한 자는 수숫대 꼬이듯 하여 죽고, 거짓말하는 자는 쓸개가 터져서 죽으리라. (7:24)

교만한 자는 반드시 패합니다. 지금은 선천 영웅시대의 종말기입니다. 숱한 사람이 설익은 지적知的 자만심에 빠지거나 세간의 부귀영화와 금력, 자기중심의 교만에 빠져서 진리를 거부하며, 구원의 빛 대신에 죽음과 타락의 어둠 속으로 빠져들고 있습니다. 순정純正 어린 믿음을 갖기에는 너무나 타락한 인생이 있는가 하면, 화려한 물질문명의 향연에 취해서 후천개벽이나 말세란 말만 들어도 혐오감을 갖는 사람이 적지 않습니다.

❋ 부귀한 자는 빈천함을 즐기지 않으며, 강한 자는 잔약孱弱함을 즐기지 않으며, 지혜로운 자는 어리석음을 즐기지 않느니라. 그러므로 나는 그들을 멀리하고 오직 빈천하고 병들고 어리석은 자를 가까이하나니 그들이 곧 내 사람이니라. (9:32)

일꾼들은 상제님께서 언약하신 이 축복의 말씀을 가슴에 깊이 새겨 쓰라린 인생의 노정에서도 늘 미소를 잃지 말아야 합니다. "오직 어리석고 가난하고 천하고 약한 것을 편히 하여 부디 마음을 잘 고쳐 죄를 짓지 말라."(2:62) 하신 말씀에 순종하여 잔약한 인생으로서 모든 운명의 짐을 상제님 앞에 풀어 놓고 마음과 몸을 편히 하여(安心安身), **일심의 순정 어린 믿음**을 갖고 살아야 합니다. 일심이 없이는 신앙의 제1의 생명인 성誠·경敬·신信이 하나로 모아지지 않으며, 진리의 열매를 맺을 수 없습니다.

일꾼이 교만해질 때는 그 마음자리에 '반역하는 신(逆神)'이 감응하여 자신이 구세주나 천자라고 외치도록 영혼을 부추깁니다. 지난 난법 해원 시대에 이 역신 해원 줄에 걸려 자칭 구세주나 천자를 외친 자가 얼마나 많았습니까? 일찍이 상제님께서는 이러한 불의를 미리 내다보시고 "천자를 도모하는 자는 다 죽으리라."(5:223)라고 엄중히 경계하셨습니다.

❋ 내 도道에 없는 법으로 제멋대로 행동하고 난법난도亂法亂道하는 자는 이후에 날 볼 낯이 없으리라. (2:60)

❋ 난법난도하는 사람 날 볼 낯이 무엇이며, 남을 속인 그 죄악 자손까지 멸망이라. (6:21)

상제님은 "죄가 없어도 있는 듯이 잠시라도 방심하지 말고 조심하라."(7:24)라고 당부하셨습니다. 또 태모님께서는 "죄가 없어도 있는 것 같이 좀 빌어라."(11:83)라고 말씀하셨습니다.

3) 가을 천지의 구원 섭리

상제님께서 '추지기신야秋之氣神也'(6:124)라 말씀하셨듯이 우주 가을철에는 천지의 신도 기운이 크게 열려 성신의 생명력이 인간 역사 속에 강렬하게 몰려오게 됩니다. 상제님께서 "악으로 채우는 자도 성공(자기 충족)하고 선으로 채우는 자도 성공(자기 충족)하느니라."(6:133) 하신 말씀처럼, 이때는 각기 닦은 바에 따라 신명이 응하는 신인합일神人合一의 문화가 펼쳐집니다. 하지만 악으로 성공하려는 자에게는 죽음이 따르고, 선으로 성공하려는 자에게는 영원한 생명의 길이 열립니다.

상제님은 선·후천이 바뀌는 그날, 당신께서 친히 인류에게 내려 주실 조화 지기至氣에 대해 '지기금지원위대강至氣今至願爲大降'이라 노래하셨습니다. 이 말씀 속에는 가을 천지가 집행하는 심판의 근본정신이 잘 나타나 있습니다.

至曰天地禍福至요
지 왈 천 지 화 복 지
氣曰天地禍福氣요
기 왈 천 지 화 복 기
今曰至無忘이요
금 왈 지 무 망
降曰天地禍福降이니라
강 왈 천 지 화 복 강
지至는 천지의 화복이 지극하다는 말이요
기氣는 천지의 화와 복의 기운이라는 말이요
금今은 지극하여 잊을 수 없다는 말이요
강降은 천지의 화복이 내린다는 의미니라. (7:69)

'지기至氣'란 인간으로 하여금 천지의 꿈을 성취하게 하는 성령의 조화 기운을 말합니다. '지기금지원위대강'은 '우주의 조화주 상제님이시여, 바라옵건대 저에게 천지의 가을 기운을 크게 내려 주시옵소서'라는 뜻입니다.

상제님은 '이제 금今' 자의 뜻을 '지무망至無忘', '지극하여 잊을 수 없다.'라고 풀어 주셨습니다. 이 말씀에는 후천개벽의 삼계 심판은 한 치의 오차도 없이 반드시 오게 됨을 늘 잊지 말고 깨어 있어야 한다는 경계의 뜻이 담겨 있습니다. 또 "개벽정신흑운월開闢精神黑雲月이요"(2:145)라는 시구로써 깨우쳐 주셨듯이, 아름다운 황금빛을 발하는 보름달이 검은 구름 뒤에 가려 있을 때에도 자연의 개벽 정신은 쉬지 않고 흘러서 후천 가을개벽의 때가 반드시 오고 맙니다.

그리고 '강降'은 천지의 화와 복이 내린다는 뜻입니다. 믿음으로 조화 기운, 조화 성령을 받아 내리면 인간이 이루어야 할 모든 것을 천지와 더불어 성취하고 천지의 복을 받습니다. 그러나 천지 부모를 믿지 않고 거부하면 추살의 섭리에 희생되어 멸망당하므로 곧 **천지의 화**를 받는 것입니다. 이처럼 **천지의 큰 복락과, 심판의 큰 재앙이 동시에 내리게 됩니다.**

우주생명이 숙살지기로 천지인 삼계의 겁살을 씻어 내는 대변국기에 심판을 받아 멸망당하게 된다는 것은 영혼의 영원한 죽음을 의미합니다. 그러면 가을 천지의 심판에서 어떻게 해야 낙엽이 되지 않고 열매를 맺을 수 있을까요?

가을은 만물이 결실하는 때로서 모든 생명은 뿌리로 돌아가야(原始返本) 열매를 맺을 수 있습니다. 인간에게 **자기 생명의 뿌리, 근원은 부모와 조상**입니다. 천상의 조상은 지상에 사는 자손의 뿌리요, 자손은 조상의 열매인 것입니다. 자손이 인간으로 오신 상제님의 진리를 만나고, 깨닫고, 열매 맺는 모든 힘은 **조상이 닦은 공력**에 따라서 주어집니다.

그런데 조상이 자손을 상제님 진리로 인도한다 해도 그 자손이 게으르고 어리석어 천지 뜻을 거스르고 신앙의 열매를 맺지 못하면 결국 천상의 조상신도 함께 소멸하고 맙니다. 안운산 태상종도사님께서는 "자손은 조상의 숨구멍이다. 천 년 고목도 새 순이 하나라도 있으면 살아 간다."라고 하시며 조상과 자손의 관계에 대해 늘 강조하셨습니다. 자손이 아무리 못났다 하더라도 이번 개벽철에 자손이 한 명이라도 살아남으면 그 조상이 다 구원받아 후천으로 넘어갈 수 있습니다. 바로 이것이 천상의 조상과 지상 자손이 함께 성공하는 '천지성공'의 구체적인 내용입니다. 하지만 자손이 단 한 명도 구원받지 못해 멸절되면 그 조상도 모두 함께 멸망당하고 맙니다. 이처럼 가을 개벽기에는 인신공판人神共判, 사람과 신명이 함께 심판을 받게 됩니다.

❋ 이 때는 천지성공 시대天地成功時代니라. 천지신명이 나의 명을 받들어 가을 운의 대의大義로써 불의를 숙청하고 의로운 사람을 은밀히 도와주나니 악한 자는 가을에 지는 낙엽같이 떨어져 멸망할 것이요, 참된 자는 온갖 과실이 가을에 결실함과 같으리라. (2:43)

그래서 상제님께서는 제 죄에 걸려 모두 죽게 되어 있는 난법 해원 시대에 저속한 유행에 휩쓸리지 말고 하루빨리 천지 대세에 눈을 뜨라고 간곡히 당부하셨습니다.

❋ 知天下之勢者는 有天下之生氣하고
지천하지세자 유천하지생기
暗天下之勢者는 有天下之死氣니라
암천하지세자 유천하지사기
천하대세를 아는 자에게는 살 기운(生氣)이 붙어 있고
천하대세에 어두운 자에게는 천하의 죽을 기운(死氣)밖에는 없느니라. (5:347)

이 시대에는 이끗에만 몰두하여 곧 닥칠 미래의 일에는 까막눈이 되어 버린 창생이 참으로 많습니다. 상제님께서는 그러한 창생들에게 "이제 신명으로 하여금 사람에게 임감臨監하여 마음에 먹줄을 잡혀 사정邪正을 감정하여 번갯불에 달리리니 마음을 바르게 못하고 거짓을 행하는 자는 기운이 돌 때에 심장이 터지고 뼈마디가 튀어나오리라. 운수는 좋건마는 목 넘기기가 어려우리라."(4:32)라고 경계하셨습니다.

신도의 심판이 이렇게 엄정하게 이루어지는 이때 어찌 인간으로 오신 조화주 하느님이신 상제님의 도법과 덕 닦기에 힘쓰지 않을 수 있겠습니까.

4) 세계 구원의 대세

(1) 불가지에서 보신 창생 구원 공사 | 상제님께서 어천하시기 2개월 전인 기유(1909)년 4월에 '27년 난법 헛 도수'를 처결하시고, 얼마 후에 완주군 이서면 불가지佛可止 마을에 가셨습니다. 상제님께서는 '부처가 가히 그칠 곳'이라는 불가지 마을의 기운을 취하여 천하 창생을 건지는 가을 부처의 불가지 공사를 보셨습니다.

❋ "불가지佛可止는 '부처가 가히 그칠 곳'이란 말이요, 예로부터 그곳을 '가활만인지지可活萬人之地'라 일러 왔나니 이제 그 기운을 걷어 창생을 건지리라." 하시고 가마를 타고 불가지로 가시며 옛글 한 수를 외우시니 이러하니라.

金屋瓊房視逆旅하고 石門苔壁儉爲師라
금옥경방시역려 석문태벽검위사
絲桐蕉尾誰能解오 竹管絃心自不離라
사동초미수능해 죽관현심자불리
금집과 구슬방을 역려처럼 보고
돌문과 이끼 낀 벽의 검소한 삶을 본받으라.
사동과 초미(거문고)의 음을 누가 능히 해석하련마는
피리와 거문고 소리는 자연히 어우러지는구나.

匏落曉星霜可履요 土墻春柳日相隨라
포락효성상가리 토장춘류일상수
革援瓮畢有何益고 木耜耕牛宜養頤라
혁원옹필유하익 목사경우의양이
별이 지고 샛별이 뜨면 서리를 밟고
흙담장에 늘어진 봄버들은 날로 서로 가까워지네.
마원과 필탁의 일이 무슨 이익이 있겠는가.
나무 보습과 밭갈이 소로 마땅히 기를 것을 기르리라. (5:397)

❋ 그 길로 불가지 김성국金成國의 집에 이르시어 "용둔龍遁을 하리라." 하시니라. 이어 양지 이십 장을 가로 세로 각 사절과 팔절로 잘라 책을 만드신 다음 보시기에 실로 '미米' 표와 같이 둘러 매시어 그 실올을 오색五色으로 물들이시고 그

릇 가장자리에 푸른 물을 발라 책장마다 돌려 찍으신 뒤에 책장을 모두 떼어 사절로 꺾어 접은 후 풀로 이어 붙여 시렁에 걸어 놓으시니 오색찬란한 문채文彩가 용의 형체 같더라. 이에 그 종이를 걷어서 가마를 내려놓았던 자리에서 불사르시니라. (5:398)

❋ 일을 해야 되니 불가지 **김성국**을 데리고 오라. … 우리끼리 일했으나 나의 일은 판밖에 있느니라. (6:118)

상제님께서는 이에 앞서 3년 전에 천자부해상 공사를 보실 때 성도들의 소원을 기록한 종이로 안경을 싸서 북방으로 던지도록 하신 일이 있습니다. 이는 성도들의 그 소원과 믿음이 성취되도록 하시기 위해 **가을 세상을 이룬다**는 뜻의 김성국金成國 성도 이름 기운을 취하여 불가지에 있는 그의 집에서 보신 공사입니다.

이때 상제님께서 **"용둔**龍遁을 하리라." 하셨는데, 용은 '조화'를 상징하며 미륵부처님이신 상제님의 '구원과 진리의 조화권을 전수해 주는 1태극 대두목'을 상징합니다.

또 이 불가지 공사는 5황극 기운을 바탕으로 보신 공사로서 실올을 물들인 오색은 바로 5황극을 상징하며 책은 문명을 상징합니다. 후천 개벽기에 1태극 대두목을 대행하여 5황극 도주道主가 상제님의 문명을 세상에 펼침으로써 지구촌 인류는 상제님 진리를 전수 받아 새 생명의 조화를 얻을 수 있게 됩니다.

(2) 개벽기에 살아남을 사람은 몇인가: 천하 호구 성책 공사 | 가을개벽 상황에서 구원을 받아 살아남을 인류는 과연 얼마나 될까요? 인간에게 닥치는 재앙은 하늘의 별[星辰]과 땅의 기운[地運]에서 발동됩니다. 일찍이 서구 사람들도, 재앙은 하늘의 천체와 일월성신에서 비롯되는 것으로 말해 왔습니다. 재앙을 뜻하는 영어 'disaster'는 별과 재앙의 연관성을 드러내 주는 말입니다('aster'는 별[star]을 의미하는 희랍어 'astro'에서 유래함). 천지일월과 모든 성신을 뜻대로 부리시는 증산 상제님께서는 천지공사를 집행하실 때 성도들에게 자주 천문天文을 살피게 하시어 천지와 더불어 도수를 확정하셨습니다.

개벽기에 살아남을 사람 수를 보는 공사를 행하실 때도 상제님은 천상 성수星宿에 붙여 그 수를 헤아리셨습니다. 그 수를 보신 후에, 천지와 일월성신이 윤도수 꼬리표를 끊어 내고 정역의 시공 궤도로 들어서는 선·후천 전환의 변국기에 '천하지생기天下之生氣'가 있는 지역과 '천하지사기天下之死氣'가 뻗치는 지역을 대국적으로 말씀하셨습니다.

❋ 상제님께서 일러 말씀하시기를 "천상의 별의 수數가 사람의 수와 서로 응하나니, 내가 이제 하늘을 열어 개벽기에 살아남는 사람 수를 천상 성수星宿에 붙여 그 수를 보리라." 하시고 남쪽 하늘을 향하여 "일본과 중국의 수를 보자." 하시고 발을 구르시니 남쪽 하늘에서부터 검은 구름이 걷히며 별들이 나타나거늘

말씀하시기를 “일본과 중국은 그 수가 ○○이로구나.” 하시니 검은 구름이 다시 하늘을 가리더라. 또 “이번에는 서양을 보자.” 하시고 발을 구르시니 검은 구름이 걷히며 별들이 보이다가 도로 가려지거늘 말씀하시기를 “서양의 수는 ○○이로구나.” 하시니라. 상제님께서 “이번에는 조선의 숫자를 보자.” 하시고 발을 구르시니 다시 검은 구름이 걷히며 별들이 나타나는지라. 말씀하시기를 “그 수를 알았노라. 조선의 수가 그중 낫구나!” 하시니라. (7:45)

상제님께서는 이처럼 가을 개벽기에 구원받을 지역을 큰 틀에서 헤아려보셨을 뿐만 아니라, 개벽기에 살아남을 지구촌의 인구 총수를 구체적으로 조사하는 명부 공사도 행하셨습니다. 그것은 무신(1908)년 한여름 밤에 상제님께서 한공숙 성도를 천상 조화정부로 부르시어 보신 공사입니다.

❋ 하루는 구릿골에 계실 때 한공숙韓公淑이 이르거늘 공숙에게 친히 술을 따라 주시며 말씀하시기를 “내 일을 많이 하였으니 술을 마시라.” 하시니라. 공숙이 대하여 아뢰기를 “당신님의 일을 한 바가 없나이다.” 하니 말씀하시기를 “한 일이 있느니라.” 하시거늘 공숙이 어리둥절하여 술을 받아 등을 돌려 마시고 한참 앉아 있다가 여쭈기를 “간밤 꿈에는 한 일이 있었나이다.” 하매 말씀하시기를 “꿈에 한 일도 일이니라.” 하시니라. 여러 사람이 공숙에게 그 꿈을 물으니 말하기를 “선생님께서 우리 집에 오시어 **‘천하호구天下戶口를 성책成冊하여 오라.’** 명하시므로 오방신장五方神將을 불러 호구 조사를 하여 올리니 선생님께서 받으시는 것을 보았다.” 하더라. (5:266)

이 공사에서 우리는 인간이 주체가 되어 신명을 부리는 신인합발神人合發의 창조 섭리가 지상뿐 아니라 천상에서도 상제님의 명命에 따라 집행되고 있음을 분명히 알 수 있습니다. 오늘을 사는 인류 한 사람 한 사람의 최후 명운은 상제님께서 성책하라 하신 이 ‘명부 책’에 다 기록되어 있습니다.

2천 년 전, 강렬한 빛의 감응 속에서 인류 구원을 위해 진군해 오는 무리를 보았던 사도 요한은 이 명부 책을 **생명책**이라고 증언하였습니다.

◎ 내가 보매 보좌에 앉으신 이의 오른손에 책이 있으니 안팎으로 썼고 일곱 인印으로 봉하였더라. (「요한계시록」 5:1)

◎ 또 내가 보니 죽은 자들이 무론대소하고 그 보좌 앞에 섰는데, 책들이 펴 있고 또 다른 책이 펴졌으니 곧 생명책이라. 죽은 자들이 자기 행위를 따라 책들에 기록된 대로 심판을 받으니 … 누구든지 생명책에 기록되지 못한 자는 불못에 던지우리라. (「요한계시록」 20:12, 15)

제3절 후천 조화선경 건설

1. 후천 선경 건설의 주체

산 상제님께서는 당신을 따르는 모든 일꾼은 각기 여섯 명에게 도를 전해야 한다고 하셨습니다. 개벽 실제 상황에서는 여섯 명이 있어야 의통을 집행해서 사람을 살려 낼 수 있기 때문입니다.

상제님은 여섯 명이 구원의 한 조가 되어 병겁 심판기에 죽어 넘어가는 창생을 의통인패의 조화로 살려 내는 **육임六任 의통 도군 조직 공사를 처결**하셨습니다. 육임 의통 조직은 칠성 도수에 따라 조직의 수장首長 한 명과 각기 다른 임무를 맡은 여섯 명의 조원으로 이뤄집니다(제10장 칠성 도수 참고).

※ 나를 믿는 자는 **매인每人이 6인씩 전하라.** 포교의 도道가 먼저 육임六任을 정하고 차례로 전하여 천하에 미치게 되나니 이것이 연맥連脈이니라. 하루는 류찬명柳贊明과 김자현金自賢에게 이르시기를 "각기 10만 명에게 포교하라." 하시니 찬명은 대답하고 자현은 대답지 않거늘 재촉하시어 대답을 받으신 뒤에 말씀하시기를 "평천하平天下는 내가 하리니 치천하治天下는 너희들이 하라. 치천하 50년 공부니라." 하시니라. (8:101)

장차 이 육임 도군이 상제님의 마패 도수를 실현하는 의통법으로 선천의 자연과 인간 역사를 최종 매듭짓고 개벽의 고통을 극복하여 후천 조화선경의 새 문명을 건설하게 됩니다.

※ 장차 천지녹지사가 모여들어 선경을 건설하게 되리라. (8:1:8)

※ 대명천지大明天地 밝은 날 살고 제일강산에 조화선경을 건설하니 조선국 상계신, 중계신, 하계신, 지혜로 집을 찾아드소서. (11:172)

2. 후천 조화선경의 참 모습

증산 상제님의 도법으로 세 벌 개벽을 극복하고 나면 선천 종교에서 그려 오던 후천 조화선경의 아름다운 세계가 지상에 현실 역사로 펼쳐집니다. 이런 의미에서 후천 조화선경을 '현실 선경', '지상 선경'이라고도 합니다. 후천에는 천지의 틀이 상극 질서에서 상생 질서로 바뀜에 따라 인류 문화도 상생의 문화로 바뀝니다. 그리하여 지금의 인간 의식으로는 상상할 수 없는 꿈 같은 조화 세상이 눈앞에 펼쳐지게 됩니다.

이제 우리의 심령 속에 생기를 불어넣어 주었던 여름의 시공 궤도(365¼도)가 후천의 정원 궤도(360도)로 바뀌어 윤도수가 사라지고 신천지의 신문명이 새롭게 열리게 됩니다. 우리 눈앞에 펼쳐질 후천 조화선경 세계의 모습에 대해 구체적으로 살펴보겠습니다.

1) 천하가 한집안: 우주일가 통일문명

❋ 이제 천하를 도모하러 떠나리니 일을 다 본 뒤에 돌아오리라. (10:34)

❋ 내가 장차 열석 자로 다시 오리라." 하시고 "수운가사에 '발동發動 말고 수도修道하소. 때 있으면 다시 오리.'라 하였나니 알아 두라." 하시니라. (10:24)

상제님께서는 가을개벽 3년의 진통을 거쳐 후천 세계가 건설된 뒤에 모든 천상 성신의 보좌를 받으시며 눈부신 성령의 빛으로 지상 성전聖殿에 강림하실 것을 언약하셨습니다. 수부님께서도 그때 당신께서 상제님과 함께 오시리라 말씀하셨습니다.

❋ 나의 얼굴을 잘 익혀 두라. 후일에 출세할 때에는 눈이 부시어 보기 어려우리라. 예로부터 신선이란 말은 전설로만 내려왔고 본 사람은 없었으나 오직 너희들은 신선을 보리라. (7:89)

❋ 증산 상제님이 오시면 나도 올 것이요, 내가 오면 상제님도 오시리라. (11:416)

상제님은 또 천상 조화정부의 완결판으로서 그 규모가 36만 칸이나 되는, 웅장한 **세계 통일문명 정부**가 한국에 창설되어 인류를 계도하리라고 하셨습니다.

❋ 내가 출세할 때에는 **주루보각朱樓寶閣 삼십육만 칸을 지어** 각기 닦은 공력功力에 따라 앉을 자리에 들어앉혀 신명들로 하여금 옷과 밥을 받들게 하리니 만일 못 앉을 자리에 앉은 자가 있으면 신명들이 그 목을 끌어 내칠 것이니라.
하루는 우레와 번개를 크게 일으키며 말씀하시기를 "뒷날 출세할 때에는 어찌 이러할 뿐이리오. 천지가 진동하고 뇌성이 대작하리라. 잘못 닦은 자는 죽지는 아니하나 앉을 자리가 없어서 참석하지 못할 것이요 갈 때에 따라오지 못하고 엎어지리라. 부디 마음을 부지런히 닦고 내 생각을 많이 하라." 하시니라. (7:89)

이 말씀을 통해서 우리는 신명이 인간에게 수종 드는 인존 시대의 모습을 섬세하게 그려볼 수 있습니다. 이 우주에서 가장 이상적인 조화 낙원문명이 지상(十天)에 건설되고 상제님께서 성령으로 강림하시게 됩니다. 이때 구원을 받은 천상의 조상들도 자손과 함께 신명으로서 지상 낙원에서 살아갑니다.

앞서 제7장에서 우리는 후천 세계를 단일 문명권으로 통일하신 상제님의 '세계일가 통일정권世界一家統一政權 공사'(5:325)에 대해 살펴보았습니다. 증산 상제님과 수부님은 앞으로 펼쳐질 후천 5만 년 조화 낙원 세계의 모습을 이렇게 밝혀 주셨습니다.

❋ 개벽하고 난 뒤에는 좋은 세상이 나오리니, 후천 오만년 운수니라. (11:111)

❋ 후천에는 천하가 한집안이 되리니 모든 언어동정을 통일하여 조금도 편색偏塞함이 없게 하리라. 위무威武와 형벌을 쓰지 않고 조화로써 창생을 다스리되 자기의 잘못을 스스로 깨닫게 하며 벼슬아치는 직품職品에 따라 화권化權이 열리므로 분의에 넘치는 폐단이 없고 모든 백성의 쇠병사장衰病死葬을 물리쳐 불로장생不老長生으로 영락을 누리게 하리니 너희들은 환골탈태換骨奪胎 되어 키와 몸집이 커지고 옥골풍채玉骨風采가 되느니라. 후천에는 덕을 근본으로 삼아 이 길에서 모든 복록과 영화를 찾게 되느니라. (7:4)

먼저 후천 문명 세계 치세治世의 법도를 살펴보면, 종교와 정치 제도가 원시반본하여 군사위君師位가 하나가 되고, 각 나라마다 성웅일체聖雄一體의 이상 정치가 실현됩니다.

❋ 옛적에는 신성神聖이 하늘의 뜻을 이어 바탕을 세움[繼天立極]에 성웅이 겸비하여 정치와 교화를 통제관장統制管掌하였으나 중고中古 이래로 성聖과 웅雄이 바탕을 달리하여 정치와 교화가 갈렸으므로 마침내 여러 가지로 분파되어 진법眞法을 보지 못하였나니 이제 **원시반본이 되어 군사위君師位가 한 갈래**로 되리라. (2:27)

❋ 이전에는 판이 좁아서 성聖으로만 천하를 다스리기도 하고 웅雄으로만 다스리기도 하였으나 이제는 판이 넓어서 **성과 웅을 합하여** 쓰지 않으면 능히 천하를 다스리지 못하느니라. (4:5)

선천이라는 닫힌 우주 질서 속에서는 인간이 미성숙하여 상제님의 군사부 문화의 이상을 이룰 수 없었으나, 후천 새 세상에는 태고 시대에 펼쳐진 삼신상제님의 신교 문화가 다시 열려 모든 인간이 **'군사부일체君師父一體'의 도법으로 천지의 뜻과 큰 꿈을 실현**하며 살아갑니다.

안운산 태상종도사님께서는 상제님의 군사부 문화의 의미를 이렇게 밝혀 주셨습니다.

❀ 앞으로는 지금과 같은 민주주의 세상도 아니고 **군사부일체君師父一體**로, 상제님이 군君도 되고 사師도 되고 부父도 되는 세상이다. 생아자生我者도 부모요, 양아자養我者도 부모라, 나를 낳고 기르는 분도 부모이지만 죽는 세상, 천지에서 개벽을 하는 때에 살리시는 분도 부모이다. 또 상제님 진리를 신앙하니 상제님이 스승도 되고, 상제님 진리로써 5만 년을 통치하니 상제님이 군주, 제왕도 된다. 그래서 군도 되고, 부도 되고, 사도 되신다. **앞 세상은 하나인 진리권**이다. 그 이상 더 좋은 세상이 있을 수 없다. 전쟁이 없는 세상, 평화를 누리는 세상이다. 상제님 진리는 그런 좋은 세상을 5만 년 동안 살아가는 진리다. … 자연섭리에 따라 가을은 결

실을 한다. 천지의 최종 목적이 사람농사를 지어 가을철에 군사부 문화의 열매를 맺는 것이다. 군사부는 자연섭리의 귀결점이다.

태상종도사님 말씀 그대로 **군사부 문화는 대자연 섭리의 궁극의 귀결점**입니다. 우주 가을철에는 전 인류가 한가족이 되어 상제님 진리의 통치권 속에서 생활하게 됩니다.

상제님께서는 원시로 반본하는 가을 개벽기를 맞아 천자문화의 뿌리 국가인 대한민국이 세계의 도주국이 된다고 하셨습니다. 후천에는 인류를 구원하는 상제님 진리의 보은 정신에 따라 '세계일가 통일정부'가 한국에 수립됩니다. 후천의 조화정부는 수명소, 복록소, 상제님 대학교가 중심이 되어 그 역할을 수행합니다.

수명소壽命所에서 인간 수명을 주관하여 후천 불로장생의 장수문화를 열어 가고, **복록소**福祿所에서 지구촌의 녹줄 창출과 공정한 분배를 담당함으로써 후천 낙원의 복지문화를 열어 가게 됩니다. 그리고 성웅일체聖雄一體의 일꾼을 양성하여 후천 조화선경 세상의 동량을 만드는 **상제님 대학교**는 상제님 진리를 근본으로 모든 교육을 혁신하고, 어린 시절부터 영성을 틔우는 어린이 문화를 새롭게 열어 갑니다. 후천 5만 년 동안 가을 우주의 새 문명을 여는 선경仙境 문명 창조의 산실이기도 합니다.

후천에는 이 통일정부를 중심으로 신인합발의 우주 조화 정치가 실현됩니다.

❋ 내가 이곳 해동조선에 지상천국을 만들리니 지상천국은 천상천하가 따로 없느니라. … 장차 조선이 천하의 도주국道主國이 되리라. (7:83)

한국은 세계를 한가족 문화로 통일하는 도주국으로서, 인류의 마음문을 열고 지상선경문화를 건설하는 문명 개벽을 주도합니다. 일찍이 삼신상제님의 가르침(神敎)을 받아 인류 문명을 태동시킨 간방의 한민족이 후천 선경 세계를 개창하여 신문명을 여는 중심이 되는 것입니다.

❋ 장차 천하만방의 언어와 문자를 통일하고 인종의 차별을 없애리라. (2:19)

❋ 장차 우리나라 말과 글을 세계 사람이 배워 가리라. … 장차 신문명이 나타나리라. … 우리나라 문명을 세계에서 배워 가리라. (5:11)

후천에는 전 세계가 단일 문명권이 되어 도주국의 언어인 한국어를 공용 언어로 사용하게 됩니다. 언어 통일과 더불어 종교와 사상, 철학을 포함한 모든 것이 모두 간방 한민족의 상제문화로 통일됩니다.

그렇다고 해서 각 민족의 고유문화가 부정되거나 사라지는 것이 아닙니다. 후천에는 원시반본의 섭리에 따라 지구촌의 각 민족과 족속이 제 뿌리를 찾아 각기 나라를 세움으로써 오히려 고유한 문화를 더욱 발전시키면서 상제님의 도법을 받들어 가을의 새 문명을 열어 갑니다.

2) 과학문명에서 도술문명으로: 신인합일의 만사지萬事知 문화

지금의 과학 기술 수준은 상제님께서 후천 선경문화를 열기 위해 내 놓으신 과도기 문명에 지나지 않습니다. 컴퓨터 같은 문명의 이기는 현대 문명의 수준을 한껏 끌어올렸지만, 어디까지나 기계의 힘에 의존해야 하는 한계가 있습니다. 앞으로 다가오는 후천 세상에는 기술문명을 초월하는 **도술문명**이 열립니다.

❋ 앞으로 세계 여러 나라들이 일어나 각기 재주 자랑을 하리니 큰 재주가 나올수록 때가 가까이 온 것이니라. 재주 자랑이 다 끝난 후엔 도술로 세상을 평정하리니 **도술정부**道術政府가 수립되어 **우주일가**를 이루리라. … 선천은 기계선경機械仙境이요, 후천은 **조화선경**造化仙境**이니라**. (7:8)

도술문명은 물질문명과 고도의 정신문명이 합일된 문명으로 인간이 기계의 힘을 빌리지 않고도 모든 것을 뜻대로 부리는 조화문명입니다. 이러한 문명은 신명계와 인간계가 하나가 되는 신인합일의 세상이 열림으로써 신명들이 인간 세계에 내려와 인간과 함께 만들어 나가게 됩니다.

앞 세상에는 인간 내면에 깃든 무궁한 신성이 온전히 발현됨으로써 천하 사람의 마음의 장벽이 사라져, 인간이 살아있는 조화 성신 자체가 됩니다.

❋ 내 세상은 조화의 세계요, 신명과 인간이 하나 되는 세계니라. (2:44)

❋ 선천에는 사람이 신명을 받들어 섬겼으나 앞으로는 신명이 사람을 받드느니라. 후천은 언청계용신言聽計用神[7]의 때니 모든 일은 자유 욕구에 응하여 신명이 수종 드느니라. (7:5)

그리하여 후천에는 사람과 신명이 합일되어 개개인이 과거·현재·미래를 모두 알고, 천하 사람의 마음이 열려 우주와 교감하며, 만물의 신성과 대화하는 고도의 영성문화인 **지심대도술**知心大道術**의 만사지**萬事知 **문화**를 열게 됩니다.

❋ 선천에서 지금까지는 금수대도술禽獸大道術이요 지금부터 후천은 지심대도술知心大道術이니라. (11:250)

❋ 하늘이 나직하여 오르내림을 뜻대로 하고, 지혜가 열려 과거 현재 미래와 시방세계十方世界의 모든 일에 통달하며 …. (7:5)

❋ 재생신 재생신, 이 몸 사업 재생신.
재생신 재생신이요, 조화 조화 만사지라.
지심대도술知心大道術이니 깊은 마음의 문을 열어

---

7 **언청계용신** | 언청계용신은 문자적으로 '사람의 말을 듣고 거기에 그대로 응기하는 신'이라는 뜻이다. 병겁 상황에서 인간이 신인합일神人合一 경지에서 신명을 뜻대로 부리는 조화의 부符를 일컫기도 한다.

하나같이 새사람이 될지니라. (11:205)

※ 文明開化三千國이요 道術運通九萬里라.
문명개화삼천국　　도술운통구만리

가을의 새 문명은 삼천 나라로 열려 꽃피고
도술 문명의 대운은 우주 저 끝까지 통하리라. (5:306)

3) 무병장수의 조화 선仙 문명

※ (무신년) 9월에 상제님께서 양지 일곱 장에 좌서左書하시니 이러하니라.

病은 自己而發하나니 葬死病衰旺冠帶浴生養胎胞니라
병　자기이발　　장사병쇠왕관대욕생양태포

이 글을 봉하여 형렬에게 주시며 '전주에 가서 아는 사람을 만나거든 한 장씩 내어 주고 날 저물기 전에 돌아오라.' 하시니라. … 그 후 형렬이 공사 내용을 여쭈니 말씀하시기를 "칠성 도수를 보았노라." 하시니라. (5:318)

※ 모든 백성의 쇠병사장衰病死葬을 물리쳐 불로장생不老長生으로 영락을 누리게 하리니 너희들은 환골탈태換骨奪胎 되어 키와 몸집이 커지고 옥골풍채玉骨風采가 되느니라. (7:4)

상제님은 모든 병이 생명의 근원 자리인 마음에서 발생한다 하시고, 후천에는 '포태(생명을 잉태하고)·양생(길러서 낳고)·욕대(목욕시켜 옷 입히고)·관왕(성장하여 성년식을 하고 왕성한 활동을 하는 시기)'만 남기고, 그 뒤 늙어 병들고 죽어서 장사지내는 쇠병사장을 인간의 몸과 마음 속에서 없애버림으로써 선仙의 삶을 열어 주셨습니다. "말소리와 웃는 얼굴에 화기和氣가 무르녹고…."(7:5)라는 말씀처럼, 후천 신천지의 조화 기운은 인간의 마음과 만물의 정혼 속에 기쁨과 온정이 끝없이 솟아오르게 합니다.

쇠병사장을 물리친다는 말씀은 인간이 상제님의 무극대도를 닦고 심법을 열어 불로불사不老不死의 존재가 되는 것을 의미합니다. 가을의 도술문명으로 수명을 연장시키므로 상상을 초월하는 무병장수無病長壽 문화가 열리게 되는 것입니다.

수부님께서 천상의 선인仙人 여동빈에게 "세계 창생들로 하여금 모두 갱소년 되게 하라."(11:298) 하신 천명과 같이, 아무리 늙고 병든 사람이라도 이번 가을 개벽기에 구원 받아 후천 기운을 받으면 완전히 환골탈태換骨奪胎하여 청춘소부靑春少婦의 몸으로 변모합니다. 후천 지상 선경에서는 가을철 무극생명의 대운을 탄 선仙의 문명이 펼쳐지게 됩니다.

※ 나의 일은 여동빈呂洞賓의 일과 같으니 동빈이 사람들 중에서 인연 있는 자를 가려 장생술長生術을 전하려고 빗 장사로 변장하여 거리에서 외치기를 '이 빗으로 빗으면 흰머리가 검어지고, 빠진 이가 다시 나고, 굽은 허리가 펴지고, 쇠한

기력이 왕성하여지고, 늙은 얼굴이 다시 젊어져 불로장생하나니 이 빗 값이 천 냥이오.' 하며 오랫동안 외쳐도 듣는 사람들이 모두 '미쳤다.'고 허탄하게 생각하여 믿지 아니하더라. 이에 동빈이 그 중 한 노파에게 시험하니 과연 흰머리가 검어지고 빠진 이가 다시 나는지라 그제야 모든 사람이 다투어 사려고 모여드니 동빈이 그 때에 오색 구름을 타고 홀연히 승천하였느니라. (7:84)

❋ 태모님께서 머리에 삿갓을 쓰시고 양손을 불끈불끈 쥐시면서 세 차례에 걸쳐 크게 외치시기를 "호천금궐 상제님을 네가 어찌 알겠느냐! 천상 여동빈 선관仙官의 조화권능으로 머리 빗겨 **갱소년**更少年시켜 주옵소서." 하시고… .(11:210)

또 선천에는 기울어진 천지의 축이 인간의 심령에 시비와 선악을 조장하여 선천 종교에서도 원죄原罪(original sin)를 주장하는 등 성악설이 대두하였습니다. 그러나 후천에는 천축이 정립된 정역의 시공 궤도가 뿜어내는 가을의 조화 생명수를 받아 마시므로 누구나 선善하게 됩니다.

❋ 내가 이제 후천을 개벽하고 상생의 운을 열어 선善으로 살아가는 세상을 만들리라. 만국이 상생하고 남녀가 상생하며 윗사람과 아랫사람이 서로 화합하고 분수에 따라 자기의 도리에 충실하여 모든 덕이 근원으로 돌아가리니 대인대의大仁大義의 세상이니라. 선천 영웅시대에는 죄로 먹고살았으나 후천 성인시대에는 선으로 먹고살리니 죄로 먹고사는 것이 장구하랴, 선으로 먹고사는 것이 장구하랴. 이제 후천 중생으로 하여금 선으로 먹고살 도수度數를 짜 놓았노라. 선천은 위엄으로 살았으나 후천세상에는 웃음으로 살게 하리라. (2:18)

후천의 조화문명을 한마디로 표현한다면 가을의 '**선仙**' 문명이라 할 수 있습니다. 이 선은 유·불·선 가운데 선(도교)이 아니라 유·불·선 시대 이전에 존재하던, 인류 뿌리 문화인 **신교 시대의 선**을 말합니다. 태곳적 신성神聖 시대의 선 문명이 원시반본하는 우주 가을철을 맞아 새롭게 완성되어 열매를 맺습니다. 상제님께서 김호연 성도에게 붙이신 **선매숭자 도수**는 선천 문명을 가을 세상의 조화 선仙 문명으로 이어주는 역할을 합니다. 상제님의 도는 인간 생명을 개벽하여 천지와 하나 된 가을 선仙의 인간으로 거듭나게 하는 무극대도입니다. 선천 문명을 통일하여 성숙시키는 관왕冠旺 도수도 선매숭자 도수가 실현되면서 현실 역사에서 열매를 맺게 됩니다.

❋ 내가 유불선 기운을 쏙 뽑아서 선仙에 붙여 놓았느니라. (4:8)

❋ 너희들은 앞으로 신선을 직접 볼 것이요, 잘 닦으면 너희가 모두 신선이 되느니라. … 신선이 되어야 너희 아버지를 알아볼 수 있느니라. (11:199)

❋ 一三五七九 二四六八十
일 삼 오 칠 구 이 사 륙 팔 십

成器局 塚墓天地神 基址天地人
성기국 총묘천지신 기지천지인
運靈臺四海泊 得體 得化 得明
운영대사해박 득체 득화 득명
선천의 일삼오칠구, 후천의 이사륙팔십.
기국을 이루나니 선천의 총묘(陰宅) 천지신, 후천의 기지(陽宅) 천지인.
마음은 사해에 뻗어서 머무느니라.
체를 잡고, 변화를 얻고, 광명을 얻어야 하느니라. (6:132)

인류 문명이 처음 대지 위에 터를 잡은 이래 인간이 각기 기국器局을 이루고 살게 되었으며 이러한 선천 양陽(九天) 시대에는 죽어서 신명계로 갔다가 다시 인간으로 오기도 하였습니다. 하지만 후천 가을철의 음陰(十天) 시대에 인간의 영과 육은 각자 닦은 바에 따라 '진리의 몸(得體)'이 되고 나아가 '성화聖化(得化)', '명화明化(得明)' 되어 선체仙體로 거듭납니다.

그리하여 신천지 생명의 정역 순환 도수에 따라 영혼만이 아니라 육신도 비약적인 진화를 하여 인간은 360개의 절節(경혈經穴)을 갖게 되고, 기골이 장대하게 되며, 외모도 수려하게 변합니다. 후천은 완성·통일·조화의 세계요, 인류의 꿈이 지상에 실현되는 선경 세계입니다.

❋ 앞세상에는 지지리 못나도 병 없이 오백 세는 사느니라. … 후천에는 빠진 이도 살살 긁으면 다시 나느니라. (9:183)

❋ 후천선경에는 수壽가 상등은 1200세요, 중등은 900세요, 하등은 700세니라. … 그 때에는 장수 시대가 열려 백 리 안에 할아버지가 셋이면 손자는 하나인 세상이 되느니라. (11:299)

❋ '내 세상은 조화선경'이니, '조화로써 다스려' 말없이 가르치고 함이 없이 교화되며 '내 도는 곧 상생'이니, 서로 극剋하는 이치와 죄악이 없는 세상이니라. (2:19)

❋ 후천에는 만국이 화평하여 백성들이 모두 원통과 한恨과 상극과 사나움과 탐심과 음탕과 노여움과 번뇌가 그치므로 말소리와 웃는 얼굴에 화기和氣가 무르녹고 동정어묵動靜語默이 도덕에 합하며, 사시장춘四時長春에 자화자청自和自晴하고, 욕대관왕浴帶冠旺에 인생이 불로장생하고, 빈부의 차별이 철폐되며, 맛있는 음식과 좋은 옷이 바라는 대로 빼닫이 칸에 나타나며, 운거雲車를 타고 공중을 날아 먼 데와 험한 데를 다니고 땅을 주름잡고 다니며 가고 싶은 곳을 경각에 왕래하리라. 하늘이 나직하여 오르내림을 뜻대로 하고, 지혜가 열려 과거 현재 미래와 시방세계十方世界의 모든 일에 통달하며 수화풍水火風 삼재三災가 없어지고 상서가 무르녹아 청화명려淸和明麗한 낙원의 선세계仙世界가 되리라. (7:5)

이처럼 우주의 가을철에는 신인이 합일하여 인존 주권 이념이 뿌리내리고 인간의 신성이 온전히 발현되고, 선천 상극의 투쟁과 반목이 사라져 화기가 넘쳐흐르는 상생의 세계가 펼쳐지게 됩니다.

❋ 앞으로 오는 좋은 세상에는 도인道人의 집마다 선등仙燈 한 개씩 세우는데 온 고을이 크게 밝아 햇빛이 비치는 듯하리니 지금의 전등은 그 표본에 지나지 못한 것이니라. 기차는 화통 없이 몇만 리를 삽시간에 통행하며 저 하늘에 배가 떠다니게 되리라. 또 문고리와 옷걸이는 황금으로 만들며 신도 금당혜金唐鞋를 신으리라. (7:20)

❋ 하루는 태모님께서 노래하시니 이러하니라.
은혜가 높기는 하늘과 같고 덕이 두텁기는 땅과 같네.
천신天神 지신地神 인신합발人神合發이니 소원성취所願成就 이 아닌가
유리법당琉璃法堂 이 아닌가
천지도술天地道術 이 아닌가 조화정치造化政治 이 아닌가. (11:202)

후천 선경은 그야말로 꿈속에서라도 한번 구경해 보고 싶은 아름다운 조화 낙원의 세계입니다. "장차 천지 녹지사가 모여들어 선경仙境을 건설하게 되리라."(8:1)라고 하신 바와 같이, 신천지의 대광명 세계를 활짝 여는 상제님의 일꾼들이 모여들어 후천의 조화 낙원 세계를 건설하게 됩니다.

3. 후천 선경의 도통과 조화권

1) 도통 대중화 시대

앞 세상에는 도통이 일반화되어 이른바 **'도통 대중화'** 시대가 실현됩니다.

❋ 공자는 다만 72명만 도통시켰으므로 얻지 못한 자는 모두 원한을 품었느니라. 나는 누구나 그 닦은 바에 따라서 도통道通을 주리니 도통씨를 뿌리는 날에는 상재上才는 7일이요, 중재中才는 14일이요, 하재下才는 21일 만이면 각기 도통하게 되느니라. (2:141)

천지 대권을 주재하고 계시는 증산 상제님께서는 후천에 모든 창생이 과거, 현재, 미래와 시방세계의 모든 일을 통달하여 도를 깨친 **가을 부처**(金佛)가 될 것이라 하셨습니다. 그리고 태모님께서는 백만억 부처를 출세하게 하시는 공사를 보셨습니다.

❋ 태모님께서 옥구 선연리仙緣里 옥녀봉 앞 자천대紫泉臺에서 공사를 행하실 때 큰 소리로 "백호百戶, 백호百戶, 백만억百萬億!"이라 십여 번을 외치시고 "미륵존불께서는 속히 백만억 불佛을 환생 출세케 하옵소서…." 하시니라. (11:211)

그러므로 앞 세상에는 각기 닦은 근기와 공덕에 따라 차등은 있지만 온 인류가 신선과 같은 부처(仙佛)가 되어 선천 성자보다 더 높은 도통 경계와 품격을 갖춘 성숙한 인간으로 살아갑니다.

❋ 하루는 상제님께서 김형렬金亨烈을 불러 "너의 천백번 소청이 도통하는 것이었으니 오늘은 너에게 도통을 내려 주리라." 하시니 그 즉시 형렬의 눈앞에 삼계가 환히 트이며 삼생三生이 밝게 비치고 일원세계一元世界가 눈앞에 있고 사해중생四海衆生이 마음에 나타나며, 모든 이치가 뚜렷이 드러나고 만상萬象이 펼쳐지며 서양에도 마음대로 가고 하늘 끝으로 새처럼 날아오르기도 하며, 풍운조화風雲造化가 마음대로 되고 둔갑장신遁甲藏身이 하고자 하는 대로 이루어지며 천지가 내 마음과 일체가 되고 삼교三敎를 두루 쓰며, 모르는 것이 없고 못하는 바가 없게 되니라. (7:6)

2) 도통은 대두목으로부터

증산 상제님께서 신축(1901)년 7월 7일에 인류에게 중통인의中通人義의 도통문을 활짝 열어, 인간 역사의 중심에서 삼계대권을 주재하셨습니다. 그 후 상제님께서는 고송암의 반역 사건을 계기로 칠성경에 문곡文曲의 위차位次를 바꾸시어 천지의 도통 기운을 막아 놓으셨습니다.[8] 이로써 선천에는 도통이 열리지 않고 후천에 가야 닦은 공력에 따라 일제히 천강天降을 받게 됩니다.

❋ 칠성경七星經의 문곡文曲의 위차를 바꾸어 도통문을 잠그시니라. (5:194)

❋ 너희 아버지가 도통문을 닫아서 통通이 없으니, 너는 내 곁을 떠나지 말고 가만히 앉아서 네 공부만 하라. 공부는 마음 닦는 공부보다 더 큰 공부가 없나니 때가 되면 같이 통케 되느니라. (11:164)

증산 상제님께서는 **대두목을 도통道通의 근원**이라 말씀하셨습니다. 대개벽 상황에서 살아남게 되는 것은 일반적인 구원일 뿐입니다. 상제님 신앙인의 실제적인 구원의 최종 열매는 바로 대두목에게서 도통을 받아 **'가을문화의 인존'**이 되는 것입니다.

❋ "사람이 아무리 많아도 원 기둥이 제일이니라." 한 성도가 "원 기둥이 무엇입니까?" 하고 여쭈니 "원 뿌리가 첫째다. 그렇지 않은게 별일이 있느냐." (답사 성구)

8상제님께서 천지대신문을 여실 때 전주 사람 고송암, 경상도 사람 안제암, 함열 사람 함석태, 하동 사람 문화재, 두봉사 등도 함께 도통 기운을 받은 것으로 알려져 있다. 그 가운데 제일 큰 기운을 받은 고송암이 자기도 천지공사를 본다고 하면서 조선을 서양으로 넘기려는 반역을 도모하였다. 상제님께서 이 사실을 아시고 고송암의 제자 집에 이르시어 점심상을 받으시던 중 젓가락으로 밥상을 치시며 도통 기운을 거두셨고, 그 순간 고송암이 죽었다. (5:194)

❋ 하루는 성도들이 도통에 대해 여쭈니 말씀하시기를 "때가 오면 한 사람이 먼저 도통을 받나니 이는 만도萬道가 귀일歸一하는 천명이니라." 하시니라. 또 말씀하시기를 "도통줄은 대두목에게 주어 보내리라. 법방法方만 일러 주면 되나니 내가 어찌 홀로 맡아 행하리오. 도통시킬 때에는 유불선 각 도통신道通神들이 모여들어 각기 그 닦은 근기根機에 따라서 도를 통케 하리라." 하시니라. (6:129)

❋ 이 뒤에 일제히 그 닦은 바를 따라서 도통이 한 번에 열리리라. 그런 고로 판밖에 도통종자道通種子를 하나 두노니, 장차 그 종자가 커서 천하를 덮으리라. (6:135)

"대도통은 육六으로 되느니라."(11:138) 하신 태모님의 말씀대로 태극(1水)과 황극(5土)의 두 인사의 주인공이 여는 **수토합덕**水土合德의 도道로써, 신인합일로 대도통이 이루어지게 됩니다.

❋ 사람은 그 사람이 있고, 도는 그 도道가 있고, 땅은 그 땅이 있느니라. 시속에 '맥 떨어지면 죽는다.' 하나니 연원淵源을 잘 바루라. 도통천지보은道通天地報恩이니라. (6:128)

❋ 강에는 허강虛降과 진강眞降이 있나니 진인眞人은 허강이 없느니라. 도통시킨 뒤에 강을 내려 주리니 진강을 받은 자는 병자를 건너다보기만 하여도 낫고, 말만 하여도 낫고, 만지기만 하여도 낫느니라. (6:130)

가을 개벽기의 도통은 상제님께서 성신을 통해 내려 주시는 감화통感化通입니다. 도통을 받아 인존人尊이 되는 것은 상제님이 그토록 강조하신 **일심**一心 **공부**에 달려 있습니다. **"일심이면 천하를 도모하느니라."**(5:414), **"너희는 매사에 일심하라. 일심하면 안 되는 일이 없느니라."**(8:57) 하신 말씀대로 우리는 오직 천지와 하나 되려는 **지극한 정성, 천지일심**에 의해서 인존으로 열매를 맺습니다.

3) 도통은 광구창생의 공덕에 따라

후천 세상에는 공덕과 닦은 근기에 따라 도통 성신이 응하여 성도成道하게 됩니다. 또 엄정한 신명神明의 도권道權으로 위계질서를 바로잡고 인사를 다스립니다.

❋ 앞세상에는 도술이 직품職品에 따라서 열리느니라. (7:81)

❋ 나의 공부는 삼등三等이 있으니 상등은 도술道術이 겸전兼全하여 만사를 뜻대로 행하게 되고 중등은 용사用事에 제한이 있고 하등은 알기만 하고 용사는 못 하느니라. 옛사람은 알기만 하고 용사치 못하였으므로 모든 일을 뜻대로 행하지 못하였으나 이 뒤로는 백성들도 제 앞일은 제가 다 알아서 하게 하리라. (2:35)

※ 후천에는 공덕功德에 따라 사는 집도 등급을 둘 것이니 공덕이 아래 등급인 자가 제 등급보다 상급의 집에 살면 신명이 쇠채찍으로 쳐서 쫓아내고 아래 등급인 자가 윗사람을 헐뜯으면 그 자리에서 입이 비뚤어지느니라. 그러나 식록食祿은 고르게 하리니 만일 급이 낮고 먹기까지 고르지 못하면 원통冤痛치 않겠느냐! (7:21)

후천에는 광구창생의 공덕에 따라 인간의 도술과 직품이 달라지고, 사는 집도 등급도 다르게 됩니다. 후천 인간의 도통 등급은 무엇보다 **가을 개벽기에 사람을 살린 공덕**에 따라 정해집니다.

※ 하루는 공우가 여쭈기를 "도통을 주옵소서!" 하니 상제님께서 꾸짖으시며 "그 무슨 말이냐. … 각 성姓에 선령신先靈神 한 명씩 천상공정天上公庭에 참여하여 제 집안 자손 도통시킨다고 눈에 불을 켜고 앉았는데 이제 만일 한 사람에게 도통을 주면 모든 선령신들이 모여들어 내 집 자손을 어찌느냐고 야단칠 참이니 그 일을 누가 감당하리오. 그러므로 나는 사정私情을 쓰지 못하노라. 이 뒤에 일제히 그 닦은 바를 따라서 도통이 한 번에 열리리라…." 하시니라. (6:135)

선천은 도를 이루기가 몹시도 어려운 '고행성도苦行成道의 시대'였으나 후천 가을 세상은 누구나 기쁨 속에서 후천 삼재三才의 **오도**熬道를 이루는 '낙행성도樂行成道의 시대'입니다. 후천이 되면 지구촌 인류가 상제님 조화권의 은혜로 각기 닦은 바에 따라서 일시에 도통을 이루게 됩니다.

증산 상제님은 가을 대개벽기에 천하 창생을 구원하여 후천 조화 낙원의 신문명을 여는 개벽 일꾼의 영광스런 삶을 이렇게 밝혀 주셨습니다.

※ 너희들이 장차 세계 창생을 널리 건지리니 어찌 영귀榮貴가 되지 아니하며 창생을 살린 후에는 천하만국을 돌아다니며 그들을 가르치리니 어찌 큰 대우를 받지 아니하리오. (8:118)

※ 사람을 많이 살리면 보은줄이 찾아들어 영원한 복을 얻으리라. (7:32)

지금은 증산 상제님의 진리로 사람을 살려 천지에 공덕을 쌓을 수 있는 때입니다. 상제님의 도운을 매듭지으면서 우주 개벽 상황으로 들어서는 **제3변 도운의 마무리 시간대**인 것입니다. 천지에서는 성경신을 다하여 천지의 숭고한 뜻을 이룰 가을문화의 추수자, 천심天心 가진 개벽 일꾼을 찾고 있습니다. **가을개벽을 극복하고, 지상 선경의 꿈을 실현하는 천하사의 성패가 상제님 일꾼의 손에 달려 있습니다.**

다음 마지막 10장에서는 신천지 새 역사의 주인공으로서 천지의 꿈을 성취해 궁극의 성공을 이루는 **'천하사 일꾼의 길'**에 대하여 알아보겠습니다.

10장

천하사 일꾼의 길

지금까지 우리는 증산도의 진리 구성 틀인 이·신·사를 바탕으로 한민족과 인류의 과거로부터 현재를 넘어 인류의 희망이요 상제님의 이상향인 후천 조화선경도 조망해 보았습니다. 이 과정에서 우리는 증산 상제님께서 단지 한민족만의 상제님이 아니라는 사실과 더불어 아버지 하느님과 옥황상제님, 그리고 미륵부처님이 동일한 한 분임을 깨닫게 되었습니다.

동방 땅 조선에 강세하신 상제님께서 후천 삼계三界 우주를 조화롭게 다스리기 위해 인류 구원 프로젝트인 천지공사를 집행하셨다는 사실에서 천지가 사람을 낸 목적과 천지에서 받은 은혜를 갚기 위해 '나' 스스로가 천지의 대사역자가 되어야 함을 절감하였으리라 생각합니다.

'축복의 때를 놓치지 말라. 기회가 눈앞에 나타났을 때 이것을 붙잡는 사람은 십중팔구 성공한다'는 카네기의 말처럼 조상의 음덕으로 증산도의 진리 세계를 만나는 것은 우리 인생에 두 번 다시 찾아오지 않을 기회와 축복의 순간이 될 것입니다.

우리 영혼 깊은 곳에서 상제님의 성령의 음성이 들려오고, 말씀의 진리 기운이 혼속에 스며들 때, 비로소 정신이 순수해지고 진리에 눈을 뜨게 됩니다. 우리의 자아가 깨어날 때 '중통인의中通人義'의 의미를 절실히 깨달을 수 있습니다. 가장 빨리 깨칠 수 있는 왕도王道는 상제님 말씀을 그대로 믿고 실천하는 것입니다.

이제 천지일월의 열매로 성공하는 천하사 일꾼의 길에 대한 말씀을 살펴보겠습니다.

제1절 우주 가을철의 성공으로 가는 길

1. 깨달음의 진리 정수가 담긴 진액주

지금은 인류 문명의 틀이 전환하는 가을 대개벽기입니다. 개벽 실제 상황에서는 모든 것을 뒤엎는 거대한 격변이 몰려오게 됩니다.

2011년 3월, 일본 동북 해안에서 일어난 대지진으로 발생한 쓰나미에 의해 도회지, 관공서, 학교 등 후쿠시마 지방이 모두 태평양 바다 속으로 휩쓸려 들어간 충격적인 사건이 그 한 예입니다. 이 때 희생된 사람들의 주검과 태평양 바다를 떠도는 영혼을 생각해 보면 이것도 하나의 개벽 사건이라 하지 않을 수 없습니다.

가을철 개벽기에는 천지와 더불어 성공을 해야 살아남을 수 있습니다. 그러면 진정한 성공을 하기 위해서는 무엇을 어떻게 해야 할까요?

❋ 이 때는 천지성공 시대라. 서신西神이 명命을 맡아 만유를 지배하여 뭇 이치를 모아 크게 이루나니 이른바 개벽이라. 만물이 가을바람에 혹 말라서 떨어지기도 하고 혹 성숙하기도 함과 같이 참된 자는 큰 열매를 맺어 그 수壽가 길이 창성할 것이요 거짓된 자는 말라 떨어져 길이 멸망할지라. 그러므로 혹 신위神威를 떨쳐 불의를 숙청肅淸하고 혹 인애仁愛를 베풀어 의로운 사람을 돕나니 삶을 구하는 자와 복을 구하는 자는 크게 힘쓸지어다. (4:21)

성공학의 결론은 천지성공입니다. 가을철에 서신西神으로 오시어 만유 생명을 추수하시는 증산 상제님께서 이 시대의 진정한 성공을 '천지성공'이라 선언하셨습니다.

천지성공을 위해서는 먼저 천지를 알아야 합니다. 천지가 어떻게 변하고 천지 질서가 어떻게 바뀌는지 모르면 이 세상 어디에서 무엇을 한다 할지라도 결국에는 패배자로서 무너지는 삶을 살게 된다는 뜻이 천지성공에 담겨 있습니다. 천지의 뜻과 꿈을 이루는 자는 하늘이 보증하는 영원한 성공을 거두지만, 그렇지 않으면 가을철에 떨어지는 낙엽처럼 소멸하고 맙니다.

천지성공은 '하늘땅과 함께 이루는 성공', '천지자연과 더불어 하늘의 조상과 땅의 자손이 함께하는 성공'을 말합니다. 그것은 선천 상극의 낡은 질서를 문 닫고 상생과 조화의 가을 신천지를 열어 주신 참 하느님, 증산 상제님의 도법을 만나 '천지 부모의 뜻'을 깨닫고 그 뜻을 실현할 때 비로소 이룰 수 있습니다. 상제님의 천지공사를 우리 일꾼의 손으로 성취하는 것(成事在人), 그것이 바로 천지성공입니다.

증산 상제님께서는 **인간의 모든 꿈과 이상을 이루는 천지성공의 열쇠**를 내려 주셨습니다. 그 가운데 하나가 바로 **천지의 진액주**津液呪인 **오주**五呪입니다.

❋ 진액주를 가르쳐 주실 때에 말씀하시기를, "이 글은 천지의 진액이니라. 내가 이 주문을 지어 읽으니 천지만신이 춤을 추는구나. 진액주 하나만 가지고도 천하를 세 번 뒤집고도 남는다." 하시니라.

天地津液呪
천 지 진 액 주

新天地家家長世 日月日月萬事知
신 천 지 가 가 장 세 일 월 일 월 만 사 지

侍天主造化定 永世不忘萬事知
시 천 주 조 화 정 영 세 불 망 만 사 지

福祿誠敬信 壽命誠敬信 至氣今至願爲大降
복 록 성 경 신 수 명 성 경 신 지 기 금 지 원 위 대 강

明德 觀音 八陰八陽 至氣今至願爲大降
명덕 관음 팔음팔양 지기금지원위대강

三界解魔大帝神位 願趁天尊關聖帝君 (3:221)
삼계해마대제신위 원진천존관성제군

※ 오주를 많이 읽으라. 오주는 너희들의 비결이니라. (11:92)

오주는 진리의 정수, 진리의 혼이 담긴 천지의 진액주입니다. 이 속에는 하늘 아래 모든 인간이 태초부터 지금까지 찾아 온, 그리고 앞으로도 영원히 찾아야 할 진리에 대한 깨달음이 모두 들어 있습니다. 천지의 개벽 섭리와 천지 안에 사는 인간이 원하는 복록과 수명에 대한 해답이 고스란히 담겨 있으며, 하늘땅이 생명력을 회복하고 인간이 우주와 하나 되어 영생하는 후천 선경의 도비道祕가 들어 있습니다.

그럼 오주의 각 구절을 차례로 살펴보기로 하겠습니다.

제1구: 신천지가가장세新天地家家長世 일월일월만사지日月日月萬事知

상제님 진리의 첫 선언이 '**신천지**新天地'입니다. 이것은 다름 아닌 천지의 질서가 바뀌는 가을개벽 소식입니다. 개벽을 알고, 개벽을 준비하는 삶을 살아야 한다는 것입니다. 이번에는 천지가 신천지로 다시 태어나는 가을개벽 소식을 듣지 못하면 이 세상에서 성공을 했어도 결국 무너지고 맙니다. 신천지란 천갱생天更生·지갱생地更生·인갱생人更生, 즉 **하늘이 다시 태어나고, 땅이 다시 태어나고, 인간이 다시 태어나는 새로운 천지**를 말합니다. 신천지, 이것이 **인류 문명과 역사의 총 결론**입니다. 인간의 구원과 깨달음의 문제, 새로운 진리의 주제, 역사의 목적도 모두 이 신천지 세 글자 속에 들어 있습니다. 진정한 인생 공부, 진리 공부의 바탕은 천지에 있습니다. 진리의 원형이 천지이기 때문에 천지 이법을 알아야 이 세상의 모든 문제가 풀립니다.

그러면 새로워지는 하늘땅, 신천지의 이상과 목적은 어디에 있을까요? 그것은 '가가장세家家長世'입니다. 가가는 '집집마다', 장세는 '선세仙世'로서 집집마다 무병장수의 세계, 신선 세상이 온다는 뜻입니다. 가정을 건져서 가을개벽 세상으로 인도하는데 그 목적지가 바로 장세, 즉 **후천 5만 년 무병장수의 선仙 세계**입니다. 가가장세 속에서 가정과 세상의 모든 문제가 해결됩니다.

그런데 일꾼이 천지의 꿈을 이루는 길은 무엇일까요? 그것이 '일월일월만사지'입니다. '일월일월만사지'란 일월의 광명으로 인류의 지혜가 열려서 모든 것을 알게 된다는 뜻입니다. 곧 앞 세상에는 일월의 광명 속에서 인간의 신성神性이 모두 열려 도통을 하게 되는 것입니다. 천지가 체體라면 일월은 용用으로서 천지의 뜻과 정신을 계승하여 천지의 꿈을 이루는 상제님 진리의 도통 맥을 말합니다. 한마디로 일월광명의 도맥에 의해서 열리는 상제님의 후천선경 낙원 세계가 만사지 도통 문명입니다.

제2구: 시천주조화정侍天主造化定 영세불망만사지永世不忘萬事知

'시천주조화정'은 인간으로 오시는 천지의 주인, 천주님을 모시고(侍天主) 천주의 조화권을 연다, 신권을 체험한다[造化定]는 뜻입니다. 여기에는 '상제님 신앙을 어떻게 해야 하는가?'에 대한 해답이 담겨 있습니다. 그것은 **시천주**, 바로 **모실 시侍 자 신앙**을 하는 것입니다. **인간으로 오신 인존 천주님**을 모시고, 천지와 하나가 되면 조화가 열리게 됩니다. 천지와 하나 된 심법, 곧 태일 심법을 득得하면 조화가 열리기 시작합니다.

❋ 시천주주侍天主呪는 **천지 바탕 주문**이니라. 시천주주에 큰 기운이 갊아 있나니 이 주문을 많이 읽으면 소원하여 이루지 못하는 일이 없느니라. (2:148)

❋ 성도들이 병자를 고칠 때 주로 시천주주를 읽어 치병을 하는데 못 고치는 병이 없거늘 하루는 태모님께서 말씀하시기를 "조화는 시천주주 속에 다 있느니라." 하시니라. (11:193)

또한 조화정은 앞으로 오는 새 세상의 성격을 말해 줍니다. 후천 조화 문명은 바로 상제님이 『도전』 7편에서 말씀하신 **'도술道術 문명'**입니다. 후천에는 지금의 과학 기술 문명을 뛰어넘어 **도통으로 열리는 조화 문명**으로 살아가게 됩니다.

그리고 영세불망만사지는 '만사지萬事知하는 도통문화를 열어 주신 상제님의 은혜를 영원히 잊지 못하옵니다'라는 의미입니다. 이처럼 2구는 우주의 꿈과 대이상을 성취시켜 주시는 천지의 주인에 대한 찬양과 감사를 노래하고 있습니다.

제3구: 복록성경신福祿誠敬信 수명성경신壽命誠敬信 지기금지원위대강至氣今至願爲大降

인생의 근본 주제는 복록과 수명입니다. 우리가 이 세상을 살면서 날마다 부딪히는 가장 현실적인 문제가 경제 문제(복록福祿)와 생명의 문제(수명壽命)입니다. 선천에는 모든 종교가 영생을 신앙의 근본 목적으로 삼아 왔습니다. 하지만 인간 생명의 근원이 되는 것은 녹祿입니다. 살아 있는 인간에게는 의식주 생활에 필요한 물질적인 녹이 더 소중합니다.

❋ "수명만 길고 복록이 없으면 죽는 것만 같지 못하거늘…" (9:130:5)

❋ "복록이 적고 수명만 긴 것보다 욕된 것이 없느니라." (9:1:5)

'복록성경신 수명성경신'이라는 말씀에는 '나는 수명보다도 복록을 중히 여긴다', '복록과 수명은 성경신이 아니면 참이 아니다'라는 의미가 담겨 있습니다. 성경신이 바탕이 되지 않고 누구한테 뇌물을 받는다든지, 거짓말을 해서 사기를 친다든지, 배임을 해서 얻은 녹은 참된 생명의 녹이 아닙니다. 그래서 상제님께서는 "너희들 공부는 성경신誠敬信 석 자 공부니라."(8:7:5)라고 하셨습니다. **참된 녹과 불멸의 생명을 얻을 수 있는 것은 오직 성경신뿐입니다.**

증산 상제님은 "이제 만물의 생명이 다 새로워지고 만복萬福이 다시 시작되느니라."(2:43:7)라고 하셨습니다. 이번에는 이 세상의 모든 복이 새 출발을 합니다. 아무리 돈이 많고, 권력의 정상에 있고, 세상의 부귀와 복락을 다 누린다 할지라도 신천지 가을이 오면서 근원부터 총체적으로 무너진다는 말씀입니다.

그리고 '지기금지원위대강'이란 '이제 가을개벽의 때가 되었으니 지극한 조화 기운을 저에게 크게 내려 주시기를 원하옵니다'라는 기도입니다. 상제님이 진액주를 가르쳐 주실 때, 천지의 모든 신들이 춤을 춘다(3:221)고 말씀하신 것은 1, 2, 3구에서 마음이 확 열려 기분이 좋아졌기 때문입니다.

제4구: 명덕明德 관음觀音 팔음팔양八陰八陽 지기금지원위대강至氣今至願爲大降

3구에 이어 4구에서는 인류 문화사적으로 유불선의 깨달음의 큰 기쁨에 빠져드는 천지신명들의 모습이 느껴집니다. 왜냐하면 명덕 관음 팔음팔양은 선천 종교문화의 깨달음의 정수가 담긴 구절이기 때문입니다.

명덕은 이통理通을 주장하는 유교의 결론입니다.

『논어』,『맹자』,『대학』,『주역』등 유가의 모든 가르침의 열매가 명덕明德입니다. 명덕은 '천지의 도덕심, 천지의 밝은 마음의 덕'이라는 뜻입니다. 도를 닦아 체득한 마음의 열매를 심덕心德이라 하는데, **덕은 천지의 숭고한 원형이정의 창조성을 본받아 세상의 꿈을 이루는 밝은 삶을 사는 것을 말합니다.** 명덕이 있어야 성숙한 인간이 될 수 있습니다. 일꾼들이 끊임없이 간구해야 할 소중한 생활 진리의 주제가 명덕입니다.

관음은 심통心通을 주장하는 불교 마음공부의 핵심이자 결론입니다.

'관음'은 불교에서 깨달은 진리의 열매로서 '세상의 모든 소리를 본다'는 뜻입니다. 도통 세계에서는 눈으로 보는 것과 귀로 듣는 것은 일체이기 때문에 '관음' 또는 '관세음'이라 합니다. 또한 **관음은 우주 참마음의 실상을 보는 것으로서 사람들의 참마음을 보고, 동시에 세상의 슬픈 소식, 기쁜 소식을 다 듣고 자비를 베푸는 것을 말합니다.**

명덕과 관음으로 인간의 아름다운 참마음이 개발되어 본래의 마음이 열리면 상제님 문명의 목적지인 조화문화로 갑니다. 그 조화의 주제가 '팔음팔양'입니다. **팔음팔양은 신통神通을 주장하는 선仙 공부의 결론입니다.** 명덕과 관음의 심법을 득得하면 가을철 조화 문명을 열고 건설할 수 있는 일꾼의 심덕을 갖추어 팔음팔양의 천지조화권을 쓰게 되는 것입니다.

8은 **'불멸과 신선을 상징하는 수'**입니다. 우주의 시공간 세계는 팔음팔양으로 구성되어 있습니다. 도교의『도장道藏』을 보면 도통을 한 신선들이 천상을 날아다니며 직접 본, 우주의 조화주이신 상제님의 무궁한 조화 세계 이야기가 있습니다. 태을주의 '태을천 상원군'님이 임어하실 때는 팔음팔양, 즉 좌우에 각각 여덟 신선을 거느리고 나타나신다고 합니다.

이 4구에서는 유불선의 진리 열매인 '명덕관음 팔음팔양'을 찾으며 크게 열매 맺게 해 달라고 '지기금지원위대강' 하고 기도하는 것입니다.

후천은 유불선이 합덕하고 선천 문화가 통일되는 성숙의 계절로서, 가을 하늘의 상제님의 도는 선천 유불선 문화의 진액을 수렴하여 통일하는 열매 진리입니다. 이 유불선의 진액인 '명덕 관음 팔음 팔양'에는 상제님 일꾼으로서 선천 역사를 마무리 짓고 후천 조화선경을 건설하여 열매를 맺는 성공의 길이 들어 있습니다.

제5구: 삼계해마대제신위三界解魔大帝神位 **원진천존관**願趁天尊關 **성제군**聖帝君

이 5구에 의해 앞의 1, 2, 3, 4구절의 뜻이 모두 이루어지느냐 못 이루어지느냐, 상제님 일꾼으로 성공하느냐 실패하느냐가 달려 있습니다. '삼계해마대제신위'는 상제님을 모시고 계신, 상제님에 버금가는 권능을 가지신 분입니다. 하늘과 땅과 인간 세상의 모든 마魔를 조화로 풀어 주시는 분입니다.

'삼계해마대제신위 원진천존관성제군'이란 **'삼계해마대제이시여! 삼가 천존을 좇아 성제군의 길**(그 모범은 관성제군)**을 따르기를 원하옵니다'**라는 뜻입니다. 여기에는 '성제군과 같은 대인의 삶을 살겠습니다, 성과 웅을 겸비한 강력한 천지 일꾼으로서 살겠습니다'라고 하는 맹세의 의미도 깃들어 있습니다.

일꾼은 삼계해마三界解魔에 대해 항상 깨어 있어야 합니다. 또한 삼계의 마를 끌러낼 수 있는 신앙을 해야 합니다. 하늘과 땅, 인간 세계에서 24시간 한순간도 놓치지 않고 호시탐탐 노려보고 있는 복마를 제압할 수 있어야 합니다. 영적 대전쟁에서 패배는 곧 죽음이라는 사실을 진정으로 깨닫고 영적으로 대도약을 해야 합니다. 그럼으로써만 진정한 천지성공의 꿈을 이룰 수 있습니다.

2. 천지성공으로 들어서는 공부

1) 상제님 종통 맥, 천지일월 도체道體(四眞主)

하늘땅과 해와 달, **천지일월은 도체로서 진리의 몸통이자 우주의 몸체가 됩**니다. 그래서 천지성공을 이루어 주는 오주 첫 구절에서 천지와 일월을 노래하는 것입니다.

또한 제1장과 4장, 8장에서 이미 살펴보았듯이 진리의 바탕인 **천지일월은 상제님이 전수하신 종통 맥의 근본 틀**입니다. 진리의 원주인[眞主]이신 증산 상제님께서는 대자연의 섭리에 따라 건곤감리, 천지일월이라는 틀 속에서 종통을 전수하셨습니다.

하늘과 땅인 건곤천지는 서로 포용하고 합덕하여 일체로 존재합니다. 그래서 참 하늘이신 아버지 상제님이 오시고, 5만 년 조화선경을 낳아 주시는 땅 어머니 수부님이 오신 것입니다.

❋ 천지에 독음독양獨陰獨陽은 만사불성이니라. (6:34)

❋ 그대와 나의 합덕으로 삼계三界를 개조하느니라. (6:42)

❋ 상제님의 천지공사는 낳는 일이요, 나의 천지공사는 키우는 일이니라. (11:99)

인간으로 오신 하늘 아버지 상제님께서 땅 어머니 수부님에게 천지 대권을 전수하심으로써, 인류가 아버지와 어머니 하느님을 함께 모시고 마침내 '인류 구원의 새 역사'를 열게 되었습니다.

상제님과 태모님의 천지공사를 현실화하여 후천 선경을 건설하고 우주일가 문화를 열기 위해서는 천지부모를 대신하여 역사하는 존재가 필요합니다. 그래서 천지부모이신 상제님과 수부님은 당신의 뜻과 정신을 이루어 나갈 종통 계승자를 공사로써 정하셨습니다. **일월 광명을 상징하는 두 진주**眞主가 수화水火(坎離) 일체가 되어 음양합덕으로 상제님의 대업을 인사로 펼쳐 나가게 하신 것입니다.

❋ 상제님께서 수부首婦님께 도통道統을 전하시어 무극대도를 뿌리내리시고 그 열매를 수화水火(坎離)의 조화 기운을 열어 주는 태극과 황극의 일월용봉 도수日月龍鳳度數에 붙이시어 신천지新天地 도정道政의 진법 도운을 여시니라. (6:2)

❋ 태모님께서 용화동에 계실 때 천지에서 신도가 크게 내리매 여러 차례 용봉龍鳳을 그려 깃대에 매달아 놓으시고 … "일후에 사람이 나면 용봉기를 꽂아 놓고 잘 맞이해야 하느니라." 하시고 "용봉기를 꼭 꽂아 두라." 하시며 다짐을 받으시니라. (11:365)

이처럼 천리天理를 바탕으로 이미 정해 놓으신 상제님의 도맥(종통 맥)을 바르게 깨치는 것은 천지성공으로 가는 필수 조건입니다. 대자연의 근본 틀인 천지일월을 바탕으로 우주를 다스리시는 상제님 태모님이 천지부모로 자리 잡으시고, 이 두 분의 뜻과 삶을 계승하여 인사의 지도자는 일월의 역할을 함으로써 **천지일월 도체**道體**가 인사의 핵심 주제로 성립**되는 것입니다.

2) 도의 열매, 도체로 거듭나는 공부

천지일월 도체 공부란 도통 맥의 심법과 정신을 전수받는 공부입니다. 후천 5만 년 천지의 복을 얻고, 조화선경 낙원의 모든 영광과 영예를 누릴 수 있는, 도통의 진리 열매를 맺는 공부입니다.

천지일월의 성령을 받아 도를 전할 때 세상 사람들의 진리 의식이 깨어나게 됩니다. 상제님은 천지일월 도체의 뜻과 정신을 온전히 계승한 당신님의 일꾼이 천지의 조화성령을 받아 칠성 도수 포교(제2절에서 상술)를 성취하고 **구원의 도체 조직**을 완수하게 하셨습니다. 상제님의 종통을 계승하신 태모님께서는 신정神政으로 이 도체 조직 공사를 구체적으로 집행하셨습니다. 태모님이 집행하신 도체 조직 공사는 제2절에서 자세히 살펴보기로 하겠습니다.

천지일월의 심법으로 무장한 도체 조직은 상제님 무극대도의 가장 중요한 심장부 조직입니다. 도체는 의통성업을 집행하면서 가을철 후천의 새 역사 질서를 구현하는 중심 조직으로 자리 잡아 개벽 후에 인류사를 움직이는 상제님 도 문화의 몸체 조직으로 완결됩니다.

도체道體는 진정한 도의 열매요 도의 혼백이자, 살아 있는 도의 주인공입니다. 오직 창생을 살리고 도체 조직을 완수한 공덕에 따라 1만2천 명의 도통군자(도체)가 탄생하고, 일꾼의 자리가 정해집니다. 가을 개벽기에 사람을 살리기 위해 쏟아 부은 일꾼의 유형·무형의 모든 노고와 열정과 도심주가 도체로 결실되는 것입니다.

❋ 천존天尊과 지존地尊보다 인존人尊이 크니 이제는 인존시대人尊時代니라. (2:22)

봄여름의 천존·지존 도수가 지나고 가을 개벽기에는 진정한 인존 문명이 열리게 됩니다. 인간이 구원의 칠성 도수를 실현하여 인류를 건지고, 살아 있는 인존 칠성이 됨으로써 가을 우주의 도체로 거듭나게 됩니다. **인간이 도의 실현자인 도체가 됨으로써 영원히 살아있는 천지일월의 아들과 딸, 가을 신천지 진리의 화신이 되는 것**입니다. 이제 개벽의 때가 가까워 옴에 따라, 상제님 도체 조직이 칠성 도수를 통해 세상에 모습을 드러내게 됩니다.

이어서 천지일월 도체의 뜻과 대이상을 이루는 상제님 일꾼들은 어떤 사명을 받았으며, 후천 세상의 도체를 조직하는 구원의 칠성 도수란 무엇인지 살펴보기로 하겠습니다.

제2절 천지공사를 매듭짓는 상제님 일꾼
: 인존 칠성 도수와 의통 조직

1. 천지일월의 뜻과 꿈을 이루는 천하사 일꾼

1) 천하사 일꾼은 누구인가

산 상제님은 당신님의 도업을 위해 몸바쳐 일하는 사역자를 '일꾼', '내 일을 할 사람'(6:64)이라 하셨습니다. 또한 "나는 천지의 일을 보는 사람"(2:110)이라고 말씀하셨고, 성도들에게 늘 '일꾼'의 도를 강조하셨습니다.

❋ 일꾼은 천명天命을 받아 천지사업에 종신하여 광구천하의 대업을 실현하는 자니라. (8:1)

일꾼이란 '천지 일꾼'의 줄임말로 **천지의 일을 하는 사람, 천지 부모의 궁극 목적을 완성하는 주인공**을 말합니다. 하늘의 뜻을 이루기 위해 인류의 역사, 즉 하루하루의 모든 사건을 계획하고 실행해 나가는 현실의 주체가 바로 일꾼입니다. 그러므로 크게 보면 지구상에 살고 있는 인간, 하늘에 살고 있는 신명이 다 천지의 일꾼입니다.

일꾼은 **'천지 부모의 뜻'**, **'천지 부모의 마음'**을 알아야 합니다. 상제님과 수부님의 진리 말씀을 제대로 보는 안목이 열릴 때, 비로소 하늘과 땅이 무엇인지 느끼게 됩니다. 그리하여 천지의 주인이신 상제님의 천지개벽 사업, 가을 대개벽기에 창생을 건지는 대업이 의미하는 바를 깨닫게 되면 비로소 "나는 천지 사업을 하러 다닌다. 나는 천지의 도업을 이루는 사람이다."라는 확신을 갖게 됩니다.

『도전』에서는 상제님의 도업을 성취하는 천하사 일꾼을 다음과 같이 정의하고 있습니다.

❋ 모사재천謀事在天하고 성사재인成事在人하는 후천 인존人尊시대를 맞이하여 천지부모이신 증산 상제님과 태모 고수부님께서 인간과 신명이 하나되어 나아갈 새 역사를 천지에 질정質定하시고 일월日月의 대사부大師父께서 천지도수에 맞추어 이를 인사人事로 집행하시니 일꾼은 천지일월天地日月 사체四體의 도맥과 정신을 이어받아 천지대업을 개척하여 후천 선경세계를 건설하는 자이니라. (8:1)

천하사 일꾼은 상제님의 천명과 신교를 받들어 가을 천지의 추수 사업을 성사시키는, 대우주의 참 하느님이신 상제님의 대역자로서 하늘과 땅, 인간과 신명의 모든 꿈과 이상을 성취하는 새 역사의 주인공입니다. 한마디로 말해서 **가을 하늘의 뜻을 성취하는 사람, 천지 대업을 완수하는 사람**입니다. 천지일월의 이상과 목적을 실현하기 위해, 가을철 인간 추수 사업을 위해, 그리고 인간 성숙을 위해 자신의 한 생애를 온전히 바쳐서 인간으로 오신 상제님과 태모님의 무극대도 진리를 인류에게 전하는 구원의 태양 역할을 하는 사람이 천하사 일꾼입니다.

앞으로 상제님 일꾼들이 천지를 대행하여 상제님의 대업을 최종 마무리 짓습니다. 이제 상제님의 진리군사들을 통해 당신님의 가르침과 명을 받드는 신교문화와 천명문화가 이 땅에 본격적으로 열리게 되는 것입니다.

- 大道德奉天命奉神教 (5:355)
  대 도 덕 봉 천 명 봉 신 교
- 너희들이 성도成道하기 전에 한 사람이 먼저 천명天命과 신교神敎를 받들어 천지에 보은할 것이니라. (5:357)

2) 천하사 일꾼으로 거듭나는 삶

진정한 진법 신앙의 출발은 자신과 만물을 낳아 기르는 하늘과 땅을 부모님으로 받드는 감사와 보은의 마음에서 비롯합니다. 우리 일꾼은 모든 생명체와 통정하고 만물 생명의 근원이 되는 천지 부모의 참마음을 제대로 느끼고자 노력해야 합니다. 그러한 가운데 문득 큰 깨달음이 열려서 마음이 한없이 밝아지고 상제님 도업을 완수할 수 있는 성령의 지기至氣를 강렬하게 받아 내리게 됩니다.

- 태모님께서 항상 말씀하시기를 "천지를 믿고 따라야 너희가 살 수 있으니 천지 알기를 너희 부모 알듯이 하라." 하시니라. (11:114)

일꾼은 천지의 자녀요 사역자로서, 하늘의 지고한 뜻과 인간 역사의 꿈을 이루고 후천 지상선경의 새 문명을 열어갑니다. 상제님의 도문道門에 신앙의 첫 발자국을 떼는 입도入道일로부터 천지 일을 대신하는 천하사 일꾼의 길을 걷게 됩니다.

각 지역의 증산도 도장에서 치뤄지는 **입도식**入道式은 대우주의 절대자이신 증산 상제님과 태모님의 아들딸로 다시 태어나 천지 신명들 앞에서 **광구천하의 서원을 올리고 천명을 받는 예식**입니다. 사실 지난 선천의 봄개벽 이래 태어난 인간은 가을 개벽기에 인간으로 오시는 조화주 하나님의 도道를 만나기 위해 윤회를 거듭하며 살아온 것입니다.

따라서 상제님의 도를 받아 입도를 하고 천하사 일꾼이 된다는 것은 이 우주와 영원히 함께하는 새 생명으로 태어나는 일이요, 자신의 인생 역정과 가문의 역사에서 가장 영광되고 축복된 일입니다.

2. 상제님 일꾼의 사명

1) 살릴 생生 자를 쥐고 다니는 천하사 일꾼

지금은 천지의 질서와 틀이 여름에서 가을로 바뀌는 가을 개벽기입니다. 여름철 화기火氣와 가을철 금기金氣가 만나면 화극금火克金이라는, 지금까지와는 전혀 다른 차원의 전환기적 충돌이 일어나 가을개벽이 닥치게 됩니다. 이때 인간 농사의 생장 시간을 끝막는 숙살 기운이 몰아쳐 지구상에 괴질 병겁을 일으켜서 온 세상 사람이 하루아침에 죽음의 위기에 놓입니다.

> ❋ 이 뒤에 **괴병**怪病이 돌 때에는 자다가도 죽고 먹다가도 죽고 왕래하다가도 죽어 묶어 낼 자가 없어 쇠스랑으로 찍어 내되 신 돌려 신을 정신도 차리지 못하리라. (7:36)

이러한 가을 개벽기에는 상제님 일꾼들이 선천의 상극 문화에 갇혀 있는 세계 창생들에게 증산 상제님의 상생의 도를 전수傳授해서 살 길을 열어 주는 **구원의 손길 역할**을 하게 됩니다. 상제님께서는 이를 '포교'라 하셨습니다.

> ❋ **도적 잡는 자를 포교**捕校라고 부르나니 도를 전할 때에 포교布敎라고 일컬으라. 우리 일은 세상의 모든 불의를 맑히려는 일이니 세상에서 영웅이란 칭호를 듣는 자는 다 잡히리라. (8:66)

포교布敎란 '펼 포', '가르칠 교' 자로 **인간 세상에 오신 참 하느님, 우주의 통치자, 구원자이신 상제님의 진리를 이 세상에 선포하는 일**을 말합니다. 가을 개벽철에는 천지의 가을이 오는 소식을 모르면 누구라도 영원한 죽음을 맞을 수밖에 없습니다. 그렇기 때문에 인류에게 가을개벽 진리를 전하여 상제님을 만나게 하는 포교 사업은 **선천에서 후천으로 넘어가는 우주의 구원의 다리를 놓아 주는 일**이요 후천 가을의 영원한 생명세계로 인도해 주는 일입니다.

더욱이 상제님 도를 전수하는 것은 단순히 한 사람에게 진리를 전하는 것이 아니라, 동시에 그 사람의 선령과 자손 모두에게 전하는 일입니다. 그래서 상제님은 진리를 전하는 포교를 포덕이라 하시며 **상제님 일꾼의 포교 공덕이 하늘보다 더 크다**고 하셨습니다.

> ❋ 세 번은 권하여 보아라. 공은 포덕布德보다 더 큰 공이 없느니라. (8:24)
>
> ❋ 사람을 많이 살리면 보은줄이 찾아들어 영원한 복을 얻으리라. (7:32)

상제님은 진리를 체득하며 포덕을 실천하여 열매 맺는 천하사 일꾼의 신앙을 '득의지추得意之秋'라 말씀하셨습니다.

❋ 너희들은 **손에 살릴 생生 자를 쥐고 다니니 득의지추得意之秋가 아니냐.** 삼천三遷이라야 일이 이루어지느니라. (8:117)

득의得意란 가을 하늘의 뜻을 가슴에 품고 마침내 그 뜻을 성취하는 것을 말합니다. 따라서 득의지추란 '너희 일꾼들이 천지의 간절한 뜻을 이루고, 인간농사를 추수하여 천지의 목적을 성취하는 주인공'이라는 축복의 말씀입니다. **하늘과 땅과 인간 역사의 궁극 목적은 오직 '살릴 생' 자에 있습니다.** 선천 상극의 세월 속에서 얼마나 많은 구도자와 신앙인들이 자신의 뜻을 이루기 위해 절규하며 눈물을 쏟아 왔습니까. 그들의 피와 눈물과 땀, 그 모든 노력이 **오직 상제님의 진리를 만나 천지의 뜻을 성취하는 가을철의 성공**을 이루게 되는데, 그것이 바로 **'득의지추'**입니다. 그러나 오늘을 사는 현대인들은 이끗에만 정신이 팔려 진멸지경에 처한 현실을 전혀 깨닫지 못하고 있습니다. 그런 창생의 운명을 생각하시며 증산 상제님께서는 매우 비통해 하셨습니다.

❋ 하루는 어디를 가시다가 흐르는 도랑물에 호연을 씻겨 주시고 나서 감발을 풀고 발을 씻으시던 중에 문득 "아차차! 아차차!" 하시며 큰 소리로 목 놓아 슬피 우시거늘 … "아서라, 너는 뒤로 가 있거라. 천하 창생이 모두 저 송사리떼와 같이 먹고살려고 껄떡거리다가 허망하게 다 죽을 일을 생각하니 안타깝고 불쌍해서 그런다." 하시고 "허망한 세상! 허망하다, 허망하다!" 하시며 혀를 차시니라. 이에 호연이 "아이고, 노래나 하나 하세요. 나 노래 듣고 배울라요." 하니 상제님께서 **"세상만사 덧없이 넘어간다. 세상만사 헛되고 허망하다!"** 하고 구슬피 읊조리시니라. (7:48)

따라서 상제님의 도업을 실현하는 일꾼은 오직 한마음, 남 살릴 생각을 해야 합니다. 항상 '어떻게 하면 닥쳐오는 가을 개벽기에 세상 사람을 한 사람이라도 더 살려낼 수 있을까?' 하는 살릴 생 자 의식이 가슴에서 불타올라야 우리 삶의 목적을 성취하고 천지에 보은하는 진정한 인간으로 거듭날 수 있습니다.

❋ 천하사를 하는 자는 항상 생각이 멀고 깊어야 하고, 불시의 일에 대비하여야 하며, 경계함을 게을리 하지 말아야 하느니라. (8:56)

2) 칠성 도수로 이루는 육임 의통 조직

증산 상제님은 추살秋殺의 천지 이법에 따른 **우주 가을철의 죽음의 심판**에서 천하 창생을 건져 내는 구원 조직을 '육임六任'이라 부르셨습니다. 화급한 병란 개벽 상황에서 한순간에 죽어 넘어가는 창생을 살려 내는 구원 조직이 육임 의통 구호대입니다.

❋ 나를 믿는 자는 매인每人이 6인씩 전하라. 포교의 도道가 먼저 육임六任을 정하

고 차례로 전하여 천하에 미치게 되나니 이것이 연맥連脈이니라. (8:101)

❋ 사람이 낳기는 제 어미가 낳았어도 맥을 전해 주는 사람이 있어야 산다. 맥 떨어지면 죽느니라. (6:65)

육임 의통 구호대는 상제님의 조화권인 의통법을 용사用事하는 조직입니다. 도를 받은 여섯 명(육임)과 도를 전한 당사자(방주方主 또는 사수장師首長)까지 '일곱 명'이 한 조가 되어 가을 대개벽 상황에서 죽어가는 창생을 건져 냅니다. 이 인간 칠성의 **광제廣濟 구원 조직**에는 천지의 오묘한 창조 섭리가 담겨 있습니다. 의통 구호대의 단위 조직을 구성하는 일곱 명의 7수는 천지 생명의 근원인 북방 1·6수水(태극수)를 합한 수입니다. 상제님께서는 1태극을 바탕으로 육임 의통 구호대 조직 공사를 보셨는데 이것이 현상적으로는 하늘광명의 불을 상징하는 숫자 7로 드러납니다.

상제님께서는 "나는 칠성七星이니라."(6:7), "북두칠성이 내 별이니라."(3:89)라고 말씀하셨습니다. 칠성은 우주의 조화주 하느님이 거처하시는 천상 궁전이 있는 별입니다. 우주의 중심 하늘[中天]에 있는 하느님의 별이며, 건곤 천지와 그 대행자인 일월과 오행 기운을 다스리는 **하느님의 수레요, 마차**입니다. 인간이 태어나 자라고, 진리에 대한 간절한 염원과 깨달음을 성취하고, 또 무병장수를 이루는, 인간사의 크고 작은 모든 일이 다 칠성 도수로 이루어집니다.[1] 유불선 이전, 환국 이래로 동방 시원문화의 중심에는 만유 생명을 주관하고 기르는 북녘 하늘의 칠성문화가 있었습니다.

가을 개벽기에는 칠성으로부터 성령을 받아 **인류를 건지는 칠성 도수**에 의해 **육임 의통 광제 조직**이 발동됩니다. 이 육임 의통 조직은 개벽의 긴박한 대변국 속에서 역사의 중심에 출세하여 의통성업醫統聖業을 집행하는 **거룩한 하느님의 진리 군사, 육임군**입니다. **육임군은 선천 인간을 건져 후천 가을 선仙의 조화 세계로 인도하는 상제님의 구원의 일곱 천사, 땅 위의 '인간 칠성'**입니다. 칠성 도수의 육임 의통 조직은 바로 상제님 9년 천지공사의 열매이면서, 상제님 도업의 최종 결론입니다. 한 많은 선천의 인류사를 끝마무리 짓는 세계정치의 오선위기 도수도 칠성 도수에 의해 종결됩니다.

❋ **칠성 도수는 천지공사를 매듭짓는 도수니라.** (11:360)

❋ 태모님께서 말씀하시기를 "상제님의 천지공사는 낳는 일이요, 나의 천지공사는 키우는 일이니라." 하시니라. (11:99)

❋ **칠성 공사는 후천 인간을 내는 공사요, 낳아서 키우는 공사니라. 후천 기운은 사람을 키우는 칠성 도수七星度數이니, 앞 세상은 칠성으로 돌아가느니라.** (11:99)

---

1 동방의 환국·배달·조선 원형문화 시대의 진리 문화 상징인 칠성의 비밀 한 가지가 밝혀졌다. 2014년 7월 8일, 한·미·일·러 국제공동연구팀은 극한에너지의 우주 선宇宙線이 만들어지는 우주의 국소 영역을 발견했다. 연구 결과에 따르면 큰곰자리의 북두칠성 근처에서 우주 선이 나오는 것으로 확인됐다. 상제님이 계시는 북두칠성이 우주의 황극으로 작용하는 별임을 과학으로 입증한 것이다.

상제님·태모님의 천지공사는 칠성 도수를 바탕으로 천지 정사政事를 결정짓고 선천 상극 역사의 틀을 바로 세웁니다.

상제님께서는 "만법 가운데 의통법이 제일이로구나!"(5:242)라고 하셨습니다. 선·후천이 바뀌는 개벽기에 의통 광제단이 출세하여 세계 창생을 살리는 의통성업을 집행합니다. 의통성업은 가을개벽의 실제 상황에서 도운과 세운을 통일하여 선천 인류 문명을 마무리 짓고 후천 조화선경 낙원을 여는 역사 심판과 인류 구원의 관문입니다.

상제님 진리는 오직 의통성업을 집행하기 위해 존재하는 것이며, 상제님 일꾼은 이것을 인사로 실현하기 위해 존재합니다. 대우주의 통치자요 절대자이신 상제님께서도 이 거룩한 구원 사업을 위해 인간으로 오셨고, 천지공사로 전개된 지난 100년 역사도 그 일을 집행하기 위한 준비 과정이었습니다.

3) 의통 도군 조직 마패 공사: 도체道體 조직

『도전』 7편 66장을 보면, 가을개벽의 실제 상황 전에 의통을 전수받아 하나님의 천지 조화대권인 의통을 몸에 지니고 다니면 병겁에서 누구도 살아날 수 있음을 알 수 있습니다. 이 의통이 몸에 지니는 **광제표**廣濟票입니다.

> ❋ 이 달에 대흥리 차경석車京石의 집에 계실 때 하루는 종이 서른 장 되는 양지 책에 앞 열다섯 장에는 면마다 옆으로 배은망덕만사신背恩忘德萬死身이라 쓰시고
> 또 그 면마다 가운데에는 세로로 일분명 일양시생一分明 一陽始生이라 쓰시고
> 뒤 열다섯 장에는 면마다 옆으로 작지부지성의웅약作之不止聖醫雄藥이라 쓰시고
> 또 그 면마다 가운데에는 세로로 일음시생一陰始生이라 쓰신 뒤에
> 경면주사 가루와 보시기 한 개를 놓고 광찬에게 이르시기를 "이 일은 살 길과 죽을 길을 결정하는 것이니 잘 생각하여 말하라." 하시니 광찬이 아뢰기를 "선령신을 부인하거나 박대하는 놈은 살 기운을 받기 어려울까 하옵니다." 하거늘 상제님께서 한참 생각하시다가 말씀하시기를 "너의 말이 옳다." 하시고 보시기를 종이로 싸서 경면주사 가루를 묻혀 각 장마다 앞뒤로 도장 찍듯이 찍어 넘기시며 말씀하시기를 "이것이 마패馬牌니라." 하시니라. 이 때 양지 책 한 권을 묶어 의약복서종수지문醫藥卜筮種樹之文이라 쓰시니라. (7:66)

상제님께서 종이 서른 장을 책으로 묶어 앞의 열다섯 장과 뒤의 열다섯 장에 글을 쓰셨는데, 앞 열다섯 장에는 '배은망덕만사신 일분명 일양시생', '은혜를 저버리고 덕을 망각하는 자는 만 번 죽어 마땅하다. 한결같이 분명할지니 일양이 처음 생겨나는 때(冬至)니라'하셨습니다. 또 뒤 열다섯 장에는 '천지대업을 지어가며 결코 멈추지 않

으니 세상을 고치는 성스런 의술이요, 세상을 살리는 웅대한 약이라.' 그리고 '일음이 처음 생겨나는 때(夏至)를 알지니라'라 하셨습니다.

여기서 '작지부지성의웅약聖醫雄藥'에서 '작지부지'는 병든 천지를 뜯어고치고 인간 역사의 새 시대를 여는 창업자는 어떤 어려움에 직면하더라도 멈추지 않고 비범한 의지와 열정과 지혜로써 그것을 극복해야 한다는 말씀으로, 의통성업을 준비하는 일꾼의 심법을 전수하신 것입니다. 또 '성의웅약'은 '가장 성스러운 의통이요 영웅적인 약이라.' 즉 개벽기에 병겁으로 넘어간 사람을 살려내는 일이 가장 성스러운 일이며 영웅적인 일이다, 이보다 더 가치 있고 숭고한 일은 없다는 말씀입니다. 여기에는 성과 웅을 겸비해야 진정으로 성숙된 일꾼, 큰 일을 이루는 일꾼이 될 수 있다는 의미가 담겨 있습니다.

상제님은 경면주사로 매 장을 찍으시면서 "이 일은 죽고 사는 자를 생사판단을 하는 공사이니 잘 생각해서 대답하라" 하셨습니다. 김광찬 성도가 "선령신을 부정하거나 박대하는 놈은 다 죽겠습니다." 하니 "네 말이 옳으니라. 이것이 마패니라." 하셨습니다. 개벽 실제상황에서 의통 전수의 마패 도수가 발동되는 것입니다. 그런데 상제님께서 당신님이 만드신 실물의 마패를 주시며 "이것이 나의 신표神標니라. 이것이 없으면 나의 원 제자가 될 수 없느니라."라 하신 공사 말씀이 있습니다. 이것으로 보면 상제님의 본격적인 참된 제자로, 진리의 아들과 딸로 인정을 받는 길이 바로 상제님의 신표인 마패를 하사받는 것임을 알 수 있습니다. '나는 상제님의 올바른 진법 신앙인이다. 나는 증산도의 참일꾼이다' 하는 것을 증명하는 것이 상제님의 마패를 받는 일입니다. 상제님의 칠성 도수로 6명에게 도를 전한 육임任 조직 일꾼이 이 상제님의 신표, 마패를 전수받아 의통을 집행할 수 있는 의통조직의 주인공이 될 수 있습니다.

상제님 9년 천지공사의 열매이며, 상제님 도업의 최종 결론 자리를 차지하는 칠성 도수 육임 조직은 세계 정치사의 운로인 세운世運으로 볼 때에도 선천의 전 역사 과정을 마무리 짓는 인류 구원의 일꾼 조직입니다. 그러면 육임 조직은 어떻게 짜는 것일까요?

육임 조직을 완결하기 위해 먼저 속 육임을 잘 짜야 합니다. 속 육임이란 '누구누구에게 도를 먼저 전해 주겠다'고 마음속으로 치밀한 육임전략을 기획하는 것입니다.

❋ 무신(戊申: 道紀 38, 1908)년 여름에 고부古阜 와룡리臥龍里에 계실 때 하루는 상제님께서 박공우朴公又에게 "마음으로 속 육임六任을 정하라." 하시거늘 공우가 마음으로 육임을 생각하여 정할 때 한 사람을 생각하니 문득 "불가하다." 하시므로 다른 사람으로 바꾸어 정하니라. (7:31)

육임을 조직하기 위해서는 먼저 도를 전해서 꼭 살리고자 하는 여섯 명의 대상자가 명확하게 내 마음속에 정해져야 합니다. 밤낮으로 그 사람을 생각하고 그 사람을 위해 기도하며 주문 읽고, 상제님 진리로 잘 깨우쳐 주어야 겉(실제 열매맺은)육임이 제대로 완성될 수 있습니다. 성성하게 깨어 있는 마음으로 육임을 제대로 기획해서 가을 우주의 광명문화 열매를 맛보게 하는 속 육임! 이것이 의통 광제팀 조직의 출발입니다.

그런데 이 육임을 조직하는 비밀이 『천부경』에 들어 있습니다. 그것이 곧 "천일일天一一, 지일이地一二, 인일삼人一三"의 가르침입니다. 아침에 창문을 열고 하늘을 바라보면서 맑은 하늘처럼 마음을 비우고 태을주를 읽으면 거기서 온갖 조화가 터지게 됩니다. 사람 보는 눈이 길러지고, 먼저 도를 전해야 할 사람이 보입니다. 그렇게 해서 하늘의 마음으로 한 사람에게 도를 전합니다(天一).

태극에서 하나가 열리고 하나에서 둘이 열리는 것처럼, 한 사람에게 도를 전한 후에는 만물을 길러내는 어머니 땅의 마음으로 두 사람에게 도를 전합니다(地二). 그리고 다음으로는 천지 부모와 하나 된 마음으로 세 사람에게 도를 전합니다(人三). 셋은 인간의 도로서 천지의 이상을 실현하는 통치자 태일太一의 길입니다.

이렇게 하여 여섯 명의 육임 일꾼 의통 조직이 제대로 뿌리내리면 거기에서 천지 사방으로 뻗어져 나가게 됩니다. 한 사람의 일꾼을 제대로 길러 내었을 때, 여기서 후천 5만 년 새 역사가 열리는 것입니다.

상제님의 이 육임 조직은 태모님의 공사를 통해 더욱 구체화되어 전개됩니다. 태모님은 상제님의 공사를 바탕으로 육임 도수가 후천의 도체 조직으로 완결되는 '도체 조직 공사'로 보여 주셨습니다.

❀ 하루는 태모님께서 치성을 봉행하신 뒤에 "**육임**六任 **도수를 보리라.**" 하시고 **도체**道體 **조직 공사**를 행하시니 이러하니라. 동서남북 네 방위에 인원을 정하시어 동쪽은 청색, 서쪽은 백색, 남쪽은 적색, 북쪽은 흑색으로 큰 깃발을 세우게 하시고 깃대 앞에는 책임자를 맡겨 세우시며 중앙에는 황룡기黃龍旗를 세우신 뒤에 그 앞에 층으로 단을 높게 설치하신 다음 태모님께서 윷판을 그려 놓으시고 그 위에 정좌하며 말씀하시기를 "사방 60리 지령기운地靈氣運이라." 하시고 "**지령기운이 다 돌면 사람 추린다.** 선자善者는 사지師之하고 악자惡者는 개지改之하라." 하시니라.

이어 성도 50명을 선출하여 **사정방**四正方을 임명하시고, 각각 **육임**六任, **팔봉**八奉, **십이임**十二任, **이십사임**二十四任을 선정하시어 동쪽 기旗에 육임, 서쪽 기旗에 팔봉, 남쪽 기旗에 십이임, 북쪽 기旗에 이십사임을 일렬로 세우신 다음 그 나머지 인원은 육임 아래에 여섯 명씩 배정하니 36명이요 팔봉 아래에 여덟 명씩 배정하니 64명이요, 십이임 아래에 열두 명씩 배정하니 144명이요, 이십사임 아래에 스물네 명씩 배정하니 576명이요, 고민환高旻煥과 강원섭姜元聶은 태모님을 모시고 중앙에 서니라.

태모님께서 말씀하시기를 "이 다음에 수백만의 인원이면, 그 본줄기 되는 인원만 일정한 규칙을 정하여 나아갈진대 세계 민족을 포섭하리라." 하시고 이로부터 사정방의 육임, 팔봉, 십이임, 이십사임과 그 하단 조직으로 포교 운동을 일으키시니 도세가 크게 일어나기 시작하니라. (11:126)

여기서 **도체道體란 도를 받은 일꾼이 천지일월 사진주四眞主께서 부여하신 인류 구원의 사명을 완수하여 진정한 도의 주역, 도의 주체가 되는 것을** 말합니다. 또한 상제님 도의 밑자리, '후천 5만 년 새 역사의 중심에 서는 주인'이라는 뜻입니다.

태모님께서는 상제님의 십오 진주 도수를 바탕으로 동서남북 사정방에 육임, 팔봉, 십이임, 이십사임을 배치하여 50수로써 '도체 조직 공사'를 행하셨습니다. 이 공사의 핵심은 동서남북 사정방에 있는 육임, 팔봉, 십이임, 이십사임이 각각 6명, 8명, 12명, 24명씩을 포교해 나가는 것입니다. 그리하여 "포교는 매인이 천 명씩 하라."(5:360) 하신 상제님의 천명天命을 현실 역사 속에서 구체적으로 도체 조직으로 완결하는 것입니다. 더불어 50수의 살릴 생 자 공부 포교 조직을 짜는 과정에서 일꾼은 5·10토土, 십오 진주의 천지 조화 기운을 받아 정신이 열리고 진리 의식이 성숙하여 지구촌 역사를 경영하는 역량을 갖출 수 있게 됩니다.

❋ 전하기 쉬우니라. 먼저 7인에게 전한 후에 매인이 7인씩 전하면 천 명이 많은 것 같아도 시작하면 쉬우니라. (5:360)

그렇다면 **도체는 어떻게 짜 나가야 할까요?** 도체는 후천 5만 년을 이어갈 도의 밑자리이기 때문에, 사정방에 있는 제1 세대가 상제님 태모님의 혼이 되려는 일꾼의 정의로움과 불길같은 정성 기운이 들어야 도체를 완수할 수 있습니다. 태모님께서는 그 본줄기 되는 50명의 인원만 일정한 규칙으로 잘 경영하면 수백만 명으로 조직의 기본 틀이 짜여져 세계 민족을 구원하게 된다고 말씀하셨습니다. 결론적으로 '십오 진주 50수로 도체를 조직하라'는 것은 **천지 조화의 생명력이요 우주 도道의 밑자리인 5·10토土 조화성령 기운을** 여는 태을주의 천지 조화로 **도체를 조직하라**는 것입니다. 바로 여기에 천지 대세를 돌리는 판몰이 도수의 성공이 걸려 있습니다.

4) 천하 창생의 생사는 오직 일꾼의 손에

우리가 살고 있는 대자연은 지금 선천개벽의 세월이 끝나고 후천개벽 시간대가 열리는 가을개벽을 향해 치닫고 있습니다. 우주의 계절이 가을철로 전환하는 가을개벽은 상상조차 할 수 없을 만큼 참혹한 상황으로 전개됩니다. 대자연의 추살 정신에 의해 70억 인류가 영원히 소멸되는 비극의 운명을 맞게 됩니다. 따라서 여름과 가을이 바뀌는 이 가을 개벽기에 태어난 인간으로서 가장 값진 삶의 가치는 상제님의 도생道生이 되어 죽어 넘어가는세계 창생을 건져 내는 데 있습니다.

상제님께서는 '너희들 발걸음 닿는 데 따라서 세상 사람들의 생사 운명이 결정된다', '십 리 길에 사람 하나 보기 힘든 그런 때가 온다', '그래도 씨종자는 있어야 하지 않겠느냐'고 탄식하시며 **천하사 일꾼의 숭고한 사명**을 강조하셨습니다.

❋ 천하 창생의 생사가 다만 너희들 손에 매여 있느니라. (8:21)

❋ 하루는 응종의 아들 내자와 공신의 큰아들 광옥光玉이 공신의 집 마당에서 놀면서 보니 상제님께서 사랑에 홀로 계시어 궤짝을 끼고 옆으로 누우신 채 궤짝을 두드리시며 하루 종일 **대성통곡**을 하시거늘 이 때 궤를 두드리시는 소리가 마치 북소리와 같더라. (5:201)

증산 상제님께서는 개벽기에 죽어 넘어갈 창생을 걱정하시며 벽을 향해 돌아 누워 그 안타까움에 한없이 우시기도 하고, 궤짝을 두드리며 하루 종일 대성통곡을 하시기도 했습니다.

상제님을 신앙하는 일꾼들은 늘 **창생을 살리려는 상생의 마음, 오직 살릴 생生 자 의식으로 충만한 그 마음**이라야 인류를 구원할 수 있습니다. 인류사의 운명은 인간으로 오신 하느님의 손에 의해 이미 그 틀이 결정되어 있지만, 그것을 실제 인간의 역사로 실현하는 것은 상제님의 도를 받은 도생道生, 일꾼의 몫입니다. 상제님 일꾼들이 선천 역사의 마지막 끝매듭을 짓는 것입니다.

따라서 상제님의 도를 받은 일꾼은 진리 공부에 큰 재미를 붙여 살려 내는 포교, 끝매듭을 짓는 포교를 해야 합니다. 살릴 생 자 포교, 이것이 가을 대개벽을 앞두고 상제님의 천하사 일꾼들이 하루 생활속에서 뜨거운 관심을 가져야 할 제1의 사명입니다.

❋ 春無仁이면 秋無義라
춘 무 인　　추 무 의
봄에 씨[仁]를 뿌리지 않으면 가을에 결실[義]할 것이 없느니라. (8:34)

❋ 참사람이 어디 있느냐. 참사람을 만나야 하리니 춘하추동 사시절에 일시라도 변치 말고 성경신 석 자로 닦으면서 진심으로 고대하면 참사람을 만나리라. (11:277)

3. 성공하는 칠성 도수: 포교의 성공 열쇠

1) 태을주 포교: 천지 조화 태을주로 포교하라

모든 인간은 상제님 진리를 만남으로써 가을의 인간으로 거듭나 살아갈 수 있습니다. 진정한 성공의 첫걸음이 바로 상제님과 태모님을 만나는 것입니다.

가을철의 도의 섭리는 너무도 냉엄합니다. 상제님의 일꾼이 전하는 도를 받아들이는 인생은 살아남고, 그렇지 않으면 가을의 서릿발에 결국 소멸당하고 맙니다. 그런 의미에서 상제님의 천명을 받은 일꾼들은 살아 있는 진정한 구원자(메시아)입니다. 따라서 일꾼의 삶의 목적은 오직 하나, '어떻게 하면 인간으로 오신 증산 상제님의 도를 전하여 가을 개벽기에 한 사람이라도 더 살려 낼 수 있을까?' 하는 것입니다. 오직 이 한 생각으로 진리를 공부하고, 기도와 수행을 하고, 세상 사람을 만나는 참된 일꾼의 삶을 살아야 합니다.

상제님은 당신님의 일꾼들이 후천 선경을 건설하는 새 역사의 주인공으로 우뚝 설 수 있도록 칠성 도수에 무궁한 조화권을 붙여 놓으셨습니다.

> ❋ 하루는 상제님께서 백로지 한 장에 무엇을 쓰시어 불사르시고 그 재를 물에 풀어 밖으로 뿌리시며 "계룡산 금옥아!" 하고 소리치시니 이는 신명을 부르심이라. … "너 가서 너희 어른을 불러 박적 몇 개 가져오너라." 하시니라. … 얼마가 지난 후 금옥이 바가지를 큰 것, 작은 것으로 세 개를 가지고 와서 상제님께 올리며 "가져오라고 하시어 가져왔지만 어떻게 하실 건가요?" 하고 여쭈니 말씀하시기를 "이것이 그냥 박적이 아니라 내가 씀으로 인하여 **조화박적**이 되

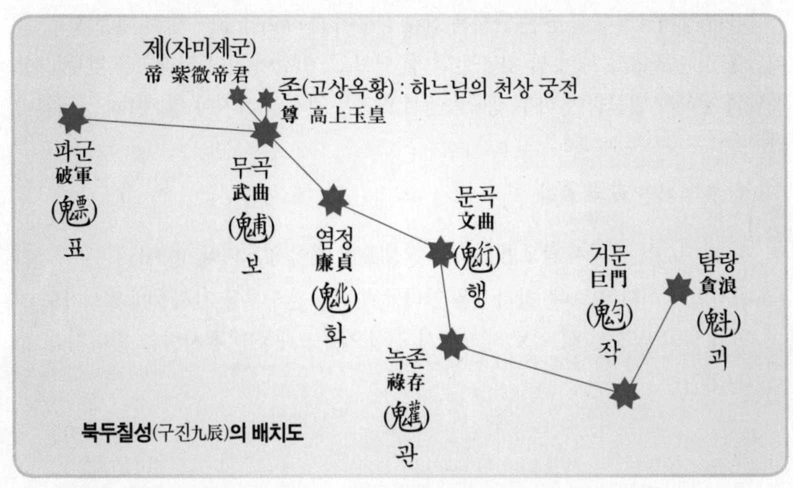

북두칠성(구진九辰)**의 배치도**

는 것이니라. … **내가 날을 잡아 신장들의 기운을 보기 위하여 힘을 겨루어 볼 터이니 준비해라.** 시원찮게 하면 못쓰느니라. 새겨들어라." 하시니라. (5:366)

❋ 그 신명들이 상제님 일행을 보니 자기들보다 숫자도 적거니와 모두들 비루먹은 말을 타고 박 하나씩만 덜렁덜렁 차고 오는지라 '한 손으로도 이기겠다.'고 쉽게 생각하니라. … 이어 상제님께서 박을 가운데에 놓고 주문을 외우시니 한 박에서는 투구를 쓰고 기치창검을 한 아주 작은 사람들이 헤아릴 수 없이 나오고 또 다른 박에서는 무장된 말들이 고자리처럼 꼬작꼬작 나오더라. 이에 상제님께서 그 작은 사람과 말들을 현무지玄武池의 물속에 넣으시니 실제의 사람과 말 크기가 되어 검은 옷을 입고 말을 타고 기치창검을 한 채 줄지어 늘어서매 그 숫자가 저쪽의 세 배도 넘더라. … 좌우로 정렬한 신병들이 상제님의 명을 받아 일제히 나서매 저쪽 신장들은 모두 삼대 쓰러지듯 하는지라 상제님께서 말씀하시기를 "**기운 좋~다!**" 하시니라. (5:367, 368)

상제님께서 "내가 이것을 씀으로 인하여 조화 박적이 된다."라고 하심은 칠성 도수에 천지 조화권을 붙이셨음을 선언하신 것입니다. 이로써 상제님 일꾼은 **천지 조화성령을 받아 내려 칠성 도수 포교** 조직을 **완수**하게 됩니다. 일꾼들이 한결같은 마음과 정성만 있으면 천하 창생을 건질 수 있도록 상생의 기운을 붙여 놓으신 것입니다.

그러면 남북 상씨름판의 개벽기에 **칠성 도수를 성취하는 성공의 열쇠**는 무엇일까요?

❋ **태을주로 포교하라.** 태을주라야 **포덕천하**布德天下 **광제창생**廣濟蒼生 하느니라. 태을주 공부가 **치천하**治天下 **공부**니라. (5:360)

❋ **태을주太乙呪로 천하 사람을 살리느니라.** 태을주는 만병을 물리치는 구축병마驅逐病魔의 조화주라. 만병통치萬病通治 태을주요, 태을주는 여의주니라. (2:140)

태을주는 심령心靈과 혼백을 안정케 하여 성령을 접하게 하고 신도를 통하게 하며 개벽기에 천하 창생을 건지는 주문입니다.(11:180) **태을주는** 의통의 근원으로 **하느님이 인간에게 내려 주신 가장 소중한 축복의 보물**입니다. 선천에서 후천우주로 넘어가는 이때 치유, 깨달음, 지혜, 성령을 받아 내려 인류 구원의 총체적인 문제를 극복하는 강력한 생명력이 태을주의 조화권에 들어 있습니다.

염념불망念念不忘 태을주를 읽어 천지의 조화성령을 받음으로써 사람을 보는 눈이 열리고 진리를 듣는 밝은 귀가 열리며 일꾼의 심법이 열리고 자신감이 생겨 모든 장애물을 극복하여 칠성 도수 포교를 성사시키게 됩니다. 항상 태을주를 입에 물고 다니면서, 개벽기의 사령탑인 도장 중심의 신앙을 하고 조석으로 청수 모시고 배례하며 진실한 마음으로 힘차게 기도하는 일꾼만이 칠성 도수 포교에 성공할 수 있습니다.

❋ 태을주는 천지 기도문이요, 개벽기에 천하 창생을 건지는 주문이니라. … 이 뒤에 병겁을 당하면 태을주를 많이 읽어 천하 창생을 많이 살려라. (11:387)

❋ 태을주는 천지 어머니 젖줄이니 태을주를 읽지 않으면 다 죽으리라. (2:140)

2) 전체대용全體大用의 포교: 체 공부를 온전히, 용 공부를 크게

인류 구원 조직 칠성 도수 포교를 이루기 위해서는 먼저 상제님 진리의 전체 틀을 명확하게 이해하고 핵심을 쉽게 깨닫는 것이 가장 중요합니다. 진리의 핵심을 바르게 알지 못하면 큰 믿음이 확고하게 자리 잡을 수 없습니다.

'전체대용全體大用'이라는 말이 있습니다. 이는 '바탕(體)을 온전하게 해야 변화의 운용(用)을 크게 발휘할 수 있다'는 뜻입니다. 이 전체대용은 우리의 일상 생활에서 인간의 영성 계발, 문화 창조, 역사의식을 열어가는 주요 주제이기도 합니다. 도의 세계에서 깨달음을 얻고, 도통문을 여는 핵심 요체도 바로 여기에 있습니다.

상제님께서는 '큰 공부를 하려면 먼저 체體를 잡아야 한다.'고 말씀하셨습니다. 그렇지 않으면 근본이 쉽게 흔들리게 됩니다. 따라서 진리의 체를 제대로 잡지 못하면 공부하다가 잘못된 길로 빠져서 도로 본자리로 떨어지게 됩니다. 오직 진리의 기본 틀에 대한 올바른 깨달음으로 사상 신앙이 굳건하게 자리잡을 때, 천지 일꾼으로서 역량을 크게 발휘할 수 있습니다.

❋ 도를 닦으려면 체體부터 잡아야 하느니라. (2:142)

❋ 得體 得化 得明
득체 득화 득명
체를 잡고, 변화를 얻고, 광명을 얻어야 하느니라. (6:132)

❋ 격물格物이 곧 도통이니라. … 격물은 사물의 이치를 관통貫通하는 것이니, 관통을 하려면 먼저 마음을 닦아 심통心通을 해야 하느니라. (11:284)

사람을 제대로 보고 심법을 깨치는 일, 그 모든 것의 바탕은 먼저 상제관과 수부관, 우주 1년 공부의 큰 기본 틀(體)을 잡는 것입니다. 먼저 증산 상제님의 도법에서 체를 잡는 핵심 공부는 우주관과 도맥道脈을 올바르게 인식하는 것입니다. 천지가 체體가 되고 일월이 용用이 되어 만물을 낳아 기르는 천지일월 사체四體의 진리 바탕과 그 핵심을 훤히 알아야 합니다.

❋ 일왈一日 통通이요, 이왈二日 개안開眼이요, 삼왈三日 포교布敎니라. (11:122)

수부님이 말씀하신 일왈, 이왈, 삼왈은 일의 순서를 뜻하는 것이 아닙니다. 이것은 천지 사업의 성공의 삼대 요소를 말씀하신 것입니다. 즉 통 공부, 개안 공부, 포교 공부가 다 중요하다는 말씀입니다. 보통 공부의 3단계로 첫째, 나를 아는 것, 둘째, 자연을 아는 것, 셋째, 세상을 아는 공부를 주장합니다. 상제님 진리 공부는 천지의 인간농사를 추수하는 사업이기 때문에 사람을 많이 살려봐야 개안開眼이 크게 되고, 통通 공부가 크게 터지게 됩니다. 그리고 통과 개안의 궁극 목적도 결국 사람을 많이 살려내는 것입니다. 통 공부에서 가장 중요한 것은 '**이통**理通'과 '**심통**心通' 공부입니다. 우주의 순환 이치, 인간농사 짓는 우주 1년의 이치에 대해서 사무치게 통通해야 심법이 제대로 크게 열립니다. 천지 부모의 마음 세계에 대해서 눈이 트여 일심 경계가 무엇인지 환히 알 수 있습니다.

3) 근본을 깨우치는 포교: 진리의 근본을 깨닫게 하라

판밖 소식인 상제님 진리의 대의를 크게 깨치고 충격을 받을 때 "야, 내가 세상을 헛살았구나!" 하고 자탄하며 각성하게 됩니다. 선천 세상의 어떤 가르침도 가을 우주의 개벽 세계가 있다는 것을 전혀 모르고 있습니다. 이것이 선천문화의 현주소이자 오늘날 현대 문명의 근본적 한계입니다.

- 내 일은 판 밖의 일이니라. (6:73)
- 이 때는 모름지기 **새 판이 열리는 시대**니라. (3:11)
- 이 세상에 학교를 널리 세워 사람을 가르침은 장차 천하를 크게 문명케 하여 천지의 역사役事를 시키려 함인데 **현하의 학교 교육**이 학인學人으로 하여금 비열한 공리功利에 빠지게 하므로 판밖에서 성도成道하게 되었노라. (2:88)
- 학생이라 부르지 말라. 죽은 놈을 보고 학생이라 하지 산 놈을 학생이라 하느냐. 너희들끼리는 **도생**道生**이라 불러라**. (8:46)

증산 상제님은 당신의 도운에 대학교 도수를 붙이셨습니다. 증산도대학교는 가을 천지를 여는, **아버지 하느님의 '진리 배움터'**입니다. 기존 인류문화의 판밖 소식인 상제님의 대도 진리를 전할 때는 반드시 진리의 주인이신 상제님과 우주 1년 이야기를 중심으로 천지 대세의 틀에 눈뜨게 해 줘야 합니다. 도道 공부란 진리의 근본을 깨는 것입니다.

- **우주의 순환 이치**를 알아야 이 길을 찾을 수 있느니라. (11:122)
- **사람 기르기**가 누에 기르기와 같아서 일찍 내이나 늦게 내이나 먹이만 도수에 맞게 하면 올릴 때에는 다 같이 오르게 되나니 이르고 늦음이 **사람의 공력**에 있느니라. (3:180)

상제님의 가을 문화 도통은 중통인의입니다. 따라서 사람 마음 속을 헤아려보고 사람을 다룰 수 있어야 합니다. 또한 그 사람의 기운과 기질, 특성, 인간 됨됨이, 성격 등

천하사 신앙에 대한 자질 판단에 주요 요소들을 냉철하게 잘 판단할 수 있어야 합니다. 그러기 위해서는 천지조화 태을주 공부를 통한 밝은 영적 안목으로 사람들을 적절히 잘 인도하고 깨어나게 할 수 있어야 합니다.

4) 천하사 일꾼의 용用 공부: 입 공부와 발 공부

천지 어머니로서 일꾼을 낳아 기르시는 태모님은 도운의 역사에서 처음으로 포교의 문을 여셨습니다. 태모님은 일꾼들에게 **'용 공부'**를 많이 할 것을 명하셨습니다.

❀ 우리 공부는 용用 공부니 **남모르는 공부**를 많이 해 두라. (11:278)

용用 공부란 상제님의 대도 진리를 깨쳐서 **세상 사람을 실제로 살려 낼 수 있는 공부**로서, 진리의 주인공이 되어 천지의 조화성령 기운을 끌어다 쓰는 공부입니다. 지극한 정성으로 청수 올리고 기도하고 주문을 읽는 영성공부의 체질화와『도전』말씀을 암송하면서 진리 중심으로 일꾼 신앙을 할 때 모든 일을 이루는 힘을 얻게 됩니다.

❀ 物有本末하고 事有終始하니 知所先後면 則近道矣리라
물유본말 사유종시 지소선후 즉근도의
만물에는 본말本末이 있고 일에는 시종始終이 있으니
먼저 할 일과 나중 할 일을 가릴 줄 알면 도에 가까우니라. (8:19)

❀ 우리 공부는 **오장육부 통제 공부**니, 곧 선각仙覺 지각智覺이니라. 이 공부가 **도도통**都道統이니라. 제 몸에 있는 것도 못 찾고 무슨 천하사란 말이냐! (11:224)

❀ 안 될 일을 되게 하고 될 일을 못 되게 하는 것이 일꾼이니라. 모든 일을 알기만 하고 **변통**變通을 못 하면 모르는 것만 같지 못하느니라. (8:99)

❀ 먹어서 금방 기운이 나는 것이 아니라 **자꾸 활동을 하고 내가 개발을 해야** 나는 것이니 어찌 가만히 먹고 앉아서 기운이 돋기를 바라리오! (3:62)

한편 상제님은 **'입 공부'**를 말씀하셨습니다. 세상 사람을 상제님의 대도 세계로 인도하는 성패의 관건은 어떻게 정신이 깨어날 수 있게 생명력 있는 말로써 진리를 전하느냐 하는 것입니다. 우리 일꾼들이 **진리 말씀을 어떻게 전하느냐에 따라서 사람의 죽고 사는 일이 결정됩니다.**

❀ 공부는 입 공부가 가장 크니라. (5:434)

❀ 말할 때에 남이 알아듣지 못하는 어려운 문자를 써서 유식함을 자랑하고자 하나 알아듣지 못하는 말을 해서 무엇하리오. 남이 모르는 어려운 문자를 써서 말하지 말라. 모든 사람이 **알기 쉬운 말을 하라.** (8:24)

❀ 나의 말은 한마디라도 땅에 떨어지지 않으리니, 들을 때에 익히 들어 두어 내

어 쓸 때에 서슴지 말고 내어 쓰라. (8:33)

상제님께서는 또 **'발 공부'**를 말씀하셨습니다.

* 천지공사는 대님 차고는 못 하는 것이다. 천하사는 **글만 가지고 안 되나니 직접 뛰어다녀야** 하느니라. (5:434)
* 사람은 발길 돌리는 대로 일이 허사가 되기도 하고 이利가 되기도 하니 발이 부모와 같은 것이니라. **발을 잘 돌리면** 그 날 재수가 있어 좋은 일이 생기고 발을 잘못 돌리면 큰 낭패를 당하기도 하나니 일의 **승패가 발 떼는 것**에 달려 있느니라. (8:109)

이 말씀과 같이 천지의 사역자인 우리 일꾼이 어디로 얼마나 적극적으로 뛰어다니는가, 발길을 어떻게 옮기는가에 따라서 세상 사람의 운명이 달라지고, 역사의 향방이 바뀌는 것입니다.

5) 천하사 일꾼의 심법

상제님께서 칠성 도수 포교로 판몰이, 대세몰이를 실현하는 천하사 일꾼의 심법을 전수하신 공사가『도전』5편 328장에 있습니다.

무신(1908)년 11월, 상제님은 대학교 도수를 맡은 김경학 성도의 심법과 국량을 직접 헤아려 보시고 **천지의 큰 복록을 받는 충의로운 일꾼을 내는 두문동 성수 72인 공사**를 보셨습니다. 두문동 사건은 고려말 충신들이 조선 개국에 출사出仕하지 않고 두문동에서 장렬히 죽어간 사건입니다. 상제님께서는 이들의 주군을 향한 불멸의 충의 정신을 천지공사에 크게 쓰시어 후천 5만 년 새 역사를 창업하는 충의로운 일꾼을 내는 대공사를 보셨습니다.

* 11월에 하루는 경학을 바라보시며 "오늘 두문동杜門洞 성수星數 72인 공사를 보려는데 나를 잘 믿겠느냐?" 하고 물으시거늘 경학이 "예, 잘 믿겠습니다." 하고 대답하니 이와 같이 **세 번**을 다짐받으신 뒤에 물으시기를 "자네, **사람 하나에 얼마나 당적했으면 하겠는가?**" 하시니라. 이에 경학이 "백百 명을 당적하면 안 하겠습니까." 하거늘 상제님께서 "**아니지.**" 하시니 경학이 다시 "천千 명 당적이면 적다 하겠습니까?" 하는지라. 상제님께서 거듭 "**아니지.**" 하시니 "만萬 명 당적이면 적당하겠습니까?" 하매 "**그것도 아니지.**" 하시니라. 이에 경학이 "사람 한 명이 만 명 이상을 당적한다는 말씀이십니까?" 하고 여쭈니 말씀하시기를 "사람 하나가 **백만 명은 당적해야 하느니라.**" 하시니라. (5:328)

이 공사에서 백만 명을 당적한다는 것은 단순히 백만 명에게 직접 포교하라는 뜻만

이 아닙니다. 이 말씀은 육임 조직을 창출해 내는 도생들이 상제님의 대학교 교육을 받아 이 세상 어떤 사람과도 일 대 일로 맞서서 능히 감당하고, 그 사람의 정신을 열어 줄 수 있는 문화적 역량과 그릇을 갖추어야 한다는 뜻입니다.

성령을 받아 천지조화의 심법이 열리면 한 사람이 백만 명을 당적할 수 있습니다. 칠성 도수에 따라 실제로 한 사람이 일곱 사람에게 천지의 성령 받는 진리 전수를 하면, 그 사람들이 또 일곱 사람에게 전하는 방식으로 도를 전수하여 마침내 천 명의 인간 열매를 맺을 수 있습니다. 거기서 다시 수십만, 수백만 명에 이르는 조직으로 뻗어 나가게 됩니다. 이것이 두문동 성수 공사에서 행하신 상제님의 심법 전수입니다. 이러한 심법을 받은 일꾼들이, 상제님의 대학교 도수가 열려 가면서 후천 인재를 키워 내는 가을 문화의 기초동량으로 자리잡게 됩니다.

이후에 상제님은 천지의 복록을 맡은 복록소 도수의 주인공인 신경원 성도의 집에 두문동 성수도를 직접 그려 붙이시는 공사를 보셨습니다. 이 공사의 의미는 제3변 도운 개척사의 상제님 일꾼들이 두문동 72현과 같은 충의로운 정신으로 상제님 대업을 이루어 천지의 큰 복록을 받으라는 것입니다.

※ 태인 신경원의 집에 머무르실 때 천지대신문을 열고 벽 위에 두문동杜門洞 성수도星數圖를 써 붙이시니라. (5:329)

※ 수數가 있네 수가 있네, 천지 수가 정리되어 두문동 성수杜門洞 星數는 팔팔八八 구구九九. … 오곡 백초 가지시고 한울님이 오신다네. 조화선경을 건설하고 연화 세상蓮花世上 정리하여 천하 강산이 해원이네. (11:389)

4. 광제창생의 진정한 출발점, 가가家家도장

1) 세계일가 문명은 가가도장으로부터

후천 가을철을 맞이하는 지금은 천지 대개벽기입니다. 장차 대개벽을 극복하고 살아남은 자손들을 통해서 우주 가을철의 새 역사가 펼쳐집니다. 사람을 내어 기른 천지 부모의 공력이 이번에 가을개벽을 넘어서면서 완결됩니다. 이 때는 천지성공 시대라는 말씀의 큰 뜻을 늘 묵상해 보아야 합니다.

남북 상씨름판이 넘어가고 개벽 실제 상황이 벌어지면 상제님의 천지 일꾼들이 의통성업을 집행하여 인간 씨종자를 추려 세계를 통일합니다. 가을개벽 상황을 마무리하는 과정에서 상제님께서 집행하신 세계일가 통일정권 공사가 현실로 이루어지는 것입니다. 이로써 지상에는 인류 역사의 궁극 목적인 가을 우주의 조화선경 낙원이 건설되어 지구촌 인류가 한집안 문화권으로 살아가게 됩니다. 지구촌 동·서의 구원

받은 형제들이 **세계일가**世界一家 **문명**을 열어 나가게 되는 것입니다.

이 모든 문제의 기반 작업은 바로 **가정 도장을 구축하는 일**입니다. 상제님의 천하사는 가을개벽 때에 인간 씨종자를 추수하는 일이기 때문에 가정 도장을 토대로 해서 진리를 뿌리내리게 됩니다.

앞으로 지구촌 70억 인간 씨종자를 추릴 때, 천지 일꾼들의 **각 가정이 의통을 집행하는 상제님 천하사의 근본 초석**이 됩니다. **후천 5만 년 세계일가 통일문명의 출발점**, 가을 하늘의 **조화선경 건설의 구심점이 바로 가정 도장**입니다. 이제 가을 대개벽의 절박한 순간으로 점점 더 옥죄어 들어가면서 우리 몸과 마음의 보금자리인 나의 가정이 가을개벽의 천하 만사를 끌러 내는 근원이 되도록 준비해야 합니다.

이제 가을개벽을 앞두고 상제님 태모님의 일꾼은, 먼저 내가 몸담고 있는 나의 집을 도장으로 구축해야 하는 선결 과제를 안고 있습니다. 삶의 중심 공간인 각자의 가정을 진리 공부의 성소로, 천하사의 출발점으로 자리 잡게 하는 것이 가을개벽을 극복하고 후천선경을 여는, 상제님 천지대업의 진정한 기반이 되는 것입니다.

2) 가가도장 개창

앞으로 개벽 실제 상황에서 의통 조화권을 쓰는 마패 전수로 본격화되는 의통 광제단 조직의 발동은 도생들의 **가정 도장의 성숙 문제로 귀결**됩니다.

『도전』 7편 '후천개벽과 조화선경'을 열어보면, 그 첫 성구가 '우주일가의 선경낙원을 열어 주심'이라는 주제로 시작합니다.

> ※ **후천 선경세계는 가가도장**家家道場이요, 인신합덕人神合德으로 인인人人이 성신聖神되어 만백성이 성숙하고 불로장생하는 **무궁한 조화낙원**이라.(7:1:4)

후천 5만 년 지상 선경낙원 건설의 대의가 상제님의 이 말씀 한 구절에 다 들어 있습니다.

장차 **가가도장을 구축**함으로써 상제님 천하사의 모든 꿈이 이루어질 수 있습니다. 개벽 뒤에 가가도장을 통해 인신人神이 합덕 되고 모든 사람이 성신聖神이 됩니다. 사람이 살아있는 거룩한 신, 진리의 신명이 되어 천상의 선령과 지상의 자손이 완전히 하나 됨의 경계에서 살아가게 됩니다. 생명의 뿌리인 조상 신명이 지상에 내려와 후손들과 함께 대광명의 밝은 마음으로 사는 것입니다.

따라서 인류 문화와 분단 역사를 통일하고 인류사의 새 시대를 여는 우주 가을철의 열매 진리이자, 우주 통치자 하느님의 대도진리인 증산도를 가족과 이웃에게 전하여 가정 도장을 구축해야 합니다. 이는 선천 문화와 역사를 실제로 끝매듭짓는 칠성 도수 조직의 구원 문제와 직결됩니다. 가정 도장을 개창하기 위해서는 가족을 위한 일심 정성의 기도가 참으로 소중합니다.

3) 가가도장을 여는 태을주 천지 조화 공부

상제님의 천하사 신앙은 영적 대전쟁입니다. 지금 천상의 조상신들이 그 자손을 척신의 손에서 끄집어내려고 분주히 서두르며 영적 대전쟁을 벌이고 있습니다. 지금 지구촌에 있는 각 지역 도장 상제님의 일꾼들 한 사람 한 사람은 천상 선령의 기도와 수백 수천 년 구도의 결과로 이 세상을 살고 있습니다. 내가 한 인간으로 태어나서 인간세상에 오신 조화주 하느님이신 상제님과 태모님의 도법을 받아 생활하는 것은 하늘에 계신 내 선령의 분신으로, 조상의 삶과 죽음을 가름하는 유일한 희망의 손길로서 사는 것입니다.

❋ 천존과 지존보다 인존이 크니 이제는 인존시대니라. (2:22)

우주의 가을철을 맞이할 때는 하느님의 꿈과 이상 세계가 오직 상제님 일꾼의 손길에 의해서 매듭지어집니다. 상제님의 천하사가 인사를 통해서 완결되는 것입니다.

남북 상씨름 대전쟁을 앞두고 이제는 누구도 예외 없이 가정 도장을 뿌리내리고 가을개벽에 대한 만반의 준비를 해야 합니다. 국가를 위해서, 가정을 위해서 주어진 일을 성실히 하며 한눈팔지 않고 진리 혼백, 진리 정수를 제대로 전해서 천하사 일꾼을 양육하고, 전 지구촌에 도방道房 구축과 도장道場 개창을 뿌리내려야 합니다.

천지 성공의 살릴 생 자 공부: 포교의 정도

언제 어디서나 세 번 권해 보기

❋ 가장 큰 공부는 입 공부니라. 세 번은 권하여 보아라. 공은 포덕布德보다 더 큰 공이 없느니라. 선배는 반드시 몸에 지필묵紙筆墨을 지녀야 하느니라. (8:24:1~3)

❋ 사해四海 내에는 다 형제니라. (8:93:5)

늘 심고하고 수도하기

❋ 너희들은 일심으로 빌어라. 너희가 비는 대로 천하를 만들어 주리라. (7:47:4)

❋ 참사람이 어디 있느냐. 참사람을 만나야 하리니 춘하추동 사시절에 일시라도 변치 말고 성경신 석 자로 닦으면서 진심으로 고대하면 참사람을 만나리라. (11:277:3~4)

❋ 너희가 어느 때 어디서든지 내게 지성으로 심고하면 내가 받으리라. (8:38:7)

공부 · 깊이 생각하기

❋ 예로부터 생이지지生而知之를 말하나 이는 그릇된 말이라. 천지의 조화로도 풍우風雨를 지으려면 무한한 공부를 들이나니, 공부 않고 아는 법은 없느니라. (2:34:1~2)

❋ 우리 공부는 용用공부니 남모르는 공부를 많이 해 두라. 마음은 성인의 바탕을 갖고 일은 영웅의 수단을 가지라. 되는 일 안 되게 하고 안 되는 일 되게 할 줄 알아야 하느니라. (11:278:1~3)

직접 뛰어다녀야

❋ 천하사는 글만 가지고 안 되나니 직접 뛰어다녀야 하느니라. (5:434:3)

❋ 발을 잘 돌리면 그 날 재수가 있어 좋은 일이 생기고 발을 잘못 돌리면 큰 낭패를 당하기도 하나니 일의 승패가 발 떼는 것에 달려 있느니라. (8:109:3~4)

알기 쉬운 말로 전하기

❋ 말할 때에 남이 알아듣지 못하는 어려운 문자를 써서 유식함을 자랑하고자 하나 알아듣지 못하는 말을 해서 무엇하리오. 남이 모르는 어려운 문자를 써서 말하지 말라. 모든 사람이 알기 쉬운 말을 하라. (8:24:4~5)

❋ 공부는 입 공부가 가장 크니라. (5:434:5)

태을주로 포교

❋ 태을주라야 포덕천하布德天下 광제창생廣濟蒼生 하느니라. 태을주 공부가 치천하治天下 공부니라. (5:360:6~7)

❋ 천하생명을 태을주太乙呪로 살린다. 태을주로 천명天命을 이루느니라. (8:101:6)

제3절 정도광명 신앙의 길

1. 천하사 일꾼의 성공 요체

이제 우리는 상제님의 천지공사 100년의 개척 역사의식을 바탕으로 지금까지 쌓인 묵은 기운을 뿌리째 뽑아 냄으로써 진법을 성취하는 일꾼 신앙인으로 거듭날 수 있습니다. 이를 위해서는 무엇보다 『도전道典』의 상제님 태모님 말씀을 근본으로 하여 간절한 마음으로 끊임없이 깨달음을 추구하는 사상 신앙, 정도에 어긋나지 않는 신앙이 중요합니다. 상제님께서는 "도道 밖의 사람은 써도 법法 밖의 사람은 못 쓰느니라."(8:11)라고 하시며 상제님 진리의 원칙을 부정하고 임의대로 진리를 해석하는, 신앙 정도正道의 근본 법도에 벗어나는 행위는 용납될 수 없음을 천명하셨습니다. 어떠한 고난과 유혹과 장애가 닥쳐도, 진리 심법으로 극복해 나가려 하는 진리 중심의 강력한 신앙이라야 상제님과 태모님의 천지대업을 이룰 수 있습니다.

※ **파라, 파라, 깊이 파라.** 얕게 파면 다 죽는다. 잘못하다가는 십년공부 도로아미타불이란 말이니라. (6:74)

※ **믿으려면 크게 믿어라.** 믿음이 없으면 신명들이 흔드느니라. 여기가 맞나 저기가 맞나 기웃거리는 자와 방안에 발 하나 들여놓고 들어갈까 말까 하는 자는 가랑이가 찢어지느니라. **물샐틈없이 짜 놓은 도수이니 죽자 사자 따라가라.** (8:112)

상제님 도를 받아 일꾼이 된다는 것은 상제님 태모님의 대역자가 되어 지구촌 인간 생명을 추수하는 '**새 역사의 일꾼 자리에 선다**'는 의미입니다. 진리 중심이라야 '자기 개혁, 자기 도야, 자기 성숙'하는 신앙을 하고, 상제님 대도 진리의 근본정신, 천지공사의 **인류사 대개혁 정신** 그대로 세상을 볼 수 있습니다. 오늘의 이 세계는 상제님이 짜 놓으신 도수 그대로, 일점일획의 오차도 없이 둥글어 가고 있습니다. 증산 상제님께서는 살 길을 찾고 있는 모든 이에게 다음과 같이 '믿는 마음(信心)'의 화두話頭를 내려 주셨습니다.

※ 상제님께서 성도들에게 말씀하시기를 "옛적에 어떤 사람이 선술仙術을 배우기 위하여 스승을 찾으려고 돌아다니더니 어떤 사람이 선술 가르쳐 주기를 허락하며 '**십 년 동안의 성의를 보이라.**' 하므로 그 사람이 머슴살이로 진심갈력盡心竭力하여 그 집 농사에 힘썼느니라. 10년이 찬 뒤에 주인이 그 성의를 칭찬하며 '선술을 가르쳐 주리라.' 하고 그 부근에 있는 연못에 데리고 가서 이르기를 '물 위로 뻗은 버들가지에 올라가서 물로 뛰어내리면 선술을 통하게 되리라.' 하거

늘 머슴이 그 말을 믿고 나뭇가지에 올라가 물로 뛰어내리니 미처 떨어지기 전에 뜻밖에도 오색 구름이 모여들고 선악 소리가 들리며, 찬란한 보련寶輦이 나타나서 그 몸을 태우고 천상으로 올라갔다 하였나니 이것이 그 주인의 도술로 인함이랴, 학인學人의 성의로 인함이랴. 이 일을 잘 해석하여 보라." 하시니라. (8:106)

이 공사 말씀에서 구도자는 10년이란 세월 동안, 온갖 시련과 역경을 겪으면서 때 묻은 혼이 맑아지고 속사람 신명이 명화明化되어 주인(상제님)의 일심 기운과 성령의 조화를 받아들일 수 있는 큰 그릇으로 바뀌었습니다. 진실로 중요한 것은 마지막 시험 과정까지 순정을 잃지 않고 크게 믿었다는 사실입니다. 여기서 우리는 오직 구도자다운 참 정성을 가져야 크게 깨어져서 다가오는 가을하늘의 광명신앙을 할 수 있음을 깨달을 수 있습니다.

1) 성경신誠敬信을 다하라: 일심 신앙

상제님 도를 처음 받을 때 가졌던 **초발심**의 순정을 잃지 않아야 합니다. 천지에 맹세하고 입도할 때의 순정은 도심道心 자체입니다. 인간이 궁극으로 성숙하는 것도 강력한 초발심의 힘이 열매를 맺어서 이뤄지는 것입니다.

❋ 誓者는 元天地之約이니 有其誓하고 背天地之約하면
서자 원천지지약 유기서 배천지지약
則雖元物이나 其物이 難成이니라
즉수원물 기물 난성
맹세한다는 것은 원원한 천지에 대한 으뜸가는 서약이니
그런 맹세를 하고서도 천지와의 약속을 저버리면
비록 그 하고자 하는 일이 아무리 바르고 큰일이라 할지라도
그 일은 이루어지기 어려우니라. (8:103)

❋ **어설피 믿다 뒈지려거든 아예 믿지를 말아라. 천지에 서약을 했으면 정심정도正心正道로 믿어 나가야지**, 믿는다고 말만 하고 허영 떨고 훔쳐 먹고 그러면 천지에서 벌을 더 준다. (1:42)

❋ 믿는 자를 가려 손을 꼽는데, 만일 **배신하는 행위**가 있어 꼽혔던 손이 펴지는 때에는 살아남지 못하리로다. (8:103)

❋ 너희들이 **믿음을 주어야 나의 믿음을 받으리라.** (8:39)

증산 상제님께 믿음의 맹세를 할 때는 먼저 이 맹세가 '천지에 대한 서약'임을 자각하고, 천지와 함께하는 진리의 삶을 살아야 성공할 수 있다는 것을 확신해야 합니다.

우리 자신의 자유의지로 굳은 맹세와 순결한 믿음을 바쳐야 하는 것입니다. 이러한 믿음의 길을 걸을 때 우리가 지켜야 할 마음의 자세와 경계를 상제님께서는 **'정성과 공경과 믿음'**이라 하셨습니다. '진실함[誠]', '깨어 있음[敬]', '하나 됨(믿음)[信]'이 지극한 구도의 열정으로 일체가 되었을 때 상제님의 기운을 받아 위대한 기적을 창조하는 '하느님의 믿음'을 지닐 수 있게 됩니다.

❋ 너희들 공부는 **성경신誠敬信 석 자 공부**니라. (8:7)

❋ 너희들은 **오직 일심을 가지라.** 일심으로 정성을 다하면 오만 년의 운수를 받으리라. (2:91)

❋ 너희들은 삼가 타락치 말고 오직 일심으로 믿어 나가라. **일심이면 천하를 도모**하느니라. (5:414)

일심一心이란 단 한순간도 멈추지 않고 만물 농사를 짓는, 천지의 지극히 정성스런 마음입니다. 만물을 낳아 기르는 천지 부모는 무심無心과 무욕無慾과 무위無爲의 경계에서 지순한 정성으로 영원히 변화(생장염장)의 길을 그려갑니다. **이 천지 부모와 하나 되는 마음을 천지 일심天地一心이라고 합니다.**

아무리 복마가 드세고 척신 난동이 심하더라도 천지 일심을 지니면 모두 이겨 낼 수 있습니다. "일심이 없으면 우주도 없느니라."라고 하셨듯이, 천지도 일심이 아니면 한순간에 다 무너져 멸망하고 맙니다.

❋ 상제님께서 말씀하시기를 "이제 모든 일에 성공이 없는 것은 일심一心 가진 자가 없는 연고라. 만일 일심만 가지면 못 될 일이 없나니 그러므로 무슨 일을 대하든지 일심 못함을 한할 것이요 못 되리라는 생각은 품지 말라." 하시니라. (8:52)

❋ 모든 일에 일심하면 이루지 못할 바가 없나니 천지만물과 천지만사가 일심이 없으면 불성不成이니라. (8:58)

상제님의 천하 대업을 인사로 이루어 내는 핵심 관건이 바로 천지 일심 체득입니다.

❋ **나는 일심으로 하는 자만을 기운 붙여 쓴다.** 나를 제대로 믿으면 기운을 아낌없이 내어 주리라. (8:82)

❋ 나를 믿고 일심을 다하면 천하의 부귀영화가 너희에게 이르리라. (8:85)

상제님 일꾼은 장차 온 인류에게 **천지의 복록福祿을 베풀고 다니는 천지 녹지사祿持士**가 됩니다. 일심의 문을 활짝 연 천지 녹지사들은, 상제님의 조화 도법을 바탕으로 세계를 다스리고 우주를 경영하는 세계 일가 정치 시대를 여는 주인공입니다.

❋ 시속에 전명숙全明淑의 결訣이라 하여 '전주 고부 녹두새'라 이르나 이는 '전주

고부 녹지사祿持士'라는 말이니 장차 천지 녹지사가 모여들어 선경仙境을 건설하게 되리라. (8:1)

❋ "이 일은 남조선 배질이라. 혈식천추 도덕군자의 신명이 배질을 하고 전명숙全明淑이 도사공이 되었느니라. 이제 그 신명들에게 '어떻게 하여 만인으로부터 추앙을 받으며 천추에 혈식을 끊임없이 받아 오게 되었는가.'를 물은즉 모두 '일심에 있다.'고 대답하니 그러므로 일심을 가진 자가 아니면 이 배를 타지 못하리라." 하시고 모든 법을 행하신 후에 불사르시니라. (6:83)

2) 한 번 뜻을 세우면 평생을 일관하라: 평생 불변 신앙

상제님 신앙은 선천의 봄여름 세상을 살아온 모든 **인간과 신명의 생사와 운명을 결정짓는 천하사 신앙**입니다. 지금까지 인류가 살아온 선천 세상을 문 닫고 후천 5만 년 조화선경, 지상 선경 낙원을 여는 창업 신앙입니다.

상제님 신앙은 하늘땅과 함께하는 정도광명正道光明의 도입니다. 내가 무슨 일을 하든지, 오늘도 천지와 더불어 상제님과 태모님을 신앙하고, 개벽기에 넘어가는 인류를 위해 봉사한다는 헌신자의 참마음으로 구도의 길을 걸어야 합니다.[2]

태상종도사님께서는 "신앙이란 본래 자기가 평생 걸어가고 싶은 길을 선택하는 것이다. 다시 말해서 신앙이란 진리와 결혼을 하는 것이다."라고 말씀하셨습니다. 인간으로 오신 아버지 상제님의 진리를 바탕으로 한평생 신앙하고 생활하기 때문에 결혼하는 것과 같다는 말씀입니다.

❋ 유지자사경성有志者事竟成이라. 뜻 있는 자는 **한 번 뜻을 세우면 평생을 한결같이 일관하여 필경에는 성취한다**는 말이요 지성이면 감천이라고, 말로는 쉽지마는 어찌 쉽게 행하리오. (8:104)

3) 자신의 힘으로 개척하라: 독조사 신앙

천하사 일꾼은 천지부모의 위대한 사역자입니다. "장차 천지에서 십 리에 사람 하나 볼 듯 말 듯하게 다 죽일 때에도 씨종자는 있어야 하지 않겠느냐."(8:21) 하신 상제님의 말씀 뜻을 받들어 일꾼의 열정을 불태워야 합니다.

우리는 제8장에서 **천지 사업을 끝 매듭짓는 일꾼에게 붙이신 독조사 도수**에 대해서 알

---

2 천상의 칠성당七星堂 앞에 남새밭이 있으니, 내 마음이 소박하고 담백함을 좋아함이 이와 같노라. (4:35:13) 증산 상제님의 이 말씀은 순수 신앙의 중요성을 말씀하신 것이다. 상제님의 천상의 남새밭은 일종의 일심 심법 전수로 소박하고 담백하다는 것은 마음에 욕심이 비워진 상태로, 오직 세상의 모든 속된 것을 걸러내고 또 걸러내어 마음이 완전히 비워져야만 천지의 정기로 가득 채울 수 있다(虛精)는 것을 상징한다. 이러한 상태에서만 태을천으로부터 천지 조화 기운을 받을 수 있다.

아보았습니다. 일꾼은 이 도수를 깊이 깨쳐야 천지의 꿈을 이룰 수 있는 광명심법이 열립니다.

문공신 성도는 도문에 들어온 뒤로 모든 재산을 바쳐서 천지공사에 수종 들었습니다. 그 후 상제님이 빚을 갚아 주실 줄 알았는데, 오히려 가산이 차압당하자 불평을 품었습니다. 이때 상제님은 크게 아끼시는 그에게 독조사 도수를 말씀해 주셨습니다.

❋ 고부 도수를 보려 하나 가히 감당해 낼 만한 사람이 없으므로 네게 주인을 정하여 독조사 도수를 붙였노라. 진주眞主노름에 독조사라는 것이 있어 남의 돈은 따 보지 못하고 제 돈만 잃어 바닥이 난 뒤에 개평을 뜯어 '새벽녘에 회복하는 수'가 있으니 같은 끗수에 말수가 먹느니라. (5:226)

독조사란 남의 도움을 받지 않고 자신의 힘으로 일을 개척하는 것을 말합니다. 새 역사의 참 주인이 되는 일꾼은 상제님 천지 사업을 위해, 인류를 위해 자신의 모든 역량과 재화를 아낌없이 다 바쳐서 쓰도록 상제님께서 천명으로 정해 놓으셨습니다. 독조사 도수를 잘 받아 모든 어려움을 이겨 내고 천지 사업을 완수할 때 비로소 큰 일꾼의 반열에 들어설 수 있는 것입니다.

4) 복마와 역경을 극복하라: 시천주 천하사 심법 신앙

내 마음의 중심에 상제님을 굳건히 모시는 시천주 신앙이 근본으로 확고히 자리 잡을 때, 어떠한 마신과 역경이 닥쳐온다 해도 흔들리지 않고 신앙할 수 있습니다. 예로부터 '도고십장道高十丈이면 마고십장魔高十丈'이라 했습니다. 선천 상극의 우주 법칙에 따라 도道가 높아질수록 더욱 강력한 마魔가 발동하는 법입니다. 그러므로 시천주 신앙을 바탕으로 마신을 이겨 낼 수 있는 영적인 힘을 길러 마장魔障을 극복할 수 있어야 합니다.

❋ 하루는 성도들에게 말씀하시기를 "이 글을 잘 보아 두면 이 책에서는 더 볼 것이 없느니라." 하시고 맹자孟子 한 절을 외워 주시니 이러하니라.

天將降大任於斯人也인대
천 장 강 대 임 어 사 인 야

必先勞其心志하고 苦其筋骨하고 餓其體膚하고
필 선 노 기 심 지 고 기 근 골 아 기 체 부

窮乏其身行하여 拂亂其所爲하나니
궁 핍 기 신 행 불 란 기 소 위

是故는 動心忍性하여 增益其所不能이니라
시 고 동 심 인 성 증 익 기 소 불 능

하늘이 장차 이 사람에게 큰 임무를 내리려 할 때에는
반드시 먼저 그 심지를 지치게 하고 뼈마디가 꺾어지는 고난을 당하게 하며
그 몸을 굶주리게 하고 그 생활은 빈궁에 빠뜨려
하는 일마다 어지럽게 하느니라.
이는 그의 마음을 두들겨서 참을성을 길러 주어
지금까지 할 수 없었던 일도 할 수 있게 하기 위함이니라. (8:87)

'시련과 슬픔은 필선必先'이라는 말씀 그대로 신앙생활을 하면서도 역경은 피할 수 없는 숙명처럼 끊임없이 몰려옵니다. 그러나 역경은 성공을 향한 큰 자극제이기 때문에, 굳센 의지와 용기와 믿음의 힘으로 잘 극복해야 합니다. 고뇌에 짓눌려 우리의 영혼이 우울할 때, 상제님의 말씀은 더욱 간절하게 가슴속을 파고들며 진리를 향한 내 인생을 더욱 뜨겁게 사랑할 수 있게 합니다. 고난과 역경이 크면 클수록 믿음의 축복도 큰 법입니다.

우리는 고난의 가시가 영혼을 찌를 때마다 진액주의 제5구에 있는 신앙 고백을 찾아야 합니다. '나를 삼계의 마귀로부터 끌러 주시는 삼계해마대제이시여(三界解魔大帝神位), 제가 거룩하신 성제군의 길을 따르기를 원하옵나이다(願趁天尊關 聖帝君)'라고 힘차게 외쳐야 합니다. 고통과 시련을 극복하고 상제님을 참마음으로 모시는 시천주 신앙으로 도약할 때, 고통과 시련은 축복으로 바뀌는 뜻깊은 전환점이 됩니다.

상제님께서는 또 일꾼들에게 삿된 기운을 제어하고 복마와 척신 발동을 막아 주는 '운장주雲長呪'라는 대차력주大借力呪를 내려 주셨습니다. 우리가 생활 속에서 수행 공부를 할 때 늘 기회를 엿보며 방해하는 복마, 마신, 척신을 물리치는 주문이 바로 운장주입니다. 운장주를 많이 읽으면 의로움이 충만하여 모든 삿된 기운을 이길 수 있는 신력神力을 받아 내립니다. 천상 신도의 맑은 기운이 뚫리고 영안이 열리면 천상의 육정육갑六丁六甲 신장들이 다 동원되어 삿된 귀신과 복마를 장쾌하게 물리치는 것을 보게 됩니다. 나아가 천지 의기와 충의로운 마음이 충만해져 자신의 묵은 기운도 극복하고 천지의 마신과 세상의 불의를 꺾고 상제님의 이상을 성취할 수 있게 됩니다.

❋ 상제님께서 공우에게 말씀하시기를 "너는 운장주를 많이 읽으라." 하시니라.

雲長呪
운장주

天下英雄關雲長 依幕處 謹請天地八位諸將
천하영웅관운장 의막처 근청천지팔위제장

六丁六甲 六丙六乙 所率諸將 一別屛營邪鬼
육정육갑 육병육을 소솔제장 일별병영사귀

唵唵急急 如律令 娑婆訶 (5:363)
엄엄급급 여율령 사파하

✽ 천하사天下事를 하는 자는 위태로움에 들어서서 편안함을 얻고, 죽음에 들어서서 삶을 얻는 것이니 일을 하는 자는 **화지진**火地晉도 해야 하느니라." 하시니라. (5:208)

✽ **태을주**太乙呪**와 운장주**雲長呪**를 내가 시험하였나니 너희들은 많이 읽으라.** 태을주는 역률逆律을 범하였을지라도 옥문이 스스로 열리고 운장주는 살인죄에 걸렸을지라도 옥문이 스스로 열리느니라. (9:199)

5) 혈맥관통 도수와 정도광명의 진법 신앙

선천 봄여름 세상에서 우리는 늘 경쟁하고 고민하며 자기를 계발하기 위해 끊임없이 노력하지만, 선천 상극의 시운 속에서 생존 환경의 제약과 한계로 말미암아 자신의 뜻을 제대로 이루지 못합니다. 그리하여 가슴에 원한의 응어리가 맺히고, 혈맥이 막혀 온갖 질병과 고통에 시달리게 됩니다.

상제님께서는 선천 상극의 원한을 풀고 가을개벽 상황에서 천하 창생을 건져 후천 상생의 조화선경 낙원으로 갈 수 있는 생명의 길인, 선맥仙脈을 전하는 혈맥관통血脈貫通 공사를 보셨습니다.

✽ 갑진년에 하루는 형렬의 셋째 딸이 첫 몸을 하매 상제님께서 "오늘은 **혈맥관통**血脈貫通 **공사로 전 세계 생사**生死**를 판단하리라.**" 하시고 미리 마련해 놓으신 양지 책에 글을 쓰시고 부符를 그리시며 형렬에게 첫 몸을 받아오게 하시더니 그 피를 묻혀 각 장마다 도장을 찍으시니라. 이어 말씀하시기를 "천지의 이치를 여기에 판명하여 놓았나니 천지조화가 전부 이 안에 들어 있느니라." 하시니라. (5:67)

혈맥관통은 막힌 혈맥을 뚫는다는 뜻으로 **상제님의 도법으로 몸과 마음과 영혼의 맥을 뚫는다는** 말씀입니다. 상제님의 도법을 전수받아 혈맥관통을 해야만 선천에서 후천으로, 우주의 여름에서 가을 세상으로 들어설 수 있습니다.

상제님께서는 김형렬 성도에게 후일 김호연 성도의 첫 몸을 받아서 후천 선경을 건설하는 밑자리, **기초 동량을 내는 혈맥관통 공사**를 보게 하셨습니다.

✽ 상제님께서 형렬에게 말씀하시기를 "선매숭자가 있어야 사느니라. 호연에게 선맥을 전하리라." 하시고 호연을 천지에 제祭 지내시며 "천지 천황에 **천제**天祭 지낸다. **맥을 전해 주자! 선맥을 전해 주자!**" 하시고 여러 가지 글을 쓰시니라. 다시 '혈맥관통血脈貫通'이라 써서 불사르시고, 호연의 코를 쥐신 채 큰 음성으로 "**혈맥관통이다!**" 하고 소리치시거늘 그 소리에 응하듯 사방에서 천둥과 우레가

일더니 이내 폭우가 쏟아지니라. (3:25)

❋ 이후 16세 되는 임자壬子(1912)년 초에 형렬이 **선매숭자 공사**를 보기 위해 호연의 집으로 가거늘 호연의 어머니가 방 하나를 깨끗이 치워서 내주므로 그곳에서 기거하며 상제님께서 명하신 대로 가로 세 치, 세로 다섯 치 남짓한 종이를 한 자 반 높이가 될 정도로 준비하고 각 종이마다 글을 써서 공사 준비를 마친 후에 호연이 첫 몸 하기만을 기다리니 그 글은 이러하니라. (10:105)

基礎棟樑
기초동량

天地人神有巢文하니 文理接續하고 血脈貫通이라
천지인신유소문 문리접속 혈맥관통

治天下之大經大法이 皆在此書로되 文以時異나 治以道同이라
치천하지대경대법 개재차서 문이시이 치이도동

기초동량
천지인신天地人神에 바탕으로 삼는 글(巢文)이 있으니
문리文理가 이어지고 혈맥이 관통되느니라.
천하를 다스리는 대경대법이 모두 이 책에 실려 있으니
글은 시대에 따라 다르나 천하를 다스리는 도는 모두 같으니라. (10:106)

"천지인신유소문"에서 '소문巢文'이란 하늘땅과 인간과 신명이 몸을 담고 있는 '둥지 글'이라는 뜻입니다. 이것은 천지인신天地人神이 바탕으로 삼는 대도 진리의 생명

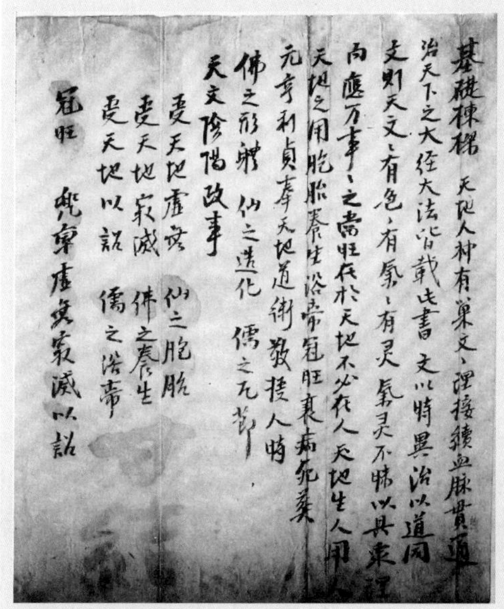

상제님 어천 후, 선매숭자 도수에 따라 김호연 성도의 첫 월경수를 받아 공사 본 것 가운데 김형렬 성도의 집안에 전해 오는 원본이다. 피로 쓴 감결甘結이란 글자가 보인다.(김충식 소장본)
'감결'은 상급 관아에서 하급 관아에 내리는 공문, 또는 하달된 명을 그대로 집행하겠다고 관청에 내는 서약서를 말한다. '감甘' 자에는 어기거나 거짓이 있으면 처벌을 달게 받겠다는 뜻이 들어 있다.

말씀 책,『도전道典』을 상징합니다. 새가 둥지에 새끼를 낳고 생을 의존하듯이 천지부모이신 상제님과 태모님의 말씀과 진리 속에서 후천 새 세상을 여는 기초 동량이 나옵니다.

'문리접속文理接續, 혈맥관통血脈貫通'이란 둥지 글인 가을문화를 열어주는『도전』을 통하여 상제님의 진법을 전수 받음으로써 몸과 마음과 영혼의 맥이 관통되어 선천 문명에서 후천 문명으로 접속되어 넘어갈 수 있다는 뜻입니다. 선천 문화 속에서 살아온 인간의 사상, 신앙, 문화 배경이 무엇이든, 상제님 진리와 접속이 되어야만 혈맥이 관통되어 신천지의 자녀로 거듭날 수 있고 후천 가을 천지의 품 안으로 들어갈 수 있습니다.

상제님은 김호연 성도에게 후일 상제님의 인사 지도자에게 진법 맥을 직접 전하는 증언자의 사명을 내리셨습니다. 그리하여 아홉 살 된 김호연 성도를 9월 9일(음력) 이후 125일 동안 일심 수도로써 초통初通을 시키시고, 상제님의 모든 성적聖蹟을 어린 영혼 속에 깊이 아로새기게 하셨습니다. 김호연 성도를 선매숭자로 세우시어 정도광명의 진법 도맥을 여는 후천 지상낙원의 선맥이 이어져 인류가 영원한 생명을 받아 누릴 수 있게 된 것입니다.

이 도수를 맡은 김호연 성도는 상제님의 성적을 증언하기까지 이루 말할 수 없는 고난과 회한 속에서 기나긴 인고의 나날을 보내야 했습니다. 그리고 마침내 상제님 도업의 인사 지도자를 직접 만나 진법 맥을 증언함으로써『도전』완간본이 성편된 것입니다.

- 상제님께서 말씀하시기를 "고목에서 움이 돋아나면 **추수할 도인**이 생긴다. 네 목숨을 살려 낼 사람이 다시 생기느니라. 좇던 사람은 고목인데 거기서 움이 나면 너의 생활이 있을 것이다. **네 목숨을 살려 낼 사람**이 그렇게 생기느니라." 하시니라. 이어 형렬에게 당부하시기를 "**선매숭자를 얻어 맥을 이으려고 어려서부터 호연이를 데려다 길렀느니라.** 호연이 죽으면 **증인**이 없어지니 큰일나느니라. 그러니 호연이를 잘 보살펴야 하리라." 하시니라. (4:133)
- 하루는 호연에게 말씀하시기를 "**천하 사람이 제 어미가 낳아서 생겨났지만 맥은 네가 붙인다. 맥 떨어지면 죽느니라.**" 하시니라. (7:71)

이제 천지의 질서가 바뀌는 가을 대개벽기를 당하여 가을의 숙살 기운으로 몰려오는 괴병에 의해 모든 인간의 명줄이 한순간에 끊어지는 위급한 상황이 닥치게 됩니다. 개벽기에 억조창생을 구하기 위해 상제님의 명으로 마이산에서 탑을 쌓는 고행을 하며 한평생 깊은 밤 자시子時(11~1)에 미륵부처님께 일심으로 기원해 온 이갑룡 처사는 다가오는 가을개벽의 실상에 대해 이렇게 증언하였습니다.

※ 갑룡이 그 가족과 제자들에게 종종 말하기를 "**앞으로 엄청난 재앙이 온다. 사람들이 삼대 쓰러지듯 한다.** 십릿길에 사람 하나 볼 듯 말 듯하게 그렇게 인종이 귀해진다." 하고 이어 "그 때는 천심 가진 사람만이 살아남는다. **'선仙의 씨앗만 남아'** 요순세계가 온다. 용화세계, **미륵 세상이 온다.**" 하니라. (10:112)

우리는 지금 상제님 천지공사의 백 년 시간대를 넘어 이 공사 말씀과 같이 다가오는 개벽 상황을 준비해야 하는 시간대에 살고 있습니다. 이제는 **천심 가진 사람, 가을하늘의 선仙의 씨앗, 종자 인간**으로 다시 태어나야 합니다.

상제님께서는 "천하 창생의 생사가 다만 너희들 손에 매여 있느니라."(8:117)라고 말씀하셨습니다. 상제님의 도법을 관통하여 몸과 마음과 영혼을 개벽하는 '근본 신앙과 사상 신앙'을 확고히 함으로써 우리는 가을 대개벽의 실제 상황에서 천하 창생을 살리는 인존 칠성 의통 조직을 완결할 수 있습니다. 상제님과 태모님께 지극한 정성으로 청수 올리고 배례 드리며 기도와 수행을 생활 속에서 꾸준히 실천하는 것이 너무도 중요합니다. 천지일월의 원 주인이신 상제님과 태모님의 조화성령을 받음으로써만, 천지와 더불어 영원히 사는 후천 조화선경 낙원의 창업자, 후천 선의 도맥을 잇는 구원자가 될 수 있습니다.

2. 천하사 일꾼의 진법신앙

1) 천지성공으로 가는 첫걸음, 입도入道

도장道場은 천지부모이신 상제님과 태모님을 비롯한 천지신명을 모시는 성소聖所입니다. 문자 그대로 상제님의 진리를 깨닫고 도를 성취하는 신앙의 중심 자리입니다. 그뿐만 아니라 실제 개벽 상황에서 인류를 구원하기 위해 육임 핵랑 도꾼들이 의통을 전수받아 집행하는 각 지역과 '세계 구원의 사령탑'이며, '후천 가을의 문화를 여는 중심 센터'입니다.

※ 하루는 성도들에게 이르시기를 "나의 일은 어떤 부랑자의 일과 같으니, 옛적에 한 사람이 지조가 견실치 못하여 방탕히 지내다가 하루는 홀로 생각하기를 '내 일생에 이룬 것이 없고 세월은 덧없이 흘러가서 이제 한갓 늙게 되었으니 어찌 한할 바 아니리오. 이제부터 마음을 고치고 선인仙人을 찾아서 선학仙學을 배우리라.' 하고 그로부터 맑고 깨끗한 곳에 단壇을 쌓고 지성으로 하늘에 기원하였더니 하루는 갑자기 심신心神이 날아서 하늘에 올라가 한 신선을 만나게 되거늘 그 신선이 말하기를 '네가 이제 방탕을 뉘우치고 선학을 배우려

하니 그 뜻이 가상하구나. 내가 너에게 선학을 가르쳐 주리니 조촐한 땅에 도장道場을 세우고 동지를 많이 모아 기다리고 있으면 장차 너를 찾아 신선의 도를 일러 주리라.' 하였느니라. 그 사람이 이 날부터 조촐한 땅을 찾아 동무를 구하거늘 그의 방탕하던 버릇에 의심을 두어 듣는 자가 적고, 다만 평소에 기미가 맞던 자 몇 명이 모여서 도장을 열었더니 별안간 하늘로부터 오색 구름이 찬란하고 선악仙樂 소리가 유량히 들리는 가운데 이윽고 그 신선이 내려와 일제히 선학을 가르쳐 주었느니라." 하시니라. (8:105)

인간으로 오신 상제님의 대도 진리를 구하고자 하는 사람은 도장에서 입도 준비 과정을 통해 증산도의 기본 교리를 이수하고, '입도식'이라는 예식을 통해 태을주를 정식으로 내려받음으로써 상제님 진법 도맥을 전수받게 됩니다. 상제님과 태모님의 도문에 들어서는 입도식은 진정한 가을 천지의 자녀가 되고자 '천지에 맹세하는 거룩한 신앙 예식'입니다. 천지부모님께 출생신고를 올리는 이 예식을 통해 가을개벽에서 인류를 구원하고 후천 선경을 건설하는 천하사 일꾼으로서 첫걸음을 떼는 것입니다.

상제님과 태모님의 진정한 진리의 자녀가 되기 위해 도장에서 태을주를 비롯하여 상제님께서 친히 내려 주신 주문들을 올바르게 읽는 법과 상제님의 진리의 기본 틀(8관법)을 체계적으로 공부하게 됩니다. 상제님은 "올바른 공부 방법을 모르고 시작하면 난법의 구렁에 빠지게 되느니라."(9:200)라고 경계하셨습니다. 입도자들은 천지부모의 심법을 올바로 체득해 가면서 바른 신앙을 할 수 있습니다.

상제님 도문에 입도하는 천지 일꾼이 신도로서 지켜야 할 천하사 신앙 5대 수칙이 있습니다. 이 5대 수칙은 첫째 도장 치성 참여, 둘째 가가 도장 구축과 봉청수 및 태을주 수행 생활화, 셋째 천록(성금) 헌성, 넷째 육임 포교 천명 완수, 다섯째 상제님의 대학교 공부 참여입니다. 상제님 일꾼은 이 다섯 가지 기본 수칙을 변함 없이 지켜 나감으로써 성숙한 일꾼으로 거듭나 천지부모의 심법을 체득하고 바른 천하사 신앙의 길을 갈 수 있습니다.

상제님 진리의 목적을 충직하게 따르기 위해서는 진리 의식이 충만하고, 진리 혼이 살아 있는 목표가 투철한 신앙을 해야 합니다. 오직 충만한 진리의식과 불타는 진리의 혼만이 살릴 생 자 공부 심법이 체질화된 일꾼의 활력을 갖게 합니다. 증산도 신앙은 하느님의 인간 농사 추수 사업을 성취하는 천하사 일꾼 신앙임을 잊지 말고, 마음에 새겨서 과감하게 실천해야 합니다.

2) 천지 주인을 모시는 올바른 신앙 예법, 치성

천지의 주인이신 상제님과 태모님을 모시는 신앙 문화의 꽃은 치성致誠입니다. 치성이란 '가정과 도장에서 하늘 제단에 지극한 정성을 올리는 예식'으로 본래 동방 한민족의 문화에서 6천 년 전부터 내려오는, 역사상 가장 오래된 신교 문화의 신단수 즉, 소도제천 신앙의 전통 의례입니다.

한민족의 뿌리국가인 환국, 배달, 조선은 유·불·선·기독교 등 세계 종교의 시원 문화인 신교神敎의 종주국으로 예로부터 천신 숭배의 중심지, 상제님과 천지신명을 함께 받들어 온 제사 문화의 본고향입니다. 천지부모이신 상제님과 태모님을 비롯하여 천상의 조화정부에 참여하는 대신명들, 가깝게는 각 개인의 조상 선령신에게 치성을 모시는 것은 신교의 장구한 9천 년 전통입니다.

상제님과 태모님께 치성을 모실 때는 꼭 청수淸水를 올리고 사배심고를 한 후 서원을 세우고 기도하며 주문 수행을 합니다. 이때 상제님과 태모님께 올리는 배례법이 바로 하늘을 받들고 땅을 어루만지는 **'반천무지攀天撫地 사배심고'**입니다.

- 상제님께서 공사를 행하시는 동안 경석과 공우가 신안神眼이 열리어 보니 천지신명들이 상제님께 배알할 때는 반드시 **반천무지攀天撫地식**으로 **사배四拜**를 올리고 상제님께서는 읍揖으로 대하시니라. (3:185)
- 상제님께서 말씀하시기를 "치성 때에는 배례拜禮하되 하늘을 받들고 땅을 어루만지는 **반천무지법攀天撫地法**으로 행하라. 이는 **하늘과 땅과 사람이 합덕合德하는 이치**니라." 하시니라. (9:67)
- 경석의 집에 계실 때 양지 전면全面에 사람을 그려 벽에 붙이시고 제사 절차와 같이 설위設位하신 뒤에 성도들에게 명하시어 그곳을 향해 "반천무지攀天撫地식으로 사배四拜하고 마음으로 소원을 고하라." 하시며 사람을 그려 붙이신 곳에 친히 서시더니 식을 마친 뒤에 물으시기를 "누구에게 심고心告하였느냐?" 하시거늘 성도들이 대답하기를 "상제님께 소원을 고하였습니다." 하니라. (6:102)

반천무지 사배심고는 인간으로 오신 상제님께서 처음으로 가르쳐 주신 절법으로, 천지의 모든 신명이 하느님께 올리던 예식입니다. 상제님이 당신의 성도聖徒들에게 이 배례법을 친히 전해 주심으로써, 하느님을 섬기던 본래의 예법을 지구촌 인류에게 전할 수 있도록 근본을 바로잡으신 것입니다.

상제님의 도권을 계승하신 태모님께서는 천지 조화권을 받으신 어머니로서 평소에 상제님을 "너희 아버지"라 부르시며 지구촌 창생에게 상제님을 모시는 예법을 더욱 구체적으로 가르쳐 주셨습니다.

- 하루는 태모님께서 반천무지攀天撫地의 사배四拜에 대해 말씀하시기를 "**이것이 천지 절**이다." 하시고 "**천지를 받들 줄 알아야 하느니라.**" 하시니라. 이어 태모님

께서 "내가 절하는 것을 잘 보라." 하시며 친히 절을 해 보이면서 말씀하시기 를 **"하늘 기운을 잡아 당겨 내 몸에 싣고, 땅 기운을 잡아 당겨 내 몸에 실어라."** 하시니라. (11:305)

반천무지 사배는 하늘, 땅 기운을 내 몸에 실어 천지와 하나 되는 배례법입니다. 이것을 생활 속에서 꾸준히 실천하면, 천지가 무엇인지, 천지 부모의 마음이 무엇인지 체험하며 천지와 하나 된 마음인 **천지 일심의 경계**로 나아갈 수 있습니다. 그리하여 마음이 밝고 행복하고 평화로워지며 무엇이든 할 수 있는 자신감으로 충만하게 됩니다.

반천무지 배례를 올리며 정성을 들일 때에는 주로 3·7 도수로 공부하게 됩니다. **"삼신은 낳고 칠성은 기르느니라."**(11:240)라고 하신 태모님 말씀처럼, 우리의 몸과 영혼은 삼신과 칠성 기운에 의해 **삼혼칠백**으로 구성되어 있습니다. 7일, 21일, 49일, 105일 등 3·7 도수로 공부하고 수행하면 천지의 마음으로 화하여 몸과 마음과 영혼이 정화될 수 있습니다.

3·7 도수로 상제님과 태모님께 기원 치성을 모실 때에는 무엇보다도 몸과 마음을 정결하게 해야 합니다.

❋ 태모님께서 치성을 모실 때는 베를 떠다 옷을 새로 해 입으시고 주요 간부들도 새 옷을 해 입히시니라. 또 치성 음식은 사람을 따로 정하여 준비케 하시는데 "침 들어간다." 하시며 입을 천으로 가리고 말도 함부로 못하게 하시니 이를 보는 사람마다 **"그 정성이 기가 막히다."** 이르니라. (11:132)

천지와 한마음이 되어 지극한 정성으로 상제님과 태모님께 사배심고를 올리고 기도와 주문 수행을 생활화할 때, 우리의 영혼은 성화聖化되어 상제님이 부어 주시는 천지 조화 기운과 성신의 음호를 받을 수 있습니다.

기도를 하다가 중단하거나 부정한 몸으로 신단에 서면 신단에 삿된 기운과 묵은 기운이 들어서 천상에서 신도의 감응이 전혀 내려오지 않습니다.

3) 신앙과 마음공부의 근본, 봉청수와 기도

사람은 목적을 지향하며 살아가는 소망적 존재입니다. 그러나 선천은 상극 질서 때문에 누구도 경쟁과 도전 속에서 온갖 고난에 부딪히게 됩니다. 상제님의 천하사 일꾼도 예외가 아닙니다. 그래서 고난을 이겨 낼 수 있는 지혜와 영성을 얻기 위해 기도하며, 불가능의 벽을 뛰어넘기 위해 자신을 계발하고, 잘못을 참회합니다. 그 과정에서 영적으로 성숙하는 자신을 발견할 수 있습니다. 따라서 기도하지 않는 사람은 인생의 참 의미, 궁극 목적을 깨달을 수 없습니다. **기도야말로 내적인 인생 공부의 핵심이며 마음공부의 근본**입니다. 상제님이 내려 주신 신패를 보면 지역과 가정 도장을 참과 지혜의 큰 집(眞慧院)으로 정의해 주셨습니다.

태상종도사님은 **"기도祈禱는 '빌 기祈' 자 '빌 도禱' 자로, 원하는 것이 꼭 그렇게 이루지도록 비는 것이다."**라고 말씀하셨습니다.

❋ 나를 믿는 자가 나에게 기도할 때에는 심고心告로 하라. 사람마다 저의 속사정이 있어서 남에게는 말할 수 없고 남이 듣게 할 수 없는 일이 있음이니라. 그러므로 하나도 숨기거나 빼놓지 말고 심고하되 일심으로 하라. (9:79)

❋ 너희들은 일심으로 빌어라. 너희가 비는 대로 천하를 만들어 주리라. (7:47)

❋ 태모님께서 성도들에게 말씀하시기를 "죄가 없어도 있는 것같이 좀 빌어라, 이 놈들아!" 하시고 "천지에 죄를 빌려면 빌 곳이 워낙 멀어서 힘이 드니 가까이 있는 나에게 빌어라." 하시니라. (11:83)

상제님과 태모님께 청수淸水를 올리고 반천무지 사배를 드린 후 기도하고 주문 수행을 하는 것은 신앙의 첫걸음이며 기본입니다. 청수는 내 몸과 영혼을 정화하며 상제님, 태모님과 내 생명을 매개하고 이어 줍니다. 청수를 올리고 간절한 마음으로 기도하면, 그 기도 소리가 천지에 가득 찹니다. 마치 성능 좋은 전화기를 들고 천상의 모든 신들과 성령과 대화하는 것과 같습니다. 사무친 마음으로 정성껏 기도하면 영대가 크게 틔어서 천지와 한마음이 됩니다. **기도는 내가 천지의 밝은 마음, 천지의 맑은 정신으로 깨어나는 공부**입니다.

이 기도의 열매를 맺게 하는 **진리의 정수, 혼**이 바로 **'주문呪文'**입니다. 모든 주문은 곧 기도문으로 주문 수행은 기도의 내용을 모두 이루게 해 주는 영적 힘과 생명과 지혜와 신권을 받아 내리는 공부입니다. 그러므로 **기도와 수행을 함께 해야** 합니다. 한결같은 정성으로 청수 올리고, 기도하고, 주문 수행을 생활화하면 백병百病이 소멸되고 영적으로 크게 성숙할 수 있습니다.

우주의 통치자요 조화주 하느님이신 상제님께서도 어린 시절부터 천지에 청수 올리고 기도하셨습니다. 상제님께서 집행하신 9년 천지공사는 공사의 모든 내용을 천지에 고하고, 축원하고, 기도하는 예식이기도 합니다. 우주의 주재자께서 친히 천지의 모든 신명을 데리고 당신님이 뜻하신 역사의 대이상향이 반드시 그렇게 되도록, 하늘땅에 고하고 축원을 하신 것입니다.

❋ 하루는 성모께서 길어오신 물을 동이에 붓고, 마당 가운데 짚으로 삼발 모양의 받침을 만들어 그 위에 동이를 놓으신 뒤 많은 백지에 글을 써서 그 앞에 놓

으시고 저녁내 소리내어 천지에 기도하시니라. (1:34)

※ 祈禱
기도

侍天主造化定 永世不忘萬事知 至氣今至願爲大降이라 (5:347)
시천주조화정 영세불망만사지 지기금지원위대강

※ 시천주주侍天主呪는 천지 바탕 주문이니라. 시천주주에 큰 기운이 갊아 있나니 이 주문을 많이 읽으면 소원하여 이루지 못하는 일이 없느니라. (2:148)

상제님이 내려 주신 기도의 정의가 바로 시천주 주문에 담겨 있습니다. 온 인류가 인간으로 오신 천주님, 상제님을 모시는 것은 상제님의 기원인 동시에 지구촌 인류의 기도입니다. 왜냐하면 기도의 궁극 목적이 인간으로 오신 천주님, 상제님을 모시는 것이기 때문입니다.

상제님을 모시는 기도는 선천 종교의 기도와 달리 인존 천주님을 모시는 것이므로 천지의 조화가 내 몸 속에서 정해집니다. 우리가 이 세상에서 꼭 이루어야 할 인생의 궁극 목표는 천지의 뜻과 억조 창생의 염원을 이루어 주실 천지의 참 주인을 모시고 조화를 정하는 일입니다. 따라서 하늘과 땅, 모든 인간과 신의 뜻을 이루어 주시는 천지의 주인이신 아버지 상제님을 모시는 것, 이것이 모든 기도의 출발이자 결론인 것입니다.

4) 생명의 근원을 회복하는 길, 수행

수행修行이란 내 몸과 그 주인인 마음을 닦고 진리를 실천하는 것입니다. 즉 내 몸과 마음을 닦아 상제님의 천명을 진리의 가르침대로 바르게 실천하는 것입니다.

상제님께서는 인간이 왜 수행을 해야 하는지 다음과 같이 명쾌하게 해답을 내려 주셨습니다.

※ '도道를 잘 닦는 자'는 그 정혼精魂이 굳게 뭉쳐서 죽어서 천상에 올라가 영원히 흩어지지 아니하나 '도를 닦지 않는 자'는 정혼이 흩어져서 연기와 같이 사라지느니라. (9:76)

인간의 생명은 유한합니다. 모든 인간은 태어나서 살아가다가 결국 죽음을 맞이합니다. 그런데 상제님은 죽어서 가는 영혼 세계에도 또 다른 수명이 있다고 말씀하십니다. '영혼의 죽음이 있다'는 말씀입니다. 인간으로 살다가 죽는 것은 매미가 허물 벗듯 잠시 육신을 벗어 놓는 일이지만, 영혼의 죽음은 '나'라는 존재가 우주에서 영원히 사라지는 현상입니다. 선천에는 그 영원한 죽음을 극복하기 위한 방법으로서 윤회나 환생을 통해 이 세상에 다시 인간으로 오기도 합니다. 그러나 우리가 살고 있는 이 때는 인간과 신명이 열매가 되느냐, 영원히 쭉정이가 되고 마느냐가 결정나는 생사 판단의 때입니다. 이번 가을개벽에는 선천 역사를 끝맺으면서 인간의 선악을 심판합니다. 여기서 구원받지 못하는 영혼은 우주에서 연기와 같이 사라져 영원히 소멸되고 맙니다.

'인간은 왜 태어나고, 무엇을 위해 살아가는가?' 궁극적으로 인간은 천지 부모와 하나가 되어 영원히 살기 위해서 태어난 것입니다. 인간은 수행을 하지 않고는 영원히 존재할 수 없습니다. 언젠가는 연기처럼 어둠 속으로 사라지고 맙니다. 오직 수행을 통해서만 천지부모와 하나가 되어 영원히 살아갈 수 있으며, 인간으로 태어난 본래의 의미를 찾을 수 있습니다.

그럼 우리는 **어떻게 수행을 해야 영원한 생명의 길로 나아갈 수 있을까요?**

동·서 수행 문화에는 참선, 명상, 요가 등 여러 가지 수행법이 있지만, 수행 문화의 근본은 소리 수행법입니다. 현대 생물학이나 소리 공학에서는 인간의 생체를 구성하는 세포는 곧 소리의 공명기共鳴器라고 말합니다. 온 몸의 세포가 소리에 즉각적으로 반응을 한다는 것입니다. 그래서 우리 몸이 아프고 머리가 어지럽고 우울증에 빠졌을 때 맑은 계곡의 시원한 물소리를 들으면 기분이 한결 맑아지고 기운이 나는 것을 느낄 수 있습니다. 이처럼 소리의 힘, 소리의 생명력은 위대합니다.

수행은 우주의 근원에서 울려 나오는 소리, 우주 본래의 소리를 듣고 보는 것입니다. 우주 근원의 소리를 듣고, 본 사람들이 그 소리를 언어로 옮겨 놓은 것이 바로 주문입니다. 주문을 영어로 '만트라mantra'라 하는데, 만트라의 '만man'은 인간 또는 마음을 뜻하고, '트라tra'는 '도구' 또는 '해방하다, 돌봐 주다.'라는 뜻입니다. 그러므로 '만트라'는 '마음의 도구, 우리 마음을 생명의 근원으로 인도하는 안내자'라는 뜻입니다.

역사를 거슬러 올라가 보면 문명이 싹튼 환국의 태고 시대부터 **우주의 노래요 삼신상제님의 음악인 주문**을 읽기 시작했습니다. 백두산 신시神市에 배달국을 세운 초대 환웅천황께서도 주문을 읽어 삼신하느님으로부터 천지의 조화성신을 받아 내려 인류를 교화하셨습니다.

◎ 擇三七日(택삼칠일)하사 祭天神(제천신)하시며 忌愼外物(기신외물)하사 閉門自修(폐문자수)하시며
呪願有功(주원유공)하시며 服藥成仙(복약성선)하시며 劃卦知來(획괘지래)하시며 執象運神(집상운신)하시니라

삼칠(21)일을 택하여 하늘의 상제님께 제사 지내고, 삼가 바깥일[外物]을 꺼리고 문을 닫고 수도하셨다. **주문을 읽고 서원을 세워 공덕을 이루시고,** 선약을 드시어 신선이 되셨으며, 괘를 그어 미래의 일을 아시고, 천지변화의 움직임을 파악하여 신명을 부리셨다. (『삼성기』 상上)

10 장

모든 만트라나 기도문은 도통한 성자들이 만든 것입니다. 깨달음을 얻은 성인이 그 도통 경계에서 천지 생명의 본성을 체험하고, 대우주 생명의 바다에 들어가 그곳에서 들려오는 소리를 언어로 압축하여 형상화한 것입니다. 주문은 영적 에너지의 핵을 형성하는 신성한 음절의 조합이며, 우주생명의 핵을 끌어당기는 자석과 같은 것입니다. 그래서 주문 수행을 하면 생로병사로 사라지는 유형의 몸(色身)이 아니라, 무변광대한 천지와 같은 진리의 몸(法身)으로 자신을 보게 됩니다. 그것이 본래 나의 참모습입니다. 주문을 읽으면서 비로소 '참 자아(眞我)'를 인식하게 되는 것입니다.

인간 역사의 수행 세계에는 가만히 앉아서 하는 **정공**靜功, 몸을 움직이면서 하는 **동공**動功 **수행법**이 있습니다. 정공 수행을 할 때는, 먼저 청수를 올리고 우주의 주재자이신 상제님과 만유 생명의 어머니이신 태모님께 반천무지攀天撫地로 사배를 올리고 심고心告를 드린 다음에 주문을 읽습니다. 정좌한 채 **자세·호흡·정신**을 가다듬은 뒤 청아한 소리로 곡조를 맞추어 수행하면 됩니다.

몸을 움직이는 동공 수행은 단순한 운동이나 몸놀림이 아니라 **신도**神道**를 체험하고 성신**聖神**을 받아 내리는 몸짓**입니다. 대우주 속에 있는 자연신과 인격신의 숨결을 느끼고 신도와 하나 되는 체험을 하는 수행입니다. 인간의 마음과 육체에 신도가 감응하여 천지에서 열매 맺는 기운을 받는 것입니다. 숙구지 도수, 새울 도수를 통해서도 알 수 있듯이, 판몰이 도수를 열어 가는 과정에서 태을주 조화성령의 불기둥이 천지에서 내려옵니다. 그 천지 조화성신의 기운을 받아 내리는 수행법이 바로 **태을주 수행을 바탕으로 하는 동공 수행**입니다.

이처럼 가을철 세상의 수행 이치인 **정**靜 **동**動**의 두 가지 수행법을 동시에 생활화**할 때 인류가 하나 되는가을철의 조화선경문화가 열리게 됩니다.

◎ 조화성신을 받는 생명의 주문 태을주 | 상제님께서 내려 주신 모든 주문은 우주 주재자의 도통 경계에서 상제님의 도권道權과 신권神權이 그대로 형상화된 것입니다. 그중에서도 특히 태을주는 자연과 생명의 근원 소리(율려)요, 신의 소리로서 **'상제님의 노래'**이자, 생명의 근원으로 인도하는 **'천지 성령의 음악'**입니다. 이 주문 공부는 동서양 인류 수행 문화의 원형이기도 합니다. 원시로 반본하는 가을철을 맞아 반드시 태을주를 읽어야 하는 이유가 여기에 있습니다.

선천 상극 천지가 후천 상생의 신천지로 태어나는 가을 개벽기에는 누구나 태을천의 조화 생명을 내려 받아야 모든 **물리적·영적 충격**을 극복하고 **가을 천지의 열매 인간**으로 살아남을 수 있습니다.

❋ 태을주太乙呪는 심령心靈과 혼백魂魄을 안정케 하여 성령을 접하게 하고 신도神道를 통하게 하며 천하창생을 건지는 주문이니라. (11:180)

❋ 태을주를 읽는 것은 **천지 어머니 젖을 빠는 것과 같아서 태을주를 읽지 않으면 그 누구도 개벽기에 살아남지 못하느니라.** (6:76)

❋ 김경수는 50년 공부로 태을주太乙呪를 얻었나니 경수가 그 주문을 받을 때 신명이 이르기를 '이 주문으로 사람을 많이 살리게 되리라' 하였느니라. (7:72)

태을주는 "훔치훔치 태을천 상원군 훔리치야도래 훔리함리 사파하"라는 주문으로, 스물 석 자로 구성되어 있습니다.

범어梵語 'hum'의 음역音譯인 '훔吽'은 우주의 근원 소리로 모든 말과 소리의 씨(종자)가 되는 '종자 음절(seed syllable)'이며, 우주 안에 있는 **모든 소리를 머금고 있는 창조의 근원 소리**입니다. 동시에 우주 만유를 통일시키는 가을의 생명 소리이며 조화의 소리로, 소리의 열매이기도 합니다. 따라서 '훔'을 근본으로 한 태을주는 모든 주문의 뿌리인 '종자 주문(bija mantra)'이라 할 수 있습니다.

그럼, 이 우주의 깨달음의 근원 소리이자 치유 소리인 '훔' 자의 구체적인 의미를 알아보겠습니다.

❋ 훔치는 천지부모를 부르는 소리니라. 송아지가 어미를 부르듯이 창생이 한울님을 부르는 소리요 낙반사유는 '이 네 젖꼭지를 잘 빨아야 산다.'는 말이니 '천주님을 떠나면 살 수 없다.'는 말이니라. (7:74)

❋ 태모님께서 종종 성도들에게 말씀하시기를 "태을주를 많이 읽어라." 하시고 "태을주는 본심 닦는 주문이니 태을주를 읽으면 읽을수록 마음이 깊어지느니라." 하시니라. 또 말씀하시기를 "태을주를 읽어야 신도가 나고 조화가 나느니라." 하시니라. (11:282)

1장에서 소개한 홍법 대사 구카이는『훔자의吽字義』를 통해 '훔' 자의 정수를 다음과 같이 설명합니다.

'훔' 자의 상相은 넷으로 나누어 설명할 수 있습니다.『이취경理趣經』[3]에 "훔吽 자는 네 글자로 구성되어 있는데, 첫째는 '하賀(訶)', 둘째는 '아阿', 셋째는 '우汙', 넷째는 '마麼'의 뜻을 갖는다."라고 하였습니다. 그 구체적인 뜻은 다음과 같습니다.

첫째, '하賀(訶)' 자의 뜻은 **중앙 본존本尊의 몸**에 해당됩니다. '하賀' 자는 '헤뚜

---

3 진언종眞言宗에서 아침저녁으로 독송讀誦하는 경전. 750년경 당나라 불공不空이 번역한 것으로, 대일여래大日如來가 금강살타金剛薩埵를 위하여 반야般若의 이취理趣에 의依하여, 일체법一體法의 자성청정自性淸淨함을 설명한다.

Hetu(因)'의 머리글자이므로 인因의 뜻을 나타냅니다. 범어로는 헤뜨바Hetva라고 하는데 이것은 곧 인연이라는 말입니다. 모든 존재는 인연에 의해 태어난다는 것입니다.

둘째, '아阿' 자의 뜻은 '하訶' 자 안에 이미 '아阿'의 글자가 포함되어 있습니다. '아阿' 자는 모든 글자의 어머니이며, 모든 소리의 본체이며, 모든 존재의 근원입니다. 인간이 처음에 입을 열어 소리를 낼 때 가장 먼저 내는 소리가 '아阿'입니다. 만약 '아阿'의 소리가 없다면 다른 말도 모두 존재할 수 없게 됩니다.

셋째, '우汙' 자는 '손감損減(Una)'의 머리글자로 '모든 존재는 손감損減한다'는 뜻입니다. '우汙' 자를 통해 모든 사물은 무상無常하며, 공空하며, 고苦하며, 무아無我인 것을 알게 됩니다.

넷째, '마麼' 자의 뜻은 범어로는 토마(Atman)라고 하는데, '오아吾我(mama)'의 머리글자입니다. '나我'에는 두 가지의 '나'가 있는데, 하나는 인아人我이며, 또 하나는 법아法我입니다.[4)]

다음으로는 '훔' 자의 자의字義를 넷으로 분리하여 살펴보도록 하겠습니다.

① '하訶' 자의 참뜻을 말하자면 "모든 존재가 생겨나는 원인은 결국 확정할 수 없다(一切諸法 因不可得)"는 것입니다. 왜냐하면 모든 존재는 원인이 있어서 변화해 나가지만, 궁극으로 가면 원인이 없기 때문입니다. 모든 현상은 마음의 작용에 불과하며, 존재하는 것은 결국 마음뿐인 것입니다. 그 마음의 본래 모습이란 일체에 통해 있는 부처의 지혜(一切種智)를 말합니다.[5)]

② '아阿' 자의 참뜻으로는 '불생不生', '공空', '유有'의 세 종류가 있습니다. 범어의 '아阿' 자에는 '본초本初'라는 뜻이 있습니다. 모든 말을 들을 때에 거기에서 '아阿' 자의 소리를 들을 수 있는 것처럼, 모든 존재가 인연에 의해 생기는 것을 관찰할 때 본래의 본체 자리를 보게 됩니다. 본체 자리를 본 사람은 실로 자신의 본래 마음을 알게 된다는 말이며, 자신의 본래 마음을 아는 것이 비로자나불(우주의 법신, 대일여래)의 일체를 아는 지智입니다. 따라서 비로자나불은 이 '아阿' 자의 한 글자를 진언眞言으로 삼는 것입니다.

③ '우汙' 자의 참뜻이라는 것은 "모든 사물의 손감損減(훼손되고 줄어드는 것)의 원인은 결코 알 수 없다(一切諸法 損減不可得)"는 것입니다. 일심一心의 법계(깨달음의 세계)

---

4 '마麼' 자를 중심으로 보면 모든 존재는 '나', '사람', '중생' 등으로 구분된다. 이것을 '증익增益'이라 한다.

5 부처의 지혜로 보면 모든 존재는 법계法界이며, 법계는 모든 존재의 본체가 되는 것이므로 원인因이 되는 것은 결국 아무것도 없다. 이렇게 본다면 '인因(직접적 원인)'도, '연緣(간접적 원인)'도, 인연에 의해 생겨난 존재 모두가 법계인 것이다.

는 마치 허공이 언제나 변하지 않고 존재하는 것과 같습니다.[6] 인간이 아무리 무지할지라도 또한 교만이 수미산처럼 높을지라도 일심一心의 법계는 허공처럼 그러한 것에 의해 상처받거나 줄어드는 일이 없습니다. 이것이 '우汙' 자의 참뜻이라 밝히고 있습니다.[7]

④ '마麼' 자의 참뜻은 "모든 존재는 결국 나(吾我)가 없다(一切諸法 吾我不可得)"는 것입니다. '나我'에는 두 가지의 나가 있는데, 하나는 인아人我이며, 또 다른 하나는 법아法我입니다.[8] 마麼 자는 대일여래의 종자種子입니다. 세상 사람들은 '나, 나' 하며 집착하고 있지만 정작 그 참모습을 알지 못합니다. 하지만 대일여래는 **무아無我의 세계에서 대아大我를 체득**하고 있습니다. **마음의 본체**(心王)인 대일여래가 이미 그러한 경계에 가 있기 때문에 헤아릴 수 없이 많은 존재들도 그러한 성품을 이미 갖추고 있는 것입니다. '마麼' 자를 통해서 **모든 것을 하나로 볼 수 있게 됩니다.**

위 '훔' 자의 상과 참뜻을 종합적으로 정리하면 다음과 같습니다.

'훔吽' 자는 '아阿', '하訶', '우汙', '마麼'의 네 자로 되어 있고, 그 중 '아阿' 자는 법신法身의 뜻을, '하訶' 자는 보신報身의 뜻을, '우汙' 자는 응신應身의 뜻을, '마麼' 자는 화신化身의 뜻을 가지고 있습니다. '훔' 자는 이 사신四身을 통해 일체의 법을 내포하고 있는 것입니다.[9]

'훔吽' 자의 네 글자의 각각에는 **일체의 이법**(理)**과 가르침**(敎)**과 행함**(行)**과 열매**(果)**가 모두 포함**되어 있으며, 이르지 않는 곳이 없습니다. 복희伏羲가 만든 팔괘의 육효六爻안에 만상萬象이 깃들어 있는 것과 같습니다.

만일 이러한 **'훔吽' 자의 숨은 뜻**을 이해할 수 있는 사람이 있다면, 그 사람을 정변

---

6 높은 산이 하늘을 침범할 것처럼 솟아 있어도, 높은 누대가 하늘을 찌를 듯이 올라와 있어도, 줄지도 않고 훼손되지도 않는 것이 허공의 덕이다. 대홍수가 땅을 덮고 큰 화재가 모든 건물을 태운다 할지라도 늘어나지 않는 것이 허공의 덕이다.

7 부처의 눈으로 보면 부처와 중생이 따로 있는 것이 아니다. 모든 것이 평등하다. 늘어나는 것도 줄어드는 것도 없으며, 잘난 것과 못난 것, 위와 아래가 따로 있지 않다. 모든 것은 무無에서 생긴 것이 아닌 근본적인 존재(비로자나불)의 현현에 불과하다.

8 '인人'이란 네 종류의 법신法身(자성自性, 수용受用, 변화變化, 등류等流)을 말하며, '법法'이란 일체의 존재를 말한다. 일법계一法界, 일진여一眞如, 일보리一菩提로부터 팔만 사천의 세상의 모든 존재를 가리킨다. 그 수는 무한하지만 이러한 존재들은 모두 비로자나불의 법신이 나타난 모습이며 타他와 아我의 구분이 없는 것이다.

9 네 글자의 상相을 각각 설명하자면 '아阿' 자에는 일체의 진여眞如, 법계法界, 법성法性, 실제의 이법[理] 등이 모두 포함된다. 또한 '하訶' 자에는 일체의 내외內外(불교와 불교 이외), 대소大小(대승과 소승), 권실權實(방편적인 가르침과 근본 가르침), 현밀顯密(드러난 가르침과 숨겨진 가르침) 등의 가르침[敎]이 모두 갖추어져 있다. '마麼' 자에는 여러 가르침의 수행을 통해 얻게 된 모든 성과(果)가 빠짐없이 포함되어 있다.

지正遍知, 즉 부처라고 말할 수 있습니다. 초발심初發心 때에 정각正覺을 이루고 법을 설파할 수 있는 것은 이러한 '훔吽' 자의 참뜻을 앎으로써 가능한 것입니다.

'훔吽' 자에는 또 "옹호擁護"[10], "자재능파自在能破(마음대로 깨부수다)"[11], "능만원能滿願(모든 원하는 것을 성취한다)"[12], "대력大力"[13], "공포恐怖"[14], "등관환희等觀歡喜(여래와 동일하게 됨을 기뻐함)"[15]의 뜻이 있습니다.

'훔吽' 자는 모든 여래의 진실한 말(진언)입니다. '훔吽' 자와 하나 됨으로써 일체의 불법을 체득하고 대일여래의 모든 지혜를 얻고 궁극의 경지에 이르러 여래의 자리(金剛座)에 앉을 수 있습니다. 여래는 어떠한 방법으로 모든 마魔를 공포에 질리게 하는가? 그것은 '훔吽' 자를 통해서 가능한 것입니다. '훔吽' 자를 소리내서 읽는다면 마군魔軍은 뿔뿔이 흩어지게 됩니다.

앞에서 살펴본 바와 같이, 네 요소로 이루어진 단 한 글자 '훔吽'에는 이 세상의 모든 현상(事事)과 보편적인 진리(理理), 그 모든 것이 들어 있다고 하겠습니다. 이런 까닭으로 '훔'을 '총지總持(모든 것을 가지고 있다)'라 하는 것입니다.

이처럼 훔 자의 뜻을 정리해 준 홍법 대사 구카이는 일평생 미륵님의 조화세계를 염원하다가 열반에 드신 분입니다.[16] 일생을 봉사의 삶을 살며, 미륵의 도를 펴려고

---

10 '훔吽' 자 위의 대공점大空點은 '가佉(空을 나타내는 범어)' 자문의 대공大空을 뜻하며, 반야불모般若佛母가 되는 명비明妃가 일체를 감싸고 만물을 키우는 뜻이 있다. '가佉(kha)' 자 안에는 '하訶(ha)' 자가 있고, 이는 '인因'을 뜻한다. 허공장보살의 마음인 대공삼매大空三昧에는 진인眞因의 종자種子가 포함되어 있고, 이는 곧 대호大護의 뜻이다.

11 '훔吽' 자 위에는 공점大空點이 있고 이것은 곧 '가佉' 자문이다. 허공은 본래 맑으며 얽매임이 없다. '가佉(kha)' 자 안에는 '하訶(ha)' 자가 있고, 이것은 보리심을 일으켜 번뇌를 깨는 힘이다. 이 '가佉' 자와 '하訶' 자가 만나 서로 상응함으로서 대장이 적을 무찌르는 것과 같이 마음대로 번뇌라는 적을 깨부수는 것을 말한다. 이것이 자재능파의 뜻이다.

12 '훔吽' 자 안의 '하(訶)' 자는 보리심菩提心의 보물이라 할 수 있고, '가佉' 자의 허공장虛空藏과 화합하여 마니보주摩尼宝珠(원하는 모든 것을 이루어주는 구슬)를 이루어 일체 중생의 소망하는 바를 이루어준다.

13 '하訶' 자의 보리심 속에는 모든 여래의 십력(十力) 등이 갖추어져 있으므로 '가佉' 자와 합하여 각종 속박과 얽매임으로부터 해방되어 자유롭게 된다는 뜻이 있는 것이다. 이것은 허공에서 바람이 자유스럽게 부는 것과 같은 이치이다. 따라서 대력이라 이름하는 것이다. '가佉' 자가 가지고 있는 각종 덕은 금강석처럼 견고해서 파괴할 수가 없다. 이것이 대력의 뜻이다.

14 『여의륜보살관문의주비석如意輪菩薩觀門義注秘釋』에 "보리심을 발하기만 하면 깨달음의 도장에 앉아서 정법을 설법하게 된다. 만일 사마四魔가 나타난다고 해도 여래의 대자대비의 경지에 들어가 사마四魔를 두렵게 하고(恐怖) 복종시킬 수 있다."라고 하였다. 그렇게 되면 어떠한 마군魔軍도 떨지 않고 복종하지 않는 것이 없는 것이다. 태양이 얼굴을 내비치면 어둠이 바로 물러가는 이치와 같다.

15 『대일경소大日經疏』 10권에 "'훔吽' 자 속에는 '하訶' 자가 있는데, 이것은 환희의 뜻이다. 위에 공점空点이 있는 것은 삼매야三昧耶(깨달음을 상징)이며, 아래의 삼매三昧의 획도 삼매야를 뜻한다."고 쓰여 있다.

16 구카이의 출가 선언시이기도 한 24세 때 저술한 『삼교지귀三教指歸』를 보면, 미륵님이 계신 도솔천

<table>
<tr><th colspan="2">'훔吽' 의 구성</th><th>하訶</th><th>아阿</th><th>우汙</th><th>마麼</th></tr>
<tr><td colspan="2">자상字相</td><td>원인因
hetva(인因)의
머리글자</td><td>본초本初
aadi(본초)의
머리글자</td><td>손감損減
una(손감)의
머리글자</td><td>나(吾我)
mama(오아)의
머리글자</td></tr>
<tr><td rowspan="2">자의
字義</td><td>별석
別釈</td><td>일체제법
인불가득
一切諸法 因不可得</td><td>일체제법
본불생
一切諸法 本不生</td><td>일체제법
손감불가득
一切諸法 損減不可得</td><td>일체제법
오아불가득
一切諸法 吾我不可得</td></tr>
<tr><td>합석
合釈</td><td colspan="4">·법신法身, 보신報身, 응신應身, 화신化身
·일체의 이법(理)과 가르침(教)과 행함(行)과 열매(果)
·삼승三乗(성문声聞, 연각縁覚, 보살菩薩)의 인因, 행行, 과果
·육의六義 : 옹호擁護, 자재능파自在能破, 능만원能満願, 대력大力, 공포恐怖,
등관환희等觀歡喜</td></tr>
</table>

'훔' 자의 자상字相과 자의字義

했던 구카이 스님이 인류에게 '훔' 자의 큰 뜻을 전해 주었지만, 그 누구도 이 '훔' 자 주문을 제대로 읽지 않았습니다. 미륵부처님으로 오신 상제님께서 태을주를 완성해 주심으로써 비로소 이 '훔' 자의 뜻이 세상에 드러나게 된 것입니다.

'훔'은 또 **치유의 소리**입니다. 인도 태생의 미국인 의사 디팍 초프라Deepak Chopra는 '훔'이 질병 치유에 탁월한 효과가 있다고 하였습니다. '훔'은 '전일적 소리(holistic sound)'이기 때문에 '훔' 소리를 들으면 인체의 모든 세포가 동시에 진동하여 생기를 얻는다는 것입니다.[17] 안운산 태상종도사님께서는 **'훔은 도통한 자의 마음'**이라고 정의를 내려 주셨습니다. 우주 생명의 대광명, 시작도 없고 끝도 없는 영원한 빛, 여여如如한 그 모습이 훔이라 하셨습니다.

그리고 '치哆'는 '소 울음 치', '입 크게 벌릴 치' 자로 **'우주 조화의 본체와 하나 됨'**을 뜻합니다. '치'에는 '대정불변야大定不變也', 곧 '크게 정해서 영원히 변치 않는다'는 의미가 있습니다. '치'는 훔의 자리에 내 마음을 뿌리내려, 생명의 근원과 하나 되게 굳

을 향하여 여행을 떠나는 내용으로 구성되어 있다. 시코쿠(四国, 구카이의 고향이 속한 섬)에는 구카이가 개척한 '시코쿠 88개소 영장[四国八十八箇所霊場]'이라는 불교 성지 순례길이 있는데, 이는 번호가 붙은 88개의 절을 순서대로 돌아 다시 1번 절로 돌아오는 1,200킬로미터의 장거리 순례길이다.

17 **훔의 치유력** | 영국의 한 과학자가 시험관에 암세포와 정상 세포를 넣고 '훔' 소리를 쏘아 준 결과 암세포는 진동 후에 터져 버렸고, 정상 세포는 더욱 건강하게 잘 자랐다. (Deepak Chopra, 『양자치유』 강의 테이프, 1989)

히는 것, 즉 우주의 원신元神(primordial spirit)과 하나 되게 하는 소리입니다.

태을주의 첫 네 글자 '훔치훔치'는 우주의 근원을 찾는 소리이며, 신도의 조화 세계와 내 몸을 직접 연결해 주는 신성의 소리입니다. 즉 우주 신도神道 세계의 뿌리 자리를 찾는 소리입니다. 증산 상제님께서는 "'훔치'는 **천지부모를 부르는 소리**니라. 송아지가 어미를 부르듯이 **창생이 한울님을 부르는 소리**요 낙반사유落盤四乳는 '이 네 젖꼭지를 잘 빨아야 산다.'는 말이니 '천주님을 떠나면 살 수 없다.'는 말이니라."(7:74)라고 하시며 태을주의 머리인 '훔치훔치' 네 글자를 덧붙여 주셨습니다. 태을주를 통해서 우리는 천지부모의 존재를 알고 생명의 근원을 찾게 된 것입니다.

그리고 태을주의 몸체인 '태을천 상원군님'은 태을주의 조화성령 세계를 이해하는 핵심 열쇠입니다. **'태을천太乙天'은 만유 생명의 궁극적인 발원처**이며, **태을천의 주신主神**이신 상원군님은 **우주 도사道史에서 치유문화의 뿌리되시는 분**입니다. 예로부터 태을천 상원군님은 '생불생선지조生佛生仙之祖'라 하였는데 모든 부처와 신선을 낳는 할아버지라는 뜻입니다. 모든 신선과 부처는 태을천 상원군님의 도의 기운을 받아 깨달음을 얻은 이들입니다. 또 천지의 조화 생명인 **우주 율려 태을**을 다스리시며 태고 시절에 천지 도의 치유 은혜를 인간 역사에 강력하게 내려 주신 분입니다. 태을주에는 이루 헤아릴 수 없이 큰 **의통醫通의 조화 권능**이 깃들어 있습니다.

❋ 태을천太乙天 상원군上元君은 **하늘 으뜸가는 임금**이니 오만년 동안 동리동리 각 학교에서 외우리라. (7:75)

❋ 태을주太乙呪는 수기 저장 주문이니 병이 범치 못하느니라. (4:147)

❋ 태을주는 구축병마주驅逐病魔呪니라. 내가 이 세상의 모든 약 기운을 태을주에 붙여 놓았나니 만병통치 태을주니라. (3:313)

상제님께서는 인간의 몸과 마음과 영혼을 치유하는 모든 약 기운을 태을주에 붙여 놓았다고 하셨습니다. **태을주는 '수기水氣 저장 주문'**입니다. 태을주를 많이 읽으면 우주의 본체 생명인 태극수太極水 기운을 강력하게 받아 내려 천지의 수기水氣를 축적할 수 있기 때문에, 몸의 저항력과 면역력이 강화되어 어떠한 병마病魔도 물리칠 수 있습니다.

또 태을주를 읽으면 성신이 감응하여 인생을 가로막는 모든 장애물을 없애 줍니다. 우리의 의식에서 어둠을 모두 걷어내 내 마음 속에 무엇이 문제인지 밝은 성령의 불길 속에서 이를 깨닫게 해줍니다. 그리하여 무슨 일이든지 내 뜻대로 할 수 있다는 확신을 갖게 하여 성공할 수 있도록 이끌어 줍니다. 태을주는 천지의 조화 생명을 받아 내려 모든 것을 뜻대로 이루게 하는 여의주입니다.

태을주를 잘 읽으면 성령과 생명의 뿌리 하늘인 태을천으로부터 순수한 천지 조화성신의 생명을 받아 내려 **'불멸의 선체仙體'**가 될 수 있습니다. 추살 기운으로 모든 인간의 명줄이 끊어지는 가을 개벽기에 태을주가 구원의 성약聖藥이 되는 이유가 바로 여기에 있습니다. 이것이 다른 어떤 주문과 비교될 수 없는 **태을주만의 신성한 조화 신권**입니다.

※ 만사무기萬事無忌 태을주 만병통치萬病通治 태을주
소원성취所願成就 태을주 포덕천하布德天下 태을주
광제창생廣濟蒼生 태을주 만사여의萬事如意 태을주
무궁무궁無窮無窮 태을주
태을주는 여의주如意珠, 여의주는 태을주니라. (7:75)

안운산 태상종도사님께서는 "태을주는 우주의 산소다. **태을주는 앞 세상 전 인류의 제1의 생명**이고, 내 생명은 제2의 생명이다."라고 말씀하셨습니다. 태을주는 한마디로 **선천에서 후천 가을 우주로 넘어가는 생명의 다리요, 상제님의 도를 받는 도권과 종통 전수의 상징**입니다.

태을주 조화 주문을 읽는다는 것은 가을개벽의 생사 경계를 넘어 후천 조화선경 세상의 **선仙의 생명을 받아서 태일太一의 인간으로 거듭나는 것**을 의미합니다. 상제님은 또 이 주문을 너희들의 선령先靈을 해원시키는 '선령 해원 주문'(2:119)이라고 말씀하셨습니다. 온 우주가 새롭게 태어나는 가을 개벽기에 인간은 태을주를 통해서 천지 조화성령을 내려 받음으로써 **자기 생명의 본성을 회복하고 영원한 생명으로 거듭나** 천상의 조상과 함께 궁극의 성공(天地成功)을 이루고 가을 우주의 조화선경 세상을 열어 가게 됩니다.

吽哆 훔치 吽哆 훔치
太乙天 태을천 上元君 상원군
吽哩哆哪都來 훔리치야도래
吽哩喊哩娑婆訶 훔리함리사파하

3. 나와 도장을 혁신하는 일꾼의 생활 개혁

2절에서 우리는 천지의 자녀이자 상제님의 아들딸로서 진법 신앙을 열어가기 위해 반드시 지켜야 할 일꾼 신앙의 기본 수칙 5가지를 살펴보았습니다. 그렇다면, 그 중 첫 요소인 상제님 신앙의 성소, 도장을 중심으로 하루하루 생활 속에서 우리는 무엇을 실천하고 개혁해야 할까요?

그것을 우리는 '일꾼의 생활 개혁 10대 지침'이라고 하며, 이는 증산도 신앙인뿐 아니라 앞으로 상생의 새 질서로 열리는 후천개벽 세상으로 넘어가고자 하는 모든 이에게도 필요한 지침입니다. 자기개혁은 상제님 천지대업의 모든 것을 이루는 결정적인 초석이며, 여기에 자신과 도장의 모든 성패가 달려 있습니다. 신교문화의 교육헌장인 염표문念標文에 나오는 "사람의 도는 천지의 도를 선택하여 원만하고(인人은 이지능위대以知能爲大하니 기도야택원其道也擇圓이라)"라는 말처럼, 자기 스스로 하늘과 땅의 원만한 마음, 천지의 뜻과 본심의 도를 선택하여 늘 생활 속에서 이를 실천해야 합니다.

◎ 천하사 일꾼의 생활 개혁 10대 지침

첫째, 세계를 경영하는 심법 개벽 | 제3변 추수 도운에서 의통 전수 판몰이 대부흥 도수는 심법을 근본으로 해야 합니다. 무엇보다 바탕이 되는 관건은 심법입니다. 마음공부는 개벽 세상을 위한 적극적 헌신과 정성, 살릴 생 자 공부에 대한 불타는 사명감, 책임감, 적극성이 기본입니다.

본심本心을 굳게 지켜, 어떤 역경에도 동요하지 않는 심법을 세워야 하는데, 이 심법 개벽은 어떻게 해야 할까요? 우리가 마음을 닦는다(cultivating mind)고 하는데, 마음을 닦는다는 것은 도대체 무엇을 뜻하는 것일까요?

태모님께서는 "마음 닦는 공부이니 심통心通 공부 어서 하라. 제가 제 심통도 못하고 무엇을 한단 말이더냐. (11:250)", "오장육부 통제 공부니, 곧 선각仙覺 지각智覺이니라. … 제 몸에 있는 것도 못 찾고 무슨 천하사란 말이냐! (11:224)"라고 하시며. 네 몸에 있는 것도 못 찾으면서 무슨 세상을 개벽하고 인류를 건지겠다는 것이냐고 꾸짖고 계십니다. 세상의 묵은 기운을 벗어나 자기 본래 모습(本來面目, original face)을 보는 것, 내 본심을 통하는 것이 너무도 중요합니다.

둘째, 일심법의 생활화 | 상제님 도법은 바로 이 일심법(The dharma of one mind)의 경계를 여는 것입니다. 상제님의 일심법은 과거 석가의 일심법과 근본은 같지만 최상위의 무상지법無上之法입니다. 그 이유는 상제님이 말씀하시는 도심주道心柱의 도심道心은 선천의 세계를 개벽하여 인류의 후천 새 역사를 통치하는 제왕의 심법 세계를 의미하기 때문입니다.

그러면 지구촌의 새 역사를 경영하는 마음공부는 무엇을 통해 성취할 수 있는 것일까요? 그것이 상제님이 전해주신 「서전서문書傳序文」에 담겨 있습니다. 「서전서문」은 인간의 마음과 인성론을 밝고 바르게 깨우쳐 주는 글입니다. 동서의 모든 종교사상의 원전 가운데, 마음을 강조하고 성인 제왕의 심법을 전수한 으뜸가는 글입니다.

❋ 하루는 경석에게 말씀하시기를 "**나의 조정朝廷에 설 사람**은 서전서문書傳序文을 많이 읽어야 하느니라. **너는 만 번을 읽으라.** 대운大運이 그에 있느니라" 하시니라. (6:45)

『서전』은 원래 사서오경 가운데『서경』에 주석을 단 책입니다. '전傳'이란 후세 사람들이 주석을 붙여 놓은 것을 가리킵니다.

상제님 일꾼은 날마다 이「서전서문」을 주문처럼 암송하여 스스로 체득하도록 꾸준히 외워야 합니다. 상제님은 어천하시기 직전에, 1만 독 이상 읽을 것을 명하셨습니다.

◎ 慶元己未冬에 先生文公이 令沈으로 作書集傳케 하시고
경원기미동 선생문공 영침 작서집전

明年에 先生이 歿커시늘 又十年에 始克成編하니 總若干萬言이라.
명년 선생 몰 우십년 시극성편 총약간만언

嗚呼라 書豈易言哉리오. 二帝三王의 治天下之大經大法이 皆載此書로되
오호 서기이언재 이제삼왕 치천하지대경대법 개재차서

而淺見薄識으로 豈足以盡發蘊며…. 然이나 二帝三王之治는 本於道하고
이천견박식 기족이진발온오 연 이제삼왕지치 본어도

二帝三王之道는 本於心하니 得其心이면 則道與治를 固可得而言矣리라.
이제삼왕지도 본어심 득기심 즉도여치 고가득이언의

何哉오 精一執中은 堯舜禹相授之心法也요
하자 정일집중 요순우상수지심법야

建中建極은 商湯 周武 相傳之心法也요 … 至於言天則 嚴其心之所自出이요
건중건극 상탕 주무 상전지심법야 지어언천즉 엄기심지소자출

言民則 謹其心之所由施니 禮樂敎化는 心之發也요 典章文物은 心之著也요
언민즉 근기심지소유시 예악교화 심지발야 전장문물 심지저야

家齊國治而天下平은 心之推也니 心之德이 其盛矣乎인저
가제국치이천하평 심지추야 심지덕 기성의호

경원(慶元: 南宋 寧宗의 연호) 기미(1199)년 겨울에 선생 주문공朱文公께서 침으로 하여금『서집전書集傳』을 짓게 하시고 이듬해에 선생이 별세하시거늘 십 년 만에 비로소 책을 완성하니 모두 몇만 자라. 아! 서경을 어찌 쉽게 말할 수 있으리오. 이제삼왕二帝三王의 천하를 다스리는 대경대법大經大法이 이 책에 다 실렸으되 나의 얕은 식견과 학식으로 어찌 족히 그 심오한 이치를 다 드러낼 수 있겠는가. … 그러나 이제삼왕의 다스림은 도道에 근본하였고 이제삼왕의 도는 마음에 근본하였으니 바로 그 마음을 깨면 도와 다스림을 진실로 말할 수 있으리라. 무슨 까닭인가? 오직 일심을 갖고 중용의 도를 잃지 않음은 요堯·순舜·우禹가 서로 전한 심법이요 중용의 도(中)를 세우고 만민의 삶의 푯대(極)를 세움은 상商의 탕湯과 주周의 무왕武王이 서로 전한 심법이니 … 하늘을 말함에 이르러서는 마음이 유래한 바를 엄히 하였고 백성을 말함에 이르러서는 마음에 말미암아서 베풀어지는 바를 삼갔으니 예악과 교화는 마음의 발현이요 전장典章과 문물文物은 이 마음의 드러남이요 집안을 가지런히 하고 나라를 다스리고 천하를 평안히 함은 이 마음을 미루어 확장한 것이니 마음의 덕이 성대하도다.

'득기심得其心이면 즉도여치則道與治를 고가득이언의固可得而言矣리라.' 즉 그 마음을 체득하기만 하면 진실로 도와 다스림을 말할 수 있을 것이라는 말입니다. 「서전서문」의 심법 공부는 상제님의 천하경영의 심법을 열어서 인류 역사상 성자와 철인, 역사 인물의 가르침을 재해석하는 힘을 얻게 합니다. 그러면 성인 제왕들의 그 마음을 얻는 득기심得其心의 길은 어디에 있을까요? 바로 '정일집중精一執中', 언제 어디서나 흔들리지 않는 진실로 정묘한 중도 일심법 경계에 들어가는 데 있습니다.

셋째, 과학적 시간 관리 | 하루의 시작과 모든 가능성은 새벽에 달려 있습니다. 그러므로 새벽 시간을 잘 가져야 합니다. 새벽녘의 인간의식은 신과 같습니다. 그 맑은 정신으로 소리내서 주문을 읽으면 천지조화 기운인 토기土氣가 잘 발동하여 무슨 일이든 해낼 수 있다는 밝은 마음과 자신감의 의지意志가 솟아납니다.

장차 예측하기 힘든 충격적인 대변혁을 지나면서 개벽을 집행해야 하는 긴박한 상황으로 들어서게 됩니다. 이에 대비하기 위해 시간관리를 철저히 하고 촌음을 아껴써야 합니다. 신천지의 새벽녘에서는 시간이 곧 생명입니다. 대님도 매지 않으시고, 때로 진지도 거르시고 공사에 전념하신 상제님의 일심의 삶을 기억해 보십시오.

넷째, 철저한 건강 관리 | 건강은 천하사를 집행하는 상제님 일꾼의 역량과 의욕, 적극성의 문제와 직결됩니다. 일꾼의 뜻이 아무리 곧고 지극하여도 건강이 무너지면 모든 것을 잃게 됩니다. 가급적이면 일찍 자고 일찍 일어나 아침저녁으로 청수를 모시고 새벽 수행을 체질화해야 할 것입니다.

한의학에서는 '십병구담十病九痰'이라 하여 '모든 병의 열에 아홉은 담痰으로 인해 생긴다'고 합니다. 인간은 오장육부에 담痰이 꽉 차게 되면 기도가 막혀 숨을 못 쉬어 죽게 됩니다. 그러므로 수행을 통해 담을 쏟아내야 몸이 20, 30대 젊은이처럼 맑아지고 자연의 순수 정신을 회복하여 무병장수의 천수를 누리게 됩니다.

건강을 향상시키는 것은 오직 묵은 습성을 과감하게 끊어내는 결단으로만 성취할 수 있습니다.

다섯째, 의식주 문화 개벽 | 먼저 의衣 생활에서 합성 섬유(나일론 등)로 된 옷은 정전기를 만들고, 자궁에 종양을 생기게 하는 요인이 됩니다. 가급적 천연섬유로 된 옷을 입기를 권합니다.

또 개벽기를 맞이하여 지진, 화산 폭발 등을 늘 염두에 두고 고층 건물에서 생활하는 것을 되도록 피해야 합니다.

여섯째, 『도전』 읽기 생활화 | 『도전』은 환국 이래 9천 년 동안 모셔온 삼신상제님이 인류에게 내려주신 신앙의 교과서요, 가을 우주를 개벽해 주신 상제님께서 인간과 신

명과 자연을 다스리시는 대우주 통치 법전입니다.

일곱째, 참회와 보은의 기도가 바탕이 되어야 | 신앙인이라면 밥 먹을 때(식고), 무언가를 시작할 때(서원 기도), 가족이나 이웃 등 사랑하는 이들의 몸과 마음이 아플 때(치유 기도), 서원한 바를 이루어 기쁠 때(감사 기도) 등 매사에 기도와 더불어 임해야 합니다. 그런데 내 몸과 마음을 생명의 근원으로 되돌리기 위해서는 무엇보다 참회가 근본이 되어야 합니다.

❋ 과실過失이 있거든 다 풀어 버리라. 만일 하나라도 남아 있으면 신명身命을 그르치느니라. (9:120)

❋ 모든 과실過失을 나에게 고하고 용서를 받으라. 그렇지 않으면 용서받을 곳이 없느니라. (11:175)

상제님 태모님 전에 청수를 일심으로 모시고 배례하면서 잘못한 일을 마음으로 아뢰고 참회하면 묵은 기운이 성령의 밝은 기운에 녹아내려 마음이 밝아지고 신령스런 기운이 열리는 것을 체험하게 됩니다.

여덟째, 천지 조화 태을주를 숨 쉬듯 읽어야 | 태을주는 의통의 바탕이 되는 핵심 주문입니다. 태을주 단주를 손목에 걸고 다니며 잠시 틈이 날 때도 태을주가 저절로 입에서 나오도록 주문 읽는 습관이 몸에 배도록 합니다. 시두가 지구촌을 기습하기 때문에 태을주, 운장주, 개벽주 등을 숨 쉬듯 끊임없이 읽고, 잠자리에서도 태을주를 마음속으로 잔잔하게 읽으며 잠들도록 해야 합니다.

머지않아 시두와 대전쟁, 그리고 이 전쟁을 종결시키는 가을 우주의 대병겁大病劫이 복합적으로 얽혀서 옵니다. 그러기 때문에 모든 도정과 상제님 대학교 교육의 우선순위는 염념불망 태을주를 읽으며, 그 외에 오주, 칠성경, 개벽주, 진법주, 서전서문을 늘 마음속으로 읽는 것이 중요합니다.

"원평 장터에서 오늘 땅이 꺼진다고 해떨어질 때까지 외치라"고 하신 상제님의 공사 말씀의 정신 그대로, 언제 어디서나 개벽을 진리의 목소리로 외칠 수 있는 적극적이고 생동감 있는 일꾼이 되어야 합니다. 오늘 개벽이 와도 모든 것을 당당히 해 낼 수 있는 준비가 되어 있는 그런 일꾼의 마음으로 늘 주문을 힘차게 읽고 생활화해야 합니다.

아홉째, 성性 의식 혁신과 정기 축적 | 성의 문제(sexual problem)는 수행과 도통의 가장 근원적인 문제입니다. 성은 인간 생명의 건강, 일상 생활과 밀접한 관계가 있습니다.

상제님께서는 어천하시기 직전, 인간 생명에 대해 위대한 가르침을 내려 주셨습니다. "죽고 살기는 쉬우니 몸에 있는 정기精氣를 흩으면 죽고 모으면 사느니라."(10:45)라고 하시어 정精의 소중함에 대해 깨우쳐 주신 것입니다. 수행 문제나 도 닦는 것을 떠나 우리 몸의 생명 활동에 정은 너무도 중요한 역할을 합니다.

내 몸 속에 천지의 제1 보배인 정을 축장해야 합니다. 죽고 사는 문제가 정에 달려 있고, 도통하는 문제도 정에 있고, 정신의 순수성도 정에 있고, 이 세상 문제의 근본을 보는 눈, 모든 문제가 이 정에 근원을 두고 있습니다. 건강 문제의 원초적 과제와 깨달음과 천지 기도공부의 성패가 모두 정의 관리와 보신保身에 있는 것입니다.

열째, 상생의 살릴 생 자 포덕 생활화와 가정 도장 구축 | 상제님은 "병겁이 밀려오면 온 천하에서 너희들에게 '살려 달라'고 울부짖는 소리가 진동하고 송장 썩는 냄새가 천지에 진동하여 아무리 비위脾胃가 강한 사람이라도 밥 한 술 뜨기가 어려우리라." (4:39)라고 깨우쳐 주셨습니다.

지금 전 지구촌에서 벌어지는 천재지변의 참사를 내 가족의 일로 생각해 보아야 합니다. 또 "형제가 환란이 있는데 어찌 구하지 않을 수 있으랴. 사해四海 내에는 다 형제니라"(8:93:4~5) 하신 상제님의 간곡한 당부 말씀을 가슴에 새겨 오늘의 인류를 불쌍히 여기고 살려주려는 선한 마음을 가질 때, 내 심법이 닦이고 상제님의 상생의 도, 살릴 생[生] 자 공부를 올바로 실천할 수 있습니다.

무엇보다 치밀한 계획을 세워서 부모 형제를 상제님께 인도해야 합니다. 가족을 위해 늘 기도하면서 진리 공부, 주문 수행을 함께 하고 도담을 나누는 것이 중요합니다. 가족 포교는 도방 개창과 1만2천 가가도장의 바탕이 됩니다.

육임 핵랑군은 개벽 상황을 직접 끌러내는 의통 집행의 개벽군입니다. 오로지 순수한 일심 신앙으로 세상 사람을 살리는 한 생각에 더욱 정성을 집중해야 할 것입니다. 이 개벽기에 영원히 사라질 불쌍한 창생을 한 사람이라도 더 살리기 위해, 사적私的인 일은 뒤로 미루고 상제님의 도를 펴고 창생을 건지는 데 혼신을 다 바쳐야 하겠습니다.

생활개혁 10대 지침

1. 세계 경영 심법개벽 2. 일심법 생활화 3. 과학적 시간 관리
4. 철저한 건강 관리 5. 의식주 문화 개벽 6. 『도전』 읽기 생활화
7. 참회와 보은 기도 8. 천지 조화 태을주 숨 쉬듯 읽기
9. 성性 의식 혁신, 정기 축적 10. 살릴 생자 상생의 포덕 생활화, 가정도장 구축

천지 일꾼의 진법 신앙 5대 수칙

첫째, 도장 치성致誠 참석

도장은 상제님과 태모님을 비롯한 천지 신명을 모시는 성소이며 태상종도사님과 종도사님의 가르침을 통해 진리를 깨닫는 신앙의 중심 자리이다. 또한 개벽기에는 의통성업을 집행하는 센터가 된다. 도장 치성에 참석하지 않으면 상제님 태모님과의 영적 만남이 끊어질 뿐만 아니라 인사人事로 집행되는 도정道政 소식을 알지 못하여 결국 상제님 신앙인으로서 생명력이 고갈되고 만다. 일꾼은 각 지방 도장의 정기 치성은 물론 본부의 대치성에도 빠지지 말고 참석하여야 한다.

둘째, 봉청수 및 태을주 수행 생활화

수행은 신앙을 살찌우는 생명의 양식이다. 수행을 통해서 상제님 도를 체험하고 깨쳐 건실한 신앙인으로 성숙할 수 있다. 일꾼이라면 누구나 아침, 저녁으로 청수 모시고 기도드리며 태을주 수행을 해야 한다. 그러면 몸과 마음이 건강해지고 매사에 자신감이 생기며 생활에 활력이 넘치게 된다.

셋째, 천록(誠金) 헌성

천록 헌성은 전 인류를 통일하고 후천 선경 세계로 인도하는 천하사 사업에 꼭 필요한 생명줄이다. 또한 천록 헌성은 모든 일꾼의 신성한 의무이며 권리이다. 성금의 종류에는 세상 사람을 살리기 위해 꼭 필요한 수명금壽命金과 도장 살림을 꾸려 나가기 위해 필요한 복록금福祿金이 있다.

또한 의금義金이 있는데, 의금은 천지대업을 이루는데 결정적으로 필요한 천하사 자금으로, 보천교 때도 있었고 3변 도운 초에도 실시한 제도로 상제님의 도를 받은 신도라면 누구나 대의를 위해 헌성하는 보은 성금이다.

넷째, 의통 육임 구호조직 완수

상제님의 도는 대개벽기에 사람을 살리고자 하는 진리이다. 상제님은 한 사람이 최소한 6명을 포교하라는 지엄하신 천명天命을 내리셨다. 개벽의 실제 상황에서는 포덕을 통해 구성된 한 명의 지도자와 여섯 명의 사역자(육임六任), 총 일곱 명(인존칠성)이 의통을 집행하여 사람을 살리게 된다. 포교를 통해 육임을 완수하면 의통을 집행할 수 있는 자격인 상제님의 신패를 부여받게 된다.

다섯째, 증산도대학교 교육 참여

증산도대학교를 통해 의통 조직을 완결하고 후천 조화선경 문화를 열어가게 된다. 신도라면 마땅히 증산도대학교에 입학하여 진리를 보는 안목을 넓히고 살아 있는 깨달음을 열어야 한다. 그러려면 틈만 나면 『도전』과 어록, 진리 서적을 봉독하여 진리를 깨치는 데 힘써야 한다. 철저하게 체험하고 의식이 깨어나는 만큼 상제님 일을 할 수 있다.

제4절 천지 일심으로 모두 나설 때

1. 후천 하늘이 밝아오는 과정

상제님께서는 당신의 대업을 최종 마무리 짓는 제3변 도운의 대부흥의 역사 시대를 천지 도수로 정해 놓으셨습니다. "갑을甲乙로서 머리를 들 것이요, 무기戊己로서 굽이치리니 무기는 천지의 한문閈門인 까닭이니라."(6:109) 하신 상제님의 천명에 따라, 갑인甲寅(1974)·을묘乙卯(1975)년에 제3변 추수 도운의 마무리 판이 열렸으며 무자戊子(2008)·기축己丑(2009)년에 새로운 전환의 운을 맞이하였습니다. 가을개벽의 여명을 알리는 다음 공사에서 우리는 상씨름판의 추수 도운이 마무리 되는 전체 과정을 그려 볼 수 있습니다.

❋ 9월에 상제님께서 형렬을 데리고 함열 회선동會仙洞 김보경金甫京의 집에 가시어 보경으로 하여금 큰 북을 구해 오게 하시니 보경이 가져다 올리매 그 북을 새끼로 묶어 대들보에 매달고 '**병자**丙子 **정축**丁丑'을 계속하여 외우시면서 북을 치며 흥을 내어 노래하시니 이러하니라.

丙子丁丑 丙子丁丑 丙子開路아
병자정축 병자정축 병자개로

병자정축 병자정축 병자丙子에 길을 여는구나.

子兮子兮天開하고 丑兮丑兮地闢이라.
자혜자혜천개 축혜축혜지벽

자子여 자여 하늘이 열리고 축丑이여 축이여 땅이 열리도다.

寅兮寅兮人起하니 卯兮卯兮奇妙로다.
인혜인혜인기 묘혜묘혜기묘

인寅이여 인이여 사람이 일어나고 묘卯여 묘여 기묘하도다.

辰兮辰兮雲起하니 九節竹杖高氣하여 六丈金佛宛然이라.
진혜진혜운기 구절죽장고기 육장금불완연

진辰이여 진이여 동방의 구름이 일어나니 아홉 마디 대지팡이 드높은 기운에
여섯 길 금부처(가을부처) 완연하구나.

밤이 깊어가매 더욱 흥을 내어 북을 치시며 시 한 수를 읊어 주시니 이러하니라.

時節花明三月雨요 風流酒洗百年塵이라
시절화명삼월우 풍류주세백년진

철 꽃은 내 도덕의 삼월 비에 밝게 피고
온 세상의 백년 티끌 내 무극대도의 풍류주로 씻어 내니
우리의 **득의지추**得意之秋 아닐런가.

이어 말씀하시기를 "좋구나, 좋구나! 이 북소리가 멀리 서양까지 울려 들리리라. 이 북소리에 천하가 한번 우꾼하리라." 하시되 보경은 그 뜻을 알지 못하더라. (5:155)

번영과 성장의 극치를 상징하는 병오년, 그리고 만물을 거두는 음력 9월(술월戌月)에 상제님은 함열咸悅 회선동會仙洞 김보경 성도 집에서 이 공사를 보셨습니다. 함열 회선동은 만인이 다 함께 기뻐하고 천지 신선들이 모이는 곳이란 뜻입니다. 따라서 상제님의 5만 년 조화선경 낙원을 건설하는 상서로운 기운을 나타냅니다.

상제님께서 이 공사를 보실 때 밤새 북을 치시며 '병자 정축'을 외우신 까닭은 당신님의 어천 이후 **병자(1996)·정축(1997)년이 가을개벽의 여명이 밝아오는 출발점**이 되기 때문입니다. 하늘이 열리고 땅이 깨어나는 병자, 정축을 지나, 사람이 일어나는 무인(1998)년에 상씨름판의 삼팔선을 지나 북녘으로 소가 넘어가는 사건이 벌어졌습니다. "씨름판에 소가 나가면 판을 걷게 되리라."(5:7) 하신 말씀대로 남과 북이 다시 샅바를 잡고 상씨름판 마지막 승부가 발동되기 시작한 것입니다. 도운에서는 이때부터 제세핵랑군濟世核郞軍 육임 의통 구호단 조직이 발동되었습니다.

이후 도운에서는 상제님의 궁전인 태을궁(증산도 교육문화회관)이 완공되었고, 다음 해 계미(2003)년에 **우주 가을철의 통일문화 경전**인 『도전道典』 완간본이 간행되었습니다.

※ 다시 말씀하시기를

時節花明三月雨요 風流酒洗百年塵이라
시절화명삼월우　풍류주세백년진

철 꽃은 내 도덕의 삼월 비에 밝게 피고
온 세상의 백년 티끌 내 무극대도의 풍류주로 씻노라.
"이는 선생선령선왕先生先靈先王 합덕문명合德文明 아닐런가." 하시고
"이 글을 심고하고 받으라." 명하시므로 모든 성도들이 심고하고 받으니라.
(8:44:9~10)

풍류주세백년진은 선생선령선왕 합덕문명이다!

여기서 상제님 공사 말씀의 핵심은 '선생선령선왕의 **합덕문명**'에 있습니다. '합덕'이란 하나가 된다는 의미로 가을 대개벽기에 천하사 일꾼 신앙의 활력과 천하사 의기를 힘차게 틔워 주는 도언입니다.

'선생선령선왕 합덕문명'은 신교의 삼신문화, 군사부 문화에서 온 것으로, 가을 개벽기에 성숙한 인간이 되도록 만들어 줍니다.

지나온 선천 5만 년 세월 속에서 나를 진리의 길로 인도해 준 스승, 오랜 세월 자손을 위해 기도하고 음호하며 오늘의 나를 있게 한 선령신, 또 9천 년 환국으로부터 종통을 계승하여 역사를 일궈온 역대 선왕들, 그 뿌리와 하나가 되어야 내가 가을철 선경낙원의 창업 주체로 우뚝 서게 된다는 말씀입니다.

한마디로 선왕과 스승과 조상들의 꿈과 기개와 하나가 되어야 상제님 천지사업을 할 수가 있습니다. 내가 그분들의 뜻과 삶에 일체가 되어 깨어 있는 역사의식, 그 열정과 하나가 될 때 진정으로 다가오는 대개벽의 대세를 바르게 보고 지구촌을 통일하여 인간으로 오신 상제님의 5만 년 조화선경 낙원을 건설할 수 있습니다.

후천 5만년의 '선생선령선왕 합덕문명'이 나오기 위해서는 '풍류주세백년진'이라는 지난한 과정을 거칩니다. 이제 **'풍류주세백년진'의 말씀이 실현되어 가면서 '도세 만회의 새벽'을 맞이합니다.** 상제님의 천지 조화성령을 받아 내려 지난 100년 도운의 묵은 기운과 틀을 모두 닦아 내고, 이로써 실질적으로 후천개벽을 준비하게 되는 것입니다.

앞서 본 바와 같이 상제님께서는 **'천개어자**天開於子', **'지벽어축**地闢於丑', **'인기어인**人起於寅'이라 하시며 자년子年과 축년丑年과 인년寅年의 대역사를 노래하셨습니다. 하루 시간으로 말하면, 자시에서 하늘이 열리고, 축시에서 땅이 열리고, 인시에서 사람이 일어난다는 뜻입니다. 그리고 이어서 '묘년卯年에 천지 운세가 기묘奇妙하며, 진년辰年에 구름이 일어나니 구절죽장 드높은 기운에 여섯 길 금부처 완연하구나'라고 하셨습니다. 여기서 '금부처'란 상제님께서 당신의 마패에 새겨 넣으신 가을 천지의 광명 부처로서 **미륵불**을 말합니다. 진년辰年에 드디어 가을 부처요 천지불, 미륵님이신 상제님의 6임 도꾼道軍 문화가 인사로 발동되는 것을 노래하신 것입니다.

우리는 가을철의 상생의 조화선경 문을 여는 새 역사의 실제 준비 과정에 들어섰습니다. "진주眞主노름에 독조사라는 것이 있어 남의 돈은 따 보지 못하고 제 돈만 잃어 바닥이 난 뒤에 **개평을 뜯어 새벽녘에 회복하는 수가 있으니 같은 끝수에 말수가 먹느니라.**"(5:226) 하신 말씀처럼, 바로 그 본전을 회복하는 신천지의 새벽녘을 맞이하고 있습니다.

상제님은 이어서 "우리의 득의지추 아닐런가."라고 노래하셨습니다. 이로부터 개벽 시간대를 향해 나아가면서 **득의지추**, 즉 천지의 꿈을 성취하는 **상제님 천지공사의** 최종 결론 과제인 의통 집행에 만반의 준비를 하는 천시에 이른 것입니다.

❋ 日入酉配 亥子難分 日出寅卯辰 事不知
일입유배 해자난분 일출인묘진 사부지
日正巳午未 開明 日中爲市交易退 帝出震 (5:362)
일정사오미 개명 일중위시교역퇴 제출진

상제님은 이 공사에서 선천을 마무리 짓고 후천 대개벽으로 들어서는 도운과 세운의 큰 변화의 전환 과정을 **'장(市場)이 열리고 파장하는 이후의 과정'**으로 말씀하고 계십니다.

해가 정남중하는 '사오미巳午未' 시간대가 되어야 모든 것이 환히 드러납니다. 장터가 열리는 **'사오미'**는 하루 중 가장 밝아서, 개명 도수가 열려 도운의 일꾼들도 가을개벽이 오는 대세를 누구도 깨닫게 됩니다.

도운에서는 바로 이때 일꾼들이 마음을 열고 의통성업의 중차대함을 절감하는 상제님의 믿음의 증표(신패)인 마패 도수가 인사로 전개됩니다. 이로써 일체 미혹과 난법의식의 어두운 기운을 벗어버리고 진리 신앙의 눈이 개안되며 태을주 조화 문화를 생활화하는 **5만 년 태일太一 광명의 새 역사 문**을 활짝 열기 시작합니다.

사오미 개명 시간대는 지난 세운과 도운의 백 년 세월의 묵은 기운을 대혁신하는 **'의식 개명'**과 태을주 조화 광명의 심법을 근본으로 천지 도정道政을 바로 세우는 **천하사 신앙의 위대한 도약의 출발점**입니다. 상제님 도운사에서 진리 광명을 활짝 열어 도운의 대부흥 시대를 여는 새 출발의 시간인 것입니다.

상제님은 개벽 시간대로 들어서는 구체적인 상황을 상징적으로 '교역퇴交易退', 즉 장이 물러나는 것으로 압축해서 말씀하고 계십니다.

상제님은 천상으로 떠나시기 전에 한 성도에게 '오늘 땅이 꺼진다'라고 원평장터에 가서 크게 외치게 하셨습니다.

❋ 6월에 하루는 평소 상제님을 뵙고자 간절히 원하던 한 사람이 상제님께 찾아와 딱한 사연을 아뢰거늘 상제님께서 말씀하시기를 "네 소원을 들어 줄 터이니, 내가 시키는 일부터 먼저 하라." 하시니라. 그 사람이 반기며 "어떻게 하면 되겠습니까?" 하고 여쭈니 말씀하시기를 "이 달 스무나흗날 원평장에 가서 장꾼이 많이 모이거든 **'오늘 지함地陷 된다.'**고 크게 외치라." 하시니라. 이윽고 24일이 되자 그 사람이 원평장에 가서 많은 장꾼들 틈새에 끼인 채 갑자기 "오늘 지함地陷된다~!" 하고 크게 소리를 질러대니 사람들이 혹 놀라기도 하고, 혹 미치광이가 아닌가 하며 장터가 술렁이거늘 날이 저물고 시간이 다 지나도록 땅이 꺼지는 기미가 좀처럼 보이지 않으매 사람들이 코웃음치며 흩어지니라. (10:66)

당신님이 어천하시기 전에 행하신 이 공사를 통해 우리는 개벽에 대한 올바른 신앙을 새삼 깨달을 수 있습니다. 누군가 지금도 세간에서 '오늘 땅 꺼진다'라며 하루종일 소리를 지른다면 날이 저물고 나서 사람들의 **비웃음과 거센 비난**을 듣게 될 것입니다. 심지어 장터의 사람들에게 무슨 헛소리냐며 얻어맞고 물벼락까지 맞을 수도 있습니다. 하지만 그렇더라도 **'너희는 언제 어디서나 개벽을 외칠 수 있어야 한다'**는 것이 이 공사 말씀의 깊은 뜻입니다. 즉, 상제님은 개벽이 와서 오늘 지축이 서고 다 뒤집어진다 해도 내가 살 수 있고 세상을 살려 낼 수 있는 **'실제적인 준비'**를 하고 있는지를 묻고 계신 것입니다.

새 세상이 오는 소식, 용화낙원의 소식, 지상 천국이 온다는 희망의 소식이 **오직 개벽, 두 글자에** 있기 때문입니다. 시간이 얼마가 남았던지 간에 개벽은 언제나 새 세상의 주제요, 통일의 제1의 담론이며 모든 종교와 온 인류의 염원이며 역사의 최종 결론입니다. 그래서 상제님께서는 100년 전부터 오직 개벽을 준비하고 깨어 있어야 한다고 강조하신 것입니다.

상제님의 천지공사 종료 이후 100년의 시간대를 넘어서서 모든 것을 이룰 수 있는 **대개벽의 준비를 완료해 나가야 하는 때**를 당신님은 '호토용사상회일虎兎龍蛇相會日에 무고인민만일생無辜人民萬一生이니라(5:408)'라고 귀띔해 주셨습니다.

지금 이 말씀에서 상제님께서 전하고자 하시는 의미는 비행기가 공항에 착륙할 때의 상황과 같습니다. 비행기는 하늘을 가르며 머나먼 항로를 날다가 목적지에 다다라 착륙할 때는 그 지역 공항의 관제탑과 교신하며 육지에 내리기 위한 만반의 준비를 시작합니다. 착륙하기 몇 십 분 전부터 기내의 분위기도 바뀌기 시작하고, 비행기는 관제탑의 지시에 따라 고도를 낮추고 속도를 줄입니다. 지상과 가까워질수록 서서히 바퀴를 펴고 활주로로 내려 오는데, 일체의 개인행동이 금지된 비행기 내의 승객들은 전부 앉은 자세를 바르게 하고, 벨트를 매는 등 최종 착륙에 대비합니다.

이와 마찬가지로 상제님의 일꾼들은 선천 인류역사의 목적지인 후천 선경이 가까워 올수록 정신을 바짝 차리고 천상옥좌에 계신 상제님의 진리 명령을 잘 받들어서 개벽을 맞이할 준비를 해야 합니다.

착륙이 가까울수록 비행기가 심하게 흔들려서 기내의 사람들이 정신을 바짝 차려야 하는 것과 같이 개벽이 가까워 올수록 선천 상극의 원한에 의한 불운의 사고와 대지진, 쓰나미 같은 자연 재난이 언제 터질지 모르기 때문에 항상 성성히 깨어서 준비를 해야 합니다. 후천 5만 년 선경낙원을 건설하는 도군 조직을 하고, 진리 교육을 통해 깨어 있는 신앙력과 천지 도권을 득해야 어떤 죽음의 재앙에서도 살아남을 수 있습니다.

2. 가을문화를 여는 금 도수

이제 가을개벽으로 들어서는 동북아 역사 대전쟁 그 상씨름 대운의 끝마무리에서 인류 역사가 실로 위대한 도약을 합니다. 이것이 상제님이 장암에서 보신 **가을 '금 도수'**입니다.

> ❋ 상제님께서 군산 바닷가에 이르시어 내성을 옆구리에 끼시고 바다 위를 걸어 서천 장암長岩으로 건너가시거늘 수부님과 성도들은 일렬로 상제님의 발자국을 밟으며 뒤를 따르니라. 상제님께서 장암에 이르시어 금 도수金度數를 보시니라. (5:303)

가을 하늘의 금 도수 문을 여는 개벽의 병란病亂은 군산에서 시작됩니다. 상제님께서 바로 그 군산 바다 위를 걸어 장항에 가셔서 금 도수를 보셨습니다. 이때 상제님은 당신님 도업을 성취하는 상징적 인물인 **안내성** 성도를 옆구리에 끼시고 바다 위를 건너 가셨습니다. 수부님과 다른 성도들은 일렬로 상제님의 발자국을 밟으며 뒤를 따라 걸어갑니다. 금 도수를 열기 위해서는 이처럼 모든 일꾼이 진리 맥을 정확히 잡아서 **상제님의 숨결과 자취를 그대로 따라야 한다**는 것입니다.

'금'은 가을의 생명을 뜻하는 기운으로 성숙·완성·열매를 상징합니다. 그러므로 **금 도수는 천지의 열매 맺는 가을 도수**입니다. 후천 5만 년 지상 선경의 가을문화가 이 금 도수 안에 모두 들어 있습니다. 또한 금 도수가 나오면서 선천 인류 역사의 정의가 바로잡힙니다.

금 도수 탄생의 실제 과정은, 동북아의 역사 전쟁이 오선위기 마지막 상극 질서의 불기운으로 불붙어 열립니다. 파탄 도수로 전개되는 이 최후의 세계 대전쟁을 통해서 선천의 묵은 정신과 기운이 완전히 무너지고 개벽 실제 상황의 금 도수를 창조하게 되는 것입니다.

상제님께서는 금 도수를 보시면서 **금 도수의 역사적 배경이 되는 '파탄 도수'**를 보셨습니다.

> ❋ 금 도수를 보신 다음 상제님께서 담뱃대에 불을 붙여 몇 모금을 빨아 '푸우, 푸우' 하고 연기를 내 뿜으신 뒤에 공우에게 물으시기를부 "이 연기가 무엇과 같으냐?" 하시거늘 "산불이 난 것 같습니다." 하고 아뢰니라. 상제님께서 이번에는 불씨가 담긴 담뱃대로 허공을 후려치시니 담배 불똥이 흩어지거늘 성도들

에게 대통을 가리키시며 "이것은 무엇 같으냐?" 하고 물으시니라. … 상제님께서 담뱃대를 재떨이에 탕탕 털며 말씀하시기를 "이것이 파탄破綻이 나가는 연기다." 하시고 노래하듯 말씀하시기를 "파탄이 나간다. 파탄이 나간다." 하시니라. (5:303)

이 파탄 도수는 번개폭풍처럼 포탄이 떨어지는 대전쟁 상황과 함께 선천 문명의 상극 질서가 총체적으로 파탄나는 상황을 말씀하신 것입니다. 앞으로 지구촌 문화가 파국을 맞는 여러 극적인 상황이 벌어집니다. 이 파탄 도수가 나오면서 남북대결 구도의 상씨름판 역사가 실제로 넘어갑니다. 상씨름은 남북만의 대결이 아니라 동서양의 인류 운명이 결정되는 세계 상씨름입니다. 머지않아 벌어질 상씨름 상황에서 선후천 역사의 운명이 판가름 납니다. 그때 상제님의 진리 군사인 육임 도군 조직이 어찌할 수 없이 세상에 등장하게 되는 것입니다.

비록 상씨름의 마지막 역사 대전쟁을 앞두고 있지만, 일꾼들에게는 오직 승리가 있을 뿐입니다. 가을개벽을 앞두고 상제님의 일꾼들이 잃어버린 뿌리 역사와 시원문화를 되찾음으로써 이 문화 전쟁에서 진정한 승리자, 성공하는 가을문화의 창조자가 될 수 있습니다.

3. 가을 천지의 아침을 여는 상제님 일꾼

1) 의통성업 일꾼 양성의 상제님 대학교

상제님 추수 도운에서는 단순한 비결 포교나, 태을주를 읽어 개안開眼만 한다고 상제님의 천지대업이 성사되지 않습니다. 제3변 추수 도운은 상제님 진리의 전체 틀을 잡아 지난 인류 역사, 동서 문화의 정수를 총정리하고 가을의 성숙한 상제님 문화를 창출해서 후천의 새 세상을 건설해야 하기 때문입니다.

상제님께서는 이를 위해 대학교 공사를 보셨습니다. 이제 신천지의 새벽을 맞아 상제님 대학교 도수로써, 정교한 전략과 제도로 가을 문명 시대를 열 준비를 하게 됩니다. '새벽녘에 본전을 회복하느니라' 하신 상제님 말씀의 진정한 속뜻은 우리 일꾼들이 한 사람도 빠짐없이 대오각성하여 상제님 신패의 주인공으로 거듭나면서 천지 대세를 열어 나가게 된다는 것입니다.

상제님께서 인간으로 오시어 집행하신 가을 우주 대학교 공사에서 우리는 상제님 대학교의 창립 정신과 목적을 깨칠 수 있습니다. 상제님은 김경학 성도에게 무당 여섯 명을 불러 오게 하셨습니다. 그들에게 청수를 올리고 천지의 주인을 받드는 시천주

주문을 세 번 읽게 하여 당신의 조화 세계를 여는 신령한 창업자의 사명을 붙이셨습니다.(6:62) 그리하여 대학교 도생들은 **상제님의 성령을 받아 내려 삼신상제님의 대행자**로 거듭나게 되었습니다.

상제님 대학교 공사는 가을 천지로 넘어가는 개벽 실제 상황을 전제로 집행되었습니다. 머지않아 홍수 밀려오듯 몰아치는 병란으로 지구촌 인류의 명줄이 한 순간에 떨어질 때, 하느님의 천명을 받은 육임 조직이 천지 조화권인 의통대권을 발동하여 인류를 구원하게 됩니다.

상제님 대학교의 사명은 의통 조화권을 집행하는 이 육임 조직을 길러 내는 것입니다. 천하 창생을 살려 내기 위해서 **의통 조직의 기본 틀을 섬세하게 짜는 것이 바로 대학교 교육의 최종 목적**입니다. 상제님 대학교를 통해 가을개벽 상황에서 지구촌 창생을 건져 내는 의통 조직이 완결되면서 5만 년 조화선경 문화 시대가 활짝 열립니다.

2) 상씨름을 종결짓는 상두쟁이

한민족과 인류 창세 문화의 9천 년 역사 전통은 천신 제단을 모시고 삼신상제님을 섬기는 기도 문화입니다. 환국·배달·조선 이후로 지속되어 온 뿌리문화, 원형문화의 핵심 정신은 삼랑三郞(화랑의 시원)이 되어 광명의 꽃(桓花)을 머리에 꽂고 천신을 섬기며 천지의 광명 인간으로 살아가는 것입니다.

이제 가을 우주의 대개벽기를 맞이하여 마침내 이 동방 땅에 인간으로 강세하신 상제님은 천명과 신교를 받드는 육임 조직을 길러 내는 당신님 대학의 근본 사명을 내려 주셨습니다. 인류를 구원하는 이 육임 의통 조직은 칠성 도수로써 완결되는데, 상제님께서는 **북두칠성의 천지 성령을 받아서 하느님의 구원 조직을 이루게 하셨습니다.**

❋ 먼저 7인에게 전한 후에 매인이 7인씩 전하면 천 명이 많은 것 같아도 시작하면 쉬우니라. (5:360)

❋ 칠성 도수는 천지공사를 매듭짓는 도수니라. (11:360)

인류 구원 조직을 짜 나가는 칠성 도수 포교는 일곱 사람으로 구성된 단위 조직을 기준으로 해서 지구촌 천하 창생을 영원한 죽음의 순간에서 건져 냅니다. 이것이 100년 도운 역사를 넘어서면서 우리 일꾼들이 성취해야 할 상제님의 준엄한 천명입니다.

❋ 상제님께서 또 말씀하시기를 "**상씨름은 상두쟁이가 하네.**" 하시거늘 공우가 상두의 뜻을 여쭈니 "**상두上斗는 북두北斗니 칠성七星이니라.**" 하시니라. (6:56)

'상두'는 '천상天上의 두성斗星'이라는 뜻으로 하느님이 계신 별인 북녘의 칠성을 말합니다. 이 북두칠성의 조화성령을 받음으로써 앞으로 가을 개벽기에 창생을 구원하는 진정한 일꾼 조직의 지휘자, 현장 사령관이 될 수 있습니다. 상두쟁이는 칠성에서 내려오는 천지의 성령을 받아 상제님 진리를 제대로 깨치고 칠성 도수 구원조직을 완수하여 천지 역사를 완결하는 일꾼들로서 숭고한 인존 칠성의 위격에 자리잡게 됩니다.

이 상두쟁이가 상씨름에서 선천 상극의 역사를 종결짓게 됩니다. 선천 상극사의 대결 구조, 상극의 시비를 종결짓는 역사의 최후 승리자가 바로 상두쟁이입니다.

❋ 뾰족한 수란 상투의 덕을 이름이니 판밖에서 일을 지을 때 한번 크게 쓸 것이니라. (6:57)

그냥 주저앉을 수밖에 없는, 문제를 해결할 방법이 전혀 없을 때 우리는 '뾰족한 수'가 없는가 라고 말합니다. 앞으로 지구촌에 누구도 손쓸 수 없는 절체절명의 위기 상황이 닥칩니다. 이 땅에 남북 상씨름판이 넘어가면서 이름 모를 괴질 병겁이 들어와 전 세계로 번지게 됩니다. 이 위급한 가을개벽 실제 상황에서 모든 문제를 해결하는 신교 칠성문화의 조화 묘법을 '뾰족한 수'라 하신 것입니다.

상투를 보면 머리 가운데 정수리 부분을 깎아 배코를 치고 머리채를 위로 올려 앞으로 네 번, 뒤로 세 번 돌려 틀어 뾰족하게 솟도록 합니다. 이렇게 상투를 트는 것은 북녘 하늘 칠성에 계신 상제님과 자기 생명을 하나로 잇는다는 의미가 있습니다. 이 풍속은 환국의 창세 시대 이후 신교에서 내려오는 칠성문화에 연원을 두고 있습니다.

북두칠성은 바로 인간에게 육신의 생명을 타내려 주고 하느님의 조화성령을 내려주는 상제님의 별입니다.

'판밖에서 일을 지을 때 크게 쓰신다.'는 말씀은, 앞으로 상씨름의 분단 역사가 넘어가는 개벽기에 상투 문화에 깃든 북두칠성의 조화 기운을 크게 한번 쓰신다는 말씀입니다.

상제님께서는 "상씨름꾼 들어오라."(6:71)라고 하시며 환국 이후 칠성문화의 고결한 전문 신관이었던 상두쟁이를 개벽기의 '상씨름꾼'으로도 말씀하셨습니다. 천지 조화성령을 내려받는 태을주를 염념불망 송주하여 근본신앙을 뿌리내리고 칠성 기운을 받아내려 구원의 의통조직을 만들어 가는 이 상두쟁이가 되어 가을개벽의 상씨름꾼 문화를 열어 나갑니다.

3) 인류 역사의 끝판 마무리 도수

상씨름판이 종결되는 인류 역사의 끝판 마무리 도수에는 **'막둥이 도수', '말복 도수'**가 붙어 있습니다.

> ❋ 상제님께서 내성에게 일러 말씀하시기를 "초복, 중복 다 제끼고 말복 운을 타라." 하시고 또 말씀하시기를 "**말복 운이 가장 크니라.** 늦게 들어온 사람이 크게 받나니 '**막둥이 놀음**'이니라." 하시고 내성에게 막둥이 도수를 붙이시니라. … 하루는 상제님께서 공사를 보시는데 제일 끝에 선 성도 하나가 "제가 왜 맨 끝입니까?" 하고 볼멘소리를 하니 상제님께서 말씀하시기를 "돌아서면 네가 일등 아니냐." 하시거늘 그 성도가 생각해 보니 과연 그러한지라 마음을 눅이고 공사에 수종드니라. (6:59)

1년 가운데 봄여름은 생명의 수기水氣가 뿌리에서 점점 멀어지는 과정입니다. 즉 땅에서 하늘을 향해 올라가는 '역逆 도수'의 과정입니다. 그러다가 열매를 맺으면서 변화의 방향이 역전되어 생명 기운이 다시 뿌리를 향해 돌아갑니다(순順 도수). **가을로 들어서는 때에 마지막 끝점이 맨 처음이 되는 것입니다.** 상제님 말씀처럼 이러한 '말복 운'을 타고 도문에 들어오는 일꾼들이 천지도수 사오미巳午未 개명開明 시간대의 중심인 갑오(2014)년으로부터 6임 의통 완수로 상제님의 신패가 전수되어 기운을 크게 받게 됨을 언약하셨습니다. 그들은 또한 조상의 음덕으로 **진리 열매를 크게 받는 끝판 마무리 역사의 주인공이 될 수 있습니다.**

지금은 누구라도 관심만 있으면 지구촌 어디서나 STB상생방송을 통해 상제님 진리 말씀에 대한 한 소식과 9천 년 동방 한민족 역사 문화의 진수를 접할 수 있습니다. 신앙인들의 흥미롭고, 감동적인 체험담도 들을 수 있을 뿐만 아니라 도장의 인도를 받아 직접 신단을 모시고, 상제님 태모님의 진리 공부를 지금 당장 시작할 수 있습니다.

이제 가을개벽을 앞두고 하느님의 천지대업을 완수할 상제님 일꾼들이 마침내 새 역사의 주인공으로 우뚝 서는 가을 하늘의 신천지 새벽 시간을 맞이하였습니다. 우리에게는 많은 시간이 주어져 있지 않습니다. 천하가 가을개벽으로 넘어가는 때에 대세를 외면한 채, 때나 기다리는 나태한 개벽 신앙을 뛰어넘어 강력한 일심의 개척 신앙, 창업자의 믿음으로 일어나야 합니다. 지금은 다 함께 천지 일심으로 나서야 할 때입니다.

> ❋ 너희들은 **오직 일심**을 가지라. 일심으로 정성을 다하면 오만년의 운수를 받으리라. (2:91)

❋ 천지공사와 후천 도수는 너희들의 아버지께서 말斗 짜듯 틈이 없이 짜 놓았으니 부귀영달富貴榮達과 복록수명福祿壽命이 다 믿음에 있는 고로 일심만 가지면 안 될 일이 없느니라. (11:139)

❋ 오로지 일심으로 닦고 혈심으로 일하는 자가 큰 복을 받으리로다. (8:81)

상제님께서 김자현 성도에게 붙이신 바보 도수가 있습니다.

지난 30년 동안 답사한 안동 김씨 가문에서 나온 증언 내용입니다. 하루는 상제님께서 스물 네 명의 성도들을 모두 모아놓고 "너희가 다 망할지라도 나를 변심 않고 믿겠느냐?"라고 물으셨습니다. 이에 김자현 성도만이 확연한 믿음을 보이자, 성도들이 이구동성으로 "이런 바보, 바보! 자네는 바보야."라고 부르며 놀렸다고 합니다. 이때 상제님께서 "바보가 내 사람이니라." 하셨습니다.

누가 뭐라고 시비를 걸든, 음해를 하든 개의치 않고 올곧고 일관되게 신앙을 하는 사람은 어쩌면 세상에서 바보처럼 보일지도 모릅니다. 그러나 상제님께서는 그런 일꾼을 진정한 '내 사람'이라고 인정해 주신 것입니다. 이 바보 도수에는 '천지 일꾼은 세상에서 바보로 여길 정도로 순박하고 평생 변심이 없어야 한다'는 뜻이 담겨 있습니다.

지금 우리는 우주의 법칙으로 정해져 있는 가을개벽의 추살 시간대를 앞두고, 지구촌 주요 지역에 의통성업의 6임任 구원 조직을 철저히 뿌리를 내려야 하는 엄중한 시간대에 서 있습니다.

불필요한 사생활을 과감하게 정리하고 상제님, 태모님, 태상종도사님의 천지 일심의 삶을 본받아서 한 길로 천하사에 매진하는 일꾼이 되어야 합니다. 모든 일꾼들이 세상의 중심에 나아가 진리 핵심을 선언하고, 인재를 길러내고 살릴 생 자 천하사 공부에 일념을 다하는 의통 충의핵랑의 길로 나아가야 합니다.

이제 상제님 일꾼이 칠성 도수 포교를 통해 인류를 건지는 진리의 구원 조직을 완수하고 칠성의 조화성령을 받는 인존 칠성으로 거듭나게 됩니다. 이들이 미래 후천문명을 개벽하는 화랑도이자 상두쟁이인 상씨름꾼으로서 머지 않아 가을개벽의 실제 상황 속으로 들어가 전 세계에 의통 조화권을 발동하게 합니다.

상제님께서는 "병목이 너희들의 운수목이니…."(5:291)라고 말씀하셨습니다. 천지에서 가장 크게 성공할 수 있는 운수가, 역설적이게도 가을개벽 상황에서 들이닥칠 절망의 괴질 병겁에 있다는 말씀입니다. 병목 때 창생을 살려내는 광제창생의 정성과 공력에 따라 일꾼의 운수가 정해집니다.

❋ 이제 세상이 다 됐느니라. 이제 판을 굳게 짜 놓았으니 목만 잘 넘기면 좋은 세

상을 보게 되리라. 장차 오만년 대동세계大同世界가 오느니라. (8:81)

지금은 상제님 도를 받은 모든 일꾼이 인류 구원의 대사명을 깊이 깨쳐서, **진리의 음성과 숨결로 충만한 도군道軍이 되어 천하 창생을 위해 희생·봉사하는 삶을 실천해야 할 때입니다.** 지난 100여 년의 상제님의 진법 초석을 다지는 시대를 넘어서 오선위기 세계 질서를 마무리 짓는 일꾼들은 모름지기 인류를 위해 진정한 봉사자가 되려는 상생의 도심으로 오직 충의를 바탕으로 개척자의 삶을 살기 위해 분투해야 합니다. 상제님은 고통 받는 천하 창생을 건지려는 본심本心을 바로세워 포교하라고 하셨습니다.

상제님 일꾼은 가을 개벽문화를 여는 '인류의 희망의 등불'입니다. **지금은 하늘도, 땅도, 천지 신명도 오직 상제님 일꾼이 개벽철의 태양으로 깨어나기만을 고대하고 있습니다.**

맺음말

후천으로 가는 정도광명正道光明의 길

1. 참 구도자의 길

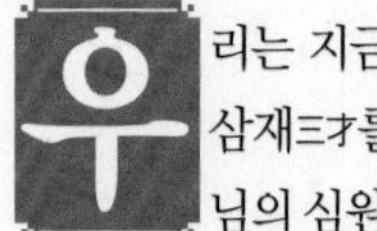리는 지금까지 살펴본 상제님의 말씀을 통해 너무도 깊이 병든 천·지·인 삼재三才를 가을의 질서로 개벽하시어 당신의 조화권으로 건져주신 상제님의 심원한 도법道法 세계를 가슴 깊이 느낄 수 있습니다.

우주의 주재자이신 상제님께서 천지공사를 집행하신 신축辛丑년(1901년) 이후로 신명계와 인간계의 장벽이 허물어졌습니다. 분열되어 닫혀 있던 천상의 신명들 사이에 소통이 활발히 이루어지게 된 것입니다. 지금은 지상을 다녀간 수백억 천상 신명들이 자신의 깊고 깊은 원한을 지상에서 인간을 통해 해소하면서 후천개벽 세상을 준비하는 '난법 해원 시대의 절정'입니다. 각양각색의 사연을 가진 수억 조의 역신逆神과 원신寃神들이 욕구가 상통하는 사람에게 응하여 한 맺힌 응어리와 뒤틀린 원한을 풀어가고 있습니다. 이 신명들의 온갖 손길로 앞 세상의 새로운 대변혁의 운로가 열리게 됩니다. 이 세계는 바야흐로 '선천 상극의 우주시대를 끝매듭짓는 최후의 전환기'에 서 있는 것입니다.

❋ 이제 온 천하가 대개벽기를 맞이하였느니라. (2:42)

상제님께서 "이제 만물의 생명이 다 새로워지고 만복萬福이 다시 시작되느니라." (2:43)라고 하셨듯이, 가을개벽과 더불어 선천 세상 조상 대대로 내려온 음덕과, 천지대업에 공을 쌓은 만큼 앞 세상의 복록이 새로 시작됩니다.

하루하루가 급속히 변모해 가는 난세의 소용돌이 속에서, 후천으로 넘어가게 하는, 올바른 구도의 길에 대해 정리해 보겠습니다.

1) 묵은 정신의 청산

첫째, 이제 천하의 난법 해원 시대가 종결되므로, 우리는 **선천의 묵은 정신을 깨끗이 청산해야** 합니다.

진리의 바탕도 모르고 개벽철을 살아가는 구도자들은, 수천 년 묵은 선천 문화에 정신이 갇혀있어 상제님의 개벽 소식을 헤아리지 못하고 있습니다. 우주의 법칙과 상제님의 대도 정신으로 보면 '인류의 희망의 새 시대는 오직 가을 천지개벽'을 통해서

만 실현될 수 있습니다.

증산도의 진리는 병든 천지와 인사 문제에 대해서 동시에 진리의 해답을 내려 주는 후천 가을의 무극대도입니다. 증산도는 종교가 아닙니다. 선천 성자들의 교법敎法 시대를 막 내리고 후천 가을의 무극대도無極大道 시대를 여신 상제님의 가을철 열매 진리는, 선천 종교와 같이 단순히 교화敎化나 피상적인 말세 심판으로 인류 구원을 외치는 가르침이 아닙니다. 상제님의 진리는 선천 상극 질서속에서 천·지·인 삼재三才를 새롭게 태어나게 하고 하늘과 땅을 선경仙境 낙원으로 단장하여 인류의 숭고한 성인 시대를 여는 가을철 성숙의 무극대도이자, 선천 모든 종교의 이상을 실현해 주는 후천 상생의 대도입니다.

2) 천하사天下事 일심 신앙관 확립: 도道를 받는 마음자세

둘째, 세상 영혼들을 가을 천지의 생명의 길로 인도하려는 **일심 신앙관을 깊이 세워야** 합니다.

"선령의 음덕蔭德으로 나를 믿게 되느니라."(2:78) 하신 말씀과 같이 상제님의 대도진리와 인연이 닿게 하는 영적 기운은 '선령의 음덕'으로 내려옵니다. 어느 날 갑자기 증산 상제님의 진리를 알게 되어 상제님의 도문道門에 들어오게 되는 인연은 진실로 '전 생애에서 가장 극적인 기적의 사건'입니다. 인생의 궁극적인 창조섭리로 말한다면 상제님 진리를 접하기 전까지의 인생 노정은 상제님 진리를 만나기 위한 서곡입니다.

자손이 살길을 찾게 되는 과정을 천상 신명계부터 살펴보면, 자손들을 위해서 분주히 서두르는 조상신의 숱한 기도와 노고를 통해서 이루어짐을 알 수 있습니다. 실제로 이 문제를 영적 체험으로 깨달으면 삶의 소중함과 조상님의 한량없는 은혜에 머리가 절로 숙여집니다.

조상들의 천고千古의 고행과 기도를 통해 상제님의 도문에 들어와 구도 생활을 시작하면, 자신의 근기와 수준에 알맞게 **진리 맥을 잡는 공부**가 중요한 첫 과제입니다. 증산 상제님이 진실로 대우주의 아버지 하느님이시며 불가의 도솔천 미륵불이라는 미래 구원 주제와 상제님 진리의 테두리와 세상 돌아가는 천지공사의 대세는 최소한 알고 신앙해야 한다는 말입니다.

상제님의 대도에 뛰어드는 데는 성경신誠敬信, 즉 뜨거운 정성과 솟구치는 믿음, 깨어 있는 정신이 밑천입니다. 정성은 모든 기적을 일으키는 하늘 같은 참마음이며, 대도 세계에 들어서는 근원적인 도력道力이기 때문입니다. 제 아무리 금력과 권력의 윗자리에 있다 할지라도 교만하고 성경신이 결여되어 있으면 세속의 오탁한 기운에 찌든 속객俗客에 불과합니다.

※ 이제 모든 일에 성공이 없는 것은 일심一心 가진 자가 없는 연고라. 만일 일심만 가지면 못 될 일이 없나니 그러므로 무슨 일을 대하든지 일심 못함을 한할 것이요 못 되리라는 생각은 품지 말라. (8:52)

이 말씀에서 일심은 곧 성경신입니다. 여기서 인간이 일심(한마음)을 갖는 것이 얼마나 중대한지를 절감할 수 있습니다. 일심으로 마음의 심체心體 자체가 활짝 열렸을 때 비로소 보호성신이 강력하게 응하여 그 조화기운으로 진리를 입체적인 시각으로 대각大覺하게 되며, 현실 문제를 성사시킬 수 있는 영적 능력(신명을 응하게 하는 감화력)을 지니게 됩니다. 성경신의 참마음을 가질 때 신도神道 기운이 응하여 천지 사업이 성사됩니다. 인사人事, 곧 지상의 사람 일은 그 일의 관건을 쥔 신명神明이 응감함으로써 성패가 판가름 납니다. 다시 말하면 세상의 크고 작은 사건들은 모두 신도神道에서 판별함으로써 지상에서 이루어지는 것입니다.

지상에 인간으로 태어나 이 같은 신인합일의 오묘한 인생 섭리에 따라 살기 위해서 먼저 가정과 세상 사람과 화목할 것을 상제님께서는 간곡히 당부하셨습니다.

※ 이제 천지신명들이 운수 자리를 찾으려고 각 사람의 가정에 들어가서 기국器局을 시험하느니라. 만일 가정에서 솔성率性이 용착庸窄하여 화기和氣를 잃으면 신명들이 웃고 손가락질하며 '기국이 하잘것없으니 어찌 큰일을 맡기리오.' 하고, 서로 이끌고 떠나가나니 일에 뜻하는 자 어찌 한시라도 소홀하리오. (8:68)

인간의 본심을 지키며 일심을 가지는 것은 구도자의 생명입니다. 상제님은 "마음 지키기가 죽기보다 어려우니라."(8:6)라고 말씀하셨습니다. 혈심血心을 가짐으로써만 영혼의 우주 천문天門이 열립니다. 가을철 진리의 믿음의 열쇠를 쥐는 구도의 길은 진실로 역경과 고난의 연속일 수 있습니다.

지고지순한 일심의 순정과 문제의식을 크게 가진 뒤에야 번뜩이는 혜각慧覺이 폭발합니다. 광제창생을 위해 고투하는 구도자들은 지극한 정성(至誠)과 지극한 믿음(至信)으로 영혼의 열정을 상제님 진리의 혼에 맞출 때, 마음이 천지 성령의 거울(心鏡)로 화하여 세상 일이 되어 가는 과정과 이치를 정확히 볼 수 있는 도안道眼을 가지게 됩니다.

인류를 큰 가을의 문화 시대로 인도하는 일꾼들을 위해 안운산安雲山 태상종도사太上宗道師님께서 금과옥조金科玉條의 성훈을 이렇게 내려 주셨습니다.

"이도경세以道耕世 이의보본以義報本"

도道로써 세상을 밭 갈고, 의義로써 근본(상제님 · 조상 · 스승)에 보답하라.

선천 역사의 모든 진리에 총체적 해답을 내려 주신 증산 상제님의 대도 진리에 몸담고 후천 가을 세상의 큰 운수를 받으려 하는 자는, 예외없이 적공양덕積功養德을 해야 합니다.

3) 천하대세를 보는 안목과 구도자의 소명召命 의식

셋째, 가을 대개벽의 문턱에서 천하대세를 들여다볼 수 있는 **천하대세의 안목과 구도자로서 뜨거운 '소명召命 의식'을 품는** 문제입니다.

우주 1년의 여름철 끝자락에 처한 지금은 모든 것이 성장과 분열의 극極에 이르렀습니다. 때문에 인류사의 대세가 가을 문화의 통합과 융합을 향해 가고 있으나 선천 여름의 임계점에 와 있는 것을 볼 줄 아는 밝은 안목을 유지하는 것이 어느 때보다도 절실한 과제입니다. 인류의 태고 황금 시절의 뿌리 문화 신교神教에서 분열되어 출현한 선천 세상의 종교 진리로는 '우주 1년(선·후천 개벽관)에 근거한 전체적인 진리 틀'을 얻을 수 없기 때문에 천하대세를 제대로 볼 수 없었습니다. 지금은 천지와 인간이 성숙과 결실을 위해 그 질서가 동시에 바뀔 수밖에 없는 가을 대개벽 시대이므로 증산 상제님은 천하대세의 근본을 보는 일이 모든 인생들의 생사와 직결되는 가장 중대한 과제임을 강조하셨습니다.

> ❋ 知天下之勢者는 有天下之生氣하고
> 지천하지세자 유천하지생기
> 暗天下之勢者는 有天下之死氣니라.
> 암천하지세자 유천하지사기
> 천하대세를 아는 자에게는 살 기운[生氣]이 붙어 있고
> 천하대세에 어두운 자에게는 천하의 죽을 기운[死氣]밖에는 없느니라. (5:347)

세상은 날이 갈수록 물질 만능주의에 깊이 매몰되고 있습니다. 인류 역사상 최상의 꿈과 절망이 우리의 가슴 속에서 교차하는 지금 이 시간이야말로 나의 조상과 고난받는 이들을 위하여 아낌없이 한 몸을 던져 헌신해야 할 때입니다. 상제님은 "사람마다 지혜가 부족하고 도략韜略이 없으므로 천하사를 도모치 못하나니 천하사에 뜻하는 자 어찌 별로히 있으리오. 그대가 만일 도략과 자비가 있다면 어찌 가만히 앉아서 볼 때리오."(5:213)라고 탄식하셨습니다. 이 말씀의 핵심은 무엇보다 먼저 '**우주의 여름철 말기에 길을 찾지 못하고 방황하는 세상 사람들에게 가을 문화의 대도 진리를 전하여 개벽의 대세에 눈뜨게 하라**'는 것입니다.

증산 상제님의 진리만이 세상을 근본적으로 거듭나게 합니다. 상제님은 당신님의 도道 사업이 묵고 병든 세상을 바로세우는 '천하사天下事'라고 강조하셨습니다. 상제님을 모시는 일은 단순한 신앙의 차원에 머무는 것이 아닙니다. 상제님께서 모사謀事

하신 후천 5만 년 조화선경 건설의 대업을 인사로 성사成事하는 새 역사 창건의 일꾼으로 살아가는 것을 의미합니다.

오늘날, 무고인민만일생無辜人民萬一生의 개벽의 운명을 예시하는 선천 상극相克의 불길이 곳곳에서 터져나오고 있습니다. 천하 창생을 구원하기 위해서는 무엇보다 두 마음을 품지 말고 '대세의 핵심, 그 틀을 볼 수 있는 개벽의 결론에 대한 한 소식을 듣는 일'이 매일의 생활 속에서 깨달음의 즐거움으로 지속되어야 하겠습니다.

세상은 아직도 진리가 무엇인지, 교敎가 무엇인지, 도道가 무엇인지 잘 모르고 있습니다. 뿌리에서 출발하여 줄기와 꽃을 피우고 열매로 매듭짓는 대자연의 진리 전개의 틀을 이해하지 못하기 때문입니다. 선천 세계를 수놓은 성자들의 가르침인 교敎(선천 종교)법은 황금시절의 뿌리 진리(신교)에서 갈라져 나온 '인류 문화의 꽃'입니다. 이들 성자를 지상에 내려 보내신 대우주의 조화주 하느님께서 가을 개벽기에 친히 인간으로 강세하시어 선천 종교 진리를 완성하신 증산도는 **'선후천 우주 진리의 총체적 해답'** 이자 **'인류 문명사의 열매'** 입니다.

그러므로 증산 상제님의 진리를 '증산교甑山敎'라 부르지 않습니다. 유·불·선·기독교의 총 결론이자 이들 진리가 해결할 수 없는 대개벽기의 인류 구원 문제에 대해, 우주의 조화주 아버지 하느님이 인간 역사 속에서 명쾌한 우주 구원의 해답을 내려 주시므로 '증산도甑山道'라고 합니다. 천지의 결실 원리에 따라 선천 봄여름의 문화는 여러 갈래로 분열하며 발전하다가 궁극에 가서는 단일한 가을철 대도大道 진리로 수렴, 통일됩니다. 그러므로 **증산도甑山道는 환국 이후로 9천년 한민족과 인류사의 총결론으로서 나오는 가을 문화의 도道** 입니다.

오늘날 동방 한민족의 현실은 어떠합니까? 시원 역사와 원형문화의 혼백, 민족 정기가 송두리째 뿌리 뽑혀 생명의 근원이자 조상을 우상으로 부정하고, 동방 시원문화인 인류사의 어머니 종교, 신교에서 갈려 나가 여름철에 지엽枝葉을 이룬 이방 종교들이 한문화의 안방을 차지하고 있습니다. 그러나 천지 가을개벽의 구원 섭리는 오직 9천 년 '동방 한민족사의 역사 정신'의 결실 진리로 출세한 인류 문화의 우주 태양, 증산도 진리 속에 오롯이 깃들어 있습니다.

2. 참 구도자여, 그대 지금 어디에 있는가

오늘의 고난을 축복으로 알고 남을 잘되게 하려는 착한 마음으로 살며 부모와 조상을 잘 섬기는 이에게는 상제님 태모님과 삼생의 인연이 닿아 후천 지상 선경으로 가는 영광의 운수 길이 밀물처럼 몰려 옵니다.

밝아오는 새 시대는 상제님께서 열어 주신 상생相生의 도道로 펼쳐지는 '지구촌 통일 문명권 시대'입니다. 난륜패상亂輪悖常의 해원으로 병들어 있는 현대문명의 최후 결말과 진실로 놀라운 새 세상이 펼쳐지는 지구촌의 새 역사 비전에 대한 '큰 의문'은 증산 상제님의 대도(甑山道)를 통해서만 그 해답을 명쾌하게 얻을 수 있습니다.

태을주를 읽으며 고요히 일심 세계의 조화를 느껴보시기 바랍니다. 가을 천지 개벽기의 목전에 태어난 우리들이 꿈꾸는 성공의 길은 세 가지에 달려 있음을 다시 절감하게 됩니다.

첫째, **때**[時]를 잘 만나는 것!
둘째, **일거리**[事]를 만나는 것!
셋째, **사람**[人]을 만나는 것!

우리 인생의 마지막 성공을 이루기 위해서는 무엇보다 먼저 나를 후천 우주의 생명의 길로 인도해 주시는 증산 상제님과 태모 수부님의 진리를 만나는 것입니다. 가을 대개벽기를 맞아 상제님의 진리를 만나는 구도자들은 인류사를 매듭짓는 강건한 일꾼으로 나를 세우기 위해서 심대지고心大志高한 광제창생의 꿈을 굳건히 할 수 있도록 성성惺惺히 깨어 있어야 할 것입니다. 하늘이 내려 주는 상극의 고난을 깊이 체험하고 한 사람이라도 더 살려 주라고 은밀히 손짓하는 가을하늘의 상생의 마음, 그 진미眞味를 느낄수록 상제님의 가을 열매 진리(道)에 감사와 보은의 마음이 간절해집니다.

찾아보기

번호

ㄱ

ㄴ

ㄹ

ㅁ

ㅂ

ㅅ

ㅇ

ㅊ

ㅋ

ㅌ